NEW ERA OF MANAGEMENT

Business Administration Classics

工商管理经典译丛

管理学

（第11版）（ELEVENTH EDITION）

理查德·达夫特（Richard L.Daft） 著
王 蔷 译

中国人民大学出版社
·北 京·

图书在版编目（CIP）数据

管理学：第 11 版/理查德・达夫特著；王蔷译．—北京：中国人民大学出版社，2018.11
（工商管理经典译丛）
ISBN 978-7-300-26161-4

Ⅰ.①管… Ⅱ.①理… ②王… Ⅲ.①管理学 Ⅳ.①C93

中国版本图书馆 CIP 数据核字（2018）第 194049 号

工商管理经典译丛
管理学（第 11 版）
理查德・达夫特　著
王　蔷　译
Guanlixue

出版发行	中国人民大学出版社		
社　　址	北京中关村大街 31 号	**邮政编码**	100080
电　　话	010－62511242（总编室）		010－62511770（质管部）
	010－82501766（邮购部）		010－62514148（门市部）
	010－62515195（发行公司）		010－62515275（盗版举报）
网　　址	http://www.crup.com.cn		
	http://www.ttrnet.com（人大教研网）		
经　　销	新华书店		
印　　刷	涿州市星河印刷有限公司		
规　　格	185 mm×260 mm　16 开本	**版　　次**	2018 年 11 月第 1 版
印　　张	36.75 插页 2	**印　　次**	2018 年 11 月第 1 次印刷
字　　数	860 000	**定　　价**	79.00 元

工商管理经典译丛

出版说明

随着中国改革开放的深入发展，中国经济高速增长，为中国企业带来了勃勃生机，也为中国管理人才提供了成长和一显身手的广阔天地。时代呼唤能够在国际市场上搏击的中国企业家，时代呼唤谙熟国际市场规则的职业经理人。中国的工商管理教育事业也迎来了快速发展的良机。中国人民大学出版社正是为了适应这样一种时代的需要，从 1997 年开始就组织策划“工商管理经典译丛”，这是国内第一套与国际管理教育全面接轨的引进版工商管理类丛书，该套丛书凝聚着 100 多位管理学专家学者的心血，一经推出，立即受到了国内管理学界和企业界读者们的一致好评和普遍欢迎，并持续畅销数年。全国人民代表大会常务委员会副委员长、国家自然科学基金会管理科学部主任成思危先生，以及全国 MBA 教育指导委员会的专家们，都对这套丛书给予了很高的评价，认为这套译丛为中国工商管理教育事业做了开创性的工作，为国内管理专业教学首次系统地引进了优秀的范本，并为广大管理专业教师提高教材甄选和编写水平发挥了很大的作用。据统计，本丛书现已成为目前国内管理院校和企业培训中采用率最高、影响最大的引进版教材。其中《人力资源管理》（第六版）获第十二届“中国图书奖”；《管理学》（第四版）获全国优秀畅销书奖。

进入 21 世纪后，随着经济全球化和信息化的发展，国际 MBA 教育在课程体系上进行了重大的改革，从 20 世纪 80 年代以行为科学为基础，注重营销管理、运营管理、财务管理到战略管理等方面的研究，到开始重视沟通、创业、公共关系和商业伦理等人文类内容，并且增加了基于网络的电子商务、技术管理、业务流程重组和统计学等技术类内容。另外，管理教育的国际化趋势也越来越明显，主要表现在师资的国际化、生源的国际化和教材的国际化方面。近年来，随着我国 MBA 和工商管理教育事业的快速发展，国内管理类引进版教材的品种越来越多，出版和更新的周期也在明显加快。为此，我们这套“工商管理经典译丛”也适时更新版本，增加新的内容，同时还将陆续推出新的系列和配套的案例教材、教学参考书，以顺应国际管理教育发展的大趋势。

本译丛选入的书目，都是世界著名的权威出版机构畅销全球的工商管理教材，被世界各国和地区的著名大学商学院和管理学院所普遍选用，是国际工商管理教育界最具影响力的教科书。本丛书的作者，皆为美国管理学界享有盛誉的著名教授，他们的这些教材，经过了美国和世界各地数千所大学和管理学院教学实践的检验，被证明是论述精辟、视野开阔、资料丰富、通俗易懂，又具有生动性、启发性和可操作性的经典之作。本译丛的译者，大多是国内各著名大学的优秀中青年学术骨干，他们大都曾留学欧美，在长期的教学研究和社会实践中积累了丰富的经验，具有较高的翻译水平。

本丛书的引进和运作过程，从市场调研与选题策划、每本书的推荐与论证、对译者翻译水平的考察与甄选、翻译规程与交稿要求的制定、对译者质量的严格把关和控制，到版式、封面和插图的设计等各方面，都坚持高水平和高标准的原则，力图奉献给读者一套译文准确、文字流畅、从内容到形式都保持原著风格的工商管理精品图书。

本丛书参考了国际上通行的MBA和工商管理专业核心课程的设置，充分兼顾了我国管理各专业现行通开课与专业课程设置，以及企业管理培训的要求，故适应面较广，既可用于管理各专业不同层次的教学，又可供各类管理人员培训和自学使用。

为了本丛书的出版，我们成立了由中国人民大学、北京大学、中国社会科学院等单位专家学者组成的编辑委员会，德高望重的袁宝华同志、黄达教授和中国人民大学校长纪宝成教授，都给了我们强有力的支持，使本丛书得以在管理学界和企业界产生较大的影响。许多我国留美学者和国内管理学界著名专家教授，参与了原著的推荐、论证和翻译工作，原我社编辑闻洁女士在这套书的总体策划中付出了很多心血。在此，谨向他们致以崇高的敬意并表示衷心的感谢。

愿这套丛书为我国MBA和工商管理教育事业的发展，为中国企业管理水平的不断提升继续做出应有的贡献。

中国人民大学出版社

序　言 New Era of Management

在快速变化的世界中进行创新性管理

当今的管理者和组织正经历着大量影响深远的社会、技术和经济变化。曾经，美国大型金融机构一个接着一个倒闭，汽车制造商宣告破产，房地产市场崩溃，欧洲经济面临金融危机的挑战，一场全球性的经济衰退来袭且毫无消退的痕迹。面对这一切，任何一个相信“稳定”这一谬谈的管理者，其自满情绪都会被打消。商学院以及管理者、企业仍然在努力挣扎着应对其余波，追踪快速变化的事件，评估这个多变的历史时期会给未来的组织带来怎样的冲击。这一版的《管理学》探讨的主题和问题与当前迅速变化的商业环境直接相关。

我修订《管理学》的目的在于，帮助当前和未来的管理者找到创新性的方案，以解决席卷当今组织的问题——无论是日常面临的挑战还是一生才会遇到的一次危机。大多数学生成为管理者后，面临的将是一个经历剧变的世界。伦理的混乱、对危机管理技巧的需求、电子商务、经济衰退、居高不下的失业率、迅速更新的技术、全球化、外包、日渐加强的政府管制、社交媒体、全球供应链、华尔街的崩溃，以及其他一些挑战，都要求管理者超越管理课程教给他们的那些传统技巧和思想。当今的管理需要的技巧和能力是非常广泛的。本书涵盖的内容既包括传统的管理技巧，也包括动荡环境下所需的新型胜任力。动荡环境的特征是：经济上混乱，政治上迷惘，不确定性普遍。

在传统的管理世界中，管理者的工作在于控制和限制员工、强化规则和制度、追求稳定和效率、设计一个自上而下的层级链、实现利润目标。然而，要激发创新、达到高绩效，管理者需要与之不同的技能，尤其是当今的经济困境给员工带来了极大的痛苦。管理者必须找到有效的方式，促使员工全心全意地发挥他们的能力。新生代员工要求管理者重视建立彼此间的信任、激发员工对组织的承诺、领导变革、培育员工的创造力和激情、找到共享的愿景和价值观、分享信息和权力。团队合作、共同协作、员工参与和学习是帮助管理者和员工驾驭当今动荡的企业环境中复杂形势的指导原则。管理者应该放弃对员工的控制，把重点放在培训员工上，使他们能适应新技术和环境的巨大变化，从而达到高绩效，实现组织的整体效能。

我对这一版《管理学》的期望是向学生呈现他们感兴趣、对他们有价值的动荡环境下的最新管理理念，与此同时，保留传统管理思想中最精华的内容。为了实现这样的期许，书中涵盖了最新的管理概念和研究，展现了管理理念在当代组织中的应用。每章开头的调查问卷把学生吸引到相关主题中，使他们对自己的管理技能有所洞悉。每章非常有特色的“新晋管理者自我测试”为学生提供反馈，使他们了解成为管理者后对他们的角色期待。每章都有个特色新栏目叫“绿色魔力”，展示了各种组织如何以负责的态度响应社会和环境的要求。把已有的学术研究、新理念与实际应用结合在一起能使学生感受到动态管理世界的活力、挑战和开拓。圣智学习出版公司和我一起合作，致力于出版一本能使读者对组织管理产生更大兴趣的教材。

我修订《管理学》一书的目的还在于，出版一本高质量的教材，使学生既能尊重管理领域发生的变化，又相信自己能够理解和掌握这些变化。本书的写作风格力求深入浅出、简明扼要，通过一些案例、图表和简短的练习把相关概念介绍给学生。有些新的图表和修订后的图表是为了解释具体的管理概念。无论是文字还是图表都是为了帮助学生更深刻地理解管理世界中一些抽象而遥远的概念。

关注创新：第11版的特色

第11版的主要关注点在于：通过引入现实世界中管理者每天面对的日常问题，阐述当今动荡环境下的相关管理概念和应对问题的理论。各章的“创新之道”专栏与当今快速变化的形势密切相关。

学习机会

第11版的创新还在于帮助学生了解自己的管理能力，理解当今组织的管理方式。每章章首的调查问卷与该章主题直接相关，使学生看到自己是如何回应真实世界的管理者所面对的形势和挑战的。各章的“新晋管理者自我测试”专栏给学生提供了了解自己的管理能力的机会。这些简短的调查反馈是第11版的特色，它们使得学生能够洞悉自己在真实管理世界中的行为模式。第11版对章末的讨论题进行了仔细的修订，以鼓励学生对本章涉及的概念进行批判性思考和应用。篇末全新的案例可以帮助学生提高解决管理问题的技能。

各章内容

每一章都增加或者拓展了许多主题，以反映管理者面对的新问题。各章的内容都非常紧凑、精练，重点关注当今管理者面对的关键问题。

此外，第11版还把互联网、社交媒体和新技术融入各章的相关主题。

章节的安排

这一版《管理学》的章节围绕管理的四项职能——计划、组织、领导和控制——安排组织。这四项职能全面涵盖了管理研究领域和管理者的工作特征。

第1篇是导论，介绍了管理的性质、与当今动荡环境相关的一些话题、管理的历史和技术驱动的工作场所。

第2篇考察了管理与组织的环境，包括企业环境和企业文化、全球环境、伦理与社会责任、小企业和新创企业的环境等内容。

第 3 篇用三章的篇幅阐述计划职能，包括组织目标的设置和计划、战略制定和实施、决策过程。

第 4 篇关注组织过程。本篇描述了组织结构设计的各个维度、管理者为实现战略目标所选择的组织形式、用来促进创新和变革的结构设计、人力资源职能的设计和使用、管理多样化员工的方法，这些都是组织职能中的重要内容。

第 5 篇致力于领导职能。本篇的第一章是了解个体行为，包括自我意识和自我了解。这为后面各章对领导、员工激励、沟通和团队合作的讨论打下了基础。

第 6 篇描述了管理的控制职能，包括全面质量管理的基本原理、控制系统的设计、层级控制和分权控制的差别。

创新特色

本书的一个主要目标在于更好地利用教材这一媒介向读者传递管理知识。因此，为了吸引学生，帮助他们思考、消化和理解管理概念，本书做了很多创新性工作。圣智学习出版公司为了打造一本市场上非常优秀的管理学教材和教辅材料，组建了一支专家团队，提供了美观的图片、图表和详尽的辅助材料。

- 各章的概要和学习目标。每章开头是学习目标和内容概要，为学生提供了本章的总览和学习指南，同时也可检验他们对重要知识点的理解和记忆能力。

- 篇首调查问卷。通过让学生完成与各章主题密切相关的简短问卷，让学生有机会主动参与到本章内容的学习中，从一开始就吸引学生的注意力。

- 新晋管理者自我测试。在每章的关键知识点处，都会要求学生做一个自我测试，使他们有机会亲身体验一些管理问题。从个体向新晋管理者转变，在绩效要求上有巨大的差异。第 11 版中这些全新的自我测试使学生得以了解作为一名新晋管理者应该做些什么以及如何去做。

- 绿色魔力。第 11 版的一个特色是每章中的“绿色魔力”专栏，它描述了某个公司的管理者如何创新性地解决可持续和环保责任问题。“绿色魔力”专栏中介绍的公司包括德国邮政敦豪集团、耐克公司、宝马公司、安讯能公司、废料管理公司、Bean and Body 公司、百事集团、富士通公司、Honest 公司、SAP 公司等。

- 当代案例。每一章都有一些管理案例，用来诠释各章的关键知识点，展示一些概念在公司中的应用。通过“创新之道”专栏展示的这些书面案例包括很多著名的美国公司和国际企业，比如，苹果公司、四季酒店、联想集团、亚马逊公司、诺基亚公司、美国中央情报局、三星电机，以及一些不那么有名的公司和非营利组织，其中包括 Godrej & Boyce 公司、乔氏连锁商店、Hilcorp 能源公司、约翰逊仓储运输公司、IGN 公司。第 11 版的“创新之道”专栏包括 47 个新案例和 9 个更新的案例，使学生能够接触真实的组织世界，了解管理概念的价值。

- 经理会谈。各章“经理会谈”专栏所阐述的主题直接来自学生特别感兴趣的管理领域。这一专栏是第 11 版新增的，主要描述了与该章内容相关的当代话题或问题，有些还包含诊断性的调查问卷或管理者如何处理问题的具体例子。这个栏目能激发学生对相关主题的兴趣，为他们提供一个别样的管理视角，这是其他教材所没有的。

● 图表。第11版增加或修订了一些图表，以增进学生的理解。很多管理理论都是在研究基础上提出的，有些概念非常抽象和理论化，书中的图表可以增进学生对这些概念的理解。这些图表也强化了关键知识点，展示了这些概念之间的联系，直观地表达出这些概念的含义。

● 讨论题。各章的讨论题可以帮助学生检查对关键知识点的理解，跳出基本概念的框框进行深入思考，判断需要进一步深入学习的知识领域。

● 批判性分析案例。每章都有一个短小精悍的案例，放在各章的后面，使学生有机会做分析和开展课堂讨论。这些案例都是基于真实的管理问题和管理困境，但是公司和管理者的真实身份被隐藏了。这些案例也是第11版新增的，可以提高学生解决管理问题的能力。

● 综合案例。放在各篇最后的六个综合案例进一步提供了真实世界的实际情况，使学生得以洞悉管理者如何处理计划、组织、领导、控制和其他管理问题。这六个相关的案例强化了“绿色”这个主题，因为它们描述的都是正在发展中的天然气行业的相关问题。

● 教师主页。主要的教辅材料（教师手册、题库、在线测试、PPT）都挂在教师主页上，教师可以用来定制讲义、授课、评判学生成绩。

● 教师手册。为了方便新教师讲授这门课程，也为了给老教师提供创新性辅助材料，教师手册中包括各章的大纲、简明扼要的学习目标、讲义、课程大纲示例。此外，教师手册还包括章末辅助材料、综合案例的答案和教学笔记。

● 题库。本书的题库包括3 000多道多选题、判断题、填空题、简答题和综述题。每个问题或根据其难度，或根据布鲁姆分类或其他参考标准进行评分。

● 在线测试。只能在教师主页上进行。在线测试包括题库中的所有问题，这个在线软件与微软视窗操作系统和苹果公司的操作系统是兼容的。教师可以在里面增加或编辑问题、指导、答案，也可以通过屏幕预览来选择其中一些问题。

● PPT讲义。也挂在教师的主页上。PPT讲义可以帮助教师定制自己的多媒体课件，每章平均有27张幻灯片，其中包括教材中的图表、教材外的辅助材料。这些教辅材料按书上的章节排序，可以根据班级情况加以修订或扩充。

要想得到其他的课程资料和资源，请访问www.cengagebrain.com。在该网站的主页上，输入本教材的ISBN（印在教材的封底），将出现产品主页，你会看到出版公司提供的免费资源。学生需要花钱才能获得这些资源。想要了解更多的信息，请联系圣智学习出版公司的销售代表。

理查德·达夫特

田纳西州纳什维尔市

目　录 New Era of Management

第5篇 领 导

NEW ERA OF MANAGEMENT

第1篇

导　论

Introduction to Management

第 1 章
瞬息万变时代的管理
Managing in Turbulent Times

学习目标

学习完本章后，你应该能够：

1. 描述四项管理职能及与之相关的管理活动类型。
2. 解释效率和效果的区别以及它们对于组织绩效的重要性。
3. 描述概念技能、人际技能和技术技能及其与管理者的关系。
4. 描述不同的管理类型以及它们在横向和纵向管理层级上的差异。
5. 定义管理者在组织中扮演的十种角色。
6. 了解管理者在小企业和非营利组织中的作用。
7. 了解成为一名新晋管理者所面临的个人挑战。
8. 讨论在当代环境中成为一名有效的管理者所必备的创新能力。

准备好成为一名管理者了吗？[1]

欢迎来到管理世界。你准备好了吗？这个问卷将帮助你了解你的优势是否与当今管理者的要求相符。

导语：根据你认为一名成功的新晋部门经理需具备的关键要素，给以下的句子排序。你的任务是把最重要的四句话列为“最认同”，把剩下的四句话列为“最不认同”。

	最认同	最不认同
1. 把 50%以上的时间用于关心和培养员工。	______	______
2. 确保员工知道整个部门在你的掌控之中。	______	______
3. 利用午餐时间与其他部门的同事会面和交流。	______	______
4. 实施一些你认为可以提高部门绩效的变革。	______	______
5. 尽可能花时间与下级交谈并倾听。	______	______
6. 确保在规定时间内完成工作。	______	______
7. 主动与老板讨论他对你及你所在部门的期望。	______	______
8. 确保你为你所在部门设定了清晰的期望和规则。	______	______

得分及解释：以上罗列的八句话可能都重要，但是要想成为一名长期成功的管理者，奇数项被认为比偶数项更重要。如果你选择了奇数项中的三句或四句话，那么你可能已经做好了成为管理者的准备。一个成功的新晋管理者发现：需把大量的时间用于关心和培养其他人，包括下属和同事。不能胜任新的管理岗位的人经常要做这样的事情，因为他们与他人的工作关系较差，或者他们错误地理解了企业的管理哲学或文化价值观。从各个方向发

展良好的人际关系显然比坚持原有的工作技能或强调控制和任务结果更加重要。成功经常会在人际关系稳固时出现。在管理职位上做了大约一年之后，成功人士发现他们把超过一半的时间花在构建人际关系上。

2011 年 10 月，当史蒂夫·乔布斯去世的时候，他于 1976 年创立的苹果公司就总市值而言，已成为世界上最具价值的公司。成千上万的人都热衷于苹果公司的创新产品，比如 iPhone 和 iPad。在乔布斯去世之后，报刊、学术期刊及网站都纷纷刊登有关这个 CEO 的英雄传奇和管理风格的文章。在 600 多页的《乔布斯》个人传记中，沃尔特·艾萨克森（Walter Isaacson）称他为“我们这个时代最杰出的商业领袖”，全世界的管理者从该书中汲取乔布斯管理理念的力量。[2] 26 年前，在创立苹果公司后，30 岁的乔布斯被自己的公司赶走，这似乎非常难以理解。乔布斯在苹果公司的前 10 年里就已经拥有过人的远见和创新能力，这些特点伴随他的一生。但是他当时还不太知道或者关注企业的“管理”一面，这导致乔布斯被迫含垢忍辱地离开公司，同时又让他有机会吸取管理理念缺乏的教训，最后重返苹果，创造了有史以来最伟大的公司。

对于很多人来讲，成为管理者不是自然而然的事情。作为管理者，史蒂夫·乔布斯既有优点，也有缺点，但是在他的职业生涯中，他学习怎样通过有效地协调和领导员工来取得辉煌的成就。令很多人意想不到的是，当他们第一次担任管理者的时候，很多事情比想象的更加难以控制。管理的本质就是激励和协调他人来应对多种多样、具有深远影响的挑战。很多新晋管理者期望获得权力，有控制的能力，能够对部门结果承担责任。然而，管理者更加依赖下级，而不是下级依赖管理者。对管理者的绩效评估是由他人的工作结果而非他们个人取得的成就决定的。管理者要创建能够帮助他人表现更好的系统和环境。

过去，很多管理者严格地控制员工。但是，管理学领域正在经历革新，那就是要求管理者通过做得更少来实现更多，要求管理者在激发员工能力的同时激励他们全身心地投入，把变化而不是稳定看成常态，传达愿景和文化价值观，让人们创建一种真正合作和高效的工作环境。本书介绍、解释了管理的过程以及对于管理者来讲非常重要的看待这个世界的不同方式。通过回顾一些成功的或者还算是成功的管理者行为，你会了解管理的基本原理。读完本章，你会了解管理者让组织正常运行的一些技巧，接着你将开始理解管理者是如何通过人们的协作来取得辉煌成就的。读完本书，你将会理解计划、组织、领导和控制一个部门甚至整个组织的基本管理技巧。

1.1 创新管理为什么很重要

“通过发明推特，杰克可能加速推动了北非和中东地区独裁者的倒台。”维珍集团的总裁理查德·布兰森（Richard Branson）说道。[3] 他所指的杰克·多西（Jack Dorsey）是微博服务提供商推特的联合创始人之一。2012 年年初，推特就拥有超过 1.4 亿活跃用户，每天的消息记录有 3.4 亿条。正如布兰森评论的那样，发推特不仅仅是谈论八卦或者炫耀。它被用在各种各样的活动中，从组织抗议和传播政治动荡或者自然灾害的言论到宣传产品和收集客户反馈。[4]杰克·多西的另一家公司 Square 于 2010 年成立，可能会产生更大的影响力。Square 从一个产品起家，这个产品是一个简单的可以插入 iPhone 的信用卡读取器，便于人们接受信用卡支付。如今超过 100 万小企业和个人使用 Square 来处理信用卡支付，并且多西的团队正在寻求进军拉丁美洲、亚洲和欧洲的方式。Square 还创造了许多其他产品和服务，并且发展迅猛。[5]

推特和 Square 的成功绝大部分归功于管理者做到有效创新。多西把在 Square 中的新尝试看成一种“重塑”，因为他的目标是做开创性的东西，重塑金融世界的本质。“我们所做的一切就是要让人们更开放、更具有创新能力、更有勇气。”多西说。Square 迅速在《最快速发展公司》（*Fast Company*）① 的世界最具创新力公司榜单中上升到第五位。[6]

创新管理为什么很重要？产品、服务、管理体系、生产流程、公司价值观以及组织其他各个方面的创新都是公司成长、变革以及繁荣的动力。如果没有创新，则没有一家公司能够长久存活。产业、技术、经济、政府以及社会都在不断变迁，管理者的任务就是帮助他们的组织在充满变动和创新的不可预见的发展中乘风破浪。[7]动荡的全球经济、美国的房地产次贷危机和金融市场灾难、波动的原油价格以及毁灭性的墨西哥湾原油泄漏事件、政府政权的彻底倒台、日本的地震和海啸灾难及由此导致的福岛核电站事故、持续的恐怖主义威胁以及全球健康威胁等，这些事件不断让管理者确信稳定的管理是不现实的。发展中国家，特别是中国和印度的公司，其快速成长的势头和能力令很多西方的管理者担心。在这样一个动荡和高度竞争的全球环境中，管理者必须帮助他们的公司进一步创新，创新速度要快。

人们能够学习创新地管理。有趣的是，一些精明的企业管理者已经开始研究“感恩而死”摇滚乐队（The Grateful Dead），并且从中学到一二。下面的“创新之道”专栏介绍了这个令人感到不可思议的乐队。

创新之道

“感恩而死”摇滚乐队

谁说过“[在信息经济年代]，增加你的产品需求的最佳方式是免费派送”？这是脸书（Facebook）的创始人马克·扎克伯格说的，还是谷歌的联合创始人谢尔盖·布林或者拉里·佩奇说的？

事实上，这些文字是由“感恩而死”摇滚乐队的词曲作者约翰·佩里·巴洛（John Perry Barlow）在 1994 年发行的 *Wired* 杂志中写的，它们在大多数人想到“互联网商业模式”之前早就出现了。“感恩而死”乐队因允许歌迷在他们的演出现场录音而闻名，这使他们损失了很大一部分来自唱片销售的潜在收入，但是却在此过程中扩大了他们的歌迷群体，这些歌迷在演唱会门票、纪念品上花了很多钱，更不用说唱片了。

对于工作，“感恩而死”乐队并不是漫不经心，相反，他们把它看成自己的事业，很早

① 《最快速发展公司》（*Fast Company*）：与《财富》和《商业周刊》齐名的美国最具影响力的商业杂志之一。——译者

就组建公司，并且成立了由组织各个阶层人员组成的董事会。他们的很多前沿观点和做法后来被许多公司采纳。一个典型的例子就是，他们决定密切关注最忠诚的歌迷团体，想方设法创造并传递卓越的客户价值。更有趣的是，在脸书出现之前，一个乐队发现了这样一种创新的办法来和歌迷保持紧密联系，并且形成一个零距离的“兴趣社区”。在互联网和社交网站出现前的数十年中，相隔数千英里的铁杆粉丝间形成了紧密的友谊和忠诚度。

巴里·巴恩斯（Barry Barnes）是一名商科教授，他在给商业领袖们介绍“感恩而死”乐队时说，这个乐队能够一直创新地思考并付诸行动，给今天的管理者做了一个榜样。这个乐队火了很多年，历经世界经济的起起落落。“如果你想在经济不景气的大背景下生存下去，”巴恩斯说道，“你最好能够迅速调整。‘感恩而死’乐队就是这样的典范。”[8]

在当今的经济环境中，尽管公司需要控制成本，但是创新已经成为新的当务之急。最近一项对亚洲、北美洲、欧洲和拉丁美洲的公司高层管理者的调查发现，80%的被调查者赞成“要想长期成功，创新比降低成本更为重要”。[9]在本书中，我们将关注能反映其管理者创新地思考和行动的能力的各类公司，正如“感恩而死”乐队所做的那样。除此以外，第11章将会具体地讨论创新和变革的话题。让我们在学习管理学之前，了解成为一名管理者意味着什么。

1.2 管理的定义

每天，管理者都要解决各种难题，改变组织并且取得惊人的绩效。想要取得成功，每一个组织都需要优秀的管理者。

管理者究竟在做什么？当代著名的管理学家彼得·德鲁克因创建现代管理学的研究而闻名于世，他把管理者的工作概括为五项具体的任务，如图表1-1所示。[10]事实上，管理者要设定目标、组织活动、激励和沟通、衡量绩效，并且培养员工。这五项管理者的活动不仅适用于以脸书的马克·扎克伯格、福特汽车公司的艾伦·穆拉利（Alan Mulally）和施乐公司的乌苏拉·伯恩斯（Ursula Burns）为代表的高管，也适用于你家乡某个餐厅的经理、机场安全部门的领导、虚拟主机服务的主管或者是当地企业的销售总监。

图表1-1中列示的活动可以归纳为四种主要的管理职能：计划（设定目标和确定活动）、组织（组织活动和人员）、领导（激励、沟通、培养员工），以及控制（设立目标并且衡量绩效）。根据他们的不同岗位，管理者做不同的工作，但是他们所做的各种工作都可归类为这四种基本的职能。所以，我们对管理的定义如下：

管理（management）是通过计划、组织、领导和控制组织资源，高效率、有效果地达成组织目标。这个定义包含两层重要的含义：（1）管理职能有四项：计划、组织、领导和控制；（2）高效率、有效果地达成组织目标。我们首先来看这四种管理职能。在本章的后面部分，我们将会讨论组织的效率和效果以及管理者常用的能够帮助他们顺利完成工作的各种技能。

图表 1－1　管理者做什么？

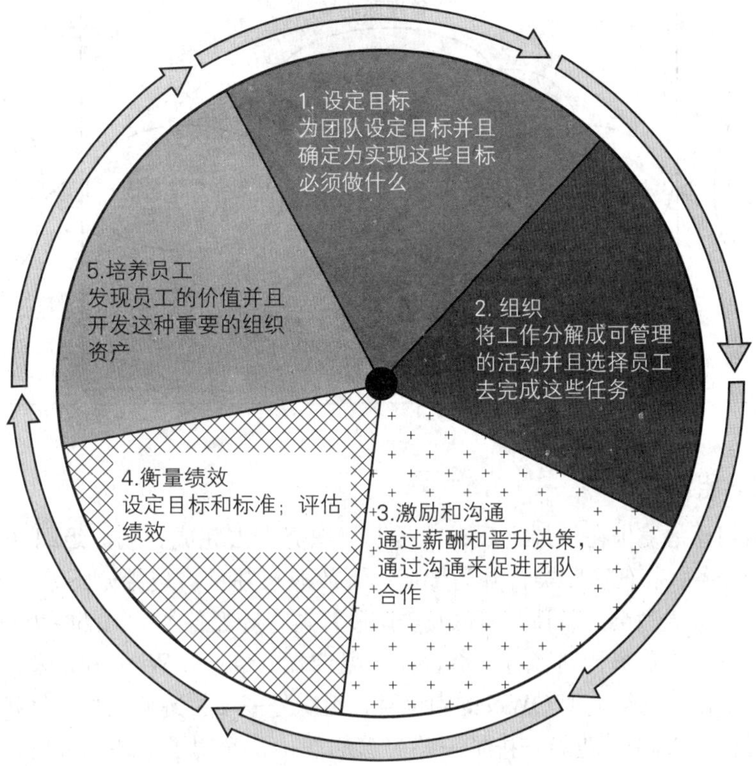

资料来源：Based on "What Do Managers Do?" *The Wall Street Journal Online*，http://guides.wsj.com/management/developinga-leadership-style/what-do-managers-do/(accessed August 11，2010)，article adapted from Alan Murray，*The Wall Street Journal Essential Guide to Management*（New York：Harper Business，2010).

1.3　四项管理职能

图表 1－2 展示了管理者如何利用资源，通过计划、组织、领导和控制这些职能来实现组织目标的过程。本书接下来的章节会专门讲述与每个职能相关的管理活动和管理技巧，以及影响管理者实施这些职能的环境、全球竞争和企业伦理。

1.3.1　计划

计划（planning）意味着为未来的组织绩效设置目标，并确定为达成这些目标所需完成的任务和使用的资源。换句话说，管理计划限定了组织未来的位置以及达到这个位置的方法。通用电气的计划就是一个典型的例子。通用电气的管理者卖掉了塑料、保险和媒体部门，将公司的资源专注于四个关键业务领域：能源、航天器引擎、医疗保健以及金融服务。过去，通用电气每隔几年就会让高管在不同的部门间轮岗，以此让高管获得广泛的经验。但是现在为了响应战略的重新聚焦，公司会让高管在其业务单位待得更久，这样他们就会对这四个核心业务的产品和客户有更加深入的了解。[11]

图表 1-2 管理过程

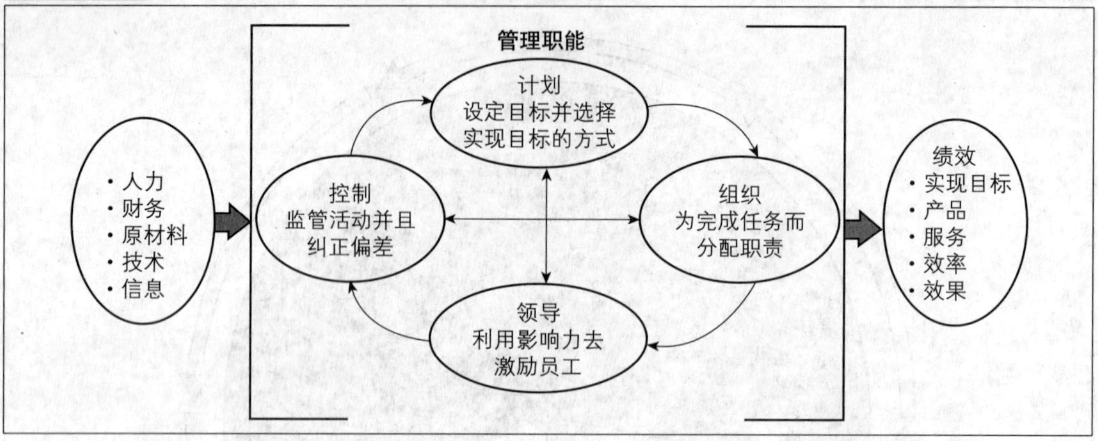

1.3.2 组织

组织通常发生在计划之后，它帮助组织努力去完成计划。**组织**（organizing）包括分配任务，将任务归类合并为部门，下放职权并且将资源分配给各部门。近几年，像 IBM、天主教会、雅诗兰黛以及美国联邦调查局等各类组织都经历着结构性的重组以适应它们的变革计划。对于奥普拉·温弗瑞（Oprah Winfrey）来讲，在她努力扭转自己新创的网络电视 OWN 的困境时，组织是一项关键的工作。她接任该公司的首席执行官（CEO），重新安排了一些高管的职位，雇用了一些新高管，并通过裁员来降低成本，使公司结构更加扁平化。她希望这种结构性的变革能够给 OWN 奠定一个坚实的基础，从而使公司能以精益而创新的方法运营。温弗瑞说："我为公司的精益化感到自豪。"在提到早年她的电视脱口秀时，她说："现在所做的与过去完全不同。"[12]

1.3.3 领导

领导（leading）是利用影响力去激励员工达到组织目标。领导意味着在组织中为员工创建一种共享的文化、价值观和沟通目标，并且激发员工实现更高绩效的欲望。作为克莱斯勒集团的首席执行官，塞尔焦·马尔乔内（Sergio Marchionne）每个月都会在密歇根州待上两周，跟来自销售、市场和产业运营部门的高管团队会面，交流他的计划，激励员工去实现他们的雄心壮志。马尔乔内大半生的职业生涯是在意大利管理菲亚特公司，他拒绝了克莱斯勒总部 15 楼的高管办公室，这样他可以在离工程中心不远的办公室里给予更多手把手的指导。[13] 并不一定是大公司的高层管理者才能成为一个杰出的领导者。很多管理者在全球大大小小的公司里默默地工作着，给部门、团队、非营利组织和小公司提供强有力的领导。

1.3.4 控制

控制是管理流程中的第四项管理职能。**控制**（controlling）意味着监管员工的行为，判断组织是否朝着既定的目标前进，并且在必要时进行纠正。近年来的一种趋势就是，公司不要过分强调自上而下的控制，而是倾向于培训员工，让他们进行自我管理和自我修正。但是，最终的控制职责依然在管理者手中。

美国特勤局最近面临一场公关危机，部分原因就在于内部管理失控。有消息称，派去为奥巴马总统哥伦比亚卡塔赫纳市之行做准备的美国特勤局安保人员晚上喝醉了酒，逛脱衣舞夜总会，并把妓女带回酒店的房间，这件事情引发了公众和法律界人士的抨击。很多特工被开除，特勤局主任马克·苏利文（Mark Sullivan）及其他的高管被参议院附属委员会叫去问讯，让他解释内部管理失控的原因。大量的调查也引发了对其他特工行为不端的指控，使他们的“道德败坏行为”得以曝光。特勤局管理者随后做出回应，必须制定更加严格的行为准则，即使在非工作时间，特工们也必须遵守这些准则。[14]

1.4 组织绩效

管理定义中包含的第二个内容是，要以既有效率又有效果的方式来实现组织目标。管理之所以重要是因为组织很重要。在一个以复杂技术为主的工业化社会里，组织可以将知识、人力、原材料聚集起来以完成任务，这些是个人无法做到的。如果没有组织，就不可能有技术让我们即时在全球分享信息；就不可能让巨型的水坝和核电站生产出电能；就不可能会有成千上万的歌曲、视频和游戏随时随地给我们的生活带来乐趣。组织渗透到社会的方方面面，管理者负责保证资源为了实现组织目标而被广泛利用。

我们对组织的正式定义是：**组织**（organization）是一个具有明确目标和清晰结构的社会实体，它由两个或两个以上的人组成。明确目标指的是为了取得一些成果，比如获取利润（沃尔玛），为其成员争取收入的提高（美国劳工-产业工会联合会），满足精神需求（卫理公会教派联合会），或者提供社会满意度（大学的女生联谊会）。清晰结构是指明确分工，并且将相应的绩效职责落实给组织成员。这个定义适用于所有的组织，不仅包括营利性组织，也包括非营利组织。小型的、非传统的以及非营利组织的数量远远超过大型的、看得见的企业，同时前者对于社会的作用也是毋庸置疑的。

基于我们给管理下的定义，管理者的职责就是协调资源，以既有效率又有效果的方式实现组织目标。组织的**效果**（effectiveness）是指组织实现既定目标或者成功地做到它想做的事的程度。组织的效果意味着提供的产品和服务是顾客喜欢的。组织的**效率**（efficiency）是指为实现组织目标而消耗的资源数量。它是指生产一定数量的产品而必须消耗的原材料、金钱和人力资源的数量。效率用生产产品或提供服务所消耗的资源数量来计算。效率和效果在同一个组织中可能都很高。作为拍摄了《老雷斯的故事》（*Dr. Seuss' The Lorax*）的电影制作公司，照明娱乐公司（Illumination Entertainment）的管理者不断寻求提高效率的方法，同时实现公司拍摄有创意的、成功的动画片的目标。

迄今为止，照明娱乐公司成功实现了它的目标，即既要遵从高效率、低成本的模式，又要能够产生高效果。麦雷丹德瑞（Meledandri）致力于把事情做得“精而简”，这样成本就不会随着时间的推移逐渐增加，也就不需要日后削减成本的措施了。所有的管理人员都必须关注成本，但是为提高效率而大幅削减成本有时会损害组织的效果。管理者最终的责任是要实现高**绩效**（performance），即实现以高效率同时高效果的方式利用资源的组织目标。让我们看看在百代唱片公司发生的事情。公司销售上的疲软使管理者非常关注提高财务绩效的手段，从而减少了浪费，提高了运营收入。但财务绩效的提高却是以削弱公司雇用新艺术家的能力为代价的，而艺术家对于唱片公司来讲非常重要。与此同时，它还带来内部的混乱，比如，一些签订长期合同的演员，像滚石乐队选择离开公司，结果导致公司整体绩效下滑。公司的管理者正在努力地寻求效率和效果之间的适当平衡，以使百代唱片回到正确的轨道上来。[16]

绿色魔力

本土影响

物流巨头——德国邮政敦豪集团（Deutsche Post DHL Group）计划承担起促进当地可持续发展的企业社会责任。德国邮政敦豪集团对社会责任的承诺体现在三个核心理念上：绿色（保护气候）、援助（灾难援助）、教育（教育事业）。这个企业计划的每一个核心观点都体现在其总目标上，比如，截至2020年，要减少30%的二氧化碳排放，这个量身定制的公司目标符合当地的需求和文化。

例如，敦豪集团在泰国有38个分支机构，而当地佛教所要求的相互关怀也有助于它们去帮助和教育当地百姓。通过确定当地的需求和问题，敦豪集团制定了针对该地区的战略，比如，在泰国高温天气下使用节能灯及想办法减少空调的使用，安装GPS（全球定位系统）来减少汽车燃油的消耗。此外，敦豪的泰国分公司要求潜在的商业伙伴接纳它们的绿色环保理念，使当地的可持续发展取得了显著的进步。

资料来源：David Ferguson，"CSR in Asian Logistics：Operationalisation within DHL（Thailand）"，*Journal of Management Development* 30，no. 10（2011）：985－999.

创新之道

照明娱乐公司

你不可能用很少的钱拍出一部一鸣惊人的电影，但是克里斯托弗·麦雷丹德瑞（Christopher Meledandri）证明了严格的成本控制和卖座的动画电影两者之间并非相互排斥。很多由电脑制作的动画电影至少要花1亿美元，有些预算可能要达到1.5亿美元。相对而言，照明娱乐公司①的大片《神偷奶爸》只花了6 900万美元。《拯救小兔》的预算只有6 300万美元。公司票房排名第三的电影《老雷斯的故事》花了7 000万美元，比该电影第一周的票房还要少。

照明娱乐公司的管理者使用很多方式来提高效率。比如，在拍摄《神偷奶爸》时，他们决定不考虑类似动物毛发的细节，这些是观众在屏幕上不会关注的。其他在电脑制图方面特别花钱但是对于故事情节不会产生关键影响的细节也都进行了简化，保留了那些要反复使用的布景的细节设计。公司花了很多钱请史蒂夫·卡瑞尔（Steve Carell）来配音，也请了其他并不那么炙手可热的配音演员，这个做法被管理人员推广到所有电影中。他们也起用新导演以及年轻、充满热情但是经验不足的动画片绘制者。跟一个有经验的艺术家的要求

① 照明娱乐公司是一家美国电影制作公司，在2007年由电影制片人克里斯托弗·麦雷丹德瑞创立，总部位于美国加利福尼亚州洛杉矶。2008年，照明娱乐与NBC环球公司达成协议，照明娱乐正式成为环球影片公司旗下的一个子公司，并为后者制作动画电影。——译者

比起来，这些人的薪酬通常连一半都不到。具体组织方式也会对效果产生影响，麦雷丹德瑞将组织层级降到最少，这样，决策就能很快制定，电影也不会因为制作时间过长而耗费大量的金钱。公司的办公地点设在租金很低的水泥厂后面，而不是设在繁华地区。

照明娱乐公司很快就成为好莱坞的竞争对手。尽管从总体看电影观众在逐年减少，但是家庭动画电影却很火爆，照明娱乐公司拥有几部特别成功的动画片。新闻集团的前主席彼得·谢尔尼（Peter Chernin）谈到麦雷丹德瑞时说："很难找到像他这样商业意识和创新意识一样强的人。"麦雷丹德瑞和他的管理团队正在用他们的商业意识运营着一个有效率的组织，用他们的创新性想法把金钱投到正确的地方，制作出广受观众喜爱和好评的动画片。[15]

1.5　管理技巧

管理者的工作需要各种技巧。虽然一些管理学家提出了一系列技能，但是管理一个部门或者一个组织最需要的技能可以分为三类：概念技能、人际技能和技术技能。[17] 如图表 1-3 所示，当一个人被提拔到不同的管理岗位上时，这些技能如何应用到不同的岗位上，差别巨大。虽然每一种技能在组织的不同层级所要求掌握的程度可能会有差别，但是所有的管理者都必须具备这些重要领域的某一项技能才能有效地开展工作。

图表 1-3　管理中概念技能、人际技能和技术技能的关系

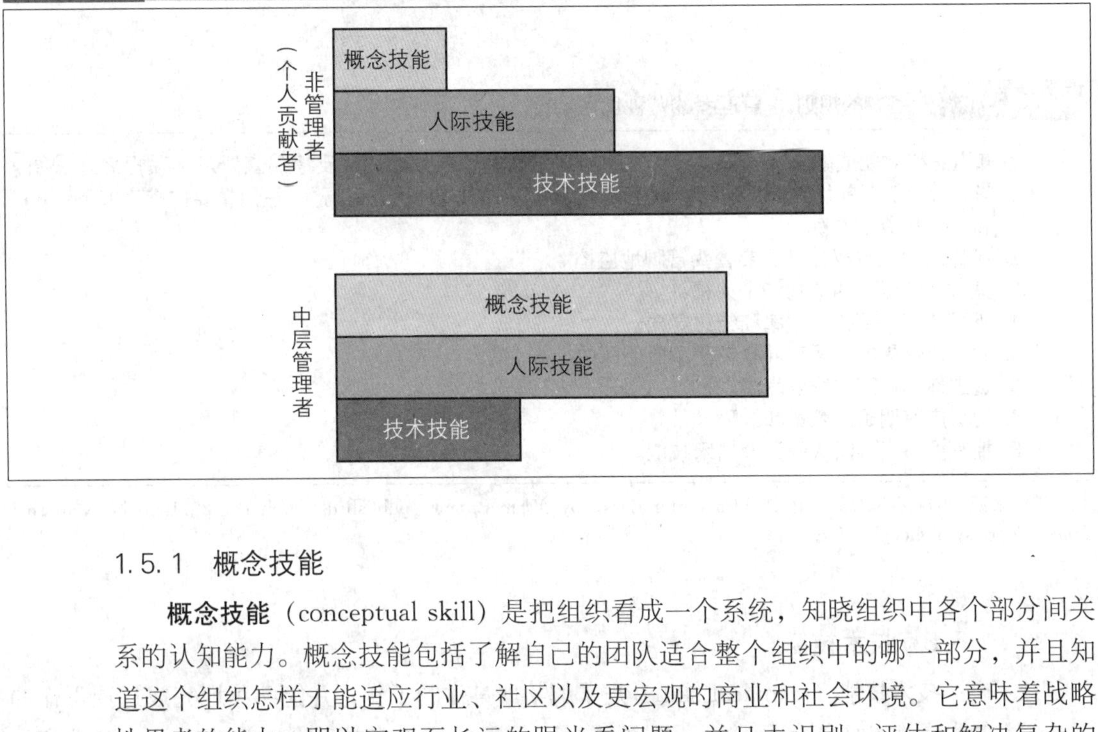

1.5.1　概念技能

概念技能（conceptual skill）是把组织看成一个系统，知晓组织中各个部分间关系的认知能力。概念技能包括了解自己的团队适合整个组织中的哪一部分，并且知道这个组织怎样才能适应行业、社区以及更宏观的商业和社会环境。它意味着战略性思考的能力，即以宏观而长远的眼光看问题，并且去识别、评估和解决复杂的问题。[18]

概念技能是所有管理者都需要具备的，特别是高层管理者。很多高管的职责，比如决策、资源配置以及创新都需要一个宏观的视角。比如，乌苏拉·伯恩斯于 2009

年成为领导美国大型企业的第一位非洲裔美国人，她需要杰出的概念技能来引导施乐公司在萧条的经济环境和技术快速变化的产业中渡过难关。尽管复印机和打印机的销售量保持稳定、价格有所下降，但是施乐公司在这个不断并购重组的产业中向它的竞争对手发起了强有力的挑战。为了保证公司的繁荣，伯恩斯不仅需要对公司非常了解，而且需要对产业的变化以及更大的环境有深入的认识。[19]

1.5.2 人际技能

人际技能（human skill）是管理者作为团队成员与他人一起工作并通过他人实现高效工作的能力。人际技能表现为管理者与他人相处的方式，包括激励、帮助、协调、领导、沟通和化解冲突的能力。人际技能对于每天与员工直接接触的一线管理者来讲显得尤为重要。[20]人际技能对于不同类型组织中的所有管理者来讲越来越重要。[21]

甚至对于像谷歌这样依赖技术专长的公司，人际技能对于管理者来讲也是非常重要的。谷歌分析了绩效评估和反馈调查，从中找出哪些因素成就了技术人员中的优秀管理者，发现技术专长在八个期望的管理者素质中排名最后（见图表1-4）。此表罗列了优秀管理者的八种有效行为。你会注意到所有这些行为几乎都与人际技能有关，如沟通、指导和团队合作。人们希望管理者能够倾听他们的意见，与他们建立积极的人际关系，并且关心他们的生活和工作。[22]最近的一项调查将今天的管理者与20世纪80年代末的管理者进行比较，发现与他人建立关系的技能在管理技能中的重要性明显提高了。[23]

图表1-4 谷歌的规则：管理者的八种优秀品行

想知道怎样才能成就更好的管理者，谷歌的高管研究了绩效评估、反馈调查以及奖项提名，试图找出哪些品行能够成就优秀的管理者。以下是他们发现的“八种优秀品行”，按照重要性排序如下：

1. 做一个优秀的教练。
2. 给你的团队放权并且不要管头管脚地监控。
3. 关心团队成员的成功和个人福祉。
4. 不可懦弱：要关注效率和结果导向。
5. 做一个优秀的沟通者并且善于聆听团队的心声。
6. 促进你的员工的职业发展。
7. 团队应有明确的愿景和战略。
8. 拥有能够指导团队的关键技术技能。

资料来源：Google's Quest to Build a Better Boss，by Adam Bryant，published March 12，2011 in the *New York Times*. Courtesy of Google，Inc.

1.5.3 技术技能

技术技能（technical skill）是了解某项具体的工作，并能熟练地完成这项工作的能力。技术技能包括掌握不同领域（比如工程、制造或者金融）的方法、技术和设备。技术技能也包括专门知识、分析能力、工具的熟练使用以及用某种规则解决问题的技巧。技术技能对于低层级的管理者来讲尤为重要。很多管理者因为拥有卓越的技术技能才得以晋升到他们的第一个管理岗位上。但是随着管理者往更高层级的等级链攀升，技术技能相对于概念技能和人际技能而言越来越不重要。拥有扎实技术技能的高管有时不得不学着把自己的技术技能搁置一边，这样有助于其他人更加高效地完成他们的工作。Yammer 的创始人及 CEO 戴维·萨克斯（David Sacks）亲自设计出了第一版产品，现在这家公司已经拥有 200 名员工、十多名产品经理和设计团队。萨克斯过去会“去产品部走走，看看设计者在做什么”，但是，据说这样的习惯会让一些人很难做出最棒的成绩。[24]

1.5.4 当技能失灵时

每个人都有瑕疵和缺点，并且这些短处在瞬息万变、充满不确定性或者出现危机的情况下会异常明显。[25]想想托尼·海沃德（Tony Hayward），作为一名很有经验的地质学家，他对英国石油公司墨西哥湾深水地平线钻井平台危机的处理断送了他作为 CEO 的职业生涯，同时也损害了英国石油公司的声誉。在 2010 年春季之前，海沃德因为领导这家石油巨头成功地转型而获得赞誉。但是，4 月英国石油公司的石油钻塔在钻井时爆炸，导致 11 名工人遇难，上百万加仑（1 加仑约等于 3.785 升）的原油流入墨西哥湾。事故发生后，海沃德未能承担起危机领导人的角色。他错误地评论说，他希望这场危机尽快结束，因为他“想过原来的生活”，这些暴露他麻木不仁和口无遮拦的话语引起大众的愤慨。海沃德未能化解这场危机，最后在 2010 年 7 月递交了辞呈。[26]

在动荡年代，管理者必须振奋精神，充分发挥自己的聪明才智和技能，造福组织及员工、客户、投资方以及社区等利益相关者。近些年，众多受到公众高度关注的事例告诉大家，当管理者不能有效利用他们的技能来应对不确定的、急剧变化的环境时会发生什么事情。道德和财务丑闻让人们对管理者嗤之以鼻，甚至让人们不愿意原谅这些错误。

尽管公司欺诈、贪婪的危机和实例抢占了新闻头条，但更多的公司失败得默默无闻。原因包括管理者不能倾听顾客意见，不能激励员工或者不能形成一个有凝聚力的团队。比如，奈飞（Netflix）从“受万人喜爱的创新品牌变成一个又大又差、与顾客渐行渐远的公司”，因为管理者不肯倾听顾客的意见。在决定既要涨价又要拆分公司的邮购订单并精简业务时，里德·哈斯廷斯（Reed Hastings）和其他的高管听到了大量客户抱怨，因为用户必须在两个网站上管理两个不同的账号。但是，管理者并没有真正去倾听客户的意见，公司按照自己的计划不断地推进，不管客户的沮丧和不满与日俱增。[27]

图表 1-5 展示了导致管理者难以取得期望结果的前十个因素，这是通过对不断变化的环境中的美国组织管理者的一个调查得到的。[28]注意：其中大部分要素可以归纳为不良的人际技能，比如，糟糕的工作关系、不能讲清楚发展方向和绩效期望、不能形成合作和团队协作。导致管理者失败的首要原因是无效的沟通技巧和实践，可以看到有 81%的管理者选择了这个原因。特别是在不确定和危机时期，如果管理者不能有效地进行沟通，包括倾听员工和顾客的想法，表现出发自内心的关心和爱护，组织绩效和声誉就会受到影响。

图表 1-5 管理者失败的首要原因

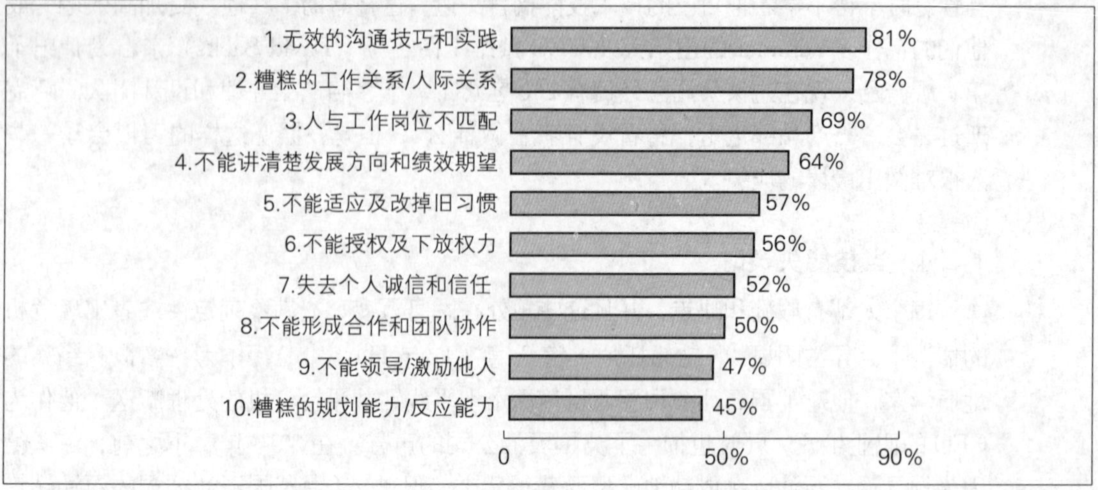

资料来源：Adapted from Clinton O. Longenecker，Mitchell J. Neubert，and Laurence S. Fink，"Causes and Consequences of Managerial Failure in Rapidly Changing Organizations，" *Business Horizons* 50（2007）：145－155，Table 1，with permission from Elsevier.

1.6 管理类型

管理者在所有的组织中，不管是大型企业还是小型企业、制造业还是服务业、营利性还是非营利组织、传统企业还是互联网公司，都要使用概念技能、人际技能和技术技能来实施管理的四项职能：计划、组织、领导和控制。但并非所有管理者的工作都是一模一样的。管理者负责不同的部门，在不同的组织层级上工作，并满足取得高绩效水平的不同需求。25 岁的丹尼尔·惠勒（Daniel Wheeler）的第一份管理工作是在德尔蒙食品公司（Del Monte Foods）当一名一线主管，在那里，他直接参与产品促销、设计包装袋并组织员工举办样品赠送活动。[29]凯文·库尔兹（Kevin Kurtz）是卢卡斯影业公司的中层管理者，他和员工们一起工作，为一些娱乐公司最热门的影片策划营销活动。[30]多米尼克·安东内利（Domenic Antonellis）是新英格兰糖果有限公司（Necco）的首席执行官，该公司生产的彩色夹心糖果上经常印着这样的话："你是我的""吻我"。[31]这三位都是管理者，都必须为自己的组织做计划、组织、领导和控制工作，但是工作的数量和方式各不相同。

1.6.1 垂直差异

管理者工作的一个重要决定因素是其所处的层级。图表 1－6 展示了层级中的三个层次。一项对 1 400 多名管理者的调研表明，这三个层级管理者的工作是不同的，并且不同层级的管理者其关注点也不同。[32]基层管理者最关心的是提高员工个人的绩效水平。中层管理者则不太关注员工的绩效水平，而更关心与员工群体相关的事宜，比如，分配资源、协调团队或者在整个组织中贯彻执行高层管理者的计划。高层管理者最关注的是监测外部环境，确定最具竞争力的战略。

让我们详细讨论不同层级管理者的区别。**高层管理者**（top manager）处在层级的最顶端，他们对整个组织负责。他们拥有总裁、主席、执行官、首席执行官或者执行

图表 1-6 组织层级中的管理层次

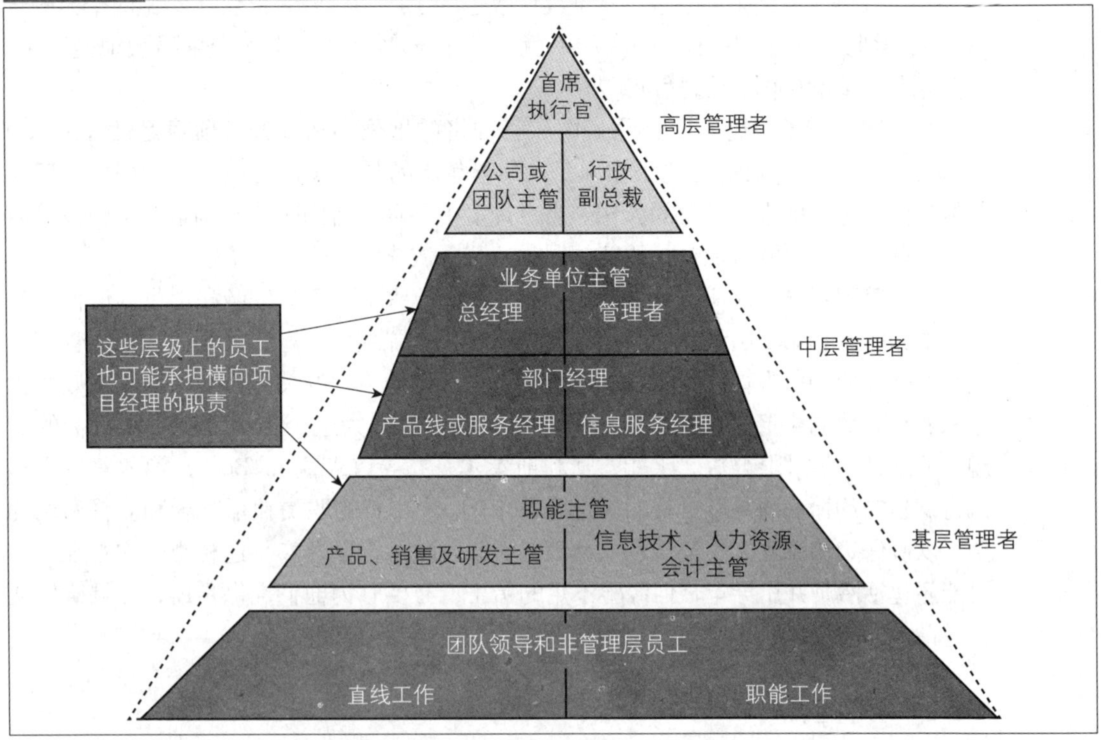

资料来源：Adapted from Thomas V. Bonoma and Joseph C. Lawler, "Chutes and Ladders: Growing the General Manager," *Sloan Management Review* (Spring 1989): 27-37.

副总裁这样的头衔。高层管理者负责设定组织目标，制定实现组织目标的战略，监控并洞悉外部环境，做出影响组织全局的决策。他们关注长远的未来，关心总体的环境趋势以及整个组织的成功。高层管理者负责将共享的愿景传达给整个组织，塑造企业文化，培养有助于企业创新和追赶潮流的创业精神。[33]

中层管理者（middle manager）在组织的中层工作，他们负责管理业务单位和主要部门。典型的中层管理者有部门主管、事业部主管、质量控制经理以及研发实验室主管。中层管理者通常会有两个或两个以上管理层级，他们负责实施高层管理者制定的总体战略和政策。中层管理者一般关注不久的将来，而不是特别长远的计划。

中层管理者的工作在过去 20 年间发生了巨大的变化。很多组织为提高效率解雇了很多中层管理者，并且大幅减少了中层管理者的层级。传统金字塔型的组织架构更加扁平，使信息能够快速从高层向底层传达，决策速度也大幅提升。此外，技术可以取代以前由中层管理者做的很多工作，比如，监控绩效和生成报表。[34]图表 1-6 展示了不断被削减的中级管理层。

虽然中级管理层被大幅削减，但是中层管理者的工作却焕发出一种新的活力。研究发现，中层管理者在促进创新和使组织更能适应瞬息万变的环境时起着举足轻重的作用。[35]拉尔夫·斯特耶（Ralph Stayer）是约翰逊维尔香肠公司（Johnsonville Sausage）的首席执行官，他曾说过："领导者可以设计出精妙的战略，但是组织的成功取决于对这些战略的执行，而中层管理者就是能够让战略发挥作用的人。"[36]尼古拉斯·布鲁姆（Nicholas Bloom）和约翰·范里宁（John Van Reenen）的一项研究似乎支持了斯特耶的观察。在印度纺织厂的一项实验中，对印度 20 家工厂的中层管理者的工作方法做了改进。将结果与未进行管理程序改进的工厂相比较，仅仅在实施四个月的管理方法培训后，这 20 家工厂的次品率就降低了 50%，生产率和产量极大地提高了，每年增加了 200 000 美元的利润。[37]

由于团队和项目的不断应用，中层管理者的地位不断提升。**项目经理**（project manager）负责一个临时性的工作项目，参与其中的员工来自组织的不同职能部门及不同层级，也可能来自其他的公司。当今许多中层管理者同时参与到很多项目及团队中，有些项目及团队可能在跨职能的同时还跨区域或跨文化。

基层管理者（first-line manager）直接负责产品和服务的生产和提供。他们处在管理的第一或者第二层级，一般拥有这样的头衔，如主管、直线经理、区域主管和办公室主任。他们负责管理团队及非管理层员工。他们主要的关注点在于利用规则和程序来实现高效的生产，提供技术支持并激励下属。因为这个层级强调日常目标的实现，所以其考核时限很短。比如，阿利斯泰尔·布特（Alistair Boot）管理着位于英国奇德尔的约翰·刘易斯百货的男士服饰部门。[38]布特的职责包括管理和监督商场的员工以确保销售流程、安全规则以及消费者服务政策得以落实。这种类型的管理工作可能还包括激励并引导年轻但经验不足的员工，必要时为他们提供帮助，并且确保他们遵循公司的政策。

1.6.2 水平差异

管理工作的另一个主要差别体现在组织的水平层面上。**职能经理**（functional manager）负责管理每个完成独立职能任务的部门，其员工都拥有相似的培训和技能。这些职能部门包括广告、销售、财务、人力资源、生产和会计等。直线经理负责管理制造或销售产品或服务的生产部门和营销部门。职能经理负责管理财务、人力资源等支持直线部门的部门。

总经理（general manager）负责管理从事不同职能的各个部门。总经理负责管理独立运作的分部，诸如诺德斯特龙百货商店或本田装配厂，并管理这些分部所有的职能部门。项目经理也有全面的管理职责，因为他们必须为完成某个特定的项目协调很多部门的员工。

1.7 管理者是什么样的

“尽管管理专家、管理顾问、管理学校层出不穷，但是大多数人对于管理者究竟应该做些什么，为什么必须把他们放在第一位，依然不是很清楚。”哥伦比亚商学院的教授雷·菲斯曼（Ray Fisman）写道。[39]除非某人真的做过管理工作，否则很难理解管理者每时每刻究竟在做些什么样的日常工作。亨利·明茨伯格通过跟踪管理者并且记录下他们的工作，回答了管理者在计划、组织、领导和控制中做了些什么的问题。[40]他对管理工作做了描述，包括三个基本特征和十种角色。这些特征和角色得到了其他研究的支持，将在本章的后面部分详细阐述。[41]

研究者还探索了管理者想做些什么。来自五个不同国家的男性和女性管理者都说他们最喜欢的活动是领导他人、社交和领导创新。管理者最不喜欢的活动包括控制下属、处理文字工作、管理时间压力。[42]一些新晋管理者发现，在他们向新角色和新职责调整的过程中，管理工作的时间紧张、行政工作的负担、指挥别人的挑战给他们带来极大的压力。确实，迈向管理层的最初一跃是一个人职业生涯中最可怕的时刻。

1.7.1　完成跨越：成为一名新晋管理者

很多被提拔到管理岗位的人很少知道管理工作究竟包括什么，并且很少得到如何做好新角色方面的培训。难怪在所有的管理者中，基层主管最容易遭遇职业倦怠和离职的情况。[43]

从个体贡献者转变为管理者常常让人感到不知所措。马克·扎克伯格就是一个很好的例子，他的公司脸书在他28岁生日前一周上市了。从某种意义上说，公众见证了扎克伯格"成长"为一名管理者的历程。他在创建社交媒体平台和组建公司时是一位强势的独立执行者，但是他不擅长每天的管理工作，比如，如何与员工相处及与公司内外的人沟通。扎克伯格很聪明，他聘用了很多非常有经验的管理者，包括前谷歌执行官雪莉·桑德伯格（Sheryl Sandberg），并且与一些能够对他的不足之处给予建议和指导的顾问和导师交朋友。他曾经在邮电出版公司（《华盛顿邮报》的出版方）的办公室跟随戴维·格雷厄姆（David Graham）四天，努力学习怎样经营一个大公司。现在脸书已是一家上市公司，跟以前相比，扎克伯格将会受到更加严格的监管，公众会监督他是否承担了一位大型上市公司管理者的职责。[44]

哈佛大学的教授琳达·希尔（Linda Hill）调查了19名管理者在他们第一年的管理经历，发现成功的一个关键因素是意识到成为一名管理者不仅要学习一套新的技能，人们看待自己的方式也要发生重大转变，即所谓的个人认同，其中包括改变根深蒂固的态度和习惯以及学习新的思考方式。[45]图表1-7勾画了如何从个体执行者向管理者转变。回顾之前关于管理者角色的讨论，管理者是构建体系而非完成某项具体任务的人。个体执行者是专家和"实践者"。他的固有想法是尽可能专业地完成一项特定的任务。相反，管理者必须是一个通才，必须学会协调大量的活动。个体执行者强烈认同的是他特定的任务，而管理者认同的是更宏观层面的组织和行业。

图表1-7　从个体执行者向管理者的跨越

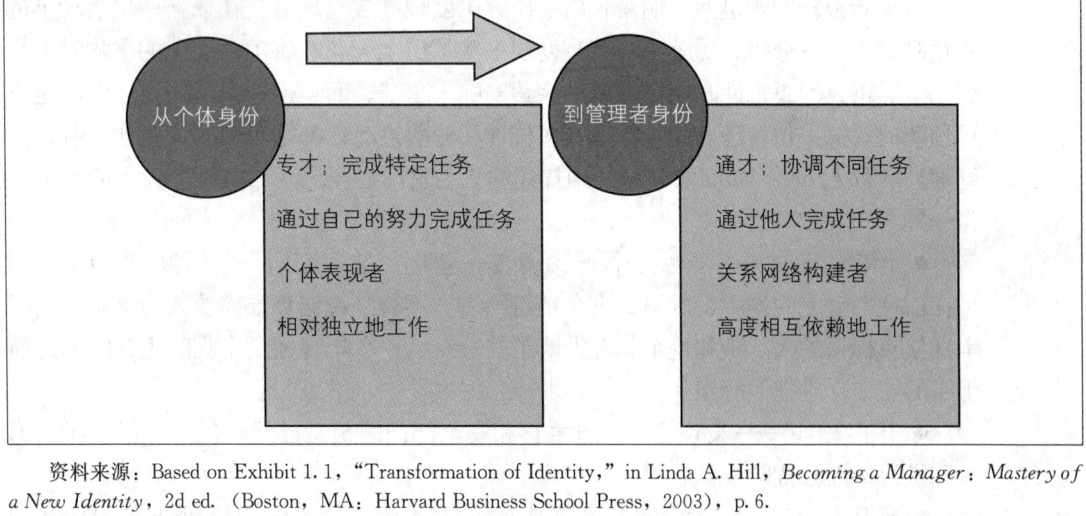

资料来源：Based on Exhibit 1.1, "Transformation of Identity," in Linda A. Hill, *Becoming a Manager: Mastery of a New Identity*, 2d ed. (Boston, MA: Harvard Business School Press, 2003), p. 6.

除此以外，个体执行者大多依靠自己的努力完成任务，并且养成一种依靠自己而不依靠别人的习惯。但管理者是通过别人来完成任务的。事实上，新晋管理者最常犯的错误就是希望自己来完成所有的工作，而不是将工作分配下去以培养其他人的能力。[46]希尔提醒说，作为一名管理者，你必须“是与他人合作或者通过他人来完成任务的组织机制，而不是那个自己完成工作的人”。[47]

很多新晋管理者遇到的另一个问题是，他们希望有更多的自由去做他们认为对组织最有利的事情。但在现实生活中，管理者发现他们受到互相依赖的限制。要想成为一名成功的管理者，就意味着要考虑组建团队和建立人际关系网络，要在员工和工作彼此高度依赖的系统中成为一个激励者和组织者。虽然从抽象的角度看，两者之间的区别非常明了，但其实并不是这样。本质上，成为一名管理者意味着成为一个新人，要从一个全新的角度来看待自己。

很多新晋管理者不得不经历一个“炼狱式”的转变，上任之后，需要通过工作来学习，但是很多组织会根据新晋管理者的需求给予他们更多的培训。比起组织为新晋管理者提供培训以及帮助他们适应、学习和成长所付出的成本，组织因为一名优秀员工不能改变自己去胜任新的岗位而付出的成本要大得多。此外，一些组织非常审慎地挑选管理岗位的员工，要确保每一位候选人了解管理涉及哪些内容，并且愿意成为一名管理者。

1.7.2 管理活动

大多数新晋管理者对于每天要做的各种各样的活动还没做好充分准备。关于管理者的活动，研究人员最有趣的发现之一是，管理者有多么忙碌，他们的日常工作就有多么紧张。

■ 多项任务同时执行

管理活动的特征是多样性、分散性和简洁性。[48]管理者的参与面如此之广，任务量如此之大，以至于几乎没有什么时间静下心来思考问题。最近伦敦政治经济学院和哈佛商学院的团队做的一项研究发现，首席执行官每周工作的平均时间只有 6 小时。其他时间都花在开会、打电话、出差、和组织内外的人沟通上。[49]

管理者换挡非常迅速。明茨伯格在研究中发现高层管理者花在任何一项活动上的平均时间少于 9 分钟，另外一项调查发现一些基层主管花在每项活动上的平均时间是 48 秒。[50]重大的决定性时刻伴随着鸡毛蒜皮的小事情，而且这些事情的先后顺序是不可预测的。每一位管理者的工作就其多样性和分散性而言都是相似的，正如《劳动力管理》(*Workforce Management*) 中描述的人力资源经理凯西·戴维斯一天的典型工作一样。[51]

● 上午 6：55——一早到公司开始调查一起发生在一家工厂里的性骚扰投诉，但是在前往办公室的途中，她遇到一个举着写有“不公平待遇！谁需要人力资源部门？”字样抗议标语的人。她和这个年轻人谈了几分钟，这个年轻人是个临时工，因为之前粗心的工作，她把他解雇了。

● 上午 7：10——发现工厂轮班主管和安全部门的员工已经在门外等候多时，为了和她讨论性骚扰的投诉。

● 上午 7：55——凯西团队的一名成员苏来到她的办公室，因为不知道凯西在开会，她打断了会议告诉凯西，有人在她办公室外的过道上举牌子抗议，首席执行官想知道发生了什么事。

- 上午 8：00——终于独自一人，凯西打电话给首席执行官，跟他解释了抗议事件，之后开始早上的日常工作。她听了语音信箱，发现有三条消息需要马上回复，把另外四条消息转发给了团队的其他成员。她开始查看邮件，但是又被苏打断。苏提醒她必须审核最新的人力资源审计，这样公司就可以即刻做出回应，避免受罚。
- 上午 9：15——在审核审计报告时，凯西接到经理皮特・钱宁的电话，询问是否给一个潜在录用者发送了录取通知邮件。“不要发，”皮特说，“我改变主意了。”虽然之前经历了几周的面试和背景调查，但是现在皮特打算从头开始。
- 上午 11：20——快要结束重要邮件列表上的邮件回复时，凯西听到门外的喧哗声，发现琳达和苏在吵架。“IT 给我们的报告全是错误，”琳达说，“但是苏说不要管它。”凯西同意阅读 IT 部门的报告，发现尽管错误不多，但是却会产生严重的影响。
- 中午 12：25——快要看完 IT 报告时，凯西的邮箱跳出一封来自主管的“紧急”邮件，告知她，他手下的一名员工要缺勤好几周，他认为“这种做法违背了职业道德”。这是她第一次听说这种事情，所以她拿起电话给主管打过去。
- 下午 1：20——终于到了午餐时间。她在邻近的超市随便买了一份三明治，也给那个抗议者带去一份，抗议者表示感谢，然后继续他的抗议活动。
- 下午 2：00——与首席执行官亨利・卢克会面，审核审计报告和 IT 报告，讨论公司 401（k）计划的变更，并且交换降低员工离职率的想法。
- 下午 3：00——匆忙回到办公室取出车钥匙，开车去参加与生产制造工厂经理的会议，他要求凯西给予“帮助”，分享培训和技能开发的知识。
- 下午 3：15——抵达工厂下车时，凯西遇到了一个几个月前参加主管培训课程的人。他告诉她，那个课程对他真的有帮助，让他与员工间的误解减少了，员工更尊重他了。
- 下午 3：30——刚好准时到达，接下去的几个小时用于观察、提问、与员工交流，了解他们面临的问题和困难。
- 下午 5：40——回到人力资源部门时周围静悄悄的，只有一封来自苏的邮件，说明天一早凯西的第一件事情就是与在楼梯间打架的两个女士面谈。凯西叹口气，回到今天早上那个性骚扰投诉的调查上。

■ 快节奏的生活

管理者毫不松懈地完成大量的任务。[52]管理者的工作是快节奏的，需要付出极大的精力。很多高层管理者通常每天至少工作 12 小时，50%甚至更多的时间在出差。[53]虽然他们的日程在一个月之前就已经定好了，但每天还是会有意外的事情发生。明茨伯格发现大多数高管的会议和其他联络都是临时的，甚至在安排的会议中间都可能有其他事件，比如简短的电话、查看邮件甚至偶遇某人。不在办公室的时候，高层管理者会抓紧时间阅读工作相关的书籍、处理文件、接听电话、查收邮件。技术，比如电子邮件、短信、电话和笔记本电脑加快了工作节奏。布雷特・约马克（Brett Yormark）是美国职业篮球协会（NBA）最年轻的首席执行官（新泽西网队），他经常在早上还没有刮胡子和穿衣服之前就回复大约 60 条消息。员工们也习惯了在很早的时候收到约马克发给他们的消息。[54]

新晋管理者自我测试

管理你的时间

导语：想一想平时在工作和学习中，你怎样处理任务。阅读下面每一个项目，选择“完全正确”或者“完全不正确”。

	完全正确	完全不正确
1. 我经常承担太多任务。	______	______
2. 我花太多时间在我喜欢但不重要的活动上。	______	______
3. 我感觉我能很好地控制自己的时间。	______	______
4. 白天我经常不知道接下去要做什么。	______	______
5. 在管理时间方面我已经没有改进的空间了。	______	______
6. 我总是对活动、会议和截止日期做好安排。	______	______
7. 我的办公场所和文件都很整洁、有条理。	______	______
8. 我擅长做记录。	______	______
9. 我能很好地利用等待时间。	______	______
10. 我经常寻找能够提高工作效率的办法。	______	______

得分及解释：项目 3 和 5～10，如果选择“完全正确”，得 1 分；项目 1，2 和 4，如果选择“完全不正确”，得 1 分；你的总分与你使用时间的总体方式是一致的。项目 1～5 涉及你如何在思想上控制时间的使用。项目 6～10 涉及良好的时间管理方法。良好的思维和生活习惯使得高效的时间管理更为容易。忙碌的管理者必须学会控制自己的时间。如果你得到 8 分或者更高的分数，说明你的时间管理能力非常好。如果你希望成为一名管理者的话，若得分在 4 分或者 4 分以下，你就需要重新评估你的时间管理方法。良好的时间管理对你有多重要？阅读“经理会谈”专栏来提高你的时间管理技能。

希瑟·科恩（Heather Coin）是芝士蛋糕工厂的分支机构加州谢尔曼橡树分厂的经理，她的工作可以体现管理者工作节奏快的特点。科恩大概在早上 9：30 到达办公地点，接着就查看财务报表以了解餐厅前一天的营业状况。然后要参加员工会议并处理很多个人任务。在午休之前和午休中，她还需要做一些事情：在厨房做沙拉、快速吃完后擦桌子或者和客人聊天。下午 3：00 到 4：30，希尔处理行政工作、文件，或者与高层管理者、媒体或社区组织开会。下午 4：30，她召开轮岗变动会议，确保员工从日班到夜班平稳地转岗。一整天中，希尔还需要辅导员工，这是她认为工作中最有意义的一项内容。晚高峰之后她回到家通常已经 10：00 了，这样结束了每天 12.5 小时的工作。[55]

■ 管理者的时间到哪里去了？

管理者有那么多的责任并且对他们的时间有那么严苛的要求，他们是怎么应对的？《华尔街日报》的“领导力课程”系列视频节目采访了大公司的首席执行官，询问他们是怎么管理自己的时间的，发现他们中的很多人会留出时间来思考应该怎样管理时间。[56]时间是管理者最有价值的资源。成功管理者的一个特征是他们知道怎样有效地利用时间，即先去完成重要的事情，再去做不太重要的事情。[57]**时间管理**（time management）是指利用技术在更短的时间内做更多事情，并且取得更好的结果，同时能够更轻松，拥有更多时间去享受工作和生活。新晋管理者特别容易受困于越来越多的工作负担、处理没完没了的文件以及开不完的会和不停的打扰。学习有效地管理时间是新晋管理者面临的最大挑战之一。下面的“经理会谈”专栏提供了时间管理方面的一些建议。

经理会谈

给新晋管理者的时间管理建议

对于很多人来讲，管理者是一个积极的、有前途的职业，事实上，管理者的生活提供了颇具吸引力的一面。但是他们也面对很多挑战，不仅工作负担越发沉重，还要找到时间去完成岗位工作和职责。下面经典的时间管理技巧可以帮助你消除日常工作中的时间浪费。

● 写一张任务清单。如果你不使用任何其他方法来记录你的职责和义务，你至少应该列一份“任务”清单以了解一天中你需要做的事情。虽然管理的本质意味着经常会出现新的职责和优先事件的变化，但是事实上人们在有清单时要比没有清单时做得多。

● 记住先后顺序。给你任务清单上的职责和活动排序非常有效。

√“A”项目是非常重要的事情。它是必须要做的，否则你会面临很严重的后果。

√“B”项目是应该做的，但是如果你不做，后果不会那么严重。

√“C”项目是最好去做的，但是如果你不做，不会产生什么后果。

√“D”项目是你可以分配给别人去做的。

● 每天的回顾和展望。每天晚上花 10～15 分钟回顾一天所做的事情，并且想想明天要做的工作。回顾一下哪些事情做得好，哪些事情做得不好，会提高你对自己行为的认识，并且可以在第二天减少一些坏习惯。之后，展望并计划你第二天想要完成的任务。很多专家认为花在计划上的 1 分钟可以节省花在执行上的 10 分钟。

● 一次只做一件事情。同时执行多项任务是 21 世纪初期管理者的座右铭，但是同时执行太多项任务会浪费时间。研究表明，同时执行多项任务会降低而不是提高生产率。一项研究的作者认为，如果在某一时刻不能专注于一件事情，那么会使效率降低 20%～40%。即使是那些只需要干很多简单工作的人，完全专注于一件事情（有时称为聚焦）也可以帮助他节省时间。如果你能把所有的注意力都放在一项任务上，那么你会完成更多，而且可以做得更好。

资料来源：Based on information in Pamela Dodd and Doug Sundheim，*The 25 Best Time Management Tools & Techniques*（Ann Arbor，MI：Peak Performance Press，Inc.，2005）；Brian Tracy，*Eat That Frog：21 Great Ways to Stop Procrastinating and Get More Done in Less Time*（San Francisco：Berrett-Koehler，2002）；Joshua S. Rubinstein，David E. Meyer，and Jeffrey E. Evans，“Executive Control of Cognitive Processes in Task Switching，” *Journal of Experimental Psychology：Human Perception and Performance* 27，no. 4（August 2001）：763 - 797；and Sue Shellenbarger，“Multitasking Makes You Stupid：Studies Show Pitfalls of Doing Too Much at Once，” *The Wall Street Journal*（February 27，2003）：D1.

1.7.3　管理者的角色

明茨伯格的观察和一系列研究表明，管理者从事的各种不同活动可以归纳为十种管理角色。[58]**角色**（role）是对管理者行为的一系列预期。图表 1 - 8 描绘了与每一种角色相关的活动。这些角色可以分成三种概念类别：信息方面的角色（通过信息来管理）、人际关系方面的角色（通过人来管理）、决策方面的角色（通过行动来管理）。每一种角色反映了管理者为最终实现计划、组织、领导和控制职能而采取的行动。尽管管理者必须把工作所包含的内容分开，以便理解他们的不同角色和活动，但是，真正的管理工作不能分解为一系列孤立的工作单元。在实际的管理工作中，所有的管理角色都是相互影响的，明白这一点非常重要。

图表 1-8　10 种管理者角色

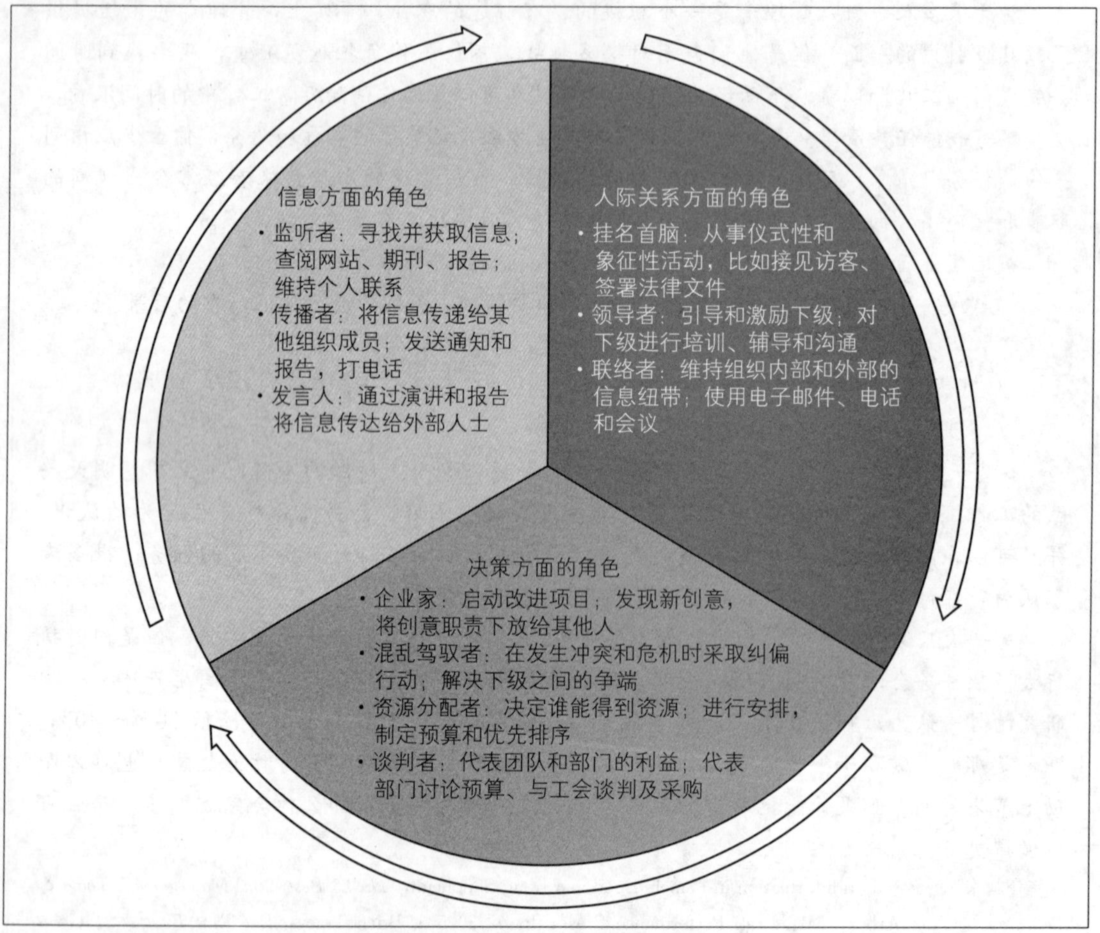

资料来源：Adapted from Henry Mintzberg，*The Nature of Managerial Work*（New York：Harper & Row，1973），pp. 92-93；and Henry Mintzberg，"Managerial Work：Analysis from Observation，"*Management Science* 18（1971），B97-B110.

■ 信息方面的角色

信息方面的角色描述的是管理者用于维持和发展信息网络的活动。总经理花 75% 的时间与其他人沟通。监听者角色从各种渠道收集即时的信息。管理者从其他人那里获取信息，阅读书面材料来保持消息畅通。传播者和发言人的角色跟监听者角色相反：管理者将即时的信息传达给组织内外能够利用它的其他人。在向公众介绍苹果新产品方面，史蒂夫·乔布斯是发言人角色的高手。苹果的员工和媒体一直在观察新的首席执行官蒂姆·库克能否和他的前任一样。库克与乔布斯的风格完全不同，他没有那么热情，但是更有控制力，他于 2012 年在“D：所有东西都将数据化”的发布会上第一次作为苹果发言人的表现总体来讲还是不错的。[59]

■ **人际关系方面的角色**

人际关系方面的角色是指管理者与他人间的关系，这与之前描述的人际技能相关。挂名首脑角色涉及为部门和组织处理仪式性和象征性活动。管理者作为单位首脑凭借自己的管理能力成为组织的代表。给员工颁发奖项的商业银行分行的经理就是挂名首脑的一个典型例子。领导者角色包含与下级的关系，比如激励、沟通和影响。联络者角色是指开发组织内外部的信息资源。想想巴基斯坦最大的调味料和腌制食品公司——国家食品公司经理的领导者和联络者角色所面临的挑战。巴基斯坦所有公司的经理都面临着政治上不稳定、经常停电、政府腐败及低效率和日益增多的恐怖主义威胁，所有这些使领导者角色更加具有挑战性。“每天一早，我会分析一下我的员工，”国家食品公司的主管萨贾德·法鲁基（Sajjad Farooqi）说道。一旦法鲁基发现员工太紧张或者前一晚没睡觉，他就会给他们换班或者给他们安排简单一点的工作。法鲁基也特别关心员工的积极性，因为他们承受太多的压力。在联络者角色方面，管理者不仅要拓展商业信息渠道，还应关注安全及与安全相关的信息渠道。[60]

■ **决策方面的角色**

决策方面的角色是指管理者必须做出选择并采取行动。管理者承担这些角色常常需要运用概念技能，同时也需要人际技能。企业家角色涉及发动变革。管理者需要不断地思考未来是什么样的及如何到达未来。[61]混乱驾驭者角色涉及解决下级之间或者管理者的部门与其他部门之间的冲突。资源分配者角色涉及为实现期望的结果，分配人力、时间、设备、金钱和其他资源的决策。管理者必须决定哪些项目应该得到预算拨款，哪些顾客投诉需要优先处理，以及怎样管理自己的时间。由于在很多年里没能有效扮演决策方面的角色，捷讯移动科技公司的创始人和联席首席执行官迈克·拉扎里迪斯（Mike Lazaridis）和吉姆·巴尔西利（Jim Balsillie）在 2012 年上半年面临愤怒的利益相关方要求他们离职的巨大压力。在捷讯移动科技公司，即使在 iPhone 和安卓手机已经占据了大量市场份额的情况下，他们依然将更多的资源投到黑莓手机上，而不是推进创新和变革。[62]

管理者对这十种角色的重视程度取决于很多因素，比如管理者的职位等级、与生俱来的技能和能力、组织的类型或者想要实现的部门目标。例如，图表 1－9 展示了在对高层、中层和基层管理者所做的调查中，领导者和联络者角色对他们有着完全不同的重要性。要注意，随着管理者在组织层级中的地位提升，领导者角色的重要性通常会下降，而联络者角色的重要性会提高。

其他因素，比如不断变化的环境也会决定在某一时期，对于一名管理者而言，哪一种角色更重要。在托尼·海沃德因错误地处理深水地平线钻井平台危机而被迫下台后，罗伯特·达德利（Robert Dudley）接任了石油巨头英国石油公司的首席执行官一职，他发现信息方面和决策方面的角色成了他最重要的角色，他尝试和美国政府官员修复关系，与当地社区改善关系，找到重振公司声誉的方法，采取措施防止此类灾难性事件再次发生。[63]管理者要时刻对组织外部和内部的需求保持警醒，以此来决定在不同时期哪种角色最为重要。高层管理者可能更重视发言人、挂名首脑和谈判者的角色，但是一旦出现新的竞争者，可能就需要关注监听者的角色，一旦员工的士气和方

图表 1-9 组织层级及领导者和联络者角色的重要性

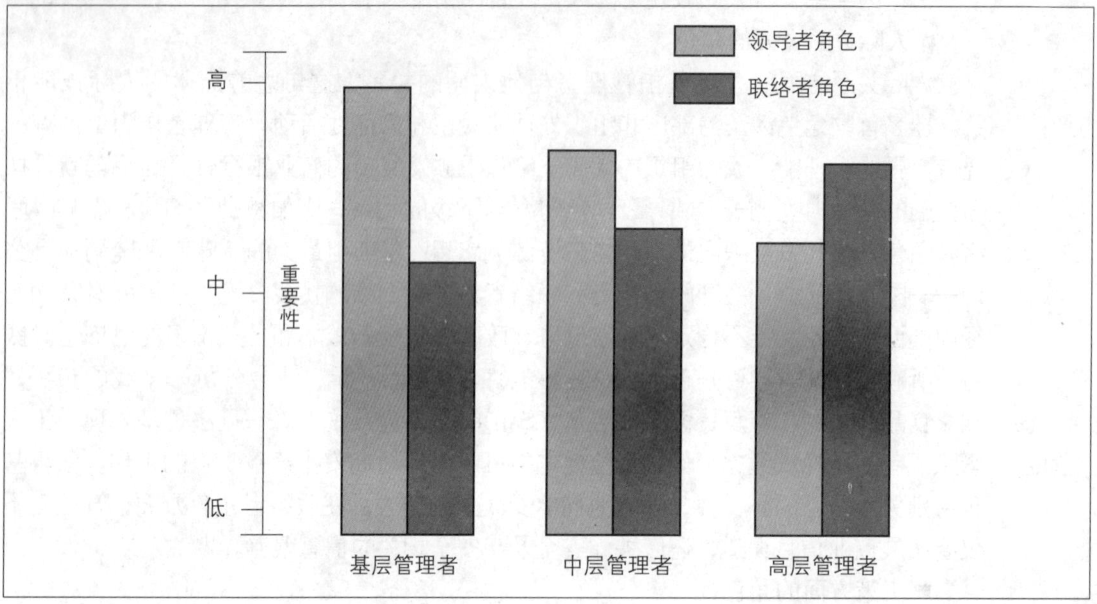

资料来源：Based on information from A. I. Kraut，P. R. Pedigo，D. D. McKenna，and M. D. Dunnette，"The Role of the Manager：What's Really Important in Different Management Jobs，" *Academy of Management Executive* 3（1989）：286-293.

向出现严重的问题，就意味着首席执行官必须更多关注领导者的角色。鉴于在营销过程中个人交往的重要性，市场营销经理可能更关注人际关系方面的角色，而财务经理更有可能重视决策方面的角色，比如资源分配者和谈判者这样的角色。虽然有这些差异，但是所有的管理者都要扮演信息、人际关系以及决策方面的角色来满足组织的需求。

1.8 中小企业和非营利组织中的管理问题

中小企业的重要性与日俱增。每个月都有数以百计的中小企业开业，但是，当今中小企业的生存环境变得越来越复杂。第 6 章将详细阐明中小企业和初创企业的管理。

一个有趣的发现是，中小企业的管理者重视的角色往往不同于大公司的管理者。中小企业的管理者认为，发言人是他们最重要的角色，因为他们必须把这个成长中的小公司推销给外面的世界。企业家的角色在中小企业也很重要，因为管理者必须创新，并且帮助他们的组织开发新的创意来维持竞争力。比如，LivingSocial 的创始人兼首席执行官蒂姆·奥肖内西（Tim O'Shaughnessy）把他大量的时间用于推广这个快速成长的团购网站及与部门主管讨论开发新产品和新服务。[64] 与大企业管理者相比，中小企业管理者更不看重领导者角色和信息处理角色。

非营利组织也反映出管理技能的一大用途。[65] 像救世军、自然保护协会、大芝加哥食品仓库（Greater Chicago Food Depository）、美国女童军、克利夫兰管弦乐队等组织都需要优秀的管理。计划、组织、领导、控制的管理职能应用在非营利组织中和应用在营利性企业中是一样的，非营利组织的管理者使用相同的技能，从事相同的活动。最主要的差别在于营利性企业的管理者所从事的一切活动都指向为公司赚钱，而非营利组织的管理者则通过他们的努力产生某种形式的社会影响力。因此差别而造成的非营利组织的独有特性和需求给管理者带来了独一无二的挑战。[66]

非营利组织的经济资源通常来自政府拨款、资助以及捐款，而不是来自把产品或服务出售给消费者取得的收入。在商业企业中，管理者集中全力改善组织的产品和服务质量来增加销售收入。但在非营利组织中，服务的对象经常是不付款的，所以对于很多非营利组织来说，主要的问题是保证稳定的资金流，以维持组织持续运营。非营利组织的管理者致力于用有限的资源为顾客服务，因而必须最大限度地降低组织成本。[67]捐赠者一般希望他们所捐赠的资金能够直接落实到需要救助的对象身上，而不是用做综合管理费用。如果非营利组织的管理者不能保证资源的高效利用，他们就很难再获得捐助和政府的进一步拨款。比如，虽然《萨班斯-奥克斯利法案》（《2002 年公司治理改革法案》）并不适用于非营利组织，但很多组织采纳它的原则，努力争取更高的透明度，承担更多的责任，以博取委托人的信任，从而在寻求资金上更具竞争力。[68]

此外，因为非营利组织没有传统意义上的"盈利底线"，所以管理者常常面临怎么衡量他们的工作效果和效益的问题。营利性组织用金钱衡量是非常容易的，但是，对非营利组织成功的衡量却比较模糊。管理者不得不评估一些无形的东西，比如"提高公众的健康水平"、"让底层民众的生活发生变化"或者"提高对艺术的欣赏水平和认识"。这些无形指标使得非营利组织对其员工和管理者的绩效考评更困难。另一个复杂性是管理者经常依靠志愿者和捐赠人来开展工作，这些人不能用商业企业管理者监管和控制他们员工的方法去监管和控制。很多管理者是从营利性组织转到非营利组织的，他们会惊讶地发现比起之前的管理工作，现在的工作时间更长、工作压力更大。[69]

明茨伯格所定义的管理者角色也适用于非营利组织的管理者，但是有一些差异。我们可能希望非营利组织的管理者更加重视发言人的角色（把组织"推销"给捐赠人和公众）、领导者的角色（打造一个愿景驱动的员工和志愿者社区）以及资源分配者的角色（将政府的资源或资助自上而下分配）。

无论是大公司、中小企业还是非营利组织，所有组织的管理者都要谨慎地整合、调整管理职能和管理者角色以应对他们面临的环境挑战，保证组织健康运营。

1.9　新型管理能力

近些年，快速的环境变化给对有效管理者的要求带来巨大的变化。技术进步和虚拟工作的兴起、全球市场力量以及员工和顾客期望的改变带来组织层级的减少以及对员工更多的授权，这就要求采用与之前完全不同的管理方法。[70]图表 1－10 展示了从传统管理方法到适应当今环境的新型管理能力的转变。

当今有效的管理者是能够促使员工去工作，并让他们发挥最大潜能的促进者而非控制者。管理者帮助员工满足他们的需要，去除障碍，提供学习机会并提供反馈、辅导和职业指导。他们采用授权的领导方式而不是"监视式管理"。很多工作不是通过个体而是通过团队来完成的，所以团队的领导技能非常重要。许多组织的员工分散在不同的地点工作，所以管理者不能持续地监督他们的行为。此外，管理者有时还需协

图表 1-10 当今世界的新型管理能力

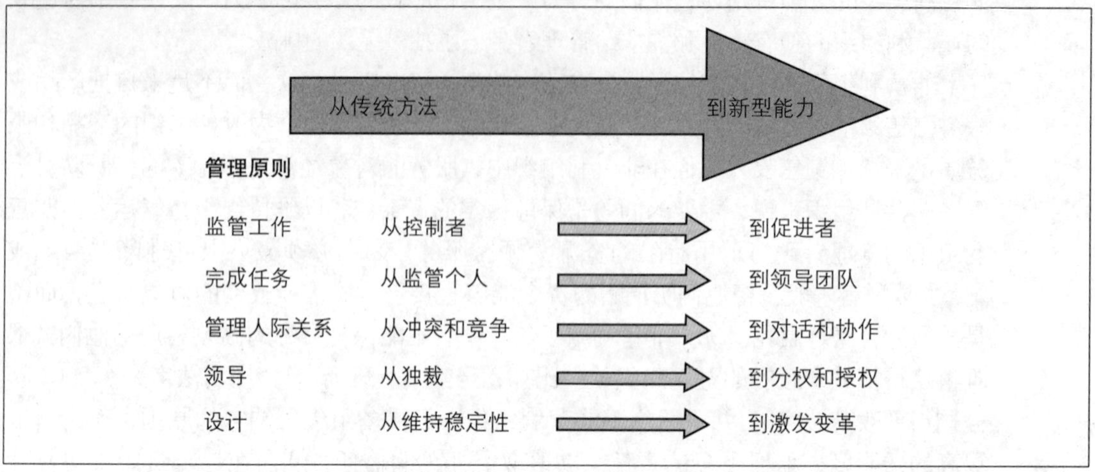

调不在他们直接控制下的员工（比如，那些合作伙伴组织中的员工）的工作，有时甚至会与竞争者合作。基于真诚的对话和协作的人际关系管理是取得成功的关键。此外，当今最好的管理者是“面向未来的”。也就是说，他们设计的组织和文化是具有创造力、适应力和创新能力的而不是维持现状。当今的世界处在不断的变革中，成功有赖于创新和持续改进。

维尼特·纳亚尔（Vineet Nayar）是印度 HCL 公司的首席执行官，是一个拥有新型管理能力的管理者典范。这家公司拥有 80 000 名员工，在全球 25 个国家开展经营活动。当他接任首席执行官时，HCL 是一家传统的、层级分明的、通过“命令和控制”来实施管理的公司，但是纳亚尔改变了固有的思维模式，他把员工当作顾客来对待。他总是寻求各种方法来提高员工的管理能力，并且帮助他们更好地完成工作。当 HCL 因全球经济衰退需要削减 1 亿美元的费用时，管理者让员工想办法，既要削减成本，又无须大量裁员。[71]对于一个习惯对公司的一切“负全责”，做出所有的决定，时刻知道下级员工在哪里及他们在干什么的传统管理者来说，掌握新的管理方式并非易事。

更多的改变和挑战正在等待着组织及其管理者。如果你想进入管理领域，眼下正是充满挑战的令人激动的时机。在本书中，你会了解到许多关于新工作场所的内容，还会了解管理者在 21 世纪所扮演的新的动态角色，以及如何在复杂、永恒变化的环境中做一名有效的管理者。

讨论题

1. 在充满不确定性、模糊性以及快速变化或者随时有威胁的环境下，你认为管理的职责是什么？描述对于在这样的环境中工作的管理者很重要的一些技能和品质。

2. 假设你是一名生物科技公司的项目经理，你与研发、生产和营销部门的经理就一个主要产品的改进一起合作。你发现你从营销经理那里收到的每一条通知都会被抄送给高层管理者。每一次公司的重大聚会上，她都会与大人物聊天。你还注意到当你和其他的项目成员忙于项目时，她正在和高层经理打高尔夫球。你如何评价她的行为？作为一名项目经理，你会怎么做？

3. 通用电气的杰夫·伊梅尔特说过他在商学院学到的最有价值的东西是“一天中有 24 小时，你可以充分利用它们”。你同意吗？作为一名管理者使用这种方法有什么优势？有什么劣势？

4. 为什么一些组织每一两年就要换新的首席执行官，而另一些高层领导会在公司待很多年（例如，杰克・韦尔奇在通用电气担任了 20 年的首席执行官）？是管理者还是公司的什么原因导致了这个差异？

5. 想想丰田公司广为人知的安全问题。一名观察者说丰田的效率目标优先于质量目标。你觉得管理者可以同时提高效率和效果吗？讨论之。你认为丰田的领导者应该如何回应安全问题？

6. 你是一名聪明、努力工作、刚刚被提拔的管理者，非常希望被提拔到更高的职位。你的绩效考核在技术技能方面得到很高的分数，但是在人际技能方面却得分不高。你觉得人际技能可以学习吗，或者你需要重新思考一下自己的职业路径？如果人际技能可以学习，你打算如何做？

7. 如果管理工作的特征是多样化、碎片化和简单化，管理者应该怎样行使基本的管理职能，比如计划？哪一个管理职能需要反思和分析？

8. 一名大学教授告诉她的学生，“管理课程的目的就是教会学生管理而不是教他们怎么做一名管理者”。你同意这个观点吗？讨论之。

9. 讨论在过去 10 年中组织和工作方式的变化。你期待在未来 10 年里会发生什么样的变化？这些变化会怎样影响管理者的工作以及管理者成功所需的技能？

10. 管理课程怎么设计才能帮助人们实现从个体执行者向管理者的转变，并为之后成为一名管理者可能面临的挑战做好准备？

技能运用：批判性分析案例

SmartStyle 发廊

SmartStyle 发廊是当地六大理发馆之一，它紧邻东南区的一家大型连锁零售商店和黄金集团旗下的五大连锁超市之一，杰米・韦斯特布鲁克为担任 SmartStyle 发廊的经理而深感自豪。她负责管理 30 名员工，包括美发师、美甲师、前台接待员、洗发助理以及一名保管员。作为一个管理者，她因为工作努力并善待员工而享有很高的声誉。员工都愿意为她工作。

根据发廊新制定的招聘政策，杰米一开始只是一名洗发助理，后来很快晋升为公司的高级美发师，如此快速的晋升得益于她娴熟的技能、庞大且忠诚的客户群及超长的工作时间。2007 年，即将退休的经理卡拉・威姆斯经过千挑万选最终将杰米作为自己的继任者，并且董事会很快就同意了。

最初，发廊开设在郊区的购物中心里，表现出稳定且强劲的增长势头，并且始终保持着业内绩效最好的地位。但是经济危机重创了这个地区，失业率、次贷危机带来的问题不断增加，现有消费者和潜在消费者不断地流失。当每个家庭开始想办法增加储蓄时，定期光顾发廊的奢侈性消费行为顺理成章地成为预算缩减应该考虑的第一个行为。过去的一年反映了这样一种经济现实，SmartStyle 发廊的利润急速下降。

杰米周一到达发廊的时候心乱如麻。按照计划，杰米第二天早上要飞往亚特兰大参加公司的一个会议，但她担心可能会裁员，更为重要的是，她担心失去梦想中的工作机会。这个工作机会就是接任设在河木镇大型购物中心里的发廊经理，该发廊是这个城市高档区域里经营业绩最好的一家。

杰米心烦意乱地走到前台接待员玛丽安的身边，此时，玛丽安正在忙着接听电话。玛丽安挂断电话后告诉杰米，两位深受顾客喜爱的美发师——霍利和卡罗尔・琼生病了，杰米现在必须为他们重新安排日程。杰米早些时候刚刚拒绝了他们出镇参加音乐会的请求，并且对这个请求表示出愤怒。杰米让玛丽安打电话通知这两个美发师，要求在他们重返工作岗位时，必须带上医生的诊断书和药方的复印件。杰米走进办公室时砰的一声关上了门，声音比她想象的还要大，并怒吼道：“她们最好是生病了！”受到惊吓的员工和一早过来的顾客都听到了她的咆哮声，一瞬间的寂静之后，他们继续手中的工作并窃窃私语，他们对经理的愤怒感到非常震惊。由于之前允许霍利和卡罗尔·琼无故缺席，所以杰米担心自己这次还会这样做。她需要每一位可以设计发型的美发师来提高发廊的利润。

杰米深深地吸了一口气，坐在桌子前打开电脑查阅邮件，一封来自集团经理的邮件提醒杰米在明天的会议之前提交一份发廊的经营报告。杰米打电话让玛丽安在下午 1 点之前把报告需要的数据放到她的桌子上。

杰米拿起电话打给另外一家 SmartStyle 发廊的经理莎伦。杰米承认说："我确实在大家面前失去了应有的冷静，但是我不会就此道歉。"杰米说她希望自己有勇气开除这两位美发师。"但是现在不是上演这出戏的时候，这份报告已经让我焦头烂额了。我不知道如何让事情往好的方向发展，但是我必须想出办法。所有的事情看起来都糟糕透了。"

莎伦鼓励杰米让她相信自己是最棒的，一定可以应对这两个不负责任的人带来的问题。她问杰米："如果她们明天来的时候没有带医生的诊断书，你打算怎么办？"

杰米说："我不知道。我希望我把她们吓唬住了，她们来的时候会带的。"

莎伦说："我知道你担心这份报告和报告对河木镇的工作的影响，但是，每个人都知道你无法控制经济以及它对商业的影响。所以只需关注好的一面就可以了，你会好起来的。"

早上 10：30，当杰米尽量对报告数据做出最佳解释时，她被要求到前台接待处与一位生气的顾客交流。杰米很生气，说道："又被打断了。"就在这个时候，门打开了，高级发型师兼副经理维多利亚·布恩把头伸进办公室。

她热情地说："我知道你在忙报告的事情，我帮你去和顾客沟通。"

杰米回应道："谢谢。"

她刚刚把生气的顾客交给维多利亚就开始表示出不满。维多利亚除了在发型设计方面有天赋，她在来到本地区之前是另外一个城市一家成功发廊的经理。因为意识到维多利亚在组织和人际交往方面拥有出色的技能，杰米在她刚加入发廊的时候就提升她为副经理。现在维多利亚每说一次"我会处理的"，都让杰米相信她的副经理逐渐成为自己获得河木镇工作的潜在竞争者。杰米很欣赏维多利亚热情的态度，但她不得不试图限制她担任领导者的机会，并且防止她在员工、顾客和公司主管面前表现得太有竞争力。杰米发现自己想要掩盖维多利亚的才能，并且以居高临下的姿态提醒管理者"维多利亚是我的得力助手"。

现在想到维多利亚开朗地说"我会处理的"，杰米站起身来走到门口，说道："不，我会亲自处理的。"

◆ 问题

1. 杰米拥有哪些积极的和消极的管理者特质？
2. 这些特质会帮助她还是会阻碍她得到河木镇大型购物中心发廊的最高职位？
3. 你认为杰米在小事上应该如何与玛丽安相处？与霍利和卡罗尔·琼如何相处？与维多利亚呢？

注　释

1. This questionnaire is adapted from research findings reported in Linda A. Hill, *Becoming a Manager: How New Managers Master the Challenges of Leadership*, 2d ed. (Boston, MA: Harvard Business School Press, 2003); and John J. Gabarro, *The Dynamics of Taking Charge* (Boston, MA: Harvard Business School Press, 1987)
2. This example is based or Jon Katzenbach, "The Steve Jobs Way," *Strategy + Business* (Summer 2012), www.strategy-business.com/article/00109?gko=d331b (accessed June 11, 2012); Leslie Kwoh and Emma Silverman, "Bio as Bible: Managers Imitate Steve Jobs," *The Wall Street Journal* (March 31, 2012), B1; and Joel Siegel, "When Steve Jobs Got Fired by Apple," *ABC News* (October 6, 2011), http://abcnews.go.com/Technology/steve-jobs-fire-company/story?id=14683754 (accessed June 11, 2012)
3. Quoted in Ellen McGirt. "05: Square, For Making Magic Out of the Mercantile," *Fast Company* (March 2012), 82–85, 146–147 (part of the section, "The World's 50 Most Innovative Companies").
4. Will Self, "Twitter Is Just a New Home for Old Bores," *New Statesman* (March 26, 2012): 53; "Could Tunisia Be

the Next Twitter Revolution?" *The Atlantic* (January 13, 2011), www.theatlantic.com/daily-dish/archive/2011/01/could-tunisia-be-the-next-twitter-revolution/177302/ (accessed June 11, 2012); Alexander Mills et al., "Web 2.0 Emergency Applications: How Useful Can Twitter Be For Emergency Response? *Twitter for Emergency Management and Mitigation, 2009*, http://denman-mills.net/web_documents/jips_mills.etal._2009.07.22_finalsubmission.pdf (accessed June 11, 2012); and McGirt, "05: Square, For Making Magic Out of the Mercantile."

5. McGirt, "05: Square, For Making Magic."
6. *Ibid.*
7. See Joshua Cooper Ramo, *The Age of the Unthinkable: Why the New World Disorder Constantly Surprises Us and What We Can Do About It* (New York: Little Brown, 2009); and Richard Florida, *The Great Reset: How New Ways of Living and Working Drive Post-Crash Prosperity* (New York: Harper Collins, 2010).
8. Joshua Green, "Management Secrets of the Grateful Dead," *The Atlantic* (March 2010): 64–67; Jordan Timm, "Jerry Bears, Doobage, and the Invention of Social Networking," *Canadian Business* (September 2010): 74–75; David Meerman Scott and Brian Halligan, *Marketing Lessons from the Grateful Dead: What Every Business Can Learn from the Most Iconic Band in History* (New York: John Wiley & Sons, 2010); and Barry Barnes, *Everything I Know About Business I Learned from the Grateful Dead* (New York: Business Plus, 2011).
9. Darrell Rigby and Barbara Bilodeau, "Management Tools and Trends 2011," Bain and Company, Inc., www.bain.com/publications/articles/Management-tools-trends-2011.aspx (accessed June 22, 2012).
10. "What Do Managers Do?" *The Wall Street Journal Online*, http://guides.wsj.com/management/developing-a-leadership-style/what-do-managers-do/ (accessed August 11, 2010); article adapted from Alan Murray, *The Wall Street Journal Essential Guide to Management* (New York: Harper Business, 2010).
11. Kate Linebaugh, "The New GE Way: Go Deep, Not Wide," *The Wall Street Journal* (March 7, 2012), B1.
12. Christopher S. Stewart, "Oprah Struggles to Build Her Network," *The Wall Street Journal* (May 7, 2012), A1.
13. Jeff Bennett and Neal E. Boudette, "Boss Sweats Details of Chrysler Revival," *The Wall Street Journal* (January 31, 2011), A1.
14. Ed O'Keefe, "Lieberman Calls for Wider Inquiry into Secret Service Scandal," *The Washington Post* (April 23, 2012), A3; Laurie Kellman and Alicia A. Caldwell, "Inquiry Hears of Wider Secret Service Misbehavior," *The Salt Lake Tribune* (May 25, 2012); and "Secret Service Toughens Agent Conduct Rules after Prostitution Scandal: Political Notebook," *The Boston Globe* (April 28, 2012), A8.
15. Based on Lauren A. E. Schuker, "Movie Budget Lesson #1: Skip the Fur," *The Wall Street Journal* (July 15, 2010), B1; Brooks Barnes, "Animation Meets Economic Reality," *The New York Times* (April 4, 2011), B1; and Allison Corneau, "*The Lorax* Tops Weekend Box Office," *US Weekly* (March 4, 2012), www.usmagazine.com/entertainment/news/the-lorax-tops-weekend-box-office-201243 (accessed June 12, 2012).
16. Aaron O. Patrick, "EMI Deal Hits a Sour Note," *The Wall Street Journal*, August 15, 2009.
17. Robert L. Katz, "Skills of an Effective Administrator," *Harvard Business Review* 52 (September–October 1974): 90–102.
18. Troy V. Mumford, Michael A. Campion, and Frederick P. Morgeson, "The Leadership Skills Strataplex: Leadership Skills Requirements Across Organizational Levels," *The Leadership Quarterly* 18 (2007): 154–166.
19. Nanette Byrnes and Roger O. Crockett, "An Historic Succession at Xerox," *BusinessWeek* (June 8, 2009): 18–22.
20. Sue Shellenbarger, "From Our Readers: The Bosses That Drove Me to Quit My Job," *The Wall Street Journal*, February 7, 2000.
21. Boris Groysberg, L. Kevin Kelly, and Bryan MacDonald, "The New Path to the C-Suite," *Harvard Business Review* (March 2011): 60–68; Jeanne C. Meister and Karie Willyerd, "Leadership 2020: Start Preparing People Now," *Leadership Excellence* (July 2010): 5; Neena Sinha, N. K. Kakkar, and Vikas Gupta, "Uncovering the Secrets of the Twenty-First-Century Organization," *Global Business and Organizational Excellence* (January–February 2012): 49–63; and Rowena Crosbie, "Learning the Soft Skills of Leadership," *Industrial and Commercial Training*, 37, no. 1 (2005).
22. Adam Bryant, "The Quest to Build a Better Boss," *The New York Times* (March 13, 2011), BU1.
23. William A. Gentry, Lauren S. Harris, Becca A. Baker, and Jean Brittain Leslie, "Managerial Skills: What Has Changed Since the Late 1980s?" *Leadership and Organization Development Journal* 29, no. 2 (2008): 167–181.
24. David Sacks, "The Way   Work: Yammer," *Inc.* (November 2011): 122–124.
25. Clinton O. Longenecker, Mitchell J. Neubert, and Laurence S. Fink, "Causes and Consequences of Managerial Failure in Rapidly Changing Organizations," *Business Horizons* 50 (2007): 145–155.
26. Paul Sonne, "The Gulf Oil Spill: Hayward Fell Short of Modern CEO Demands," *The Wall Street Journal*, July 26, 2010.
27. Sydney Finkelstein, "The Worst C.E.O.s of 2011," *The New York Times*, December 27, 2011; and Ethan Smith, "Netflix CEO Unbowed: Ignoring Customers' Anger, Company Says Separating DVD Business Is Essential," *The Wall Street Journal*, September 20, 2011.
28. Longenecker, Neubert, and Fink, "Causes and Consequences of Managerial Failure in Rapidly Changing Organizations."
29. Eileen Sheridan, "Rise: Best Day, Worst Day," *The Guardian*, September 14, 2002.
30. Heath Row, "Force Play" (Company of Friends column), *Fast Company* (March 2001): 46.
31. Charles Fishman, "Sweet Company," *Fast Company* (February 2001): 136–145.
32. A. I. Kraut, P. R. Pedigo, D. D. McKenna, and M. D.

Dunnette, "The Role of the Manager: What's Really Important in Different Management Jobs," *Academy of Management Executive* 19, no. 4 (2005): 122–129.
33. Christopher A. Bartlett and Sumantra Ghoshal, "Changing the Role of Top Management: Beyond Systems to People," *Harvard Business Review* (May–June 1995): 132–142; and Sumantra Ghoshal and Christopher A. Bartlett, "Changing the Role of Top Management: Beyond Structure to Processes," *Harvard Business Review* (January–February 1995): 86–96.
34. Lynda Gratton, "The End of the Middle Manager," *Harvard Business Review* (January–February 2011): 36.
35. Paul Osterman, "Recognizing the Value of Middle Management," *Ivey Business Journal* (November–December 2009), http://www.iveybusinessjournal.com/article.asp?intArticle_id=866; Quy Nguyen Huy, "In Praise of Middle Managers," *Harvard Business Review* (September 2003): 72–79; Rosabeth Moss Kanter, *On the Frontiers of Management* (Boston: Harvard Business School Press, 2003).
36. Quoted in Lisa Haneberg, "Reinventing Middle Management," *Leader to Leader* (Fall 2005): 13–18.
37. Reported in Ray Fisman, "In Defense of Middle Management," *The Washington Post*, October 16, 2010, www.washingtonpost.com/wp-dyn/content/article/2010/10/16/AR2010101604266_pf.html (accessed June 13, 2012).
38. Miles Brignall, "Rise; Launch Pad: The Retailer; Alistair Boot, an Assistant Manager at the John Lewis Store in Cheadle, Talks to Miles Brignall," *The Guardian*, October 4, 2003.
39. Fisman, "In Defense of Middle Management."
40. Henry Mintzberg, *Managing* (San Francisco: Berrett-Kohler Publishers, 2009); Mintzberg, *The Nature of Managerial Work* (New York: Harper & Row, 1973); and Mintzberg, "Rounding Out the Manager's Job," *Sloan Management Review* (Fall 1994): 11–26.
41. Robert E. Kaplan, "Trade Routes: The Manager's Network of Relationships," *Organizational Dynamics* (Spring 1984): 37–52; Rosemary Stewart, "The Nature of Management: A Problem for Management Education," *Journal of Management Studies* 21 (1984): 323–330; John P. Kotter, "What Effective General Managers Really Do," *Harvard Business Review* (November–December 1982): 156–167; and Morgan W. McCall, Jr., Ann M. Morrison, and Robert L. Hannan, "Studies of Managerial Work: Results and Methods," Technical Report No. 9, Center for Creative Leadership, Greensboro, NC, 1978.
42. Alison M. Konrad, Roger Kashlak, Izumi Yoshioka, Robert Waryszak, and Nina Toren, "What Do Managers *Like* to Do? A Five-Country Study," *Group and Organizational Management* 26, no. 4 (December 2001): 401–433.
43. For a review of the problems faced by first-time managers, see Linda A. Hill, "Becoming the Boss," *Harvard Business Review* (January 2007): 49–56; Loren B. Belker and Gary S. Topchik, *The First-Time Manager: A Practical Guide to the Management of People*, 5th ed. (New York: AMACOM, 2005); J. W. Lorsch and P. F. Mathias, "When Professionals Have to Manage," *Harvard Business Review* (July–August 1987): 78–83; R. A. Webber, *Becoming a Courageous Manager: Overcoming Career Problems of New Managers* (Englewood Cliffs, NJ: Prentice Hall, 1991); D. E. Dougherty, *From Technical Professional to Corporate Manager: A Guide to Career Transition* (New York: Wiley, 1984); J. Falvey, "The Making of a Manager," *Sales and Marketing Management* (March 1989): 42–83; M. K. Badawy, *Developing Managerial Skills in Engineers and Scientists: Succeeding as a Technical Manager* (New York: Van Nostrand Reinhold, 1982); and M. London, *Developing Managers: A Guide to Motivating and Preparing People for Successful Managerial Careers* (San Francisco, CA: Jossey-Bass, 1985);
44. Based on Evelyn Rusli, Nicole Perlroth, and Nick Bilton, "The Hoodie amid the Pinstripes: As Facebook IPO Nears, Is Its Chief up to Running a Public Company?" *International Herald Tribune*, May 14, 2012, 17.
45. This discussion is based on Linda A. Hill, *Becoming a Manager: How New Managers Master the Challenges of Leadership*, 2d ed. (Boston, MA: Harvard Business School Press, 2003), 6–8; and Hill, "Becoming the Boss."
46. See also the "Boss's First Steps" sidebar in White, "Learning to Be the Boss"; and Belker and Topchik, *The First-Time Manager*.
47. Quoted in Eileen Zimmerman, "Are You Cut Out for Management?" (Career Couch column), *The New York Times*, January 15 2011, www.nytimes.com/2011/01/16/jobs/16career.html (accessed June 14, 2012).
48. Henry Mintzberg, *Managing*, 17–41.
49. Study reported in Rachel Emma Silverman, "Where's The Boss? Trapped in a Meeting," *The Wall Street Journal*, February 14, 2012, http://online.wsj.com/article/SB10001424052970204642604577215013504567548.html (accessed June 14, 2012).
50. *Ibid.*
51. Based on Allan Halcrow, "A Day in the Life of Kathy Davis: Just Another Day in HR," *Workforce Management* 77, no. 6 (June 1998): 56–62.
52. Mintzberg, *Managing*, 17–41.
53. Carol Hymowitz, "Packed Calendars Rule," *The Asian Wall Street Journal*, June 16, 2009; and "The 18-Hour Day," *The Conference Board Review* (March–April 2008): 20.
54. Adam Shell, "CEO Profile: Casting a Giant (New Jersey) Net," *USA Today*, August 25, 2008; Matthew Boyle and Jia Lynn Yang, "All in a Day's Work," *Fortune* (March 20, 2006): 97–104.
55. Susan Spielberg, "The Cheesecake Factory: Heather Coin," *Nation's Restaurant* (January 26, 2004): 38–39.
56. "Four CEOs' Tips on Managing Your Time," *The Wall Street Journal*, February 14, 2012, http://online.wsj.com/article/SB10001424052970204883304577221551714492724.html (accessed June 14, 2012).
57. A. Garrett, "Buying Time to Do the Things That Really

Matter," *Management Today* (July 2000): 75; and Robert S. Kaplan, "What to Ask the Person in the Mirror," *Harvard Business Review* (January 2007): 86–95.

58. Mintzberg, *Managing*; Lance B. Kurke and Howard E. Aldrich, "Mintzberg Was Right! A Replication and Extension of *The Nature of Managerial Work*," *Management Science* 29 (1983): 975–984; Cynthia M. Pavett and Alan W. Lau, "Managerial Work: The Influence of Hierarchical Level and Functional Specialty," *Academy of Management Journal* 26 (1983): 170–177; and Colin P. Hales, "What Do Managers Do? A Critical Review of the Evidence," *Journal of Management Studies* 23 (1986): 88–115.
59. Jessica E. Vascellaro, "Apple Chief Executive Cook to Climb on a New Stage," *The Wall Street Journal*, May 29, 2012, B2; Walt Mossberg and Kara Swisher, "All Things Digital (A Special Report) – Apple After Jobs," *The Wall Street Journal*, June 4, 2012, R3; and Troy Wolverton, "Apple CEO Tim Cook Isn't Trying to Be the Next Steve Jobs," *Oakland Tribune*, May 29, 2012.
60. Naween Mangi, "Convoys and Patdowns: A Day at the Office in Pakistan," *Bloomberg Businessweek* (July 25–July 31, 2011): 11–13.
61. Harry S. Jonas III, Ronald E. Fry, and Suresh Srivastva, "The Office of the CEO: Understanding the Executive Experience," *Academy of Management Executive* 4 (August 1990): 36–48.
62. Will Connors and Chip Cummins, "RIM CEOs Give up Top Posts in Shuffle," *The Wall Street Journal Online*, January 23 2012, http://online.wsj.com/article/SB10001424052970204624204577177184275959856.html (accessed July 9, 2012); and Finkelstein, "The Worst C.E.O.s of 2011."
63. Guy Chazan and Monica Langley, "Dudley Faces Daunting To-Do List," *The Wall Street Journal Europe*, July 27, 2010.
64. Tim O'Shaughnessy, "The Way I Work: LivingSocial," *Inc.* (March 2012): 104–108.
65. Jean Crawford, "Profiling the Non-Profit Leader of Tomorrow," *Ivey Business Journal* (May–June 2010), www.iveybusinessjournal.com/topics/leadership/profiling-the-non-profit-leader-of-tomorrow (accessed June 14, 2012).
66. The following discussion is based on Peter F. Drucker, *Managing the Non-Profit Organization: Principles and Practices* (New York: HarperBusiness, 1992); and Thomas Wolf, *Managing a Nonprofit Organization* (New York: Fireside/Simon & Schuster, 1990).
67. Christine W. Letts, William P. Ryan, and Allen Grossman, *High Performance Nonprofit Organizations* (New York: Wiley & Sons, 1999), pp. 30–35.
68. Carol Hymowitz, "In Sarbanes-Oxley Era, Running a Nonprofit Is Only Getting Harder," *The Wall Street Journal*, June 21, 2005; and Bill Birchard, "Nonprofits by the Numbers," *CFO* (June 2005): 50–55.
69. Eilene Zimmerman, "Your True Calling Could Suit a Nonprofit" (interview, Career Couch column), *The New York Times*, April 6, 2008.
70. This discussion is based on ideas in Stephen Denning, "Masterclass: The Reinvention of Management," *Strategy & Leadership* 39, no. 2 (2011): 9–17; Julian Birkinshaw and Jules Goddard, "What Is Your Management Model?" *MIT Sloan Management Review* (Winter 2009): 81–90; Paul McDonald, "It's Time for Management Version 2.0: Six Forces Redefining the Future of Modern Management," *Futures* (October 2011): 797ff; Jeanne C. Meister and Karie Willyerrd, "Leadership 2020: Start Preparing People Now," *Leadership Excellence* (July 2010): 5.
71. Described in Birkinshaw and Goddard, "What Is Your Management Model?"; Denning, "The Reinvention of Management"; and Traci L. Fenton, "Inspiring Democracy in the Workplace: From Fear-Based to Freedom-Centered Organizations," *Leader to Leader* (Spring 2012): 57–63.

第2章

管理思想的演变

The Evolution of Management Thinking

学习目标

学习完本章后，你应该能够：

1. 理解历史力量对管理实践的影响。
2. 了解并解释管理思想的主要历史演变过程。
3. 描述古典理论和人本主义思想的主要内容。
4. 讨论管理科学及其在现代组织中的应用。
5. 解释系统思维、权变管理观点和全面质量管理的概念。
6. 了解现代管理工具，解释管理趋势随时间变化的原因。
7. 描述技术驱动型工作场所带来的管理变革，包括社交媒体项目、客户关系管理和供应链管理所起的作用。

你是新式管理者还是老式管理者？[1]

导语：涉及下属时，管理者可能会做出下面一系列行为。仔细阅读下面的陈述，根据你会做出这些行为的程度做出“大多正确”或“大多错误”的判断。

	大多正确	大多错误
1. 密切监视我的下属以使他们更好地工作。	______	______
2. 为我的下属制定目标，并把它的好处告知下属。	______	______
3. 建立控制体系以确保下属完成工作。	______	______
4. 确保下属的工作按计划执行。	______	______
5. 每天与下属沟通，看看他们是否需要帮助。	______	______
6. 一旦报告显示某项工作的进度放慢了就马上跟进。	______	______
7. 必要时向员工施压以保证按时完工。	______	______
8. 经常开会以了解事情的进展。	______	______

得分及解释：将回答“大多正确”的题项数加总即你的得分，将你的得分标记在下面的分值轴上。由于两种风格基于对人性的不同假设，所以X理论趋向于“旧式管理”，Y理论趋向于“新式管理”。想要更多地了解这些假设，你可以参考图表2-4并复习有关X理论和Y理论的假设。强烈支持X理论的假设一般被认为不适合当今的组织。你的得分落在X-Y分值轴上的哪个位置？你的得分能反映出你对自己是老式管理者还是新式管理者的判断吗？

X-Y分值轴

X理论←10……5……0→Y理论

印度塔塔集团（India's Tata Group）、美国通用电气公司和非洲M-Pesa移动转账服务公司的管理者与18世纪的投资者和政治家本杰明·富兰克林有什么共同的特点？最近一本有关创新的书中用了一个叫做jugaad的概念。jugaad是一个印度词，其基本含义是从有限的资源中创造出对人类有益的东西来。该书的作者说本杰明·富兰克林是一个伟大的典范，尽管他没上过几天学，但他有许许多多对大众有益的伟大发明。[2]

与大多数的学科一样，管理学也喜欢使用专业术语，jugaad是最近引起管理学界关注的专业术语之一。jugaad是指一种尽量快速并廉价地满足顾客即时需要的创新性思维，在印度公司中广泛使用。随着各国企业研发费用的缩减，美国和其他西方国家的企业管理者很快注意到了这个概念，有时候也把它称为节俭设计（frugal engineering）。[3]jugaad这个术语会很快从管理词汇中消失，还是会像全面质量管理或持续改进那样成为管理学界普遍使用的一个词呢？

管理者总是在寻求新的创意、新的管理方法和新的工具与技术。为满足新的需求，管理理念和组织形式会随着时代的变化而变化。本章开头的调查问卷描述了两种差别极大的管理员工的理念，你将在本章中了解到更多关于这些理念的知识。

如果管理总是在变化，为什么管理者还必须重视历史？尽管今天的工作场所和50年前的工作场所不同，甚至和10年前的工作场所也不同，但是历史上产生的管理学的概念共同组成了管理学教育的基石。[4]其中一个原因是，历史的视角为管理者提供了一种更加开阔的思考方式，提供了从中找到一种管理模式的途径，让管理者决定是否要借鉴以往的做法。这种方法可以使管理者从他人的错误中吸取教训，以防止再犯这些错误；从他人的成功中学到方法，从而在合适的情境中取得成功；最重要的是，领会为什么有些东西可以用来改善组织未来的绩效。一些特定的管理实践看起来比较现代，比如开卷管理或员工持股制，但实际上已经存在很长时间了。由于驱动历史发展的力量发生变化，从20世纪早期开始，这些管理技术不断地重获或者失去人们的关注。[5]

本章将对管理思想、管理理论和管理理念做一个回顾，这些思想、理论和理念为造就今天的组织做出了贡献。本章的最后一节将介绍一些新趋势以及建立在这些管理理论基础上的现代管理方法。这些理论基础显示，学习管理的价值不在于了解当前的事实和研究成果，而在于培养管理者促进管理成功所必需的开阔、长远的眼光和视角。

2.1 管理和组织

学习历史不仅意味着按照时间顺序梳理历史大事，还意味着了解社会力量对组织的影响。学习历史是培养战略思维、从大局出发看待问题并且提高概念技能的一种方法。我们首先要考察社会力量、政治力量和经济力量如何影响组织和管理实践。[6]

社会力量（social force）是指指导并影响人与人之间关系的方方面面。人们重视什么？人们需要什么？人与人之间的行为标准是什么？这些力量构成了所谓的社会契约，它涉及人与人之间、员工与管理者之间不成文的但普遍遵守的规则和观念。

Y世代（有时被称作千禧一代）员工不断变化的态度、观念和价值观就是一种社会力量。[7]这些年轻的员工是美国历史上受教育水平最高的一代人，他们已经成长为技术能手，并且拥有全球意识。和过去的劳动者不同，他们会毫不犹豫地质疑上级并挑战现状。他们想要一个弹性的、合作的工作环境，这样的工作环境具有挑战性和支持性，能够使他们接触到前沿技术、有机会学习，还能促进他们的职业发展和实现个人目标，使他们在工作场所做出有实际意义的决定和改变。

绿色魔力

退后一步才有机会

格伦·林克（Glenn Rink）发明的伟大产品——用来吸收漏油的爆米花状海绵，在20世纪90年代受到市场的冷遇。对林克的公司持怀疑态度的人认为，传统上一直选择撇油法来清理灾难性漏油。因为产品受到市场的抵制，Abtech Industries公司的创始人林克不得不像传统的足球队员那样，先暂时退回中场，伺机而动。

林克转而决定把重点放在处理小规模的漏油事故上。十多年后，Abtech Industries因可以提供城市清洁所需的低成本方法而闻名于世，这些城市往往因水污染问题焦头烂额。林克的付出得到了回报。2011年，智能海绵＋的生产者Abtech Industries复活了，它与另一家大型废料管理公司合伙，成为北美唯一的城市废料管理经销商，随后清理漏油的订单源源不断。截至今日，智能海绵＋产品已经在全世界15 000多个漏油点得到应用。

资料来源："Innovation＃71：Glenn Rink，Founder of Abtech Industries，" *Fast Company*（June 2012）：136（part of "The 100 Most Creative People in Business 2012，" pp. 78－156）.

政治力量（political force）是指政治制度和法律制度对人们和组织产生的影响。在金融服务企业倒闭，汽车工业出现重大问题之后，政府在商业世界中扮演的日益重要的角色成为一股重要的政治力量。一些管理者期望在未来的几年里有越来越多的政府管制。[8]政治力量也包括政治体制背后的基本假设，例如，期望获得自治权、财产权、契约权、对公平的界定权及对犯罪活动做出有罪还是无罪的判定权。

经济力量（economic force）涉及资源在社会中的获取、生产和分配。社会中的政府、军事机构、教堂、学校及商业组织都需要资源来实现它们的目标，而经济力量会影响稀缺资源的分配。每个行业中的所有企业都受到近期金融危机的影响，这次金融危机是20世纪30年代大萧条以来最严重的一次危机。消费支出减少和信贷收紧都阻碍了企业的发展，企业为了实现目标而争夺有限的资源。虽然大公司的资产流动性提高了，中小公司却依然在苦苦寻找资金。[9]另一个影响世界各地管理者的经济趋势是，中国、印度和巴西等国家的经济力量日益增强。[10]

在这个更开阔的社会中，管理实践和管理视角会因为这些社会力量、政治力量和经济力量的变化而改变。图表2－1展示了几种重要的管理视角在时间长河中的演化过程。图中的箭头反映了每种方法占主导地位的时期，但是构成这些方法的基本要素在今天的组织中依旧在使用。[11]

图表 2-1 随时间变化的管理视角

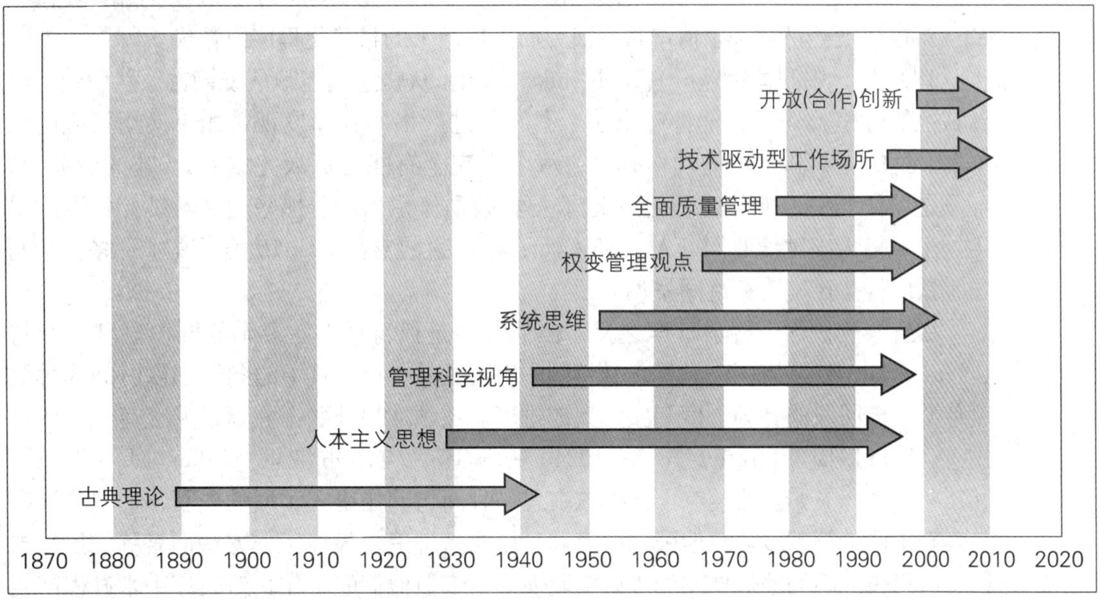

2.2 古典理论

管理实践可追溯到公元前 3 000 年，追溯到由苏美尔人和埃及人共同建立的政府组织，但是对管理学的研究却是近代的事情。[12] 管理学的早期研究始于我们今天所说的**古典理论**（classical perspective）。

管理学的古典理论出现于 19 世纪至 20 世纪初。诞生于 19 世纪的工厂制度面临早期的组织从未遭遇过的挑战。诸多方面的问题开始出现，包括工厂使用什么样的工具、如何设计组织结构、怎样培训员工（大多数是不说英语的移民）、如何安排复杂的生产运作，以及如何解决不断增加的员工不满意度和由此带来的罢工问题。

种种新问题和巨大且复杂的组织的发展都需要新的方法来协调和控制，此时，经理人的一种新形式——领薪水的经理人诞生了。[13] 1880—1920 年间，美国职业经理人从 16.1 万人增长到 100 多万人。[14] 这些职业经理人开始发展并检验用于应对挑战的方法，这些挑战包括组织、协调并控制庞大数量的员工，同时提高员工的生产率。古典理论开启了现代管理理论的演变。

古典理论包括三个分支，分别是科学管理方法、官僚制组织和行政管理原则，每个分支强调的重点有所不同。[15]

2.2.1 科学管理方法

科学管理方法（scientific management）强调科学地确定工作和管理方法以提升效率和劳动生产率。19 世纪末，一名年轻的工程师——弗雷德里克·温斯洛·泰勒（Frederick Winslow Taylor，1856—1915）提出员工可以“像机器一样被重组和改造，要用新的标准把他们的身体和精神更好地重新啮合在一起，以产生更高的生产率”。[16]

泰勒坚定地认为提高生产率意味着管理本身必须做出改变，而且改变的方式应该仅仅由科学研究来决定，因此科学管理方法就出现了。泰勒认为基于经验法则和传统法则的决策应该被经过对个别情境认真研究后发展而来的精确化程序所替代。[17]

1898 年，伯利恒钢铁厂（Bethlehem Steel）从轨道车上卸下废钢铁，然后装上钢铁成品的过程验证了科学管理方法。泰勒经过严格的计算发现，如果使用正确的动作、合适的工具和合理的动作顺序，每个人完全有能力每天完成 47.5 吨的装载量，而不是以往的 12.5 吨。泰勒还制定了一套激励体系，对于那些达到新装卸标准的员工，工厂每天支付给他们每人 1.85 美元，这比之前支付的 1.15 美元高了许多。伯利恒钢铁厂的生产率一夜之间暴增。

尽管泰勒被称为科学管理之父，但他并不是孤身奋斗。泰勒的同事亨利·甘特（Henry Gantt）开发了一种称作甘特图的管理工具，该工具中的条形图以时间为轴测度每个生产阶段的计划进度和实际完成进度。该领域另外两个先驱是弗兰克·吉尔布雷思（Frank B. Gilbreth，1868—1924）和莉莲·吉尔布雷思（Lilian M. Gilbreth，1878—1972）夫妇。弗兰克·吉尔布雷思是时间与动作研究领域的先驱，掌握了许多与泰勒不同的管理技巧。他强调效率并且以执着地追求最佳工作方法而著称。虽然吉尔布雷思夫妇因为他们早期的砌砖实验而闻名，但他们的工作也对医疗手术过程产生了影响，极大地缩短了病人在手术台上的时间。外科医生利用时间研究与动作研究的成果可以挽救无数的生命。莉莲·吉尔布雷思对工作中的人际关系更感兴趣。当她的丈夫 56 岁去世的时候，她要抚养 12 个 2～19 岁的孩子。这位勇敢无畏的“管理学第一夫人”在她的研究道路上继续前行。她继续发表论文、主持研讨班、开展咨询、开讲座，最终成为普渡大学的教授。[18] 莉莲是工业心理学领域的先驱，她还对人力资源管理做出了诸多贡献。

图表 2-2 展示了科学管理方法的基本观点。要想使用这种方法，管理者应该为每一项工作设定标准的方法，选择具备合适技能的员工，培训员工使用标准的方法，支持员工，并且为员工扫除障碍，提供工资激励。

图表 2-2　科学管理的特征

一般方法
- 为每一项工作制定标准方法
- 为每一项工作选择具备合适技能的员工
- 培训员工使用标准的方法
- 通过预先安排员工的工作并排除干扰来支持员工工作
- 给员工提供工资激励以增加产出

贡献
- 论证了绩效报酬的重要性
- 开启了对任务和工作的细致研究
- 论证了人员挑选和培训的重要性

不足
- 没有重视工作的社会情境和员工更高的需求
- 没有承认个体之间的差异性
- 倾向于将员工视为未接受过教育的人，从而忽略了他们的想法和建议泰勒创立的科学管理方法极大地提高了当时所有行业的生产率，而且这些观点至今仍然很重要。实际上，为更高的生产率而设计工作的思想使零售业重新焕发了生命力。连锁超市，如梅杰公司（Meijer Inc.）和汉纳福德公司（Hannaford），使用了基于科学管理原理的消除劳动力浪费的计算机系统。该系统把向顾客问好、操作寄存机、扫描商品等任务分解为可以量化的单元，并且设计出完成每一项任务的标准时间。高层主管说这种计算机化的系统可以使他们在员工配备上更高效，因为员工每天的工作都受到计算机的监督，并且要求达到严格的标准。[19]

《哈佛商业评论》（*Harvard Business Review*）上的一篇文章在讨论现代管理理论中最具创新思想的理论时，将科学管理方法放在12个最具影响力的创新理论之首。的确，为实现效率最大化而创建一套系统，同时为实现生产率最大化而组织各种工作，这样的思想已经深深地植入现代组织中。[20]但是，因为科学管理方法忽略了社会和员工的需求，所以它导致管理者和员工之间的冲突和摩擦日益加剧。例如，联合食品和商业工人联合会就针对梅杰公司的收银员绩效系统发出了一份抗议信。在该绩效管理体系下，员工感觉自己受到了剥削，这与泰勒和他的追随者所预想的和谐与合作相悖。

2.2.2　官僚制组织

将组织视为一个整体的一种系统性的方法是**官僚组织方法**（bureaucratic organizations approach），该方法发端于欧洲，是古典理论的一个分支。德国学者马克斯·韦伯（Max Weber，1864—1920）提出了官僚制组织的大部分特征。[21]

19世纪后期，很多德国组织都是个人管理型或家族管理型企业。员工忠于某个人而不是所在的组织或组织的使命。这种类型的企业的负面结果就是资源被用来满足个人需求而不是实现组织目标，实际上是员工掌控组织并且使用组织的资源来实现他们自己的目标而不是服务顾客。韦伯想象中的组织管理基础是非个人的、理性的，这种形式的组织被称作官僚机构。图表2-3总结了韦伯详细描述的官僚组织的六个特征。

韦伯认为基于理性化职权的组织会更有效率并且更能适应变化，因为企业的延续与正式结构和职位相关，而不是取决于一个可能会离开或死亡的人。对韦伯来说，组织的理性意味着员工的挑选和提拔不是基于他是谁，而是基于他的胜任力和技术资格，这种能力和资格可以通过考试或专门的培训和实践来评估。组织为了延续必须依靠明文规定和记录。另外，规则和程序是客观的，适用于所有的员工。清晰的劳动分工来自对职权和责任的明确界定，应使这种正式的责任法定化。职位按照等级安排，每一个职位都从属于更高的职位。管理者之所以能够成功地下达命令，不是因为他的个性，而是因为其管理职位赋予他的法定权力。

官僚主义在今天的组织中往往取其负面的意思，它常常使人联想到没完没了的规则和繁文缛节。我们往往会因为需要排长队或遵从某些看起来非常愚蠢的工作程序而感到不愉快。但官僚原则在很多组织中仍然有用武之地，让我们看看联合包裹服务公司（有时也被称为“棕色巨人”）的例子。

图表2-3 韦伯式官僚组织的特征

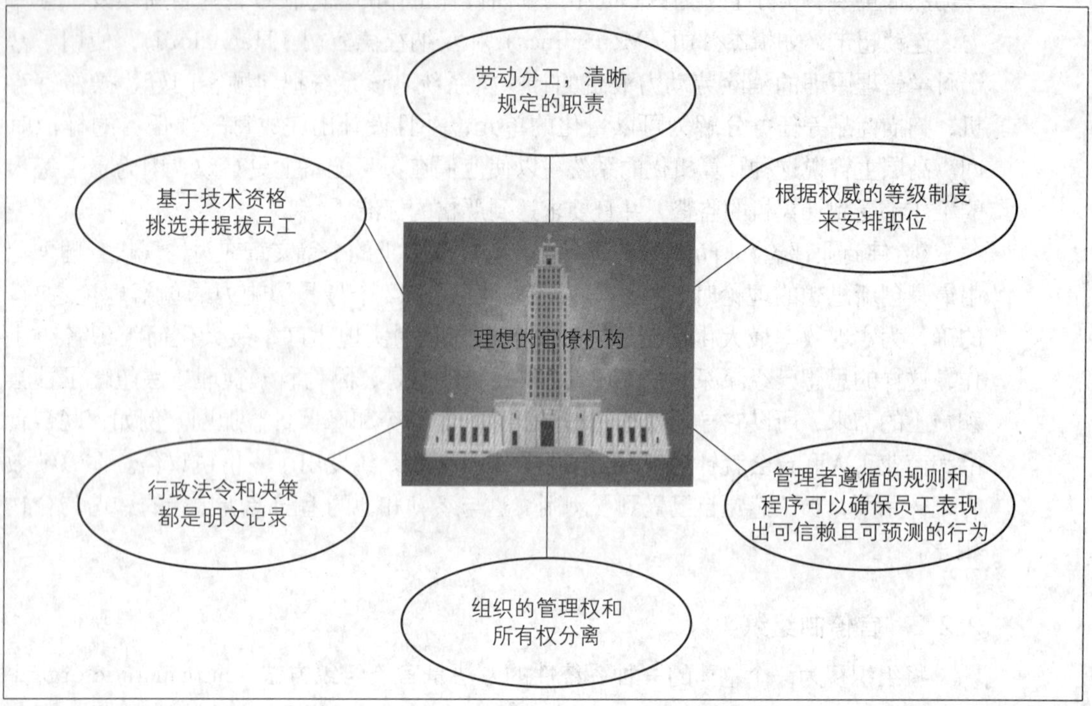

资料来源：Adapted from Max Weber，*The Theory of Social and Economic Organizations*，ed. and trans. A. M. Henderson and Talcott Parsons（New York：Free Press，1947），pp. 328－337.

创新之道

联合包裹服务公司

联合包裹服务公司（UPS）是世界上最大的包裹递送公司之一，同时也是全球主要的专业运输和物流服务的供应商。该公司在世界上200多个国家和地区从事经营活动。

为什么UPS如此成功呢？一个重要的原因是它采纳了官僚主义的概念，UPS根据严格的规章制度来运行。它把正确递送包裹的流程细分为令人震惊的340个步骤，然后教授给驾驶员，例如，教授他如何装载包裹、如何系安全带、如何走路以及如何拿钥匙。公司为驾驶员、装货员、办事员及管理者都制定了详细、具体的安全法则。严格的个人形象要求也是强制性的：干净的制服（其颜色被称作"普式褐"），带防滑鞋底的黑色或棕色抛光鞋，不能留胡须，头发长度不超过衣领，交货过程中没有暴露在外的文身，等等。每次轮班之前，驾驶员都要进行Z形扫描，即对车辆的前面和侧面进行Z形检查。UPS还要求员工每次下班前清理自己的桌子，以便第二天早上开始新的一天。管理者还会得到一份公司希望他们经常使用的政策手册的复印件，并且每天都会有成百上千的人在一起交流员工对各种政策、规则的留言。

UPS有非常清晰的劳动分工。每一个车间都有专业的驾驶员、装载员、办事员、清洁工、分拣员以及维修人员。UPS正是借助书面文件而发展壮大的，并且在使用新技术来提高可靠性和效率方面一直处于领先地位。所有的驾驶员都有每日工作清单，详细说明每天的绩效目标和工作产出。技术资格是员工聘用和晋升的标准。UPS的政策手册上明确规定公司希望领导者拥有胜任领导职位的知识和能力。公司禁止任人唯亲。官僚主义模式在UPS取得了良好的效果，"我们管理着运输业中最牢固的船只"。[22]

正如上例所示，官僚主义既有积极的一面，也有消极的一面。韦伯很纠结于官僚主义的优点和缺点。[23]虽然韦伯将官僚主义看作对基本的个人自由的威胁，但他也承认官僚主义是最有效也是最合理的组织形式。规则和其他的官僚主义程序为处理员工事项提供了标准方法。每个人都得到了公平的对待，并且每个人都知道规则是什么。几乎所有的组织都需要一些规则，并且随着组织日益扩大和复杂，组织所需要的规则会呈倍数增加。例如，一家家具制造公司管理员工行为的规则可能包括[24]：

● 员工在使用机器的时候，必须佩戴保护眼睛和耳朵的装备。

● 员工必须承担分配给他们的所有合理的职责，包括车间清理。

● 员工必须坚持填写准确的工作时间表来展示他们的工作和活动。

● 下面的事项会被视为解雇的原因：过度误工或怠工；故意破坏机器设备；一再重复的粗心行为或危险行为；盗窃；工作期间酗酒和吸毒。

2.2.3 行政管理原则

古典理论的另一个主要分支被称作行政管理原则方法。科学管理方法关注的是个体工作者，而**行政管理原则方法**（administrative principles approach）关注的则是整个组织。该方法的主要贡献者是亨利·法约尔（Henri Fayol，1841—1925），他是一名法国矿业工程师，依靠自己的工作方法最后成为法国最大的矿业公司——Comambault 的最高领导者。Comambault 公司留存至今的一些分支机构如今成了安塞乐米塔尔公司（ArcelorMittal）的一部分，后者是全球最大的钢铁和矿业公司。在法约尔的晚年，他写下了在管理方面的一些心得，这些心得基于他自己的管理经验。[25]

在法约尔最重要的著作《工业管理和一般管理》（*General and Industrial Management*）一书中，他讨论了管理的 14 项基本原则，其中一些原则成为今天的管理理念的一部分。例如：

● 统一指挥。每个下属应该只从一个上级那里接受命令。

● 分工。管理工作和技术工作都应该服从专业化原则，从而使相同的付出得到更多、更好的产出。

● 统一领导。组织中所有相似的工作应该归到同一个管理者的名下。

● 等级链。等级链应该从组织的最高层延伸到组织的最底层，并且涵盖每一个员工。

法约尔认为这些原则可以应用到任何一种组织形态中。同时，他也提出了五大管理职能（或称管理要素）：计划、组织、命令、协调和控制。这些职能成为今天管理理论一般方法的基础。

古典理论作为一种管理方法，其作用非常强大，它为组织提供了基本的管理新技能，从而有助于企业提高生产率和善待员工。的确，美国在管理技术方面处于遥遥领先的地位，其他国家，特别是日本，从美国的管理思想中获益匪浅。

2.3 人本主义思想

管理中的**人本主义思想**（humanistic perspective）强调的是在工作场所以及社会交往和群体过程中了解人的行为、需求及态度的重要性。[26]基于人本主义思想的三个主要分支分别是人际关系运动、人力资源视角和行为科学方法。

2.3.1 早期的倡导者

人本主义思想的两位早期倡导者是玛丽·帕克·福列特（Mary Parker Follett，1868—1933）和切斯特·巴纳德（Chester Barnard，1886—1961）。玛丽·帕克·福列特接受的是哲学和政治科学方面的教育，但她投身于其他领域的研究，包括社会哲学和管理学。她论述过把减少组织内部冲突作为共同最高目标的重要性。[27]她的著作受到当时商界人士的追捧，却常常被管理学家忽视。[28]福列特的观点和科学管理的观点正好相反。现代管理者重新应用她的理论，以应对当今全球环境的快速变化。她的领导理论强调的是人员的重要性，而不是工程技术的重要性。她给出一句精辟的忠告——“不要只为成就你的蓝图”，并分析了管理与组织间的动态交互关系。福列特及时地解决了当时的一些问题，例如，道德问题、权力问题以及能鼓励员工发挥出最大作用的领导方式问题。授权意味着促进而不是控制员工，意味着允许员工根据其拥有的职权采取行动。切斯特·巴纳德等人提出的授权的概念开启了理论研究的新领域。[29]

切斯特·巴纳德曾经在哈佛大学学习经济学，但是，最后因为没有修实验室科学这门课而没有拿到学位。他后来去美国电话电报公司（AT&T）的统计部门工作，并于 1927 年成为美国新泽西州贝尔实验室的主任。巴纳德的重要贡献之一是提出非正式组织的概念。非正式组织存在于所有的正式组织之中，包括组织中的小团体、非正式的网络群体以及自然形成的社会团体。巴纳德认为组织不是机器，并且强调如果组织中的非正式关系得到适当的管理，那么这些非正式关系将成为有利于组织的强大力量。巴纳德的另一个重要贡献是权威接受理论，该理论认为人们有自由意志，人们可以选择是否遵从管理命令。人们之所以一般选择遵从命令，是因为他们察觉到这会给他们带来好处，但是即使这样，他们仍有选择的权利。管理者应该合理地对待员工，因为管理者的权威是否被接受在一些重要的形势下对组织的成败至关重要。[30]

2.3.2 人际关系运动

人际关系运动（human relations movement）依据的理论是，真正有效的控制来自个体员工的自控，而不是严格的权威性控制。[31]该思想学派意识到并回应了善待员工的社会压力。早期关于工业心理学和人员选择的著作因为科学管理异军突起而没有得到更多的关注。芝加哥电力公司的一系列研究，也就是后来广为人知的**霍桑研究**（Hawthorne studies），改变了这种状况。

自 1895 年起，为了控制住宅市场和工业市场，一场在煤气生产商和电气照明设备生产商之间的竞争开始了。[32]到 1909 年，电气照明设备开始占据优势地位，但是，效率越来越高的电气照明设备使得总能源的消耗越来越少，这对电气公司来说是不利的。因此电气公司发起一项广告促销活动，想说服工业用户使用更多的电气照明设备来获得更高的生产率。但这个广告没起到什么作用，于是，企业开始做试验来证明它们的观点。由于管理者对试验结果持怀疑态度，所以设立了工业照明委员会（CIL）来主持这些测试。为了进一步提高测试的可信度，托马斯·爱迪生被任命为工业照明委员会的名誉主席。在其中的一个测试点——西方电气公司的霍桑工厂，发生了一些有趣的事情。

此项工作主要涉及四个试验小组和三个控制小组，事实上做了五个不同的试验。

这些试验旨在证明除了照明以外其他因素对生产率影响的重要性。为了更加深入地分析这些影响因素，试验者做了大量其他试验。[33]其中最著名的一项研究是在第一继电器装配测试车间（RATR）做的试验，其结果充满了争议。在两位哈佛教授——埃尔顿·梅奥（Elton Mayo）和弗里茨·罗特利斯伯格（Fritz Roethlisberger）的指导下，继电器装配测试车间的试验持续了近六年（1927 年 5 月 10 日至 1933 年 5 月 4 日），包括 24 个独立的试验阶段。在这段时间里，很多因素发生了改变，还有很多早期未预见到的因素未加以控制，因此，学者们对于哪些因素真正有助于总体绩效的提高意见不统一。但是很多早期的认知在这点上取得了共识：金钱并不是导致产出增加的原因。[34]人们普遍认为最能影响产出增加的因素是人际关系，如果管理者以一种积极的方式去对待员工的话，那么员工的表现会更好。最近对这些试验的再分析发现，很多因素对员工的影响因人而异，有些学者提出金钱很有可能是唯一最重要的影响因素。[35]该试验的最初参与者之一透露，工人只要加入试验小组，就意味着收入大增。[36]

这些新的发现清楚地表明了金钱在霍桑研究中的重要性。另外，工人生产率提高的一部分原因是，员工因为入选如此重要的一个项目而提升了自我重要感和集体荣誉感。[37]该试验的一个意外贡献是对实地研究方法的再思考。研究者和学者一致认为，研究者如果与研究对象的关系过于密切，可能会影响实验结果。这个现象在研究方法论中称为霍桑效应。在霍桑研究中，研究对象由于研究者的积极参与而表现出不同的行为。[38]

从历史的角度来看，这些研究是否具有学术意义并不那么重要，更重要的是它激起人们越来越大的兴趣，人们不再把企业员工看作生产机器的延伸。当管理者善待员工时，员工的产出会增加，这个解释开启了为提高组织生产率而实施的员工待遇的革命。尽管研究方法有缺陷，结论也不尽准确，但是这些结果为人际关系运动提供了前进的动力。该方法形成了主宰超过 20 多年的管理理论和管理实践，并且让人际关系是提高生产率最值得关注的领域的观点一直保持到今天。

2.3.3　人力资源视角

人际关系运动最初支持的是一种日常农场管理方式：如同满足的奶牛会产出更多的牛奶一样，满意的员工会生产更多的产品。渐渐地，更有深度的观点开始出现。**人力资源视角**（human resources perspective）延续了对员工参与和关怀式领导的兴趣，但是将强调的重点移向考虑员工每天完成的工作。人力资源视角把工作任务方法与激励理论结合在一起。[39]根据人力资源视角，工作不应该是非人性化的或有损人格的，而应该允许员工发挥他们所有的潜能。人力资源视角的两个广为人知的贡献者是亚伯拉罕·马斯洛（Abraham Maslow，1908—1970）和道格拉斯·麦格雷戈（Douglas McGregor，1906—1964）。

亚伯拉罕·马斯洛是一位职业心理医生，他观察到病人的问题常常源于他们无法满足自身的需求。因此，他将他的工作进行归纳，并提出需求层次理论。在马斯洛的需求层次理论中，最基本的是生理需求，然后向上发展到安全需求、归属需求、尊重需求，最后是自我实现需求。第 16 章将更详细地介绍他的观点。

道格拉斯·麦格雷戈在担任俄亥俄州的安提亚克学院的校长时，对早期简单化的人际关系理论很不满。他同时挑战了古典理论和早期人际关系学派对人类行为的假设。基于他作为管理者和咨询顾问的经验，以及他作为心理学家所接受的培训和马斯洛的著作，麦格雷戈明确地提出了X理论和Y理论，图表2-4是对这两个理论的解释。[40]麦格雷戈认为古典理论是基于X理论对工人的假设，他还认为稍作修改后的X理论适用于早期的人际关系理论。换句话说，人际关系理论还不够深入。因此麦格雷戈提出了Y理论，将其作为对工人更真实的一种看法去指导管理思维。

图表2-4　X理论和Y理论

X理论的假设

- 普通人与生俱来会讨厌工作，并且尽可能地逃避工作。
- 因为人类厌恶工作这样一个特征，大多数人需要强迫、控制、命令或惩罚的威胁从而为实现组织目标付出足够的努力。
- 普通人更喜欢被命令，希望逃避责任，没有雄心壮志，把安全感看得高于一切。

Y理论的假设

- 在工作中的体力付出和脑力付出就像玩耍和休息一样自然。普通人与生俱来就不讨厌工作。
- 外部控制和惩罚、威胁并不是让员工朝着组织目标努力的唯一手段。一个人在朝着他承诺的目标努力时，会进行自我指导和自我控制。
- 普通人在适当的情境下不仅会接受责任，还会主动寻找责任。
- 在解决组织问题时，大多数人能表现出相对较高的想象力、独创性和创造力。
- 在现代工业生活的环境中，普通人的智力潜能只利用了一部分。

资料来源：Douglas McGregor，*The Human Side of Enterprise*（New York：McGraw-Hill，1960），pp. 33-48.（c）McGraw-Hill Companies，Inc. Reprinted by permission.

Y理论的主要观点是组织可以充分利用所有员工的想象力和智力。员工在得到机会的时候会自控并且对组织目标做出贡献。今天，依然有公司使用X理论进行管理，但更多公司使用的是Y理论。让我们看看三星电机是如何应用Y理论来挖掘员工的创造力和心智能力的。

创新之道

三星电机

巴西三星电机的基本运营原则是利用全体员工的智慧。该公司通过让员工掌控自己的工作时间、工作地点甚至工资制度来做到这一点。员工会参与所有的组织决策，包括三星电机应该重点发展哪些业务。

三星电机的领导者认为要想获得经济上的成功就必须营造一种将权力和控制权直接下放到员工手中的工作氛围。员工可以否决任何新的产品理念或新业务，他们可以选择领导者并管理自己以完成目标。信息是公开的、广泛分享的，因此每个人都知道自己以及公司的处境。领导者允许员工根据自己的利益和努力来为公司的地位和战略添砖加瓦，而不是直接命令他们该做些什么。公司鼓励员工寻求挑战、探索新的理念和商业机会，并且可以质疑公司内任何人的观点。

员工之间的高度信任帮助三星电机在动荡的经济环境和快速变化的市场条件下实现了数十年的盈利和发展。里卡多·塞姆勒（Ricardo Semler）说："在三星电机，我们不按常规做事。"塞姆勒的父亲于20世纪50年代创建该公司，塞姆勒说，"即使看到公司一无所有"也不会让他感到局促不安。每天看着公司和员工"轰轰烈烈地按照自己的本能和找到的机会日行千里"对塞姆勒来说是一件幸福的事情。[41]

对于里卡多·塞姆勒这样的管理者，命令和控制都是过去的事情了，未来属于那些领导力贯穿整个组织的公司。Y理论曾经帮助三星电机在艰难的环境中取得成功。尽管并不是所有公司都能像三星电机这样遥遥领先，但其他公司也在应用Y理论，这些理论和今天所强调的员工授权和员工参与不谋而合。

新晋管理者自我测试

你的马赫分值是多少？

导语：如何看待人性，应该采取哪些策略使他人完成任务，管理者在这些问题上的看法不尽相同。根据你如何看待别人来回答下面的题项。仔细思考每一个题项，并且根据你的内心感受诚实地给出答案。对于每个题项，请选择“大多正确”或“大多错误”。

	大多正确	大多错误
1. 整体上看，谦卑、诚实比成功但不诚实更好。	______	______
2. 如果你完全相信一个人，你就是在自找麻烦。	______	______
3. 一个领导者只有在某件事是完全道德的时候才可以采取行动。	______	______
4. 处理人际关系的一个好办法是说他们想听的话。	______	______
5. 没有理由对别人说善意的谎言。	______	______
6. 奉承重要人物是一件有意义的事情。	______	______
7. 取得成功的大多数领导者一般都过着道德的生活。	______	______
8. 最好不要告诉别人你做某事的真正原因，除非这样做对你有利。	______	______
9. 大多数人是勇敢的、优秀的并且是善意的。	______	______
10. 如果不走捷径，想要到达事业的顶峰是很困难的。	______	______

得分及解释：计算你的马赫分值，你对1，3，5，7，9题项的回答如果是“大多错误”，可以得1分，你对2，4，6，8，10题项的回答如果是“大多正确”，也可以得1分。这些题项摘自意大利政治哲学家尼古拉·马基雅维利（Niccolo Machiavelli）的著作，他于1513年写了《君主论》（*The Prince*）一书，书中阐述了一位君主如何才能维持对国家的控制。一般认为，马基雅维利时代成功的管理谋略所需的行为在今天看来是以自我为中心的、操纵性的，这些行为正好与兴起于人际关系运动的更加开明的管理理论相悖。你的得分如果在8～10分，表明你的马赫分值很高；你的得分如果在4～7分，表明你的马赫分值处于中等水平；你的得分如果在0～3分，表明你的马赫分值很低。高马赫分值并不意味着这是一个阴险恶毒的人，但是很可能意味着他比较冷酷、视生活为游戏，并且不会积极地与他人交流。把你的得分与别的同学交流，并且讨论你认为政治家和高管应该有更高还是更低的马赫分值。

资料来源：Adapted from R. Christie and F. L. Geis, *Studies in Machiavellianism* (New York: Academic Press, 1970).

2.3.4 行为科学方法

行为科学方法（behavioral sciences approach）是利用科学的方法并借鉴社会学、心理学、人类学、经济学以及其他学科的知识来发展组织情景中的人类行为和人际交互的理论。该方法在所有组织中都得到了应用。例如Zappos.com这样的公司通过研究来决定挑选员工时笔试、面试及员工简历的使用方式，采用的就是行为科学技术。又如百思买（Best Buy）的电子产品商店对新经理开展培训时，在员工激励技术方面所使用的大多数理论和发现都植根于行为科学研究。

基于行为科学方法的一系列特定的管理技术称为**组织发展**（organization development，OD）。20世纪70年代，组织发展成为应用行为科学方法的一个独立领域，通过提高组织应对变化的能力、改善组织内部关系及解决问题的能力来促进组织健康、高效发展。[42]随后，组织发展的技术和概念被进一步拓展，并用来应对日益复杂的组织和环境，组织发展至今仍是管理者至关重要的一种方法。第11章将详细讨论组织发展。产生于行为科学方法的概念还有矩阵组织、自我管理型团队、组织文化理念以及走动管理。事实上，行为科学方法影响了自20世纪70年代以来管理者应用到组织中的绝大多数管理工具、技术和方法。

本书接下来的所有章节中都包含可以归功于行为科学方法的研究结论和管理应用。

2.4 管理科学

第二次世界大战引发了很多管理上的变化。现代全球战争带来了大量复杂的问题，这些问题使得决策制定者需要使用比以往更加复杂的管理工具。**管理科学**（management science）也被称为定量分析方法，它为解决这类问题提供了一个途径。该方法的独特之处在于将数学、统计和其他定量技术应用到管理决策和问题解决过程中。第二次世界大战期间，一批数学家、物理学家以及其他学科的科学家被组织到一起解决军事问题，这些军事问题往往涉及大量物资和人员的快速、高效转移。管理者很快就发现了如何将定量分析技术应用到大型商业企业中。[43]

管理学家彼得·德鲁克（Peter Drucker）于1946年出版的著作《公司的概念》（*Concept of the Corporation*）引起企业和管理方面学术研究的迅速发展。受军队中应用技术的启发，学者们为公司管理者创造出大量的数学工具，例如，为优化运营而应用的线性规划、为质量管理而应用的统计过程以及资本资产定价模型。[44]

计算机的发展和完善促进了这些工具的应用。与统计技术的日益发展相结合，计算机使得管理者通过收集、存储并处理大量数据从而量化地制定决策成为可能，并且定量分析方法被今天诸多行业的管理者广泛使用。例如沃特·迪士尼公司使用**定量分析技术**（quantitative techniques）开发出FASTPASS系统，这是一个复杂的计算机系统，可以减轻顾客为了最受欢迎的游乐设施而排长队的痛苦。迪士尼主题乐园里放置了很多发放优惠券的机器，优惠券上印有建议顾客到达某游乐设施的时间，该时间是根据实际排队的游客数量、正在使用游乐设施的游客数量以及游乐设施的最大客容量精确计算出来的。下一代技术设施——xPass将允许顾客在离家之前就预定好使用游乐设施的时间。[45]下面我们介绍管理科学的三个分支。

一是运筹学。运筹学直接产生于第二次世界大战期间的军事小组。[46]运筹学包括数学模型的建立以及其他定量分析技术在管理问题中的应用。

二是运营管理。运营管理是指管理领域中针对商品或服务的生产过程开展的专业研究。运营管理专家利用管理科学方法来解决生产问题。一些常用的方法包括预测、库存模型、线性和非线性规划、排队论、生产调度、仿真以及盈亏平衡分析。

三是信息技术。信息技术是管理科学领域最新的分支，通常通过设计管理信息系统为管理者提供及时、低成本的相关信息。信息技术目前已经发展出企业内部网、企业外部网和诸多软件，从而帮助管理者估计成本、计划并追踪生产、管理项目、分配资源或安排员工等。当今很多组织都会聘用信息技术专家，他们使用定量分析技术来解决复杂的组织问题。

但是，正如在次贷危机和金融危机中所暴露出来的，过度依赖定量分析技术会给管理者带来问题。房地产贷款企业使用的定量分析模型显示，即使它们的坏账率达到历史最高水平，它们在次级贷款市场上的投资也不会有问题。但是，这些模型没有考虑到一种情形，即历史上从来没有一个人会认为将 50 万美元贷给拿最低工资的人是可行的。[47]量化分析师也开始在其他类型的金融企业里主导组织决策。**量化分析师**（quants）是指那些根据复杂的定量分析做出决策的金融管理者和其他管理者，他们认为利用先进的数学模型和复杂的计算机技术可以准确地预测市场运行趋势并获得巨额利润。对这些量化分析模型的完全依赖使得那些野心勃勃的交易员和管理者承担巨大的风险。当市场因为人们对次级贷款的怀疑越来越强烈而变得很糟糕时，这些模型开始出错：预测会上涨的股票却下跌了，反之亦然；预测 1 万年才会发生一次的事情，在疯狂的市场中连续三天每天都发生了。斯科特·帕特森（Scott Patterson）是《华尔街日报》的记者，也是《量化分析师：新的数学天才如何占领并毁灭了华尔街》（*The Quants：How a New Breed of Math Whizzes Conquered Wall Street and Nearly Destroyed It*）一书的作者，他认为开始于 2008 年的金融危机在一定程度上是因为这些量化分析师未能准确地观察到市场的基本情况、未能关注到人性因素，并且未能听从自己的直觉。[48]

2.5　最近的历史趋势

尽管近年来一些管理者大量使用管理科学技术，但是自 1950 年至今，人本主义视角一直是我们讨论的所有方法中最广泛接受的一种方法。第二次世界大战结束之后，新的概念开始兴起，随之而来的是对人员管理的持续强烈的兴趣，例如团队和群体动态学及其他与人本主义相关的观点。三个新出现的概念是系统思维、权变管理观点和全面质量管理。

2.5.1　系统思维

系统思维（systems thinking）是一种能力，具有这种能力的人不仅能看到一个系统或情景中的不同元素，还能看到这些元素之间复杂且不断变化的相互作用。**系统**（system）是指一系列相互联系的部分作为一个整体发挥作用以实现共同的目标。[49]**子系统**（subsystems）是指一个系统（如组织）中相互依赖的各个部分。系统（组织）中一个部分的改变会影响其他的部分。管理者需要理解的是整个组织的协同效应，而不仅仅是那些独立的部分。管理者需要强化或改变的是整个系统的模式。[50]**协同效应**（synergy）是指整体效果比各部分的加总效果好。必须把组织视为一个协调的整体来实施管理。一些管理者能理解子系统之间的互相依赖和协同效应，这样的管理者在做出改变的时候会从整体上意识到子系统对整个组织的影响。

很多人接受过解决问题的培训，就是将一个组织这样的复杂系统分解为若干独立的部分，然后尽可能地使每个部分有效运转。但是，每一部分的成功并不能叠加带来整体的成功。事实上，一个部分变得更好有时反而会使整个系统的效率降低。例如，有些小城市在解决交通拥堵问题时，没能从系统思维的角度出发去规划道路建设工程，结果有了新的马路后，很多人开始迁往郊区。这样不仅没有缓解交通拥堵问题，实际上还加剧了交通拥堵、时间延误及市郊扩张带来的污染问题。[51]

正是各部分之间的关系构成了一个整体的至关重要的系统，不管是一个社区、一辆汽车、一个非营利机构，还是一个人或一个商业组织，都是如此。系统思维促使管理者去寻找一种会随时间变化的运行模式，并且关注节奏、流量、方向、形状以及完成整体工作的关系网络的质量。如果管理者可以看到复杂形势的结构，他们就可以使组织得到改善。但是要做到这一点需要管理者关注大局。

构成系统思维的一个重要因素是领悟因果循环关系。彼得·圣吉（Peter Senge）是《第五项修炼》（*The Fifth Discipline*）的作者，他认为现实是螺旋式上升的而不是直线向前的。例如，图表 2-5 展示了一家零售企业提高利润带来的影响的循环图。左边圆圈中的事件是由于增加广告费用这个决定导致的：该零售企业增加广告预算以此来疯狂地促进销售，此次广告促销增加了销售额，因此增加了利润，并为进一步增加广告预算提供了资金。

图表 2-5　系统思维与因果循环

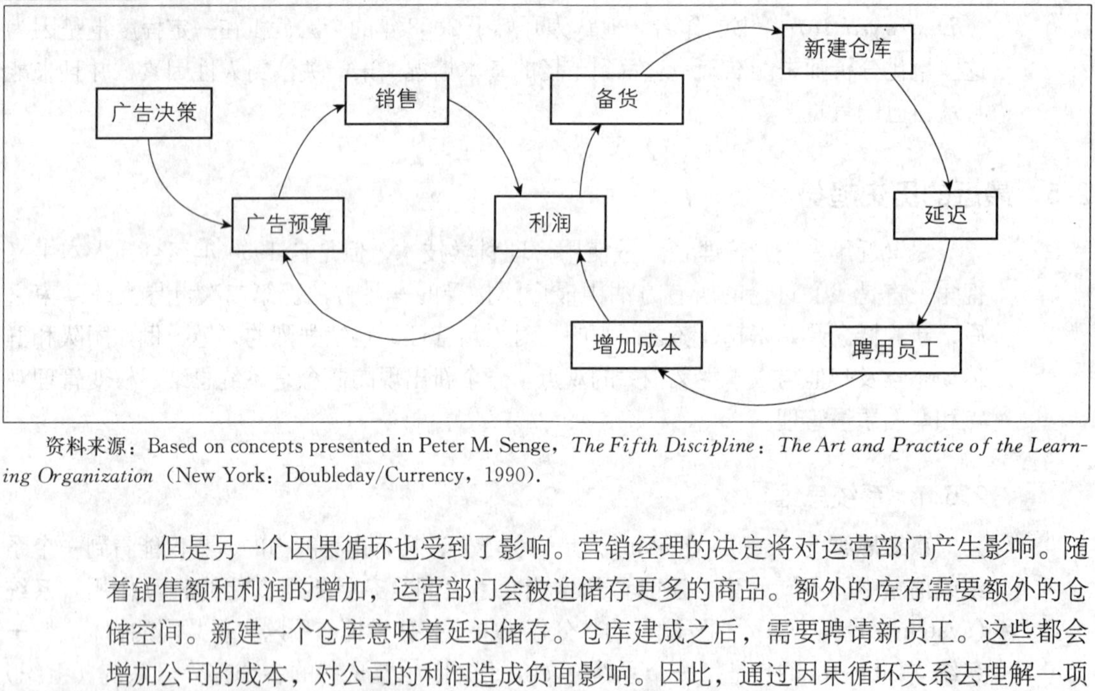

资料来源：Based on concepts presented in Peter M. Senge，*The Fifth Discipline：The Art and Practice of the Learning Organization*（New York：Doubleday/Currency，1990).

但是另一个因果循环也受到了影响。营销经理的决定将对运营部门产生影响。随着销售额和利润的增加，运营部门会被迫储存更多的商品。额外的库存需要额外的仓储空间。新建一个仓库意味着延迟储存。仓库建成之后，需要聘请新员工。这些都会增加公司的成本，对公司的利润造成负面影响。因此，通过因果循环关系去理解一项决定的所有后果，能够使公司的领导者同时为仓储和广告营销制定计划并分配资源，从而确保销售额和利润稳定增长。如果不理解系统因果循环关系，高层领导者将不能理解为什么增加广告预算会导致库存延迟和暂时的利润减少。

2.5.2　权变管理观点

近年来对管理思维的第二次拓展是**权变管理观点**（contingency view）。古典理论假设了普适说的观点。管理概念被认为是普适的，即能够在一个组织中起作用的管理风格、官僚科层结构等管理概念都适用于其他的组织。但是，在管理教育界，不同的观点出现了，该观点认为任何一种情景都是独特的，原理并不是普适的，并且一个人要经历大量的实际情景才可以真正了解管理。管理者需要承担的任务就是决定在每一个新的情景下采用哪种方法。

为了整合这些观点，权变管理观点出现了，如图表 2-6 所示。[52]在这里，任何其他的观点都不能认为是完全正确的。有些权变因素或变量能够帮助管理者确定并理解情景。权变管理观点告诉我们，在一种情景中发挥作用的方法在另外一种情景中可能不起作用。权变意味着事物之间相互依存，管理者对一种情景的反应取决于他对该情景中关键权变因素的辨识。

图表 2-6　权变管理观点

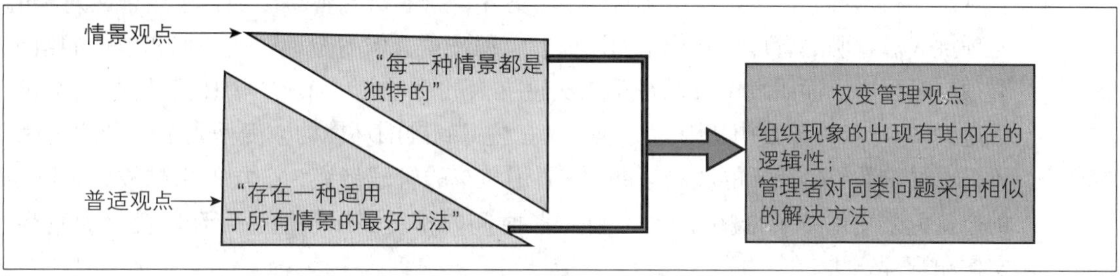

例如，一个重要的权变因素是组织所在的行业。对互联网公司（例如谷歌）有利的组织结构很可能对一个大型汽车制造商（例如福特）不利。在制造型企业中应用良好的目标管理体系（MBO）可能并不适用于学校系统。如果管理者能够辨识出他们所在组织的重要模式和特征，就可以找到适合这些模式和特征的解决方法。

2.5.3　全面质量管理

质量这个主题是渗透进当代管理思维中的另一个概念。质量运动与日本企业密切相关，但是，这些理论的出现却在一定程度上受到第二次世界大战之后美国的影响。爱德华兹·戴明（W. Edwards Deming）被称为"质量运动之父"，他的观点起初在美国受到冷落，但日本人接纳了他的理论并在修改后用于重建他们的工业，日本因此跻身世界强国之列。[53]日本企业逐渐抛弃了以检查为导向来控制质量的方法，取而代之的是强调员工参与预防质量问题的方法，从此日本企业与美国企业完全不同。[54]

全面质量管理（total quality management，TQM）强调通过管理整个组织向顾客提供更高的质量，于 20 世纪 80 年代到 90 年代初成为帮助美国管理者应对全球化竞争的重要方法。这种方法将追求高质量的价值观灌输给参与生产过程的一线员工，贯彻到组织中的每一项活动中。全面质量管理的四个重要因素是员工参与、关注顾客、标杆管理以及被称为 kaizen（改善）的持续改进。

员工参与意味着要想获得更高的质量，需要全组织员工都参与质量控制。关注顾客是指所有的员工都要关注顾客，组织要发现顾客的需求，努力满足他们的需求并达到他们的预期。标杆管理是指组织发现其他组织如何在某些方面比自己做得更好，并努力模仿、改善的过程。持续改进是在组织的所有领域实现微小的、渐进式的、持续性的改进。全面质量管理并不是一种快速的补救方法，但是诸如通用电气、得州仪器、宝洁以及杜邦等公司通过全面质量管理方法在效率、质量和顾客满意度方面取得了令人惊讶的效果。[55]全面质量管理仍是当今组织的重要组成部分，并且管理者认为标杆管理是一个特别有效和令人满意的管理技术。[56]

当今的一些公司通过追求雄心勃勃的质量目标来展示它们提升质量的决心。例如，在摩托罗拉和通用电气被广泛使用的六西格玛（6-sigma）方法，它制定的质量目标是每 100 万个零部件中不能有多于 3.4 个残次品。该方法也意味着一种强调不断追求更高质量和更低成本的全面质量控制。全面质量管理将在第 19 章中详细讨论。

2.6 变化环境中的创新管理思维

本章至此所讨论的所有观点和方法集合在一起构成了现代管理学。目前使用的很多观点和技术都起源于这些历史理论。[57]另外，新的概念不断出现，被用来应对新的管理挑战。聪明的管理者不断温习以前的管理理论，但清楚地知道他们和他们的组织必须与时俱进。通用汽车公司在第二次世界大战后曾是一个“理想化”的组织模式，但是到 2009 年，该公司却因为管理者没有注意到周围环境的改变而到了破产的边缘，不得不寻求数十亿美元的政府援助。[58]通用汽车的管理者认为公司的卓越成就可以帮助企业免受变化带来的影响，他们在很长时间内都受困于不能适应环境变化的战略、文化和管理方法。

2.6.1 现代管理工具

回顾我们在本章开头讨论的 jugaad 方法，它是在印度广泛使用的一种创新管理方法，后来被美国的管理者使用。各种流行的管理方法层出不穷，但是管理者依然在寻找新的管理技术和方法以更好地响应顾客的需求和环境的要求。欧洲管理者的一项最新调查显示，管理者会更关注眼下流行的管理概念。下面这张表列出了管理者认可以下这些在过去十年中流行的管理概念的比例。[59]

概念	认可的百分比（%）
电子商务	99.41
分权化	99.12
客户关系管理	97.50
虚拟组织	91.19
授权	83.41
企业再造	76.65

管理者尤其倾向于寻找新的观念来帮助他们度过艰难的时刻。例如，最近的一些挑战，包括经济萧条、动荡的股票市场、环境和组织危机、对战争和恐怖主义挥之不去的焦虑以及源自华尔街危机的公众质疑，使得当今的管理者试图找出新的或旧的管理工具来充分利用有限的资源。“经理会谈”专栏列举了当今的管理者使用的各种观点和技术。管理观点的生命周期随着变化速度的加快而不断缩短。路易斯安那大学拉斐特分校教授的一项研究发现，20 世纪 50 年代到 70 年代，一种流行的管理观点要使大众的兴趣达到最高点需要花 10 年多的时间。而现在，两种管理观点之间的切换时间已经缩短到不足三年，一些观点出现和消失的速度更快。[60]

经理会谈

管理工具和趋势

管理历史上曾出现很多流行的管理观点。有些人认为，新的管理工具并不总是最好的解决方法。另一些人则认为在快速变化的世界中，管理者要想取得持续改进就需要采用新的技术。

1993年，贝恩公司启动了一个大型研究项目，这个研究项目采访和调查了数以千计的企业高层领导对25项最流行的管理工具和技术的应用情况。图表2-7展示了2010—2011年使用最多的管理工具及其使用率。对下面的管理工具你知道多少？想要了解某种管理工具的更多信息，请前往 www. bain. com/publications/articles/management-tools-2011-executives-guide. aspx 网站查看《2011年贝恩管理工具：对高层主管人员的指导》(*Management Tools 2011：An Executive's Guide*)。

图表2-7 零售组织的供应链

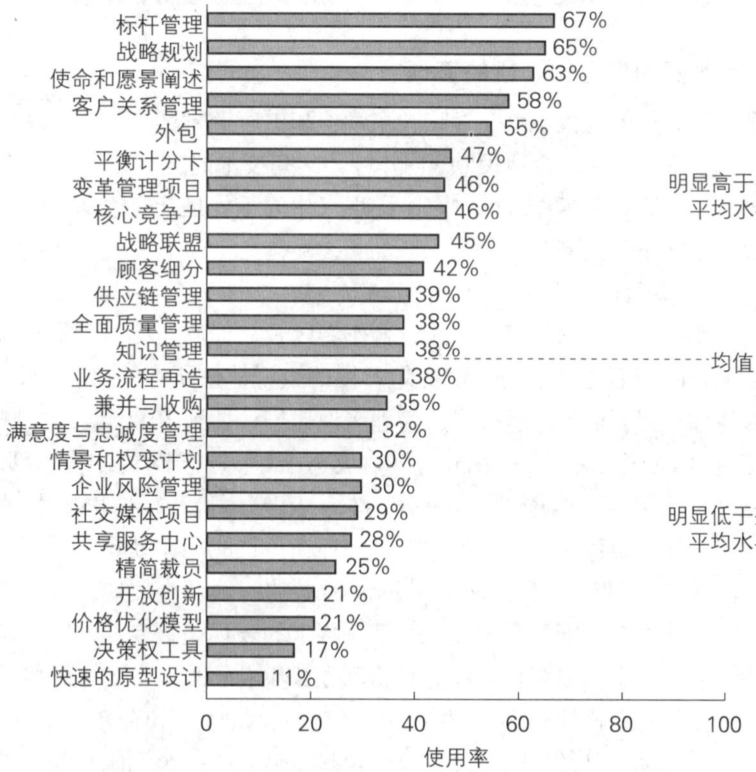

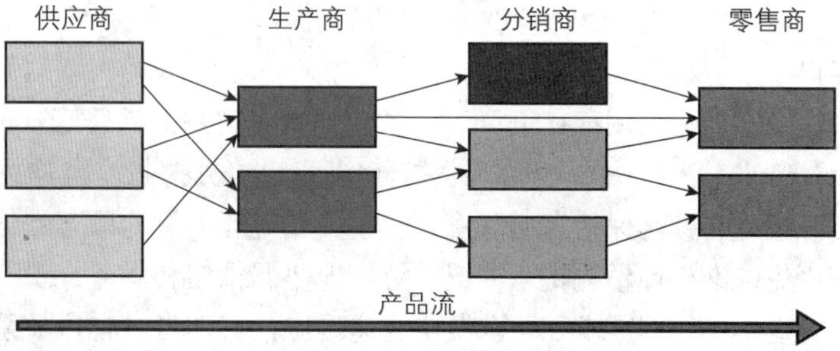

资料来源：Adapted from an exhibit from the Global Supply Chain Games Project，Delft University and the University of Maryland，R. H. Smith School of Business，www. gscg. org:8080/opencms/export/sites/default/gscg/images/supplychain _ simple. gif (accessed February 6，2008).

就受欢迎程度来说，在2010—2011年的调查中，标杆管理居于最流行管理工具的首位，这反映了管理者在经济困境中对提高效率和降低成本的关注。兼并与收购在受欢迎程度上有所下降，只有35%的管理者使用这项管理技术。在使用度和满意度两个方面排名都比较高的三个管理工具是战略规划、使命和愿景阐述、顾客细分。在快速变化的时代，这些工具有利于培养管理者在战略问题上的思维。

就全球趋势来说，据报道，新兴市场中的公司所使用的工具数量首次超过了成熟市场中的公司。超过一半的新兴市场中的高层主管人员说他们使用平衡计分卡。北美管理者减少了对外包策略的使用，并且是使用社交媒体项目的主力军。拉丁美洲公司的管理者比其他任何地区的管理者使用的管理工具都要多，但是，他们对精简裁员和客户关系管理这两个工具的使用甚少。亚洲管理者是知识管理工具最大的使用群体。欧洲管理者最常使用的两个工具是标杆管理和变革管理项目，因为欧洲经济仍然存在巨大的不确定性。

2.6.2 技术驱动型工作场所的管理

两个广泛应用的现代工具是客户关系管理和供应链管理，它们表现出持久的生命力（正如“经理会谈”专栏所反映的那样）。这些技术的应用是因为工作场所转向技术驱动型。技术驱动型工作场所中一个更现代化的工具是社交媒体，组织对它的使用和重视程度正在不断提高。

■ 社交媒体项目

公司利用社交媒体与员工、顾客、合作者以及其他利益相关者进行互动。贝恩咨询公司所调查的管理者当中，虽然只有29%的人说他们所在的公司于2010年就开始使用社交媒体项目，但是超过一半的管理者说他们计划到2011年开启这些项目。[61]**社交媒体项目**（social media programs）包括公司线上社区网页，脸书网（Facebook）或领英网（LinkedIn）等社交媒体网站，推特（Twitter）或中国的微博平台以及公司线上论坛等。社交媒体一个经常使用但是却存在争议的用途就是对求职者的背景和活动调查。凯业必达招聘网（CareerBuilder）所做的一项调查发现，37%的招聘经理说他们曾经使用社交媒体网站来调查求职者在网上的表现是否专业，同时了解更多的求职者能力方面的信息，或观察求职者是否和组织文化匹配。[62]社交媒体项目的其他用处还有让公众了解公司的产品和服务，分享观点，从顾客和合作伙伴那里得到反馈，增强员工之间的关系以及销售产品。很多管理者关心的一个问题是如何度量社交媒体项目的有效性。

■ 客户关系管理

不像社交媒体的使用存在争议，很多管理者对**客户关系管理**（customer relationship management，CRM）技术的应用非常满意也十分擅长。客户关系管理系统利用最新的信息技术与顾客保持密切联系，以收集和管理大量的顾客数据。这些系统可以帮助管理者更加准确地预测销售情况、更好地协调销售和服务人员、改进产品设计和营销，并对变化的顾客需求和要求做出快速响应。管理者对客户关系管理的兴趣一度达到顶峰。正如“经理会谈”专栏所展示的，58%的受访管理者说他们所在的公司在2010年就已经使用客户关系管理系统，相比较而言，2000年使用该技术的公司只占35%。

■ 供应链管理

供应链管理（supply chain management）是指从供应商到购买者整个序列的管理，它覆盖了从获取原材料到将产品分销给消费者整个过程中的所有阶段。[63]图表2-7展示了一个基本的供应链模型。供应链是由多个企业和个人构成的一个网络，这些企业和个人通过产品流或服务流联系在一起。[64]很多组织使用复杂的电子技术来管理供应链。例如在印度，沃尔玛的管理者打造了一条有效的供应链，将农户和小型生产商直接联系起来，使每个参与者都实现了利润最大化。[65]

讨论题

1. 你认为银行业和卫生保健行业政府管制的增加会导致管理实践发生什么样的变化？你发现其他哪些近期的政治力量、社会力量或经济力量可能会影响到管理者的工作？

2. 2010—2011年贝恩咨询公司对管理工具和管理趋势的调查发现，对社交媒体项目的使用正在不断增多，但是作为一个工具，社交媒体也被列为满意度最低的工具之一。对此你如何解释？

3. 你认为根据本书所述的科学管理原理设计出的消除劳动力浪费的系统会给零售商带来哪些弊端？科学管理原理已经有100年的历史了，你认为科学管理的特征将来会不会不再是组织生活的一部分？请讨论之。

4. 一名管理学教授曾经说，为了实现成功的管理，研究当前是最重要的，研究过去次之，研究未来是最不重要的。你赞同吗？为什么？

5. 随着组织中技术驱动的因素越来越多，你认为哪一方面将变得更加重要，对组织中人的管理还是对技术的管理？请讨论之。

6. 为什么玛丽·帕克·福列特的观点很受当时商业人士的追捧却被管理学者忽视？为什么她的观点在今天更受青睐？

7. 解释权变管理理论的基本观点。面对一个组织，你如何辨识出重要的权变变量？

8. 以霍桑研究为例，为什么一项即使后来被证明是错误的研究也可以成为管理学历史上的重要转折点？请讨论之。

9. 你如何将系统思维应用到你最近的学术研究成绩不佳等问题中？如何将它应用到自己喜欢的人或其他家庭成员遇到的问题中？尝试找出所有影响因素以及它们之间的依赖关系。

10. 你认为管理理论与金融、会计或实验心理学的理论一样精确吗？为什么？

技能运用：批判性分析案例

来自HR的更多麻烦？

维克托利奥·诺斯和加里·肖在弗里兰制药公司工作的三年中基本没有什么交集，他们之间的交流不会超过十句话。但是，他们在飞往密苏里堪萨斯城公司总部的航班上有幸坐在一起。突然，他们发现有很多话要向对方讲。

维克托利奥说：“我想知道的是为什么我们要浪费时间到堪萨斯城研究有关领导能力的新政策。”

“因为康妮·怀兰是弗里兰的人力资源经理，而你我都知道政策、模型以及所有情绪化的员工都是HR（人力资源）的命脉。我认为这也是去年销售丑闻带来的恐慌的结果。”

维克托利奥说：“我认为不存在任何恐慌的理由。公司已经开除那些人，道了歉并且你也在继续推动销售。”

加里讽刺性地笑了笑说道：“不对。你开除了他们，你也道了歉，你对整个事件进行了详细分析，然后你用无尽的规则和官僚主义标准来领导你的管理团队以保证那样的事情不再发生。"

维克托利奥回答道："所以我们都为这件事付出了代价。"

加里回应道："我们付出代价是因为 HR 看到这些制造丑闻的人在公司中提升得如此之快而感到内疚。所以现在康妮和她的同事找到了一个解决这种问题的永久的方法。我不知道为什么我们所有人都必须前去讨论，显然她已经决定了她要做的事情并且认为这是一剂万灵药，可以防止公司在未来陷入尴尬的境地。"

维克托利奥说："我们看一下文件。"他打开从座位下面取出的平板电脑，放在自己面前的小桌板上开始阅读。

加里瞥了一眼说："光线太刺眼了。"维克托利奥把遮光板拉了下来。

"这样好一点吗?"

加里点点头。两个人开始阅读文件。

加里指着一个词评论道："我讨厌'流氓领导人'这个词。"

维克托利奥耸耸肩："这只是个草稿，我想他们会去掉这类词。"

"这些只是对使命和我们在培训中学到的东西的老调重弹。这些内容都是我们在商学院学过的。我感觉自己在听讲座。"

维克托利奥上下滚动着文件说："是啊，任何一个商学院的学生都可以写出这些东西。"

加里说："我听说 HR 在这上面投入了好多时间。"

维克托利奥傻笑道："就为这个吗？我告诉你吧……不过这些话仅限于你我之间，但是我真的很讨厌这样，我们是管理团队的新成员。我很想听听老经理会说什么。"

加里说："我知道康妮和她的同事明天将因为这个文件而热情高涨。"加里动了动平板电脑以便阅读起来更方便些。他向下滚动着文件，在关键的词汇处停下来说："我们已经知道公司希望我们怎么做了。看这里……'关键价值观'……'核心行为'……'培养解决冲突的能力'……这里有一个'实施员工参与战略'。她知道当初我们是怎么得到这份工作的吗?"加里停了一下，"让我真正生气的是我听说康妮将要开设管理者培训课程，在课上她将给我们讲授与每一个价值观对应的行为！你相信吗?她会让我们进行角色扮演，而且是扮演员工。如果她的要求超出一般的价值观陈述范围，以至于我们没法用自己的方式去实施的话，我将与她对抗。"

维克托利奥评论道："我已经迫不及待想听听弗里兰如何说了。"

加里评价道："你在开玩笑吗？他会赞同这个。他将会用 10～15 分钟时间告诉我们在座的人是如何伟大并暗示我们其实不需要这个，接下来他会自始至终都支持康妮。面对现实吧。事情的发展趋势就是这样，他不需要得到我们的投入和赞同，这看起来已经很好了。"

维克托利奥关掉平板电脑。"我只是觉得利用这些来对管理层施加影响是对我们每个人的一种侮辱。我们知道公司希望我们做什么，我们不需要培训。我们也了解自己的员工，并且我们在设置部门边界时必须留有一些余地。这种事情只是在限制我们。康妮只想要复制出机器人。"

加里说："我只希望一些高级管理者能够在会议上站出来并指出其中的问题。也许这能够起到缓和的作用。你我都是中层管理者，我们在公司的时间并不长。我们在会议上能做的也就是坐下、点头。"

◆ 问题

1. 康妮和她的同事通过制定一套新的领导者规则和核心价值观并强制性地自上向下实行来避免管理失误，这是一种正确的做法吗?

2. 你认为通过价值观陈述和培训课程能否将一套参与度更高、更开放的文化强加给管理者？为什么?

3. 为什么维克托利奥和加里处于防御状态？对核心领导行为的强调能否用不同的方式来执行？你的建议是什么?

注 释

1. This questionnaire is from William Pfeiffer and John E. Jones, eds., "Supervisory Attitudes: The X-Y Scale," in *The 1972 Annual Handbook for Group Facilitators* (New York: John Wiley & Sons, 1972), pp. 65–68. This material is used by permission of John Wiley & Sons, Inc. The X-Y scale was adapted from an instrument developed by Robert N. Ford of AT&T for in-house manager training.
2. "Q&A: Why the West Needs 'Jugaad' Creativity" (an interview with Navi Radjou, Jaideep Prabhu, and Simone Ahuja), *The Wall Street Journal India Online*, June 6, 2012, http://blogs.wsj.com/indiarealtime/2012/06/06/qa-why-the-west-needs-jugaad-creativity/ (accessed June 19, 2012); and Navi Radjou, Jaideep Prabhu, and Simone Ahuja, *Jugaad Innovation: Think Frugal, Be Flexible, Generate Breakthrough Growth* (San Francisco: Jossey-Bass, 2012).
3. Devita Saraf, "India's Indigenous Genius: Jugaad," *The Wall Street Journal Online*, July 13, 2009, http://online.wsj.com/article/SB124745880685131765.html (accessed June 19, 2012); Nirmalya Kumar and Phanish Puranam,"Frugal Engineering: An Emerging Innovation Paradigm," *Ivey Business Journal* (March–April 2012) www.iveybusinessjournal.com/topics/innovation/frugal-engineering-an-emerging-innovation-paradigm (accessed June 19, 2012).
4. M. S. S. el Namaki, "Does the Thinking of Yesterday's Management Gurus Imperil Today's Companies?" *Ivey Business Journal* (March–April 2012), www.iveybusinessjournal.com/topics/strategy/does-the-thinking-of-yesterdays-management-gurus-imperil-todays-companies (accessed June 19, 2012).
5. Eric Abrahamson, "Management Fashion," *Academy of Management Review* 21, no. 1 (January 1996): 254–285. Also see "75 Years of Management Ideas and Practice," a supplement to the *Harvard Business Review* (September–October 1997), for a broad overview of historical trends in management thinking.
6. The following discussion is based on Daniel A. Wren, *The Evolution of Management Thought*, 4th ed. (New York: Wiley, 1994).
7. Based on Todd Henneman, "Talkin' About Their Generations: The Workforce of the '50s and Today," *Workforce* (April 2, 2012), www.workforce.com/article/20120402/WORKFORCE90/120319965/talkin-about-their-generations-the-workforce-of-the-50s-and-today (accessed June 19, 2012); and Stephanie Armour, "Generation Y: They've Arrived at Work with a New Attitude," *USA Today*, November 6, 2005, www.usatoday.com/money/workplace/ 2005-11-06-gen-y_x.htm (accessed November 10, 2005).
8. Jena McGregor, ""There Is No More Normal,"" *BusinessWeek* (March 23 and 30, 2009): 30–34.
9. Michael Aneiro, "Credit Market Springs to Life," *The Wall Street Journal*, March 11, 2010.
10. Aziz Hannifa, "India, China Growth Dominates World Bank Meet," *India Abroad* (New York edition), November 2, 2007.
11. Robert Tell and Brian Kleiner, "Organizational Change Can Rescue Industry," *Industrial Management* (March–April 2009): 20–24.
12. Daniel A. Wren, "Management History: Issues and Ideas for Teaching and Research," *Journal of Management* 13 (1987): 339–350.
13. Business historian Alfred D. Chandler, Jr., quoted in Jerry Useem, "Entrepreneur of the Century," *Inc.* (20th Anniversary Issue, 1999): 159–174.
14. Useem, "Entrepreneur of the Century."
15. The following is based on Wren, *Evolution of Management Thought*, Chapters 4 and 5; and Claude S. George, Jr., *The History of Management Thought* (Englewood Cliffs, NJ: Prentice-Hall, 1968), Chapter 4.
16. Cynthia Crossen, "Early Industry Expert Soon Realized a Staff Has Its Own Efficiency," *The Wall Street Journal*, November 6, 2006.
17. Alan Farnham, "The Man Who Changed Work Forever," *Fortune* (July 21, 1997): 114; Charles D. Wrege and Ann Marie Stoka, "Cooke Creates a Classic: The Story Behind F. W. Taylor's Principles of Scientific Management," *Academy of Management Review* (October 1978): 736–749; Robert Kanigel, *The One Best Way: Frederick Winslow Taylor and the Enigma of Efficiency* (New York: Viking, 1997); and "The X and Y Factors: What Goes Around Comes Around," special section in "The New Organisation: A Survey of the Company," *The Economist* (January 21–27, 2006): 17–18.
18. Wren, *Evolution of Management Thought*, 171; and George, *History of Management Thought*, 103–104.
19. Vanessa O'Connell, "Stores Count Seconds to Trim Labor Costs," *The Wall Street Journal*, November 17, 2008; and Vanessa O'Connell, "Retailers Reprogram Workers in Efficiency Push," *The Wall Street Journal*, September 10, 2008.
20. Gary Hamel, "The Why, What, and How of Management Innovation," *Harvard Business Review* (February 2006): 72–84; Peter Coy, "Cog or CoWorker?" *BusinessWeek* (August 20 and 27, 2007): 58–60.
21. Max Weber, *General Economic History*, trans. Frank H. Knight (London: Allen & Unwin, 1927); Max Weber, *The Protestant Ethic and the Spirit of Capitalism*, trans. Talcott Parsons (New York: Scribner, 1930); and Max Weber, *The Theory of Social and Economic Organizations*, ed. and trans. A. M. Henderson and Talcott Parsons (New York: Free Press, 1947).
22. Nadira A. Hira, "The Making of a UPS Driver," *Fortune* (November 12, 2007), 118–129; David J. Lynch, "Thanks to Its CEO, UPS Doesn't Just Deliver," *USA Today*, July 24, 2006, www.usatoday.com/money/companies/management/2006-07-23-ups_x .htm?

tab1=t2 (accessed July 24, 2006); Kelly Barron, "Logistics in Brown," *Forbes* (January 10, 2000): 78–83; Scott Kirsner, "Venture Vérité: United Parcel Service," *Wired* (September 1999): 83–96; "UPS," *The Atlanta Journal and Constitution*, April 26, 1992; Kathy Goode, Betty Hahn, and Cindy Seibert, "United Parcel Service: The Brown Giant" (unpublished manuscript, Texas A&M University, 1981); and "About UPS," UPS corporate Web site, www.ups.com/content/us/en/about/index.html (accessed June 19, 2012).

23. Stephen Cummings and Todd Bridgman, "The Relevant Past: Why the History of Management Should Be Critical to Our Future," *Academy of Management Learning & Education* 10, no. 1 (2011): 77–93.
24. These are based on Paul Downs, "How I Fire People," You're the Boss blog, *The New York Times*, June 4, 2012, http://boss.blogs.nytimes.com/2012/06/04/how-i-fire-people/ (accessed June 20, 2012).
25. Henri Fayol, *Industrial and General Administration*, trans. J. A. Coubrough (Geneva: International Management Institute, 1930); Henri Fayol, *General and Industrial Management*, trans. Constance Storrs (London: Pitman and Sons, 1949); and W. J. Arnold et al., *Business-Week, Milestones in Management* (New York: McGraw-Hill, vol. I, 1965; vol. II, 1966).
26. Gregory M. Bounds, Gregory H. Dobbins, and Oscar S. Fowler, *Management: A Total Quality Perspective* (Cincinnati, OH: South-Western Publishing, 1995), pp. 52–53.
27. Mary Parker Follett, *The New State: Group Organization: The Solution of Popular Government* (London: Longmans, Green, 1918); and Mary Parker Follett, *Creative Experience* (London: Longmans, Green, 1924).
28. Henry C. Metcalf and Lyndall Urwick, eds., *Dynamic Administration: The Collected Papers of Mary Parker Follett* (New York: Harper & Row, 1940); Arnold, *Business-Week, Milestones in Management.*
29. Follett, *The New State*; Metcalf and Urwick, *Dynamic Administration* (London: Sir Isaac Pitman, 1941).
30. William B. Wolf, *How to Understand Management: An Introduction to Chester I. Barnard* (Los Angeles: Lucas Brothers, 1968); and David D. Van Fleet, "The Need-Hierarchy and Theories of Authority," *Human Relations* 9 (Spring 1982): 111–118.
31. Curt Tausky, *Work Organizations: Major Theoretical Perspectives* (Itasca, IL: F. E. Peacock, 1978), p. 42.
32. Charles D. Wrege, "Solving Mayo's Mystery: The First Complete Account of the Origin of the Hawthorne Studies—The Forgotten Contributions of Charles E. Snow and Homer Hibarger," paper presented to the Management History Division of the Academy of Management (August 1976).
33. Ronald G. Greenwood, Alfred A. Bolton, and Regina A. Greenwood, "Hawthorne a Half Century Later: Relay Assembly Participants Remember," *Journal of Management* 9 (Fall/Winter 1983): 217–231.
34. F. J. Roethlisberger, W. J. Dickson, and H. A. Wright, *Management and the Worker* (Cambridge, MA: Harvard University Press, 1939).
35. H. M. Parson, "What Happened at Hawthorne?" *Science* 183 (1974): 922–932; John G. Adair, "The Hawthorne Effect: A Reconsideration of the Methodological Artifact," *Journal of Applied Psychology* 69, no. 2 (1984): 334–345; and Gordon Diaper, "The Hawthorne Effect: A Fresh Examination," *Educational Studies* 16, no. 3 (1990): 261–268.
36. R. G. Greenwood, A. A. Bolton, and R. A. Greenwood, "Hawthorne a Half Century Later," 219–221.
37. F. J. Roethlisberger and W. J. Dickson, *Management and the Worker.*
38. Ramon J. Aldag and Timothy M. Stearns, *Management*, 2d ed. (Cincinnati, OH: South-Western Publishing, 1991), pp. 47–48.
39. Tausky, *Work Organizations: Major Theoretical Perspectives*, p. 55.
40. Douglas McGregor, *The Human Side of Enterprise* (New York: McGraw-Hill, 1960), pp. 16–18; Robert A. Cunningham, "Douglas McGregor: A Lasting Impression," *Ivey Business Journal* (October 2011): 5–7.
41. Ricardo Semler, "Out of This World: Doing Things the Semco Way," *Global Business and Organizational Excellence* (July–August 2007): 13–21.
42. Wendell L. French and Cecil H. Bell Jr., "A History of Organizational Development," in Wendell L. French, Cecil H. Bell Jr., and Robert A. Zawacki, *Organization Development and Transformation: Managing Effective Change* (Burr Ridge, IL: Irwin McGraw-Hill, 2000), pp. 20–42.
43. Mansel G. Blackford and K. Austin Kerr, *Business Enterprise in American History* (Boston: Houghton Mifflin, 1986), Chapters 10 and 11; and Alex Groner and the editors of *American Heritage* and *BusinessWeek*, *The American Heritage History of American Business and Industry* (New York: American Heritage Publishing, 1972), Chapter 9.
44. Geoffrey Colvin, "How Alfred P. Sloan, Michael Porter, and Peter Drucker Taught Us All the Art of Management," *Fortune* (March 21, 2005): 83–86.
45. Brooks Barnes, "Disney Technology Tackles a Theme-Park Headache: Lines," *The New York Times*, December 28, 2010, B1; and "Disney Cracks Down on FastPass Enforcement," *Tampa Bay Times*, March 9, 2012, B2.
46. Larry M. Austin and James R. Burns, *Management Science* (New York: Macmillan, 1985).
47. Dan Heath and Chip Heath, "In Defense of Feelings: Why Your Gut Is More Ethical Than Your Brain," *Fast Company* (July–August 2009): 58–59.
48. Scott Patterson, *The Quants: How a New Breed of Math Whizzes Conquered Wall Street and Nearly Destroyed It* (New York: Crown Business, 2010); and Harry Hurt III, "In Practice, Stock Formulas Weren't Perfect," *The New York Times*, February 21, 2010.
49. Ludwig von Bertalanffy et al., "General Systems Theory: A New Approach to Unity of Science," *Human Biology* 23 (December 1951): 302–361; and Kenneth E. Boulding, "General Systems Theory—The Skel-

eton of Science," *Management Science* 2 (April 1956): 197–208.
50. This section is based on Peter M. Senge, *The Fifth Discipline: The Art and Practice of the Learning Organization* (New York: Doubleday, 1990); John D. Sterman, "Systems Dynamics Modeling: Tools for Learning in a Complex World," *California Management Review* 43, no. 4 (Summer 2001): 8–25; Andrea Gabor, "Seeing Your Company as a System," *Strategy + Business* (Summer 2010), www.strategy-business.com/article/10210?gko=20cca (accessed June 20, 2012); and Ron Zemke, "Systems Thinking," *Training* (February 2001): 40–46.
51. This example is cited in Sterman, "Systems Dynamics Modeling."
52. Fred Luthans, "The Contingency Theory of Management: A Path Out of the Jungle," *Business Horizons* 16 (June 1973): 62–72; and Fremont E. Kast and James E. Rosenzweig, *Contingency Views of Organization and Management* (Chicago: Science Research Associates, 1973).
53. Samuel Greengard, "25 Visionaries Who Shaped Today's Workplace," *Workforce* (January 1997): 50–59; and Ann Harrington, "The Big Ideas," Fortune (November 22, 1999): 152–154.
54. Mauro F. Guillen, "The Age of Eclecticism: Current Organizational Trends and the Evolution of Managerial Models," *Sloan Management Review* (Fall 1994): 75–86.
55. Jeremy Main, "How to Steal the Best Ideas Around," *Fortune* (October 19, 1992): 102–106.
56. Darrell Rigby and Barbara Bilodeau, "Management Tools and Trends 2009," Bain & Company Inc., 2009, www.bain.com /management_tools/home.asp (accessed March 10, 2010).
57. Thomas H. Davenport and Laurence Prusak, with Jim Wilson, *What's the Big Idea? Creating and Capitalizing on the Best Management Thinking* (Boston, MA: Harvard Business School Press, 2003); Theodore Kinni, "Have We Run out of Big Ideas?" *Across the Board* (March–April 2003): 16–21, Hamel, "The Why, What, and How of Management Innovation"; and Joyce Thompson Heames and Michael Harvey, "The Evolution of the Concept of the Executive from the 20th-Century Manager to the 21st-Century Global Leader," *Journal of Leadership and Organizational Studies* 13, no. 2 (2006): 29–41.
58. David Hurst, "The New Ecology of Leadership: Revisiting the Foundations of Management," *Ivey Business Journal* (May–June 2012): 1–5; Michael Murphy, "The Race to Failure" (a review of *Crash Course* by Paul Ingrassia, Random House 2010), *The Wall Street Journal*, January 29, 2010, A13.
59. Annick Van Rossem and Kees Van Veen, "Managers' Awareness of Fashionable Management Concepts: An Empirical Study," *European Management Journal* 29 (2011): 206–216.
60. Study reported in Phred Dvorak, "Why Management Trends Quickly Fade Away" (Theory and Practice column), *The Wall Street Journal*, June 26, 2006.
61. Darrell Rigby and Barbara Bilodeau, "Management Tools and Trends 2011," Bain and Company, Inc., www.bain.com/publications/articles/Management-tools-trends-2011.aspx (accessed June 22, 2012).
62. "Survey: 37% Use Social Media to Check Candidates," *Workforce* (April 18, 2012), www.workforce.com/article/20120418/NEWS01/120419964 (accessed June 22, 2012).
63. Definition based on Steven A. Melnyk and David R. Denzler, *Operations Management: A Value-Driven Approach* (Burr Ridge, IL: Richard D. Irwin, 1996): p. 613.
64. The Global Supply Chain Games project, www.gscg.org (accessed July 16, 2008).
65. Eric Bellman and Cecilie Rohwedder, "Western Grocer Modernizes Passage to India's Markets," *The Wall Street Journal*, November 28, 2007.

综合案例

清洁能源的未来就是现在

《绿色汽车杂志》（*Green Car Journal*）准备推出 2012 年万众期待的“年度最佳环保车型”时，读者预期的是对丰田普锐斯、日产聆风或其他在电动车领域创新的赞颂和致敬。由该杂志组织在一起的环境专家和汽车专家最终做出令人惊讶的选择，这标志着绿色能源领域的重大变化。这些评委最终选择了 2012 年本田思域天然气版的车型，它使用的是一种替代性燃料，依靠压缩天然气来驱动汽车，从而实现局部零排放。正如该杂志所描述的，本田思域的标价只有 26 155 美元，这是一个电动车消费者负担得起的价格，该车型还拥有与常规标准一样的汽车载荷量和功率。另外本田思域的替代性燃料的价格大约是汽油价格的一半，而且这些替代性燃料几乎全部来自美国充足的燃料储备。

在电动汽车和其他电动混合车的营销活动铺天盖地的背景下，将一款使用天然气的车型作为年度最佳环保车型是对发展绿色能源最明显的支持。绿色能源无处不在，它可以改变美国的能源网络，终结北美国家对外国石油的依赖。这样的发展是发现了马塞勒斯页岩的结果。马塞勒斯页岩遍布美国东部的阿巴拉契亚盆地，是一种大量存在于地球表层之下的沉积岩，阿巴拉契亚盆地是世界上最大的沼气储备地。人们一度认为该地区储存着大约 1.9 万亿立方英尺（1 立方英尺约等于 0.028 立方米）的天然气，但是，2004 年地质学家勘探了这片位于宾夕法尼亚州、俄亥俄州、纽约州以及西弗吉尼亚州地下，直径 600 英里（1 英里约等于 1.61 千米）的黑色泥页岩地层，发现这些地方储存着 168 万亿～516 万亿立方英尺的天然气。除此之外，美国其他的页岩还包括位于得克萨斯州的巴奈特页岩，它连同马塞勒斯页岩的发现使得国际能源机构（IEA）把美国排名为最新的世界天然气第一生产者，挤掉了资源丰富的俄罗斯。另外，马塞勒斯页岩还引发了一场绿色能源爆炸，也就是众所周知的页岩气热潮，这次热潮创造了成千上万的绿色就业岗位，复兴了国家经济并引领了一条通往绿色能源的道路。

这一突破的时间点好得不能再好了。在一个受全球经济衰退和新政府限制传统能源使用的影响、高度混乱的商业环境中，管理者非常想知道哪一种替代能源是可行的或消费者支付得起的。资金充裕的绿色能源行业宠儿 Solyndra 和灯塔电力公司（Beacon Power）的意外破产进一步印证了可替代能源市场的不确定性。为了保持组织的稳定性，管理者现在就需要有个可靠的解决方案，而不是十年之后。

由于消费者负担得起的天然气的充足供应，绿色能源的未来已经到来。根据美国环境保护机构（EPA）对清洁能源行业的介绍，天然气是一种洁净的燃料，其碳排放量只有煤和石油碳排放量的一半，并且二氧化硫和汞排放为零。天然气相对于其他能源来说价格比较低。天然气已经改变了很多行业的游戏规则，包括卡车车队、消费用汽车、发电机以及商业取暖，更不用说天然气炉、烘干机、热水器以及其他设备了。

页岩气对商业和环境来说是一种双赢的能源，它对绿色就业和经济的影响也同样重要。根据 2011 年 HIS Global Insight 的研究，2010 年占美国天然气生产总量 34% 的页岩气提供了超过 600 000 个绿色就业岗位，该数字到 2015 年将增加到 870 000 个。对于美国经济而言，2010 年页岩气对美国的国内生产总值做出 769 亿美元的贡献，预计到 2015 年将贡献 1 182 亿美元。在接下来的 25 年内，页岩气将为州政府和联邦政府增加 9 330 亿美元的税收收入。天然气的影响对一般的消费者来说也是正面的。2011 年，位于马塞勒斯地区的业主收获了 4 亿美元的天然气使用费，这个数字在未来的十年中将进一步攀升。另外，每一个美国消费者每年将因为使用天然气节约 926 美元的可支配收入。总的来说，该项经济活动起到了与经济困难年代必需的信念同等重要的作用。

向天然气的转型对于行业领先企业意味着什么呢？对于像本田和沃尔沃这样的汽车制造商来说，天然气汽车已经进入日常的装配线生产。诸如 UPS 这样的物流公司作为白宫的国家清洁车队合作伙伴已经开始将车队所用能源从柴油转变为天然气。诸如 Navistar 公司和清洁能源燃料公司这样的运输业领袖已经开始寻找战略合作伙伴来建设美国天然气公路。西港创新公司这样的生产商已经开始进行组织变革，使自己成为液化及压缩天然气引擎的主要生产商。Dominion 这样的公共事业单位正在用燃气的发电机代替燃煤的发电机。兰吉资源这样的钻井企业正在寻找新的方法以提高天然气开发质量和安全性，并控制成本。

伟大的页岩气井喷时代拥有无限的可能性，但是它需要采取愿景式领导和熟练的管理技能来保证一个真正可持续发展的绿色能源的未来。

◆ 问题

1. 哪些混乱的外力会导致商业领导者重新思考他们应如何使用能源？

2. 哪个层次的管理者——高层管理者、中层管理者还是一线管理者——将制定关于组织上下如何使用能源的决策？新的组织如何使所有的管理者利用这次伟大的页岩气井喷时代？

3. 哪一种历史管理视角与天然气的发现与开采密切相关？请解释之。

资料来源：Based on "Honda Civic Natural Gas Is 2012 Green Car of the Year," *Green Car Journal*, November 17, 2011, www.greencar.com/articles/honda-civic-natural-gas-2012-green-car-year.php (accessed June 7, 2012); Elwin Green, "Natural Gas Locked in the Marcellus Shale Has Companies Rushing to Cash in on Possibilities," *Pittsburgh Post-Gazette*, March 16, 2012, www.post-gazette.com/stories/business/news/natural-gas-locked-in-the-marcellus-shale-has-companies-rushing-to-cash-in-on-possibilities-370058/(accessed June 7, 2012); Kevin Begos, "Gas Drillers Generate About $3.5 Billion in Revenues From Marcellus Shale," Associated Press, May 5, 2012, www.timesunion.com/business/article/AP-Pa-gas-drilling-brought-3-5-billion-in-2011-3536873.php (accessed June 8, 2012); Timothy J. Considine, Robert Watson, and Seth Blumsack, *The Pennsylvania Marcellus Natural Gas Industry: Status, Economic Impacts, and Future Potential*, John and Willie Leone Family Department of Energy and Mineral Engineering, Penn State University, July 20, 2011, http://marcelluscoalition.org/wp-content/uploads/2011/07/Final-2011-PA-Marcellus-Economic-Impacts.pdf (accessed June 8, 2012); IHS, "Shale Gas Supports More than 600,000 American Jobs Today; by 2015, Shale Gas Predicted to Support Nearly 870,000 Jobs and Contribute $118.2 Billion to GDP," press release, December 6, 2011, http://press.ihs.com/press-release/energy-power/shale-gas-supports-more-600000-american-jobs-today-2015-shale-gas-predict (accessed June 8, 2012); "IEA: U.S. to Overtake Russia as Top Gas Producer," Reuters, Jun 5, 2012, http://af.reuters.com/article/energyOilNews/idAFL3E8H45WZ20120605 (accessed June 8, 2012); Environmental Protection Agency, "Clean Energy: Air Emissions," www.epa.gov/cleanenergy/energy-and-you/affect/air-emissions.html (accessed June 8, 2012); Clifford Krauss, "There's Gas in Those Hills," *The New York Times*, April 8, 2008, www.nytimes.com/2008/04/08/business/08gas.html (accessed June 8, 2012).

NEW ERA OF MANAGEMENT

第 2 篇

管理的环境

The Environment of Management

第3章

企业文化和环境

Corporate Culture and the Environment

学习目标

学习完本章后，你应该能够：

1. 了解组织生态系统，理解一般环境和任务环境对组织成长能力的影响。
2. 解释管理人员帮助组织适应不确定和动荡环境的策略。
3. 了解企业文化的概念，并能举例说明。
4. 熟悉组织的符号、故事、英雄、口号和仪式及其与企业文化的关系。
5. 描述文化的四种类型，解释企业文化与环境之间的关系。
6. 了解文化领导者的概念，解释文化领导者用来创建高绩效文化的方法。

你适合管理不确定性吗？[1]

导语：你会用开放的心态去接纳不确定性吗？假设你处在某个正式或非正式的领导岗位上，面对不确定性，你会如何思考或表现？请用“大多赞同”或“大多不赞同”来回答下面的每个题项。

	大多赞同	大多不赞同
1. 我即使急着赶上任务的截止日，也依然喜欢听到新的解决方案。	______	______
2. 我即使在巨大的压力下工作，也依然会接纳别人不一样的观点。	______	______
3. 我积极参加行业贸易展览会和公司大型活动。	______	______
4. 我特别鼓励别人表达反对意见，开展辩论。	______	______
5. 我会提出“愚蠢的”问题。	______	______
6. 我总是会评价数据或问题的意义。	______	______
7. 我对上司和同事表达自己不同的意见。	______	______
8. 我对自己和其他人做事的方式提出改进的建议。	______	______

得分及解释：每选择一次“大多赞同”计1分。如果你的得分低于5分，表示你也许更想在一个稳定的环境中开始管理者的职业生涯。如果你的得分等于或者高于5分，表示你有很高的警觉性，能更好地在一个不确定的环境中胜任组织新晋管理者的工作。

对于处在高度不确定环境中的组织，一切都像在变化。在这种情形下，新晋管理者必须具备的一个重要品质就是“警觉性”，包括保持开放的心态和独立的思维。在一个稳定的环境中，心态封闭的管理者也许会表现良好，因为很多工作可以按部就班地去做。而在一个不确定的环境中，新晋管理者需要提出新的思维、新的想法及新的工作方式。在上面各个题项中，高分意味着更高的警觉性及对不确定环境更好的适应性。

大多数的管理人员并不喜欢像消防员一样戴着安全帽、穿着防火服去指导一个处在动荡变化中的组织。丰田汽车公司总裁丰田章男（Akio Toyoda）在就任总裁的最初几年面对一系列灾难的时候，他利用考取驾驶证的技能——高耐力、精确把握方向和注意力高度集中，带领丰田出人意料地重返巅峰。在经历全球经济衰退、800万辆汽车召回及致命的日本海啸事件后，2011年，丰田从全球汽车制造商第一名下滑到第三名，位居通用汽车和大众汽车之后。但在组织内部，风暴还在继续酝酿。丰田扭曲的官僚系统降低了决策能力，延长了做出响应的时间。而且，丰田已经不能再打动顾客。丰田的成长一直以“质量、可信赖、可靠”为基础，但顾客也希望汽车有时尚感和设计感，于是他们纷纷转向占据设计领先地位的韩国现代汽车公司。[2]

这些外部和内部的环境因素对一家变得越来越傲慢的公司来说如同敲响了警钟。丰田章男的对策是重建企业文化，创建一个更具响应性的组织，这样，即使面临更复杂的环境变化，组织也能轻松应对。本章将详细探讨外部环境的组成要素及其对组织的影响方式，还将介绍组织内部环境的一个主要组成部分——企业文化。企业文化既受到外部环境和管理人员对外部环境变化的响应方式的影响，又决定管理人员对外部环境变化的响应方式。

3.1 外部环境

全球经济衰退、自然灾害及顾客需求的变化——这些动摇了丰田在汽车制造业领先地位的环境因素只是组织外部环境的一部分。**组织的外部环境**（external organizational environment）包括所有存在于组织外部并有可能影响组织的因素。[3]这些环境因素包括竞争对手、资源、技术及影响组织的经济条件等，不包括那些对组织的影响还没有被认识到或已经被组织遗忘的因素。

组织的外部环境可以进一步划分为两个组成部分：一般环境和任务环境，如图表3-1所示。[4]**一般环境**（general environment）因素间接地影响组织。它包括社会文化因素、经济因素、法律/政治因素、国际因素、自然因素及技术因素，这些因素对所有的组织都会产生影响。联邦法规的改变或者经济衰退都是组织的一般环境。这些事件不会直接改变组织日常的经营，但是最终会对所有的组织产生影响。**任务环境**（task environment）与组织的关系更密切，包括与组织开展日常交易的所有单位，会直接影响组织的基本运营和绩效。它通常包括竞争对手、供应商、顾客和劳动力市场等。

企业环境的一种新观点认为，组织正在逐步演变为商业生态系统。**组织生态系统**（organizational ecosystem）是由环境中的各个组织社群相互作用而形成的系统。一个生态系统包括一般环境和任务环境，它们为组织的成长提供必需的资源和信息交换、流动及联系。[5]例如，苹果公司的组织生态系统包括成百上千家供应商和数以百万计的消费者，它生产的产品跨多个行业，包括消费类电子产品、互联网服务、移动手机、个人电脑及娱乐设备。[6]

图表 3-1　组织的一般环境、任务环境和内部环境的范畴

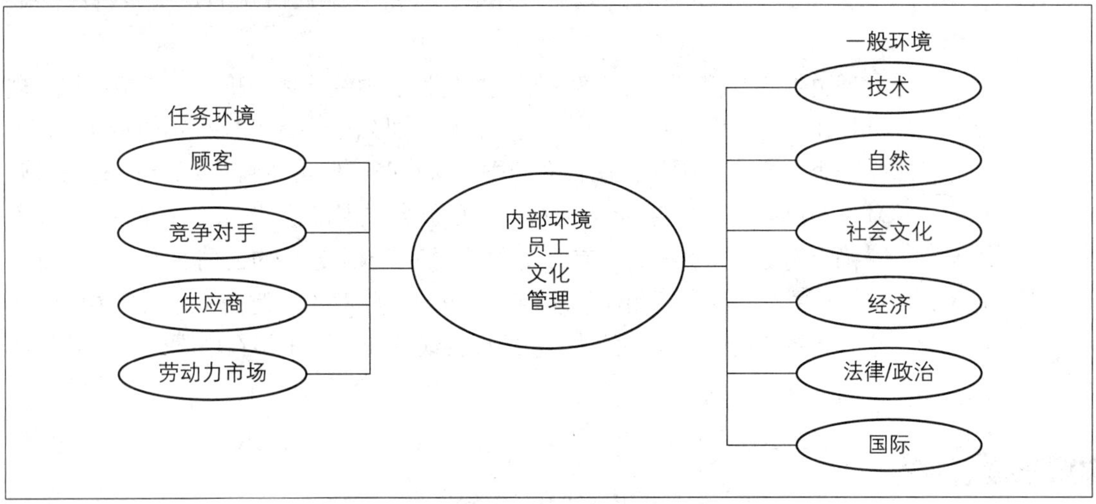

组织还有**内部环境**（internal environment）。内部环境包括组织边界之内的各个因素，它由在职员工、管理层，尤其是企业文化组成。企业文化是指员工在内部环境中的行为及组织适应外部环境的方式。

图表 3-1 展示了一般环境、任务环境和内部环境之间的关系。作为一个开放的系统，组织从外部环境获取资源，并将产品和服务返回外部环境。我们接下来将详细讨论两个外部环境。然后讨论企业文化，它是关键的内部环境因素。其他内部环境因素，例如结构和技术，会在后面的篇章中谈及。

3.1.1　一般环境

一般环境因素包括国际因素、技术因素、社会文化因素、经济因素、法律/政治因素、自然因素。

■ **国际因素**

在《世界是平的》（*The World Is Flat*）这本书中，托马斯·弗里德曼（Thomas Friedman）提出管理者必须把全球市场视为一个公平的竞技场，企业的地理位置并不重要。[7]弗里德曼认为，一个平的世界为公司进入全球市场并建立全球供应链创造了机会。一旦管理者计划企业扩张进入全球市场，他们就必须考虑外部环境的**国际因素**（international dimension），包括在国外发生的各种事件及其他国家给该公司带来的新机会。国际环境带来新的竞争对手、顾客、供应商，这些也是形成社会、技术和经济趋势的因素。

让我们回顾一下星巴克进入欧洲市场时经历的复杂过程。星巴克的粉丝们涌进德国和英国的门店，而法国门店的销售额与利润却让人失望。事实上，星巴克在法国经营了 8 年，开设了 63 家门店，却没能在法国赚得利润。什么样的国际因素阻碍了星巴克在法国获得成功呢？首先，经济萧条和欧洲债务危机影响了咖啡的销售。其次，星巴克在法国面临高额的租金和人力成本，这些也侵蚀了利润。最后，星巴克没能很好地把公司的经营与法国文化结合在一起。因为在纽约人们也许会买一杯咖啡带走，但法国人更喜欢在咖啡店里与朋友一起悠闲地品尝一大杯咖啡。为了应对这些挑战，星巴克在法国花费几百万美元启动了一个项目。该项目包括对门店的升级改造，如配置更多的桌椅，并推出迎合当地人口味的定制饮料和混合饮料。[8]

随着地理边界变得模糊，以及像中国这样的发展中经济体中机会的增多，越来越多的公司开始在全球市场中发掘优势。例如，可口可乐公司首席执行官穆泰康（Muhtar Kent）预测公司在中国的销量将会翻番，这有助于他实现到 2020 年所有的可乐产品销量翻番的目标。"中国将会成为可口可乐最大的市场，"穆泰康承诺说，"我不能给你一个确定的时间，但是它一定会发生。"[9] 随着越来越多的公司参与中国市场的竞争，中国市场的管理者意识到他们能否在竞争中获胜取决于他们一开始与中国的相关方建立个人关系和情感联系的能力。"经理会谈"专栏给出了在中国建立成功的商业关系的一些建议。

经理会谈

在中国建立"关系"

中国拥有人力成本优势和巨大的市场潜力，这些吸引着成千上万家美国公司来此寻找新的发展机会。最近纽黑文大学的尤莎·哈利（Usha C. V. Haley）却发现，在中国的跨国公司中只有 1/3 的企业真正实现了盈利。专家认为，很多来中国发展的企业的绩效低于预期的一个原因是，它们没能理解历史悠久的"关系"，而"关系"是中国文化的核心。

从最基本的定义看，"关系"是两个人之间一种支持性的、互惠性的联系。这些个人间的联系会串在一起形成一个网络，商业贸易就是通过这样的网络完成的。任何一个想在中国做生意的人都应该记住以下基本法则：

- 生意永远是人与人之间的事。要让中国人接受"别把它当做私事，这只是生意而已"几乎是不可能的。西方的管理者倾向于认为，如果他们做成一笔生意，那么良好的商业关系就会随之而来。个人关系的发展是额外的福利，只要能够将事情做成，它就不是必需的。然而，在中国的商界，个人关系甚至应该在管理者打算开始商业交易之前就安排到位。在中国做生意的西方管理人员无论在工作时间内还是在工作时间外都得培养个人关系。每一次社交约会，例如喝酒、吃饭，甚至是可能会令人有些尴尬的唱歌，都是中国商人认为巩固良好商业关系的重要方法。
- 不要忽略闲聊。对于美国管理者来说，见面时跳过闲聊直奔生意主题，似乎能节省时间。然而对中国人来说，这种方式忽略了建立情感纽带这一重要的工作。切记你与潜在商业伙伴初次见面的真正目的是开始建立一种关系，所以，如果你打算讨论的生意一直没被提及，对方总是跟你说"明天再说吧"，你一定要保持耐心。
- 切记关系不是短期的。在中国，建立和培养关系的工作永远不会结束。西方管理者一定要放下对短期结果的关注，而要认识到作为外国人被接纳进关系网需要很长的时间。通常，外国公司要用很长的时间证实自己是值得信任的、可靠的。
- 保持密切的联系。一些专家建议聘用中国员工，让他们承担建立关系的重任。还有一些专家认为西方人应该投入足够多的时间和精力与中国的相关方建立联系。这些努力都将获得回报，因为一旦进入中国人的关系网络，这些关系会让做生意变得更加便捷。不管采取什么样的策略，都必须保持频繁的接触，建立私人关系。此外，要小心维持你的各种联络。在中国，任何关系都可能会在某个时刻变得非常重要。

资料来源：Michelle Dammon Loyalka，“Before You Set Up Shop in China，” part of the “Doing Business in China” special report，*BusinessWeek Online*，January 4，2006，www. businessweek. com/smallbiz/content/jan2006/sb20060104-466114. htm（accessed January 6，2006）；Los Angeles Chinese Learning Center，“Chinese Business Culture，” http://chinese-school. netfirms. com/guanxi. html；Beijing British Embassy，“Golden Hints for Doing Business in China，” http://chinese-school. netfirms. com/goldenhints. html；and Emily Flitter，“Faux Pas：With Karaoke，a Deal in China for a Song，” *The Wall Street Journal Online*，June 9，2008，http://online. wsj. com/article/SB121268021240548769. html（accessed September 24，2012）.

■ 技术因素

一般环境中的**技术因素**（technological dimension）包括特定行业的科学技术进步及整个社会的科学技术进步。近年来，随着美国经济复苏的快速推进，美国的管理者开始购买设备和软件，从而用更少的人力完成更多的工作。受到临时减税和有史以来低税率的刺激，美国组织提高了在设备和软件上的支出，但是在支持员工返回工作岗位上进展缓慢，这导致了所谓的“失业型复苏”。例如，位于辛辛那提的 Sunny Delight 饮料公司投资技术以加快生产、提高产量，而不是聘用更多的工人。事实上，自 2009 年美国经济开始复苏以来，美国的组织在设备和软件上的支出已经增长了 31%。而在这一时期，私营企业的就业人数只增加了 1.4%。[10]

技术进步带动竞争，也帮助创新型企业赢得市场份额。它们也可能会改变整个行业的消费者期望。例如，由于电子阅读器的普及，巴诺书店（Barnes & Noble）正在重新改造它的传统书店，其管理者设想采用新的数字化策略，希望以此帮助巴诺书店在电子书市场上与亚马逊、苹果、谷歌这些对手竞争。巴诺书店将其复兴的重点放在电子书下载、阅读器和 App 的销售上，它在电子书市场上占有 27%的份额。巴诺书店正在利用其线下书店引导顾客购买它的 Nook 电子阅读器，打造其电子书读者群。[11]

■ 社会文化因素

一般环境中的**社会文化因素**（sociocultural dimension）代表普通大众的人口统计特征及社会规范、习俗和价值观。重要的社会文化特征是指人口地理分布和人口密度、年龄和受教育程度。今天的人口统计特征就是明天的劳动力和消费者的基础。通过理解这些特征并将它们纳入组织的商业计划中，管理者才能为组织的长期成功做好准备。聪明的管理者兴许会思考以下这些社会文化趋势将如何改变消费者和商业版图：

（1）新一代精通技术的消费者已经将技术与他们生活的方方面面自然地融为一体了。这些消费者通常被称为连接一代（connected generation）或者叫做 C 世代。他们首选的电子设备决定他们交流、购物、旅游以及获取大学学分的方式。到 2020 年，C 世代（通常是指 1990 年之后出生的人）会在美国和欧洲人口中占据 40%，他们将是世界上最大的消费者群体。[12]

（2）随着美国人口持续老龄化，组织迫切地需要为老年人提供便捷的产品和服务。目前，美国人口中包括 7 800 万婴儿潮年代出生的人口，到 2013 年，62 岁及以上的人口占近 1/3。[13] 组织意识到为这些老年人口生产产品和服务是极佳的商业机会。

（3）最近一次的美国人口普查数据显示，在 2011 年出生的婴儿中，超过一半是少数族裔，这在美国历史上是第一次。2011年，拉美裔、非裔、亚裔以及其他一些少数族裔的新生儿占据了50.4%。这个国家多元化程度的不断提高给商业带来巨大的影响。“儿童是这次转变的先锋。”新罕布什尔大学卡西学院的人口统计学家肯尼斯·约翰逊（Kenneth Johnson）如是说。[14]

■ 经济因素

经济因素（economic dimension）代表组织所在国家或地区整体经济的健康状况。消费者购买力、失业率和利率都是组织经济环境的一部分。今天很多组织在全球环境中运营，因此对管理者来说，经济因素变得异常复杂，并带来巨大的不确定性。全球经济环境将在下一章详细介绍。

在美国，尽管经济正在缓慢回升，但很多金融业企业发现很难东山再起。让我们来看看科凯集团（KeyCorp）的例子，它是从银行起家的美国最大的金融服务组织之一。尽管美国经济正在逐步好转，但科凯集团报告说公司并未实现彻底的转变，既有好消息，也有坏消息。科凯公司面临总资产下降、利润下滑及贷款业务的利润率下降，但它同时也报告说，公司的不良贷款减少了，公司客户表现出对新贷款的强烈需求。随着银行从阿拉斯加向缅因州扩张，科凯集团从地理多样性中受益，因为美国的有些地区比其他地区经济复苏得更快。“因为我们正处在经济复苏的过程中……我们的商业模式、我们的规模、我们的地理多样性是优势，”科凯集团的CEO贝斯·穆尼（Beth Mooney）说，“五年前的传统智慧应该有不一样的说法。”[15]

■ 法律/政治因素

法律/政治因素（legal-political dimension）包括地方性的、州和联邦层面的政府规章及旨在影响组织行为的政治活动。美国政治体系鼓励资本主义，政府试图不对商业多加干预。然而，政府法律规定了游戏的规则。联邦政府通过职业安全与健康管理局（OSHA）、环境保护署（EPA）、公平贸易实践、诽谤法、消费者保护和隐私法、产品安全要求、进出口限制，以及信息和标签要求等来影响组织。

很多组织与国家立法者关系密切，组织会把相关产品和服务的知识以及政府的法规给它们的商业策略带来的影响告知这些立法者。早在2012年5月纳斯达克上市之前，脸书就已经悄悄地与美国最高立法者建立了友好关系。脸书聘用了前副总统，借此与两党最高领导人建立联系，并为他们开展如何使用脸书去与选民沟通的培训。而且，脸书加强了它的游说工作，组建了一个政治活动委员会。“这是个明智的举措。”TechNet的CEO雷·拉姆塞（Rey Ramsey）说，TechNet是一个包括脸书在内的行业协会。“它从对人们进行教育开始，然后进一步解释你的商业模式。你最终想要达到的目的是让立法人员了解他们的行为带来的影响。”[16]

■ 自然因素

为了应对来自环境保护者的压力，组织对地球上不断减少的自然资源及它们的产品和商业运作对环境的影响越来越敏感。因此，外部环境中的自然因素变得越来越重要。**自然因素**（natural dimension）是地球上自然产生的所有要素，包括植物、动物、岩石以及空气、水和气候等资源。保护自然环境逐渐成为全球的一项重要政策。政府面临越来越大的压力，必须向公众展示自己在污染控制和自然资源管理上取得的绩效。图表3-2列出了环境绩效最好的国家及其他一些可对比的国家。要注意，绩效最好的是瑞士，它的大部分能源来自可再生能源，如水、电和地热。

绿色魔力

达到神奇的比例

在希腊神话中，Nike 是长着翅膀的胜利女神。耐克（Nike Inc.）的总部设在俄勒冈州的波特兰市，波特兰被认为是全球“最环保”的城市之一。耐克无论是在运动场上，还是作为最具可持续发展能力的 100 家公司之一，它的企业文化都强调以追求胜利为中心。有些公司通过减少使用有毒材料来支持可持续发展，但是耐克走得更远。耐克运用预测性工具——环保设计指数来监控跑鞋生产过程对环境带来的影响，从选择布料到减少废弃物，它对每项活动都进行打分。

耐克在可持续发展上取得的胜利也会对其他公司产生影响。耐克社会责任部的员工发起了 GreenX 变革活动，他们将很多公司团结在一起，探索机会，分享信息，跟上时代步伐和社会热点。随着耐克可持续发展的影响不断增加，它的文化标语就像有翅膀的女神飞遍全球：“保护环境的努力永远没有终点，我们可以走得更远。”

资料来源：Marc J. Epstein，Adriana Rejc Buhovac，and Kristi Yuthas，“Why Nike Kicks Butt in Sustainability,” *Organizational Dynamics* 39（2010）：353 - 356；and “Sustainable Business at Nike，Inc,” Nike corporate Web site，http://nikeinc.com/pages/responsibility（accessed July 24，2012）.

自然因素与一般环境中的其他因素不一样，因为它不会自己开口说话。影响管理者满足自然环境要求的动力也许来自其他因素，如政府管制、消费者的顾虑、媒体舆论、竞争对手的行动，甚至企业的员工。[17] 例如，环保组织会提倡各种各样的行动和政策目标，旨在减少和清理污染物、发展可再生能源、减少二氧化碳等温室气体排放量，以及促进对水、土地和空气等稀有资源的可持续利用。2010 年在墨西哥湾发生的石油泄漏事件将环保问题推到了风口浪尖。英国石油公司钻井平台深水地平线油井爆炸事故发生几个月后，除污染了路易斯安那州、密西西比州、亚拉巴马州和佛罗里达州的水域和海滩外，每天还有成百上千加仑的浮油流向开放水域，威胁这些地区的鱼类、鸟类、海龟和植被。“这个国家最原始、最具生态多样性的海滩栖息地将会因此而消失，”领导佛罗里达州立大学沿海和海洋实验室的弗利西娅·科尔曼（Felicia Coleman）说，“而且我们对此无能为力。”毁灭性石油泄漏的危害很可能会持续几十年。[18]

3.1.2 任务环境

如前所述，任务环境是指对组织有直接影响的那些因素，其中包括顾客、竞争对手、供应商和劳动力市场。

■ 顾客

环境中需要从组织那里获取产品或服务的人和组织就是**顾客**（customers）。作为组织产出的接收者，顾客非常重要，因为他们决定着组织成功与否。组织必须对市场变化做出回应。例如，好时公司尽管把现代糖果制造技术应用到其广受欢迎的好时巧克力棒和好时之吻巧克力中，但是，由于没能了解顾客的口味，公司的利润、市场占有率和股东信心都遭受巨大的损失。好时公司以为顾客会喜欢令人眼花缭乱的好时之吻系列，这个系列提供不同类型的巧克力（牛奶巧克力、黑巧克力和白巧克力）、不同夹心的巧克力（焦糖、花生酱和松露）、不同味道的巧克力（橙子、薄荷和樱桃）以及含有坚果和不含坚果的巧克力。实际上，人们对各种口味的差别感到困惑和纠结，

图表 3-2 2012 年环保绩效指数

排名	国家	分值
1	瑞士	76.69
2	拉脱维亚	70.37
3	挪威	69.92
4	卢森堡	69.2
5	哥斯达黎加	69.03
6	法国	69
7	澳大利亚	68.92
8	意大利	68.9
9	瑞典	68.82
10	英国	68.82
11	德国	66.91
12	斯洛文尼亚	66.62
13	冰岛	66.28
14	新西兰	66.05
15	阿尔巴尼亚	65.85
37	加拿大	58.41
49	美国	56.59
116	中国	42.24
125	印度	36.23
132	伊拉克	25.32

资料来源：2012 Environmental Performance Index，Yale Center for Environmental Law and Policy，Yale University，http://epi.yale.edu/epi2012/rankings；and Center for International Earth Science Information Network，Columbia University.

注：各国分值的计算基于 25 个绩效指标。这些指标涵盖环境公众健康及生态系统活力，包括大气污染和温室气体排放。

零售商也不愿意为这么多类别的巧克力安排货架。随着销量和利润的下降，好时公司重新把精力放在更好地理解顾客的愿望、需求和口味上。接着，好时公司要求整个管理团队把重心放在满足这些需求上。最终的转变和对顾客需求的关注挽救了这个公司，并使其重返巅峰。[19]

■ 竞争对手

在同一个产业内的组织或者为同一群顾客提供产品或服务的那类企业称为**竞争对手**（competitors）。竞争对手不断地为获得同一群顾客的忠诚而竞争。例如，塔吉特公司（Target）的管理者发现，顾客在塔吉特超市里仔细查看商品，之后在亚马逊网站上以更低的价格买下。这个过程称为“展厅现象”，这意味着顾客在商场里查看商品，然后在网上以更便宜的价格购买，这种行为触及了塔吉特这样的传统零售商的底线。为了应对这种新趋势，塔吉特商场的管理者立即要求供应商提供只有在塔吉特商店里才能买到的商品，并且增加塔吉特网上商城的产品数量。沃尔玛同样对展厅现象非常头疼，它开始提高网上下单、店里取货的便利性，使许多商品顾客当日下单当日可取。[20]

■ 供应商

供应商（suppliers）为组织提供用来生产产品的原材料。例如，一家糖果生产商也许需要全球的供应商为它提供可可豆、糖和奶油等原料。供应链是由众多企业和个人组成的网络，它们通过产品或服务的流动连接在一起。对丰田公司来说，其供应链包括500多家全球零件供应商，它们通过准时生产策略（JIT）组织在一起。[21]准时生产提高了组织的投资回报率、质量和效率，因为组织不会把钱投在闲置库存上。20世纪70年代，日本人向美国公司传授了如何利用准时生产来精减库存，从而增加利润。“相比以前几个月的库存，现在只需要几天甚至是几个小时的库存。”吉姆·劳顿（Jim Lawton）说，他是邓白氏咨询公司（Dun & Bradstreet）供应链管理解决方案的负责人。然而，劳顿指出，这种方法有个缺点，并且在2011年3月日本地震之后格外突出：“在类似的情况下，如果供应链中断了，将没有一个地方可以买到这些产品。”[22]

2011年发生在日本的核泄漏事故揭示了当今准时生产供应链的弱点。沿太平洋海岸线而建的福岛核电站因为强烈地震引发的海啸，造成了史上第二大核灾难。为全球汽车产业配套的日本零件供应商都关门了，这扰乱了全球汽车工厂的生产。“甚至一个价值5美元的零件的缺失，也会使整个组装线停产。”一位摩根士丹利（Morgan Stanley）的代表说。[23]因为这次自然灾害，丰田生产的汽车减少了80万辆，这是之前的年生产量的10%。即便如此，大部分企业也不愿意提高库存来降低供应链中断的风险。因为即使只是稍微提高库存为供应链的中断提供一些缓冲，也要花费几百万美元。“我没有看到一家企业会偏离非常严格的供应链管理。”福特汽车首席财务官刘易斯·布思（Lewis Booth）说。[24]

■ **劳动力市场**

劳动力市场（labor market）代表环境中能够被聘来为组织工作的人。每个组织都需要训练有素、合格的人员。工会、雇员协会及员工可以获得的一些培训会对组织的劳动力市场造成影响。目前，劳动力市场对组织的影响包括：（1）对掌握计算机知识的员工的需求持续增长；（2）对人力资源持续性投资的需要，这些投资主要通过招聘、教育和培训来满足无国界世界的竞争需要；（3）跨国贸易集团、自动化生产、外包和因劳动力供求错位带来的厂址变更，会造成一些地方的劳动力闲置，而另一些地方的劳动力短缺。

创新之道

好市多公司

好市多公司是一家经济型的仓储式自助服务俱乐部，经营着采用会员制的仓储国际连锁店，以较低的价格提供有限的产品选择。好市多的商业模式主要在于维持作为一个价格领导者的形象，持续保持最具竞争力的价格。“我们所做的一切都是为了以低价给顾客提供产品和服务。”好市多的创始人和CEO辛尼格（Jim Sinegal）说。好市多仓库的设计既有利于高效率的运营，又能向会员传达它的价值。仓库的装饰，比如高房顶、钢结构的墙壁及裸露的桁架，保证了公司的低成本，并有利于消费者产生这样的感觉：好市多为合适的购物者提供合适的价格。其他保持低价的策略还有每个阶段只提供3 600种产品（沃尔玛提供超过100 000种）、与供应商商讨低价等。尽管好市多只有大约1/4的销售额来自海外，但海外市场单店销售额的增长速度差不多是美国单店的四倍。好市多计划进一步拓展亚洲市场来扩大它的顾客群，因为亚洲市场的顾客消费量和增长率远远高于成熟的欧美市场。图表3-3展示了好市多复杂的环境。

图表 3-3　好市多公司的外部环境

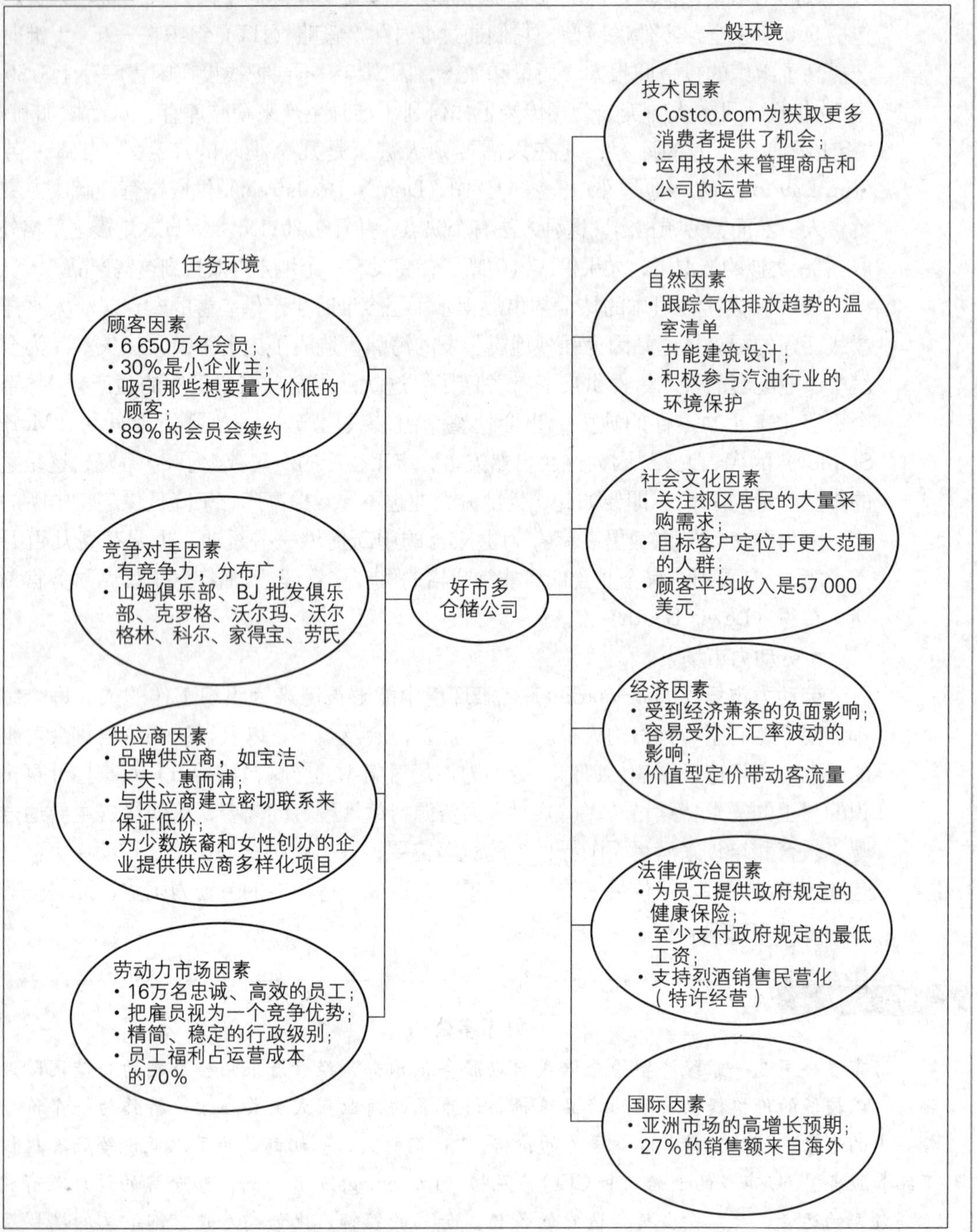

资料来源：Costco Wholesale Corporation Website，www. costco. com（accessed July 10，2012）；"Costco Wholesale Corporation," *Marketline*（April 30，2012）：3－9；Alaric DeArment，"Costco's Lobbying Changes WA's Liquor Laws：Who Is Next?" DrugstoreNews. com，December 12，2011，p. 12（www. drugstorenews. com/article/costco%E2%80%99s-lobbying-changes-%E2%80%A9wa%E2%80%99s-liquor-laws-who-next）；and Sharon Edelson，"Costco Keeps Formula As It Expands," *Women's Wear Daily*（January 30，2012）：I.

好市多最大的竞争优势是它的劳动力。"好市多给员工的薪酬非常高，在工资和福利方面远远高于同行业其他企业。"晨星机构零售分析师霍托维（R. J. Hottovey）说。"尽管零售商在削减医疗福利，但好市多的员工不用为此担心。”他说。员工的快乐和士气常常会被零售企业忽视，好市多却不会。正因为它善待员工，好市多在零售行业中拥有最低的员工离职率（只有 6%），而人均销售收入达到 53 万美元。[25]

一般环境和任务环境中各种因素的变化都会带来巨大的挑战，特别是对于那些在复杂多变的行业中经营的组织来说。好市多在全球多地拥有仓库，是一家在高度复杂环境中运营的企业的代表。

3.2　组织和环境的关系

组织之所以这么关心外部环境中的因素，是因为对组织管理者来说，环境会产生不确定性，他们必须做出回应，即通过组织设计来适应环境。

3.2.1　环境不确定性

不确定性意味着管理者没有足够的环境因素信息来理解和预测环境的需求和变化。[26]如图表 3-4 所示，带来不确定性的环境特征包括组织环境因素的数量和这些因素变化的速度。好市多这样的大型跨国公司的管理人员必须处理成千上万个会造成不确定性的外部环境因素。当外部因素急剧变化时，组织就会面临高度不确定性。电信和航空公司、电脑和电子产品公司及互联网公司就是这样的例子。MySpace 社交网站的用户在 2010 年减少了 27%，其管理者努力想找到严重影响这个年轻的社交媒体服务公司的因素。其中一个因素是变化无常的社交媒体用户品位的变化，这是很难预测的。当脸书提供了一个更好的用户体验和更简单的谷歌式界面后，用户成群结队地离开了 MySpace。事实上，2009 年到 2010 年，MySpace 流失了 900 万用户。“MySpace 就像一个大型聚会，后来这个聚会散场了。”维亚康姆 MTV 网络前主席兼 Activate 媒体咨询公司的管理合伙人迈克尔·沃尔夫（Michael J. Wolf）说。[27]

图表 3-4　外部环境和不确定性

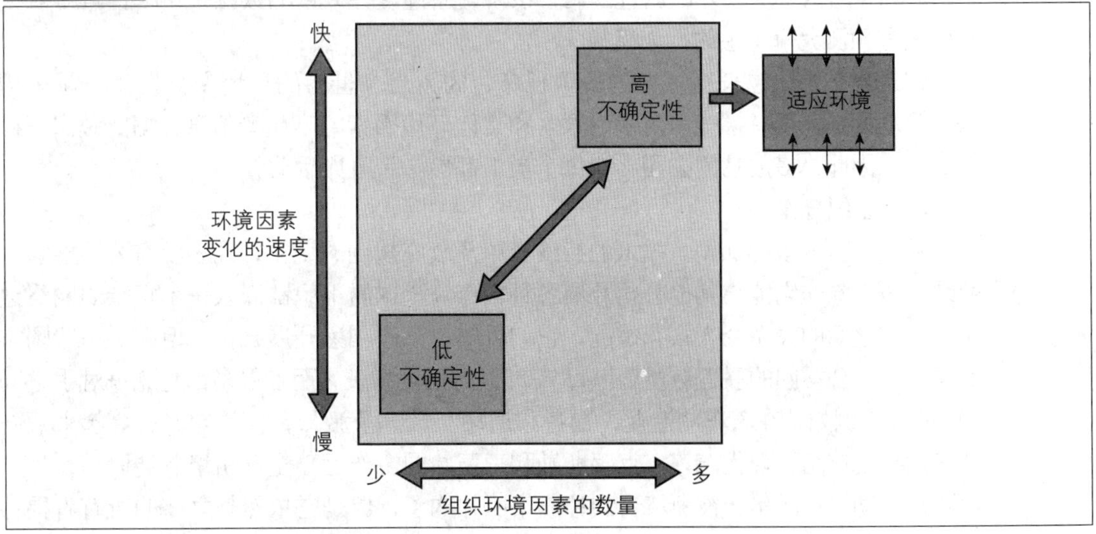

当一个组织只需应对几个外部因素，并且这些因素（例如，那些影响软饮料瓶装机或食品加工机的因素）都相对稳定时，那么，管理者会面临较低的不确定性，他就可以在外部事务上花费更少的精力。

3.2.2 为适应环境而改变

环境的变化可能会出人意料地发生，例如，社交媒体网站的用户品位的变化。它们有可能突然就发生了，就像日本灾难性的地震和海啸一样。环境变化产生的动荡程度将决定管理人员做出反应的方式，这些方式是为了使组织在环境中生存下去。管理者持续地关注企业的环境，不管发生轻微的还是剧烈的环境变化（称为战略问题），以便从中分辨出那些需要做出战略性应对的变化。**战略问题**（strategic issue）是组织内部或外部的事件和力量，它们很有可能会改变组织达成目标的能力。一旦环境的动荡性增加，战略问题就会更加频繁地出现。[28] 管理者采取各种战略来应对这些战略问题，包括跨边界角色、跨组织合作、并购和企业合资等。

■ **跨边界角色**

跨边界角色（boundary-spanning roles）将组织与外部环境中的关键因素联系起来，并使它们协调一致。跨边界角色为组织实现两个目标：它们发现并分析环境变化的信息，并向外部环境传达组织的利益诉求。[29] 跨边界的一个例子是，通用电气在政治游说中花费了 3 930 万美元，想由此说服政府官员采取能给公司绩效带来积极影响的措施。通用电气的政治游说跨越了组织和政府的边界，而政府是外部环境中的一个关键因素。[30]

另一个跨边界的方法是利用商业情报，即利用复杂软件在大量的内部和外部数据中找出可能极其重要的热点模式、趋势及关系。例如，威瑞森公司（Verizon）使用商业情报软件来监视顾客的购买行为，一旦发现问题立刻解决。[31] 与越来越受重视的跨边界领域相关的商业情报被称为竞争情报（CI），它是指尽可能多地获取竞争对手信息的活动。[32] 维萨信用卡公司（Visa）安排了一位员工每天花两个小时在网上搜索万事达信用卡公司（Master Card）和其他竞争对手的信息。哈雷戴维森公司（Harley-Davidson）聘请了一家外部调查公司，该公司通过搜寻大量的数据，帮哈雷戴维森公司解读和预测竞争对手的行为模式。[33]

跨边界是组织越来越重要的一项任务，因为当今世界的环境变化发生得越来越快。管理人员需要掌握竞争对手、顾客和其他环境因素的高质量信息，据此做出正确的决定。因此，最成功的公司会让每个员工都参与跨边界活动。

■ **跨组织合作**

随着全球竞争的加剧、技术的持续变革及政府规制的变化，几乎没有公司能够有效地竞争，除非它能与其他公司开展各种合作。全球的组织都嵌入一个复杂的网络之中，它们之间的关系令人眼花缭乱，它们可能在某些国家开展合作，但在另一些国家竞争激烈。公司间的联盟数量正以每年 25%的速度增长，而且很多都是竞争对手之间的联盟。[34] 例如，在汽车制造业，福特和通用汽车竞争激烈，但是它们联合起来共同开发六挡变速箱；现代汽车、克莱斯勒和三菱共同合作运营全球引擎制造联盟，生产出四缸发动机；沃尔沃被浙江吉利控股集团并购了，但是它依然与之前的所有者福特保持着联盟关系，为福特提供引擎和其他零部件。[35] 在一个合作关系中，每个组织为了成功或生存，必须相互支持、相互依赖；但是这并不意味着它们在某些领域就不再激烈地竞争。[36]

合作组织中的管理者从敌对导向转变为合作导向。如图表3-5所示，这种新范式基于信任及合作方具有找到公平解决冲突的能力，这样每一方都能从中受益。管理人员的工作是为双方减少成本、增加收益，而不是为自己的公司争得所有的利益。这种新模式还有一大特点是高度的信息共享，包括利用电子商务连接所有的自动订单、支付和其他交易。而且，人与人的交流提供反馈并能解决问题。其他公司的员工可能在现场，也可能参与虚拟团队进行紧密的合作。合作方会频繁地参与另一方的产品设计和生产，它们会开展长期的合作。商业伙伴相互帮助是很正常的，甚至可以超出合同规定的范围。[37]

图表3-5 合作范式的改变

从敌对导向 ——→	到合作导向
怀疑、竞争、保持一定的距离	信任、为双方增加收益
价格、效率、自己的利润	平等、公正对待、每一方都获益
有限的信息和反馈	通过电子商务共享信息和进行电子交易
通过诉讼解决争端	紧密合作、虚拟团队和现场人员
极少参与对方业务并极少进行前期投资	参与合作伙伴的产品设计和生产环节
短期合同	长期合同
双方的关系受限于合同	超过合同规定的业务支持

■ 并购和企业合资

超越战略合作关系的一个方法是公司开展并购或者参与合资以减少环境的不确定性。近年来，美国和国际上疯狂的兼并和收购活动是组织应对环境的巨大波动而采取的一种尝试。[38]当两个或者多个组织合并成一个时，**并购**（merger）就发生了。例如，凯洛格公司的管理人员发现由于对价格敏感的消费者改变原有行为，选择了同质的、自有品牌的谷类食物，自己公司的玉米片和脆米花的销售额下降了，于是公司在2012年5月买下了宝洁公司的品客薯片，以扩大其海外的零食事业部。凯洛格公司及百事公司和菲多利公司的发展都依赖于国外的零食市场。“我们对过去几年的绩效并不满意。”凯洛格的CEO约翰·布赖恩特（John A. Bryant）说，“我们必须不断为消费者提供新的食品才能让他们高兴。如果我们故步自封，别人就会追上我们。”通过这次并购，凯洛格不仅得到国际上非常受欢迎的一种零食，还成为非常了解全球市场的宝洁公司的经销商。[39]

合资企业（joint venture）是指两个或多个组织的战略联盟或合作项目。当一个项目对一家公司来说过于复杂、过于昂贵或者存在太多的不确定性，以致一家公司很难独自完成时，通常就会产生合资企业。例如，西科斯基飞机公司（Sikorsky Aircraft）和洛克希德马丁公司（Lockheed Martin）联合竞标一份海军一号直升机舰队的新合同。在这家合资企业中，西科斯基负责生产直升机，洛克希德马丁为每架直升机提供大量的定制软件系统。尽管两家公司之前为生产总统用直升机而竞争过，但现在它们联合起来比对手更有竞争力，它们的竞争对手包括波音公司、贝尔直升机公司、芬梅卡尼卡公司。[40]由于很多公司都想努力跟上全球市场快速的技术变化和竞争的步伐，合资企业正在兴起。

3.3 内部环境：企业文化

管理者工作的内部环境包括企业文化、生产技术、组织结构和物理设施。其中，企业文化对于公司的竞争优势尤为重要。企业文化必须适应外部环境和公司战略的需要。当两者匹配好时，高度忠诚的雇员就会形成一个高绩效的组织，这样的组织是很难被打败的。[41]

大多数人不关心文化。对他们来说，文化只是“我们公司怎么做事情”或者“这么做事情的理由”。然而，管理者必须要考虑文化，因为文化在组织的成功中通常扮演一个非常重要的角色。很多人从不同的角度对企业文化进行了定义和研究。在本章，我们把**文化**（culture）定义为组织成员共享的一系列关键价值观、信仰、理解和规范。[42]文化的概念有助于管理者理解组织生活背后复杂的一面。文化是一种共享价值观模式，也是对组织中做事方式的一种假设。员工在处理内外部事务时学会了这种模式，并将其作为认知、思考和感受的正确方法教授给新成员。

尽管强大的文化对公司很重要，但它们有时候会引发负面的价值观和行为。例如，当高层领导者表现出不道德的行为时，整个文化就会被玷污。让我们回顾一下曾经发生在新闻集团（News Corporation）的事件：该公司是一家分支机构遍布全球、利润可观的媒体巨头。公司主席兼CEO默多克（Rupert Murdoch）曾经被人起诉，说他在处理商业事务时经常采用不道德甚至是肮脏的手段。据说默多克曾经使用“砸钱”的方式，花几百万美元掩盖他的不择手段，并让批评者噤声。“掩埋掉你的错误。”默多克喜欢这样说。[43]但是，当新闻集团的报纸记者被爆料，为了获取独家新闻窃听受害者的私人语音信箱、贿赂警察时，这个组织的丑闻再也掩盖不住了。这些记者胆大妄为，竟然窃听一名在“9·11”事件中受害的13岁小姑娘米利·道勒（Milly Dowler）的语音信箱，她至今仍被列为失踪人员。[44]正如本例所展示的，高层领导的价值观和行为有可能会对整个组织员工的决策方式造成重大影响。受害女孩家庭聘请的律师马克·刘易斯（Mark Lewis）指出：“这不仅关系到一个人，而且关系到整个组织的文化。”[45]

如图表3-6所示，文化可以从两个层面来分析。[46]其表面是看得见的一些东西，如着装、行为方式、符号、组织仪式及办公室陈列。看得见的表面的东西都是我们能够通过观察组织成员而看到、听到和观察到的。更深的、不太明显的层次是价值观和信仰，它们不能观察到，但是能够从人们解释和辩护自己的所作所为中得知。组织成员在潜意识中会持有某些价值观。这些价值观可以由组织成员用来表达自己的故事、语言和符号表现出来。

有些价值观深深地嵌入文化中，以致成员不会意识到它们的存在。这些基本的、隐含的假设和信仰是文化的本质，它们会潜移默化地指导成员的行为和决定。有些组织的基本假设可能是人们本质上都是懒惰的，只要有可能，他们就会逃避自己的职责，因此，员工必须被严密地监视，不能给予任何自由，同事之间经常会互相猜疑。更开明的组织则建立在这样的基本假设基础之上：人们都想很好地完成自己的工作。这样的组织会赋予员工更多的自由和职责，同事之间互相信任、互相合作。在Zappos家族企业里，关注健康和幸福的文化对于这家成功的线上零售商的成长起到了建设性作用。

图表3-6　企业文化的层次

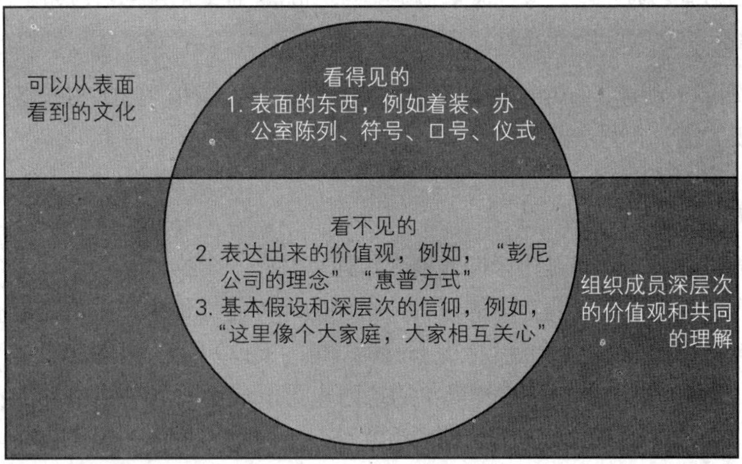

创新之道

Zappos家族企业

Zappos是一个零售网站，因可选的鞋子种类繁多且免费寄送而闻名。它大胆地公布了基于十个与众不同的核心价值观的独特文化。CEO谢家华（Tony Hsieh）相信，这些价值观表明了这个公司的创新文化，展示了公司最终的商业目标——培育快乐。谢家华的管理理论是这样的：如果你能创建一个促进健康的工作文化，那么良好的行为方式和高利润自然就会随之而来。到目前为止，他的理论带来了出色的业务结果。Zappos公司年销售收入达到10亿美元，员工普遍认为他们的工作激动人心，并且充满挑战。“我们真的接受这样的想法：我们互相间越善待对方，就越能够更好地对待我们的顾客。”人力资源主管丽贝卡·拉特纳（Rebecca Ratner）说。

谢家华清楚地知道，要想让员工和顾客都快乐，一种强有力的、积极向上的文化是多么重要。在创办Zappos之前，他受过一份毫无意义的工作的折磨，这份工作只需要技术和技能。谢家华决定写一本书——《传递快乐》（*Delivering Happiness*），用文字记录他“从追求利润到追求激情”的心路历程、他从中学到的人生经验及这些经验如何用在Zappos公司。以下是对商业领袖有帮助的一些要点：

- 掌握正确的价值观。Zappos有十个核心价值观，其中包括“制造快乐和一点点疯狂”，“用服务来感动客户”，“拥抱和驾驭变化”，“具有冒险精神、创造力和开放的心态”，“追求成长和学习”以及“保持谦卑”。但谢家华并不是高高在上地向员工传达这些价值观。他给所有的员工发送邮件，询问他们应该用什么样的价值观来指导这个公司。员工的回答经过讨论、提炼、综合，形成最终的列表。
- 招聘合适的人。Zappos聘用新员工时会进行两轮面试。第一轮面试注重求职者的相关经验、专业和技术技能以及团队合作的能力。第二轮面试只看重求职者与企业文化的匹配度。招聘人员会针对每一个核心价值观提问，例如，“你有多疯狂？”招聘人员会精心挑选员工以匹配Zappos的文化，即使这意味着要拒绝技术技能更强的人。
- 文化是头等大事。所有的员工都要参加一个为期四周的培训课程，以便将这些核心价值观深深留在记忆里。培训结束时，如果他们认为自己与这样的文化不完全相符，他们可以获得2 000美元的离职补贴。每一年，Zappos都会推出一本《文化之书》，在这本书里，员工会分享他们自己的故事，这些故事都是关于Zappos的文化对他们的意义。[47]

Zappos创建了一个特殊的文化，这在它的核心价值观中反映出来。基本的价值观在组织中通过符号、故事、英雄、口号和仪式表现出来。

3.3.1 符号

符号（symbol）是用来向其他人传递意义的一个物体、动作或者事件。符号可以被视作一种丰富的、非言语的语言，它生动地传达出组织中人们怎样相互联系、怎样与环境打交道的重要价值观。[48] HSN公司的CEO明迪·格罗斯曼（Mindy Grossman）发现，办公室椅子这样简单的东西也可以成为符号。当格罗斯曼在十年内成为HSN公司的第八任CEO时，她接手的是一支处于困境中的员工队伍。在最初的几个月里，格罗斯曼尽可能多地了解公司的业务。“随着我逐渐了解这个企业，我越来越清楚它已经基本破产了。为了让它死而复生，我需要彻底改变这个公司的文化。”她说。文化变革的一部分内容就是改善工作环境。那时，办公室脏乱不堪，到处都是破损的家具和杂物。“我四处看了一下，看到有40种不同的办公椅。所以我买了几千把赫曼米勒公司的Aeron办公椅。”① 格罗斯曼说。在椅子送抵的那天，她收到100多封表达感谢的邮件。[49]对格罗斯曼来说，新的办公椅是新的公司价值观的一个重要标志，这种新的价值观就是关爱员工。

3.3.2 故事

故事（story）是对真实事件的口头陈述，它在组织员工之间频繁地分享。故事中生动的画面有助于把公司的愿景和价值观符号化，有助于员工的消化吸收。[50]在UPS公司经常被传颂的故事是，一名没有相关权限的员工多预订了一架波音737，以保证一批圣诞包裹能够及时送达，这批包裹之前因假期航班拥堵而被耽误了。故事的结局是，这名员工不但没有受到惩罚，公司还表彰了他的主动精神。通过讲这个故事，UPS公司的员工认为，公司能坚持它对员工自主性和顾客服务的承诺。[51]

3.3.3 英雄

英雄（hero）是一个形象，它例证了一个强有力的文化的行为、性格和贡献。英雄是供员工学习和效仿的角色模型。后续影响力很强的英雄也许会在消失之后继续影响一种文化。很多人想知道史蒂夫·乔布斯2011年去世之后，他在苹果创造的文化能否继续保留。乔布斯例证了创造力、创新、风险承担和打破边界思考，这些品质使得这个公司成名。[52]当乔布斯的健康状况开始变差，苹果公司的董事开始寻找可以保留乔布斯创造的丰富的文化的替代者。他们选择了长期作为二把手的蒂姆·库克。库克现在培养了一种文化，这种文化反映了苹果的英雄——史蒂夫·乔布斯的价值观和

① 赫曼米勒（Herman Miller）是美国最主要的家具与室内设计厂商之一，Aeron座椅获得欧洲家具工业研究协会颁发的人体工程学优秀奖。——译者

行为。“我认为，苹果有一种优秀的文化，它是如此特殊，我将不会见证或者允许它的改变。”他说。[53]

3.3.4 口号

口号（slogan）是一个短语或者句子，它简洁地表达出公司的一个关键价值观。很多公司用口号或者名言向员工传递特殊的意义。例如，迪士尼使用的口号是“地球上最快乐的地方”。丽思卡尔顿采用“淑女和绅士为淑女和绅士提供服务”的口号来表达它的文化宗旨——关心员工和顾客。“我们是服务企业，而服务只来自员工。我们的承诺就是去关心他们，给他们提供一个快乐工作的地方。”总经理马克·德考西尼斯（Mark DeCocinis）说。他管理的上海波特曼酒店连续三年获得“亚洲最佳雇主”的称号。[54]文化价值观也可以在书面的公众陈述中呈现，如公司使命或者其他正式的陈述。例如，贺曼贺卡（Hallmark Cards）的公司使命强调在所有的关系中、在商业创新和公司社会责任中都要体现优秀、道德和伦理行为的价值观。[55]

3.3.5 仪式

仪式（ceremony）是为了群众的利益而在一个特殊时点进行的有计划的活动。管理人员举行仪式是用激动人心的方式传递公司的价值观。仪式是一个特殊的场合，它进一步强化了公司看重的成就，通过分享这样一个重要的事件，通过称颂并纪念英雄，员工紧密地团结在一起。[56]在纪念公司成立20周年的仪式上，西南航空公司推出了一架特殊的飞机，名叫“孤星”，机身上印有得克萨斯州的州旗，它是公司在得克萨斯州起步的标志。① 之后，当NBA（美国职业篮球联赛）选择西南航空作为正式合作伙伴时，西南航空又推出了一款特殊的飞机，名叫“灌篮高手”，机身是蓝色和橘色，机翼上画了一个巨大的篮球。今天，总共10架特殊的飞机被用来纪念西南航空历史上有纪念意义的里程碑事件并传达关键的文化价值观。[57]

3.4 文化的类型

对公司内部文化有重大影响的一个因素是外部环境。组织文化可能千差万别，然而，同一个行业中的组织通常表现出相似的文化特征，因为它们在相似的环境中运营。[58]内部文化应该体现组织为了在环境中成功所采取的措施。如果外部环境要求卓越的顾客服务，那么组织文化就应该鼓励良好的服务；如果外部环境要求做出谨慎的技术性决策，那么组织价值观就应该强调管理决策。

在思考什么样的文化价值观对组织非常重要时，管理人员必须考虑外部环境以及公司的战略和目标。研究表明，文化、战略和环境之间如何完美匹配与图表3-7所示的四种文化类型相关。这些文化类型的划分基于两个维度：(1) 外部环境要求灵活性或者稳定性的程度；(2) 一家公司的战略重点放在内部还是外部的程度。基于这两个维度的四个文化类型分别是适应型文化、成就型文化、参与型文化和一贯型文化。[59]

---

① 得克萨斯州的别名叫“孤星之州”。——译者

图表 3-7　四种企业文化类型

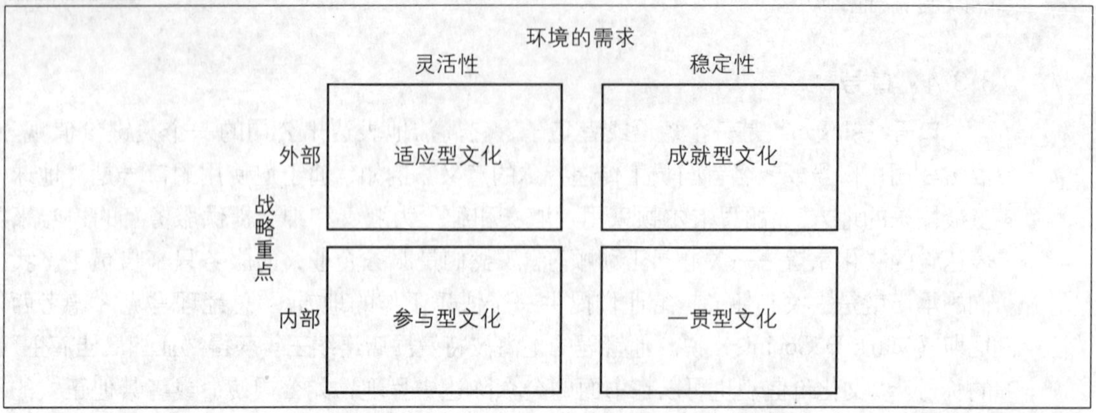

资料来源：Based on D. R. Denison and A. K. Mishra，"Toward a Theory of Organizational Culture and Effectiveness，" *Organization Science* 6，no. 2（March-April 1995）；204－223；R. Hooijberg and F. Petrock，"On Cultural Change：Using the Competing Values Framework to Help Leaders Execute a Transformational Strategy，" *Human Resource Management* 32，no. 1（1993）；29－50；and R. E. Quinn，*Beyond Rational Management：Mastering the Paradoxes and Competing Demands of High Performance*（San Francisco：Jossey-Bass，1988）.

3.4.1　适应型文化

适应型文化（adaptability culture）产生于要求快速响应和做出高风险决策的环境。管理人员鼓励这样的价值观：能够支持公司快速察觉、解读并将环境信号转化为新行为的能力。员工拥有自主决策权，能够自由地采取行动去满足新的需求，对顾客做出快速响应的行为受到组织高度重视。管理人员要积极开展变革，鼓励并奖励创造性、试验和风险担当。Lush Cosmetics 是一家快速成长的洗发水、沐浴露和其他洗浴用品生产商，其产品都是用芒果和牛油果这样的自然新鲜原料制成的，它提供了一个适应型文化的极好的例子。该公司的一个座右铭是"我们保留犯错的权利"。创始人兼 CEO 马克·康斯坦丁（Mark Constantine）真诚地鼓励改变，鼓励员工打破界限去试验，去冒险。公司每年砍掉 1/3 的生产线，改为生产新产品。[60] 化妆品行业的其他公司以及电子行业、电子商务业和时尚行业的公司经常采用适应型文化，因为它们必须快速变革以对环境的急剧变化做出响应。

3.4.2　成就型文化

成就型文化（achievement culture）适合这样的组织：它们旨在为外部环境中的特定顾客提供服务，但是没有灵活性和快速变化的强烈需求。这种结果导向的文化重视竞争力、进取精神、个人主动性、削减成本及为实现目标愿意长期艰苦工作。强调获胜和实现某些野心勃勃的目标，是将这个组织联结在一起的纽带。[61] 酿造业巨头英博集团（InBev）就是这样的例子。当英博并购安海斯-布希公司（Anheuser-Busch）后，抛弃了后者的奢华风格，在全公司推行"不为非必要的服务花钱"的文化，把大量精力放在缩减成本、实现严格的利润目标上。管理者同时创造了一个激励为本的报酬体系，以体现"更重视杰出绩效者"。这个薪酬体系大幅奖励高绩效者，而不是将利润平均发给每个员工。"我们一直说，企业越是不断学习，年底就会有越多的钱拿来分享。"英博的 CEO 卡洛斯·布里托（Carlos Brito）如是说。[62]

3.4.3 参与型文化

参与型文化（involvement culture）强调公司内部要重视员工参与和分享，以此对环境需求的变化做出快速响应。这种文化高度重视满足员工的需要，组织也许会以一种关爱、家庭般的氛围为特色。管理人员强调合作、关心员工和顾客、避免地位差别的价值观。在下面四季连锁酒店的例子中，酒店体现了对公司最重要资产——员工的承诺。

创新之道

四季酒店

四季酒店被很多人视为全球顶尖的酒店集团，它是豪华连锁酒店及全球度假胜地。它成功的一个原因是持续地激励员工为顾客提供额外的、量身定制的24小时服务，努力实现创造“全球最佳服务体验”的目标。公司自1998年被《财富》杂志列为调查对象后，每年都跻身该杂志评出的“100家最佳雇主”名单，2012年位列第85位。它在35个国家和地区拥有86家豪华酒店。四季酒店培育了这样一种企业文化：员工的价值高于其他资产。对员工的坚定承诺使得四季酒店即使在经济衰退期间依然保持发展，而在此期间，酒店业的很多公司都遭受重创。当时，很多度假和商务旅行计划被取消，大多数酒店因此步履维艰。那么，四季酒店是如何继续保持良好的运营状况，并为未来的成功打下基础的呢？

四季酒店的管理者创建了一种统一的文化，使公司的员工都团结在一个鼓舞人心的目标之下。四季酒店的目标是创造全球最佳服务体验，这是每个员工都高度接受并深入人心的一个信念。“我们拥有34 000名员工，他们每天早上起床后思考的一个问题就是怎样为客人提供服务，而且要一天比一天好。”CEO凯蒂·泰勒（Katie Taylor）说，“所以，即使经济危机带来的麻烦事一大堆，我们的品牌承诺仍是随时随地为光顾酒店的顾客提供最佳客户体验，这已深深扎根在员工的心里，成为他们的信念。他们是日复一日地履行这个承诺的人。”

四季酒店还根据员工的特点来设计公司的愿景，并清晰地阐述自己的愿景，这使得公司稳步渡过了无法预料的经济危机。它的新愿景包括：（1）使顾客把四季酒店作为他们的首选酒店；（2）成为最佳雇主；（3）成为行业中位列第一的可持续价值观建设者。这些清晰、有意义的陈述提供了一个鼓舞人心的、有抱负的愿景，激励员工竭尽全力地工作。其结果是订单大增，员工的参与度比之前更高。[63]

3.4.4 一贯型文化

最后一种文化类型叫**一贯型文化**（consistency culture），即在稳定的环境中专注于内部和一贯性导向。公司重视遵守规则和节俭，这种文化支持并奖励有条理的、理性的、有序的做事方式。在当今快速变化的世界里，很少有公司在稳定的环境中经营，大多数管理者提倡的文化都在向更有弹性、更能跟上环境变化的文化转变。然而，Pacific Edge软件公司（目前属于Serena软件公司）考虑了一贯型文化的各个因素，确保所有的项目都能够按时、按预算完成。夫妻档团队——莉萨·约尔滕（Lisa

Hjorten）和斯科特·富勒（Scott Fuller）从组建公司的那一刻起，就开始培育一种强调秩序、纪律和控制的文化。强调秩序和专注，意味着员工一般可以在下午六点下班回家，而无须通宵工作来完成一个重要的项目。尽管有时候认真、仔细意味着放慢速度，但 Pacific Edge 公司会尽量跟上外部环境需求的步伐。[64]

四种文化类型中的任何一种都可能是成功的。而且，组织拥有的文化通常不能单纯地归为某一类。对不同类型文化的重视程度取决于环境的需要和组织的重点。管理人员有责任向员工灌输能使组织在环境中取胜的文化。

新晋管理者自我测试

文化偏好

导语：新晋管理者与组织文化的匹配程度会决定他能否成功和满意。为了解你的文化偏好，请根据你喜好的强度，用1～8（1＝最强的偏好）回答以下每一题项。

1. 这个组织非常人性化，更像是家庭生活的延伸。
2. 这个组织是动态变化的，员工都要承担风险。
3. 这个组织是成就导向的，关注竞争和完成工作。
4. 这个组织很稳定，结构明确，有清晰的流程。
5. 这个组织管理风格的特征是团队合作和参与。
6. 这个组织管理风格的特征是创新和风险担当。
7. 这个组织管理风格的特征是高绩效需求和高成就。
8. 这个组织管理风格的特征是安全性和可预测性。

得分及解释：每个题项针对图表3-7四种文化类型中的一个。为了得到你在每个文化类型上的偏好程度，请把两个题项的得分加总，如下所示：

参与型文化——题项1，5的得分加总：________

适应型文化——题项2，6的得分加总：________

成就型文化——题项3，7的得分加总：________

一贯型文化——题项4，8的得分加总：________

越低的得分意味着越强的文化偏好。作为一名新晋管理者，企业文化与你的个人偏好越相符，你会越舒服并越有效率。得分越高意味着这种文化越不符合你的期望，你将不得不改变自己的风格和偏好，这样才能使自己更舒服。复习本章讨论的四种文化类型，你的文化偏好得分能反映你的文化类型吗？你能够说出一些符合你文化偏好的公司吗？

资料来源：Adapted from Kim S. Cameron and Robert D. Quinn，*Diagnosing and Changing Organizational Culture*（Reading，MA：Addison-Wesley，1999）.

3.5 塑造创新性响应的企业文化

一项由斯坦福大学教授主持的研究显示，影响组织创造力的最主要因素是员工以及他们在组织中的待遇。[65]而且，调查显示，CEO 经常把组织文化当作他们最重要的机制，用它来吸引、激励和留住天才员工，这种能力也被视为整个组织优秀程度的最佳指标。[66]在一项对加拿大高级主管的调查中，有82%的人相信文化与财务绩效之间有直接的联系。[67]让我们来看一下西南航空公司“员工优先”的企业文化如何创造了一流的财务绩效。西南航空公司连续盈利 38 年，有着全行业最低的顾客投诉率，做出了行业领先的工资和福利待遇、持续的职业发展项目以及劳动力多样化的承诺。并且，西南航空公司提倡一种高度协作的文化，注重培养组织内人员间的良好关系。[68]在西南航空公司，积极向上的文化反映出公司对员工的强烈承诺，由此也带来了竞争优势。

企业文化在组织氛围的创建中扮演关键的角色，它使组织能够从外部环境的威胁中学习并做出创新性的响应，能够接受新机遇或危机的挑战。然而，管理人员意识到他们不能将所有的努力都集中在价值观上，还需要致力于创造企业绩效。

3.5.1　管理高绩效文化

在动荡的世界里获得成功的组织是那些同时高度关注文化价值观和企业绩效的组织。文化价值观通过吸引拥有崇高理想的人来激励员工，并围绕着共享目标把员工团结在一起。此外，文化价值观通过塑造和指导员工行为来提高绩效，从而使每个人的行为都与战略重点保持一致。[69]根据管理人员对文化价值观和企业绩效的关注程度，图表 3－8 展示了四种组织结果。[70]例如，处于象限 C 中的公司对文化价值观和企业绩效都给予很少的关注，这样的公司不太可能长久地生存下去。处于象限 D 中的组织管理者高度关注创建一个有凝聚力的文化，但是，他们不会将组织文化与目标或者期望的企业结果直接联系在一起。

当文化价值观不能与企业绩效联系在一起时，企业文化不太可能在艰难的岁月里给企业带来好处。总部设在丹麦比隆的乐高集团受 20 世纪 90 年代青少年和儿童从传统的玩具转向电子游戏的影响，公司的销售额直线下降。当时，公司的文化差点儿让这家玩具制造商遭受灭顶之灾。乐高当时的文化表现出图表 3－8 象限 D 中的特点。想象力和创造力而非企业绩效指导着这家公司。员工的态度是：“我们在为孩子们生产伟大的产品，所以不要用财务目标来打扰我。”新晋 CEO 克努斯托普（Jørgen Vig Knudstorp）采用新的员工箴言，颠覆了企业文化：“我在这里为公司创造利润。”这种盈利结果的导向改变对公司产生了深刻的影响，乐高成为玩具产业最成功的公司之一。[71]

象限 A 代表高度关注盈利结果而不太关心组织价值观的组织。这样的方法在短期内也许可以盈利，但从长期来看很难保持成功，因为将组织团结在一起的“胶水”，即共享文化价值观是缺失的。Zynga 是一家大型网上社交游戏公司。该公司只关注盈利结果，这损害了公司。Zynga 创建于 2007 年 7 月，在 CEO 马克·平卡斯（Mark Pincus）的领导下，在 2011 年的头 9 个月创造了 82 800 万美元的收入，是前一年收入的两倍多。Zynga 还实现了其雄心勃勃的盈利目标，这在互联网新创公司中是非常罕见的。有着这样的财务绩效，人们兴许会觉得在 Zynga 上班充满乐趣。而实际上，每个游戏的自主开发团队，比如 Farm Ville 和 City Ville，被要求在很短的时间内完成任务，并且不断地被要求实现定得过高的绩效目标。管理者强调绩效报告、没完没了的汇总数据，他们利用这些数据来激励或者解雇能力较弱的员工，几乎不去关注能将员工团结成一个整体的文化价值观。

图表 3-8　文化价值观与企业绩效的联系

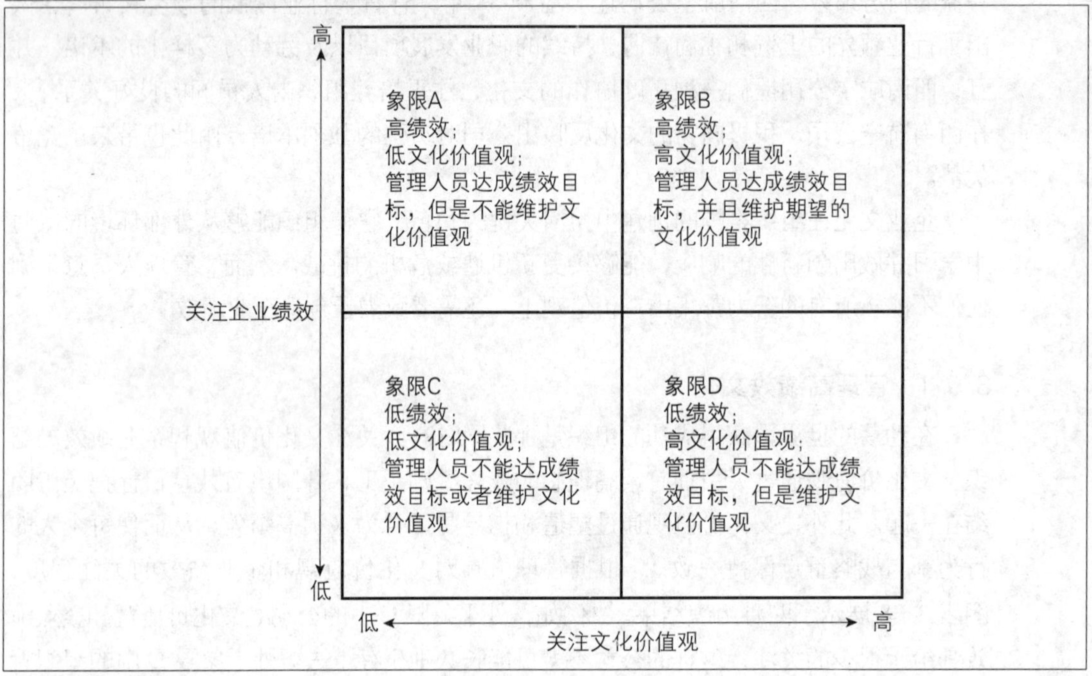

资料来源：Adapted from Jeff Rosenthal and Mary Ann Masarech，"High-Performance Cultures：How Values Can Drive Business Results，" *Journal of Organizational Excellence*（Spring 2003）：3－18；and Dave Ulrich，Steve Kerr，and Ron Ashkenas，Figure 11－2，GE Leadership Decision Matrix，*The GE Work-Out：How to Implement GE's Revolutionary Method for Busting Bureaucracy and Attacking Organizational Problems—Fast*！（New York：McGraw-Hill，2002），p. 230.

员工开始抱怨他们遇到的挫折，抱怨长时间的工作和任务要求的时间很紧，这种对财务绩效的过度关注带来了负面影响。公司的前员工情绪激动地描述他们的遭遇，包括平卡斯发出的怒吼声、来自高层管理人员的威胁以及同事忍不住哭泣的时刻。如果不把更多注意力放在创建一个更积极的文化上，那么这家公司的成功是不可能长期维持的，那些有价值的员工会被行业里缺少人才的竞争对手挖走。[72]

象限 B 中的公司高度关注文化价值观和稳定的企业绩效，并把它们视为组织成功的驱动力。这些组织的管理人员将文化价值观与公司的日常经营活动统一起来，即将文化价值观体现在招聘、绩效管理、预算、晋升与奖励的标准等方面。让我们回顾一下通用电气在问责制和绩效管理上采用的方法。当杰克·韦尔奇担任 CEO 时，他帮助通用电气成为世界上最成功、最受人尊重的公司之一。他的办法是创建这样一种文化：奖励冒险，问责制和绩效管理是个人成功和公司获利的关键。[73]这个公司的传统方法取得了一流的财务成果，但是，管理者还采用控制、威胁及员工小圈子里的相互依赖等办法来激励员工。韦尔奇不仅仅对财务绩效感兴趣，他希望管理人员除了"实现他们的绩效"，还要展示出以下文化价值观[74]：

- 追求卓越，厌恶官僚主义；
- 对所有的想法持开放的心态；
- "为质量而活"，使成本和速度成为竞争优势。

韦尔奇非常清楚，公司要想在快速变化的世界里取得成功，管理人员就必须同时关注文化价值观和企业绩效。象限 B 中的组织代表**高绩效文化**（high-performance culture)，这样的文化：(1) 建立在牢固的组织使命和目标基础上；(2) 体现共享的适应性价值观，指导企业的决策和商业实践；(3) 鼓励员工个人兼顾盈利结果和组织的文化价值观。[75]

管理人员要做的最重要的一件事情就是创建和影响组织的文化来实现战略目标，因为文化对绩效有显著的影响。在《企业文化和绩效》(*Corporate Culture and Performance*) 一书中，约翰·科特 (John Kotter) 和詹姆斯·赫斯克特 (James Heskett) 证实，那些有意识地去管理文化价值观的公司比那些不进行管理的同类公司绩效要好。最新的研究证明，企业文化的各个要素与高财务绩效有正相关关系。[76]

3.5.2 文化领导力

管理者塑造文化规范和价值观，从而创建高绩效文化的一个主要工具是文化领导力。管理者必须通过频繁的沟通来保证员工理解新的文化价值观，他们的行动和言语都必须体现这些价值观。

文化领导者 (cultural leader) 通过规定和利用符号、标志来影响企业文化。文化领导者在以下两个重要方面影响文化：

(1) 文化领导者构建一个员工相信的组织文化愿景。领导者确定并传播公司的核心价值观，员工相信这些价值观并团结在其周围。价值观与清晰、鼓舞人心的愿景或者核心目标紧紧联系在一起。

(2) 文化领导者关注那些能巩固文化愿景的日常活动。领导者要保证工作流程和奖励体系与价值观相匹配，并能进一步强化价值观。事实胜于雄辩，所以文化领导者要“言行一致”。[77]

管理人员要通过言语和行动大力宣传文化价值观。没能落实为管理行为的价值观对员工和组织都是没有意义的，甚至是有害的。全食公司 (Whole Foods) 的创始人兼 CEO 约翰·麦基 (John Mackey) 希望公司的管理人员重视创建“更好的员工、更好的公司、更好的世界”，而不是追求个人的经济利益。为了表明他对这个信仰的承诺，他要求董事会将他所有的股票期权都捐赠给公司的两个基金会：动物慈善基金会和全食星球基金会。[78]

文化领导者即使在艰难岁月或危机时期也依然会维护他们的价值观。无论企业陷入危机还是越来越强大，维护文化价值观都会给企业带来帮助。在当今动荡的环境和变化的工作场所里，创建并维持一个高绩效文化并非易事，但是，通过他们的言语，特别是他们的行动，文化领导者让组织中的每个人都知道什么才是真正最重要的。

讨论题

1. 弗里德曼在描述当今的商业环境时说“世界是平的”，这个平的世界有什么特点？会有哪些挑战？你如何为管理这个平的世界做准备？

2. 一家移动手机生产商与政府的公益组织在任务环境要素上是一样的吗？请讨论之。

3. 在下面四个行业中，什么样的战略问题有可能会带来环境的不确定性：(a) 汽车；(b) 社交媒体；(c) 报纸；(d) 医疗服务。

4. 目前销量最好的管理书籍通常认为消费者是最重要的外部环境因素。你同意吗？在什么样的公司环境中，这样的陈述也许是错的？

5. 为什么很多经理人会对环境变化感到诧异，因此不能帮助自己的组织去适应变化？

6. 对当今的公司来说，为什么跨组织合作如此重要？当今环境中哪些因素会造成跨组织合作的增加或减少？请讨论之。

7. 思考如图表 3-4 所示的影响环境不确定性（环境因素变化的速度和环境因素的数量）的因素。根据下列企业的经营环境，将它们分为低度不确定环境和高度不确定环境：现代汽车公司、脸书、当地一家赛百味特许经营店、联邦快递、俄克拉何马的一个养牛场和麦当劳。请解释你分类的理由。

8. 文化符号通常可通过视觉、听觉、触觉和味觉被注意到。例如，好市多在没有装饰、采用水泥地、自助服务的仓储式商店里陈列种类有限的特价商品。这些元素作为符号传达出什么样的企业文化？

9. 中国和印度都是崛起中的经济大国。你在中国做生意的方法是否与在印度的不同？你认为会在哪个国家遭遇更多的规则？哪个国家更官僚主义？

10. 如本章所述，Zynga 的 CEO 马克·平卡斯着迷于高绩效，将紧迫的任务时间作为公司的一种文化。请阐述这样的文化如何让公司在短期内受益，但是最终会损害公司的长期持续发展。

技能运用：批判性分析案例

不合格员工

“我必须承认，我对凯姆·莱斯利的评分结果感到十分困惑。”卡罗尔·惠林与公司 CEO 罗纳德·蔡特兰正在阅读公司最近对中层管理者所做的调查报告。

RTZ 公司聘用了惠林的咨询公司对中层管理人员进行调查和打分，这已经是第二年了。员工队伍的年轻化、顾客品位的改变以及行业技术的发展使得蔡特兰格外地关注企业文化和员工满意度。这项调查的目的是提供反馈以保证众多标准能有所改进，它可以告诉公司哪些地方需要改进。它可以向管理者和公司揭示公司的优势和弱势，预见到潜在的问题。它既是员工个人工作绩效的晴雨表，也是公司扩张时改变企业文化的路线图。

从一开始，蔡特兰就强调了员工实事求是地评价管理者的重要性，他还为这次调查给出了许多补充说明。

两年前，蔡特兰在会议上这样告诉员工：“我们不能改变我们不知道的东西，所以这个调查是你们发声的机会。我们不想开批判会，我们想要建设性的分析。对我们做的事和我们做事的方式进行评级，这种方法能保证每个人的意见都被听到。每个调查项目都有同等的重要性。我们的公司将要发生一些改变，我们希望这些改变对所有人来说都尽可能简单和有利。”

如今，开展该调查两年了，企业文化显示出一些改变和进步的迹象。

惠林说：“相比去年的结果，今年总体有了进步，但今年对凯姆的调查结果令人失望。事实上，他在某些方面还有些退步。”

蔡特兰靠向椅子后背，盯着屏幕上的调查结果。

惠林说：“我还是不太明白。我曾经和凯姆谈过，他看上去是个不错的人，工作非常努力，聪明，有奉献精神，能激励他的下属，但并不是一个喜欢控制他人的人。”

蔡特兰说：“实际上，他已经针对去年的调查建议做出了改进，从所有的报告和我的个人观察来看，凯姆的部门有更高的出勤率，还增加了部门会议的次数。至少，他试着开放与员工的沟通渠道。我相信他看到新的调查结果后会跟我们一样困惑，因为他确实努力过了。”

惠林问：“员工提到了他们所做的一些改进，但这些并没有改变对他的评分。是不是这仅仅是对他的性格做出的反应？”

“的确，我们有各种性格的管理者。凯姆知识丰富，以任务为导向。我承认他在与人打交道时表现得比较冷淡，但我认为不必为了得到别人的喜欢和尊重而去拍别人的马屁，比如，拍别人的肩膀或在酒吧里为每个人买啤酒……”

“……为了得到更高的评分？”惠林打断了他的话，“但是，相比‘做得不好’和‘做得一般’的评分，他‘做得很好’的评分占比很低……”她的声音突然轻了下来。“这正是让我困惑的地方。有太多人给出了‘做得一般’的评分，这非常奇怪，他们都没有想法吗？我想要更具体的意见。这就好像在一组鲜艳的颜色中，他是白色的。”

蔡特兰说：“这就像他没在那里工作。所有的调查者都没说他们不喜欢凯姆，但就是不把他当作他们的经理。”

惠林笑了，开玩笑地说：“也许我们可以用纱布把他包起来，让他变成一个‘看不见的人’。”

蔡特兰打住惠林的玩笑话，“这种不可见性会让他没有参与感。看看这些评论。”他向下滑动着屏幕，“这里是后续的评论：‘员工参与性：你在开玩笑吗？’还有这一条：‘建议：我不认为也不相信他会为我们说话’。”

惠林说：“我知道。但对他的许多评论显示，大家觉得他在分配工作任务时挺公平的，在贯彻公司目标方面也获得了不错的评分。但员工总体满意度并不高，士气也不够高。”

蔡特兰评论道：“这正是我不明白的地方，士气和生产率通常密切相关。士气在他的部门里很一般，这些人实现的绩效与公司的其他部门差不多。所以他们只是这样说而已。他们不喜欢这份工作，也无法从中获得成就感。”

“凯姆也是如此吗？”

“有趣的问题。”蔡特兰说。

“所以，我们要如何帮助凯姆在接下来的一年中提高他的评分呢？”惠林问道。“他可以采取什么样的积极策略？我希望至少对他的管理技能和工作表现进行一次表决，而不是采纳这些中立的答案。”

◆ 问题

1. 蔡特兰希望改变企业文化，其原因与公司外部环境的变化有关吗？请解释之。

2. 在制定行动计划之前，惠林和蔡特兰还应该进行什么样的调查？

3. 你会把凯姆放在图表3-8中的哪个象限里？要想让凯姆与向他汇报的员工建立更好的联系，你有什么建议？

注 释

1. These questions are based on ideas from R. L. Daft and R. M. Lengel, *Fusion Leadership* (San Francisco: Berrett Koehler, 2000): Chapter 4; B. Bass and B. Avolio, *Multifactor Leadership Questionnaire*, 2d ed. (Menlo Park, CA: Mind Garden, Inc., 2004); and Karl E. Weick and Kathleen M. Sutcliffe, *Managing the Unexpected: Assuring High Performance in an Age of Complexity* (San Francisco: Jossey-Bass, 2001).
2. Geoff Colvin, "How It Works," *Fortune* (February 27, 2012): 72–79.
3. This section is based on Richard L. Daft, *Organization Theory and Design*, 10th ed. (Cincinnati, OH: South-Western, 2010), pp. 140–143.
4. L. J. Bourgeois, "Strategy and Environment: A Conceptual Integration," *Academy of Management Review* 5 (1980): 25–39.
5. James Moore, *The Death of Competition: Leadership and Strategy in the Age of Business Ecosystems* (New York: HarperCollins, 1996).
6. David J. Teece, "Dynamic Capabilities: A Guide for Managers," *Ivey Business Journal* (March/April, 2011), www.iveybusinessjournal.com/topics/strategy/dynamic-capabilities-a-guide-for-managers (accessed June 12, 2012).
7. Thomas L. Friedman, *The World Is Flat: A Brief History of the Twenty-First Century* (New York: Farrar, Straus and Giroux, 2005), pp. 3–23.
8. Liz Alderman, "In Europe, Starbucks Adjusts to a Café Culture," *The New York Times*, March 30, 2012.
9. Patricia Sellers, "The New Coke," *Fortune* (May 21, 2012): 140.
10. Timothy Aeppel, "Man vs. Machine, A Jobless Recovery," *The Wall Street Journal Online* (January 17, 2012), http://online.wsj.com/article/SB10001424052970204468004577164710231081398.html (accessed June 12, 2012).
11. Jeffrey A. Trachtenberg, "Barnes & Noble Focuses on E-Books," *The Wall Street Journal Online*

(July 20, 2011), http://allthingsd.com/20110720/barnes-noble-focuses-on-e-books/ (accessed June 12, 2012).

12. Roman Friedrich, Michael Peterson, and Alex Koster, "The Rise of Generation C," *Strategy + Business*, Issue 62 (Spring 2011), www.strategy-business.com/article/11110?gko=64e54 (accessed June 25, 2012).
13. Sara Lin, "Designing for the Senior Surge," *The Wall Street Journal*, April 25, 2008.
14. Dennis Cauchon and Paul Overberg, "Census Data Shows Minorities Now a Majority of U.S. Births," *USA TODAY* (May 17, 2012), www.usatoday.com/news/nation/story/2012-05-17/minority-births-census/55029100/1 (accessed June 12, 2012).
15. Matthias Rieker, "Uneven Economy Hits Banks," *The Wall Street Journal Online* (January 25, 2012), http://online.wsj.com/article/SB10001424052970203718504577180672516174122.html (accessed June 22, 2012).
16. Somini Sengupta, "Facebook Builds Network of Friends in Washington," *The New York Times Online* (May 18, 2012), www.nytimes.com/2012/05/19/technology/facebook-builds-network-of-friends-in-washington.html?_r=1&emc=eta1 (accessed June 12, 2012).
17. Dror Etzion, "Research on Organizations and the Natural Environment," *Journal of Management* 33 (August 2007): 637–654.
18. Elizabeth Weise and Doyle Rice, "Even the 'Best' Outcome Won't Be Good; The Oil Spill's Potential Toll Is Becoming Clear," *USA Today*, June 9, 2010.
19. Rick Kash, "The Hershey Company: Aligning Inside to Win on the Outside," *Ivey Business Journal* (March–April 2012), www.iveybusinessjournal.com/topics/strategy/the-hershey-company-aligning-inside-to-win-on-the-outside-2 (accessed June 12, 2012).
20. Ann Zimmerman, "Can Retailers Halt Showrooming?" *The Wall Street Journal Online* (April 11, 2012), http://online.wsj.com/article/SB10001424052702304587704577334370670243032.html (accessed June 13, 2012).
21. Geoff Colvin, "Toyota's Comeback Kid," *Fortune* (February 2, 2012): 73.
22. "Downsides of Just-in-Time Inventory," *Bloomberg Businessweek* (March 28–April 3, 2011): 17–18.
23. Peter Valdes-Dapena, "Japan Earthquake Impact Hits U.S. Auto Plants," *CNNMoney* (March 30, 2011), http://money.cnn.com/2011/03/28/autos/japan_earthquake_autos_outlook/index.htm# (accessed June 13, 2012).
24. Maxwell Murphy, "Reinforcing the Supply Chain," *The Wall Street Journal*, January 11, 2012, B6.
25. Sharon Edelson, "Costco Keeps Formula as It Expands," *Women's Wear Daily*, Issue 19 (January 30, 2012): 1; Andria Cheng, "Costco Cracks Taiwan Market," *The Wall Street Journal*, April 2, 2010, B5; and "Form 10-K for Costo Wholesale Corporation," Item 7—Management's Discussion and Analysis of Financial Conditions and Results of Operations, *Costco Annual Report*, www.sec.gov/Archives/edgar/data/909832/000119312511271844/d203874d10k.htm#toc203874_9 (accessed July 10, 2012).
26. Robert B. Duncan, "Characteristics of Organizational Environment and Perceived Environmental Uncertainty," *Administrative Science Quarterly* 17 (1972): 313–327; and Daft, *Organization Theory and Design*, pp. 144–148.
27. Tim Arango, "Hot Social Networking Site Cools as Facebook Grows," *The New York Times Online* (January 11, 2011), www.nytimes.com/2011/01/12/technology/internet/12myspace.html?pagewanted=all (accessed June 14, 2012).
28. Bruce E. Perrott, "Strategic Issue Management as Change Catalyst," *Strategy & Leadership* 39, no. 5 (2011): 20–29.
29. David B. Jemison, "The Importance of Boundary Spanning Roles in Strategic Decision-Making," *Journal of Management Studies* 21 (1984): 131–152; and Marc J. Dollinger, "Environmental Boundary Spanning and Information Processing Effects on Organizational Performance," *Academy of Management Journal* 27 (1984): 351–368.
30. Sean Lux, T. Russell Crook, and Terry Leap, "Corporate Political Activity· The Good, the Bad, and the Ugly," *Business Horizons* **55**, no. 3 (May–June 2012): 307–312.
31. Tom Duffy, "Spying the Holy Grail," *Microsoft Executive Circle* (Winter 2004): 38–39.
32. Alexander Garrett, "Crash Course in Competitive Intelligence," *Management Today* (May 1, 2011): 18.
33. Kim Girard, "Snooping on a Shoestring," *Business 2.0* (May 2003): 64–66.
34. Jonathan Hughes and Jeff Weiss, "Simple Rules for Making Alliances Work," *Harvard Business Review* (November 2007): 122–131; Howard Muson, "Friend? Foe? Both? The Confusing World of Corporate Alliances," *Across the Board* (March–April 2002): 19–25; and Devi R. Gnyawali and Ravindranath Madhavan, "Cooperative Networks and Competitive Dynamics: A Structural Embeddedness Perspective," *Academy of Management Review* 26, no. 3 (2001): 431–445.
35. Katie Merx, "Automakers Interconnected Around World," *Edmonton Journal* April 6, 2007, H14; and Keith Bradsher, "Ford Agrees to Sell Volvo to a Fast-Rising Chinese Company," *The New York Times Online* (March 28, 2010), www.nytimes.com/2010/03/29/business/global/29auto.html (accessed August 1, 2011).
36. Thomas Petzinger, Jr., *The New Pioneers: The Men and Women Who Are Transforming the Workplace and Marketplace* (New York: Simon & Schuster, 1999), pp. 53–54.
37. Stephan M. Wagner and Roman Boutellier, "Capabilities for Managing a Portfolio of Supplier Relationships," *Business Horizons* (November–December 2002): 79–88; Peter Smith Ring and Andrew H. Van de Ven, "Developmental Processes of Corporate Interorganizational Relationships," *Academy of Management Review* 19 (1994): 90–118; Myron Magnet, "The New Golden Rule of Business," *Fortune* (February 21, 1994): 60–64; and Peter Grittner, "Four Elements of Successful Sourcing Strategies," *Management Review*

(October 1996): 41–45.
38. Richard L. Daft, "After the Deal: The Art of Fusing Diverse Corporate Cultures into One," paper presented at the Conference on International Corporate Restructuring, Institute of Business Research and Education, Korea University, Seoul, Korea (June 16, 1998).
39. David Segal, "When a Sugar High Isn't Enough," *The New York Times Online* (April 21, 2012), www.nytimes.com/2012/04/22/business/kellogg-takes-aim-at-snack-foods.html?pagewanted=all (accessed June 15, 2012).
40. Peter Sanders, "Sikorsky's Business Heads Up," *The Wall Street Journal Online* (April 19, 2010), http://online.wsj.com/article/SB10001424052702304180804575188821353177134.html (accessed April 19, 2010).
41. Yoash Wiener, "Forms of Value Systems: A Focus on Organizational Effectiveness and Culture Change and Maintenance," *Academy of Management Review* 13 (1988): 534–545; V. Lynne Meek, "Organizational Culture: Origins and Weaknesses," *Organization Studies* 9 (1988): 453–473; John J. Sherwood, "Creating Work Cultures with Competitive Advantage," *Organizational Dynamics* (Winter 1988): 5–27; and Andrew D. Brown and Ken Starkey, "The Effect of Organizational Culture on Communication and Information," *Journal of Management Studies* 31, no. 6 (November 1994): 807–828.
42. Joanne Martin, *Organizational Culture: Mapping the Terrain* (Thousand Oaks, CA: Sage Publications, 2002); Ralph H. Kilmann, Mary J. Saxton, and Roy Serpa, "Issues in Understanding and Changing Culture," *California Management Review* 28 (Winter 1986): 87–94; and Linda Smircich, "Concepts of Culture and Organizational Analysis," *Administrative Science Quarterly* 28 (1983): 339–358.
43. David Carr, "Troubles That Money Can't Dispel," *The New York Times Online* (July 17, 2011), www.nytimes.com/2011/07/18/business/media/for-news-corporation-troubles-that-money-cant-dispel.html?pagewanted=all (accessed June 13, 2012).
44. John F. Burns and Jeremy W. Peters, "Two Top Deputies Resign as Crisis Isolates Murdoch," *The New York Times Online* (July 16, 2011), www.hongkong-mart.com/forum/viewtopic.php?f=2&t=367 (accessed June 13, 2012).
45. Carr, "Troubles That Money Can't Dispel."
46. Based on Edgar H. Schein, *Organizational Culture and Leadership*, 2d ed. (San Francisco: Jossey-Bass, 1992): 3–27.
47. Carlin Flora, "Paid to Smile," *Psychology Today* (September–October 2009): 59–59; and Tony Hsieh, *Delivering Happiness: A Path to Profits, Passion, and Purpose* (New York: Business Plus 2012).
48. Michael G. Pratt and Anat Rafaeli, "Symbols as a Language of Organizational Relationships," *Research in Organizational Behavior* 23 (2001): 93–132.
49. Mindy Grossman, "HSN's CEO on Fixing the Shopping Network's Culture," *Harvard Business Review* (December 2011): 43–46.
50. Chip Jarnagin and John W. Slocum, Jr., "Creating Corporate Cultures through Mythopoetic Leadership," *Organizational Dynamics* 36, no. 3 (2007): 288–302.
51. Robert E. Quinn and Gretchen M. Spreitzer, "The Road to Empowerment: Seven Questions Every Leader Should Consider," *Organizational Dynamics* (Autumn 1997): 37–49.
52. Yukari Iwatani Kane and Jessica E. Vascellaro, "Successor Faces Tough Job at Apple," *The Wall Street Journal Online* (August 26, 2011), http://allthingsd.com/20110826/successor-faces-tough-job-at-apple/ (accessed June 13, 2012).
53. Based on an interview with Tim Cook conducted by *Wall Street Journal's* Walt Mossberg and Kara Swisher (June 4, 2012), http://online.wsj.com/article/SB10001424052702303552104577436952829794614.html?KEYWORDS=steve+jobs+apple+culture (accessed June 16, 2012).
54. Arthur Yeung, "Setting People up for Success: How the Portman Ritz-Carlton Hotel Gets the Best from Its People," *Human Resource Management* 45, no. 2 (Summer 2006): 267–275.
55. Patricia Jones and Larry Kahaner, *Say It and Live It: 50 Corporate Mission Statements That Hit the Mark* (New York: Currency Doubleday, 1995).
56. Harrison M. Trice and Janice M. Beyer, "Studying Organizational Cultures Through Rites and Ceremonials," *Academy of Management Review* 9 (1984): 653–669.
57. PRWeb, "Southwest Airlines Launches New NBA-Themed Specialty Airplane; Slam Dunk One Marks First Southwest Specialty Plane with a Partner in 17 Years," November 3, 2005, www.prweb.com/releases/2005/11/prweb306461.php (accessed February 7, 2008).
58. Jennifer A. Chatman and Karen A. Jehn, "Assessing the Relationship Between Industry Characteristics and Organizational Culture: How Different Can You Be?" *Academy of Management Journal* 37, no. 3 (1994): 522–553.
59. This discussion is based on Paul McDonald and Jeffrey Gandz, "Getting Value from Shared Values," *Organizational Dynamics* 21, no. 3 (Winter 1992): 64–76; Daniel R. Denison and Aneil K. Mishra, "Toward a Theory of Organizational Culture and Effectiveness," *Organization Science* 6, no. 2 (March–April 1995): 204–223; and Richard L. Daft, *The Leadership Experience*, 3d ed. (Cincinnati, OH: South-Western, 2005), pp. 570–573.
60. Lucas Conley, "Rinse and Repeat," *Fast Company* (July 2005): 76–77.
61. Robert Hooijberg and Frank Petrock, "On Cultural Change: Using the Competing Values Framework to Help Leaders Execute a Transformational Strategy," *Human Resource Management* 32, no. 1 (1993): 29–50.
62. David Kesmodel and Suzanne Vranica, "Unease Brewing at Anheuser as New Owners Slash Costs," *The Wall Street Journal Online*, April 23, 2009, http://online.wsj.com/article/SB124096182942565947.html (accessed

June 22, 2012).

63. Based on *Fortune's* survey results, "100 Best Companies to Work For," http://money.cnn.com/magazines/fortune/best-companies/2012/full_list/ (accessed September 25, 2012); and Douglas A. Ready and Emily Truelove, "The Power of Collective Ambition," *Harvard Business Review* (December 2011): 94–102.
64. Rekha Balu, "Pacific Edge Projects Itself," *Fast Company* (October 2000): 371–381.
65. Jeffrey Pfeffer, *The Human Equation: Building Profits by Putting People First* (Boston, MA: Harvard Business School Press, 1998).
66. Jeremy Kahn, "What Makes a Company Great?" *Fortune* (October 26, 1998): 218; James C. Collins and Jerry I. Porras, *Built to Last: Successful Habits of Visionary Companies* (New York: HarperCollins, 1994); and James C. Collins, "Change Is Good—But First Know What Should Never Change," *Fortune* (May 29, 1995): 141.
67. Andrew Wahl, "Culture Shock," *Canadian Business* (October 10–23, 2005): 115–116.
68. Based on information in Alison Beard and Richard Hornik, "It's Hard to Be Good," *Harvard Business Review* (November, 2011): 88–96.
69. Jennifer A. Chatman and Sandra Eunyoung Cha, "Leading by Leveraging Culture," *California Management Review* 45, no. 4 (Summer 2003): 20–34.
70. This section is based on Jeff Rosenthal and Mary Ann Masarech, "High-Performance Cultures: How Values Can Drive Business Results," *Journal of Organizational Excellence* (Spring 2003): 3–18.
71. Nelson D. Schwartz, "One Brick at a Time," *Fortune* (June 12, 2006): 45–46; and Nelson D. Schwartz, "Lego's Rebuilds Legacy," *International Herald Tribune* (September 5, 2009).
72. Evelyn M. Ruslie, "Zynga's Tough Culture Risks a Talent Drain," *The New York Times Online* (November 27, 2011), http://dealbook.nytimes.com/2011/11/27/zyngas-tough-culture-risks-a-talent-drain/ (accessed June 18, 2012).
73. This example is based on Dave Ulrich, Steve Kerr, and Ron Ashkenas, *The GE Work-Out* (New York: McGraw-Hill, 2002), pp. 238–230.
74. From Ulrich et al., "GE Values," in *The GE Work-Out*, Figure 11-2.
75. Rosenthal and Masarech, "High-Performance Cultures."
76. John P. Kotter and James L. Heskett, *Corporate Culture and Performance* (New York: The Free Press, 1992); Eric Flamholtz and Rangapriya Kannan-Narasimhan, "Differential Impact of Cultural Elements on Financial Performance," *European Management Journal* 23, no. 1 (2005): 50–64. Also see J. M. Kouzes and B. Z. Posner, *The Leadership Challenge: How to Keep Getting Extraordinary Things Done in Organizations*, 3d ed. (San Francisco: Jossey-Bass, 2002).
77. Rosenthal and Masarech, "High-Performance Cultures"; Patrick Lencioni, "Make Your Values Mean Something," *Harvard Business Review* (July 2002): 113–117; and Thomas J. Peters and Robert H. Waterman, Jr., *In Search of Excellence* (New York: Warner, 1988).
78. Jarnagin and Slocum, "Creating Corporate Cultures through Mythopoetic Leadership."

第4章
全球环境中的管理
Managing in a Global Environment

学习目标

学习完本章后，你应该能够：

1. 明确全球化的概念，解释全球化对无边界世界的影响。
2. 阐述全球思维的含义，解释全球思维对国际化运营公司的重要性。
3. 描述多国公司的特征，解释金字塔底端的概念。
4. 明确国际管理的概念，解释它与本地经营的不同。
5. 阐述世界各地经济、社会文化及法律/政治环境的不同对企业经营的影响。
6. 讨论国际版图的变化，了解中国、印度和巴西日渐增加的影响力。
7. 描述国际贸易联盟对国际企业经营环境的重塑。

在世界各地工作，你做好准备了吗？[1]

导语：你准备好与其他国家的企业进行销售合同谈判了吗？无论是大公司还是小公司都必须在全球做生意。你是否对下面的行为感到羞耻？请用“大多赞同”或“大多不赞同”回答下列每一题项。

你通常是：	大多赞同	大多不赞同
1. 你没有耐心吗？你是个注意力很不集中的人吗？你想切入下一个话题吗？	______	______
2. 你是一个不善于倾听的人吗？沉默会让你不舒服吗？你会思考你接下来想说的话吗？	______	______
3. 你好争辩吗？你喜欢辩论吗？	______	______
4. 你不了解其他国家的文化特征吗？你在其他国家的工作或生活经历非常有限吗？	______	______
5. 你关注短期目标吗？在你思考和做计划时，你更多地关注短期目标而非长期目标吗？	______	______
6. 你认为“一切都是为了生意”吗？你会觉得在谈生意之前以私人身份结识一些人是浪费时间吗？	______	______
7. 你会使你的观点获得法理的支持吗？不论环境发生了怎样的变化，你都会要求他人遵守合同吗？	______	______
8. 你会在谈判时想着输赢吗？你通常会牺牲他人的利益去争取谈判成功吗？	______	______

得分及解释：与其他国家的经理人相比，美国的经理人在商业谈判中经常会表现出对其他文化的忽视。美国人的习惯经常给人带来困扰，例如，美国人更重视彼此间的分歧而不是一致的地方；美国人不愿花时间去理解对方的意见，而是往往采取一种敌对的态度；美国人经常喜欢使谈判的结果让他们感觉自己是获胜方，这会让对方觉得很尴尬。在本项小测试中，大部分题项选择“大多不赞同”意味着你具备更好的国际化理念。如果你在1～3个题项上回答“大多赞同”，可以认为你已经做好了参与国际谈判的准备。如果你在6个及以上题项上回答“大多赞同”，那么，在参与国际商务谈判之前，你应该学习更多有关其他国家文化的知识；努力去关注他人的需求、欣赏不同的观点；勇于妥协，对与自己不同的人保持同理心。

尽管日本的日产公司总部设在横滨，但是它的高端产品——英菲尼迪汽车的事业部的 CEO 办公室设在香港。宝洁公司的护肤品、化妆品和个人护理产品业务部门都设在新加坡。设在康涅狄格州斯坦福德的喜达屋酒店的高层管理团队后来搬到了上海，以便这些管理人员能够熟悉当地的文化，对中国市场和美国市场的差别有更深入的了解。[2]将管理层和事业部转移到亚洲的趋势具有现实意义，也具有象征意义。香港被认为是通向中国内地的大门，而新加坡则被认为是进军东南亚和印度的跳板。选址“是对你的参与度的公开展示”。坐落于香港的毕马威国际公司的全球总裁迈克尔·安德鲁（Michael Andrew）如是说。[3]

全世界的管理人员都急切地想进入中国和印度，因为那里有巨大的增长潜力。巴西、俄罗斯、印度和中国（通常被称作“金砖国家”成员）及其他一些新兴的经济体都在迅速发展，它们已经成为美国、加拿大、欧洲和其他发达国家或地区的产品和服务供应商。与此同时，这些地区也逐渐成为北美企业最重要的产品和服务市场。对于跨国公司来说，能够找到具备在这些国家取得成功所需的思维方式的管理人员是非常困难的一件事。在接下来的几年中，中国、印度和巴西都将面临最严峻的高管人才短缺问题。[4]

当今的每一个管理人员都需要全球化的思维，因为整个世界都是企业威胁和机会的源泉。即使整个职业生涯都在自己家乡的那些管理人员也必须了解国际环境，因为兴许他们会同来自其他文化的人进行交往。国际因素是第 3 章讨论的外部环境中越来越重要的一个组成部分。本章将介绍全球环境和国际管理的基本概念。首先，我们将介绍当今的无边界世界及有效管理所必需的全球思维。接下来，我们将讨论跨国公司，思考反全球化运动，介绍“金字塔底端”的概念。然后，我们将探讨进入全球市场的不同策略和方法，考察组织在全球商业环境中面临的经济、法律/政治及社会文化的挑战。本章还将描述新兴市场和区域贸易协议如何重新塑造国际商业版图。

4.1 无边界的世界

大部分管理人员都面临这样一个现实：把自己的企业与国际社会隔离开来几乎不再可能。根据需求和跨越国家边界的欲望大小，所有领域中的各个组织都被重新排序。因为国家之间几乎不存在电子边界，所以，美国联邦调查局（FBI）把防范网络犯罪作为它的头等大事。[5]“所有的边界思维都必须消除。”Lookout Mobile Security 公司26岁的CEO约翰·赫林（John Hering）说。该公司的顾客来自全球170个国家和地区，使用400多个移动网络。“对于很多人来说，这是他们拥有的唯一一部手机，”他说，“手机感染病毒这样的想法难以被他们接受。”[6]

4.1.1 全球化

商业就像犯罪一样，已经成为一个联合的全球领域。**全球化**（globalization）是指贸易和投资、信息、社会和文化思想以及政治合作在国家间流动的程度。全球化的一个结果就是国家、企业和人越来越相互依赖。坐落于印度的塔塔咨询服务公司（Tata Consultancy Services）每年有超过一半的利润来自北美。美国公司IBM 65%的技术服务收入来自海外，其中，印度的销售额在最近的一个季度中增长了41%。[7]日本的本田汽车公司旗下的雅阁汽车65%的零部件来自美国或加拿大，并在俄亥俄州组装，而美国公司通用汽车则利用来自世界各地的零部件在墨西哥生产雪佛兰HHR汽车。[8]

从20世纪70年代开始，全球化逐步兴起，到如今，高度工业化的国家表现出高度全球化。[9]KOF瑞士经济研究院（The KOF Swiss Economic Institute）用一个全球化指标去衡量各国在经济、政治及社会层面的全球化程度，据此对各国进行排名。毫不奇怪的是，最近的调查研究显示，经济全球化的步伐在放缓，这也反映出全球金融和经济危机所带来的影响，但是，社会和政治全球化趋势在加剧。图表4-1展示了六个国家在2012年KOF全球化指数评估结果中（以2009年为计算基准）的排名及它们在20世纪70年代中期的全球化程度。请注意，图中的六个国家中，美国是全球化程度最低的国家。在KOF指数评估的187个国家中，美国从2011年的第27位下降到了第35位。根据KOF指数评估结果，全球化程度最高的10个国家分别是比利时、爱尔兰、荷兰、澳大利亚、新加坡、瑞典、丹麦、匈牙利、葡萄牙和瑞士。[10]

4.1.2 发展全球思维

要想在全球市场中取得成功，不仅需要企业具有走向全球的愿望和一系列新技能、新技术，还要求管理人员发展全球思维。越来越多的管理人员发现自己需要去国外工作，或者需要在自己的国家与国外的公司合作，他们必须具备这种思维，以帮助他们应对不确定性和复杂性，这远远超过了他们在传统的管理职责中所面对的挑战。[11]**全球思维**（global mindset）可以定义为管理人员欣赏和影响个体、群体、组织和系统的能力，而这些个体、群体、组织和系统分别具有不同的社会、文化、政治、制度、智力和心理特征。[12]拥有全球思维的管理人员可以同时接收和回应不同的观点，而不是局限于从自己的角度看待世界。信实工业公司（Reliance Industries）是印度最大的私营企业，它特地把“全球思维”列为其经理人的核心竞争力之一。[13]

处在不同文化之中的人发展全球思维更容易些。例如，荷兰人为了与占据经济主导地位的邻国进行交往和贸易，必须学习英语、德语、法语及荷兰语；英裔加拿大人

图表 4-1　6 个国家的全球化指数排名

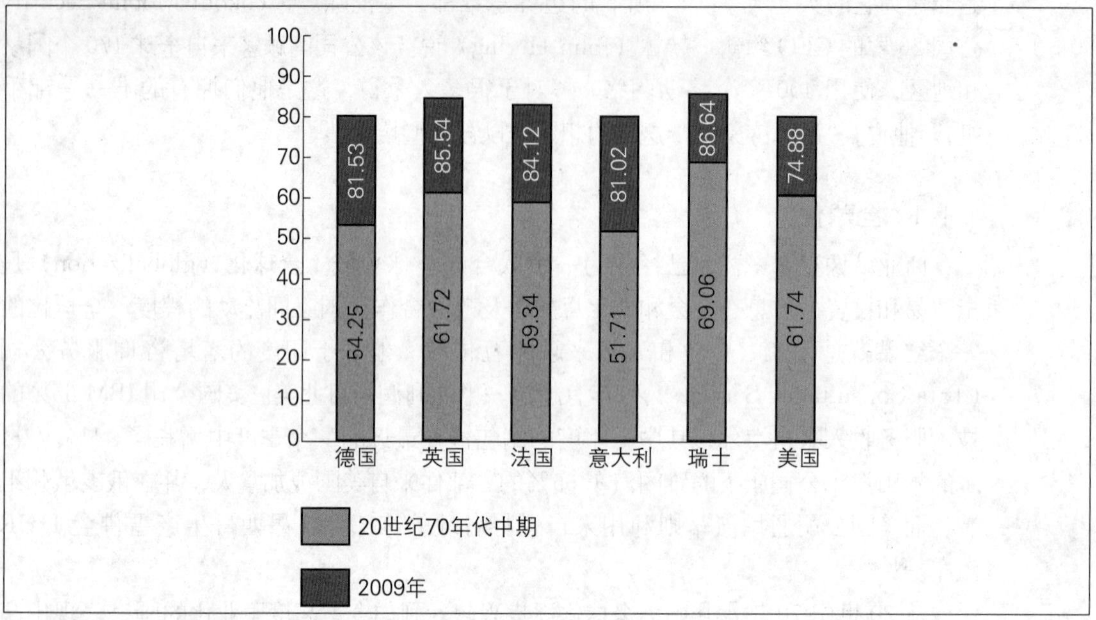

资料来源：Based on "2012 KOF Index of Globalization," KOF Swiss Economic Institute, www. kof. ethz. ch/static_media/filer/2012/03/15/rankings_2012. pdf (accessed June 26, 2012) and "KOF Index of Globalization 2010," Press Release (January 22, 2010), http://globalization. kof. ethz. ch/(accessed January 22, 2010). 注：2012 年 KOF 全球化指数分析基于 2009 年的数据。

不仅需要熟悉美国的文化和政治，而且需要考虑法裔加拿大人的观点和想法；反过来，法裔加拿大人也需要学会北美人、全球法裔社区的成员、加拿大人和魁北克人等人群的思考方式。[14]不是在这样的语言和文化多样化的环境中成长起来的人，在执行海外任务时通常会面临更多的困难，但是，来自任何一个国家的有志向的管理人员都可以学会解放思想，欣赏其他不同的文化价值观。

发展全球思维要求管理人员对他人及不同的文化抱有好奇心和求知欲，心胸开阔，不去主观地评判他人或其他文化，能够应对不确定性和复杂性，而不会困于其中或者被其打败。管理人员发展全球思维的最好方法是和来自不同文化的人交往。过去，执行海外任务的很多外派管理人员采取孤岛式的生活方式，这阻碍了他们真正融入国外的文化。"你可以在中国日复一日地保持德国人的生活方式。"西门子前人力资源总监（现在负责公司的工业部门的经营）西格弗莱德·鲁斯伍姆（Siegfried Russwurm）说，"你可以和你的德国邻居生活在一个封闭的社区里。他们会告诉你可以在哪里找到德国面包店和肉铺。"[15]但是，如今的管理人员想要成功，就必须以全球思维作为目标。最近，通用电气的副总裁兼公司全球增长和运营部的总裁和 CEO 约翰·莱斯（John Rice）和他的妻子一起搬到了香港。"离开美国会让你在全球事务上更加明智。"莱斯说，"它让你从不同的视角去看这个世界。"[16]

4.2 多国公司

国际企业的规模和业务量如此之大，以至于很难被人们所理解。例如，如果把销售收入与国内生产总值（GDP）做比较，那么，埃克森石油的收入堪比埃及的 GDP，沃尔玛的收入堪比希腊的GDP，丰田的收入堪比阿尔及利亚的GDP，通用电气的收入堪比哈萨克斯坦的GDP。[17]

大量的国际业务是由大型国际企业承担的，这些企业也称为全球公司、无国界公司或者跨国公司。在商界中，这些大型的国际企业通常称为多国公司（MNC），已经成为受到广泛关注的话题。多国公司可以将资产从一个国家转移到另一个国家，并影响这些国家的经济、政治和文化。

尽管多国公司还没有一个准确的定义，但是，一家**多国公司**（multinational corporation，MNC）的总销售收入中，至少有25%来自母公司所在国之外的经营。在最近的经济萧条时期，由于在中国和印度这样的发展中国家的强劲销售势头，很多多国公司的海外经营收入的比例提高了。2010年第三季度，百胜餐饮集团（Yum! Brands；旗下包括肯德基和必胜客等餐馆）在中国的销售收入第一次超过了在美国的销售收入，当时预期到2015年该公司在中国的业务量将是美国的两倍多。[18]多国公司还具有以下管理特征：

（1）多国公司将自身作为一个整体的全球业务系统来实施管理。在此系统中，国外的各个分支机构密切联合，开展合作，资本、技术和人员在各个海外子公司之间流动。多国公司可以从世界上最有优势的地方获取原料和零部件。

（2）多国公司最终受到唯一的管理机构的控制，这个管理机构负责为母公司和所有的子公司做出关键的决策。尽管有的多国公司的总部设在两个国家，例如，皇家壳牌石油公司，但它必须集中一些管理权才能维持其在全球范围内的统一，使得整个公司的利润最大化。

（3）多国公司的高层经理人被认为具有全球视野。他们在做战略决策、获取资源、布局生产、做广告和提升市场效率时，将整个世界看作一个市场。

在某些情况下，多国公司的管理理念与我们所描述的不一样。例如，一些研究者将多国公司划分为几类：民族中心主义的公司，这类公司将重心放在自己的母国；多中心主义的公司，这类公司关注多个不同的东道国市场；全球中心主义的公司，这类公司真正以全球为目标，不偏好任何一个国家。[19]跨越了国家边界的真正全球化的公司数量正在不断增加。这些公司不再将自己看作美国的、中国的或者德国的企业，它们在全球经营，服务全球市场。雀巢公司就是一个很好的例子。该公司的大部分收入来自其母国——瑞士之外的其他国家，其280 000名员工分布在世界各地。该公司CEO保罗·布尔科（Paul Bulcke）是比利时人，总裁彼得·布拉贝克-莱特马特（Peter Brabeck-Letmathe）出生在澳大利亚，该公司一半以上的经理人都不是瑞士人。雀巢公司拥有几百个品牌，几乎在世界所有的国家和地区都有生产设施或者其他的经营活动。[20]

4.2.1　反全球化运动

跨国公司的规模和影响力，加上自由贸易协定的发展（我们稍后会在本章进行讨论）激发了反全球化思潮。《财富》杂志所做的一项调查显示，68%的美国人认为其他国家从自由贸易中收益最多。《华尔街日报》和NBC新闻所做的一项调查发现，53%接受调查的美国人认为自由贸易实际上损害了美国的利益。这个人群比例从1999年的32%上升到2007年的46%。同样的观点也出现在德国、法国甚至印度等其他国家。“出于某种原因，每个人都认为自己是失败者。”美国前贸易谈判代表米基·坎特(Mickey Kantor) 如是说。[21]

在美国，由于越来越多的企业向海外扩张它们的业务活动，随之也将越来越多的工作机会带向境外，于是，美国的失业成为最主要的问题。制造鞋、服装和玩具等工作的转移在数十年前就开始了，最近几年，服务业和知识型工作也开始外包给发展中国家。很多美国顾客说他们情愿为美国制造的商品支付更高的价格，来阻止工作机会流向海外。[22]

商界领袖坚持认为，全球化会给美国带来更低的商品价格、市场的扩张、支持创新的企业利润增加等经济利益。[23]然而，对于有些美国人来说，他们要面对的另一个棘手的问题是他们的海外承包商和供应商对待其员工的方式。2010年的头几个月里，富士康科技公司有多位员工自杀。这是一家为苹果、戴尔和其他多个美国公司生产电子产品的中国代工企业。美国的游说团体联合向苹果公司发送了一封公开信，要求它对所有的供应商做一次调查，以确保工人拥有安全和良好的工作环境。之后，苹果公司的经理委托公平劳工协会（Fair Labor Association）对富士康展开调查。调查小组发现了大量的问题，包括超长工作时间、低工资及不安全的工作环境。为了表示公司对此事的重视，同时也作为一种具有象征意义的举措，苹果公司的新CEO蒂姆·库克来到富士康的苹果产品生产工厂，并且会见了富士康公司和中国政府的领导。[24]

随着对工作环境和用工状况愈来愈多的关注，反全球化运动愈演愈烈，并且不太可能会在短时间内销声匿迹。根本的问题不在于全球化本身是好还是坏，而在于企业和政府的管理人员是否可以一起努力以确保充分、公平地分享全球化的好处。

4.2.2 为金字塔底端服务

尽管大型跨国组织广受谴责，它们给社会带来了很多负面影响，但是，它们同时也拥有做好事所需要的资源。将商业与社会责任联系起来的一个方法称为服务金字塔底端人群。

金字塔底端（bottom of the pyramid，BOP）的概念提倡公司向世界上最贫困的人口出售产品，在创造可观的利润的同时可以减少贫困，也可以解决其他社会问题。“金字塔底端”这个词是指在以人均国民收入划分的世界经济金字塔中，处于金字塔最底层的超过40亿人口。这些人的年均收入低于1 500美元，他们中有1/4的人每天的收入少于1美元。[25]长期以来，这些人不属于大多数大公司服务的对象，因为这些公司的产品和服务过于昂贵、无法获取、不符合他们的需要。因此，在许多国家，穷人最终在基本需求上支出的比例会高于比他们更富裕的同胞。

很多领袖企业通过采纳金字塔底端商业模式来改变这种状况。金字塔底端商业模式就是用来为世界上最贫穷的顾客提供服务的。让我们看看下面专栏中印度的 Godrej & Boyce 的例子。

美国的公司也在参与金字塔底端行动。宝洁的调研员访问了中国、巴西、印度和其他几个发展中国家的家庭，以了解公司能否为生活在金字塔底端的顾客设计出全新的产品和服务。然而，宝洁进入穷人市场太晚了。例如，联合利华在一个多世纪前就在印度推出了“救生圈”香皂，宣传它是污垢和病菌的敌人。[27]联合利华从发展中国家获得了超过50%的销售额。“宝洁仍然是非常美国化的，”联合利华的CEO保罗·波尔曼（Paul Polman）说，“新兴市场已经融入我们公司的基因。”为了努力赶上其他公司的步伐，宝洁的高层管理者罗伯特·麦克唐纳（Robert McDonald）要求员工把所有的注意力都放在公司的使命上：“在全世界更多的地方，更全面地亲近和美化更多消费者的生活。”当人们感觉到自己正在改善生活时，“这几乎相当于你不需要为此花钱。”宝洁的一位科学家说。[28]金字塔底端理论的支持者相信，当利润目标与为人类做贡献的愿望一致时，跨国公司就可以为长期的积极改变做出贡献。

创新之道

Godrej & Boyce

据估计，印度有1/3的食物因腐烂而被扔掉，但是在2007年，印度的冰箱市场渗透率只有18%。很多低收入人群甚至连一台只有基础功能的冰箱都买不起。穷人特别是住在农村的穷人遇到的另一个问题是供电服务非常不稳定。Godrej & Boyce的管理人员觉得是时候该做点什么了。

“作为一家有着50多年冰箱生产历史的公司，我们问自己，为什么冰箱的市场渗透率只有18%？”公司发展部副总裁桑德拉曼（G. Sunderraman）说。公司达成的第一个重要共识是：很多人不仅买不起冰箱，而且没地方放冰箱，并且冰箱要耗费很多的电。他们需要的是ChotuKool（“小凉快”）①，这是Godrej & Boyce于2010年推出的一款创新的家用电器。ChotuKool是一款小冰箱，可以冷冻5～6瓶水，储存少量的食物，它便于携带，使用电池供电，售价大概在69美元，比市场上最廉价的冰箱还要便宜35%。

为了销售新产品，Godrej & Boyce把农村的村民培训成为销售人员。村民每销售一台冰箱，可以获得约3美元的佣金，这样的销售系统降低了Godrej & Boyce的分销成本。当被问及公司期望销售多少台ChotuKool时，Godrej & Boyce家用电器部的COO（首席运营官）乔治·门尼泽斯（George Menezes）说：“三年之内，几百万台。”Godrej & Boyce的经理人花大量的时间直接与顾客打交道，并且正在测试针对农村市场的其他低成本产品的想法。“目前，农村市场仅仅创造了10%的利润，但是大规模的扩张已经就绪。”门尼泽斯说。[26]

4.3 开始国际化

组织有很多方法可以参与全球化。其中一种方法是寻求更便宜的资源，例如将原材料或者劳动力外包，这称为离岸外包或者全球外包。另一种方法是为最终产品或者服务开发母国之外的市场，包括出口、许可经营和直接投资。出口、许可经营和直接投资称为**市场进入策略**（market entry strategies），因为它们代表着在海外市场销售产品和服务的可选方案。图表4-2展示了公司进入国际市场的策略，这些策略的目的是获取资源或者进入新的市场。

① ChotuKool是印度的第一个移动食品饮料冷却器，是一种便携式、可收缩、为顾客量身定制的冰箱，以最省电的方式为顾客保持食品的低温和营养价值。——译者

图表 4-2 进入国际市场的策略

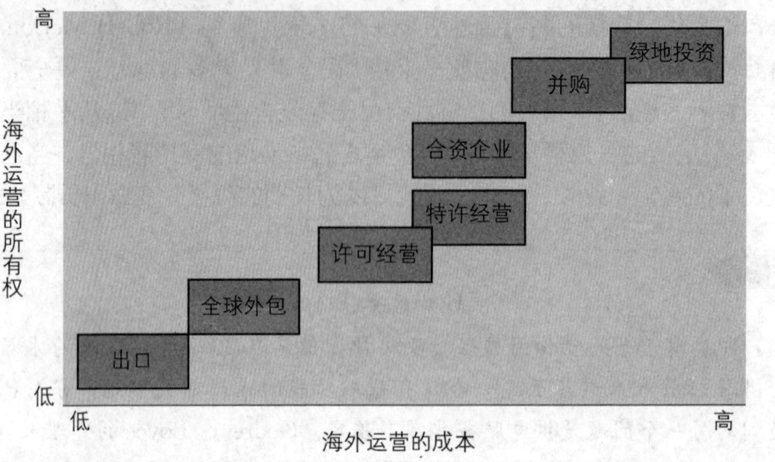

4.3.1 出口

所谓**出口**（exporting）是指公司把它的生产设施留在母国，而把产品销售到海外。[29] 出口使得一家公司能够以较低的资源成本和有限的风险把产品销往其他国家。由于空间距离、政府管制、外汇和文化差异，出口会引发很多问题，但是，与用公司自己的资本去海外建工厂相比，出口的成本比较低。例如，Skooba Designs 是一家位于纽约州罗彻斯特市为笔记本电脑、平板电脑和其他设备生产配套外壳的制造商，其产品出口到 30 多个国家和地区。服务性企业同样可以出口。例如，Netflix 把它的电影流媒体服务出口到拉丁美洲、英国和爱尔兰，并且还在摸索进入其他国家和地区。[30] 好莱坞电影具有向海外出口的悠久历史，但是现在采取了与过去不同的方法。

创新之道

好莱坞电影

好莱坞电影一直都是典型的美国产品。几年前，日本、巴西或者韩国的观众会真心地去看这些电影，哪怕这些电影主要是针对美国市场、为美国观众而拍的。然而好景不长，这些国家本土的公司开始与好莱坞展开激烈的竞争。与此同时，美国国内的观众在不断减少，海外观众却在增加。现在，好莱坞电影 70%的票房收入来自海外。如今，好莱坞有些电影工作室开始专门针对某个特定的海外市场制作电影，而且，几乎所有的工作室都会翻拍老电影来迎合国外观众。以下是他们采用的一些策略：

- 使用国外演员。在派拉蒙影业公司出品的《特种部队》中，韩国著名影星李秉宪出演主角，一名南美的演员扮演另一个重要的角色。
- 把电影场景设置在电影市场快速发展的国家或没有人类的奇幻世界。最近的很多电影，例如《速度与激情》，将场景设置在巴西，因为巴西是好莱坞电影一个快速增长的市场。还有一些电影，例如《阿凡达》和《指环王》，把场景设置在不属于任何一个国家的奇幻世界。
- 电影里充斥着大量国外品牌的商品。在最新出品的《变形金刚》电影里，梦工厂工作室安排了一个角色在电影中大口地喝着中国伊利乳制品公司生产的低脂舒化奶。

- 把拍摄地安排在国外的城市。《汽车总动员》在国外的票房表现不佳，于是其工作室把后面几集的拍摄地安排在巴黎、伦敦、东京和意大利的里维埃拉。

这些策略连同其他的技术代表着电影制作的新方法：不是努力去让观众适应电影，而是工作室根据观众来制作电影。这些电影公司的管理人员正在不断探索对全球都有吸引力的电影。“我可以告诉你，除非对全球都有吸引力，否则没有一家工作室会花1.5亿～2亿美元去制作一部大片。”迪士尼公司电影集团前主席马克·佐拉蒂（Mark Zoradi）如是说。[31]

4.3.2　外包

全球外包（global outsourcing）也称为离岸外包，是指企业参与国际劳动分工，从而使得各项工作能够在拥有最便宜劳动力和原材料的国家完成。数百万计的低端工作，例如纺织、呼叫中心运营和信用卡交易处理，最近几年都外包给了人力成本较低的国家。互联网的发展和通信成本的降低，使得公司能够将越来越多更高端的工作外包出去，例如软件开发、会计或者医疗服务。一名病人兴许在明尼阿波利斯市做磁共振成像（MRI）测试，测试结果却传送给印度的医生诊断。实施《萨班斯-奥克斯利法案》（Sarbanes-Oxley Act）之后，美国企业必须执行新的财务报告程序并加强监管。优利系统公司（Unisys）在很长一段时间内很难在美国找到足够的内部审计人员，于是管理人员就把他们的核心审计业务外包给中国。大型医药公司会将它们很多前期的化学研究外包给中国和印度更便宜的实验室。[32]

4.3.3　许可经营

许可经营（licensing）是指某国的一家公司（许可方）给另一国的公司（受许方）提供一定的资源。这些资源包括技术、管理技能和专利或者商标权。它们使得受许方能够生产并销售与许可方相似的产品或服务。喜力被称为世界上第一个真正的全球啤酒品牌，正是通过出口才使它的产品被消费者熟知。如果市场看上去足够大，喜力就会通过许可经营将其品牌授权给当地的啤酒制造商使用。许可经营给企业提供以低成本进入国际市场的相对容易的方法，但是它限制了公司对这些市场的参与和控制。

许可经营的一种特殊形式是**特许经营**（franchising），是指特许经营的受许方买下经营一家企业所需的全部设施和服务，包括设备、产品、产品原材料、商标和商号权、管理建议和标准化运营系统。然而，在一般的许可经营中，受许方通常会保留自己的公司名，拥有自主权和自己的运营系统，而特许经营的受许方则采用许可方的公司名和经营系统。快餐连锁业是最广为人知的采取特许经营方式的行业。经常有人讲这样的笑话：一个日本小孩到洛杉矶旅游，兴奋地向他爸爸妈妈说，“美国也有麦当劳”。

4.3.4　直接投资

参与国际贸易的一种更高端的形式是在国外直接投资建厂。**直接投资**（direct investing）是指公司参与管理生产性资产，这使它与其他的进入策略有所不同，其他的策略对生产性资产几乎没有管理控制权。

目前，应用最广的直接投资方式是组建战略联盟和合伙企业。在**合资企业**（joint venture）中，一家公司与东道国的公司共担成本和风险，一起建立生产工厂、开发新产品或者建设销售或分销网络。[33]合伙企业通常是参与全球竞争最快、最便宜、风险最低的方式。例如，雅培公司（Abbott Laboratories）与一家印度制药公司 Biocon 建立了合伙关系，一起为当地市场开发适合当地的营养补充剂和仿制药。[34]一个中国企业和一个美国企业组建了一家合资企业，以重建纽约市的亚历山大·汉密尔顿大桥，并且在美国其他的建设项目上开展合作。[35]除了合资企业外，当今全球商业环境的复杂性也促使很多公司的管理人员发展联盟网络，也就是与很多其他公司形成合作伙伴关系，并且这种关系常常跨越国家边界。[36]

另一个选择是建立**海外全资子公司**（wholly owned foreign affiliate），母公司对子公司拥有绝对的控制权。与出口相比，直接收购一家海外分支机构可以缩短分销渠道，减少库存和运输费用，从而降低成本。管理人员对于当地的经济、文化和政治条件会有更好的理解。例如卡夫食品公司（Kraft Foods）收购了吉百利（Cadbury PLC），很大程度上是因为吉百利公司在新兴市场与当地企业建立了联系和分销网络。又如家得宝（Home Depot）收购了在墨西哥排名第二的家装零售公司好美家（Home Mart），菲利普·莫里斯公司（Philip Morris）收购了印度尼西亚的第三大烟草制造商，由此进入利润丰厚的亚洲烟草市场。再如沃尔玛正在收购非洲的 Massmart。[37]直接投资中成本最高、风险最大的方式是**绿地投资**（greenfield venture），它是指一家公司在国外从无到有地建立一个分支机构。其优点是该分支机构可以完全按公司的想法去建设，并可能带来高收益。例如，2012 年空中客车宣布，计划在美国的第一个组装工厂里生产喷气式飞机。通过在亚拉巴马州建立大型工厂，雇用美国工人，空中客车的管理人员希望公司能够融入美国文化，以此来减少购买本公司飞机的政治阻力。[38]其缺点是公司必须了解不同文化中所有的市场知识、原材料、人员、技术诀窍，在某些方面有可能会犯错误。另一个绿地投资的例子是密西西比州坎顿市的日产工厂。这个工厂是日本在密西西比州建立的第一家汽车企业，它不得不依靠一群未经培训、完全没有经验的员工。物流和文化方面的障碍如此之大，风险如此之高，以至于一位日产管理人员后来说："我们做成了不可能做成的事情。"[39]

4.4 国际商业环境

国际管理（international management）是对在多个国家的商业运营活动进行的管理。企业管理的基本任务包括财务管理、生产、产品和服务的配送等，即使公司的业务跨越了国家边界，这些任务也不会发生实质性的改变。无论公司是在本国经营还是在国外经营，计划、组织、领导和控制这些基本的管理职能都是一样的。然而，在国际市场上实施这些管理职能时，管理人员会遇到更大的困难和风险。看看公司犯下的错误的例子：

- 麦当劳花了一年多的时间才发现印度教徒是不吃牛肉的，因为他们认为牛是圣物。当麦当劳在印度开始用羊肉制作汉堡包后，公司的销售才有起色。[40]
- 宜家在曼谷开了一家店后，其管理人员发现有些产品的名称用泰语发音时听起来像粗鲁的脏话。[41]

● 在非洲，一般瓶子上的标签印有里面所装东西的图片，这样即使是不识字的顾客也可以知道自己买了什么产品。一家婴儿食品公司在它的产品标签上印有婴儿的照片，结果产品卖不出去。[42]

● 联合航空公司发现就连颜色也可以使一个产品失败。在从香港出发的航班上，该公司会分发白色康乃馨，但是后来发现，对于很多亚洲人来说，这种颜色的花束代表死亡和坏运气。[43]

这样的一些错误也许看起来令人发笑，但是对于努力在高度竞争的全球环境中经营的管理人员来说并不有趣。新兴的全球公司的管理人员应该通过什么方式来避免犯下明显的国际管理错误？当他们将一个国家与另一个国家做比较时，经济因素、法律/政治因素和社会文化因素给他们带来了很大的困难。图表 4－3 概括了国际环境中的关键因素。[44]

图表 4－3　国际环境中的关键因素

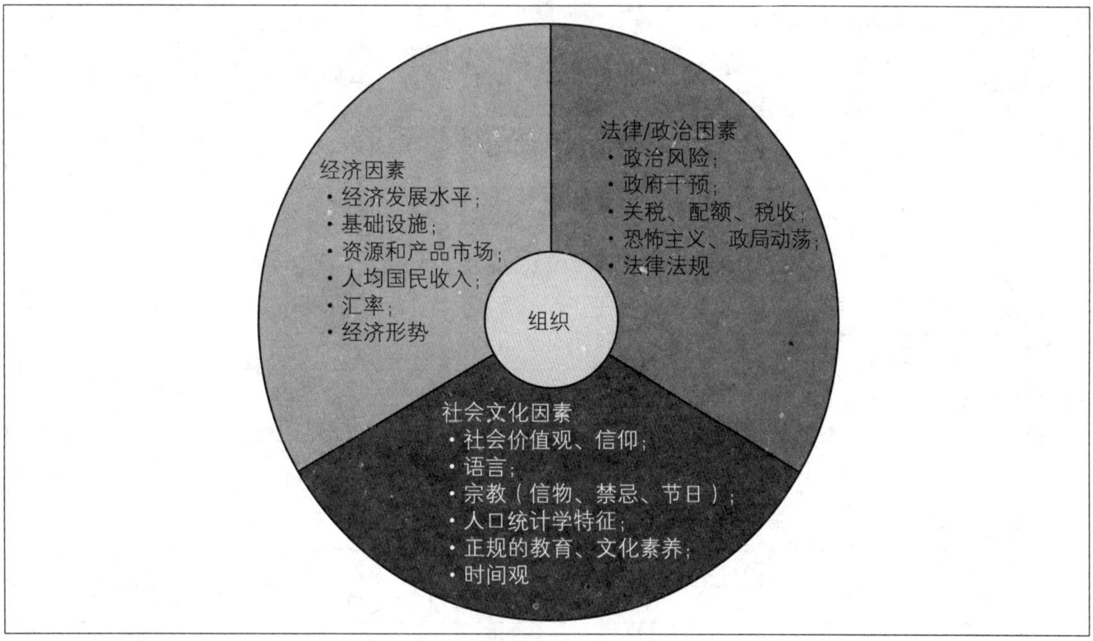

4.5　经济环境

经济环境代表国际组织开展经营活动时所在国家的经济条件。这里的环境包括经济发展、资源和产品市场等因素。此外，诸如通货膨胀、利率和经济发展等因素同样是国际经济环境的一部分。

4.5.1　经济发展

经济发展（economic development）在世界不同国家和地区差别很大。不同的国家可以归类为发展中国家和发达国家，其中发展中国家是指欠发达的国家。用来区分发展中国家和发达国家的传统标准是人均国民收入，即用国民生产总值除以总人口得到的收入。发展中国家的人均国民收入较低。欠发达国家通常分布在亚洲、非洲和南美洲；发达国家通常分布在北美洲、欧洲和日本。大多数国际企业总部设在更加富裕、经济更发达的国家，但聪明的企业正在亚洲、东欧、拉丁美洲和非洲进行大量投资。[45]这些企业现在面临着风险和挑战，但是它们在未来将获得巨大的收益。

每一年世界经济论坛会分析数据，计算出各个公司在经济发展竞赛中的表现，并发布《全球竞争力报告》(Global Competitiveness Report)，这份报告统计了有助于提高国家竞争力的多个因素。[46]该报告既要考虑客观的数据，又要兼顾全世界商界领袖的感受，还要考虑政府的政策、体制、市场规模、金融市场的复杂程度以及其他能够激发生产力并因此实现持续经济增长的因素。图表 4 - 4 列出了 2011—2012 年总排名在前十位的国家及其他一些用来比较的国家。美国已经从 2008—2009 年的第一位跌到了第五位。要注意，高度发达的国家通常在竞争力排名中位次比较高。计算竞争力时一个重要的因素是国家的**基础设施**（infrastructure），它是指诸如高速公路、机场、公用设施和电话线等支持经济活动的物质设施。

图表 4 - 4　国家竞争力比较

国家	世界经济论坛的竞争力排名	国内生产总值（美元）	劳动力人口
瑞士	1	334 200 000 000	4 899 000
新加坡	2	318 900 000 000	3 237 000
瑞典	3	386 600 000 000	5 018 000
芬兰	4	198 200 000 000	2 682 000
美国	5	15 290 000 000 000	153 600 000
德国	6	3 139 000 000 000	43 670 000
荷兰	7	713 100 000 000	7 809 000
丹麦	8	209 200 000 000	2 851 000
日本	9	4 497 000 000 000	65 910 000
英国	10	2 290 000 000 000	31 720 000
加拿大	12	1 414 000 000 000	18 700 000
沙特阿拉伯	17	691 500 000 000	7 630 000
中国	26	11 440 000 000 000	795 500 000
科威特	34	155 500 000 000	2 227 000
南非	50	562 200 000 000	17 660 000
巴西	53	2 324 000 000 000	104 700 000
印度	56	4 515 000 000 000	487 600 000

资料来源：Based on "The Global Competitiveness Report 2011-2012," World Economic Forum, www.weforum.org/docs/WEF_GCR_Report_2011-12.pdf (accessed June 27, 2012)；CIA World Factbook 2011, www.cia.gov/library/publications/the-world-factbook (accessed November 15, 2012).

4.5.2　经济依赖性

最近的全球经济危机让人们非常清楚地认识到世界经济中的依赖程度有多高。尽管最近发生的经济危机并非常态，但明智的国际公司管理者意识到，他们的公司兴许会因类似的日常危机而遭受重创。例如，很多人也许还记得 21 世纪初发生的互联网泡沫破灭，它导致了股票市场的暴跌，进而影响了全世界的公司。1997—1998 年的亚洲金融危机也影响了北美、欧洲和世界其他地区的公司。更近的一次，始于希腊的债务危机引发了欧元贬值，威胁到全球金融市场的稳定。[47]

最近的金融危机让很多国家瑟瑟发抖，就像“痛苦指数”反映出来的那样。图表 4-5 展示的是由穆迪评级公司（Moody）经济学家提出的各国痛苦指数。痛苦指数是一个国家的失业率与预算赤字的总和在国内生产总值（GDP）中的百分比。2010 年的数据显示，与 21 世纪初相比，几乎所有国家的痛苦指数都明显上升了：在最近的经济危机中受到重创的两个国家——冰岛和爱尔兰 2000 年的痛苦指数是负值，但是，2010 年的痛苦指数非常高；美国的痛苦指数从 2000 年的不到 5 上升到 2010 年的 21 左右。[48]

图表 4-5　各国遭受经济危机的程度：2010 年与 2000 年的痛苦指数

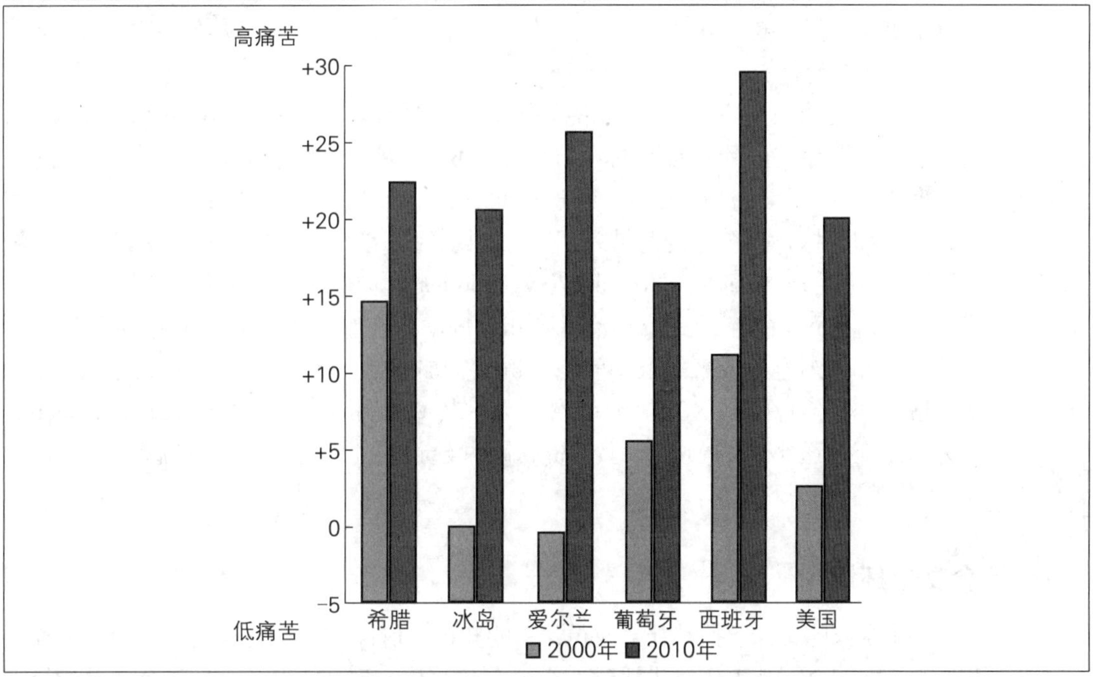

资料来源：Based on “A New Definition of Misery,” *The New York Times* (December 18, 2009), based on data from Moody's; www. nytimes. com/imagepages/2009/12/18/business/economy/20091219 _ CHARTS _ GRAPHIC. html (accessed on December 19, 2009).

经济依赖的另一个反映是很多公司的零部件和原料来自世界各地，这意味着管理人员要面对新的复杂性。例如，对于本田和丰田在美国、加拿大和亚洲的汽车工厂来说，近期的一个挑战是要从泰国的供应商那里获得电子产品和其他零部件，而泰国的洪水淹没了这个国家大量的工业园区。又如沃尔玛是世界上最大的零售商，在全世界都有商店，正面临着评估和披露其供应商给予员工的待遇的压力。在近期的一次股东大会上，一位孟加拉国的工会负责人抱怨说，很多为美国大型连锁企业生产产品的工厂都虐待工人，因此他提出一个倡议：这些公司应该要求它们的供应商详细描述工作条件。[49]

4.6 法律/政治环境

不同国家的法律法规成为国际公司进行商务活动的一项挑战。东道国政府制定了大量的法律法规，涉及诽谤法、消费者保护法、信息和标签法、用工制度和健康安全法及工资标准等。国际公司管理者必须学习并遵守这些法律法规。此外，当企业走向国际化时，管理者还必须应对他们不熟悉的政治体制及政府更多的监管和规制。政府官员和普通民众经常把外国公司视为外来者（甚至是入侵者），并且怀疑它们会影响本国的经济独立和政治主权。

政治风险（political risk）是指由于东道国政府的政治事件或者政治活动导致公司丧失财产、盈利能力或者管理控制的风险。尽管当今很多发展中国家欢迎并支持外国企业，但政治风险始终是国际公司关心的一个主要问题，国际公司现在面临一系列前所未有的更广泛、更复杂的威胁。[50]例如，美国国家安全局（NSA）的调查人员说，他们追踪了一系列针对谷歌和其他很多美国公司的网上攻击。这些攻击的目的在于窃取贸易机密、获取电子邮件。[51]政治风险还包括政府没收财产，以及直接针对企业财产或者员工的暴行。

对国际公司来说，另一个经常被提及的问题是**政局动荡**（political instability），包括暴动、革命、内乱和政府的频繁更迭。例如，阿拉伯之春是2010年末在阿拉伯国家兴起的革命性抗议浪潮，给这个地区（包括突尼斯、埃及、利比亚、叙利亚、也门和巴林）的企业经营带来了一个动荡的环境。“没有总统，没有政府，没有警察，”突尼斯Société d'Articles Hygiéniques公司老板贾利连·梅茨尼（Jalilia Mezni）说，“完全失控了。”[52]政治风险和政局动荡在整个阿拉伯世界愈演愈烈，给本地组织和外国企业带来了很多问题。例如，加拿大BroadGrain公司在成立之初为新兴市场和政治危险地区运输大宗农产品，其CEO扎德·卡多米（Zaid Qadoumi）给为利比亚运送小麦的员工加了工资，同时建议员工一旦发现形势危险，就赶紧“壮士断腕”。[53]

4.7 社会文化环境

一个国家的文化包括其社会成员共享的知识、信仰和价值观以及共同的行为准则和思维方式。在国外工作或生活时，社会文化因素有时候会比法律/政治因素和经济因素更加令人困惑。

4.7.1 社会价值观

很多管理者没能意识到，价值观和行为通常会支配他们在自己国家开展商业活动的方式，但这种方式未必被世界其他地方的人所了解。特别是美国的管理者经常被指责拥有民族中心主义心态，因为他们总认为自己的方法是最好的。下面的“经理会谈”专栏将进一步考察其他国家的民众在某些时候是如何看待美国管理者的。**民族中心主义**（ethnocentrism）是指人们认为自己的文化更加优越，从而看轻或忽视其他文化价值观的一种天然倾向。拥有民族中心主义价值观的人在所有的国家都能找到，强烈的民族中心主义会使国外公司很难在该国开展经营活动。

管理者可以用来与自己的民族中心主义倾向做斗争的一种方法是了解并重视不同社会价值观的差异。

经理会谈

你是丑陋的美国人吗？

美国人被指责具有一种倾向，即认为每个人都应该按照美国的方式去做事，并且相信"美国的方式是最好的"。这种态度给处于全球商业环境中的美国公司造成了损害。

发展中国家的民众如何看待美国企业

百事可乐做了一次认知调查，想看看发展中国家的民众如何看待美国企业。其中一个发现是很少有美国公司被认为是多国企业，它们反而更多地被认为是国际企业。以下是其他一些看法：

- 美国管理人员是"空中推销员"，他们来得快去得也快——发表一个简短的演说，许下承诺，然后就消失了。
- 发生问题时，美国管理者不是着手去解决，而是把问题抛在一边，然后进入下一个环节。
- 美国管理者唯利是图，不重视一贯性和稳定性。

作为全球管理者的美国人

一位商业礼仪专家说，在海外经营活动中，没有经验的管理者在超过70%的时间里会遇到麻烦。以下是在海外工作或者与来自国外的员工一起工作的美国管理者常犯的一些文化错误：

- 美国管理者给人的印象常常是冷漠或不敏感。在关系导向的社会里，比如拉丁美洲和墨西哥，人们期望管理者采用温暖、重视私人关系，并且对下属和同事的个人生活表示出兴趣和关心的管理方式。
- 美国管理者表现出一种全权负责的态度，这在一些国家被认为是不礼貌或者有攻击性的。例如，在中国的文化价值观里，强调领导者要谦逊、低调，躲在幕后把工作完成；在印度，在工作场所摆出一副全权负责的态度会被认为不尊重别人。
- 美国管理者通常使用非正式的称呼方式——用每个人的姓氏来指代他们，这对有些地区的人来说可能是一种侮辱，例如，墨西哥、亚洲和拉丁美洲的一些国家，人们在商业活动中通常采用更正式的称呼方式。

资料来源：Based on information in Carlos Sanchez-Runde, Luciara Nardon, and Richard M. Steers, "Looking Beyond Western Leadership Models: Implications for Global Managers," *Organizational Dynamics* 40 (2011): 207-213; Christine Uber Grosse, "Global Managers' Perceptions of Cultural Competence," *Business Horizons* 54 (2011): 307-314; Sarah Salas, "Business Etiquette in Latin America," BellaOnline Website, www.bellaonline.com/articles/art40307.asp (accessed June 29, 2012); "PepsiCo's Perception Study," in *Managing Diversity for Sustained Competitiveness: A Conference Report* (New York: The Conference Board, 1997), p. 16.

■ 霍夫斯泰德的价值观维度

在一次对40个国家116 000名IBM员工的调查中，荷兰学者霍夫斯泰德（Geert Hofstede）提出国家价值观系统包括四个维度，它们影响着组织和员工间的工作关系。[54]部分国家在这四个维度上的得分如图表4-6所示。

1. 权力距离。高**权力距离**（power distance）意味着人们接受机构、组织和人之间权力的不平等。低权力距离意味着人们接受平等的权力。高权力距离的国家有马来西亚、印度和菲律宾。低权力距离的国家有丹麦、以色列和新西兰。

2. 不确定性规避。高**不确定性规避**（uncertainty avoidance）意味着社会成员对不确定性和模糊性感到不舒服，因此支持承诺确定性和一致性的信仰。低不确定性规

图表 4-6　十个国家在国家价值观系统四个维度中的排序

国家	权力距离	不确定性规避	个人主义	男性化
澳大利亚	7	7	2	5
哥斯达黎加	8（并列）	2（并列）	10	9
法国	3	2（并列）	4	7
联邦德国	8（并列）	5	5	3
印度	2	9	6	6
日本	5	1	7	1
墨西哥	1	4	8	2
瑞典	10	10	3	10
泰国	4	6	9	8
美国	6	8	1	4

a. 1＝最高权力距离
　10＝最低权力距离

b. 1＝最高不确定性规避
　10＝最低不确定性规避

c. 1＝最高个人主义
　10＝最低个人主义

d. 1＝最高男性化
　10＝最低男性化

资料来源：Dorothy Marcic，*Organizational Behavior and Cases*，4th ed.（St. Paul，MN：West，1995）. Based on two books by Geert Hofstede：*Culture's Consequences*（London：Sage Publications，1984） and *Cultures and Organizations*：*Sofware of the Mind*（New York：McGraw-Hill，1991）.

避意味着对非结构化、不明确和不可预测性有着高容忍度。高不确定性规避的国家有希腊、葡萄牙和乌拉圭。低不确定性规避的国家有瑞典、新加坡和牙买加。

3. 个人主义和集体主义。**个人主义**（individualism）反映了一种松散联系的社会结构价值观，希望每个人照顾好自己。**集体主义**（collectivism）意味着偏好紧密联系的社会结构，大家互相照顾，组织保护其成员的利益。崇尚个人主义价值观的国家有美国、加拿大和英国。崇尚集体主义价值观的国家有中国、墨西哥和巴西。

4. 男性化和女性化。**男性化**（masculinity）意味着偏爱成就、英雄主义、果断、以工作为中心（伴随着高压力）和物质上的成功。**女性化**（femininity）意味着看重关系、合作、集体决策和生活品质。拥有强烈男性化价值观的国家有日本、德国、意大利和墨西哥。拥有强烈女性化价值观的国家有瑞典、哥斯达黎加、挪威和法国。无论是男性还是女性都会持有男性化或女性化的主流价值观。

霍夫斯泰德和他的同事后来发现了第五个维度：长期导向还是短期导向。中国和其他亚洲国家被认为具有**长期导向**（long-term orientation），它包括对未来高度关心，非常重视节俭和坚持。俄罗斯和西非被认为具有**短期导向**（short-term orientation），它包括更关心过去和现在，重视传统和履行社会义务。[55]研究者继续探索并发展了霍夫斯泰德的理论。[56]例如，在过去的 30 年里，在个人主义和集体主义这个问题上发表了超过 1 400 篇文章，出版了不计其数的书籍。[57]

■ **环球项目的价值观维度**

环球领导力与组织行为有效性（Global Leadership and Organizational Behavior Effectiveness，GLOBE）项目实施的最新研究扩展了霍夫斯泰德的评估指标，便于当今的管理者更深入地理解。环球项目利用从 62 个国家 18 000 名经理人那里收集到的数据，提出了解释文化差异的九个维度。除了霍夫斯泰德提出的几个维度外，环球项目确定了以下几个文化特征[58]：

（1）果断。高度重视果断意味着社会鼓励刚强、自信和竞争。低果断意味着人们重视温和体贴、关心别人，而不是竞争。

(2) 未来导向。和霍夫斯泰德的时间导向相似，这个维度是指一个社会在多大程度上鼓励和奖励面向未来的计划，而不是短期结果和即刻满足。

(3) 性别差异。这个维度是指一个社会在多大程度上扩大性别角色的差异。在低性别差异的国家，例如丹麦，相对其他国家，女性通常有更高的社会地位，在决策中扮演更强势的角色。高性别差异的国家赋予男性更高的社会、政治和经济地位。

(4) 绩效导向。高绩效导向的社会非常强调绩效，会奖励那些绩效提高和绩效卓越的人。低绩效导向意味着人们更少关注绩效，而更多关注忠诚、归属和背景。

(5) 人性导向。这个维度是指一个社会在多大程度上鼓励和奖励人们表现出正直、利他、慷慨、有爱心的品质。高人性导向的国家非常重视帮助他人和与人为善。低人性导向的国家期望人们照顾好自己，自我提升和知足常乐受到高度重视。

图表4-7给出了一些国家和地区在环球价值观维度上的排名。这些维度为管理者分辨和管理文化差异增添了工具。社会价值观广泛地影响着组织职能和管理风格。例如，爱默生电子公司在中国苏州新开一家生产工厂后，公司的管理者遇到了麻烦。美国人的观念与中国人非常不一样的一个方面是时间导向。美国管理者喜欢短期计划和快速结果，他们将自己的工作任务视为未来职业晋升的阶梯。相反，中国的管理者看重长期结果，他们会为了长期的成功去建立一套制度，制定一个恰当的行动方案。[59]其他的公司也遇到了类似的文化差异。美国人自我管理团队的概念强调团队成员分享权力和职责，大家一起想办法解决各种问题，不需要正式的指导、规则和结构。想要建立这种团队的管理者在有些地区会遇到困难，因为这些地区的文化价值观支持高权力距离，对不确定性容忍度低，例如墨西哥的很多工人以及法国和地中海国家的工人希望组织层级化；在俄罗斯，人们擅长团队工作，喜欢团队竞争而不是个人竞争；德国和其他中欧国家的组织努力成为没有人情味的、动力十足的机器。有效的管理方式在每个国家都不一样，它取决于该国的文化特征。[60]

图表4-7 不同国家和地区在某些环球价值观维度上的排名

维度	低	中	高
果断	瑞典 瑞士 日本	埃及 冰岛 法国	西班牙 美国 德国（原民主德国）
未来导向	俄罗斯 意大利 科威特	斯洛文尼亚 澳大利亚 印度	丹麦 加拿大 新加坡
性别差异	瑞典 丹麦 波兰	意大利 巴西 荷兰	韩国 埃及 中国大陆
绩效导向	俄罗斯 希腊 委内瑞拉	以色列 英国 日本	美国 中国台湾 中国香港
人性导向	德国 法国 新加坡	新西兰 瑞典 美国	印度尼西亚 埃及 冰岛

资料来源：Mansour Javidan and Robert J. House, "Cultural Acumen for the Global Manager: Lessons from Project GLOBE," *Organizational Dynamics* 29, no.4 (2001): 289-305, with permission from Elsevier.

新晋管理者自我测试

你的社会价值观是什么？

导语：根据你的信仰，针对下面每一个陈述，回答“大多赞同”或“大多不赞同”。

	大多赞同	大多不赞同
1. 达成个人目标比达成团队或者组织的目标更重要。	____	____
2. 孩子应该为父母的个人成就感到骄傲，反之亦然。	____	____
3. 工资和福利体系应该使个人利益最大化，而不是集体利益最大化。	____	____
4. 我认为社会应强调秩序和一致性，即使因此牺牲试验和创新。	____	____
5. 在人们不破坏规则时，组织的工作会做得更好。	____	____
6. 组织应该详细地写出工作要求，这样员工才知道他们应该做什么。	____	____
7. 我想为工作晋升和提高工资去竞争。	____	____
8. 应该鼓励人们自信。	____	____
9. 在一个组织中，应该鼓励人们强硬而不是温和。	____	____
10. 作为一名管理者，我更愿意与我的直接下属保持一种平等的工作关系，而不是和他们保持距离。	____	____
11. 组织应该鼓励下属质疑他们的领导。	____	____
12. 权利应该基于一个人的能力和贡献，而不是基于他在等级链中的位置。	____	____
13. 如果人们安于现状而不是努力去改变未来的事情，他们会更幸福。	____	____
14. 我更喜欢接受生活中发生的一切，而不是一直去计划未来。	____	____
15. 我认为应集中精力解决目前的问题，而不是努力为未来做准备。	____	____

得分及解释：这些题项用来测量本章中霍夫斯泰德和环球项目所描述的五种文化价值观。对于每个题项，如果你的回答是“大多赞同”，就可以得1分。题项1～3测量个人主义和集体主义：如果得分为2～3分，表示你倾向于个人主义；如果得分为0～1分，表示你倾向于集体主义。题项4～6测量不确定性规避：如果得分为2～3分，表示你在生活中持有低不确定性价值观；如果得分为0～1分，表示你持有高不确定性价值观。题项7～9测量自信：如果得分为2～3分，表示你持有自信的价值观；如果得分为0～1分，表示你持有不自信的价值观。题项10～12测量权力距离：如果得分为2～3分，表示你持有低权力距离的价值观；如果得分为0～1分，表示你持有高权力距离的价值观。题项13～15测量时间导向：如果得分为2～3分，表示你倾向于短期导向；如果得分为0～1分，表示你倾向于未来导向。

你的得分同时具有个人和社会意义。请把你的得分与其他人的比较，从而理解你对工作群体里不同价值取向的感受。在五种价值观中，哪一种价值观是你个人愿意给予高分的？哪一种价值观是你想给予低分的？这五种价值观在不同的文化中差异很大。访问网站 www. geert-hofstede. com/hofstede _ dimensions. php，将你的国家在这五种价值观上的打分和其他国家的打分做个比较。需要注意的是，这个网站用“男性化”替代了“果断”。对于文化之间的差异，你有什么惊喜的发现？

资料来源：Adapted from Robert J. House et al.（eds.），*Culture，Leadership，and Organizations：The GLOBE Study of 62 Societies*（Thousand Oaks，CA：Sage Publications，2004）；Geert Hofstede，*Culture's Consequences*（London：Sage Publications，1984）；and D. Matsumoto et al.，“Context-Specific Measurement of Individualism-Collectivism on the Individual Level：The Individualism-Collectivism Interpersonal Assessment Inventory，” *Journal of Cross-Cultural Psychology* 28，no. 6（1997）：743-767.

4.7.2　沟通差异

在人与人之间口头交流时，有些国家的人会比美国人更关注社会语境（如社会环境、非言语行为、社会地位等）。例如，在中国工作的美国管理者发现，社会语境在中国文化中尤其重要，他们需要学会压抑自己，不能表现出不耐心，必须在建立个人和社会关系上花一些时间。

图表 4－8 展示了不同国家对社会语境的不同关注度。在**高语境文化**（high-context culture）中，人们对周围环境的变化很敏感。人们之间的交流主要是为了建立个人的社会关系；人们更多是从语境（环境、地位和非言语行为）中揣摩其中的含义，而不是去听确切的词语；关系和信任比商业活动更加重要；集体的福利与和谐受到高度重视。在**低语境文化**（low-context culture）中，人们之间的交流主要是为了交换事实和信息，人们主要是从对方的用词中听出其中的含义，做生意比建立关系和信任更加重要，个人的利益和成就比团队的更加重要。[61]

图表 4－8　高语境和低语境文化

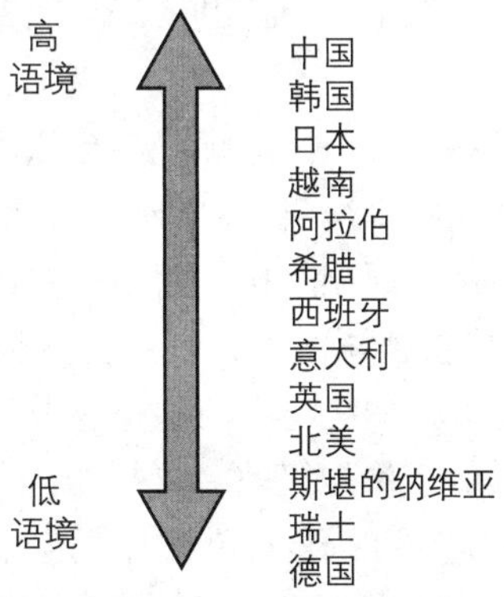

资料来源：Edward T. Hall，*Beyond Culture*（Garden City，NY：Anchor Press/Doubleday，1976）；and J. Kennedy and A. Everest，“Put Diversity in Context，” *Personnel Journal*（September 1991）：50-54.

为了理解文化语境的差异如何影响交流，先来看看美国的表达方式——“会哭的孩子有奶吃”。它的意思是声音最大的人会得到最多的关注，而得到关注意味着受欢迎。在中国和日本，也有类似的谚语，比如，“枪打出头鸟”和“出头的椽子先烂”。在这两个国家中，个人过于突出并不受大家的欢迎。回顾一下中国的联想团队并购IBM的PC业务时遇到的文化差异。如同一名人力资源副总裁指出的那样，无论是在办公室会议还是电话会议中，西方的主管通常对他们的中国同事不愿意表达自己的意见非常恼火，而中国的经理人对美国人“想说就说”的习惯也非常不满。[62]

高语境文化涉及亚洲和阿拉伯国家，而美国和北欧属于低语境文化。就算是在北美，文化亚群体在语境上也是有很大差异的，这就解释了亚群体的差异为什么会妨碍它们之间的成功交流。与白人男性相比，白人女性、印第安土著和非洲裔美国人更倾向于高语境交流。高语境交流需要更多的时间，因为它需要建立一种关系，而且必须建立信任和友谊。此外，大多数男性管理者和大多数在组织中从事招聘工作的人来自低语境文化，他们容易与那些进入组织的具有高语境文化背景的人发生冲突。

4.8 正在变化的国际版图

如今，很多公司把直接进入中国或者印度作为开展国际商务的第一步，它们采取外包或者其他各种各样的市场进入策略。近几年，中国和印度已经成为世界上发展最快的经济体。另外，巴西在国际商务版图中逐渐成为一个强劲的主角。

4.8.1 中国公司

过去的几年里，外国公司在中国的商业投资远远超过了它们在世界其他地方的投资。中国已经成为所有的管理者都必须考虑的地方。例如，中国是德国汽车制造商宝马公司的利润最高车型的最大市场。[63]又如，美国的苹果公司在上海有两家官方零售店，这两家店实在太忙，因此公司正在筹办第三家，全中国这样的官方零售店有十多家。① 苹果在北京和上海的官方零售店是该公司顾客最多也是利润最高的商店。[64]苹果公司在中国销售产品需要突破很多法律法规的限制，但这是值得的，因为iPhone打入了世界上最大的手机市场。[65]尽管外包已经成为进军中国市场最广泛使用的方法，但是随着中产阶层的崛起，这个国家的经济正快速地转变为消费驱动的经济。对于很多的产品和服务，如手机、汽车、消费电子产品、奢侈品和互联网应用，中国是最大或第二大市场。[66]

但是，在中国做生意并不会一帆风顺，甚至似乎越来越难。新的法规和政府的政策使得所有行业的外国公司举步维艰。对于脸书、推特、eBay和谷歌这样的互联网公司来说，中国带来更多的是麻烦和困扰，而不是新顾客。[67]谷歌在2010年初关闭了它的中国网站Google.cn，尽管公司后来办理了营业执照的续期手续，但在中国只提供非常有限的服务。很多跨国公司在与中国的企业做生意时会遇到问题。中国的管理者通常会把延迟付款作为讨价还价的策略。这样做的一个原因是文化差异。“中国的文化要求在签订合同前建立起关系。”香港船东协会总经理亚瑟·鲍林（Arthur Bowring）说。“关系总被挂在嘴边，而合同只是你保存在抽屉里的一沓纸。”[68]

尽管存在这些问题，中国仍然是国外的管理者不容小觑的市场。然而，来自中国本土公司的竞争也越来越激烈。在有些行业，中国本土的公司已经成为市场领袖，例

① 截至2018年，苹果官方零售店在上海有七家，在北京有五家。——译者

如生产消费类家电产品的美的公司及 7 天经济型酒店[69]，联想公司也是一家正在快速成为行业全球领导者的中国公司。

绿色魔力

当本顿维尔遇见北京

美国企业家山姆·沃尔顿（Sam Walton）于 1962 年在阿肯色州本顿维尔市创建了他的公司。他绝对想不到日后会在中国扩张到 350 多家商场，拥有 20 000 多个供应商。2008 年，沃尔玛的 CEO 李·斯科特（Lee Scott）公开表达了对中国环境问题的关心，并且承诺要将中国市场的可持续发展作为公司的头等大事，而将沃尔玛所需的大量资源放在次要位置。为了解决浪费和污染问题，沃尔玛对中国供应链企业的工人进行了培训和管理，这些管理和培训覆盖了从工厂到运输一直到零售商店等环节。沃尔玛还设定环境标准并将其作为对与沃尔玛做生意的公司的要求。公司还与中国公共与环境事务所合作，绘制了水污染地图并制定了废水管理办法。这些努力导致很多供应商工厂的用水量大幅下降。为了解决中国越来越受关注的食品安全问题，沃尔玛制定了“推广定点农场计划”，给当地农民支付更高的报酬，以便向沃尔玛的顾客保证新鲜食品的安全供应。

资料来源：Orville Schell，“How Walmart Is Changing China—and Vice Versa，” *The Atlantic*（December 2011）：80 - 98.

创新之道

联想公司

联想是个人电脑行业中发展最快的公司。几年前，大部分中国之外的民众从来没有听说过这家企业，即使它在 2005 年并购了 IBM 的 ThinkPad 品牌。现在，联想是全球第二大电脑销售商（排在惠普之后），并且不断地推出创新性产品系列，例如台式机、智能手机和智能电视。联想的 CEO 杨元庆现在是中国薪资最高的高管，他从销售员做起，曾经骑着自行车配送电脑。

通过对质量的重视（其产品的可靠性名列前茅），联想改变了消费者对“中国制造”这个词的感受。此外，它还重新确立了中国公司的定义，即将东方最好的理念和文化与西方最好的企业和管理思维结合在一起。公司总部设在北京，但杨元庆把 1/3 的时间花在北卡罗来纳州罗利市的联想办公室里。以前联想的高层管理人员几乎都是没有国际经验的中国人，现在却来自 14 个不同的国家。大多数高层管理人员能讲两种以上的语言。他们在三大洲六个不同的城市里生活和工作。例如，丹·斯通出生在以色列，他的办公室在美国；而格里·史密斯出生在美国，在新加坡工作。

联想的高层管理者知道，欣赏并融合中国及其他国家的文化是成功的关键。这个观点应该引起美国经理人的关注。“中国对美国和美国人的了解远远超过美国对中国及中国人的了解。”联想的创始人及主席柳传志说，“要多很多。”[70]

4.8.2　服务巨头印度

印度的人口总数仅次于中国，它采取了不同于中国的方式来实现经济发展。中国的制造业很强大，而印度在软件设计、服务和精密工程领域是一股上升的力量。不计其数的公司将印度视为技术和科学人才的主要来源，这个国家庞大的以英语为母语的人口使得美国公司自然而然想到外包服务。一份公司名录中包括印度的超过 900 家商业服务公司，它们雇用了 575 000 多人。[71]

在印度，发展最快的行业包括制药、医疗设备和诊断。这个国家拥有大量经过良好训练的科学家、医生和研究人员，美国的雅培公司和柯惠医疗公司（Covidien）都在这里设立了研发中心。印度还是一个成长中的药品生产者，也是世界上最大的仿制药出口基地。普华永道会计师事务所（PricewaterhouseCoopers）的一份报告指出，到 2020 年，印度的制药业将会成为全球领导者。[72]

4.8.3 巴西日益增长的影响力

巴西也是一个受到管理者越来越多关注的国家。尽管巴西的经济发展在 2011 年有所放缓，但它仍然是世界上发展最快的新兴经济体之一，拥有庞大的、高速发展的农业、矿业、制造业与服务业。[73]这个国家已经是世界第七大经济体，预计到 2050 年会上升到第四。里约热内卢成功申办 2016 年夏季奥运会同样是巴西在国际舞台上日益增长的影响力的反映。

巴西拥有年轻、充满活力的人口，也是拉丁美洲最大的国家，其快速发展的中产阶级渴望体验更好的生活，消费性开支占据巴西经济的 60%左右。巴西政府已经在基础设施建设方面启动了大量的投资，例如高速公路、机场和电力工程，这些项目不仅创造就业机会，同时也加速其他行业的发展。此外，2010 年，巴西宣布在科学和技术创新上投入 220 亿美元。

4.9 国际贸易联盟

近年来，国际企业环境中另一个备受瞩目的变化是区域贸易联盟和国际贸易协议的发展。

4.9.1 关贸总协定和世界贸易组织

关贸总协定（General Agreement on Tariffs and Trade，GATT）于 1947 年由 23 个国家共同签署成立，刚开始时是保证国民待遇、解决谈判争端和欠发达国家参与国际贸易的一系列规则。[74]关贸总协定发起了八轮国际贸易谈判，旨在减少贸易管制。1986—1994 年的乌拉圭谈判（第一次以发展中国家来命名）涉及 125 个国家，比以往减掉了更多的关税。除了在原有水平上降低 30%的关税外，它在 1995 年呼吁建立世界贸易组织（World Trade Organization，WTO），从而极大地推动世界走向全球自由贸易。

世界贸易组织代表关贸总协定逐渐走向成熟，成为一个永久性的全球组织，它可以监督国际贸易，并拥有合法仲裁权，解决了 400 多起贸易纠纷。到 2008 年 7 月，中国、越南和乌克兰等 153 个国家和地区都是这个组织的成员。作为一个永久性的会员组织，世界贸易组织为商品、信息、技术发展和服务提供了极大的贸易自由、更强的规则执行力及更大的解决贸易争端的权力。

4.9.2 欧洲联盟

欧洲经济共同体始于 1957 年，旨在改善其成员的经济和社会条件，现已演变为由28个国家组成的欧洲联盟（EU）。它最大的一次扩张发生在2004年，当时欧盟接纳了来自中欧和东欧的10位新成员。[75]

欧盟的目标是为欧洲上千万的消费者创建一个强大的单一市场体系，允许人员、商品和服务自由流动。欧洲内部不断加剧的竞争和规模经济性使得企业能够发展壮大、效率更高，从而在美国和世界其他市场上更具竞争力。欧洲统一的另一个表现是引入了欧元。一些欧盟成员使用**欧元**（euro），这是一种独立的欧洲货币，它取代了奥地利、比利时、塞浦路斯、芬兰、法国、德国、希腊、爱尔兰、意大利、卢森堡、马耳他、荷兰、葡萄牙、斯洛伐克、斯洛文尼亚和西班牙等国家的货币。[76]

然而，这样的统一并不是一帆风顺的，尤其是自全球经济大萧条以来，由于各国的经济稳定性存在差异，加之强国与弱国之间的争斗，经济危机重新唤起了民众对国家的忠诚和对跨境合作的怨恨，放慢了迈向一个统一、有凝聚力的“欧洲统一体”的步伐。[77]西班牙、爱尔兰，特别是希腊，都因没有能力偿还债务，使得整个欧元地区陷入困境，可能导致欧元系统崩溃。欧盟官员极力想消除人们对希腊退出欧元系统的担忧，但在欧盟国家做生意的跨国公司时刻做好了最坏的准备，以采取措施保护好自己。① 一些公司，例如，喜力集团（Heineken NV）和葛兰素史克（GlaxoSmithKline PLC）不再以欧元作为现金储备货币，而是换成像美元或英镑这样的货币。一些分析师认为，欧元区大规模的破产不太可能，但是不确定性使得聪明的管理者必须思考，一旦恢复使用各国货币他们应该如何应对，他们必须重新考虑所有的问题，从扩大经营到挑选供应商及员工的薪酬支付。[78]

4.9.3　北美自由贸易协定

《北美自由贸易协定》（North American Free Trade Agreement，NAFTA）自1994年1月1日开始生效，它将美国、加拿大和墨西哥合并成一个独立的市场。为了刺激这三个国家的发展和投资，增加出口和扩大就业，《北美自由贸易协定》在过去15年间在一些关键领域废除了关税和贸易限制。因此，到2008年，几乎美国所有的工业品出口到加拿大和墨西哥都是免税的。

在《北美自由贸易协定》签订后的头十年，美国对墨西哥的贸易增长了三倍多，对加拿大的贸易也急剧增长。[79]特别地，《北美自由贸易协定》激励了小企业进入全球市场。例如，Treatment Products是一家生产汽车清洁剂和打蜡产品的公司，其总经理杰夫·维克托（Jeff Victor）非常感激《北美自由贸易协定》的签署，它使得公司的出口额大大增加。在签署协议之前，美国产品出口到墨西哥的关税高达20%，这使得这家芝加哥的公司根本不可能跨越国界来扩大市场。[80]

然而，一谈及《北美自由贸易协定》，各种观点莫衷一是。有些人认为成绩斐然，另一些人则认为是彻底的失败。[81]在贝恩公司（Bain & Company's）于2011年对管理人员所做的调查中，被调查的北美经理人中只有53%认为降低贸易壁垒和增加自由贸易是好事，这个数字相比2003年的74%下降了。[82]尽管《北美自由贸易协定》没能实

① 英国并非欧元区国家，可以发行自己的货币。欧债危机的蔓延使英国的疑欧之心快速发酵，英国加快了脱欧脚步。2013年1月23日，英国首相卡梅伦首次提及脱欧公投。2018年3月19日，欧盟与英国就英国脱离欧盟后为期两年的过渡期条款达成广泛协议。2018年6月26日，英女王批准英国脱欧法案，允许英国退出欧盟。——译者

现其远大的理想，但专家指出，它增加了贸易、投资和收入，并有利于这三个国家的公司更有效地与亚洲及欧洲的公司开展竞争。[83]

讨论题

1. 在外国的生活和工作经历将如何帮助经理人在自己的国家提高工作技能和效率？

2. 金字塔底端企业的实践会对发展中国家的贫穷和其他社会问题起到积极的作用，你认为这是真的吗？请讨论之。

3. 位于加利福尼亚州的一家新创跑鞋公司 Somnio 打算白手起家，在全球销售它的产品。概括性地说出这种新创公司在国际市场上可能会遇到的一些挑战。

4. 有些人如果从来没有在国外生活过，你认为他们有可能形成一种全球思维吗？他们可能会怎么做呢？

5. 比较各种市场进入策略的优点，比如出口、特许经营和全资子公司。在选择策略时，你需要收集哪些信息，需要考虑哪些因素？

6. 跨国组织究竟应该以怎样的方式开展经营活动？密切联合形成一个全球商业体系还是让每个国家的子公司独立运营更有效率？

7. 为什么很多人害怕全球化？根据当今国际上发生的事情，你希望接下来的十年中反全球化运动愈演愈烈还是越来越弱？

8. 两家美国公司相互竞争要并购一家捷克共和国的大型工厂。一个代表团参观了这个工厂，然后提出了这个工厂怎样才能更有效运营的建议。另一个代表团关注的是如何改善工作条件，生产出更好的产品。你认为哪一个代表团更有可能并购这家工厂？为什么？你需要收集哪些信息才能决定你自己的公司是否要并购这家工厂？

9. 高语境交流和低语境交流两种方式中，你认为哪一种更有利于一家全球运营的美国公司获取长期的成功？为什么？

10. 低权力距离和高权力距离这两种社会价值观会如何影响你领导和激励员工的方式？低绩效导向和高绩效导向这两种价值观呢？

技能运用：批判性分析案例

我们想要更多的吉他！

一大早，亚当・温赖特从西班牙巴伦西亚打来的电话把他老板文森特・弗莱彻吵醒了。亚当是个不折不扣的音响设备迷，他从来不打电话，然而今天一早 8 点，他就给坐落于洛杉矶的弗莱彻吉他公司 CEO 打了电话。

“他们做什么了，把你装满玩具的行李给弄丢了吗？”弗莱彻开玩笑道，“还是飞机被烧毁了？”

“不，我打电话是为了一件事：我到这里已经一周了，调查了这里的经营情况。你不要指望生产率还能持续增长。我不认为这些一年只生产十把吉他的人有能力提高产量。”亚当解释道。

“你是不是有点夸张了？”弗莱彻问。

电话那头出现片刻沉默，“亚当，你还在吗？”

“是的。”

“你看，我们一部分的商誉建立在多明格斯和他的工人制作的木吉他的质量和工艺的基础之上。这些都是高端的东西，”弗莱彻的声音总让亚当想起演员贾森・罗巴兹。“现在，随着拉丁音乐的大范围流行，我们想鼓励员工提高产量。这是你的任务，亚当。我应该告诉你，如果这个任务完成了，你将会得到一些非常好的机会。”

“我知道。”亚当停顿了一下，仔细斟酌他接下来要说的话。“萨尔瓦多和他的工人的确做得非常棒。在参观他们的工作坊时，他们的手艺让我非常震惊。但是他们慢节奏的工作实在令人沮丧。他们好像在生孩子一般。每件事都很精确，对每把吉他都倾注了感情。我用 iPad 设计了一些工作流程以提高产量。萨尔瓦多看了一眼，大笑，说‘你们这些美国人’。”

可怜的亚当，弗莱彻这样想。这肯定在他崇尚高科技的心里狠狠戳了一刀。也许我派错了人。不。他有很大的管理潜能，他必须学着把这项工作完成。弗莱彻的思路被亚当的声音打断，他听上去很慌乱，并且嗓门很大。

“他们出去吃饭，几个小时之后才慢悠悠地回来——几个小时，弗莱彻。”

“他们是西班牙人！”弗莱彻回答道。“所以他们会吃两个小时的饭。他们有自己的工作时间安排，只是与我们的安排不同罢了。你可能比我年轻很多，亚当，但是，你应该更加开明。听着，跟萨尔瓦多谈谈，看看什么东西对他们管用。他们曾经提高过产量，所以他们还能再提高一次。完成这个任务，亚当，然后给我发邮件。”

在过去数十年间，拉丁音乐在国际上迅速流行开来。木吉他清脆的声音和复杂的旋律很适合弹奏拉丁音乐，因此，迫切需要全球吉他制造者生产出更多这种古典乐器。为了把握住这个流行音乐趋势带来的机会，增加公司产品在市场上的供给量并进入高端市场，弗莱彻找到了手工制琴大师萨尔瓦多·多明格斯和他的西班牙公司——多明格斯吉他公司。这家公司在 1980 年参加过负有盛名的法兰克福世界博览会。

萨尔瓦多说他出生之后听到的第一个声音就是他父亲用木吉他弹奏的摇篮曲。长大之后，萨尔瓦多将他毕生对吉他的热爱与杰出的手艺结合在一起，于 1976 年创建了自己的公司。公司坐落在西班牙巴伦西亚的工业区。现在，他雇用 30 多位手工艺人生产木吉他和弗拉明戈乐器。萨尔瓦多有着令人惊讶的“萨尔瓦多·达利①般的长相”：瘦长坚实、灰白的卷发、大眼睛。他能够随手抓起一块木头，双手在上面精雕细琢，整个人瞬间变成一个耐心、声音温柔的雕刻家。观看制琴过程是一件令人着迷的事。萨尔瓦多工作的时候，整个人沉浸其中，一言不发，他习惯性地将右耳贴近正在加工的木头，显然，他在制造乐器时会用心体验乐器的音质。

给弗莱彻打完电话，亚当回到工厂，确信萨尔瓦多现在一定会听他的。

“萨尔瓦多，你的活干得很漂亮。拉丁音乐是最火爆的音乐潮流之一，音乐家们都嚷嚷着想要你做的琴。在这里，我们可以做更多的琴，这里有足够的空间扩建厂房，在接下来的几年里，我们可以使产品产量翻番。我曾经拜访过全美国的吉他生产公司并分析了它们的经营情况。如果你可以花些时间看看我草拟的计划，你就能清楚地看到我们有潜力成批地制造更多的产品，从而满足更多消费者的需求。”

“温赖特先生，这里是西班牙，我们不进行大批量生产。我们对自己的每一次创作都引以为傲，一直保持手工制作的传统是十分重要的。没有两把琴是一模一样的。”

“等等，我只是说我们可以对操作流程做些改变来提高产量。在美国，产品的操作过程是流水线式的。在我们这里，却是每个人从头到尾做一把琴。你们制作吉他琴身用的桃花心木很美丽，并且它是一种可以无限量供应的木头。但是，每周的大部分时间里，卡洛斯总待在角落里，穿着工装，测试鸡翅木作为琴身的音色。我的底线是：我们必须使整个操作流水线化来提高产量。”

“不，先生，我的底线是：多明格斯吉他公司不会为了实现你的计划而降低手工制琴的标准。”

◆ 问题

1. 亚当·温莱特对多明格斯吉他公司现状的分析准确吗？你认为保持这家公司的手艺与提高产量

① 萨尔瓦多·达利（Salvador Dali）是西班牙超现实主义绘画大师。——译者

能兼得吗？为什么？

2. 吉他在多明格斯公司的社会价值和在美国的社会价值看起来有什么不同？（参考图表 4－6 和图表 4－7）请解释之。

3. 亚当要想在一个不重视高产量的公司提高产量，你有什么建议？

注　释

1. Adapted from Cynthia Barnum and Natasha Wolniansky, "Why Americans Fail at Overseas Negotiations," *Management Review* (October 1989): 54–57.
2. Bettina Wassener, "Living in Asia Appeals to More Company Leaders," *The New York Times*, June 21, 2012, B3; and Emily Glazer, "P&G Unit Bids Goodbye to Cincinnati, Hello to Asia," *The Wall Street Journal*, May 10, 2012, B1.
3. Quoted in Wassener, "Living in Asia Appeals to More Company Leaders."
4. Joann S. Lublin, "Hunt Is on for Fresh Executive Talent—Cultural Flexibility in Demand," *The Wall Street Journal*, April 11, 2011, B1.
5. Lolita C. Baldor, "FBI Sends More Agents Abroad to Shield U.S. from Cybercrime; Foreign Hackers Stepping up Their Attacks," *South Florida Sun-Sentinel*, December 10, 2009; and Cassell Bryan-Low, "Criminal Network: To Catch Crooks in Cyberspace, FBI Goes Global," *The Wall Street Journal*, November 21, 2006.
6. Ryan Underwood, "Going Global," *Inc.* (March 2011): 96–98.
7. Steve Hamm, "IBM vs. Tata: Which Is More American?" *BusinessWeek* (May 5, 2008): 28.
8. Chris Woodyard, "The American Car," *USA Today*, February 17, 2009.
9. "KOF Index of Globalization 2012," press release, KOF Swiss Economic Institute (March 26, 2012), www.kof.ethz.ch/static_media/filer/2012/03/16/kof_index_of_globalization_2012_1.pdf (accessed June 26, 2012).
10. "2012 KOF Index of Globalization," www.kof.ethz.ch/static_media/filer/2012/03/15/rankings_2012.pdf (accessed June 26, 2012). Note: The 2012 KOF analysis of globalization dimensions is based on the year 2009.
11. This section is based on Schon Beechler and Dennis Baltzley, "Creating a Global Mindset," *Chief Learning Officer* (May 29, 2008), http://clomedia.com/articles/view/creating_a_global_mindset/1 (accessed June 26, 2012); Joana S. P. Story and John E. Barbuto, Jr., "Global Mindset: A Construct Clarification and Framework," *Journal of Leadership and Organizational Studies* 18, no. 3 (2011): 377–384; and Stephen L. Cohen, "Effective Global Leadership Requires a Global Mindset," *Industrial and Commercial Training* 42, no. 1 (2010): 3–10.
12. Definition based on Mansour Javidan and Mary B. Teagarden, "Conceptualizing and Measuring Global Mindset," *Advances in Global Leadership* 6 (2011): 13–39; and Beechler and Baltzley, "Creating a Global Mindset."
13. Amol Titus, "Competency of Intercultural Management," *The Jakarta Post*, March 11, 2009, www.thejakartapost.com/news/2009/03/11/competency-intercultural-management.html (accessed June 30, 2012).
14. Karl Moore, "Great Global Managers," *Across the Board* (May–June 2003): 40–43.
15. Siegfried Russwurm et al., "Developing Your Global Know-How," *Harvard Business Review* (March 2011): 70–75.
16. Quoted in Wassener, "Living in Asia Appeals to More Company Leaders."
17. "Count: *Really* Big Business," *Fast Company* (December 2008–January 2009): 46.
18. David E. Bell and Mary L. Shelman, "KFC's Radical Approach to China," *Harvard Business Review* (November 2011): 137–142.
19. Howard V. Perlmutter, "The Tortuous Evolution of the Multinational Corporation," *Columbia Journal of World Business* (January–February 1969): 9–18; and Youram Wind, Susan P. Douglas, and Howard V. Perlmutter, "Guidelines for Developing International Marketing Strategies," *Journal of Marketing* (April 1973): 14–23.
20. Deborah Ball, "Boss Talk: Nestlé Focuses on Long Term," *The Wall Street Journal*, November 2, 2009; Transnationale Web site, www.transnationale.org/companies/nestle.php (accessed March 17, 2010); Company Analytics Web site, www.company-analytics.org/company/nestle.php (accessed March 17, 2010); and Nestlé SA Web site, www.nestle.com (accessed March 17, 2010).
21. Sara Murray and Douglas Belkin, "Americans Sour on Trade: Majority Say Free-Trade Pacts Have Hurt U.S.," *The Wall Street Journal*, October 4, 2010; and Nina Easton, "Make the World Go Away," *Fortune* (February 4, 2008): 105–108.
22. Easton, "Make the World Go Away."
23. Michael Schroeder and Timothy Aeppel, "Skilled Workers Sway Politicians with Fervor Against Free Trade," *The Wall Street Journal*, December 10, 2003.
24. Stephanie Wong, John Liu, and Tim Culpan, "Life and Death at the iPad Factory," *Bloomberg Businessweek* (June 7–June 13, 2010): 35–36; Charles Duhigg and Steven Greenhouse, "Apple Supplier in China Pledges Big Labor Changes," *The New York Times*, March 29, 2012, www.nytimes.com/2012/03/30/business/apple-supplier-in-china-pledges-changes-in-working-conditions.html?pagewanted=all (accessed June 30,

2012); and Kevin Drew, "Apple's Chief Visits iPhone Factory in China," *The New York Times*, March 29, 2012, www.nytimes.com/2012/03/30/technology/apples-chief-timothy-cook-visits-foxconn-factory.html (accessed June 30, 2012).

25. C. K. Prahalad, "The Fortune at the Bottom of the Pyramid," *Fast Company* (April 13, 2011), www.fastcompany.com/1746818/fortune-at-the-bottom-of-the-pyramid-ck-prahalad (accessed June 30, 2012); C. K. Prahalad and S. L. Hart, "The Fortune at the Bottom of the Pyramid," *Strategy + Business* 26 (2002): 54–67; and Scott Johnson, "SC Johnson Builds Business at the Base of the Pyramid," *Global Business and Organizational Excellence* (September–October, 2007): 6–17.
26. Bala Chakravarthy and Sophie Coughlan, "Emerging Market Strategy: Innovating Both Products and Delivery Systems," *Strategy & Leadership* 40, no. 1 (2012): 27–32; T. V. Mahalingam, "Godrej's Rediscovery of India: They Say They Touch More Consumers than Any Other Indian Company," *Business Today* (July 25, 2010): 58–64; and "Godrej Eyes Youth to Expand Portfolio," *Mail Today*, July 12, 2009.
27. Rob Walker, "Cleaning Up," *New York Times Magazine* (June 10, 2007): 20.
28. Jennifer Reingold, "Can P&G Make Money in Places Where People Earn $2 a Day?" *Fortune* (January 17, 2011): 86–91.
29. Jean Kerr, "Export Strategies," *Small Business Reports* (May 1989): 20–25.
30. Mark Sweney, "Netflix Non-US Losses Hit $100m But Subscribers Increase," *The Guardian*, April 24, 2012, www.guardian.co.uk/media/2012/apr/24/netflix-losses-100m-subscribers-increase (accessed June 27, 2012).
31. Lauren A. E. Schuker, "Plot Change: Foreign Forces Transform Hollywood Films," *The Wall Street Journal*, July 31, 2010, A1; and Nicole Allan, "How to Make a Hollywood Hit," *The Atlantic* (May 2012); 70–71.
32. Alison Stein Wellner, "Turning the Tables," *Inc.* (May 2006): 55–59.
33. Kathryn Rudie Harrigan, "Managing Joint Ventures," *Management Review* (February 1987): 24–41; and Therese R. Revesz and Mimi Cauley de Da La Sierra, "Competitive Alliances: Forging Ties Abroad," *Management Review* (March 1987): 57–59.
34. Christopher Weaver, "Abbott Looks to Consumer for Growth," *The Wall Street Journal*, May 2, 2012, http://online.wsj.com/article/SB10001424052702303990604577367760661436198.html (accessed June 28, 2012).
35. James T. Areddy, "European Project Trips China Builder," *The Wall Street Journal*, June 4, 2012, A1; and Kirk Semple, "Bridge Repairs by a Company Tied to Beijing," *The New York Times*, August 10, 2011, www.nytimes.com/2011/08/11/nyregion/china-construction-co-involved-in-new-yorks-public-works.html (accessed June 27, 2012).
36. Anthony Goerzen, "Managing Alliance Networks: Emerging Practices of Multinational Corporations," *Academy of Management Executive* 19, no. 2 (2005): 94–107.
37. Anjali Cordeiro, "Tang in India and Other Kraft Synergies," *The Wall Street Journal Online*, April 19, 2010, http://online.wsj.com/article/SB10001424052702303348504575184103106388686.html (accessed June 28, 2012); Lorrie Grant, "An 'Infinite' Opportunity for Growth: CEO Bob Nardelli Sees Expansion in Home Depot's Future," *USA Today*, July 28, 2005; Donald Greenlees, "Philip Morris to Buy Indonesian Cigarette Maker," *The New York Times*, March 14, 2005; and Tiisetso Motsoeneng and Wendell Roelf, "Wal-Mart Wins Final Go-Ahead for Massmart Deal," Reuters.com, March 9, 2012, www.reuters.com/article/2012/03/09/us-massmart-walmart-idUSBRE8280KH20120309 (accessed June 27, 2012).
38. Daniel Michaels, Jon Ostrower, and David Pearson, "Airbus's New Push: Made in the U.S.A.," *The Wall Street Journal*, July 2, 2012.
39. G. Pascal Zachary, "Dream Factory," *Business 2.0* (June 2005): 96–102.
40. Jim Holt, "Gone Global?" *Management Review* (March 2000): 13.
41. James Hookway, "IKEA's Products Make Shoppers Blush in Thailand," *The Wall Street Journal*, June 5, 2012, A1.
42. Holt, "Gone Global?"
43. "Slogans Often Lose Something in Translation," *The New Mexican*, July 3, 1994.
44. For a recent overview of various environmental factors influencing firms that operate internationally, see David Conklin, "The Global Environment of Business: New Paradigms for International Management," *Ivey Business Journal* (July–August 2011), www.iveybusinessjournal.com/topics/global-business/the-global-environment-of-business-new-paradigms-for-international-management (accessed June 27, 2012).
45. Louis S. Richman, "Global Growth Is on a Tear," in *International Business 97/98, Annual Editions*, ed. Fred Maidment (Guilford, CT: Dushkin Publishing Group, 1997), pp. 6–11.
46. "The Global Competitiveness Report 2011–2012," World Economic Forum, www3.weforum.org/docs/WEF_GCR_Report_2011-12.pdf (accessed June 27, 2012).
47. M. Walker, C. Forelle, and D. Gauthier-Villars, "Europe Bailout Lifts Gloom," *The Wall Street Journal*, May 11, 2010; and G. Bowley and C. Hauser, "Stocks Plunge on Fears of a Spreading European Crisis," *The New York Times*, May 21, 2010.
48. "A New Definition of Misery," *The New York Times*, December 18, 2009 (based on data from *Moody's*), www.nytimes.com/imagepages/2009/12/18/business/economy/20091219_CHARTS_GRAPHIC.html (accessed September 27, 2012).
49. Mike Ramsey and Yoshio Takahashi, "Car Wreck: Honda and Toyota," *The Wall Street Journal Online*,

November 1, 2011, http://online.wsj.com/article/SB10001424052970204528204577009044170787650.html (accessed June 29, 2012); Stephanie Clifford, "Rattling Wal-Mart's Supply Chain," *International Herald Tribune*, June 1, 2011, 17.

50. Ian Bremmer, "Managing Risk in an Unstable World," *Harvard Business Review* (June 2005): 51–60; Mark Fitzpatrick, "The Definition and Assessment of Political Risk in International Business: A Review of the Literature," *Academy of Management Review* 8 (1983): 249–254; and Jo Jakobsen, "Old Problems Remain, New Ones Crop Up: Political Risk in the 21st Century," *Business Horizons* 53 (2010): 481–490.
51. John Markoff and David Barboza, "Inquiry Is Said to Link Attack on Google to Chinese Schools," *The New York Times*, February 19, 2010.
52. Peter Wonacott, "An Entrepreneur Weathers a Tumultuous Arab Spring," *The Wall Street Journal*, January 17, 2012, http://online.wsj.com/article/SB10001424052970203436904577150690233235850.html (accessed June 27, 2012).
53. Mary Gooderham, "Companies That Go Where Others Fear to Tread," *The Globe and Mail*, June 21, 2012, B7.
54. Geert Hofstede, *Culture's Consequences: International Differences in Work-Related Values* (Beverly Hills, CA: Sage, 1980); G. Hofstede, "The Interaction Between National and Organizational Value Systems," *Journal of Management Studies* 22 (1985): 347–357; and G. Hofstede, *Cultures and Organizations: Software of the Mind* (revised and expanded 2d ed.) (New York: McGraw-Hill, 2005).
55. Geert Hofstede, "Cultural Constraints in Management Theory," *Academy of Management Executive* 7 (1993): 81–94; and G. Hofstede and M. H. Bond, "The Confucian Connection: From Cultural Roots to Economic Growth," *Organizational Dynamics* 16 (1988): 4–21.
56. Vas Taras, Piers Steel, and Bradley L. Kirkman, "Three Decades of Research on National Culture in the Workplace: Do the Differences Still Make a Difference?" *Organizational Dynamics* 40 (2011): 189–198.
57. For an overview of the research and publications related to Hofstede's dimensions, see "Retrospective: *Culture's Consequences*," a collection of articles focusing on Hofstede's work, in *The Academy of Management Executive* 18, no. 1 (February 2004): 72–93. See also Michele J. Gelfand et al., "Individualism and Collectivism," in *Culture, Leadership and Organizations: The Globe Study of 62 Societies*, ed. R. J. House et al. (Thousand Oaks, CA: Sage, 2004).
58. Mansour Javidan et al., "In the Eye of the Beholder: Cross-Cultural Lessons from Project GLOBE," *Academy of Management Perspectives* (February 2006): 67–90; Robert J. House et al., eds., *Culture, Leadership, and Organizations: The GLOBE Study of 62 Societies* (Thousand Oaks, CA: Sage Publications, 2004); M. Javidan and R. J. House, "Cultural Acumen for the Global Manager: Lessons from Project GLOBE," *Organizational Dynamics* 29, no. 4 (2001): 289–305; and R. J. House et al., "Understanding Cultures and Implicit Leadership Theories Across the Globe: An Introduction to Project GLOBE," *Journal of World Business* 37 (2002): 3–10.
59. Carlos Sanchez-Runde et al., "Looking Beyond Western Leadership Models: Implications for Global Managers," *Organizational Dynamics* 40 (2011): 207–213.
60. Chantell E. Nicholls, Henry W. Lane, and Mauricio Brehm Brechu, "Taking Self-Managed Teams to Mexico," *Academy of Management Executive* 13, no. 2 (1999): 15–27; Carl F. Fey and Daniel R. Denison, "Organizational Culture and Effectiveness: Can American Theory Be Applied in Russia?" *Organization Science* 14, no. 6 (November–December 2003): 686–706; Ellen F. Jackofsky, John W. Slocum, Jr., and Sara J. McQuaid, "Cultural Values and the CEO: Alluring Companions?" *Academy of Management Executive* 2 (1988): 39–49.
61. J. Kennedy and A. Everest, "Put Diversity in Context," *Personnel Journal* (September 1991): 50–54.
62. Jane Spencer, "Lenovo Goes Global, But Not Without Strife," *The Wall Street Journal*, November 4, 2008.
63. Bob Davis, "As Global Economy Shifts, Companies Rethink, Retool," *The Wall Street Journal*, November 7, 2010, http://online.wsj.com/article/SB10001424052748704049904575554290932153112.html (accessed June 29, 2012).
64. David Barboza, "Apple Cracks the Code for Success in China," *International Herald Tribune*, July 26, 2011, 15.
65. Loretta Chao, Lorraine Luk, and Aaron Back, "Sales of iPhone in China Set Under 3-Year Accord," *The Wall Street Journal*, August 31, 2009; and Loretta Chao, Juliet Ye, and Yukari Iwatani Kane, "Apple, Facing Competition, Readies iPhone for Launch in Giant China Market," *The Wall Street Journal*, August 28, 2009.
66. George Stalk and David Michael, "What the West Doesn't Get About China," *Harvard Business Review* (June 2011): 25–27; Zoe McKay, "Consumer Spending in China: To Buy or Not to Buy," *Forbes.com*, June 15, 2012, www.forbes.com/sites/insead/2012/06/15/consumer-spending-in-china-to-buy-or-not-to-buy/ (accessed June 29, 2012); and Adam Davidson, "Come On, China, Buy Our Stuff!" *The New York Times*, January 25, 2012, www.nytimes.com/2012/01/29/magazine/come-on-china-buy-our-stuff.html?pagewanted=all (accessed June 29, 2012).
67. David Barboza and Brad Stone, "A Nation That Trips up Many," *The New York Times*, January 16, 2010.
68. Andrew Galbraith and Jason Dean, "In China, Some Firms Defy Business Norms," *The Wall Street Journal Online*, September 6, 2011, http://online.wsj.com/article/SB10001424053111903895904576546381512015722.html (accessed June 29, 2012).
69. Stalk and Michael, "What the West Doesn't Get About China."

70. Chuck Salter, "Lenovo: Protect and Attack," *Fast Company* (December 2011–January 2012): 116–121, 154–155.
71. W. Michael Cox and Richard Alm, "China and India: Two Paths to Economic Power," *Economic Letter*, Federal Reserve Bank of Dallas, August 2008, www.dallasfed.org /research/eclett/2008/el0808.html (accessed July 14, 2010).
72. "Pharmaceuticals," India Brand Equity Foundation, IBEF.org, May 2012, www.ibef.org/industry/pharmaceuticals.aspx (accessed June 29, 2012); and Sushmi Dey, "Indian Pharma Eyes US Generic Gold Rush," *Business Standard*, June 27, 2012, www.business-standard.com/india/news/indian-pharma-eyes-us-generic-gold-rush/478593/ (accessed June 29, 2012).
73. This section is based on "Brazil GDP Growth Rate," Trading Economics Website, www.tradingeconomics.com/brazil/gdp-growth (accessed June 29, 2012); "Brazil," The World Factbook, Central Intelligence Agency Website, https://www.cia.gov/library/publications/the-world-factbook/geos/br.html#top (accessed June 29, 2012); Paulo Prada, "For Brazil, It's Finally Tomorrow," *The Wall Street Journal*, March 29, 2010; Melanie Eversley, "Brazil's Olympian Growth," *USA Today*, October 5, 2009; and Liam Denning, "Are Cracks Forming in the BRICs?" *The Wall Street Journal*, February 16, 2010.
74. This discussion is based on "For Richer, for Poorer," *The Economist* (December 1993): 66; Richard Harmsen, "The Uruguay Round: A Boon for the World Economy," *Finance & Development* (March 1995): 24–26; Salil S. Pitroda, "From GATT to WTO: The Institutionalization of World Trade," *Harvard International Review* (Spring 1995): 46–47, 66–67; and World Trade Organization Web site, www.wto.org (accessed February 11, 2008).
75. EUROPA Web site, "The History of the European Union," http://europa .eu/about-eu/eu-history/index_en.htm (accessed July 14, 2010).
76. European Commission Economic and Financial Affairs Web site, http://ec.europa.eu/economy_finance/euro/index_en.htm (accessed March 18, 2010).
77. Clive Crook, "Opening Remarks: Who Lost the Euro?" part of a "Special Euro Crisis" section, *Bloomberg Businessweek* (May 28–June 3, 2012): 10–12; and Howard Schneider, "In Greece, The Money Flowed Freely, Until It Didn't," *The Washington Post*, June 14, 2012, www.washingtonpost.com/business/economy/in-greece-the-money-flowed-freely-until-it-didnt/2012/06/14/gJQA7Z4YcV_story.html (accessed June 30, 2012).
78. Vanessa Fuhrmans and Dana Cimilluca, "Business Braces for Europe's Worst—Multinationals Scramble to Protect Cash, Revise Contracts, Tighten Payment Terms," *The Wall Street Journal*, June 1, 2012, B1.
79. Tapan Munroe, "NAFTA Still a Work in Progress," *Knight Ridder/Tribune News Service*, January 9, 2004; and J. S. McClenahan, "NAFTA Works," *IW* (January 10, 2000): 5–6.
80. Amy Barrett, "It's a Small (Business) World," *Business-Week* (April 17, 1995): 96–101.
81. Eric Alterman, "A Spectacular Success?" *The Nation* (February 2, 2004): 10; Jeff Faux, "NAFTA at 10: Where Do We Go from Here?" *The Nation* (February 2, 2004): 11; Geri Smith and Cristina Lindblad, "Mexico: Was NAFTA Worth It? A Tale of What Free Trade Can and Cannot Do," *BusinessWeek* (December 22, 2003): 66; Jeffrey Sparshott, "NAFTA Gets Mixed Reviews," *The Washington Times*, December 18, 2003; and Munroe, "NAFTA Still a Work in Progress."
82. Darrell Rigby and Barbara Bilodeau, "Management Tools and Trends 2011," Bain & Company, Inc., www.bain.com/publications/articles/Management-tools-trends-2011.aspx (accessed June 22, 2012).
83. Munroe, "NAFTA Still a Work in Progress"; Sparshott, "NAFTA Gets Mixed Reviews"; and Amy Borrus, "A Free-Trade Milestone, with Many More Miles to Go," *BusinessWeek* (August 24, 1992): 30–31.

第 5 章
伦理和社会责任
Ethics and Social Responsibility

学习目标

学习完本章后，你应该能够：

1. 给出伦理的定义，说明伦理行为与由法律和自主抉择支配的行为之间的关系。
2. 分析道德准则对管理者的重要性，讨论近年来对管理者的道德管理承诺提出新要求的社会事件。
3. 解释功利主义观、个人主义观、道德权利观和实践观的概念。
4. 描述管理者合乎伦理的决策的影响因素，理解道德发展水平的三个阶段。
5. 理解组织重要的利益相关者，讨论管理者平衡各利益相关者之间利益的方法。
6. 解释可持续性理念及组织拥护它的理由。
7. 描述“三重底线”的意义。
8. 界定企业的社会责任的概念，阐述评价企业的社会责任的经济、法律、伦理和自主抉择标准。
9. 讨论通过伦理型领导、组织结构和组织系统建立伦理型组织的方法。

你会成为一位有勇气的经理吗？

导语：当你成为一名新晋经理后，你很快将会面临考验你道德信念强度和正义感的处境，你准备好了吗？假设你是学生或工作群体中的一名成员，以下的每一个描述在多大程度上符合你的行为特征？请回答“基本赞同”或者“基本不赞同”。

	基本赞同	基本不赞同
1. 我会冒巨大的个人损失风险去实现公司的愿景。	______	______
2. 我会为捍卫自己的信仰而承担个人风险。	______	______
3. 我会对不合理的事坚决地说“不”，即使会遭受巨大损失。	______	______
4. 我的一些重大举措都与高尚的价值观相关。	______	______
5. 我总是不按别人的观点和意见行事。	______	______
6. 一旦了解了真相，我就会立即告诉别人，即使它是负面的。	______	______
7. 我会指出群体或组织的不公之处。	______	______
8. 我会摸着自己的良心做出行动，即使会因此失去地位。	______	______

得分及解释：以上每一个描述都与你在群体情景中展示出的某方面勇气有关，这通常反映了一个人的伦理发展水平。你选择“基本赞同”的数量即你的分数，如果你得了5分或以上，那么恭喜你！这些行为可以让你在处理道德事件上成为一个有勇气的经理。如果你得了4分或以下，说明你可能会回避这样的难题或者尚未经历过挑战你勇气的情景。

再仔细看看你选择“基本赞同”和“基本不赞同”的每个描述，你会更加了解自身的优势和劣势。想想是什么影响了你的伦理行为和决策，例如对成功和认可的需要。学习你认为道德水平高的人的行为。作为一位新晋经理，你会如何提升你的勇气？

勇气与本章所谈的伦理有什么关系？如果你读过以下这些方面的文章，答案是显而易见的：美国特勤处召妓丑闻，美国的次贷危机，雷曼兄弟、贝尔斯登等金融巨头的破产，宾夕法尼亚大学橄榄球队前教练桑达斯基（Jerry Sandusky）的性侵儿童案。在这些组织中，不仅管理者有不道德的行为，而且还有很多管理者明知道这些行为是不对的，却缺乏勇气去挑战他们的上级或者唤起人们对错误行为的关注。

遗憾的是，许多管理者陷入不道德甚至是非法的行为中，仅仅是因为他们没有勇气去做对的事。当然，缺乏勇气并不是唯一的原因，有多种原因导致管理者和组织做出不道德行为，例如自负、贪婪，或增加利润和获得成功的压力。例如惠普公司的CEO马克·赫德（Mark Hurd）因一项针对他的调查而落马。此项调查揭露了他为掩盖与一位女承包商的不正当关系而递交了虚假的经费报告。[1]对房地产次贷业人士的访问也揭露了许多贷款机构（这些机构为银行工作，并从独立的抵押贷款经纪人处购买贷款申请）的行为都是出于纯粹的贪婪。它们经常改动文件，指导经纪人打规则的擦边球，甚至提供贿赂和性交易来获得更多的贷款，从中获得更多的利益。雅虎的CEO斯科特·汤普森（Scott Thompson）上任仅四个月就被迫辞职。因为有报告揭露他在个人简历上作假，谎称自己有计算机科学学位。而且，汤普森一开始试图将过错推给帮他找到之前在PayPal的工作的猎头公司。“这种掩盖错误的行为比犯罪更糟糕。”一位熟悉汤普森惨败故事的人如是说。[2]

本章将进一步讨论第3～4章中提到的环境、企业文化和国际环境方面的问题。首先，我们关注伦理价值观的话题，这基于前面讨论过的企业文化。我们关注现今美国企业的伦理氛围，研究能够帮助管理人员走出伦理困境的基本方法，思考会影响管理人员做出伦理决策的各个因素。对这些概念的理解有助于你打好坚实的基础，帮助你未来做出决定。我们也研究组织与外部环境间的关系，这反映在企业的社会责任上。本章的最后一部分描述管理人员如何用道德规范以及其他的组织规则、结构和系统来建立一个道德型组织。

5.1 什么是管理伦理

伦理很难准确地定义。广义的**伦理**（ethics）是一套关于道德原则和价值观的准则，它们支配着个人和团体的行为，帮助人们判断什么是对的什么是错的。伦理为人们设定了是非对错的行为和决策标准。[3]当一个人或一个组织的行为会使其他人受益或受损时，就涉及伦理问题[4]，伦理问题有时极其复杂。在同一个情境中，不同人对道德高尚的行为和道德低劣的行为的看法往往相去甚远。[5]

我们来思考一下有关竞争情报的问题。如今，公司会更多地利用社交媒体来了解竞争对手的情况。有的公司为了获得竞争优势，甚至通过询问竞争对手的顾客和雇员一些看似无关紧要的问题来获得情报。[6]对于信息收集的手段，法律没有清晰明确的规定，也没有道德准则的约束。对于这个问题，你怎么看？有的人认为任何形式的商业间谍行为都是不对的。有的人认为，为了获得竞争对手的信息，这些行为可以接受。[7]管理人员经常会面临这样无法判断对错的状况。此外，他们不知道如何在质疑行为是否正确和对老板及组织忠诚之间做出抉择。

对由法律及自主抉择支配的行为进行比较，我们能进一步理解伦理。图表 5－1 表示，人类的行为可分成三个领域。第一个领域是成文法，在法律中价值观和标准都被写进了法律体系，并可由法院强制执行。在成文法领域，立法者规定，个人的言谈举止和企业的运作必须符合某种要求。例如，驾驶交通工具需要取得驾照，企业需要缴税，必须遵守地区和国家的法律等。沃尔玛前副总裁托马斯·库格林（Thomas Coughlin）就曾经因为欺诈和逃税而触犯了法律。库格林于 2005 年离职，他被指控从公司骗取了数十万美元，对他的进一步调查工作已经交由联邦检察院。[8]欺诈和逃税行为显然是触犯法律的。图表 5－1 的右端是自主抉择的行为，这些行为不在法律规定的范围内，因此个人或组织有完全的自由。比如，管理者有决定去哪里买西装的自由，而企业有从两个符合条件的应聘者中决定聘用哪一个的自由。

图表 5－1　人类行为的三个范畴

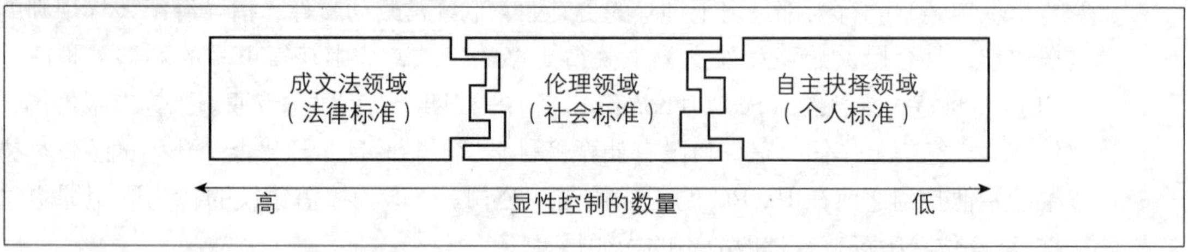

图表 5－1 中间的部分就是伦理领域。这一部分的行为虽然没有明确的法律规定，但有关伦理行为的共同准则和价值观会指导个人和企业的行为。比如，波音公司的前 CEO 斯通塞弗（Harry Stonecipher）与一位女高管有婚外情，这虽不违法，却违反了波音公司的道德准则，因此斯通塞弗被解雇。在美国，管理者如果有性骚扰行为，那就不仅仅是不道德了，也触犯了法律。例如，喜达屋酒店集团的 CEO 史蒂文·海尔（Steven J. Heyer）就因此被解聘。该集团董事会收到匿名信，指控海尔与女性员工有不正当的身体接触，给员工造成不良的工作环境。[9]

许多企业和个人分不清什么是法律约束的行为，什么是不受任何约束的行为。因此，人们会错误地假设只要一个行为不违法，那么它就一定符合道德准则，而忽略了第三种情况的存在。[10]我们应该重视道德标准，道德标准是可以在组织内外规范行为的重要力量。

5.2 伦理管理的现状

似乎每隔十年就会有一些恶性事件发生，但21世纪的前十年中，普遍的道德沦丧到如此地步着实令人震惊。2010年，盖洛普（Gallup）针对民众对商业领袖的看法进行了调查，只有15%的人把领导的诚实品质和伦理水平排在“高”或“很高”的位置。[11]人们对企业管理者的信心一向很低，现在他们对政治、体育和非营利组织领袖的信任度也受到了极大影响。自行车明星兰斯·阿姆斯特朗（Lance Armstrong）的七次环法自行车赛冠军头衔被取消，因为调查发现他为了提高成绩而服用违禁药物，还把违禁药物分发给队友。还有调查指出，地处布鲁克林最贫困街区的非营利组织威克夫高地医学中心（Wyckoff Heights Medical Center）存在内部交易，高层经理、董事会成员及当地政府官员从中捞到了大量好处，调查结果使医学中心濒临关闭，这使当地穷人的医疗服务少了一个选择。[12]天主教会二十几年来一直深陷神职人员性虐丑闻的泥潭。此外，教宗本笃十六世的男管家保罗·加布里埃尔（Paolo Gabriele）因为泄露了教宗的私密信件而被逮捕和控告。这些信件披露了教会内讧、任用亲信和腐败等事实。[13]

在商业世界中，那些曾经备受尊敬的公司：美国国际集团、雷曼兄弟、安然、贝尔斯登、美国国家金融服务公司、世通公司，现在几乎都成了贪婪、谎言、不负责任和良心缺失的代名词。也难怪一次民意调查结果显示，76%的被调查者认为美国公司的道德正在“指向错误的方向”；69%的被调查者认为公司高管在做决策的时候很少考虑公共利益；高达94%的被调查者认为高管做决策时主要考虑的是个人职位的升迁。[14]

对于一个组织伦理环境的建立，管理人员有重大的责任，他们是其他员工的榜样。[15]管理人员要保证所有资源都用来满足所有利益相关者的要求，包括股东、员工、顾客和社会大众。图表5-2分别列出了组织对顾客、员工和其他利益相关者表现出的几种非伦理行为。[16]糟糕的是，在如今的环境下，对迎合股东的过分强调可能会导致一些管理人员对顾客、员工甚至社会做出非伦理行为。为了达到短期的盈利目标，管理人员备感压力，某些管理人员甚至会用会计技巧或其他手段掩盖真实的绩效，假装达到了市场预期。除此以外，大部分高管的报酬包括股权激励，这就促使管理人员为了提高股价而不择手段，哪怕它们可能会损害公司的长期利益。当管理者“无法抵制为股东创造价值的诱惑”时，其他利益相关者的利益就会受到损害。[17]

高管薪酬是一个热点话题。[18]2011年，美国大型公司CEO的平均工资是普通员工的380倍。经济政策研究所的一项调查发现，1978—2011年，普通员工的年薪只增长了5.7%，而CEO的平均年薪却陡增了726.7%。[19]相比其他员工，管理者获得巨额薪酬是否合乎道德这个问题受到越来越多的关注。总的来说，过去几十年中道德沦丧使管理者受到越来越多的关注。

图表5-2 不道德和非法的组织行为举例

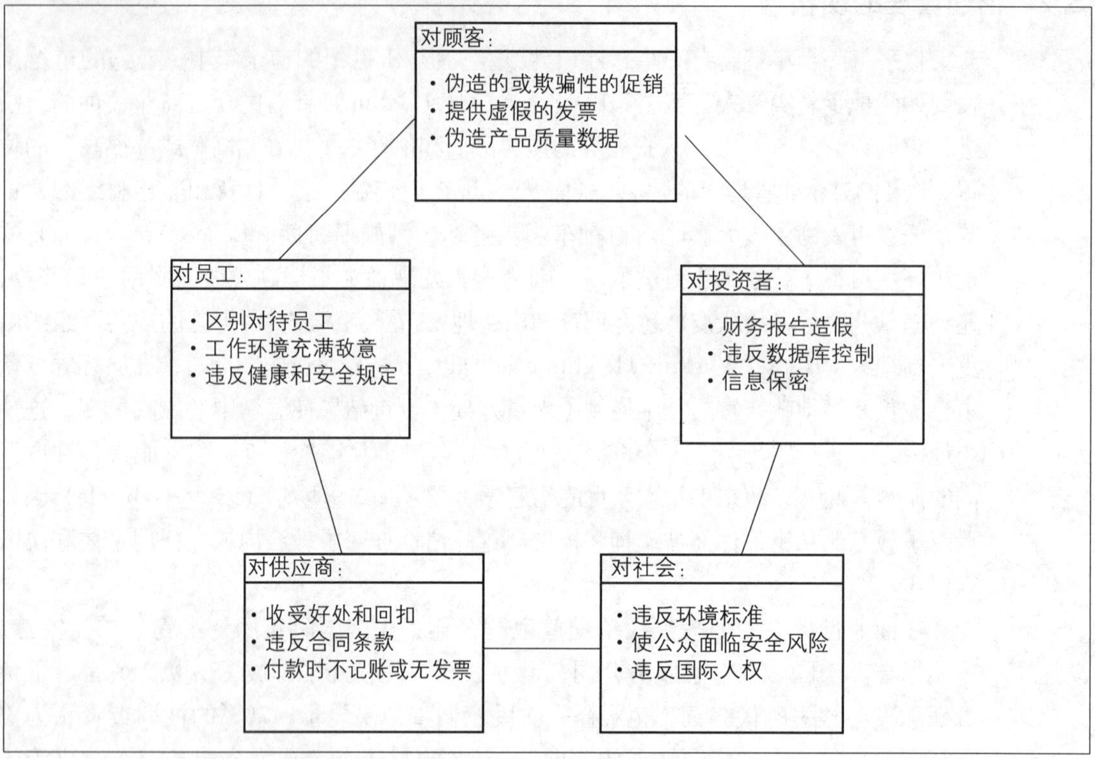

资料来源：Based on Muel Kaptein, "Developing a Measure of Unethical Behavior in the Workplace: A Stakeholder Perspective," *Journal of Management* 34, no. 5 (October 2008): 978-1008.

5.3 道德困境：你会怎么做

伦理行为总是涉及决策，有些问题很难得到圆满解决。尽管大部分的公司都有行为准则，规范了一些期望行为，但对于到底什么是恰当行为的分歧仍然存在。当判断对错的价值观存在冲突时，**道德困境**（ethical dilemma）便出现了。[20] 这种情况下，对与错很难清楚界定。

组织中必须做出伦理抉择的个体叫做道德主体。[21] 请考虑道德主体在下列情景中所面临的困境：

(1) 假设你所在的小公司规定，向在家办公的员工提供文具等物品是有一套程序的，任何员工如果没有得到批准就拿走这些物品将被辞退。一天下班时，你发现跟你很要好的一位同事莎拉将打印纸、荧光笔和笔记本放进了她的电脑包。根据公司的规定，你应该立即向上级告发她的行为，因为只有上级批准后她才能拿走这些文具。但是你的老板那天刚好出去了，而你知道莎拉的确常常在家办公。[22]

(2) 作为一名大型制药公司的销售经理，你需要促销一种新药，其价格为每剂量2 500美元。你看到的一份报告上说，这种药比另一种药的效力仅多1%，而那种药每剂量却只要625美元。销售副总监希望你积极地促销这种2 500美元的新药。他提醒你，如果你不这么做的话，本来由增加的1%药效而可以活命的患者就会因此丧生。

(3) 你在一家大公司工作，公司规定需要照着恐怖分子监控名单对新顾客进行审核，这项审核工作从下订单开始，总共需要花费约 24 个小时。你可以与潜在的长期顾客做个交易，他们所购的产品先发货，然后再对他们进行审核。[23]

(4) 你坐火车从伊普斯威奇的家到伦敦的办公室，邻座的乘客大声地在开电话会议，打扰到了你。你瞪了他几眼，但他没有停下来，于是你只能默默地听。几分钟后，你意识到他们正在谈论的客户正是你的公司一直在争取的客户。通过他们的谈话，你甚至知道了这家公司接下来将和这位客户进行电话会议的时间、电话号码以及密码。你并没有什么错，因为是他们在公共场所透露了重要信息，但你不知道该怎么处理这种情况。[24]

以上的困境恰好涉及伦理领域，你会怎么处理以上各种情况呢？专家用来研究人们的道德水平的假设情形有以下几种[25]：

- 一辆失控的列车正沿着轨道驶向 5 个毫无察觉的人，你就站在扳道按钮旁，按下按钮，火车将改变方向，驶入侧轨。但是，侧轨上站着一个工人，这时已没有时间警告他离开，若火车变轨，他必死无疑。你会按下按钮吗？
- 如果那个工人正站在铁轨上方的桥上，你把他推下桥去，他的身体就能阻止行驶的列车，从而挽救另外 5 个人，你会怎么做？（假设他的身体非常庞大，足以阻止这趟列车，而你自己的身体却不行。）即使他必死无疑，你也会把他推下去吗？

这些困境告诉我们，有时候伦理和道德问题十分复杂。在一次对《时代》杂志读者的调查中，97%的被调查者表示他们会按下按钮，这必然导致那位工人丧生；但只有 42%的被调查者表示他们会将工人从桥上推下去，这同样会导致他丧生。[26]

5.4　合乎伦理的决策原则

大多数的伦理困境涉及部分需要与整体需要的冲突，即个体与组织相矛盾，组织与整个社会相冲突。例如，公司是否应该仔细研究求职者或者员工在社交媒体上传的帖子？对于整个公司而言，也许这样做是有利的，但对于员工而言，这样做则会限制他们的自由。再比如，不符合美国食品和药品管理局（FDA）的严格标准的产品是否应该出口到政府规定标准较低的国家？这在给公司带来利益的同时却给其他国家公民的健康带来潜在威胁。有时，合乎伦理的决策蕴含两个群体间的冲突。例如，公司排放污水可能会威胁当地居民的健康，但是居民的健康是否比该公司创造的就业机会更重要？

面对这些艰难的伦理选择，管理者通过规范化的伦理观，即使用伦理规范和价值观来指导他们的决策行为。规范化的伦理观是从多个角度来指导人们做出合乎伦理的决策行为的价值观。与管理人员有关的五种伦理观分别是：功利主义观、个人主义观、道德权利观、公正合理观及实践观。[27]

■ 功利主义观

19 世纪哲学家杰里米·边沁（Jeremy Bentham）和约翰·斯图尔特·密尔（John Stuart Mill）支持的**功利主义观**（utilitarian approach）认为，合乎伦理的行为能为最多数的人带来最大的好处。该观点认为，做决定的人需要考虑每个选项中各方的利益，然后选择能使最多人获利的那个选项。在前面提到的列车困境中，功利主义观认为将一个人推下去以挽救另外五个人的生命是相对道德高尚的。最近普遍出现的控制公司员工在工作时间上网以及控制警察私下喝酒、抽烟的行为就基于功利主义观，因为这些行为会影响整个工作环境。[28]

■ 个人主义观

个人主义观（individualism approach）认为，如果一个人的行动可以增加他的最大长期利益，那么这个行动就是合乎伦理的。[29] 从理论上来说，每一个人都是自我管理的，人们出于自身的长期利益去适应彼此，这样一来，最终会实现社会利益的最大化。我们可以相信，个人主义将会引导人们诚实和正直，因为从长远来看，真正起作用的唯有诚实和正直。为了眼前利益而说谎和欺诈的行为只会让你的合作伙伴以同样的方式对待你。因此，该观点的支持者认为，个人主义最终会指导人们做出这样的行为：他们希望别人如何对待他们，他们也会如何对待别人。[30] 然而，因为个人主义观很容易被误解为只顾眼前的个人利益，它在如今高度组织化、以群体为导向的社会里并不受欢迎。

■ 道德权利观

道德权利观（moral-rights approach）认为，人类享有不能被个人决策所剥夺的基本的权利和自由。因此，一个合乎伦理的决策包含这些权利。在做伦理决定时，管理者应当避免干涉他人的基本权利，例如隐私权、自由同意权和言论自由权。例如，在失去意识的受外伤的患者身上进行医学试验会被认为侵犯了该患者的自由同意权，控制员工工作之外的活动会被认为侵犯了他们的隐私权。另外，言论自由权可以支持告密者在公司内举报非法和不合适的行为。

■ 公正合理观

公正合理观（justice approach）认为，合乎道德的决策必须建立在平等、公平、公正原则的基础上。管理者应当考虑三种形式的公正：**分配公正**（distributive justice）要求不能随意对人实行差别对待。例如，当男性员工和女性员工具有同样的素质并且做同样的工作时，他们所获得的工资应该相同。**程序公正**（procedural justice）要求公正地执行规则。规则应当清楚表述，并且始终如一地、不偏不倚地贯彻落实。**报酬公正**（compensatory justice）要求员工受伤害的损失由企业方予以补偿。公正合理观与图表5-1中的成文法领域隐含的思维模式十分类似，因为它假设正义是通过规则和制度得以贯彻的。管理者应当明确说明对员工实行差别待遇的依据。

■ 实践观

至今为止讨论的伦理观都是在帮助我们确定，从道德层面看，什么是“正确的”或者好的。然而，之前也提到过，伦理问题常常没有非常清晰的答案。对于什么是正确的伦理选择，不同的人常常存在分歧。**实践观**（practical approach）回避对错争论，而是根据盛行的专业和社会标准来做决定，把所有利益相关者的权益都考虑进去。[31] 葆拉·里德（Paula Reid）监察官根据实践观做出决定，她在报纸上披露了在哥伦比亚卡塔赫纳执勤的特工的不正当行为，揭发了美国特勤局召妓丑闻。

根据实践观，当一个决策被一个专业团体的成员普遍接受，或者一名管理者毫不犹豫地将它发表在报纸上，或者人们能很开心地把决策的理由解释给家人和朋友听时，这个决策一般来说是符合伦理的。一位特勤局的长官在最近的备忘录中给下属制定了这样的原则：“在执行任务时，你应当总是假设你正在被监视。不要让你陷入一

创新之道

美国特勤局的葆拉·里德

我们在此处不讨论召妓是否合乎道德，尤其是在一些卖淫合法的地区。葆拉·里德的底线是：对于肩负保卫美国总统重任的美国特勤局的特工们来说，去脱衣舞俱乐部、酗酒以及嫖娼都是不允许的。

“如果每个老板都是葆拉·里德，”一位前特工说，“那么特勤局绝不会出问题。尽管它会变得无聊很多，但这并无大碍。”里德是迈阿密办公室的新任监察官，该办公室是南美区监察部下属的一个重要分支机构。当特工们为奥巴马到访卡塔赫纳期间入住的酒店做准备时，里德接到报告说发生了性丑闻事件。根据酒店经理提供的信息，里德迅速召集了这12名涉事特工并将他们赶出国，同时告知上司她已经找到了“恶劣行为”的证据。她不顾内部潜在的反对力量而采取了行动，因为她相信特工们的行为已经损害了部门的声誉，也有损他们完成此项保护和调查任务的能力。

这次丑闻使特勤局一片混乱，也使长官马克·沙利文（Mark Sullivan）及其他管理者陷入尴尬的境地。四名被解雇的特工表示不服，认为他们只是这种行为的替罪羊。因为这种行为只要没有带来安全上的问题，在特勤局里一直是被默许的。然而，现在“男孩子难免会淘气”的心理对于里德和其他人来说是不可接受的。前长官拉尔夫·巴沙姆（Ralph Basham）说，很多前特工和现役特工都对这些人的行为感到羞耻。[32]

个会令你、你的家人以及特勤局感到尴尬的境地。”[33]在应用实践观时，管理者会同时运用其他多种伦理观，如功利主义观、道德权利观以及公正合理观来思考和做决定。例如，一位商业伦理领域的专家建议管理者在遇到道德困境时，就以下五个问题思考自己的答案，这将有助于他们摆脱伦理困境。[34]注意，这些问题涵盖之前讨论的多种伦理观。

（1）这么做对我有意义吗？

（2）什么样的决策能为最多数的人谋得最大的福利？

（3）这个决策应用了哪些规则、政策或社会规范？

（4）我对他人负有哪些责任？

（5）这对我以及重要的利益相关者有什么长期影响？

5.5　个体管理者和伦理选择

有许多因素会影响管理者做出合乎伦理的决策的能力。管理者能给工作带来特定的个性和行动特征。个人需求、家庭影响和宗教背景共同塑造管理者的价值观系统。另外，企业文化及来自上级和同事的压力也会影响一个人的伦理行为。最近的一项调查发现，来自组织的压力确实会使员工做出不道德的行为。当人们迫于组织压力做出与他们认为的正确行为相悖的行为时，他们通常会感到沮丧和疲惫。[35]显然，不道德的行为会抑制一个人尽力为公司效劳的能力，也会妨碍个人及职业幸福。个性特征，例如自我力量、自信和强大的独立性可能会使管理者抵御外界的压力和风险并做出更加合乎道德的选择。

道德发展阶段是一个重要的个人特征。[36]图表5-3是一个简化的个人道德发展模型。

在道德前惯例水平上，人们会考虑外部的奖励和惩罚，并且遵从权威以避免对自己不利的后果。在组织环境中，该阶段可能与实行独裁或专制领导方式的管理者相关，员工倾向于可靠地完成特定的任务。

图表 5-3　个人道德发展水平的三阶段

	第一阶段 道德前惯例水平	第二阶段 道德惯例水平	第三阶段 道德后惯例水平
	遵守规定，避免惩罚；出于个人利益而行动，为了自身利益而遵从	努力达到他人的期待；履行社会系统赋予的义务；崇尚法律	遵循自己选择的公正和正确原则；意识到人们有不同的价值观，在道德困境面前会寻找创新的解决方法；在个人和公共利益之间寻找平衡
	个人利益	社会期待	内在价值观
领导风格：	专制/强迫	指导/鼓励，团队导向	变革型或仆人型领导
员工行为：	完成任务	团队合作	员工授权，全身心地参与

资料来源：Based on L. Kohlberg，"Moral Stages and Moralization：The Cognitive-Developmental Approach，" in *Moral Development and Behavior*：*Theory*，*Research*，*and Social Issues*，ed. T. Lickona（New York：Holt，Rinehart，and Winston，1976），pp. 31－53；and Jill W. Graham，"Leadership，Moral Development，and Citizenship Behavior，" *Business Ethics Quarterly* 5，no. 1（January 1995）：43－54.

在第二阶段，也就是道德惯例水平，人们学会按照同事、家人、朋友和社会对优良行为的预期来行事。履行社会义务和人际关系义务是非常重要的事情。在完成组织目标时，人们更倾向于利用团队合作，管理者的领导风格是鼓励建立人际关系和人与人的合作。

道德后惯例水平也称为原则阶段。在这个水平上，个人受内在的一套价值观和标准支配，这些价值观和标准建立在普遍的公正和正确原则的基础上，当这些原则有悖于规则和法律时，人们甚至会不惜违背规则和法律。个人价值观变得比他人的期待更为重要。比如最近发生的一件事：托马斯·洛佩兹是佛罗里达州哈兰代尔沙滩的救生员，他因离开自己管辖的水域去救一个溺水的男人而被解雇。当时他看到一个男人在水中挣扎，他立刻冲过去救他，完全不顾上级要求他不能擅自离岗和拨打911电话的命令。"他的所作所为出于他自己的决定，"经理苏珊·埃丽斯说，"他知道这里的规定不允许他这样做。"这家公司认为制定规定就是为了明确责任，之后该公司试图重新聘用洛佩兹，但是被他拒绝了。[37]一旦管理者站在最高的道德发展水平上经营企业，他们就会采取变革型或者仆人型领导风格，重视追随者的需要，鼓励他人多为自己着想，以达到更高的道德水平。他们会给员工机会，让他们建设性地参与组织治理。

绝大多数的管理者处于第二阶段，这就意味着他们的伦理观念和行为在很大程度上受到他们的上级、同事以及组织或产业中其他重要人物的影响。还有少部分管理者迄今还没有超越第一阶段。在美国成年人中，只有20%的人到达了第三阶段——道德后惯例水平。处于第三阶段的普通人能够独立地做出合乎道德的行为，不会一味迎合组织内外他人的期待。处于道德发展第三阶段的管理者会做出合乎道德的决策行为，而不论这些行为给组织带来的结果是什么。

新晋管理者自我测试

仆人型领导

导语：每个管理者都有不同的看待他人的方式和不同的处理事情的策略。你是怎样看待你自己和他人的？请根据自己的情况用“基本正确”和“基本错误”来回答以下题项。

	基本正确	基本错误
1. 我的行为一般是满足他人的需求先于满足自身的需求。	______	______
2. 我总是帮助周围的人。	______	______
3. 我给予周围的人信任和认可。	______	______
4. 我常常感到来自同事的竞争。	______	______
5. 我经常打断别人以发表自己的观点。	______	______
6. 我鼓励他人成长，但并不期待回报。	______	______
7. 我喜欢为他人服务。	______	______
8. 付出比得到更能让人快乐。	______	______
9. 我会主动指导刚入职的新人，尽管这不是组织要求我做的。	______	______

得分及解释：题项1～3和题项6～9，回答“基本正确”计1分。题项4～5，回答“基本错误”计1分。这种计分方式来源于罗伯特·格林利夫（Robert Greenleaf）的《仆人型领导》。仆人型领导意味着管理者在考虑自身利益之前会先服务别人。作为一种关心他人的方式，仆人型领导培养员工并使员工成为一个整体。这种管理方法建立在格林利夫的教友派信仰的基础上。得分7～9分说明你有较高的仆人型领导力，0～3分说明你的仆人型领导力较低，4～6分说明你的仆人型领导力属于中等水平。你的得分如何？你有没有被仆人型领导的品质所吸引？你更喜欢其他的管理方式吗？

资料来源：Based on Robert Greenleaf, *Servant Leadership: A Journey into the Nature of Legitimate Power and Greatness*, 25th anniversary ed. (New York: Paulist Press, 2002).

5.6 什么是公司社会责任

现在我们来探讨公司社会责任的话题。从某种意义上来说，社会责任的概念就像伦理一样很容易理解：它是指明辨是非且做正确的事情。这就意味着要做一名好的企业公民。**公司社会责任**（corporate social responsibility）的正式定义是：管理者有义务确保做出的选择以及采取的行动不但对组织，而且对全社会的福祉和利益都有裨益。[38]

上述定义直截了当，但公司社会责任其实是个很难掌握的概念，因为不同的人对什么样的行为会促进社会福祉有不同的看法。[39]更糟糕的是，社会责任包含着一系列的问题，而其中有许多问题是模棱两可的，谁也说不清楚究竟是对还是错。比如，一家银行把信托基金中的钱存入一个低利息账户，存期为90天，这家银行从中大赚了一笔。银行这么做算得上是负责任的企业公民吗？如果激烈竞争的两家公司中，较强势的一家公司迫使较弱势的那家公司破产或被兼并，那么这家强势的公司的做法算是有社会责任吗？通用汽车、凯马特、雷曼兄弟等许多公司近几年都宣告破产，这在程序上绝对是合法的，但其目的却是逃避对供应商、工会和竞争对手的巨额债务。这些案例涉及伦理、法律和经济方面的因素，因而我们很难界定哪些是对社会负责任的行为。

5.6.1 组织的利益相关者

我们很难理解和应用公司社会责任的原因之一是管理者必须面对“对谁负责”这一问题。回忆我们在第3章学过的内容，组织环境包括任务环境和一般环境中的多方面因素。从社会责任的角度看，开明的组织把内外部环境都看作多种多样的利益相关者。

利益相关者（stakeholder）是指组织内外部所有对组织有各种形式的投资或与组织绩效有利害关系，并且受组织行动影响的群体或个人（员工、顾客、股东等）。每个利益相关者对公司负有的责任有不同的标准，因为他们与组织的利害关系不同。[40] 现在有一种工具——**利益相关者地图**（stakeholder mapping）变得越来越流行，它为明确不同利益相关者的期待、需求、重要性和它们的相对影响力提供了一种系统的方法，但是利益相关者的这些特征会随时间而改变。[41] 利益相关者地图帮助管理者明确某个特定问题或项目的重要利益相关者，或者帮助他们对利益相关者的重要程度进行排序。例如，Gap公司曾焦头烂额地处理针对该公司发起的游行示威，因为公司使用了污染环境的承包商。之前，这些承包商还被指控雇用童工。Gap公司决定利用利益相关者地图来明确哪些利益相关者适合公司继续与它们开展更深入、更透明的合作。

创新之道

Gap公司

2009年的一份报告称，在非洲莱索托，为Gap公司和其他美国公司生产衣服的承包商随意将有毒材料丢弃在当地垃圾填埋场，还往卡列登河排放化学物质。Gap公司的管理者对此采取了行动。类似地，十年前，雇用童工和危险的工作环境引发的持续数月的全球示威不仅玷污了Gap的名声，也挫伤了员工的士气，损害了公司的绩效。相反，2009年的莱索托事件很快就平息了，Gap变得更强大了。

这十年间是什么让Gap有了如此大的改变？答案肯定不是公众对于贫困儿童在河边玩耍时或者在垃圾堆里寻找食物时受到危险化学物质侵害这样的事件的忍耐度变高了。这次的结果不同是因为Gap的管理者认真地建立了与劳工群体、人权组织、工会、非政府组织和其他利益相关者的开放式沟通关系，这使得Gap能快速做出行动并且有针对性地解决问题。而在过去，管理者只会推卸责任，谴责下游的承包商。莱索托事件发生后，Gap的高层领导立即做出承诺，公司会提供一个公正且安全的工作环境，并对接下来的措施做了具体说明。李维斯公司的服装也是由这家承包商生产的，之后，Gap和李维斯公司共同发表声明，给出了已完成和正在执行的行动细节。正因为Gap与众多利益相关者建立的关系，公司得到了劳工和人权组织的支持，管理者的承诺和行动得到了这些组织的高度赞扬。

Gap着手改善与重要利益相关者的关系，是因为尽管公司自从1992年以来就对社会和环境责任有很高的承诺，但是之前的方法并不奏效，用于解决供应链上的道德问题的几百万美元都打了水漂。因此，管理者绘制了利益相关者地图，罗列尽可能多的利益相关者，然后按照它们的重要程度排序。从利益相关者地图开始，管理者找到一种更有针对性的方法，即与对公司影响最大的利益相关者合作，从而改善劳资关系。尽管这是一个任重而道远的过程，但是从结果来看，这些努力都是值得的。公司获得了相关奖项，并且被公认为承担伦理和社会责任的模范公司。[42]

对于今天的管理者来说，全球供应链不断给他们带来挑战。正如 Ethical Trading Initiative (ETI) 的前主席丹·里斯 (Dan Rees) 所说的："在供应链中聘用童工并不是犯罪行为。真正重要的是以后你的做法。"在使用利益相关者地图以及与重要利益相关者建立公开的、以信任为基础的关系后，Gap 保证了它的管理者能够及时做出正确的决定，甚至有时还能化危机为契机。[43]

图表 5-4 罗列了对于 Gap 这样的大公司来说重要的利益相关者。大部分的公司都受到相似利益相关者的影响。投资者、股东、员工、顾客和供应商被认为是主要的利益相关者，因为如果没有它们，公司便不存在。管理效率要满足投资者、股东和供应商的要求。管理效率指的是为获得利润的资源使用情况。员工看重工作满意度、薪酬和上级管理者。顾客则关心产品和服务的质量、安全性和可获得性。一旦这些主要利益相关者中的任何一方出现严重的不满意，公司的生存便会面临极大威胁。[44]

图表 5-4　与 Gap 公司相关的重要利益相关者

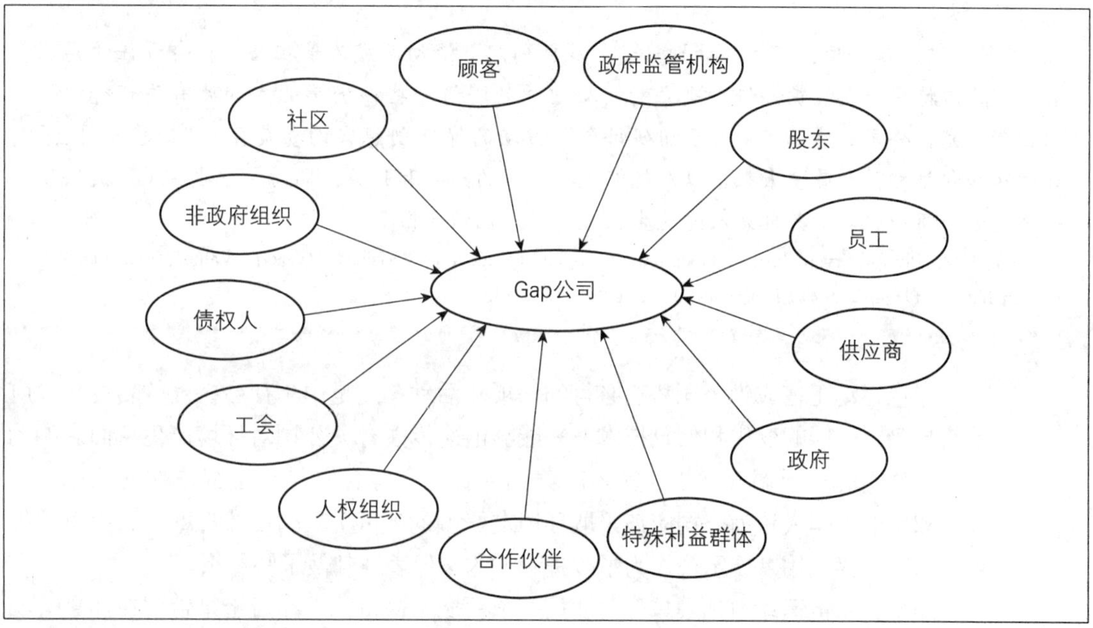

资料来源：Based on information in D. Wheeler, B. Colbert, and R. E. Freeman, "Focusing on Value: Reconciling Corporate Social Responsibility, Sustainability, and a Stakeholder Approach in a Networked World," *Journal of General Management* 28, no. 3 (Spring 2003): 1-28; J. E. Post, L. E. Preston, and S. Sachs, "Managing the Extended Enterprise: The New Stakeholder View," *California Management Review* 45, no. 1 (Fall 2002): 6-28; and N. Craig Smith, Sean Ansett, and Lior Erex, "How Gap Inc. Engaged with Its Stakeholders," *MIT Sloan Management Review* 52, no. 4 (Summer 2011): 69-76.

其他重要的利益相关者还有政府和社区。近年来，它们变得日益重要。大部分的公司只有在拥有合法的执照，在安全法规限制的范围内运营，符合环保要求，没有违反反垄断法、反贿赂法以及政府制定的其他法规的情况下才能生存下去。近年来发生的事件使得政府监管机构对企业的影响越来越大。社区包括当地政府、自然环境和提供给当地居民的生活质量。对于 Gap 这样的很多公司，工会和人权组织也是非常重要的利益相关者。特殊利益群体可能包括贸易协会、政治行动委员会、专业协会和用户至上主义者。如今，还有一个格外重要的特殊利益群体叫做绿色运动。

5.6.2 绿色运动

2004年，通用电气（GE）的CEO杰弗里·伊梅尔特（Jeffrey Immelt）向GE的35位高层经理发起了“绿色”商业计划，但被他们否决了。然而伊梅尔特罕见地忽略了他们的反对，于是“绿色创想”诞生了。如今，GE的“绿色创想”已经成为世界范围内被广泛认可的公司绿色组织之一。它不仅减少了GE 30%的温室气体排放，还给GE增加了许多创新产品，每年给公司带来数十亿美元的收益。[45]

绿色魔力

绿色创想

有个问题一直受到开明的CEO，如GE的杰弗里·伊梅尔特的关注：怎样应用科技和可持续性解决资源稀缺问题？伊梅尔特采取了GE的创始人、富有创造力的天才爱迪生所倡导的创新和富有想象力的传统做法。于是GE通过绿色科技行动履行企业的社会责任，为社会做出了重大的贡献。

GE通过发起一项强有力的计划——“绿色创想”活动而成为承担公司社会责任的先驱者。伊梅尔特将研发经费翻倍，建立新实验室并且聘请一些博士毕业生开展有关可持续性的创新研究。公司还建立了由“梦想研讨会”推动的绿色创想咨询委员会。“梦想研讨会”让顾客和利益相关者展望未来，以及能够改善未来的产品和服务。同时，它也为GE提供了一个创新的商业机会。若创始人爱迪生在天有灵，应该会微笑。

资料来源：Philip Mirvis，Bradley Googins，and Sylvia Kinnicutt，“Vision，Mission，Values：Guideposts to Sustainability，” *Organizational Dynamics* 39（2010）：316-324.

绿色运动正在成为公司势在必行的一项新活动，这是由于社会态度的转变、政府的新政策、气候的变化和信息技术——能够迅速传播有关公司对环境产生负面影响的新闻。最新的一项调查发现，90%的美国人赞同“绿色”是一个很重要的议题。另外，82%的美国人认为公司应该采取环境友好型的实践。[46]本教材的每一章都有“绿色魔力”专栏，用以展示公司为了改进它们的环保表现都做了些什么。

能源是绿色运动中越来越受关注的一个领域，这也体现在对于是否要在加拿大的艾伯塔省的油砂矿区与墨西哥湾的得克萨斯州沿岸炼油厂之间建造Keystone XL石油管道的意见冲突当中。近六成的美国人投票拥护美国政府支持该项行动。他们相信这不仅不会造成严重的环境破坏，还将增加就业机会。但是环保组织却竭力反对，指出Keystone XL项目以及整个油砂产业每年会向大气排放3 000万吨二氧化碳，并且随着产业的发展，这一数字还会增加。反对者指出加拿大油砂在回收过程中释放的污染物是美国进口每桶原油平均值的两倍。而支持者则坚持认为开发加拿大油砂的决策更好，一味地从石油富有国进口石油会造成人力的滥用和环境的破坏。[47]

5.6.3 可持续性和三重底线

一些公司正在逐步接受可持续性或可持续发展的想法。**可持续性**（sustainability）用来表示这样一种经济发展：既能生产财富，满足当代人的需求，同时也能保护环境和社会，使后代也能满足他们的需求。[48]可持续性的哲学观要求管理者在做每一项战略决策时都把环境和社会因素考虑进去，这样既达成了财务目标，又承担了环境和社会责任。重视可持续性的组织管理者用“三重底线”来衡量他们的成功。**三重底线**(trip bottom line) 用来衡量一个组织的社会绩效、环境绩效以及财务绩效，有时也称作 3P——人、地球、利润 (people，planet，profit)。[49]

其中，“人”的部分关注企业在公正的劳工行为、员工多样性、供应商关系、员工待遇以及对社区做出的贡献等方面承担了多少社会责任。“地球”部分衡量组织对环境可持续性做出的贡献。“利润”部分关注的自然是企业的利润，这是财务底线。三重底线基于这样一个原则：你想衡量的都是你想追求的和想要达到的。因此用三重底线来衡量管理者的绩效保证了这些管理者会考虑社会和环境因素，而不是盲目地追求利润且不顾及社会和自然环境所付出的代价。

5.7 评价公司的社会责任

图表 5-5 展示的是公司社会绩效评价模型。这个模型指出整个公司的社会责任有四个重要标准：经济、法律、伦理和自主抉择责任。[50]这四个标准组合在一起构成一家公司社会责任响应度的全貌。

图表 5-5 公司社会绩效的标准

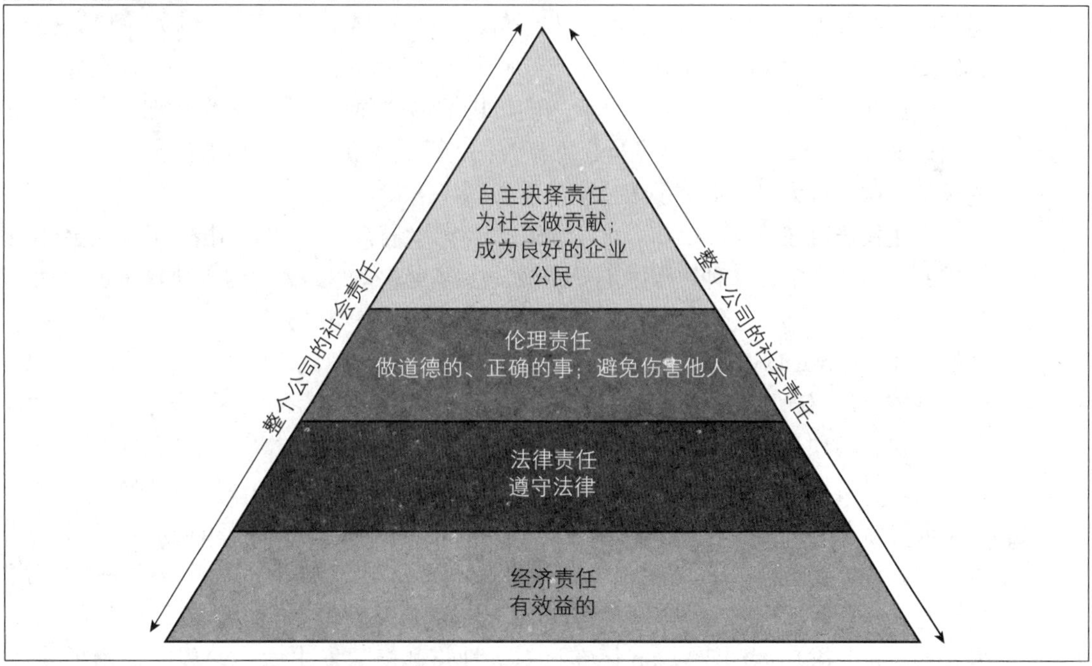

资料来源：Based on Archie B. Carroll, “A Three-Dimensional Conceptual Model of Corporate Performance,” *Academy of Management Review* 4 (1979): 499; A. B. Carroll, “The Pyramid of Corporate Social Responsibility: Toward the Moral Management of Corporate Stakeholders,” *Business Horizons* 34 (July-August 1991): 42; and Mark S. Schwartz and Archie B. Carroll, “Corporate Social Responsibility: A Three-Domain Approach,” *Business Ethics Quarterly* 13, no. 4 (2003): 503-530.

评价社会责任的第一个标准是经济责任。首先，商业机构是社会最基本的经济单元。它的责任是生产社会所需要的产品和服务，并且为它的所有者和股东实现利润最大化。经济责任达到极限叫做利润最大化，这是由诺贝尔经济学奖得主弗里德曼

(Milton Friedman) 提出的，这种观点认为公司的运营应该以追求利润为目的，只要公司不违反“游戏规则”，它的唯一使命就是增加利润。[51]然而，在加拿大、美国和欧洲，单纯的利润最大化观点已经不被认为是评价企业社会绩效的适用标准。因为这种观点意味着企业唯一的责任就是创造经济收益，这将使企业陷入麻烦，最近的房地产次贷危机和金融危机事件就是很好的例子。①

法律责任界定了社会认为企业的行为中哪些行为最重要。[52]也就是说，公司应当在法律框架内达成它们的经济目标，它们的行动要符合当地市议会、州议员、联邦监管机构的要求。违法的公司行为包括：公司欺诈，故意销售假冒伪劣产品，不必要的维修和流程，有意误导消费者，给客户发送未完成工作的账单。公司若知法犯法，在法律责任方面就不是一个好的践行者。例如，近期沃尔玛卷入了一则贿赂丑闻。指控称，沃尔玛最大的海外分公司——墨西哥公司为了掩盖其在把市场拓展到墨西哥各地过程中的不当行为而向当地政府官员行贿。调查人员找到了对沃尔玛管理者违反美国和墨西哥法律提出“正当怀疑”的证据，并展开了深入的调查。[53]

伦理责任包括那些不一定写入成文法，可能对企业的直接经济利益没有用处的行为。正如本章之前所提到的，要做到合乎伦理，组织决策者必须公平、公正、平等地行事，尊重个人权利，并且只有当与公司目标和任务有关时才会区别对待员工。[54]不道德的行为以损害他人和整个社会为代价来使自己或公司获利。例如，默克公司 (Merck & Company) 的管理者已经知道服用治疗关节炎的止痛药 Vioxx 存在导致突发心脏病和中风的风险，但是仍然大力向市场推销这种药。面对来自辉瑞公司的镇痛药西乐葆 (Celebrex) 的激烈竞争，默克公司为获得利润，甚至不惜冒损害患者健康的风险。这种行为严重损害了该公司的声誉。

自主抉择责任 (discretionary responsibility) 纯粹是自愿的，由公司对社会做出贡献的愿望所支配，这种愿望并不受经济、法律或道德的约束。自主抉择责任活动包括慈善捐助，这并不会给公司带来回报，也没人要求公司这么做。例如，荷兰皇家帝斯曼集团 (Royal DSM) 生产营养保健品、原料药和建筑节能产品。该公司与世界粮食计划署合作，向尼泊尔、肯尼亚、孟加拉国和阿富汗营养不良的民众提供维生素类药品、保健品和强化食品；向印度农村的贫困村民提供免费的医疗服务；向贫困国家捐赠建筑材料用于学校建设。“我们不会去估算它带来的价值……”帝斯曼公司可持续发展总监弗克·维安吉斯 (Fokko Wientjes) 如是说，“但是股东们从来没有反对过，跟我说不要这样做。”[55]还有之前提到的 Gap 公司，它把由一条特殊产品线生产的印有“红色”标记产品②的一半利润捐了出去，以支持 U2 乐队的歌手波诺 (Bono) 发起的对抗艾滋病运动。[56] Gap 还在日本大地震和海啸发生后的一周内捐赠了共计 1.51 亿美元的现金和实物，用于日本的灾后重建。[57]自主抉择责任是社会责任的最高标准，因为它为社会福祉所做的贡献超出了大众的期待。

---

① 指 2008 年美国发生的两房危机和金融危机。——译者

② 这不是单纯指该产品是红色的，而是代指一个公益组织，这个组织的名字就叫做 RED。RED 是一个慈善机构，旨在建立公益基金，用来帮助非洲防治艾滋病，发起人是著名乐队 U2 的成员波诺。——译者

5.8 公司伦理和社会责任的管理

在伦理研究领域颇有建树的一位专家说："管理就是创建和维持一个人们在其中很可能举止规矩的氛围。"[58]图表5-6展示了管理者创建和支持一个伦理型组织的途径。伦理型领导是管理者可采取的最重要的一个方案。伦理型领导意味着管理者是诚实且值得信任的，在与员工和顾客的交往中是公正的，在生活和工作中的行为表现是道德的。鉴于最近发生的一些违反道德的行为，加上管理教育领域的批评家讽刺说MBA（工商管理硕士）代表"我先于所有人"（me before anyone）[59]，一些商学院及学生正在从新的视角思考如何培养未来的管理者。

图表5-6 建设一个伦理型组织

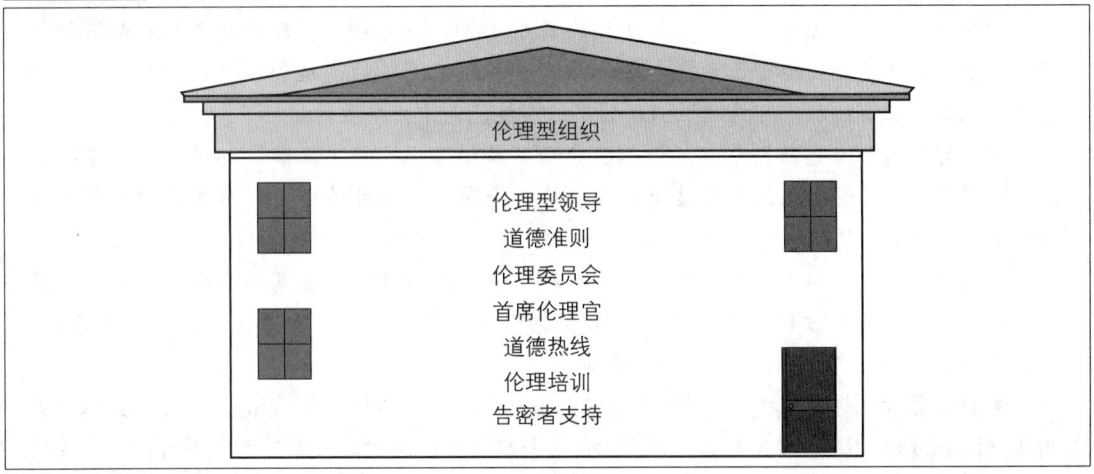

资料来源：Adapted from Linda Klebe Treviño, Laura Pincus Hartman, and Michael Brown, "Moral Person and Moral Manager," *California Management Review* 42, no. 4 (Summer 2000): 128-142.

创新之道

哈佛商学院、哥伦比亚商学院和耶鲁管理学院

几位刚从哈佛商学院毕业的学生做了一些非比寻常的事。他们发起了一项签名活动，倡议商业管理者的崇高目标是"为了更广泛的利益"，这些管理者应承诺他们将负责任地且合乎伦理地做事，避免因为"个人狭隘的抱负"而牺牲他人的利益。

在哈佛商学院和其他商学院，关注个人和公司责任的伦理课程和活动引发了师生前所未有的兴趣。许多学生和教师意识到，未来管理者需要对怎样实施伦理型领导有更深入的理解，而不是仅仅专注于如何赚钱。在哥伦比亚商学院，伦理课程是必修课，学生还成立了一个颇受欢迎的领导力和伦理委员会，举办了相关讲座和其他活动。耶鲁管理学院在其核心课程中增加了近年来发生的房地产次贷危机和金融业道德危机的相关课程，还与阿斯彭研究所（Aspen Institute）合作设立了相关课程，教授商学院学生们如何在工作中按照他们的价值观行事。在试点项目中，大约有55名商科学生上了该项目的全部或者部分课程。哈佛大学签名活动的组织者之一马克斯·安德森（Max Anderson）说："我有种感觉，我们希望活得更有意义，并且为了更广泛的利益去运营一家公司。没有人希望他的未来充斥着不道德行为，成为人们批评的对象。"[60]

改变未来管理者的培训方式对于解决遍及组织的伦理冲突是十分关键的。管理者和基层管理人员是伦理行为的重要角色榜样。他们用高伦理标准约束自身的行为和决策，从而对组织的伦理氛围产生巨大的影响。除此之外，管理者还需有预见性地影响员工去具体表达他们的伦理价值观。[61]下面的“经理会谈”专栏描述了一些杰出的公司在强化管理者的伦理和社会责任基础时采取的一种方法。

管理者也会运用各种组织制度来确保员工和公司拥有坚固的道德根基。其中主要的制度包括道德准则、伦理结构以及保护告密者的措施。

经理会谈

培养服务型思维模式

如今，许多杰出的公司正在采取一种新的方式——全球服务项目来培养管理者。这个项目将员工派往发展中国家的非营利组织或者小公司，为这些组织提供免费或低价的技术和管理帮助。鉴于对可持续性和三重底线的日益重视，公司希望管理者具有服务和可持续性的意识，而不是处处为自己考虑。在一次调查中，有 88%的高层管理者认为对于未来的管理者来说，拥有能解决可持续性问题的思维和技能是十分重要的。

- 全球服务项目惠及每个人。全球服务项目被描述成一个“三赢”的项目。除了项目服务的对象——非营利组织是直接受益者以外，投资这些项目的公司和参与其中的员工同样也能从中受益。通过这个项目，IBM 在新的业务领域赚取了 50 亿美元。公司从中获得了有关新兴市场的更多知识，积累了社会资本和商誉，并获得了更多具备当今社会必需的服务和可持续思维的全方位管理人才。参与者也可以从多方面受益，不仅增强了自我意识、获得了新技能，还增进了对其他文化的理解。

- 许多管理者将这些机会视为有利的。来自道康宁公司（Dow Corning）的员工劳拉·贝内提（Luara Benetti）在印度与当地的农村妇女一起工作。她们每天工作九个小时，一直持续了四个月。贝内提教妇女们如何定价并销售她们手工做的衣服。她和其他九名同事睡在没有热水和电的小屋里。贝内提说：“这能给你的职业生涯带来很多意义。”全球服务项目的参与者都很感激能有这样的机会提高自身对国际事务的理解。一位曾经在尼日利亚服务的 IBM 员工说：“我们都知道非洲的贫困及腐败，然而这样的经历能够带给你的，你必须自己去体会。”

- 这一趋势有多普遍？早在 2012 年，《财富》公布的 500 强公司中，包括百事、IBM、联邦快递、道康宁、辉瑞制药在内的至少 27 家公司开展了多种形式的全球服务项目，而在 2006 年只有 6 家公司开展这类项目。从 2008 年开始，IBM 累计派出了 1 400 名员工，参与改革肯尼亚的邮政系统、发展坦桑尼亚的生态旅游业等项目。辉瑞公司的项目将员工派往非政府组织（NGO），以满足亚洲和非洲的医疗保健需求。埃森哲发展伙伴计划涉及 55 个国家的 200 多个项目，埃森哲的专业人士与联合国儿童基金会和“免受饥饿”（Freedom from Hunger）组织一起工作了六个月，却只拿一半的工资。

资料来源：Based on Philip Mirvis, Kevin Thompson, and John Gohring, “Toward Next-Generation Leadership: Global Service,” *Leader to Leader* (Spring 2012): 20 - 26; Matthew Gitsham, “Experiential Learning for Leadership and Sustainability at IBM and HSBC,” *Journal of Management Development* 31, no, 3 (2012): 298 - 307; and Anne Tergesen, “Doing Good to Do Well,” *The Wall Street Journal*, January 9, 2012, B7.

5.8.1 道德准则

道德准则（code of ethics）是公司在伦理和社会问题上的价值观的正式表述，它向员工传达了公司的立场。道德准则有两种类型：基于原则的表述和基于政策的表述。基于原则的表述是用来影响企业文化的，它界定了基本的价值观以及公司责任、产品质量和员工待遇的通用表达。基于政策的表述通常描述了用于特定伦理情景的办事流程，这些情景包括营销实践、利益冲突、遵守法律、专利信息、政治献金和平等机会。

基于原则的表述通常称作公司信条。一个很好的例子就是强生公司的“信条”。它被翻译成36种语言，在60多年的时间里指导强生公司的管理者做出正确的决定，为公司在履行员工、顾客、社会和股东责任方面增添荣誉。另一个例子是谷歌的“行为准则”。其中，部分准则如“创新之道”专栏所示。

创新之道

谷歌公司

谷歌是世界上最负盛名的公司之一，它的管理者非常重视公司在科技领先、道德承诺以及社会责任上的声誉。谷歌“行为准则”的第一条是这样写的：“‘不作恶’。谷歌员工将这一信条运用到我们如何对待客户上，但事实上‘不作恶’远远不止这些。”

谷歌通过精心设计的“行为准则”将“不作恶”应用于实践中。这一准则分为七个部分，每个部分都描述了特定的价值观、政策和期望。它也明确阐述，当员工揭露了违反道德的行为和不正当行为之后，他们会受到保护。以下是谷歌准则的部分内容：

服务用户

我们的用户看重谷歌不仅仅是因为我们带给他们好产品和好服务，还因为我们在如何对待用户和经营企业上普遍有更高的标准。

尊重彼此

我们致力于创造支持性的工作环境，在这样的环境中员工有机会发挥他们最大的潜能。每个谷歌人都应当竭尽所能，共同创造一个充满尊重的工作文化，没有骚扰和恐吓，没有偏见和任何违法的歧视。

保守机密

媒体对我们的创新和文化十分关注，这通常是好事。但是，公司信息过早地泄露给媒体或竞争对手会给我们的产品发布带来危害，削弱我们的竞争优势，或者使我们在其他方面付出沉重的代价。

保证财务真实性和责任性

财务真实性和会计责任性是公司专业性的核心部分。我们以谷歌的名义所花的钱并不是我们自己的，而是公司的，最终是我们的股东的。

遵守法律

谷歌认真地履行遵守法律和规章制度的义务，我们每个人都应当遵守适用的法律以及禁令。

结论

谷歌立志于成为一家与众不同的公司。我们不可能在这里将所有可能遇到的伦理场景一一描述出来，这需要依靠个人做出正确的判断，以维护我们自身和公司在公平正义方面的高标准。

然后，切记“不作恶”。如果你目睹了不正当行为的发生，请讲出来！[62]

严格的行为准则和道德准则并不能保证公司一定不会陷入伦理困境或者在伦理问题上受到股东的质疑。公司内部及公司本身的道德准则很少能影响或保证员工及管理者的伦理行为。[63]尽管如此，这仍然是组织伦理框架的一个重要组成部分。道德准则阐述了公司期待的价值观和行为以及无法容忍的行为。一旦高层管理者支持并且强制执行这些准则，包括对遵守者施以奖励，对违规者施以惩罚，道德准则就有助于增强公司的伦理氛围。[64]

5.8.2 伦理结构

伦理结构代表着各种系统、职位和公司为了鼓励和支持伦理行为所开展的项目。[65]**伦理委员会**（ethics committee）是被指定去监管公司伦理问题的一群管理者(有时也可能有低级别的员工参与)。委员会提供能解决有争议的伦理问题的规则，并且承担训导违规者的责任。例如摩托罗拉公司的伦理合规委员会负责解释、阐明以及传达公司的道德准则，同时也判定有违规嫌疑的行为。

许多公司设有伦理办公室并配有全职员工，以确保伦理标准成为公司整体运营的一部分。这些办公室的领导叫做**首席伦理官**（chief ethics officer)，有时也叫做首席伦理合规官，他们监管公司各个方面的伦理和法律合规情况，包括建立并广泛传播标准、开展伦理培训、处理例外事件和问题、为高级经理做决策提供伦理合规方面的建议。[66]十年前，首席伦理官这样的头衔几乎闻所未闻，然而近年来发生的广为人知的伦理和法律问题激发了对这些伦理专家的日益增长的需求。一个叫做伦理合规官协会的专业协会报告称，在安然财务丑闻披露后的五年内，该组织的成员迅猛增长了70%，达到 1 260 余家公司。[67]大部分的伦理官也在咨询中心工作，帮助员工解决伦理问题。员工还可以通过拨打免费的保密电话“道德热线”来举报可疑行为，在面临道德困境时寻求指导。

5.8.3 告密者

雇员揭露雇主的非法、不道德、不合理行为称为**告密**（whistle-blowing)。[68]没有哪家公司仅仅依靠行为准则和道德结构就可以避免所有的不道德行为。公司想要承担这方面的责任，在一定程度上有赖于愿意揭露违法、危险和不道德活动的个人。告密者通常向局外人，比如相关的监管机构、议员或记者报告不正当行为。一些公司实施创新措施和开设保密热线，以鼓励和支持内部的“告密”行为。然而，要想让这一方法成为有效的伦理保障，公司必须将“告密”行为看作是对公司有利的，并尽全力鼓励和保护告密者。[69]

例如，2001 年，还只是宾夕法尼亚州立大学足球队助理教练的迈克·麦奎里(Mike McQueary）向足球总教练乔·帕特诺（Joe Paterno）举报，他亲眼看见体育部主任蒂姆·柯里（Tim Curley）和防守协调员杰里·桑达斯基（Jerry Sandusky)在衣帽间性侵一名小男孩。但据称，之后并没有人采取行动去阻止他们的不道德(违法犯罪）行为。于是，桑达斯基继续骚扰更多的男孩子，直到一名受害者将他的罪行公之于众。2012 年的夏天，麦奎里当初的举报已过去十多年，桑达斯基才被指控犯有 45 起性侵儿童罪。法庭和公众在得知曾经有那么多人知道桑达斯基的罪行，但这些人除了跟桑达斯基本人交流，劝说他去接受精神治疗外无所作为之后，都感到十分愤怒。事实上，大部分的管理者都有保护他们的同事和公司的天然倾向。[70]

管理者必须尊敬公司中愿意揭发不道德和违法行为的人，并把这些站出来的人视为英雄。但在宾夕法尼亚州，情况却截然相反。事实上，2003—2007年，掌管该州学生事务的副主席维基·特里波妮（Vicky Triponey）就曾说，她因为试图处罚涉及打架斗殴、性侵等不正当行为的足球运动员而被免职。她说，宾夕法尼亚州州长格兰厄姆·斯帕尼尔（Graham Spanier）告诉她，她与"宾州模式"格格不入。特里波妮还说这里的人"被忠诚蒙蔽了双眼——不仅是高层领导，还包括各个阶层的人。我觉得，人们要想保住工作，就必须对一些事情视而不见"。[71]实际上，管理者希望员工在组织中保持忠诚，当不道德行为被发现时，他们很难对忠诚置之不理。

并非只有宾夕法尼亚州的管理者为了保护组织而不惜冒着容忍不道德行为继续的风险。例如，美国特别检察官办公室最近发现，有三名空军长官打击报复了曾经举报他们虐待多佛空军基地的留守伤病士兵的文职人员。美国国家金融服务公司的前高管说，他在次级贷款最疯狂的时期因为对公司滥用"忍者贷款"（贷款人无收入、无工作、无资产）提出质疑而遭到欺凌并最终被解雇。同样，雷曼兄弟公司财务部的前高级副总裁马修·李（Matthew Lee），对公司通过临时将500亿美元的高风险贷款资产从资产负债表中删除以掩盖风险的行为提出了疑虑，几个星期之后他便丢了工作。[72]

遗憾的是，仍有许多管理者把告密者看作不受欢迎的员工，认为他们不是好的团队成员。然而，为了维持较高的伦理水准，公司需要能指出不正当行为的人。我们可以通过培训让管理者把告密看作好事而不是威胁。另外，我们应当建立一套制度，保护那些举报非法和不道德活动的员工。

5.9 伦理和社会责任的商业案例

现在，大多数的管理者已经意识到重视伦理和社会责任与重视成本、利润和成长等业务问题同样重要。其中一个原因是，在如今的信息时代，坏行为越来越难以隐藏，"超越竞争"才能带来真正的竞争优势。[73]

自然而然地，公司的伦理道德和承担社会责任与其财务绩效的关系，引起了管理者和管理学家的关注，并引发了激烈的争论。[74]管理者关注的一个问题是良好的个人品德是否会损害绩效，毕竟实施伦理行为和承担社会责任是需要付出成本的。对可持续性的承诺意味着要用多花钱的方式去做事。数百项研究想要确定对伦理道德和社会责任的重视程度是否会提高或降低公司的财务绩效。不同的研究得出了不同的结论，但总的说来，研究发现，伦理道德和社会责任行为与公司财务绩效之间有正相关关系。[75]例如，最近对世界可持续发展100强公司的一项调查发现，这些公司至少在某些业务领域有更高的销售增长率、资产回报率、利润率和现金流。[76]另一项对美国大公司（被认为是"最佳企业公民"）财务绩效的研究发现，这些公司同时拥有杰出的声誉和杰出的财务绩效。[77]类似地，位于纽约的一家独立的公司治理评级机构——Governance Metrics International的报告称，与那些自私自利的公司相比，以大公无私为原则发行股票的公司通常绩效更好。[78]尽管这些研究结论没有被证实，但它们表明在伦理道德和社会责任上的花费并不会损害公司。[79]

公司也在试图测量那些可以创造价值的非财务因素。研究者发现，人们更愿意在可持续发展的公司或者表现出高水平的伦理道德和社会责任的公司工作。因此，这些公司可以吸引和留住高质量的员工。[80] 顾客也更加关注这样的公司。沃克研究所（Walker Research）的调查显示，当性价比相同时，2/3 的消费者说他们会选择承担伦理和社会责任的公司。[81] 来自西安大略湖大学毅伟商学院的雷米·特鲁德尔（Remi Trudel）和琼·考特（June Cotte）做了一系列实验发现，消费者愿意为那些据说用更高道德标准生产的产品花略多的钱。[82]

开明的管理者意识到，在员工、顾客、供应商和合作伙伴日益紧密地联系在一起的背景下，正直和信任是成功的和可获利的商业关系的基础。尽管从短期来看，做正确的事并不总是可以获得利润，但是，许多管理者仍坚信，通过建立更高水平的信任获得的竞争优势是金钱买不来的。

讨论题

1. 是否有理由期待管理者在衡量他们的财务绩效的同时，运用三重底线原则去衡量他们的社会和环境绩效？请讨论之。

2. 2010 年的墨西哥湾石油泄漏事件中，石油巨头英国石油公司（BP）要回应多少利益相关者群体？根据你对 BP 石油泄漏事件的了解，你会怎样从公司社会责任的角度评价 BP 高管的表现？

3. 假设一个场景：你的同事鼓励你多报销一些开支。你认为有哪些因素会影响你的决定？请解释之。

4. 公司开展的一些政治活动是否属于社会责任？与别的公司一起加入行业协会来影响政府是否属于社会责任？请讨论之。

5. 一些银行和房地产次贷公司的管理者认为提供次级贷款是因为他们希望给穷人机会去实现他们拥有住房的美国梦。从伦理和社会责任的角度，你对这样的说法有什么看法？

6. 一位著名的商界高管说："一家公司首要的职责就是盈利。无法盈利的公司是不能负担起社会责任的。"请讨论你为什么同意或不同意这个说法。

7. 你认为公司管理者试图进入和审查员工或应聘者的脸书主页是合乎道德的吗？请讨论之。

8. 你认为要在一家公司中塑造长期的道德行为，下列哪种方式更有效：伴随着伦理培训的书面道德准则、强有力的伦理型领导？哪种方式更能影响你？为什么？

9. 利益相关者地图方法使得管理者可以分门别类地知道哪些利益相关者对他们来说是更重要的，以便投入更多的精力来使他们满意。界定某些利益相关者比另一些更重要，这样的管理方式合适吗？是不是所有的利益相关者都应该是平等的？

10. 一项调查显示，许多人认为与十年前相比，欺诈行为在如今更为普遍。你认为欺诈行为是否真的更为普遍，还是它只是看起来更为普遍？为什么？

技能运用：批判性分析案例

太过聪明

佩斯科技公司的快速发展在很大程度上要归功于销售经理肯·博蒂尼和他招募的有悟性的年轻销售员。博蒂尼对他从本地两所主要的商学院招聘来的尖子生很满意。除了佩斯科技可以提供高工资外，这些毕业生还被博蒂尼充沛的精力、创新思维和敢作敢为的态度所吸引。他是企业文化的具体体现：快节奏，位于高科技领域知识曲线的顶端。佩斯科技公司的销售队伍因其高绩效水平不断给竞争对手带来震撼。

此外，佩斯公司也因其进取型的商业理念闻名遐迩。竞争对手对佩斯公司总能以谋略取胜和捕获客户感到既有趣又沮丧。博蒂尼很享受笼罩在佩斯公司周围的这种神秘氛围。一旦意识到竞争对手快要获得大订单时，博蒂尼的销售热情就会被激发，他想要“胜过这些人”，把生意从他们手中抢过来。

“如果这是在打扑克牌，”一位董事会成员说，“那么，佩斯的每一手牌都能赢。这就好像博蒂尼和他的员工拥有异乎寻常的能力，知道你们公司手上握着什么样的牌。在打牌时，他低调，面无表情。一旦他突然把牌摊在桌上，你就完蛋了。在佩斯，我们都喜欢这种感觉。”

作为前军事情报官，博蒂尼将“狐狸般”的作风带进佩斯的文化，给日复一日的销售带来一丝刺激。博蒂尼喜欢说：“拥有好产品、好员工、好的商业智慧，你就能主宰市场。”他希望每个人，包括顾客、竞争对手和媒体，在哪儿都可以看见佩斯。他说：“每当竞争对手召开员工大会时，他们的第一个问题都应当是，‘佩斯在做什么？’”

销售员就好像博蒂尼在镜子中的影像：更年轻，但是不可战胜、富有竞争性。这也是博蒂尼所鼓励的。作为一名国际象棋棋手，他喜欢观察和鼓励销售员之间的竞争。胜出者表现出激动，有抱负的销售员总能富有干劲地工作，这些证明他们之间的竞争是值得的。

最近的一次“比赛”中，博蒂尼让科迪与阿里两人开展竞争，用智慧和策略争取本地一家新公司的一个重要潜在客户。博蒂尼要让大家都知道，他派科迪与阿里两人去完成这个任务，他俩都要提交一份如何吸引这个客户，让这个客户远离公司主要竞争对手罗利科技的方案。

科迪与阿里都很渴望抓住这个机会以扩大他们在公司的影响力，建立他们的声望。为了在极短的时间内把方案拿出来，他俩必须夜以继日地长时间工作。在递交方案的前一天晚上，科迪突然冲进阿里的办公室，把一份文件扔在她的桌上。“看看这个！”他说。

阿里开始翻阅文件，然后她惊讶地抬起头。科迪猛地合上文件夹并从她桌上拿走。

“这好像是罗利科技关键的商业机密，你是从哪里搞来的？”阿里说。

“亲爱的，这是秘密。”科迪回答道，他坐下来，用手指敲着文件夹。“有了这些信息，罗利科技没有任何机会，你也没有。”

“你会有麻烦的，”阿里说，“当你把它放进博蒂尼的……”

“博蒂尼本人就是个间谍，他会喜欢它的。”科迪打断了她，“这是典型的博蒂尼作风、典型的佩斯作风。你别告诉我这些年来他做出那么多杰出的成就，却没有做过同样的事。这就是生意，残酷的生意，我马上就能获胜了。明天见。”

他离开后，阿里呆若木鸡。“确实是残酷。”她嘟囔着，拿起电话，握着听筒想了一会儿，她能打给谁呢。这是不道德的、违法的，她想。她放下了电话。我是否应该让他明天去自首？如果博蒂尼真的喜欢这样做怎么办？如果我今晚打电话给某些经理，人家会不会把我当成一个输不起的人和爱哭的孩子？如果想在企业竞争中获胜，这是必需的吗？这真的是这家公司的文化吗？

◆ 问题

1. 肯·博蒂尼是如何塑造佩斯科技的企业文化的？你认为这种文化处在道德发展水平的哪个阶段：道德前惯例水平、道德惯例水平还是道德后惯例水平？为什么？

2. 阿里该怎么做？如果你处于她的位置，你会怎么做？请解释之。

3. 在科迪做道德决策时，如果分别基于功利主义观、个人主义观和实践观，他的决定会有什么不同？看上去他用的是哪种方法？

注　释

1. Ben Worthen and Joann S. Lublin, "Mark Hurd Neglected to Follow H-P Code," *The Wall Street Journal*, August 9, 2010, B1.
2. Mara Der Hovanesian, "Sex, Lies, and Mortgage Deals," *BusinessWeek* (November 24, 2009): 71–74; Amir Efrati and Joann S. Lublin, "Yahoo CEO's Downfall," *The Wall Street Journal Online*, May 15, 2012, http://online.wsj.com/article/SB10001424052702304192704577404530999458956.html (accessed July 2, 2012).
3. Gordon F. Shea, *Practical Ethics* (New York: American Management Association, 1988); and Linda K. Treviño, "Ethical Decision Making in Organizations: A Person-Situation Interactionist Model," *Academy of Management Review* 11 (1986): 601–617.
4. Thomas M. Jones, "Ethical Decision Making by Individuals in Organizations: An Issue-Contingent Model," *Academy of Management Review* 16 (1991): 366–395.
5. Shelby D. Hunt and Jared M. Hansen, "Understanding Ethical Diversity in Organizations," *Organizational Dynamics* 36, no 2 (2007): 202–216.
6. "Socialising for Intelligence," *Computer News Middle East*, November 2, 2011.
7. Justin Scheck, "Accusations of Snooping in Ink-Cartridge Dispute," *The Wall Street Journal Online*, August 11, 2009, http://online.wsj.com/article /SB124995836273921661.html ?KEYWORDS=%22Accusations +of+Snooping+in+Ink-Cartridge +Dispute%22 (accessed August 14, 2009).
8. Marcus Kabel, "Former Walmart Executive to Plead Guilty to Fraud," *USAToday*, January 27, 2006, www.usatoday.com/money/industries/retail/2006-01-27-retail-fraud_x.htm (accessed July 2, 2012); and Ashby Jones and Nathan Koppel, "Ethical Lapses Felled Long List of Company Executives," *The Wall Street Journal*, August 7, 2010, http://online.wsj.com/article/SB10001424052748703309704575413842089375632.html (accessed July 2, 2012).
9. These examples are from Jones and Koppel, "Ethical Lapses Felled Long List of Company Executives."
10. Rushworth M. Kidder, "The Three Great Domains of Human Action," *Christian Science Monitor*, January 30, 1990.
11. Gallup Survey results reported in Roger Martin, "The CEO's Ethical Dilemma in the Era of Earnings Management," *Strategy & Leadership* 39, no. 6 (2011): 43–47.
12. John Revill and Vanessa O'Connell, "Armstrong Is Stripped of Titles in Cycling," *The Wall Street Journal*, October 23, 2012, A4; and Anemona Hartocollis, "At Ailing Brooklyn Hospital, Insider Deals and Lavish Perks," *The New York Times*, March 26, 2012, A1.
13. Elizabeth Povoledo, "Vatican Allows That Butler Scandal Is Hurting Trust," *The New York Times*, May 28, 2012, www.nytimes.com/2012/05/29/world/europe/vatican-says-scandal-involving-popes-butler-erodes-trust.html (accessed July 2, 2012).
14. Marist College Institute for Public Opinion and Knights of Columbus survey, results reported in Kevin Turner, "Corporate Execs: Nobody Trusts Us; U.S. Lacks Confidence in Business Ethics, Poll Says," *Florida Times Union*, February 27, 2009.
15. Gary R. Weaver, Linda Klebe Treviño, and Bradley Agle, " 'Somebody I Look Up To:' Ethical Role Models in Organizations," *Organizational Dynamics* 34, no. 4 (2005): 313–330.
16. These measures of unethical behavior are from Muel Kaptein, "Developing a Measure of Unethical Behavior in the Workplace: A Stakeholder Perspective," *Journal of Management* 34, no. 5 (October 2008): 978–1008.
17. Roger Martin, "The CEO's Ethical Dilemma in the Era of Earnings Management," *Strategy & Leadership* 39, no. 6 (2011): 43–47.
18. Nicholas D. Kristof, "Lehman CEO Fuld Takes the Prize; Need a Job?: $17,000 an Hour; No Success Required," *The Gazette*, September 19, 2008; Paul Goodsell, "Are CEOs Worth Their Salt?" *Omaha World-Herald*, October 5, 2008; Jackie Calmes and Louise Story, "AIG Bonus Outcry Builds: Troubled Insurance Giant Gave out More Millions Last Week," *Pittsburgh Post Gazette*, March 18, 2009; Graham Bowley, "Wall Street '09 Bonuses Increase 17% to $20 Billion," *The New York Times*, February 24, 2010; and Adam Shell, "Despite Recession, Average Wall Street Bonus Leaps 25%; About $20.3 Billion Distributed in 2009," *USA Today*, February 24, 2010.
19. Jennifer Liberto, "CEO Pay Is 380 Times Average Worker's—AFL-CIO," *CNNMoney*, April 19, 2012, http://money.cnn.com/2012/04/19/news/economy/ceo-pay/index.htm (accessed July 3, 2012); and Jena McGregor, "Crazy Data Point of the Day: How Much CEO Pay vs. Worker Pay Has Grown," Post Leadership Blog, *WashingtonPost.com*, May 11, 2012, www.washingtonpost.com/blogs/post-leadership/post/crazy-data-point-of-the-day-how-much-ceo-vs-worker-pay-has-grown/2012/05/11/gIQArUISIU_blog.html (accessed July 3, 2012).
20. Linda K. Treviño and Katherine A. Nelson, *Managing Business Ethics: Straight Talk About How to Do It Right* (New York: John Wiley & Sons, Inc. 1995), p. 4.
21. Jones, "Ethical Decision Making by Individuals in Organizations."
22. This example is from Francis J. Flynn and Scott S. Wiltermuth, "Who's with Me? False Consensus, Brokerage, and Ethical Decision Making in Organizations," *Academy of Management Journal* 53, no. 5 (2010): 1074–1089.
23. Based on a question from a General Electric (GE) employee ethics guide, reported in Kathryn Kranhold, "U.S. Firms Raise Ethics Focus," *The Wall Street Journal*, November 28, 2005.

24. D. Wallis, "Loose Lips Can Sink Trips," *The New York Times*, May 3, 2012, F1.
25. From Jeffrey Kluger, "What Makes Us Moral?" *Time* (December 3, 2007): 54–60.
26. "The Morality Quiz," *Time*, www.time.com/morality (accessed February 19, 2008).
27. This discussion is based on Gerald F. Cavanagh, Dennis J. Moberg, and Manuel Velasquez, "The Ethics of Organizational Politics," *Academy of Management Review* 6 (1981): 363–374; Justin G. Longenecker, Joseph A. McKinney, and Carlos W. Moore, "Egoism and Independence: Entrepreneurial Ethics," *Organizational Dynamics* (Winter 1988): 64–72; Carolyn Wiley, "The ABCs of Business Ethics: Definitions, Philosophies, and Implementation," *IM* (February 1995): 22–27; and Mark Mallinger, "Decisive Decision Making: An Exercise Using Ethical Frameworks," *Journal of Management Education* (August 1997): 411–417.
28. Michael J. McCarthy, "Now the Boss Knows Where You're Clicking," and "Virtual Morality: A New Workplace Quandary," *The Wall Street Journal*, October 21, 1999; and Jeffrey L. Seglin, "Who's Snooping on You?" *Business 2.0* (August 8, 2000): 202–203.
29. John Kekes, "Self-Direction: The Core of Ethical Individualism," in *Organizations and Ethical Individualism*, ed. Konstanian Kolenda (New York: Praeger, 1988), pp. 1–18.
30. Tad Tulega, *Beyond the Bottom Line* (New York: Penguin Books, 1987).
31. Bill Lynn, *"Ethics,"* Practical Ethics Web site, www.practicalethics.net/ethics.html (accessed March 23, 2010); Richard E. Thompson, "So, Greed's Not Good After All," *Trustee* (January 2003): 28; and Dennis F. Thompson, *"What Is Practical Ethics?"* Harvard University Edmond J. Safra Foundation Center for Ethics Web site, www.ethics.harvard.edu/the-center/what-is-practical-ethics (accessed March 23, 2010).
32. Carol D. Leonnig and David Nakamura, "Official Quickly Corralled Agents," *The Washington Post*, April 22, 2012, A1; David Nakamura, "Out of Public Eye, a Disgusted Secret Service Director," *The Washington Post*, April 26, 2012, A1; and Carol D. Leonnig and David Nakamura, "Four in Secret Service Fight Back," *The Washington Post*, May 23, 2012, A1.
33. Anonymous official quoted in Leonnig and Nakamura, "Four in Secret Service Fight Back."
34. Gerard L. Rossy, "Five Questions for Addressing Ethical Dilemmas," *Strategy & Leadership* 39, no. 6 (2011): 35–42.
35. John D. Kammeyer-Mueller, Lauren S. Simon, and Bruce L. Rich, "The Psychic Cost of Doing Wrong: Ethical Conflict, Divestiture Socialization, and Emotional Exhaustion," *Journal of Management* 38, no. 3 (May 2012): 784–808.
36. L. Kohlberg, "Moral Stages and Moralization: The Cognitive-Developmental Approach," in *Moral Development and Behavior: Theory, Research, and Social Issues*, ed. T. Lickona (New York: Holt, Rinehart and Winston, 1976), pp. 31–83; L. Kohlberg, "Stage and Sequence: The Cognitive- Developmental Approach to Socialization," in *Handbook of Socialization Theory and Research*, ed. D. A. Goslin (Chicago: Rand McNally, 1969); Linda K. Treviño, Gary R. Weaver, and Scott J. Reynolds, "Behavioral Ethics in Organizations: A Review," *Journal of Management* 32, no 6 (December 2006): 951–990; and Jill W. Graham, "Leadership, Moral Development, and Citizenship Behavior," *Business Ethics Quarterly* 5, no. 1 (January 1995): 43–54.
37. Ihosvani Rodriguez, "Hallandale Beach Lifeguard Fired After Participating in Beach Rescue," *Sun Sentinel*, July 3, 2012, http://articles.sun-sentinel.com/2012-07-03/news/fl-hallandale-beach-lifeguards-20120703_1_lifeguard-services-jeff-ellis-beach-rescue (accessed July 9, 2012); and Gilma Avalos and Ari Odzer, "Hallandale Beach Lifeguard Fired for Leaving His Zone to Rescue Drowning Man," *NBCMiami.com*, July 5, 2012, www.nbcmiami.com/news/local/Hallandale-Beach-Lifeguard-Fired-For-Leaving-His-Zone-For-Rescue-161372785.html (accessed July 9, 2012).
38. Eugene W. Szwajkowski, "The Myths and Realities of Research on Organizational Misconduct," in *Research in Corporate Social Performance and Policy*, ed. James E. Post (Greenwich, CT: JAI Press, 1986), 9: 103–122; and Keith Davis, William C. Frederick, and Robert L. Blostrom, *Business and Society: Concepts and Policy Issues* (New York: McGraw-Hill, 1979).
39. Douglas S. Sherwin, "The Ethical Roots of the Business System," *Harvard Business Review* 61 (November–December 1983): 183–192.
40. Nancy C. Roberts and Paula J. King, "The Stakeholder Audit Goes Public," *Organizational Dynamics* (Winter 1989): 63–79; Thomas Donaldson and Lee E. Preston, "The Stakeholder Theory of the Corporation: Concepts, Evidence, and Implications," *Academy of Management Review* 20, no. 1 (1995): 65–91; and Jeffrey S. Harrison and Caron H. St. John, "Managing and Partnering with External Stakeholders," *Academy of Management Executive* 10, no. 2 (1996): 46–60.
41. R. Mitchell, B. Agle, and D. J. Wood, "Toward a Theory of Stakeholder Identification and Salience: Defining the Principle of Who or What Really Counts," *Academy of Management* Review 22 (1997): 853–886; Virginie Vial, "Taking a Stakeholders' Approach to Corporate Social Responsibility," *Global Business and Organizational Excellence* (September–October 2011): 37–47; and Martijn Poel, Linda Kool, and Annelieke van der Giessen, "How to Decide on the Priorities and Coordination of Information Society Policy? Analytical Framework and Three Case Studies," *Info: The Journal of Policy, Regulation and Strategy for Telecommunications, Information, and Media* 12, no. 6 (2010): 21–39.
42. N. Craig Smith, Sean Ansett, and Lior Erex, "How Gap Inc. Engaged with Its Stakeholders," *MIT Sloan Management Review* 52, no. 4 (Summer 2011): 69–76.
43. *Ibid.*
44. Max B. E. Clarkson, "A Stakeholder Framework for

Analyzing and Evaluating Corporate Social Performance," *Academy of Management Review* 20, no. 1 (1995): 92–117.
45. Rich Kauffeld, Abhishek Malhotra, and Susan Higgins, "Green Is a Strategy," *Strategy + Business* (December 21, 2009).
46. Reported in Dung K. Nguyen and Stanley F. Slater, "Hitting the Sustainability Sweet Spot: Having It All," *Journal of Business Strategy* 31, no. 3 (2010): 5–11.
47. Steven Mufson, "Keystone XL Pipeline Expansion Driven by Oil-Rich Tar Sands in Alberta," *The Washington Post*, June 30, 2012, www.washingtonpost.com/business/economy/keystone-xl-pipeline-expansion-driven-by-oil-rich-tar-sands-in-alberta/2012/06/30/gJQAVe4ZEW_story.html?wpisrc (accessed July 4, 2012).
48. This definition is based on Marc J. Epstein and Marie-Josée Roy, "Improving Sustainability Performance: Specifying, Implementing and Measuring Key Principles," *Journal of General Management* 29, no. 1 (Autumn 2003): 15–31; World Commission on Economic Development, *Our Common Future* (Oxford, U.K.: Oxford University Press, 1987); and A. W. Savitz and K. Weber, *The Triple Bottom Line: How Today's Best-Run Companies Are Achieving Economic, Social, and Environmental Success* (San Francisco: Jossey-Bass, 2006).
49. This discussion is based on Nguyen and Slater, "Hitting the Sustainability Sweet Spot"; Savitz and Weber, *The Triple Bottom Line*; and "Triple Bottom Line," an article adapted from *The Economist Guide to Management Ideas and Gurus*, by Tim Hindle (London: Profile Books, 2008), *The Economist* (November 17, 2009), www.economist.com/node/14301663 (accessed July 5, 2012). The "people, planet, profit" phase was first coined in 1994 by John Elkington, founder of a British consulting firm called SustainAbility.
50. Mark S. Schwartz and Archie B. Carroll, "Corporate Social Responsibility: A Three-Domain Approach," *Business Ethics Quarterly* 13, no. 4 (2003): 503–530; and Archie B. Carroll, "A Three-Dimensional Conceptual Model of Corporate Performance," *Academy of Management Review* 4 (1979): 497–505. For a discussion of various models for evaluating corporate social performance, also see Diane L. Swanson, "Addressing a Theoretical Problem by Reorienting the Corporate Social Performance Model," *Academy of Management Review* 20, no. 1 (1995): 43–64.
51. Milton Friedman, *Capitalism and Freedom* (Chicago: University of Chicago Press, 1962), p. 133; and Milton Friedman and Rose Friedman, *Free to Choose* (New York: Harcourt Brace Jovanovich, 1979).
52. Eugene W. Szwajkowski, "Organizational Illegality: Theoretical Integration and Illustrative Application," *Academy of Management Review* 10 (1985): 558–567.
53. David Barstow, "Vast Mexico Bribery Case Hushed up by Walmart After Top-Level Struggle," *The New York Times*, April 21, 2012, www.nytimes.com/2012/04/22/business/at-walmart-in-mexico-a-bribe-inquiry-silenced.html?pagewanted=all (accessed July 6, 2012).
54. David J. Fritzsche and Helmut Becker, "Linking Management Behavior to Ethical Philosophy—An Empirical Investigation," *Academy of Management Journal* 27 (1984): 165–175.
55. "Royal DSM," segment in Alison Beard and Richard Hornik, "Spotlight on the Good Company: It's Hard to Be Good," *Harvard Business Review* (November 2011): 88–94.
56. Smith, Ansett, and Erex, "How Gap Inc. Engaged with Its Stakeholders."
57. Jessica Dickler, "Donations to Japan Lag Far Behind Haiti or Katrina," *CNNMoney.com*, March 18, 2011, http://money.cnn.com/2011/03/18/pf/japan_earthquake_aid/index.htm (accessed July 6, 2012).
58. Saul W. Gellerman, "Managing Ethics from the Top Down," *Sloan Management Review* (Winter 1989): 73–79.
59. Attributed to Philip Delves Broughton in David A. Kaplan, "MBAs Get Schooled in Ethics," *Fortune* (October 26, 2009): 27–28.
60. Leslie Wayne, "A Promise to Be Ethical in an Era of Temptation," *The New York Times*, May 30, 2009; and Kelley Holland, "Is It Time to Retrain B-Schools?" *The New York Times*, March 15, 2009.
61. Michael E. Brown and Linda K. Treviño, "Ethical Leadership: A Review and Future Directions," *The Leadership Quarterly* 17 (2006): 595–616; Weaver, Treviño, and Agle, "'Somebody I Look Up To'"; and L. K. Treviño et al., "Managing Ethics and Legal Compliance: What Works and What Hurts?" *California Management Review* 41, no. 2 (Winter 1999): 131–151.
62. "Code of Conduct," Google Investor Relations, April 25, 2012, http://investor.google.com/corporate/code-of-conduct.html (accessed September 28, 2012).
63. M. A. Cleek and S. L. Leonard, "Can Corporate Codes of Ethics Influence Behavior?" *Journal of Business Ethics* 17, no. 6 (1998): 619–630.
64. K. Matthew Gilley, Chris Robertson, and Tim Mazur, "The Bottom-Line Benefits of Ethics Code Commitment," *Business Horizons* 53 (January–February 2010): 31–37; Joseph L. Badaracco and Allen P. Webb, "Business Ethics: A View from the Trenches," *California Management Review* 37, no. 2 (Winter 1995): 8–28; and Ronald B. Morgan, "Self- and Co-Worker Perceptions of Ethics and Their Relationships to Leadership and Salary," *Academy of Management Journal* 36, no. 1 (February 1993): 200–214.
65. Cheryl Rosen, "A Measure of Success? Ethics After Enron," *Business Ethics* (Summer 2006): 22–26.
66. Alan Yuspeh, "Do the Right Thing," *CIO* (August 1, 2000): 56–58.
67. Reported in Rosen, "A Measure of Success? Ethics After Enron."
68. Marcia P. Miceli and Janet P. Near, "The Relationship Among Beliefs, Organizational Positions, and Whistle-Blowing Status: A Discriminant Analysis," *Academy of Management Journal* 27 (1984): 687–705; and Michael

T. Rehg et al., "Antecedents and Outcomes of Retaliation Against Whistleblowers: Gender Differences and Power Relationships," *Organization Science* 19, no. 2 (March–April 2008): 221–240.

69. Eugene Garaventa, "*An Enemy of the People* by Henrik Ibsen: The Politics of Whistle-Blowing," *Journal of Management Inquiry* 3, no. 4 (December 1994): 369–374; Marcia P. Miceli and Janet P. Near, "Whistleblowing: Reaping the Benefits," *Academy of Management Executive* 8, no. 3 (1994): 65–74.
70. Jeremy Roebuck and Amy Worden, "McQueary Affirms Report to Officials: Says He Told of Seeing 'Severe Sexual Acts' in the Showers," *Philadelphia Inquirer*, December 17, 2011, A1; Jo Becker, "E-Mails Suggest Paterno Role in Silence on Sandusky," *The New York Times*, July 1, 2012, www.nytimes.com/2012/07/01/sports/ncaafootball/paterno-may-have-influenced-decision-not-to-report-sandusky-e-mails-indicate.html?_r=1&emc=eta1 (accessed July 9, 2012); Drew Sharp, "At Penn State, Football Bigger Than Principle," *Pittsburgh Post-Gazette*, June 25, 2012, A8; and Alina Tugent, "Doing the Ethical Thing May Be Right, But It Isn't Automatic," *The New York Times*, November 18, 2011.
71. Jessica Bennett, "Meet Penn State's New Whistleblower, Vicky Triponey," *The Daily Beast*, November 23, 2011, www.thedailybeast.com/articles/2011/11/23/meet-penn-state-s-new-whistleblower-vicky-triponey.html (accessed July 9, 2012).
72. Nicole Gaudiano, "Report: Air Force Whistle-Blowers Targeted," *USA Today*, February 1, 2012, 3A; Gretchen Morgenson, "How a Whistle-Blower Conquered Countrywide," *The New York Times*, February 20, 2011, BU1; and Christine Seib and Alexandra Frean, "Lehman Whistleblower Lost Job Month After Speaking Out," *The Times*, March 17, 2010, 43.
73. Richard McGill Murphy, "Why Doing Good Is Good For Business," *Fortune* (February 8, 2010): 90–95.
74. Homer H. Johnson, "Does It Pay to Be Good? Social Responsibility and Financial Performance," *Business Horizons* (November–December 2003): 34–40; Jennifer J. Griffin and John F. Mahon, "The Corporate Social Performance and Corporate Financial Performance Debate: Twenty-Five Years of Incomparable Research," *Business and Society* 36, no. 1 (March 1997): 5–31; Bernadette M. Ruf et al., "An Empirical Investigation of the Relationship Between Change in Corporate Social Performance and Financial Performance: A Stakeholder Theory Perspective," *Journal of Business Ethics* 32, no. 2 (July 2001): 143ff; Philip L. Cochran and Robert A. Wood, "Corporate Social Responsibility and Financial Performance," *Academy of Management Journal* 27 (1984): 42–56.
75. Heli Wang, Jaepil Choi, and Jiatao Li, "Too Little or Too Much? Untangling the Relationship Between Corporate Philanthropy and Firm Financial Performance," *Organization Science* 19, no. 1 (January–February 2008): 143–159; Philip L. Cochran, "The Evolution of Corporate Social Responsibility," *Business Horizons* 50 (2007): 449–454; Paul C. Godfrey, "The Relationship Between Corporate Philanthropy and Shareholder Wealth: A Risk Management Perspective," *Academy of Management Review* 30, no. 4 (2005): 777–798; Oliver Falck and Stephan Heblich, "Corporate Social Responsibility: Doing Well by Doing Good," *Business Horizons* 50 (2007): 247–254; J. A. Pearce II and J. P. Doh, "The High Impact of Collaborative Social Initiatives," *MIT Sloan Management Review* (Spring 2005): 31–39; Curtis C. Verschoor and Elizabeth A. Murphy, "The Financial Performance of Large U.S. Firms and Those with Global Prominence: How Do the Best Corporate Citizens Rate?" *Business and Society Review* 107, no. 3 (Fall 2002): 371–381; Johnson, "Does It Pay to Be Good?"; Dale Kurschner, "5 Ways Ethical Business Creates Fatter Profits," *Business Ethics* (March–April 1996): 20–23.
76. Rashid Ameer and Radiah Othman, "Sustainability Practices and Corporate Financial Performance: A Study Based on the Top Global Corporations," *Journal of Business Ethics* 108, no. 1 (June 2012): 61–79.
77. Verschoor and Murphy, "The Financial Performance of Large U.S. Firms."
78. Phred Dvorak, "Finding the Best Measure of 'Corporate Citizenship,'" *The Wall Street Journal*, July 2, 2007.
79. Jean B. McGuire, Alison Sundgren, and Thomas Schneeweis, "Corporate Social Responsibility and Firm Financial Performance," *Academy of Management Journal* 31 (1988): 854–872; and Falck and Heblich, "Corporate Social Responsibility: Doing Well by Doing Good."
80. Daniel W. Greening and Daniel B. Turban, "Corporate Social Performance as a Competitive Advantage in Attracting a Quality Workforce," *Business and Society* 39, no. 3 (September 2000): 254; and Kate O'Sullivan, "Virtue Rewarded," *CFO* (October 2006): 47–52.
81. "The Socially Correct Corporate Business," in Leslie Holstrom and Simon Brady, "The Changing Face of Global Business," a special advertising section, *Fortune* (July 24, 2000): S1–S38.
82. Remi Trudel and June Cotte, "Does Being Ethical Pay?" *The Wall Street Journal*, May 12, 2008.

第 6 章

初创企业

Small Business Start-Ups

学习目标

学习完本章后，你应该能够：

1. 给出创业的定义，明确创业者的五种类型。
2. 描述创业对于全球经济和美国经济的重要性。
3. 理解少数族裔雇主企业和女性雇主企业的影响力。
4. 描述创业者的典型性格特征。
5. 解释社会创业在当今中小企业环境中的重要作用。
6. 阐述创办新企业所必需的商业计划书的内容。
7. 描述初创企业成长的五个阶段。
8. 解释把管理活动中的计划、组织、决策和控制应用到成长中的创业企业的方法。

你能像创业者那样思考吗?[1]

导语：创业者面临很多需求。你想要创建自己的公司吗？如果想知道自己是否有这样的倾向，下列各个题项描述了拥有这种行为的程度，请用“大多符合”或“大多不符合”回答每一个题项。

	大多符合	大多不符合
1. 只要给我一点点信息，我就可以产生很多想法。	______	______
2. 我喜欢压力，因为这样可以帮助我集中注意力。	______	______
3. 当事情没有按我想的那样发展时，我不会轻易感到沮丧。	______	______
4. 我知道怎样重新组合资源来实现新的成果。	______	______
5. 我喜欢与时间赛跑，在截止日期前完成任务。	______	______
6. 我认为人们必须接受这样的观念：没有什么比实现学习、运动或者职业目标更重要。	______	______
7. 我是创新的典范。	______	______
8. 我认为自己知道如何完成任务。	______	______
9. 我非常有决心并且有行动力。	______	______

得分及解释：每个题项都涉及创业冲动，它们与你的创业意向密切相关。创业冲动由三个要素组成。题项 1，4，7 涉及创新能力和独具匠心，以及在有限条件下产生新颖的解决方案的能力。题项 2，5，8 涉及在压力和紧张中工作，以及在充满压力的情境中出类拔萃的能力。题项 3，6，9 涉及行动和耐力，以及达成目标和解决问题的决心。如果每一个要素中

至少有两个题项的答案是“大多符合”，或者9个题项中至少有6个的答案是“大多符合”，那么你就可以认为自己是一个创业者，有创造和管理自己企业的潜力。如果每一个要素中只有一个或者少于一个题项的答案是“大多符合”，或者9个题项中只有3个或3个以下的答案是“大多符合”，那么，你可能想成为一个为别人工作的管理者。

斯科特·亚当斯（Scott Adams）是讽刺漫画《呆伯特》（*Dilbert*）的作者，他在纽约Hartwick学院上学期间曾经是一位创业新秀。亚当斯就读于经济学专业，他想成为一名银行家，在创建众多“小公司”的过程中，他渐渐地用创业者的眼光去了解这个世界。一开始，他说服会计学教授让他做校园咖啡店的“财务部长”，他为这家店设计和管理了一套会计系统。这套系统取代了亚当斯形容为“7个学生试图记住钱的去向”的旧系统。亚当斯接下来的一次创业经历是成为学生寝室的管理者并且因此获得了薪资。“在接下来的两年里，我和我的朋友都免费获得了独自居住的寝室，还有一份基本工资，以及管理寝室的经历。有几个晚上，我做夜班保安工作得到了报酬，同时还做洗衣房的清洁工作赚取了工资。”亚当斯说道。

大学毕业之后，亚当斯开始了他在银行的职业生涯，但是一切并不像他希望的那么顺利，所以他辞职开始了写作生涯。他相信自己在大学期间的创业经历给他带来了回报。“作为成年人，发生在我身上的每一件好事都可以追溯到那个时期的训练。”他说。斯科特·亚当斯给未来创业者的建议是什么呢？他说，第一，冒险做可能失败的事，从中获利并学到新技能，这对未来非常有用；第二，用热情取代恐惧和害羞，尝试着享受在公众面前演讲；第三，学会如何说服他人。“学习创业的学生应该学会以各种形式说服他人的艺术，包括心理、销售、营销、谈判、统计甚至设计。”亚当斯说道。[2]

创办并发展你自己的企业需要将很多技能结合在一起。亚当斯是一个非常成功的创业者，在他离开商业界开始写作生涯时，他将商业智慧、创造力和热情结合在了一起。其他很多有勇气的个体创业者被他的热情所鼓舞，他们一马当先，创立了独资企业，这是美国和加拿大小企业中发展最快的一种企业形式。现在，美国每年大约有600 000家新企业由个人创建。[3]

6.1 什么是创业

创业（entrepreneurship）是开创一家企业，组织必要的资源，承担相关风险和获得收益的过程。[4] **创业者**（entrepreneur）是从事创业的人。创业者提出某一商业化产品或服务的可行创意，通过找到和组合必要的资源——金钱、人力、机器、厂址将这个想法付诸实践，并从事公司的运营。创业者承担企业风险，共享企业收益。他们承担所有权的财务和法律风险，同时获得企业的利润。

马特·马洛尼（Matt Maloney）和迈克·埃文斯（Mike Evans）都是创业者中的典范。芝加哥一个风雪交加的晚上，这两名软件工程师工作得很晚，他们翻阅一沓外卖菜单，想从中找出一家可以送餐到他们市中心的办公室的餐厅，突然他们产生了一个念头，可以通过网上订单的方式来解决这个问题。马洛尼和埃文斯利用他们的编程专长和旺盛的创业精力成立了餐饮配送网GrubHub，这家网站网罗了当地所有的餐厅，为消费者提供外卖服务。在该网站上注册的餐厅以 15.5%的交易额作为网站的佣金。公司的 CEO 马洛尼坦言创业前期非常艰苦。“我们从来没有怀疑过我们的愿景，但是前期会有一段棘手的时光，比如网站会出现问题，或者会有一些临时的挑战。现在我们的网站上有超过 13 000 家餐厅。在未来的三个月内，我们会有超过 80 000 家餐厅，并且将有更完整的菜单。”他说。[5] 马洛尼和埃文斯乐于承担风险，所以现在他们收获了创业的果实。

成功的创业者受到很多因素的激励，并且对报酬有不同的衡量方式。一项研究将小公司所有者分成五种不同的类型，如图表 6-1 所示。有些是理想主义者，他们喜欢新颖、创新或者对个人有意义的创意。完美主义者则追求成为企业所有者的个人满足感。创业者中的维持者希望有机会实现工作和个人生活的平衡，他们通常不希望公司发展得太大。勤奋工作者喜欢投入大量的时间和精力来创建一个更大、更赚钱的企业。事无巨细者包括那些喜欢小公司给予他们处理所有事情的机会的创业者。这些精力充沛的人追求付账、赶在最后期限前完成工作以及支付员工工资这样一些高压力工作。[6]

图表 6-1　小公司所有者的五种类型

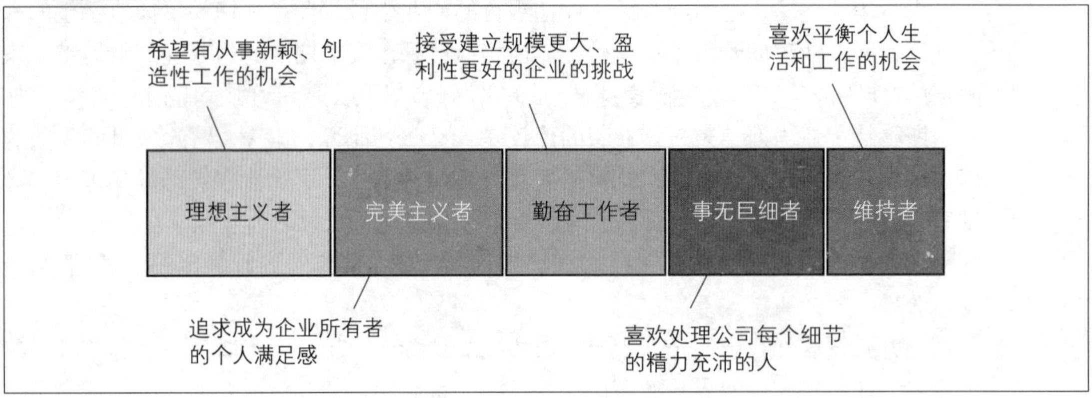

资料来源：Based on a study conducted by Yankelovich Partners for Pitney Bowes in Mark Henricks, “Type-Cast,” *Entrepreneur* (March 2000): 14-16.

对比一下蓝山艺术（Blue Mountain Arts）的所有者苏珊·波利斯·舒茨（Susan Polis Schutz）和亚马逊的创始人杰夫·贝佐斯（Jeff Bezos）的创业动机。舒茨经常写一些有关爱和自然的诗。有一次，她的丈夫心血来潮发表了她的一首诗，并把它制作成 12 张海报在当地的书店销售。海报很快就销售一空，所以书店又下了一批订单。这就是蓝山艺术的由来。她的丈夫成为蓝山艺术的插画师，她的母亲成为销售经理，舒茨对这种工作与家庭融于一体的生活非常满意。但当公司扩张到超过 300 人的时候，这个完美的平衡被打破了。为了使自己有更多的时间投入家庭，舒茨聘用了一名职业经理接管日常的运营。“我依然喜欢在工作中用爱、自然、友谊和家庭来维系人们的感情，但是现在这段时间我最喜欢做的事情是和我五岁的孙子在一起。”舒茨说。[7] 相比之下，杰夫·贝佐斯在 1994 年创立了亚马逊，希望建立“一个重要的、长久的公司”。贝佐斯不管是以前还是现在都不急于实现利润的剧增，而是关注在收入增长的同时提升顾客服务。领导这么一家受人关注、快速成长的企业要求贝佐斯不停地开发新的理念和产品。杰夫·贝佐斯更像是一个勤奋工作者，而苏珊·波利斯·舒茨更像一个维持者。

6.2 创业公司的影响

小公司尤其会受到全球经济危机和低迷的消费需求的沉重打击。但是世界经济正在复苏，小公司和创业者是很多国家经济复苏的引擎。

6.2.1 全球创业

从全球范围看，由于科技的巨大进步和中产阶层在中国和印度这样的国家里快速壮大，创业活动也掀起了巨大的浪潮。回顾印度最成功的创业者之一纳拉亚纳·默西(Narayana Murthy)，他和其他几个创始人一起创立的 Infosys 公司引发了一场外包革命，给印度经济带来数十亿美元的资金。Infosys 提供商业咨询、技术、工程以及外包服务。2000 年以来，Infosys 每年总是名列《华尔街日报》评选出的“亚洲 200 家最受尊敬企业”榜单的第一位。默西几乎是白手起家，Infosys 是一家典型的初创企业，经历了艰苦岁月。“所有一切归纳起来就是要有献身精神、勤奋工作、经历挫折、远离家庭，憧憬有一天能够从中得到足够的回报。”默西解释道。[8]

其他国家的创业活动也蓬勃发展。图表 6－2 列出了全世界吸引人们眼球的创业国家名单。一个监测创业活动的项目称，中国大约有 24%的 18～64 岁成年人建立新企业或者管理新公司；智利的比例也是 24%；秘鲁是 23%；阿根廷、巴西和牙买加创业活动的比例比美国的 12%要高。[9]

图表 6－2　全世界的创业活动

国家	2011 年 18～64 岁成年人建立或管理新公司的比例（%）
中国	24
智利	24
秘鲁	23
阿根廷	22
巴西	15
牙买加	13
土耳其	12
美国	12
墨西哥	9
波兰	8
希腊	8
葡萄牙	8
德国	6
比利时	6
日本	5

注：总的早期创业活动（TEA）是指 18～64 岁成年人是“初期创业者”或者是“新公司”所有者或管理者的比例。“初期创业者”是指某人积极参与创建一家自己所有或联合所有的公司，这家公司在 2～3 个月内不能给所有者支付月薪、周薪或任何形式的薪酬。“新公司”是指一家正在运营的企业，给所有者支付月薪、周薪或者其他形式薪酬的时间超过 3 个月，但还没有超过 42 个月。

资料来源：From Donna J. Kelley，Slavica Singer，and Mike Herrington，*Global Entrepreneurship Monitor 2011 Executive Report*. 经图片版权持有人慷慨授权，在此展现的以上图表引自 GEM 2011 年全球报告。全球创业观察（GEM）是个国际协会，该报告的编写基于 2011 年从 54 个国家收集来的数据。我们感谢该报告的作者、各参与国团队、研究人员、资助机构及其他使这一切成为现实的贡献者。

6.2.2 美国的创业

创业企业对美国经济的影响是惊人的。在美国，小企业，包括芝加哥的外包公司以及加利福尼亚州的高科技初创公司，创造了 2/3 的新工作岗位。美国的2 800 万家小公司雇用了 6 000 万名美国人，这几乎占了私营企业劳动力的一半。[10] 小企业管理局（SBA）称，小企业代表了美国 98%的企业。[11]除此以外，小企业还代表了 97%的美国出口商，占据了出口总额的 30.2%。[12]

不足为奇，互联网企业正以惊人的速度不断涌现。强有力的技术，比如谷歌的搜索引擎、亚马逊的网上服务、脸书的身份鉴定技术，使得消费者很容易且可廉价地获得它们的服务。基于技术的基础条件帮助科技初创企业在成立一年之内为消费者提供产品和服务。十年前，创办一家公司非常昂贵。但是在过去的几年里，有了互联网和移动设备科技领域的每一次新突破，创业者“能够用很少的钱创建企业并且可以几乎在任何地方经营”。负责 iPhone 和 iPad 上的免费客户服务评分应用软件 Tello 的 CEO 乔·贝尼那托（Joe Beninato）说道。“过去先要拿出 500 万美元建立基础架构，”他说，“现在你只需拿出你的信用卡在亚马逊网站上支付 5 000 美元就可以完成这件事情。”[13]

在美国，新创公司和小企业是创造就业岗位和创新的引擎：

● 创造就业岗位。研究者并未就小企业创造的新工作岗位的比例达成共识。研究表明，是公司年龄而不是公司规模决定了它创造的工作岗位有多少。也就是说，近些年几乎所有的新工作岗位都来自新公司，这里所谓的新公司不仅包括小公司，也包括大型跨国公司的新部门。[14] 但是在美国，小公司依然被认为创造了大量的新工作岗位。小公司创造的工作岗位给美国经济注入的活力是其他国家没法相比的。

● 创新。小公司所有者往往非常了解他们的客户，这让他们的创新有了非常有利的基础。创业专家戴维·伯奇（David Birch）所做的研究追踪了大约 900 万家公司的用人和销售记录，发现新公司和小企业在 362 个产业的创新中贡献了 55%，在革命性创新中贡献了 95%。除此以外，快速成长的公司被伯奇称为“羚羊”企业，它们的员工实现的产品创新是大企业员工的两倍。小公司的员工获得批准的专利数是大公司员工的 13 倍。[15]

6.3 谁是创业者

美国商业英雄，亨利·福特、玫琳凯·艾施、山姆·沃尔顿、奥普拉·温弗瑞、史蒂夫·乔布斯几乎一直都是创业者。创业者始于一个愿景，他们经常对目前从事的工作不满意或者发现一个可以将资源整合到一起创办新企业的机会。但是，将创业者想象成无畏的先驱者则过于浪漫化了。一项对美国发展最快的小公司的 CEO 所做的调查发现，这些创业者非常勤奋、注重实际、对市场和行业非常熟悉。[16]

6.3.1 少数族裔雇主企业

随着美国少数族裔人口的增加，少数族裔雇主企业的数量也在增长。“少数族裔人口的增加体现了人口特征的变化。”国际特许经营协会的马修·哈勒（Matthew Haller）

说道，“当越来越多的少数族裔在美国扎根时，他们通过企业所有权寻找控制自己命运的方式。”[17]萨尔瓦多·古兹曼（Salvador Guzman）以前是一名兽医，他从墨西哥移居到美国，在田纳西州纳什维尔市他朋友开设的墨西哥餐厅当服务员。受到在美国创业机会的激励，古兹曼用 18 000 美元的积蓄和三个合伙人创办了自己的餐厅，加入美国 240 万移民创业者的大军。现在，他在田纳西州拥有 14 家餐厅和两个西班牙语广播电台。[18]

根据最新获得的数据，少数族裔雇主企业在 2002—2007 年增加了 45.6%，达到 580 万家，其增长率是美国所有企业的两倍多。这些新公司创造了 1 万亿美元的收益，雇用了 590 万员工。增加的少数族裔雇主企业有 60.5%是黑人雇主企业，有 17.9%是印第安人雇主企业和阿拉斯加原住民雇主企业。西班牙裔雇主企业增加了 43.6%。[19]图表 6－3 概括了美国企业所有者的族裔构成。

图表 6－3 小企业所有者的族裔构成

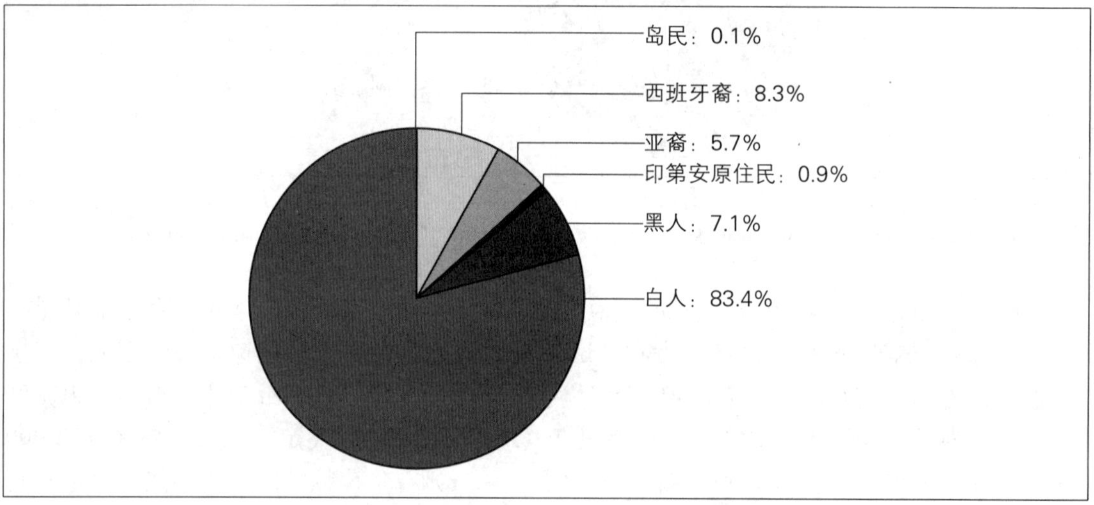

注：调查允许重复计算（例如，一个所有者既可以是西班牙裔，也可以是黑人），所以数字之和超过 100%。

资料来源：Summary of Findings，“Preliminary Estimates of Business Ownership by Gender，Ethnicity，Race，and Veteran Status：2007，” Survey of Business Owners（SBO），U. S. Census Bureau，www. census. gov/econ/sbo/# nhpi（accessed August 23，2010）.

由少数族裔创立的公司的类型变得越来越复杂。传统的少数族裔雇主企业或者夫妻零售店、餐厅正在被金融服务、保险和互联网领域的公司取代。硅谷很多成功的公司是由少数族裔创立或者联合创立的，包括教科书租赁初创公司 Chegg，交友网站 Zoosk 以及网络手工艺品交易平台 Etsy 等。

6.3.2 女性雇主企业

女性也拥有很多创业机会。根据女性雇主企业研究中心的调查，美国属于女性所有者的公司有将近 800 万家，占所有企业的 28%。2008 年这些公司的销售收入是 190 万美元，在所在行业中创造了 16%的就业岗位，这些行业包括企业服务业、个人服务业、零售业、医疗保健业以及通信业。不但数字很可观，在现实中的效果可能更好。只有 20%的女性雇主企业聘请了员工，因此这是一个充满增长潜力和大量机会的领域。“很多女性雇主企业规模不大的原因是女性试图事事亲力亲为。”内尔·默利诺（Nell Merlino）说道，她是“让女孩们去工作”运动的创始人。“当务之急是聘用员工，现在失业人口有1 000万，”她补充道，“这是一个巨大的劳动力储备市场。”[20]女性面临的另外一个挑战是在高科技领域男女不平等。数据表明女性创办的获得风险投资的科技企业只有8%。[21]图表6-4展示了美国企业所有者的性别构成。

图表6-4 小企业所有者的性别构成

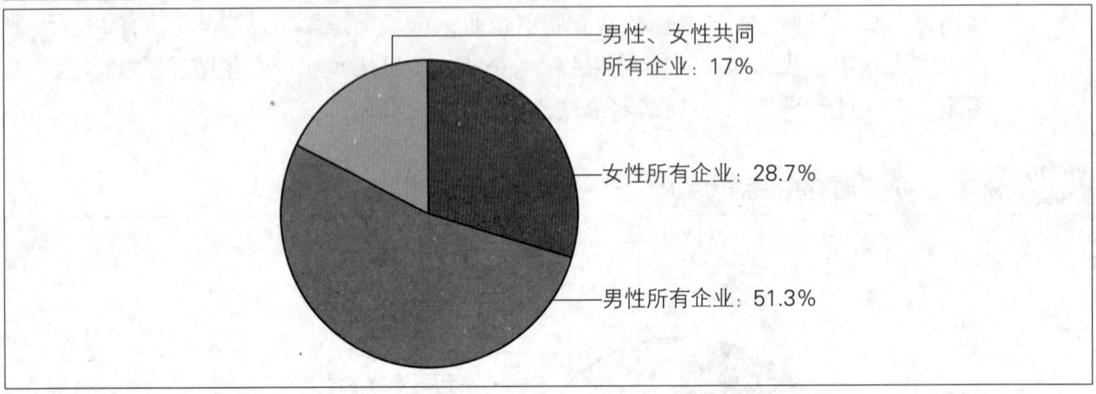

资料来源：“Summary Statistics for All U. S. Firms by Gender：2007，” *Survey of Business Owners—Women-Owned Firms*，U. S. Census Bureau，www. census. gov/econ/sbo/get07sof. html?12#（accessed August 9，2012）.

随着创立网络企业成本的大幅下降，越来越多的女性冒险涉足这个竞争激烈的市场。苹果公司在2007年发布iPhone后，智能设备的市场飞速发展。今天，市场上有超过350 000个应用软件，聚集了大量的开发者，他们希望开发出客户忠诚度很高的应用软件。雷格·斯特蒂纽斯（Reg Stettinius）决定自掏腰包投资100 000美元开发一款应用软件以解决一个常见问题：她在华盛顿特区因为不能很快地找到一家可以款待外地访客的餐厅而十分恼火。所以她决定开发一款名为“Venga”的应用软件，这款软件可以帮助餐厅和酒吧用特色菜、现场音乐演奏、招牌菜去吸引顾客。餐厅每个月需要给Venga付一笔钱，这样它们就可以在Venga上推销每天的特色菜和开展日常促销活动。顾客可以免费下载Venga，在社交平台上分享它上面的信息，或者在相关网页上预订饭店。斯特蒂纽斯和她的联合创始人遇到的一个挑战是在餐厅的需求和顾客的需求之间进行匹配。“他们不仅需要知道餐厅需要什么，”马里兰大学Dingman创业中心风险投资主管伊莱娜·法恩（Elana Fine）说道，“他们也需要知道用户需要什么。这是他们必须从一大堆数据中甄别出来的东西。”[22]

6.3.3 创业者的特征

很多研究者调查了创业者的特征及其与已有组织中成功管理者的不同之处。一些人认为，总体来说，创业者比传统管理者更希望过一种不一样的生活。创业者似乎非常注重自由发挥他们最大的潜能。研究发现，大约有40个特征与创业相关，其中，有7个特征尤为重要。[23]图表6-5列示了这7个特征。

图表 6-5 创业者的特征

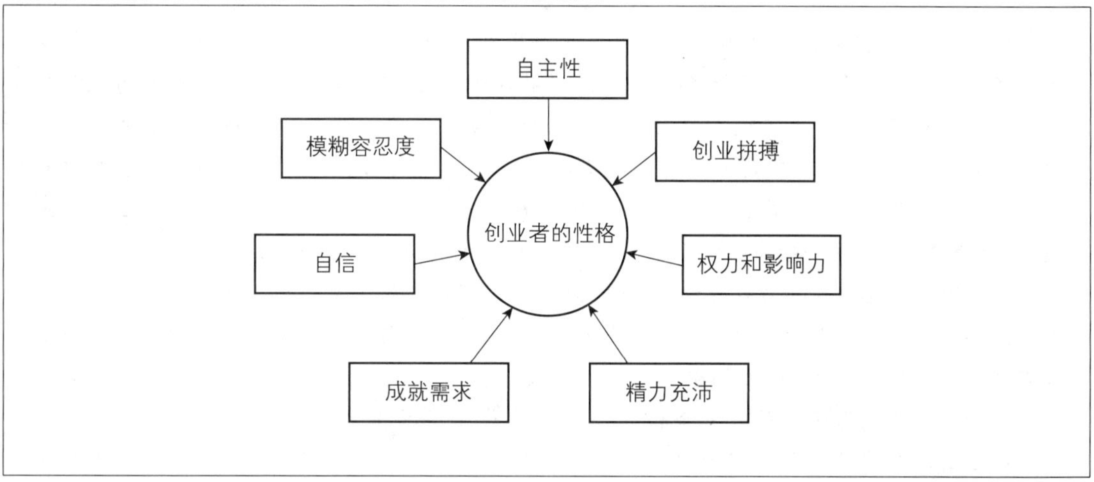

资料来源：Adapted from Leigh Buchanan, "The Motivation Matrix," *Inc.*, March 2012, www.inc.com/magazine/201203/motivation-matrix.html (accessed August 20, 2012); and Charles R. Kuehl and Peggy A. Lambing, *Small Business: Planning and Management* (Ft. Worth, TX: The Dryden Press, 1994), p. 45.

■ **自主性**

对 2 000 名创业者的调查发现，追求创业最基本的动力来自对自主性的渴望。渴望拥有自主性的创业者珍惜他在自己的公司中自主决策的自由。正因为有这种对独立计划、独立决策的渴望，这些创业者可能考虑“单飞”，不需要同伴或关键投资者。但是“单飞”也有缺陷，它可能会限制公司的成长，使之成为一家规模甚小的企业。[24]如果初创企业想要取得长期的成功，创始人可能需要放弃自主性，允许采取不同管理技能的人带领公司进入下一个成长周期。“当你面临这样的选择时，你必须达到一个平衡。你可能需要放弃一些你很看重的东西，以得到一些对于你来说更重要的东西。”《创始人的困境：预测和避免可能导致初创企业失败的陷阱》的作者诺姆·沃瑟曼（Noam Wasserman）说道。[25]有时，这意味着首先要放弃激励创业者创办企业的自主性。

■ **创业拼搏**

管理者另外一个共同的特征是在长期的拼搏之后依然能够保持积极乐观。贾斯汀·卡登（Justin Carden）是一名 29 岁的软件工程师，他和几个有抱负的科技创业者合租了硅谷附近的一间小公寓。他们在这里酝酿着开发新的应用软件和网页的想法。这些“电脑迷旅社”经常住着 10 多个人，他们挤在仅有的两个卧室里。在向投资者推销自己的产品之前，他们会一起演练。“我们非常努力地工作，我们不在乎自己住在哪里。”伊森·莫里克（Ethan Mollick）说道，他是麻省理工学院的毕业生，现在是宾夕法尼亚大学沃顿商学院的助理教授。“人们总是抱怨计算机科学的学术研究对一名程序员没什么用处，起作用的是环境。”他说道。[26]创业拼搏的另一个例子是两个冲浪者在创办小啤酒厂的过程中经历了多年的财务困难，具体见“创新之道”专栏。

创新之道

海滨啤酒厂

乔尔·埃利奥特（Joel Elliott）和里奇·马塞洛（Rich Marcello）是冲浪伙伴，他们突发奇想在南加州创办了一家海滨啤酒厂，那里的人们对手工啤酒不断增长的需求为他们创造了机会。没有资金也没有创业经历，他俩只好从亲朋好友处借钱，又用信用卡透支了一些钱。他们在一个1 000英尺的小仓库里成立了自己的啤酒厂，他们唯一买得起的发酵桶非常小，每个发酵桶只能生产出7桶31加仑的啤酒。马塞洛的另外一份工作的时间是从早晨5：00到下午13：00，这样他就可以利用下午、晚上和周末的时间在海滨啤酒厂工作。因为资金非常紧张，为减少啤酒装罐成本，他们用马塞洛的1998款克莱斯勒货车运送酒桶。花光了这些钱后，埃利奥特的叔叔把自己的退休金给了他。这两个人拼命地工作：三年中每周工作100小时，没有假期和薪酬。

埃利奥特和马塞洛在压力下坚持着，最终收获了多年努力的成果。随着客户群的扩大，小发酵桶生产出来的啤酒太少，无法保障啤酒厂的发展。2010年，他们又向亲朋好友借钱来扩大生产规模。有了资金后，他们买了3个单产15桶的发酵桶，每个发酵桶约12 000美元。这是一笔明智的交易。但到2011年中期，客户超过100人，啤酒厂又接近生产能力的极限。接着海滨啤酒厂又筹得300 000美元进行第二次扩张。今天，合伙人可以拿到薪酬了，埃利奥特估计他们可以在14个月内还清所有借款。这些创业家在海滨啤酒厂的创立阶段投入了大量的时间，也承担了逐步增加的债务，现在他们正体会成功的滋味。[27]

■ **权力和影响力**

一些创业者是被对权力和影响力的渴望驱动的。山姆·沃尔顿是沃尔玛的创始人（沃尔玛是美国历史上最成功的零售商），他获得成功的部分原因是他给供应链带来高效率，能用最低的价格销售商品，公司在这方面的优势远远领先于它的竞争对手。沃尔顿给生产商施加了很大的压力，促使它们提高生产率并降低成本。随着沃尔顿的影响力越来越大，他控制价格、数量、运输、包装以及供应商产品质量的权力也越来越大。沃尔顿是一个被权力和影响力驱动的人，很长时间以来，他被认为是颠覆供应商-零售商关系的企业家。[28]

■ **精力充沛**

初创企业需要花很多精力去经营。史泰博公司（Staples）对小企业所有者所做的一项调查发现，43%的小企业所有者一周工作超过40小时，31%的报告是在假期完成的，13%的企业所有者说他们一般一周工作超过80小时。[29]高涨的热情能帮助创业者应对难以避免的障碍和挫折。[30]你会通过他们坚定的理想信念、专注力、非同一般的冒险精神感受到他们的创业热情。“要想成功，你必须热情满满地相信一些事情，相信它们可以变为现实。”美体小铺化妆品公司（Body Shop）的安妮塔·罗迪克（Anita Roddick）说道。[31]在“迈向绿色”项目风靡前，罗迪克就已经创办了具有社会责任感和环境责任感的企业。到2007年，她拥有了一个在50个国家设有2 000家门店的美体小铺王国。[32]

■ **成就需求**

和创业紧密相关的特征还包括**成就需求**（need to achieve），这意味着人们被激励去追逐和选择能使他们成功的环境。[33]有着高成就需求的人经常给自己设定有难度的目标。简单的目标没有什么挑战性；不切实际的高难度目标很难实现；适度的目标既具有挑战性，又能在实现后给人很大的满足感。高成就需求者也喜欢追求那些能够给予成功反馈的目标。“我的起点很低，所以我必须取得一些成就。”《哈利·波特》的作者、亿万富翁 J.K. 罗琳回忆道，“如果没有这些挑战，我一定会完全丧失理智。”[34]

■ 自信

创办并运营企业的人一定要当机立断。他们需要对自己管理日常事务的能力有足够的自信。他们必须确信自己能够争取客户、处理技术性细节问题，并且保证企业能够经营下去。创业者也要有这样一种普遍的自信：他们能够应对未来的一切，任何复杂、难以预料的问题出现时都能得以解决。

■ 模糊容忍度

很多人希望工作环境有清晰的架构，能够得到明确的指导，获得完整的信息。**模糊容忍度**（tolerance for ambiguity）是帮助人们免受无序和不确定性干扰的心理特征。这种特征对于创业者非常重要，因为很少有比创业更具不确定性的情况。创业者必须在对选择的结果或者哪种选择能够成功还不清楚的情况下做出决定。

以上这些特征以及之前讨论过的人口统计特征都是对创业者较为深入的描述，但还不够精准。成功的创业者可以来自不同的年龄段、不同的背景，拥有不同的性格特征和品质。我们不能因为某个人不符合某种特定的类型而阻止他创办新企业。一项对小企业所做的研究发现，成功的创业者有三个最重要的特征：现实主义、灵活性和热情，这在动荡的环境中尤为重要。即使是最现实的创业者也会低估创办新企业的难度，所以他们需要灵活性和对创业的热情才能在这样的困境中存活下来。[35]

6.4 社会创业

今天的消费者对组织按承担社会责任的方式去经营的期望越来越高。一种新的企业形式应运而生，这种企业积极地帮助社会解决各种类型的社会问题，包括环境污染、全球饥荒以及可治愈疾病的死亡率等。在很多方面，这些企业的功能与传统企业并无二致，但是它们最主要的关注点在于提供社会福利，而不是财务收益最大化。**社会创业**（social entrepreneurship）主要关注通过提供社会问题的解决方案来创造社会价值，其次关注的才是创造利润和回报。[36]著名社会创业家穆罕默德·尤努斯（Muhammad Yunus）创办了孟加拉国乡村银行，他是提出小额贷款概念的先行者，即为印度贫困乡村的小企业提供小额贷款。到2006年，当尤努斯获得诺贝尔和平奖的时候，孟加拉国乡村银行已经给孟加拉国73 000个村子的700万贫困民众提供了贷款。孟加拉国乡村银行模式被推广到100多个国家，帮助成千上万的百姓摆脱了贫困。[37]另外一个事例是凯西·朱思迪（Kathy Giusti）在一次重大的医疗事故之后出乎意料地成为一名社会创业家。

创新之道

勉强的社会创业者

凯西·朱思迪从来没想过自己会离开公司成为一名创业者。她在制药企业 G. D. Searle 晋升非常快，并且有望成为公司高管团队中第一位女性 CEO。在 Searle，她很快就被认为是一名“高潜力的”员工。艾伦·海勒（Alan Heller）曾经是 Searle 的联合主席，他评价朱思迪“非常聪明，具有很强的分析能力，并且发愤图强”。在 Searle，她在开发两个成功的新药——Ambien 和 Daypro 中起到了非常重要的作用。她是一个性格内向的人，喜欢在大公司里工作，从不认为自己是一个冒险家。

之后，朱思迪得到的消息彻底改变了她的生活。她被确诊为多发性骨髓癌，这是一种致命的癌症，医生告诉她骨髓癌患者的平均存活期为 3～4 年。在对治疗方法做了大量的研究后，她对了解到的事实感到非常震惊。用于治疗该疾病的药物研发于 20 世纪 60 年代，之后就没人再在该领域投入研发资源了。接下来她的行为也很令人震惊：她从 Searle 离职，创办了非营利组织。她充分发挥商业才智，怀着对治愈的渴望，以充沛的精力创办了两个加快疾病治疗方案研发的组织——多发性骨髓癌研究基金会和多发性骨髓癌研究联盟。

朱思迪评价自己是一个“适合大公司的人”，之前她对非营利组织没什么好感，因为她觉得大多数非营利组织没有专业的管理。“我想让人们看到我并没有走与蹩脚的非营利组织同样的路。我试着把这个组织做好。”她说。朱思迪要求基金会和研究联盟使用定量指标、标杆和平衡计分卡，这样任何一方都能知道他们的个人绩效以及集体的绩效，并且可以不断进步。由 24 个员工组成的领导团体每周一都会召开战略会议，每周二召开运营会议。至今，朱思迪已经为骨髓癌研究募集了超过 1.65 亿美元的资金，这是一个非凡的成就，因为之前美国大多数非营利组织的募集款从来没有超过 100 万美元。“朱思迪带给大家的启发是不走寻常路。”亚利桑那州梅奥诊所研究中心（Mayo Clinic）主任基思·斯图尔特（Keith Stewart）说道，“她是一个要求非常严格的人。她知道她想要什么，她会不断地去做，直至找到解决棘手问题的方法为止。”[38]

绿色魔力

明星的力量

杰西卡·阿尔巴（Jessica Alba）不是第一个渴望解决社会问题的电影明星，但是她可能是第一个创办企业来解决许多新生儿妈妈普遍关心的问题的人：在生产确保婴儿健康的产品的同时也确保环境的健康。

阿尔巴在怀孕期间研究健康婴儿用品时，阅读了克里斯托弗·加维根（Christopher Gavigan）的一本书《健康的宝宝，健康的世界》（*Healthy Baby*，*Healthy World*）。加维根关于婴儿用品毒性水平的报告触动了阿尔巴，她亲自鼓励作者加入她的团队，一起生产环境友好型的婴儿护理产品。两人创办了 Honest 公司，它的招牌产品——一次性纸尿裤对于每一个新生儿妈妈来说都是必需的。独立测试证明，用小麦、谷物和源自可再生森林的木纤维制作的纸尿裤的吸水性提高了 33%，这对于环保意识强的消费者来说非常具有吸引力。新型纸尿裤中 85%的原料是可生物降解的，正好符合“绿色标签”的贴牌标准。今天，Honest 公司提供的各种产品旨在让孩子们在一个没有毒物和致癌物的世界中成长。

资料来源：“The 100 Most Creative People in Business 2012：#17 Jessica Alba，” *Fast Company*（June 2012）：96-97；and “About Us：Health and Sustainability Standards，” The Honest Company Web site，https://www.honest.com/about-us/health-and-sustainability（accessed October 2，2012）.

6.5　创办新企业

一个人无论是创办非营利组织还是组建社会企业，抑或建立传统的追求利润的小企业，实现创业梦想的第一步都是找到一个可行的想法，然后拼命地做计划和安排。一旦某人脑子里有了一个新的想法，就应该制定商业计划，然后做出有关法律结构、融资、基本策略等的决策，例如究竟是白手起家创办一家公司还是从一开始就利用国际化的机会。

6.5.1　创业源于创意

对于一些人来说，创办新企业的想法是件水到渠成的事。他们在被令人兴奋不已的创意唤起创业意识前，甚至从没考虑过要创业。另一些人则在决定想要经营自己的公司后，才开始寻找创意或机会。图表6-6展示了人们创办企业最重要的原因以及新的商业创意的来源。要注意，37%的创业者的想法来自他们对行业的深刻了解，主要是基于他们以前的工作经历。有意思的是，36%的人发现了未被占领的市场。[39] Spanx的创始人萨拉·布雷克里（Sara Blakely）就是一个很好的例子。在做办公家具销售员时，萨拉·布雷克里热切地寻找新的商业机会。“我一直想生产出一个我自己设计的产品。”布雷克里说，“我喜欢销售工作并且擅长做这个工作。但是我想卖一些我真正渴望卖的东西。”在寻找能够穿在白色裤子里面的紧身袜时，她想出一个创意，于是开发出了Spanx，这是一种塑形连裤袜。当奥普拉·温弗瑞在她的电视节目上说Spanx是她的最爱之后，Spanx迅速成为一款成功的产品。今天Spanx公司拥有100多名员工，Spanx的产品包括泳衣、裤子、短裙以及内衣。[40]

图表6-6　创业动机和新的商业创意的来源

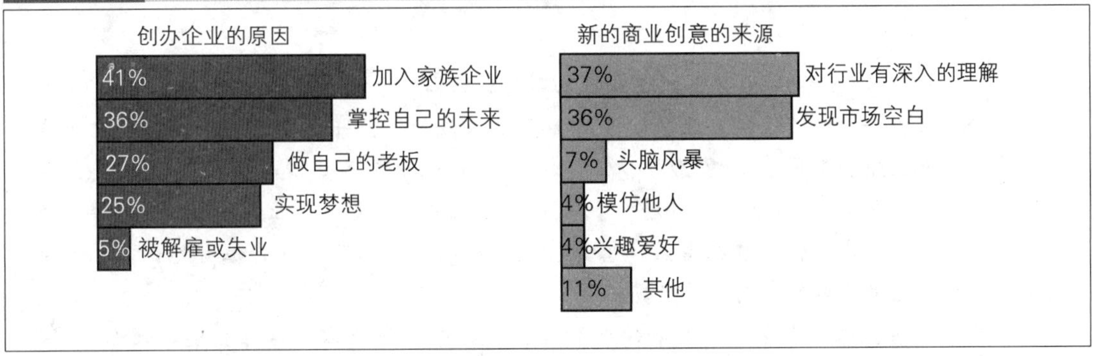

资料来源：John Case，“The Rewards，” *Inc.*（May 15，2001）：50-51；and Leslie Brokaw，“How to Start an Inc. 500 Company，” *Inc.*（October 15，1994）：51-65. Copyright 1994 and 2001 by Mansueto Ventures LLC. Reproduced with permission of Mansueto Ventures LLC.

创业者需要克服的困难是如何将自己的技能和经验与市场的需求结合起来。只是充分发挥自己的才能可能只会生产出一些没人想买的东西。相反，只发现没人能够填补的市场空白而不能做出产品也是没用的。只有当个人技能和市场需求匹配的时候才能成功。

6.5.2 撰写商业计划书

一旦创业者被新的商业创意燃起激情，详细的商业计划书就是非常必要的。**商业计划书**（business plan）是企业家在创办新企业之前准备的关于具体业务细节的文件。计划书促使企业家仔细思考与创办和发展企业相关的问题。很多创业者必须筹措资金，所以商业计划书对于游说借款人和投资者加入企业是至关重要的。研究发现，拥有成熟的商业计划书的小企业比没有的企业更有可能成功。[41]为了吸引风险投资者及其他潜在投资者的注意力，创业者应该确保商业计划书既新颖又富有吸引力。

商业计划书的细节可能有所不同，但是成功的商业计划书一般有以下几个特征[42]：

- 展示一个清晰、诱人的企业愿景，给人带来一种兴奋感；
- 提供清晰而合理的财务预算；
- 描述潜在客户和目标市场；
- 包括关于行业和竞争对手的详细信息；
- 提供高效的创业管理团队的证据；
- 格式规范，书写清晰；
- 简明扼要，不超过 50 页；
- 突出可能会威胁企业成功的关键风险；
- 讲明初创阶段及运营阶段的资金来源和资金的使用情况；
- 用一个简明扼要的摘要引起读者的兴趣。

创办企业是一个高回报而又复杂的过程，它源于好的计划、筹备及洞察力。一个精心设计的商业计划书描绘了成功的蓝图。当企业开始成长时，创业者应当准备好应对常见的陷阱，下面的“经理会谈”专栏描述了这些问题。

经理会谈

初创企业为什么会失败

小公司在当今的经济世界中乘风破浪时会面临很多挑战，并且会面临很多阻碍它们成功的问题：就业增长缓慢、消费者信心低迷以及房地产业复苏迟缓等。怪不得小企业从 2007 年到 2010 年的失败率上升了 40%。为了让小企业成功运营，创业者必须知道怎样避免踏入可能使企业脱离正轨的潜在雷区。想要规避所有风险是不可能的，但有见识的创业者会对那些使小企业失败的原因格外警惕。

- 管理不善。很多小企业所有者缺乏管理企业各个方面所需的经营技能，比如财务、采购、库存、销售、生产及招聘等方面的技能。例如，当杰伊·比恩（Jay Bean）成立 sunglassesonly.com 时，他缺乏管理库存的经验。“库存管理需要你解决一大堆复杂的问题，包括防止盗窃。”他说道。比恩公司的销售额在经济衰退期间直线下降，2010 年 11 月他关掉公司，亏本卖掉了资产。

- 过分扩张。很多过分狂热的企业所有者将企业成功和扩张需求搞混了，例如进军不那么有利可图的市场或者为了保持一定的发展速度而借入大量的资金。Large Format Digital 的联合创始人花了 100 万美元建设自己的安装设施，他们相信从长远看这将降低他们的成本。从 2006 年开始，这家公司的销售额保持着每年 60%的增速。2008 年他们用了一个月的时间建好了这套设施，然而销售额却下降了50%，公司在2011年3月倒闭。

● 会计不力。财务报表是小企业的支柱，所有者需要了解这些数据才能管理企业。利润表和资产负债表帮助企业在发生致命错误之前诊断出潜在的问题。了解对利润有影响的销售费用比率也是非常重要的。控制现金流是小企业所有者的另一个重要作用。企业的发展具有周期性，聪明的管理者会设定一项储备金，帮助企业从不可避免的起起落落中迅速复兴。

● 没有网站。随着网络客户数量的不断增加，每家企业都拥有一个专业的、设计精良的网站，这是非常重要的。根据美国商务部的统计，2010年的电子商务销售额总计1 654亿美元。成功设计网站的关键是便于用户快速找到相关商品。Wesabe是一家私人的金融网站，它帮助顾客制定预算并且做出明智的购买决策。上线第一年，该网站就拥有了150 000名用户，联合创立者异常欣喜。然而，一个新的竞争对手Mint. com设计了更好的网站，取了一个更易记的公司名。3个月内，Mint就拥有了300 000名用户，并获得了1 700万美元的风险投资。Wesabe无力抗争，只好关闭网站。联合创始人马克·海德伦德（Marc Hedlund）说，Wesabe的管理者应该让它的网站更易操作。"我们希望帮助他人，"他说，"但是要帮助他人还有很多工作要做。"

● 运营低效。创业者一个重要的作用是在必要的领域（比如质量控制、客户服务以及公司的公众形象等）设立高标准。大多数企业依靠回头客和口碑传播，所以给顾客留下良好的第一印象非常重要。特许经营商通常能帮助企业提供高质量的产品和服务，减轻创业者面临的一些压力。移民科诺莫夫在布鲁克林开办了一家赛百味餐厅，以实现自己的美国梦。"你不必从原材料开始准备食物。"她说道。赛百味一向能够制作高质量的三明治。

● 害怕开除员工。开除员工令人很不舒服也很困难，但是如果企业所有者想要胜过竞争对手，那么建立和维持一支优秀的员工队伍就非常重要。遗憾的是，员工常常表现平庸，特别是那些善良且忠诚的员工。但是，从长远来看这会伤害到企业。问问你自己，"如果明天我团队中有人辞职了，我会安心吗?"如果回答是肯定的话，那么你可能会有一点问题。

资料来源：Patricia Schaefer, "The Seven Pitfalls of Business Failures and How to Avoid Them," Business-Know-How. com, April, 2011, www. businessknowhow. com/startup/business-failure. htm (accessed August 14, 2012); Jay Goltz, "You're the Boss: The Art of Running a Small Business," *The New York Times*, January 5, 2011, http://boss. blogs. nytimes. com/2011/01/05/top-10-reasons-small-businesses-fail/ (accessed August 14, 2012); Eilene Zimmerman, "How Six Companies Failed to Survive 2010," *The New York Times*, January 5, 2011, www. nytimes. com/2011/01/06/business/smallbusiness/06sbiz. html (accessed August 14, 2012); "The State of Small Businesses Post Great Recession: An Analysis of Small Businesses Between 2007 and 2011," Dun & Bradstreet, May 2011, www. dnbgov. com/pdf/DNB_SMB_Report_May2011. pdf (accessed August 14, 2012); Adriana Gardella, "Advice From a Sticky Web Site on How to Make Yours the Same," *The New York Times*, April 13, 2011, www. nytimes. com/2011/04/14/business/smallbusiness/14sbiz. html (accessed August 14, 2012).

6.5.3 选择法律结构

在创业者创办企业之前，或者在企业再一次扩张之前，他们必须为企业选择一个合适的法律结构。三种基本的选择分别是独资企业、合伙企业和公司。

■ 独资企业

独资企业（sole proprietorship）是指由个人所有且享有全部经营收益的非法人企业。独资企业在美国所有的企业类型中所占的比重最大。这种形式的企业非常流行，因为创办一家这样的企业非常容易，没有很多的法律要求。独资企业所有者拥有完全的所有权和公司的控制权，无须征求任何人的意见就可以做所有的决定。但是，这类企业也有缺点。独资企业所有者对企业承担无限责任，这意味着如果被人起诉，那么独资企业所有者的个人资产和企业的资产都会有风险。所以，这样的企业很难融资，因为企业成功与否取决于一个人。

■ 合伙企业

合伙企业（partnership）是指由两个或两个以上的人所有的非法人企业。合伙企业和独资企业一样，比较容易创建。两个朋友只要达成协议就能创办一家平面艺术企业。为了避免误解并且保证企业计划周密，在律师的帮助下起草并签订正式的合伙合同是比较明智的选择。合同要明确指出合伙人如何分担责任、分享资源以及如何贡献自己的技能和专长。合伙企业的缺点是合伙人的无限责任以及在强势的合伙人之间几乎都会出现的分歧。《公司》（*Inc.*）杂志组织的民意调查表明了合伙企业的不稳定性。民意调查显示，59%的被调查对象认为合伙企业并不是一种好的商业形式，原因诸如合伙人之间的矛盾和分歧。合伙企业经常会在五年内解散。喜欢合伙企业的被调查者指出合伙人之间的平等关系（如工作任务、情感及财务压力的分担等）是合伙企业成功的关键。[43]

■ 公司

公司（corporation）是人为创立的实体，其经营状况和生存情况与其所有者相分离。作为一个独立的法律实体，公司对它的行为负责，并且需要根据它的收入缴税。与其他所有权形式的企业不同，公司有自己的法律生命，无论它的所有者是否活着，它都会一直存在下去。假如公司面临诉讼，那么由公司而非所有者承担责任。所以它的持续性和所有者的有限责任是公司最主要的两个优势。例如，一名内科医生可以成立一家公司，医疗事故的责任将不会影响到他的个人财产。公司的主要劣势是成立需要较多的资金，并且所需要的文书工作和按法律要求保存公司的记录很复杂。当独资企业和合伙企业成功或壮大之后，它们经常通过公司的形式来限制责任并且通过向投资者发行股票来募集资金。

6.5.4 融资筹划

大多数创业者特别关心公司的融资状况。有些类型的企业只需几千美元就可以创办，但是创办一家公司往往需要大量的初始资金。要想获得劳动力、原材料或者场地和设备，一大笔投资是必需的。例如，高科技企业一般需要50 000～500 000美元来熬过前6个月，这段时间里创始人甚至没有工资。[44]

很多创业者依靠自己的资源进行初期的筹资，但是他们经常要抵押自己的房子，透支信用卡、向银行贷款或者将公司部分所有权让渡给风险投资者。[45]图表6-7总结了创业者初始资金的常见来源。初始筹资决策包括两个选择：是借入未来必须归还的贷款（债务融资）还是分割所有权（股权融资）。

图表 6-7 创业者的初始资金来源

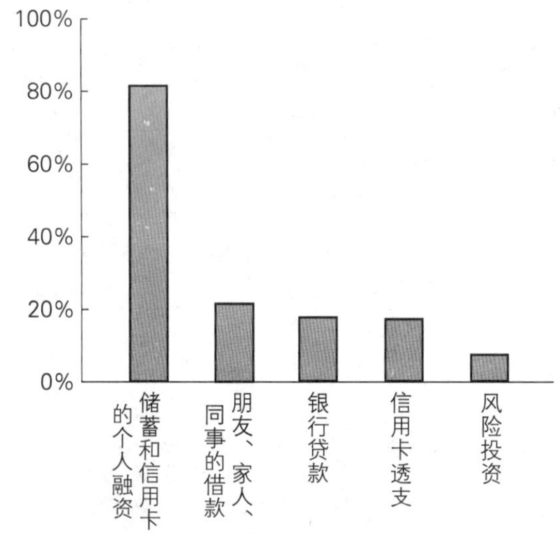

资料来源：Jim Melloan, "The Inc. 5000," *Inc.* (September 1, 2006): 187. Copyright 2006 by Mansueto Ventures LLC. Reproduced with permission of Mansueto Ventures LLC.

■ 债务融资

为创建一家企业，先借钱之后归还的方式称为**债务融资**（debt financing）。初创企业债务融资的一个常见方法是从家人和朋友那儿借钱。渐渐地，创业者把他们个人的信用卡也作为债务融资的一种方式。另外一种常见的方法是银行贷款。银行一般可以为小企业提供约25%的融资。有时候，创业者还可以从金融企业、有钱人甚至潜在的顾客那里筹到钱。企业最有可能获得资金的一个典型来源是**天使投资**（angel financing）。"天使"是那些有钱人，他们一般拥有商业经历及与商界的联系，他们信任初创企业并且乐意把个人资产投入其中，以帮助企业起步。非常重要的是，"天使"在创业者发展公司的过程中还会提供建议和帮助。创业者希望"天使"可以协助他们建立商业关系，找到有天赋的员工，并且提供全方位的建议。

新晋管理者自我测试

感知热情

导语：创业者创办一家公司常常需要向投资者宣讲自己的项目以筹得资金。回答以下题项，看看你一般如何为你新创的公司向投资者宣讲。选择"大多符合"和"大多不符合"来回答下列各个题项。

当正式宣讲的时候，我会：	大多符合	大多不符合
1. 充分使用肢体语言来表达观点。	______	______
2. 面部表情丰富。	______	______
3. 用很多手势。	______	______
4. 讲话抑扬顿挫。	______	______

5. 表现出极度的兴奋。 ______ ______
6. 明确指出主题和背景的关系。 ______ ______
7. 确保我的内容有实质性的东西。 ______ ______
8. 保证宣讲的条理性和逻辑性。 ______ ______
9. 确保宣讲是深思熟虑、有深度的。 ______ ______
10. 列举事实和事例以支撑我的观点和论点。 ______ ______

得分及解释：本测试用于测量创业者为筹得资金而向风险投资者宣讲其项目的说服力。以上测试测量了宣讲的两个方面：热情和准备程度。在每个题项上，如果你的答案是“大多符合”，则得1分。

热情：1～5题的得分____。

准备程度：6～10题的得分____。

研究显示，在影响创业者投资资金的决策中准备程度比热情起着更大的作用。所以，要想向投资者做有效的宣讲，准备程度的得分比热情的得分更为重要。与其他人相比，你的得分情况如何？为什么对于潜在的投资者而言，准备程度比热情有更大的影响？

资料来源：Based on Xiao-Ping Chen，Xin Yao，and Suresh Kotha，“Entrepreneur Passion and Preparedness in Business Plan Presentations：A Persuasion Analysis of Venture Capitalists' Funding Decisions，” *Academy of Management Journal* 52，no. 1（2009）：199-214.

债务融资的另外一种形式是由小企业管理局提供资金。史泰博的前身是马萨诸塞州布莱顿市的一家办公用品商店，这家商店在1986年获得小企业管理局提供的资金后开始快速发展。今天，史泰博是世界上最大的办公用品提供商，拥有90 000名雇员，销售额达到290亿美元，业务涉及26个国家。[46]小企业管理局提供的融资对于那些没有实物资产的人大有裨益，它给单亲父母、少数族裔及其他有很好创意的人提供了机会，而这些人往往被传统银行视为高风险人群。小企业管理局给女性、西班牙裔、非洲裔和亚裔美国人提供贷款的比例在近几年有了很大的增长。[47]

■ 股权融资

所有者投入的资金或者他人购买公司股票投入的资金是权益资金。**股权融资**（equity financing）由为换取公司的所有权而投入的资金组成。

风险投资企业（venture capital firm）是指投资到新的或者正在扩张的企业中以换取所有权以及潜在利润的公司或个人。这是具有高收益和高成长可能性的公司的潜在资金来源。风险投资者对高科技行业特别感兴趣，比如生物科技、创新的网络公司或者通信公司，因为它们往往有较高的投资回报率。[48]风险投资者安德列森·霍罗维茨（Andreessen Horowitz）是脸书的投资者，电商初创公司Dollar Shave Club的100万美元种子基金中就有他的一部分投资，他希望这家新创公司利用送货到家和低价的优势占领剃须刀市场。Dollar Shave Club的顾客只要在公司网页上选择三个方案中的一个，每月支付3～9美元就可以得到一把剃须刀及刀片。风险投资者希望Dollar Shave Club颠覆竞争对手吉列控制的66%的男性剃须刀和刀片市场。[49]

创业者另一个可选的筹集资金的渠道是**众筹**（crowdfunding），这是一种利用社交媒体和互联网从大量投资者那里每处获得少量资金的募集方式。2012年4月，奥巴马出台了《促进创业企业融资法案》(JOBS法案)，为这种不受限制的大量小投资者的资金筹集方式打开了大门。这个法案允许企业以股权向投资者筹钱，允许非合规的投资者（如亲戚）把钱投到初创企业中。[50]目前，最成功的众筹网站是Kickstarter，它最初为一些不寻常的项目筹资，例如另类纪录片或者另类婚礼教堂。Kickstarter已经把业务扩展到视频游戏的制作和创新的小配件上。它使初出茅庐的创业者能够测试新创意，让他们可以在以公司所有权换取风险投资者资金之前，看看自己的业务是否有市场。迄今为止，Kickstarter已经为290 000个项目募集到2亿多美元，为44%的在网上筹资的企业提供了资金。[51]

6.5.5 成为企业所有者

有抱负的创业者可以通过不同的方式成为企业所有者。他们可以白手起家创办一家新企业，也可以购买一家企业，或者开办一家特许经营企业。还有一种流行的创业方法是参与企业孵化器。

■ 开办新公司

成为创业者最常见的方式之一就是白手起家创办一家新企业。这种方式非常令人振奋，因为创业者看到顾客未被满足的需求，之后就会看到自己的理念和梦想成为现实。萨拉（Sara）和沃伦·威尔逊（Warren Wilson）是零食工厂（Snack Factory）的联合创始人，他们创办了价值4 200万美元的企业，其创意来自把传统食物按零食的样子做成小包装。他们不约而同地想到了面包片的概念，即把面包做成一个个薄片。“我们并非只做白日梦，我们会想方设法实现它。”沃伦·威尔逊说道。1992年他们把面包片业务卖给Nabisco后，他们还有梦想，接着又开始出售皮塔饼及脆饼。“和我们之前的两个项目一样，我们一步一步非常仔细地、用心地生产出了脆饼。”他说道。[52]

创办公司的优势在于创业者可以用自己的方式去发展和规划公司，创业者个人主导着公司的成功。其潜在的劣势在于需要花很长时间才能使企业得以发展并获得盈利。这是场硬仗，因为公司在初期缺乏稳固的客户群，新员工也可能会犯错误。不管做了多少规划，初创公司总是存在风险，不能保证新的商业创意一定会成功。有些创业者，特别是在高风险行业，会与已有公司达成合作关系以帮助新公司建立和成长。另一些人则会通过外包的方式，把一些产品的生产活动转包给外部的承包商，以减少自己生产所有东西所带来的成本和风险。[53]

■ 购买一家企业

因为创业需要很长的时间，并且可能会出现无法避免的差错，一些创业者倾向于购买一家现存的企业以降低风险。这个选择有这样一些好处：起步时可以花费更少的时间，并且这家现存企业拥有有据可查的发展轨迹。如果该企业的所有者希望退休或者有其他的家庭生活考虑的话，那么，创业者可能只需花低价就可购得该企业。同时，初创企业可能需要创业者承担大量工作和制定很多工作流程，而一家现存企业已经拥有了档案系统、工资税务系统及其他的运营程序。其潜在的劣势是创业者需要为现存企业所有者认为该公司可为创业者带来的好处及公司存在的潜在问题付出代价。除此之外，现存企业可能存在一些不良的习惯、程序或者技术落后，这也可能是公司低价出售的原因。

■ 购买特许经营权

特许经营（franchising）是一家公司（特许经营的特许方）向另一家公司（特许经营的受许方）收取前期一次性加盟费和后续的特许经营使用费后，向受许方提供产品和服务，并允许受许方使用它的品牌和流程去销售这些产品和服务的一种商业安排。[54]受许方投入资金并且成为企业的所有者，但是不必生产新的产品、创建一家新的企业或者进行市场测试。根据国际特许经营协会的报告，美国735 571家特许经营店在2011年雇用了将近800万名员工，雇员数量跟2007年相比有所下降。特许经营的发展受到了消费低迷及严格的信贷标准的阻碍，限制了很多小企业所有者的融资。但是经历了三年的下降之后，特许经营店的数量在2012年有望增长1.9%。[55]图表6-8罗列了成长最快的特许经营店及其业务类型、在全球的分店数量以及前期一次性加盟费。前期一次性加盟费不包括创业者必须支付的其他创业成本。

图表6-8　当今成长最快的特许经营店

特许经营店	业务类型	特许经营店数量*	前期一次性加盟费（美元）
赛百味	三明治	37 003	15 000
必胜客	比萨饼、意大利面、鸡翅	13 432	25 000
Jimmy John's Gourmet Sandwiches	三明治	1 347	35 000
Anytime Fitness	健身房	1 886	18 000～25 000
唐恩都乐	甜甜圈、咖啡、烘焙食物	8 924	40 000～80 000
麦当劳	汉堡包、鸡肉、沙拉	33 427	45 000
Great Clips	理发	2 940	20 000～45 000
Liberty Tax Service	税务筹划	4 183	40 000
汉普顿酒店	中等价位旅馆	1 868	65 000

*不包括企业自己拥有的特许经营店。

资料来源："2011 Fastest-Growing Franchise Rankings," *Entrepreneur*, www.entrepreneur.com/franchises/rankings/fastestgrowing-115162/2011-1.html (accessed August 14, 2012).

特许经营最大的优势在于特许方可以为受许方提供管理咨询。特许方通过提供著名品牌和全国性广告活动来刺激当地对产品和服务的需求。比如说，唐恩都乐收取40 000～80 000美元的前期一次性加盟费及5.9%的后续特许经营使用费后，为受许方提供菜谱、员工培训及持续的营销支持。[56]潜在的劣势是当特许方希望每家特许经营店都以完全相同的方式经营时，往往会出现失控的情况。在某些情况下，特许方会规定产品的售价或者要求受许方购买昂贵的设备以支持新产品的供应。文斯·尤皮埃尔（Vince Eupierre）是一位来自古巴的71岁移民，他在南加州拥有34家汉堡王特许经营店，雇用了2 500名员工。由于经济衰退，他所拥有的店在过去三年里销售额下降了25%。按照与汉堡王签订的特许经营协议，在汉堡王的菜单上添加了冰沙和冰冻饮料之后，他被要求购买130万美元的冰沙机和新冰柜。面对不断下滑的销售额，尤皮埃尔对未来甚是担忧。"如果你问我，'如今你还会再开一家分店吗？'我会回答，再等一等，看看未来两三个月会发生什么事。"他说。[57]除此以外，开设特许经营店的费用很高，除去每月支付给特许方的许可费用外，较高的创业成本占到销售总额的2%～15%。[58]

想要购买特许经营权的创业者应当对特许方的企业进行详尽的调查。潜在的受许方可以合法地获得特许方的详情披露文件，里面包括20个主题的信息，包括公司的诉讼和破产历史，主管和高层管理人员的身份信息、财务信息，受许方需要购买的产品及必须从哪里采购的信息等。创业者也需要尽可能跟特许方进行沟通，因为它们最了解公司真实的运营情况。[59]图表6-9列出了创业者在考虑购买特许经营权时应当明确的一些问题。对这些问题的妥善解决可以降低风险、提高成功的可能性。

图表6-9 选择特许经营时的问题举例

有关特许方的问题	有关融资的问题
1. 特许方是否提供市场营销和培训等方面的支持?	1. 我了解与这项业务相关的风险吗? 我愿意承担这些风险吗?
2. 特许经营商一般多久开始盈利?	2. 我是否聘请了律师去审查详情披露文件和特许经营协议?
3. 一共有多少家特许经营商? 失败率多高?	3. 初始投资是多少?
4. 该特许经营商的产品和服务与其他竞争者相比有何不同?	4. 营运资本需要多少?
5. 公司有被起诉的历史吗?	5. 购买一家现成的特许经营店是否比开一家新店更好?
6. 高层管理团队的背景如何?	6. 特许方是否愿意就特许经营协议进行谈判?

资料来源：Based on Kermit Pattison, "A Guide to Assessing Franchising Opportunities," *The New York Times*, (September 17, 2009); Thomas Love, "The Perfect Franchisee," *Nation's Business* (April 1998): 59-65; and Roberta Maynard, "Choosing a Franchise," *Nation's Business* (October 1996): 56-63.

■ 参与企业孵化器

对于想白手起家的创业者来说，参与企业孵化器是一个诱人的选择。**企业孵化器**(business incubator) 一般提供共享的办公区、管理支持服务以及给创业者的管理和法律意见。孵化器还给创业者提供了机会，使其可以分享当地企业、财政支持及市场机会的信息。近年来的一个创新是出现了虚拟孵化器，它不需要进行实地建设。这些虚拟组织把创业者与大量的专家和导师联系在一起，让资金短缺的小企业主降低了管理费用，节约了成本。克里斯蒂·斯通（Christie Stone）是新奥尔良咖啡分销商Ticobeans的联合创始人，他喜欢这种虚拟方式，因为采用这种方式不但可以把办公室设在仓库附近，还使他得到顶级的指导。[60]

企业孵化器已经成为小企业经济的重要组成部分，在北美，大约有1 400家正在运营的企业孵化器，全球大约有7 000家。[61]正在蓬勃发展的孵化器基本上都是非营利的，它们的创建是为了填补某个市场空白，或者是为了帮助女性或少数族裔企业家。这些孵化器，包括由政府机构和大学运营的孵化器在内，增加了小企业的活力，创造了新的就业机会。孵化器的最大价值在于其导师的专业技能，这些导师不但是顾问、角色榜样和支持者，还能随时形成由律师、会计师和其他顾问组成的团队。孵化器也给初出茅庐的创业者提供了一个社交和相互学习的机会。[62]“企业孵化器最棒的地方在于当你把创业人士汇聚在同一个地方时，他们就会产生协同效应。”全美企业孵化器协会的副主席兼运营总监特蕾西·基茨（Tracy Kitts）说道，“他们不仅可以向员工学习，也可以互相学习，这会促使他们成功。”[63]

6.5.6 创办网络企业

很多创业者转战互联网以扩张小企业或者创办新企业。某人只要有个想法，有台电脑，能够上网，拥有创建网站的工具，就可以创办一家网络企业。这很自然地激发了阿什利·奎尔斯（Ashley Qualls）创办网站的热情，她创建的网站吸引了上百万的少女。在 15 岁那年，阿什利创办了 Whateverlife. com，这是一个精心设计的网站。她花 8 美元购买了域名，网站的愿景是为青少年社交网络提供免费的网页设计（比如，送上爱心、鲜花、纪念品）。她的爱好促成了一家欣欣向荣的企业，迄今为止，该网站已经获得了超过 100 万美元的广告收入。[64]

正如 Whateverlife. com 所展示的，创办网络企业的一个动机就是将一个简单的商业创意转变成一家营利的公司。另一个例子是创业者安得鲁·米勒（Andrew Miller）和迈克尔·扎普林（Michael Zapolin）的故事。他们在购买 chocolate. com 这个普通域名时，就想到使用这个简单的域名来做生意。"我们知道之前没人用 chocolate 的名字在网上做生意。"米勒说道。接下来的两年里，两个人创办的公司步入正轨，每年有 200 万美元的收入。米勒和扎普林总在找寻下一个在网络中取得巨大成功的办法，他们现在拥有 17 个域名，包括 software. com 和 relationship. com。[65]

想要创办网络公司的创业者必须遵循传统企业的创建步骤：找到可盈利的利基市场，制定一个鼓舞人心的商业计划，选择某种法律结构以及确定资金支持的来源。除此以外，他们必须非常机敏，坚持不懈地营销，不断追寻新技术，精于建立网上关系。以下是创办网络企业必须遵循的几个步骤：

（1）寻找利基市场。想要在竞争激烈的网络世界取得成功，创业者需要找到其他企业没有进入的利基市场。网络公司只有为定位清晰的目标客户提供独一无二的、定制的或者专门的产品和服务才能成功。

（2）创建专业网站。网购者专注于某个网站的时间往往比较短，所以网站的设计要考虑如何让他们逗留得更久。除此以外，网站的设计应便于网购者快速找到商品并激发他们的购买欲望，网站的导航栏分类目录应便于网购者阅读和理解。即使是"毫不起眼"的小网站也应该像"著名网站"那样去设计，必须避免一些常见的错误，例如错别字、下载速度很慢的大文件、太多的信息以及过多的感官刺激。[66] FragranceNet. com 与业内著名公司展开竞争的办法就是设计一个能够清晰地传达其价值主张（以折扣价销售设计师品牌产品），便于网购者寻找产品并能提供卓越的客户服务的网站。[67]

（3）选择域名。域名是公司在网上的地址和独一无二的身份标识。域名必须经过认真挑选，要易于记忆、诵读和拼写。如何挑选域名呢？上述提到的米勒和扎普林的核心主张是域名要简单化。比如，任何人只要把"Chocolate"输入浏览器的地址栏，就能进入 Chocolate. com，这样每天都可为该网站带来成千上万的访问者。创建域名有很多种选择，包括使用公司名（如 Dell. com）；用域名描述你的产品或服务（如 1-800-Flowers. com）；选择的域名没有特定的含义，从而提供了不断延伸的可能性（如 Google. com）。[68]

（4）使用社交媒体。社交媒体网站，比如脸书、推特和 YouTube，有可能成为小企业主强有力的工具。使用社交媒体的优势在于可以得到用户对产品和服务有价值的反馈，可以与忠诚的用户建立社区，并且可以安排一些特别的活动和价格折扣进行促销。最好的情况是忠诚的顾客把与公司的互动看作自己的一项社交活动，他会主动向别人推荐该公司，会在脸书上更新公司的动向，这样他的朋友就会受到影响。脸书不会披露有多少公司利用该网站实现其核心产品的商业化运作，但是共计 700 多万个应用软件和网站与流行的社交网络有密切关系。[69] 对于一些初创企业来讲，社交媒体可以帮助它们成长。对于其他企业来讲，比如，最近被脸书收购的 Instagram，社交媒体是企业的基础。

创新之道

Instagram

在旧金山附近的南方公园狭小的办公室里，凯文·赛斯特罗姆（Kevin Systrom）和迈克·克里格（Mike Krieger）不知疲倦地研发一款可以让人们与朋友分享照片的应用程序。意识到消费者的流动性越来越大，这两个斯坦福大学的毕业生想围绕着照片设计一款社交关系网络应用程序。起初，他们上线了 Burbn，这个应用程序可以让人们分享照片和其他一些时尚的东西，Burbn 只吸引了几百个用户，但是他们却上传了几千张照片。所以赛斯特罗姆和克里格继续努力，发布了 iPhone 版的更时尚的产品，叫做 Instagram。

Instagram 可以给人们用智能手机拍的照片加入一些创意效果，可以让人们在脸书和推特上与朋友们分享。Instagram 立刻成为一个横空出世的互联网成功企业。早期的用户将他们的照片挂在推特上，当人们看到中意的照片下该应用程序的链接时就会产生浓厚兴趣。

今天，Instagram 拥有近 10 亿用户。“这是所有的初创企业都梦寐以求的网络神话故事，”Forrester 调查公司的分析员梅利莎·帕里什说道，“它把人们简单的行为——将照片分享给朋友——变成人们想要的一个产品。”2012 年 9 月，脸书用将近 7.5 亿美元的现金和股票收购了 Instagram。收购 Instagram 有助于脸书解决它最亟待解决的一个问题，就是使其服务更吸引智能手机用户。“当人们在拍照而不是写字时，更容易想到去更新脸书上的用户主页。”Altimeter Group 的丽贝卡·利布说道。[70]

6.6 管理成长中的企业

公司建立并投入运营后，所有者应该如何管理它？随着企业的成长，自信、创造力和内控这些特征可能会给创业者带来财务损失及个人失败。一手创建企业、事必躬亲的创业者喜欢追求每个细节的完美。但是在创建企业之后，企业持续的成长需要管理风格的转变。不能适应企业管理风格转变要求的管理者可能会制造问题而不是解决问题。[71] 在本节，我们将介绍初创企业必须经历的几个阶段及管理者在这些阶段应该如何进行计划、组织、决策和控制。

6.6.1 成长阶段

初创企业会经历不同的成长阶段，每个阶段需要不一样的管理技巧。图表 6 - 10 展示了初创企业必须经历的五个阶段。

图表 6-10 初创企业成长的五个阶段

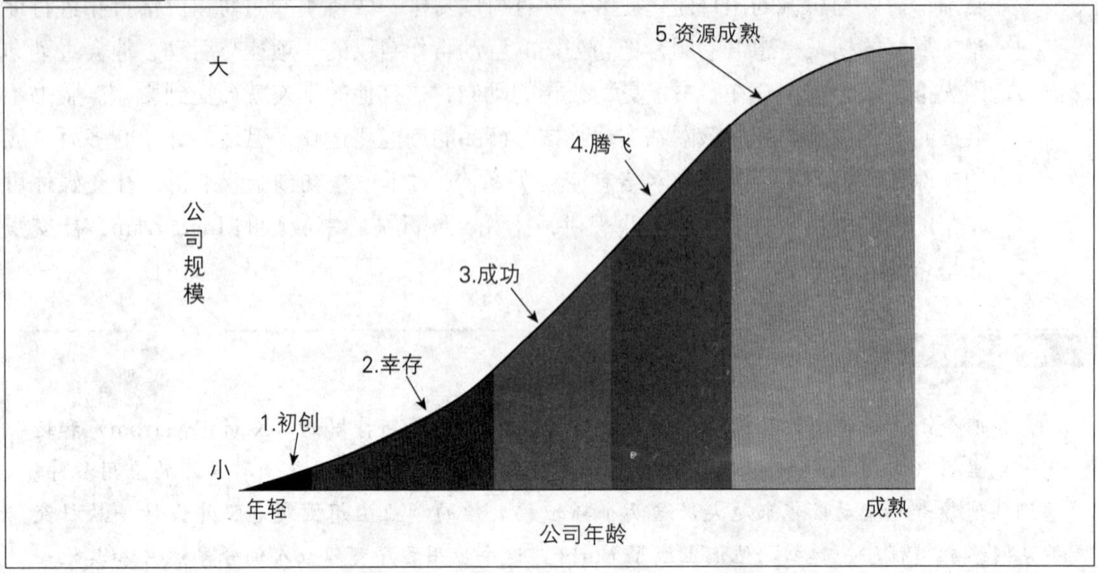

资料来源：Based on Neil C. Churchill and Virginia L. Lewis, "The Five Stages of Small Business Growth," *Harvard Business Review* (May-June 1993): 30-50.

1. 初创阶段。在此阶段，创始人最主要的挑战包括筹集资金及调整产品和服务以适应市场的需求。比如，科技创业者在确定一个真正能够成功的新创意之前，会在多个创意之间摇摆不定。因为他要创造出一个新软件或一个新产品，这个新软件或新产品对消费者来说不但要非常便宜还要易于操作。互联网公司经常会改变"**关键转折点**"(pivot)，这意味着改变企业的战略方向。"改变关键转折点对我来讲并非易事。"早期风险投资公司 True Ventures 的合伙人托尼·康拉德（Tony Conrad）说道，"它是硅谷所发明的一些最好方法的代表。先从某个东西做起，一旦发现不行，就把最关键的技术用于其他方面。"[72]

2. 幸存阶段。在此阶段，公司证明自己是一个行之有效的商业实体，所生产的产品和服务拥有足够多的消费者。创始人在此阶段主要担心的是资金问题，即是否能产生足够的现金流来维持企业的运营，并确保收入超过开支。在此阶段，组织的规模和利润都会大幅增长。这是个关键的阶段，企业必须保持最初的发展势头，并且规划长期成功的路径。例如，Foursquare 是一款让人们与朋友分享地理位置的手机应用软件，每月有近 100 万新用户，却没能产生收益。想要进入下一阶段，Foursquare 就必须不断创新，吸引那些需求不断变化的手机用户，找到能够带来收益的方式。[73]

3. 成功阶段。在此阶段，公司已经有非常稳固的基础，并且开始盈利。健全的制度和程序使得创始人可以根据需要放松一下。创始人要做的一个选择是继续亲力亲为还是将企业移交给职业经理人。在做此决定时，那些掌管早期发展阶段的创始人会面临"创业成功悖论"。虽然创业者拥有创建企业必需的热情，但是他们的技能并不一定适合下一个阶段的发展。研究显示，与那些把控制权移交给能够增加企业价值的新 CEO 的创始人相比，继续保留 CEO 职位的创始人，其个人股权会缩减 50%。[74]

4. 腾飞阶段。创始人在此阶段面临的问题是如何使公司快速成长，并且为成长筹得资金。企业主必须学会授权，公司必须找到足够的资金用于大规模的发展。这个阶段在创业企业的生命周期中至关重要。只有管理适当，公司才有可能成为一家大企业。

5. 资源成熟阶段。此阶段，公司会获得大量的经济收益，但可能会失去以前小规模时的优势，包括灵活性和创业精神。为了在成熟阶段继续保持创业精神，很多公司通过投资研发活动来促进创新。比如，谷歌在过去三年里花在研发上的资金为 118 亿美元。管理一个大型组织，与此同时促进持续创新，对于所有公司而言都是极具挑战性的。[75]

6.6.2　计划

在初创企业的早期阶段，除了在本章中提到的商业计划书外，企业一般不会有正式的计划。其主要目标仅仅是存活下去。随着组织成长直到成功阶段，企业一般都不会制定正式的计划。回顾第 1 章的内容，计划意味着明确目标，确定为达成目标必须从事的任务和需要使用的资源。第 7～9 章描述了创业者如何明确目标并实施战略和计划来实现此目标。尤为重要的是，创业者必须把他们原始的商业计划看成一个动态的文件，它会随着企业的成长和市场的变化而变化。

对于今天的小企业所有者来说，他们从一开始就要做有关互联网运营的计划和资源配置，并伴随企业的成长更新这些计划。那些有网站的小企业，超过半数说自己的网站收支平衡，或者说自己的网站提高了效率、改善了顾客关系，或者促进了企业的发展。[76]

6.6.3　组织

在前两个阶段，组织结构通常是非正式的，所有的员工都直接向企业主报告。到第三阶段，即成功阶段，受聘的各个职能经理会接管企业主承担的部分职责，开始出现职能式的组织结构，各职能经理分别负责财务、生产及市场营销等。另外一种组织方式是利用之前提到的外包。例如，Method 是一家由两个 20 岁左右的创业者创立的企业，它开发了一系列清香、包装时尚的无毒清洁产品。该企业与工业设计师订立合约，请他们设计独特的包装瓶，并与每个地区的生产商签订合约，通过它们迅速生产出产品以保证准时送达各个商店。[77]

在企业成长的后期阶段，管理者必须学会授权和分权。如果企业有很多生产线，企业主可能要考虑为每一条生产线建立对其负责的团队或者部门。组织必须聘用能胜任的管理者，必须要有足够多的管理人员去应对快速成长和规模扩张所带来的问题。随着组织的成长，它可能会越来越多地使用规则、程序及书面的工作描述。第 10～13 章会详细地讨论有关组织的主题。

6.6.4　决策

在管理一个成长中的企业的过程中，企业所有者面临着大量可能影响组织绩效的决策。这些决策可能包括决定库存水平、招聘新员工、选择网站的域名或者进军新市场。每一个决定都有可能改变企业的方向或者决定企业的成败。保罗·唐斯（Paul Downs）于 1986 年创建了保罗·唐斯家具公司，他每天都要面临很多艰难的决策。对于每一个决策，他都要考虑备选方案，从中做出选择，然后采取必要的行动。有的决策很容易做，有些则需要慎重地考虑如何最有效地分配有限的资源。看看以下这些唐斯做过的决策：

● 应该购入一台可以节约生产时间的二手磨砂机，还是用这笔钱给员工多发 5% 的奖金？

● 是购买一幢新楼搬进去还是续租明年到期的房子？

● 把工作外包到迪拜的风险有哪些？可以在哪里以一个美国工人的人力成本聘用 10 个工人？

● 如何创建一个学习型组织，使得员工不断地改进他们的工作流程？

● 是应该在原来的服务器上升级数据库和客户文件，还是把所有的信息转移到云计算中？[78]

第 9 章将会讨论很多能够帮助管理者更好地做决策的模型。

6.6.5 控制

财务控制在初创企业成长的每个阶段都很重要。在初始阶段，控制是通过简单的会计记录和个人监管来实现的。到第三阶段，即成功阶段，企业已经有了运营预算，所有者应当开始实施更加结构化的控制系统。在腾飞阶段，公司将更充分地利用预算和标准成本体系，利用电脑系统来提供统计报告。这些控制技术在资源成熟阶段会变得更复杂。

比如，当亚马逊在全球范围内成长和扩张时，创业者兼 CEO 杰夫·贝佐斯需要更加复杂的控制机制。贝佐斯聘用了一名电脑系统专家来开发可以跟踪和控制所有公司运营的系统。[79]控制这个主题会在第 19 章及其附录中加以讨论。

讨论题

1. 假设你对自己做老板很感兴趣，并且有机会购买你所在城市里待售的一个咖啡和烘焙特许经营店。你需要外部投资者帮助你支付特许经营费用和其他的初创成本。你如何确定这是不是一个极佳的创业机会，如何做出是否购买这家店的决定？

2. 在过去的 20 年里，"创业学"已经成为美国大学里发展最快的一门课程。你认为有可能教授别人如何成为一名创业者吗？为什么？

3. 为什么做小企业主更能吸引移民、女性以及少数族裔？

4. 思考一下本章中描述的创业者的七个特征。你认为哪两个特征最符合大企业的管理者？哪两个特征最不符合大企业的管理者？

5. 你如何决定是白手起家创办一家企业还是购买一家企业，抑或购买特许经营权？你需要收集并分析哪些信息？

6. 很多成功的创业者说他们很少做计划，可能只是在信笺上随便写一些要点。如果是这样，他们为什么能够把企业做好？

7. 你需要什么样的个人技巧来使支持者对你的新企业充满信心？在处理非正式的资金来源，例如家庭和朋友的而非股东、银行或者风险投资公司的资金时，哪些技能最有效？这些因素会影响你的融资策略吗？

8. 很多在公司初创阶段获得成功的人并不是能让企业进一步发展的合适人选。你如何确定自己更适合做一名连续创业者（创办企业之后再创建另一家企业），还是继续引领企业走向成长及成熟？

9. 创办一家网络公司和创办一家诸如当地的机动车维修店或熟食店那样的小企业相比，有什么区别？完全在网络空间运营的公司和客户建立紧密的关系可能吗？请讨论之。

10. 描述使用社交媒体帮助初创企业在企业生命周期的早期阶段获得用户关注的好处。使用社交媒体可能的劣势有哪些？

技能运用：批判性分析案例

Black-Jack 古董店

杰里米·布莱克和凯文·杰克在本州的交通运输部门内相邻的办公室里工作了13年。尽管凯文比杰里米大8岁，但两个人仍然建立了深厚的友谊。他们一起抱怨单调的工作（有一份不错的薪水，福利好，但不能令人兴奋，没有晋升的机会），一起争论美国职业篮球联赛（骑士队对公牛队）谁会赢，美国职业橄榄球联赛（布朗队对大熊队）哪个队会赢。他们发现彼此都喜欢古董家具：杰里米喜欢修复这些家具，而凯文则喜欢收藏家具。他们常常与各自的妻子杰妮和苏珊一起出没于房产销售处和古董店。不知从什么时候开始（两人都已忘了具体的时间），他们开始讨论自己出资创办一家公司做古董家具销售和修复生意的可能性。六年前，讨论变成了现实。他们决定冒险，辞掉了工作，创办了Black-Jack古董家具店。他们甚至没写商业计划书或签署一份合伙协议。

凯文以他的名字做担保获得了创业的初始贷款，因为杰里米的信用额度较低，很难获得贷款。杰里米的施工技术及与供应商的关系帮助两人在翻修店铺时省下好几千美元。另外，随着修复的家具日益增多，他的名声在外，客户数量也随之增加，这为公司提供了坚实的顾客基础，带来了客户的口碑传播。两人都认为这是一个双赢的局面，因此没花时间去考虑谁将在这项业务投资中占主导。

Black-Jack一路走来也是磕磕绊绊，但考虑到初创企业的高失败率，两个合伙人对于一年又一年稳定的营业额增长率还是很满意的。对于劳动分工，很久以前他们就达成了一致意见。凯文是一个注重细节、有商业头脑的人，因此负责销售和业务。而杰里米则专注于家具的修复。每个人都发挥了自己的长处。当凯文似乎对日常工作失去热情、感到压力时，杰里米建议凯文和苏珊偶尔出去旅行一下，心情放松有利于促进古董家具的销售。这个建议重新点燃了凯文的激情。

随着杰里米家中孩子的增多，凯文担心他的个人开支也会增加，所以他先后两次给杰里米提供了财务帮助。“他是我的搭档，我们是一体的。另外，如果我俩的处境反过来，他也会为我做同样的事。”他说。令凯文印象深刻的是，尽管杰里米在个人生活里承受了相当大的压力，但是他几乎不把它带到工作中，仍然十分专注于工作和客户。最近几个月，杰里米看起来格外淡定和自信，凯文猜测他的搭档已经解决了他的财务问题。

两人的妻子也成了好朋友，经常见面吃饭、逛街购物，或者进行其他活动。最近，杰妮在苏珊面前说漏了嘴，说杰里米可能很快去附近的一家家具设计公司工作。对于杰里米来说，这是一个发挥他才能和想法的绝好机会。所以杰里米想，也许他和凯文可以卖掉他们的店，或者凯文把他的股份买下来。

这对凯文来说是个极其震惊的消息。他很受伤，也很生气，这种心情使他很难与杰里米面对面地沟通。于是，他把他的恐惧和担忧都告诉了他的教练艾德·摩根。艾德·摩根是他的岳父，也是他的高中足球教练，他是个知识渊博的人。摩根的教学方式不是说教或提建议，而是让凯文尽情地把自己遇到的问题说出来，摩根时不时地提出一些需要思考的问题，直到凯文自己找到问题的解决方法。

向教练介绍完情况后，凯文表达了自己对这段友谊和合伙关系的忠诚，也表达了对杰里米的担忧。"我担心他会因为害怕而葬送他的梦想，他很快会后悔他所做的决定。"凯文说。"我想为杰里米、杰妮和他们的孩子做正确的决定。一旦他离开公司，他会将修复家具的生意也带走，我怕公司做不下去。我不知道光卖古董家具能否支撑起整个公司。如果我把公司卖了，该如何分配卖掉公司的钱？杰里米已经找到了未来的工作，但是在如今的工作市场上，我这把年纪的人能找到工作吗？我感觉天都塌了，我想要公平，但是……"

教练身体向前倾，把手放在膝盖上，看着坐在旁边沙发上的凯文。"我一直在听你说，凯文，你的担心听上去是有道理的。记住，你拥有的是生意伙伴和一段友谊。作为一个生意伙伴和朋友，应该怎么做?"

教练的问题使凯文醍醐灌顶。那天晚上，凯文与苏珊商量接下来的对策，认为应该从两个合伙人之间坦诚的交流开始。凯文和苏珊明白，如果凯文和杰里米不能把这个问题解决好，他俩就会因为缺少书面协议而面临麻烦。从友谊的角度，凯文想知道是什么原因促使杰里米去找其他的工作。从生意的角度，凯文和苏珊讨论了古董家具店的业务，评估了把家具修理业务剥离出去后古董店的潜在优势。他们也评估了凯文的优势和他对未来的打算。凯文对自己有多少了解呢？凯文有哪些选择呢？他下一步该怎么做？

◆ 问题

1. 如果你是凯文，你会怎样开始与杰里米的谈话？你想要知道什么？你会说什么？
2. 这个案例显示了与人合伙做生意会带来哪些风险？怎样使这些风险最小化？请解释之。
3. 你认为凯文可以独自将生意做下去吗？他应该试试吗？请讨论之。

注　释

1. Based on Keith M. Hmieleski and Andrew C. Corbett, "Proclivity for Improvisation as a Predictor of Entrepreneurial Intentions," *Journal of Small Business Management* 44, no. 1 (January 2006): 45–63; and "Do You Have an Entrepreneurial Mind?" *Inc.com*, October 19, 2005, www.inc.com (accessed October 19, 2005).
2. Scott Adams, "How to Get a Real Education," *The Wall Street Journal*, April 9–10, 2011, C1.
3. U.S. Small Business Administration, www.sba.gov/content/entrepreneurship-you-0 (accessed August 6, 2012).
4. Donald F. Kuratko and Richard M. Hodgetts, *Entrepreneurship: A Contemporary Approach*, 4th ed. (Fort Worth, TX: The Dryden Press, 1998), p. 30.
5. Megan Shank, "GrubHub Has a Full Menu," *The Washington Post*, February 26, 2011, www.washingtonpost.com/wp-dyn/content/article/2011/02/26/AR2011022603117.html (accessed August 6, 2012).
6. Study conducted by Yankelovich Partners, reported in Mark Henricks, "Type-Cast," *Entrepreneur* (March 2000): 14–16.
7. Susan Polis Schutz, "Poetry and a Pickup Truck," *The New York Times*, March 3, 2012, www.nytimes.com/2012/03/04/jobs/blue-mountain-arts-chief-on-how-the-business-began.html?_r=1&pagewanted=print (accessed August 6, 2012).
8. John A. Byrne, "The 12 Greatest Entrepreneurs of Our Time," *Fortune* (April 9, 2012): 67–86; "Asia 200: Infosys Tops India's Most Admired Companies," *The Wall Street Journal Asia Online*, November 2, 2010, http://online.wsj.com/article/SB10001424052702304173704575577683613256368.html (accessed October 2, 2012); and "Asia 200 Interactive," *The Wall Street Journal Online*, http://online.wsj.com/article/SB10001424052702304410504575559363431123480.html (accessed October 2, 2012).
9. Donna J. Kelley, Slavica Singer, and Mike Herrington, *Global Entrepreneurship Monitor 2011 Executive Report*,

July 26, 2012, http://www.gemconsortium.org/docs/2409/gem-2011-global-report (accessed October 9, 2012).

10. "Moving America's Small Businesses & Entrepreneurs Forward: Creating an Economy Built to Last," *National Economic Council* (May 2012), www.whitehouse.gov/sites/default/files/docs/small_business_report_05_16_12.pdf (accessed August 7, 2012).
11. Major L. Clark, III and Radwan N. Saade, Office of Advocacy U.S. Small Business Administration, September 2010, http://archive.sba.gov/advo/research/rs372tot.pdf (accessed August 6, 2012).
12. U.S. Small Business Administration, www.sba.gov/advo/stats/sbfaq.pdf (accessed August 7, 2012).
13. Jon Swartz, "Google, Amazon, Facebook Put Start-ups on Fast Track," *USA Today*, February 22, 2011, www.google.com/search?sourceid=navclient&aq=4&oq=google+amazon&ie=UTF-8&rlz=1T4ADRA_enUS426US427&q=google+amazon+facebook+put+startups+on+fast+track&gs_upl=0l0l0l5065lllllllllll0&aqi=g4s1&pbx=1 (accessed August 7, 2012).
14. Research and statistics reported in "The Job Factory," *Inc.* (May 29, 2001): 40–43.
15. Ian Mount, "The Return of the Lone Inventor," *Fortune Small Business* (March 2005): 18; Magnus Aronsson, "Education Matters—But Does Entrepreneurship Education? An Interview with David Birch," *Academy of Management Learning and Education* 3, no. 3 (2004): 289–292; Office of Advocacy, U.S. Small Business Administration, www.sba.gov/advo/stats/sbfaq.pdf (accessed August 19, 2010).
16. John Case, "The Origins of Entrepreneurship," *Inc.* (June 1989): 51–53.
17. Dinah Wisenberg Brin, "Franchises a Draw for Minority Entrepreneurs," *Entrepreneur*, December 22, 2011, www.entrepreneur.com/blog/222525 (accessed August 8, 2012).
18. "Small Business Ambassador," *Fortune Small Business* (February 2007): 28; and "Salvador Guzman Buys Second AM Radio Station," July 8, 2009, http://www.hispanicnashville.com/2009/07/salvador-guzman-buys-second-am-radio.html (accessed October 9, 2012).
19. U.S. Census Bureau, http://factfinder2.census.gov/faces/tableservices/jsf/pages/productview.xhtml?pid=SBO_2007_00CSA01&prodType=table (accessed August 8, 2012).
20. Mickey Meece, "One in Four Businesses Calls the Owner 'Ma'am,'" *The New York Times* (November 5, 2009), www.nytimes.com/2009/11/05/business/smallbusiness/05sbiz.html?scp=1&sq=one%20in%20four%20businesses%20calls%20the%20owner%20maam&st=Search (accessed November 4, 2009).
21. Claire Cain Miller, "Out of the Loop in the Silicon Valley," *The New York Times*, April 16, 2010, http://dealbook.blogs.nytimes.com/2010/04/19/out-of-the-loop-in-silicon-valley/?scp=1&sq= OUT%20OF%20THE%20LOOP%20IN%20SILICON%20VALLEY&st=Search (accessed June 1, 2010).
22. Steven Overly and Thomas Heath, "Venga Betting on an App Dream," *The Washington Post*, April 29, 2011, www.washingtonpost.com/business/venga-betting-on-an-app-dream/2011/04/26/AFL0nHFF_story.html (accessed August 9, 2012).
23. This discussion is based in part on Charles R. Kuehl and Peggy A. Lambing, *Small Business: Planning and Management*, 3d ed. (Ft. Worth, TX: The Dryden Press, 1994).
24. Leigh Buchanan, "The Motivation Matrix," *Inc.*, March 2012, www.inc.com/magazine/201203/motivation-matrix.html (accessed August 20, 2012).
25. Quoted in Jessica Bruder, "A Harvard Professor Analyzes Why Start-Ups Fail," *The New York Times*, May 25, 2012, http://boss.blogs.nytimes.com/2012/05/25/a-harvard-professor-analyzes-why-start-ups-fail/ (accessed August 9, 2012).
26. Brian X. Chen, "Crammed Into Cheap Bunks, Dreaming of Future Digital Glory," *The New York Times*, July 5, 2012, www.nytimes.com/2012/07/06/technology/at-hacker-hostels-living-on-the-cheap-and-dreaming-of-digital-glory.html?pagewanted=all (accessed August 9, 2012).
27. Drex Heikes, "Strand Brewing Is Tasting Success After Years of Struggle," *Los Angeles Times*, July 1, 2012, http://articles.latimes.com/2012/jul/01/business/la-fi-made-in-california-brewers-20120701 (accessed August 1, 2012).
28. Byrne, "The 12 Greatest Entrepreneurs of Our Time."
29. Reported in "Crunching the Numbers: Work-Life Balance," *Inc.* (July–August, 2011): 30.
30. Melissa S. Cardon et al., "The Nature and Experience of Entrepreneurial Passion," *Academy of Management Review* 34, no. 3 (2009): 511–532.
31. Quote from www.evancarmichael.com.
32. Byrne, "The 12 Greatest Entrepreneurs of Our Time."
33. David C. McClelland, *The Achieving Society* (New York: Van Nostrand, 1961).
34. Quote from www.evancarmichael.com.
35. Paulette Thomas, "Entrepreneurs' Biggest Problems—and How They Solve Them," *The Wall Street Journal*, March 17, 2003.
36. M. Tina Dacin, Peter A. Dacin, and Paul Tracey, "Social Entrepreneurship: A Critique and Future Directions," *Organization Science* 22, no. 5 (September–October 2011): 1203–1213.
37. Byrne, "The 12 Greatest Entrepreneurs of Our Time."
38. Steven Prokesch, "The Reluctant Social Entrepreneur," *Harvard Business Review* (June 2011): 124 – 126.
39. Leslie Brokaw, "How to Start an *Inc.* 500 Company," *Inc. 500* (1994): 51–65.
40. Lottie L. Joiner, "How to Work Full-time While Launching a Business, Spanx," *USA Today*, June 25, 2011, www.usatoday.com/money/smallbusiness/2011-07-22-work-full-time-and-launch-small-business_n.htm (accessed August 13, 2012).
41. Paul Reynolds, "The Truth About Start-ups," *Inc.* (February 1995): 23; Brian O'Reilly, "The New Face of Small Businesses," *Fortune* (May 2, 1994): 82–88.
42. Based on Ellyn E. Spragins, "Venture Capital Express:

How to Write a Business Plan That Will Get You in the Door," *Small Business Success*, November 1,1990, www.inc.com/magazine/19901101/5472.html (accessed August 18, 2010); Linda Elkins, "Tips for Preparing a Business Plan," *Nation's Business* (June 1996): 60R–61R; Carolyn M. Brown, "The Do's and Don'ts of Writing a Winning Business Plan," *Black Enterprise* (April 1996): 114–116; and Kuratko and Hodgetts, *Entrepreneurship*, pp. 295–397. For a clear, thorough, step-by-step guide to writing an effective business plan, see Linda Pinson and Jerry Jinnett, *Anatomy of a Business Plan*, 5th ed. (Virginia Beach, VA: Dearborn, 2001).
43. The INC. FAXPOLL, *Inc.* (February 1992): 24.
44. Duncan MacVicar, "Ten Steps to a High-Tech Start-up," *The Industrial Physicist* (October 1999): 27–31.
45. "Venture Capitalists' Criteria," *Management Review* (November 1985): 7–8.
46. "Staples Makes Big Business from Helping Small Businesses," *SBA Success Stories*, www.sba.gov/successstories.html (accessed March 12, 2004); and Staples Web site, www.staples.com/sbd/cre/marketing/about_us/index.html (accessed August 24, 2012).
47. Elizabeth Olson, "From One Business to 23 Million," *The New York Times*, March 7, 2004, http://query.nytimes.com/gst/fullpage.html?res=9C03E6D6113FF934A35750C0A9629C8B63 (accessed July 16, 2008).
48. "Where the Venture Money Is Going," *Business 2.0* (January–February 2004): 98.
49. Emily Glazer, "A David and Gillette Story," *The Wall Street Journal*, April 12, 2012, http://online.wsj.com/article/SB100014240527023036240045773381037899934144.html (accessed August 14, 2012).
50. Catherine Clifford, "Want to Raise Money With Crowdfunding? Consider These Tips," *Entrepreneur*, April 4, 2012, www.entrepreneur.com/article/223270 (accessed August 14, 2012).
51. Jenna Wortham, "Start-ups Look to the Crowd," *The New York Times*, April 29, 2012, www.nytimes.com/2012/04/30/technology/kickstarter-sets-off-financing-rush-for-a-watch-not-yet-made.html?pagewanted=all (accessed August 14, 2012).
52. Aviva Yael, "How We Did It," *Inc.* (September 2008): 143.
53. Wendy Lea, "Dancing with a Partner," *Fast Company* (March 2000): 159–161.
54. James G. Combs et al., "Antecedents and Consequences of Franchising: Past Accomplishments and Future Challenges," *Journal of Management* 37, no. 1 (January 2011): 99–126.
55. Data from "The Franchise Business Economic Outlook: 2012," Prepared by IHS Global Insight for the International Franchising Association, http://emarket.franchise.org/2012FranchiseBusinessOutlook.pdf (accessed August 15, 2012).
56. www.entrepreneur.com/franchises/dunkindonuts/282304-0.html.
57. Sarah E. Needleman and Angus Loten, "Fast-Food Franchises Bulking Up," *The Wall Street Journal*, April 12, 2012, http://online.wsj.com/article/SB1000142405270230458770457733344305248733 0.html (accessed August 15, 2012).
58. For a discussion of the risks and disadvantages of owning a franchise, see Anne Fisher, "Risk Reward," *Fortune Small Business* (December 2005–January 2006): 44.
59. Anne Field, "Your Ticket to a New Career? Franchising Can Put Your Skills to Work in Your Own Business," in *Business Week Investor: Small Business* section, *BusinessWeek* (May 12, 2003): 100; and Roberta Maynard, "Choosing a Franchise," *Nation's Business* (October 1996): 56–63.
60. Darren Dahl, "Getting Started: Percolating Profits," *Inc.* (February 2005): 38.
61. Statistics from the National Business Incubation Association, www.nbia.org/resource_library/faq/index.php#3 (accessed July 31, 2010).
62. Amy Oringel, "Sowing Success," *Working Woman* (May 2001): 72.
63. Laura Novak, "For Women, a Recipe to Create a Successful Business," *The New York Times*, June 23, 2007, www.nytimes.com/2007/06/23/business/smallbusiness/23cocina.html?_r=1&sq=Laura%20Novak,%20â€œFor%20Women,%20a%20Recipe%20to%20Create%20a%20Successful%20Business&st=cse&adxnnl=1&oref=slogin&scp=1&adxnnlx=1225894278-APkyZ4 kswGDrm3QtejIg6A (accessed June 23, 2007).
64. Chuck Salter, "Girl Power," *Fast Company* (September 2007): 104.
65. Aaron Pressman, "The Domains of the Day," *BusinessWeek* (June 25, 2007): 74.
66. Jason R. Rich, *Unofficial Guide to Starting a Business Online*, 2nd ed. (New York: Wiley Publishing, 2006), p. 116.
67. Ellen Reid Smith, *e-loyalty: How to Keep Customers Coming Back to Your Website* (New York: HarperBusiness, 2000), p. 19.
68. *Ibid*, p. 127.
69. Dennis Nishi, "Click 'Like' if This Tactic Makes Sense at Start-Ups," *The Wall Street Journal*, November 14, 2011, R6.
70. Jenna Wortham, "Facebook to Buy Photo-Sharing Service Instagram for $1 Billion," *The New York Times*, April 9, 2012, http://bits.blogs.nytimes.com/2012/04/09/facebook-acquires-photo-sharing-service-instagram/?pagewanted=print (accessed August 17, 2012); and Benny Evangelista, "Facebook's Instagram Purchase Final," *The San Francisco Chronicle*, September 6, 2012, www.sfgate.com/technology/article/Facebook-s-Instagram-purchase-final-3845127.php (accessed September 8, 2012).
71. Carrie Dolan, "Entrepreneurs Often Fail as Managers," *The Wall Street Journal*, May 15, 1989.
72. Lizette Chapman, "'Pivoting'" Pays Off for Tech Entrepreneurs, *The Wall Street Journal*, April 26, 2012, http://online.wsj.com/article/SB100014240527023035924045773641715989992 52.html (accessed August

17, 2012).
73. Jenna Wortham, "Rather Than Share Your Location, Foursquare Wants to Suggest One," *The New York Times*, June 7, 2012, www.nytimes.com/2012/06/07/technology/in-app-overhaul-foursquare-shifts-focus-to-recommendations.html (accessed August 17, 2012).
74. Jessica Bruder, "A Harvard Professor Analyzes Why Start-Ups Fail," *The New York Times*, May 25, 2012, http://boss.blogs.nytimes.com/2012/05/25/a-harvard-professor-analyzes-why-start-ups-fail/ (accessed August 17, 2012).
75. Byrne, "The 12 Greatest Entrepreneurs of Our Time."
76. George Mannes, "Don't Give Up on the Web," *Fortune* (March 5, 2001): 184[B]–184[L].
77. Bridgett Finn, "Selling Cool in a Bottle," *Business 2.0*, December 1, 2003, http://money.cnn.com/ magazines/business2/business2 _archive/2003/12/01/354202/index.htm (accessed November 5, 2008).
78. Paul Downs, "My Business Problems This Week," *The New York Times*, March 11, 2011, http://boss.blogs.nytimes.com/2011/03/11/my-business-problems-this-week/ (accessed August 20, 2012).
79. Saul Hansell, "Listen Up! It's Time for a Profit: A Front-Row Seat as Amazon Gets Serious," *The New York Times*, May 20, 2001.

综合案例

褐色变绿了：UPS公司迎来天然气卡车车队

美国300万辆商用卡车每年消耗近40亿加仑柴油，它们真的能“变绿”吗？为了找到问题的答案，白宫于2008年推出了“国家清洁车队合作伙伴机制”（National Clean Fleets Partnership），旨在帮助公司接受以天然气、电力、氢气和其他可替代燃料为动力的汽车。因为是首次提出，这种公私合营的PPP模式使得美国能源部与最大的货物运营商，比如联合包裹服务公司（简称UPS，绰号叫“褐色”①）展开了紧密的合作。

在大多数人看来，UPS积极主动地加入国家绿色高速公路运动有些不可思议，但实际上事出有因。早在20世纪30年代，UPS就通过使用高效率能源汽车来节约成本，当时在纽约，公司使用时速30多公里的电动车来运输包裹。到80年代，UPS引进了以压缩天然气为动力的汽车。2006年，公司与美国环境保护局合作，设计并制作了世界上首台水动力运输车，这是一种用水泵驱动的卡车，利用水泵来储存和释放能量。现在，这家位于佐治亚州的运输巨头继续试验着可替代燃料的技术，寻求将95 000辆运输车都转变为绿色的高效节能车的方法。

尽管UPS可在众多的可替代燃料技术中选择一种作为主导技术，但是液化天然气（LNG）近年来势头强劲，尤其适合UPS最大型的卡车。像大多数18轮卡车一样，UPS的17 000辆牵引式挂车都是以柴油为燃料的。然而，情况正在发生改变。自从2004年在美国马塞勒斯页岩地区发现了大型页岩气田以来，天然气供应量大幅增加，甲烷的价格下降到柴油价格的一半。这一发现对商业产生了重大的影响。特别是面对廉价的、大量供应的国内清洁能源，运输公司的经理们开始评估自己车队的效率和对环境的影响。

2011年，UPS通过购入48辆液化天然气驱动的牵引式挂车，迎接美国新天然气应用的蓬勃发展。这项投资使公司用于长途运输的天然气车队迅速增至59辆。UPS并不是唯一这样做的企业。这样做的还有莱德系统公司、废料管理公司和AT&T。这使得《华尔街日报》的能源记者丽贝卡·史密斯怀疑，是不是整个卡车产业都要抛弃柴油了。正如史密斯指出的：“天然气和柴油的价格差从来没有这么大过，这突然使得天然气动力的卡车成为对公司车队极具诱惑的一个选择。”

根据UPS公司车辆工程部主管迈克·布里特的说法，UPS的运输车有非常充分的理由从柴油

① UPS以其褐色的卡车而闻名。UPS使用在其车辆和制服上的这种褐色称为“普式褐”，这个称号的由来是乔治·普尔曼创建的普式公司的卧铺车厢使用的就是这种颜色。——译者

转变为天然气。“LNG额外的优势在于它并不会影响卡车的性能、节能性和操控性。它能明显地减少温室气体的排放。”布里特说。LNG的好处确实还有很多。大多数可替代能源汽车只能行驶较短的距离，而LNG动力的卡车每箱天然气可以跑900多公里，并且有非常方便的加气站网络。另外，LNG动力的卡车比传统卡车少产生25%的碳排放，少消耗95%的柴油。最重要的是，天然气引擎可以马力全开。为了突出LNG动力车和电动车的明显差异，布里特嘲讽说，如果让一辆450马力的18轮挂车拉着两辆房车穿越丘陵地带，需要使用很多能源，“第一辆房车必须把所有的电池都用上”。两者表现出的差距让布里特这样总结：“对于在高速路上跑的重型长途牵引式挂车，LNG是唯一合适的柴油的替代品。”

在UPS，“车队效率”和“环境影响”这样的词不仅仅是热词，它们正渐渐成为UPS企业文化的一部分。2011年，UPS出于环保考虑设立了第一个高管职位：首席可持续发展官（CSO）。公司里经验丰富的老员工斯科特·维克被安排在这个新的岗位上，他解释了CSO到底做些什么。“我最关键的工作是让UPS持续关注公司对环境的影响，并且公司要努力减少这种环境影响。”维克说，“但不仅仅是环境，可持续性也涉及从员工、顾客及我们生活和工作所在的社区的角度考虑，公司应该做些什么。”在维克的领导下，可持续性在UPS获得了极大的关注，它出现在公司政策手册、博客和公司网站主页的显眼位置。除此之外，维克和他的管理团队还努力提高400 000名员工参与可持续性活动的积极性。

根据这位新的CSO的说法，有效的可持续发展会加大公司的经济责任。“首先，可持续发展意味着能够在环境影响和社会影响之间保持平衡，同时要保持经济繁荣。”维克说。科特·库恩是UPS的首席财务官（CFO），他也强调了这一点，列举了两个可持续发展的关键目标：“做对环境和社会有利的事，时刻记住我们的底线，这样我们才能成为财务健康的公司。”

记住底线与UPS对可替代燃料技术的追求尤为相关。每辆LNG牵引式挂车花费195 000美元，是传统挂车价格的两倍，追求环保所产生的额外费用是高昂的。然而，迈克·布里特说UPS可以通过政府补贴和使用天然气能源节约的费用来抵消这部分费用。对于布里特来说，在LNG上的额外投资收获了公司和社会的额外回报：“液化天然气是一种更便宜、清洁的燃料，它比传统的柴油对环境更加友好也更可持续。在美国，它的供应十分充裕，不必进口。”

◆ 问题

1. 解释UPS的可替代燃料车队是怎样对公司所处环境的大趋势做出反应的。
2. 描述一下UPS是怎样利用跨边界角色来适应所处环境中的能源不确定性的。
3. UPS的清洁车队活动是如何诠释可持续发展和公司社会责任的概念的？

资料来源：Based on White House Fact Sheet：“National Clean Fleets Partnership，” press release，April 1，2011，www. whitehouse. gov/the-press-office/2011/04/01/fact-sheet-national-clean-fleets-partnership（accessed June 14，2012）；Rebecca Smith，“Will Truckers Ditch Diesel?” *The Wall Street Journal*，May 23，2012，http://online. wsj. com/article/SB10001424052702304707604577422192910235090. html（accessed June 14，2012）；Matthew L. Wald，“UPS Finds a Substitute for Diesel：Natural Gas，at 260 Degrees Below Zero，” *The New York Times*，February 22，2011，http://green. blogs. nytimes. com/2011/02/22/u-p-s-finds-a-substitute-for-diesel-natural-gas-at-260-degrees-below-zero（accessed June 14，2012）；Jeffrey Ball，“Natural-Gas Trucks Face Long Haul，” *The Wall Street Journal*，May 17，2011，http://online. wsj. com/article/SB10001424052748704740604576301550341227910. html（accessed June 15，2012）；“UPS Adds to Its Natural Gas Truck Fleet，” *Environmental Leader*，February 25，2011，www. environmentalleader. com/2011/02/25/ups-adds-to-its-natural-gas-truck-fleet（accessed June 15，2012）；Scott Wicker（CSO，United Parcel Service），interview by Kevin Coffey，upside blog，April 13，2012，http://blog. ups. com/2012/04/13/talkin-sustainable-logistics-fortune-brainstorm-green（accessed June 16，2012）；William

Smith, "New Terminology, Same Priority: Sustainability Engrained at UPS," upside blog, April 30, 2012, http://blog.ups.com/2012/04/30/new-terminology-same-priority-sustainability-engrained-at-ups (accessed June 16, 2012); Jill Swiecichowski, "Brown's Legacy of Being Green," upside blog, July 21, 2010, http://blog.ups.com/2010/07/21/browns-legacy-of-being-green (accessed June 15, 2012); "UPS Replaces Diesel with Cleaner LNG Tractor Trucks," Environment News Service, February 22, 2011, www.ens-newswire.com/ens/feb2011/2011-02-22-091.html (accessed June 14, 2012).

NEW ERA OF MANAGEMENT

第3篇

计　划

Planning

第7章

计划与目标设定

Planning and Goal Setting

学习目标

学习完本章后，你应该能够：

1. 了解目标与计划的概念并阐述两者间的关系。
2. 解释组织使命的概念，阐述它对目标设定与计划的影响。
3. 描述组织目标的不同类型，阐述管理者利用战略地图进行目标匹配的方法。
4. 了解高效目标的特征。
5. 描述目标管理过程的四个关键步骤。
6. 说明单一用途计划与常用计划的差别。
7. 讨论计划的优点与局限。
8. 说明权变计划、情景构建以及危机应对计划对当今管理者的重要性。
9. 了解管理者在快速变化环境中使用的创新的计划方法。

目标设定适合你的管理风格吗？

导语：你是一个优秀的计划者吗？你会设定目标并且找到实现它们的方法吗？这个问卷能够帮助你了解你的工作习惯是否适合制定计划与设定目标。回答以下有关你的工作习惯或学习习惯的题项。对于每一个题项，请回答“基本赞同”或“基本不赞同”。

	基本赞同	基本不赞同
1. 生活中，我在许多方面都有清晰的、具体的目标。	______	______
2. 生活中，我有想要实现的具体成果。	______	______
3. 相比于具体的目标，我更偏好笼统的目标。	______	______
4. 在没有具体的截止日期的情况下，我会做得更好。	______	______
5. 我每天或每周都会留出时间来计划自己的工作。	______	______
6. 我很清楚哪些指标暗示我已实现一个目标。	______	______
7. 当我为自己设定了更多更有挑战性的目标时，我会做得更好。	______	______
8. 我会帮助其他人梳理并确定他们的目标。	______	______

得分及解释：除了第3和第4个题项以外，其余的每项描述，如果你选择的是“基本赞同”，那么各计1分。对于第3和第4个题项，如果你的答案是“基本不赞同”，那么各计1分。如果你的得分在5分以上，意味着你对目标设定行为抱有积极的态度，并且为担任组织中的新晋管理者这一角色做好了充分准备。如果你的得分低于或等于4分，意味着你可能需

要检讨你的目标设定行为并且做出一些改变。新晋管理者工作的重要组成部分是为本部门和下属设定目标，测量结果，评估过程。

对上述这些题项的回答揭示出你在生活和工作中在多大程度上采用了严格的目标设定法。如果你的得分较低，不要灰心，因为目标设定是能够习得的。大部分组织的管理者都在使用目标设定和评估系统。不是每个人都适用于严格的目标设定系统，但对一名新晋管理者而言，设定目标并评估结果是提升影响力的工具。研究表明，在关键领域设定清晰、具体且具有挑战性的目标能够产生更优绩效。

沃尔玛美国店的新使命是为美国工薪阶层的顾客提供每日低价。这是否听起来很熟悉？这种经营模式让沃尔玛成为世界上最大的零售商。但多年前，当沃尔玛在美国的销量暴跌时，管理者尝试了一种新的方向，他们决定用改造后更整洁的店铺、有机食品以及潮流商品来迎合高端客户群，而不再一味地坚持严格的运营效率以及每日低价。沃尔玛对很多商品都进行提价并且只对某些选定商品进行降价促销。沃尔玛成功地达成既定目标，即吸引更高端的客户群，但它的大量核心客户（那些年收入低于70 000美元的客户）却开始去其他的折扣连锁店购物。因为沃尔玛减少了商品种类，所以它与长期供应商逐渐疏远。这样一来，沃尔玛的销售额急剧下降。“我认为我们将品牌延伸得有点儿远了。”美国分部的负责人威廉·西蒙（William Simon）如是说。沃尔玛的管理者正调整目标以重获一套制胜模式。该公司仍希望增加其在美国的客户数量，计划主要通过在市区开设一些小商店来实现该目标。西蒙说：“我们计划在15 000平方英尺内实现每日低价。”[1]

管理者的一个基本职责是设定目标，即组织或部门未来该走向何方及如何到达该目的地。沃尔玛的管理者正面对所有组织的高管都必须面对的问题，即他们必须决定追求怎样的目标及如何实现目标。缺乏计划或者计划不当都可能会严重损害一个组织。例如，2011年日本地震和海啸后发生的福岛核电站事故部分归咎于计划失当。福岛核电站事故独立调查委员会主席Kiyoshi Kurokawa说：“这是一次严重的人为灾难，本应该预计到和阻止。若进行更有效的人为应对，它带来的后果本可以减轻些。”[2]管理者无法预见未来，也无法阻止如地震之类的自然灾难，但恰当的计划能够使他们敏捷且有效地应对这些意料之外的事件。由于通信崩溃，福岛近乎混乱，指挥链也陷入混乱。看起来没有人知道事故一旦发生该怎么做才能维持安全或如何采取下一步行动。

在第1章描述的管理四大职能（计划、组织、领导和控制）中，计划被视作最基本的职能。所有其他的职能都源于计划。然而计划也是最具争议的一项管理职能。管理者如何才能在一个不断变化的环境中做出对未来的计划呢？近年来的经济、政治以及社会动荡重新激发了人们对组织计划的兴趣，尤其是对危机以及不可预见事件的计划。然而也有管理者心存疑虑，在一个持续不稳定的世界里，计划是否还有价值？计划无法使你预知不确定的未来，也无法使你控制动荡的环境。美国前国务卿鲍威尔的一份报告向管理者发出警告：“任何一份作战计划遇敌后就作废了。”[3]这是否意味着管理者制定计划是徒劳的？当然不是！没有一个计划是完美的，但若没有计划和目标，组织和员工便会犯错误。然而，优秀的管理者深知计划应该随着条件的变化而不断升级和调整。

本章我们将探讨计划的步骤，并思考管理者应如何制定有效的计划。我们会特别关注目标设定，因为它是计划的起点。接着我们讨论管理者用以帮助组织实现目标的各种计划类型。我们还将关注那些帮助管理者应对不确定性的计划方法，例如权变计划、情景构建和危机应对计划。最后，我们考察那些侧重于员工（有时还包括其他利益相关者）参与战略思考和实施的计划方法。第 8 章将深入探讨战略计划，并介绍一些管理者能够在竞争环境中使用的战略备选方案。在第 9 章，我们将讨论管理决策制定。恰当的决策技巧对于选择组织的目标、计划和战略方案是至关重要的。

7.1 目标设定与计划概述

目标（goal）是指一个组织希望达到的未来状况。[4] 目标是非常重要的，因为组织存在是有目的的，而目标定义并阐述了这个目的。**计划**（plan）是目标达成的蓝图，并详细说明了必要的资源分配、时间表、任务及其他行动。目标描绘了未来的结果，计划详述了今天的手段。制定计划（planning）这一概念通常包括两个意思：一方面它意味着确定组织的目标，另一方面它界定了实现目标的方法。[5]

7.1.1 目标与计划的层次

图表 7-1 展示了在一个组织中目标与计划的层次。计划的过程始于组织的正式使命，该使命为组织，尤其为外部的公众界定了组织的基本目的。使命是战略（公司）层面的目标与计划的基础，战略（公司）层面的目标与计划塑造了战术（分公司）层面与运营（部门）层面的目标与计划。[6] 如第 1 章所述，高层管理者通常负责制定

图表 7-1 目标与计划的层次

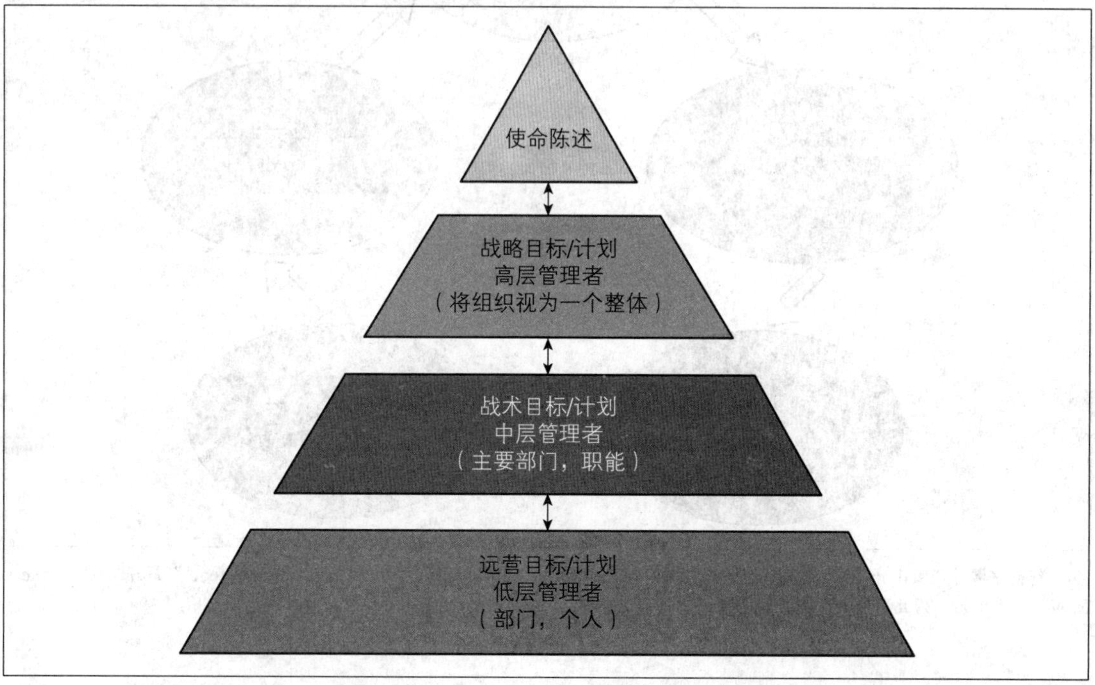

战略目标与计划，这反映出对组织效率与效果的承诺。中层管理者，如主要部门负责人或主要职能单位负责人等负责战术目标与计划的制定。为了实现高层管理者所制定的战略计划，部门经理须制定出着眼于本部门必须采取的主要行动的战术计划。运营目标与计划对应组织的较低层次，如单个部门与员工所需的具体步骤或过程。基层管理者与主管制定着眼于具体任务与过程的运营目标与计划，这有助于实现组织的战术与战略目标与计划。每一层面的目标与计划都对其他层面的目标与计划起支持作用。

7.1.2 组织计划过程

图表 7－2 展示的总体计划过程能避免管理者仅仅考虑日常活动。第一，管理者通过清晰地定义使命和战略（公司层次）目标为组织制定总体计划。第二，他们将计划转化成行动，包括定义战术目标与计划，制定与目标相匹配的战略地图，形成权变计划与情景计划，并组建情报小组以便对主要竞争对手的相关情况进行分析。第三，管理者安排达成目标所需的运营因素，包括修正运营目标与计划，选择用来评估事情是否走向正轨的测量指标与目标值，管理者还需制定可能采用的延展性目标和危机应对计划。第四，目标实施的工具包括目标管理、绩效仪表盘、单一用途计划和分权。第五，管理者定期评估计划，在结果中积累经验并按需对计划进行调整，接着便又开始一个新的循环。

图表 7－2　组织计划过程

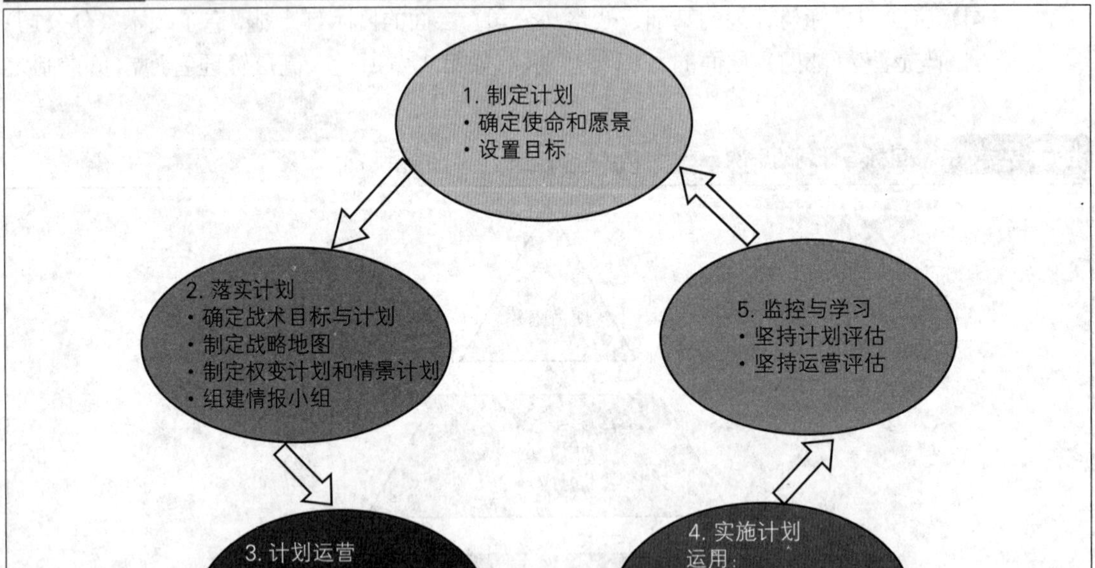

资料来源：Based on Robert S. Kaplan and David P. Norton，"Mastering the Management System，" *Harvard Business Review*（January 2008）：63-77.

7.2 组织中的目标设定

总体计划过程始于使命陈述和组织整体目标的确定。目标不会在组织中自然出现，而是由社会构建出来的，即它们是个体或群体定义出来的。管理者通常对目标应该是什么有着不同的想法，因此他们会通过讨论与协商来确定该追求怎样的目标。下面的“经理会谈”专栏描述了这一常常发生在目标设定过程中的共同决策行为。

经理会谈

谁来设定目标？管理者还是联盟？

组织开展大量活动并同时追求许多目标以完成一个总体使命。但是谁来决定该追求什么样的使命与目标？追求某些目标意味着需要将其他目标暂时搁置，也意味着管理者常常就目标的优先级产生分歧。例如，在浙江吉利控股集团收购沃尔沃汽车公司后，中国与欧洲的管理者分歧极大。欧洲管理者希望继续为原有市场提供安全的、可靠的家庭友好型汽车。而新的中国所有者与管理者希望大举进军顶级豪华汽车市场。由于双方目标有冲突，所以管理者不得不进行协商以就公司的发展方向达成共识。

能够团结员工的强有力且鼓舞人心的目标通常不是源自单个管理者，而是由一个联盟制定出来的。联盟管理包括建立员工联盟，这些员工支持管理者的目标并且能够带动其他人也接受该目标并为之努力工作。成为一名有效的联盟管理者需要三个关键步骤：

- 与顾客及其他管理者沟通。建立一个联盟需要同时与组织内和组织外的人沟通，联盟管理者需要征求员工与关键客户的意见。他们要与组织内的所有其他管理者沟通从而了解员工关心什么，员工正面临什么样的机遇。管理者要了解哪些人相信并支持一个既定方向与目标，谁又在反对它们以及反对的原因是什么。
- 解决冲突。优秀的管理者不会让凌驾于目标之上的冲突日益发酵以致阻碍目标的实现或对组织造成伤害。例如，日本丰田公司近期的一次召回危机暴露了一个长期存在的内部冲突，即一部分管理者希望追求更快的增长速度以及更高的边际利润率，另外一部分管理者则坚信快速增长将会削弱公司确保质量与可靠性的能力。每个阵营都将此次危机归咎于另外一个阵营，但真正该怪罪的却是管理者没能团结员工使之朝着一个共同目标迈进。
- 打破边界并推广跨界合作。最后的步骤是打破边界，促使员工合作，并促进部门间、分公司间以及不同层级间的协作。例如，在鲍威尔任美国参谋长联席会议主席时，他会定期召集陆军、空军、海军以及海军陆战队的首领，这样他们便能了解彼此的想法并能达成关键的共同目标。跨企业边界的理解与合作是很重要的，因为它能使整个组织联合起来并为实现预期目标而努力。

作为一名管理者，你需要记住比起单枪匹马，作为联盟的一部分将取得更多且更高的成就。当出现对你而言极其重要的目标时，你该逐步建立联盟来支持它。在必要的时候你要给予其他管理者支持，并牢记建立积极的关系、讨论与协商是优秀管理者的关键技能。

资料来源：Stephen Friedman and James K. Sebenius, “Organization Transformation: The Quiet Role of Coalitional Leadership,” *Ivey Business Journal* (January-February 2009), www.iveybusinessjournal.com/topics/leadership/organizational-transformation-the-quiet-role-of-coalitional-leadership (accessed January 27, 2012); Gerald R. Ferris et al., “Political Skills in Organizations,” *Journal of Management* (June 2007): 290-320; Norihiko Shirouzu, “Chinese Begin Volvo Overhaul,” *The Wall Street Journal*, June 7, 2011, B1; and Norihiko Shirouzu, “Inside Toyota, Executives Trade Blame Over Debacle,” *The Wall Street Journal*, April 14, 2010, A1.

7.2.1　组织使命

使命（mission）处于目标与计划层级中的最高层，它是组织存在的理由。使命描述了组织的价值观、抱负和存在的理由。一个良好定义的使命是制定所有目标及计划的基石。没有清晰的使命，目标与计划会显得杂乱无章，无法将组织领向它需要去的方向。成功公司的特征之一是它们拥有一个能够引领决策和行动的清晰使命。当管理行动与决策背离使命时，组织便会陷入困境。沃尔玛的创始人山姆·沃尔顿曾告诉管理者，在得知西尔斯百货（Sears）背弃了客户满意保证政策的那一天，他知道初出茅庐的沃尔玛将会后来居上。当时，沃尔玛的销售额比西尔斯百货少了 200 亿美元，但沃尔玛坚信偏离其核心使命的西尔斯百货将会走下坡路。事实证明，西尔斯百货果然从此一蹶不振。如前文案例所述，一些人认为当沃尔玛尝试着去迎合高端客户群时，它犯了与西尔斯百货同样的错误。[7]

正式的**使命陈述**（mission statement）是对目标的公开陈述和定义，它将本组织与其他类似组织区分开来。Holstee 是一家位于纽约布鲁克林的销售环保型服装和配饰的公司，它的创始人为公司制定了一条鼓舞全世界的使命陈述。图表 7－3 展示了 Holstee 公司的创新型使命陈述。Holstee 的使命陈述用以提醒所有创始人和员工，没有任何事情比追求你热爱的事业更重要。

图表 7－3　一个创新型使命陈述：Holstee 公司的声明

这就是你的生活。做你想做的。如果你不喜欢它，就去改变它。如果你不喜欢你的工作，那就辞了吧。如果你觉得时间不够用，那就不要杵在电视机前了。若你还在寻找你生命中的挚爱，停下来吧；他们将会遇见你，当你开始做自己喜欢的事情时。别去总想为什么，所有的情绪都有它的魅力。吃东西时，细细品尝每一口。生活就是如此简单，卸下思维的枷锁，展开双臂、敞开心扉，去拥抱新鲜的人和物。我们和而不同。请分享彼此的激情和心中的梦想。多出去看看外面的世界，陷入迷途时可帮你找到真实的自我。有时，机会只有一次，不要让它从指缝中溜走，抓住它。无论多老，我们的生活都会因为遇上的人而有所改变。所以去迎接他们，去改变吧。人生苦短，勿忘梦想、共享激情。

资料来源：Holstee Web site，http：//press. holstee. com/holstee-manifesto-poster © (accessed August 3，2012)．

尽管大部分公司的使命陈述不像 Holstee 公司这样宏大并鼓舞人心，但一个设计良好的使命陈述能够提高员工积极性与组织绩效。[8]使命陈述通常描述了公司的基本业务活动和目标以及公司的价值观。一些使命陈述也会描述公司特征，如目标市场与顾客、产品质量、选址与设施以及对待员工的态度。简单举个例子，美国国家农业保险公司（State Farm Insurance）简洁的使命陈述如下：

> 国家农业保险公司的使命是帮助人们管理日常生活风险，从意外事故中恢复并实现梦想。
>
> 我们的员工要将成为好邻居当作我们的事业；以依靠营销伙伴关系销售产品并兑现承诺为起点，逐步建立公司；把我们各式各样的才能与经验奉献到国家农业保险公司的顾客服务工作中。
>
> 我们的成功基于共享的价值观——高质量服务与关系、互相信任、诚信以及财务实力。[9]

正因为像国家农业保险公司这样的使命陈述，员工、顾客、供应商以及股东才能了解公司的目标和价值观。

新晋管理者自我测试

我的个人使命

导语：你认为你未来想要的积极结果是什么？在你的人生中，有引导你的个人使命吗？对于以下各项描述，请回答你是“大多赞同”还是“大多不赞同”。

	大多赞同	大多不赞同
1. 我能将我的未来描述成一幅迷人的图画。	______	______
2. 我的人生更多的是激动人心而不是例行公事。	______	______
3. 我有着清晰的人生目标和方向。	______	______
4. 我认为自己的人生相当有意义。	______	______
5. 在我的一生中，我知道自己存在的理由。	______	______
6. 我已经找到了一生中令我满意的职业。	______	______
7. 我认为自己有需要实现的独一无二的人生目标。	______	______
8. 我知道自己什么时候会实现目标。	______	______
9. 我会与别人谈论我一生的个人使命。	______	______
10. 我知道该怎样驾驭我的创造力和天赋。	______	______

得分及解释：答案是“大多赞同”的题项数量即你的得分：______。得到7分或以上意味着你人生中的个人使命是积极的。如果得分为3分或以下，则意味着你可能没有对你人生中的使命进行充分思考。得分为4～6分表示处在以上两种情况之间。

制定或发现个人使命对于大多数人而言是困难的。它不会简简单单地出现或碰巧出现。个人使命如同组织使命，需要全神贯注地思考和努力。花些时间来思考你的个人使命并把它写下来吧！

资料来源：The ideas for this questionaire were drawn primarily form Chris Rogers, "Are You Deciding on Purpose?" *Fast Company* (February-March 1998): 114-117; and J. Crumbaugh, "Cross-Validation of a Purpose-in-Life Test Based on Frankl's Concepts," *Journal of Individual Psychology* 24 (1968): 74-81.

7.2.2 目标与计划

战略目标（strategic goal），有时也称为官方目标，是描述组织未来目的地的公开陈述。这些目标适合组织整体而不是某些特定分公司或部门。

战略计划（strategic plan）定义了公司用以达成战略目标的行动步骤。战略计划是明确实现目标所需的组织活动及资源分配（包括资金、人员、空间和设施等）的蓝图。战略计划一般是长期的，可能规定了未来 2～5 年内的组织行动步骤。战略计划的目的是在既定时间内使组织目标转化成现实。下面的“创新之道”专栏中的乔氏连锁商店的管理者制定了公司的战略目标：成为一家“全国连锁的邻家特色杂货店”。[10]

创新之道

乔氏连锁商店

2012 年 6 月，美国肯塔基州列克星敦市的居民终于有了多年来他们梦寐以求的乔氏连锁商店（Trader Joe's）①。这家不同寻常的连锁商店创办于 1967 年，创办时只是一家普通的便利店。创办人乔·库朗姆（Joe Coulombe）迅速将这家便利店转型为提供新奇产品的商店，供应独特的食物和饮料，并将其在南加州的分店扩展到 17 家。如今，全美国共有 370 家乔氏连锁商店，人们还嚷嚷着希望有更多分店。但管理者对于扩张的方式极其谨慎。

多年前，管理者设定了一个战略目标，使乔氏连锁商店以一种可控的方式成长，并保持其“夫妻店”的风格。乔氏连锁商店没有引入全国性的品牌商品，而是以适中的价格提供有新意的、高品质的、健康的食品和饮料。约 80%的商品用的是乔氏连锁商店的自营商标，并且公司对商品的制造商是谁三缄其口。与传统大型超市的商品一般超过 40 000 件相比，许多乔氏连锁商店只运营约 2 500 件商品，并且种类会不断变化。保持顾客回头率的是乔氏连锁商店给人的新奇感：你绝对猜不到你将在这里找到什么以及得到怎样的友好服务。

乔氏连锁商店的使命是提供高品质的商品以及物有所值的服务。这意味着要努力与顾客培养一种私人关系。如果你想知道某种食品的味道如何，店里的某位员工也许可以告诉你，但她也可能会立即打开包装，这样你便能够自己尝试个中滋味了。管理者对每个决策进行评估，判断该决策在多大程度上与保持邻家超市氛围这个目标相吻合。例如，多年来他们拒绝在结账时使用条形码扫码仪，在少数店铺测试后才采用这项技术。当收银台需要帮助时，他们会使用铃铛而不是对讲机来寻求帮助。乔氏连锁商店从不在出版物上刊登广告，他们会发放一份叫做“无惧的传单”的海报来介绍新产品。[11]

乔氏连锁商店达成了其要成为全国连锁的邻家特色杂货店的战略目标，但是进一步扩张的目标与计划对保持商店惬意氛围的能力是一种考验。“早期我们绝不会尝试

① Trader Joe's 是一家连锁超市，又称为“缺德舅”超市，这个叫法只是取其谐音，并非贬义。为了避免引起读者的误解，本书翻译为乔氏连锁商店。——译者

成为一家邻家特色杂货店。"一名前员工如是说。现在，更庞大的组织需要更多的规则与步骤，这些不会自然而然地产生。[12]

战略目标形成后，下一个步骤便是确定组织中的主要分公司和部门要实现的**战术目标**（tactical goal）。这些目标适用于中层管理者，描述了主要分公司和部门为实现组织的总体目标必须做些什么。

战术计划（tactical plan）的设计是为了协助执行主要的战略计划及实现公司某个特定的战略。[13]战术计划通常比战略计划的时间更短——一年左右。"战术"一词最初来源于军队。在一家公司或非营利组织中，战术计划确定的是组织中的主要分公司或部门在实施组织战略计划时将要做些什么。例如，乔氏连锁商店选址部门的战术目标可能是一年内挑选出三个地址，这些地址要适合乔氏连锁商店的目标市场，即有教养的、富有冒险精神的顾客并且他们能够支持开设一家乔氏连锁商店。战术目标和计划能帮助高层管理者实施他们的整体战略计划。通常，中层管理者的工作是执行宏观的战略计划并制定具体的战术计划。

各部门、工作小组和员工个人期望得到的结果就是**运营目标**（operational goal）。它们是精确且可测量的。"每周处理 150 单销售申请""准时送货率达到 90%""下个月的加班时间减少 10%""开发两个新的会计学网上课程"都是运营目标的实例。乔氏连锁商店的商品开发部门的一个运营目标是每周找到十款新的吸引人的商品并将其逐步投入店铺。人力资源部门的一个运营目标可能是将每年的员工离职率控制在 5%以内，这样店里就会有更多与顾客关系紧密的长期员工。

运营计划（operational plan）是由组织中较低层次的管理者制定的，它确定了为实现运营目标、支持战术计划所需的行动步骤。运营计划是部门经理日常运营与每周运营的工具。目标是以量化形式来定义的，运营计划描述了目标是怎样达成的。运营计划详细说明了针对部门经理、主管和员工个人的计划。时间表是运营计划的重要组成部分。时间表为组织的战术及战略目标下每个运营目标的完成设定了精确的时间安排。运营计划必须与预算相符，因为资源必须被分配到所有需要的活动中。

7.2.3　使用战略地图来使目标协调一致

有效设计的组织目标是一致的，也就是说，它们是一贯且相互支持的，因此低层目标的达成使高层目标的达成成为可能。组织绩效是这些相互独立的元素高度一致带来的结果，因此个人、团队和部门都在协力工作并追求某些细化目标，以帮助组织达成高绩效并实现它的使命。[14]

一个日益流行的整合目标的方法是战略地图。**战略地图**（strategy map）是组织成功的关键驱动因素的直观表达。因为战略地图展示了每个领域内的细化目标和计划是怎样联系的，它为管理者提供了一个观察目标与计划之间的因果关系的有力方法。[15]图表 7-4 是一个简化的战略地图，阐明了有助于一家公司长期成功的四个关键领域：学习与成长、内部业务流程、客户服务和财务绩效，以及每个领域不同的目标与计划是怎样与其他领域的目标与计划相联系的。其主要理论是学习与成长目标是实现卓越的内部业务流程目标的基础。实现业务流程目标能帮助组织实现客户服务与满意度目标，这有助于组织实现财务绩效目标并使股东价值最大化。

图表 7-4　整合目标的战略地图

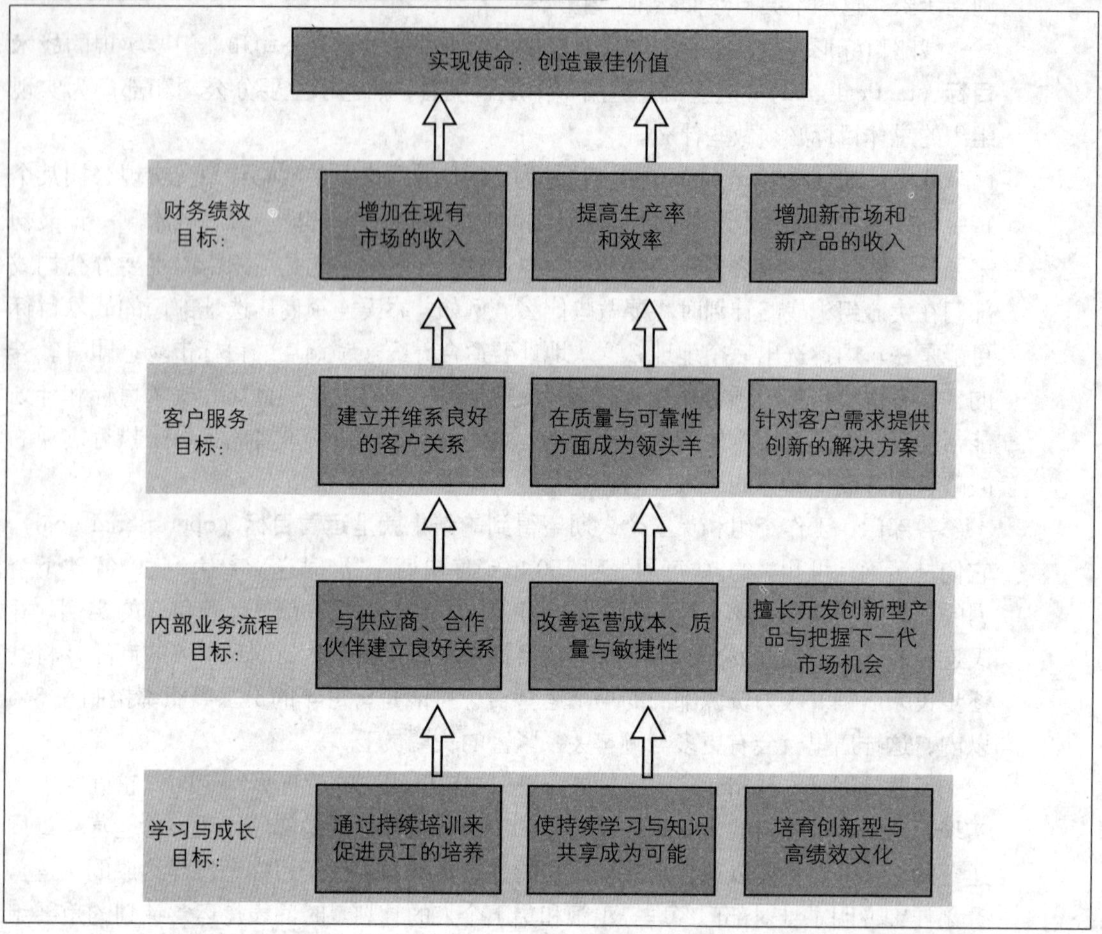

资料来源：Based on Robert S. Kaplan and David P. Norton，"Mastering the Management System，" *Harvard Business Review*（January 2008）：63－77；and R. S. Kaplan and D. P. Norton，"Having Trouble with Your Strategy? Then Map It，" *Harvard Business Review*（September-October 2000）：167－176.

在图表 7－4 所示的战略地图中，组织拥有的学习与成长目标具体包括开发员工、实现持续学习与知识共享以及培育创新型文化。实现这些将有助于组织建立内部业务流程，从而与供应商和合作伙伴建立良好关系，提高运营的质量与敏捷性，建立创新型产品与服务的开发优势。实现内部业务流程目标使得组织能够与顾客维持牢固的关系，使得组织成为质量与可靠性方面的领头羊，并能针对新兴客户的需求提供创新的解决方案。在战略地图的顶层，低层目标的实现有助于组织增加在现有市场的收入，提高生产率与效率，通过销售产品与服务以及服务新的细分市场获得发展。

在现实的组织中，战略地图通常会更复杂，并会阐明特定业务的一些具体、细致的目标。然而，图表 7－4 展示的一般战略地图告诉我们，管理者怎样筹划目标与计划才能让其互相支持。战略地图也是沟通目标的一个绝好方式，因为所有员工都能看到在帮助组织实现其使命的过程中，他们发挥着怎样的作用。

7.3 运营计划

管理人员利用运营目标来引导员工和资源去努力实现特定的结果，从而使得组织发挥出效能和效率。其中一个问题是如何设立一个有效的目标。所以，管理者会运用一系列的计划方法，包括目标管理法（MBO）、单一用途计划法以及常用计划法。

7.3.1 高效目标的标准

相关研究对高效目标的特征进行了分析，如图表 7-5 所示。首先，目标必须是明确并且可测量的。如若可能，最好使用量化术语来表达运营目标，例如利润增加两个百分点，未完成订单数量为零，或者教师平均效率评级由 3.5 上升至 3.7。并非所有目标都能量化，但含糊不清的目标对员工没有什么激励作用。因此，目标势必要做到定性且定量，关键在于对目标进行精确定义并使得测量过程成为可能。高效的目标还需界定一个时间周期，明确说明将在此期间内评估目标达成情况。比如，为了改善教师效率评级，学校行政人员可能将最后期限设定在 2013 学年的期末。当一个目标的时间区间为 2～3 年，设定完成部分目标的具体日期是个绝佳的方式，这能确保员工都在朝着目标迈进的正确轨道上。

图表 7-5 高效目标的特征

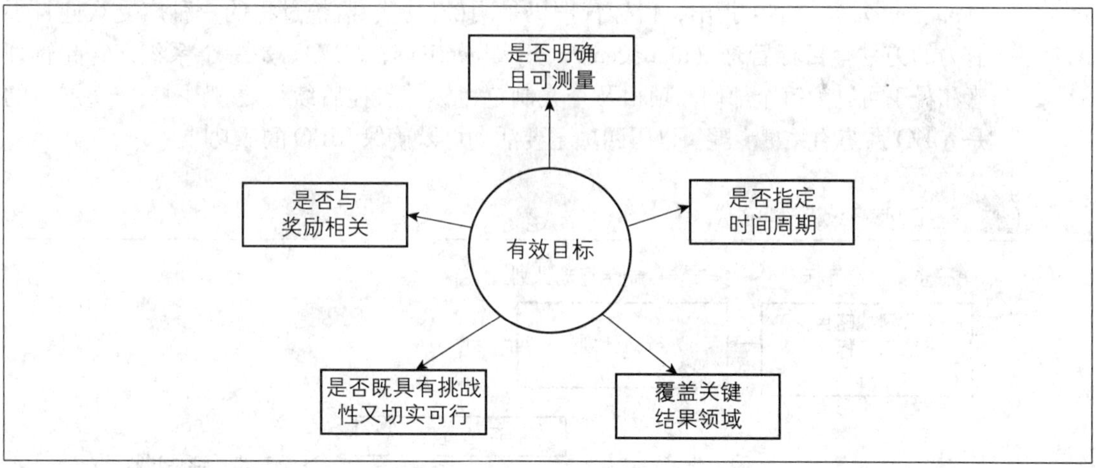

目标应该覆盖关键结果领域。目标无法涵盖员工行为或者组织绩效的每一个方面；即便能，数量太多也会使目标无意义。因此管理者应基于部分选择的明确的理念制定目标。少数经慎重挑选，清晰且直接的目标能够集中组织的精力与资源。[16]管理者应该设定既具挑战性却又切实可行的目标。不切实际的目标会将员工引向失败，并会消磨员工的斗志。但如果目标过于简单，员工可能会失去动力。另外，目标应与奖励相联系。目标的最终影响取决于加薪、晋升机会以及奖励在多大程度上基于目标的完成程度。员工关注的是在组织内怎样可以引起注意并得到奖励。[17]

绿色魔力

Burt's Bees 的实践

位于北卡罗来纳州的 Burt's Bees 是一家取材自天然物质（包括但不限于蜂蜡）的个人护理产品生产商，公司追求的是可持续发展而不仅仅是时尚。Burt's Bees 的员工每年都要参加垃圾分类活动，把自己弄得脏兮兮的，他们会对最近一年里每月 40 吨的垃圾进行分类。员工们再次实现了零浪费目标，他们曾在 2009 年实现过此目标。Burt's Bees 目前专注于一个很高的目标，即全部员工都参与，在 2020 年之前做到"零浪费，零碳排放"。

Burt's Bees 的可持续计划和目标设定使员工参与诸如通过使用蒸汽清洗容器减少用水量（结果减少了 90%的用水量）或者通过扩大润唇膏上的纸质标签来减少包装薄膜的使用量（结果节约了 1 000 多千米薄膜）等活动。通过"自然与反自然"运动，管理目标延伸到了消费者教育（旨在向消费者解释行业术语，比如什么是"天然"）。经过所有这些努力，Burt's Bees 正朝着一个目标努力，那便是帮助解决环境问题。

资料来源：Christopher Marquis and Bobbi Thomason, "Leadership and the First and Last Mile of Sustainability," *Ivey Business Journal*, September-October 2010, www. iveybusinessjournal. com/topics/leadership/leadership-and-the-first-and-last-mile-of-sustainability (accessed August 2, 2012).

7.3.2 目标管理

著名管理学家彼得·德鲁克在他 1954 年的《管理的实践》（*The Practice of Management*）一书中指出，目标管理仍是明确目标、监控过程的一种广受欢迎且强有力的方法。**目标管理**（management-by-objectives, MBO）是一个系统，凭此管理者和员工可以为每个部门、项目及个人制定目标并监控后续绩效。[18]图表7－6展示的是 MBO 系统的关键步骤。以下四项主要活动可以确保 MBO 的成功[19]：

图表 7－6 MBO 过程模型

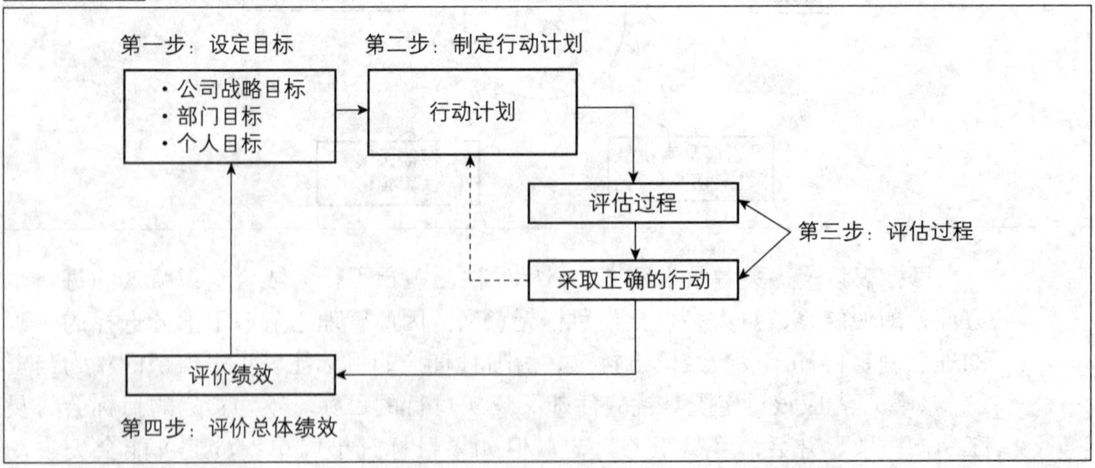

1. 设定目标。设定目标要涵盖所有层级的员工且不能仅着眼于日常活动，制定目标者需要回答这个问题："我们想要努力实现什么？"管理者要注意前文所述的高效目标的特征并确保为达成目标分配了职责。然而，目标应该共同制定。员工与管理人员共同协商能够激发对达成目标最强有力的承诺。在团队中，要让所有团队成员都参与设定目标。

2. 制定行动计划。一套行动计划定义了为达成既定目标所需的行动。行动计划是为个人和部门制定的。

3. 评估过程。定期的过程评估对于确保计划正常运行非常重要。这些评估可以是管理者和下属间的非正式评估，组织可能希望在一年内进行三次、六次或者九次月度考核。这种定期考核能观察管理者和员工是否在正确的轨道上，是否需要纠正偏差。但管理者和员工不应受限于预先设定好的计划，必须要乐于采取一切能够产生有意义结果的措施。MBO的关键在于达成目标，在目标未达成时可以更改行动计划。

4. 评价总体绩效。MBO的最终步骤是评估个人与部门的年度目标是否均已达成。目标达成与否可以成为绩效评价系统、加薪及其他奖励的一个组成部分。对部门和整个公司绩效的评价可以勾勒出下一年的目标。MBO循环每年都在进行。

许多公司，包括英特尔公司、天纳克公司（Tenneco）、百得公司（Black & Decker）和杜邦公司都曾使用过MBO，大部分管理者认为这是一种有效的管理工具。[20] LivingSocial是一个日常交易网站，员工逾5 000人，会员遍布25个国家、超过4 600万，其创始人兼首席执行官蒂姆·奥肖内西也使用MBO原则以确保该公司快速成长的业务运行在正确的轨道上。蒂姆·奥肖内西定期与部门主管会面，制定如销售额和会员数量增长之类的目标，并制定出能够实现这些目标的行动计划。然后，他持续利用追踪指标来观察所有工作是否正在朝着这些目标数字前进。蒂姆·奥肖内西每周都会与部门主管讨论关键评价指标并评估工作过程。“从长远来看，收集的数据越多，你成功的概率越大。”他说。[21] 像蒂姆·奥肖内西这样的大多数管理者相信使用MBO能更好地指导他们去实现目标。

图表7-7概括了MBO的一些优点。当管理者和员工的努力都集中在公司的目标上时，这些目标更容易实现。利用MBO这样的绩效测评系统有助于员工观察他们的工作及绩效如何对业务做出贡献，能够让他们有主人翁意识并勇于承担责任。[22] 当员工专注于实现目标并富有积极性时，他们的绩效会有所改善，因为是他们决定了期望的结果是什么，并可以轻而易举地获取资源。低层次的目标与高层管理目标相匹配并使实现高层管理目标成为可能。

图表7-7　MBO的优点

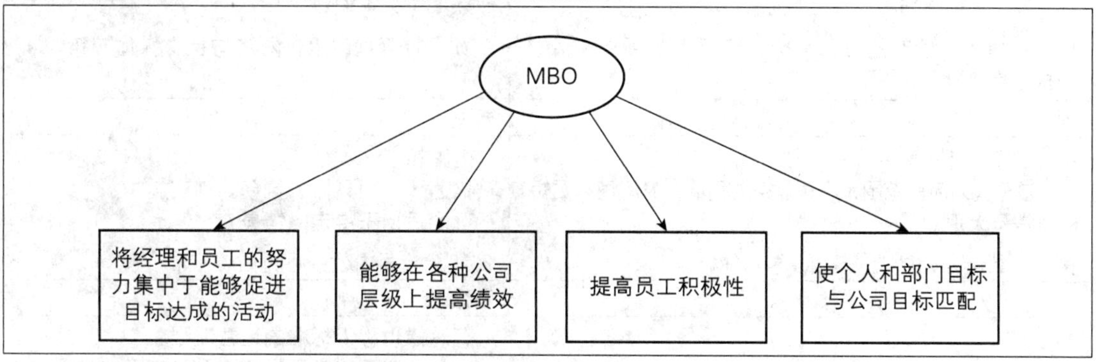

然而，与其他系统相似，不恰当地使用MBO会造成一些问题。例如，过分强调“实现目标”可能会使实现该目标的方法变得模糊不清。人们为了达成目标可能会走捷径，忽略潜在的风险，或者做出不道德行为。此外，MBO 无法独立存在，它只是有效管理员工达成目标的一种工具。MBO 就像是“加在自行车两旁的辅助轮”。[23]它能帮助你开始，但并不是你需要的全部。比如在美国，严谨的 MBO 类型系统在城市警察局以及学校的实施导致人们在数据上弄虚作假，为了获得可观的测评指标而虚报绩效。实现目标的方法与结果同样重要。最近出现了一种新的系统方法叫做**方法管理**（management by means，MBM），它关注为达成目标所使用的方法和过程。这个词是由托马斯·约翰逊（H. Thomas Johnson）和他的合著者在《超越手段的利润》（*Profit Beyond Measures*）一书中提出的，MBM 的基本理念是，当管理者以正确的方式开展活动时，便会产生积极的结果。MBM 使人们更多地关注方法而不仅是目标的达成。[24]

日本丰田公司的“刹车片”事件部分归咎于目标与达成目标的方法之间的脱节。日本丰田多年的进取型扩张目标最终限制了管理者控制实现目标的方法的能力。员工快速上岗，几乎没有时间获得充分培训和成长。因此，经充分培训的管理者和工程师的数量非常有限，他们不得不做更多工作来跟上实现目标的步伐。经过这次危机，丰田重新着眼于提升管理者和员工使用正确方法来实现远大目标的能力。[25]

7.3.3 单一用途计划与常用计划

单一用途计划（single-use plan）是为了实现未来不太可能重复的目标而制定的。**常用计划**（standing plan）是持续使用的计划，它为组织内部重复出现的任务或情景提供指导。图表 7-8 概述了单一用途计划与常用计划的主要类型。单一用途计划一般包括规划与项目；基本的常用计划有政策、规则以及程序。常用计划通常适合员工生病、缺岗、抽烟、惩罚、招聘和解聘这样的事项。许多公司正在探索制定有关社交媒体的常用计划。根据美国人力资源管理协会的调查，40%的被调查组织都有一套正

图表 7-8　单一用途计划与常用计划的主要类型

单一用途计划	常用计划
规划	**政策**
• 实现一次性目标的计划 • 需要多年才能完成的主要任务 • 大范围；可能与多个项目联系 例如：建造一幢新的总部大楼，将所有的纸质文件转换成数字文件	• 范围较大——一般的行为指南 • 基于组织的总目标和战略计划 • 界定了决策的边界 例如：性骚扰政策，网络与社交媒体政策
项目	**规则**
• 也是实现一次性目标的计划 • 相较于规划而言范围稍小，复杂性稍低，时间周期更短 • 通常是大规划的一部分 例如：翻新办公楼，搭建公司内联网	• 范围较窄 • 描述了一项具体的行动如何实施 • 可能适用于特定的情景 例如：公司内公共可见区域不准饮食
	程序
	• 有时候也称为标准的运营流程 • 定义了实现特定目标的一系列精确的步骤 例如：退款的程序，处理员工申诉的程序

式的社交媒体政策，并且超过半数的公司都有监控社交媒体使用情况的公司权利声明。良好的社交媒体政策都是清晰、简洁且具体的。它们定义了什么是恰当的行为，详细说明了哪些行为是禁止的，让员工知道公司能够监控他们的网上活动，并阐明了违反规则的后果是什么。[26]

7.4　计划的优点与局限

一些管理者相信提前进行计划对于完成一切事情都是很有必要的，另一些管理者则认为计划会限制个人与组织的表现。两种观点都有可取之处，因为计划是优劣势并存的。

研究表明，计划通常会正向地促进公司的绩效。[27]理由如下[28]：

● 目标与计划是积极性与承诺的源泉。对于员工而言，计划能够降低不确定性并阐明他们应该完成的任务。缺乏清晰的目标会削弱员工的积极性，因为员工不清楚他们在为什么而努力。

● 目标与计划能指导资源分配。计划有助于管理者决定将资源（例如员工、资金和设备）分配至何处。例如奈飞公司的一个目标是，更多地在网上投放视频而不是以 DVD 的形式展示，这便意味着要将更多的资金分配到网络电影版权购买上，并且管理者要投入更多的时间与其他公司形成联盟。[29]

● 目标与计划是行动的指南。计划侧重于具体目标，并引导员工朝着重要的结果努力。计划有助于管理者及员工了解为实现目标他们需要采取何种行动。

● 目标与计划为绩效设定了标准。由于目标与计划明确了期望的结果，它们也就设定了绩效标准，这样一来，管理者便能判定事情是否维持在正确的轨道上。目标与计划提供了评价标准。

尽管计划有以上优点，一些研究者仍认为计划会在某些方面损害组织绩效。[30]因此，管理者应该考虑到计划的局限性，尤其是当组织在动荡不定的环境中运作时：

● 目标与计划会带来一种错误的确定感。拥有计划会让管理者有一种错误的确定感，即他们能够预知未来是什么样的。然而，所有的计划都是基于假设的，管理者无法预知本行业或竞争对手、供应商和客户的未来。

● 目标与计划在动荡不定的环境中可能会造成僵化。计划带来的一个问题是，它会使组织陷入特定目标、计划和时间框架中，从长远来看不适合组织发展。多变及不确定情境下的管理需要一定的灵活性。坚信“坚持到底”的管理者通常会死守一个有缺陷的计划，即使此时的环境已经发生了巨大变化。

● 目标与计划会阻碍直觉和创造力。成功常常源于直觉和创造力，而过多的中规中矩的计划会阻碍直觉和创造力。例如，在上文提到的 MBO 的设定目标这一步骤中，员工可能会为求安稳地达成目标而故意不提出有创造性的点子。类似地，管理者有时会压制员工提出的具有创意却与事先制定好的计划不符的点子。[31]

7.5　动荡环境中的计划

考虑到计划具有局限性，管理者该如何应对？管理者既能利用计划的优势同时又可以控制其局限性的一种方法是，使用与当下动荡环境相协调的创新型计划方法。有三种方法能够帮助组织应对意料之外的，甚至是无法想象的事件，它们是权变计划、情景构建与危机应对计划。

7.5.1 权变计划

当组织运行于高度不确定的环境中，或面临的时间周期较长时，做计划就像在浪费时间。确实如此，当面临技术、社会、经济或其他环境的迅速变化时，不灵活的计划可能会阻碍而非帮助组织提高绩效。在这种情况下，管理者应制定出多种可替代方案以帮助他们制定更具适应性的计划。

权变计划（contingency plan）明确了当遇到紧急事件、挫折或者意料之外的情形时，公司可以采取的应对措施。为了制定权变计划，管理者要识别出环境中的关键因素，比如说可能的经济下滑、市场衰退、供应成本增加、新技术的开发，或者安全事故。管理者随后要对最可能发生且影响最重大的紧急事件做出一系列应对行动计划。管理者要关注最糟糕的事件。[32]例如，如果销售额下跌 20%同时价格降低 8%，公司会如何应对？管理者应制定出权变计划，它可能包括裁员、紧急预算、新的销售行动或者开发新市场。一个来自奥斯卡颁奖典礼的真实事例是，如果在奥斯卡年度颁奖典礼开始前的一刻作家或者演员罢工了该怎么办？美国电影艺术与科学学院必须有权变计划，如播放电影短片、介绍历史背景或者采用其他不同寻常的点子以使典礼正常进行。美国电影艺术与科学学院的主席锡德·甘尼斯（Sid Ganis）说："我们有义务以艺术的形式来呈现奥斯卡奖，因此我们必须考虑到因罢工或未达成共识而使颁奖典礼没法进行的可能性。"[33]

7.5.2 情景构建

情景构建这种预测技巧是权变计划的延伸。[34]**情景构建**（scenario building）包括透视时下的趋势、突变以及看到未来的可能性。管理者应该思考未来可能发生什么，而不仅仅是观察历史和思考过去。给公司带来最大伤害的是那些没人能想到的事件。在当今杂乱无序的世界里，传统计划无法帮助管理者解决大量会对组织造成影响的迅速变化且复杂的不确定因素导致的问题。

管理者无法预测未来，但可以预设一个框架，未来按此框架来管理事件。一些管理者将已经出现的全球情景，例如欧洲债务问题、亚洲经济衰退，或者全球气候变暖作为情景构建的出发点，以分析可能会影响他们所在行业的模式和驱动因素。这种简化的情景思维能够使管理者在"假设……会……"的问题上拥有先行一步的优势，从而在各种情景出现前增进对它们的理解。[35]然后，大多数管理者会基于对可能影响到组织的不同因素的预测在心中列举各种情景。情景就像是可供选择的具有生动画面的故事，这些故事描绘了未来会是什么样以及管理者将如何应对。通常，管理者会根据每个系列因素构建 2～5 个情景，从最乐观的情景到最悲观的情景。例如，在 2011 年初美国卷入利比亚军事行动之后，美国政府便构建了四种可能发生的宏观情景：对于美国而言其中两个是乐观情景，另外两个可能会造成非常棘手的后果，美国因此制定了应对计划。[36]同样，在企业和组织中，情景构建迫使管理者在心里预演当他们的所有计划都泡汤时该怎么办。

7.5.3 危机应对计划

许多组织热衷于危机应对计划，这能让它们应对突发的灾难性事件。如果管理者没有准备好适当的快速应对措施，那么这种事件可能会毁灭一个组织。组织内部的许多事情都可能会出问题，因此大部分航空公司，比如美国捷蓝航空公司（JetBlue），都有致力于制定危机应对计划的工作团队。

创新之道

美国捷蓝航空公司

彭妮·奈菲利斯（Penny Neferis）在美国捷蓝航空公司担任了逾 12 年的“首席忧虑官”。作为应对紧急事件的主管，她领导的团队总是在思考哪里可能会出问题。奈菲利斯的团队制定了捷蓝航空公司紧急事件应对计划并训练员工应对各种危机，无论它是一个事故或健康危机，还是恐怖袭击或者自然灾害。

许多组织在 2009 年美国流感爆发时都措手不及，但捷蓝航空却拥有危机应对程序。捷蓝航空迅速组织培训，以帮助员工识别症状，并在飞机上提供洗手液和手套，同时发布了报告程序，制定了机组人员或者总部人员被感染后的计划。不管危机发生在世界何地，奈菲利斯和她的团队都会积极行动起来。例如，在海地发生地震后，奈菲利斯迅速建立起一个任务小组，这个小组负责与海地领事馆及红十字会协调。海地机场被关闭，但捷蓝航空的飞机飞到多米尼加共和国，因为在这里能够接送物资和人员。

奈菲利斯深知在航空业一切皆有可能，但在 2001 年 9 月 11 日，她对航空业的风险获得了前所未有的认识。奈菲利斯说，在恐怖袭击后的肯尼迪机场采取紧急应对措施期间，她开启了“自动挡”模式。① 因为这家航空公司提前做好了危机应对计划，所以能够帮助乘客并减少混乱。这个团队建立起乘客援助中心，能够从任何交通工具上接下乘客，而不仅是捷蓝航空的飞机。“在危机中你必须坚不可摧且接地气，”奈菲利斯说，“但最终你必须处理你所经历的一切。”她又补充道：“你永远无法摆脱计划。在你觉得很舒适的那一刻，你觉得自己已经准备好面对一切并变得过度自信时，可能意味着你不在正确的状态中。你必须保持谦逊。”[37]

航空公司并不是唯一需要为潜在危机事件未雨绸缪的组织。危机已成为组织环境的整体特色。最近危机频发，例如东海岸的飓风桑迪给纽约和新泽西造成了巨大破坏；日本的地震、海啸，以及核危机；科罗拉多州奥罗拉电影院内《黑暗骑士崛起》（*The Dark Knight*）首映时的爆炸事件；英国石油公司墨西哥湾漏油事件；印第安纳州博览会舞台坍塌事故造成七人死亡，几十人受伤。联邦应急管理局在 2010 年第一季度发布了 30 起灾害公告，2009 年总计发生 59 起灾害，2008 年总计发生 75 起灾害。[38]

虽然危机不尽相同，但一项经深思熟虑且协调好的计划能够用以应对任何灾难。另外，危机应对计划降低了问题发生的概率，就像是在门上安装一把好锁能降低被盗率。[39] 例如，负责印第安纳州博览会的官员因缺乏计划性而受到严厉批评，这些官员

---

① 指捷蓝航空授权员工在面临紧急情况时自动启动危机应对计划。——译者

缺乏计划性可能直接导致了 2011 年舞台坍塌事故。因为计划过于随意，似乎没有人知道谁拥有推迟或是取消那场演出的权力，也没有人知道当遭遇恶劣天气时该采取何种措施。2012 年年初，印第安纳州劳工部对该州博览会委员会、搭建舞台的 Mid-American Sound 公司以及舞台管理联盟以计划不善、监管不严和豆腐渣工程为由处以罚款。[40]

图表 7-9 描述了危机应对计划的两个必要阶段[41]：

图表 7-9 危机应对计划的必要阶段

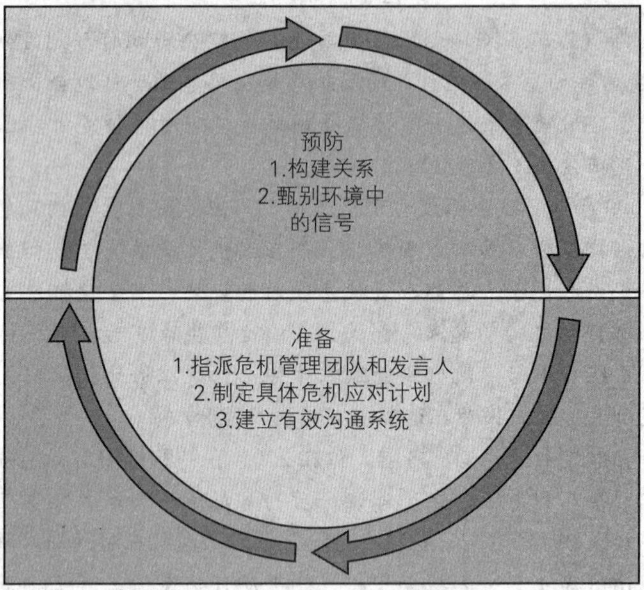

资料来源：Based on information in W. Timothy Coombs, *Ongoing Crises Communication*: *Planning*, *Managing*, *and Responding* (Thousand Oaks, CA: Sage Publications, 1999).

● 危机预防。危机预防阶段包括管理者尽力预防危机发生并甄别潜在危机的预警信号。预防阶段的关键在于与主要利益相关者（如员工、顾客、供应商、政府、工会和社区等）构建公开、相互信赖的关系。通过培养良好的关系，管理者通常能够预防危机的发生，对于那些无法避免的危机，管理者也能够有效地应对。[42]

例如，那些能够与员工和工会建立起公开、相互信赖关系的组织可以避免破坏性极大的罢工运动。在一家叫做“37signals”的软件公司中，当 Campfire（一个针对小企业的实时聊天工具）意外出现时断时续的情况时，管理者通过快速并公开的响应成功地预防了危机。当时客户们十分恼怒，因为他们使用 Campfire 来运营其公司。管理者立即在推特上与客户互动，并在公司网站上发布了消息，说明他们正在努力解决此问题。如果他们对某些事情不了解，他们会坦然承认。“我们会回应每一条抱怨并且每一次都会承担过错——甚至当客户过于恼怒以致发展到人身攻击时。”37signals 的贾森·弗里德（Jason Fried）如是说。问题解决后，他们给每一位客户赠送了一个月的服务。多亏了迅速行动，37signals 通过这一事件获得了客户前所未有的忠诚与善意。[43]

● 危机准备。危机准备阶段包括当危机发生时解决这一危机的所有具体的计划。

准备阶段的三个步骤分别是：指派危机管理团队和发言人，制定具体危机应对计划，以及建立有效沟通系统。比如，危机管理团队是一个跨职能小组，当危机发生时，该小组成员要积极行动起来。组织还应指派一位发言人充当危机期间组织的代言人。[44] 危机管理计划（crisis management plan，CMP）是一个具体的、成文的计划，它详细说明了当危机发生时应该采取的步骤及由谁采取。危机管理计划应包含处理不同类型危机的步骤，例如像地震和火灾这样的自然灾害，像经济危机、工业事故、产品和服务缺陷这样的常发事故，以及像行贿或恐怖袭击这样的非正常事件。[45] 关键在于危机管理计划应该是按需定期修订、应用、更新的与时俱进的文件。

7.6　创新的计划方法

为了与迅速变化的环境和员工态度相协调，计划的过程一直处于变化中，正如管理的其他职能一样。一种计划的新方法是让组织中的每个人都参与计划过程，有时还可让外部利益相关者参与计划过程。这种新方法的演变始于向**分权计划**（decentralized planning）的转变，这就意味着计划专家与主要分公司或部门的管理者一起制定目标和计划。全公司的管理者针对问题提出自己有创意的解决方案，更加努力地跟进计划的实施。随着环境变得愈发动荡，通过让计划专家直接与一线管理人员及一线员工针对迅速变化的需求共同制定动态的计划，高层管理者能进一步看到推行分权计划的好处。

在一个复杂且具有竞争性的商业环境中，战略思维和执行力成为对每一个员工的期望。[46] 当员工参与制定目标与决定实现目标所用的方法时，计划会更有活力。下面介绍一些关于创新计划的指导方针。

7.6.1　设定追求卓越的延展性目标

延展性目标（stretch goal）是合理却又雄心勃勃的目标，它是清晰的、让人兴奋的、具有想象力的，能激励员工并激发卓越绩效。延展性目标通常都是超越现有水平的，要想达到此目标，人们必须寻找创新的方法。思考下面这个亚马逊公司的例子。

创新之道

亚马逊公司

2004 年，当亚马逊的首席执行官杰夫·贝佐斯首次要求工程师开发一款轻便、简单、可连接移动蜂窝网络的电子书阅读器时，系统工程师贾腾·帕里克（Jateen Parekh）说："我认为他疯了，我真心这么认为。"当时，还没有人尝试过这种东西。但贝佐斯坚信具有无线网络配置的设备对于许多使用者而言过于复杂，他不希望人们不得不借助个人电脑阅读电子书。更重要的是，他甚至不希望人们去考虑网络连接的问题。这个挑战最终点燃了帕里克和其他人的激情。

这项工作花费了开发小组许多年的时间，2007 年，Kindle 终于诞生了。它轰动一时，首批产品几小时便售罄。亚马逊为了向市场供应更多的 Kindle，不得不紧急寻找一个已经停产的关键零部件。"回顾 Kindle 的历史，在其开发过程中，亚马逊培养出一些真正的技能，一切都是从头学起。”Wedge Partners 投资公司的分析师布莱恩·布莱尔（Brian Blair）说。

对于亚马逊而言，开发自己的硬件是大胆创新、高风险赌注，更不用说以前从没做过，但最终得到了回报。四代 Kindle 阅读器沿袭了 Kindle Fire 平板电脑之路，这是当今苹果公司平板电脑唯一强有力的竞争者。[47]

要求一群工程师开发 Kindle 电子阅读器便是詹姆斯·柯林斯（James Collins）和杰里·波拉斯（Jerry Porras）所提出的“宏伟、艰难和大胆的目标”（big hairy audacious goal，BHAG）。“BHAG”这个词由柯林斯和波拉斯在 1996 年的文章《构建你的公司愿景》（*Building Your Company's Vision*）里首次提出。[48] 从那时起，它便演化成一个术语，用于描述宏伟的、振奋人心的、跳出常规的、击中人们的灵魂并改变他们思维的目标。但是，目标必须被认为是可实现的，否则员工会气馁消极，并且某些员工为了实现目标可能会做出极端或不道德的行为。[49]

延展性目标和“宏伟、艰难和大胆的目标”都变得越来越重要，因为世事变幻莫测。一家循规蹈矩地改善产品、流程或系统的公司将会被淘汰。管理者可以利用这些目标来迫使员工从新的视角考虑问题，这能带来大胆的、创新的突破。[50]

7.6.2 使用绩效仪表盘

人们需要一种方法来观察计划进行得怎么样，并朝着实现目标的方向前进。组织开始将业务绩效仪表盘（business performance dashboards）作为管理者追踪关键绩效指标的方法，例如，目标销售额、缺货产品数量，或是在指定时间内客户服务应答百分比。绩效仪表盘变成了组织级的系统，它有助于协调、追踪企业内的目标。图表 7-10 展示的绩效仪表盘显示出该业务实时的关键绩效指标。

绩效仪表盘的真正力量源自它可在全公司得到应用，甚至可应用于工厂或销售柜台，这样，所有的员工都可以跟踪目标的完成进度，观察到哪些事情做得不够，并找到一些有创意的方法使之回到正轨，朝着特定目标的方向前进。例如，在美国急救医学协会里，一个由医生组成的医疗小组负责管理纽约和新泽西州所有医院的急救室，绩效仪表盘使得这些医生能够观察各家医院的病人候诊时间这个绩效指标是否被突破。[51] 有些公司的绩效仪表盘系统还植入能让使用者进行情景模拟的软件，从而可以评价不同可选方案对达成目标的影响。

7.6.3 部署情报团队

预测与管理环境中的不确定性与动荡性是计划至关重要的一部分，这意味着管理者需要高质量的情报来对目标与计划做出明智的选择。越来越多的领先公司正利用情报团队来应对这种挑战。**情报团队**（intelligence team）是一个由管理者和员工组成的跨职能小组，通常由一个富有竞争力的情报专家领导，这些人为获得对某个特定业务问题的深入理解而共同工作，他们的目标是提出见解和各种可能性并提出与该业务问题相关的目标与计划的建议。[52] 当组织面对一项重大情报挑战时，情报团队是非常有

图表 7-10 计划的绩效仪表盘

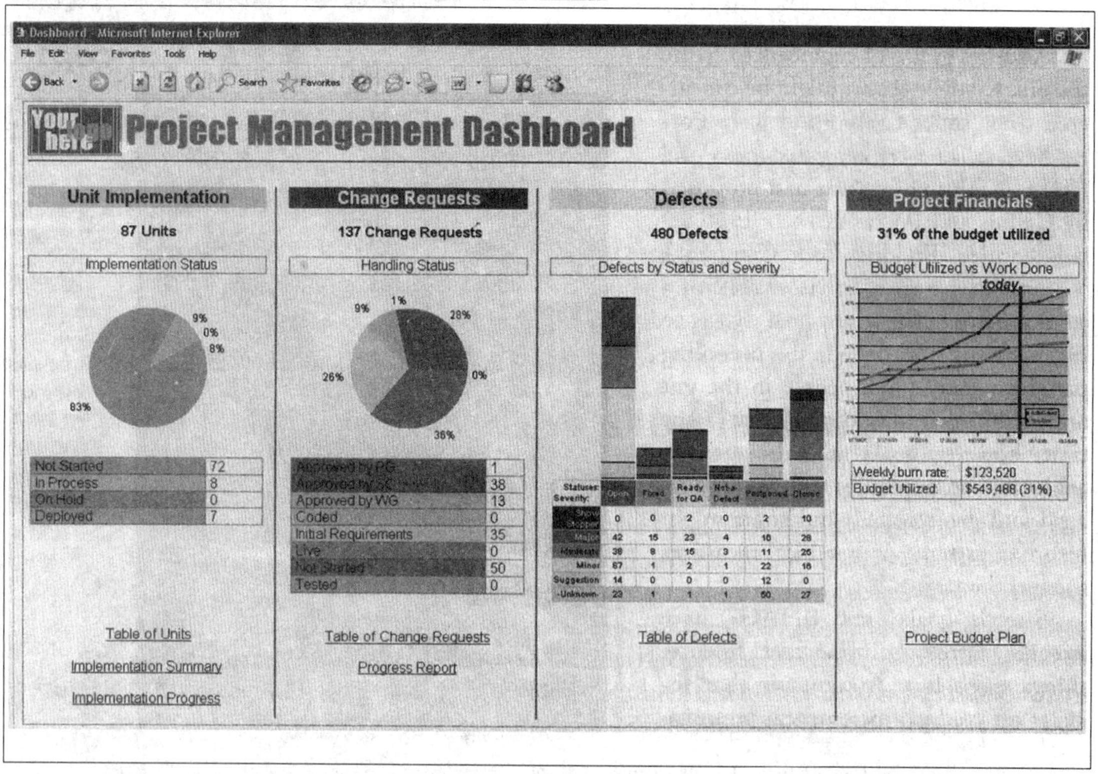

用的。比如，一个大型金融服务公司了解到一个更强的竞争对手有可能在其主营业务领域与自己直接竞争，该公司高层管理者就有可能组建一个情报团队，去了解这可能在何时及如何发生，以及它将如何影响整个组织。情报团队能够提供许多见解，这有助于管理者做出有关目标的明智决策，并有助于策划与主要战略事项有关的权变计划和情景。

讨论题

1. 为你熟悉的一家当地企业撰写一个简单的使命陈述。一个清晰的使命陈述对一个小型组织有什么益处?

2. 你所在的学院或大学为抢夺生源可能制定怎样的战略计划? 这些计划取决于学校的目标吗?

3. 战略地图的好处之一是使得组织中的每一位成员都可以对各目标以及它们之间的联系有清晰的理解。一位领着最低工资在医院工作的维修工人真的有必要了解除了保持医院清洁之外的目标吗? 请讨论之。

4. 目标管理（MBO）技术一直以来都受到批判，因为它过度强调实现目标（目的）而不够重视人们实现目标的方法（手段）。你认为这是这种方法本身的缺陷还是管理者应用方法的缺陷? 你怎么平衡结果与方法?

5. 一个新的企业必须制定一整套商业计划去筹资并开始运营。诸如联邦快递和耐克这样的公司并没有严格执行最初的计划，这是否意味着对于那些最终获得成功的企业而言，制定计划是浪费时间?

6. 你认为当今组织的计划与 25 年前相比有何不同? 你认为在这个变幻莫测的世界里，当危机已成为组织生活的家常便饭时，计划是变得更重要还是不再那么重要？为什么？

7. 假设南方大学决定做两件事情：提高录取标准；举办一个展会，邀请当地市民参加。执行这两项活动应使用何种类型的计划？

8. LivingSocial 团购网站启动了“每日特惠”活动，在华盛顿特区的餐厅里购买食品的金额达 50 美元便可赠送 25 美元抵用券。从那时起，这家公司飞速成长，在 25 个国家拥有 4 600 万会员，并收购了十几家提供相关优惠和服务的公司。LivingSocial 这样的公司为什么以及如何使用一个情报团队？请讨论之。

9. 一些人说，组织永远无法对科罗拉多州奥罗拉电影院爆炸事件、日本核危机以及英国石油公司墨西哥湾漏油事件这样的灾难提前做好准备。讨论危机应对计划在这些情境中的潜在价值，即使这些情境难以预测。

10. 野心太大的目标会打击员工的积极性并使他们感到沮丧，而延展性目标提供了一种让人们豪情万丈、动力十足的方法。作为一名管理者，你会怎么界定一个“好的”延展性目标和一个“坏的”不切实际的延展性目标？

技能运用：批判性分析案例

中心城市博物馆

中心城市博物馆（Central City Museum）的新建大楼坐落在一所私立大学的旁边。这个大楼由本地捐赠人慷慨投资，该私立大学提供土地并且支付博物馆的日常运营费用，因为它认为博物馆将成为学校的一种教育资源。新的董事会由关键捐赠人、该大学的管理者和教职工组成。

董事会的筹划委员会聘用了两名商科学生，让他们去采访一众利益相关者，询问博物馆与大学间这种新关系的未来发展方向。这些采访都是面对面进行的，接受采访的人表现出既有兴趣又愿意给予博物馆一定的帮助，他们关注的主要问题是博物馆未来的使命和目标。采访记录摘录如下：

> 一位重要的捐赠者：我认为博物馆应该成为一个重要的社区资源。我妻子和我捐钱建这栋建筑是希望博物馆能为本地公立学校的学生提供服务，尤其希望它能为贫民区那些没看过艺术展的孩子提供服务。我们不希望这个博物馆过于势利或者过于精英。它应该关注当地的学生。
>
> 一名大学管理者：最重要的是有生动的现代展品，这样才能吸引大学生和社区里的人，从而使人们对时事有新的洞察和交流。我们可以偶尔举办引起争议的展览以促使更多的人关注博物馆，例如，举办伊斯兰艺术展或展出吸引西班牙裔和非洲裔美国人的展品。还可以把大型博物馆的展品运到此地做巡回展览，这样可以节约管理费用及自己制作展品的费用。
>
> 艺术史系主任：主要问题在于这个博物馆缺乏艺术资源或者财务资源为整个社区提供服务。对我们来说，这是一个很棒的机会：将博物馆与大学老师整合在一起，让它成为一个教学机构。它将成为艺术教育学和艺术史学的本科生和研究生的一项重要资源，也可以为工程学、建筑学和文理学院的学生提供服务。这是一个非常特殊的机会，它将使我们艺术史系的使命不同于全国其他的大学。
>
> 一位艺术史系的教员：想要最大限度地利用博物馆与大学之间的关系，就要聚焦于对艺术史专业博士生的培养，使这一关系支持学术研究。试图让博物馆受到所有学生和整个社区的欢迎会浪费我们有限的资源。我强烈要求博物馆把重点放在研究生教育上，这会提高大学在全国的知名度。研究生可以参与符合他们研究主题的展品设计。我们的博士毕业生将会被全国各高校的艺术史系抢聘一空。

给你这些采访信息是因为你想应聘博物馆馆长的职位，现接受邀请去参加面试。前任馆长退休了，他希望在新大楼筹资和建设完成后聘任新馆长。你正在思考，一旦你接受了这份工作会做些什么。

◆ 问题

1. 你认为中心城市博物馆的目标和使命是什么？作为馆长，你会按照你想要的方向去努力吗？请解释之。

2. 你会如何解决关键利益相关者在博物馆发展方向和目标上的矛盾？你会采取什么行动？

3. 复习本章的“经理会谈”专栏。你认为建立一个联盟，找出利益相关者在目标偏好上的差异是管理者的一项重要工作吗？为什么？

注　释

1. Miguel Bustillo, "Corporate News—Boss Talk: Wal-Mart's U.S. Chief Aims for Turnaround," *The Asian Wall Street Journal*, March 22, 2011, 22; and Miguel Bustillo, "Wal-Mart Tries to Recapture Mr. Sam's Winning Formula," *The Wall Street Journal Online*, February 22, 2011, http://online.wsj.com/article/SB10001424052748703803904576152753111788930.html (accessed July 17, 2012).
2. Hiroko Tabuchi, "Inquiry Declares Fukushima Crisis a Man-Made Disaster," *The New York Times*, July 5, 2012, www.nytimes.com/2012/07/06/world/asia/fukushima-nuclear-crisis-a-man-made-disaster-report-says.html (accessed July 19, 2012).
3. Quoted in Oren Harari, "Good/Bad News About Strategy," *Management Review* (July 1995): 29–31.
4. Amitai Etzioni, *Modern Organizations* (Englewood Cliffs, NJ: Prentice Hall, 1984), p. 6.
5. *Ibid.*
6. Max D. Richards, *Setting Strategic Goals and Objectives*, 2d ed. (St. Paul, MN: West, 1986).
7. Reported in Matthew Budman, "Why Are We In Business? Ad Man Roy Spence Wants to Know What Your *Purpose* Is," *The Conference Board Review* (March–April 2009): 35–41.
8. Mary Klemm, Stuart Sanderson, and George Luffman, "Mission Statements: Selling Corporate Values to Employees," *Long-Range Planning* 24, no. 3 (1991): 73–78; John A. Pearce II and Fred David, "Corporate Mission Statements: The Bottom Line," *Academy of Management Executive* (1987): 109–116; Jerome H. Want, "Corporate Mission: The Intangible Contributor to Performance," *Management Review* (August 1986): 46–50; and Forest R. David and Fred R. David, "It's Time to Redraft Your Mission Statement," *Journal of Business Strategy* (January–February 2003): 11–14.
9. "Tennessee News and Notes from State Farm," State Farm Mutual Automobile Insurance Company, 2004.
10. The quote is from Mark Mallinger, a Pepperdine University management professor who has studied TJ's for years; quoted in Shan Li, "Can Trader Joe's Stay 'Homey' as It Grows? Grocer Tries to Retain Neighborly Vibe as It Opens Larger Stores," *Los Angeles Times*, October 27, 2011, B1.
11. Scott Sloan, "Lexington's Trader Joe's Opens Friday," *Kentucky.com* (June 28, 2012), www.kentucky.com/2012/06/28/2241801/lexingtons-trader-joes-opens-friday.html (accessed July 17, 2012); Mark Mallinger, "The Trader Joe's Experience: The Impact of Corporate Culture on Business Strategy," *Graziadio Business Review*, Graziadio School of Business and Management, Pepperdine University, Vol. 10, Issue 2 (2007), www.gbr.pepperdine.edu/2010/08/the-trader-joes-experience/ (accessed July 17, 2012); Shan Li, "Can Trader Joe's Stay 'Homey' as It Grows?"; and Beth Kowitt, "Inside Trader Joe's," *Fortune* (September 6, 2010), 86ff.
12. Kowitt, "Inside Trader Joe's."
13. Paul Meising and Joseph Wolfe, "The Art and Science of Planning at the Business Unit Level," *Management Science* 31 (1985): 773–781.
14. Geary A. Rummler and Kimberly Morrill, "The Results Chain," *TD* (February 2005): 27–35; and John C. Crotts, Duncan R. Dickson, and Robert C. Ford, "Aligning Organizational Processes with Mission: The Case of Service Excellence," *Academy of Management Executive* 19, no. 3 (August 2005): 54–68.
15. This discussion is based on Robert S. Kaplan and David P. Norton, "Mastering the Management System," *Harvard Business Review* (January 2008): 63–77; and Robert S. Kaplan and David P. Norton, "Having Trouble with Your Strategy? Then Map It," *Harvard Business Review* (September–October 2000): 167–176.
16. Sayan Chatterjee, "Core Objectives: Clarity in Designing Strategy," *California Management Review* 47, no. 2 (Winter 2005): 33–49.
17. Edwin A. Locke, Gary P. Latham, and Miriam Erez, "The Determinants of Goal Commitment," *Academy of Management Review* 13 (1988): 23–39.
18. Peter F. Drucker, *The Practice of Management* (New York: Harper & Row, 1954); George S. Odiorne, "MBO: A Backward Glance," *Business Horizons* 21 (October 1978): 14–24; and William F. Roth, "Is Management by Objectives Obsolete?" *Global Business and Organizational Excellence* (May–June 2009): 36–43.
19. Jan P. Muczyk and Bernard C. Reimann, "MBO as a Complement to Effective Leadership," *The Academy of Management Executive* 3 (1989): 131–138; and W. Giegold, *Objective Setting and the MBO Process*,

vol. 2 (New York: McGraw-Hill, 1978).
20. John Ivancevich et al., "Goal Setting: The Tenneco Approach to Personnel Development and Management Effectiveness," *Organizational Dynamics* (Winter 1978): 48–80.
21. Tim O'Shaughnessy, as told to Liz Welch, "The Way I Work: Tim O'Shaughnessy, LivingSocial," *Inc.* (March 2012): 104–108.
22. Eileen M. Van Aken and Garry D. Coleman, "Building Better Measurement," *Industrial Management* (July–August 2002): 28–33.
23. This analogy is from Jeffrey K. Liker and Timothy N. Ogden, "The Toyota Recall: Missing the Forest for the Trees," *Ivey Business Journal* (November–December 2011), www.iveybusinessjournal.com/topics/marketing/the-toyota-recall-missing-the-forest-for-the-trees (accessed July 19, 2012).
24. Reylito A. H. Elbo, "MBM: Management by Means, Not Results," *The Manila Times*, June 11, 2012, www.manilatimes.net/index.php/business/business-columnist/24633-mbm-management-by-means-not-results (accessed August 8, 2012); and Liker and Ogden, "The Toyota Recall."
25. Liker and Ogden, "The Toyota Recall."
26. Sarah Fister Gale, "Big Brother Is Watching: Why Social Media Policies Make Good Business Sense," *Workforce*, June 21, 2012, www.workforce.com/article/20120621/NEWS02/120629994/big-brother-is-watching-why-social-media-policies-make-good-business-sense# (accessed July 18, 2012); and Sarah Fister Gale, "Five Things Every Social Media Policy Should Do," *Workforce*, June 21 2012, www.workforce.com/article/20120621/NEWS02/120629995 (accessed July 18, 2012).
27. C. Chet Miller and Laura B. Cardinal, "Strategic Planning and Firm Performance: A Synthesis of More than Two Decades of Research," *Academy of Management Journal* 37, no. 6 (1994): 1649–1685.
28. These are based on E. A. Locke and G. P. Latham, *A Theory of Goal Setting & Task Performance* (Englewood Cliffs, N.J.: Prentice Hall, 1990); Richard L. Daft and Richard M. Steers, *Organizations: A Micro/Macro Approach* (Glenview, IL: Scott, Foresman, 1986), pp. 319–321; Herbert A. Simon, "On the Concept of Organizational Goals," *Administrative Science Quarterly* 9 (1964): 1–22; and Charles B. Saunders and Francis D. Tuggel, "Corporate Goals," *Journal of General Management* 5 (1980): 3–13.
29. Nick Wingfield, "Netflix Boss Plots Life After the DVD," *The Wall Street Journal*, June 23, 2009.
30. These are based on Henry Mintzberg, *The Rise and Fall of Strategic Planning* (New York: The Free Press, 1994); H. Mintzberg, "Rethinking Strategic Planning, Part I: Pitfalls and Fallacies," *Long Range Planning* 27 (1994): 12–21; and H. Mintzberg, "The Pitfalls of Strategic Planning," *California Management Review* 36 (1993): 32–47.
31. Roth, "Is Management by Objectives Obsolete?"
32. Curtis W. Roney, "Planning for Strategic Contingencies," *Business Horizons* (March–April 2003): 35–42; and "Corporate Planning: Drafting a Blueprint for Success," *Small Business Report* (August 1987): 40–44.
33. Sandy Cohen, "Oscars Contingency Plan," *USAToday*, January 30, 2008, www.usatoday.com/life/music/2008-01-30-1092823826_x.htm (accessed July 20, 2012).
34. This section is based on Steven Schnaars and Paschalina Ziamou, "The Essentials of Scenario Writing," *Business Horizons* (July–August 2001): 25–31; Peter Cornelius, Alexander Van de Putte, and Mattia Romani, "Three Decades of Scenario Planning in Shell," *California Management Review* 48, no. 1 (Fall 2005): 92–109; Audrey Schriefer and Michael Sales, "Creating Strategic Advantage with Dynamic Scenarios," *Strategy & Leadership* 34, no. 3 (2006): 31–42; William J. Worthington, Jamie D. Collins, and Michael A. Hitt, "Beyond Risk Mitigation: Enhancing Corporate Innovation with Scenario Planning," *Business Horizons* 52 (2009): 441–450; and Gill Ringland, "Innovation: Scenarios of Alternative Futures Can Discover New Opportunities for Creativity," *Strategy & Leadership* 36, no. 5 (2008): 22–27.
35. Kathleen Wilburn and Ralph Wilburn, "Abbreviated Scenario Thinking," *Business Horizons* 54 (2011): 541–550.
36. Gerald F. Seib, "Four Scenarios for Libya—Some Good and Some Bad," *The Wall Street Journal*, March 29, 2011, http://online.wsj.com/article/SB10001424052748703739204576228620384027448.html (accessed July 20, 2012).
37. Penny Neferis, as told to Patricia R. Olsen, "Call Her the Worrier in Chief," *The New York Times*, April 30, 2011, www.nytimes.com/2011/05/01/jobs/01pre.html (accessed July 20, 2012).
38. Reported in W. Jack Duncan et al., "Surviving Organizational Disasters," *Business Horizons* 54 (2011): 135–142.
39. Ian Mitroff with Gus Anagnos, *Managing Crises Before They Happen* (New York: AMACOM, 2001); Ian Mitroff and Murat C. Alpaslan, "Preparing for Evil," *Harvard Business Review* (April 2003): 109–115.
40. Jack Nicas, "Faulty Planning, Stage Cited in Fair Collapse," *The Wall Street Journal*, April 12, 2012, http://online.wsj.com/article/SB20001424052702304356604577339923897959492.html (accessed July 20, 2012).
41. The following discussion is based largely on W. Timothy Coombs, *Ongoing Crisis Communication: Planning, Managing, and Responding* (Thousand Oaks, CA: Sage Publications, 1999).
42. Ian I. Mitroff, "Crisis Leadership," *Executive Excellence* (August 2001): 19; Andy Bowen, "Crisis Procedures that Stand the Test of Time," *Public Relations Tactics* (August 2001): 16.
43. Jason Fried, "How to Ride a Storm," *Inc.* (February 2011): 37–39.
44. Christine Pearson, "A Blueprint for Crisis Management," *Ivey Business Journal* (January–February 2002): 69–73.

45. See Mitroff and Alpaslan, "Preparing for Evil," for a discussion of the "wheel of crises" outlining the many different kinds of crises that organizations may face.
46. Harari, "Good/Bad News About Strategy."
47. Brad Stone, "The Omnivore," *Bloomberg Businessweek* (October 3–October 9, 2011): 58–65.
48. James C. Collins and Jerry I. Porras, "Building Your Company's Vision," *Harvard Business Review* (September–October 1996): 65–77.
49. Steven Kerr and Steffan Landauer, "Using Stretch Goals to Promote Organizational Effectiveness and Personal Growth: General Electric and Goldman Sachs," *Academy of Management Executive* 18, no. 4 (November 2004): 134–138; and Lisa D. Ordóñez et al., "Goals Gone Wild: The Systematic Side Effects of Overprescribing Goal Setting," *Academy of Management Perspectives* (February 2009): 6–16.
50. See Kenneth R. Thompson, Wayne A. Hockwarter, and Nicholas J. Mathys, "Stretch Targets: What Makes Them Effective?" *Academy of Management Executive* 11, no. 3 (August 1997): 48.
51. Doug Bartholomew, "Gauging Success," *CFO-IT* (Summer 2005): 17–19.
52. This section is based on Liam Fahey and Jan Herring, "Intelligence Teams," *Strategy & Leadership* 35, no. 1 (2007): 13–20.

第8章
战略制定与实施
Strategy Formulation and Implementation

学习目标

学习完本章后，你应该能够：

1. 界定战略管理并讨论战略的层次。
2. 描述战略管理的过程，运用 SWOT 分析评价公司的优势、劣势、机会和威胁。
3. 理解公司层战略的概念，解释波士顿矩阵、多元化战略及组合战略方法。
4. 描述波特的竞争战略。
5. 阐述管理者实施战略时需要考虑的维度。

你的战略优势是什么？[1]

导语：作为一名新晋管理者，在战略制定和实施中，你的优势是什么？为了寻找答案，想想你如何应对学校或工作中的挑战。根据哪一种描述更贴近你的行为，请在下面每一题项中选择 a 或 b。这些题项的答案没有对错之分。

1. 做记录时，我更倾向于：

a. 谨慎存档。

b. 是否存档很随意。

2. 如果由我来运作一个组织或者一个项目，我：

a. 先有总体的想法，再让其他人想出怎么完成这项任务。

b. 努力确定具体目标、时间安排和期望成果。

3. 我的思维方式更贴近：

a. 线性思维者，从 A 到 B 再到 C。

b. 跳跃思维者，从一个想法跳跃到另一个想法。

4. 在我的办公室或家里，我的东西：

a. 到处都是，随便放。

b. 整齐排列，至少是按照合理的顺序摆放。

5. 我感到很骄傲的是：

a. 找到突破障碍的方法。

b. 提出问题成因的新假设。

6. 我通过鼓励________来最大限度地帮助组织实施战略：

a. 接受各种不同的假设和想法。

b. 实施新想法时做得周全。

7. 我的一个优势是：

a. 努力让一切正常运行。

b. 努力去实现未来的梦想。

8. 当我侧重于________时，我是最有效率的：

a. 想出原创性解决办法。

b. 做出实际的改进。

得分及解释：在制定与实施战略时，管理者有不同的优势与能力。下面是确定你的战略优势的方法。关于战略制定者的优势，在题项 2，4，6 和 8 上，选择 a 的得 1 分，在题项 1，3，5 和 7 上，选择 b 的得 1 分。关于战略实施者的优势，在题项 2，4，6 和 8 上，选择 b 的得 1 分，在题项 1，3，5 和 7 上，选择 a 的得 1 分。你的哪项得分更高？高了多少？得分更高的类别就是你的战略优势所在。

新晋管理者作为战略制定者或实施者，或同时作为战略制定者和实施者，会为战略管理带来价值。拥有战略制定优势的新晋管理者倾向于推出创造性的战略并寻求重大突破。具有战略实施优势的新晋管理者倾向于在此战略框架内工作，并通过不断地改进使它更有效率、更可靠。这两种风格对于战略管理都极其重要。战略制定者通常利用他们的技能去创造全新的战略，战略实施者的目标是战略改进和实施。

如果这两种类型得分的差异小于 2 分，说明你在战略制定者与实施者间取得了很好的平衡，你能将这两种角色都做好。如果得分的差异在 4～5 分，说明你适度地以某种风格为主导，并可能在你主导的风格上做得更好。如果得分差异在 7～8 分，说明你有着与众不同的优势，一定想从事你所擅长的工作而非其他工作。

百思买集团（Best Buy）是 20 世纪 90 年代和 21 世纪初最火爆的公司之一，在大型超市销售品类众多的电子科技产品的战略使这家公司得以快速发展，例如全球定位系统（GPS）设备、电脑、电视机、DVD、数码相机等产品。但是，竞争环境的快速改变，包括在互联网上购买电子科技产品越来越普及、流媒体音乐和视频更易获取、内置独立技术的新设备，吞噬着百思买集团的竞争优势。为了应对这些改变，管理者宣布其策略是开设一些更小的商店，侧重于提供更小、更通用的科技产品的销售和服务。计划是关闭一些大型超市，租赁一些更小的店铺，开设一些微型的百思买手机店，将自家大型超市转租给其他零售商，从而大幅减少总体店铺面积。这些措施是否出台得太晚了？一些分析师的确是这样认为的，他们怀疑百思买的新策略是否足以应对零售和电子业环境的快速变化。[2]

战略管理有多重要？它在很大程度上决定了哪个组织会成功，哪个组织会受挫。管理者的战略选择及他们的战略执行效率解释了为什么亚马逊蒸蒸日上而百思买逐渐没落，在社交网络领域为什么脸书几乎打败了 MySpace，在笔记本电脑领域为什么苹果打败了微软。

所有企业都很重视战略。例如，在快餐行业，达美乐（Domino's）的管理者为了迎合顾客口味的变化，研发出新款比萨饼，并积极地进行广告促销，振兴了企业；麦当劳的革新战略很成功，它在产品线上增加了热咖啡、冰咖啡，全天候提供小吃、甜品等，并为那些关注健康的顾客改进了产品线；百胜集团旗下的肯德基连锁店通过野心勃勃的全球化战略蓬勃发展，在海外尤其是在中国迅速扩张。[3]

战略失误会损害一家公司。例如，柯达的管理者因为没有为数码摄影的快速发展做准备，致使柯达至今未能重新崛起。近期的一篇文章为了宣传一家欣欣向荣的、有创意的、适应能力强的公司取得的成功，把这家公司称为“反柯达”。你是否还记得时尚品牌丽诗加邦（Liz Claiborne）曾是服装业最受欢迎的品牌之一？你可能不记得了。曾经是女性职业装领头羊的这家公司已经没落很多年了。随着“婴儿潮”一代逐渐退休，该公司未能及时调整战略，不但没能保证产品线之间的高度相关性，反而开始减少在职业套装上的投资。[4]

麦当劳、百思买、脸书的管理者都参与了战略管理。他们寻找方法去应对竞争对手，应对复杂的环境挑战，有效地使用手头的资源，满足一直变化的客户需求。战略管理在当今环境中越来越重要，因为管理者有义务让他们的组织在持续变化的世界里走向成功。

第7章概括了组织使用的各种类型的目标与计划。本章将介绍战略管理，这是计划的一种具体形式。首先，我们将定义战略管理的组成，讨论战略的目标和层次。然后，我们将分别介绍制定公司层、业务层和职能层战略的一些模型。最后，我们将讨论管理者用以执行战略计划的工具。

新晋管理者自我测试

系统性思维

导语：根据你在工作中解决疑难问题的真实情况来回答下面的题项。针对下面这些题项，请回答“大多符合”或“大多不符合”。

	大多符合	大多不符合
1. 我努力全面地了解问题及其对他人的影响。	______	______
2. 我以搜集并整合来自不同领域的信息为做事的开端。	______	______
3. 我更喜欢解决复杂问题而非简单问题。	______	______
4. 我会与对这个问题有不同看法的人进行系统的讨论。	______	______
5. 我尝试着将一个解决方案与整体战略或计划联系在一起。	______	______
6. 我会分析问题的根本原因以找到关键的解决方法。	______	______
7. 我的方法侧重于一次解决一部分问题。	______	______
8. 我会花时间从各方面考虑形势如何。	______	______
9. 我研究过组织的不同部分如何共同影响这个问题。	______	______

得分及解释：系统性思维代表一种解决问题的战略性方法——宏观地看待各个部分之间的关系，而不是仅仅关注某个特定部分。系统性思维被认为是战略性的，因为它愿意接受系统复杂性带来的挑战，理解各个部分是如何相互影响的。例如，分析型思考者可能会将问题分解成一些独立部分，而系统型思考者可能会努力弄清如何在更大的背景下将这些部分结合在一起。

除第7个题项外的题项，选择“大多符合”的，可以得2分，选择“大多不符合”的，可以得1分。第7个题项选择“大多不符合”的，可以得2分，选择“大多符合”的，可以得1分。如果你的得分大于或等于14分，你可能有系统性思维。如果你的得分小于或等于6分，你解决问题时可能只关注系统的某个部分，而非构成整个系统的各个部分之间的相互作用。得分在7～13分之间暗示着你有时会使用系统性思维的某些要素。

8.1 战略性思维

什么是战略性思维？战略性思维意味着长远地、宏观地看问题，包括看到组织及其竞争环境，并思考组织如何才能适应竞争环境。战略性思维对于营利性组织和非营利组织都很重要。在营利性组织中，战略计划通常包括市场中的竞争行为。在非营利组织中，例如美国红十字会或者救世军①，战略计划适合外部环境中的各类事件。

研究表明，战略思维和计划能促进公司绩效和经济成功。[5]《麦肯锡季刊》(*McKinsey Quarterly*) 的一项研究证实，大部分管理者非常清楚战略计划的重要性。在缺乏正式战略计划的受访高管中，有51%的高管说他们对公司的战略并不满意，而在有正式战略计划的公司高管中，仅有20%的高管表示不满意。[6]成功企业的首席执行官将战略思维和计划作为管理的首要任务。对于一家想要成功的企业而言，其首席执行官只有做出艰难的选择和权衡，才能明确公司的战略并支持该战略。[7]然而，如今领军企业的高管们希望中低层管理者也拥有战略性思维。理解战略的概念和战略的层次是战略性思维的重要开端。

8.2 什么是战略管理

战略管理 (strategic management) 是指用以制定与实施战略的决策与行动的集合，它为组织及其环境提供了适应竞争的最优匹配，从而保证组织目标的实现。[8]管理者会提出如下问题：竞争性的环境出现什么样的变化与趋势？我们的竞争对手是谁？他们的优势与劣势是什么？我们的顾客是谁？我们该提供什么样的产品与服务，我们如何才能最有效地将其提供给顾客？我们所在行业的未来是什么样的？我们如何才能改变游戏规则？回答这些问题有助于管理者做出判断：相对于竞争对手，组织在环境中具有什么样的定位。[9]卓越的组织绩效并非因为幸运，而是得益于管理者做出的选择。

8.2.1 战略目标

战略管理的第一步是制定一个明确的**战略** (strategy)。战略是指描述资源分配及应对环境变化所需的行动的计划，用以获得竞争优势并实现组织目标。**竞争优势** (competitive advantage) 是指将本组织与其他组织区别开来的特性，这些特性为满足市场中的客户需求提供了独特的优势。制定战略的本质是选择使组织变得与众不同的

① 救世军是一个成立于1865年的基督教教派，以街头布道和慈善活动、社会服务而著称。——译者

方式。[10] 管理者必须决定组织是否采取与众不同的行动，或者是否以不同于竞争对手的方式去实施相同的行动。战略必须随着时间而变化，从而适应环境状况。为了获得竞争优势，企业制定战略时会涵盖图表8-1中所展示的各个要素，包括选择目标客户，开发核心竞争力，获得协同效应，传递价值。

图表 8-1 竞争优势的要素

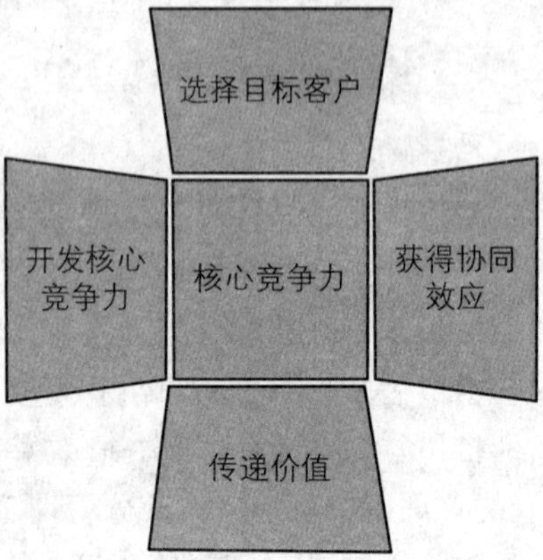

■ **选择目标客户**

一个有效的战略必须明确组织的客户及必须满足的那部分需求。[11] 管理者可以从地理上定位一个目标市场，例如为某个国家某个地区的顾客提供服务；也可以从人口统计学的角度去定位目标客户，例如以特定收入范围的民众或13岁以下的女孩为目标客户；还可通过其他很多方式去定位目标客户。有些企业把目标客户定位为主要通过网络购物的人群，有些企业则把目标客户定位为那些喜欢在小商店购物的人，这些小商店仅提供有限种类的高质量的商品。西南航空公司成立时，管理者将其目标客户定位为定期乘坐巴士的旅行者，这些人想要通过一种便捷、低成本的方式从一地到达另一地。[12] 沃尔沃的新老板和管理者正在瞄准一群新的目标客户，并改变公司的战略。它不再将目标客户锁定为那些喜欢购买安全、可靠、声誉好的家庭用车的人，该公司新的中国老板李书福有志于进军豪华车市场。沃尔沃尤其重视中国及其他海外市场新兴的富裕阶层消费者。李书福希望沃尔沃拿出更具创意、震撼人心的设计来赢得喜爱华丽、奢侈的新一代客户的欢心。[13]

■ **开发核心竞争力**

一家企业的**核心竞争力**（core competence）是指与它的竞争对手相比，该企业做得尤为出色的地方。核心竞争力代表一种竞争优势，因为这意味着该企业具备其他竞争对手所不具备的专长。核心竞争力可能存在于杰出的研发、专业技术诀窍、流程效率或者附加客户服务等领域。[14] 例如，Family Dollar 和西南航空公司的企业管理者关注的核心竞争力是使企业保持低成本的运营效率。盖洛德酒店（Gaylord Hotels）在许多州都有大型酒店和会议中心，并在田纳西州纳什维尔市附近的欧普兰有一幢综合大楼，这些设施因为大型会议提供高质量服务的战略而运作良好。[15] 罗宾逊直升机公司（Robinson Helicopter）的成功在于拥有制造小型两座直升机的先进专有技术，这种直升机的用途极其广泛，从洛杉矶的警察巡逻到澳大利亚牧民放牧，都可使用。[16]

在这些例子中，领导者明确了公司做得尤为出色的领域，并由此制定战略。

■ 获得协同效应

组织的各个部分相互影响从而产生一种共同的效应，这种共同效应大于各个部分独立行动产生的影响总和，此时，**协同效应**（synergy）便产生了，组织可能会获得诸如成本、市场地位、技术或者管理技能等方面的特殊优势。若管理得当，协同效应能够使组织利用现有资源创造出附加价值，大幅提高盈利水平。[17] 例如，协同效应是卡夫食品公司收购吉百利公司的动力，也是甲骨文公司（Oracle）收购太阳微系统公司（Sun Microsystem）的动力。卡夫食品公司可以在新兴市场利用吉百利公司已经建立的分销网络，通过共用卡车和商场销售更多的卡夫产品。甲骨文公司通过收购太阳微系统公司拥有庞大的硬件业务，能够以一个一体化的解决方案为客户提供他们所需的大部分技术。[18]

协同效应还可以通过组织间的良好关系获得。例如，Coinstar 公司是 Redbox 影碟出租公司的母公司，两者通过合伙关系来获得协同效应。随着租赁影碟行业的衰落，Redbox 公司与威瑞森通信公司合作，它们提供的服务结合了影碟租赁与流媒体视频，从而使双方都能得益。另外，Coinstar 联合星巴克提供自助服务咖啡机，该咖啡机在磨好咖啡豆后能制作出一杯新鲜咖啡，这与过去的自助咖啡机很不一样。现在沃尔玛超市、药店及其他地方都有 Redbox 影碟出租亭，因此，这家公司计划将咖啡亭设在“客户每天都去的地方”。[19]

■ 传递价值

将价值传递给客户是战略的核心部分。价值可以定义为获得的利益与付出的成本的结合。管理者通过修订战略，开发核心竞争力并获得协同效应来帮助公司创造价值。例如，星巴克引进了星巴克会员卡，它与常见的零售礼品卡一样，但用户还可以通过获得积分来兑换免费咖啡。[20] 例如，时代华纳和康卡斯特（Comcast）这些有线电视公司以更低的价格为用户提供大礼包，其中包括有线电视、数字付费节目、点播视频、高速互联网、数字电话服务。一些电影院正尝试通过“晚餐加电影”模式来提供更多价值。在电影院吃晚餐为人们度过良宵提供了一种更节约时间的方式，相比在电影播放前后去餐馆就餐，它的价值更合理。[21]

创新之道

亚马逊公司

“很难相信亚马逊曾是一家艰难度日的线上书商，今天，它已成为威胁到每一家零售商生死存亡的企业。”GSI Commerce 的执行副总裁菲奥娜·迪亚斯（Fiona Dias）如是说。亚马逊的目标客户是那些想通过互联网找到划算的交易并方便地购买产品的人们。这些客户几乎能在亚马逊网站买到他们想要的一切商品，并且支付的价格比其他任何地方都要低。如果他们是亚马逊金牌会员，还可以享受包邮、两日送达服务。

亚马逊希望以低价提供高质产品。为了实现这一点，它开发出与第三方商家的销售网络，这些第三方商家与亚马逊保持着紧密的互惠互利的关系，持续提高其运营效率，并创造出全球最精细的配送系统之一。如果这些还不够，还有 Prime 会员。每年仅需 79 美元，客户可享受包邮、两日送达、免费流媒体视频以及其他服务。Prime 会员使得亚马逊能够发挥它的核心竞争力，即选择广、低成本以及精细的配送。当被问及公司是如何确定 79 美元这个定价时，一名Prime会员说："这无关79美元本身，而是关乎改变人们的偏好，让他们不会在别处购物。"

Prime会员被认为是进一步巩固亚马逊优质客户的忠诚度的一种方式，它的成功程度甚至超出了首席执行官杰夫·贝佐斯的想象。一篇新近发表的商业论文写道，亚马逊Prime会员"将随意逛逛的购物者转变成亚马逊的发烧友"。它向客户提供价值，同时增加亚马逊的销售额。根据某些预测，客户在成为Prime会员后购买额增加了150%。Prime会员帮助亚马逊的销售额在近期的经济萧条中增长了30%，而同期的其他零售商却在艰难地吸引顾客。[22]

8.2.2 战略的层次

战略管理的另一个方面是战略适用的组织层次。战略管理者通常认为战略有三个层次，如图表8-2所示。[23]

图表8-2 组织中战略的三个层次

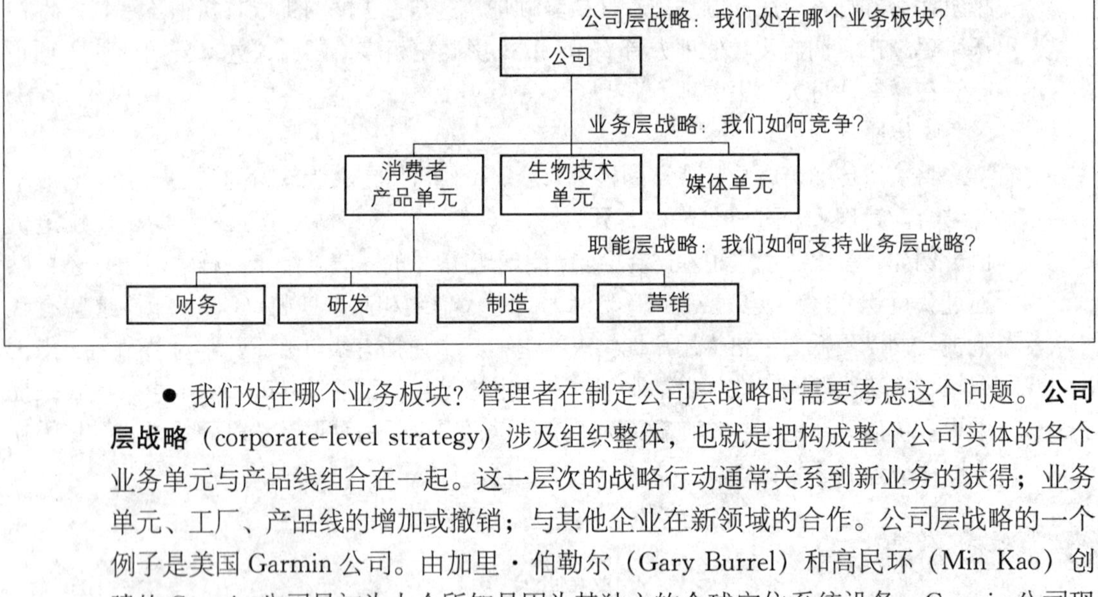

- 我们处在哪个业务板块？管理者在制定公司层战略时需要考虑这个问题。**公司层战略**（corporate-level strategy）涉及组织整体，也就是把构成整个公司实体的各个业务单元与产品线组合在一起。这一层次的战略行动通常关系到新业务的获得；业务单元、工厂、产品线的增加或撤销；与其他企业在新领域的合作。公司层战略的一个例子是美国Garmin公司。由加里·伯勒尔（Gary Burrel）和高民环（Min Kao）创建的Garmin公司最初为大众所知是因为其独立的全球定位系统设备。Garmin公司现已成长为一家国际企业，拥有一个消费者产品事业部；一个为汽车市场制造嵌入式汽车全球定位系统的事业部；一个为飞机和船舶制造导航和航空电子设备系统的事业部；一个提供移动气象解决方案的事业部；一个专注于个人监测技术，例如为运动和健康产品制造计步器和心率监测器的事业部。这家公司的成长受益于对UPS Aviation Technologies有限公司（现在的Garmin AT）及Dynastream Innovations（个人监测产品）的兼并。[24]
- 我们如何竞争？**业务层战略**（business-level strategy）涉及每个业务单元或者产品线。这个层次的战略决策涉及大量的广告、研发的方向和水平、产品革新、新产品开发、设备和器械，以及产品和服务线的扩张和收缩。由于许多人使用自己的智能手机来查看方向或地图，Garmin公司的全球定位系统设备的销售额下降，因此

Garmin 公司的消费者产品事业部决定制造一款自己的手机。该公司与电脑制造商华硕公司合作，开发内置全球定位系统的 Garmin 牌智能手机。另外，Garmin 公司的消费者产品事业部开发了一款适用于 iPhone 的 App，这款 App 几乎能够让用户在手机上做所有的事情：从查看交通拥堵情况到在维基百科上寻找目的地信息。[25]

- 我们如何支持业务层战略？**职能层战略**（functional-level strategy）涉及各业务单元的主要职能部门。职能层战略包括所有主要职能，如财务、研发、市场营销和制造。Gap 公司市场营销部的职能层战略之一就是利用移动技术为消费者提供有针对性的交易。Gap 公司开发出一款移动 App，它使用全球定位技术，当客户在 Gap 实体店附近打开这款 App 时，它会告诉你附近的大减价活动。[26]

8.3　战略管理的过程

图表 8-3 展示了战略管理的全过程。战略始于高管们评估公司现有使命、目标和战略的定位。然后他们审视组织的内部和外部环境，并识别出可能需要变革的战略问题。例如，英国石油公司的管理者不必把目光投向遥远的未来去寻找变革的需要。2010 年 4 月，该公司一个巨大的钻井平台爆炸并沉没，导致 11 名钻井工人死亡，大量石油泄漏至墨西哥湾。英国石油公司的战略是成为石油行业前沿技术的领导者，诸如要钻世界上最深的井，去北极寻找石油以及其他积极的尝试。这些战略是成功的，英国石油公司的产量稳步增长，公司市值于 2010 年 1 月超过了荷兰皇家壳牌石油公司。[27]然而几个月后灾难发生了，预示着这家石油巨头需要一种新的战略。英国石油公司的管理者评估了目前公司战略是否与环境及自身能力相匹配，并将他们的战略目标转向关注安全性与一致性。

图表 8-3　战略管理的过程

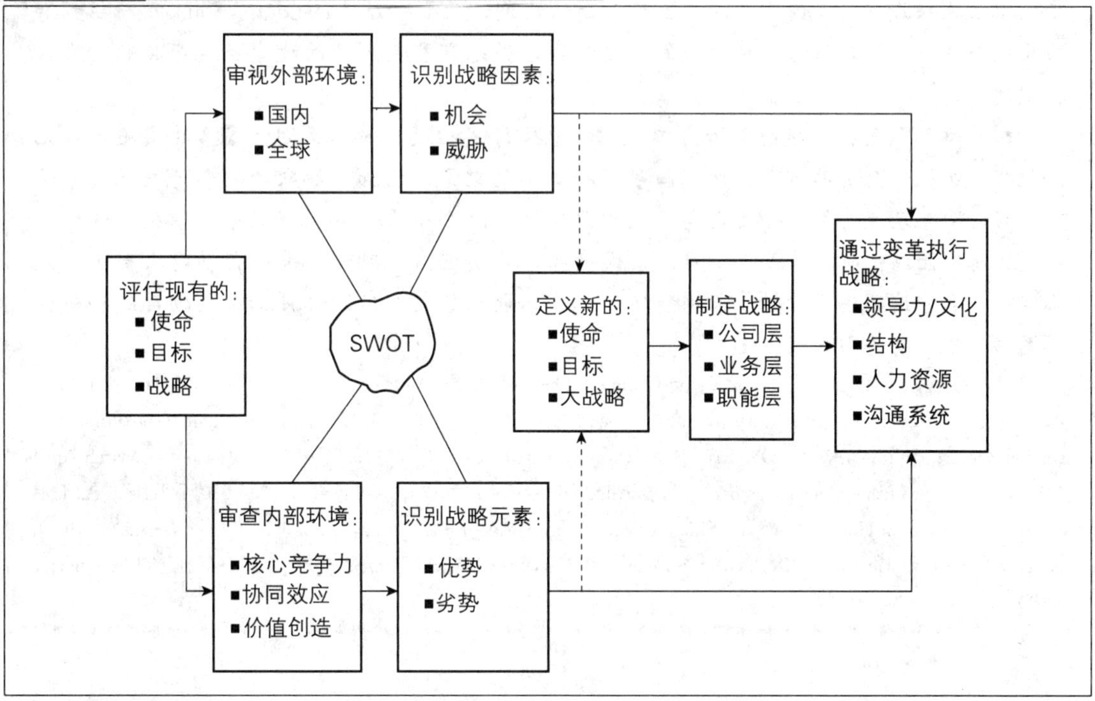

对于所有的组织，内部或外部发生的事件有时暗示着需要重新制定使命或目标，或者需要制定新的公司层、业务层或职能层战略。改变公司实现目标的能力的因素被称为战略问题，这在第3章中提到过。在动荡的环境与迅速变革的行业中，管理者必须对需要做出改变的战略问题保持警觉，从而适应内部与外部变化。[28]图表8-3中概括的战略管理过程的最后一步是执行新的战略。下面的“经理会谈”专栏讨论了战略制定与实施的最新趋势。

经理会谈

战略会是一成不变的吗？

“战略，正如我们所知，是死的。”埃森哲管理咨询有限公司（Accenture Ltd.）北美区主管沃尔特·希尔（Walt Shill）说。这可能有些夸大其词，但经历了过去几年的经济衰退，许多管理者发现他们需要新的战略方法。

- 管理者将灵活性融入战略计划。管理学家兼战略学家加里·哈梅尔（Gary Hamel）使用“战略衰变”这一术语来形容这样的事实：即使是最伟大的战略，其价值也会随着时间逐渐消逝。静态的长期战略计划在动荡的环境中可能会成为一种负累。昨日的优势可能会变成今日的劣势。为了克服依赖以前有效做法的自然倾向，诸如麦肯锡这样的组织的管理者建立了一种探究式的、具有建设性冲突的文化。
- 战略的制定基于积极的互动。管理者不是坐在他们的办公桌边臆想出战略，他们要走出去与员工、客户、供应商及其他利益相关者交流。例如，在早期的惠普公司，戴夫·帕卡德（Dave Packard）和比尔·休利特（Bill Hewlett）就很少待在他们的办公室里。他们出去与别人交谈，获得制定有效战略的现实基础。
- 战略伙伴关系是战略的关键组成部分。与其他组织合作是企业成功进入新业务领域的重要因素。为了寻找赚钱的新方式，例如电子书，比起传统的纸质书，尽管它给企业带来的单位收入减少了，但这种方式更受大众的欢迎，兰登书屋（Random House）与视频游戏出版商达成协议，为它们的游戏写原创故事，并给那些用自己的故事打造产品的开发者提供建议。
- 战略的创意执行能使之活力四射。创意执行是指通过精心策划，战略的实施令人无法抗拒，组织的全员参与有力地保障了一个成功的结果。例如，谷歌的战略是关注搜索而非内容，即整理现有信息并使之易于获取且实用，这个战略十分明确且令人信服，这让所有员工都能团结一心。管理者使用愿景式领导，开明坦诚地交流，果敢行动，从而驱动战略实施。尽管这项任务看起来不可能实现，但谷歌的管理者用战略目标来激励员工将全世界图书馆里所有的书都数字化。

资料来源：Gary Hamel，“Outrunning Change—The CliffsNotes Version，” Gary Hamel's Management 2.0，*WSJ Blogs*，October 21，2009，http://blogs.wsj.com/management/2009/10/21/outrunning-change-the-cliffsnotes-version/(accessed July 31，2012)；Eric Beaudan，“Creative Execution，” *Ivey Business Journal*（March-April 2010），www.iveybusinessjournal.com/article.asp?intArticle_ID=891（accessed March 26，2010）；Jeffrey A. Trachtenberg，“Random House Harnesses Skills to Venture into Videogame Action，” *The Wall Street Journal*，March 1，2010；and Don Tapscott，“Rethinking Strategy in a Networked World，” *Strategy & Business* 24（Third Quarter 2001）：34-41.

8.3.1 战略制定与实施

战略制定包括计划和决策，目的在于设立企业的目标，制定具体的战略计划。[29] **战略制定**（strategy formulation）包括评估外部环境与内部环境，从中识别出战略问题，随后将这些结果整合到目标与战略中。这个过程与**战略实施**（strategy execution）不同，战略实施是使用管理和组织工具，将资源引到达成战略结果的方向。[30] 战略实施是战略计划的管理与执行。管理者可能会利用说服、新设备、组织结构变革或者修改薪酬体系来确保员工与资源的使用使制定的战略成为现实。

8.3.2 SWOT 分析

制定战略从理解构成组织竞争形势的环境、力量、事件及问题入手，这需要管理者审视影响公司竞争力的内外部因素。[31] **SWOT 分析**（SWOT analysis）是指对影响企业绩效的优势、劣势、机会和威胁进行认真的评估。管理者获取的关于机会和威胁的外部信息来自各种渠道，例如客户、政府报告、专业期刊、供应商、银行家及来自其他组织的朋友。许多公司与特定的环境分析组织签订合约，以获得剪报资料、网上研究资料和相关国内外趋势分析。也有公司雇用市场化的智库专家，使用情报团队来寻找竞争对手的相关信息。

管理者从大量的报告中获取内部优劣势的信息，其中包括预算、财务比率、利润表及员工态度与满意度。另外，管理者通过与公司各个层级的员工进行频繁的面对面讨论与会议，增进对公司内部优劣势的理解。

■ **内部优势与劣势**

优势是指组织能够用来实现绩效目标的积极内部特征。劣势是可能会限制组织绩效的内部特征。图表 8-4 的审查核对表列举了一些优势和劣势的因素。管理者对特定职能，诸如市场营销、财务、生产和研发等进行内部审核。内部分析也评估总体的组织结构、管理能力和质量以及人力资源特征。基于对这些领域的了解，管理者能够确定本公司相较于其他公司的优势与劣势。

图表 8-4 分析组织优势与劣势的审查核对表

管理与组织	营销	人力资源
管理质量	配送渠道	员工经验
员工质量	市场份额	员工受教育程度
集权化程度	广告效率	工会地位
组织结构图	客户满意度	员工流动率、旷工率
计划、信息	产品质量	员工工作满意度
控制系统	服务声誉	投诉情况
	销售人员流动率	
财务	**生产**	**研发**
边际利润	选址、资源	基础应用研究
股本负债率	设备报废率	实验室能力
存货周转率	采购系统	研究项目
投资回报率	质量控制	新产品研发
信贷评级	生产率/效率	技术创新

■ **外部机会与威胁**

威胁是那些可能会阻碍组织实现其战略目标的外部环境特征。例如，对微软公司的一个威胁是互联网上可获得的廉价或免费软件的激增。[32]机会是指有可能帮助组织实现或超越其战略目标的外部环境特征。例如，因为丰田公司刚刚经历质量、安全及公众关系等一系列问题，美国汽车制造商有可以抢夺日本丰田公司客户的史无前例的机会。[33]又如，由于城市居民强烈反对沃尔玛超市，德国零售商 Aldi 发现了一个在美国扩张的机会，Aldi 悄悄地在美国各个城市（包括纽约）开设小型的、药店规模大小的商店。"沃尔玛在某种程度上变成了坏人，导致大家都反对它，"咨询公司 Customer Growth Partners 的主席克雷格·约翰逊（Craig Johnson）说，"但是没有理由反对 Aldi。"因为 Aldi 规模更小，且每年只开设有限数量的店铺，不易被人察觉。当人们都在反对沃尔玛时，Aldi 已经开设了一系列店铺。[34]

管理者根据第 3 章所述的几个因素来评估外部环境。任务环境因素与战略行为的关系最为密切，包括竞争对手、顾客、供应商以及劳动力市场。一般环境是指对组织有间接影响，但企业必须了解并把它融入战略行为的因素。一般环境包括技术、经济、法律/政治、国际、自然、社会文化因素。其他可能会带来机会与威胁的还有压力群体，例如反对沃尔玛向城市扩张的那些组织；利益群体；债权人及潜在的竞争行业。

下面的"创新之道"专栏是 SWOT 分析的一个极好的例子，这个例子来自美国德纳控股公司（Dana Holding Corporation），它是车轴、传动轴、变速器和其他汽车产品的世界领先企业。

创新之道

美国德纳公司

1904 年，一名 29 岁的康奈尔大学工程系学生设计出一款可以驱动汽车的实用万向节，于是他离开学校创立了美国德纳公司。如今，创新与独创性仍是德纳公司的使命："用创新的解决方案去预测和满足客户的需求。"德纳公司从来不会原地踏步，管理者持续评估公司的竞争形势，并根据公司的优势、劣势、机会和威胁来制定战略决策。

德纳公司的优势包括掌握技术秘诀、拥有创新文化、具有实力雄厚的研发部门。凭借单元化生产方式、统计过程控制技术及柔性生产，德纳公司是世界公认的技术创新者。该公司拥有受过良好训练的工人，在 26 个国家有重要的生产设施。多样化的产品使得德纳公司能够为轻型、重型和越野汽车市场的客户提供服务，从而提高公司的销售额和利润。最后一个优势是它通过与其他汽车零部件供应商联盟或合营等方式形成强大的伙伴关系。

德纳公司最大的劣势在于没有摆脱 2006 年申请破产保护带来的影响。尽管公司在 2008 年走出破产的困境，但消费者和投资者的信心还没有恢复。此外，利润率低导致运营成本依然很高。

公司最大的威胁是对运动型多用途车需求的下降以及来自汽车生产商的压力，例如，通用、克莱斯勒、福特及大众，它们都要求降低零部件的价格。随着电力和油电混合系统的持续发展，机会是有的。在这一领域，德纳公司也是专家。另一机会来自消费者对环境友好型产品越来越大的需求。

SWOT 分析为美国德纳公司提供了什么样的建议？为了降低成本，提高边际利润，管理人员卖掉了非核心业务，关闭了低效的、绩效不良的工厂。他们大量投资于电力技术业务单元，该单元的产品采用密封隔热管理技术，它有助于节约燃料，减少废气排放量，提高汽车的耐用性。这项投资似乎非常值得：电力技术事业部的销售额于2011年首次超过10亿美元。德纳公司还在努力扩张其跨国业务板块，尤其重视亚洲和南美洲新兴市场，那里对施工车辆和工业设备产品的需求正在不断上升。[35]

8.4 制定公司层战略

制定公司层战略的三个方法是组合战略、波士顿矩阵以及多元化战略。

8.4.1 组合战略

个人投资者常常希望其投资组合多样化，组合中既有高风险股票、低风险股票、成长型股票，也有一些收益类债券。类似地，公司喜欢有一个平衡的业务分部组合，即**战略业务单元**（strategic business unit，SBU）。一个战略业务单元有其独特的业务使命、产品线、竞争对手及与公司的其他战略业务单元相关的市场。[36]负责整个公司的高管们通常会确定一个整体战略，然后通过战略业务单元的集聚、融合去实现整体战略。管理者不喜欢过于依赖某个业务单元。**组合战略**（portfolio strategy）涉及业务单元与产品线的组合，两者通过符合逻辑的方式组合在一起，为公司带来协同效应与竞争优势。下面的“创新之道”专栏展示了医疗保健企业利用组合战略产生协同效应与竞争优势的一个例子。

创新之道

联合健康集团

联合健康集团（Unitehealth Group）过去是一家保险公司。如今，它说自己是一家医疗保健公司，其使命是“帮助人们生活得更健康”。这是因为联合健康公司现在是一个拥有众多下属公司的投资集团，其中只有一家子公司提供保险业务，其他公司则提供多样化业务，诸如为医院提供信息技术和数据管理，提供药品运输和临床试验管理、继续医学教育，甚至提供医师与其他医疗服务。这家公司服务于全世界7 500万人口，“几乎涵盖了医疗保健业务的各个领域。”联合健康集团的网站上如是说。

联合健康公司可能是最大的保险公司，但它并不是唯一一家通过购买医生团队的服务或医疗设施来发展下属分公司以实现业务组合的公司。例如，WellPoint购买了CareMore的服务，后者是一个在洛杉矶地区拥有26家医疗保健诊所的团队。Humana购买了Concentra的服务，后者是一家连锁的急救中心。在宾夕法尼亚州和西弗吉尼亚州运作蓝十字和蓝盾计划的Highmark试图买下坐落于匹茨堡的六家连锁医院。实施这一战略的部分原因是应对保险公司不断增加的财务压力，这些财务压力来自美国的《患者保护与平价医疗法案》（Patient Protection and Affordable Care Act）及顾客不愿再支付越来越高的保费这一事实。“这些都是正在尝试的一些方法，想看看究竟哪些方法能够吸引美国公众并带来价值的增加。”联合董事会成员盖尔·威伦斯基（Gail Wilensky）如是说。[37]

保险公司的新组合战略能否为客户带来价值？它是否仅仅为保险公司带来了更高

的利润？现在要得出结论为时尚早。一些消费者保护团体十分担心，而另一些人则坚信这种趋势对于病人和公司都是利好的。

绿色魔力

超越垃圾

戴维·斯坦那（David Steiner）是坐落于休斯敦的废料管理公司（Waste Management Inc.）的 CEO，他正在实施一项既针对消费者又针对员工的“绿色意识”新战略。这项新战略最初是由外聘的咨询顾问提出的，他们首先考察了公司的可持续发展优势及劣势，评估了公司未来的机会，提出的战略是公司必须突破垃圾收集、垃圾处理的业务边界。与公司“绿色意识”的口号相一致，管理人员专注于从废弃物中提炼出“价值”，他们让居民把所有可重复利用的废弃物放入一个容器，通过强风、磁铁、光学扫描等方法把里面各种各样的废弃物分类。废料管理公司还提供日常自然灾害导致的大规模清扫服务。公司最受欢迎的一个新产品是袋状垃圾箱，它可以盛放 3 300 多磅（1 磅约为 0.45 千克）杂物和垃圾。

资料来源：Marc Gunther，“Waste Management's New Direction,” *Fortune* (December 6，2010)：103-108.

8.4.2 波士顿矩阵

应用组合战略的一种简单方法是波士顿矩阵。波士顿矩阵（由波士顿咨询公司开发并命名）如图表 8-5 所示。**波士顿矩阵**（BCG matrix）从两个维度来组织业务：业务增长率与市场份额。[38]业务增长率是指整个行业的发展速度。市场份额是指一个业务单元占领的市场比竞争对手多还是少。市场份额高/低与业务增长率高/低的组合为企业提供了四种组合战略。

图表 8-5 波士顿矩阵

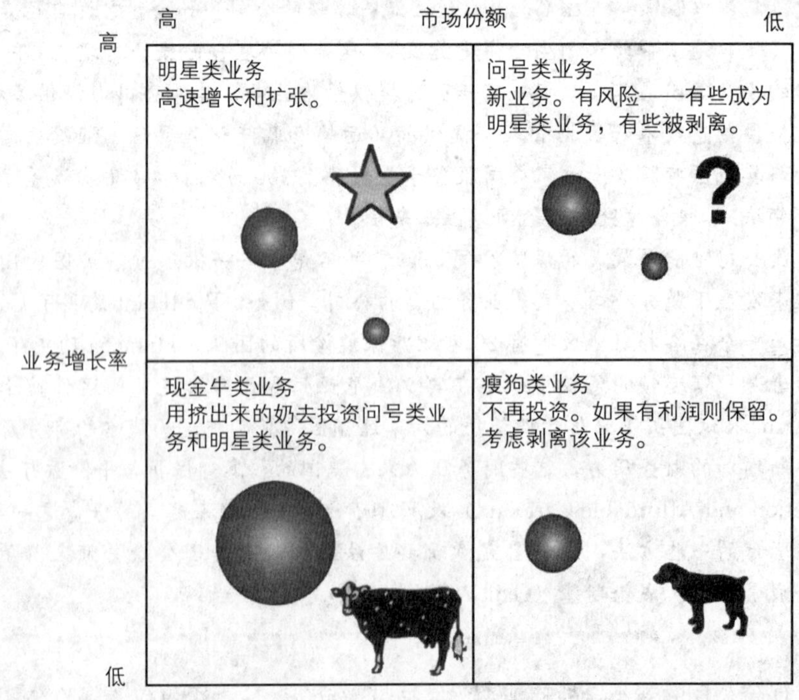

明星类业务是指在一个快速发展的行业里占有较大市场份额的业务。这类业务非常重要，因为它具备继续发展的潜力。企业为了未来的成长和利润将已得利润投资到这类业务上。明星类业务显而易见且具有吸引力，即使行业已成熟，市场发展放缓，它依然能带来利润及正现金流。

现金牛类业务存在于成熟的、发展缓慢的行业中，在这个行业占有主导地位和很大的市场份额。由于该类业务的广告和工厂扩张已经不再需要大量投资，所以企业可以获得正现金流。企业可以把从现金牛类业务中获得的利润投资于其他更具风险的业务。

问号类业务存在于高速发展的新行业中，但只占有很小的市场份额。问号类业务是有风险的：它可能成为明星类业务也可能失败。企业可以把从现金牛类业务中获得的利润投资于问号类业务，将其培育成未来的明星类业务。

瘦狗类业务是低绩效的业务，在低增长市场中只占有很小的市场份额。瘦狗类业务不能为公司提供利润，如果无法起死回生，则必须剥离或者清算。

图表 8-5 展示了一个假想公司的业务组合，图中圆圈的大小代表每项业务在公司中的相对规模。大多数大企业，例如通用电气，在多个象限里都有业务，这些业务分别拥有不同的市场份额和业务增长率。通用电气业务组合中最有名的现金牛类业务是其电气事业部的业务。该业务在这个稳定的市场占据了很大份额，并成为通用电气销售额和利润的一大来源。通用电气的医疗和航空事业部的业务是其明星类业务，因此通用电气把钱投资于这些飞速发展领域的新产品的研发，例如风能产品。通用电气的消费者金融事业部的业务是其问号类业务。该事业部向房地产等领域的扩张过于迅猛，使得它在最近的金融危机中大受打击。传媒事业部的业务可能是瘦狗类业务，因为它不能很好地融入通用电气的业务组合中。通用电气的瘦狗类业务在其他公司可能是明星类业务，因此通用电气的高管最近将所持的环球公司（NBC Universal）的绝大部分股权卖给了康卡斯特。[39]

8.4.3 多元化战略

进入新产品线或开展新业务的战略称为**多元化**（diversification），例如联合健康公司购买医疗团队的服务，搜索引擎领军企业谷歌通过购买 YouTube 进入新领域。多元化的例子还有苹果公司通过 iPhone 进入手机行业，亚马逊通过 Kindle 电子书阅读器进入电子产品行业，雀巢公司通过购买 Ralston 进入宠物食品行业。

多元化的目的是丰富企业的业务，生产出具有新价值的产品或服务。如果新业务与企业现有的业务相关，则该企业实施的是**相关多元化**（related diversification）战略。例如，联合健康公司进入医疗服务行业，雀巢公司进入宠物食品行业，它们的新业务都与现有的业务相关。**不相关多元化**（unrelated diversification）是指企业向一个全新的行业扩张，例如通用电气进入传媒行业，食品公司 Sara Lee 踏足内衣行业。如果实施不相关多元化战略，企业的新业务和现有业务之间就没有相关性，因此战略的成功变得艰难。大部分企业放弃了不相关多元化战略，卖掉不相关业务，专注于核心领域。

一家企业的管理者可能会追求多元化的机会，通过垂直一体化战略创造价值。**垂直一体化**（vertical integration）是指企业进入生产产品或服务所需的原材料领域，或者进入为消费者配送、销售产品或服务的领域。近年来出现了明显的垂直一体化趋势，许多大企业纷纷进入那些能使它们有更多掌控权的原材料、生产及配送领域。[40]例如，为了更好地掌控原材料，钢铁生产企业纽柯（Nucor）兼并了一家重要的金属废料处理厂，其竞争对手 Arcelor 买下了巴西、俄罗斯和美国的部分矿山。进入配送领域的多元化例子是百事公司回购了在 20 世纪 90 年代末剥离出去的装瓶公司。百事公司掌控了北美市场 80%的生产、营销和配送业务，有望在未来的几年中并购剩余的几家独立装瓶商。服务型公司也可以追求垂直一体化。例如，票务公司 Ticketmaster 与 Live Nation Entertainment 联手举办并推广音乐会。[41]

8.5 制定业务层战略

下面我们介绍业务层战略的制定，它关注的是如何竞争。一个被普遍接受且有效的战略制定模型是波特的竞争战略。迈克尔·波特（Michael E. Porter）研究了大量的商业组织，提出业务层战略是了解企业环境中的竞争力量后的结果。[42]

8.5.1 竞争环境

不同类别的业务其竞争环境不同。大多数的大企业拥有很多独立的业务线，它们会对每一条业务线或每一个战略业务单元做产业分析。例如，Mars 公司拥有六个业务单元：巧克力（士力架）、宠物保健（Pedigree）、口香糖和糖果（Juicy Fruit）、食品（Uncle Ben's）、饮料（Flavia）、信必优科学（动物保健、植物保健）。巧克力事业部的竞争环境与信必优科学事业部的竞争环境是不同的，因此管理者要对每一个业务单元做竞争环境分析，考察诸如竞争对手、消费者、供应商、来自替代产品或服务的威胁、潜在的新市场等因素。

8.5.2 波特的竞争战略

为了找出在特定业务环境中的竞争优势，波特建议企业采取这三种战略：差异化、成本领先、聚焦。图表 8-6 概括了与每一种战略相关的组织特征。

● 差异化。**差异化战略**（differentiation strategy）是指企业试图使其产品或服务不同于行业中的其他企业。企业可能会利用有创意的广告、独特的产品特征、非同寻常的服务或者新技术，使得消费者感觉到其产品的独特性。从差异化战略中获益的产品有哈雷摩托车、苹果电脑和手机、Gore-Tex 面料等，这些产品让人感觉其在市场中是独一无二的。比如苹果电脑、iPhone 和 iPad 因其独特性而要价很高。苹果公司从未想过在价格上竞争，它喜欢被消费者认定为“精品”品牌。服务型企业，诸如星巴克、全食超市和宜家也使用差异化战略。

差异化战略能够减少企业与对手之间的竞争，且不存在替代产品的威胁，因为消费者对其品牌具有忠诚度。然而，差异化战略需要许多高成本的活动，例如产品的研发、设计以及大量广告。企业需要强大的营销部门和富有创造力的员工，且必须给予这些部门和员工以时间和资源去追求创新。

● 成本领先。通过**成本领先战略**（cost leadership strategy），企业积极寻求高效的设备，追求成本节约，进行严格的成本控制，生产出比竞争对手更高效的产品。虽然成本领先不总是意味着低价，但大部分成本领先企业能保持内部低成本，故而能够

图表 8-6 波特竞争战略的组织特征

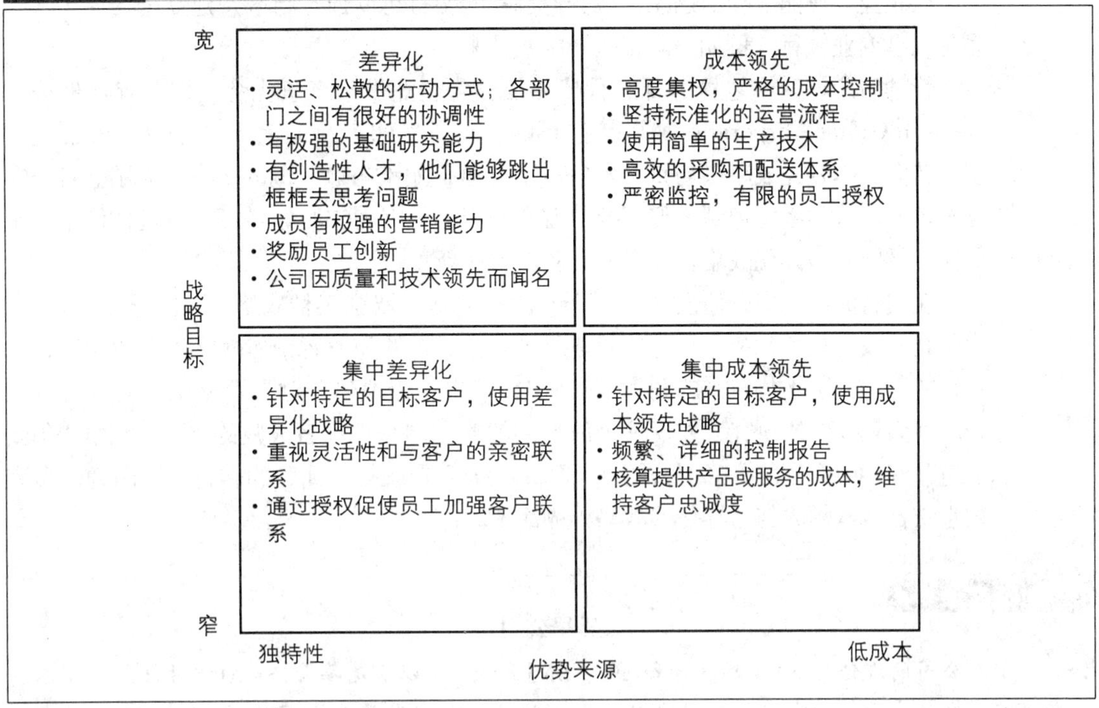

资料来源：Based on Michael E. Porter, *Competitive Strategy. Techniques for Analyzing Industries and Competitors* (New York: The Free Press, 1980); Michael Treacy and Fred Wiersema, "How Market Leaders Keep Their Edge," *Fortune* (February 6, 1995): 88-98; and Michael A. Hitt, R. Duane Ireland, and Robert E. Hoskisson, *Strategic Management* (St. Paul, MN: West, 1995), pp. 100-113.

以低价为消费者提供产品和服务，同时保持盈利。成本领先的定位意味着企业能够以低于竞争对手的价格提供产品，保持产品的高质量并有合理的盈利。例如，Spirit Airlines 将廉价机票做到极致，它是航空业中盈利水平最高的公司之一，平均每架飞机比美国其他航空公司的飞机多盈利 40%。[43]

成本领先战略更多地关注保持稳健而非追求创新和成长。然而成本领先必然会带来成长，这已被沃尔玛证明，沃尔玛凭借成本领先战略成为世界上最大的零售商。宏碁公司凭借成本领先战略成为世界上第二大计算机制造商。宏碁拥有简单的成本结构，它的间接费用大约占销售额的 8%，而竞争对手的这一比例一般在 14%～15%。这种成本节约最终使消费者获益，宏碁高品质的超薄笔记本的售价只有 650 美元左右，而惠普同类产品的售价为 1 800 美元左右，戴尔同类产品的售价达 2 000 美元。宏碁现在已涉足智能手机领域。由于采用成本领先战略，宏碁能够以低价为消费者提供高质量的智能手机，并获得 15%～20%的边际利润。[44]

● 聚焦。通过**聚焦战略**（focus strategy），组织能够集中于某特定区域市场或者客户群。企业的差异化战略或低成本领先战略都仅面向一个小的目标市场。集中成本领先战略的一个例子是 Family Dollar 公司。Family Dollar 公司的主要品牌，如汰渍、高露洁的产品价格比其他超市低 20%～40%。该公司把店铺设在廉价的、简朴的建筑里，例如街边店，其目标客户是年收入为 35 000 美元左右的人群，而不是高端客户。[45]出生于墨西哥的玛丽亚·康特里拉斯-斯威特（Maria Contreras-Sweet）创立了

Proamérica银行，它成功地运用集中差异化战略，主要服务于洛杉矶西班牙社区的大型家族企业。玛丽亚相信这家由拉美裔创立的银行可以通过与客户建立密切的个人关系与大型商业银行（例如美国银行）区别开来。[46]

管理者应该谨慎地思考哪一种战略能够为企业带来竞争优势。吉普森吉他公司(Gibson Guitar Corporation) 以其创新的、高质量的产品闻名于音乐界。该公司发现，转向成本领先战略去与日本竞争对手竞争，如雅马哈、Ibanez等，实际上对公司是有害的。管理者意识到人们想要吉普森的产品是因为它的好名声而不是低价格，于是他们又回到差异化战略，并投资于新技术和新营销。[47]

在波特的研究中，他发现一些企业没有主动采取这三种战略，并缺乏战略优势。由于企业没有竞争优势，与那些采取差异化、成本领先或者聚焦战略的企业相比，前者只能获得低于平均水平的利润。类似地，"常青树项目"对上百家企业的管理实践开展了为期5年的研究，发现一个清晰的战略方向是管理者成败的关键。[48]如"创新之道"专栏中介绍的，彭尼公司（JCPenney）目前正处在痛苦的转折期，因为消费者被它结合成本领先与差异化的战略弄糊涂了。

创新之道

彭尼公司

彭尼公司的现任CEO罗恩·约翰逊（Ron Johnson）以前是苹果公司负责开发创新型零售商店概念的高管。拥有在苹果的成功经验，他能否使挣扎中的彭尼公司成功转型？答案是也许能，也许不能。彭尼公司多年来压力重重。约翰逊在上任时受到了热烈欢迎，被视为能最终拯救彭尼公司的高管。

约翰逊引入新的战略，取消了公司每年开展的众多降价活动（在2011年大约有600个这样的活动），采用了"日日实价"的价格模式，即所有的商品全部降价40%左右。该战略还包括采用一个新的标识，原来的商店变成一家提供独特的供应商品牌产品和以"精品"为主题的店铺。但老客户的反应并不积极。自从采用"日日实价"的价格模式，彭尼公司的销售额一落千丈。约翰逊说客户刚开始被这种改变给弄糊涂了，他相信，当客户意识到不必等到降价活动，商品每日都是低价时，这种新模式最终会得到回报。

一些分析师认为，问题在于彭尼公司并不是苹果公司。彭尼公司没有苹果公司所拥有的品牌知名度、产品独特性及客户忠诚度。苹果公司的产品象征着社会地位，这使得消费者会一直购买新产品。而彭尼公司需要通过经常性的降价活动来吸引客户，一旦客户走进店铺，就要想方设法让他们多买。"日日实价"使得寻找优惠与讨价还价的乐趣消失了。"折扣能够吸引购物者当天购买商品，"消费者心理学家兼作家基特·亚罗（Kit Yarrow）说，"一旦没有了那些乐趣，人们就不再急于购买他们并不需要的东西。"约翰逊可能会同意这个说法，他最近又重新引进了打折这一模式。[49]

即使正在做一些调整，约翰逊仍坚持他的基本战略，即将彭尼公司改造成全面低价、以精品为主题的商店，并利用无线网络和移动技术使得消费者不必再去收银台结账。如果取消出纳员、收银机、收银台，公司能够节省上百万美元，这些钱可用于降低价格或者提供更好的服务，约翰逊如是说。[50]这行得通吗？时间会证明一切。年龄大的客户可能不喜欢这种方法，但新一代的消费者会觉得这才是正确的方法。

8.6　制定职能层战略

职能层战略是各个主要部门使用的行动计划，用来支持业务层战略的实施。重要的组织职能包括营销、生产、财务管理、人力资源管理和研发。各个主要部门的管理人员采用与业务层战略协同的战略以实现组织的战略目标。

例如，假设一家公司采取差异化战略，推出一种预期销售量会快速增长的新产品。人力资源部门必须采取适合这种情况的战略，这意味着需要招聘更多的员工，并为这些新员工培训中层和基层管理者；营销部门必须开展试探性营销、积极的广告促销和消费者产品试用活动；财务部门必须制定贷款计划，处理大额现金投资，批准建造新设施。

一家拥有成熟产品或者采取成本领先战略的公司会有相应的职能层战略：人力资源部门必须制定能留住和发展一支稳定的队伍的战略；营销部门必须强调品牌忠诚度和发展现有的可靠的分销渠道；生产部门必须采取大规模生产、标准化程序和降低成本的战略；财务部门必须关注净现金流和正现金余额。

8.7　全球战略

很多组织在全球运营并且把关注全球业务作为它们追求的一个独特战略。高层管理者试图制定统一的战略使全球的运营带来协同效应，从而实现组织共同的目标。

管理者必须考虑的一个问题是全球标准化和本土响应性之间的战略悖论。各种各样的全球战略如图表 8－7 所示。企业迈向国际化的第一步是向选定国家出口国内生产的产品。出口战略如图表 8－7 左下角所示。因为企业专注于国内市场，只出口一部分产品，所以管理者几乎不必关注本土响应性或全球标准化问题。追求进一步国际扩张的组织必须确定是每个海外分支机构自主行事，还是所有海外机构的一切活动都标准化和集中化。这会导致管理者做出一个基本的战略选择，例如是采取全球化战略还是多国战略。一些公司可能会试图通过跨国战略实现一定程度的对全球标准化与本土响应性的兼顾。

8.7.1　全球化战略

一旦一个组织选择了**全球化战略**（globalization strategy），就意味着它的产品设计和广告策略在全球都是标准化的。[51] 这个战略基于消费者和产品都存在单一的全球市场的假设。该假设认为，不管哪个地方的人都想买同样的产品，都有同样的生活方式，也就是说，不管哪个地方的人都想要吃麦当劳的汉堡包，都想使用 iPhone。[52] 全球化战略能够帮助组织通过标准化产品设计和生产，使用共同的供应商，在全球更快地推广产品、协调价格，撤掉多余的设备而获得效率。例如，吉列拥有大量的生产厂，利用共同的供应商和流程来生产剃须刀和其他产品，这些产品的技术规格在全球都标准化了。[53]

全球化使仅营销部门就节省了上百万美元。一家日用消费品公司报告说，每在一个国家播出同样的商业广告就能节约 100 万～200 万美元的制作成本。产品外观和包装的标准化可节约更多的成本。[54] 达美乐在进入印度、中国、俄罗斯和巴西等新兴市

图表 8-7 全球公司战略

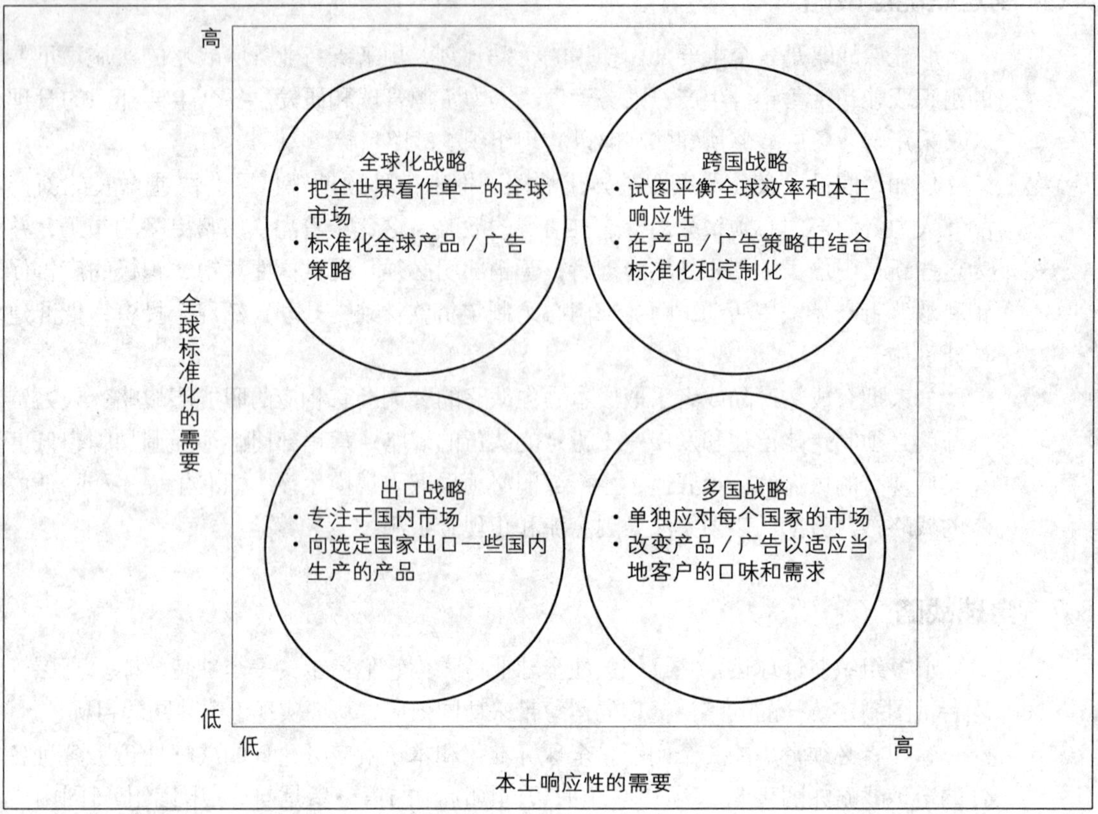

资料来源：Based on Michael A. Hitt，R. Duane Ireland，and Robert E. Hoskisson，*Strategic Management*：*Competitiveness and Globalization*（St. Paul，MN；West，1995），p. 239；and Thomas M. Begley and David P. Boyd，"The Need for a Corporate Global Mindset，" *MIT Sloan Management Review*（Winter 2003）：25-32.

场时使用了全球化战略。虽然当地的特许经营店可以改变比萨饼的配方以迎合当地人的口味，但达美乐的管理者说："利用经验证明行之有效的商业模式进入新兴市场是我们在全球配送和外卖比萨饼的商业模式"。达美乐的设施、包装和营销材料无论在俄罗斯、印度还是在美国看起来基本一样。[55]

8.7.2 多国战略

一个组织一旦选择了**多国战略**（multidomestic strategy），就表示每个国家分支机构的竞争都是独立进行的，与其他国家的分支机构毫不相干。也就是说，一家跨国公司会在很多国家有分支机构，它鼓励这些分支机构修改其营销、广告、产品设计，以适应每个国家特定的需要。[56]很多企业拒绝全球标准化的观点。例如，它们发现法国人早餐不喝橙汁，墨西哥一些地方的居民用洗衣粉洗刷碗碟，中东国家的民众喜欢辣味的牙膏。卡夫食品公司在很多国家都会根据当地的口味开发新产品，重新设计原料搭配和包装。例如，在中国，卡夫的饼干有绿茶味、冰淇淋味、芒果味和橙子味；乐之饼干的口味有"美味炖牛肉"和"超辣鸡肉"，并且装在杯子状的便携式包装中出售，这种包装很像拉面盒。[57]服务型公司也需要认真思考它们的全球战略。7-11 便利连锁店使用多国战略是因为它的产品组合、广告手段和支付方式必须适应全球不同地区的偏好、价值观和政府规定。例如，在日本，顾客喜欢在便利店支付水电费和其他的费用。7－11 的日本店对此做出响应，提供该项服务，并且让人们可以在就近的 7－11 商店里收取和支付他们在网上购买的商品。[58]

8.7.3　跨国战略

跨国战略（transnational strategy）寻求兼顾全球标准化和本土响应性。[59]但是真正的跨国战略是很难实现的，因为既需要密切的全球协作，又需要本土的灵活性。很多企业发现，日益加剧的竞争意味着它们必须实现全球高效率，不断增加的满足当地需求的压力要求它们做出本土响应。[60]同时高效地实现了跨国战略两个目标的公司是可口可乐。这家软饮巨头公司通过在全球生产、宣传和分销可口可乐、芬达和雪碧等著名品牌实现了高效率。CEO 穆泰康（Muhtar Kent）推动公司在这些著名品牌上进一步扩张，生产出适合当地口味的产品。该公司在全球出售 400 多种饮料。例如，在俄罗斯，可口可乐版的传统的 Kvas① 成为销量增长最快的软饮。[61]

虽然大部分跨国企业希望实现一定程度的全球标准化以降低成本，但即使是全球产品也需要做出某些调整以迎合各个国家的政府规定或消费者的偏好。另外，日益加剧的竞争意味着很多企业必须利用好全球机会，并对国际市场的差异性做出回应。

8.8　战略的实施

战略管理过程的最后一个步骤是战略实施，即如何执行战略或者如何将战略转化为行动。很多公司的文件柜里放满了制胜战略方案，但它们仍然在生死线上挣扎。为什么呢？有丰富实践经验的管理者提醒我们，“战略制定出来很简单，但是实施起来非常困难”。[62]确实，很多战略专家一致认为战略实施最重要，它是战略管理中最困难的部分。[63]

不论制定的战略有多么宏伟，如果不能巧妙地实施，那么公司将无法受益。有效战略实施的一个关键点是联结，以使组织中所有的方面都能与战略保持一致，并且所有部门和所有人都朝着达成战略目标的方向合作。联结从根本上意味着所有人都朝着同一个方向行动。宏伟的目标必须转化为清晰的蓝图，这样每个人的行动才能与管理者的战略意图保持一致。[64]回顾我们在之前的章节中介绍过的战略地图。管理者要确保所有的目标都一致，他们也要检查组织的方方面面是否协同一致，是否都支持为实现目标而制定的战略。

图表 8－8 解释了管理者用于有效实施战略的重要工具：明确清晰的领导、清晰的角色和责任、坦诚的沟通和恰当的人力资源管理方法。[65]

● 明确清晰的领导。有效实施战略的关键是优秀的领导。领导是影响人们做出新行为的能力，这种行为能使战略变成行动。领导者积极地使用劝说、激励等技巧，充分利用支持新战略的文化价值观。他们可能会向员工做演讲，建立支持新战略方向的员工联盟，劝说中层管理者按照公司愿景行动。最重要的是，他们以身作则。[66]皮克

① 格瓦斯，俄罗斯特有的发酵饮料。——译者

图表 8-8 将战略变为行动的工具

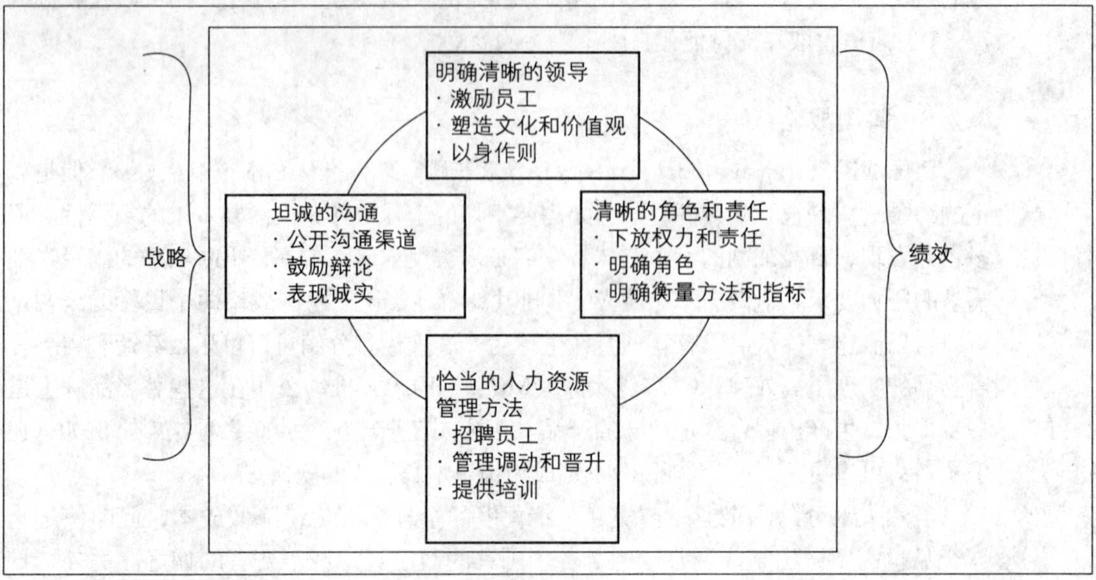

资料来源：Based on Jay R. Galbraith and Robert K. Kazanjian，*Strategy Implementation*：*Structure*，*Systems*，*and Process*，2d ed.（Cincinnati，OH：South-Western，Cengage Learning，1986）；Lawrence G. Hrebiniak，*Making Strategy Work*：*Leading Effective Execution and Change*（Upper Saddle River，NJ：Wharton School Publishing/Pearson Education Inc.，2005）；and Eric Beaudan，"Creative Execution，" *Ivey Business Journal*（March-April 2010），www.iveybusinessjournal.com/article.asp?intArticle_ID=891（accessed March 26，2010）.

斯动画工作室有一项对领导的规定，用以支持制作极具创意的动画电影的战略：工作室没有管理者。皮克斯的领导者是那些有创造力的艺术家。这个规定维护了“没有老师的电影学院”的工作室文化，从而给予员工最大的自由去开发和追求独特的、创新的点子。在皮克斯，每个人，从门卫到审计员，都被鼓励为新电影提出自己的想法。[67]

● 清晰的角色和责任。人们需要了解他们的个人行为如何为实施战略做出贡献。试图实施一个与组织结构设计，尤其是与管理者的角色、权力和责任冲突的战略，是把战略变为行动的最大障碍。[68]为了有效地实施战略，高层管理者需要清晰地为个人界定角色和权力与责任，界定团队中谁将对结果负责。摩根大通（JPMorgan Chase）在 2012 年 5 月损失了几百亿美元，缺乏清晰界定的角色和责任是这一重大损失的部分原因，这家公司极其谨慎、低风险的交易战略为什么无法执行？高级银行家艾娜·德鲁（Ina Drew）在这个问题上备受指责。因为带领公司走出 2008 年金融危机的困境，她赢得了 CEO 杰米·迪蒙（Jamie Dimon）的充分信任。但是，德鲁因为生病，从 2010 年开始，很长一段时间都没有上班，长期累积的矛盾及下属部门各自承担的角色和责任的相关问题爆发了。德鲁在纽约的代理人奥尔西娅·杜尔斯滕（Althea Duersten）不同意伦敦的代理人阿基里斯·马克里斯（Achilles Macris）做出的涉及巨额资金的赌博般的高风险决定，但是马克里斯利用他强势的个性压倒了杜尔斯滕的反对意见，并获得了更多的权力。“这就像一场土地争夺战，没有一个人退缩，杜尔斯滕和马克里斯都想获得更多的职权。”一名前交易员说。另一名交易员强调了缺乏清晰的角色是造成这一损失的原因，他说“不知道该听谁的”。[69]

● 坦诚的沟通。管理者开放、热情地推销他们的战略设想，他们也倾听其他人的想法，并且鼓励他人提出反对意见和开展讨论。他们会创建一种开放和真诚的文化，鼓励跨层级和跨部门的团队合作。有效实施战略需要企业管理者与股东、顾客和其他利益相关者之间坦诚沟通。谷歌的创始人谢尔盖·布林和拉里·佩奇每年轮流给股东写一封简明扼要的公开信。第一封信是为了首次公开募股（IPO）而写的，清晰地表达了谷歌不会想尽办法使它的季度表现“变得好看”，就像某些上市公司做的那样。[70]与顾客坦诚沟通也是之前提到的彭尼公司战略的一个方面。当罗恩·约翰逊宣布他的新战略是“日日实价”时，他就是在告诉消费者，长期以来商店里的日常标价都是“虚假的、被抬高了的”。约翰逊认为公司拒绝采用营销伎俩会赢得顾客对新战略的信任和支持。[71]

● 恰当的人力资源管理方法。组织的人力资源就是它的员工。组织通过招聘、筛选、培训、薪酬、调动、晋升和裁员这些职能来实现战略目标。管理者要确保人力资源实践与战略一致。例如，布罗德莫饭店（Broadmoor Hotel）是美国历史最悠久的五星级度假酒店，其管理者强调对员工的审慎筛选和长期培训，以保证酒店有“杰出的人才”，这些员工将提供超乎寻常的服务。[72]人力资源管理实践连同愿景式领导也是美利肯公司（Milliken& Company）实施新战略的关键。美利肯公司曾经是一家传统的纺织品生产商，但是现在已成为一家多元化的利基产品生产商和特种化学品生产商。

创新之道

美利肯公司

“美利肯公司传统纺织品的所有竞争对手都不见了，”坐落于南卡罗来纳州斯帕坦堡市的美利肯公司高层管理者约翰·弗莱（John Fly）说，“它们都破产了。而美利肯却表现出前所未有的经济绩效。很显然，我们做了一些与众不同的事情。”

美利肯公司所做的与众不同的事情就是采用了创新和多元化战略。传统的纺织品生产很早以前就撤离美国，以利用海外的劳动力成本优势。美利肯公司的管理者知道他们必须变革，并且必须快速地变革。明确清晰的领导和愿景式领导都是实施新战略的关键。罗杰·美利肯（Roger Milliken）于2010年95岁高龄时去世，他生前总是为新想法、新产品和新技术“摇旗呐喊”。你有没有想过哪家企业生产的布料比胶带更结实？哪家企业生产的清洁剂能把孩子们的涂鸦洗掉？哪家企业生产的化学材料可用于武器装备的防护层？这些产品以及成千上万的其他产品每天都出现在我们的生活中，它们都是由美利肯公司生产的。美利肯公司仍然在生产纺织品，但它已经不是一家纺织品公司了。“我们是一家创新公司。”CEO乔·萨里（Joe Sally）如是说。

让合适的员工进入公司对于战略实施非常重要。美利肯公司的管理者和总监中，大约350人拥有高学历，其中1/3是博士。公司的首要任务是从顶尖学校招聘科学家和研究者。公司有能力聘用他们，因为他们来到美利肯公司后会了解到他们有机会从事科学领域的严肃工作。美利肯的名人纪念馆里写着员工的名字及他们的专利（成千上万项）。在美利肯，研究者能够拿出15%的时间去做他们想做的任何事情，成绩卓著的创新者可以拿50%的时间去做自己选择的项目。[73]

讨论题

1. 基于你对以下这些公司的了解，你认为这些并购对于创造协同效应是否有效？

a. 新闻集团（Fox Broadcasting 的所有者）并购 Myspace

b. 谷歌并购 YouTube

c. 百事并购 Frito-Lay

d. Luby 并购 Fuddruckers

e. 英博并购百威

2. 管理者如何确定公司是否需要多元化？他们应该考虑哪些因素？他们应该收集哪些信息？

3. 假设你是一名中层管理人员，正在帮助公司实施降低成本的新战略。你面临下属的质疑、抵制，甚至某种程度上的公开敌意。你或者公司有什么方法可以防止这种情况？你需要怎么做？

4. 对你所在的学院或者大学进行 SWOT 分析。你认为大学的管理者在设计战略时会考虑这些因素吗？

5. 《财富》杂志和合益集团（Hay Group）发现，一个清晰、稳定的战略是企业成为“全世界最受尊敬公司”的决定性因素之一。为什么会这样？

6. 使用波特的竞争战略，你如何描述沃尔玛、梅西百货和塔吉特的战略？

7. 迪士尼公司有四个主要的战略业务单元：电影（包括 MiraMax 和 Touchstone）、主题公园、消费品和电视（包括 ABC TV 网络和 Disney Channel 有线网络）。根据你对它们的了解，分别将这些战略业务单元放入波士顿矩阵中。

8. 假设作为一家中等规模医院的管理者，你和董事会决定把一家临时的急性病防治所变成一家戒毒所。你如何去实施这个战略？

9. 游戏制作企业——美国的艺电公司（Electronic Arts）在投标并购因游戏《侠盗猎车手》而闻名的 Take-Two Interactive 时，被批评说“试图去购买创新”。设计一款新的电子游戏只需花费 2 000 万美元，而艺电公司却花 20 多亿美元去并购 Take-Two，你觉得这样做明智吗？为什么艺电公司不考虑内部创新而选择并购战略？

10. 如果你是一家公司的 CEO，你认为对公司最有效的究竟是全球化战略、多国战略，还是跨国战略？哪些因素会影响你的决定？

技能运用：批判性分析案例

好市多：不同的路

2010 年，好市多薄利多销的名声帮助它保持住了全国第四大零售商和第一大会员制仓储量贩店的地位。它拥有 572 家店铺（其中 425 家在美国）、142 000 名员工和 5 500 万会员。其 2010 年销售额达到 760 亿美元，增长了 9. 1%。这从一个侧面反映出其独特的合作文化：不是把合作的价值只向它的员工说说而已，而是维护公司珍视合作价值的名声。

CEO 辛尼格相信好市多成功的秘诀在于公司在很多方面颠覆了传统的做法。尽管受到美国商界的批评，但公司还是在努力打造一支高薪酬的劳动力队伍，对牺牲员工的福利来追求利润的说法嗤之以鼻。好市多每小时 17 美元的工资完胜其竞争对手（每小时 10～11. 5 美元）。好市多的竞争对手试图通过低工资和低福利来提高利润和股东收益。好市多获得了拥有一支忠诚、高效的劳动力队伍的名声，每一家新店铺都会吸引数以千计的高素质应聘者。

辛尼格是一位严肃的 CEO，他的年收入（55 万美元）是传统大公司高管工资的零头，这也显示出企业的文化：努力缩小管理层与员工的差距。奢华的办公室几乎没有。“同一个战壕里的战友”的思维模式概括了好市多的企业文化，这种企业文化带来了互相支持、团队协作、授权和面对任何情形时的快速反应。一个著名的例子就是加利福尼亚州仓储式店铺后面的市郊往返列车失事后，好市多员工即刻成立了一支急救队，开着铲车，带着灭火器冲向现场，在第一时间给予受困乘客帮助和救援。

无论是为了吸引员工还是为了吸引顾客，好市多都不需要进行公关和做广告。辛尼格告诉 ABC 新闻的记者，公司从来没有在广告上花过一分钱，但是，有 140 000 多名热心的员工大使将好市多介绍给他们的朋友和邻居。

组织设计也面临同样的情况。辛尼格认为“扁平、快速、灵活”的组织应该鼓励将一些权力下放给当地的仓储管理人员，以便他们拥有根据当地顾客和员工的需要做出快速、独立决策的自由和权力。好市多努力将新店铺设在对组织和它所服务的社区最适合的地方。店铺一般设在郊区，这是因为考虑到家庭和小企业的大量采购需求。好市多还开发了很多自有品牌，比如，柯克兰（Kirkland Signature）。这个自有品牌为其由顶级制造商生产的产品节约了20%的成本，例如，由米其林公司专门生产的柯克兰牌轮胎。

从西雅图的第一家店铺开始，到成为美国仓储俱乐部的领先企业和全球零售商，好市多的快速扩张与成长过程中的痛苦紧密相伴，因为它需要努力适应各种各样的环境。在好事多快速发展的同时，管理层也面临种种新问题，从有人抱怨没有公开管理岗位空缺信息到员工抱怨组织存在“玻璃天花板”、女性在公司里没有晋升机会。作为回应，公司在线公布职位空缺信息，进行自动招聘，使用外部招聘机构，重新考虑公平晋升问题。

国际业务通常更加复杂，并且会与本国的需求和观念不同。例如，从公司的角度看，扩张进入墨西哥库埃纳瓦卡市会开创一个双赢的局面，因为可以开辟一个新的市场，同时也可以提供就业，并为当地的顾客提供物美价廉的产品。在得到当地已经废弃的一个赌场旧址后，好市多迅速行动，但是突然发现自己面临着因为对墨西哥文化不敏感而必须付出代价的局面。好市多打算在保留重要的艺术和国家文化遗产的一块地上建一个停车场，库埃纳瓦卡市对好市多的这项控告使它不得不与该市进行谈判。谈判的结果是，好市多必须拿出数百万美元来保留风景、恢复壁画，与城市规划者和墨西哥美术与文学协会的代表们一起合作，建设一个新的、一流的文化中心和博物馆。

种种迹象表明，好市多的未来是光明的，但问题也是存在的。从华尔街的专业人士到顾客、股东和员工，每个人都希望知道一旦辛尼格离开公司，这个组织会变成什么样。未来的领导者愿意继续保持高管的低工资、普通员工高于行业平均水平的工资和福利吗？全球化的不断推进会怎样改变公司的文化？

◆ 问题

1. 你在好市多买过东西吗？你认为与山姆会员店、塔吉特和沃尔玛相比，好市多怎么样？当你选择一家平价商店购物时，你最看重什么？

2. 关于竞争战略，请识别和分析好市多的目标客户、它的核心竞争力及它如何创造协同效应、传递价值。

3. 你认为好市多的竞争战略是追求差异化还是成本领先，还是聚焦抑或是混合？为什么？

资料来源：Based on Richard L. Daft, “Costco Wholesale Corporation, Parts One-Six,” *Management*, 8th ed. (Mason, OH: South-Western, 2008). *Table of Contents*, *Item 7—Management's Discussion and Analysis of Financial Conditions*, *Costco 2010 Annual Report*; Wayne F. Cascio, “The High Cost of Low Wages,” *Harvard Business Review* (December 2006); and Alan B. Goldberg and Bill Ritter, “Costco CEO Finds Pro-Worker Means Profitability,” *ABC News 20/20*, August 2, 2006.

注 释

1. This questionnaire is adapted from Dorothy Marcic and Joe Seltzer, *Organizational Behavior: Experiences and Cases* (Cincinnati, OH: SouthWestern, 1998), pp. 284–287, and William Miller, *Innovation Styles* (Global Creativity Corporation, 1997).
2. Miguel Bustillo, "Best Buy to Shrink 'Big Box' Store Strategy," *The Wall Street Journal Online*, April 15, 2011, http://online.wsj.com/article/SB100014240527487039831045762627730062546 48.html (accessed July 23, 2012); and Miguel Bustillo and Joan E. Solsman, "Amid Loss, Best Buy Rethinks Stores," *The Wall Street Journal Europe*, March 30, 2012, 20.
3. Bruce Horovitz, "New Pizza Recipe Did Wonders for Domino's Sales," *USA Today*, May 5, 2010, B1; Julie Jargon, "How McDonald's Hit the Spot," *The Wall Street Journal*, December 13, 2011; Paul Lilley, "Weight Watchers Reveals New Partner: McDonald's," *Virginian-Pilot*, March 4, 2010; David E. Bell and Mary Shelman, "KFC's Radical Approach to China," *Harvard Business Review* (November 2011): 137–142.
4. John Bussey, "The Business: The Anti-Kodak: How a U.S. Firm Innovates," *The Wall Street Journal*, January 13, 2012, B1; Rachel Dodes, "Targeting Younger Buyers, Liz Claiborne Hits a Snag," *The Wall Street Journal*, August 16, 2010, A1.
5. Chet Miller and Laura B. Cardinal, "Strategic Planning and Firm Performance: A Synthesis of More than Two Decades of Research," *Academy of Management Journal* 37, no. 6 (1994): 1649–1665.
6. Renée Dye and Olivier Sibony, "How to Improve Strategic Planning," *McKinsey Quarterly*, no. 3 (2007).
7. Keith H. Hammonds, "Michael Porter's Big Ideas," *Fast Company* (March 2001): 150–156.
8. John E. Prescott, "Environments as Moderators of the Relationship Between Strategy and Performance," *Academy of Management Journal* 29 (1986): 329–346; John A. Pearce II and Richard B. Robinson, Jr., *Strategic Management: Strategy, Formulation, and Implementation*, 2d ed. (Homewood, IL: Irwin, 1985); and David J. Teece, "Economic Analysis and Strategic Management," *California Management Review* 26 (Spring 1984): 87–110.
9. Jack Welch, "It's All in the Sauce," excerpt from his book, *Winning*, published in *Fortune* (April 18, 2005): 138–144; and Constantinos Markides, "Strategic Innovation," *Sloan Management Review* (Spring 1997): 9–23.
10. Michael E. Porter, "What Is Strategy?" *Harvard Business Review* (November–December 1996): 61–78.
11. This discussion is based on Ken Favaro with Kasturi Rangan and Evan Hirsh, "Strategy: An Executive's Definition," *Strategy + Business* (March 5, 2012), www.strategy-business.com/article/cs00002?gko=d59c2 (accessed July 24, 2012).
12. Example from Favaro et al., "Strategy: An Executive's Definition."
13. Norihiko Shirouzu, "Chinese Begin Volvo Overhaul," *The Wall Street Journal*, June 7, 2011, B1.
14. Arthur A. Thompson, Jr., and A. J. Strickland III, *Strategic Management: Concepts and Cases*, 6th ed. (Homewood, IL: Irwin, 1992); and Briance Mascarenhas, Alok Baveja, and Mamnoon Jamil, "Dynamics of Core Competencies in Leading Multinational Companies," *California Management Review* 40, no. 4 (Summer 1998): 117–132.
15. "Gaylord Says Hotels Prosper by Becoming Destinations," *The Tennessean*, July 24, 2005.
16. Chris Woodyard, "Big Dreams for Small Choppers Paid Off," *USA Today*, September 11, 2005.
17. Michael Goold and Andrew Campbell, "Desperately Seeking Synergy," *Harvard Business Review* (September–October 1998): 131–143.
18. Anjali Cordeiro "Boss Talk: Tang in India and Other Kraft Synergies," *The Wall Street Journal Online*, April 19, 2010, http://online.wsj.com/article/SB10001424052702303348504575184103106388686.html (accessed October 8, 2012); and Ashlee Vance, "Oracle Elbows Its Way into a Crowded Fight; With Close of Sun Deal, It Hopes to Beat Out Rivals Offering One-Stop Shops," *International Herald Tribune*, January 28, 2010.
19. Nick Wingfield, "Thinking Outside the Redbox," *The New York Times*, February 18, 2012, B1.
20. John Jannarone, "Starbucks Sees New Growth on the Card," *The Wall Street Journal*, January 17, 2012, C10.
21. Lauren A. E. Schuker, "Double Feature: Dinner and a Movie—To Upgrade from Dirty Carpets and Tubs of Popcorn, Theater Chains Try Full Menus, Seat-Side Service," *The Wall Street Journal*, January 5, 2011, D1.
22. Brad Stone, "What's in the Box? Instant Gratification," *Bloomberg Businessweek* (November 29–December 5, 2010): 39–40; and S. Levy, "CEO of the Internet: Jeff Bezos Owns the Web in More Ways than You Think," *Wired* (December 2011), www.wired.com/magazine/2011/11/ff_bezos/ (accessed July 24, 2012).
23. Milton Leontiades, *Strategies for Diversification and Change* (Boston: Little, Brown, 1980), p. 63; and Dan E. Schendel and Charles W. Hofer, eds., *Strategic Management: A New View of Business Policy and Planning* (Boston: Little, Brown, 1979), pp. 11–14.
24. Erik Rhey, "A GPS Maker Shifts Gears," *Fortune* (March 19, 2012): 62; "Garmin International, Inc. Announces Completion of the Acquisition of UPS Aviation Technologies, Inc.," *PR Newswire*, August 22, 2003, www.prnewswire.com/news-releases/garmin-international-inc-announces-completion-of-the-acquisition-of-ups-aviation-technologies-inc-70979722.html (accessed July 25, 2012); and "Garmin Ltd. Acquires Dynastream Innovations, Inc." Garmin Press Release, December 1, 2006, Garmin Web site, www8.garmin.com/pressroom/corporate/120106.html

(accessed July 25, 2012).

25. Rhey, "A GPS Maker Shifts Gears."
26. Example reported in Armen Ovanessoff and Mark Purdy, "Global Competition 2021: Key Capabilities for Emerging Opportunities," *Strategy & Leadership* 39, no. 5 (2011): 46–55.
27. Guy Chazan, "BP's Worsening Spill Crisis Undermines CEO's Reforms," *The Wall Street Journal*, May 3, 2010.
28. Bruce E. Perrott, "Strategic Issue Management as Change Catalyst," *Strategy & Leadership* 39, no. 5 (2011): 20–29.
29. Milton Leontiades, "The Confusing Words of Business Policy," *Academy of Management Review* 7 (1982): 45–48.
30. Lawrence G. Hrebiniak and William F. Joyce, *Implementing Strategy* (New York: Macmillan, 1984).
31. Christopher B. Bingham, Kathleen M. Eisenhardt, and Nathan R. Furr, "Which Strategy When?" *MIT Sloan Management Review* (Fall 2011): 71–78.
32. Peter Burrows, "Microsoft Defends Its Empire," *BusinessWeek* (July 6, 2009): 28–33.
33. David Welch, Keith Naughton, and Burt Helm, "Detroit's Big Chance," *Bloomberg BusinessWeek* (February 22, 2010): 38–44.
34. Stephanie Clifford, "Where Wal-Mart Failed, Aldi Succeeds," *The New York Times* (March 29, 2011), www.nytimes.com/2011/03/30/business/30aldi.html?pagewanted=all (accessed July 26, 2012).
35. "Company Overview and Quick Facts," Dana Holding Corporation Web site, www.dana.com/wps/wcm/connect/dext/Dana/Company/ (accessed July 26, 2012); "Dana History," www.dana.com/wps/wcm/connect/dext/Dana/Company/History/ (accessed July 26, 2012); "Dana: 2009 Company Profile Edition 1: SWOT Analysis," *Just-Auto* (February 2009): 14–16; "Dana: 2009 Company Profile Edition 2: Chapter 6 SWOT Analysis," *Just-Auto* (June 2009): 16–18; and Dana Holding Corporation 2012 Fact Sheet, www.dana.com/wps/wcm/connect/0642380041f3cfb59a80be1c9e250a89/dext-2012DanaFact.pdf?MOD=AJPERES (accessed July 26, 2012).
36. Frederick W. Gluck, "A Fresh Look at Strategic Management," *Journal of Business Strategy* 6 (Fall 1985): 4–19.
37. Christopher Weaver, "Managed Care Enters the Exam Room as Insurers Buy Doctors Groups," *The Washington Post*, July 1, 2011, www.washingtonpost.com/insurers-quietly-gaining-control-of-doctors-covered-by-companies-plans/2011/06/29/AG5DNftH_story.html (accessed July 27, 2012); Anna Wilde Matthews, "Corporate News: UnitedHealth Buys California Group of 2,300 Doctors," *The Wall Street Journal*, September 1, 2011, B3; "About Us," UnitedHealth Group Web site, www.unitedhealthgroup.com/main/aboutus.aspx (accessed July 27, 2012).
38. Thompson and Strickland, *Strategic Management*; and William L. Shanklin and John K. Ryans, Jr., "Is the International Cash Cow Really a Prize Heifer?" *Business Horizons* 24 (1981): 10–16.
39. William E. Rothschild, "GE and Its Naysayers," *Chief Executive* (November–December 2009): 46–50; Paul Glader, "Corporate News: GE's Immelt to Cite Lessons Learned," *The Wall Street Journal*, December 15, 2009; Shital Vakhariya and Menaka Rao, "Innovate for Growth: Immelt's Strategy for GE," *Journal of Operations Management* 8, no. 3–4 (August–November 2009): 86–92; and General Electric Web site, www.ge.com/products_services/index.html (accessed August 10, 2010).
40. This discussion and the following examples are from Ben Worthen, Cari Tuna, and Justin Scheck, "Companies More Prone to Go Vertical," *The Wall Street Journal*, November 30, 2009; and Jacqueline Doherty, "At Pepsi, the Glass Is Half Full," *Barron's* (November 30, 2009): 24–25.
41. The service company example is from Thomas Catan and Brent Kendall, "The New Antitrust Era," *The Wall Street Journal*, December 21, 2011, B1.
42. Michael E. Porter, "The Five Competitive Forces That Shape Strategy," *Harvard Business Review* (January 2008): 79–93; Michael E. Porter, *Competitive Strategy* (New York: Free Press, 1980), pp. 36–46; Danny Miller, "Relating Porter's Business Strategies to Environment and Structure: Analysis and Performance Implementations," *Academy of Management Journal* 31 (1988): 280–308; and Michael E. Porter, "From Competitive Advantage to Corporate Strategy," *Harvard Business Review* (May–June 1987): 43–59.
43. Jack Nicas, "A Stingy Spirit Lifts Airline's Profit," *The Wall Street Journal*, May 12, 2012, A1.
44. Bruce Einhorn, "Acer's Game-Changing PC Offensive," *BusinessWeek* (April 20, 2009): 65; Charmian Kok and Ting-I Tsai, "Acer Makes China Push from Taiwan; PC Maker's Chief Expects Best Gains in New Markets, Including Brazil, as Aims to Surpass H-P," *The Wall Street Journal*, April 1, 2010; and "Experience Will Propel Acer to Top of Smartphone Market by 2013," *Gulf News*, January 22, 2010.
45. Suzanne Kapner, "The Mighty Dollar," *Fortune* (April 27, 2009): 65–66.
46. "Building Wealth," Proamérica Bank Web site, https://www.proamericabank.com/en/index.asp (accessed July 31, 2012).
47. Joshua Rosenbaum, "Guitar Maker Looks for a New Key," *The Wall Street Journal*, February 11, 1998.
48. Nitin Nohria, William Joyce, and Bruce Roberson, "What Really Works," *Harvard Business Review* (July 2003): 43–52.
49. "Issue of the Week: J.C. Penney's No-Sales Misfire," *The Week* (July 6–13, 2012), 36; Brad Tuttle, "The Price Is Righter," *Time* (February 13, 2012), www.time.com/time/magazine/article/0,9171,2105961,00.html#ixzz2275GLNTv (accessed July 30, 2012); Dana Mattioli, "Penney's to Make Deeper Price Cuts," *The Wall Street Journal*, July 26, 2012, B1.
50. Brad Tuttle, "A Store Without a Checkout Counter? JCPenney Presses on with Retail Revolution," *Time*

(July 20, 2012), http://moneyland.time.com/2012/07/20/a-store-without-a-checkout-counter-jcpenney-presses-on-with-retail-revolution/ (accessed July 30, 2012).
51. Kenichi Ohmae, "Managing in a Borderless World," *Harvard Business Review* (May–June 1990): 152–161.
52. Theodore Levitt, "The Globalization of Markets," *Harvard Business Review* (May–June 1983): 92–102.
53. Cesare Mainardi, Martin Salva, and Muir Sanderson, "Label of Origin: Made on Earth," *strategy + business*, Issue 15, Second Quarter, 1999, www.strategy-business.com/article/16620 (accessed August 10, 2010).
54. Joanne Lipman, "Marketers Turn Sour on Global Sales Pitch Harvard Guru Makes," *The Wall Street Journal*, May 12, 1988.
55. Annie Gasparro, "Domino's Sticks to Its Ways Abroad," *The Wall Street Journal*, April 17, 2012, B10.
56. Michael E. Porter, "Changing Patterns of International Competition," *California Management Review* 28 (Winter 1986): 40.
57. Laurie Burkitt, "Kraft Craves More of China's Snacks Market," *The Wall Street Journal*, May 30, 2012, B6.
58. Mohanbir Sawhney and Sumant Mandal, "What Kind of Global Organization Should You Build?" *Business 2.0* (May 2000): 213.
59. Based on Michael A. Hitt, R. Duane Ireland, and Robert E. Hoskisson, *Strategic Management: Competitiveness and Globalization* (St. Paul, MN: West, 1995), p. 238.
60. Anil K. Gupta and Vijay Govindarajan, "Converting Global Presence into Global Competitive Advantage," *Academy of Management Executive* 15, no. 2 (2001): 45–56.
61. Betsy McKay, "Coke Bets on Russia for Sales Even as Economy Falls Flat," *The Wall Street Journal*, January 28, 2009.
62. Quote from Gary Getz, Chris Jones, and Pierre Loewe, "Migration Management: An Approach for Improving Strategy Implementation," *Strategy & Leadership* 37, no. 6 (2009): 18–24.
63. Lawrence G. Hrebiniak, "Obstacles to Effective Strategy Implementation," *Organizational Dynamics* 35, no. 1 (2006): 12–31; Eric M. Olson, Stanley F. Slater, and G. Tomas M. Hult, "The Importance of Structure and Process to Strategy Implementation," *Business Horizons* 48 (2005): 47–54; L. J. Bourgeois III and David R. Brodwin, "Strategic Implementation: Five Approaches to an Elusive Phenomenon," *Strategic Management Journal* 5 (1984): 241–264; Anil K. Gupta and V. Govindarajan, "Business Unit Strategy, Managerial Characteristics, and Business Unit Effectiveness at Strategy Implementation," *Academy of Management Journal* (1984): 25–41; and Jeffrey G. Covin, Dennis P. Slevin, and Randall L. Schultz, "Implementing Strategic Missions: Effective Strategic, Structural, and Tactical Choices," *Journal of Management Studies* 31, no. 4 (1994): 481–505.
64. Riaz Khadem, "Alignment and Follow-Up: Steps to Strategy Execution," *Journal of Business Strategy* 29, no. 6 (2008): 29–35; Stephen Bungay, "How to Make the Most of Your Company's Strategy," *Harvard Business Review* (January–February 2011): 132–140; and Olson, Slater, and Hult, "The Importance of Structure and Process to Strategy Implementation."
65. This discussion is based on Eric Beaudan, "Creative Execution," *Ivey Business Journal*, March–April 2010, www.iveybusinessjournal.com/article.asp?intArticle_ID=891 (accessed March 26, 2010); Jay R. Galbraith and Robert K. Kazanjian, *Strategy Implementation: Structure, Systems and Process*, 2d ed. (St. Paul, MN: West, 1986); Victoria L. Crittenden and William F. Crittenden, "Building a Capable Organization: The Eight Levers of Strategy Implementation," *Business Horizons* 51 (2008): 301–309; Paul C. Nutt, "Selecting Tactics to Implement Strategic Plans," *Strategic Management Journal* 10 (1989): 145–161; and Lawrence G. Hrebiniak, *Making Strategy Work: Leading Effective Execution and Change* (Upper Saddle River, NJ: Wharton School Publishing/Pearson Education Inc., 2005).
66. Crittenden and Crittenden, "Building a Capable Organization."
67. This example is from Bingham, Eisenhardt, and Furr, "Which Strategy When?"
68. Based on survey results reported in Hrebiniak, "Obstacles to Effective Strategy Implementation."
69. Jessica Silver-Greenberg and Nelson D. Schwartz, "Discord at Key JPMorgan Unit Is Blamed in Bank's Huge Loss," *The New York Times*, May 20, 2012, A1.
70. Beaudan, "Creative Execution."
71. Tuttle, "The Price Is Righter."
72. Example reported in Stanley F. Slater, Eric M. Olson, and G. Tomas M. Hult, "Worried About Strategy Implementation? Don't Overlook Marketing's Role," *Business Horizons* 53 (2010): 469–479.
73. John Bussey, "The Anti-Kodak: How a U.S. Firm Innovates," *The Wall Street Journal*, January 13, 2012, B1.

第9章 决　策

Decision Making

学习目标

学习完本章后，你应该能够：

1. 解释决策是良好管理的重要组成部分的原因。
2. 讨论程序性决策与非程序性决策的区别，了解确定性情景和不确定性情景的特点。
3. 描述决策的古典模型及政治模型。
4. 解释管理者在现实世界中真实的决策流程。
5. 识别管理决策的六个步骤。
6. 描述管理者使用的四种个人决策风格，解释导致管理者做出错误决策的常见偏见。
7. 了解和阐述创新性决策的技巧，包括头脑风暴法、循证决策法、事后反思法。

你如何进行决策?

导语：在没有意识到人们有不同的决策行为的情景下，我们大部分人会自动地做出决策，并将这种决策行为运用在管理岗位上。[1]回想过去你是如何在个人生活、学习和工作中做出决策的，尤其是当决策涉及他人时。请回答以下的题项对你来说是“大多正确”还是“大多错误”。

	大多正确	大多错误
1. 我通常会快速决策然后做接下来的事情。	______	______
2. 如果我确信自己是正确的，我会利用我的职权来做出决策。	______	______
3. 我喜欢果断决策。	______	______
4. 一个问题通常只有一个正确的解决办法。	______	______
5. 我会找出哪些人需要参与决策。	______	______
6. 我公开地寻找相互冲突的观点。	______	______
7. 我使用讨论的方式找出解决办法。	______	______
8. 在面对很多数据时，我会想方设法从中找出不同的含义。	______	______
9. 我花一定时间去推断一些事情并且使用系统性的逻辑。	______	______

得分及解释：上述九个题项都反映了正确的决策行为，但是题项1～4是新晋管理者更常见的决策行为。题项5～8通常在成功的高层管理者中更为典型。题项9是所有层级的管理者良好决策行为的一部分。如果你在题项1～4和9中选择了三个或者四个“大多正确”，

那么，可以认为你是一名典型的新晋管理者；如果你在题项 5～8 和 9 中选择了三个或者四个“大多正确”，说明你表现出的决策行为与高层管理者是一样的。如果你在这两组题项中选择“大多正确”的数目相当，说明你的行为既具灵活性又具平衡性。

新晋管理者通常使用不同于有经验的高层管理者的决策行为。一个成功 CEO 的决策行为可能正好与基层管理者相反。这种差异一部分可归咎于这两类人在决策类型上的不同，另一部分可归咎于他们在对每个层级有效决策行为的理解上存在差异。新晋管理者通常使用更具指向性、果断性、命令导向性行为来体现自己的立场和决断，随着他们在管理层级上的晋升，逐渐变得更开放、接纳更多观点、与他人有更多的互动。

太阳能是个非常好的想法。美国前总统奥巴马也同意这一点。他在 2010 年参观 Solyndra 公司的时候，骄傲地宣称：“Solyndra 这样的公司正在带领我们走向更辉煌和灿烂的明天。”从事太阳能电池板生产的这家新创公司获得了 53 500 万美元的联邦贷款，以保证美国在太阳能科技领域占据主导地位，同时可以创造出数以万计的就业岗位。但问题是，Solyndra 公司的管理者根据错误的假设做出了决策，公司的亏损额逐年增加，并且没有好转的迹象。仅仅在奥巴马参观公司的一年后，Solyndra 公司就宣布破产，裁掉了 1 000 多名员工，并受到联邦调查局的突击检查，联邦调查局试图搜寻公司可能涉嫌诈骗和舞弊的证据。与此同时，政府支持 Solyndra 公司的错误决策可能给纳税人造成 5 亿美元的损失。[2]

欢迎来到管理决策的世界！管理者通常称为决策者，组织会因为管理者的决策而成长、繁荣或者失败。但是决策，尤其是与复杂问题相关的决策，通常都不简单。Solyndra 公司管理者的很多决策都基于这样的假设：竞争对手在生产太阳能电池板时，主要原材料——硅的价格会一直很高。因此 Solyndra 公司研发的电池板不使用硅材料。虽然更高的生产成本意味着公司需要一定的溢价才能盈利，但一旦硅的价格下降，那么竞争对手就会有绝对的优势。当美国政府决定投资 Solyndra 公司时，政府官员并没有谨慎地评估风险，未留意到公司财务状况不稳定的信号。[3] 管理者有时候甚至会在他们的意图正确时做出错误的决策。管理者通常需要在不断变化的环境、模棱两可的信息和相互冲突的观点中做出决策。

商业世界中充斥着各种成功和失败的决策。YouTube 一度被称作“谷歌做出的愚蠢决策”，但是这个视频平台的管理者所做的决策不仅使谷歌 16.5 亿美元的投资变得十分合理，而且使 YouTube 变成一家重新界定娱乐行业的令人十分敬佩的公司。[4] 相反，微软花费 63 亿美元并购广告巨头 aQuantive 公司的决策并没有收到很好的效果。微软的高管相信当时有 2 600 名员工、销售收入和利润快速增长的 aQuantive 公司可以帮助微软拥有比竞争对手谷歌更强的竞争力，并且可以使 aQuantive 公司成为在线广告的领军企业。但是如何使 aQuantive 公司融入微软，在这个问题上的糟糕决策导致了一场灾难，使得微软的资产减记 62 亿美元。如今，aQuantive 只是一个空壳而已，一位 aQuantive 前员工说：“这个决策从一开始就想将 aQuantive 置于微软完全错误的领导之下，而微软对此既缺乏知识，也缺乏兴趣和技能……所以，这个并购从第一天开始就是一团糟。”[5]

良好的决策对于卓越的管理至关重要，因为决策决定了组织怎样解决问题、分配资源和完成目标。本章将详细阐述决策的相关内容。首先，我们将介绍决策的基本特征。接下来，我们将关注决策的模型及高层管理者进行重要决策的步骤。本章还将探讨导致管理人员做出拙劣决策的一些偏见。最后，我们将考察在如今快速变化的环境中做出创新决策的一些具体技巧。

9.1 决策的类型和问题

一项决策是从众多备选方案中做出的选择。例如，一名财务经理要从柯林、塔莎和卡洛斯三个人中选出一位担任初级审计师，这就是个决策。很多人认为做出选择是决策的主要工作，实际上它仅仅是决策的一个组成部分。

决策（decision making）是一个发现问题和机会，然后解决问题和把握机会的过程。决策包含选择前后的努力。所以，究竟是选择柯林还是选择塔莎或卡洛斯，要求财务经理确定是否需要一名新晋初级审计师，是否有潜在的候选人，然后面试候选人以获得必要的信息，最终从中选出一位并了解他进入组织后的社会化情况，以确保决策的成功。

9.1.1 程序性和非程序性决策

管理者的决策通常可以归入以下两类：程序性决策和非程序性决策。**程序性决策**（programmed decision）是指某类情景经常发生，因而可以制定决策规则，并可将这些决策规则用于未来的决策。[6]程序性决策是针对重复发生的组织问题做出的。当存货下降到一定的水平时，需要订购纸张和其他办公用品，这就是一个程序性决策。程序性决策还包括从事某项工作所需要的技能、增加库存的再订购点和产品运输的路线选择等。管理者只要制定了决策规则，下属和其他员工就能够在相应的情景中做出决策，管理者可以腾出时间去完成其他的任务。例如，在安排宴会服务人员时，很多酒店规定，如果是就座用餐，则每30个来宾分派一名服务员；如果是自助餐，则每20个来宾分派一名服务员。[7]

非程序性决策（nonprogrammed decision）是为了应对那些独一无二的、难以明确定义的、在很大程度上非结构化的，但会对组织造成重大影响的情景。Sprint Nextel公司销售iPhone手机就是一个很好的非程序性决策的例子。如今，苹果公司对移动网络运营商具有很大的影响力，要求它们做出长期大量采购iPhone手机的承诺。Sprint的管理者需要决定是否同意在四年内花200亿美元购买至少3 050万台iPhone手机，不管公司是否能够找到足够多的消费者来购买这些产品。对于Sprint来说，这是一个很大的赌注。多年来，公司不断地流失客户，没有盈利。Sprint管理者意识到，为了销售这些iPhone手机，他们需要使公司的签约客户数量翻倍，并且要让所有的签约客户都购买iPhone。但是如果不销售iPhone，则意味着Sprint将失去战胜AT&T和威瑞森这样的竞争对手的机会。管理者最终决定与苹果公司签约。正如有人对Sprint的决策过程评价的那样，这是“拿整个公司作为赌注的决策”。[8]另一个非程序性决策的例子是不来梅铸件工厂（Bremen Castings），这是一家位于印第安纳州不来梅市的小型家族机械制造企业。

很多非程序性决策，诸如不来梅铸件工厂和Sprint所做出的，不确定性很高且非常复杂，与战略计划有关。比如，并购一家公司，创建一个新的工厂，开发一个新的产品或服务，进入一个新的市场，或者把总部迁移到另外一个城市，这些都是非程序性决策。

创新之道

不来梅铸件工厂

当你的一项价值1 000万美元的扩张计划进行到一半时，经济形势突然大幅下滑，股市震荡，美国迎来历史上第一次信用评级的下调，你会怎么办？你已经投入了500万美元，如果要继续执行扩张计划，那么必须立刻再获得一笔500万美元的银行贷款。

不来梅铸件工厂在公司72年历史上最大的扩张计划进行到一半时就遇到了这样的情况。董事长布朗（J. B. Brown）与高层管理者为此开会商议了四个小时。他们应该停止扩张，缩减成本，还是继续投入更多的资金呢？继续投入资金增加的产能值得他们承受如此大的风险吗？不确定性非常高。该公司的高层管理团队在审核了订单率和客户关系后做出分析：如果不来梅铸件工厂的15个最大客户将他们的订单缩减30%～40%，或者农业客户不再运输棉花和玉米，或者环境保护署的新规定造成货运客户需求的下降，情况会怎样？“如果我们继续投入300万美元或者400万美元，但没有相应的需求，我们应该怎么办才能获得更多的市场份额？”布朗问。

该团队同时也看到了经济发展放缓积极的一面。尽管不来梅这样的美国铸件工厂面临着来自更低成本的中国生产商的激烈竞争，但是不确定的经济意味着一些客户会转向小型的提供小批量订单的本土供应商。最终，团队决定继续执行之前的计划。“即使我们不做，也会有其他人做。”布朗说，“这就是你在商业中必须抓住的机会”。[9]

绿色魔力

使小农场恢复生机

百事公司的高管们发现，可以透过个人生活观察和衡量可持续性决策的效果。管理层开展了一项试点活动，即直接从300个墨西哥小农场主那里购买玉米，以减少一种墨西哥零食（Sabritas薯片）供应链的中间环节，这给公司带来了意外的好处。

这个决策带来的看得见、可衡量的结果包括更低的运输成本和与小农场主更密切的关系，这使得这些小农场主产生自豪感，愿意采用商业化的耕种方式。与百事公司的合作使农场主获得了财务优势，这确保他们在购买设备、肥料和其他的必需物资时能获得足够的贷款，并且带来更高的产量。这种新的财务保障降低了农场主的个人风险，他们为了养家糊口，一度非常疯狂地跨越美墨边境线冒险运送货物。三年内，百事公司的试点工程扩展到了850个农场主。

资料来源：Stephanie Strom，“For Pepsi，a Business Decision with Social Benefits，” *The New York Times*，February 21，2011，www.nytimes.com/2011/02/22/business/global/22pepsi.html?pagewanted=all（accessed August 2，2012）.

9.1.2　面对确定性和不确定性情景

程序性决策和非程序性决策的一个主要区别在于管理者在决策时面临的确定性程度。在一个理想的世界里，管理者拥有决策所需的所有信息。但是在现实生活中，有些事情是不可知的，因此有些决策可能无法解决问题或者达到想要的结果。管理者试图获得相关信息以减少决策的不确定性。每一种决策情景都可以按其信息的可得程度和失败的可能性进行分类，有四种情景：确定性、风险、不确定性和模糊性，如图表9-1所示。程序性决策能够在高确定性的情景下做出，而管理者每天处理的很多事务至少包括一些不确定性，所以需要非程序性决策。

确定性（certainty）表示所有决策者需要的信息都是充分可获得的。[10]管理者拥有关于运营情况、资源成本或者制约条件、每一条行动路径和可能结果等的信息。例如，如果一家公司考虑在新设备上投资1万美元，并且确切地知道该设备会在未来的五年内每年节约4 000美元的成本，那么，管理者就能算出其税前回报率大约为40%。如果管理者将这项投资与一项每年节约3 000美元成本的投资做比较，就会果断选择那项40%回报率的投资。但是，在现实生活中几乎没有决策是确定的，大部分包含风险和不确定性。

图表9-1 影响决策失败可能性的情景

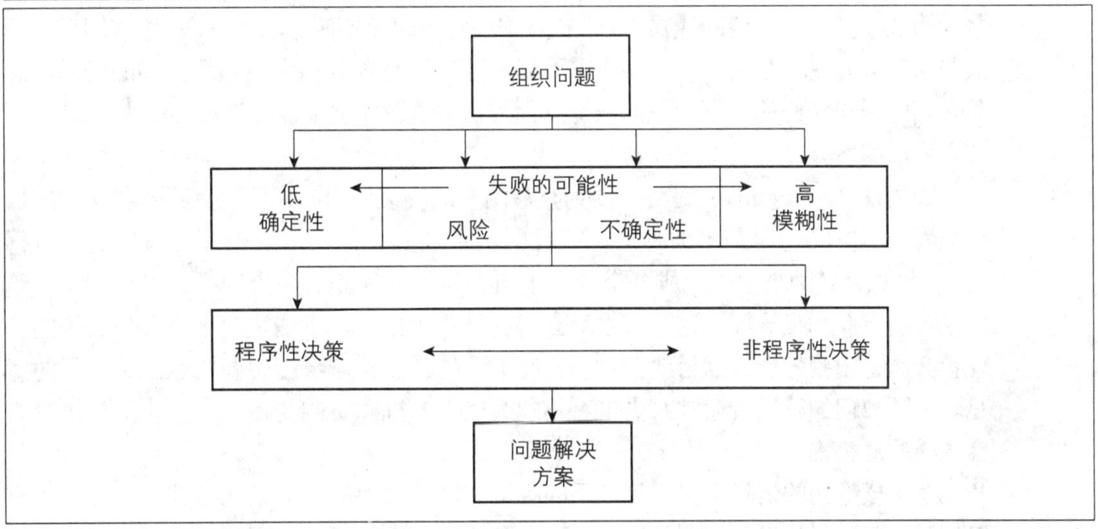

■ 风险

风险（risk）是指某项决策具有清晰的目标并获得了充足的信息，但是每个备选方案的未来结果有损失或失败的可能性。而这些信息足以用来分析成功与失败的可能性。[11]在某些情景下，管理者使用统计分析软件来计算每个备选方案成功或失败的概率。例如，在波音公司，管理者需要决策是否生产单通道737客机的新机型。他们发现其欧洲竞争对手空客因为重新设计的A320机型而获得了大量的订单。这款A320新机型的发动机更节能，这正是一些波音客户想要的。波音的管理者想到在737客机上安装一款新发动机兴许比制造一款全新飞机更好。他们分别预估了设计、制造一款新飞机与设计安装一款新发动机的成本，计算了可能节约的能源，考虑是否一款新发动机比新飞机更能满足客户的需求，然后计算了总的运营成本。CEO詹姆斯·麦克纳尼（James McNerney）和其他的管理者最终决定采用安装新发动机的计划。麦克纳尼说，波音相信，新发动机可以让737飞机节能10%~12%，从而使公司维持相对空客的成本优势。事实表明这是一个正确的决策。2012年年中，波音取代了空客的领先地位，成为全球最大的商用飞机生产商。[12]

■ 不确定性

不确定性（uncertainty）是指管理者知道他们想要达到的目标，但是备选方案及未来会出现什么情景等信息不充分。一些会影响决策的因素，例如价格、生产成本、需求量或者未来的利率，都是难以分析和预测的。虽然管理者可能因为错误的假设而做出错误的决策，但他们仍然需要基于假设做出决策。美国财政部前部长罗伯特·鲁宾（Robert Rubin）把不确定性定义为使得一项正确决策带来不良结果的情景。[13] 管理者每天都要面临不确定性。很多问题没有明确的解决办法，但是管理者可以依靠创造力、判断、直觉和经验来做出反应。

让我们来看看电影行业管理者所面临的不确定性。电影《黑衣人 3》（*Men in Black 3*）的制作费为 2.5 亿美元，其宣传费用至少也是这么多。这部电影实现了盈亏平衡，但是很多电影却不能保本，这就反映出这个行业存在巨大的不确定性。这个夏天人们想看什么样的电影？动漫人物、吸血鬼或者外星人，哪一个更受观众的欢迎？观影者的兴趣和偏好难以预测。甚至在一部电影大卖之后，管理者依然很难判断：这是因为故事情节、主要的演员、导演还是因为上映的时间，或者是所有这些因素？抑或与这些因素毫不相关？尽管存在着不确定性，但是好莱坞大型制片公司的管理者总体上都能做出较好的决策，一部取得巨大成功的电影能够掩盖许许多多的失败。[14]

■ 模糊性与冲突

模糊性（ambiguity）是到目前为止最困难的决策情景。模糊性意味着要达到的目标或者要解决的问题是不清晰的，很难明确备选方案，与结果相关的信息是不可得的。[15] 例如，老师把学生分成多个学习小组，让每一组完成一个项目，但是却没有给定主题、方向和指导等，这时学生就会感受到模糊性。在某些情景下，参与决策的管理者会制造出模糊性，因为他们对事物有不同的看法，对自己想要的东西有不同的意见。不同部门的管理者通常对决策有不同的优先安排和不同的目标，这将导致决策方案选择的冲突。

在高模糊性的情景下会产生棘手的决策问题。棘手的决策意味着其目标与决策方案相互冲突，形势发生了剧烈的变化，信息模糊，决策要素之间的关系不清晰，无法评估提出的解决办法是否可行。棘手的问题通常是没有“正确”答案的。[16] 在缺乏清晰信息的情景下，管理者很难把握问题，必须设想一些可能的情景。让我们看看在以下情景中的不同观点：当俄亥俄河与密西西比河汇合处的水位达到 60.97 英尺时，是否需要在鸟点大堤（Birds Point Levee）炸开一个裂口以泄洪。一些人坚持认为这个泄洪口是必需的，它可以防止伊利诺伊州的开罗城遭受洪灾，并可减轻保护整个城镇和河堤的系统的压力。另一些人则质疑炸开堤坝是否会带来意料之外的结果，并提出，确定的一个结果是，它会摧毁 90 户人家并淹没密苏里州 130 000 公顷的农田。迈克尔·沃尔什少将（Michael J. Walsh）是美国陆军工程兵团密西西比河谷分部的领导，他既要征求专家的意见，考虑各种不同的观点，也要权衡密苏里州民众的利益，为了保证拥有 3 000 人的贫困城市开罗城的安全，密苏里州一些人的房子和农田就要被淹没。“这是人们的家园，是他们生活的地方，”军团作战参谋长说，“我们真的不想这样做。”随着水位持续上升，情况不断发生变化。密苏里州检察官甚至要求美国最高法院推翻让军队炸开堤坝的决策。“在我们不断推进的过程中，仍然有很多环节需要决策。”沃尔什少将说。“他还是必须做出决定。”一位当事人如是说。另一位则说："我并不认为事情会按照他们想象的那样发展。"[17]

新晋管理者自我测试

容忍模糊性的程度

导语：根据你赞成或者不赞成的程度，给下面的题项打分。选择没有正误，请诚实作答，给予准确的反馈。

	强烈不同意 1	中度不同意 2	轻微不同意 3	没有不同意或者同意 4	轻微同意 5	中度同意 6	强烈同意 7
1. 一个不能提出明确解决方案的专家可能对实际情况了解得并不多。							
2. 我想去国外生活一阵子。							
3. 没有不能解决的问题。							
4. 按部就班的人可能会错过很多生活的乐趣。							
5. 一份好工作意味着其工作内容和方式都是清晰的。							
6. 解决一个复杂问题比解决一个简单问题更加有趣。							
7. 从长期看，相比解决大而困难的问题，解决小而简单的问题可以让我们收获更多。							
8. 最有趣、最激励人的那些人通常都是与众不同、标新立异的。							
9. 我更喜欢做自己习惯做的事情，而不是做自己不熟悉的事情。							
10. 那些坚持给出肯定或否定答案的人一定不了解实际情况有多么复杂。							
11. 一个过着无惊无喜、平淡、稳定、规律的生活的人一定心存感激。							
12. 我们的许多重要决定都是在信息不充分的情景下做出的。							
13. 我喜欢都是熟人的聚会而不是陌生人的聚会。							
14. 老师给的模糊作业可以让我们展示独创性和原创性。							
15. 我们彼此间的价值观和理想越相似越好。							
16. 一个好老师是让你对自己看问题的方式产生怀疑的老师。							

得分及解释：奇数题项回答"强烈同意"计7分，"中度同意"计6分，"轻微同意"计5

分，“没有不同意或者同意”计 4 分，“轻微不同意”计 3 分，“中度不同意”计 2 分，“强烈不同意”计 1 分。偶数题项的打分方式正好相反，回答“强烈不同意”计 7 分，依此类推。

这些题项最初用来寻找在医治病人过程中习惯模糊性的医学院学生。管理者也必须应对关于快速变化、战略、人和社会、政治动态变化等决策的模糊性。模糊性容忍度是指一个人把新颖、复杂、模棱两可的情景视为有潜在威胁而非希望看到的这样一种倾向。高的得分意味着对模糊性的低容忍度；而低分则意味着你能够容忍模糊性，更可能在模棱两可的情景中看到前景和潜力。管理者的许多决策都是在模糊性情景下做出的，所以习惯模糊性是成为一名管理者的前提。一群纽约心理学学生在上述题项上的平均得分是 50.9 分，纽约夜校学生的平均得分是 53.0 分，护理专业学生的平均得分是 51.9 分，远东大学医学院学生的平均得分是 44.6 分，美国中西部大学医学院学生的平均得分是 45.2 分。

资料来源：“Intolerance of Ambiguity as a Personality Variable” by S. Budner. From the Journal of Personality (30), pp. 29-59. Copyright (1962) John Wiley & Sons. Reproduced with permission of John Wiley & Sons Inc.

9.2 决策模型

管理者的决策方式通常可以归类为以下三种：古典模型、行政模型和政治模型。选择哪一种模型取决于管理者的个人偏好、决策是程序性的还是非程序性的及决策的不确定性程度。

9.2.1 理想的理性模型

决策的**古典模型**（classical model）基于理性经济人假设和管理者对理想决策的信念。这个决策模型起源于管理方面的文献，认为管理者必须做出经济合理、能为组织带来最大经济利益的决策。该模式基于以下四个假设：

(1) 决策者要追求的目标已知且已达成共识，要解决的问题得到明确表达和界定。

(2) 决策者努力争取确定的形势，搜集完全的信息。所有备选方案及其可能结果都是可以计算出来的。

(3) 衡量备选方案的标准是已知的。决策者选出的方案要使组织的经济回报最大化。

(4) 决策者是理性的，并且能够有逻辑地对各个备选方案赋值、排序、评估，做出决策以使企业能够最大限度地达到目标。

传统的决策模型通常被认为是一种**主观规范性**（normative）的决策方式，它规定了决策者应该如何做决策。它并不是描述管理者怎么做决策，而是为组织提供如何实现理想结果的准则。这种理想、理性的古典模型在真实组织中通常是无法实现的，但这个模型有它的价值，因为它能使决策者更理性，在决策时不会完全依赖个人的偏好。实际上，麦肯锡进行的一项全球调查发现，管理者在决策时如果能够进行深入的分析，他们就会得到更好的结果。在调查了 2 000 多名高管关于其公司如何制定某一具体决策后，麦肯锡得出结论，详细的分析、风险评估、财务模型和考虑类似的情景等技巧通常会带来更好的财务和运营结果。[18]

古典模型在程序性决策和带有确定性或者风险性的决策中最有效，因为相关信息是完全的，并且各种可能性可以计算出来。例如，新的分析软件会自动进行很多程序性决策，诸如冻结未付款客户的账户、确定最适合某个客户的电话服务计划、处理保险理赔使案子得以高效解决。[19]

利用计算机进行量化决策的兴起拓展了古典模型的应用。例如，纽约市警察局应用计算机制图，以及对逮捕方式、发薪日、体育赛事、音乐会、下雨、放假和其他变量的分析去预测潜在的“热点事件”，然后决定向哪些地方派遣警力；塔吉特商店、沃尔玛和科尔士（Kohl's）等公司根据对销售、经济和人口数据的分析，做出如何仓储和定价的决策[20]；航空公司利用自动化系统来优化座位定价、安排航班和分配机组人员。

9.2.2 管理人员在现实中如何做决策

行政模型（administrative model）被认为是一种**客观描述性**（descriptive）的决策方式，它描述了管理者在复杂的情景中是怎样做决策的，而不是在理想情景中应该如何做决策。行政模型认识到人和环境的局限性，这些局限性会影响管理者追求理性决策过程的程度。例如，面临非程序性决策、不确定性和模糊性等困境时，管理者通常不能做出经济理性的决策，尽管他们想这么做。[21]

■ 有限理性和满意解

行政模型是根据赫伯特·西蒙（Herbert A. Simon）的著作提出的。西蒙提出了两个有助于形成行政模型的概念：有限理性和满意解。**有限理性**（bounded rationality）是指人们的理性有一定的局限性或者受到限制。组织是非常复杂的，而且管理者在决策中投入的时间和能力只能处理有限的信息。[22]因为管理者没有时间或者缺乏认知能力处理复杂决策所需的全部信息，他们只能追求满意解。**满意解**（satisficing）是指决策者选择能够达到最低决策标准的第一个可选解决方案。虽然存在更好的方案，但管理者会选择第一个看起来解决问题的方案，而不是追求从所有备选方案中找到能够使经济回报最大化的唯一解决方案。这是因为决策者不能证明为获得全部信息所花的时间和费用都是值得的。[23]

在解决复杂问题时，管理者有时候会想出各种方案，直至找到一个他们认为行得通的方案。比如，丽诗加邦的管理者聘用了设计师艾萨克·米兹拉希（Isaac Mizrahi），目的在于吸引年轻顾客，使丽诗加邦的品牌重新焕发生机，重回行业领先地位。但是，公司的销售额和利润却持续下滑。面对以年轻人为导向的新产品线的失败、来自梅西百货公司的订单减少90%、高失业率、疲软的经济和其他复杂的多重困境，管理者不知道如何终止数年亏损的趋势，把公司从水深火热之中拯救出来。最终他们快速决策，得到一个满意解，即与彭尼公司签订一个许可协议，让彭尼公司独家销售丽诗加邦的服装，从而解决了该品牌所有的生产和营销问题。[24]

行政模型基于不同于古典模型的假设，并且关注影响个人决策的组织因素。行政模型的假设如下：

（1）决策目标通常是不清晰、相互冲突的，管理者之间缺乏统一的意见。管理者通常意识不到组织中存在的问题或者机会。

（2）管理者通常不会使用理性的步骤，即使采用理性的步骤，也只以简单的视角看问题，无法把握现实中组织情景的复杂性。

(3) 由于人力、信息和资源的局限性，管理者只能寻找有限的备选方案。

(4) 大部分管理者满足于满意解而不是最好的解决方案，部分原因是他们可获得的信息是有限的，部分原因是他们对最优解决方案的评价标准是模糊的。

■ 直觉

管理者在决策时还可以使用直觉。**直觉**（intuition）是指没有经过深思熟虑，只凭过去的经验去快速应对某一决策情景。[25] 直觉决策并非武断的或者不理性的，因为它建立在长期实践和亲身体验基础上。电影大王哈维·韦恩斯坦（Harvey Weinstein）是独立电影制作和发行商韦恩斯坦影业公司（The Weinstein Company，TWC）的联合主席，自从他与自己的兄弟鲍勃于 1979 年组建米拉麦克斯影业公司（MiraMax）以来，就一直在电影行业中摸爬滚打。很多人认为韦恩斯坦发疯了，竟然想制作一部叫做"艺术家"的黑白无声电影，但韦恩斯坦认为这是可行的。事实证明确实可行，这部电影赢得了 2012 年奥斯卡最佳影片奖。[26] 在当今快节奏的商业环境中，直觉在决策中扮演了一个愈发重要的角色。很多研究都发现，有效的管理者在做复杂的决策时，在时间压力下会把理性分析与直觉结合在一起。[27]

心理学家和神经学家研究了人们在极大的时间压力和不确定性下如何利用直觉做出正确的决策。[28] 凭直觉做出的正确决策建立在快速发现规律的能力的基础上。当人们在某个领域拥有一定的经验和知识时，能认知到被显意识遗忘的信息，通常就能很快并毫不费力地做出正确的决策。例如，消防员根据一场大火的典型特征或者不寻常特征来做出决定。这种能力也可以在曾负责防范人体炸弹袭击的伊拉克士兵身上找到，他们利用直觉做出判断。叫做 IED 的高科技装备是用来探测简易爆炸装置的，但它只能作为辅助设备，不能代替人脑去感知危险并做出反应。有经验的士兵会下意识感觉到某些事情看上去不太对劲：它可能是昨天并未摆放在这里的一块石头，可能是看起来太完整的一块水泥，也可能是一种古怪的行为方式，甚至只是一种不祥之兆。[29] 类似地，在商业世界中，管理者不断地认知和处理他们可能没有意识到的信息，他们的知识基础和经验积累有助于他们在具有不确定性和模糊性的情景中做出决策。

但是，直觉决策并不一定总能管用，管理者应该以正确的方式把直觉应用于正确的情景中，而不是把它作为万能技术应用于一切重要决策中。[30] 管理者要在以下两种极端情景中找到平衡：一种情景是没有仔细研究就做出武断的决定，另一种情景是过分依靠理性的分析。这两种情景没有孰优孰劣，管理者需要兼顾理性和直觉，把两者平衡的方式作为有效决策的重要方式。[31]

9.2.3 政治模型

政治模型可以用于非程序性决策，即情景不确定，信息有限，管理者对于要追求的目标或采取的行动意见相左。大多数组织决策涉及很多追求不同目标的管理者，他们需要相互对话、分享信息、达成共识。在做复杂的组织决策时，管理者通常会结盟。[32] **结盟**（coalition）是指支持特定目标的管理者之间形成的非正式联盟。建立联盟是管理者之间结盟的过程，换句话说，一名支持某特定备选方案（例如，通过并购另一家公司来加速公司的成长）的管理者与另一名高管进行非正式对话，努力说服他支持这项决定。如果没有结盟，强权的个体或者群体就会使决策过程偏离正常的轨道。建立联盟给很多管理者提供了参与决策的机会，提高了他们对最终采纳方案的承诺。麦肯锡公司所做的全球调查表明，非正式的联盟可以加速决策的执行，因为管理者对于要采取的行动达成了一致意见。

结盟失败可能会导致冲突和争执，从而阻碍决策，尤其是在对方建立了一个强有力的联盟时。试想当弗吉尼亚大学董事会主席海伦·德拉加斯（Helen Dragas）逼迫特蕾莎·沙利文（Teresa Sullivan）校长辞职时，会有什么样的情景。[33]

创新之道

弗吉尼亚大学

弗吉尼亚大学第一位女董事会主席与第一位女校长之间的激烈争吵已经在众人面前上演了18天。“宫廷政变遇到草根叛乱。”一位政治学教授在这部好戏演到高潮时在推特上这样写道。

特蕾莎·沙利文在与董事会主席海伦·德拉加斯、副主席马克·金斯顿（Mark Kington）开会时得知，董事会对她担任弗吉尼亚大学校长两年的绩效很不满意，并且希望她辞职。她感到十分震惊。海伦·德拉加斯告知沙利文，他们把控了董事会16张选票中的15票，她的离职是个毫无悬念的决定。因此他们给了她一份离职协议书。但是德拉加斯完全错了，她可能认为董事会在让沙利文离职这个决定上站在她这边，但是她没有预料到员工和学生、各学院院长、校友和前董事会成员、捐赠人、政治家和社区居民都强烈反对。德拉加斯为自己处理沙利文离职的方式道歉，并试图说服更多的人支持她的决定，但是为时已晚。

经过两周的骚乱，副主席马克·金斯顿辞职了，弗吉尼亚州州长威胁说，如果不解决好这个事件，整个董事会都将被撤掉。董事会成员中有六人竭力主张沙利文复职，五人反对，四人弃权。一周之后，德拉加斯认输了。“到了把弗吉尼亚大家庭重新团结在一起的时候啦！”大家全票同意让沙利文复职。[34]

因为认为有董事会的支持，海伦·德拉加斯没有建立一个支持她的决策的强大联盟，更没能建立一个有大学社区中关键成员支持的广泛联盟。的确，如果不是整个大学社区如此强烈反对，大多数董事会成员可能会支持她的决定。管理者必须预料到可能的抵制，要跟组织所有的成员交谈，确保他们的决策有益于整个组织。政治模型非常接近大多数管理者和决策者面临的真实的决策环境。例如，对高科技产业的CEO的采访发现，他们尽可能地使用理性的决策程序，但是，他们实际做决策的方式取决于他们与其他管理人员、下属、环境要素和企业事件之间的复杂交流。[35]决策是复杂的，并且涉及很多人，信息通常是模棱两可的，对问题和解决办法有分歧和冲突是正常的。政治模型基于以下四个基本假设：

(1) 组织由有着不同利益、目标和价值观的群体组成。管理者对各种问题的重要程度有不同的看法，可能并不了解其他管理者的目标，也不会与其他的管理者分享自己的目标。

(2) 信息是模糊和不完全的。问题的复杂性及个人和组织的局限性使得理性决策的意愿受到限制。

（3）管理者没有时间、资源或者能力去发现所有的问题，处理所有的相关信息。管理者通过相互交流并交换意见来搜集信息，降低模糊性。

（4）管理者推动并参与辩论，以决定目标，讨论备选方案。决策是联盟成员之间讨价还价和讨论的结果。

古典模型、行政模型和政治模型的主要区别如图表 9－2 所示。对决策步骤的研究发现，古典模型往往与稳定环境中的组织高绩效相关。行政模型和政治模型的步骤及直觉往往与不稳定环境中的高绩效相关，因为必须快速做出决策，并且是在更困难的条件下做出决策。[36]

图表 9－2　古典模型、行政模型和政治模型的特点

古典模型	行政模型	政治模型
清晰的问题和目标	模糊的问题和目标	多重、相互矛盾的目标
处于确定性的环境下	处于不确定性的环境下	处于不确定性或模糊性的环境下
拥有备选方案及其结果的所有信息	拥有备选方案及其结果的有限信息	观点不一致，信息模糊
根据结果最优化做出个人理性的选择	运用直觉选出满意解	联盟成员之间讨价还价和讨论

9.3　决策的步骤

不管一项决策是程序性的还是非程序性的，不管管理者选择的是古典模型、行政模型还是政治模型，有效的决策过程总是涉及六个步骤，如图表 9－3 所示。

图表 9－3　管理决策过程的六个步骤

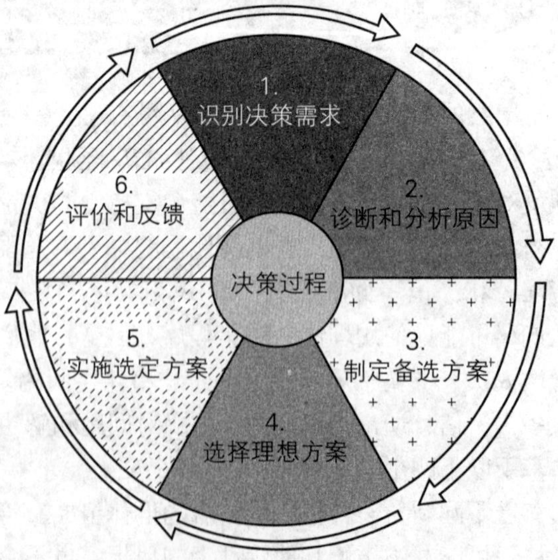

9.3.1 识别决策需求

当管理者面对某个问题或者某个机会时，就出现了决策需求。当组织没能达到既定目标，即有些方面的绩效不能令人满意时，就出现了**问题**（problem）。当管理者看到潜在的成就可以超过当前的既定目标时，即管理者看到了提高绩效、超越当前水平的可能性时，**机会**（opportunity）就出现了。

认知到问题或机会是决策的第一步，之后管理者要监控内部和外部环境，从中发现值得关注的那些问题。[37]这个过程类似于军事上“搜集情报”这一概念。管理者必须仔细审视周围的环境以判断组织是否很好地朝着既定的目标前进。

有些信息来自周期性的财经报告、绩效报告，或来源于在问题变得不可救药以前就发现问题的其他渠道。管理者也要充分利用非正式来源的信息。管理者要与其他管理者交流，搜集事情进展的信息，寻求有关如何处理问题或把握机会的建议。[38]例如，利奥·阿波特克（Leo Apotheker）担任了 11 个月的 CEO 后，惠普公司董事会解雇了他，因为董事会听其他的管理者说，阿波特克没能及时让其团队成员知晓相关计划，没能努力地团结团队，并且对公司的战略方向不清楚。[39]识别决策需求是件有难度的事，它通常意味着用创新的方式把支离破碎的信息拼接到一起。

9.3.2 诊断和分析原因

管理者看到某个问题或某个机会后，需要对情景做出良好的判断。**诊断**（diagnosis）是决策过程中管理者分析与决策情景相关要素的步骤。

很多时候，真正的问题隐藏于管理者认识到的问题背后。只有从不同的角度审视情景，管理者才能找到真正的问题所在。他们通常还会发现之前没有察觉到的机会。[40]查尔斯·凯普纳（Charles Kepner）和本杰明·特里戈（Benjamin Tregoe）对管理者决策做了大量的研究。他们建议管理者通过询问一系列的问题找到背后的原因，例如：

(1) 对我们造成影响的失衡状况有哪些?

(2) 它在什么时候发生?

(3) 它在哪里发生?

(4) 它是怎样发生的?

(5) 它对哪些人产生影响?

(6) 这个问题的紧迫性表现在哪些地方?

(7) 这些事件之间存在怎样的关联性?

(8) 各项行动的结果是怎样的?[41]

这些问题有助于明确发生了什么事，为什么会发生这样的事。诊断一个问题可比喻为一层层地剥开一只洋葱，咨询顾问丹尼尔·伯勒斯（Daniel Burrus）在与一家大型会计师事务所的 CEO 开会时如是说。这位 CEO 告诉他，公司最大的问题是无法招聘到足够多的为全球客户提供服务的称职员工。两人一层层地深入探讨后，发现真正的问题在于不是事务所缺少员工，而是其内部合作与沟通低效。这位 CEO 发现，只要整个事务所提高效率，甚至可以裁减员工。[42]管理者如果不了解问题所在，或者处理的是错误的问题，那么就不可能解决问题。

9.3.3 制定备选方案

接下来的工作就是提出尽可能多的解决方案，以满足情景的需要，消除造成问题的原因。

对于一项程序性决策，其可行的备选方案很容易找到，通常可在组织的规定和程序中找到。而非程序性决策需要制定能够满足公司需要的新行动方案。在高不确定性情景下做决策，管理者往往只制定一两个常规的解决方案并将其作为解决问题的满意解。但是，研究发现，限制寻找备选方案是组织决策失败的一个主要原因。[43]

确定备选方案可被视为缩小组织现状与理想绩效之间差距的工具。优秀的管理者利用组织所有员工的知识来确定备选方案。例如，WGB 建筑公司是波士顿附近的一家小型住宅建筑公司，其管理者询问每一位员工——从建筑师到地板安装工人——对如何解决销售额下降这样的问题的意见。又如，当数据存储公司 EMC 面临降低成本的需要时，管理者使用公司的社交平台向所有员工征求备选方案。由此形成的决策会更好，并且员工会更加支持该决策，因为他们参与了寻找降低成本的可选解决方案的过程。[44]

9.3.4 选择理想方案

制定了可行的备选方案后就要从中选择一个。在这一步，管理者必须从众多的备选方案中选出最有前景的一个。最好的解决方案往往最符合组织的整体目标和价值观，并且能以最少的资源实现期望结果。[45]管理者希望能在风险和不确定性最低的情景下做出选择。由于大部分非程序性决策具有天然的风险，所以管理者必须要评估成功的可能性。他们可能会依赖自己的直觉或经验去估计某一方案是否能够成功。组织的总体目标和价值观也可以用来指导对备选方案的筛选。

要从众多备选方案中做出选择，还有赖于管理者的个性因素及其对风险和不确定性的接受度。**冒险倾向**（risk propensity）是为了获得更高的回报而愿意承担风险的意愿。例如，在制药企业诺华公司（Novartis），研发者希望 CEO 魏思乐（Daniel L. Vasella）批准对阿尔茨海默病的疫苗试验，但是，魏思乐认为风险太大。他更倾向于为其疾病更容易精确界定的那一小部分病人开发新药，这些病人的病情十分罕见，但是在科学上已被充分了解，并且十分需要新药来治疗。在魏思乐看来，在阿尔茨海默病尚未被充分了解之前就投资药品的研发是一件浪费时间和金钱的事。[46]管理者愿意承担风险的程度会影响到决策的成本和收益。看看图表 9-4 中的各种情景，你会在这些情景中选择哪个备选方案？一个低冒险倾向的人倾向于选择大家不分胜负，从而获得确定的中等回报，如在国内建厂或者从事医生职业。而冒险者则会追求赢得比赛，如在国外建厂或者开始演员生涯。

9.3.5 实施选定方案

实施（implementation）阶段是指利用管理、行政和劝说等能力确保选定方案得以贯彻执行。此步骤类似于第 8 章中描述的战略实施的概念。选定方案最终的成功有赖于它是否被转化为行动。[47]有时候，一项选定方案没能付诸实践，是因为管理者缺乏做事的资源或精力。管理者在具体实施选定方案时往往需要与受到决策影响的人进行讨论。管理者必须利用沟通、激励和领导能力来确保决策的执行。当员工看到管理者坚持自己的决策，跟进决策的实施，他们会更加愿意投身积极的行动中。[48]

图表 9-4 不同风险水平下的方案选择

在以下的情景中，你会选择哪一个方案？	
你是一名大学橄榄球队教练，在比赛快结束时的方案有：	1.选择一场有95%的可能打成平局的比赛。 2.选择一场有30%的可能获胜的比赛，但是一旦失败，就会彻底出局。
作为加拿大一家制造企业的董事长，你面临建设新工厂的决策。你可以：	1.在加拿大建设一个有90%的可能获得中等投资回报的工厂。 2.在政局不稳定的某国建立一家工厂。该方案有40%的可能失败，但一旦成功，回报将非常可观。
你已经大四了，必须决定接下来做什么。以下是你正在考虑的方案：	1.去医学院，成为一名医生，你成功的可能性有80%。 2.追逐你的梦想，成为一个演员，虽然成功的可能性只有20%。

9.3.6 评价和反馈

在决策的评价阶段，决策者要搜集信息，以了解决策的实施情况及决策实现目标的程度。反馈很重要，因为决策是一个持续进行的过程，管理者或董事会投票决定是否要做某件事后决策并没有结束。反馈给决策者提供的信息可以进入一个新的决策过程循环。决策有可能会失败，这就需要对问题的重新分析、对可选方案的评价和对新方案的选择。企业的很多大问题都是尝试一系列方案后才得以解决的，每一次尝试都可能带来一定的改进。反馈是为了监控是否需要做出新决策。

为了说明包括评价和反馈在内的决策过程，让我们看看《纽约时报》做出的对其网站上的新闻开始收费的订阅计划。

创新之道

《纽约时报》

2011 年 3 月，《纽约时报》采取了一项大胆的战略，它要求订阅其电子期刊的读者付费。这个决定并非突如其来。事实上，高管和资深编辑花了数年时间研究这个问题，分析各种备选方案，最后就实施这个新的订阅计划达成一致意见。

管理者在收入持续下降这个问题上观点一致。在分析问题背后的原因时，他们发现，经济衰退给报纸的收益带来重大打击。自从经济衰退以来，刊登在报纸上和网上的广告都呈现减少趋势。另一个重要的原因是报纸订阅量在持续下滑。当人们可以在《纽约时报》网站上免费获得高质量的新闻报道时，他们为什么还要花钱订阅报纸呢？在这种情形下，管理者认为必须采用一种在线订阅模式。通过正式和非正式方式对各种备选方案进行辩论和讨论持续了好几个月，最终形成了一个管理者联盟，他们的想法是提供捆绑式的订阅服务，即读者每个月可以免费阅读 20 篇文章，之后要在三种不同的付费订阅模式中选择一种。

方案一经执行，评价和反馈就开始了并且一直持续到今天。在《纽约时报》开始实施这种订阅模式的当天，高管与网站开发者围坐在两张长桌旁，“他们在手提电脑上监控着这次行动。”一人说道。第一位订阅者几乎在此消息发布的同一时刻下了订单。一年之后，管理者对决策的成果感到非常欣喜。他们把第一年拥有 30 万订阅用户作为衡量成功的标准，结果第一年的实际总订阅用户为 39 万。有趣的是，与此同时，纸质版报纸的家庭订阅量在五年中第一次有了增长，这可能是因为有些读者担心如果他们不支持纸质版报纸，最终报社会倒闭。此外，广告商看到新的数字化订阅计划发挥了作用，于是，报社的广告收入又开始增加。[49]

《纽约时报》决定实施数字化订阅计划的过程展示了决策的所有步骤，此过程一直持续到最终获得成功。但是，数字化订阅计划的用户数量经过最初的爆发期后，其增长速度逐渐减缓，管理者一直监控进展情况，思考是否需要做出新的决策。[50]战略决策通常都有一定的风险，但是反馈和跟进能够保证公司走在正确的道路上。当决策没能奏效时，管理者可以从自己的失误中吸取教训，有时可以将问题转化为机会。

9.4 个人决策框架

设想你是谷歌、《纽约时报》、AMC 电影院或当地公共图书馆的管理者。你会如何做出可能决定你的部门或公司未来的重要决策？本章已介绍了影响管理者做出决策的一系列因素，例如，决策究竟是程序性还是非程序性的，决策情景的不确定性程度，管理者究竟采用古典模型、行政模型，还是政治模型。前面还介绍了决策过程遵循的六个步骤。

但不是所有的管理者都按照相同的方法做决策。事实上，每个管理者处理问题和做出相关决策的方式有着巨大的差异。这些差异可以用个人**决策风格**（decision styles）解释。在决策过程中，个人风格所起的作用如图表 9－5 所示。个人决策风格是指人们在评价问题、产生备选方案和做出决策上的独特之处。研究发现，管理者有四种主要的决策风格：指导型决策风格、分析型决策风格、概念型决策风格和行为型决策风格。[51]

1. 具有指导型决策风格的人通常喜欢简单、清晰的问题解决方案。具有这种风格的管理者通常能够快速决策，因为他们不喜欢处理很多的信息，他们一般只制定一两个备选方案。他们通常高效、理性，喜欢依靠现有的规则或程序来做决策。

2. 具有分析型决策风格的管理者喜欢搜集尽可能多的数据，据此想出各种复杂的解决方案。这种人会仔细地考虑各种备选方案，通常将他们的决策建立在从管理控制系统和其他渠道获得的客观、理性数据的基础上。他们会根据已有的信息寻找最佳方案。

3. 倾向于概念型决策风格的人也喜欢分析大量的信息。但是，与具有分析型决策风格的人相比，他们更具社会导向，他们喜欢与其他人讨论这些问题及可能的解决方案。具有概念型决策风格的管理者可能会想出许许多多的备选方案，所需信息往往来自员工和组织系统，他们喜欢用创造性方法解决问题。

图表 9-5 个人决策框架

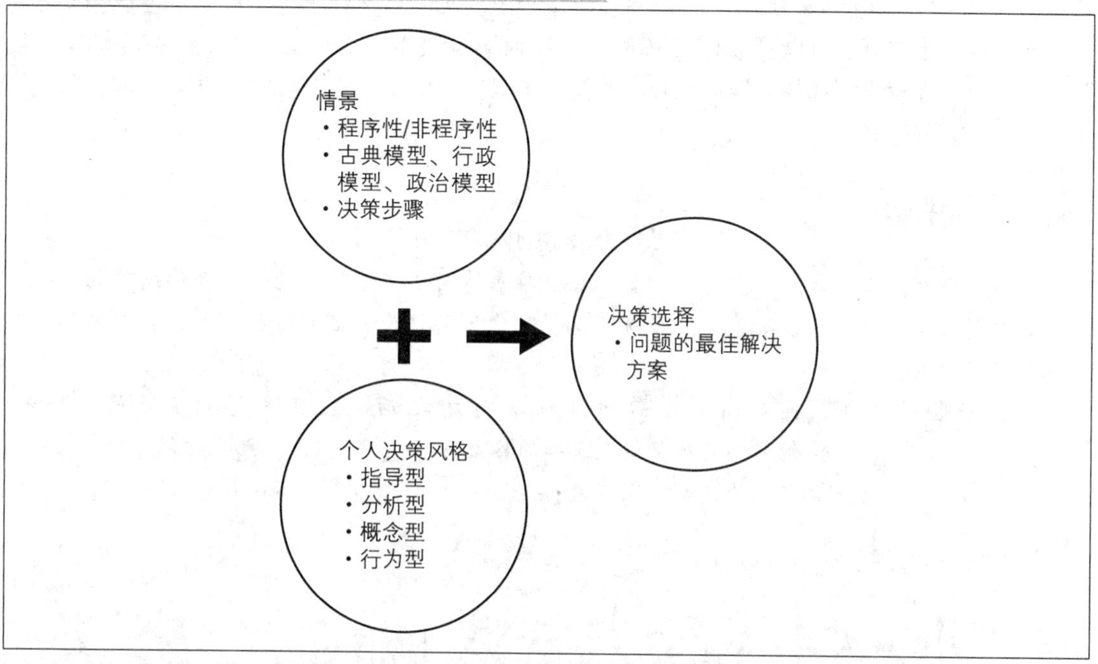

资料来源：Based on A. J. Rowe，J. D. Boulgaides，and M. R. McGrath，*Managerial Decision Making*（Chicago：Science Research Associates，1984）；and Alan J. Rowe and Richard O. Mason，*Managing with Style*：*A Guide to Understanding*，*Assessing*，*and Improving Your Decision Making*（San Francisco：Jossey-Bass，1987）.

4. 具有行为型决策风格的管理者通常十分关心他人。这种人喜欢一对一地与人交流，以了解别人对问题的感受，并考虑某一特定决策对他人的影响。具有行为型决策风格的人通常会关注他人的个人成长，并且会做出帮助他人达到他们目标的决策。

很多管理者都具有某种主导决策风格。例如，美国前总统奥巴马决定加强在阿富汗的军事优势的决策，反映出他的概念型决策风格。奥巴马在决策过程中与军队的关键决策者开了10次会，整个决策过程被认为“紧张、有条不紊、认真、有时令人沮丧”。奥巴马要求向他递交详细的报告，询问了大量的问题，并且表现出对信息无限的需求。一名参与者把他描述为“大学教授与温和的盘问者”的结合体。[52]

但是，管理者在做各种日常决策时，经常使用不同的决策风格或者综合运用各种风格。一名管理者可能利用指导型决策风格来决定采购哪家公司的办公用品，但是，在处理部门间的冲突时会更多地应用概念型决策风格。最有效的管理者能够根据情景的需要变换自己的风格。了解自己的主导决策风格能够帮助管理者避免因自己的惯常风格不适合要解决的问题而犯下严重的错误。

9.5 管理者为什么会做出错误的决策

管理者面对的是无尽的决策需求——从解决小问题到执行重大的战略改变。即使是最优秀的管理者也会犯错误，但是，管理者可以通过了解会导致人们做出错误决策的因素，来提高自己做出的正确决策的比例。大部分错误决策是判断失误导致的，主要源自人类脑力的局限和管理者在决策中表现出的自然偏见。下面的“经理会谈”专栏提出的问题可以帮助你了解偏见是如何影响决策和选择的。在做决策和解决问题时，你意识到那些会误导你判断的偏见了吗？了解以下六个偏见有助于管理者做出更明智的选择。[53]

经理会谈

偏见是否会影响你的决策？

我们所有人都有偏见，但是，大多数人很难看清自己。什么样的偏见会影响你的决策和问题的解决方法？回答以下这些问题可以帮助你了解作为一名新晋经理，你会遇到的困难和可能犯的错误。

1. 一张纸对折，再对折……经过 100 次对折之后，它有多厚？好好猜一下：____________。我有 90%的把握确定正确的答案在________与________之间。

2. 以下哪一个图形与其他图形差别最大？

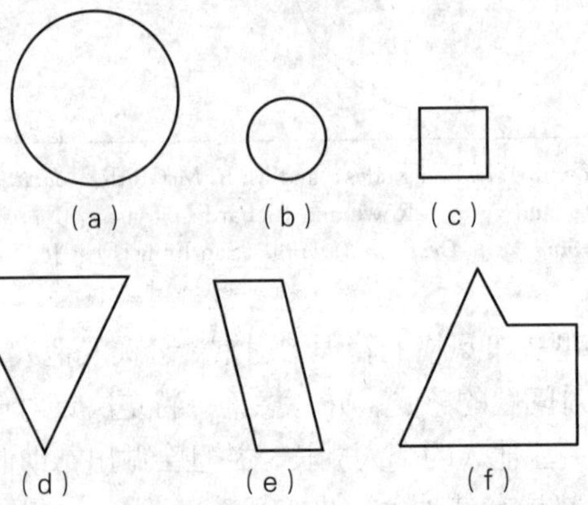

3. 作为公司的所有者和 CEO，你决定投资 1 亿美元研发一款无法被敌方雷达发现的无人机。当这个项目完成 90%的时候，一个竞争对手开始推销它研发出来的同类产品。与你们正在研发的无人机相比，它的无人机飞行速度更快、更小巧、更便宜，并且更精致。问题是：你是否会继续投入最后 10%的研发经费来完成你们公司的无人机？请选择：

____不会。没有理由继续在这个项目上花钱。

____会的。在投了 9 000 万美元之后，我们应该完成这个项目。

4. 不用实际运算，快速给出以下乘积的估算值（5 秒内完成）。

$8\times7\times6\times5\times4\times3\times2\times1=$

5. 罗伯特是个爱妒忌、呆板、尖刻、冲动、勤奋和聪明的人。总体来说，你认为罗伯特有多情绪化？（选择一个数字）

完全不情绪化　1　2　3　4　5　6　7　8　9　非常情绪化

6. 你会选择下面两个选项中的哪一个?

A:有50%的机会赢得1 000美元。

B:一定会赢得500美元。

你会选择以下两个选项中的哪一个?

C:有50%的可能损失1 000美元。

D:一定会损失500美元。

1. 答案是厚度惊人——大约是地球到太阳距离的800 000 000 000 000倍。你的思维可能会被局限在薄薄的一页纸上,从而使你大大低估一页纸对折100次后产生的效果。人的思维最初定位于低端或高端都可能会导致错误的解决方案。你对自己的回答有多大的把握?这是一个过度自信的例子,过度自信是管理者犯错误的主要原因。

2. 每个图片都有一些不同。图(a)面积最大,图(b)面积最小,图(c)是唯一的正方形,图(d)是唯一的三角形,图(e)最窄且倾斜,图(f)最不对称且是一个五边形。你是否在找到一个正确的答案后就不再继续思考了?没能超越最初的印象去进一步深挖表面背后的东西,常常会使管理者无法了解问题的真正原因,无法找到正确的或最佳的解决方案。

3. 如果你回答"会的",那么意味着你会在原先的决策上继续投入,即便它已经失败,这叫做承诺升级。这是许多经理会犯的错误,因为他们对原先的决策有情感依赖,即使这个决策就像这个例子中研发无人机一样毫无前途。

4. 学生们估算结果的中位数为2 250。把这些数字反向排序,即1×2×…×8,学生们估算结果的中位数为512。正确的答案是40 320。展示信息的顺序会使不同人的解决方案有所差别,过于快速的反应会使答案错得离谱。

5. 当评判一个人时,先接触到的信息会比后接触到的信息产生更大的影响,这个叫做首因效应。把这些词的顺序调整一下,使"勤奋"和"聪明"排在前面,这会带来更正面的印象。受访者对罗伯特情绪化程度的评分取决于这些描述性词汇的排序。你是否会因为受到初始印象的影响把罗伯特评为情绪化的人而感到内疚?

6. 尽管这几个选项都是等价的,但大部分人会选择B和C。人们厌恶损失远远胜于获得收益,因此,80%的人会选择一个确定的小赢(B);70%的人希望避免损失,会选择冒险(C)。决策过程中避免情感因素的影响一般会带来更好的决策。

资料来源:Questions 1 and 3-6 are from research studies reviewed in Scott Plous, *The Psychology of Judgment and Decision Making* (Philadelphia: Temple University Press, 1993); question 2 is based on an item in the *Creativity in Action Newsletter*, as reported in Arthur B. VanGundy, *Idea Power: Techniques & Resources to Unleash the Creativity in Your Organization* (New York: Amacom, 1992).

(1) 受到首因效应的影响。决策时人的大脑会特别重视最开始接收到的信息。这些最初的印象、数据或者估计就成为后续思考和决策的锚。这个锚既可能是同事一个随意的评论,也可能是在报纸上看到的一个统计数据。过去发生的事件和事物的发展趋势也可以成为锚。例如,在企业里,管理者总是根据前一年的销售额来估计下一年的销售额。过于重视过去可能会导致错误的预判和被误导的决策。

(2) 证明过去决策的正确性。很多管理者掉进了去证明以往决策正确性的陷阱,即使在这些证明工作已经不再有效的时候。设想一下,管理者花费大量的时间和精力想提高一位问题员工的绩效，而实际情况是他们从一开始就不应该把这名员工招进公司。另一个例子是管理者希望出现转机，于是不断地把钱投到一个失败的项目上。对产品研发所做的一项调查发现，支持某个新产品开发的那些管理者更倾向于在该产品被证明失败的情况下，继续给予资金支持。[54]人们不喜欢犯错误，所以，他们会继续支持有问题的决策，以证明过去的决策。

（3）看到的是你想看的东西。人们总是寻找那些能支持自己目前的直觉或看法的信息，回避那些与此相悖的信息。

这种偏见会影响管理者从哪里寻找信息及怎样解读他们找到的信息。人们通常过于重视支持性信息，而不太重视与他们现有的观点相悖的信息。例如，在2011年日本地震和海啸后发生的福岛核泄漏事件中，东京电力公司（Tokyo Electric Power Company，Tepco）的管理者因迟疑不决、耽误很久后才做出使用海水来冷却核反应堆的决策而备受谴责。东京电力公司的管理者知道，海水会侵蚀、毁坏反应堆，所以他们非常重视这个信息，该信息支持他们延迟做出使用海水冷却的决策。他们强调，在判断使用海水冷却核反应堆的合适时机时，他们把“整个工厂的安全性都考虑进去了”。遗憾的是，核电站发生爆炸后他们才相信，使用海水是控制反应堆过热的必要手段。[55]

（4）故步自封。管理者可能会重复利用过去起作用的决策技术，而不去探索新的技术、挖掘更多的信息或发现更好的方法。例如，很久以前就有确凿的证据表明，试图覆盖所有汽车车型的战略一定会给公司带来灾难。即便如此，通用汽车公司依然坚持多品牌的战略决策。随着20世纪70年代来自日本汽车生产商的竞争日益加剧和油价上升，这个战略开始受到诟病。但是，直到2008年2月，管理者还在说，谈论缩减品牌的事“不是一个慎重的行为”。直到面临破产，被迫重组才最终促使管理者将通用汽车的品牌从8个缩减到4个。[56]

（5）受到情绪的影响。如果你曾经在生气、焦虑或狂喜的时候做过决策，那么，你肯定知道决策受到情绪影响所带来的麻烦。最近一项对伦敦投资银行的交易员所做的调查发现，有效地控制情绪是高绩效交易员的特点，低绩效的交易员在管理和调节自己的情绪方面做得较差。[57]另一项发现是，在医生产生喜欢或不喜欢某个病人的情绪后，他做出的决策往往不太有效。如果他喜欢某个病人，就不会提出造成很大痛苦的治疗方案；如果他不喜欢某个病人，则会谴责病人造成了这种痛苦，并且会提供更少的治疗。[58]遗憾的是，一些管理者经常让自己的情绪影响他们的决策。有证据表明，如果在强烈情绪的影响下做出了错误的决策（例如，连续发出几份语气愤慨的电子邮件），管理者还会继续做出错误的决策，因为这种决策行为变成他们如何行事的指南。[59]管理者只有尽力摒弃情绪因素，才会做出更好的决策。

（6）过于自信。大多数人会过高地估计自己预测不确定结果的能力。例如，当要求人们对自己知之甚少的东西进行量化估计时（如“塔吉特超市2011年的收入是多少？”或者“2012年8月14日脸书的市值为多少？”），他们会过高地估计自己掌握的知识的正确性。类似地，很多管理者对自己了解风险、做出正确选择的能力具有不切实际的期许。让我们看看过高的自信怎样导致摩根大通的首席投资办公室做出错误的决策（此决策被称为“伦敦鲸”①），并带来数十亿美元的损失。所有的银行都要冒风险，但是，摩根大通因在次贷繁荣时期没有像其他银行那样冒过大的风险而得到大众的赞许。正是大量的次贷导致了美国经济的崩溃，之后，摩根大通的 CEO 杰米·戴蒙（Jamie Dimon）被称为“世界上最重要的银行家”，他的高管团队被认为是几乎不会犯错的管理团队而备受尊敬。摩根大通在伦敦设置首席投资办公室的目的在于保护银行免受复杂的全球金融交易带来的不稳定性的影响。该办公室因其高超的交易能力而享有盛名。它有着杰出的业绩，在当时整个行业的盈利都面临巨大压力的情况下，逐渐成为摩根大通的一个利润中心。但是，管理者过于相信自己发现和管理风险的能力，他们的胆子越来越大，逐步涉及非常复杂的衍生品交易，这种交易在某些方面与导致金融危机的次贷非常相似。他们的策略出了问题，最终导致近 60 亿美元的损失，很多重要高管被裁，摩根大通银行及其 CEO 的名誉受到影响。同时，联邦调查员还调查了集团内是否存在舞弊，他们怀疑一些交易员在出售产品时采取了不正当的手段，向客户隐瞒了可能损失的程度。[60]

9.6 创新的决策

快速做出广受支持、高质量的日常决策在当今飞速变化的组织中是一项重要的技能。[61]设想一下，一名管理者在需要快速决策，但存有某些偏见且偏见可能误导决策的情况下，应如何做出正确的决策？有些创新技巧可以帮助管理者注意并避免因认知偏见带来的错误决策。大多数管理者很难认识到自己的偏见，但是，他们可以在组织层面建立一套机制以减少因偏见产生的决策错误。[62]

9.6.1 从头脑风暴开始

头脑风暴法（brainstorming）是指利用小组成员面对面的互动使其自发地提出决策的各种备选方案。有效头脑风暴的关键在于人们能够在他人想法的基础上进一步提出自己的想法；所有的想法都是可接受的，不管它听上去有多疯狂；不允许批评和评价。这样做的目的是产生尽可能多的想法。头脑风暴法被认为对快速形成解决问题的大量备选方案十分有效，但它也有很多缺点。[63]一是同一个小组的成员往往会遵从他人所说的话，有些人可能比较关注取悦老板或者给同事留下深刻的印象；二是社会抑制会使很多有创造力的人不能完全参与小组讨论，或者很难在小组环境中想出办法来。事实上，一项研究发现，当要求四个成员独自进行头脑风暴时，他们想出的办法通常是形成小组进行头脑风暴想出的办法的两倍。

最新的一种办法叫电子头脑风暴法，在利用头脑风暴法优势的同时，又避免了其某些缺点。**电子头脑风暴法**（electronic brainstorming）有时又称为头脑写作，是通过计算机网络将人们聚集在一起，形成一个互动的小组。[64]一名成员写出自己的一个想法，另一名成员读完之后再加入自己的一些想法，就这样进行下去。研究发现，电子头脑风暴法比个人头脑风暴法多产生 40%的想法，比常规的头脑风暴小组多产生 25%～200%的想法（因小组规模大小而异）。[65]为什么呢？因为其过程是匿名的，人

① 2012 年，摩根大通的交易员布鲁诺·伊克希尔对企业债的交易造成信贷市场的剧烈波动，这一事件被称为“伦敦鲸”。这一事件导致了摩根大通史上最大规模的衍生品押注高达 65 亿美元的亏损。——译者

们说话比较自由，不受限制。人们一有想法就可以马上写下来，这降低了在面对面的讨论中因等候说话的时机而错失好想法的可能性。这种方法可避免社会抑制，打消人们的顾虑，使更广泛的参与变得可能。另一个好处是参与电子头脑风暴的成员可以来自世界各地，这进一步拓展了备选方案的多样性。

9.6.2 使用真凭实据

使用真凭实据有助于消除决策过程中的情绪因素，把人们从错误的假设中解放出来，防止管理者受"看到的是你想看的东西"这一偏见的影响。**循证决策法**（evidence-based decision making）是指努力根据最可靠的事实和证据做出更明智、更合理的决策。这意味着要警惕潜在的偏见，仔细地寻找证据。管理者在做循证决策时，要认真、细致地去思考，而不能粗心大意地依赖于假设、过去的经历、经验法则或者直觉。[66]例如，创建和管理 SAT（Scholastic Aptitude Test）和 GRE（Graduate Record Examination）的美国教育测试服务中心（Educational Testing Service，ETS）创立了一个任务小组审核公司新产品、新服务的决策流程。该小组发现，很多决策是在缺乏明确的有关知识产权、产品生命周期甚至预期的市场机会等信息的情况下做出的。接着，该小组与管理者一起建立了一个更系统化的循证决策流程，包括利用表格的形式来描述每个方案的具体优点和相关信息，确定标准以获取该产品或服务符合教育测试服务中心的战略和市场需求的强有力的证据。[67]

最近，麻省理工学院斯隆管理学院的经济学家埃里克·布赖乔福森（Erik Brynjolfsson）所做的一项研究有力地证明了运用循证决策法可以提高组织的决策水平。布赖乔福森和他的同事们研究了 179 家大公司后发现，控制其他变量后，采用数据驱动决策的公司，其生产率可以提高 5%～6%。[68]

9.6.3 开展激烈的辩论

提高决策质量的一个重要方面是鼓励人们对现有问题展开激烈的辩论。优秀的管理者能意识到不同观点间的建设性冲突会使一个问题变成大家关注的焦点，有助于理清人们的想法，激发创造性思考，避免偏见，使人们对问题和选定方案达成共识，提高决策的质量。[69]里德·哈斯廷斯是奈飞公司的 CEO，他试图把开展激烈的辩论放进决策流程中，以避免公司曾经经历的一些决策灾难，比如，公司曾经连续做出两个不受欢迎的决策：提高服务价格；将奈飞拆分成两个事业部——网络流媒体和 DVD 租赁。这两个决策让客户非常生气，他们大批注销了奈飞的会员资格以表达愤慨。在做决策之前，哈斯廷斯跟一位朋友说他想拆分业务，那个朋友说："这太可怕了。我可不想要两个账号。"但是，哈斯廷斯没有听进去。现在他感到很愧疚，认为自己过于自信，与客户的想法背道而驰。因此，哈斯廷斯希望通过对重大决策开展激烈的辩论使公司重回正确的轨道：得到客户，而不是失去客户。[70]

可以通过很多方式激发激烈的辩论。一种方式是确保该组成员在年龄、性别、专业职能领域、职位等级、业务经验等方面各不相同。有些小组安排了**恶魔代言人**（devil's advocate），也就是安排某人扮演反对小组提出的假设和论断的角色。[71]这个恶魔代言人会迫使小组成员重新思考问题的解决办法，避免得出不成熟的结论。杰弗里·麦基弗（Jeffrey McKeever）是 MicroAge 公司的 CEO，他经常扮演恶魔代言人的角色，在辩论的过程中会转变自己的立场，以确保其他高管不会盲目顺从他的观点。[72]

另一种方式是让小组成员尽快想出尽可能多的备选方案。[73]这样小组必须考虑众多的备选方案，并对自己不喜欢的方案提出反对意见，从而激发辩论。还有一种方式是鼓励建设性冲突，也就是使用**正方-反方辩论法**（point-counterpoint），即把一个决策团队拆分成两个小组，给他们安排不同的、通常是相互对抗性的挑战。[74]接下来这两个小组需要提出备选方案并交换意见，讨论和辩论各种备选方案，直到达成共识，形成一致的方案。

9.6.4 防止群体思维

管理者要切记，成员间有不同的意见和冲突比盲目的赞同对组织更有益，这是很重要的。在任何群体中都存在着顺从的压力，尤其是在群体内的成员彼此友好的情况下，他们会倾向于避免发生任何不一致的事情。**群体思维**（groupthink）是指群体内的成员压制相反意见的倾向。[75]人们一旦落入群体思维，他们对一致性的要求会超过对决策质量的关注：群体成员强调维持团结，而不是实事求是地去质疑问题和选定方案；人们会谨慎地审查自己的意见，不愿意批评其他人的观点。

作家兼学者杰里·哈维（Jerry Harvey）引用了一个相关术语“阿比林悖论”（Abilene paradox）来描述群体中隐藏的顺从压力。[76]哈维讲述了在他的大家庭里发生的故事：他们生活在离得克萨斯州阿比林市80公里的一个小镇上，家人在40摄氏度的大热天汗流浃背地坐在门廊上。当时，有人建议开车去阿比林市的一家咖啡馆喝咖啡，所有人都同意了这个想法，尽管这辆车没有空调。然而所有人都非常痛苦，回到家里时又累又气。后来，所有人都承认他们不想走那段路，并且都认为那是一个很荒诞的建议。他们之所以去，只是因为他们以为其他人想去。

9.6.5 知道何时摆脱困境

在一个快节奏的环境中，优秀的管理者会鼓励成员承担风险并从错误中吸取教训，但是，他们也会毫不犹豫地终止一项没有意义的活动。例如，迪士尼公司的管理者终止了与约翰尼·德普（Johnny Depp）签订的重拍《独行侠》（*The Lone Ranger*）的合约，因为他们认为预算太高了。尽管电影已经开拍，场地正在搭建，但预算远远超过了管理者的底线。公司CEO鲍勃·艾格（Bob Iger）说，公司宁愿放弃整个项目，也不愿意把过多的资源压在一个风险很大的赌注上。[77]但是，研究发现，与拍摄《独行侠》电影的迪士尼管理者不同，很多管理者和组织通常会继续把时间和金钱投到某个解决方案中，虽然已有强有力的证据表明这是不正确的。这种倾向称为**承诺的升级**（escalating commitment）。管理者可能会屏蔽或扭曲负面信息，因为他们不想为错误的决策承担责任，或者他们可能拒绝承认他们的决策是错误的。[78]欧洲的一项研究证实，即使非常成功的管理者也常常看不到或者忽略警示性的信号，因为他们对决策的承诺使他们相信，只要坚持到底就一定会有回报。[79]当公司面临不断加剧的竞争、复杂性和变化时，管理者不能太执着于自己的想法，必须知道什么时候该向前走，这是很重要的。斯坦福大学的罗伯特·萨顿（Robert Sutton）教授认为，成功、有创造性的决策的关键在于“早点失败，经常失败，早点停止”。[80]

9.6.6 进行事后反思

为了提高决策质量，管理者必须反思，并从自己所做的每个决策中吸取教训。当人们回顾自己所做决策的结果时，他们可以从中获得宝贵的经验，学到如何在未来更好地做决策。很多公司采用美国军方的做法，即通过**事后反思**（after-action review）来鼓励对实际情况的审查及持续的学习。事后反思是指管理者定期花时间去评估决策的结果，并从中吸取教训的一套严格的程序。[81] 任何重大决策实施以后，管理者都需要开会讨论、评估哪些工作奏效了，哪些没有奏效，如何可以把事情做得更好。很多问题可以通过试错得以解决。例如，在防止伊拉克路边炸弹袭击的决策中，根据对决策的事后反思，士兵提出了一个全面的镇压暴乱的策略，而不是过于依赖技术手段。[82] 大量的企业已经采用某种形式的事后反思。例如，联想集团创始人柳传志提出了一个类似的方法，叫做“复盘”，意思是“重摆棋盘”。[83] 它是指反思每一个步骤，以改善下一次行动。联想的管理者通过事后反思获得对决策的即时反馈，这使他们有机会把新获得的信息、对决策的更深刻理解融入他们的思考和决策中。

讨论题

1. 假设你是一家大型律师事务所的合伙人，终日忙忙碌碌。一名经验老练的行政助理抱怨说，她经常头痛、嗜睡、喉咙干，偶尔感觉疲惫，还会感冒。她觉得办公楼里的空气很糟，并且希望对此采取一些措施。你将如何回答？

2. Gap 公司是一家曾经广受欢迎的连锁零售商，有报道称，其管理者做了一系列损害公司的决策：他们扩张得过快，以致连锁店无法与客户保持联系；他们试图模仿竞争对手的成功模式，而不是详细计划自己的行动路径；他们降低质量来缩减成本；当某种款式不能吸引消费者时，他们就转向另一种款式；等等。你会建议 Gap 的管理者用什么样的技术来提高他们决策的质量呢？

3. 请解释风险和模糊性之间的差别。风险情景下的决策与模糊性情景下的决策有哪些不同？

4. 请分析过去六个月里你做出的三个决策，哪一个属于程序性的，哪一个属于非程序性的？哪一种决策模型（古典模型、行政模型和政治模型）能最好地描述你在做每一个决策时使用的方法？

5. 当组织中形成了多个联盟，而每个联盟主张的方向与备选方案都不同时，会产生哪些机会和潜在的问题？作为一名管理者，你会采用什么样的步骤以确保相互对立的联盟可以带来建设性的讨论而不是纠纷？

6. 你能否就你自己的学校、工作经历或者最近报道的商业或政治新闻举出错误决策的例子，且这个决策的目的就是纠正或证明过去所做的某个决策？作为一名新晋管理者，你如何防止自己所做的某个决策是为了纠正或者强化过去某一决策的合理性？

7. 专家认为组织的重大灾难往往来自一系列小问题或小错误。作为一名新晋的初级管理人员，你如何应用这个理念来帮助你的组织避免犯下重大的错误？

8. 列举利用计算机技术来做管理决策的优点和缺点。

9. 直觉和循证决策法可以作为合理的方式并存于一个组织中吗？管理者如何将直觉与理性、数据驱动、循证方法结合起来？

10. 你认为你的主导决策风格是哪一种？你的决策风格可以兼容群体决策技术（例如，头脑风暴法和开展激烈的辩论）吗？请讨论之。

技能运用：批判性分析案例

办公室

克里斯塔·阿克伦是在中西部一个首府城市的市政府工作的“黄金女郎”。作为当地高中毕业生中的佼佼者，她去法国读了大学，并在巴黎的 *Vogue* 杂志社实习，之后回到美国拿了 MBA 学位，在纽约一家顶级公关公司获得了一个职位。她认识很多人，跟富豪和名人聊天、吃饭是阿克伦的日常工作。

阿克伦是独生女，她的母亲独自生活，母亲的健康状况突然恶化使得阿克伦放弃了一切，自愿回到中西部老家。还没等她安顿好自己、为母亲安排好家庭护理服务，市长办公室就联系到她，问她能否担任本市公共艺术项目开发和指导这个职位。她兴奋地接受了这项工作。依靠强大的社交网络、动力和能力，她很快就开发、拓展了一系列艺术项目。捐款和拨款通过她当初为支持城市公园建设而创建的非营利组织源源不断地投向各个项目。阿克伦和员工的总部设在市图书馆三楼宽敞的房间里，这里曾经用来存放书籍和杂志，现在这些书籍和杂志都数字化了。

公园和休闲部主任约翰·米切尔让阿克伦参加一个“你要了解我做出的一项决策可能影响到你的小组”会议。阿克伦很好奇，想知道这是怎么回事。她了解到因为预算的原因，整个市政府最近都在裁员和减少办公场所，阿克伦意识到谨慎处理公众意见、员工及其他利益相关者感受的重要性。阿克伦认为自己做好了准备，接受米切尔可能做出的任何决定。

在米切尔对面的椅子上，阿克伦尽可能让自己坐得舒服些。米切尔看起来十分不安。米切尔开门见山地说，他之所以没有事先与她讨论这个决定，是因为他认为阿克伦会反对。然而无论如何他都不会接受她的反对意见，所以，这个决定已经板上钉钉。

“那么，你的决定是什么呢？”阿克伦问。

“市长希望你的小组把办公室让出一半给绿色走廊（Greenways）项目组，”米切尔回答说，“我认为你除了答应别无选择，市长的想法是有道理的，你必须支持。”

当阿克伦边瞪着米切尔边思考时，她怒火中烧：“这个马屁精、谄媚的蠢货。他会为了讨好市长去做任何事。”

由丽莎·托德领导的绿色走廊项目已经在全市建成很多漂亮的区域。最近几年，绿色走廊从联邦政府那里得到了很多新的投资和关注，并且托德的团队随着更多的资金和建设项目而不断壮大。

阿克伦恢复镇静，她对米切尔说：“没有问过我就做这样的决定，我不能接受。凡是影响到我的员工和项目的所有决策，我都应该参加。我本可以帮你制定一个对所有人都有好处的解决方案。”米切尔正要说话，阿克伦打断他继续说：“你对市长和我的小组都负有责任。我认为你把损害我们作为取悦她的方式。”

两人争论了好长时间，但是米切尔并没改变他的想法。最后，阿克伦说：“约翰，既然这是你的决定，就应该由你告诉我的成员。你最好在消息传出去之前尽快告知他们。”

“不，”米切尔说，“你是他们的直属上司，应该由你告诉他们，这是你的工作。你们的团队精神去哪儿了？”

阿克伦非常生气，回到办公室后她把这个问题告诉了乔安娜·富兰克林，乔安娜是她手下最资深的员工。“怎么可以这样，”乔安娜抱怨说，“我们真的很需要这些办公室，我们的项目也在发展。”

阿克伦赞同她的说法，但是解释说，米切尔支持市长办公室的提案，给丽莎·托德和她的员工提供更多的办公空间。乔安娜开始了头脑风暴：“我想我们可以与她的小组成员结成对子。”

阿克伦摇头说：“我们是一个团队。约翰·米切尔和市长必须知道，这么处理问题显示出他们不尊重我们的员工。”停顿一会之后，她继续说道：“我太累了，今天不想再去想它了。我们明天再讨论吧。”

◆ 问题

1. 你认为约翰・米切尔在处理办公室配置问题上犯了什么样的错误？请解释之。
2. 如果你是米切尔，你会使用什么样的方法？为什么？
3. 阿克伦是如何回应米切尔的决策的？她现在应该做什么？为什么？

注 释

1. See Stephen J. Sauer, "Why Bossy Is Better for Rookie Managers," *Harvard Business Review* (May 2012): 30; and Kenneth R. Brousseau et al., "The Seasoned Executive's Decision Making Style," *Harvard Business Review* (February 2006): 110–121, for a discussion of how decision-making behavior evolves as managers progress in their careers.
2. Eric Lipton and John M. Broder, "In Rush to Assist a Solar Company, U.S. Missed Warning Signs," *The New York Times*, September 23, 2011, A1.
3. *Ibid.*
4. Danielle Sacks, "Blown Away," *Fast Company* (February 2011): 58–65, 104.
5. John Cook, "After the Writedown: How Microsoft Squandered Its $6.3B Buy of Ad Giant aQuantive," *GeekWire*, July 12, 2012, www.geekwire.com/2012/writedown-microsoft-squandered-62b-purchase-ad-giant-aquantive/ (accessed August 2, 2012).
6. Herbert A. Simon, *The New Science of Management Decision* (Englewood Cliffs, NJ: Prentice Hall, 1977), p. 47.
7. Paul J. H. Schoemaker and J. Edward Russo, "A Pyramid of Decision Approaches," *California Management Review* (Fall, 1993): 9–31.
8. Joann S. Lublin and Spencer E. Ante, "Inside Sprint's Bet on iPhone," *The Wall Street Journal*, October 4, 2011, A1.
9. Kris Maher, "At Indiana Machine Shop, Tough Calls Amid Turmoil," *The Wall Street Journal*, August 10, 2011, B1.
10. Samuel Eilon, "Structuring Unstructured Decisions," *Omega* 13 (1985): 369–377; and Max H. Bazerman, *Judgment in Managerial Decision Making* (New York: Wiley, 1986).
11. James G. March and Zur Shapira, "Managerial Perspectives on Risk and Risk Taking," *Management Science* 33 (1987): 1404–1418; and Inga Skromme Baird and Howard Thomas, "Toward a Contingency Model of Strategic Risk Taking," *Academy of Management Review* 10 (1985): 230–243.
12. Christopher Drew, "Improved Sales Help Boeing Beat Forecasts," *The New York Times*, July 28, 2011, B7; and Christopher Drew, "Deliveries Up, Boeing Beats Forecasts of Analysts," *The New York Times*, July 26, 2012, B3.
13. Reported in David Leonhardt, "This Fed Chief May Yet Get a Honeymoon," *The New York Times*, August 23, 2006.
14. Adam Davidson, "When You Wish Upon 'Ishtar': How Does the Film Industry Actually Make Money?" *The New York Times Magazine* (July 1, 2012): 16–17.
15. Michael Masuch and Perry LaPotin, "Beyond Garbage Cans: An AI Model of Organizational Choice," *Administrative Science Quarterly* 34 (1989): 38–67; and Richard L. Daft and Robert H. Lengel, "Organizational Information Requirements, Media Richness and Structural Design," *Management Science* 32 (1986): 554–571.
16. Peter C. Cairo, David L. Dotlich, and Stephen H. Rhinesmith, "Embracing Ambiguity," *The Conference Board Review* (Summer 2009): 56–61; John C. Camillus, "Strategy as a Wicked Problem," *Harvard Business Review* (May 2008): 98–106; and Richard O. Mason and Ian I. Mitroff, *Challenging Strategic Planning Assumptions* (New York: Wiley Interscience, 1981).
17. Malcolm Gay, "Preparations Advance in Plan to Breach a Levee in Missouri as a Storm Brews," *The New York Times*, May 2, 2011, A19; and Malcolm Gay, "Levee Breach Moves One Step Closer," *The New York Times*, May 1, 2011, A31.
18. "How Companies Make Good Decisions: McKinsey Global Survey Results," *The McKinsey Quarterly*, January 2009, www.mckinseyquarterly.com (accessed February 3, 2009).
19. Thomas H. Davenport and Jeanne G. Harris, "Automated Decision Making Comes of Age," *MIT Sloan Management Review* (Summer 2005): 83–89; and Stacie McCullough, "On the Front Lines," *CIO* (October 15, 1999): 78–81.
20. These examples are from Steve Lohr, "The Age of Big Data," *The New York Times*, February 12, 2012, SR1.
21. Herbert A. Simon, *The New Science of Management Decision* (New York: Harper & Row, 1960), pp. 5–6; and Amitai Etzioni, "Humble Decision Making," *Harvard Business Review* (July–August 1989): 122–126.
22. James G. March and Herbert A. Simon, *Organizations* (New York: Wiley, 1958).
23. Herbert A. Simon, *Models of Man* (New York: Wiley, 1957), pp. 196–205; and Herbert A. Simon, *Administrative Behavior*, 2d ed. (New York: Free Press, 1957).
24. Rachel Dodes, "Targeting Younger Buyers, Liz Claiborne Hits a Snag," *The Wall Street Journal*, August 16, 2010, A1.
25. Weston H. Agor, "The Logic of Intuition: How Top Executives Make Important Decisions," *Organizational Dynamics* 14 (Winter 1986): 5–18; and Herbert A. Simon, "Making Management Decisions: The Role of

Intuition and Emotion," *Academy of Management Executive* 1 (1987): 57–64. For a recent review of research, see Erik Dane and Michael G. Pratt, "Exploring Intuition and Its Role in Managerial Decision Making," *Academy of Management Review* 32, no. 1 (2007): 33–54.

26. Harvey Weinstein, as told to Diane Brady, "Etc.: Hard Choices," *Bloomberg Businessweek* (January 30–February 5, 2012): 84.
27. Jaana Woiceshyn, "Lessons from 'Good Minds': How CEOs Use Intuition, Analysis, and Guiding Principles to Make Strategic Decisions," *Long-Range Planning* 42 (2009): 298–319; Ann Hensman and Eugene Sadler-Smith, "Intuitive Decision Making in Banking and Finance," *European Management Journal* 29 (2011): 51–66; Eugene Sadler-Smith and Erella Shefy, "The Intuitive Executive: Understanding and Applying 'Gut Feel' in Decision-Making," *The Academy of Management Executive* 18, no. 4 (November 2004): 76–91.
28. See Gary Klein, *Intuition at Work: Why Developing Your Gut Instincts Will Make You Better at What You Do* (New York: Doubleday, 2002); Kurt Matzler, Franz Bailom, and Todd A. Mooradian, "Intuitive Decision Making," *MIT Sloan Management Review* 49, no. 1 (Fall 2007): 13–15; Malcolm Gladwell, *Blink: The Power of Thinking Without Thinking* (New York: Little Brown, 2005); and Sharon Begley, "Follow Your Intuition: The Unconscious You May Be the Wiser Half," *The Wall Street Journal*, August 30, 2002.
29. Benedict Carey, "Hunches Prove to Be Valuable Assets in Battle," *The New York Times*, July 28, 2009.
30. C. Chet Miller and R. Duane Ireland, "Intuition in Strategic Decision Making: Friend or Foe in the Fast-Paced 21st Century?" *Academy of Management Executive* 19, no. 1 (2005): 19–30; and Eric Bonabeau, "Don't Trust Your Gut," *Harvard Business Review* (May 2003): 116ff.
31. Sadler-Smith and Shefy, "The Intuitive Executive"; Simon, "Making Management Decisions"; and Ann Langley, "Between 'Paralysis by Analysis' and 'Extinction by Instinct,'" *Sloan Management Review* (Spring 1995): 63–76.
32. This discussion is based on Stephen Friedman and James K. Sebenius, "Organizational Transformation: The Quiet Role of Coalitional Leadership," *Ivey Business Journal* (January–February 2009): 1ff; Gerald R. Ferris, Darren C. Treadway, Pamela L. Perrewé, Robyn L. Brouer, Ceasar Douglas, and Sean Lux, "Political Skill in Organizations," *Journal of Management* (June 2007): 290–320; and William B. Stevenson, Jon L. Pierce, and Lyman W. Porter, "The Concept of 'Coalition' in Organization Theory and Research," *Academy of Management Review* 10 (1985): 256–268.
33. "How Companies Make Good Decisions."
34. Paul Schwartzman et al., "U-Va Upheaval: 18 Days of Leadership Crisis," *The Washington Post*, June 30, 2012, www.washingtonpost.com/local/education/u-va-upheaval-18-days-of-leadership-crisis/2012/06/30/gJQAVXEgEW_story.html (accessed August 6, 2012).
35. George T. Doran and Jack Gunn, "Decision Making in High-Tech Firms: Perspectives of Three Executives," *Business Horizons* (November–December 2002): 7–16.
36. James W. Fredrickson, "Effects of Decision Motive and Organizational Performance Level on Strategic Decision Processes," *Academy of Management Journal* 28 (1985): 821–843; James W. Fredrickson, "The Comprehensiveness of Strategic Decision Processes: Extension, Observations, Future Directions," *Academy of Management Journal* 27 (1984): 445–466; James W. Dean, Jr., and Mark P. Sharfman, "Procedural Rationality in the Strategic Decision-Making Process," *Journal of Management Studies* 30, no. 4 (July 1993): 587–610; Nandini Rajagopalan, Abdul M. A. Rasheed, and Deepak K. Datta, "Strategic Decision Processes: Critical Review and Future Directions," *Journal of Management* 19, no. 2 (1993): 349–384; and Paul J. H. Schoemaker, "Strategic Decisions in Organizations: Rational and Behavioral Views," *Journal of Management Studies* 30, no. 1 (January 1993): 107–129.
37. Marjorie A. Lyles and Howard Thomas, "Strategic Problem Formulation: Biases and Assumptions Embedded in Alternative Decision-Making Models," *Journal of Management Studies* 25 (1988): 131–145; and Susan E. Jackson and Jane E. Dutton, "Discerning Threats and Opportunities," *Administrative Science Quarterly* 33 (1988): 370–387.
38. Richard L. Daft, Juhani Sormumen, and Don Parks, "Chief Executive Scanning, Environmental Characteristics, and Company Performance: An Empirical Study" (unpublished manuscript, Texas A&M University, 1988).
39. Ben Worthen, Justin Scheck, and Joann S. Lublin, "H-P Defends Hasty Whitman Hire," *The Wall Street Journal*, September 23, 2011, http://online.wsj.com/article/SB10001424053111903703604576586753827390510.html (accessed August 6, 2012).
40. Daniel Burrus and John David Mann, "Whatever Your Problem . . . That's Not Likely to Be Your Real Problem," *Leadership Excellence* (February 2011): 7–8.
41. C. Kepner and B. Tregoe, *The Rational Manager* (New York: McGraw-Hill, 1965).
42. This image and example is from Burrus and Mann, "Whatever Your Problem."
43. Paul C. Nutt, "Expanding the Search for Alternatives During Strategic Decision Making," *Academy of Management Executive* 18, no. 4 (2004): 13–28; and P. C. Nutt, "Surprising But True: Half the Decisions in Organizations Fail," *Academy of Management Executive* 13, no. 4 (1999): 75–90.
44. These examples are from Thomas H. Davenport, "The Wisdom of Your In-House Crowd," *Harvard Business Review* (May 2012): 40.
45. Peter Mayer, "A Surprisingly Simple Way to Make Better Decisions," *Executive Female* (March–April 1995): 13–14; and Ralph L. Keeney, "Creativity in Decision Making with Value-Focused Thinking," *Sloan Management Review* (Summer 1994): 33–41.
46. Kerry Capell, "Novartis: Radically Remaking Its Drug Business," *BusinessWeek* (June 22, 2009): 30–35.

47. Mark McNeilly, "Gathering Information for Strategic Decisions, Routinely," *Strategy & Leadership* 30, no. 5 (2002): 29–34.
48. *Ibid.*
49. Joe Pompeo, "A Year into the *Times*' Digital Subscription Program, Analysts and Insiders See Surprising Success, and More Challenges to Come," *Capital New York Website*, March 19, 2012, www.capitalnewyork.com/article/media/2012/03/5509293/year-times-digital-subscription-program-analysts-and-insiders-see-surp (accessed August 3, 2012); Jeremy W. Peters, "The Times's Online Pay Model Was Years in the Making," *The New York Times* (March 20, 2011), www.nytimes.com/2011/03/21/business/media/21times.html?pagewanted=all (accessed September 27, 2011); and J. W. Peters, "New York Times is Set to Begin Charging for Web Access; Chairman Concedes Plan is Risky But Says It's an 'Investment in Our Future,'" *International Herald Tribune* (March 18, 2011), 15.
50. Pompeo, "A Year into the *Times*' Digital Subscription Program."
51. Based on A. J. Rowe, J. D. Boulgaides, and M. R. McGrath, *Managerial Decision Making* (Chicago: Science Research Associates, 1984); and Alan J. Rowe and Richard O. Mason, *Managing with Style: A Guide to Understanding, Assessing, and Improving Your Decision Making* (San Francisco: Jossey-Bass, 1987).
52. Peter Baker, "How Obama's Afghanistan War Plan Came to Be," *International Herald Tribune*, December 7, 2009; and Ron Walters, "Afghanistan: The Big Decision," *The Washington Informer*, December 10–16, 2009.
53. This section is based on John S. Hammond, Ralph L. Keeney, and Howard Raiffa, *Smart Choices: A Practical Guide to Making Better Decisions* (Boston: Harvard Business School Press, 1999); Max H. Bazerman and Dolly Chugh, "Decisions Without Blinders," *Harvard Business Review* (January 2006): 88–97; J. S. Hammond, R. L. Keeney, and H. Raiffa, "The Hidden Traps in Decision Making," *Harvard Business Review* (September–October 1998): 47–58; Oren Harari, "The Thomas Lawson Syndrome," *Management Review* (February 1994): 58–61; Dan Ariely, "Q&A: Why Good CIOs Make Bad Decisions," *CIO* (May 1, 2003): 83–87; Leigh Buchanan, "How to Take Risks in a Time of Anxiety," *Inc.* (May 2003): 76–81; and Max H. Bazerman, *Judgment in Managerial Decision Making*, 5th ed. (New York: John Wiley & Sons, 2002).
54. J. B. Schmidt and R. J. Calantone, "Escalation of Commitment During New Product Development," *Journal of the Academy of Marketing Science* 30, no. 2 (2002): 103–118.
55. Norihiko Shirouzu, Phred Dvorak, Yuka Hayashi, and Andrew Morse, "Bid to 'Protect Assets' Slowed Reactor Fight," *The Wall Street Journal*, March 19, 2011, http://online.wsj.com/article/SB10001424052748704608504576207912642629904.html (accessed August 6, 2012).
56. John D. Stoll, Kevin Helliker, and Neil E. Boudette, "A Saga of Decline and Denial," *The Wall Street Journal*, June 2, 2009.
57. Mark Fenton-O'Creevy et al., "Thinking, Feeling, and Deciding: The Influence of Emotions on the Decision Making and Performance of Traders," *Journal of Organizational Behavior* 32 (2011): 1044–1061.
58. Example from Jerome Groopman, *How Doctors Think* (New York: Houghton Mifflin, 2007).
59. Dan Ariely, "The Long-Term Effects of Short-Term Emotions," *Harvard Business Review* (January–February 2010): 38.
60. Jessica Silver-Greenberg, "New Fraud Inquiry as JPMorgan's Loss Mounts," *The New York Times*, July 13, 2012, http://dealbook.nytimes.com/2012/07/13/jpmorgan-says-traders-obscured-losses-in-first-quarter/ (accessed August 7, 2012); Ben Protess et al., "In JPMorgan Chase Trading Bet, Its Confidence Yields to Loss," *The New York Times*, May 11, 2012, http://dealbook.nytimes.com/2012/05/11/in-jpmorgan-chase-trading-bet-its-confidence-yields-to-loss/ (accessed May 15, 2012); Peter Eavis and Susanne Craig, "The Bet That Blew Up for JPMorgan Chase," *The New York Times*, May 11, 2012, http://dealbook.nytimes.com/2012/05/11/the-bet-that-blew-up-for-jpmorgan-chase/ (accessed May 15, 2012); and Jessica Silver-Greenberg and Nelson D. Schwartz, "Red Flags Said to Go Unheeded by Bosses at JPMorgan," *The New York Times*, May 14, 2012, http://dealbook.nytimes.com/2012/05/14/warnings-said-to-go-unheeded-by-chase-bosses/ (accessed May 15, 2012).
61. Kathleen M. Eisenhardt, "Strategy as Strategic Decision Making," *Sloan Management Review* (Spring 1999): 65–72.
62. Daniel Kahneman, Dan Lovallo, and Olivier Sibony, "Before You Make That Big Decision," *Harvard Business Review* (June 2011): 50–60.
63. Josh Hyatt, "Where the Best—and Worst—Ideas Come From" (a brief synopsis of "Idea Generation and the Quality of the Best Idea," by Karen Girotra, Christian Terwiesch, and Karl T. Ulrich), *MIT Sloan Management Review* (Summer 2008): 11–12; and Robert C. Litchfield, "Brainstorming Reconsidered: A Goal-Based View," *Academy of Management Review* 33, no. 3 (2008): 649–668.
64. R. B. Gallupe et al., "Blocking Electronic Brainstorms," *Journal of Applied Psychology* 79 (1994): 77–86; R. B. Gallupe and W. H. Cooper, "Brainstorming Electronically," *Sloan Management Review* (Fall 1993): 27–36; and Alison Stein Wellner, "A Perfect Brainstorm," *Inc.* (October 2003): 31–35.
65. Wellner, "A Perfect Brainstorm"; Gallupe and Cooper, "Brainstorming Electronically."
66. This section is based on Jeffrey Pfeffer and Robert I. Sutton, "Evidence-Based Management," *Harvard Business Review* (January 2006), 62–74; Rosemary Stewart, *Evidence-based Decision Making* (Radcliffe

Publishing, 2002); and Joshua Klayman, Richard P. Larrick, and Chip Heath, "Organizational Repairs," *Across the Board* (February 2000), 26–31.
67. Thomas H. Davenport, "Make Better Decisions," *Harvard Business Review* (November 2009), 117–123.
68. Study by Erik Brynjolfsson, Lorin Hitt, and Heekyung Kim; results reported in Steve Lohr, "The Age of Big Data," *The New York Times*, February 12, 2012, SR1.
69. Sydney Finkelstein, "Think Again: Good Leaders, Bad Decisions," *Leadership Excellence* (June 2009): 7; "Flaws in Strategic Decision Making: McKinsey Global Survey Results," *The McKinsey Quarterly*, January 2009, www.mckinsey.com; Michael A. Roberto, "Making Difficult Decisions in Turbulent Times," *Ivey Business Journal* (May–June 2003): 1–7; Eisenhardt, "Strategy As Strategic Decision Making"; and David A. Garvin and Michael A. Roberto, "What You Don't Know About Making Decisions," *Harvard Business Review* (September 2001): 108–116.
70. Nick Wingfield and Brian Stelter, "A Juggernaut Stumbles, *The New York Times*, October 25, 2011, B1.
71. David M. Schweiger and William R. Sandberg, "The Utilization of Individual Capabilities in Group Approaches to Strategic Decision Making," *Strategic Management Journal* 10 (1989): 31–43; "Avoiding Disasters," sidebar in Paul B. Carroll and Chunka Mui, "7 Ways to Fail Big," *Harvard Business Review* (September 2008): 82–91; and "The Devil's Advocate," *Small Business Report* (December 1987): 38–41.
72. Doran and Gunn, "Decision Making in High-Tech Firms."
73. Eisenhardt, "Strategy As Strategic Decision Making."
74. Garvin and Roberto, "What You Don't Know About Making Decisions."
75. Irving L. Janis, *Groupthink: Psychological Studies of Policy Decisions and Fiascoes*, 2d ed. (Boston: Houghton Mifflin, 1982).
76. Jerry B. Harvey, "The Abilene Paradox: The Management of Agreement," *Organizational Dynamics* (Summer 1988): 17–43.
77. Ethan Smith, "Disney Hobbles 'Lone Ranger,'" *The Wall Street Journal*, August 15, 2011, B1.
78. S. Trevis Certo, Brian L. Connelly, and Laszlo Tihanyi, "Managers and Their Not-So-Rational Decisions," *Business Horizons* 51 (2008): 113–119.
79. Hans Wissema, "Driving Through Red Lights; How Warning Signals Are Missed or Ignored," *Long Range Planning* 35 (2002): 521–539.
80. *Ibid.*
81. Thomas E. Ricks, "Army Devises System to Decide What Does, Does Not, Work," *The Wall Street Journal*, May 23, 1997, A1; David W. Cannon and Jeffrey McCollum, "Army Medical Department Lessons Learned Program Marks 25th Anniversary," *Military Medicine* (November 2011): 1212–1214.
82. Peter Eisler, Blake Morrison, and Tom Vanden Brook, "Strategy That's Making Iraq Safer Was Snubbed for Years," *USA Today*, December 19, 2007.
83. Chuck Salter, "Lenovo: Protect and Attack," *Fast Company* (December 2011–January 2012): 116–121, 154–155.

综合案例

组建战略联盟，打造美国天然气高速公路

消费者在买新车时会面临一系列重要的问题：买电动车还是混合动力车？买汽油发动机车还是柴油机车？买动力强劲的车还是节能环保的车？买运动型车还是经济型车？对于一个有环保意识、追求节能型汽车的消费者来说，购买汽车最终要考虑一个简单的问题：我去哪里补给燃料？

在哪里补给燃料成为消费者选择汽车时面临的问题，是因为先进的绿色环保汽车缺乏全国性的燃料补给基础设施。美国有 100 000 多家标准的加油站，但是，几乎没有充电桩、天然气和生物燃料的补给设施。对于大多数消费者来说，这是非常煞风景的。

尽管社会不断要求推出环保型汽车，但是当今的汽车消费者发现，他们身陷矛盾之中：环保型汽车可能符合他们的需求和愿望，但没有地方让他们补给燃料，他们没法使用，那为什么还要去买呢？车队购买者、汽车制造商和连锁加油站也面临同样的困境：如果没有补给燃料的地方，为什么还要购买或者生产新能源汽车？另一方面，如果没有人购买或者生产新能源汽车，为什么要建设补给燃料的设施？

幸运的是，清洁能源燃料公司（Clean Energy Fuels Corp.）和航星国际公司（Navistar International）制定了一个计划，以解决这个先有鸡还是先有蛋的两难困境。2012 年，这家加利福尼亚州的新能源供应商和伊利诺伊州的半挂卡车巨头宣布，它们将共同建立一个战略联盟，打造美国的

天然气高速公路，即一个史无前例的遍布全美的天然气加油站网络。这条美国天然气高速公路当时预计在2013年末完工，届时将有150个液化天然气加油站，覆盖全美主要城市：从西部的圣迭戈、洛杉矶、拉斯韦加斯到得州三角地带的休斯敦、圣安东尼奥和达拉斯，再到东部的纽约、中西部和南方的大城市。这些沿高速公路修建的天然气加油站将连成一个网络，即形成从大西洋到太平洋的天然气车补给基础设施网络。

美国天然气高速公路的上层设计者说，他们的目标是向运输公司提供由环保型汽车、便宜的燃料和可靠的加油站组成的一揽子交易。"航星和清洁能源公司已经有了一个突破性计划，这使消费者在汽车上的投资能够更快得到回报，并且从使用第一天开始就能节约燃料成本。"航星公司的CEO丹·尤斯蒂安（Dan Ustian）说，"我们两家公司将联合起来展示，卡车生产企业如何通过天然气动力车的合理分配和燃料补给来减少日常的运营成本和提高效率。"

为了使天然气高速公路发挥作用，卡车生产商、燃料供应商、卡车停靠点和天然气生产商必须开展合作。航星和清洁能源两家公司已经实现了前两者的合作：航星将他们最高档的天然气动力卡车卖给承运商，附带一个为期五年的购买清洁能源公司天然气的强制性合同。公布的消息表明，还有两家公司也要加入这个计划。其中，飞行旅行中心（Pilot Flying J Travel Centers）有美国最大的卡车和站点网络，专为卡车司机提供燃料补给站导航服务；切萨皮克能源公司（Chesapeake Energy）是美国第二大天然气钻井公司，它在新能源上投资了1.5亿美元。这样一来，合作计划就变成了航星公司将天然气动力卡车卖给承运商，清洁能源公司提供燃料，飞行旅行中心提供天然气加油站导航，切萨皮克公司开采天然气并提供投资资金。

这个书面计划看上去很好，但是它行得通吗？清洁能源公司的CEO安德鲁·利特费尔（Andrew Littlefair）说，美国天然气高速公路运作得相当不错。"清洁能源公司已经签约了100多家承运商、私营运输车队和出租车公司，它们共同运营以获取使用天然气动力卡车带来的经济利益。这帮助我们完成了天然气高速公路第一阶段的工作。"利特费尔如是说。清洁能源公司的首席营销官吉姆·哈格（Jim Harger）补充道，这个计划的经济利益如此明显，以至于运输公司都无法拒绝。"你使用与柴油机卡车同样的价格购买天然气动力卡车，但是能节约燃料成本。"哈吉说。

人们有很多理由相信美国天然气高速公路一定会成功。但是，航星和清洁能源公司的高管说，他们的计划之所以行得通，因为天然气是符合未来发展趋势的能源，它不需要政府的任何补贴。"我们继续致力于为运输业提供天然气，因为事实证明它是更清洁、更便宜、更适合国内使用的燃料。"安德鲁·利特费尔说。航星的CEO也赞同这一说法，并补充道，天然气既经济、可持续，又环保。"这个项目将使整个行业无须依靠政府的帮助即可转向使用天然气动力汽车。"尤斯蒂安说，"这个项目的运作方式与新能源领域的其他项目差别很大，它自力更生并且很稳健，这是它成功的原因。"

◆ 问题

1. 为什么几家公司会形成战略合作伙伴关系？打造美国天然气高速公路需要这样的合作伙伴关系吗？请解释之。

2. 外部环境中有哪些机会促使航星与清洁能源公司制定了美国天然气高速公路的计划？

3. 外部环境中有哪些威胁会导致这个综合性的天然气高速公路计划失败？管理者如何做才能确保这个计划成功实施？

资料来源：Based on Clean Energy Fuels Corp., *America's Natural Gas Highway*: *The Clean Energy Solution* (Seal Beach, CA: Clean Energy, 2012), http://cleanenergyfuels.com/pdf/CE-OS.ANGH.011212.ff.pdf (accessed July 10, 2012); John Stodder, "Natural Gas Vehicles Face Chicken-and-Egg Syndrome," *The Daily Reporter*, May 9, 2012, http://dailyreporter.com/2012/05/09/natural-gas-vehicles-face-chicken-and-egg-syndrome/ (accessed

July 10, 2012); "Navistar International and Clean Energy Fuels Team on Natural Gas Trucks," *Fleets & Fuels*, February 2, 2012, www. fleetsandfuels. com/fuels/ngvs/2012/02/navistar-clean-energy-team-on-natural-gas-trucks-2012/ (accessed July 10, 2012); James Menzies, "Navistar Partnership with Clean Energy Takes Sting out of Cost of NG-Powered Trucks," *Truck News*, February 3, 2012, www. trucknews. com/news/navistar-partnership-with-clean-energy-takes-sting-out-of-cost-of-ng-powered-trucks/1000876051/(accessed July 12, 2012); Dave Hurst, "Clean Energy Fuels and Navistar Agreement: More than Marketing Hype?" Pike Research, May 30, 2012, www. pikeresearch. com/blog/clean-energy-fuels-and-navistar-agreement-more-than-marketing-hype (accessed July 12, 2012); Clean Energy Fuels, "Clean Energy Unveils Backbone Network for America's Natural Gas Highway," press release, January 12, 2012, www. businesswire. com/news/home/20120112005432/en/Clean-Energy-Unveils-Backbone-Network-America's-Natural (accessed July 10, 2012); "Clean Energy Unveils Network Plan for Natural Gas Highway," Trucker News Service, January 16, 2012, www. thetrucker. com/News/Stories/2012/1/16/CleanEnergyunveilsnetworkplanfornaturalgashighway. aspx (accessed July 12, 2012) .

NEW ERA OF MANAGEMENT

第4篇

组　织

Organizing

第10章

设计适应性组织

Designing Adaptive Organizations

学习目标

学习完本章后，你应该能够：

1. 论述组织的基本特征，包括工作专门化、指挥链、管理跨度、集权与分权等概念。
2. 描述职能制组织结构和事业部制组织结构。
3. 解释矩阵制组织结构，了解它在国内和国际组织中的应用。
4. 描述当代的团队方式和虚拟网络结构，解释它们被组织采纳的原因。
5. 解释组织需要跨部门和跨层级协调的原因，同时描述实现协调的机制。
6. 介绍组织结构促进组织战略目标达成的途径。
7. 了解生产技术，解释它对组织结构的影响。

你的领导理念是什么？[1]

导语：新晋管理者和组织间的适应程度通常取决于个人对领导者角色的理解。当组织设计与新晋管理者对自身领导者角色的理解相匹配时，一切就会运转得更加顺利。

思考以下哪句话能反映你对组织中领导者角色的理解，用“大多赞同”来表示你最认同的四个题项，用“大多不赞同”来表示你最不认同的四个题项。

	大多赞同	大多不赞同
1. 领导者应该对整个团队或组织负责。	______	______
2. 领导者的主要任务是做出并传达决定。	______	______
3. 团队或组织的成员应该对指定的领导者忠诚。	______	______
4. 领导者要承担风险。	______	______
5. 领导者应该鼓励成员对未来开展讨论。	______	______
6. 成功的领导者能使每个人了解其最应该优先完成的工作。	______	______
7. 一个组织需要一直改变其做事方式以适应变化的世界。	______	______
8. 组织中的每个成员都应该对实现组织目标负责。	______	______

得分及解释：每一个题项都反映了两种不同的领导理念中的一种。题项1～4反映了以职位为基础的领导理念。绝大多数称职、忠诚、处于领导职位的人都拥有这种理念，他们认为领导者对团队或组织承担职责并拥有职权。题项5～8反映了非等级的领导理念。这一理念认为团队或组织面对的是一个适应挑战的复杂系统，领导者认为自己的工作要促进成员间的信息流动并全力以赴地应对这些挑战。你对“大多赞同”的选择反映出你的个人领

导理念。

以职位为基础的理念一般适用于传统的纵向层级组织或者机械化组织中的管理者，而非等级的理念适用于横向组织或者有机式组织，例如管理团队、项目和网络组织的管理者。

维尔福软件公司（Valve Software Corporation）是一家制作全世界最流行的电子游戏和数码游戏的公司，拥有300多名员工，它为员工提供免费的工作餐和休息室，并提供洗衣服务。然而这家公司不具有的东西才是真正有趣的：没有老板。2012年春季，员工手册在网上公布后，维尔福软件公司独特的组织结构引发了媒体一场小小的热议。但是，自1996年建立以来，维尔福软件公司在没有老板的情况下始终运作流畅。创始人加布·纽维尔（Gabe Newell）和迈克·哈林顿（Mike Harrington）均为微软前员工，他们希望构建一个扁平而快捷的组织，使员工以最大的灵活性实现创新。这家公司非常提倡“快捷和灵活”，其办公桌底部装有滑轮，员工可以召集同事在一个他们认为值得的项目上一起工作，他们可以根据自己的选择，随意滑动自己的办公桌来组建团队的工作场所。对于员工而言，这听起来像是做梦，所以许多员工不适应这种“非结构化的结构”，于是他们离开公司，寻找更加传统的工作。[2]

你能够在一家没有老板、没有永久性的办公室，也没有明确界定的结构的公司工作吗？维尔福公司确实不同寻常，也有不少公司正在使自己的层级更加扁平化，削减管理层级数量以提高效率和灵活性。一些人在更少层级的组织中成长，也有一些人无法适应缺乏明确界定的纵向结构。新晋管理者在与其领导理念相一致的组织系统中工作，一般会感到更舒适，也更加高效。

在你的管理者生涯中，你必须学习在各种不同结构的环境中工作。所有的组织都在为结构设计绞尽脑汁，组织结构的重新设计通常是对新战略、市场环境的改变或创新技术的必要反应。近些年，许多公司通过重新设计部门化、指挥链、横向协调机制来实现新的战略目标或者应对多变的环境。例如，桦榭媒体集团（Hachette Filipacchi Media U.S.）旗下有《世界时装之苑——ELLE》（*Elle*）以及《女性挚友》（*Woman's Day*）等杂志，其集团管理者创设了品牌官职位以提升部门间的横向协调，确保从编辑到事件营销人员都处于品牌官的信息圈内。迈克尔·戴尔（Michael Dell）在其公司设立了一个单独的部门，专注于手机和其他便携式设备等发展最迅猛的计算机产品。在索尼公司，当黑客获取原本认为安全的索尼网络中数以百万计的客户文档后，高层管理者在公司层级中新添了首席信息安全官（CISO）职位。该公司不得不暂时关闭PlayStation网络以查明漏洞。这导致收入减少，支出调查费用以及客户忠诚度和商誉的损失。新设立的首席信息安全官职位，如同一名索尼发言人所说，“将会对最近的安全威胁和先进的防御方式保持关注……来支持我们对保护客户数据的承诺”。[3]上述组织都运用了组织的基本概念。

组织（organizing）是指为实现战略目标而进行的组织内的资源部署。资源部署体现在把组织的劳动分工具体到部门和岗位，形成正式的职权链以及多样化组织任务的协调机制。

组织紧跟第3篇中提到的战略，因而也显得尤为重要。战略定义了要做什么，组织定义了如何去做。组织结构是实现战略目标的一个强有力的工具，战略成功与否通常取决于其与组织结构的匹配程度。本书第 4 篇将介绍管理者运用的诸多组织原理和概念。第 10 章介绍应用于组织和部门的基本概念，其中包括组织纵向结构和横向协调机制。第 11 章介绍如何设计组织结构以促进创新和变革。第 12 章和第 13 章介绍在组织结构内如何最优化地运用人力资源。

10.1　组织纵向结构

组织过程导致组织结构的产生，组织结构规定了任务的划分和资源的部署。**组织结构**（organization structure）定义为：（1）分配给个人和部门的一系列正式任务；（2）正式的报告关系，包括职权链、决策责任、层级数以及管理者的管理幅度；（3）为确保跨部门员工间有效的协调而进行的系统设计。[4] 确保部门间的协调与公司创建之初各个部门明确的分工同样重要。缺少有效的协调系统，就不能形成一个完整的组织结构。

一系列的正式任务和正式报告关系为组织的纵向控制提供了一个框架。纵向结构的特征用**组织结构图**（organization chart）来描述，它是对组织结构的可视化展现。

图表 10 - 1 展示了一个瓶装水生产厂的组织结构图。该厂拥有四个主要部门：会计部门、人力资源部门、生产部门和市场营销部门。组织结构图描绘出指挥链，指明了不同部门的任务以及它们如何组合在一起，还指明了组织的顺序和逻辑关联。每一名员工都有其指定的任务、职权链和决策责任。接下来会详细介绍纵向结构的一些重要特征。

图表 10 - 1　瓶装水生产厂的组织结构图

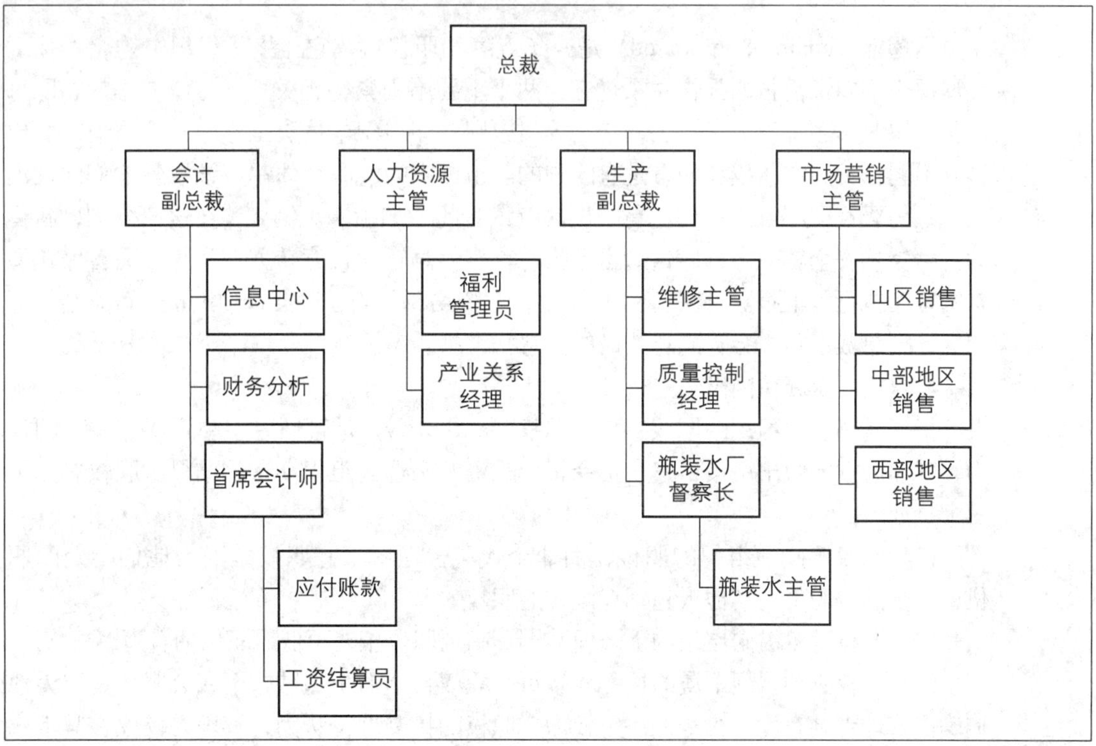

10.1.1 工作专门化

组织要完成大量的任务，其中涉及的一个基本原理是，如果让员工专门从事一项工作，效率会更高。[5] **工作专门化**（work specialization），有时称为劳动分工，是指组织任务被细分为独立工作的程度。图表10－1展示的工作专门化是将生产任务细分为装瓶、质量控制和维修，每个部门的员工只完成和他们的细分职能相关的任务。当组织面对新的战略问题时，管理者通常会设立新的职位或部门来解决，正如本章提到的索尼设立了首席信息安全官，许多公司设立了首席多元化官这一新的职位，是因为当今为少数族裔和女性创建一个他们能够茁壮成长的环境非常重要。首席信息官（CIO）在10年前是闻所未闻的，然而时至今日，几乎每一个政府机构、非营利组织、企业都有首席信息官。2009年，奥巴马总统任命维韦克·孔德拉（Vivek Kundra）为美国政府的首任首席信息官。[6]

工作专门化涉及面很广，员工专注于从事某个特定的任务，在这种情况下，工作划分可能会越来越精细，但是可以高效地完成任务。例如，在汽车装配线上，我们可以看到工作专门化，每名员工不断重复相同的任务。而如果让单个员工完成整辆汽车的制造，或者让他从事大量不相关的工作，就不会有高效率。

尽管工作专门化有着明显的优势，但许多组织正在背离这条准则。由于过度的专门化，员工之间互相隔离，每人只做单一枯燥的工作。此外，过度的专门化导致员工间的隔阂，阻碍了组织高效所必需的协调。许多公司通过团队和其他机制来提高员工间的协调性，这给员工带来了更大的挑战。

10.1.2 指挥链

指挥链（chain of command）是一条连续的职权链，它连接了组织中的全体员工并展现出谁向谁汇报的报告关系。它与两个重要原则紧密相关：一是统一指挥，即每名员工只对一名主管人员负责；二是等级原则，即组织全体员工之间有着清晰的职权链。不同任务间的职权和职责是有区别的。组织中的所有个体都应该清楚他们向谁汇报，每一级管理层直至公司的高层也都应该对此了如指掌。例如，在索尼公司，新晋的首席信息安全官应向首席信息官汇报，首席信息官向首席转型官汇报，而首席转型官向首席执行官汇报。[7] 在图表10－1中，工资结算员向首席会计师汇报，首席会计师向会计副总裁汇报，会计副总裁最终向总裁汇报。

■ 职权、职责和授权

指挥链阐明了组织的职权结构。**职权**（authority）是管理者手中正式且法定的权力，管理者据此做出决策，发布指令，分配资源来达到组织期望的结果。职权有如下三个特征[8]：

（1）职权被授予组织的职位，而非个人。管理者享有职权是因为他们所处的职位，处于同样职位的其他人也拥有同样的职权。

（2）职权随着纵向层级的下降而减弱。高层职位相较于低层职位拥有更多职权。

（3）职权必须得到下属的接受和认可。职权自上而下递减，下属会服从是因为他们确信管理者具有发布指令的法定权力。职权的接受理论认为，管理者仅仅在其下属选择接受其指令的时候才具有职权，如果下属因指令超出其接受范围而拒绝服从，管理者的职权就消失了。[9]

职责是职权的反面。**职责**（responsibility）是指完成指定的任务或活动的义务。一般来说，管理者在被授予职权的同时，也承担了职责。当管理者对任务的结果负有职责却没有职权时，这项工作是可以完成的，不过会比较困难。它的完成有赖于信念和运气。当管理者的职权超过职责时，他们可能会成为运用职权实现无价值目标的独裁者。[10]

责任制是使职权和职责得以协调的一种机制。**责任制**（accountability）意味着拥有职权和职责的人负有向指挥链中他们的上级汇报和说明任务结果的义务。[11]要使组织良好地运作，每个人都应该知道他们负有的责任并接受履行这些责任所需的职责和职权。例如，在苹果公司，前任 CEO 史蒂夫·乔布斯在整个组织中树立了责任的观念。"DRI"这个术语的含义是"直接负责人"（direct responsible individual），它经常出现在会议议程上，在这个观念下，每个人都知道谁对什么事负责。[12]

另一个与职权相关的重要概念是授权。[13]**授权**（delegation）是管理者将职权和职责转移给下属的过程。当今绝大多数组织都鼓励管理者把职权授予尽可能低的职位层级，从而带来最大的灵活性以满足顾客需求、适应变化的环境。"创新之道"专栏介绍了 Meetup. com 的高层管理者如何通过下放职权和职责到第一线来改革和振兴公司的。

创新之道

Meetup. com

Meetup. com 是一家因 2014 年主办了"霍华德院长竞选活动"而闻名的公司。作为一个帮助他人创办组织的组织，Meetup. com 在设立地方团体上颇有方法，其所设立的地方团体涉及各种各样的事件——从抗议活动到园艺俱乐部。在 Meetup. com 经历了高速扩张阶段后，高层管理者采取了"命令-控制"结构，以此作为管理和监控绩效的方法。这家公司甚至有一个"审查委员会"，它与管理层一道考察员工能做什么与不能做什么。但问题是，按照首席技术官格雷格·韦林（Greg Whalin）的说法，"生产率下降到最低点"。一天，一名高级经理将 CEO 斯科特·海福曼（Scott Heiferman）拉到一间会议室，给他讲员工的诸多抱怨，包括"我们不是一家富有创造力的公司"和"我讨厌组织结构图"。

海福曼决定反其道而行之，把职权和职责下放给员工。现在，Meetup. com 的员工几乎可以随意选择他们从事的项目以及完成这些项目的方法和时间。由于可以设置优先权并拥有做出决策的职权和职责，员工的创造力突飞猛进。许多员工更加努力地工作，如海福曼所言："去年，我们在六个星期中完成的工作量要多于六个月的工作量。"[14]

把决策权给予更低层次的管理者和员工可以较好地激励他人，提升速度、灵活性和创造力。然而，不少管理者发现授权是件难事。当管理者不能授权时，他们就破坏了下属的角色，同时也阻碍了人们有效地完成工作。

■ 直线职权和参谋职权

在许多组织中，直线职权和参谋职权有很大的差异。这些差异反映了管理者是在组织结构中的直线部门工作还是在参谋部门工作。直线部门从事的任务反映出组织的首要目标和使命。例如，软件公司直线部门的任务是开发并销售产品，而互联网公

新晋管理者自我测试

授权

导语：在学校或者工作中，比如在完成小组作业或者参加社团活动时，你是如何同其他人分担任务的？看看你对下面的每一个题项是“大多赞同”还是“大多不赞同”。

	大多赞同	大多不赞同
1. 我完全相信其他人可以很好地完成工作。	______	______
2. 我在布置任务时会耐心地解释理由和期望的结果。	______	______
3. 我相信其他人能和我一样高质量地完成工作。	______	______
4. 在把任务指派给员工后，我就不再干涉他们的工作。	______	______
5. 相比于实际操作，我更擅长管理别人的工作。	______	______
6. 我通常都是亲自完成任务。	______	______
7. 当别人不能正确地完成任务时，我会感到不快。	______	______
8. 我非常喜欢做具体的工作来保证其正确性。	______	______
9. 我试图比其他任何人做得更好。	______	______
10. 我为自己定了非常高的标准。	______	______

得分及解释：上述题项代表了授权工作中的两个方面：授权和完美主义。每一个选择“大多赞同”的题项计 1 分。

授权，题项 1～5 总计得分：______

完美主义，题项 6～10 总计得分：______

授权和完美主义是硬币的正反两面。你在授权维度上的得分反映出你让他人去完成一项你负有职责的工作时的信任程度；你在完美主义维度上的得分则表明你对他人的控制欲望，这会妨碍你的授权欲望。完美主义者对于每一件事都想亲力亲为，希望每件事的结果都能如其所愿。授权维度的较低得分（0～2 分）与完美主义维度的较高得分（4～5 分）可能意味着授权对你来说实属不易。当管理者不能把任务授权给个体或团队时，组织在分权和人员协调方面会做得非常糟糕。你在授权维度上的得分与完美主义维度上的得分分别是多少？你需要如何改变自己，从而成为一个更好的授权者？

绿色魔力

一个新部门

SAP 在 2009 年设立了首个首席可持续发展官职位。前电脑科学家彼得·格拉夫（Peter Graf）领导了一个监督可持续发展的全球团队。为了变革 SAP，格拉夫与其团队重点关注公司的高层，将培养 SAP 的董事会作为首要目标。格拉夫及其团队发给董事会的日常电子邮件和时事消息中明确定义了一些用语，还回答了一些问题（比如，“可持续性领域中的‘抵消’是什么意思?”）。此外，格拉夫和他的团队提醒董事会成员关注 SAP 公司历史上发生的一些事件，比如一个重要的德国客户由于 SAP 没有可持续发展方面的行为准则而做出停止订购 SAP 软件的决定。

等到 SAP 的董事会召开第二次正式会议时，成员完全同意采取可持续发展政策，支持这个新的部门想要改变员工、供应商和客户的可持续发展理念的努力。

资料来源：Michael S. Hopkins, "How SAP Made the Business Case for Sustainability," *MIT Sloan Management Review* 52, no. 1 (Fall 2010): 69-72.

司里的直线部门则是那些开发并管理在线服务及销售的部门。参谋部门包括所有提供专门技能以支持直线部门的部门。参谋部门与直线部门形成咨询关系，一般包括市场营销部、劳资关系部、研发部、财务部和人力资源部。

直线职权（line authority）是指处于管理职位上的人员拥有指导和控制直接下属的正式职权。**参谋职权**（staff authority）的范围则要窄一些，它是指在参谋专家的专业领域内拥有建议、推荐和咨询权。参谋职权是一种沟通关系，参谋专家在各自的技术领域为管理者提供建议。例如，制造型企业的财务部门具有参谋职权，负责与直线部门协调使用何种财务报表以方便设备的采购和规范工资管理。英国石油公司的安全部门诞生于 2010 年发生的导致 11 名工作人员丧生的深水地平线钻井平台爆炸事故之后，这场发生在墨西哥湾的事件引发了一场环境灾难。之后，安全部门建议直线部门的管理者重视风险管理、合同管理和其他的安全问题。安全领域的参谋专家被安插到公司的各个部门，包括勘探项目组和炼油厂。与许多公司的参谋专家不同，当英国石油公司的安全部门认为某个决策过于冒险时，他们拥有否决直线管理者决策的权力。[15]

为了理解指挥链与明确的职权链、职责和授权的重要性，让我们回顾一下英国石油公司深水地平线钻井平台爆炸事故。当时，各项活动组织得过于松散，似乎没人知道谁应该对此负责以及每个人的职权和职责所在。爆炸发生后，这种疑虑凸显出来。在意识到没有人采取行动后，23 岁的安德烈亚·弗雷塔斯（Andrea Fleytas）用无线电广播发了一个求救信号，但是她因越权遭到了惩罚。一名管理人员声称，他并没有求救，因为他不确定自己是否有权那样做。还有一名管理者说，他试图求救，但是却被告知这个指令需要由其他人下达。全体工作人员都知道需要启用紧急停机机制，但是不知道谁有下达该指令的职权。火势一直在蔓延，几分钟后人们才接到疏散的指令。机警的弗雷塔斯再一次通过公共广播系统通知全体人员立刻撤离钻井平台。"场面非常混乱，"工人卡洛斯·拉莫斯说，"毫无指挥链可言，也没有负责的人。"在爆炸和石油泄漏事件之后，一些政府机构面临尴尬的局面，原因是它们监管不力造成了责任上的混乱，而这一切又导致了耽搁和争议，延长了当地人民遭受苦难的时间。[16]

10.1.3 管理跨度

管理跨度（span of management）是向同一名管理者汇报的员工人数，有时也称为"管理幅度"。这一结构特征决定了管理者能够对其下属实施监管的程度。传统的组织设计观点认为每个管理者的管理跨度应为 7～10 名下属。然而，当今的精益组织观点认为管理跨度可高达三四十名，甚至更多。例如，百事公司在墨西哥建立的 Gamesa 饼干厂中，员工接受培训以保持生产过程的稳定性，他们会因高质量、团队合作和高效率受到奖赏。他们的团队非常多产、高效，所以工厂的每名管理者能够管理 56 名下属。[17]研究者发现，在过去的 40 余年中，管理跨度变化非常大，变化的影响因素也较多。[18]通常而言，当管理者必须严密监督下属时，管理跨度就较小；而当管理者不需要对下属实施太多的监管时，管理跨度就较大。在下列情形中，通常管理者较少参与，管理跨度较大：

- 下属从事固定和常规的工作。
- 下属从事相似的工作。
- 下属集中在同一个地点办公。
- 下属受过良好的训练，工作时几乎不需要指导。
- 组织拥有规定任务的规则和程序。
- 支持系统及人员随时待命。
- 不需要在非监管活动上花时间，如与其他部门协调或者做计划。
- 管理者的个人偏好和风格支持大的管理跨度。

组织中的平均管理跨度决定了这个组织的结构是高耸的还是扁平的。**高耸的组织结构**（tall structure）总体上具有较小的管理跨度和更多的层级。**扁平的组织结构**（flat structure）具有较大的管理跨度，横向分布，拥有更少的层级。

对于组织而言，拥有过多的层级和较小的管理跨度是一个常见的结构问题。世界大企业联合会做的一项调查显示，72%的管理者认为他们的组织拥有过多的管理层级。[19]这可能导致日常决策通常由组织中较高层级的管理者做出，可能会使高层管理者偏离重要的长期战略问题，并且限制低层管理者的创造力、创新力和责任心。[20]更大的管理跨度是近些年的发展趋势，也是促进授权的一种方式。[21]最新的一项研究发现，CEO 的管理跨度相较 20 年前翻了一番，直接向最高管理层报告的人数从 5 上升至 10，而这些下属管理者的管理跨度也在扩大。同时，高层团队中的职位类别也在变化，首席运营官（COO）职位减少了，高层管理团队中新设了首席信息官（CIO）、首席营销官等职位。[22]图表 10－2 描述了一家跨国金属公司是如何重组的，图 a 展示的多层级的管理者被图 b 所示的直接向总裁汇报的 10 名运营经理和 9 名参谋专家取代。总裁喜欢这个包括 19 名下属的较宽的管理跨度，因为这和他的风格相符。他的管理团队中都是尖端人才，几乎不需要监管，而且他们都位于同一办公大楼的同一楼层。

10.1.4 集权和分权

集权和分权是指决策由哪个层级的管理者制定。**集权**（centralization）意味着决策职权处于组织最高层，**分权**（decentralization）意味着决策职权下放至较低的组织层级。组织可能需要通过试验才能找到制定决策的适当层级。例如，绝大多数规模较大的教育系统都是高度集权的。然而，威廉·大内（William Ouchi）发现，有三个大规模的郊区教育系统已转向分权化结构，给予校长、老师在教辅人员、时间安排、教学方式和教学材料等方面更多的控制权，这使它们比相似规模的集权化系统表现得更加出色、更高效。[23]英国的政府领导人希望国民健康服务中心（National Health Service，NHS）分权后也能有更好的表现。该中心正经历自 1948 年建立以来最彻底的重建，这个重建计划中重要的一部分是把每年数十亿美元的医疗保健预算控制权转交给各地的医生。政府领导人相信分权将降低成本，简化并优化流程，通过

图表 10-2 一家跨国金属公司的总裁通过组织再造增加管理跨度

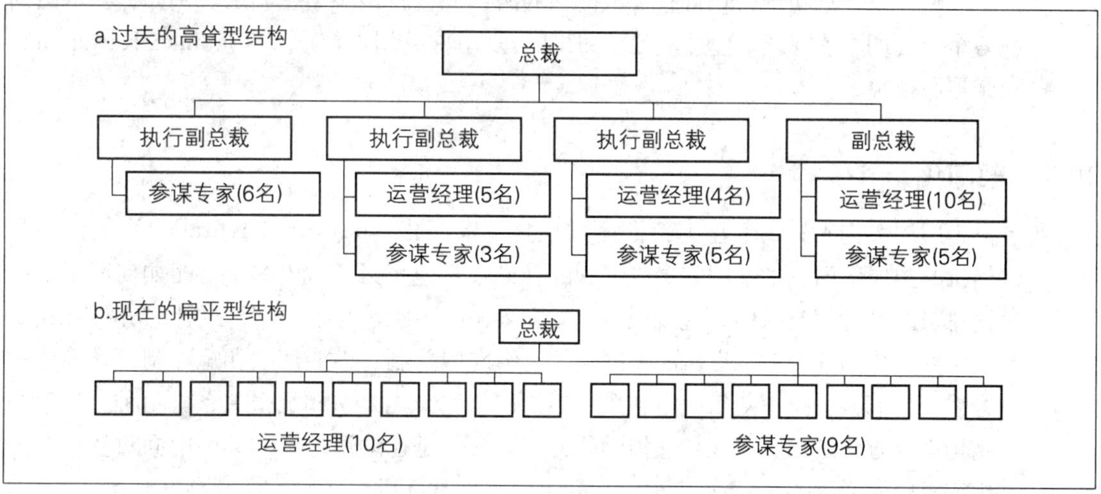

"将权力交至病人和临床医生手中"可减少无效率行为。[24]

美国和加拿大过去 30 年的趋势是组织更大程度的分权。分权被认为可以减轻高层管理者的负担，更好地运用员工的技巧和能力，确保所做的决策与行动一致，并确保行动者拥有充分的信息，能对外部变化做出更快速的反应。美军和北约部队驻阿富汗最高指挥官斯坦利·麦克里斯特尔（Stanley McChrystal）曾经说过："我了解到………任何复杂的任务都能通过扁平化的层级结构来完成。它让每个人都觉得自己是圈子里的人，于是就产生了主人翁的感觉。"[25]在与阻碍分权的各种复杂因素斗争 10 多年后，美军的分权化运动开始了。美军最近实施了"海星计划"来训练领导者按分权化的方式思考、行动和运营。这项计划是根据奥里·布莱福曼（Ori Brafman）和罗德·贝克斯特罗姆（Rod Beckstrom）的著作《海星和蜘蛛》（*The Starfish and the Spider*）中提出的思想设计的，该书认为分权化的"海星"比集权化的"蜘蛛"更不易受到攻击。[26]

然而，并不是每个组织都应该在所有决策上实行分权。在许多公司中，通常存在"集权和分权间的拉锯战"，因为高层管理者想集中一些运营活动以消除重复，而业务部门经理则希望维持分权后得到的控制权。[27]管理者必须判断组织的处境并确定最能满足组织需求的决策层级。影响选择集权或分权的典型因素如下：

- 环境中的巨大变化和不确定性通常伴随着分权。分权如何有助于应对快速的变化和不确定性的一个典型例子是在卡特里娜飓风袭击之后，分权化的管理体系使得电站的员工有权做出快速决策，密西西比电力公司得以在短短的 12 天内恢复了电力供应。[28]

- 集权和分权的程度应该契合企业的战略。迪士尼公司的高层管理者在购买小型创新型公司，如皮克斯动画工作室和漫威娱乐时采用了分权的方式。迪士尼的 CEO 艾格允许这些公司的管理者按照他们认为合适的方式来运营公司。分权契合娱乐行业的战略，使得创新的分支机构能对行业的变化做出快速的、创新的回应。[29]为了更好地与科尔士百货和梅西百货竞争，彭尼公司的管理者采取了与迪士尼相反的方法，他们把产品计划和采购决策集权化，确保公司能够快速低价地把最新潮的商品配送到各个商场。[30]

● 当发生危机或公司面临失败的风险时，职权应该集中在高层。例如，当本田的各个分公司不能在新车型上达成共识时，公司总裁川本信彦（Nobuhiko Kawamoto）亲自做了决定。[31]

10.2 部门化

组织结构的另一个基本特征是部门化。**部门化**（departmentalization）是把同类岗位归类成部门，把部门整合成组织的基础。管理者必须做出决策，即如何利用指挥链对员工进行归类以使其完成任务。如图表 10－3 所示，组织结构设计的五种方式反映了部门化过程中对指挥链的不同用法。纵向职能制、事业部制和矩阵制都是传统的方法，它们根据指挥链来确定各个层级的部门化归类方法和汇报关系。两种有创意的结构设计方法是团队方式和虚拟网络方式，它们是在动荡的全球环境中面对变化的组织需求应运而生的。

图表 10－3 描述了五种组织结构，它们的基本区别在于员工部门化的方式及向谁汇报。[32]后文将对每一种组织结构方法进行详细的描述。

10.2.1 纵向职能制组织结构方式

■ 纵向职能制组织结构是什么

职能制组织结构（functional structure），也叫做 U 型结构（一元结构），是指根据职能对活动进行归类，这些职能自下而上覆盖整个组织。[33]职能制组织结构依据相似的技能、专长、工作活动和资源使用情况把多个岗位归类为部门。职能制组织结构可以看作是通过组织的资源实现部门化的，因为每一种职能活动，如会计、人力资源管理、工程和制造都代表了用以执行组织任务的具体资源。用于共同职能的人员、设施和其他资源都被归类到同一个部门中。例如，Blue Bell Creameries 公司依靠各个职能部门在各自领域的核心专长为某些地区的市场提供高质量的冰淇淋。质量控制部检测所有输入的原材料以确保只有最好的原材料才能用于生产冰淇淋，质量检验员会检测输出到市场的产品。得益于多年的经验，他们可以检测出产品质量与期望质量最细微的偏差。该公司还有销售、生产、维护、配送、研发和财务等职能部门。[34]

■ 纵向职能制组织结构如何运作

如图表 10－3 所示，总裁之下是根据相似的专长和资源进行归类的主要部门，如人力资源、生产和会计。每一个部门都与组织密切相关。例如，会计部门为整个公司处理财务问题。

职能制组织结构是一种强有力的纵向设计。信息沿着纵向层级上下流动，指挥链聚集于组织的高层。在职能制组织结构中，员工主要与同一部门的其他人沟通以协调工作、完成任务或者执行指挥链中下达的决策。因为经过相似的训练并拥有相似的专长，管理者和员工间的配合程度极高。一般而言，规则和程序规定了每个员工的义务和职责，低层的员工认同高层员工有做出决策和发布命令的权力。

图表 10-3　组织结构设计的五种方式

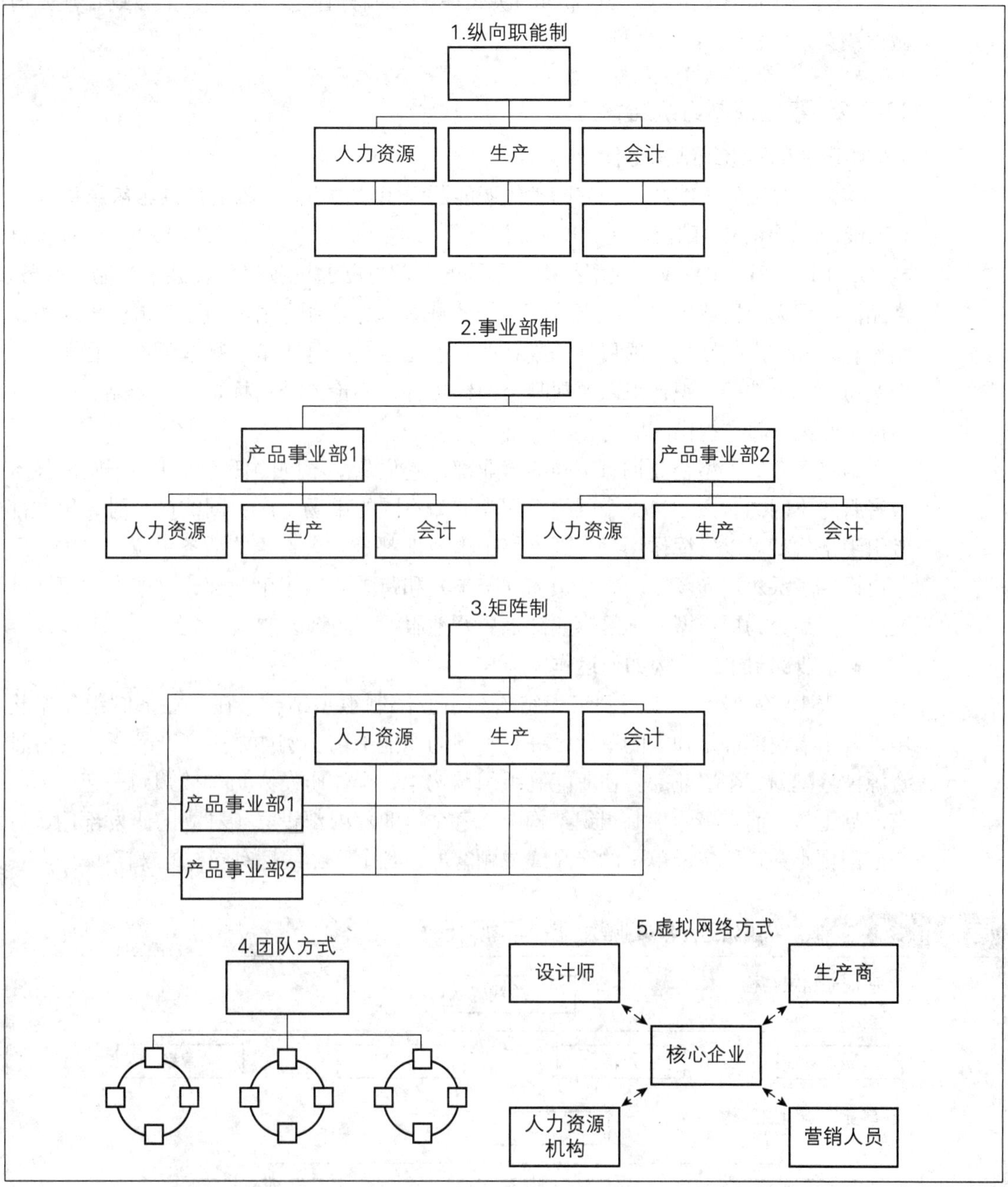

■ **纵向职能制组织结构的优缺点**

按照职能对员工进行归类可以实现规模经济性和资源高效利用。例如，在美国航空公司，所有的信息技术人员都在同一个部门工作，他们拥有的专长和技能几乎可以解决组织中与信息技术相关的所有问题。员工要在自己的部门与其他员工一起处理各种各样的问题，因此大型职能部门促进了技能的深度发展。由于指挥链聚集于高层，职能制组织结构也提供了一种集权的决策方式，实现了自上而下的统一指挥。其主要的缺点是存在部门间的障碍。由于员工被分在不同的部门，跨部门的沟通和协调非常缺乏，这造成对环境变化的反应迟钝，而创新和变革往往需要多个部门的参与。另一个问题是涉及多个部门的决策往往会搁置在组织的高层，导致不能及时做出决策。

10.2.2 事业部制组织结构方式

■ 事业部制组织结构是什么

与依据员工的技能和资源来归类的职能制组织结构不同，**事业部制组织结构**（divisional structure）根据组织产出对部门进行归类。事业部制组织结构又称作M型结构（multi-divisional）或分权型结构，不同的分部可以通过各自负责某个产品、服务、产品群、重大项目或项目群、事业部、业务或利润中心组织在一起。[35]事业部制组织结构有时称作产品结构、项目结构或者独立单元结构。这些术语基本上都是在讲同一个意思：各个部门组织起来以实现某个组织目标，不论这个目标是一个产品、一个项目还是为某一客户提供的服务。

绝大多数的大型企业拥有不同的事业部，它们从事不同的任务、使用不同的技术或者服务不同的客户。当一个巨型组织需要为不同的市场生产不同的产品时，事业部制组织结构就可以发挥作用了，因为每个事业部都是一个自主的业务单位。例如，沃尔玛设置了沃尔玛商场、山姆会员店（美国）和跨国商店等事业部，这些大型事业部又进一步划分为更小型的地区事业部以更好地服务不同地区的顾客。[36]

■ 事业部制组织结构如何运作

图表10-4展示了职能制组织结构和事业部制组织结构。在事业部制组织结构中，各个事业部都是独立的单元，拥有不同的职能部门。例如，生产产品所需的各种资源被分配到每个事业部。在职能制组织结构中，全体研发人员都被归到一起，为所有产品工作；而在事业部制组织结构中，每个事业部内都设立了独立的研发部门，每个部门更小并且聚焦于单一的产品线或顾客群，各个产品线拥有同样的部门。

图表10-4 职能制组织结构与事业部制组织结构的比较

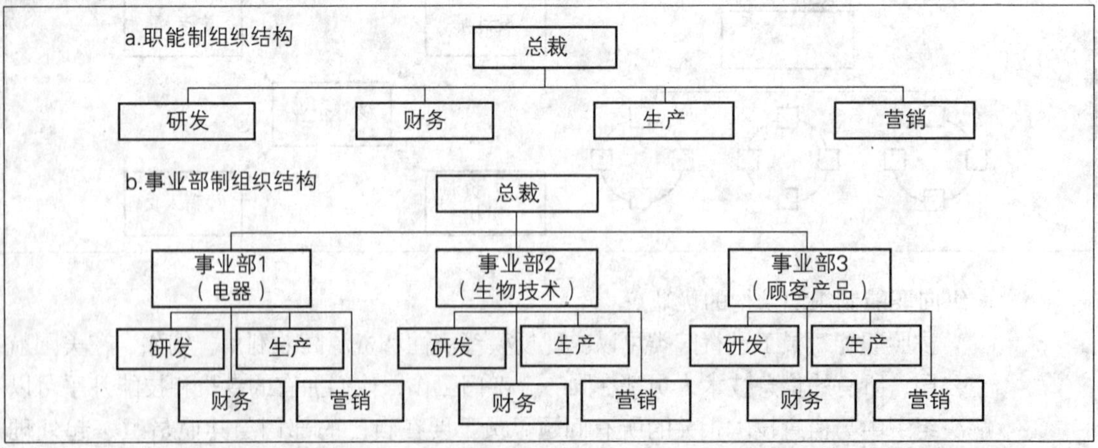

事业部制组织结构与职能制组织结构的主要区别是，在事业部制组织结构中，每个职能的指挥链集中在组织的低层，研发、营销、生产和财务部门的不同意见会在事业部的层面上解决而不是由总裁解决。因此，事业部制组织结构鼓励分权化，决策制

定至少被下放了一个管理层级，使总裁和其他高层管理者不必从事战略计划以外的工作。

■ **基于地理或顾客的事业部制组织结构**

事业部制组织结构的一种方式是根据地理区域或顾客群来安排公司的活动。例如，美国国税局（IRS）的组织结构改变为关注四类不同的纳税人（顾客）：个体户、小企业、公司和非营利组织或政府机构。[37]图表 10－5 展示了一个基于地理的事业部制组织结构。在一个基于地理的组织结构中，某个特定国家或地区的所有职能部门都向同一个事业部经理汇报。这种组织结构会根据当地的市场状况来安排公司的活动，其竞争优势可能来源于某个产品或服务的生产和销售适应某个国家或地区。例如，由于不同的国家吸引观众的节目不同，迪士尼公司的 CEO 艾格把“迪士尼频道”重新组织成不同的地理事业部。加利福尼亚州伯班克演播室的管理人员对这次重组非常不满，但是这次重组获得了回报。艾格了解到意大利的“迪士尼频道”排名第一的栏目是他闻所未闻的：“Il Mondo di Patty”，这是一部成本不高的讲述一个阿根廷女孩的故事的浪漫肥皂剧。“迪士尼的产品必须以与当地文化结合的形式来展现，这一点非常重要。”艾格在谈及这次重组时说道。[38]大型非营利组织，比如基督教青年会全国委员会（National Council of YMCAs）、人类家园国际组织（Habitat for Humanity International）和美国女童子军（Girl Scouts of the USA）也使用基于地理的事业部制组织结构的形式设立一个总部和若干个半自治的当地事业部。[39]

图表 10－5 基于地理的事业部制组织结构

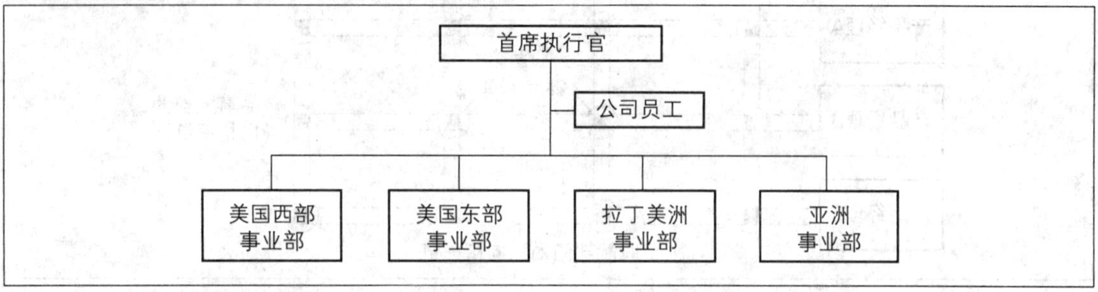

■ **事业部制组织结构的优缺点**

根据不同的事业部来安排员工和资源，使得每个单元更小、更适合所在的环境，因此组织具有更大的灵活性和对变化的快速响应。安排员工在单一的产品线上工作，他们对顾客需求的关注度会更高；跨职能部门间的协调会更好，因为员工集中在同一地点，效力于一条产品线。因此，事业部内有良好的协调。然而，跨事业部的协调通常很糟糕。例如，当两个自治的事业部朝不同方向发展时，惠普公司就出现了问题：某一事业部开发的软件与另一事业部生产的硬件不兼容。因此，公司重新调整了事业部制组织结构以实现各个事业部间的充分协调。另一个主要缺点是资源的重复以及运营多个独立事业部的高成本。与全体研发人员共用一套设施的单一研发部门不同，每个事业部可能都有各自的研发设施，组织丧失了效率和规模经济性。另外，每个事业部中小型部门的员工可能缺少专业技术、专长和训练。

10.2.3 矩阵制组织结构方式

■ 矩阵制组织结构是什么

矩阵制组织结构（matrix approach）结合了职能制组织结构和事业部制组织结构的某些内容。矩阵制组织结构是为实现改善横向协调和信息共享演化而来的一种方式。[40]矩阵制组织结构的一个特点是其具有双重职权线。如图表 10 - 6 所示，纵向运作的是职权的职能层级，横向运作的是职权的事业部层级。纵向结构对职能部门实施传统的控制，横向结构提供部门间的协调。例如，美国星巴克按照西太平洋区、西北部山区、东南部平原区和东北部大西洋区划分地理事业部，在各个纵向单元中运营不同的职能部门，包括财务部、营销部等，这些部门支持横向的事业部。[41]因此，矩阵制组织结构在职能（纵向）和事业部（横向）关系上支持两条正式的指挥链。这种双重结构的结果是一些员工要同时向两名管理者汇报。

图表 10 - 6 矩阵制组织结构的双重职权线

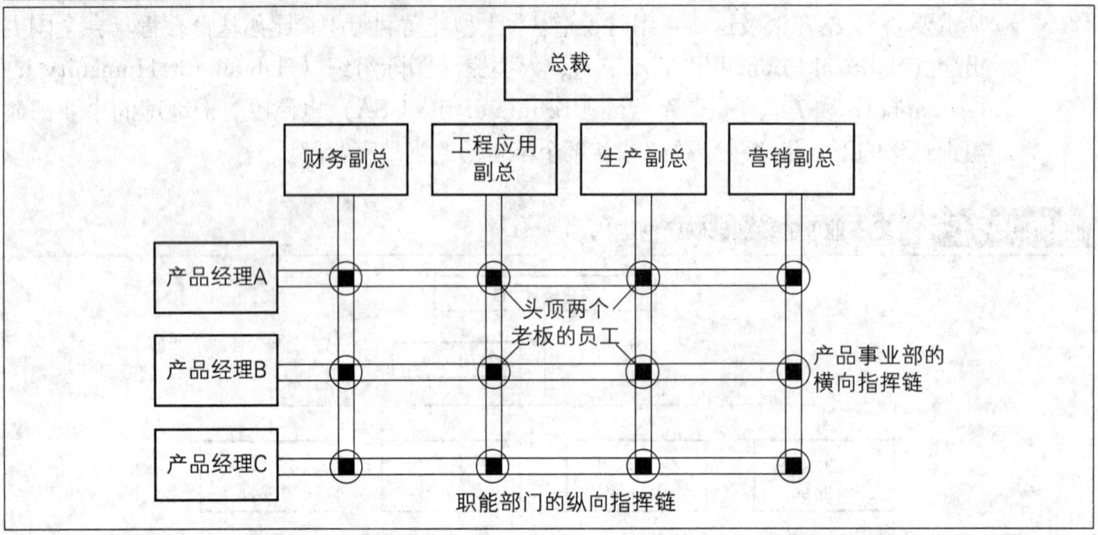

■ 矩阵制组织结构如何运作

双重职权线使得矩阵制结构非常独特。想了解矩阵制组织结构如何运作，可以参见图表 10 - 7 所示的全球矩阵制组织结构：双重职权线分别来自地理维度和产品维度；德国地理事业部的领导调度德国境内的所有子公司，塑料产品事业部的领导调度全世界塑料产品的生产和销售；德国境内各分公司的当地管理者同时向区域老板和产品老板汇报。双重职权结构违背了本章前述的统一指挥原则，但对职能指挥链和事业部指挥链给予同等的重视却是非常必要的。双重职权线可能会使人产生混乱，但在管理者学会使用这一结构后，矩阵制组织结构将为地理区域和产品线提供极佳的协调。

矩阵制组织结构成功与否取决于处于关键矩阵位置的员工的能力。**头顶两个老板的员工**（two-boss employee）即同时向两名管理者汇报的员工，可能需要达到来自两个矩阵老板的相互矛盾的要求。他们必须和高级经理一起工作，做出统一的决策。他们需要杰出的人际关系技能来面对并解决管理者的冲突。**矩阵老板**（matrix boss）是

图表 10-7　全球矩阵制组织结构

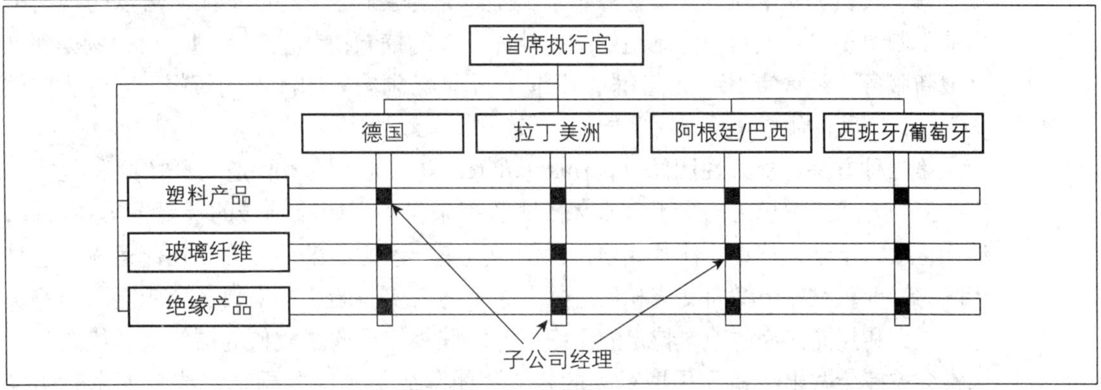

产品老板或职能老板，他们对矩阵中的某一方面负责。**高层领导**（top leader）对整个矩阵负责，他们同时监督产品指挥链和职能指挥链，他们的职责在于保持矩阵双方权力的平衡。如果双方发生争议，争议的问题就会被上交到高层领导那里。

■ **矩阵制组织结构的优缺点**

在复杂多变的环境中，组织需要更高的敏捷性、创新能力和适应能力，而矩阵制组织结构在这样的环境中非常有效。[42] 矩阵制组织结构带来的冲突和频繁的会议使得人们不断提出并解决新问题。矩阵制组织结构充分利用了人力资源，因为专业人员可以从一个事业部调到另一个事业部。矩阵制组织结构的主要问题在于双重指挥链导致的困惑和挫败。[43] 矩阵老板和头顶两个老板的员工可能会对双重汇报关系不太适应。矩阵制结构还可能产生较大的冲突，原因是这一结构可能会导致在某一国内市场上事业部目标与职能目标不一致，或者在全球市场中产品线目标与区域目标不一致。对于头顶两个老板的员工而言，管理好矩阵中双方的对抗将会非常困难。这个问题导致了第三个缺点，即大量的时间花在旨在解决冲突的会议和讨论上。矩阵制组织结构通常会导致讨论多于行动，因为不同的部门会强调各自的目标和观点。管理者可能会花大量的时间去协调会议和布置任务，这些会占用核心工作活动所需的时间。

10.2.4　团队方式

■ **团队方式是什么**

近些年广为流行的部门化趋势是团队方式的应用。纵向指挥链是一种强有力的控制手段，但将所有决策都推给上一层级领导，既消耗了大量的时间，也使得职责停留在高层领导者身上。团队方式给管理者提供了一种授权的方法，推动职权下放至低层，从而提高在复杂而竞争激烈的全球环境中的敏捷性和响应度。第 18 章将对团队展开具体的介绍。

■ **团队方式如何运作**

组织应用团队的一种方法是**跨职能团队**（cross-functional teams）。跨职能团队包含来自多个职能部门的员工，这些员工组建成一个团队并解决共同的问题。例如，总部位于芝加哥的 Total Attorneys 公司专为小型律师事务所提供软件和服务。其 CEO 埃德·斯坎伦（Ed Scanlan）发现，按照工作顺序分解项目、每个部门依次完成相关工作的职能制结构严重影响了运营速度，甚至当产品完成时，客户的需求已经发生了变化。他通过创建小型跨职能团队以加强横向协作解决了这个问题。现在，设计人员、编码人员和质量检测人员在每个项目上都紧密合作。[44]跨职能团队可以为现有的事业部制组织结构或者职能制组织结构补充所需的横向协作。革新型项目，例如新产品或新服务，经常使用跨职能团队。团队成员通常须向其职能部门汇报，同时也向团队汇报，团队的领导可能是团队中的一员。

第二种方法是**永久性团队**（permanent team）。永久性团队是一群按照和正式部门相似的方式组织起来的员工。永久性团队把来自多个职能领域的员工聚集在一起，他们将致力于某一特定的任务或项目，例如汽车厂商的零部件供应和物流运输。这种团队的管理重点在于横向交流和信息共享，因为需要协调这些来自多个职能部门的员工的工作和技能去完成一个特定的组织任务。职权被下放至较低的层级，一线的员工通常会被授予做出决策和采取行动的权力。团队成员可能共同享有或轮流享有领导权。在**团队式结构**（team-based structure）中，整个组织由横向团队组成。横向团队通过协调彼此的工作、直接和顾客打交道来完成组织的目标。全食食品超市（Whole Food Market）认为其成功主要归功于团队式结构。全食食品超市的每一家门店都组建了大约八个自我指导的团队，这些团队监管着生鲜产品部、方便食品部、奶制品部或者收银台等部门，负责所有的关键运营决策，例如产品选择、定价、订货、招聘及店内人员晋升，也对团队的绩效承担责任。[45]

■ **团队方式的优缺点**

团队方式打破了部门间的边界，增进了协调和合作。团队成员知道彼此的问题并会相互妥协，而非盲目地追求自己的目标。团队的概念同样也确保了组织更快地响应客户的要求和环境的变化，加速其决策制定，因为决策不必上报至最高层以获得批准。另一个重要的优点是士气的提升。员工通常对参与大型项目而不是小型部门任务充满热情。例如，在育碧（Ubisoft）电子游戏公司，每一个工作室的建立都是为了使员工和管理者组成的团队通力合作来开发新的游戏。员工并没有挣很多钱，他们的激励来自他们可以自由地提出新的想法并将其付诸实践。[46]

然而团队方式也有缺点。员工可能对团队参与表现出热情，但是可能要经历冲突和头顶两个老板。一个跨职能团队可能会对成员提出与他们的部门经理不同的工作要求，参与多个团队的成员必须解决这些冲突。团队方式使大量的时间花在开会上，因此增加了协调时间。除非组织真的需要团队来协调复杂的项目并适应环境，否则，团队方式将使组织的生产效率降低。另外，团队方式可能造成过度的分权。当团队自主决策的时候，传统上做决策的高级部门经理可能会觉得受到了冷落。团队成员通常不能看见企业的长远目标，可能会做出有利于他们的团队但不利于组织整体的决策。

10.2.5 虚拟网络方式

■ **虚拟网络方式是什么**

部门化的最新方式是对横向协调和合作的理念进行扩展，使其超出组织的边界。在许多产业中，纵向一体化的层级组织正在被松散联合、相互渗透的公司集群取代。[47]外包意味着把某些活动（例如制造和应收账款）承包出去，它逐渐成为一个重要的趋势。例如，英国的零售商塞恩斯伯里（J. Sainsbury）让埃森哲公司管理其整个信息技术部门。俄亥俄州立大学计划将自己的停车系统外包。加利福尼亚州的曼伍德市决定将从街道维修到治安和公共安全的所有事务外包。过去该地警署的预算接近 800 万美元，现在市政府只需向洛杉矶县警察局支付大概一半的钱，并且居民认为服务水平得到了提升。[48] 辉瑞制药公司（Pfizer）提出一种创新的方法，其员工按一下按钮即可通过印度的外包企业来完成某些工作。不同于将整个职能都外包给承包商，这种“个人外包”方式允许员工把某些无聊、耗时的任务外包给合作企业，从而把精力集中在高价值的工作上。[49]

一些组织将网络方式发挥到了极致，创建出新的结构——**虚拟网络结构**（virtual network structure），它是指公司将其大部分职能外包给不同的企业，并通过一个小型总部来协调它们的活动。[50] 菲利普·罗斯戴尔（Philip Rosedale）在自己家中及旧金山周边的咖啡店里办公，他经营一家叫做 LoveMachine 的公司。LoveMachine 开发的软件可以让员工推送“谢谢”或者“干得好!”这样的信息，就像在推特上一样。信息发出后，公司的每个人都会收到，从而鼓舞了士气。这款基础软件免费为有需要的公司提供。LoveMachine 没有全职开发人员，它由自由职业者通过网络来运营。这些自由职业者通过招投标获得公司的工作，比如给软件增添一些新功能、修补一些小漏洞等。罗斯戴尔还把薪酬管理及其他行政管理任务外包出去。[51] 你觉得成为一名虚拟公司的自由职业员工怎么样？下面的“经理会谈”专栏描述了对于“从来不用去办公室”的不同意见。

经理会谈

你愿意穿着睡衣工作吗？

大约有 3 400 万美国人至少部分时间在家工作，在其他国家这样的人要比美国多好几百万。这些人当中有一些是自由职业者或者“个体工商户”，他们签订外包合同为全球各地的企业提供服务。逃避“朝九晚五”的办公室苦差事听起来像是不少人的梦想，但是独自工作也不容易。大部分习惯于办公室工作的人在向自由职业者过渡时会经历艰难的过程。以下是有关自由职业者的一些好处和坏处。

赞同：你可以更有效率。不少人发现他们在家中可以完成更多的工作，因为他们可以将通勤的时间用于工作。《公司》杂志的记者、编辑、设计师和许多其他专业人士一起做了个实验，当完全脱离办公室发行一期刊物时，他们中的大部分人发现在可以长时间聚精会神而不分心的环境中，他们完成了更多的工作。

反对：是否有效取决于你自己。要确保完成所有承诺的工作，你需要自律、自我管理和组织技能。有些人对搞笑网站、电视、孩子、宠物或者冰箱没有足够的抵抗力，因而也就没有足够的时间来完成工作。这样的人一般不能在家好好工作，他们需要办公室的氛围来激励他们，督促他们完成任务。另外，有些人发现他们在工作上花费的时间和精力太多，需要学习设立一些工作的边界。“我在工作和生活的平衡上做得很糟。”在自己家里经营一家名叫“1000 Markets”的虚拟公司的马特·特里费罗（Matt Trifiro）说。

赞同：你可以规划自己的时间并安排自己的工作。如果你想要白天睡觉或者工作到很晚，这都没问题。如果你想有 3 个小时的午休时间，没有人说不行。你可以选择自己的项目，并按照适合你自己的方式来组织活动和任务，不用别人指示你应该怎样做。你可以选择你想要工作的公司，无论它在世界的哪个地方。

反对：认同和反馈的缺失可能导致自我怀疑、压力和沮丧。在虚拟工作者中，常见的抱怨就是认同缺失。评估客户对你和你的表现的真实看法并不容易，因此很多虚拟工作者不能获得定期的反馈，这可能会导致他们产生自我怀疑，而工作本身的独立性无法解决这个问题。“我整天待在我的小公寓里，不和任何人说话。”一名虚拟工作者说道。许多人通过在咖啡厅，或者在“协同工作中心”按日计费的办公室里待上一段时间来消除虚拟工作带来的孤独感。

发布在 ThereItIs 网站上的一篇博客文章讲了一个有关虚拟工作者的笑话：你再也不用担心今天的糟糕发型或者花一个小时穿衣打扮了，但你有时可能也因此错过了穿“锦衣华服”的机会。

资料来源：Based on Max Chafkin，“The Office Is Dead. Long Live the Office：The Case，and the Plan，for the Virtual Company，” *Inc.*（April 2010）：62－73；Laurie Sheppard，“Challenges to Working Virtually，” *Creating at Will* Web site，2011，http://creatingatwill.com/challenges-to-working-virtually/（accessed August 17，2012）；Sara Fletcher，“5 Challenges of Working from Home，” *RecruitingBlogs*，August 14，2012，www.recruitingblogs.com/profiles/blogs/5-challenges-of-working-from-home（accessed August 16，2012）；and “Perks and Challenges of Virtual Work，” *ThereItIs.com*，http://blog.thereitis.com/post/22640167629/challenges-of-virtual-work（accessed August 17，2012）.

■ 虚拟网络方式如何运作

如图表 10－8 所示，组织可以看作被外部专家网络围绕的中心节点，这些外部专家可能分散在世界各地。例如会计、设计、制造和配送等服务已经不再设置在同一屋檐下，它们都外包给了不同的组织，这些组织通过计算机与中心办公室相连接。[52] 网络化的计算机系统、协同软件和互联网保证了组织能够迅捷、顺畅地交换数据和信息，以至于由供应商、制造商、装配商和配送商组成的松散连接的网络不但看起来是一个无缝衔接的公司，而且就是这样运行的。

图表 10－8　部门化的网络方式

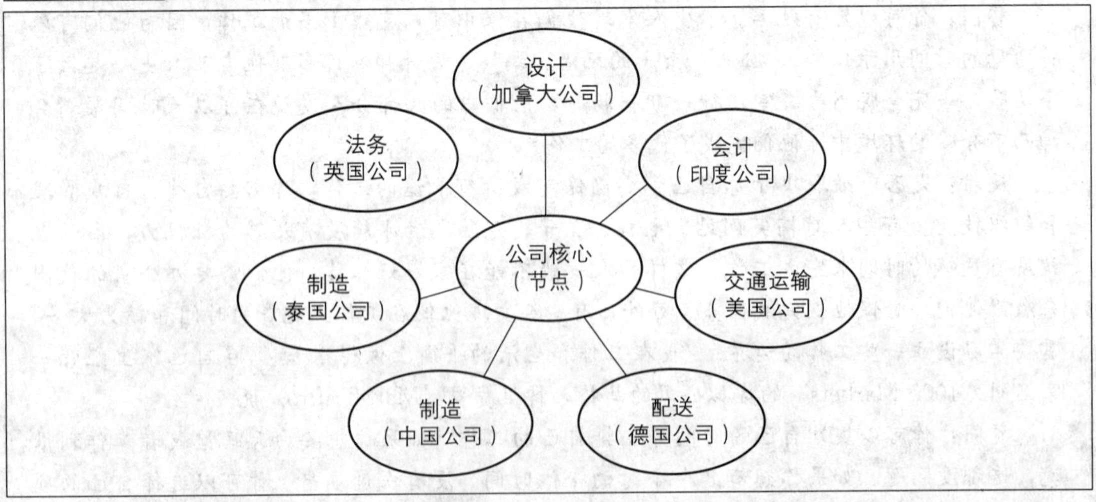

这个网络背后的理念是组织可以把精力集中于它最擅长的地方，并将其他活动外包给那些在特定领域有独特竞争力的组织，这保证了组织用尽可能少的投入来完成尽

可能多的工作。[53] “创新之道”专栏介绍了一家叫做 Smart Balance 的食品公司通过使用虚拟网络方式获得了快速创新和扩张的能力。

创新之道

Smart Balance 公司

Smart Balance 公司大约有 67 名员工，但有将近 400 人为此公司工作。Smart Balance 公司以生产黄油起家，现有一系列产品，包括全天然的花生酱、营养强化奶、奶酪、酸奶油、爆米花和其他产品。管理者把公司的创新和迅速扩张归功于虚拟网络。

Smart Balance 公司把产品开发和营销事务保留在公司内，其他所有的事务，包括生产、配送、销售、信息技术服务和研发与测试都外包给承包商。公司进入奶制品行业的方式向我们展示了虚拟网络如何帮助组织提高速度和灵活性。产品开发部副总裁彼得·德雷（Peter Dray）可以从承包商处获得他想要的帮助，用来改进公司的产品。外部的科学家和研发咨询顾问以这种方式一起工作：公司与一个奶制品加工商签订了测试和试制产品的合同，由一家外部实验室来评估产品的营养成分，另一家公司负责顾客的口味测试。

每天早晨，全职员工和虚拟工作者互通邮件和电话，相互交换前一天发生了什么事和今天需要做些什么的信息。高层管理者花大量的时间管理关系。他们每年会召开两次全公司会议，参会人员包括全职员工和承包商，这使得信息得以广泛分享。管理者特别强调对承包商所做贡献的认可，这也有利于营造出团结和言出必行的氛围。[54]

随着类似于 Smart Balance 公司所采用的网络结构的出现，我们很难用传统的方式去回答“组织在哪里？”这个问题。通过合约将不同的组织部分汇聚到一起，并通过计算机实现合作，一种新的组织形式就诞生了。这很像搭积木，可以通过添加或移除网络的组成部分来满足变化的需求。[55]

与虚拟网络方式相似的一种方式是**模块化方式**（modular approach）。在这一方式中，制造公司可以利用外部供应商获取全部的产品零部件，然后由多名工人把它们装配成最终产品。例如，大众汽车和波音公司，其模块化方式是将全部产品零部件的生产责任转交给外部供应商。供应商设计某个模块，生产部分零部件，将其他零部件的生产再外包给其他企业。例如，波音 787 客机的零部件来自 24 个国家的 135 家公司。[56] 这些模块被直接送到装配线上，由员工将其装配成最终的飞机。

■ 虚拟网络方式的优缺点

虚拟网络方式的最大优点在于灵活性和全球范围的竞争力。例如，虚拟网络方式极具灵活性这一点可从最近突尼斯和埃及的反政府抗议及国家领导人被推翻的事件中看出来。[57] 拥有相似的使命和目标且行动自由的各地民众共同参与、策划了“阿拉伯之春”运动，与恐怖分子策划袭击美国及其他国家的方式如出一辙。“他们集中攻击一个地方，其余地方基本不受影响。”一名记者是这样描述恐怖分子网络的，“这个网络很难被斩尽杀绝，因为总的来说，暴乱并没有领导者。”[58]

类似地，当今的商业组织可以从灵活的虚拟网络方式中获益。虚拟网络方式可使它们实现资源调整和快速响应。一个网络组织可以吸引世界范围的资源和专家来实现高质量、低价格，同时使其产品和服务行销全球。灵活性来源于它可以获得任何所需服务的能力以及不受限于所拥有的工厂、设备和设施，在短短数月之后就能实现改变的能力。组织可以通过不断重新定义自己来适应新产品和市场机遇。这一结构或许是所有组织结构中最扁平的，因为它几乎不需要监管，也不需要大量的参谋专家和行政管理人员。传统组织一般拥有十多个层级，而网络组织可能只有两三个层级。[59]

虚拟网络方式的主要缺点之一是缺少真正的控制。[60]管理者不在同一个屋檐下实施所有的运作，他们依靠合同、调度、协商、计算机网络把一切整合在一起。网络中的每个合作伙伴必然按照自己的最大利益来行事。彼此间微弱的联系和模糊的边界带来更大的不确定性和对管理者更高的要求。管理者必须明确共同的目标，处理好相互间的关系，激发大家对目标的专注并赋予动力，协调各项活动来使一切按计划运转。例如，波音 787 客机的生产比计划落后了 2 年，原因是多个承包商的模块原本应该契合，实际上却不能兼容。[61]如果外部合伙人不能按预期行事，服务和顾客的忠诚度可能会受影响。[62]在芝加哥奥黑尔机场，一名由承包商指派来照看一位 10 岁无陪同儿童的员工没有露面，由于联合航空公司自己的员工没有恰当处理这一情况，该儿童的家长近 1 个小时不知道孩子在哪里，这件事成了全国新闻，联合航空公司的名誉受到严重损害。[63]另外，在这种组织中，员工的忠诚度可能会减弱，员工认为自己会被外包服务所取代。有凝聚力的企业文化更不可能得到发展，因为组织和员工间的情感承诺较为脆弱，离职率会升高。

图表 10－9 总结了上述各类结构的主要优缺点。

图表 10－9　各类结构的优缺点

结构	优点	缺点
职能制	资源的充分利用，具有规模经济性； 深度技能的专门化和发展；高层管理者的指导和控制	职能部门间缺乏沟通； 对外部变化反应迟钝，阻碍创新； 决策权集中在高层，造成决策滞后
事业部制	快速反应，在不确定环境中具有灵活性； 促进对顾客需求的关心； 职能部门间出色的协调	事业部间资源的重叠； 技术的深度和专业性不够； 事业部间糟糕的协调
矩阵制	相较于单一层级组织，能更有效地利用资源； 灵活，适用于多变的环境； 各领域间的合作，各事业部能共享各种专长	双重指挥链导致挫败感和困惑； 矩阵双方冲突多； 会议多，讨论多于行动
团队方式	减少部门间的障碍，增加彼此间的妥协； 更短的响应时间，更快的决策； 员工以更加高昂的士气和热情参与	双重忠诚和冲突； 会议带来的时间和资源消耗； 未经计划的分权
虚拟网络方式	可吸纳全球的专家； 高灵活性和响应性； 减少管理费用	缺乏控制，界限不明； 对管理人员更高的要求； 更低的员工忠诚

10.3　横向协调的组织

团队式和网络式结构被越来越多使用的原因之一是许多管理者意识到了传统纵向

组织结构在快速变化环境中的局限性。总体而言，组织的发展趋势是进一步打破部门间的边界，许多组织会根据工作流程而不是部门职能来构建横向结构。[64]不论采用何种结构，每个组织都需要横向一体化和协调的机制，但组织结构如果没有纵向结构，也是不完整的。[65]

10.3.1　协调的必要性

随着组织的成长和发展，会发生两件事情。一是组织会增添新的职位和部门来应对新的外部环境因素或新的战略需求，正如前文所述。在增设职位和部门以满足变化的需求时，公司变得更加复杂，数百个职位和部门从事着差别巨大的活动。

二是高层管理者必须找到方法将这些职位和部门联结在一起。虽然组织的正式指挥链和监管是有效的，但这还远远不够。组织需要各种系统来处理信息并确保不同部门、不同层级的人能够相互沟通。**协调**（coordination）是指调整和综合个体间和部门间的不同活动的管理任务。**合作**（collaboration）是指来自两个或者两个以上部门的员工共同努力去生产能实现共同目标或共同目的的产出。这样的产出通常大于任何一个个体或部门单独实现的产出。[66]要理解合作的价值所在，不妨想想 2011 年美国在巴基斯坦搜捕本·拉登的任务。如果没有中情局和美国军方的密切合作，这次抓捕行动难以成功。中情局的官员和军方官员几乎没有过联系，然而针对恐怖主义的行动改变了这种思维模式。在筹划抓捕本·拉登的几个月中，军方官员每天都在中情局驻地一个偏远、安保严密的房间里与中情局团队密切合作。“在过去，人们只有在看电影时才会觉得这种事情有可能发生，但是从没有一个政府官员认为可以这么做。”一名官员之后在谈及这次联合行动时如是说。[67]

商业组织内的协调与合作同样重要。没有协调，公司的左手不可能和右手保持一致，就会产生问题和冲突。不论组织采用的是职能制、事业部制还是团队方式，合作都是必要的。如果员工只认同自己的直属部门或团队，出于对自己利益的考虑，他们可能不愿意为了组织整体的利益而向其他部门或团队做出让步或开展合作。最近丰田汽车公司的质量和安全问题以及公司高层管理者在事件发生初期不能及时响应，反映出缺乏合作带来的危害。事后的调查指出，不同部门间缺乏信息共享以及糟糕的沟通和合作是一个非常严重的问题。[68]

对于国际企业来说，协调与合作更重要，原因在于企业的各个单元不仅目标和工作活动不同，而且还有地理距离、时区等、文化价值观和语言等方面的不同。例如，丰田是一家分公司遍布全球的大型组织。管理者如何才能在国内外都确保所需的协调和合作？协调是信息共享和合作的产物。管理者可以设计系统和结构来促进横向的协调和合作。

图表 10 - 10 描述了组织结构的演变，从中可以看出对横向协调的重视与日俱增。虽然纵向职能结构在稳定的环境中非常有效，但它在快速变化的时代不能提供所需的横向协调。跨职能团队、任务小组和在纵向结构中工作的项目经理等创新形式提供了一种增加横向沟通和合作的方法。在此基础上要再造组织结构，把它变成按横向流程运作的一个个团队。**流程再造**（reengineering）是指业务流程的彻底再设计，以实现在成本、质量、服务和速度上的巨大改进。由于流程再造的重点在于横向的工作流而非职能，所以流程再造通常会削弱纵向结构，强调向更多的横向协调转变。流程再造

使纵向层级更加扁平化，导致只有极少数高层管理者仍保留传统的支持性职能，如财务和人力资源。

图表 10-10 组织结构的演变

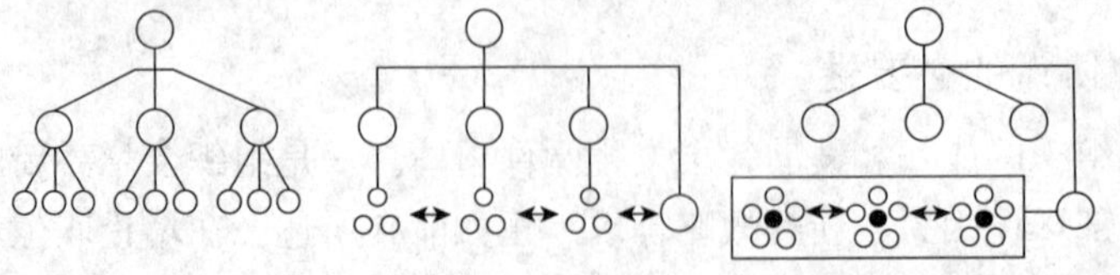

10.3.2 任务小组、团队和项目经理

任务小组（task force）是一个临时的团队或者委员会，用来解决涉及多个部门的问题。[69]任务小组的成员代表各自的部门并分享能够确保协调的信息。例如，加州的凯撒医疗集团（Kaiser Permanente）下属的一个单位——欧文治疗中心（Irving Medical Center），由手术护士、外科医生、化验师、护工和其他人员组成的任务小组以简化的流程对病人实施全髋关节和膝关节置换手术，这是医院最昂贵且最费时的一种手术。这种任务小组促进了协调和资源再配置，使得这种手术从每天一台或两台增加到四台。良好的协调每年为每间手术室节约了188小时的手术时间，带来了巨大的成本节约。[70]公司在创立任务小组之余，也可以设置跨职能团队，正如之前在Total Attorneys公司案例中描述的那样。跨职能团队进一步促进了横向协调，因为来自各个部门的参与者定期开会来解决当下共同感兴趣的问题。[71]这种团队与任务小组很相似，只不过它处理的都是持久性问题而非临时性问题，因此可能会存续很多年。团队成员必须从组织整体的利益出发来考虑问题，而不是仅仅考虑本部门的利益。

公司也可以采用项目经理来增加协调。**项目经理**（project manager）是为了完成某个特定项目而对各个部门间的活动负有协调责任的人。[72]有的项目经理可能还有产品经理、整合人员、项目群经理或流程掌控人这样的头衔。项目经理职位的独特性在于项目经理并不属于任何一个他要协调的部门，项目经理置身于所有部门之外，负有协调多个部门完成期望的项目任务的责任。例如，在通用磨坊公司（General Mill），Cheerios，Bisquick和Hamburger Helper等产品线各安排了一名管理人员。这些产品经理制定预算目标、营销目标和战略，可以获得来自广告部、生产部和销售部员工的合作，而这些员工都是贯彻落实产品战略所必需的。

如图表10-11所示，在一些组织的结构图中也包括项目经理。项目经理被画在图的一侧以表示其拥有的职权，这些职权只针对项目而不针对被分派去完成项目的人。指向项目经理的虚线表示项目经理负有协调和沟通这些被分派的团队成员的责任，但是部门经理对本部门员工依然保留了直线职权。

10.3.3 关系式协调

横向协调的最高级形式是关系式协调。**关系式协调**（relational coordination）是

图表 10-11　项目经理与其他部门的关系示例

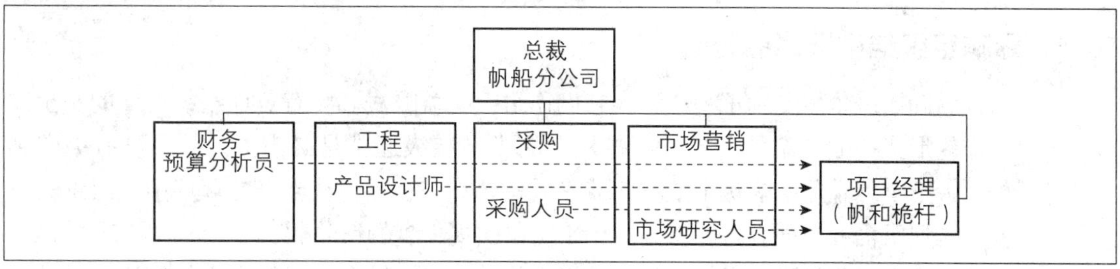

指“通过共同目标、共享知识和相互尊重的员工关系带来频繁、及时、能够解决问题的沟通”。[73]关系式协调不同于项目经理这样的结构化设计或者机制，它是组织动态构成和文化的一部分。在一个关系式协调程度高的组织中，人们可以跨越部门边界自由地分享信息，并且持续地互动来分享知识和解决问题。协调通过一个持续的积极的关系网络，而不是通过正式的协调角色或机制来实施。[74]员工直接跨部门实现协调。

为了在组织中建立关系式协调，管理者努力培训员工，使他们掌握互动时必需的技能，并基于共同的目标来解决跨部门冲突而不是强调他们各自部门的目标。员工不必遵守严苛的工作规则，所以他们拥有互动和在任何需要的地方做出贡献的自由。另外，奖励取决于团队的努力和成就。一线监管者的管理跨度通常较小，这样，他们就可以与下属发展出亲密的工作关系，培训和指导员工。下面的“创新之道”专栏中，西南航空公司为我们提供了一个很好的例子。

创新之道

西南航空公司

航空公司面临着许多挑战，它们每天都会遇到上百次的一种挑战就是使飞机安全准时起飞。航班起飞是一个高度复杂的过程，这个过程涉及多个部门的众多员工——机票代售点人员、飞行员、机组人员、行李运送人员、登机服务人员、维修人员、调度人员、加油人员等，他们必须在不确定和随时变化的环境中以有限的时间完成多项任务。如果这些群体不能紧密地协作，航班按时起飞就非常困难。

西南航空公司在业界享有回程起飞时间最短的美誉，部分原因就在于管理者鼓励关系式协调来达到出众的准点率和顾客满意度。航班在晚点的时候，员工会在“谁该担责”的问题上产生严重分歧，因此西南航空的管理者创建了“晚点团队”。当航班晚点时，晚点团队并不是要找出谁该担责，而是要找到各个群体间存在的协调问题。之所以强调团队协调是因为希望每个人关注准点起飞率、行李送达精准率和顾客满意度这些共同目标。当晚点成为整个团队必须共同面对的问题，员工才有动力去紧密合作并努力协调他们的活动，而不是每个人只顾自己，并试图逃避或推卸责任。管理者和员工密切合作，但管理者的工作不是“做老板”，而是促进员工学习、帮助员工完成工作。西南航空使用了较小的管理跨度：一名管理者大概负责八九名一线员工，这样管理者能有时间去指导和协助这些员工，员工被视为内部顾客。[75]

通过关系式协调的措施，管理者确保所有参与航班飞行的部门都能紧密协作。当关系式协调程度高时，人们就能分享信息并协调其活动，而不需要由上司或正式机制来告诉他们应该这样做。

10.4　影响组织结构选择的因素

纵向层级依然受到重视，因为它们让组织受益匪浅。要有效地组织大量的员工以合作的形式完成复杂的任务，某些程度的纵向层级通常是必需的。如果没有纵向结构，大型全球企业中的员工就不知道该做些什么。然而，在当今的环境中，组织的纵向结构通常需要与强有力的横向结构平衡以实现卓越的绩效。[76]

管理者如何知道究竟是应该设计一个强调正式、纵向层级的组织结构还是设计一个强调横向沟通和合作的组织结构？答案在于组织的战略目标及其技术特点。图表 10-12 描述了影响组织结构的因素，它们来自组织的内外部。外部的战略需要，比如环境状况、战略方向和组织目标，为组织设计带来了自上而下的压力，即组织必须适应环境并实现战略目标。组织结构的选择也必须考虑自下而上的压力，即在组织的产品和服务的生产过程中所采用的技术和工作流程。

图表 10-12　影响组织结构的因素

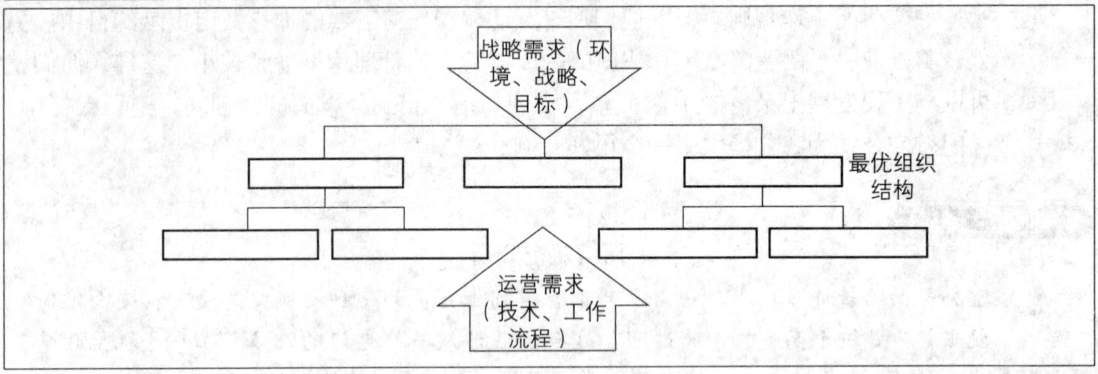

资料来源：Based on David A. Nadler and Michael L. Tushman，with Mark B. Nadler，*Competing by Design*：*The Power of Organizational Architecture*（New York：Oxford University Press，1977），p. 54.

10.4.1　结构紧随战略

研究表明，公司的组织结构与其战略目标和环境状况的匹配程度强烈影响其业务绩效，所以管理者要努力选择相互协调的战略和结构。[77]在第 8 章中，我们讨论了企业可以采纳的几种战略，由迈克尔·波特提出的两种战略分别是差异化战略和成本领先战略[78]：在差异化战略下，组织试图开发出市场上独一无二的创新型产品；在成本领先战略下，组织努力实现内部的高效率。

一般而言，追求成本和效率的战略目标出现在更加稳定的环境中，而追求创新和敏捷性的目标出现在更加不确定的环境中。“机械结构”和“有机结构”这两个术语可以用来解释组织结构对战略和环境所做出的响应。[79]效率目标和稳定的环境通常与机械结构相关。这种类型的组织通常拥有严格的、纵向的、集权化的结构，大部分决策是由高层做出的。这些组织高度专业化，规则、程序、清晰的职权链都是它们的特征。然而，拥有创新目标和处于快速变化环境中的组织，往往倾向于更松散、自由流动和适应性，采用有机结构。这种组织结构更加扁平，并且在决策上实现分权。低层级的员工拥有更多的职责和职权来解决问题，以确保组织更具流动性，更能适应环境的变化。[80]

图表 10-13 展示了一个简化的连续图，用来描述不同的组织结构与其战略和环境的关系。纯粹的职能制组织结构适合在稳定环境中达成内部的效率目标。纵向职能制组织结构使用专门和严格的指挥链来实现对稀缺资源的有效运用，但它不能保证组织的敏捷性或创新性。当主要目标是创新且组织需要敏捷性来应对不确定的环境时，横向的团队就非常合适。每个团队的规模都比较小，具有快速响应能力，拥有完成其任务所必需的人员和资源。灵活的横向结构可以确保组织的差异化，从而对变化的环境需求做出快速响应，但其代价是不能对资源进行高效利用。

图表 10-13 组织结构与战略和环境的关系

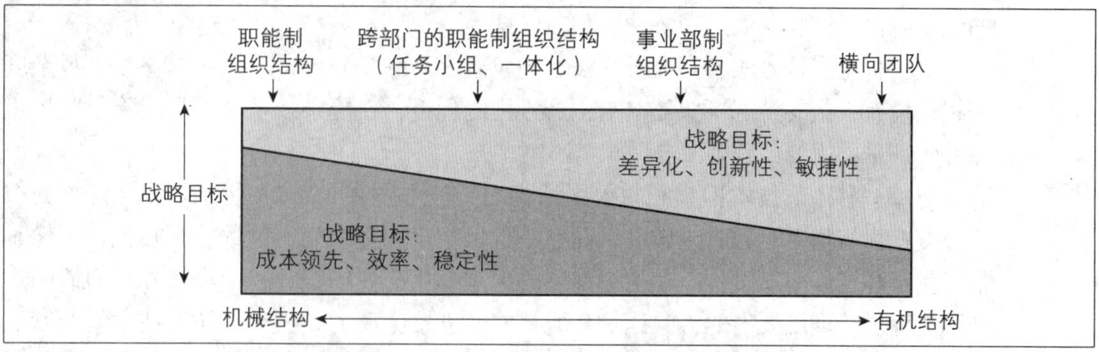

图表 10-13 也描绘了其他几种处于组织从效率目标走向创新目标过程中的组织结构形式。与纯粹的职能制组织结构相比，混合了跨职能团队和项目经理的职能制组织结构提供了更大的协作性和敏捷性。事业部制组织结构促进了差异化，因为每个事业部都可以把注意力集中到某一特定的产品或顾客身上，与小型团队相比，事业部的规模更大，敏捷性更差。图表 10-13 并没有包括所有可能的结构，但是它展示了如何利用组织结构来促进组织战略目标的实现。

10.4.2 结构适应技术

技术包括在把组织的投入转化为产出的过程中所使用的知识、工具、技巧和活动。[81]技术还包括设备、员工技能和工作程序。根据所从事的“生产活动”来思考技术这个概念是一种有效的方式，生产活动可能是网站的内容设计、钢材铸造、电视节目或者电脑软件。技术在制造型组织与服务型组织中是不同的。

■ 伍德沃德的生产技术类型

关于生产技术与组织结构的关系的最具影响力的研究是由琼·伍德沃德（Joan Woodward）完成的，她是英国的一名工业社会学家。[82]她收集了 100 家英国公司的数据来判断基本的结构性特征，比如管理费用、管理跨度以及集权化程度在不同企业是否不同。她发现，可以依据生产技术的三种基本类型来对制造型企业进行分类：

- 小批量、单件生产方式。采用**小批量生产**（small-batch production）的企业以每批一件或者几件的方式生产产品来满足顾客的特殊需要。这种技术也可用来制造大型的单件产品，比如数控机床。小批量生产类似于传统的手工艺生产，因为人是影响生产过程的最主要的因素。采用小批量生产制成的产品如定制服装、按单定制的机床、太空舱、卫星和潜艇等。

- 大批量、大规模生产方式。**大规模生产**（mass production）技术的特征是标准化的生产运营。产品被大批量地生产出来，所有顾客获得相同的产品。标准化的产品放入库存以备销售给需要的顾客。这种技术比小批量生产能更大程度地利用机器的能力。大部分的体力工作是由机器完成的，员工只需操作机器。大规模生产的例子是汽车装配线、烟草制品和纺织品生产。

- 连续生产过程方式。在**连续生产过程**（continuous process production）中，运用成熟而复杂的生产技术实现整个工作流程的机械化。整个过程是连续的，既没有开始时间也没有结束时间。运营人员并不是实际生产过程中的一员，因为由机械完成所有的工作，运营人员只是查看仪表、修理损坏的机器、管理生产过程。连续生产过程的例子有化工厂、酿酒厂、炼油厂和核电站等。

这三种生产技术的不同在于其**技术的复杂度**（technical complexity）。技术复杂度是指在没有人员的情况下机器参与生产过程的程度。在复杂技术下，员工除了监控机器外，几乎不需要做任何工作。

与每一种生产技术相对应的组织结构的特征如图表 10－14 所示。要注意，集权化程度在大规模生产方式中较高，而在小批量生产和连续生产过程中则较低。不像小批量生产和连续生产过程，使用标准化的大规模生产要求企业集中决策并有明确的规则和流程。管理层所占的人数比例和所需的非直接劳动力人数比例随着技术复杂度而增加：生产过程越是非常规化，就越需要管理者实施更严密的监管；随着机器的复杂性提高，需要更多的非直接劳动力从事维修等工作，因此，非直接/直接劳动力比例就会很高。一线管理者的管理跨度在大规模生产中最大，在一条装配线上，每个人从事的工作非常固定，这样一名监管者平均可以管理 48 名员工。在小批量生产和连续生产过程中，每名管理者的下属员工数量较少，因为需要对员工实施严密的监管。总体而言，实施小批量生产和连续生产过程的企业采用比较松散、灵活的结构（有机的），而实施大规模生产的企业拥有紧密的纵向结构（机械的）。

图表 10－14　生产技术与组织结构的关系

	生产技术		
	小批量	大规模	连续过程
技术复杂度	低	中	高
组织结构的特征：			
集权化程度	低	高	中
高管所占的人数比例	低	中	高
非直接/直接劳动力比例	1/9	1/4	1/1
管理者的管理跨度	23	48	15
沟通：			
书面（纵向）	低	高	低
口头（横向）	高	低	高
总体结构	有机的	机械的	有机的

资料来源：Based on Joan Woodward，*Industrial Organizations*：*Theory and Practice*（London：Oxford University Press，1965）.

伍德沃德发现，组织结构和技术的关系直接影响到公司的绩效。绩效差的企业往往偏离合适的结构形式，采用的是适合另一种技术的结构。绩效好的组织则有着与图表 10－14 列示技术相匹配的特征。

■ 服务技术

服务型组织的例子包括咨询公司、律师事务所、经纪人公司、航空公司、酒店、广告公司、游乐园和教育机构等。另外，服务技术也体现在大型企业，甚至制造型企业的一些部门里。许多制造型企业，比如福特汽车，它的法务、人力资源、财务和市场调研部门都提供服务。因此，这些部门的结构和设计反映独自的服务技术而非制造技术。**服务技术**（service technology）有如下特点：

● 无形的产出。服务型企业的产出是无形的，不同于物理产品，服务具有易损失性，不能存放在仓库里。服务如果不立刻消费，就会永远消失；而在某个时点生产出来的产品可以存放一段时间再出售。

● 与顾客的直接接触。在提供和购买服务的过程中，员工和顾客直接互动，生产和消费同时发生。而在制造型企业中，技术性员工与顾客是隔离的，不可能发生直接的互动。[83]

服务技术拥有一个直接影响到组织结构的独特特征，即它需要员工与顾客保持密切的关系。[84]它的结构特征与采用连续生产技术的组织的特征很相似，如图表 10－14 所示。服务型企业往往非常敏捷、非正式和分权化。横向沟通非常重要，因为员工必须共享信息和资源来服务顾客并解决问题。服务还会很分散，因此每一个服务单元通常都较小，在地理位置上离顾客比较近。例如，银行、酒店、快餐连锁店和诊所将自己的分店设在各地，由当地的分店来为顾客提供更快、更优质的服务。

一些服务可以细分为具体的步骤，以便员工遵守既定的规则和程序。印度就有一个有趣的例子：戴维·谢迪医生经营一家医院，这家医院通过应用标准化的手术流程和大规模生产的原则，以不到美国医院收费标准 10%的成本提供心脏手术，并且质量不减。这种方式与精益服务的趋势是一致的，即寻求同时提升质量和效率的服务工作。“在健康医疗服务中，你不可能只做一件事就降低价格，”谢迪医生说道，“我们必须做 1 000 件小事情。”[85]当服务可以标准化时，紧密联系的集权化结构会更奏效，但是服务型公司通常倾向于更加有机、灵活和分权的方式。

讨论题

1. Electronics Assembly 公司的管理者桑德拉·霍特要求她手下的资深技师赫克托·克鲁兹在她忙于编制预算时，处理部门内的一切事务。她需要至少一周的时间来完成编制预算工作。十天以后，桑德拉发现赫克托聘用了一名高级秘书，但赫克托完全不知道桑德拉曾经答应给另外两个人这一职位的面试机会。请评价桑德拉的授权方法。

2. 关系式协调与团队和任务小组有哪些不同？你认为关系式协调对于服务型企业更有价值还是对于制造型企业更有价值？请解释之。

3. 有人听见一名组织顾问说：“职能制组织结构的某些方面适合所有的组织。”你同意吗？请解释之。

4. 有人认为矩阵制组织结构只能作为迫不得已时的最后选择，因为相比于它能解决的问题，其双重指挥链可能会带来更多的问题。你同意这个观点吗？为什么？请讨论之。

5. 什么是虚拟网络方式？与其他的部门化方式相比，它在职权和职责的利用上有什么差别？请解释之。

6. 合益集团公布了一份报告，声称一些管理者的人格特征适合横向关系，比如项目经理，几乎不用正式的职权就能达成目标。另一些管理者更加适合纵向结构，他们需要更多的正式职权来扮演自己的角色。你认为何种类型的结构——职能制、矩阵制、团队方式，还是虚拟网络方式——比较适合你的人格特点？哪种组织结构对你而言最具挑战性？请给出理由。

7. 请描述制造技术与服务技术的主要差别。这些差别如何影响最有效的组织结构的选择？

8. 专家认为组织越来越分权化，即职权、决策职责和责任越来越下放到组织的低层。作为一名新晋管理者，这样的趋势会如何影响到你？对你提出了什么样的要求？

9. 本章建议结构设计必须适应战略，而一些理论家认为战略的制定必须适合组织的结构。你赞同哪个理论？请解释之。

10. 你认为脸书这种几乎完全在线上运营的公司与那些传统的公司（比如 AT&T 等利用互联网从事一些客户服务和 B2B 业务的公司）在组织结构上有区别吗？为什么？

技能运用：批判性分析案例

亚伯拉罕杂货店

比尔·亚伯拉罕和他的妹妹多丽丝于 1967 年创建了第一家亚伯拉罕杂货连锁店。他们利用一小笔遗产，在佐治亚州亚特兰大市的郊区开了一家小小的杂货店并获得了成功。店铺的地理位置很好，比尔和多丽丝都有吸引人的个性以及“服务顾客”的态度。亚伯拉罕杂货店的顾客数量快速增加，他们可以获得种类丰富、品质上乘的肉类和农产品，这使亚伯拉罕杂货店变得更有名。

到 2007 年，亚伯拉罕杂货店已经拥有 200 多家门店。公司总部迁到亚特兰大市中心，以监管遍布美国东南部的门店。公司总共有四位区域经理，每人负责大约 50 家门店。每个区域都有四个分区，每个分区约有 12～13 家门店。

因为该公司专注于品质卓越的肉类与农产品，每家门店都有单独的肉类部门经理、杂货部门经理与农产品部门经理。杂货部门经理同时担任门店经理，但是对肉类部门和农产品部门没有管理权。门店的肉类部门经理直接向分区的肉类经理汇报，门店的农产品部门经理直接向分区的农产品经理汇报。门店经理（同时也是杂货部门经理）直接向分区的门店主管汇报。每个部门的直线职权使得公司对每一家门店的肉类、农产品与杂货部门实现了卓有成效的质量控制。

然而，门店内部不满的声音却越来越多。门店经理的离职率很高，最主要的原因是他们对于门店内的肉类与农产品部门缺乏控制权。门店内的合作情况非常糟糕，比如说门店经理想要将可乐作为招徕顾客的廉价品以促进门店销售。于是，成百箱的可乐被运到门店以举办大减价活动，但是肉类与农产品部门经理却拒绝让出柜面空间来摆放可乐。沮丧的门店经理表示，这样下去无法维持门店的正常经营，于是选择辞职。在许多门店，肉类部门经理、农产品部门经理与门店经理之间的关系都是矛盾和冲突而非合作，因为每个人都想保护各自的部门。

多丽丝向一位咨询师寻求建议。这位咨询师建议对各个门店进行再造，使肉类、杂货与农产品部门的经理直接向门店经理汇报工作。这样门店经理就对门店的各项活动拥有完全的控制权，并且需要负责肉类、杂货与农产品部门之间的协调。每家门店的肉类部门经理向门店经理汇报工作，同时与分区的肉类经理有虚拟联系（沟通、合作）。类似地，每家门店的农产品部门经理与分区的农产品经理有虚拟联系。门店经理直接向分区的门店主管汇报。分区的肉类与农产品经理会定期巡视每家门店并提出一些建议，以帮助门店的部门经理确保肉类、农产品与杂货的质量。

这位咨询师非常热心地推荐了新的组织结构，门店经理会有更大的自由与职责。通过将门店部门的职责分配给门店经理，能够促进门店内部的合作，经理可以根据地方特色与顾客需求做出调整。而虚拟关系可以确保所有的门店都能提供质量上乘的肉类、杂货与农产品。

◆ 问题

1. 根据案例中提供的信息，画出亚伯拉罕杂货店的一家门店最初的组织结构以及门店经理与分区专家经理的关系。这是哪种类型的结构？请解释之。

2. 根据案例中提供的信息，画出咨询师推荐的门店组织结构以及门店部门经理与分区专家经理的关系。这是哪种类型的结构？请解释之。

3. 你认为这两种类型的组织结构各有哪些优点和缺点？你认为哪种组织结构最适合亚伯拉罕杂货店？为什么？

注 释

1. This questionnaire is based on Richard M. Wielkiewicz, "The Leadership Attitudes and Beliefs Scale: An Instrument for Evaluating College Students' Thinking About Leadership and Organizations," *Journal of College Student Development* 41 (May–June 2000): 335–346.
2. Claire Suddath, "Why There Are No Bosses at Valve," *Bloomberg Businessweek*, April 27, 2012, www.businessweek.com/articles/2012-04-27/why-there-are-no-bosses-at-valve (accessed August 10, 2012); Rachel Emma Silverman, "Who's the Boss? There Isn't One," *The Wall Street Journal*, June 20, 2012, B1; and Alex Hern, "Valve Software: Free Marketer's Dream, or Nightmare?" *New Statesman*, August 3, 2012, www.newstatesman.com/blogs/economics/2012/08/valve-software-free-marketeers-dream-or-nightmare (accessed August 10, 2012).
3. Russell Adams, "Hachette to Break Through 'Silos' As It Restructures Women's Magazines," *The Wall Street Journal*, March 2, 2009; Justin Scheck, "Dell Reorganizes, Creating New Mobile Device Division," *The Wall Street Journal*, December 5, 2009, B6; and Sony example from John Bussey, "Has Time Come for More CIOs to Start Reporting to the Top?" *The Wall Street Journal*, May 17, 2011, http://online.wsj.com/article/SB10001424052748704281504576327510720752684.html (accessed August 14, 2012).
4. John Child, *Organization: A Guide to Problems and Practice*, 2d ed. (London: Harper & Row, 1984).
5. Adam Smith, *The Wealth of Nations* (New York: Modern Library, 1937).
6. Leslie Kwoh, "Firms Hail New Chiefs (of Diversity)," *The Wall Street Journal* (January 5, 2012), http://online.wsj.com/article/SB10001424052970203899504577129261732884578.html (accessed August 13, 2012); Brian Knowlton, "White House Names First Chief Information Officer," *The New York Times*, March 5, 2009, http://thecaucus.blogs.nytimes.com/2009/03/05/white-house-names-first-chief-information-officer/ (accessed August 13, 2012).
7. Bussey, "Has Time Come for More CIOs to Start Reporting to the Top?"
8. This discussion is based on A. J. Grimes, "Authority, Power, Influence, and Social Control: A Theoretical Synthesis," *Academy of Management Review* 3 (1978): 724–735; and W. Graham Astley and Paramjit S. Sachdeva, "Structural Sources of Intraorganizational Power: A Theoretical Synthesis," *Academy of Management Review* 9 (1984): 104–113.
9. C. I. Barnard, *The Functions of the Executive* (Cambridge, MA: Harvard University Press, 1938).
10. Thomas A. Stewart, "CEOs See Clout Shifting," *Fortune* (November 6, 1989): 66.
11. Michael G. O'Loughlin, "What Is Bureaucratic Accountability and How Can We Measure It?" *Administration & Society* 22, no. 3 (November 1990): 275–302; and Brian Dive, "When Is an Organization Too Flat?" *Across the Board* (July–August 2003): 20–23.
12. Adam Lashinsky, "Inside Apple," *Fortune* (May 23, 2011): 125–134.
13. Carrie R. Leana, "Predictors and Consequences of Delegation," *Academy of Management Journal* 29 (1986): 754–774.
14. Chris Taylor, "Democracy Works," *Fortune Small Business* (May 2009): 40; and Heather Green, "How Meetup Tore Up the Rule Book," *BusinessWeek* (June 16, 2008): 88–89.
15. Clifford Krauss and Julia Werdigier, "BP's New Chief, Not Formally in the Role, Is Already Realigning Senior Managers," *The New York Times*, September 30, 2010, B3; and Guy Chazan, "BP's New Chief Puts Emphasis on Safety," *The Wall Street Journal*, September 29, 2010, http://online.wsj.com/article/SB10001424052748704116004575521394170919842.html (accessed August 14, 2012).
16. Ian Urbina, "In Gulf, It Was Unclear Who Was in Charge of Oil Rig," *The New York Times*, June 5, 2010; and Douglas A. Blackmon et al., "There Was 'Nobody in Charge,'" *The Wall Street Journal*, May 27, 2010.
17. George Anders, "Overseeing More Employees—With Fewer Managers" (Theory & Practice column), *The Wall*

Street Journal, March 24, 2008.

18. Barbara Davison, "Management Span of Control: How Wide Is Too Wide?" *Journal of Business Strategy* 24, no. 4 (2003): 22–29; Paul D. Collins and Frank Hull, "Technology and Span of Control: Woodward Revisited," *Journal of Management Studies* 23 (March 1986): 143–164; David D. Van Fleet and Arthur G. Bedeian, "A History of the Span of Management," *Academy of Management Review* 2 (1977): 356–372; and C. W. Barkdull, "Span of Control—A Method of Evaluation," *Michigan Business Review* 15 (May 1963): 25–32.
19. Reported in Brian Dive, "Hierarchies for Flow and Profit," *Strategy + Business*, August 26, 2008, www.strategy-business.com/article/08315 (accessed May 25, 2010).
20. Dive, "Hierarchies for Flow and Profit"; and Gary Neilson, Bruce A. Pasternack, and Decio Mendes, "The Four Bases of Organizational DNA," *Strategy + Business*, Issue 33 (December 10, 2003): 48–57.
21. Anders, "Overseeing More Employees"; Barbara Davison, "Management Span of Control"; Brian Dive, "When Is an Organization Too Flat?"; Brian Dumaine, "What the Leaders of Tomorrow See," *Fortune* (July 3, 1989): 48–62; and Raghuram G. Rajan and Julie Wulf, "The Flattening Firm: Evidence from Panel Data on the Changing Nature of Corporate Hierarchies," working paper, reported in Caroline Ellis, "The Flattening Corporation," *MIT Sloan Management Review* (Summer 2003): 5.
22. Gary L. Neilson and Julie Wulf, "How Many Direct Reports?" *Harvard Business Review* (April 2012): 112–119; and Bussey, "Has Time Come for More CIOs to Start Reporting to the Top?"
23. William G. Ouchi, "Power to the Principals: Decentralization in Three Large School Districts," *Organization Science* 17, no. 2 (March–April 2006): 298–307.
24. Sarah Lyall, "Britain Plans to Decentralize Health Care," *The New York Times*, July 24, 2010, www.nytimes.com/2010/07/25/world/europe/25britain.html?pagewanted=all (accessed August 14, 2012).
25. Quoted in Robert D. Kaplan, "Man Versus Afghanistan," *The Atlantic* (April 2010): 60–71.
26. Gen. Martin E. Dempsey, "The Army's Starfish Program and an Emphasis on Decentralization," Official Army Web site, April 26, 2010, www.army.mil/-news/2010/04/26/37979-the-armys-starfish-program-and-an-emphasis-on-decentralization/ (accessed August 30, 2010); and Bruce E. DeFeyter, "The Lion, the Starfish, and the Spider: Hitting Terrorists Where It Hurts," *Special Warfare* (March–April 2010): 26; Ori Brafman and Rod Beckstrom, *The Starfish and the Spider: The Unstoppable Power of Leaderless Organizations* (New York: Portfolio/Penguin 2006).
27. Andrew Campbell, Sven Kunisch, and Günter Müller-Stewens, "To Centralize or Not to Centralize?" *McKinsey Quarterly*, June 2011, www.mckinseyquarterly.com/To_centralize_or_not_to_centralize_2815 (accessed August 14, 2012).
28. Dennis Cauchon, "The Little Company That Could," *USA Today*, October 9, 2005, www.usatoday.com/money/companies/management/2005-10-09-mississippi- power-usat_x.htm.
29. Jennifer Reingold, "The Fun King," *Fortune* (May 21, 2012): 166–174.
30. Penney example reported in Ann Zimmerman, "Home Depot Learns to Go Local," *The Wall Street Journal*, October 7, 2008.
31. Clay Chandler and Paul Ingrassia, "Just As U.S. Firms Try Japanese Management, Honda Is Centralizing," *The Wall Street Journal*, April 11, 1991.
32. The following discussion of structural alternatives draws from Jay R. Galbraith, *Designing Complex Organizations* (Reading, MA: Addison-Wesley, 1973); Jay R. Galbraith, *Organization Design* (Reading, MA: Addison-Wesley, 1977); Jay R. Galbraith, *Designing Dynamic Organizations* (New York: AMACOM, 2002); Robert Duncan, "What Is the Right Organization Structure?" *Organizational Dynamics* (Winter 1979): 59–80; N. Anand and Richard L. Daft, "What Is the Right Organization Design?" *Organizational Dynamics* 36, no. 4 (2007): 329–344; and J. McCann and Jay R. Galbraith, "Interdepartmental Relations," in *Handbook of Organizational Design*, ed. P. Nystrom and W. Starbuck (New York: Oxford University Press, 1981), pp. 60–84.
33. Raymond E. Miles et al., "Designing Organizations to Meet 21st-Century Opportunities and Challenges," *Organizational Dynamics* 39, no. 2 (2010): 93–103.
34. Based on the story of Blue Bell Creameries in Richard L. Daft, *Organization Theory and Design*, 9th ed. (Mason, OH: South-Western, 2007), p. 103.
35. R. E. Miles et al., "Designing Organizations to Meet 21st Century Opportunities and Challenges."
36. Jaimelynn Hitt, "The Organizational Structure of Starbucks, Unilever, and Wal-Mart," http://voices.yahoo.com/the-organizational-structure-starbucks-unilever-1495147.html (accessed August 15, 2012); Mae Anderson, "Wal-Mart Reorganizes U.S. Operations to Help Spur Growth," *USA Today*, January 28, 2010, www.usatoday.com/money/industries/retail/2010-01-28-walmart-reorganization_N.htm (accessed August 15, 2012); and "Walmart," *TheOfficialBoard.com*, www.theofficialboard.com/org-chart/wal-mart-stores (accessed August 15, 2012).
37. Eliza Newlin Carney, "Calm in the Storm," *Government Executive* (October 2003): 57–63; and the Internal Revenue Service Web site, www.irs.gov (accessed April 20, 2004).
38. Brooks Barnes, "Is Disney's Chief Having a Cinderella Moment?" *The New York Times*, April 11, 2010, BU1.
39. Maisie O'Flanagan and Lynn K. Taliento, "Nonprofits: Ensuring That Bigger Is Better," *McKinsey Quarterly*, no. 2 (2004): 112ff.
40. The discussion of matrix structure is based on S. H. Appelbaum, D. Nadeau, and M. Cyr, "Performance Evaluation in a Matrix Organization: A Case Study," *Industrial and Commercial Training* 40, no. 5 (2008): 236–241; T. Sy and S. Cote, "Emotional Intelligence:

A Key Ability to Succeed in the Matrix Organization," *Journal of Management Development* 23, no. 5 (2004): 439; L. R. Burns, "Matrix Management in Hospitals: Testing Theories of Matrix Structure and Development," *Administrative Science Quarterly* 34 (1989): 349–368; Carol Hymowitz, "Managers Suddenly Have to Answer to a Crowd of Bosses," *The Wall Street Journal*, August 12, 2003; and Stanley M. Davis and Paul R. Lawrence, *Matrix* (Reading, MA: Addison-Wesley, 1977).

41. Howard Schultz, "Starbucks Makes Organizational Changes to Enhance Customer Experience," February 11, 2008, http://news.starbucks.com/article_display.cfm?article_id=66 (accessed August 15, 2012).
42. Robert C. Ford and W. Alan Randolph, "Cross-Functional Structures: A Review and Integration of Matrix Organization and Project Management," *Journal of Management* 18, no. 2 (1992): 267–294; and Thomas Sy and Laura Sue D'Annunzio, "Challenges and Strategies of Matrix Organizations: Top-Level and Mid-Level Managers' Perspectives," *Human Resources Planning* 28, no. 1 (2005): 39–48.
43. These disadvantages are based on Sy and D'Annunzio, "Challenges and Strategies of Matrix Organizations"; and Michael Goold and Andrew Campbell, "Making Matrix Structures Work: Creating Clarity on Unit Roles and Responsibilities," *European Management Journal* 21, no. 3 (June 2003): 351–363.
44. Darren Dahl, "Strategy: Managing Fast, Flexible, and Full of Team Spirit," *Inc.* (May 2009): 95–97.
45. Gary Hamel, "Break Free," *Fortune* (October 1, 2007): 119–126, excerpted from Gary Hamel, *The Future of Management* (Boston: Harvard Business School Press, 2007); and Nick Paumgarten, "Food Fighter: The Whole Foods CEO vs. His Customers" (Profiles column), *The New Yorker* (January 4, 2010): 36.
46. Geoff Keighley, "Massively Multinational Player," *Business 2.0* (September 2005): 64–66.
47. Melissa A. Schilling and H. Kevin Steensma, "The Use of Modular Organizational Forms: An Industry-Level Analysis," *Academy of Management Journal* 44, no. 6 (December 2001): 1149–1169.
48. Bob Sechler, "Colleges Shedding Non-Core Operations," *The Wall Street Journal*, April 2, 2012, A6; David Streitfeld, "A City Outsources Everything. California's Sky Doesn't Fall," *The New York Times*, July 20, 2010, A1.
49. Jena McGregor, "The Chore Goes Offshore," *BusinessWeek* (March 23 & 30, 2009): 50–51.
50. Raymond E. Miles and Charles C. Snow, "The New Network Firm: A Spherical Structure Built on a Human Investment Philosophy," *Organizational Dynamics* (Spring 1995): 5–18; and Raymond E. Miles et al., "Organizing in the Knowledge Age: Anticipating the Cellular Form," *Academy of Management Executive* 11, no. 4 (1997): 7–24.
51. Darren Dahl, "Want a Job? Let the Bidding Begin; A Radical Take on the Virtual Company," *Inc.* (March 2011), 93–96.
52. Raymond E. Miles and Charles C. Snow, "Organizations: New Concepts for New Forms," *California Management Review* 28 (Spring 1986): 62–73; and John W. Wilson and Judith H. Dobrzynski, "And Now, the Post-Industrial Corporation," *BusinessWeek* (March 3, 1986): 64–74.
53. N. Anand, "Modular, Virtual, and Hollow Forms of Organization Design," working paper, London Business School (2000); Don Tapscott, "Rethinking Strategy in a Networked World," *Strategy + Business*, Issue 24 (Third Quarter 2001): 34–41.
54. Joann S. Lublin, "Smart Balance Keeps Tight Focus on Creativity" (Theory & Practice column), *The Wall Street Journal*, June 8, 2009; and Rebecca Reisner, "A Smart Balance of Staff and Contractors," *BusinessWeek Online*, June 16, 2009, www.businessweek.com/managing/content/jun2009/ca20090616_217232.htm (accessed April 30, 2010).
55. Gregory G. Dess et al., "The New Corporate Architecture," *Academy of Management Executive* 9, no. 3 (1995): 7–20.
56. Harry Hurt III, "The Pain of Change at Boeing," *The New York Times*, November 20, 2011, www.nytimes.com/2010/11/21/business/21shelf.html (accessed August 15, 2012).
57. Charles Levinson and Margaret Coker, "The Secret Rally That Sparked an Uprising; Cairo Protest Organizers Describe Ruses Used to Gain Foothold Against Police," *The Wall Street Journal Online*, February 11, 2011, http://online.wsj.com/article/SB10001424052748704132204576135882356532702.html (accessed August 16, 2012).
58. Dexter Filkins, "Profusion of Rebel Groups Helps Them Survive in Iraq," *The New York Times*, December 2, 2005, www.nytimes.com /2005/12/02/international/middleeast/02insurgency.html (accessed August 30, 2010).
59. Raymond E. Miles, "Adapting to Technology and Competition: A New Industrial Relations System for the Twenty-First Century," *California Management Review* (Winter 1989): 9–28; and Miles and Snow, "The New Network Firm."
60. These disadvantages are based on Cecily A. Raiborn, Janet B. Butler, and Marc F. Massoud, "Outsourcing Support Functions: Identifying and Managing the Good, the Bad, and the Ugly," *Business Horizons* 52 (2009): 347–356; Dess et al., "The New Corporate Architecture"; Anand and Daft, "What Is the Right Organization Design?"; Henry W. Chesbrough and David J. Teece, "Organizing for Innovation: When Is Virtual Virtuous?" *The Innovative Entrepreneur* (August 2002): 127–134; N. Anand, "Modular, Virtual, and Hollow Forms of Organization Design"; and M. Lynne Markus, Brook Manville, and Carole E. Agres, "What Makes a Virtual Organization Work?" *Sloan Management Review* (Fall 2000): 13–26.
61. Hurt, "The Pain of Change at Boeing."
62. Steven Pearlstein, "Lifeguard's Ordeal Is Parable about Outsourcing," *The Washington Post*, July 14, 2012, www.washingtonpost.com/business/lifeguards-

ordeal-is-parable-about-outsourcing/2012/07/13/gJQAN6TtkW_story.html (accessed August 16, 2012).
63. Bob Sutton, "United Airlines Lost My Friends' 10-Year-Old Daughter and Didn't Care," *Bob Sutton Work Matters Blog*, http://bobsutton.typepad.com/my_weblog/2012/08/united-airlines-lost-my-friends-10-year-old-daughter-and-didnt-care.html (accessed August 16, 2012).
64. Laurie P. O'Leary, "Curing the Monday Blues: A U.S. Navy Guide for Structuring Cross-Functional Teams," *National Productivity Review* (Spring 1996): 43–51; and Alan Hurwitz, "Organizational Structures for the 'New World Order,'" *Business Horizons* (May–June 1996): 5–14.
65. Jay Galbraith, Diane Downey, and Amy Kates, "Processes and Lateral Capability," *Designing Dynamic Organizations* (New York: AMACOM, 2002) Chapter 4.
66. Thomas Kayser, "Six Ingredients for Collaborative Partnerships," *Leader to Leader* (Summer 2011): 48–54.
67. Siobhan Gorman and Julian E. Barnes, "Spy, Military Ties Aided bin Laden Raid," *The Wall Street Journal*, May 23, 2011, http://online.wsj.com/article/SB10001424052748704083904576334160172068344.html (accessed May 23, 2011).
68. "Panel Says Toyota Failed to Listen to Outsiders," *USA Today*, May 23, 2011, http://content.usatoday.com/communities/driveon/post/2011/05/toyota-panel-calls-for-single-us-chief-paying-heed-to-criticism/1 (accessed August 16, 2012).
69. William J. Altier, "Task Forces: An Effective Management Tool," *Management Review* (February 1987): 52–57.
70. Example from Paul Adler and Laurence Prusak, "Building a Collaborative Enterprise," *Harvard Business Review* (July–August 2011): 95–101.
71. Henry Mintzberg, *The Structure of Organizations* (Englewood Cliffs, NJ: Prentice Hall, 1979).
72. Paul R. Lawrence and Jay W. Lorsch, "New Managerial Job: The Integrator," *Harvard Business Review* (November–December 1967): 142–151; and Ronald N. Ashkenas and Suzanne C. Francis, "Integration Managers: Special Leaders for Special Times," *Harvard Business Review* (November–December 2000): 108–116.
73. Jody Hoffer Gittell, *The Southwest Airlines Way: Using the Power of Relationships to Achieve High Performance* (New York: McGraw-Hill, 2003).
74. This discussion is based on Jody Hoffer Gittell, "Coordinating Mechanisms in Care Provider Groups: Relational Coordination as a Mediator and Input Uncertainty as a Moderator of Performance Effects," *Management Science* 48, no 11 (November 2002), 1408–1426; J. H. Gittell, "The Power of Relationships," *Sloan Management Review* (Winter 2004),16–17; and J. H. Gittell, *The Southwest Airlines Way*.
75. Jody Hoffer Gittell, "Paradox of Coordination and Control," *California Management Review* 42, no 3 (Spring 2000): 101–117.
76. Claudio Feser, "Long Live Bureaucracy," *Leader to Leader* (Summer 2012): 57–65; and Harold J. Leavitt, "Why Hierarchies Thrive," *Harvard Business Review* (March 2003): 96–102, discuss the benefits and problems of vertical hierarchies. See Timothy Galpin, Rod Hilpirt, and Bruce Evans, "The Connected Enterprise: Beyond Division of Labor," *Journal of Business Strategy* 28, no. 2 (2007): 38–47, for a discussion of the advantages of horizontal over vertical designs.
77. Eric M. Olson, Stanley F. Slater, and G. Tomas M. Hult, "The Importance of Structure and Process to Strategy Implementation," *Business Horizons* 48 (2005): 47–54; and Dale E. Zand, "Strategic Renewal: How an Organization Realigned Structure with Strategy," *Strategy & Leadership* 37, no. 3 (2009): 23–28.
78. Michael E. Porter, *Competitive Strategy* (New York: Free Press, 1980), pp. 36–46.
79. Tom Burns and G. M. Stalker, *The Management of Innovation* (London: Tavistock, 1961).
80. John A. Coutright, Gail T. Fairhurst, and L. Edna Rogers, "Interaction Patterns in Organic and Mechanistic Systems," *Academy of Management Journal* 32 (1989): 773–802.
81. For more on technology and structure, see Denise M. Rousseau and Robert A. Cooke, "Technology and Structure: The Concrete, Abstract, and Activity Systems of Organizations," *Journal of Management* 10 (1984): 345–361; Charles Perrow, "A Framework for the Comparative Analysis of Organizations," *American Sociological Review* 32 (1967): 194–208; and Denise M. Rousseau, "Assessment of Technology in Organizations: Closed versus Open Systems Approaches," *Academy of Management Review* 4 (1979): 531–542.
82. Joan Woodward, *Industrial Organizations: Theory and Practice* (London: Oxford University Press, 1965); and Joan Woodward, *Management and Technology* (London: Her Majesty's Stationery Office, 1958).
83. Peter K. Mills and Thomas Kurk, "A Preliminary Investigation into the Influence of Customer-Firm Interface on Information Processing and Task Activity in Service Organizations," *Journal of Management* 12 (1986): 91–104; Peter K. Mills and Dennis J. Moberg, "Perspectives on the Technology of Service Operations," *Academy of Management Review* 7 (1982): 467–478; and Roger W. Schmenner, "How Can Service Businesses Survive and Prosper?" *Sloan Management Review* 27 (Spring 1986): 21–32.
84. Richard B. Chase and David A. Tansik, "The Customer Contact Model for Organization Design," *Management Science* 29 (1983): 1037–1050; and Gregory B. Northcraft and Richard B. Chase, "Managing Service Demand at the Point of Delivery," *Academy of Management Review* 10 (1985): 66–75.
85. Geeta Anand, "The Henry Ford of Heart Surgery," *The Wall Street Journal*, November 25, 2009, A16.

第 11 章

变革和创新

Change and Innovation

学习目标

学习完本章后，你应该能够：

1. 了解组织变革并解释当今组织中推动创新和变革的力量。
2. 了解在产品和技术革新中管理者可以采用的三种创新策略。
3. 解释创造力的价值，阐述促进创新的各种方法，包括自下而上的方法、内部竞赛、创意孵化器、创意倡导者以及创业团队。
4. 描述横向关联模型以及它对成功的产品和服务创新的贡献。
5. 解释开放式创新以及它在当今组织中的应用。
6. 讨论人员变革与文化变革对变革过程的重要性。
7. 了解组织发展和大规模群体干预的概念。
8. 解释组织发展中的解冻—改变—再冻结阶段。
9. 识别变革的阻力来源，描述管理者可以用来克服阻力的技巧。

你是否具有创新精神?[1]

导语：想想你现在的生活，指出对于下列各题项，哪些你是“大多赞同”的，哪些你是“大多不赞同”的。

	大多赞同	大多不赞同
1. 我总是寻求做事情的新方法。	______	______
2. 我认为自己的想法和行为都是有创意的，具有原创性。	______	______
3. 除非我看到它们真的对我身边的人有帮助，否则我不会相信那些新的玩意儿。	______	______
4. 在群体或者工作中，我通常会怀疑新想法。	______	______
5. 我通常会先于其他人去购买新的食品、物件和其他创新品。	______	______
6. 我喜欢花时间去尝试新东西。	______	______
7. 我的行为会影响别人也去尝试新东西。	______	______
8. 在我和我的同事中，我是第一批去尝试新想法和新方式的人之一。	______	______

得分及解释：个人创新精神反映了一个人对创新需求的意识和为尝试新事物所做的准备。创新精神同样被认为是一个人先于群体中的其他人采纳创新行为的程度。在许多公司中，个人和组织面对着持续变革的需要，创新精神被看作一项积极的个人特征。

计算你在个人创新精神维度上的得分，将第1，2，5，6，7，8题项上选择“大多赞同”的次数相加，再与第3，4题项上选择“大多不赞同”的次数相加。得分若为6～8分，表明你非常具有创新意识，很可能是第一批接受变革的人之一。得分若为4～5分，则说明与别人相比，你具有平均水平或者略高于平均值的创新精神。得分若为0～3分，意味着你可能偏好那些已经被证明有效的东西，因此不会对新的想法或创意感到激动。作为一名新晋管理者，高得分意味着你会重视创新和变革，低得分意味着你可能倾向于稳定和既成的方法。

你是否曾经梦想过为美国军方设计汽车、武器或者其他装备？机会来了。美国国防部高级研究计划局（Defense Advanced Research Projects Agency，DARPA）认为，通过向大范围的参与者（包括小企业、学术研究机构、公司、个体工程师）开放军方的创新项目，可以比传统的国防承包方式获得更多的智慧，也可节省时间和金钱。这种新模式的第一步是设计一个竞赛项目，看看志愿者们能否设计出一款新颖的水陆两栖车以取代海军陆战队现在使用的20世纪70年代的车型。军方领导人和美国纳税人都希望这场竞赛能省时、省钱地产生一款产品设计。2011年，军方取消了与通用动力公司（General Dynamic Corporation）签署的新款水陆两栖车项目合同，因为通用动力公司在这款车型的研发上耗费了30亿美元，军方认为太贵了。[2]

军方和各行各业中的组织一样，也在试图寻求创新优势。很多组织或许仍然在经济困境中挣扎，但是聪明的管理者知道他们不能让创新没有用武之地。成功的组织正在各个领域开展持续的创新。例如，高乐士公司（Clorox Company）下属的Hidden Valley食品企业在它广受欢迎、带有“Hidden Valley农场”标志的调味品系列中增添了一款更浓稠、放了更多奶油的新品，并冠以“新式番茄酱”进行促销，希望所有餐厅的餐桌上都能放上一瓶。[3]又如，手机上安装的Siri是苹果公司开发出的具有开创性的产品，它迫使亚马逊和谷歌购买技术以为消费者提供类似的服务。[4]

如果组织不能成功地变革和创新，它们就会死去。最新的对600多万家公司的调查发现，只有极少数的大企业有超过40年的历史。存活下来的公司都是对创新和变革执着不弃的公司。[5]每个组织都要面对快速而激烈的变革需求来应对不断变化的环境。想想通用汽车的例子，就在几年前，在濒临破产、不得不接受美国政府的援助后，通用汽车通过综合实施管理、组织结构、战略、文化和产品变革，奇迹般地再度占据了世界最大汽车生产商的地位。[6]

在本章中，我们将考察组织如何通过内部的变革和发展来响应环境的变化。首先，我们要考察组织变革的两个关键方法：引入新产品和新技术，变革人员与文化。之后我们将考察管理者如何实施变革，包括如何克服阻力。

11.1 创新和变化中的工作场所

组织变革（organizational change）被定义为组织采纳新的观点或行为。[7]有时变革和创新是由来自组织外部的力量所激发的，比如，一位强势的客户要求价格每年有所下降，一个关键供应商破产了，政府的一项新政策生效了。在中国，组织处于政府要求提高工资以帮助工人应对不断上涨的生活成本的压力之下。[8] 在美国，所有组织的管理者都面临变革的需求，以与最高法院于 2012 年通过的新《患者保护与平价医疗法案》(原来的健康医疗法案于 2010 年 3 月订立）中的规定保持一致。保险公司不得不将其理赔范围覆盖以前存在的各种伤病。① 小企业被要求为其员工购买健康保险，否则就要被罚款。各州政府正在评估究竟是扩大医疗保险覆盖的范围还是设立一些人们买得起的新险种。医护机构之间及与保险公司之间正在结为合作伙伴来消除法令和价格控制带来的财务压力。[9]

这些外部力量迫使管理者寻求运营更高效和其他方面的变革以保持所在组织的盈利能力。此外，公司的管理者还想发起一些重大的变革，比如成立员工参与型团队、引入新产品或者开发新的员工培训系统，但是他们并不知道如何使这些变革取得成功。

颠覆性创新成为那些想在全球范围内保持竞争力的公司的目标。**颠覆性创新**(disruptive innovation) 是指从根本上改变行业游戏规则的产品、服务或者流程创新。例如，DVD 几乎消灭了录像带产业，现在，视频则以同样的方式威胁着 DVD 的命运。数码相机淘汰了整个照相胶片行业。一家名为 Square 的公司开发了一种能插入手机的信用卡读取器。这是信用卡支付领域数万亿美元财务服务系统的颠覆性创新。Square 公司使得数百万小企业开始接纳信用卡，而无须承担由金融企业收取的交易费用。[10] 不少颠覆性创新来自 Square 这样的小企业，Square 是由推特的创始人杰克・多尔西（Jack Dorsey）创办的。一些观察者认为，中国和印度等新兴市场中的公司在未来将会产生大量这种创新。[11]

另外，西方公司越来越多地使用一种称为逆向创新或反向创新的方式。它不是把富裕国家的创新产品转移到新兴市场中，而是像通用电气（GE）、迪尔（John Deere)、雀巢、宝洁和施乐一样，为新兴市场开发低成本的创新产品，然后快速而廉价地将其重新包装后在发达国家出售。GE 的中国医疗团队开发出便携式超声波机，售价比高端机器低 15%。GE 在全世界出售这种产品，该产品线在六年内产值达到 2.78 亿美元。迪尔公司为印度的农民开发出高质量、低成本的拖拉机，而陷入经济衰退的美国农民对这种拖拉机的需求也日渐高涨。[12]

然而，变革特别是重大变革并不容易，很多组织很难取得变革的成功。有时候，员工缺乏提出新观点的欲望或动力，或者他们的想法从未被管理者听到，从而无法付诸实施。另一些时候，管理者了解到一些好的想法，但是在实施过程中与员工的合作出现了问题。成功的变革需要组织具有创造和实施想法的能力，也就是说，组织必须具有二元性。

二元方式（ambidextrous approach）意味着要把组织结构与流程结合在一起，既有创新的动力，又有系统的实施。例如，松散而灵活的组织结构及员工更大的自由度对于员工的创造力和提出新想法是非常有利的；然而，同样的情况通常也会使实施变

① 过去，保险公司一般不会支付因投保之前存在的伤病等而接受治疗的费用，新法案规定将对已有伤病提供保险。——译者

革非常困难，因为员工不太会服从。在二元方式下，管理者鼓励灵活性和自由度以利于创新，使用我们在本章将要讨论的其他一些方法让员工与创新部门一起提出新的观点。但是在实施变革时，管理者会采用一些更严格、集权化和标准化的方式。[13] 例如，总部设在伦敦的软件公司 Misys 的 CEO 迈克·劳里（Mike Lawrie）在公司的开源解决方案部门中创建了一个独立的事业部，这个新部门的目的是为医疗行业研发潜在的颠覆性技术。劳里希望为那些有创意的员工提供研发新软件所需的时间和资源，这款新软件能在医院、医生、保险公司以及其他医疗护理系统的参与者之间实现数据的无缝交换。要想实施新想法，实施的例行程序和精确性非常重要，只有这样，新想法才能在正常运作的组织中得以实施。[14]

11.2 产品革新和技术革新

组织必须接受各种各样的变革。创新的一个重要方法就是引入新产品和新技术。**产品革新**（product change）是组织产品或服务产出的变革。产品和服务创新是组织适应市场、技术和竞争变化的主要途径。[15] 新产品的例子包括亚马逊公司的 Kindle Fire 平板电脑、伊莱克斯公司生产的北极牌（Frigidaire）两眼煤气灶（在标准的 30 英寸（1 英寸约等于 2.54 厘米）煤气灶上安装两个灶眼）、都乐公司生产的 Yonanas 牌水果冰淇淋机（能将冰香蕉变成香蕉冰淇淋）。[16] 第一家综合移动电视服务企业 HBO Go 是服务创新的例子，本科生和研究生在线教育项目也是服务创新的例子。由于管理者对在线教育的创新性再造，新罕布什尔南方大学在《最快速发展公司》评出的全球最具创新性的前 50 家公司中跃居第 12 位。新罕布什尔南方大学校长保罗·勒布朗（Paul LeBlanc）雇用了一名在线客户关系公司的前 CEO，他按照 Zappos① 网站的风格重新组织学校的运营活动，目的在于提供卓越的客户服务。但他并没有就此止步，“我们想要创建一种能把我们现有的商业模式发扬光大的商业模式，因为如果我们不这样做，别人就会这样做。”勒布朗说。[17]

产品和服务的变革与组织中的技术革新息息相关。**技术革新**（technology change）是与组织的生产流程相关的变革，生产流程是指组织完成其工作的过程。技术革新是为了使产品的生产或服务的提供更有效率。Hammond's Candies 公司通过实施员工建议的技术变革每年节省了成千上万美元。例如，机械齿轮啮合技术的变革将装配线上所需的员工从五人减少到四人。另一项创意是包装棒棒糖的方法，这种方法保证了棒棒糖在运送至商店途中不会断裂。[18] 其他技术革新的例子还有西南航空公司在飞机上采用了能提升效率的翼梢小翼，美国邮政总局采用自动邮件分拣系统，强生制药公司的研发部门利用生物模拟软件对新药进行测试。

变革产品和技术的三种重要创新策略如图表 11－1 所示。[19] 第一个策略是探索，包括设计组织以鼓励创新和新观点。合作策略指的是创造一种环境和系统，以促进内部和外部的协作及知识共享。创新角色意味着管理者要确保流程和组织结构能够催生新观点，使其被接纳并付诸实施。

① Zappos 是美国一家卖鞋的 B2C 网站，自 1999 年成立以来成为卖鞋的最大网站，超过了亚马逊。——译者

图表 11-1　新产品和新技术的三种创新策略

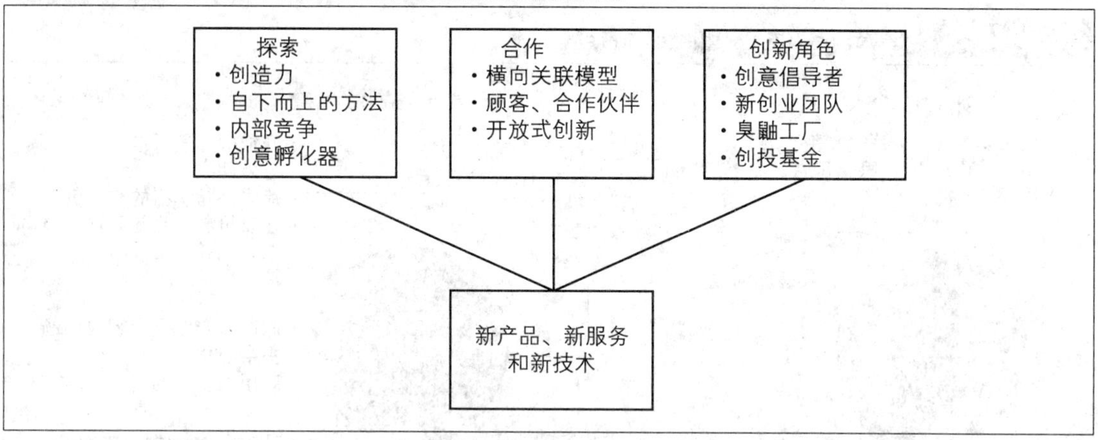

资料来源：Based on Patrick Reinmoeller and Nicole van Baardwijk, "The Link Between Diversity and Resilience," *MIT Sloan Management Review* (Summer 2005): 61 - 65.

绿色魔力

造一个更好的鼠标

以下这些情况我们都会遇到：老旧的笔记本电脑被扔在储藏室里，电脑显示器、硬盘驱动器和打印机被堆放在车库的角落里。谁会记得被扔在抽屉里的鼠标呢（实际上，其中有五个鼠标还连着线呢）？在一个重视可持续发展的世界里，当巨大的产品外壳还必不可少时，电子行业管理者的挑战就是如何进行变革和创新。富士通公司通过设计一款由再生材料制作的键盘解决了这个问题。这家公司使用有机材料取代塑料材料，开发出一个百分之百可生物降解的鼠标外壳。现在，公司间的竞赛开始了。富士通的创新为行业提供了一个前景，也就是说，有一天，所有的电子设备都会成为这场可持续革命的对象。

资料来源：Staff writers, "Fujitsu Unveils 'World's First' Biodegradable Mouse," *Business Green*, January 25, 2011, www.businessgreen.com/bg/news/1939343/fujitsu-unveils-worlds-biodegradable-mouse (accessed January 25, 2011).

11.2.1　探索

探索是新产品和新技术诞生的阶段。管理者通过创建一种鼓励创造力和允许新想法涌现的环境来设计探索型的组织。**创造力**（creativity）是指能够满足感知到的需求或者产生把握组织机遇的新想法的能力。[20] 因创造力而出名的人有：埃德温·兰德（Edwin Land），他发明了宝丽来照相机；瑞士工程师乔治·德梅斯特拉尔（George de Mestral），在注意到自己的羊毛袜上粘住的针尾草上有细小的钩状物后，他发明了魔术贴（Velcro）。这些人在大家熟悉的环境中看到了独特、有创造性的机会。

图表 11-2 的左栏展示了具有创造力的人的特点。众所周知，具有创造力的人通常匠心独运、思想开放、具有好奇心、专注于需要解决的问题、持之以恒、有着轻松而幽默的心态，并且乐于接受新想法。[21] 可以通过设计使组织富有创造力。大多数公司都喜欢更具创造力的员工，通常聘用更有创造力的人，然而，个体仅仅是事情的一个方面。我们每个人都具备一定的创造潜质，管理者有责任去创建一个让创造力迸发

的工作环境。[22]

图表 11-2 具有创造力的个人和组织的特点

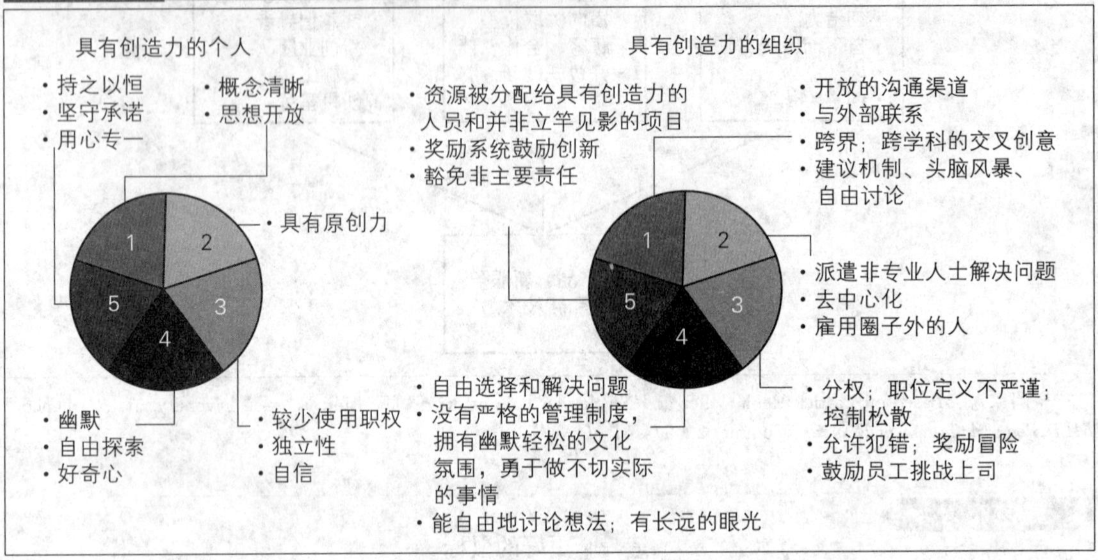

资料来源：Based on Gary A. Steiner, ed., *The Creative Organization* (Chicago: University of Chicago Press, 1965): 16-18; Rosabeth Moss Kanter, "The Middle Manager as Innovator," *Harvard Business Review* (July-August 1982): 104-105; James Brian Quinn, "Managing Innovation: Controlled Chaos," *Harvard Business Review* (May-June 1985): 73-84; Robert I. Sutton, "The Weird Rules of Creativity," *Harvard Business Review* (September 2001): 94-103; and Bridget Finn, "Playbook: Brainstorming for Better Brainstorming," *Business* 2.0 (April 2005): 109-114.

新晋管理者自我测试

评估你的创造力

导语：在下列各项中，请选出你认为能描述你个性的形容词。

1. 易受影响____	11. 诚实____	21. 有原创力____
2. 有能力____	12. 幽默____	22. 有反思精神____
3. 谨慎____	13. 个人主义____	23. 足智多谋____
4. 机智____	14. 非正式____	24. 自信____
5. 平凡____	15. 有洞察力____	25. 迷人____
6. 有信心____	16. 有智慧____	26. 很势利____
7. 保守____	17. 兴趣狭窄____	27. 真诚____
8. 传统____	18. 兴趣广博____	28. 顺从____
9. 以自我为中心____	19. 有发明创造精神____	29. 怀疑____
10. 不满意____	20. 有礼貌____	30. 非传统____

得分及解释：选择2，4，6，9，12，13，14，15，16，18，19，21，22，23，24，25，26和30中的任何一个形容词，加1分，选择1，3，5，7，8，10，11，17，20，27，28和29中的任何一个形容词，减1分。得分=________。最高的得分为18分，最低的得分为−12分。

创新来源于创造力。你在这份问卷上的得分反映了你在解决问题和寻找新方法上的创造力。256 名男性的平均得分为 3.57 分，126 名女性的平均得分为 4.4 分。45 名男性科学家和 530 名心理学研究生的平均得分均为 6.0 分。124 名男性建筑学家的平均得分为 5.3 分。335 名女性心理学专业学生的平均得分为 3.34 分。如果你的得分超过 5.0 分，那么，你的创造力可能超越了平均水平。你认为你的得分在多大程度上反映了你真实的创造力？将你的得分同班上其他同学的得分做比较。相比其他同学，哪些形容词对你的得分更加重要？

资料来源：Harrison G. Clough, "A Creative Personality Scale for the Adjective Check List," *Journal of Personality and Social Psychology* 37, no. 8 (1979): 1398-1405.

正如图表 11-2 右栏所示，具有创造力的组织的特点与具有创造力的个人的特点非常一致。具有创造力的组织结构松散，员工们发现自己身处模棱两可的境地，任务是含混不清的，边界是重叠的，任务规定得不明确，许多工作是通过团队来完成的。具有创造力的组织中的管理者支持冒险和试验，他们让员工参与各种各样的项目，这样员工就不至于局限在日常工作中；他们还消除了员工对犯错的担心，这种担心会阻碍创造性思维。[23]研究表明，成功的创新通常伴随着大量的失败。薪酬服务公司 SurePayroll 每年都颁发"最佳新错误奖"，以现金奖励的方式鼓励员工冒险创新。类似地，广告公司 Grey New York 每年都授予员工"英勇失败奖"。[24]具有创造力的组织都拥有幽默、自由、敢于挑战以及员工参与的内部文化。[25]图表 11-3 展示了 2012 年《最快速发展公司》杂志选出的世界十大创新公司。

图表 11-3 2012 年世界十大创新公司

排名	公司	原因
1	苹果	创造了其他公司必须竞争的市场
2	脸书	不断拓展的信息分享平台
3	谷歌	从一家搜索引擎公司转型为多元化的网络巨头
4	亚马逊	永续转型
5	Square	对信用支付系统的流程再造
6	推特	进一步推动了全球对话
7	The Occupy Movement	挑战政治、经济和社会陈规
8	腾讯	引领中国网络热潮
9	Life Technologies	加速基因测序
10	SolarCity	成为新太阳能技术的全方位提供者

资料来源："The World's 50 Most Innovative Companies," *Fast Company* (March 2012): 70-149.

创新型公司采用**自下而上的方法**（bottom-up approach），即鼓励公司的低层员工提出想法，这些想法从下往上报告，确保高层管理者听到这些想法并把它们付诸行动。[26]在 Intuit 公司，管理者创办了"愉悦设计论坛"（D4D），通常会有 1 000 多名员工参与。在 Intuit 公司工作几个月的两名员工提出了为 D4D 论坛创建一个在线社交网站的想法。第一年，该网站就汇聚了 32 个能推向市场的创意。[27]日本医药企业 Eisai Company 鼓励自下而上的创意产生方式，通过"创新社区论坛"关注具体的健康医疗相关问题。它目前推向日本市场的一个创意是把药做成果冻状，以方便阿尔茨海默病患者吞服。[28]下面的“经理会谈”专栏描述了部分公司采纳的一项有趣技术，它能让员工提出创新的想法以解决具体问题。

经理会谈

提出更好想法的六顶思考帽

有一种方法可以促使人们开阔思路，叫做六顶思考帽，是由爱德华·德博诺（Edward de Bono）提出的。这种方法鼓励人们把团队中消极的、批判性的思维与积极的、创造性的思维结合在一起。参与者实实在在地或者象征性地戴上一顶帽子，这顶帽子代表他独特的观点。他所戴的帽子能够帮助他跨出自己的舒适区，以无风险的方式提出创新的想法。六顶帽子的方法可以使通常无效的会议转变为创新地解决问题的尝试。

六顶思考帽

- 白帽：这种思考帽代表中立，只关注客观事实、数据和与问题相关的信息。
- 红帽：这种思考帽代表人们表达自己的主观情感，其观点基于感觉、直觉、本能和预感。
- 绿帽：这种思考帽代表能够为更好地解决问题带来新的想法、可能性、可选方案和独特方法。
- 黑帽：这种思考帽代表消极、悲观、批判性，关注的是一项建议为什么不能被采纳。人们一旦戴上这种颜色的帽子，就要指出每个想法中各种可能的缺点和错误。
- 黄帽：黄色思考帽与黑色思考帽相反。它代表乐观，关注的是各种想法的价值和好处。其重点在于哪些想法能够被采纳。
- 蓝帽：这种思考帽代表关注群体促进。尽管群体中的所有成员随时都可以戴上蓝帽，但一般来说，群体的领导者要戴上蓝帽。

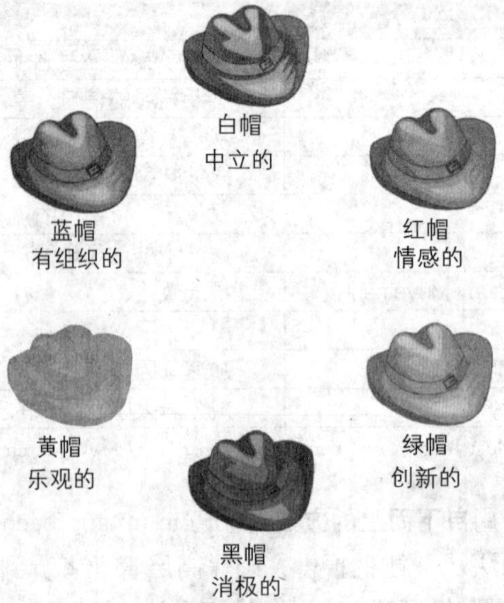

这种方法的应用

在一个创新的问题解决会议上要应用这六顶思考帽，应用者必须规划一个具体的时间表，在不同的时间段里，群体中的所有人都要戴上规定颜色的帽子，也就是说，在此期间他们持有相同的观点。应用者要安排好时间，什么时候所有的人用理性、基于事实的思考方式（白帽），什么时候用感性的思考方式（红帽），什么时候用创新的思考方式（绿帽），等等。结果是每一种观点（帽子）都能按序被大家听到，消极的观点或意见不会淹没创造性的观点。所有的人都有时间去思考一些好的想法，也都有时间去发现不对的地方。

资料来源：Based on Edward de Bono，*Serious Creativity*：*Using the Power of Lateral Thinking to Create New Ideas*（New York：HarperBusiness，1992）.

一些公司组织内部的创新竞赛。Borrego Solar Systems 的 CEO 迈克·霍尔（Mike Hall）在公司内网上主办了"创新挑战杯"竞赛，让那些害羞而内向的工程师提出他们对改进业务的想法。员工依据自身喜好投票，胜出者能得到一笔现金奖励。其中一个被马上付诸实施的创意是利用软件来保证销售和工程团队间的合作。[29] 普华永道的管理者通过举办类似于《美国偶像》① 的竞赛来激发员工提出创新的观点，从而改变了公众认为会计师都很无趣且缺乏想象力的刻板印象。

创新之道

普华永道国际会计师事务所

"我们员工的平均年龄为 27 岁，但是我们在税务和保险领域有着深厚的基础。"普华永道国际会计师事务所美国总裁鲍勃·莫里兹（Bob Moritz）说，"你如何让这个地方感觉像谷歌或者脸书？如何感觉到它的领先优势？"

与其他公司一样，普华永道也感受到了不断加剧的竞争和全球经济下滑带来的痛苦。利用全体员工的创造力来寻求有益的创意，不仅是件可以实施的好事，更是企业的大势所趋。米特拉·贝斯特（Mitra Best）是普华永道的"创新领袖"和《美国偶像》节目的粉丝，他从这档节目中获得了创意，加上他从视频聊天和在线讨论中得到的启发，他创建了 PowerPitch，这是一个联系并激励 30 000 名普华永道的员工开展趣味性、合作性竞赛的网站，员工都非常喜欢它。竞赛需要九个月，分为三个阶段，向合伙人以下层级的所有美国员工开放。每个参赛者必须招募一个团队，设计出一项新的服务或者对现有的服务进行根本性的再造，这些服务必须能带来价值 1 亿美元的年收入。获胜的团队将得到 10 万美元奖金和实施新想法的机会。

在第一轮竞赛中选出了将近 800 个建议，临近结束时，企业中有将近 60%的员工通过各种方法参与其中：直接参与、投票、评论和建议等。参加决赛的 5 个团队的成员飞到纽约总部，在座无虚席的公司大礼堂里展示他们的建议，回答听众提出的问题。全国各地的分支机构组织了"观察团"，通过网络直播观看整个比赛过程。冠军团队由 25 岁的金融服务专员扎卡里·卡波兹（Zachary Capozzi）带领，他们建议普华永道应用一种复杂的数据挖掘技术，这是奈飞公司用来预测电影观众观影兴趣的一种分析技术。对于缺乏这项技术的客户来说，这项服务价值连城，它也是给普华永道带来新客户和大量新收入的渠道。[30]

① 《美国偶像》是类似于中国的《超级女声》的选秀节目，以业余青年歌手大奖赛的形式让普通的美国民众自由参与，通过民意选出最受欢迎的歌手。——译者

和创新想法同等重要的是将它们付诸实践。遗憾的是，研究表明，美国员工的想法每六年才有一次实施的机会。[31]“没有什么比员工觉得他们的想法没有得到采用更让人丧气的了。”创业学教授拉里·贝内特（Larry Bennett）说道。[32]在普华永道，所有最终获奖的想法都被指派给一名资深“倡导者”，他将帮助该团队进一步去发展并实施他们的提案。半决赛前20名的想法被指派给一个创意孵化团队。**创意孵化器**（idea incubator）是一种组织活动，它是让员工不受公司官僚机制或政治干扰而产生并发展创意的机制。[33]

11.2.2 合作

产生创新的另一个重要手段是为组织内外部提供合作机制。产品和技术创新的想法通常产生自组织的低层，它需要在部门间横向流动。另外，公司外部的人员和组织也可能提供丰富的创新想法。缺少创新被广泛认为是当今企业面对的最大问题之一。波士顿咨询公司和《商业周刊》对高管所做的调查发现，有72%的人认为创新是第一要义，但有近半数的人声称他们对自己在这方面的表现并不满意。[34]因此，许多公司正在对它们发现和运用新想法的方法进行变革，变革的重点在于提升内部和外部的协调和合作。

■ 内部协调

成功的创新需要同时发挥几个部门掌握的专长，创新失败通常是因为合作不力。[35]索尼曾经是日本商业和创新成功的缩影，但目前正在生死线上挣扎，因为该公司已经多年没有热销产品，且从2008年开始就没有盈利。确实，索尼受到一个接一个颠覆性的新技术和意料之外的竞争对手的重击，但是最大的问题在于组织内部合作不力致使管理者无力还击。该公司早在苹果公司之前就开发出了像iPod一样的音乐播放器（索尼联合创始人盛田昭夫（Akio Morita）实际上在20世纪80年代就预想过这样的产品），但是部门间没法通过合作使该想法变为现实。而今，一些高层管理者抱怨下属管理人员拒绝分享信息或和其他部门一起开展工作。其结果是公司生产了许许多多不同但相似的产品，它们在市场上相互竞争，而公司还必须为这些不同部门生产的产品提供毫无关联的服务，却不能形成一个提供音乐、电影和游戏的共同平台。[36]“创新是一项团队活动。”谈及其他公司的创新时，企业家德鲁·博伊德（Drew Boyd）说道。[37]

成功创新的企业通常具有以下特征：

- 研发和营销人员积极地与顾客打交道以求理解顾客的需求并制定出解决办案。
- 技术专家知晓最新的技术发展情况并能高效利用这些新技术。
- 由高管提出并支持的共享的新产品开发流程贯穿整个组织的各个职能部门和单位。
- 来自关键部门（研发、生产、营销）的员工在新产品或服务的开发过程中开展合作。
- 每个项目自始至终都由一个核心的跨职能团队领导。[38]

通向成功创新的一条途径是**横向关联模型**（horizontal linkage model），如图表11-4中心的圆圈所示。[39]这个模型表明，同一组织内的研发、生产和营销部门都对新产品和新技术有贡献。这些部门的人员频繁地以团队或任务小组的形式会面，分享想法并解决问题。研发人员告知营销人员新的技术发展趋势，以了解它们是否对顾客有用；营销人员将顾客的抱怨传达给研发人员，便于他们在新产品的设计中避免这些问题，同时还将其传达给生产人员，以便产生能提高生产速度和产品质量的新想法；生产人员告知其他部门某个产品设想是否能在一定的成本内生产出来。在整个过程中，这个团队始终与顾客保持密切联系。麦肯锡的一项调查发现，80%的成功创新者在新产品和新服务的开发过程中会定期地测试并核实顾客的偏好。[40]遗憾的是，“新产品往往是根据组织内部的需要去研发的，由于不断地炒作和夸大以至于没有退路”。《新产品上市计划的 152 个实施要点：最著名新产品的上市策略和趋势》一书的联合作者琼·施耐德（Joan Schneider）和朱莉·霍尔（Julie Hall）这样写道。类似的情况在 20 世纪 80 年代中期也发生过，可口可乐公司错误地推出了新可乐以及最近上市的失败产品 Coke C2，其目标客户是 20～40 岁的人，公司宣称这种新产品含有的热量和碳水化合物减半，却保持原来的味道。产品开发团队对于这款新产品投入巨大，以至于无法客观地看待市场数据。[41]

图表 11-4　创新合作模型

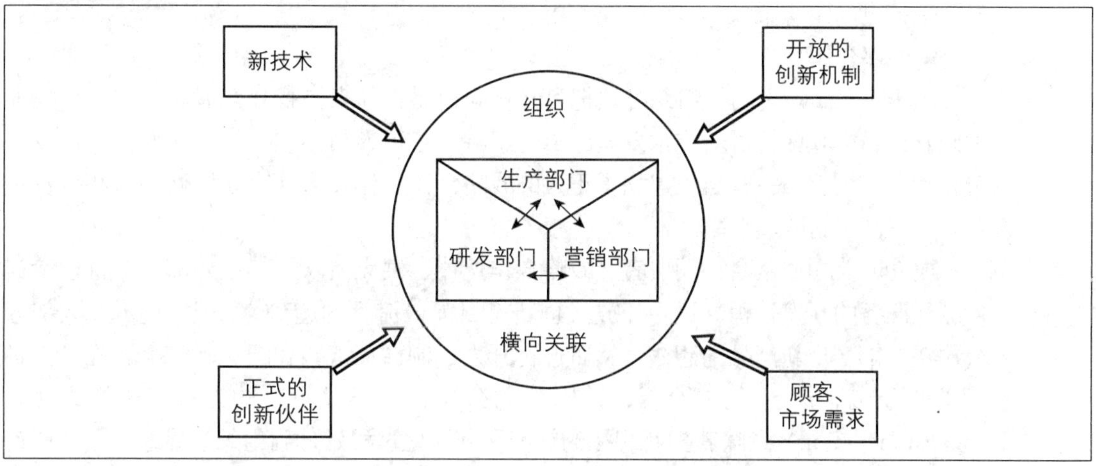

横向关联模型在高压力的商业环境中变得愈发重要，它要求快速地开发出新产品和新服务，并快速使之商业化。在当今的全球市场中，速度是一个重要的战略武器。[42]这种形式的团队合作类似于橄榄球比赛，运动员一同奔跑，在冲向前场的过程中来回传球。[43]下面的“创新之道”专栏介绍了康宁公司（Corning）如何使用横向关联模型在手机业务领域创造出新产品。

创新之道

康宁公司

手机的塑料屏幕非常容易划伤和破损，这使康宁公司特殊材料部门里的一个小团队产生了一个想法：如果用一种非常坚固但有韧性的玻璃制造手机屏幕，那会怎样？公司在 20 世纪 60 年代曾试图把这种玻璃出售给汽车公司作挡风玻璃（未能成功）。仅仅试制一批样品，测试消费者是否对此感兴趣，就要花费 30 多万美元，但是管理者冒了这个险，因为推动这个项目的是一位强势的创意倡导者。

一旦测试过程完成，潜在消费者表现出对产品的兴趣，那么，管理者就必须快速行动。康宁公司在极短的时间内就将这个项目从理念变成商业成功范例。其中一个原因是公司具有合适的文化和合适的系统。康宁的各个分支机构和部门都了解管理层对这个前途光明的新产品的期望、支持和对部门间合作的奖励。康宁的创新不是单个发明者或者小团队各自为政，而是由整个组织的跨专业团队来管理。公司有两个单位——公司科技委员会和增长与战略委员会，它们负责监督创新过程并确保部门间在新产品开发上高效合作。因此，来自研发、生产和营销部门的员工迅速达成一致，在开发新玻璃产品的团队中服务。

截至2010年，康宁的大猩猩玻璃（Gorilla Glass）已经在超过36个型号的手机和笔记本电脑以及其他设备上使用。当时预计截至2015年，大猩猩玻璃将是一笔价值5亿美元的生意。[44]

通过在新产品开发中采用横向关联模型，康宁公司非常有效地将产品快速由想法变为市场成功的范例。一些有名的创新失败通常是因为违背了横向关联模型，比如微软的Zune音乐播放器、美国铸币厂的苏珊·安东尼①纪念币（它可能是美国历史上最不受待见的纪念币）。

■ 外部合作

图表11-4还说明了组织必须把目光转向边界之外来寻找并发展新想法。工程师和研发人员必须保持对新技术发展趋势的了解，营销人员必须关注不断变化的市场环境和消费者需求。一些组织建立了正式的战略合作伙伴关系（比如战略联盟和合资企业）来提高创新的成功率。

成功的公司通常会让消费者、战略合作伙伴、供应商以及其他外部人员直接参与产品和服务的开发过程。这种开放式创新是目前最流行的趋势之一。[45]过去，大部分公司在内部产生新产品的想法，然后进行开发、制造、营销和配送，整个过程是一种封闭式的创新方式。然而今天，前瞻性的公司正在尝试不同的方式。**开放式创新**（open innovation）意味着把新想法的寻找和商业化过程延伸到组织边界之外，甚至跨越行业的边界，与企业外部的其他组织和个体分享知识和资源。

例如，游戏开发商Rovio把其“愤怒的小鸟”品牌进一步商业化，延伸到图书、电影和玩具领域，就是通过向外界出售这款流行的游戏的版权实现的。[46]日用品公司宝洁的一些畅销品全部或部分由外部生产商生产，包括Swiffer无线吸尘器、玉兰油新生焕肤系列以及浪白先生神奇清洁产品。[47]甚至在许多方面都以“封闭”而著称的苹果公司，也找到了利用开放式创新的办法。例如，虽然这家公司设置了研发指南和技术限制，但它允许所有人为iPhone手机开发和销售移动端App，作为交换，开发者能分享这些App所带来的一小部分收益。苹果公司每月通过苹果商店获取大约7 500万美元的收入。[48]

互联网使公司利用来自全球的想法并让成千上万的人为创新过程做出贡献变得可能。众包就是开放式创新中的一种。菲亚特汽车公司在2010年生产出第一辆众包汽

① 苏珊·安东尼（Susan B. Anthony）是19世纪的美国女权主义者、社会活动家，她对争取美国妇女参政权贡献卓著。——译者

车——Mio 概念车。这个汽车制造商推出一个网页，请人们思考一下未来的汽车会是什么样，全球超过 17 万人提交了想法。[49] 奥斯卡·德拉伦塔公司（Oscar de la Renta）在互联网上有一个“数字化灵感版”，任何人都可以在此上传新的设计图，从而为下一季的时装秀带来灵感。加拿大的黄金开采公司 Goldcorp 通过互联网让人们研究它的地质数据，并提出能找到更多黄金的地址建议。最终胜出的前 25 名建议者将分享 50 万美元的奖金，这家公司因此获得了超过 475 000 条建议和方案，发现了一些新的黄金储藏点，并找到不少疑似黄金储藏点。[50]

众包也被用于解决社会问题，收集创新想法。例如，在毁灭性的海地地震后，营救人员试图向 400 个诊所分派医疗人员和救援物资。他们在网上寻求帮助，请民众帮助标出这 400 个诊所的地理位置（把所有位置标注在一张地图上），几乎在 24 小时内这些诊所位置就标注出来了。如果派人去实地考察，可能要花好几个星期。在日本发生地震和海啸后，同样的众包地图使当地营救人员对形势有了更清晰的了解，这使他们在分配食品、设置避难所和卫生设施时能够分清轻重缓急。[51]

11.2.3 创新角色

产品和技术创新的第三个方法是创建结构化的机制来保证新想法能够向前推进、被员工接受并得以实施。管理者通过表达对创业活动的支持、授予员工一定的自主权以及奖励学习和冒险等方式直接影响组织中的创业活动。[52] 可采用的一个重要的手段是培育创意倡导者。**创意倡导者**（idea champion）是指看到组织内部变革的必要性并为创新变革而奋斗的人。

要记住，变革不会自动发生。要想成功地提出一个新想法，需要个人付出精力和努力。当得州仪器研究了公司推出的 50 个新产品后，发现一个惊人的事实：毫无例外，每个失败的新产品都缺少一个狂热的创意倡导者。相反，大部分成功的新产品都有这样的创意倡导者。管理者立刻做出决定：除非有支持它的创意倡导者，否则新产品不能获得批准。同样，SRI 国际公司是一家根据合同来开展研发活动的企业，其管理者信奉这样的格言：“没有创意倡导者就没有产品，毫无例外。”[53] 研究证实，成功的新想法通常需要得到那些对此深信不疑的人的支持，这样的人还要能说服他人相信它的价值。[54] 回想一下普华永道创新竞赛中的获奖方案是如何全部分派给资深倡导者的，只有这样，它们才不会在投入日常运作后偏离轨道。

有时，新想法会遭到高层管理者的抵制。尽管被他人拒绝，但是，创意倡导者依然会忠于新想法或者新产品。例如，罗伯特·文森特（Robert Vincent）曾两度被半导体公司的两名区域经理解雇，但他两次都说服总裁和董事会主席让他恢复原职，继续实施他的想法，即开发一种能测量加速和减速的安全气囊传感器。因为没有获得支持，所以文森特努力争取用一半的时间去完成另一个项目，把节省下来的时间花在新产品开发上。[55]

倡导一种理念需要组织内部有多个角色，如图表 11-5 所示。有时，一个人可以同时扮演两个以上的角色，但是在大部分公司中，成功的创新需要不同人员之间相互作用，在这种情况下，每个人只扮演一个角色。发明者萌发一个新想法并了解其技术价值，但他既缺乏能力也缺乏兴趣去宣传以得到组织内部的认可；支持者相信这种想法是正确的，直面组织的成本和收益现状，赢得必要的行政和财务支持，使它变为现实；担保者是批准并捍卫这一想法的高层管理者，他们为了让组织接受它而扫除障碍；批评者通过提出挑战、用严格而苛刻的标准进行客观测度来打压支持者，阻止扮演其他角色的人接受错误的想法。[56]

图表 11-5　组织变革中的四类角色

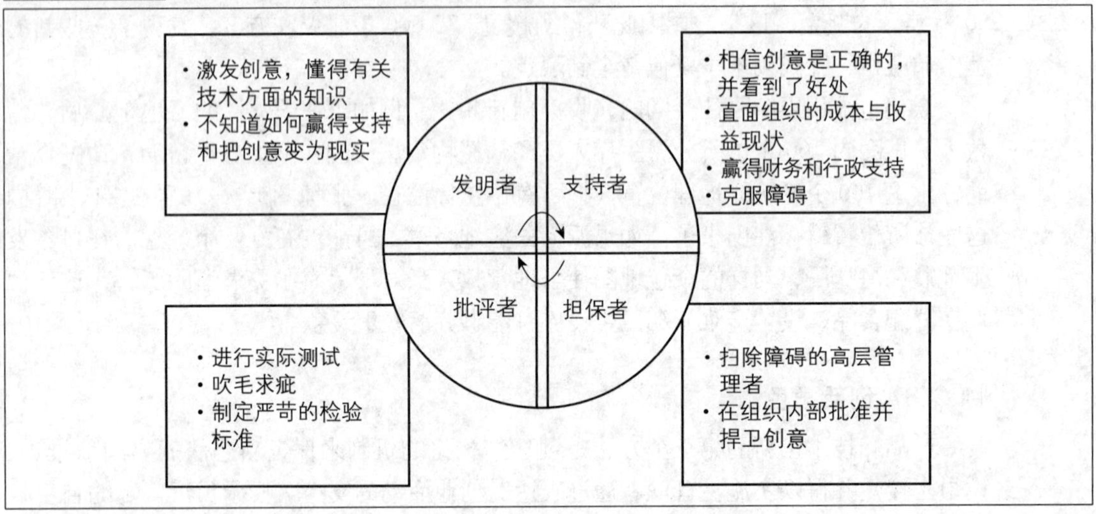

资料来源：Based on Harold L. Angle and Andrew H. Van de Ven，"Suggestions for Managing the Innovation Journey," in *Research in the Management of Innovation*：*The Minnesota Studies*，ed. A. H. Van de Ven，H. L. Angle，and Marshall Scott Poole（Cambridge，MA：Ballinger/Harper & Row，1989）；and Jay R. Galbraith，"Designing the Innovating Organization," *Organizational Dynamics*（Winter 1982）：5-25.

促进公司创新的另一种方式是借助**创业团队**（new-venture team）。创业团队是独立于组织其他部门，负责开发和启动重大创新项目的单位。[57]创业团队能充分发挥成员的创造力，因为他们拥有独立的设施和场所，员工免受组织规定和程序的束缚。这些团队通常规模较小，结构松散，富有柔性，图表 11-2 描述了有创造力的组织的特征。很好的一个例子就是雀巢公司的 Nespresso 项目，它开发出胶囊包装的高品质咖啡系列以供特殊设计的咖啡机使用。这个团队发现公司大量的规则、结构和规定妨碍了自己的行动。此外，这个项目还面临来自管理者的阻力，这些管理者担心新的高端产品系列会冲击现有的产品。高层管理者将 Nespresso 业务从现有的组织结构中剥离出去，这样它就可以充分利用创业文化，推动创新想法的产生。[58]宝洁建立了好几个新业务开发小组，寻找并发展跨业务和跨部门的突破性想法。这些团队对宝洁创新成功率的大幅上升有一定的贡献。[59]

创业团队的一种变体叫作**臭鼬工厂**（skunkworks）。[60]臭鼬工厂是指独立、小规模、非正式、高度自治并且通常保密的团队，该团队致力于某个业务的突破性想法。最早的臭鼬工厂至今还在，它是 50 多年前由洛克希德·马丁（Lockheed Martin）创建的。臭鼬工厂的精髓在于给予天才员工一定的时间和自由，释放他们的创造力。[61]让我们看看隐秘的谷歌 X 实验室，在《纽约时报》报道它之前，它高度机密，不少谷歌的员工都不知道它的存在。X 位于一个秘密的地点，是公司最保密的一个实验室，里面的工程师都在为一些宏大的目标而努力，像无人驾驶汽车，便于人类前往太空收集信息或者将东西投放到太空中去的太空舱，替你参加会议而你只需待在自己的办公室里的机器人。[62]在通用汽车公司，臭鼬工厂的地点称作 X 工作室，甚至对高管都保密。[63]

与此相关的一个问题是**创投基金**（new-venture fund）。创投基金提供资源，个体和团队可以利用这些资源来开发新想法、新产品或者新业务。例如，在必能宝公司（Pitney Bowes），其“新商机”（NBO）项目为团队提供资金去探索那些具有巨大潜在收益却未经证实的想法。“新商机”项目旨在为邮件和文件管理服务公司开创一系列的新业务。类似地，荷兰皇家壳牌石油公司将其 10%的研发预算投到“游戏规则颠覆者”（GameChanger）活动中。这项活动为那些在大型产品开发系统中会被忽视的野心勃勃的、激进的、长期的创新项目提供种子资金。[64]有了这些活动，高级经理的支持和帮助就与资金本身同等重要了。[65]

11.3　人员与文化的变革

成功的变革包括人员与文化的变革。人员与文化的变革是指员工如何思考，即心智模式的改变。**人员变革**（people change）仅仅涉及少数员工，比如送一些中层管理者去参加一个培训课程，以此来提高他们的领导能力。**文化变革**（culture change）涉及整个组织，比如，美国国税局将自己的基本定位从一个主要是收税和按章办事的组织转变为致力于告知、教育以及服务顾客（纳税人）的机构。[66]大规模的文化变革并不容易，实际上，管理者经常称对人员和文化实施变革是他们最艰难的工作。[67]例如，通用汽车公司的新高管因将公司从破产边缘救了回来并取得了非凡的财务成果而备受称颂，但连 CEO 丹·埃克森（Dan Akerson）也承认，从变革官僚体制、传统文化的角度来衡量，他们仅仅达到目标的 25%。埃克森的一个目标是让更多女性参与高层工作，部分原因在于他相信女性能够带领通用汽车公司进行必要的根本的文化变革。如今，公司 12 名总监中有 4 名是女性，一名女性领导着全球产品开发业务，公司一些最大的工厂也由女性运营。[68]两种能使文化变革平稳进行的具体工具是培训与开发计划以及组织发展规划。

11.3.1　培训与开发

培训是改变人员心智模式最常用的手段之一。企业可以为大量员工提供各种主题的培训项目，如团队合作、多元性、情感智力、质量圈、沟通技能或者参与式管理。

成功的公司想为每个人提供培训和发展机会，尤其重视对管理者的培训和开发。其背后的理念是管理者的行为和态度将会影响组织方方面面的人并带来文化变革。包括英特尔和超微半导体公司（Advanced Micro Devices，AMD）在内的硅谷的许多公司定期将管理者派至“领导力中心”（Leadership Center，GLC），学习如何运用情感智力来建立更好的关系。AMD 的技术开发部总监尼克·开普勒（Nick Kepler）非常惊讶地了解到他不掺杂任何情感的工作方式是如何威胁到他人的，并摧毁了向基于合作型团队的文化转变所需要的关系。[69]

11.3.2　组织发展

组织发展（organization development，OD）是有计划的、系统的变革过程，它应用行为科学的知识和技术，通过增强组织适应环境的能力、改进内部关系、提高组织学习和解决问题的能力来提高组织的健康度和效率。[70] 组织发展强调的是组织的人员因素与社会因素，致力于改变个体的态度及员工的人际关系，提高组织的适应能力和再生能力。[71]

组织发展可以帮助管理者解决至少三类问题[72]：

- 兼并或收购。不少企业在兼并和收购后的财务状况令人失望，这是管理层对两家公司在管理风格和企业文化上是否匹配的判断失误造成的。管理层或许会关心在技术、产品、营销和控制系统上潜在的协同，却没能认识到两家公司可能具有迥然不同的价值观、信念和处事方式。这些方面的差异会使员工感觉到压力和焦虑，而这些负面情绪会影响未来的绩效。在企业兼并或收购过程中，管理者应该对文化差异进行评估，可以利用组织发展专家来推动两家企业的顺利整合。
- 组织衰退或复苏。组织都会经历衰退与复苏的生命周期，它们会遇到一系列的问题，包括信任度低、缺少创新、高离职率以及高冲突和高压力。转型时期需要采取不同的行为，包括对抗压力、鼓励开放式沟通以及培育能带来高生产率的创新。组织发展技术可以通过管理冲突、培育承诺和促进沟通为组织复兴做出巨大贡献。
- 冲突管理。冲突在一个健康的组织中随时随地都可能发生。例如，一家电脑公司成立了一个负责引进新软件包的产品团队；该团队成员固执己见，没有取得什么进展，因为成员间不能就项目目标达成一致意见；在一家制造企业里，销售人员向顾客承诺的交货日期与商场主管安排的订单执行的先后顺序相抵触；在一家出版公司，有两名经理十分厌恶对方，他们在会上争吵，用政治手腕暗中伤害对方，因此两个部门的业绩都受到影响。组织发展方面的工作可以帮助解决这些冲突，以及组织在多元化和全球化的过程中面临的冲突。

组织发展可以用来解决上述种种问题及其他不少问题。然而，要使它对公司和员工产生真正的价值，组织发展的实践者不能只考虑解决具体问题的方法。相反，他们必须关注更广泛、可以促进组织改善的问题，比如倡导集体感，促进开放和信任的组织氛围，确保公司给员工提供个人成长和发展的机会。[73] 最新的一项研究考察了某个大都市的警察局里实施的组织发展项目，这家警察局曾经深受高离职率、低士气、无效领导和内部冲突的困扰。组织发展顾问在4年时间里开展了各种各样的活动来化解威胁到这个部门的危机。那是个漫长、艰难的过程，但是研究发现，组织干预不仅带来了极佳的结果，而且其积极的影响持续了超过30年。[74]

■ 组织发展活动

组织发展顾问采用多种多样的专业技术来帮助实现组织发展的目标。其中最流行且最有效的三种技术如下：

- 团队建设活动。**团队建设**（team building）提高了组织中成员和团队的凝聚力和成功率。例如，可以对跨部门的团队成员进行一系列的组织发展训练，帮助他们学会以团队为单位行动和履行职责。组织发展专家可以和他们共事，来提高他们的沟通技能，改进他们彼此交往的能力，并帮助他们接受共同目标。
- 调查反馈活动。**调查反馈**（survey feedback）从给员工发送有关他们所在组织的价值观、氛围、员工参与度、领导力以及群体凝聚力的问卷开始。调查完毕之后，组织发展专家与员工小组会面，对他们的答卷及列举的问题给予反馈。员工要参与根据这些数据解决问题的活动。

- 大规模群体干预。近年来，对当今复杂、快速变化的世界进行根本性组织变革的需求使得人们对于组织发展技术在大规模群体环境中的应用的兴趣与日俱增。[75] **大规模群体干预**（large-group interventions）是指将来自组织各个部门的参与者召集在一起，通常还召集组织外部的关键利益相关者，让他们共同探讨问题或机遇，并制定变革方案。大规模群体干预可能有 50～500 人参加，持续数日。其理念是让变革的每一个利益相关者都参与，从组织系统的各个方面收集意见，让大家通过可持续、有指导的会谈和对话创造共同的未来。

大规模群体干预是最广为流传且快速发展的组织发展活动之一，它反映了组织变革方法自早期的组织发展概念和方法以来的重大转变。[76] 图表 11－6 列举了传统组织发展模型与大规模群体干预的组织变革模型的主要区别。[77]

图表 11－6　文化变革的组织发展方法

	传统组织发展模型	大规模群体干预模型
行为焦点：	特定的问题或者群体	整个系统
信息		
来源：	组织	组织和环境
传播：	有限	广泛共享
时间范围：	循序渐进的	快速的
学习：	个体、小群体	整个组织
变革过程：	渐进式变革	激进式变革

资料来源：Adapted from Barbara Benedict Bunker and Billie T. Alban, "Conclusion: What Makes Large Group Interventions Effective?" *Journal of Applied Behavioral Science* 28, no. 4 (December 1992): 579－591.

比较新颖的大规模群体干预方式的重点在于整个系统，它考虑到组织与其环境的相互作用问题。供大家讨论的信息源扩展到顾客、供应商、社区成员，甚至还包括竞争对手，这样的信息被广泛共享，因而每个人对组织及其所处环境都有相同的了解。当整个系统都介入时，变革的加速是显而易见的。另外，组织的各个部门同时学习，而不再是个体、小群体或业务单元单独学习。其结果是，大规模群体干预方式为整个组织文化的根本、激进的转变提供了更大的可能性，而传统的组织发展方法一次只能引起几个个体或者小群体的短暂、渐进的变革。

■ 组织发展的步骤

组织发展专家知道，企业文化和人际行为方面的变革很难完成，需要付出极大的努力。组织发展理论指出，人的行为和态度改变有三个明显的阶段：解冻—改变—再冻结。[78]

第一阶段是**解冻**（unfreezing）。它是指使整个组织的所有人都意识到问题所在及变革的必要性。这个阶段要唤起人们对变革自己的态度和行为的意识。当管理者提供信息，说明当前的现状与合意行为或绩效不相符时，可能就开始解冻了。另外，管理者需要制造一种紧迫感，促进员工解冻。管理者要与员工开诚布公地讨论变革问题，并激发员工变革的愿望。解冻阶段通常与诊断联系在一起，诊断要借助于外部专家，这些外部专家被称作变革代理人。**变革代理人**（change agent）是组织发展专家，负责对组织开展系统的诊断并找到与工作相关的问题。他们通过人员访谈、问卷调查及面谈观察等收集并分析数据。该诊断有助于组织确定问题的严重程度，并通过使管理者认识到自己行为中存在的问题来帮助管理者解冻。

第二阶段是**改变**（changing）。当个体在工作环境中尝试新行为并学习到新技能时，改变就发生了。这个过程有时也称作“干预”。此时，变革代理人要实施专门的管理者和员工培训计划。这个过程可能包括一系列具体的步骤。[79] 例如，管理者将一群既有意愿又有能力指导变革的人召集在一起，创造出每个人都深信不疑的变革愿景，并在整个公司广泛地宣传。另外，成功的改变还需依靠情感和逻辑来说服员工，并授权员工执行计划，完成预期的变革目标。

第三阶段是**再冻结**（refreezing）。当个体获得了新态度或新价值观，并因此受到组织的奖励，再冻结就发生了。新行为的作用必须得到评估和强化。变革代理人要提供新的数据，证明绩效出现了积极的变化。管理者可能会向员工提供最新的数据，说明每个员工和组织的绩效确实都提高了。高层管理者要庆贺成功并奖励积极的行为改变。在此阶段，变革内化于组织文化中，这样员工就会将变革视为组织运转的正常、不可分割的一部分。员工可能还要进修课程以巩固和强化新的行为模式。

下面的“创新之道”专栏揭示了 ENSR 公司的管理者为了创建一个高绩效、以员工为中心的文化而在“解冻—改变—再冻结”过程中所做的努力。

创新之道

ENSR

当 ENSR 的高层管理者听闻高离职率给公司与客户间的关系带来巨大影响时，他们就知道必须采取措施了。ENSR 是一家提供全方位服务的环保服务公司，在全球 90 多个地区拥有 3 000 名员工。与客户建立长期关系对于 ENSR 的成功至关重要。

为了解决高离职率问题，管理者开始了文化变革的进程。为了让员工意识到变革（解冻）的必要性，ENSR 的总裁和 CEO 同人力资源高级副总裁奔赴 50 多个较大的全球分支机构。他们与员工召开市政厅式会议①，与管理者召开领导力研讨会。他们对员工开展调查以发现员工的主要需求。变革步骤中包括培训。例如，培训主管如何帮助低绩效员工提高绩效，如何为表现出高潜在领导力的员工提供更大的挑战和奖励。

仅仅几年时间，新行为模式就成了公司的常规。ENSR 的离职率从 22%下降至 9%，成为行业中离职率最低的企业之一，同时员工会因达到个体和共同的高目标（再冻结）而获得认可和奖励。ENSR 继续吸引高质量的员工来填补职位空缺，这帮助它将高绩效文化延续下去。[80]

---

① 市政厅式会议：西方国家一种非正式的民众集会，是竞选者与当地选民保持接触和交流意见的形式之一，通常在市政厅举行。——译者

11.4 实施变革

变革的最后一个步骤是实施变革。新的有创意的想法除非落实到位且被充分利用，否则不会给组织带来任何好处。管理者的困扰之一是员工经常看似没有任何理由地抵制变革。为了有效地管理变革过程，管理者必须了解人们抵制变革的原因并采纳一些获得员工合作的技术。

11.4.1 变革的必要性

许多人只有在面对问题或危机时才愿意变革。危机感或对变革的强烈需要会降低变革的阻力。通用汽车公司与全美汽车工人工会（UAW）关系的变化就是一个很好的例子。通用汽车公司的管理者与工人建立一种更合作的关系的努力一直遭到汽车工人工会领导人的抵制，但是，公司面临破产的困境证明了这种合作关系的必要性。[81] 有时候并没有引发变革的明显的危机，大多数问题都是很微妙的，所以管理者必须认识到这一点，并使其他人理解变革的必要性。[82] **变革的必要性**（need for change）就是目前水平与预期绩效水平的不一致。

11.4.2 变革的阻力

使员工了解变革的必要性是实施变革的第一步。大部分的变革会遇到一定的阻力，创意倡导者通常会发现其他员工对他们的新想法并不怎么热情。当规则导向型组织中的管理人员不支持或不批准他们的变革时，创业团队成员就无法推进变革。不参与创新的管理者和员工通常是因为安于现状。人们抵制变革的理由多种多样，了解这些原因有助于管理者更加有效地实施变革。

■ **自我利益**

人们抵制变革常常是因为他们认为此项变革与自身的利益相冲突。例如，有关工作设计、组织结构或技术变革的方案或许会增加员工的工作负担，或者会带来真实的或假想的权力、地位、薪水或者福利的丧失。害怕个人利益受损可能是组织变革最大的障碍。[83] 让我们看看安海斯-布希公司的故事，它已被比利时的英博啤酒集团收购。作为对一项开放式办公计划的支持，为了让员工与管理层并肩工作，安海斯-布希公司拆除了总部奢侈的高级商务套房。习惯于乘坐头等舱或者公务机的管理者现在需要乘坐长途大巴。员工需要在竞争中胜出才能获得公司提供的智能手机，因为英博啤酒集团大幅削减了为员工提供的手机数量；免费提供啤酒已经成为历史；体育赛事的免费门票也寥寥无几。公司曾因慷慨的福利使员工成为同行羡慕的对象，但现在的安海斯-布希公司的员工感到他们无论是在经济上还是地位上都遭受了损失，于是抵制新管理层提出的大规模变革。[84]

■ **缺乏理解和信任**

员工通常不相信变革的用意，或者不理解变革想要达到的目的。如果员工之前与创意倡导者之间的工作关系不好的话，就可能会出现抵触情绪。作为康德乐医疗保健公司（Cardinal Health）的一个分支机构，当康尔福盛公司（CareFusion）从母公司中独立出来时，CEO 戴维·施洛特贝克（David L. Schlotterbeck）和其他高层管理者想要推行以合作和团队工作为中心的新价值观，但是低层管理者一开始却怀疑他们的用意。只有在他们看到高层管理者全心全意地致力于此价值观并以身作则后，其他人才开始支持变革。[85]

■ **不确定性**

不确定性是指缺少有关未来事件的信息，它反映了对未知的恐惧。对于对变革的承受力差、惧怕标新立异的员工来说，不确定性尤其具有威慑力。他们不知道变革将对自己产生什么样的影响，不知道自己能否适应新程序或新技术的要求。[86]例如，一家邮购公司的员工抵制引进团队的工作方式，因为他们已经习惯了独立的工作环境，不清楚团队方式会带来什么样的改变。员工们已经养成了良好的非正式合作关系，他们没有看到以团队形式工作的必要性。

■ **不同的评价和目标**

产生变革阻力的另一个原因是，那些将受到变革或创新影响的人对形势的评估可能不同于创意倡导者或创业团队。通常情况下，对于有些人提出的变革的好处，批评者表达了合情合理的不赞成意见。每个部门的管理者追求的目标不一样，创新可能会降低某些部门的业绩和成就水平。例如，如果营销部门得到了其想为顾客提供的新产品，那么生产部门的成本或许就会上升，生产部门的主管就会因此抵制变革。苹果公司的高层管理人员正在遭遇这类阻力。2010年8月，苹果公司成为市值最高的美国企业。但是因为海外供应商恶劣的工作环境，苹果公司的高层管理人员处于变革的压力之下。最近的审计发现，超过半数的供应商违背了苹果公司的行为准则，有些还违反了法律。然而，苹果公司内部也存在冲突，因为尽管高层管理者希望改善工作环境，但一些下属管理者认为彻底的变革将会破坏与关键供应商的关系，并减缓新产品的创新和生产。[87]

在受变革影响的员工看来，这些抵制理由都是正当的。管理者不应该忽视这些抵制情绪，而应诊断原因，设计各种策略，以使变革得到用户的认可。[88]克服阻力的策略通常涉及两种方式：借助于力场技术分析阻力，利用选择性实施战术克服阻力。

11.4.3 力场分析

力场分析（force-field analysis）是由库尔特·勒温（Kurt Lewin）提出的，他认为变革是驱动力和阻力竞争的结果。[89]驱动力可以看作某些问题或者机遇，它们在组织内提供变革的动力。阻力是变革的各种障碍，诸如缺乏资源、来自中层管理者的抵制、员工的技能不足。当管理者启动一项变革时，应同时分析变革的驱动力（即问题和机遇）和变革的阻力（即变革的障碍）。通过有选择地消除变革的阻力，驱动力就会足够强大，从而确保变革得以实施，正如图表11-7从A向B的变动所示。一旦阻力减少或者消除，预期的变革就会融入员工的行为。

准时生产制（JIT）库存控制系统是指按照生产线的需要，安排原材料到达公司的数量和时间。在俄亥俄州的一家制造公司里，管理者的分析显示，与实施JIT相关的驱动力（机遇）有：（1）减少库存可以节约大量成本；（2）管理库存所需的工人减少可以节约大量成本；（3）为公司带来更有竞争性的市场响应能力。管理者发现的阻力（障碍）有：（1）运输系统速度太慢，不能按时配送货物；（2）设施布局使得新交付的货物变成大量的库存；（3）工人的技能不足以应对快速的库存调配；（4）工会抵制裁员。可以看出，在该公司中驱动力不足以战胜阻力。

图表 11-7　运用力场分析将传统库存系统转变为准时生产制库存系统

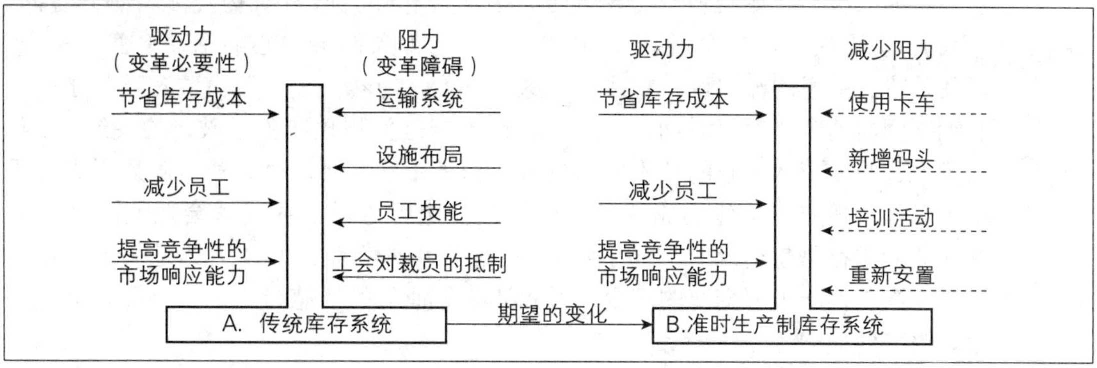

为了向准时生产制转变，管理者向这些阻力（障碍）宣战。对运输系统的分析表明，卡车运输可以提供所需的灵活性和快捷性，可以保证把每天的货物在特定的时间运输到公司；设施布局的问题可以通过新增四个货运码头解决；工人技能的不足可以通过一项培训活动来解决，指导员工用 JIT 的方式把免检零部件装配成产品；工会抵制裁员可以通过把不再需要的维护库存的员工安排到其他工作岗位上来解决。当阻力减少后，驱动力就足以使 JIT 系统得以实施。

11.4.4　实施战术

管理实施的另一个方法是采用具体的战术来克服阻力。研究人员提出了多种方法来应对变革的阻力。图表 11-8 总结的五种战术被证明是卓有成效的方法。[90]

图表 11-8　克服变革阻力的战术

方法	使用时机
沟通和教育	• 变革是技术性的 • 员工需要掌握准确的信息和分析结果以便理解变革
参与	• 员工需要有参与感 • 设计变革方案需要掌握其他渠道的信息 • 员工有抵制权
谈判	• 群体具有对抗变革的能力 • 群体会在变革中出局
胁迫	• 存在某个危机 • 发起人明显具有影响力 • 其他实施技术失效
高层管理者支持	• 变革涉及多个部门或者资源的再分配 • 员工怀疑变革的合法性

资料来源：Based on J. P. Kotter and L. A. Schlesinger, "Choosing Strategies for Change," *Harvard Business Review* 57 (March-April 1979): 106-114.

■ **沟通和教育**

当员工和可能抵制变革的其他人需要掌握有关变革的确切信息时，就要采用沟通和教育战术。罗得岛州财务长吉纳·雷蒙多（Gina Raimondo）每年花大量的时间奔波于全州各地，向公众、工会领袖以及立法者宣传彻底改革罗得岛州养老金体系的必要性。她说：“我会与社会工作者和社会服务机构交涉。他们会问，‘我为什么要关心养老金问题？’我说，‘因为如果你不关心的话，不管你是谁，即使是收容所里的流浪汉，也将失去这几千美元的养老金。’”雷蒙多发起了一项长期不间断的公众教育活动，因为她相信改革是使州政府免于破产的关键。[91] 在组织内，当变革涉及新的技术知识或者使用者不熟悉想法时，教育就显得尤为重要。管理者还应该记住实施变革需要与人们进行心灵沟通（体会他们的感受），并和他们进行思想交流（沟通事实）。在说服和影响他人时，情感是一个关键的要素。当人们既了解变革的理由又看到变革给他们的情感带来的影响后，会更加愿意改变他们的行为。[92]

■ 参与

参与是指使员工和潜在的抵制者参与变革的设计。这种方式比较费时，但它是值得的，因为这意味着让员工理解并积极投身于变革。美国 Learning Point Associates 急需巨大的变革来应对新的挑战，它的变革团队起草了一个改革的综合路线图，却难以获得大多数管理者的支持。这些管理者争辩道，没有人就这些变革咨询过自己，自己感到没有必要参与实施过程。[93] 研究表明，让一线员工主动参与预先的计划和影响他们工作的变革决策，能够让变革更加顺利。[94] 参与同样有助于管理者发现潜在的问题，理解员工在变革感知上的差异。

■ 谈判

谈判是实现合作的一种更正式的方法。谈判使用正式的讨价还价来赢得员工对预期变革的接纳和认同。例如，如果营销部门担心新的管理结构启用后它会失去权力，那么，高层管理者可能会与营销部门谈判来达成解决方案。有着强大工会的公司常常必须同工会就变革事宜进行正式谈判。变革可能会成为劳资合同的一部分，它反映了双方达成的一致意见。

■ 胁迫

胁迫意味着管理者运用正式权力来迫使员工进行变革。抵制者被告知要么接受变革，要么失去报酬（甚至他们的工作）。在大多数情况下，这样的方式还是不要采用为好，因为员工会觉得自己是受害者，从而对管理者心生怨恨，甚至蓄意破坏变革。然而，在亟须快速响应的危机情形下，胁迫或许是必要的。例如，在垂死挣扎的克莱斯勒集团，一些内部人士认为新的 CEO 瑟吉奥·马奇奥尼（Sergio Marchionne）“将恐惧情绪带到（克莱斯勒的）队伍中”，来迫使人们变革。不少高层管理者被重新安排职位，甚至被解雇，因为他们不赞同马奇奥尼的变革——使克莱斯勒在获得破产保护后重新恢复盈利能力。[95]

■ 高层管理者支持

一项调查发现，在 80%的成功变革的公司中，其高层管理者经常通过语言和符号来强化变革的重要性。[96] 高层管理者明确支持变革，帮助克服阻力。例如，新创企业成功的一个主要因素就是高层管理者的强有力支持，这赋予了项目合法性。[97] 对于全体员工来讲，高层管理者的支持代表变革对组织而言非常重要。当变革涉及多个部门或者资源需要在各部门重新分配时，高层管理者的支持特别重要。没有高层管理者的支持，变革便会陷入各部门喋喋不休的争论或者低层管理者的冲突之中。

管理者可以利用明智的战术来削弱阻力，推进变革和创新。通过与员工沟通，提供培训以及让员工密切参与变革进程，管理者可以更顺利地实施变革。另外，变革代理人绝不应该低估高层管理者的支持对变革成功的重要作用。

讨论题

1. 面临危机时，比如 2001 年 9 月 11 日恐怖分子袭击世贸中心，2012 年桑迪飓风横扫美国东海岸，许多公司会把与自己的死对头进行竞争的念头搁置一旁，而把注意力放在合作和互惠上。你认为这种形式的变革会延续很久吗？请讨论之。

2. 一家国际化学品公司的管理者声称她所在公司的新产品鲜有成功的。你有什么样的建议来帮助这家公司提高成功率？

3. 作为一名管理者，当你发现员工对失去工作的担忧是有依据的，你会如何应对变革的阻力？

4. 如果你是一家消费品公司的管理者，负责管理地板清洁用品业务，你如何应用众包的方法来找到一种能满足客户需求的新产品？

5. 为了充分利用久经沙场的士兵的经验，美国军方最近开始鼓励各级人员上网，并以维基百科的形式修订陆军战地手册。当普通士兵表现出对此不感兴趣时，一名退伍上校建议高层领导强迫士兵参与。胁迫是实施这种变革的一个好方法吗？请讨论之。

6. 请对你人生中想要实施的一项变革分析其驱动力和阻力。你认为了解力场分析方法能帮助你更有效地实施这项重大变革吗？

7. 在发明者、支持者、担保者、批评者中，哪个或哪些角色是你在创新过程中最希望扮演的？为什么创意倡导者在发起变革时至关重要？他们在实施环节也同样重要吗？

8. 假设你是一名经理，你认为销售人员使用的费用报销系统实在太慢了，往往需要花几周时间而不是几天。你如何说服其他管理者去解决这个问题？

9. 组织发展所依据的价值观是否与其他类型变革的假设不同？请讨论之。

10. 你认为一家向开放式创新转变的公司的主要优点和缺点是什么？

技能运用：批判性分析案例

Cleaver 香肠屋

Cleaver 香肠屋是一家位于明尼苏达州的质量上乘的小吃店，它的运营部副总裁阿利森・伊拉姆对眼下的情况有些不知所措。仅仅在 30 分钟之前，她还十分高兴和激动，因为接下来的会议会决定是否应用新的物料需求计划（MRP）软件系统。这是她的部门一直以来计划的大事。现在会议结束了，而 Cleaver 的执行委员会并未同意应用这一系统。

她原本以为这次会议只是走个形式，然而首席财务官戴维・马丁却对实施这一计划提出了质疑，随后情况开始急转直下。“我一直以为他与我是一条心。”伊拉姆不胜唏嘘。其他的高层员工也开始提出反对意见。他们发出警告，称这一改变可能会导致代价巨大的灾难。主管销售的副总裁质疑 MRP 系统能否提供 Cleaver 所需的可靠的销售业绩预报，他称 MRP“仅仅是大公司的标准”。他还担心这一系统可能会导致原材料的短缺。物流部的负责人苏珊讲述了她的前任雇主在启用一个类似的系统后遇到的问题，并就此提出了警告。她讲述了一系列顾客不能正常下单或卡车仅仅装了一半就离开工厂等可怕的故事。她最后的评论是：“我们现在很成功，为什么要把事情搞得一团糟呢？”

Cleaver 的首席执行官杰登・安德森之前雇用伊拉姆担任他的兄弟斯蒂芬因生病而空缺的职位。斯蒂芬于 2009 年下半年去世。伊拉姆担任这一职位已经十个月，她大多数的时间都在 MRP 项目上孤军奋战。斯蒂芬在生病之前购买了 MRP 软件，自从买来之后，这套软件就一直处于闲置状态。伊拉姆有时会想，如果斯蒂芬活着的话，MRP 是否更容易实施。伊拉姆曾在亨氏、可口可乐等大公司工作过，经验丰富。安德森希望一位像伊拉姆这样的外来人员可以为公司带来新技术，使得公司的运营水平上升到一个新层次。伊拉姆曾经成功地推进 MRP 系统的实施，她向安德森保证，新的系统可以对采购、生产、装运流程进行彻底的改革，并且只保留运营过程中必需的秩序，而这正是公司迫切需要的。她估计该系统会使公司每年增加 60 万美元的现金流，并且通过减少废料每年节省约 20 万美元。对于一家只有 350 名雇员的公司来说，这是一笔很大的资金。

伊拉姆在想，真正的问题是否在于实施 MRP 系统必然要求 Cleaver 对运营的各个方面都进行彻底的改革。为了使系统正常工作，至少需要 25 名经理和员工改变他们完成工作的方式。伊拉姆仍很气愤，她心想，副总裁和部门负责人到底在担心什么？

在执行委员会开会之前，伊拉姆就遇到了很大的障碍。她无法从一些人那里获得构建模型必需的资料以模拟系统的运行。一些关键岗位的经理或者他们的直接下属在开第一次和第二次会议时迟到或者干脆没有参加。她曾向首席执行官抱怨这种缺乏合作的情况。对于伊拉姆而言，一个显而易见的事实就是，建立 MRP 系统并不是其他副总裁或部门负责人优先考虑的事。安德森的回应是，建议组建一个跨部门的特别小组来帮助她完成工作。伊拉姆告诉他："我相信这个技术，我一定会应用它。一个特别小组会降低我的工作效率。"

伊拉姆是一位和善、保守的人，她不喜欢与人争执。对于执行委员会不予通过的决定，她毫无思想准备，她对 MRP 系统根本不会被采用感到不寒而栗。她想先休息一两个晚上，然后计划行动方针来推进这一系统的实施，既是为 Cleaver 的利润着想，也是为了让自己问心无愧。

◆ 问题

1. 你认为人们抵制 MRP 系统实施的原因是什么？请解释之。
2. 首席执行官提出的特别小组的建议对于 MRP 系统的实施有何价值？请解释之。
3. 你认为伊拉姆应该采用哪些实施策略？为什么？

注释

1. Based on H. Thomas Hurt, Katherine Joseph, and Chester D. Cook, "Scales for the Measurement of Innovativeness," *Human Communication Research* 4, no. 1 (1977): 58–65; and John E. Ettlie and Robert D. O'Keefe, "Innovative Attitudes, Values, and Intentions in Organizations," *Journal of Management Studies* 19, no. 2 (1982): 163–182.
2. James R. Hagerty, "Tapping Crowds for Military Design," *The Wall Street Journal*, August 16, 2012, A3.
3. Sarah Nassauer, "Marketing Decoder—The New 'Ketchup,'" *The Wall Street Journal*, April 5, 2012, D3.
4. "01: Apple, For Walking the Talk," in "The World's 50 Most Innovative Companies," *Fast Company* (March 2012): p. 81.
5. Study by Charles I. Stubbart and Michael B. Knight, reported in Spencer E. Ante, "Avoiding Innovation's Terrible Toll," *The Wall Street Journal*, January 7, 2012, http://online.wsj.com/article/SB10001424052970204331304577144980247499346.html (accessed August 21, 2012).
6. Alex Taylor III, "The New GM: A Report Card," *Fortune* (September 5, 2011): 38–46.
7. Richard L. Daft, "Bureaucratic vs. Nonbureaucratic Structure in the Process of Innovation and Change," in *Perspectives in Organizational Sociology: Theory and Research*, ed. Samuel B. Bacharach (Greenwich, CT: JAI Press, 1982), pp. 129–166.
8. Keith Bracsher, "Newest Export out of China: Inflation Fears," *The New York Times*, April 16, 2004, www.nytimes.com/2004/04/16/business/newest-export-out-of-china-inflation-fears.html?scp=1&sq=Newest+Export+Out+of+China%3A+Inflation+Fears&st=nyt (accessed August 30, 2010).
9. Richard Wolf, Brad Heath, and Chuck Raasch, "How Health Care Law Survived, And What's Next," *USA Today*, June 29, 2012, www.usatoday.com/NEWS/usaedition/2012-06-29-still2_CV_U.htm (accessed August 21, 2012).
10. "05: Square, For Making Magic Out of the Mercantile," in "The World's 50 Most Innovative Companies," *Fast

Company (March 2012): pp. 83–85, 146.

11. David W. Norton and B. Joseph Pine II, "Unique Experiences: Disruptive Innovations Offer Customers More 'Time Well Spent,'" *Strategy & Leadership* 37, no. 6 (2009): 4; and "The Power to Disrupt," *The Economist* (April 17, 2010): 16.
12. Jeffrey R. Immelt, Vijay Govindarajan, and Chris Trimble, "How GE Is Disrupting Itself," *Harvard Business Review* (October 2009): 3–11; and Navi Radjou, "Polycentric Innovation: A New Mandate for Multinationals," *The Wall Street Journal Online*, November 9, 2009, http://online.wsj.com/article/SB125774328035737917.html (accessed November 13, 2009).
13. For more information on the ambidextrous approach, see R. Duncan, "The Ambidextrous Organization: Designing Dual Structures for Innovation," in R. H. Killman, L. R. Pondy, and D. Sleven, eds., *The Management of Organization* (New York: North Holland), pp. 167–188; S. Raisch et al., "Organizational Ambidexterity: Balancing Exploitation and Exploration for Sustained Performance," *Organization Science* 20, no. 4 (July–August 2009): 685–695; C. Brooke Dobni, "The Innovation Blueprint," *Business Horizons* (2006): 329–339; Sebastian Raisch and Julian Birkinshaw, "Organizational Ambidexterity: Antecedents, Outcomes, and Moderators," *Journal of Management* 34, no 3 (June 2008): 375–409; Charles A. O'Reilly III and Michael L. Tushman, "The Ambidextrous Organization," *Harvard Business Review* (April 2004): 74–81; Duane Ireland and Justin W. Webb, "Crossing the Great Divide of Strategic Entrepreneurship: Transitioning Between Exploration and Exploitation," *Business Horizons* 52 (2009): 469–479; and Sebastian Raisch, "Balanced Structures: Designing Organizations for Profitable Growth," *Long Range Planning* 41 (2008): 483–508.
14. Michael L. Tushman, Wendy K. Smith, and Andy Binns, "The Ambidextrous CEO," *Harvard Business Review* (June 2011): 74–80.
15. Glenn Rifkin, "Competing Through Innovation: The Case of Broderbund," *Strategy + Business* 11 (Second Quarter 1998): 48–58; and Deborah Dougherty and Cynthia Hardy, "Sustained Product Innovation in Large, Mature Organizations: Overcoming Innovation-to-Organization Problems," *Academy of Management Journal* 39, no. 5 (1996): 1120–1153.
16. "2012 Good Housekeeping VIP (Very Innovative Products) Awards," www.goodhousekeeping.com/product-reviews/innovative-products-awards-2012#slide-1 (accessed August 21, 2012).
17. Anya Kamenetz, "12: Southern New Hampshire University, for Relentlessly Reinventing Higher Ed, Online and Off," in "The World's Most Innovative Companies," pp. 94–96.
18. Teri Evans, "Entrepreneurs Seek to Elicit Workers' Ideas—Contests with Cash Prizes and Other Rewards Stimulate Innovation in Hard Times," *The Wall Street Journal*, December 22, 2009.
19. Adapted from Patrick Reinmoeller and Nicole van Baardwijk, "The Link Between Diversity and Resilience," *MIT Sloan Management Review* (Summer 2005): 61–65.
20. Teresa M. Amabile, "Motivating Creativity in Organizations: On Doing What You Love and Loving What You Do," *California Management Review* 40, no. 1 (Fall 1997): 39–58; Brian Leavy, "Creativity: The New Imperative," *Journal of General Management* 28, no. 1 (Autumn 2002): 70–85; and Timothy A. Matherly and Ronald E. Goldsmith, "The Two Faces of Creativity," *Business Horizons* (September–October 1985): 8.
21. Gordon Vessels, "The Creative Process: An Open-Systems Conceptualization," *Journal of Creative Behavior* 16 (1982): 185–196.
22. Robert J. Sternberg, Linda A. O'Hara, and Todd I. Lubart, "Creativity as Investment," *California Management Review* 40, no. 1 (Fall 1997): 8–21; Amabile, "Motivating Creativity in Organizations"; Leavy, "Creativity: The New Imperative"; and Ken Lizotte, "A Creative State of Mind," *Management Review* (May 1998): 15–17.
23. James Brian Quinn, "Managing Innovation: Controlled Chaos," *Harvard Business Review* 63 (May–June 1985): 73–84; Howard H. Stevenson and David E. Gumpert, "The Heart of Entrepreneurship," *Harvard Business Review* 63 (March–April 1985): 85–94; Marsha Sinetar, "Entrepreneurs, Chaos, and Creativity—Can Creative People Really Survive Large Company Structure?" *Sloan Management Review* 6 (Winter 1985): 57–62; Constantine Andriopoulos, "Six Paradoxes in Managing Creativity: An Embracing Act," *Long Range Planning* 36 (2003): 375–388; and Michael Laff, "Roots of Innovation," *T&D* (July 2009): 35–39.
24. The research studies and examples are reported in Sue Shellenbarger, "Better Ideas Through Failure," *The Wall Street Journal*, September 27, 2011, D1.
25. Cynthia Browne, "Jest for Success," *Moonbeams* (August 1989): 3–5; and Rosabeth Moss Kanter, *The Change Masters* (New York: Simon and Schuster, 1983).
26. J. C. Spender and Bruce Strong, "Who Has Innovative Ideas? Employees." *The Wall Street Journal* (August 23, 2010), R5; and Rachel Emma Silverman, "How to Be Like Apple," *The Wall Street Journal* (August 29, 2011), http://online.wsj.com/article/SB1000142405311 1904009304576532842667854706.html (accessed September 16, 2011).
27. Roger L. Martin, "The Innovation Catalysts," *Harvard Business Review* (June 2011): 82–87.
28. Spender and Strong, "Who Has Innovative Ideas?"
29. Darren Dahl, "Technology: Pipe Up, People! Rounding Up Staff Ideas," *Inc.* (February 2010): 80–81.
30. Alison Overholt, "American Idol: Accounting Edition," *Fortune* (October 17, 2011): 100–106.
31. Reported in Rachel Emma Silverman, "For Bright Ideas, Ask the Staff," *The Wall Street Journal*, October 17, 2011, B7.

32. Dahl, "Technology: Pipe Up, People!"
33. Sherry Eng, "Hatching Schemes," *The Industry Standard* (November 27–December 4, 2000): 174–175.
34. Jena McGregor et al., "The World's Most Innovative Companies," *BusinessWeek* (April 24, 2006): 62ff.
35. James I. Cash, Jr., Michael J. Earl, and Robert Morison, "Teaming up to Crack Innovation and Enterprise Integration," *Harvard Business Review* (November 2008): 90–100; Barry Jaruzelski, Kevin Dehoff, and Rakesh Bordia, "Money Isn't Everything," *Strategy + Business*, no. 41 (December 5, 2005): 54–67; William L. Shanklin and John K. Ryans, Jr., "Organizing for High-Tech Marketing," *Harvard Business Review* 62 (November–December 1984): 164–171; Arnold O. Putnam, "A Redesign for Engineering," *Harvard Business Review* 63 (May–June 1985): 139–144; and Joan Schneider and Julie Hall, "Why Most Product Launches Fail," *Harvard Business Review* (April 2011): 21–23.
36. Hiroko Tabuchi, "How the Parade Passed Sony By," *The New York Times*, April 15, 2012, BU1.
37. Quoted in Janet Rae-DuPree, "Teamwork, the True Mother of Invention," *The New York Times*, December 7, 2008.
38. Based on Gloria Barczak and Kenneth B. Kahn, "Identifying New Product Development Best Practice," *Business Horizons* 55 (2012): 293–305; Andrew H. Van de Ven, "Central Problems in the Management of Innovation," *Management Science* 32 (1986): 590–607; Richard L. Daft, *Organization Theory and Design* (Mason, OH: SouthWestern 2010), pp. 424–425; and Science Policy Research Unit, University of Sussex, *Success and Failure in Industrial Innovation* (London: Centre for the Study of Industrial Innovation, 1972).
39. Based on Daft, *Organization Theory and Design*; and Lee Norris Miller, "Debugging Dysfunctional Development," *Industrial Management* (November–December 2011): 10–15.
40. Mike Gordon et al., "The Path to Successful New Products," *McKinsey Quarterly* (January 2010) www.mckinseyquarterly.com/The_path_to_successful_new_products_2489 (accessed February 10, 2012).
41. Reported in Schneide and Hall, "Why Most Product Launches Fail."
42. Erik Brynjolfsson and Michael Schrage, "The New, Faster Face of Innovation," *The Wall Street Journal Online*, August 17, 2009, http://online.wsj.com/article/SB10001424052970204830304574130820184260340.html (accessed August 21, 2009).
43. Brian Dumaine, "How Managers Can Succeed Through Speed," *Fortune* (February 13, 1989): 54–59; and George Stalk, Jr., "Time—The Next Source of Competitive Advantage," *Harvard Business Review* (July–August 1988): 41–51.
44. William J. Holstein, "Five Gates to Innovation," *Strategy + Business* (March 1, 2010), www.strategy-business.com/article/00021?gko=0bd39 (accessed September 16, 2011).
45. This discussion of open innovation is based on Henry Chesbrough, "The Era of Open Innovation," *MIT Sloan Management Review* (Spring 2003): 35–41; Ulrich Lichtenthaler, "Open Innovation: Past Research, Current Debates, and Future Directions," *Academy of Management Perspectives* (February 2011): 75–92; Julian Birkinshaw and Susan A. Hill, "Corporate Venturing Units: Vehicles for Strategic Success in the New Europe," *Organizational Dynamics* 34, no. 3 (2005): 247–257; Amy Muller and Liisa Välikangas, "Extending the Boundary of Corporate Innovation," *Strategy & Leadership* 30, no. 3 (2002): 4–9; Navi Radjou, "Networked Innovation Drives Profits," *Industrial Management* (January–February 2005): 14–21; and Henry Chesbrough, "The Logic of Open Innovation: Managing Intellectual Property," *California Management Review* 45, no. 3 (Spring 2003): 33–58.
46. Amy Muller, Nate Hutchins, and Miguel Cardoso Pinto, "Applying Open Innovation Where Your Company Needs It Most," *Strategy & Leadership* 40, no. 2 (2012): 35–42.
47. A. G. Lafley and Ram Charan, *The Game Changer: How You Can Drive Revenue and Profit Growth with Innovation* (New York: Crown Business, 2008); Larry Huston and Nabil Sakkab, "Connect and Develop; Inside Procter & Gamble's New Model for Innovation," *Harvard Business Review* (March 2006): 58–66; and G. Gil Cloyd, "P&G's Secret: Innovating Innovation," *Industry Week* (December 2004): 26–34.
48. Farhad Manjoo, "Apple Nation," *Fortune* (July–August 2010): 68–112; and Jorge Rufat-Latre, Amy Muller, and Dave Jones, "Delivering on the Promise of Open Innovation," *Strategy & Leadership* 38, no. 6 (2010): 23–28.
49. Reported in Muller, Hutchins, and Cardoso Pinto., "Applying Open Innovation."
50. Elizabeth Holmes, "Before the Dresses, the Ideas; Oscar de la Renta Invites Fans to Submit Visual Inspiration for Next Collection," *The Wall Street Journal*, February 14, 2012, http://online.wsj.com/article/SB10001424052970204883304577221461560720548.html (accessed February 17, 2012); and Sang M. Lee, David L. Olson, and Silvana Trimi, "Innovative Collaboration for Value Creation," *Organizational Dynamics* 41 (2012): 7–12.
51. Steve Lohr, "Online Mapping Shows Potential to Transform Relief Efforts," *The New York Times*, March 28, 2011, www.nytimes.com/2011/03/28/business/28map.html?_r=1 (accessed August 22, 2012); and Tina Rosenberg, "Crowdsourcing a Better World," *The New York Times*, March 28, 2011, http://opinionator.blogs.nytimes.com/2011/03/28/crowdsourcing-a-better-world/ (accessed March 29, 2011).
52. Daniel T. Holt, Matthew W. Rutherford, and Gretchen R. Clohessy, "Corporate Entrepreneurship: An Empirical Look at Individual Characteristics, Context, and Process," *Journal of Leadership and Organizational Studies* 13, no. 4 (2007): 40–54.
53. Curtis R. Carlson and William W. Wilmot, *Innovation: The Five Disciplines for Creating What Customers Want*

(New York: Crown Business, 2006).
54. Robert I. Sutton, "The Weird Rules of Creativity," *Harvard Business Review* (September 2001): 94–103; and Julian Birkinshaw and Michael Mol, "How Management Innovation Happens," *MIT Sloan Management Review* (Summer 2006): 81–88.
55. Jane M. Howell, "The Right Stuff: Identifying and Developing Effective Champions of Innovation," *Academy of Management Executive* 19, no. 2 (2005): 108–119.
56. Harold L. Angle and Andrew H. Van de Ven, "Suggestions for Managing the Innovation Journey," in *Research in the Management of Innovation: The Minnesota Studies*, ed. A. H. Van de Ven, H. L. Angle, and Marshall Scott Poole (Cambridge, MA: Ballinger/Harper & Row, 1989).
57. C. K. Bart, "New Venture Units: Use Them Wisely to Manage Innovation," *Sloan Management Review* (Summer 1988): 35–43; Michael Tushman and David Nadler, "Organizing for Innovation," *California Management Review* 28 (Spring 1986): 74–92; Peter F. Drucker, *Innovation and Entrepreneurship* (New York: Harper & Row, 1985); and Henry W. Chesbrough, "Making Sense of Corporate Venture Capital," *Harvard Business Review* 80, no. 3 (March 2002): 90–99.
58. Raisch, "Balanced Structures."
59. Bruce B. Brown and Scott D. Anthony, "How P&G Tripled Its Innovation Success Rate," *Harvard Business Review* (June 2011): 64–72.
60. Christopher Hoenig, "Skunk Works Secrets," *CIO* (July 1, 2000): 74–76; and Tom Peters and Nancy Austin, *A Passion for Excellence: The Leadership Difference* (New York: Random House, 1985).
61. Hoenig, "Skunk Works Secrets."
62. Claire Cain Miller and Nick Bilton, "Google's Lab of Wildest Dreams," *The New York Times*, November 13, 2011, www.nytimes.com/2011/11/14/technology/at-google-x-a-top-secret-lab-dreaming-up-the-future.html?pagewanted=all (accessed November 14, 2011).
63. Taylor, "The New GM."
64. David Dobson, "Integrated Innovation at Pitney Bowes," *Strategy + Business Online*, October 26, 2009, www.strategy-business.com/article/09404b?gko=f9661 (accessed December 30, 2009); and Cash et al., "Teaming up to Crack Innovation and Enterprise Integration."
65. Robert C. Wolcott and Michael J. Lippitz, "The Four Models of Corporate Entrepreneurship," *MIT Sloan Management Review* (Fall 2007): 75–82.
66. E. H. Schein, "Organizational Culture," *American Psychologist* 45 (February 1990): 109–119; Eliza Newlin Carney, "Calm in the Storm," *Government Executive* (October 2003): 57–63.
67. Rosabeth Moss Kanter, "Execution: The Un-Idea," sidebar in Art Kleiner, "Our 10 Most Enduring Ideas," *Strategy + Business*, no. 41 (December 12, 2005): 36–41.
68. Alan Murray, "Women in a Man's World: Dan Akerson of General Motors on Changing a Male-Dominated Culture," *The Wall Street Journal*, May 7, 2012, B11; and Alex Taylor III, "The New GM: A Report Card," *Fortune* (September 5, 2011): 38–46.
69. Michelle Conlin, "Tough Love for Techie Souls," *BusinessWeek* (November 29, 1999): 164–170.
70. M. Sashkin and W. W. Burke, "Organization Development in the 1980s," *General Management* 13 (1987): 393–417; and Richard Beckhard, "What Is Organization Development?" in *Organization Development and Transformation: Managing Effective Change*, ed. Wendell L. French, Cecil H. Bell, Jr., and Robert A. Zawacki (Burr Ridge, IL: Irwin McGraw-Hill, 2000), pp. 16–19.
71. Wendell L. French and Cecil H. Bell, Jr., "A History of Organization Development," in French, Bell, and Zawacki, *Organization Development and Transformation*, pp. 20–42; and Christopher G. Worley and Ann E. Feyerherm, "Reflections on the Future of Organization Development," *The Journal of Applied Behavioral Science* 39, no. 1 (March 2003): 97–115.
72. Paul F. Buller, "For Successful Strategic Change: Blend OD Practices with Strategic Management," *Organizational Dynamics* (Winter 1988): 42–55; Robert M. Fulmer and Roderick Gilkey, "Blending Corporate Families: Management and Organization Development in a Postmerger Environment," *The Academy of Management Executive* 2 (1988): 275–283; and Worley and Feyerherm, "Reflections on the Future of Organization Development."
73. W. Warner Burke, "The New Agenda for Organization Development," *Organizational Dynamics* (Summer 1997): 7–19.
74. R. Wayne Bass et al., "Sustainable Change in the Public Sector: The Longitudinal Benefits of Organization Development," *The Journal of Applied Behavioral Science* 46, no. 4 (2010): 436–472.
75. This discussion is based on Kathleen D. Dannemiller and Robert W. Jacobs, "Changing the Way Organizations Change: A Revolution of Common Sense," *The Journal of Applied Behavioral Science* 28, no. 4 (December 1992): 480–498; and Barbara Benedict Bunker and Billie T. Alban, "Conclusion: What Makes Large Group Interventions Effective?" *The Journal of Applied Behavioral Science* 28, no. 4 (December 1992): 570–591.
76. For a recent review of the literature related to large group interventions, see Christopher G. Worley, Susan A. Mohrman, and Jennifer A. Nevitt, "Large Group Interventions: An Empirical Study of Their Composition, Process, and Outcomes," *The Journal of Applied Behavioral Science* 47, no. 4 (2011): 404–431.
77. Bunker and Alban, "Conclusion: What Makes Large Group Interventions Effective?"
78. Kurt Lewin, "Frontiers in Group Dynamics: Concepts, Method, and Reality in Social Science," *Human Relations* 1 (1947): 5–41; and E. F. Huse and T. G. Cummings, *Organization Development and Change*, 3d ed. (St. Paul, MN: West, 1985).
79. Based on John Kotter's eight-step model of planned change, which is described in John P. Kotter, *Leading*

Change (Boston: Harvard Business School Press, 1996), pp. 20–25, and John Kotter, "Leading Change: Why Transformation Efforts Fail," *Harvard Business Review* (March–April, 1995): 59–67.

80. Based on Bob Kelleher, "Employee Engagement Carries ENSR Through Organizational Challenges and Economic Turmoil," *Global Business and Organizational Excellence* 28, no. 3 (March–April 2009): 6–19.
81. Paul Ingrassia, "GM Gets a Second Chance," *The Wall Street Journal Europe*, July 10, 2009; and "Ford to Seek Same No-Strike Vow from UAW as GM and Chrysler Obtained," *National Post*, June 18, 2009.
82. Kotter, *Leading Change*, pp. 20–25; and "Leading Change: Why Transformation Efforts Fail."
83. J. P. Kotter and L. A. Schlesinger, "Choosing Strategies for Change," *Harvard Business Review* 57 (March–April 1979): 106–114.
84. David Kesmodel and Suzanne Vranica, "Unease Brewing at Anheuser as New Owners Slash Costs," *The Wall Street Journal*, April 29, 2009.
85. Joann S. Lublin, "Theory & Practice: Firm Offers Blueprint for Makeover in a Spinoff," *The Wall Street Journal*, June 29, 2009.
86. G. Zaltman and Robert B. Duncan, *Strategies for Planned Change* (New York: Wiley Interscience, 1977).
87. E. S. Browning, Steven Russolillo, and Jessica Vascellaro, "Apple Now Biggest-Ever U.S. Company," *The Wall Street Journal Europe*, August 22, 2012, 24; and Charles Duhigg and David Barboza, "In China, Human Costs Are Built Into an iPad," *The New York Times*, January 25, 2012, www.nytimes.com/2012/01/26/business/ieconomy-apples-ipad-and-the-human-costs-for-workers-in-china.html?pagewanted=all (accessed January 26, 2012).
88. Dorothy Leonard-Barton and Isabelle Deschamps, "Managerial Influence in the Implementation of New Technology," *Management Science* 34 (1988): 1252–1265.
89. Kurt Lewin, *Field Theory in Social Science: Selected Theoretical Papers* (New York: Harper & Brothers, 1951).
90. Paul C. Nutt, "Tactics of Implementation," *Academy of Management Journal* 29 (1986): 230–261; Kotter and Schlesinger, "Choosing Strategies for Change"; R. L. Daft and S. Becker, *Innovation in Organizations: Innovation Adoption in School Organizations* (New York: Elsevier, 1978); and R. Beckhard, *Organization Development: Strategies and Models* (Reading, MA: Addison-Wesley, 1969).
91. Allysia Finley, "The Democrat Who Took On the Unions," *The Wall Street Journal*, March 24, 2012, A13.
92. Gerard H. Seijts and Grace O'Farrell, "Engage the Heart: Appealing to the Emotions Facilitates Change," *Ivey Business Journal* (January–February 2003): 1–5; John P. Kotter and Dan S. Cohen, *The Heart of Change: Real-Life Stories of How People Change Their Organizations* (Boston: Harvard Business School Press, 2002); and Shaul Fox and Yair Amichai Hamburger, "The Power of Emotional Appeals in Promoting Organizational Change Programs," *Academy of Management Executive* 15, no. 4 (2001): 84–95.
93. Gina Burkhardt and Diane Gerard, "People: The Lever for Changing the Business Model at Learning Point Associates," *Journal of Organizational Excellence* (Autumn 2006): 31–43.
94. Henry Hornstein, "Using a Change Management Approach to Implement IT Programs," *Ivey Business Journal* (January–February 2008); Philip H. Mirvis, Amy L. Sales, and Edward J. Hackett, "The Implementation and Adoption of New Technology in Organizations: The Impact on Work, People, and Culture," *Human Resource Management* 30 (Spring 1991): 113–139; Arthur E. Wallach, "System Changes Begin in the Training Department," *Personnel Journal* 58 (1979): 846–848, 872; and Paul R. Lawrence, "How to Deal with Resistance to Change," *Harvard Business Review* 47 (January–February 1969): 4–12, 166–176.
95. Kate Linebaugh and Jeff Bennett, "Marchionne Upends Chrysler's Ways: CEO Decries Detroit's 'Fanatical' Focus on Market Share," *The Wall Street Journal*, January 12, 2010.
96. Strategos survey results, reported in Pierre Loewe and Jennifer Dominiquini, "Overcoming the Barriers to Effective Innovation," *Strategy & Leadership* 34, no. 1 (2006): 24–31.
97. Donald F. Kuratko, Jeffrey G. Covin, and Robert P. Garrett, "Corporate Venturing: Insights from Actual Performance," *Business Horizons* 52 (2009): 459–467.

第 12 章
人力资源管理
Human Resource Management

学习目标

学习完本章后，你应该能够：

1. 解释人力资源管理的战略作用。
2. 描述可能对人力资源管理产生影响的法律制度和社会发展趋势。
3. 解释组织与员工的社会契约的变化及其对人力资源管理者和员工的意义。
4. 阐述组织如何通过制定人力资源计划来满足未来的员工需求。
5. 描述管理者用来招聘和选择员工的方法。
6. 理解组织如何通过培训和绩效评估打造一支高绩效的劳动力队伍。
7. 解释组织如何通过薪资、福利和解雇等管理方法来维持一支稳定的劳动力队伍。

让合适的人上车[1]

导语：作为一位新晋管理者，你会给予选择合适的团队成员这件事多大的重视？作为你管理工作的一部分，请根据你对员工管理的想法和预期，回答以下问题。对于每一个题项，请回答“大多赞同”或“大多不赞同”。

	大多赞同	大多不赞同
1. 我会毫不犹豫地把那些不为组织利益工作的人辞退。	________	________
2. 对我而言，为一支必胜的工作团队挑选合适的成员和为一支必胜的球队挑选队员同样重要。	________	________
3. 我将把 40%～60%的时间用于招聘、培训员工以及安排他们做最适当的工作。	________	________
4. 我会真实描述某项工作的消极方面，把不合适的人吓走。	________	________
5. 作为一名管理者，我的第一要务是招聘合适的员工，第二要务是把他们安排到合适的岗位上，第三要务是决定公司的战略与愿景。	________	________
6. 当我的团队拥有合适的成员时，激励和监督员工的工作将大幅减少。	________	________
7. 我认为招聘合适的员工是一项长期且艰辛的工作。	________	________
8. 我将招聘的过程看作帮助员工找到一份有归属感和成就感的工作。	________	________

得分及解释：许多新晋管理者对于他们在招聘员工、选择合适职位以及留用员工方面所需付出的时间、精力和技巧感到十分震惊。近年来，“让合适的人上车”的重要性在《从优秀到卓越》(*Good to Great*)、《执行力》(*Execution*) 等畅销的管理学书籍中被广泛提及。合适的团队成员可以使组织变得卓越，不合适的团队成员可能带来灾难性的后果。

对每一题项，选择“大多赞同”得 1 分。如果你的总得分小于等于 4 分，那么意味着作为新晋管理者，你可能会面临一些困难。人事问题会占用你大量的时间，如果不能有效处理的话，你的工作效率将会大打折扣。你需要学习如何选择合适的成员和舍弃不合适的成员。越快掌握这些方法，你就能越快胜任管理者的职位。如果你的得分为 5 分以上，说明你对于成为管理者和管理团队成员有正确的理解和预期。

想象你在参加迎接新任首席执行官的公司晚宴时遭遇恐怖分子袭击。这正是印度斯坦利华公司（Hindustan Lever）在孟买的泰姬陵酒店举行晚宴时所遇到的情况。公司员工意识到大事不妙后，在 24 岁的玛利卡·贾格德（Mallika Jagad）的带领下迅速行动起来，他们锁上房门、熄灯。当晚，所有人都被困在宴会厅里，公司员工为宾客端茶送水，并尽力安抚宾客的情绪。次日清晨，突然燃起的大火逼迫所有人不得不爬出窗户离开房间，此时又是公司的员工走在最后，镇定地安排宾客有序撤离。“这是我的责任。”贾格德说，“也许我是大厅里年纪最小的人，但这丝毫不妨碍我履行自己的职责。”在酒店的其他地方，类似的英雄行为还在上演。在这场灾难中，至少有 11 位斯坦利华的员工在帮助宾客逃生的过程中牺牲。但这一夜，他们赋予客户服务全新的含义。公司从来没有制定过在遇到类似危机时员工的行为准则，他们的表现源于根深蒂固的、把顾客放在第一位的企业文化，即使在极端情况下可能付出生命的代价。而这源于公司对员工独特的招聘、培训和激励体系。[2]

聪明的管理者明白，员工就是公司：如果员工没有好的表现，那么公司就不会有成功的机会。绝大多数组织的员工并不需要像上述斯坦利华员工一样冒生命危险，但所有组织都需要有意愿并且有能力为顾客和组织的利益服务的员工。招聘并留用拥有合适技能的高绩效员工是当今各种组织最为紧急和重要的任务之一。[3]员工是公司竞争优势的首要来源，所以即使在经济疲软时，优秀的管理者也会把人才管理放在最重要的地位。**人力资源管理**（human resource management，HRM）是指通过在组织中设计并应用正式的管理系统，确保对人力资源的充分和高效利用来达成组织目标。[4]它包括为吸引人才、发展和维持高效的劳动力进行的所有活动。管理者需要招聘合适的人，将他们安排到最合适的职位上，并且不断培养，给予他们更多的发展机会，这样他们才会对组织的成功做出最大贡献。

人力资源管理在过去仅仅以“人事部”的形象出现，目前这一固有形象正在淡化，人力资源管理逐渐成为公司战略的重要组成部分。[5]“许多公司希望它们的人力资源管理者详尽地了解公司业务，并清楚公司所面临的挑战。”查尔斯顿合伙人公司（Charleston Partners）的弗兰·路易西（Fran Luisi）说。[6]这是一家专注于寻觅人力资源管理者的猎头公司。人力资源管理的影响力正在不断增加，这一点从人力资源经理越来越多地被其他公司聘为董事会的独立董事就可以看出。诸如高管薪酬、不断变化的法律法规等热点问题，以及频繁的并购案，使得人力资源管理成为组织的一项关键能力，这一点对于公司和非营利组织同样重要。[7]

所有管理人员都需要娴熟地掌握人力资源管理的基本原理和技能。随着组织结构不断扁平化，管理者在招聘和选择合适的员工、开发有效的培训项目、设计合适的薪酬体系以及建立恰当的绩效评估标准等方面发挥着越来越重要的作用。

12.1　人力资源管理的战略作用是提升组织绩效

对全世界 1 700 多位首席执行官的调查显示，人力资本被认为是维持竞争优势的首要因素，这反映了人才管理的关键作用。**人力资本**（human capital）是指员工的知识、经验、技能、能力等综合形成的经济价值。[8]图表 12－1 显示了此项调查中首席执行官认为对组织绩效影响最大的三个因素，人力资本的排名远高于技术、原材料以及其他实体资源等资产。[9]

认为各因素对竞争成功有重要作用的首席执行官所占百分比：

图表 12－1　保持竞争优势的三大因素

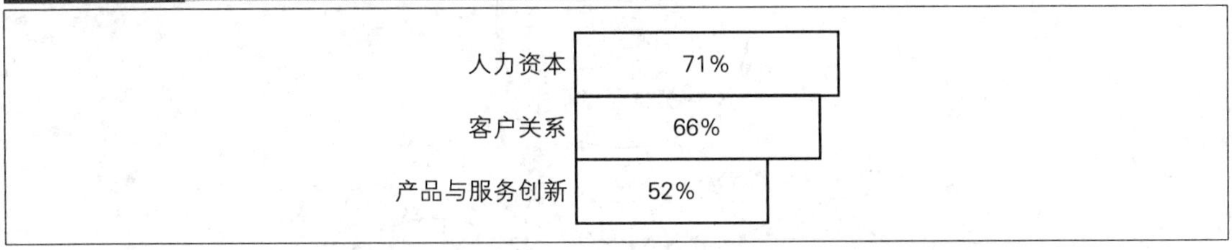

资料来源："Leading through Connections：The IBM 2012 Chief Executive Officer Study，" reported in Eric Lesser and Carl Hoffman；"Workforce Analytics：Making the Most of a Critical Asset，" *Ivey Business Journal*（July-August 2012），www. iveybusinessjournal. com/topics/strategy/workforce-analytics-making-the-most-of-a-critical-asset （accessed August 27，2012）.

12.1.1　战略方针

最好的人力资源部门不仅服务于组织的战略目标，也为提高组织绩效而积极地设计一套可持续的综合性方案。[10]研究表明，人力资源管理、人力资源战略和组织战略方向的协调一致对组织绩效有积极影响，比如会产生更高的员工工作效率和更好的财务表现。[11]

梅西百货的人力资源部门引入了一套新的机制来提升顾客服务质量并服务于公司的发展战略。所有新聘的销售人员都会参加一场三个半小时的培训项目，即"魔力销售"。这场培训的主要目标为使销售人员可以更自然地与顾客交流，让顾客感到更舒适。之前对于销售人员的培训仅仅限于一次 90 分钟的视频教学，学习与发展部门的副总裁玛丽·马丁（Mary Martin）觉得有必要对此进行改革。她采用了这种全新的方式来挽救公司在销售上逐渐下滑的声誉，并实现了高层管理者设定的年销售额增长 3%的目标。[12]

人力资源管理的战略方针有三个关键要素。第一，所有的管理人员都应该参与人力资源管理工作。第二，员工被看作资产。如果没有合适的人进行实际操作，那么战略只是纸上谈兵。是员工而不是厂房和机器构成了公司的竞争优势。第三，人力资源管理是一个匹配的过程，它将组织的战略和目标与管理人力资本的正确方式有机结合。[13]目前，管理人员特别关注的战略性问题包括：

- 以全球化为基础，招聘使组织更具竞争力的员工；
- 招聘可以提升产品质量、改善客户服务和具有创新能力的员工；
- 明白在兼并、收购、缩减规模时应该保留哪些员工；
- 招聘有能力将新型信息技术应用到电子商务上的员工。

关于这些问题的战略决策决定了一个公司对人才和技能的需求。

如图表12-2所示，本章将介绍人力资源管理的三个主要目标。人力资源管理活动并不是独立的，而是处于各种事项和因素的交互影响下，比如全球化、技术进步、对创新的迫切需求、市场的快速变化、社会发展趋势、政府法规等外部环境因素，以及组织文化、结构、战略和目标等的变化。

图表 12-2 战略人力资源管理

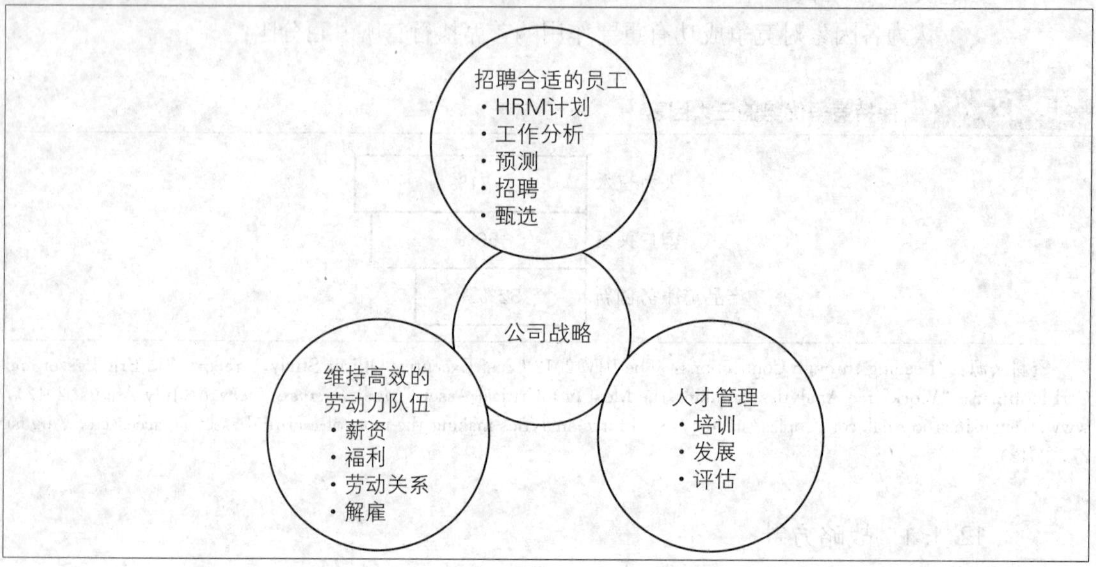

图表12-2刻画的人力资源管理的三项主要活动是招聘合适的员工，管理人才以发挥其潜能，以及在长期内维持一个高效的劳动力队伍。[14]

12.1.2 积累人力资本以提高组织绩效

相比以往，现在的战略决策更多地加入了人力资源管理方面的考虑。在许多公司，尤其是相比于传统的生产机器更加依赖于员工的信息、创造力、知识和服务的公司，其成功取决于人力资源管理的能力。[15]为了积累人力资本，人力资源管理部门制定战略来招聘最优秀的人，通过培训强化他们的技能，拓展他们的知识，为他们提供个人和职业的发展机会，为他们提供薪酬或福利以支持知识的分享，并对他们为组织做出的贡献进行合适的奖赏。[16]

人力资本对于经营成果的重要性可以用图表12-3表示。此图是埃森哲公司开发出的理论框架的一部分，被软件及服务公司SAP应用于实践中。SAP需要对公司本身的人力资本情况进行评估和改善，并且需要逐步实行一种新的战略。这种战略更强调以客户为中心，也更强调每位员工个人的职责。这个理论框架展示了人力资本投资如何带来更高的组织绩效和更好的财务表现。框架图起始于底部（第三层），通过对人力资源规划、职业发展规划、绩效评估等内部流程的评估，管理者可以更好地促进创新、提升客户服务质量（第二层），并增加人力资本。对第二层中关键领域的改进，会带来更好的经营成果（第一层）。[17]

图表 12-3 人力资本投资的角色和价值

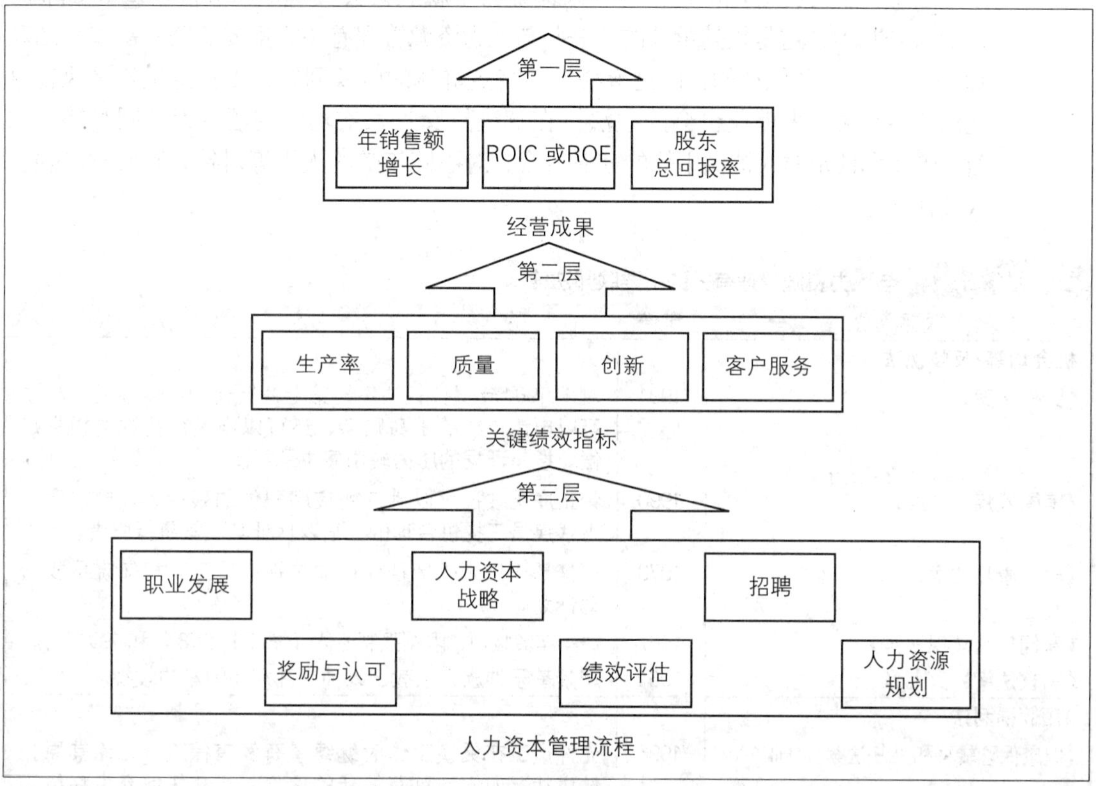

资料来源：Adapted from Susan Cantrell et al.，"Measuring the Value of Human Capital Investments：The SAP Case，" *Strategy & Leadership* 34，no. 2（2006）：43-52. Copyright 2006 by Emerald Group Publishing Limited. Reproduced with permission.

绿色魔力

"你"在可持续发展中的作用

"你就是我们在可持续发展中的竞争优势！"这是一句鼓励员工关注、参与可持续发展的新口号。汇丰银行（HSBC）通过发起"气候冠军"项目促进个人项目的开发和行动计划的实施，将员工的参与度提高到一个新的水平。汇丰银行通过与史密森学会（Smithsonian Institution）、守望地球组织（Earthwatch）、气候集团（Climate Group）等权威的环境机构合作，为这一项目的实施创造了良好的环境。这是一个为期 12 个月的住宅体验学习项目，汇丰银行的参与者通过申请后才能与守望地球组织的科学家一起工作，完成这个与气候相关的商业项目，获得可以应用到日后工作中的技能和方法。汇丰银行的"气候冠军"项目引发了员工的好奇心，它对每一位参与者说："你在可持续发展中拥有话语权。你是这个项目的主人。你就是我们在可持续发展中的竞争优势！"

资料来源：Matthew Gitsham，"Experimental Learning for Leadership and Sustainability at IBM and HSBC，" *The Journal of Management Development* 31，no. 3（2012）：298-307.

12.2 政府立法对人力资源管理的影响

有效地进行人力资源管理对于管理人员来说是一项复杂的挑战。首先，法律环境在不断改变，人力资源经理必须随时关注可能产生法律后果的事项。管理人员必须了解并应用一系列已被批准的法律，来保证公平就业机会（Equal Employment Opportunity，EEO），这是极其重要的。一些与人力资源管理有关的重要的联邦法律如图表12-4所示。这些法律的目的是解决针对特定群体的歧视问题，由指定机构来执行这些法律。有关公平就业机会的立法旨在解决男女收入不均的问题，为不同种族、宗教、国籍和性别的人提供平等的就业机会，对不同年龄的人平等对待，同时解决残疾人歧视问题。

图表12-4　与人力资源管理有关的主要联邦法律

联邦立法	年份	规定
机会均等/反歧视法		
《民权法案》	1991	对于1964年《民权法案》第七章所述的故意歧视，除了可以申请传统的工薪赔偿，还可以申请惩罚性的损失赔偿。搜集证据的压力转由雇主承担。
《美国残疾人法案》	1990	禁止雇主歧视可以胜任所应聘职位的残疾人，要求雇主为残疾员工提供合理的住宿以保证其正常履行职责。
《职业康复法案》	1973	严禁基于身体或精神残疾的歧视；员工有权知晓平权行动计划。
《雇佣年龄歧视法案》	1967	严禁年龄歧视，限制强制退休（修订于1978年和1986年）。
《民权法案》第七章	1964	严禁基于种族、宗教、人种、性别、国籍的歧视。
薪酬/福利法		
《健康保险转移和责任法案》（HIPAA）	1996	允许员工在更换工作时继续享有健康保险，无论其原先健康状况如何均可获得新的保险。严禁任何弃生病员工于不顾的集团计划。
《家庭与医疗假期法案》	1993	要求雇主提供12个星期的带薪假期，使员工可以处理婴儿出生、收养或家庭紧急事件。
《公平报酬法案》	1963	严禁实质相同的工作的工资存在性别差异。
健康/安全法		
《患者保护与平价医疗法案》	2010	对于员工达50人及以上且员工医疗接受政府补贴的公司征收一定费用。
《统一综合预算协调法案》（COBRA）	1985	要求解雇员工后继续为其支付健康保险费用。
《职业安全与健康法案》	1970	在组织中建立强制性的安全与健康标准。

1964年《民权法案》设立的公平就业机会委员会（Equal Employment Opportunity Commission，EEOC）会针对关系到歧视的投诉发起调查。**歧视**（discrimination）是指依据非工作相关的因素做出招聘与升职的决策，比如拒绝一位可以胜任职位的黑人申请者，或者给从事相同工作的女性员工发放比男性员工更少的工资等。当歧视行为被发现时，补救措施包括补发未发放的薪水和采取反歧视行动。**平权法案**（affirmative action）要求雇主采取积极措施来保证受保护的弱势群体获得平等的工作机会。

不遵守公平就业机会的相关法律会导致雇主受到大额罚款或刑罚。有关歧视的诉讼案件涉及范围很广，包括引起员工不满的一系列问题。近年来性骚扰受到更多的关注，这也是一项违反《民权法案》第七章的歧视行为。公平就业机会委员会的条例规定，诸如不受欢迎的性示好，提出性要求，以获得继续工作的资格或升职为条件的性接触，或使得受害人生活在恐吓、敌对、艰难的工作环境下的言语或身体的性行为都构成性骚扰。[18]工作环境的改变使得性骚扰的种类也在不断地发生变化。1997—2010年，举报受男性或女性上司性骚扰的男性增加了 5%。同时，公共场合明目张胆的性骚扰正在逐渐减少，这一行为更多地与上司发表的与性有关的评论、言谈或是短信、邮件相关。[19]关于性骚扰的内容会在第 13 章进一步讨论。

图表 12-4 也列示了与薪酬/福利和健康/安全相关的主要联邦法律。这是人力资源管理者必须理解、掌握的相关立法的一部分内容。除此之外，很多州、市也有与人力资源管理有关的立法。比如加利福尼亚州，它要求有 50 名以上员工的公司每两年向所有员工提供防止性骚扰的培训课程。[20]人力资源管理相关立法的范围正在逐渐扩大，在联邦、州、市的层次上皆是如此。除此之外，社会与技术的变化也对法律提出了新的挑战。全国劳动关系委员会（National Labor Relations Board，NLRB）最近代表道玛丽·索扎（Dawnmarie Souza）提起了一场诉讼，道玛丽·索扎因为在脸书上发表的一条评论被公司开除。这是由全国劳动关系委员会提出的涉及社交媒体的第一起诉讼案件，但绝不会是最后一起。[21]

12.3 职业生涯性质的改变

目前的热点话题还有职业生涯性质的改变，以及雇主和员工之间关系的转变。

12.3.1 不断变化的社会契约

在组织与员工的传统社会契约中，员工向组织贡献他们的能力、知识、忠诚和付出，期望得到工资、奖金、工作机会、职位晋升和贯穿职业生涯的培训。但是现在环境的剧烈变化使得这一契约不再成立。一家正在经历重组的公司在公告板上写道：

- 我们不能保证还能持续经营多久。
- 我们不能保证我们不会被收购。
- 我们不能保证你还会有提升的空间。
- 我们不能保证在你退休时你的职位依然存在。
- 我们不能保证你将得到退休金。
- 我们不期待你的忠诚，我们甚至不确定我们是否需要它。[22]

最近的经济下滑使得原有的社会契约被严重破坏。许多公司为员工提供的两大福利正在急剧减少，即雇主补贴的退休金和雇主支付的健康保险。一项调查研究表明，为员工支付健康保险的雇主从 2000 年的 69%降到了 2009 年的 60%，达到历史上的最低值。至于退休金，目前只有约 20%的员工被传统养老金计划覆盖。在衰退期间，许多公司暂停了它们的员工养老金计划。更严重的是，许多组织声明它们不打算恢复这些福利。[23]

这些变化以及上面公告板上的告示，都表明了目前人们对雇主和员工关系的悲观看法。不过也有一些积极的方面。对于婴儿潮世代以后的美国人来说，与雇主的关系不如从前，许多年轻人并不希望在一家公司度过整个职业生涯，他们喜欢新型社会契约所产生的灵活性及其带来的新的责任。每个人都被期待成为一个自我激励的员工。他们需要不断获取新的技能，并且向组织证明自己的价值。职场专家琳达·格拉顿（Lynda Gratton）表示，在当今社会，建立双方的信任关系远比忠诚更重要。当“持续职业更换”成为许多年轻员工的头等大事时，他们会不断地评价自己的工作是否充满意义和挑战，是否与自己的生活相契合。[24]

新晋管理者自我测试

你的思考方式是什么样的？

导语：思考你在单位或学校的典型的一天，你的内在激励源是什么？对于以下每个题项，选择“大多正确”或“大多错误”。没有所谓的正确答案，所以请如实作答。

	大多正确	大多错误
1. 当我的项目或考试完成得很好时，我会感到松了一口气。	______	______
2. 我工作时专注于细节的正确性。	______	______
3. 我认为尽到自己的义务非常重要。	______	______
4. 我尽可能精准无误地完成工作。	______	______
5. 对我来说，不做错事很重要。	______	______
6. 我主要思考和专注于实现积极的结果。	______	______
7. 我喜欢在短时间内完成大量工作。	______	______
8. 我经常想象如何实现自己的愿望和志向。	______	______
9. 当我的项目或考试完成得很好时，我感到高兴。	______	______
10. 我完成工作的主要目的是获得成长和满足。	______	______

得分及解释：这些题项代表了在工作和学习过程中两种不同类型的思考方式，分别是改进型和防御型。如果选择“大多正确”，那么你在该题项上得 1 分。

1. 防御型，加总问题 1～5 的得分：______
2. 改进型，加总问题 6～10 的得分：______
3. 总分（从防御型得分中减去改进型得分）：______

由于内在激励源类型不同，防御型和改进型的总得分不同。改进型意味着希望取得胜利或期望的结果，而防御型则意味着避免困难和失败。如果你的总得分为负数，那么你可能是一个改进型的人，你会为积极的结果付出努力，期望实现自己的目标和愿望。如果你的总得分为正数，你可能是一个防御型的人，你更多地关注如何避免失败以及完成自己的义务和承诺。正分（防御型）更可能与人力资源部门的成功相联系，而负分（改进型）更可能与销售或市场部门的工作相联系。

资料来源：Based on J. Craig Wallace, Paul D. Johnson, and M. Lance Frazier, “An Examination of the Factorial, Construct, and Predictive Validity and Utility of the Regulatory Focus at Work Scale”, *Journal of Organizational Behavior* 30 (2009): 805-831; Bernhard Fellner, Marianne Holler, and Erich Kirchler, “Regulatory Focus Scale (RFS): Development of a Scale to Record Dispositional Regulatory Focus,” *Swiss Journal of Psychology* 66, no. 2 (2007): 109-116; and Penelope Lockwood, “Motivation by Positive or Negative Role Models: Regulatory Focus Determines Who Will Best Inspire Us,” *Journal of Personal and Social Psychology* 83, no. 4 (2002): 854-864.

图表 12－5 列示了一些新型社会契约的构成元素。这种新型契约建立在受雇能力这一概念上，而非终身雇用。每个人需要对发展自己的技能和能力负责，理解雇主的需求，并且证明自己对组织的价值。作为回报，雇主在创造性的培训与发展项目上进行投资。这样，员工在脱离原来的雇主后，就会变得更具雇佣价值。这意味着雇主要为员工提供具有挑战性的工作任务，让他们参与决策，获得信息和资源。此外，人力资源管理所面临的一项重要挑战就是重新使绩效评估、薪酬以及其他一些做法与新型社会契约相匹配。比如，在近年来的经济下滑中，公司不得不解雇数以千计的经验丰富的员工。包括毕马威、微软、IBM、洛克希德马丁在内的许多公司都建立了“职场社交网络”，被解雇的员工可以与同事保持联系，时刻了解行业最新动态。这一社交网络对于公司来说，可以使经理人与高素质的员工保持联系，这样在需要时他们有可能被重新召回；而员工可以获得原本不能轻易得到的信息、联系人名录和工作机会。[25]

图表 12－5 变化的社会契约

	新型契约	传统契约
员工	• 受雇能力，个人责任 • 公司进步的伙伴 • 学习，发展技能	• 工作稳定性 • 机器上的一个螺丝钉 • 知道如何完成工作
雇主	• 创造发展机会 • 平级移动，激励性薪酬 • 挑战性的任务 • 信息、资源，决策权	• 标准化的培训项目 • 传统的薪酬体系 • 日常工作 • 有限信息

资料来源：Based on Louisa Wah，“The New Workplace Paradox，” *Management Review*（January 1998）：7；and Douglas T. Hall and Jonathan E. Moss，“The New Protean Career Contract：Helping Organizations and Employees Adapt，” *Organizational Dynamics*（Winter 1998）：22－37.

这种新型的社会契约对于员工和雇主都是有益的。而有些公司却把这种新的方式当作一个将人视为单纯经济要素的借口，他们要求员工招之即来，挥之即去。这种态度会严重损害士气，降低员工承诺度和组织绩效。美国和中国的调查研究都表明，相比于发展一种真诚的人与社会关系的公司，那些单纯把员工与雇主看作只有利益交换关系的公司，具有更低的员工绩效和公司业绩以及更低的员工承诺和参与度。[26]

12.3.2 人力资源管理的创新

人力资源管理这一领域处于不断发展变化之中。雇主在一些重要的人力资源管理问题上的选择往往打造了雇主的品牌，包括满足临时工和兼职员工的需求，以及满足员工对工作生活平衡的要求。

■ 打造雇主品牌

你可能认为目前的失业率这么高，公司不用担心招聘不到好的员工。但是管理者发现，极具技能和极富知识的员工严重供不应求。[27] 许多行业的各类公司都在使用雇主品牌来吸引最具竞争力的员工。**雇主品牌**（employer brand）类似于产品品牌。产品品牌是为了推广特定产品，而雇主品牌是为了将一个组织打造成一个非常适宜工作的地方。雇主品牌活动与市场推销活动类似，目的是推销一个公司，吸引最适合的员工。在风险管理解决方案公司（Risk Management Solutions），人力资源经理阿梅莉亚・梅里尔（Amelia Merrill）了解到在硅谷很少有人知道自己的公司后，决定采用雇主品牌策略。为了吸引公司所需要的高质量的信息技术专家，她的工作团队像销售人员推销产品一样开始推销这个公司。其中的一个步骤就是租用旧金山非常流行的"培根培根"食品车，在一家本地的云计算展览会上展示公司。梅里尔说，雇主品牌对招聘起到缓慢但毋庸置疑的作用，信息技术行业的从业人员逐渐熟悉这个公司。[28] 包括百事、通用电气、诺基亚、AT&T、瑞士信贷集团在内的大型公司也在使用雇主品牌策略来吸引极有竞争力的求职者。[29]

■ **使用临时员工与兼职员工**

在美国和欧洲，临时工正在成为劳动力的重要组成部分。**临时工**（contingent worker）是为一个组织工作但并非其全职和正式员工的人。[30] 在劳动力管理委员会 2012 年实施的一项调查中，接近 44%的受访者表示他们比 10 年前使用了更多的临时工，包括应急工、合同工、独立顾问。[31] 这些临时工中有一部分是因为在经济衰退中失去了自己的工作，而"非自愿"地成为临时工或兼职员工，但也有一部分人是因为喜欢这种在许多公司进行短期工作的感觉。对于组织来说，首要的目标是获得特定项目所需的专业人才，从而使公司保持较高的灵活性和较低的成本。

过去绝大多数的临时工从事的是文员和生产岗位，近年来，这一趋势已经扩展到专业性的岗位上，比如会计、金融分析师、见习经理、信息技术专家、产品经理和律师等。这些员工又称为超级临时工，因为他们具有很高的技能而且追求独立的职业生涯。超级临时工经常会完成一些关键性的任务工作。Ed Trevasani 就很喜欢临时工作所带来的自由和灵活，他曾经在一家跨国公司中任临时的首席执行官，为一家全球性的生产企业制定了兼并和收购战略，引领一家大型保险公司完成了 IT 选择过程。[32]

■ **促进工作与生活的平衡**

创造使员工达到工作和生活平衡的环境，是很多公司的战略追求。当有些公司无法支付高价值的员工所需要的高额工资或薪水时，管理者向员工提供更具灵活性的工作安排，并允许员工对自己的工作任务有更多的控制权。人力资源管理学会的调查显示，大概 24%的受访公司表示它们拥有保证员工工作和生活平衡的正式政策，52%的受访公司表示它们有非正式的政策。[33] 其中的一种方式就是允许员工在家中或其他地点工作。

远程办公（telecommuting）是指在不到达办公地点的情况下，用电脑或其他远程办公设备办公。思科系统所做的一项调查显示，大概 90%的员工每周有至少一天的时间在家工作。思科系统是 2012 年全国远程工作周的主要赞助者。这次活动是由 Telework Exchange 组织的，这是一家旨在推动远程办公（尤其是在联邦政府的职员中）的公私合伙企业。[34] 奥巴马总统在 2010 年 12 月 9 日签署了充满争议的联邦《鼓励远程办公法案》，要求所有的联邦政府机构建立远程办公制度。批评者认为这项要求会花费纳税人更多的钱，而支持者则持相反的观点。专利商标局声明，自从 1997 年允许政府职员远程办公以来，组织节省了 1 100 万美元。[35] 在当今的工作场所中，其他类型的灵活工作安排也很重要，53%的受访公司都会提供某种形式的灵活工作安排，包括远程办公、每周更短的办公时间、轮岗制、工作时间调整等。[36]

根据年轻一代员工对工作的期望，许多公司致力于实现员工工作与生活的平衡。[37] Y 世代（千禧一代）的员工是劳动力中快速增长的一部分。通常，Y 世代员工很聪明也很努力，但是拒绝工作占用他们全部的时间。他们的父母将工作放在很高的位置，但是他们更希望工作与个人生活相契合。[38]

12.4　寻找合适的人

现在让我们来关注人力资源管理的三个主要目标：招聘、发展以及保持一支高效的劳动力队伍。招聘合适员工的第一步就是人力资源计划，在这一过程中管理者或人力资源经理会根据目前的职位空缺来预测对新职员的需求，具体过程如图表 12－6 所示。第二步是根据招聘程序与应聘者进行沟通。第三步是选出最适合这个岗位的应聘者。第四步，欢迎新的成员加入组织。

图表 12－6　吸引一支高效的劳动力队伍

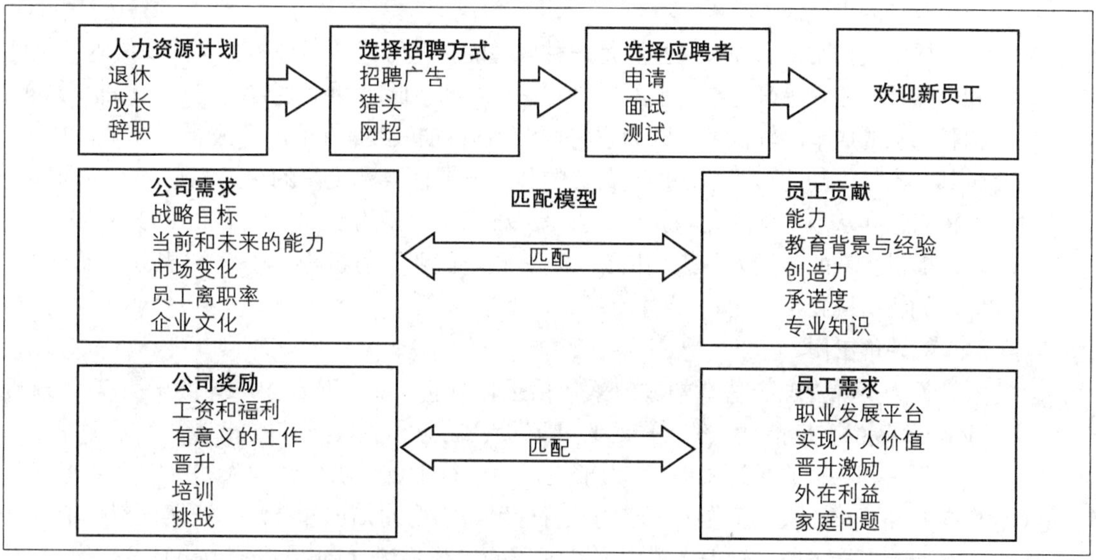

在组织吸引员工的努力的背后，实质上是一个匹配模型。在**匹配模型**（matching model）中，组织和个人试图将各自的需要、兴趣和价值观进行匹配。[39] 比如，一家小型的软件开发公司可能需要具有创造性思维、技术能力的员工付出较长的工作时间，作为回报，员工可以远离官僚的繁文缛节，员工的一些特殊癖好可以被包容，并且员工可能得到较高的工资。一家大型的生产企业可以向员工提供安全稳定的工作，但是它可能有更多的规章制度并且需要更多的“争取获得上级批准”的技能。在软件开发商那里如鱼得水的员工，也许在大型生产企业中工作得并不开心。公司和员工都希望找到与自己相匹配的类型。

12.4.1　人力资源计划

人力资源计划（human resource planning）是指对人力资源需求的预测和将员工与空缺职位一一匹配的过程。人力资源计划需要首先解决几个大的问题：

- 出现什么新的技术？它们将会对组织造成怎样的影响？

- 在未来的 5～10 年中，这个行业的发展前景怎样？
- 公司的人员流动率如何？这一比率在多大程度上是可以降低的？

对这些问题的回答会产生一系列人力资源管理活动的从属性问题，比如以下这些：

- 我们需要哪种类型的工程师？需要多少？
- 我们需要多少额外的行政人员来为这些工程师提供后勤服务？
- 我们可以用一些临时工和兼职员工来完成其中一些工作吗？[40]

通过预测未来的人力资源需求，组织可以更好地应对将来可能出现的挑战。相比于在问题出现时才开始着手解决的公司，它们会占据更大的优势。

12.4.2 招聘

招聘（recruiting）被定义为通过应用一系列筛选程序，识别申请者的各项特征的活动或实践过程。[41]招聘有时被看作一种获取人才的方式，这也反映出人力资本对于公司成功的重要性。[42]

尽管我们常常认为校园招聘是一种典型的招聘方式，但许多公司却使用内部招聘和内部晋升的政策来充实它们的管理层。[43]内部招聘有两个主要的优点：相比于外部招聘，它的成本比较低廉；因为它将职业晋升的机会提供给内部成员而非外部成员，所以会带来更高的员工承诺度、更好的员工发展前景和更高的员工满意度。然而，外部招聘，即从组织外部招聘新员工也是一种优点很多的方式。许多不同的外部来源都可以提供备选的申请人，比如招聘广告、政府就业服务机构、在线招聘服务机构、私人雇佣机构（猎头公司）、人才市场、员工推荐等。

■ 评价工作

人力资源管理的基本构成要素包括工作分析、工作描述和任职资格。**工作分析**（job analysis）是指对一份工作的必要职责、任务和责任及其所处的工作环境等信息进行收集和解释的系统流程。[44]为了更好地进行工作分析，经理人和专家需要考察工作内容和工作流程、工作所面临的监管程度、需要的知识和技能、业绩评判标准、工作条件等。接下来，管理者需要准备纸质的**工作描述**（job description），这是一份对特定工作任务、职责、责任清楚和精确的总结；还要准备**任职资格**（job specification），它是指完成一项工作所需的知识、技能、教育背景、身体能力以及其他特征。

工作分析可以帮助组织招聘到合适的员工并且将他们安排到合适的工作岗位上。比如，萨莉集团（Sara Lee Corporation）为了更好地行使内部招聘的职能，将其财务主管所需的能力划分为六个职能领域和 24 项关键技能，如图表 12－7 所示。公司会记录每一位经理人的成长轨迹，并让他们到其他合适的职位上工作来获得相应的技能。[45]

■ 实际工作预览

工作分析通过引入**实际工作预览**（realistic job preview，RJP）来增强招聘的有效性。实际工作预览可以向每位申请者提供有关这项工作和这个组织的所有真实的信息，无论是积极的还是消极的。[46]实际工作预览可以帮助个人、职位与组织获得更好的匹配，从而带来更高的员工满意度和更低的离职率。每个员工可以更好地判断他们与组织的契合度，并且根据充分的信息确定是否担任这一职位。

图表 12-7　萨莉公司的财务主管需要的技能

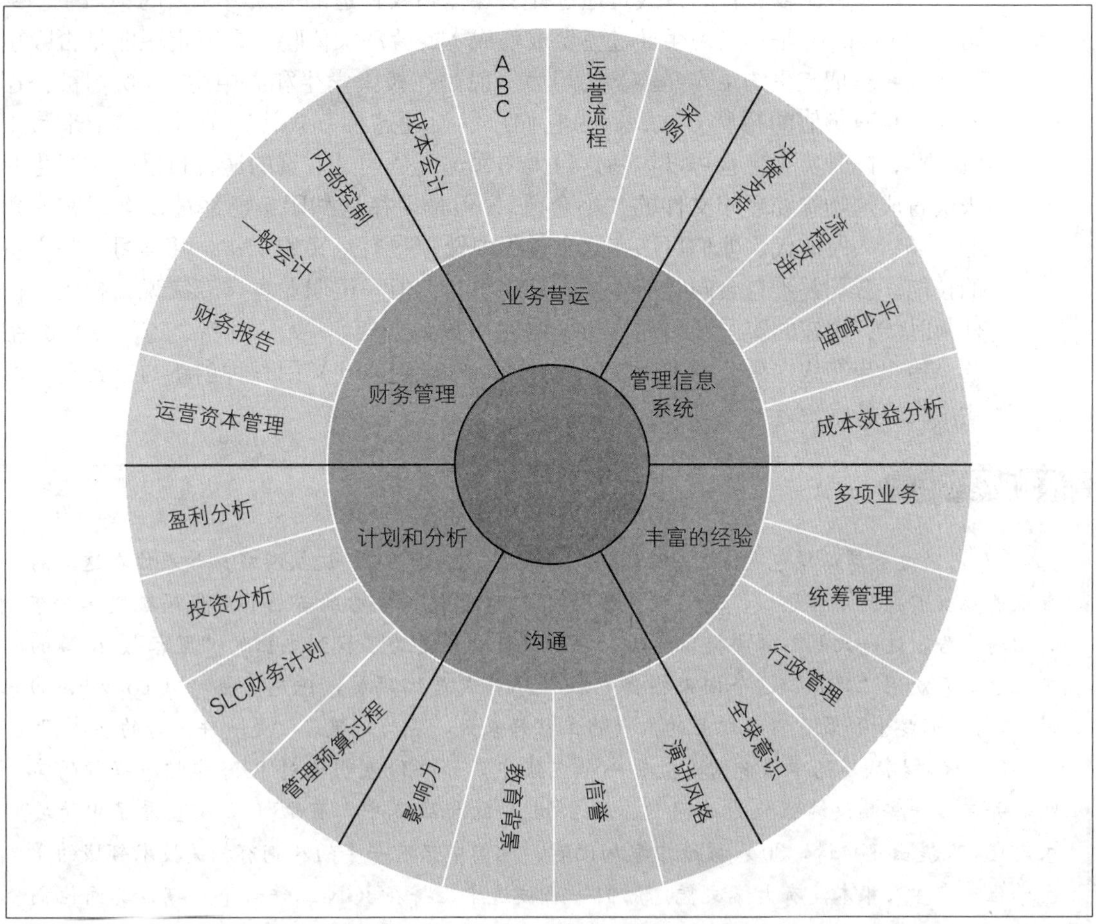

资料来源：Reprinted with permission from *CFO*，October 1，1998. Visit our website at www. cfo. com. © CFO Publishing LLC. All Rights Reserved. Foster Printing Service：866-879-9144，www. marketingreprints. com. License ＃13921.

■ **社交媒体**

现在，许多招聘工作通过领英、脸书、Meetup 等社交媒体完成。[47] 在 2012 年一项针对全球人力资源经理的调查中，46%的受访者表示，他们通过社交媒体招到了合适的员工。中国的公司尤其擅长使用这一手段。因为传统的在线招聘方式吸引了过多不能胜任的申请人，使得这一方式的价值大大降低，所以，管理者开始转向微博这样的社交媒体为可能的求职者建立共享社区。微博是一个类似于推特的社交平台。德勤会计师事务所（Deloitte Touche Tohmatsu）在中国设立的微博官方页面就有超过 48 500 名关注者，他们中有一部分与公司保持密切联系，这对双方而言都是有益的。中国的联想集团在 2012 年通过领英、微博、天际（中国的职业社交网站）等社交媒体，在 3 个月的招聘热潮中选择了 70 名优秀的应聘者。[48] 公司也会使用其他的在线招聘方式，比如在公司官网或商业招聘网站上投放空缺岗位的信息。但目前的趋势是目标性更强的在线招聘，比如 SAIC（Science Applications International Corporation）会在公布空缺职位的信息前，直接在专业性的社交网站上寻找合适的人员。[49]

■ 实习

另外一种比较流行的方式是通过社交媒体招收合适的有薪或无薪的实习生。**实习**（internship）是指实习生通过免费或低成本的劳动来体验一个特定职业是否吸引自己或者获取宝贵的工作经验。实习生一般是在校大学生和高中生。[50]实习被公司看作一种有价值的招聘方式，因为它们可以通过这种方式让一个可能的未来员工"试驾"；同时实习生也可以评判这份工作和这个公司是否真的适合自己。实习生原来被看成泡咖啡和复印文件的"小仓鼠"，但是现在这种印象已经被逐渐崭露头角的职场新人所取代。他们可以在这个过程中做一些有意义的工作，并学习一些宝贵的技能。公司并不总会向实习生提供录用机会，但一位职业发展专家说，相比以往任何时候，现在的实习经历往往与长期雇用关系密切。[51]如"创新之道"专栏介绍的，传媒与在线娱乐公司IGN（Imagine Games Network）用一种创新的方式在实习生中招募新人。

创新之道

IGN的Foo代码挑战赛

"如何通过翻烤汉堡包①筹到足够的钱，来购买《传送门2》这款游戏？如果你在这里的表现能让我们感到不可思议，我们就会雇用你。"这是IGN举办的首届Foo代码挑战赛发布的招聘广告，这一比赛不需要提供简历，它的设计初衷是为了找到杰出的"黑客"。IGN的工程总监喜欢用"黑客"这个词来指代电脑程序员或是编码员，托尼·福特（Tony Ford）说："对于那些十分看重自己职业的严谨的工程师来说，成为'黑客'是一件很好的事情。"

Foo代码挑战赛的申请者需要提交一个在线申请和一份表明他对IGN非常感兴趣的声明，并回答一些测试编程能力的问题。在2011年的挑战赛中，有75 000人查看了申请要求，104人提出了申请，30人被选中参加比赛。他们中只有一半的人拥有相关技术领域的学士学位，有些人根本没有大学文凭。他们一旦被选中，将在IGN工作六个星期，其间他们会学习编程语言并参加工程项目的工作。他们也会得到一小笔报酬。IGN的总裁罗伊·巴哈特（Roy Bahat）说，这六个星期是为了"教授他们知识，看一看我们能否将他们提高到我们想要的水平"。比如，亚当·帕西（Adam Passey）用整个夏天为手机游戏中的一个桥段编写了特别的程序。

尽管巴哈特希望Foo代码挑战赛帮助公司招聘一两名有潜质的员工，但实际上，公司向八位参赛者发送了工作邀请。这一挑战赛的成功使经理们想在2012年再次举办这一赛事。在程序员、编码员的市场竞争日益激烈的今天，这是一项成功的"游击招聘战略"。[52]

12.4.3 甄选

在**甄选**（selection）的过程中，雇主评判应聘者的特征，并判断这份工作与应聘者的契合程度。应用最广泛的甄选工具是申请表、面试、招聘测试和评估中心。总的来说，一份工作所需的技能越多、要求越高，公司所使用的甄选工具就会越多样化。[53]

---

① 这是一句美国俚语，引申为从事的工作工资水平低、机会少、单调枯燥。——译者

■ 申请表

申请表（application form）被用来收集应聘者的教育背景、工作经验以及其他背景资料。研究表明，每个人的经历都可以用来预测其未来工作的情况。[54]

需要注意的是，不要问与工作无关的问题。为了遵守公平就业机会的相关规定，申请表不应该询问可能会对受保护的弱势群体造成不利影响的问题，除非这个问题与工作直接相关。[55]比如雇主不应该询问员工是否拥有自己的住宅，因为：（1）申请者的回答可能会不利于他获得工作；（2）弱势群体和女性不太可能有自己的住宅；（3）是否拥有住宅与工作绩效可能并无关系。与之相反的是，在一家注册会计师（CPA）公司，是否通过 CPA 考试可能与工作绩效直接相关，因此询问一位应聘者是否通过 CPA 考试是合理的，即使应聘者中只有一半的女性或弱势群体通过，而 90%的白人男性都通过了 CPA 考试。

■ 面试

几乎在所有的组织机构中，每一个工作职位在招聘的过程中都会有某种类型的面试。这是一个公司可能违反公平就业机会条例的地方，因为面试者可能会在面试过程中询问一些不恰当的问题。图表 12－8 列示了一些恰当和不恰当的面试问题。

图表 12－8 招聘申请表与面试：你能询问哪些问题？

类别	可以询问的问题	不能询问的问题
国籍	• 申请者姓名 • 申请者是否用其他名字工作过	• 申请者姓名的由来 • 申请者的血统和种族
种族	• 无	• 种族或者皮肤颜色
残疾	• 是否有可能影响工作绩效的残疾	• 申请者是否有生理或精神缺陷 • 是否提起过赔偿诉讼
年龄	• 是否年满 18 岁	• 申请者的年龄 • 申请者何时从高中毕业
宗教	• 无	• 申请者的宗教信仰 • 宗教节假日
犯罪记录	• 是否曾被指控犯罪	• 是否曾被逮捕
婚姻和家庭状况	• 无	• 婚姻状况，孩子数量，是否计划要孩子 • 儿童抚养安排
教育和经历	• 在何处上学 • 之前的工作经验	• 何时毕业 • 兴趣爱好
公民身份	• 是否有在美国工作的权利	• 是不是其他国家的公民

资料来源：Based on "Appropriate and Inappropriate Interview Questions," in George Bohlander, Scott Snell, and Arthur Sherman, *Managing Human Resources*, 12th ed. (Cincinnati, OH: South-Western, 2001), 207; and "Guidelines to Lawful and Unlawful Preemployment Inquiries," Appendix E, in Robert L. Mathis and John H. Jackson, *Human Resource Management*, 2nd ed. (Cincinnati, OH: South-Western, 2002), 189－190.

有一些证据表明，面试并不总能有效地预测工作绩效。一项回归分析表明，传统面试中的良好表现与较高绩效的相关系数只有 0.2。[56]经理人可以提高他们的面试技能，而应聘者可以通过了解面试中能做的和不能做的来提高他们的面试成功率，这些技巧参见“经理会谈”专栏。

经理会谈

让你的面试变得一流

我们中的大多数人都经历过工作面试，开始时似乎一切顺利，但是可能突然一切就变糟了。下面是一些可以提高你的面试水平的建议，它们也可以提升你作为经理的面试技巧。

最重要的三个问题

无论你在面试中被问及哪些问题，你都需要记住招聘经理和公司只关注三个核心问题，这样你的回答才会更加有效。这三个问题是：

● 你能完成这项工作吗？公司希望知道你的长处，不仅是技术技能，还包括你的领导力、团队合作能力以及人际交往能力。你能十分出色地完成本职工作，并且与你的同事有效沟通，为创建积极的组织氛围出一份力吗？

● 你会喜欢这份工作吗？公司需要每天能给工作场所带来热情和充满正能量的员工。招聘经理希望确定你对整个行业和你所面试的职位是否有热情。只有这样，你才能勇敢地面对将来的挑战。

● 我们可以接受与你一起工作吗？大多数经理在挑选合适的员工时，员工与企业文化的契合度是他们认为重要的考量因素。在 LivingSocial 公司，每一位应聘者都要接受“文化警察”的面试。这是一个对于观察应聘者是否与企业文化匹配十分有经验的员工团队。应聘者只有通过文化警察的面试才能受聘于公司。

面试撒手锏

● 提前做好研究。为了回答这三个最重要的问题，你必须对你所申请的职位和公司所处的整个行业有所了解，并且对企业文化有一定的感受，掌握得越多越好。你要事先从公司的网站上了解公司的组织架构以及它是如何管理运作的。充分利用你的社交网络，看看 YouTube 上是否有相关视频，或者博客上是否有相关文章等。

● 把问题变成谈话。做完研究后，你就可以与面试官进行平等的交谈了。比如，当被问及你将如何新建一个部门时，你可以礼貌地反问：“您介意我先问一些问题吗？我知道在希腊有一个新建的工厂，公司在那里的生意受到当地经济危机的影响了吗？”或者你可以提前想好一些故事和例子，来证明你的技能或能力，展现你对工作的激情，证明你十分适合这个组织。在你获得面试机会时，明智地使用这些例子。

● 思考他们做事的方式。做完研究后，你应该对公司面临的问题及你可能被问到的问题做到心中有数。Zappos. com 和通用电气这样的公司会采用非常规的面试方式。想象你是一名公司的经理，设计大约 10 个你可能会询问应聘者的问题。

资料来源：George Brandt，“Top Executive Recruiters Agree There Are Only Three True Job Interview Questions,” *Forbes*，April 27，2011，www. forbes. com/sites/georgebradt/2011/04/27/top-executive-recruiters-agree-there-are-only-three-key-job-interview-questions/（accessed August 29，2012）；Jennifer Alsever，“How to Get a Job：Show，Don't Tell,” *Fortune*（March 19，2012）：29－31；and LivingSocial example from Darren Dahl，“Hiring：You Get a Job，and You，and You ... How to Staff Up in a Hurry,” *Inc.*（November 2010）：128－129.

经理会通过多种多样的面试方式来进一步了解一个应聘者与工作的契合程度。**结构化面试**（structured interview）使用一套标准的问题来询问每一位应聘者，这样可以比较容易地做出比较。其中可能包括传记性面试，比如询问受访者以前的生活和工作经历；行为面试，询问应聘者他们如何解决特定问题；情景面试，要求应聘者描述他们如何处理一个假想的情景。而在**非定向面试**（nondirective interview）中，面试官询问一个开放的、无标准答案的问题，并且允许应聘者自由发挥，尽可能少打断。非定向面试可以展示应聘者在结构化面试中不能展现出的信息、态度、行为特征等。

有些组织会安排应聘者参与一系列的面试，每场面试由不同的人负责，目的是探查应聘者不同方面的特点。还有一些公司会使用**小组面试**（panel interview），即几位面试官同时面试一位候选人，并轮流提出问题。[57]还有一些公司会使用不同寻常的方式，比如极端面试，来测试候选人解决问题的能力、应变能力、反应敏捷程度以及与他人合作的能力。例如，丹妮拉·贝莫拉斯（Danielle Bemoras）与一位竞争者一同参加了 SceneTap 公司的面试，这是一个夜生活指南网站。贝莫拉斯没有试图处处胜过自己的竞争者，相反，她尊敬对手且乐于助人，这使她获得了实习的机会，随后获得了全职工作。[58]又如，为了测试应聘者的创造性，一位营销公司的招聘者告诉应聘者："给你五分钟的时间让我开心。"[59]

■ 招聘测试

招聘测试（employment test）包含认知能力测试、体能测试、人格量表以及其他测评方式。认知能力测试会测试应聘者的思维、逻辑、语言表达以及数学能力。体能测试主要是测量力量、精力、持久力等，主要应用于需要搬动较重包裹的货车司机、经常需要攀爬梯子并携带设备的电工，以及其他需要做体力活的职位。需要注意的一点是，这些测试仅仅涉及与工作相关的认知和体能，要避免触犯反歧视法律。

许多公司还会使用不同种类的人格量表来测试一个人对学习的开放程度、亲和力、责任心、创造力以及情绪稳定性等性格特征。除此之外，公司还会寻找与特定职位相契合的性格特征。比如，一家公司发现，在自信与外向方面得分较高的人经常是优秀的销售员，所以它们在招聘新的员工时往往会寻求有这两种特质的人。[60]一项调查显示，80%的中型和大型公司会将人格量表与能力测试作为就业前员工筛选或培训的工具。[61]另外一种特殊的测验方式叫做脑筋急转弯，经常被一些需要创新和解决实际问题的能力的公司使用。此类问题的答案往往不如应聘者思考问题的方式重要。看一看你将如何回答图表 12－9 中的脑筋急转弯测试题。

■ 评估中心

评估中心最初是由 AT&T 的心理学家提出的，其主要目的是选择适合管理与专业岗位的员工。在两到三天的时间内，**评估中心**（assessment center）向一组应聘者展示一系列的管理情境。其中一种方法叫做公文筐测验，即应聘者需要扮演一位经理，在两个小时内对公文筐内的十个待办事项做出决策。两到三位训练有素的面试官会观察这位应聘者的决策过程，由此评判他的人际关系能力、交流能力以及解决问题的能力。在密歇根的一家汽车零部件工厂里，生产经理岗位的应聘者需要经历一场四个小时的模拟面试。在这场模拟经理一天真实生活的面试中，他们需要兼顾待办事项、紧急电话，以及员工和工作问题。[62]

一些组织会对一线员工进行**工作样本测试**（work sample tests），这要求应聘者完成他们所要应聘岗位的一部分日常工作。比如，谷歌会要求程序员等岗位的应聘者在面试时编写程序。有证据表明，相比于普通的面试，工作样本测试对应聘者未来的工作绩效有更好的预测作用。[63]一家英国的传播公司要求客服专员这一职位的应聘者与顾客进行模拟互动，来评判他们的倾听技巧、对顾客的敏感性及在压力下处理问题的能力。[64]

图表 12-9 面试时的一些脑筋急转弯问题

面试时你会如何回答下列问题?
1. 如果有一摞跟帝国大厦一样高的一美分硬币，你如何把它们全部装进一个房间里?
2. 为什么下水道井盖是圆形的?
3. 如果要清洗西雅图所有的窗户，你会收多少钱?
4. 你喝醉了，掉进一个搅拌器中，60 秒后刀片将开始转动。你应该怎么办?
5. 一个人将他的车推到旅馆，丢了所有的钱。这是什么情况?

答案：这些问题可能有很多回答。以下是面试官认为很好的一些回答：

1. 纽约帝国大厦大概有 110 层楼，可以把这一摞一美分硬币分成 100 摞，每摞的高度大约是从地板到屋顶，这样就可以把它们放进一个房间了。

2. 一个方形的井盖很可能会掉进洞里。如果你将一个方形的井盖竖直拿起来并且稍微转动一个角度，它就很容易掉进洞里。相反，无论怎样拿一个圆形的井盖，它都不会掉进洞里。

3. 假设一共有 1 万栋建筑物，每栋建筑物有 600 扇窗户，清理每扇窗户需要 5 分钟，每位工人每小时的劳动力成本是 20 美元。那么总计需要 1 000 万美元。

4. 踩着搅拌器上的刻度爬出来。

5. 与其说这是脑筋急转弯，不如说这是个奇怪的问题。如果一定要说答案的话，应该是他正在玩大富翁。

资料来源：Similar questions are used at companies such as Microsoft, Google, and eBay. Reported in William Poundstone, "The Google Cheat Sheet," *Bloomberg Businessweek* (January 9-January 15, 2012): 79; Michael Kaplan, "Job Interview Brainteasers," *Business 2.0* (September 2007): 35 - 37; and William Poundstone, "Impossible Questions," *Across the Board* (September-October 2003): 44 - 48.

■ 在线审核

互联网使得招聘官和人力资源经理可以使用新的方式来查询应聘者的犯罪记录、信用历史以及其他有关诚信和稳定性的证据。[65]很多公司还会去翻看应聘者的博客或者社交媒体上的记录，来评估这位应聘者是否适合公司。微软进行的一项调查显示，75%的美国招聘官和人力资源经理说，他们的上司要求他们在网上查询应聘者的相关信息；另一项调查发现，有 37%的人会查询应聘者的社交媒体资料。将近一半的人表示，挑衅性言论或者不合适的照片会使他们拒绝录用一位应聘者。比如，顶级咨询公司的经理米兰达·肖（Miranda Shaw）拒绝了一位她之前相当看好的应聘者，因为她在一位好友的脸书上发现了这位应聘者与兄弟会成员一起吸烟和酗酒的照片，这些照片还没来得及设置隐私权限。[66]一些新毕业的大学生可能会发现他们的求职之路并不顺利，这是因为他们曾在社交网络上发表过一些酗酒、吸毒以及性行为的照片或言论。[67]

在线审核对于公司来说是个灰色地带，但是它并没有逐渐消失。马里兰州是第一个将雇主向应聘者索要社交媒体密码视为非法行为的州，其他一些州也在考虑类似的立法。在不告知应聘者的情况下，使用社交网络来对应聘者进行背景调查可能会遭遇法律诉讼。更重要的是，因为在线审核经常会涉及申请人的种族、性别、性取向和其他隐私问题，人力资源经理必须确保这些信息不会用于可能构成犯罪的事情。目前出现了一种新型组织，旨在帮助公司在不触犯道德和法律的情况下对应聘者进行在线审核。[68]

12.5 人才管理

继甄选之后，人力资源管理的第二个目标是把员工发展为一支高效的劳动力队伍。其中，关键的发展活动包括培训和绩效评估。

12.5.1 培训与发展

培训与发展项目是指组织为了促进员工学习工作相关技能和行为所付出的有计划的努力。[69]《培训》（*Training*）杂志最新的行业报告显示，2011 年，美国的公司在正式的培训项目上花费了 597 亿美元，相比前一年增加了 13%。[70]图表 12-10 展示了一些经常使用的培训方式。课堂教学这种传统方法仍是最流行的培训方式。有意思的是，报告显示，这种培训方式的占比高达 41.6%，相比于 2010 年的 27.7%有明显的增加。通过社交媒体与移动设备开展的培训项目的占比有所下降，但是强制性和义务性的培训经常通过这种方式进行。

图表 12-10 培训方式和培训经费支出意愿

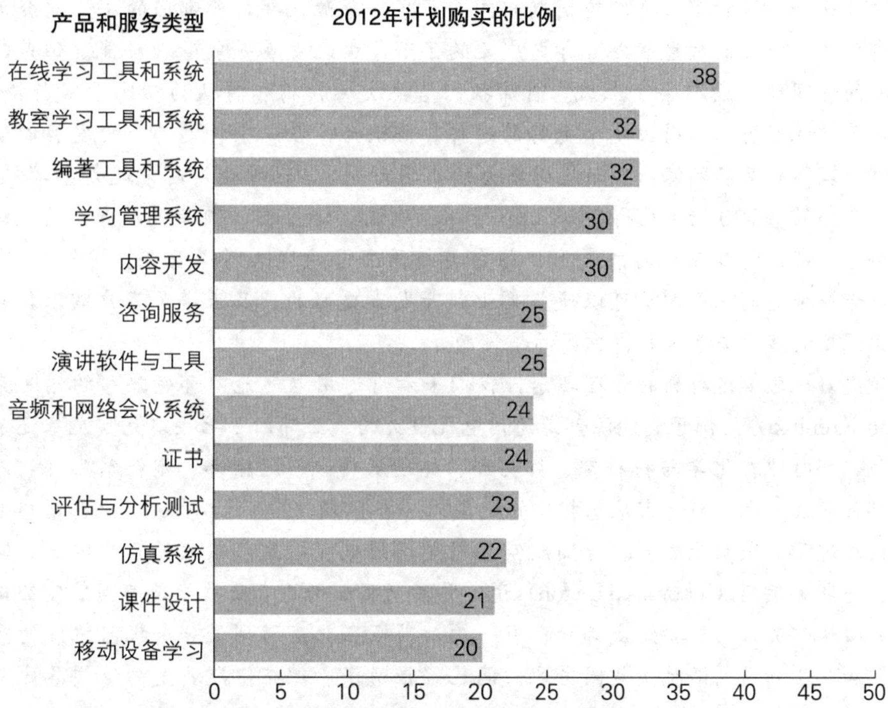

2011 年教学方式与媒介	
培训类型	占培训时长的比例（%）
课堂教学	41.6
混合式（真实老师、虚拟课堂、社交网络的组合等）	24.0
在线或基于计算机的	21.9
社交媒体和移动设备	1.3

资料来源："2011 Training Industry Report," *Training* (November-December 2011): 22-35.

海洋能源管理监督和执行局在 2010 年英国石油公司发生深水地平线钻井平台漏油事件后，意识到油田作业的安全监管方式已经过时，开始努力全面改进相关人员的培训方式。该局招聘了一位正式的培训负责人来开展培训项目，对目前及将来负责评估关键安全设施（比如深水地平线钻井平台上的封井器）的监察员进行培训，这位负责人还要监控油田的实际运营情况与政府新规定所要求的环境、工作场所安全计划是否相符。[71]

“发展”与“培训”这一常见的术语有所不同。培训是指教会人们如何更好地完成与他们当前工作相关的职责，而发展则是指教会人们更广泛的技能。发展不仅对人们当前的工作有益，而且可以帮助他们在未来的工作中承担更多的责任。比如，农业设备生产商迪尔公司的一些正处于上升势头的管理人员会接受有影响力的董事会成员的培训，以发展他们的领导力技能。[72]正如“创新之道”专栏介绍的，通用电气用一种全新的方式来发展它的管理人员，从而更好地应对全球竞争环境的不断变化。

创新之道

通用电气

通用电气一直因管理人员的轮岗制而闻名于世，每隔几年，各部门的高管就会被轮换到其他部门，以使他们对整个公司有更广泛的了解，由此发展一般管理技能。但是，近年来一种新的管理理念逐渐占了上风。首席执行官杰夫·伊梅尔特认为相比于实行轮岗制，让管理人员专注于自己的岗位是个更好的选择。他认为，在一个特定部门的发展能使管理者更深刻地理解产品和顾客，从而赢得更大的市场份额。“世界变得越来越复杂，”通用电气高管发展部的领导苏珊·彼得斯（Susan Peters）说，“我们需要拥有高度专业技能的人。”

强调每一部门的专业化与杰夫·伊梅尔特精简公司的战略不谋而合。伊梅尔特认为，拥有高度专业技能的管理人员可以使各事业部开发出更好的产品来满足客户需求，并且可以发展出深度的客户关系来获得更高的销售额。

为了更好地理解这种新的管理理念，我们来看看通用电气能源部领导人约翰·克雷尼基（John Krenicki）的例子。能源部是通用电气最大的工业部门。七年前克雷尼基还未担任这一职位，那时他在化学与材料部、灯具部、超硬磨料部、运输部、塑料制品部，以及高新材料部任管理职位。与克雷尼基相反的是戴维·乔伊斯（David Joyce），他在通用电气的航空部门度过了整个职业生涯。美国航空公司是通用电气航空部最大的客户之一，其首席执行官托马斯·洪顿（Thomas Horton）说，乔伊斯高水平的专业技能是美国航空公司与通用电气积极伙伴关系的重要组成部分。有一次，洪顿在北京遇到了一个机器维修的重要问题，当他和乔伊斯通电话时，美国当地时间已经很晚了，但乔伊斯还是向他详尽地解释了这个问题。“他是一位优秀的合作伙伴。”洪顿如是说。[73]

■ 在职培训

最常见的培训方式就是在职培训。**在职培训**（on-the-job training，OJT）中，经验丰富的老员工会手把手地教新员工如何完成工作职责。在职培训有许多优点，比如很少会产生因教学设施、材料以及教练费用等引起的现金成本，并且新员工学到的知识很容易应用到实际工作中。使用得当时，在职培训被认为是在工作场所中最快速且最有效的促进学习的方式。[74]在本章开头介绍的斯坦利华中，所有的员工都会接受为期 18 个月的培训。这种培训包括课堂与在职培训两部分，员工们借此学会如何成为“顾客的使者”。[75]一种类型的在职培训是让员工体验组织内不同岗位的工作，向经验丰富的老员工学习不同的工作技能。这种交叉培训方式会让员工在一个新的职位上任职短至几个小时、长至一年的时间，让员工发展新的技能，并且增加组织的灵活性。

■ 社交学习

如图表 12 - 10 所示，2012 年很多公司表明它们计划购买在线或移动学习课程和服务。这体现了对社交学习重要性的认识，社交学习对于年轻的员工尤为重要。**社交学习**（social learning）是指通过移动设备、社交网络、维基、博客、虚拟游戏等社交媒体工具向其他人进行非正式学习的途径。[76]举个简单的例子，社交学习可以是一位员工在博客或推特上询问与工作相关的问题，就工作流程或工作任务向同事求助。组织机构中的学习主要采用非正式方式而不是正式方式，所以管理人员非常支持日常工作中的社交学习。这种方式可以帮助员工分享信息、获取知识、找到资源，并且是一种自然的合作方式。IBM 的一项调查显示，高绩效组织相比于其他组织，使用合作性社交媒体工具的可能性高了 57%。[77]

■ 企业大学

另外一种进行培训和发展的通用方式是企业大学。**企业大学**（corporate university）在员工的整个职业生涯中提供广泛的学习机会，是一种企业内部的培训与教育设施，企业大学经常向顾客、供应商以及战略合作伙伴开放，为这些人提供同样的机会。[78]汉堡大学就是一家著名的企业大学，它是麦当劳的全球培训中心。这所机构受到广泛的尊敬，它的课程通过了美国教育委员会的认证，所以员工可以修到大学的学分。尽管所有管理人员的培训都在美国本土进行，但汉堡大学在世界各地设有七个校区，包括圣保罗、上海、慕尼黑、孟买等。[79]包括联邦快递、通用电气、英特尔、哈雷戴维森、宝洁、第一资本在内的众多公司，也都通过设立企业大学的方式来积累人力资本。[80]

核能源公司西屋电气（Westinghouse Electric）最近投资了数千万美元建立企业大学，人力资源管理的负责人吉姆·艾斯（Jim Ice）说，这所大学的主要目的是培训目前和未来的员工。因为在 1979 年三里岛核事故发生后，美国的核电站建设并不乐观。公司不得不招募没有经验或只有很少经验的员工，因此有必要对他们进行更好的培训。[81]

■ 内部晋升

另外一种推动员工发展的方式是内部晋升，这种方式可以帮助公司留用与发展有价值的员工。晋升可以为员工提供更具挑战性的工作任务、规定全新的职责，并且通过拓宽与发展员工的能力来帮助员工成长。苏格兰的皮布尔斯海德罗酒店（Peebles Hydro Hotel）热衷于内部晋升制度，把它看作一个留用优秀员工并且给予他们发展机会的途径。一位女服务员能被提升为首席管家，一名侍应生能被提升为餐厅负责人，一个工读生也能成为副经理。不仅如此，酒店还提供所有领域的持续性的培训项目。这些方式与高度的工作灵活性使得这家公司即使在整个旅游业和酒店行业都遭遇熟练工短缺时，仍能有效留用高质量的员工。在海德罗酒店，拥有 10 年、15 年甚至 20 年工作经历的员工并不少见。[82]

12.5.2 绩效评估

绩效评估（performance appraisal）是指观察与评判员工的绩效，记录评价结果并且向员工提供反馈。在绩效评估过程中，有经验的管理者会对员工表现中可圈可点的地方提供积极反馈和表扬，也会反馈需要提升和改进的地方。管理专家拉姆·查伦(Ram Charan) 提到，人才管理中最大的错误就是不能以发展的眼光对员工做出公正的绩效评估。[83]一旦员工获得公正的反馈，他们就可以改进自己的绩效。但是最近的一项调查显示，仅有三成的员工认为公司的绩效评估系统会帮助自己改善绩效。这反映出绩效评估与反馈系统急需改进。[84]

总的来说，人力资源管理专家主要关注两点来使绩效评估成为一个组织的积极推动力：(1) 通过开发和应用等级评估法这样的评价体系来对员工的绩效进行精确评定；(2) 培训管理者有效地使用绩效评估面谈，这样管理者可以提供能强化员工优秀表现并且有激励作用的反馈。目前的主流思想是，绩效评估应该是一个持续的过程，而不应该是一年一次的晋升考察中的一部分。

■ **准确地评估绩效**

工作是多维度的，所以绩效也是多维度的。目前绩效评估的趋势是采用**360度反馈**(360-degree feedback) 的方法，它利用多个评价渠道，包括自我评价，来提高员工对自己优势和劣势的认识，并指导员工发展。评估小组的成员包括上级、同事、顾客以及被评估者本人，这样可以对员工的绩效有一个整体的评价。[85]有一些公司使用社交网络式的系统使360度反馈成为一个动态的、持续的过程。比如，Rypple开发的一款软件让员工们可以用推特式的短问题就某一项具体的任务询问自己的表现，从经理、同事以及他所选择的其他任何人那里得到反馈。埃森哲设计的一个新系统可以让员工放置照片，更新状态，写上可以被其他同事看到、追踪并且评价的两到三个周目标。[86]

另外一种绩效评估方式是绩效排序体系。[87]这种方式的争议很大，因为它必须通过比较员工来进行绩效评估。最常用的方式是根据员工的相对绩效进行排序，20%的员工是绩效最好的；70%的人排名居中；还有10%的人则排名最后。排名最后的人会有一段提高绩效的时间。如果他们不能有所进步，就会被开除。这种强制排名方式背后的思想是每一个员工都会被激励去提高自己的绩效。

绩效排序体系的优点是：(1) 使得经理可以鉴别出最好和最坏的员工，并做出比如开除这种有些困难的决定；(2) 创建并维持一种高绩效文化，激励人们不断提升业绩。这种体系的缺点是：(1) 可能会引发员工之间的恶性竞争；(2) 不鼓励合作与团队分工；(3) 可能会损害士气。[88]许多公司放弃了绩效排序体系，或者对它进行修改，这样就不会对绩效排名落后的人产生过于严重的影响。企业生产力研究所的一项调查显示，2012年实行严格的绩效排序体系的公司只有14%，相较于前一年的42%大大降低。[89]

■ **绩效评估偏差**

尽管我们希望每个管理者在评价员工的绩效时都采用一种谨慎且无误的方式，研究者发现在绩效评估时还是存在一些问题。[90]最严重的问题之一就是**刻板印象**(sterotyping)，即评价者根据员工的一些特征或性格将之归为某一类，比如，把年老员工看做行动缓慢且难以开展培训的员工。还有一个常见的评价偏差是**晕轮效应**(halo effect)，即管理者对员工在所有维度上的表现都给予相同的评分，即使这名员工在有些维度上表现很好，而在另一些维度上表现一般。

避免绩效评估偏差的一种方法是使用基于行为的评价技术，比如，行为锚定等级评价法。**行为锚定等级评价法**（behaviorally anchored rating scale，BARS）是由与工作绩效相关的关键事件发展而来的。每一项工作的绩效分值都与一系列特定的、描述不同工作绩效的行为陈述相锚定。通过将员工绩效与特定事件联系在一起，评价者可以更准确地评价每一位员工的绩效表现。[91]

图表 12 - 11 展示了利用行为锚定等级评价法对一位生产车间主任进行的绩效评价。生产车间主任的工作可以分为几个维度，比如机器保养、员工培训、工作安排等。行为锚定等级评价法需要分别对每一个维度进行评定。图表 12 - 11 展示的是工作安排维度上的评价。评定量表上的 4 和 5 代表工作表现优秀，1 和 2 代表工作表现很难被接受。如果一位生产车间主任的工作有八个维度，那么总的绩效得分就是八个维度的得分之和。

图表 12 - 11　行为锚定等级评价法的示例

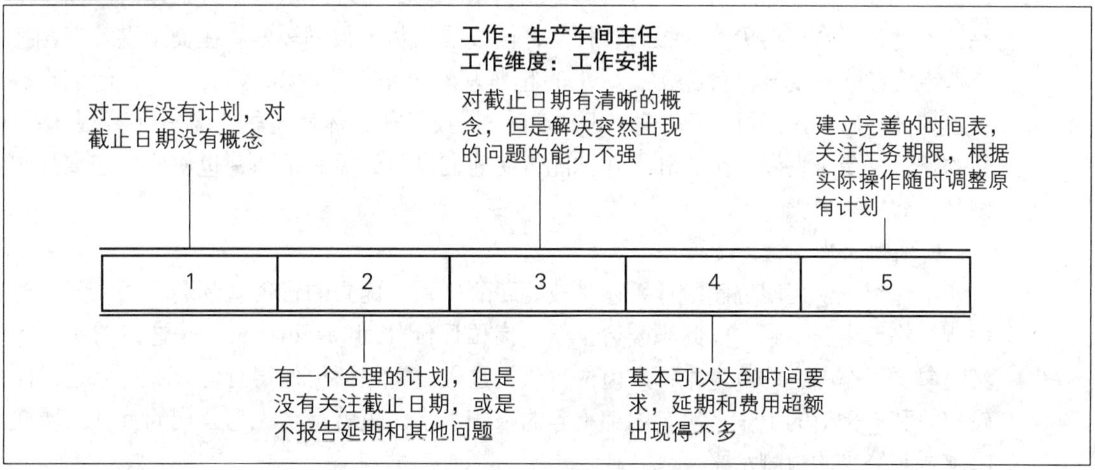

资料来源：Based on J. P. Campbell et al.，"The Development and Evaluation of Behaviorally Based Rating Scales," *Journal of Applied Psychology* 57（1973）：15 - 22；and Francine Alexander，"Performance Appraisals," *Small Business Reports*（March 1989）：20 - 29.

12.6　留用高效的劳动力队伍

下面我们将讨论在管理者和人力资源经理招聘和发展了一支劳动力队伍后，应该如何留用他们。留用现任的员工需要一套完整的薪酬体系，包括薪酬制度、福利与（偶尔的）解雇。

12.6.1　薪酬

薪酬（compensation）是指员工得到的所有现金报酬、所有替代现金的物品和商品报酬。[92]一个组织的薪酬结构包括工资、福利，比如健康保险、带薪休假、员工健身中心等。制定有效的薪酬体系是人力资源管理的重要组成部分，因为它可以帮助企业吸引和留用有才干的员工。除此之外，一个公司的薪酬体系对战略绩效也有影响。[93]人力资源经理要通过设计薪酬体系来促进公司战略的执行，并尽可能实现薪酬公平。

■ 工资和薪水体系

在理想情况下，公司管理层确定的战略应该是薪酬体系和实际运作方式的关键决定因素。[94]比如，管理者希望通过激励员工高绩效的表现来实现提高盈利、扩大市场份额的目标，那么，他们就应该设计一个绩效加薪体系而非等级工资体系。例如，在梅西百货，董事会成员决定提高高级执行官薪酬中与销售业绩挂钩的奖金比重，以此来刺激销售额增长。如果销售额超出了公司的计划，那么，高级执行官可以得到更高的奖金。[95]

目前应用最为广泛的方法是职位薪酬体系，即根据员工执行的具体工作任务来确定其薪酬。但是这种方法存在一些问题：一方面，职位薪酬体系不会激励学习行为，但员工的学习是组织在动荡的市场环境中适应和生存所需要的；另一方面，这个体系强化了组织等级和集权控制，与鼓励员工参与和强化员工责任心的趋势相悖。[96]

技能薪酬体系在大型和小型公司中愈发常见，包括宣伟涂料公司（Sherwin-Williams）、Au Bon Pain 快餐店、桂格燕麦在内的许多公司都应用了这一体系。拥有更高技能的员工会获得更高的报酬；相反，低技能的员工报酬较低。在美国堪萨斯州托皮卡市的桂格燕麦宠物食品部，员工的起薪基本上是每小时 9.75 美元，当他们掌握一系列技能后，最高可达每小时 15.5 美元。[97]技能薪酬体系也称为竞争性薪酬体系，目的是鼓励员工发展竞争力和专业技能，使他们对组织更有价值，也使他们在离开组织时受雇能力更强。

■ 薪酬公平

不论组织使用职位薪酬体系还是技能薪酬体系，优秀的管理者都会尽力使员工对薪酬结构产生公平感，以此来鼓舞士气。**岗位评价**（job evaluation）是通过对组织内某一岗位工作内容的审查来评定岗位价值的过程。岗位评价使得管理人员可以通过比较相似和不相似的工作来决定内部平等的报酬水平，也就是员工与公司的其他人比较时感觉到公平的报酬水平。

公司需要使其报酬水平在与外部机构相比时也是公平的。人力资源经理可以选取本公司内一系列代表性职位，通过**薪资调查**（wage and salary surveys）搜集信息，将这些职位的报酬水平与其他组织在职人员的报酬水平进行对比。这些信息可以通过很多来源得到，比如美国劳工统计局的全国薪酬水平调查。

■ 绩效工资

现在，很多公司根据绩效工资标准来制定自己的薪酬体系，目的是提升生产劳动率，降低劳动力成本，更好地适应全球竞争环境。**绩效工资**（pay-for-performance），又称激励薪酬，是指员工至少有一部分报酬与其努力和绩效挂钩，它可以通过加薪、奖金、团队奖励、各种收益分享方式或利润分享计划来实现。在绩效工资下，每个人受到激励的水平与他在帮助组织达到战略目标过程中所付出的努力相一致。员工会努力帮助组织实现更高的效率和效益，因为假若组织的目标无法达到，员工就不会得到任何奖金。

近年来的实践表明，不恰当的绩效工资可能会带来危害。普林斯顿大学经济与公共事务教授艾伦·布林德（Alan Blinder）指出，2008 年到 2009 年美国发生的经济危机的根源就在于"不正当的放手一搏激励措施"，员工利用他人财产进行风险很大的投资，反而会得到奖赏。[98]在金融系统崩溃期间，人们逐渐发现，金融系统的各级员工都因其短期绩效获得了大额奖赏，所有人都认为，如果哪个环节出了问题，那一定是别人的事情，这最终导致了崩溃。管理人员应该努力制定与组织、股东和整个社会的长期利益相符的绩效工资计划。

12.6.2 福利

有效的薪酬计划需要的不仅仅是金钱，工资是薪酬计划中重要的组成部分，福利也同样重要。

法律要求组织必须提供某些福利，比如社会保障、失业救济、工伤赔偿等。至于其他形式的福利，比如健康保险、休假、内部托儿所和教育费用报销等，尽管法律没有强制规定，但是提供这些福利有助于公司留用高效的劳动力。大公司提供的福利计划一般会满足所有员工的需求。

有些公司，尤其是高技能员工十分紧俏的高科技公司，会向员工提供极其慷慨的福利待遇。比如，SAS 研究所会向员工提供：90%的健康保险费用；工作场所的免费医疗服务和健身中心；不限时间的病假；新入职员工三周的年假；内部托儿所以及一个工作-生活中心，该中心为员工提供从育儿课程到老年人看护的一系列服务。[99]但是，由于近年来的经济衰退，许多公司缩减了法律没有要求的福利，绝大多数企业表示它们不准备恢复到经济衰退前的水平。“那些日子已经过去了。现在的福利并不是什么神圣不可侵犯的东西。”BridgeStreet 咨询公司（一家福利管理咨询公司）的负责人蒂姆·普理查德（Tim Prichard）说。[100]尽管美国新的立法规定，在 2014 年之前每一位美国人都必须达到最低的健康保险水平，但是相应的雇主计划却变得越来越吝啬，而且福利越来越少。[101]人力资源经理需要学习相关法律，向首席执行官讲明他们的责任，并给出合适的建议来避免组织机构因触犯法律而被惩罚。[102]

12.6.3 调整组织规模

有时候，公司拥有过多的员工，以至于需要开除其中一部分。**规模合理化**（rightsizing）是指通过缩减公司的员工队伍，使得员工人数恰好与公司目前的情况相符。规模合理化也称为精简机构，目前很多公司所面临的现实情况是需要将员工队伍裁减到合适人数。尽管很多公司在 2009 年和 2010 年的大规模裁员之后，又开始招聘新的员工，但 2012 年 10 月美国的失业率还是徘徊在 7.8%的高位。[103]

就像“规模合理化”这一术语所暗示的，它的目标就是通过将劳动力队伍的人数与公司目前的需求相匹配，使得公司变得更强大、更具竞争力。但是有些研究者发现，大规模裁员往往达不到预期的效果，在有些情况下甚至会严重损害整个组织。[103]除非人力资源管理部门有效地并且人性化地管理整个裁员过程，否则裁员可能会损害士气，并导致公司绩效降低。管理者可以通过经常与员工沟通，向他们提供尽可能多的信息，为可能失去工作的员工提供帮助，用培训和发展项目来满足留用员工的情感需求，让留用员工有机会承担新的或额外的工作职责等方法，来消除裁员所带来的不利影响。[104]

12.6.4 解雇

即使人力资源经理和人力资源专家付出了最大的努力，组织还是会失去一些员工。一些人会退休，一些人会主动离职寻找其他工作，一些人可能因为并购、裁员不得不离开公司，还有一些人会因为极差的绩效表现被开除。

解雇对维持一个高效的劳动力队伍有两个意义：第一，低绩效员工可以开除。高绩效员工很反感那些表现很差、具有破坏性的员工依然留在公司，并且拿着与自己基本相同的工资。第二，无论员工是主动离职还是被迫离职，管理人员都可以把离职访谈作为一个有效的人力资源管理工具。**离职访谈**（exit interview）是向即将离职的员工询问具体离职原因的访谈。离职访谈的价值在于，它是一种倾听组织内部不满声音的成本低廉的渠道，可以借此发现降低未来员工流失率的方法。[105] eBay 的主席和首席执行官约翰·多纳霍（John Donahoe）说："当员工离职时，他们通常经过深思熟虑，而且他们所说的话总是惊人的正确，因为他们没有什么可以再失去的。"多纳霍从 eBay 实施的离职访谈中总结出一点，即中层管理人员对他们的职责和职权并不清楚，所以他重新安排并清楚地阐明了各级管理人员的决策权限和责任。[106] 石油服务巨头斯伦贝谢（Schlumberger）将离职访谈作为对每一位离职员工全面调查的一个内容，调查结果会被上传到公司网站，这样整个公司的管理人员都可以深度了解这一问题。[107]

但是，有时候主动离职的员工并不会发出令人不快的抱怨，或者给出他们离职的真实原因。T-Mobile、金宝汤（Campbell Soup）、Conair 等几家公司发现，让离职员工在网上完成一份离职问卷调查会得到更加开放和诚实的答案。当员工要对公司和管理者表达一些负面的观点时，采取在线方式而非面对面的方式会使他们没有顾忌地说出自己的真实想法。[108]

讨论题

1. 假设现在是 2025 年，在你的公司，中央计划已经让位于一线决策，官僚主义已经让位于团队合作，车间工人使用手持设备和机器人。劳动力短缺影响了许多业务，你们现在招聘到的这些人缺乏在团队中工作所需的技能，缺乏自主做出生产决策的能力，也缺乏使用复杂技术的能力。你自从 2010 年起就担任人力资源管理的副总裁，你将如何为 2025 年的这种情景做准备？

2. 对于经理来说，根据应聘者在脸书等社交网站上所发布的信息，在正式面试之前就拒绝他的应聘真的是一个明智的选择吗？这可能会带来哪些道德和法律问题？请讨论之。

3. 为什么说人力资源管理在提高组织绩效中扮演着战略性的角色？请在你回答的过程中考虑招聘、培训、绩效评估以及薪酬战略等因素。

4. 你认为在预测一位大学教授的工作绩效时，面试、雇佣测试与评估中心，哪一种甄选方法是最有效的方案？如果是一家生产企业的流水线工人呢？请讨论之。

5. 当你向一家私人企业就公平就业机会提出建议时，你会强调哪两个要点？

6. 作为一家制作电脑游戏和软件的小公司的人力资源经理，你会采取哪些步骤来打造一个雇主品牌？

7. 一位人力资源经理最近在她的 iPhone 上收到了一封感谢信："谢谢面试！很高兴为你工作!!!"这位经理在面试时十分喜欢这位应聘者，但是在收到感谢信后把他归到了回绝一类。你认为经理用这种理由拒绝这位应聘者公平吗？这种短信式的交谈方式可以用于工作场合吗？请讨论之。

8. 如果你负责公司的培训和发展项目，目前有在职培训、交叉培训和课堂培训三种方案。你认为对生产部的直线经理应该采用哪种培训方式？

9. 作为经理，你如何与一名新员工签订一份远程工作协议？要考虑工作描述、薪酬和福利、绩效评估、培训以及解雇等。

10. 对一家布料生产企业的员工，你将如何决定是使用职位薪酬体系、技能薪酬体系还是绩效薪酬体系？如果是对餐厅的服务员呢？对保险公司的销售人员呢？

技能运用：批判性分析案例

对待员工的正确方式

科比·伊利斯是一家从事汽车生产与销售的全球性企业的高级经理，当公司新的混合动力汽车投入生产时，他与公司几千名同事都十分兴奋。

但是仅仅投产两年后，就出现了令人尴尬的零部件短缺、配送延迟以及第一批车被召回等问题，由此产生的扩散效应使得公司面临很多问题。在一片混乱中，许多客户取消了订单，转向从竞争对手企业处购买节能型汽车。科比的公司面临危机。

科比已经为这家公司服务了 30 年，他带领一群经理，决心将尽可能多的公司员工团结在一起。

"我们知道，将来可能会有一些必要的裁员，"科比说，"但是我们公司的员工有着忠于公司的传统。目前首要的任务应该是提升公司内部运营的效率，并确保那些合适的员工与我们同舟共济。"

许多经理都喜欢科比所说的话。他备受尊敬，在领导力、合作技巧、与经理和工厂一线员工共同工作的能力上具有无与伦比的声誉。人们对于他在整个公司范围内私下了解的员工数量感到不可思议。

德鲁·坎宁安则影响了公司管理层中的另外一批人。坎宁安是一位激进的改良派，在化解公司危机方面享有盛誉，他提议公司大量裁员，以尽快推动改革方案的实施。他提出要立刻建立强制排名系统，发现并开除排名靠后的员工。

科比对此提出了强烈的反对意见。"那就是说，我们需要建立一个系统来开除……"

"我没有说开除……"

"好，裁减我们勤奋工作的员工？这听起来像是某些差劲的政府机构的命令。"科比说，"我们拥有优秀的员工。只是，情况比我们想象的还要糟得多。我们可以与现有的员工一起，建立更加有效的工作流程，设定合理的期限来增加产出，以及……"

"科比，现在已经不是认识工厂里每一个人的时代了，"德鲁说，"你并不是要开除你妻子的舅舅哈利。我们现在需要认真地审视我们在做什么、我们是怎样做的，然后通过在组织中留用合适的员工、裁减其他人来提高完成任务的效率。"

◆ 问题

1. 科比和坎宁安各自假设与员工签订了什么类型的社会契约？请解释之。

2. 如果你是公司的人力资源经理，你会支持哪种观点？为什么？

3. 人力资源部招聘并发展人力资本来为组织的战略服务，并提高组织绩效。哪种方法，科比的还是坎宁安的，更可能对组织绩效产生积极影响？请讨论之。

注 释

1. Based on ideas presented in Jim Collins, *Good to Great: Why Some Companies Make the Leap . . . and Others Don't* (New York: Harper Business, 2001).
2. Rohit Deshpandé and Anjali Raina, "The Ordinary Heroes of the Taj," *Harvard Business Review* (December 2011): 119–123.
3. Results of a McKinsey Consulting survey, reported in Leigh Branham, Planning to Become an Employer of Choice," *Journal of Organizational Excellence* (Summer 2005): 57–68.

4. Robert L. Mathis and John H. Jackson, *Human Resource Management: Essential Perspectives*, 2d ed. (Cincinnati, OH: South-Western Publishing, 2002), p. 1.
5. See James C. Wimbush, "Spotlight on Human Resource Management," *Business Horizons* 48 (2005): 463–467; Jonathan Tompkins, "Strategic Human Resources Management in Government: Unresolved Issues," *Public Personnel Management* (Spring 2002): 95–110; Noel M. Tichy, Charles J. Fombrun, and Mary Anne Devanna, "Strategic Human Resource Management," *Sloan Management Review* 23 (Winter 1982): 47–61; Cynthia A. Lengnick-Hall and Mark L. Lengnick-Hall, "Strategic Human Resources Management: A Review of the Literature and a Proposed Typology," *Academy of Management Review* 13 (July 1988): 454–470; Eugene B. McGregor, *Strategic Management of Human Knowledge, Skills, and Abilities* (San Francisco: Jossey-Bass, 1991).
6. Quoted in Erin White, "HR Departments Get New Star Power at Some Firms; Business Executives Now Tapped to Lead as Job Is Rethought" (Theory & Practice column), *The Wall Street Journal*, June 23, 2008.
7. Joann S. Lublin, "HR Executives Suddenly Get Hot" (Theory & Practice column), *The Wall Street Journal*, December 14, 2009.
8. This definition is based on George Bohlander, Scott Snell, and Arthur Sherman, *Managing Human Resources*, 12th ed. (Cincinnati, OH: South-Western, 2001), pp. 13–15.
9. "Leading through Connections: The IBM 2012 Chief Executive Officer Study," reported in Eric Lesser and Carl Hoffman, "Workforce Analytics: Making the Most of a Critical Asset," *Ivey Business Journal* (July–August 2012), www.iveybusinessjournal.com/topics/strategy/workforce-analytics-making-the-most-of-a-critical-asset (accessed August 27, 2012).
10. P. Wright, G. McMahan, and A. McWilliams, "Human Resources and Sustained Competitive Advantage: A Resource-Based Perspective," *International Journal of Human Resource* Management 5 (1994): 301–326; Tompkins, "Strategic Human Resource Management in Government."
11. Liza Castro Christiansen and Malcolm Higgs, "How the Alignment of Business Strategy and HR Strategy Can Impact Performance," *Journal of General Management* 33, no. 4 (Summer 2008): 13–33; Seema Sanghi, "Building Competencies," *Industrial Management* (May–June 2009): 14–17; B. Becker and M. Huselid, "High Performance Work Systems and Firm Performance: A Synthesis of Research and Managerial Implications," *Research in Personnel and Human Resources Management* 16 (1998): 53–101; S. Ramlall, "Measuring Human Resource Management's Effectiveness in Improving Performance," *Human Resource Planning* 26 (2003): 51; Mark A. Huselid, Susan E. Jackson, and Randall S. Schuler, "Technical and Strategic Human Resource Management Effectiveness as Determinants of Firm Performance," *Academy of Management Journal* 40, no. 1 (1997): 171–188; and John T. Delaney and Mark A. Huselid, "The Impact of Human Resource Management Practices on Perceptions of Organizational Performance," *Academy of Management Journal* 39, no. 4 (1996): 949–969.
12. Rachel Dodes, "Managing & Careers: At Macy's, a Makeover on Service," *The Wall Street Journal*, April 11, 2011, B10.
13. James N. Baron and David M. Kreps, "Consistent Human Resource Practices," *California Management Review* 41, no. 3 (Spring 1999): 29–53.
14. Cynthia D. Fisher, "Current and Recurrent Challenges in HRM," *Journal of Management* 15 (1989): 157–180.
15. Floyd Kemske, "HR 2008: A Forecast Based on Our Exclusive Study," *Workforce* (January 1998): 46–60.
16. This discussion is based in part on George Bohlander, Scott Snell, and Arthur Sherman, *Managing Human Resources*, 12th ed. (Cincinnati, OH: South-Western, 2001), pp. 13–15; and Harry Scarbrough, "Recipe for Success," *People Management* (January 23, 2003): 22–25.
17. Susan Cantrell et al., "Measuring the Value of Human Capital Investments: The SAP Case," *Strategy & Leadership* 34, no. 2 (2006): 43–52.
18. Section 1604.1 of the EEOC Guidelines based on the Civil Rights Act of 1964, Title VII.
19. Reported in Jeff Green, "The Silencing of Sexual Harassment," *Bloomberg Business Week* (November 21–November 27, 2011): 27–28.
20. *Ibid.*
21. Melanie Trottman, "For Angry Employees, Legal Cover for Rants," *The Wall Street Journal*, December 2, 2011, http://online.wsj.com/article/SB10001424052970203710704577049822809710332.html (accessed August 27, 2012).
22. Reported in D. T. Hall and P. H. Mirvis, "The New Protean Career: Psychological Success and the Path with a Heart," in D. T. Hall & Associates, *The Career is Dead—Long Live the Career: A Relational Approach to Careers* (San Francisco: Jossey-Bass, 1995), pp. 15–45.
23. Phred Dvorak and Scott Thurm, "Slump Prods Firms to Seek New Compact with Workers," *The Wall Street Journal*, October 20, 2009.
24. Lynda Gratton, as reported in Phyllis Korkki, "The Shifting Definition of Worker Loyalty," *The New York Times*, April 23, 2011, www.nytimes.com/2011/04/24/jobs/24search.html (accessed August 27, 2012).
25. Stephen Baker, "You're Fired—But Stay in Touch," *BusinessWeek* (May 4, 2009): 54–55.
26. A. S. Tsui et al., "Alternative Approaches to the Employee-Organization Relationship: Does Investment in Employees Pay Off?" *Academy of Management Journal* 40 (1997): 1089–1121; D. Wang et al., "Employment Relationships and Firm Performance: Evidence from an Emerging Economy," *Journal of Organizational Behavior* 24 (2003): 511–535.
27. This discussion is based on Joe Light, "In Hiring, Firms Shine Images," *The Wall Street Journal*, May 16, 2011,

B9; and Lauren Weber, "On the Hunt for Tech Hires," *The Wall Street Journal*, April 11, 2012, B6.
28. Weber, "On the Hunt for Tech Hires."
29. Weber, "On the Hunt"; and Light, "In Hiring, Firms Shine Images."
30. This discussion is based on Jody Greenstone Miller and Matt Miller, "The Best Executive and Professional Jobs May No Longer Be Full-Time Gigs," *Harvard Business Review* (May 2012): 51–62; Peter Coy, Michelle Conlin, and Moira Herbst, "The Disposable Worker," *Bloomberg BusinessWeek* (January 18, 2010): 33–39; Lauren Weber, "Adeco Expects Temps Are Here to Stay as Hiring Revives," *The Wall Street Journal*, December 12, 2011, http://online.wsj.com/article/SB10001424052970204319004577086871681893212.html (accessed August 29, 2012); Motoko Rich, "Weighing Costs, Companies Favor Temporary Help," *The New York Times*, December 19, 2010, www.nytimes.com/2010/12/20/business/economy/20temp.html?pagewanted=all (accessed December 20, 2010); and Thomas Frank, "TSA Struggles to Reduce Persistent Turnover," *USA Today*, February 25, 2008.
31. "Workforce Survey: In the Company of Contingents," *Workforce Management*, August 6, 2012, www.workforce.com/article/20120806/NEWS02/120809957 (accessed August 27, 2012).
32. Jody Greenstone Miller and Matt Miller, "The Best Executive and Professional Jobs May No Longer Be Full-Time Gigs."
33. "SHRM Survey Findings: Work-Life Balance Policies," Society for Human Resource Management, July 12, 2012, downloaded at www.shrm.org/Research/SurveyFindings/Articles/Pages/WorkLifeBalance.aspx (accessed August 29, 2012).
34. Meg McSherry Breslin, "Teleworking Has Come a Long Way for Workers," *Workforce Management*, March 4, 2012, www.workforce.com/article/20120304/NEWS02/120309988/teleworking-has-come-a-long-way-for-workers (accessed August 27, 2012).
35. Bill Leonard, "President Signs Federal Employee Telework Legislation," *Society for Human Resource Management*, December 10, 2010, www.shrm.org/hrdisciplines/staffingmanagement/articles/pages/federaltelework.aspx (accessed August 29, 2012).
36. Reported in *2012 Employee Benefits: The Employee Benefits Landscape in a Recovering Economy, A Research Report by the Society for Human Resource Management*, Society for Human Resource Management and Colonial Life, June 22, 2012, www.shrm.org/Research/SurveyFindings/Articles/Documents/2012_EmpBenefits_Report.pdf (accessed August 29, 2012).
37. John Challenger, "There Is No Future for the Workplace," *Public Management* (February 1999): 20–23; Susan Caminiti, "Work-Life," *Fortune* (September 19, 2005): S1–S17.
38. Stephanie Armour, "Generation Y: They've Arrived at Work with a New Attitude," *USA Today*, November 6, 2005, www.usatoday.com/money/workplace/2005-11-06-gen-y _x.htm (accessed November 6, 2005); Ellyn Spragins, "The Talent Pool," *FSB* (October 2005): 92–101; and Caminiti, "Work-Life."
39. James G. March and Herbert A. Simon, *Organizations* (New York: Wiley, 1958).
40. Dennis J. Kravetz, *The Human Resources Revolution* (San Francisco: Jossey-Bass, 1989).
41. J. W. Boudreau and S. L. Rynes, "Role of Recruitment in Staffing Utility Analysis," *Journal of Applied Psychology* 70 (1985): 354–366.
42. Megan Santosus, "The Human Capital Factor," *CFO-IT* (Fall 2005): 26–27.
43. Brian Dumaine, "The New Art of Hiring Smart," *Fortune* (August 17, 1987): 78–81.
44. This discussion is based on Mathis and Jackson, *Human Resource Management*, chapter 4, pp. 49–60.
45. Victoria Griffith, "When Only Internal Expertise Will Do," *CFO* (October 1998): 95–96, 102.
46. J. P. Wanous, *Organizational Entry* (Reading, MA: Addison-Wesley, 1980).
47. Juro Osawa and Paul Mozur, "In China, Recruiting Gets Social," *The Wall Street Journal*, August 1, 2012, B4; Joe Light, "Recruiters Rethink Online Playbook," *The Wall Street Journal*, January 18, 2011, http://online.wsj.com/article/SB10001424052748704307404576080492613858846.html (accessed January 19, 2011); and Joe Walker, "PwC Pays for Priority: New Recruiting Tool for College Students Give Accounting Firm Top Billing," *The Wall Street Journal*, October 4, 2010 http://online.wsj.com/article/SB10001424052748704029304575526641294699972.html (accessed October 9, 2010).
48. Osawa and Mozur, In China, Recruiting Gets Social."
49. Light, "Recruiters Rethink Online Playbook."
50. Based on "United Nations New York Headquarters Internship Programme," www.un.org/depts/OHRM/sds/internsh/index.htm (accessed August 29, 2012); and Phyllis Korkki, "The Internship as Inside Track," *The New York Times*, March 25, 2011, www.nytimes.com/2011/03/27/jobs/27searches.html (accessed March 27, 2011).
51. Trudy Steinfeld, as reported in Korrki, "The Internship as Inside Track."
52. "Silicon Valley's New Hiring Strategy," *Fast Company*, October 20, 2011, www.fastcompany.com/1784737/silicon-valleys-new-hiring-strategy (accessed August 29, 2012); and Andrea Siedsma, "Alternative Recruiting Strategies Employed by Companies Vying for Top Tech Talent," *Workforce Management*, May 18, 2012, www.workforce.com/article/20120518/NEWS02/120519953/alternative-recruiting-strategies-employed-by-companies-vying-for-top (accessed August 27, 2012).
53. Wimbush, "Spotlight on Human Resource Management."
54. Paul W. Thayer, "Somethings Old, Somethings New," *Personnel Psychology* 30, no. 4 (Winter 1977): 513–524.
55. J. Ledvinka, *Federal Regulation of Personnel and Human Resource Management* (Boston: Kent, 1982); and *Civil Rights Act*, Title VII, Section 2000e *et seq.*, *U. S. Code*

42 (1964).
56. Reported in Stephanie Clifford, "The New Science of Hiring," *Inc.* (August 2006): 90–98.
57. Bohlander, Snell, and Sherman, *Managing Human Resources*, p. 202.
58. Tiffany Hsu, "Job Interviewing, To the Extreme," *The Los Angeles Times*, February 19, 2012, http://articles.latimes.com/2012/feb/19/business/la-fi-extreme-interviewing-20120219 (accessed February 19, 2012).
59. *Ibid.*
60. Susan Greco, "Sales & Marketing: He Can Close, but How Is His Interpersonal Sensitivity: Testing Sales Recruits," *Inc.* (March 2009): 96–98.
61. Reported in Toddi Gutner, "Applicants' Personalities Put to the Test," *The Wall Street Journal*, August 26, 2008.
62. Erin White, "Walking a Mile in Another's Shoes—Employers Champion Tests of Job Candidates to Gauge Skills at 'Real World' Tasks" (Theory & Practice column), *The Wall Street Journal*, January 16, 2006.
63. Reported in William Poundstone, "How to Ace a Google Interview," *The Wall Street Journal*, December 24, 2011, http://online.wsj.com/article/SB10001424052970204552304577112522982505222.html (accessed December 24, 2011).
64. Mike Thatcher, "'Front-line' Staff Selected by Assessment Center," *Personnel Management* (November 1993): 83.
65. Jim Rendon, "Ten Things Human Resources Won't Tell You," *The Wall Street Journal Online*, April 19, 2010, http://online.wsj .com/article/SB1000142405270230349130457518802380137932 4 .html?KEYWORDS =ten+things+human+resources+won%27t +tell+you (accessed April 19, 2010).
66. Reported in "Should You Check Facebook Before Hiring?" *The Washington Post*, January 22, 2011, www.washingtonpost.com/wp-dyn/content/article/2011/01/22/AR2011012203193.html (accessed January 23, 2011); and CareerBuilder survey results reported in "Survey: 37% Use Social Media to Check Candidates," *Workforce Management*, April 18, 2012, www.workforce.com/article/20120418/NEWS01/120419964 (accessed June 19, 2012).
67. Alan Finder, "For Some, Online Persona Undermines a Résumé," *The New York Times*, June 11, 2006.
68. William P. Smith and Deborah L. Kidder, "You've Been Tagged! (Then Again, Maybe Not): Employers and Facebook," *Business Horizons* 53 (2010): 491–499; and Lisa Quast, "Recruiting Reinvented: How Companies are Using Social Media in the Hiring Process," *Forbes*, May 21, 2012, www.forbes.com/sites/lisaquast/2012/05/21/recruiting-reinvented-how-companies-are-using-social-media-in-the-hiring-process/ (accessed August 29, 2012).
69. Bernard Keys and Joseph Wolfe, "Management Education and Development: Current Issues and Emerging Trends," *Journal of Management* 14 (1988): 205–229.
70. "2011 Training Industry Report," *Training* (November–December 2011): 22–35.
71. Leslie Eaton, "U.S. News: Drilling Regulator Struggles to Add Inspectors," *The Wall Street Journal*, April 20, 2011, A6.
72. "How Do Great Companies Groom Talent?" *Fortune* (November 21, 2011): 166.
73. Kate Linebaugh, "The New GE Way: Go Deep, Not Wide," *The Wall Street Journal*, March 7, 2012, B1.
74. William J. Rothwell and H. C. Kazanas, *Improving On-the-Job Training: How to Establish and Operate a Comprehensive OJT Program* (San Francisco: Jossey-Bass, 1994).
75. Deshpandé and Raina, "The Ordinary Heroes of the Taj."
76. Matt Allen and Jennifer Naughton, "Social Learning: A Call to Action for Learning Professionals," *T+D* (August 2011): 50–55.
77. Reported in Margaret Schweer et al., "Building a Well-Networked Organization," *MIT Sloan Management Review* (Winter 2012): 35–42.
78. Jeanne C. Meister, "The Brave New World of Corporate Education," *The Chronicle of Higher Education* (February 9, 2001): B10; and Meryl Davids Landau, "Corporate Universities Crack Open Their Doors," *The Journal of Business Strategy* (May–June 2000): 18–23.
79. Janet Wiscombe, "McDonald's Corp." *Workforce Management* (November 2010): 38–40.
80. Meister, "The Brave New World of Corporate Education"; Edward E. Gordon, "Bridging the Gap," *Training* (September 2003): 30; and John Byrne, "The Search for the Young and Gifted," *BusinessWeek* (October 4, 1999): 108–116.
81. Lauren Weber, "Managing & Careers: Fine-Tuning the Perfect Employee," *The Wall Street Journal*, December 5, 2011, B9.
82. Jim Dow, "Spa Attraction," *People Management* (May 29, 2003): 34–35.
83. "Talent Tutor: Ram Charan's List of Biggest Corporate Talent-Management Mistakes," sidebar in Joann S. Lublin, "Managing & Careers—Boss Talk; Ram Charan: Message to CEOs: Do More to Keep Your Key Employees," *The Wall Street Journal*, December 27, 2010, B5.
84. Survey by HR consulting firm Watson Wyatt, reported in Kelley Holland, "Performance Reviews: Many Need Improvement," *The New York Times*, September 10, 2006.
85. Kyle Couch, "Talent Management: Build on Four Key Components," *Leadership Excellence* (February 2012): 18; Walter W. Tornow, "Editor's Note: Introduction to Special Issue on 360-Degree Feedback," *Human Resource Management* 32, no. 2–3 (Summer–Fall 1993): 211–219; and Brian O'Reilly, "360 Feedback Can Change Your Life," *Fortune* (October 17, 1994): 93–100.
86. Jena McGregor, "Job Review in 140 Keystrokes," *BusinessWeek* (March 23 & 30, 2009): 58.
87. This discussion is based on Dick Grote, "Forced Ranking: Behind the Scenes," *Across the Board* (November–December 2002): 40–45; Matthew

Boyle, "Performance Reviews: Perilous Curves Ahead," *Fortune* (May 28, 2001): 187–188; Carol Hymowitz, "Ranking Systems Gain Popularity but Have Many Staffers Riled," *The Wall Street Journal*, May 15, 2001; and Kris Frieswick, "Truth and Consequences," *CFO* (June 2001): 56–63."

88. "Forced Ranking (Forced Distribution)," *HR Management Web site*, www.humanresources.hrvinet.com/forced-ranking-forced-distribution/ (accessed January 21, 2012).
89. Leslie Kwoh, "'Rank and Yank' Retains Vocal Fans," *The Wall Street Journal*, January 31, 2012.
90. V. R. Buzzotta, "Improve Your Performance Appraisals," *Management Review* (August 1988): 40–43; and H. J. Bernardin and R. W. Beatty, *Performance Appraisal: Assessing Human Behavior at Work* (Boston: Kent, 1984).
91. Bernardin and Beatty, *Performance Appraisal.*
92. Richard I. Henderson, *Compensation Management: Rewarding Performance*, 4th ed. (Reston, VA: Reston, 1985).
93. L. R. Gomez-Mejia, "Structure and Process Diversification, Compensation Strategy, and Firm Performance," *Strategic Management Journal* 13 (1992): 381–397; and E. Montemayor, "Congruence between Pay Policy and Competitive Strategy in High-Performing Firms," *Journal of Management* 22, no. 6 (1996): 889–908.
94. Renée F. Broderick and George T. Milkovich, "Pay Planning, Organization Strategy, Structure and 'Fit': A Prescriptive Model of Pay," paper presented at the 45th Annual Meeting of the Academy of Management, San Diego (August 1985).
95. Rachel Dodes and Dana Mattioli, "Theory & Practice: Retailers Try On New Sales Tactics," *The Wall Street Journal*, April 19, 2010, B9.
96. E. F. Lawler, III, *Strategic Pay: Aligning Organizational Strategies and Pay Systems* (San Francisco: Jossey-Bass, 1990); and R. J. Greene, "Person-Focused Pay: Should It Replace Job-Based Pay?" *Compensation and Benefits Management* 9, no. 4 (1993): 46–55.
97. L. Wiener, "No New Skills? No Raise," *U.S. News and World Report* (October 26, 1992): 78.
98. Alan S. Blinder, "Crazy Compensation and the Crisis," *The Wall Street Journal*, May 28, 2009.
99. Janet Wiscombe, "SAS," *Workforce Management* (October 2010): 36–38.
100. Joe Walker, "Even with a Recovery, Job Perks May Not Return," *The Wall Street Journal Online*, April 5, 2010, http://online.wsj.com/article /SB1000142405270 2304017404575165854181296256.html (accessed April 10, 2010).
101. Diane Stafford, "Health Plans to Take Some Hits Under New Insurance Reforms," *Buffalo News*, May 30, 2010; John C. Goodman, "Goodbye, Employer-Sponsored Insurance," *The Wall Street Journal*, May 21, 2010, A13.
102. U.S. Department of Labor, reported in Peter Whoriskey and Neil Irwin, "Job Growth, Unemployment Rate Rose in October as Workers Re-entered Labor Force," *The Washington Post*, November 2, 2012, http://www.washingtonpost.com/business/economy/job-growth-and-unemployment-rate-rise-in-october-as-workers-reenter-labor-force/2012/11/02/d4e425c2-24e7-11e2-ba29-238a6ac36a08_story.html (accessed November 26, 2012).
103. James R. Morris, Wayne F. Cascio, and Clifford Young, "Downsizing After All These Years: Questions and Answers About Who Did It, How Many Did It, and Who Benefited from It," *Organizational Dynamics* (Winter 1999): 78–86; William McKinley, Carol M. Sanchez, and Allen G. Schick, "Organizational Downsizing: Constraining, Cloning, Learning," *Academy of Management Executive* 9, no. 3 (1995): 32–42; and Brett C. Luthans and Steven M. Sommer, "The Impact of Downsizing on Workplace Attitudes," *Group and Organization Management* 2, no. 1 (1999): 46–70.
104. Effective downsizing techniques are discussed in detail in Bob Nelson, "The Care of the Un-Downsized," *Training and Development* (April 1997): 40–43; Shari Caudron, "Teaching Downsizing Survivors How to Thrive," *Personnel Journal* (January 1996): 38; Joel Brockner, "Managing the Effects of Layoffs on Survivors," *California Management Review* (Winter 1992): 9–28; and Kim S. Cameron, "Strategies for Successful Organizational Downsizing," *Human Resource Management* 33, no. 2 (Summer 1994): 189–211.
105. Scott Westcott, "Goodbye and Good Luck," *Inc.* (April 2006): 40–42.
106. Adam Bryant, "There's No Need to Bat .900," (Corner Office column, an interview with John Donahoe), *The New York Times*, April 5, 2009.
107. Nanette Byrnes, "Star Search," *BusinessWeek* (October 10, 2005): 68–78.
108. Mike Brewster, "No Exit," *Fast Company* (April 2005): 93.

第 13 章
迎接多样化挑战
Meeting the Challenge of Diversity

学习目标

学习完本章后，你应该能够：

1. 了解国内和全球劳动力的人口特征变化，阐述组织应该如何做出回应。
2. 了解多样化的定义，理解这个概念包含的员工差异的广泛性、培育兼容并包文化的重要性以及多样化的劳动力队伍带来的优势。
3. 理解在组织中员工的各种复杂的态度、观点、话题，比如成见、歧视、刻板印象以及民族中心主义。
4. 认识影响女性机会的因素，包括玻璃天花板、退出趋势以及女性优势。
5. 解释在组织中发展文化竞争力的五个步骤。
6. 描述如何通过多样化方案和项目来帮助组织创建一种尊重多样化的企业文化。
7. 理解跨文化工作团队和员工亲密团体，了解如何帮助组织更好地适应快速变化、愈加复杂的工作环境。

你了解你的偏见吗？[1]

导语：作为一位新晋管理者，你每天的行为表现都会向别人发送有关你的偏见与价值观的信号。有一些偏见比较明显，你和其他人都很清楚。但是有些偏见比较微妙，下面这些问题可以提供一些线索，帮助你找到你存有偏见但是你并不清楚的地方。对下列每个题项，请回答“大多正确”或“大多错误”。

	大多正确	大多错误
1. 我喜欢与思考方式和我类似的人组成工作团队。	______	______
2. 我会尽量避免与来自不同文化的人讨论文化差异，避免说错话。	______	______
3. 我会在没有了解一件事情的所有真相之前就下结论。	______	______
4. 人们留给我的第一印象是他们不同寻常的外在特征。	______	______
5. 在招聘员工之前，我已经对他们应该是什么样的有了一个大致的把握。	______	______
6. 我一般不会关注其目标受众是价值观与我不同的群体的电影、杂志和电视节目。	______	______
7. 当有人说一些偏执的评论和笑话时，我不会与他争吵。	______	______

8. 我不喜欢在工作时谈论涉及种族、年龄、性别、性或宗教等的敏感话题。 ________ ________

9. 有一些人我很喜欢，但是如果邀请他们与我的家庭成员或亲密朋友相处，我会感到不舒服。 ________ ________

得分及解释：对于每一题项，如果你的回答是“大多正确”，则可以得 1 分。理想的得分是 0 分，但是很少有人会得到这个分数。每个题项都是隐性偏见的一个构成元素，它们可能使得你身边那些与你不同的人感到被忽视或不受尊重。隐性偏见可能会比显性歧视更具危害性，因为这种偏见剥夺了人们表达和沟通交流的机会。如果你的得分是 5 分及以上，你就需要认真地回想一下自己对待不同于己的人的行为与思考方式。你越早学会积极地看待不同的人、不同的观点，你就会越早成为一个合格的管理者。

得州仪器在从应届大学毕业生中招聘女性电气工程师方面做得十分出色，它所招聘的员工中有 20%～24%为女性，但是其高层管理岗位上的女性依然少之又少。为了使女性的晋升通道变得顺畅，该公司设立了女性 P&L 项目来帮助女性员工走上高层管理岗位。这一项目让女性有机会从事能够获得盈利或亏损经验的工作岗位。管理者会从中选择表现优秀的女性员工，并且对她们开展领导力培训，继而让她们担任一线经理。此外，该公司会给表现优异者配备优秀的导师，以开发进一步晋升所需要的技能。首席执行官理查德・坦普尔顿（Richard K. Templeton）说：“我们需要让越来越多的女性有晋升到最高位置的机会。”

珍妮弗・克里斯滕森（Jennifer W. Christensen）是一名芝加哥的招聘官，她十分清楚女性 P&L 项目的重要性。担任高层管理职位需要有盈利或亏损经验，“处于这种职位上的多为男性，这可能与他们主动要求获得这样的职位有关，而女性则往往被动地等待这样的职位。”克里斯滕森说。公司的付出获得了回报，从 2009 年起，处于拥有决策权的岗位上的女性增加了 60%。[2]

管理人员发现，支持女性 P&L 项目等鼓励多样化的项目具有良好的商业意义。支持多样化项目的开展不仅具有道德和文化层面的积极意义，也可以创造新的商业机会。为了充分利用这些机会，组织意识到自身必须反映出市场的多样化特征。“我们的消费者构成如此多样化，”美国销售与市场多样化组织的主席谢利・威林厄姆-欣顿（Shelley Willingham-Hinton）说，“我无法想象，如果一个公司的员工不具备多样化，它如何获得成功。”[3]具有前瞻性视野的管理人员非常同意这一观点，他们尽力招聘并维持一支可以反映文化多样化的劳动力队伍。他们非常严肃地看待员工多样化与公司经营成功之间的关系。图表 13-1 列举了一些在多样化方面十分成功的公司。它们将多样化放在极其重要的位置，并且积极打造一种追求平等、努力反映当今消费群体文化多样化的企业文化。

本章将描述国内与国际的劳动力队伍如何变得越来越多样化，以及公司如何应对由此产生的挑战与机遇。在多样化的工作环境中，管理者与员工面临的复杂问题包括偏见、刻板印象、歧视和民族中心主义。我们将介绍影响女性的一些特定因素，包括玻璃天花板和自愿退出趋势，还要介绍女性优势。在回顾培育文化竞争力的具体步骤后，本章将概括出公司创建一个鼓励和重视员工队伍多样化的环境必须采取的措施。

图表 13-1　多样化的代表性公司

公司	美国员工数量（人）	少数族裔员工比例（%）
Baptist Health South Florida	12 249	73
四季酒店（Four Seasons Hotels）	11 729	67
卫理公会医院（The Methodist Hospital System）	11 298	66
Kimpton Hotels & Restaurants	6 735	63
万豪国际集团（Marriott International）	106 280	61
高通（Qualcomm）	12 520	55
Men's Wearhouse	14 548	53
Stew Leonard's	1 991	51
Scripps Health	11 847	48
博科通讯（Brocade Communications）	3 112	48
Camden Property Trust	1 719	46
基因泰克（Genentech）	11 464	45
思科	36 612	45
亚特兰大儿童健康中心（Children's Healthcare of Atlanta）	6 521	44
全食食品超市（Whole Foods Market）	52 915	44
USAA 保险公司（USAA）	21 889	44
达登饭店集团（Darden Restaurants）	167 537	42
CarMax	13 436	42
诺德斯特姆（Nordstrom）	49 447	41
Atlantic Health	7 418	41
英特尔公司	42 694	40
美国家庭人寿保险公司（Aflac）	4 400	39

资料来源："100 Best Companies to Work For，2009；Top Companies：Most Diverse，" http://money.cnn.com/magazines/fortune/bestcompanies/2011/minorities/(accessed June 28，2012).

13.1 工作场所中的多样化

坐落于拉斯韦加斯的米高梅集团（MGM Mirage）的多样化与领导力教育总监布伦达·汤普森（Brenda Thomson）走进公司下属酒店的大堂，闭上眼睛，认真倾听。"只要站在我们任何一家酒店里，我就能听到不同的语言，这真是一件美妙的事情。"她说，"我们的客人来自世界各地，这让我们意识到了在工作场所中培育多样化员工队伍的重要性。"[4] 汤普森在米高梅的酒店大厅中看到的景象，只是国内与国际各种工作场所中文化多样化的一种微观、具体的表现。

13.1.1 美国公司中的多样化

面临稀缺的资源、低迷的经济以及日益严峻的国内和国际竞争，管理人员努力实现突破性的创新来远远甩开他们的竞争对手。在竞争环境中取胜的重要法宝之一就是一支多样化的劳动力队伍。事实证明，那些培育了多样化劳动力队伍的管理人员更容易帮助他们的组织获得成功。有效运转的多样化团队可以将个体的优势汇总起来，使得总体效果大于部分之和，从而更好地为组织创造价值。[5]

过去，管理人员一想到多样化，通常会关注它带来的问题，比如，歧视、偏见、平权行动和表面文章等。[6]但是现在，管理者意识到不同的员工给组织带来的多样化是十分珍贵的。[7]与希望所有的员工都接受相似的人生态度和价值观不同，管理者逐渐意识到，正是员工之间的差异使得他们的公司可以更好地参与国际竞争，获取丰富的资源和新型人才。尽管在北美多样化已经存在了相当长的时间，但是真正接受并管理这种多样化是近年来才出现的趋势。图表 13-2 展示了公司多样化发展过程中一些有趣的里程碑。

美国公司的多样化是当今的一个热点话题，部分原因是工作环境所发生的巨大变化。下面的数据显示出工作环境是如何变化的，以及那些试图建设一个富有凝聚力的工作团队的经理正在面临怎样的挑战。

● 前所未有的代际差异。如今，人们越来越健康长寿，不仅美国如此，中国、巴西、俄罗斯以及其他地方也是如此，因此劳动力队伍呈现出一种“四世同堂”的状态，这给管理带来新的挑战。[8]尽管参与第二次世界大战的那代人绝大部分已经退休了，但还有一部分仍然坚守在工作岗位上，他们可能已经六七十岁甚至 80 岁了。比如在 2010 年，这一代的员工仍占到美国劳动力的 5%，占加拿大劳动力的近 7%。这些员工和那些快速老去的婴儿潮世代的员工都有一段对组织极有价值的“公司记忆”，但是由于他们仍然在工作岗位上，那些想要进一步晋升的 X 世代①管理者就会发现自己的晋升空间很小。X 世代的员工逐步进入中年，但是未来实现财务稳定和工作稳定的保障却越来越少，这使他们感到煎熬。而 Y 世代被描述成具有远大志向、对组织缺少忠诚度、渴望快速成功的一代。所以，不同于过去不同世代员工在一起融洽地工作，现在不同世代的员工之间存在巨大的价值观差异。[9]

● 劳动力老龄化。婴儿潮世代的员工仍然在影响劳动力队伍，因为这批数量巨大的员工正在经历人生阶段的转变。每 7 秒钟就有一位婴儿潮世代的员工变成 60 岁，这使得劳动力队伍的平均年龄不断增加。预计到 2020 年，25～45 岁的劳动力占比将从 66.9%下降到 63.7%，同期婴儿潮世代的 55 岁及以上的劳动力占比将从 19.5%增加到 25.2%。[10]

● 愈发显著的多样化。随着外籍员工数量不断增加，今天的工作环境变得更加多样化。外籍员工占到美国劳动力总量的 16%，他们大部分从事服务行业，比如承担食品预加工、清洁以及维修工作。在所有外籍员工中，西班牙裔员工约占到 50%，亚裔员工约占到 23%。[11]预计西班牙裔员工未来的增长速度最快，到 2020 年将增长到 18.6%。[12]图表 13-3 展示了美国不同种族员工在劳动力总量中的预期变化情况。

● 女性员工数量增长。如今，女性员工的总数超过了男性，预计女性员工的增长速度为 7.4%，超过了男性的 6.3%。女性维权组织 Catalyst 报告称，好消息是《财富》500 强公司中约 73%的公司至少有一位女性执行官，但是执行官中仅有 14%为女性。[13]为了加快女性员工的晋升进程，许多公司都创建了针对女性的培训项目，让她们为担任高层管理职位做好准备。

① X 世代是指 20 世纪 60 年代初到 70 年代末出生的美国人，他们身上有着不同程度的不负责任、冷漠和物质主义等特点。这个词是在加拿大作家 1991 年出版的《X 一代》中出现之后流行起来的。——译者

图表 13-2 公司多样化发展历史中的里程碑

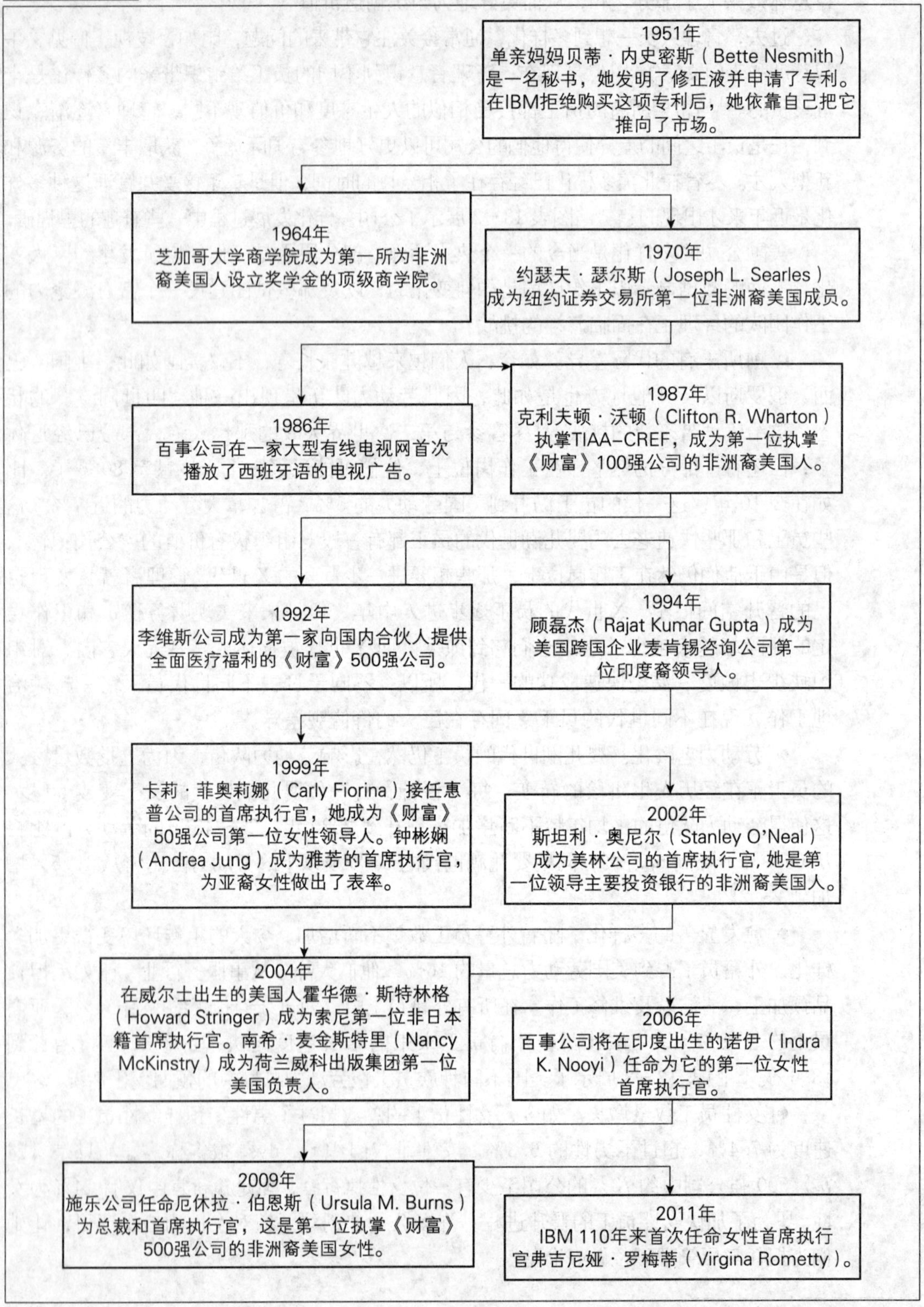

资料来源："Spotlight on Diversity," special advertising section, *MBA Jungle* (March-April 2003): 58-61; and Xerox corporate Web site, www.news.xerox.com.

图表 13-3 美国劳动力的预期变化，2010—2020 年

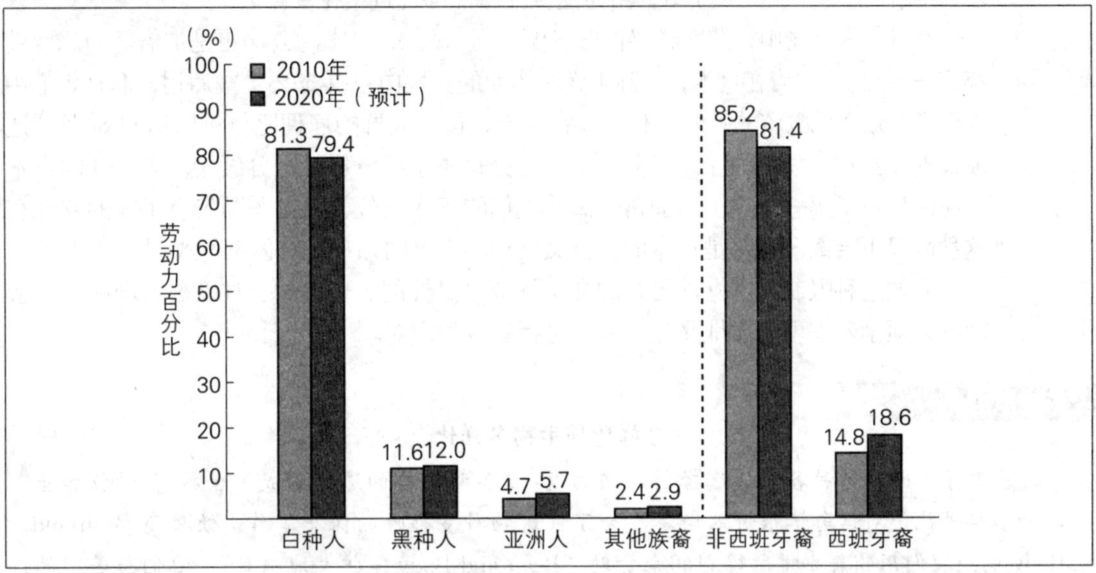

资料来源："Chart 2. Percent of Labor Force by Race and Ethnic Origin," in "Occupational Outlook Handbook, 2011-12 Edition, BLS Division of Industry Employment Projections," U. S. Department of Labor, Bureau of Labor Statistics, www. bls. gov/ooh/about/projections-overview. htm # laborforce (accessed June 29, 2012).

这些趋势显示了当今劳动力队伍更为复杂的特征，以及管理者在带领多样化团队实现组织目标时可能遇到的问题和陷阱。尽管很多管理者已经认识到了多文化维度的重要性，但还是有一些人固执己见。实际上，随着多样化程度的提高，公平就业机会委员会收到的歧视申诉也越来越多。公平就业机会委员会调查员工的申诉，有时会代表员工提起法律诉讼。2010 年，约有 10 万件诉讼案，相比前一年增加了 7%。最近的一项起诉针对 Bass Pro Shops，它被起诉的原因是拒绝让非白种人担任店员、收银员或经理，并且使用一些歧视性的语言来解释。在另一起诉讼案中，印第安纳州的一名高级职员被发现随意丢弃应聘者的求职申请，他给出的解释是，他可以根据应聘者名字判断他们是否属于"黑人"。还有一起诉讼案是针对休斯敦的一位商场总经理的，他经常称呼西班牙裔员工为"彼得希路"① 或"墨西哥人"。[14]

13.1.2 全球的多样化趋势

全世界的管理者和美国的管理者一样，要面对多样化的挑战，尤其是在提拔女性到高层管理职位方面。例如，在意大利，仅有 6%的公司董事会成员为女性，在英国为 14%，在德国和印度仅仅为 2%。上文也提到，在美国这一比例是 14%。[15] 为了提高欧洲国家中女性成员在董事会中所占比例，欧盟正在讨论是否要在欧洲规定女性成员占比的标准。意大利最近也通过了一项立法，规定意大利上市公司和国有企业必须保证在 2015 年之前使其董事会成员的 1/3 为女性。中左的民主党议会成员阿利西

① Pedro，中文为彼得希路，这是由西班牙最负盛名的设计大师之一 Pedro del Hierro 创立的著名高级服装品牌，因设计感和鲜明的色彩而出名，具有独一无二的西班牙风格。这位商场经理用这个著名的西班牙品牌来指代西班牙裔员工。——译者

亚·莫斯卡（Alessia Mosca）是意大利这项“女性配额”法案的起草者之一，她表示：“我们需要一次大的改革，希望这次立法能够促进文化变革。”[16]

在日本的公司中，女性高层管理者仅占到1.2%，日本的公司更是加倍努力想要缩小这一性别差异。[17]在日本，实际上大学毕业的女性中只有65%会被雇用，而且她们中的许多人处在低工资的临时岗位上。在美国，这一人群的雇佣比例可以达到80%。造成日本社会这一现象的原因十分复杂，部分是由于经济增长十分缓慢。有2/3的日本女性在生育了第一个孩子后通常会离开她们的工作岗位，而在美国仅有1/3的女性在这种情况下会离职，这是日本的社会文化和不完善的儿童保育体系所致。[18]

诸如这种限制日本女性晋升的文化规范是隐性的、普遍的、难以被人理解的。管理者必须学着去理解当地文化，并且进行有效的应对。[19]

绿色魔力

多样化与生物多样化

当孩子们面对各种各样的选择时，奶奶说：“各种各样的选择构成了世界。”动物和植物的多样性就是对这句话很好的解释。为了促进物种多样性的保护工作，饮料商 Bean and Body 的经理们用销售咖啡所得利润来资助“Bean and Body 保护大地项目”。他们与美国的世界土地信托基金会合作，购买、保护并培育世界上受到最严重威胁的热带雨林、湿地和海岸等。公司还致力于维持生态系统、经济系统与社会系统的和谐稳定，这些广受赞誉的行为与公司提倡健康生活方式的目标相契合。“Bean and Body 保护大地项目”的一项工作是为种植咖啡豆的农民提供援助，这是因为咖啡豆的种植会影响地下水循环，进而影响热带雨林的生态环境。公司此举正是为了保护生态环境。

资料来源：Andrew J. Hoffman，“Climate Change as a Cultural and Behavioral Issue：Addressing Barriers and Implementing Solutions，” *Organizational Dynamics* 39（2010）：295－305；and Erin Legg，“Coffee Re-imagined：Bean and Body Emerges as Global Leaders，” *Healthy New Age* Web Site，July 2010，www. healthynewwage. com/blog/bean-and-body-wins-award/（accessed August 1，2012）.

13.2 管理多样化

想要提升公司绩效、鼓励创新的管理者都认同多样化的工作团队会产生较好的绩效。在一项针对32个部门负责人和执行官的调查中，84%的受访者表示他们喜欢多样化的工作团队，因为它会带来更全面的观点和更丰富的想法。[20]下面将介绍多样化劳动力队伍的特征以及培育多样化劳动力队伍的益处。

13.2.1 多样化与认同感

多样化（diversity）是指人们存在差异的各个方面。[21]以前对多样化的定义并没有如此广泛。数十年以前，许多公司按种族、性别、年龄、生活方式或者残疾等来定义多样化。这种定义方式可以帮助人们对多样化有更加清晰的认识，改变人们的想法，并为很多人创造新的机会。如今，公司正在接受对多样化更加广泛的定义，这种定义认识到员工工作方式、沟通交流方式、获取工作满意度的方式和对自己在工作场所中地位的认知方式等方面的差异。[22]

图表13－4展示了传统的多样化模型与更具包容性的多样化模型之间的差异。传

统的多样化模型展示了一些与生俱来的、可以立即观察到的差异，比如种族、性别、年龄。包容性的多样化模型则包括员工之间存在差异的所有方面，包括那些经过一生才能获得或者可能改变的差异。相比于传统的多样化模型，这些维度的影响可能会比较小，但是它们会影响一个人的自我定义、世界观以及别人看待他的方式。许多组织的领导者都接受这种更具包容性的多样化模型。“多样化应该从它最广泛的含义的角度去理解。”KeySpan Energy（现美国国家电网）的前任首席执行官沃利·帕克（Wally Parker）说：“对我来说，不论一位员工的种族、性别、性取向如何，也不论他是内向还是外向，他的种族、文化背景如何，我所要做的就是认识他、尊重他并且支持他。”[23]

图表 13-4　传统的多样化模型与包容性的多样化模型的比较

传统的多样化模型	年龄	种族	性别	工资	残疾	生活方式	
包容性的多样化模型	种族	性别	生活方式	工资	职位	能力	收入
	父母	语言	工作方式	服兵役	地位	国籍	个性

资料来源：Based on Anthony Oshiotse and Richard O'Leary，“Corning Creates an Inclusive Culture to Drive Technology Innovation and Performance，” *Global Business and Organizational Excellence* 26，no. 3（March/April 2007）：7-21.

管理一支多样化劳动力队伍的一项挑战就是，创建一个让所有员工都感觉到自己被接纳并且可以发挥自己独特天赋的工作环境。当管理者创造出一种包容性的氛围时，员工会展现出更高的忠诚度、合作意向和信任关系。**认同感**（inclusion）是指一位员工的独特性被组织其他成员接受，员工感觉到自身被尊重的程度。认同感可以创造出很强的归属感，这样所有人都可以自由发表他们的想法并且被认真聆听。[24] 让我们看看零售店的一位经理如何在接受员工独特的观点后获得积极的绩效。经理霍尔手下有一位看起来很安静，不像会有太多创新想法的员工奥利维亚。但是当他们一起讨论店铺的营销策略时，霍尔惊诧地发现奥利维亚是一个极具创造性的思考者，在讨论过程中，她不断提出一些新颖的想法。一段时间之后，霍尔意识到这位看起来文静的员工是他遇到过的最具创新想法的市场营销员，他们最终一起成功创立了一个儿童外套品牌。霍尔是创造员工认同感的强有力的支持者，他让看起来与常人不同的员工获得了表现自己并成功的机会。[25]

在创造认同感文化的过程中，管理者会经历一些紧张、不和谐，因为不同背景的员工会有不同的观点和想法。在这一过程中可能会发生矛盾、焦虑和误解。接受员工的差异并且利用这种差异来提高组织绩效将是一个充满挑战的过程。**管理多样化**（managing diversity）是当今全球经济中的一项关键管理技能，它是指创造一种氛围，使多样化对组织绩效的积极影响得到最大的发挥，使潜在的不利影响最小化。[26] “经理会谈”专栏描述了管理者如何通过平衡差异来提升组织绩效、强化企业文化。

经理会谈

改变你的思考方式

那些可以成功管理多样化的管理者已经为全球经济所带来的挑战做好了准备。但是有些管理者依然对管理多样化这一理念持怀疑态度，因为它要求招聘不同种族、文化背景和性别的员工，并将他们混合在一起工作（想要评估你对多样化的态度，请完成13.3节中的“新晋管理者自我测试”）。除了管理多样化之外，领导者还可以采用一种新的管理理念——利用多样化来培育更强大的组织文化、提升组织绩效。Sodexo的首席多样化官罗西尼·阿南德（Rohini Anand）博士说，传统的观点认为多样化“起源于民权运动时期，这个观点会延续下去。我们对多样化的理解绝不能止步于此”。

只有当管理人员让不同背景的员工一起工作，并且真正接纳他们所做的贡献时，多样化的价值才可能真正实现。下面列出了利用多样化思维的一些理由：

- 更高的集体智慧。一组具有更高集体智慧的员工可以快速学习并且创造性地思考。集体智慧与成员的平均智商几乎没有什么关系。相反，当团队成员具有较高的社会敏感性，也就是对他人情绪的敏感性时，团体往往具有较高的集体智慧。因为具有社会敏感性的工作团队可以有效地沟通，并且鼓励所有的成员自由地表达他们的想法。这样的团队有女性和男性员工。调查数据显示，组织内的女性员工越多，这一效果就会越明显。
- 更高的创造力。与对组织中个体差异持无视态度的狭隘思维体系相比，在多样化背景下，管理者可以了解不同员工完全不同的想法，从每个员工身上学到一些东西。当团队成员持有不同意见时，管理者可以正视由此带来的争议。这样的环境往往可以更好地培育团队的创造性。
- 更广阔的视野。来源于不同地域的人所提出的想法可以增加信息和知识的广度，这一广度一般会超越人们日常接触到的信息和知识的范畴。调查表明，高层管理者更需要搜集广泛的观点。如果他们的组织和管理团队是由来自不同社会或文化背景的人构成的，他们更有可能获得不同的观点。
- 避免群体思维。许多团队会不自觉地避免冲突，追求和谐的氛围。群体思维就是团队成员争相同意他人的言论，从而造成错误决策的过程。与群体保持一致会大幅减少创新思考。一种利用多样化的文化可以培育出一个鼓励不同观点和开展建设性辩论的决策环境。

资料来源：Glenn Llopis，“Diversity Management Is the Key to Growth：Make It Authentic，” *Forbes*，June 13，2011，www. forbes. com/sites/glennllopis/2011/06/13/diversity（accessed July 20，2011）；Martin Davidson，“The End of Diversity：How Leaders Make Differences Really Matter，” *Executive Forum*（Spring 2012）：51－56；Peter Gwynne，“Group Intelligence，Teamwork，and Productivity，” *Perspectives*（March-April，2012）：7－8；Anita Woolley and Thomas Malone，“What Makes a Team Smarter? More Women，” *Harvard Business Review*（June 2011）：32－33；and Natalie D. Brecher，“Diversity Delivers：Four Tips for Embracing Differences，” *Journal of Property Management*（May-June 2012）：24.

13.2.2 观点的多样化

也许你听说过这句话：“伟大的思想总是相似的。”但是在突破创新的瓶颈时，最好的想法往往是与众不同的那一个。成功的管理者了解建立一个成功的团队所需的基本要素，包括竞争、清晰的绩效目标、共同的愿景和具有良好支持系统的工作环境。第18章将进一步介绍如何管理成功的团队。那些培育了具有多样化观点的工作团队的管理者创造出一种难以复制的竞争优势的概率会大大增加。当管理人员组建起一个具有不同背景和技能体系的多样化团队时，就实现了**观点的多样化**（diversity of perspective）。通过充分发挥多样化的优势，团队有可能获得更高的效率、更好的质量，减少团队成员重复的工作，取得更大的创新和创造性。[27]

如果员工是相似的，缺乏多样化的观点，那么会产生什么结果？弗吉尼亚大学的社会心理学家乔纳森·海特（Jonathan Haidt）所做的一项调查显示，当一个组织由同质员工构成时，会发展出一种部落心理，他们只接受与自身价值观相似的观点，而不能接受那些与群体规范相悖或威胁到群体规范的想法。海特观察到，在一场有 1 000 名心理学家出席的学术会议中，约有 80%的心理学家将自己定位为自由主义者。海特说，这种占据统治地位的意识形态导致了思考方式上的偏差，并给非自由主义者创造了一种并不友好的环境。他还观察到，那些认为自己是保守主义者的少数心理学家通常会隐藏自己的想法，以免被同事奚落或取笑。[28]海特的研究揭示了同质成员构成的群体是如何阻止创新性思维的产生和拒绝外部人员不同观点的。

13.2.3 工作场所多样化的好处

管理者通过组建一个强大的、多样化的组织可以获得可观的收益。具体内容如图表 13-5 所示。[29]多样化的好处包括以下内容：

图表 13-5 工作场所多样化的益处

- 更好地利用员工的才能；
- 更好地理解市场的需求；
- 带给领导者更广阔的视野；
- 提升团队解决问题的能力；
- 减少由于较高的员工离职率、缺勤率和法律诉讼引起的相关费用。

资料来源：Gail Robinson and Kathleen Dechant, "Building a Business Case for Diversity," *Academy of Management Executive* 11, no. 3 (1997): 21-31.

● 更好地利用员工的才能。拥有最好人才的公司就是具有最强竞争优势的公司。仅仅吸引一支多样化的劳动力队伍是不够的，公司必须向少数族裔员工和女性员工提供各种职业机会和晋升激励来留住这些员工。

● 更好地理解市场的需求。一支多样化的劳动力队伍可以更好地回应不断变化的顾客需求。福特公司意识到，只有创建一支可以反映这个国家不同文化构成的劳动力队伍，它才有可能实现自己的商业目标。因此，它组建了一支 25%的员工为少数族裔的劳动力队伍（非洲裔美国人占到 18.4%）来培育其包容性的企业文化，这使得它在《美国黑人企业》（*Black Enterprise*）杂志评选出的“40 强多样化公司”中占据了一席之地。[30]

● 带给领导者更广阔的视野。那些由同质员工组成的公司的领导层通常目光短浅。联合利华的尼尔·菲茨杰拉德（Niall FitzGerald）说：“对于任何在愈发复杂和快速变化的环境中运行的企业来说，部署由不同类型的人才构成的工作团队是十分重要的。这会带来对世界环境以及构成这个世界的不同价值观和不同观点更为广泛的理解。”[31]

● 提升团队解决问题的能力。具有多样化背景的团队会在讨论中提出不同的观点，从而产生更具创造力的想法和解决方案。[32] 尽管安永（Ernst & Young）的高层领导者中仍有很大比例的男性，但是公司一直在采取措施创建更具多样化的领导团队，因为这有助于实现商业上的成功。安永灵活性与性别平等战略部总监比利·威廉森（Billie Williamson）说："我们知道，当你具有一个多样化的工作团队时，你往往能得到更好的解决方案。来自不同背景的人们通常具有不同的解决问题的方式。当你把他们聚集在一起时，你会得到对客户来说最好的方案。"[33]

● 减少由于较高的员工离职率、缺勤率和法律诉讼引起的相关费用。多样化程度较高的公司可以降低离职率、缺勤率以及诉讼风险。因为家庭责任往往是导致离职和缺勤的重要原因，许多公司现在提供儿童保育和老年人看护等福利，同时也会提供灵活的工作安排、远程工作、兼职工作等新的选择，使得员工可以在家中完成工作。歧视性的工作环境通常还会带来歧视诉讼等花费巨大的负效应。一项针对洛克希德马丁公司的法律诉讼使得公司最终赔付了250万美元，这是公平就业机会委员会获得的针对种族歧视的最大一笔个人赔款。[34]

最为成功的公司十分了解多样化的重要性，并且十分清楚它们最大的资产就是员工。美国中央情报局发现，具有多样化劳动力队伍的组织能够更好地预见和应对战略性突发事件。

创新之道

美国中央情报局

突发事件经常让我们毫无防备地遭受重创。当它们发生时，我们应该问自己："谁可以预见到这些将要发生的事情？"2001年9月11日，美国遭到恐怖分子袭击时，举国震惊，尤其是那些负责收集恐怖分子活动情报并对可能出现的威胁提出预警的美国中央情报局（CIA）官员。为什么中情局作为在过去60年内最具影响力的组织之一没有预见到这场袭击？为什么在美国遭受这场袭击之后，它们想要渗透进恐怖分子高层如此艰难？

一个中情局这样的组织经历战略性突发事件，即一个未曾预料到的、改变游戏规则的，甚至使得组织无法继续运转的事件，其结果可能是毁灭性的。为了更好地预见战略性突发事件，组织需要一支多样化的劳动力队伍，尤其要反映出他们服务对象的多样化。中央情报局的官员长期以来在种族、性别、民族、阶层以及文化背景上都十分相似，它的大部分特工和分析人员都是接受过大学教育的美国男性、白人、教徒，很少有人拥有海外旅行的经历或会说别国的语言。这种同质性导致了情报失察。回顾20世纪60年代初发生的古巴导弹危机，当时中情局的分析人员由于对古巴线人抱有种族歧视的心理，忽略了古巴导弹集结这一关键情报。直到2001年9月11日，中情局前局长和国防部前部长罗伯特·盖茨（Robert Gates）还表示，中情局越来越不愿意雇用"那些与别人有些不同的人、那些有点古怪的人、那些穿西装打领带不好看的人、那些在训练时不能与别人友好共处的人"。[35]

不过现在的中情局好像意识到了拥有多样化工作团队的重要性。戴维·彼得雷乌斯（David H. Petraeus）是一位退休的将军，于2012年辞去了中情局局长一职。他表示："我们目前最重要的任务是保证中情局中这些富有天赋和奉献精神的成员充分发挥他们的潜能。这就意味着我们必须在所有的层面上尽可能地包容，不论是在决定成员构成时还是在做出决策时。情报工作是一项团队工作，我们有责任在组织内部每天都强调多元、公平、尊重和包容的重要性。"[36]

13.3 造成个人偏见的因素

为了获得上述多样化优势，组织正在努力寻找那些有催化剂作用的管理人员来促进组织的多样化进程、减少和消除女性和少数族裔员工可能面临的障碍。为了成功地管理一个多样化的工作群体，为所有的员工创建一个积极的、高效的工作环境，管理者首先需要了解组织中已经存在的或是员工带到组织中来的一系列复杂的态度、观点和问题。其中包括个人偏见的一些要素：成见、歧视、刻板印象和民族中心主义。

新晋管理者自我测试

尊重工作场所中的多样化

导语：你对工作场所中的多样化持有什么样的个人观点？选出下面所有与你的真实想法相同的词语。

不正常	打断	参与	合理
适应	批评	公正	远离
恼怒	不喜欢	倾听	正确
尊重	厌恶	必需	适合
帮助	不满意	高尚	同情
毫无根据	恐惧	固执	不安
轻视	渴望	反对	不确定
有益	欣慰	乐观	无价值
有偏见	敌意	分享	欢迎
忠诚	不实际	困惑	
理解	刺激	愉悦	

总得分 A ________。选中以下每一词语，则加 1 分：有益、公正、必需、高尚、合理、正确、适合。选中以下每一词语，则减 1 分：不正常、毫无根据、有偏见、打断、不实际、不确定、无价值。

总得分 B ________。选中以下每一词语，则加 1 分：尊重、忠诚、渴望、欣慰、乐观、愉悦、同情。选中以下每一词语，则减 1 分：恼怒、不喜欢、不满意、恐惧、刺激、困惑、不安。

总得分 C ________。选中以下每一词语，则加 1 分：适应、帮助、理解、参与、倾听、分享、欢迎。选中以下每一词语，则减 1 分：轻视、批评、厌恶、敌意、固执、反对、远离。

得分及解释：这个测试的得分与你对工作场所中多样化的态度相关，它也反映了你个人的多样化价值观。在 A 部分的得分与你对工作场所中多样化的认知判断有关；在 B 部分的得分与你的情绪反应有关；在 C 部分的得分与你采取的行为有关。如果你的得分接近零分，那么你对多样化持中立态度；如果你的得分为正值，代表你对多样化持积极态度，并且会在工作场所中用富有同情心的方式处理偏见；如果你的得分为负值，代表你对多样化持否定态度，在你担任经理时对出现的多样化问题可能并没有很好的解决方案。什么样的经历影响了你对多样化的态度？你认为你的态度会对你的管理生涯造成怎样的影响？

资料来源：Based on Kenneth P. De Meuse and Todd J. Hostager，"Developing an Instrument for Measuring Attitudes Toward and Perceptions of Workplace Diversity：An Initial Report，" *Human Resource Development Quarterly* (Spring 2011)：33－51；and Alfred B. Heilbrun，"Measurement of Masculine and Feminine Sex Role Identities as Independent Dimensions，" *Journal of Consulting and Clinical Psychology* 44 (1976)：183－190.

13.3.1 工作场所中的成见、歧视和刻板印象

成见（prejudice）是将不同于自己的人视为有缺陷的一种倾向性。如果有人对某个对象表现出成见，那么，**歧视**（discrimination）就发生了。[37] 例如，给做同种工作的女性支付比男性更少的工资，这是性别歧视；由于他人具有不同的种族，就去虐待他们，这是种族歧视。尽管显性的歧视并不像过去那样广泛存在，但组织中的偏见还会以一种隐性的方式表现出来，比如，更少的工作任务选择权、下属不遵从来自少数族裔上级的指令或者无视女性及少数族裔员工在会议上的发言。光辉国际（Korn Ferry International）所做的一项调查显示，受访的少数族裔经理中，有 59%都经历过在分配工作任务时基于种族的双重标准。[38]

成见的一种主要表现形式是**刻板印象**（stereotype），这是指对某一特定人群抱有顽固、夸大、不理智的认知。[39] 为了成功地管理多样化，管理人员必须从他们的思维中剔除有害的刻板印象，并尽可能淡化会影响到工作的一切偏见。比如，传统的刻板印象通常会阻止女性晋升到高层职位。这些隐性但强大的观点包括：女性担任高层职位往往会给公司带来更大的风险，或者职业女性无法从事需要经常出差或是承担很大压力的工作。刻板印象往往会妨碍女性员工得到能够提升她们工作绩效的真实反馈。如果一个男性员工做了一个很糟糕的演讲，他的男性上司可能会拍拍他的肩膀，然后说："伙计，怎么啦？你把事情搞得一团糟！"但是如果一个女性员工做了一次很糟糕的演讲，她可能永远无法听到诚实的反馈。相反，有些人会在她的背后说："哇，她的演讲真是糟透了！"[40]

管理人员应该学会尊重差异，即认识到文化的差异并以一种欣赏的眼光来看待这些差异。为了培养这种态度，管理者可以学习各种不同的文化以及典型的文化信仰来帮助自己理解他人的行为方式。要理解思考方式的差异，最为关键的一点就是，刻板印象会阻碍多样化，而尊重文化差异会加速多样化的进程。这两种思考方式如图表 13－6 所示，具体解释如下。[41]

- 刻板印象往往来自民间传说、媒体描绘以及其他不可靠的信息来源。相反，真正的文化差异应该以对实际差异的系统性研究为支撑。
- 刻板印象包含否定的含义。相反，尊重文化差异的管理者会持中立或积极的态度。比如，一般而言，亚洲男性相比于白人男性不太具有侵略性，但这并不意味着他们就弱于或者强于白人男性，只是意味着他们之间存在差异。
- 刻板印象假设一个群体中的所有人都具有相同的特征，而那些尊重多样化的管理者则会认为，一个群体中的不同人可能会有相同的特征，也可能没有相同的特征。[42]

管理人员不单单自己应该摆脱刻板印象的思考方式，还需要分辨出那些可能会影

图表 13-6　刻板印象与尊重文化差异的区别

刻板印象	尊重文化差异
基于错误的假设、民间轶闻或者在没有任何直接接触的情况下对一个群体的假定印象。	基于对文化差异的系统性科学研究。
给一个群体打上否定性的印记。	积极或中立地看待文化差异。
假定一个群体中的所有人都有同样的特征。	不接受一个群体中所有人都有同样的特征的假设。
例子：铃木昭男是一个亚洲人，所以他不会像白人男性那样富有侵略性。	例子：作为一个群体，亚洲人相比美国的白人，男性的侵略性较低。

资料来源：Adapted from Taylor Cox，Jr.，and Ruby L. Beale，*Developing Competency to Manage Diversity*：*Readings Cases and Activities*（San Francisco：Berrett-Koehler Publishers Inc.，1977）.

响员工绩效的刻板印象威胁。**刻板印象威胁**（stereotype threat）是指一名员工在执行一项任务时，由于清楚地知道别人对他所属群体存在偏见、认为他无法成功完成工作所受到的心理影响。[43] 假定你是一位少数族裔群体的成员，正在准备向你的管理层汇报一项复杂的市场调查的结果，并急于留下良好的第一印象。假设你的听众中有一些人对你所在的群体抱有负面的刻板印象，一想到这一点，你的焦虑情绪就会迅速增加、自信心急速下滑。可想而知，你的演讲可能不尽如人意，因为你被过度的担忧和自我怀疑分心，并且投入太多的精力来消除刻板印象所带来的危害。你所经历的这种感觉叫做刻板印象威胁。

受到刻板印象威胁影响最大的人，通常是那些在工作场所中负面刻板印象明显的群体，比如，少数族裔群体、社会经济地位低下的成员、女性、男同性恋和女同性恋、残疾人。尽管执行任务时存在焦虑情绪是很正常的事情，但是，面临刻板印象威胁的人们会感到更大的压力，因为他们的失败不仅仅代表自己，还有可能给他们所在的群体打上负面的标签。就像碧昂斯·诺斯（Beyonce Knowles）所说的一样："这就好像你要证明什么，而不想把事情搞得一团糟，成为黑人女性的负面形象化身。"[44]

13.3.2　民族中心主义

对于那些希望认识、欢迎、鼓励个体差异，从而开发每个人的潜能，使之成为高效的组织成员的管理者来说，民族中心主义是一个很大的障碍。**民族中心主义**（ethnocentrism）是一种认为自己所属的民族和文化先天优于其他民族和文化的心态。民族中心主义使得人们很难尊重多样化。将自己的文化看作最好的文化，是绝大多数人存在的一种自然倾向。此外，商业社会仍旧倾向于反映建立在比较同质化的美国中产阶级白人男性经验基础上的价值观、行为方式和需求。实际上，大多数的管理理论都假定员工对工作和生活有大致相同的价值观、信仰、动机和态度。这些理论假定一套相同的行为体系可以让组织有更高的生产效率，因此所有的员工都应当采取这套行为体系。[45]

民族中心主义观点及其一套标准的行为体系会导致**单一文化**（monoculture），这种文化只接受一种做事情的办法、一种价值观和信仰，这会使少数族裔员工面临一系列的困境。有色人种、女性、同性恋群体、残疾人、老年人和其他不同的员工可能会面临过大的压力，难以适应，可能成为刻板印象的受害者，或者由于他们的差异被认定为存在缺陷。许多异性恋的白人男性并不符合"理想"员工的标准，单一文化把白人男性视为种族主义者、性别歧视者这些令人气愤的刻板印象，也会让他们中的许多人感到不舒服。尊重多样化意味着所有人都能在工作场所中获得平等的机会。[46]

寻求文化多样化的组织应该实现的目标是多元化而非单一文化、民族相对主义而非民族中心主义。**民族相对主义**（ethnorelativism）是指认为所有的群体和亚文化生来平等的观点。**多元化**（pluralism）是指一个组织拥有几种不同的亚文化。为了实现向多元化的转变，需要使少数族裔员工完全融入这个组织，否则他们会感觉到被孤立、被忽视。在谷歌总部山景城，为了提升多元化，公司食堂的厨师想方设法保证他们的菜单可以满足不同种族员工的多样化需求。

创新之道

谷歌公司

谷歌总部的员工来自世界各地，但当他们看到食堂菜单上熟悉的家乡菜时，他们会感到与家乡的距离近了一点。为了实现满足不同种族多样化需求的目标，谷歌第一任大厨查理·艾尔斯（Charlie Ayers）根据自己对食物独特的品位设计了一份菜单，满足了越来越多样化的公司成员的需求。他创造了自己的菜肴，在各式各样的餐厅中寻找新的菜谱，并且经常从外籍员工身上获得极佳的创意灵感。比如，一位来自菲律宾的会计人员贡献了一份鸡肉阿斗波的菜谱，在她的家乡这是十分流行的一道菜。谷歌总部的周围分布着许多精于西南、意大利、加利福尼亚-地中海美食以及素食的餐厅。同时，因为越来越多的谷歌员工来自亚洲，员工们可以在日本主题的“太平洋餐厅”享用寿司，或者在“东方遇见西方餐厅”享用泰国红咖喱牛肉。

谷歌相信，食物是有助于创建包容性工作环境的工具。大批不同类型的可选食物使得员工有机会尝试新品种，并对他们的同事有更多的了解。谷歌明白，当人们需要获得一点放松和熟悉的感觉时，再没有像家乡菜那样可以有效缓解异国工作压力的办法了。[47]

13.4 影响女性职业生涯的因素

进步的组织都意识到了在工作中雇用、留用以及提升女性员工所带来的商业优势。事实上，调查显示，比起那些没有女性高层管理者的公司，拥有女性高层管理者的公司往往具有更好的财务和组织绩效。一项针对 100 多家国际企业的 58 000 名员工的调查表明，在最高层管理团队中拥有三名以上女性的公司被认为更具能力，拥有更强的领导力、更高的员工积极性以及其他多项重要的组织特征。[48]但是，有一些证据表明，女性往往停滞在中层管理职位上。女性占据了初级专业岗位的 53%，但是仅仅占据中层管理岗位的 37%，副总裁以及高层管理职位的 28%，执行官岗位的 14%。[49]

相反，男性群体普遍享有更高的工资水平和更快的晋升速度。以美国为例，2009 年，当一名男性员工挣到 1 美元时，同样情况下女性全职员工仅挣到 0.8 美元；2000 年，女性的这一数据为 0.79 美元。[50] 2001 年，世界上最大的零售商沃尔玛的七位女员工代表公司所有女员工提出一项集体诉讼后，沃尔玛努力从这一诉讼案造成的不良影响中走出来。当时，这些女员工对公司在薪酬和晋升上普遍存在的歧视表达了不满。早在诉讼发生的六年前，一家律师事务所就发现了沃尔玛和山姆会员商店在薪酬体系和晋升制度上广泛存在的性别歧视，并且要求公司采取一些基本的措施。作为对这一审计报告和诉讼案的回应，沃尔玛开始一步步减少在薪酬和晋升上性别之间的不平等。事实上，沃尔玛通知 50 000 名经理，要求他们提拔更多的女性与少数族裔员工，经理们 15% 的奖金与实现这些多样化的目标挂钩。现在商店经理助理中，女性占 46%，相比于五年前 40%的比例有所提升。[51]

玻璃天花板和“退出”压力巨大的职业生涯的决定，都会影响女性的晋升机会和薪酬水平。不过，有时候女性也会因为展现出有助于成功的行为与态度更容易得到领导职位。这一因素叫做“女性优势”。

13.4.1 玻璃天花板

女性在美国历史上第一次占据了这个国际就业市场上的大半部分职位。[52]当她们沿着职业生涯的阶梯向上攀爬时，起初男性和女性的数量相当，女性占据了底层和中层的管理、专业岗位的 51%。[53]但是很少有女性可以冲破玻璃天花板，担任高层管理职位。事实上，《财富》500 强公司中，只有 3.6%的公司拥有女性首席执行官。[54]**玻璃天花板**（glass ceiling）是指女性和少数族裔员工面临的无形的障碍，这一障碍限制了他们在组织中晋升的可能性。他们可以透过玻璃天花板看到高层管理职位，但是主流思想和刻板印象构成了他们晋升路上无形的障碍。更为极端的是，亚裔管理人员在晋升时会面临“竹子天花板”，这是一种阻碍亚裔员工职业发展的文化的、组织内部的双重障碍。如今，尽管亚洲人受教育水平最高，并且在特定行业的初级员工中占有较大的比例，但是他们仅仅在美国公司董事会成员中占据 1.5%的席位。[55]

为了打破玻璃天花板，进入高层管理职位，执行官建议女性和少数族裔员工遵循以下提议：

- 获得盈利经验。女性和少数族裔员工经常被分流进辅助部门，比如人力资源或行政服务部门，而不是可以获得盈利经验的直线部门。对于那些希望进入最高层管理团队的员工来说，在直线职位上获得盈利经验是至关重要的。[56]
- 保持自信，主动索要你所需要的。许多亚裔员工发现自己被视为不是“做高层管理者的料”，这是因为他们表现得过于安静和不自信。总体来说，女性员工在主动提出要求时会感觉不太舒服，因为她们担心被别人看作有侵略性的或者自私的人。脸书的首席运营官谢里尔·桑德伯格（Sheryl Sandberg）认为，女性“需要坐在谈判桌前”。她说 57%的男性员工会就他们的薪水问题进行劳资谈判，而仅有 7%的女性员工会有类似的做法。[57]除此之外，女性和少数族裔员工需要就雇主最看重的方面选取例子证明自己的价值，首先就是对公司最终盈利的影响。[58]
- 愿意承担风险。当组织面临危机时，以问题解决者的身份站出来，这种机遇叫做“玻璃悬崖”。通用电气前任首席执行官杰克·韦尔奇在与一群女性执行官的交谈中强调说：“站出来，主动要求承担直线工作和艰难、有风险的任务。”当被问及面对玻璃悬崖的经验时，科凯（KeyCorp）的首席执行官贝丝·穆尼（Beth Mooney）说：“我主动承担了许多别人不愿承担的‘丑陋’的工作。”[59]
- 突出你的成就。女性通常倾向于低调处理自己的成就，以免被别人评价为不够谦虚。除此之外，那些来自集体主义文化的谦逊的女性和少数族裔员工往往不会为自己争取奖励，相反，他们可能为他人争取奖励。与此相反的是，白人男性通常会推销自己的成功。为了使成功获得承认和奖励，女性和少数族裔员工应该学会突出展示他们的成就。[60]

● 用肢体语言表现你的自信和可信度。女性长于传递温暖和同情，但不善于表达权威和力量。咨询顾问卡罗尔·金西·戈曼（Carol Kinsey Goman）建议，那些希望获得领导职位的女性需要留意可能会降低权威性的肢体语言。她的建议包括避免做出以下行为：（1）在倾听时倾斜头部；（2）女孩化的动作，比如咬手指、卷头发；(3) 过度微笑；(4) 过于频繁地点头；(5) 过于小心地握手；(6) 打情骂俏。[61]

13.4.2 退出趋势

有一部分女性从没有遇到过玻璃天花板，因为她们在距离它很远的时候，就选择离开职业晋升的快车道。近年来，有关退出趋势的讨论一直在持续。在一项针对近2 500名女性和653名男性的调查中，37%的高度胜任的女性员工说，她们在职业生涯的某些时点上自愿离职，而在同样资质的男性中，这一比例为24%。[62]

针对较多女性放弃主流职业生涯的原因，爆发了一场激烈的辩论。退出趋势的支持者认为，女性认为职业的成功并不值得她们用减少家庭和私人时间、承担更大压力以及损害健康的代价来换取。[63]希拉里·克林顿的第一助手、普林斯顿教授安妮-玛丽·斯劳特（Anne-Marie Slaughter）放弃了她备受尊重的工作，回到家里花更多的时间来陪伴叛逆期的孩子。因为无法平衡家庭生活和工作，她对女性可以“拥有一切”的理念提出了质疑，这篇富有争议的文章于2012年发表在《大西洋》（*The Atlantic*）杂志上。在这篇文章中，斯劳特指出，目前的职场理念需要改进，女性不需要为自己的退出而道歉。“我们这一代的女性被成长过程中女权主义的信条所束缚……因为我们曾坚信，不能让我们为下一代树立的旗帜倒下。”斯劳特写道，“但是现在必须要指出，满口‘你可以拥有一切’只是在粉饰现实，许多年轻人已经不再相信这种话。”[64]

一些人认为，女性并不像男性那样希望获得公司的权力和地位。沿着公司晋升之路向上攀爬，也不像以前那样有足够的吸引力。但是批评家们认为，这种观点仅仅是把女性高层管理人员的匮乏归咎于女性自身的另一种方式罢了。[65]比如，为彭尼工作数十年后离开的瓦妮莎·卡斯塔娜（Vanessa Castagna）说，她并不是因为需要更多的家庭和私人生活而离开，而是因为在晋升最高层管理职位时自己一次又一次地被排除在外。[66]尽管一些女性自愿离开晋升通道，但是更多的女性想一步步晋升却发现她们的路被堵死。在一项针对女性高层管理人员的调查中，55%的受访者表示，她们希望晋升到更高层的领导岗位。[67]除此之外，对《财富》1 000强公司中103位自愿离开执行官岗位的女性的调查显示，企业文化是她们离开的首要原因。[68]女性领导的最大劣势很大程度上源自偏见和显著的男性导向的企业文化。[69]数年之前，当宝洁公司询问一些离职被认为是“令人遗憾的损失”（也就是说，公司希望留用的高绩效员工）的女性执行官她们离开工作岗位的原因时，最常见的回答是她们认为没有受到公司的重视。[70]

13.4.3 女性优势

一些人认为，女性实际上可能成为更好的管理人员，部分原因是她们更加合作、不过于重视等级并且是关系导向的，这与今天全球化与多元文化的环境相符。[71]随着世代的转变，人们的态度与价值观也不断变化，女性似乎天然就拥有的一些特质可能会导致组织中出现持续的性别反转现象。比如，在美国的教育行业中就出现了惊人的性别反转现象，从幼儿园到研究生院，几乎都是女孩扮演领导的角色；各种族裔的女性获得学士与硕士学位的人数超越了男性；在绝大多数高等教育机构中，女生占到了所有注册学生的 58%[72]；在 25～29 岁的青年人中，32%的女性拥有学士学位，男性的这一比例为 27%；女性获得硕士与博士学位的比例也在快速提高，女性占据了全美法律系学生的半数，本科商科学生的半数，以及 MBA 申请人的 30%。总体来说，女性在劳动力队伍和公民事务中的参与比例从 20 世纪 50 年代中期开始稳步提升，与此同时，男性的参与比例缓慢且稳步下降。[73]

康奈尔大学人类发展学教授与作家詹姆斯·加伯利诺（James Gabarino）说，女性“可以更好地展现现代社会所要求的人类特质：专注、遵守规则、善于表达，以及善于处理办公室的人际关系”。[74]他的观察结论的支撑是：女性经理通常得到下属更高的人际关系技能评分，类似的方面还有工作行为、沟通交流、激励他人的能力以及目标完成情况。[75]最新的研究表明，公司内部平衡的性别组成（即大致相等的男性与女性人数）与更高的组织绩效之间存在相关关系。此外，Catalyst 的一项调查显示，最高层管理团队中女性比例最高的公司相比女性比例最低的公司，财务绩效高出 35%。[76]

13.5　实现文化竞争力

如同第 3 章所探讨的，企业文化是由组织成员共享的价值观、信仰、认知、规范所决定的。一些企业文化着力于培育多样化，许多管理人员想尽办法创建这种文化，以尊重并培养公司的多样化员工。管理人员在制定培育多样化的战略决策后，需要制定计划来使得企业文化出现转变，即减少弱势员工面临的阻碍。一项成功的多样化计划可以创造出一支能带来长期文化竞争力的劳动力队伍。**文化竞争力**（cultural competence）是指与不同文化背景的人有效沟通的能力。[77]

图表 13-7 展示了实施多样化计划的五个步骤。[78]这些步骤通过帮助员工更好地理解多样化的同事，并与他们成功地交流和沟通，从而在员工中创造出文化竞争力。

图表 13-7　培育文化竞争力的五个步骤

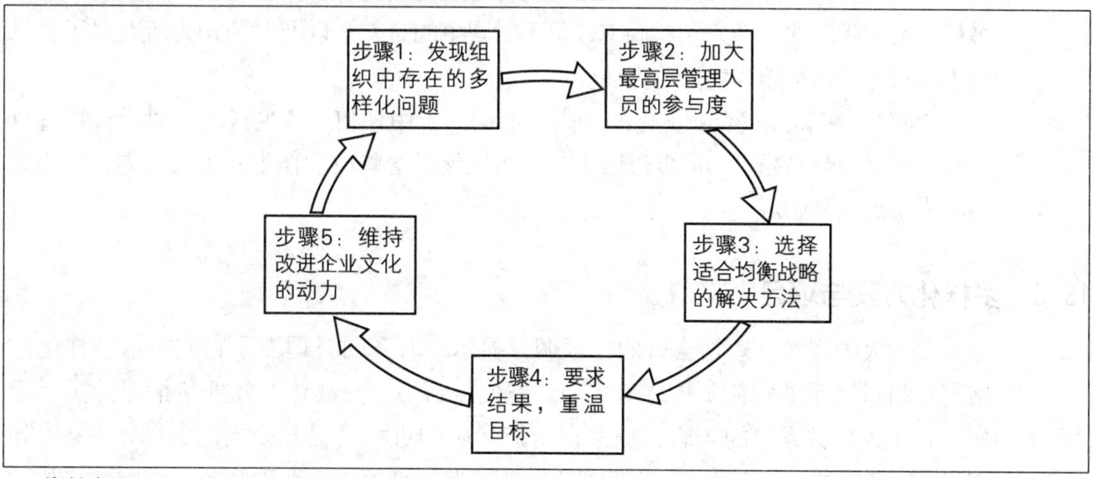

资料来源：Based on Ann M. Morrison，*The New Leaders*：*Guidelines on Leadership Diversity in America*（San Francisco：Jossey-Bass Publishers，1992），p. 160.

步骤1：发现组织中存在的多样化问题。绝大多数的医生在检查病人之前不可能做出医疗诊断。类似地，组织如果不先调查企业文化目前所处的位置，就无法对实现文化竞争力的流程进行评估。文化审计这种工具可以用来识别企业文化中存在的问题和需要改进的领域。可以通过询问员工下列问题来完成文化审计：不同类型员工的晋升比例如何？同一工资等级的经理中是否存在薪酬不平等？是否有玻璃天花板限制女性与少数族裔员工的晋升？这些问题的答案可以帮助管理者判定组织的文化竞争力水平，并帮助他们将注意力集中到特定的问题上。

步骤2：加大最高层管理人员的参与度。一项成功的多样化战略，最重要的组成部分就是管理人员的参与、领导和支持。[79]最高层管理人员可以通过以下方式展示对多样化行动的支持：为多样化活动分配时间和资金，支持问题解决小组的建议，以及通过演讲、构建愿景、使命宣言等方式展现对于多样化的参与度。参与度很高的最高层管理人员可以通过言传身教的方式带动其他人，使得多样化占据优先位置。

步骤3：选择适合均衡战略的解决方法。对多样化问题，最佳的解决方法就是处理好上述步骤1中发现的公司面临的最紧迫的问题。为了实现最有效的目标，应该根据均衡战略选择解决方案，并处理好三个要素——教育、强化和接触。教育包括可以提高员工的多样化认知以及培养相关技能的新型培训项目。强化意味着对那些表现出新行为模式的员工给予激励，对那些违反多样化标准的员工采取惩罚行为。一个很好的例子就是丹尼斯快餐店（Denny's)。20世纪90年代初，在遭遇一起歧视诉讼案后，丹尼斯开展了多方面的多样化项目，其中一项内容就是为那些显著提高聘用、提拔少数族裔员工比例的高层管理人员提供25%的奖金。[80]接触包括让传统的管理人员与非传统的同事接触，来打破陈旧的观念。例如，一家公司可能将一位白人男性经理与一位亚裔美籍女性经理组成一队。

步骤4：要求结果，重温目标。“没有衡量，就没有完成”，这一简单的法则同样适用于针对多样化的付出。多样化的绩效应该通过量化目标来衡量，从而保证提出的解决方案被成功地实施。量化目标可以证明多样化与企业目标相关联。量化目标的例子包括记录薪酬水平的变化、晋升比例、女性与少数族裔员工占据的管理职位等。但是这些人事数据不能全面衡量公司培育文化竞争力的进程。其他的测量方法包括：与多样化努力相关的生产率和利润率，员工对同事的认知，以及对公司为所有员工提供令人满意的工作环境的能力的评估。[81]

步骤5：维持改进企业文化的动力。前面四步中任何一步的成功，对于继续进行多样化的努力都是强有力的促进因素。公司应该将这些成功作为前进的动力，并为更多的进步提供激励。

13.6 多样化方案与项目

美国人力资源管理协会做的一项调查显示，91%的公司表示它们相信多样化方案与项目可以帮助它们维持竞争优势。它们提到的一些具体的好处包括提升员工士气、减少人际关系中的矛盾、加速在新市场中的进程、提升公司的创新水平。[82]如图表13-7中的步骤3所示，企业可以组织一些能够解决企业独特多样化问题的活动和项目。

13.6.1 改进组织架构与政策

组织的许多政策原本是为了满足典型男性员工的需求而设计的。如今，许多领先的公司开始改进组织架构与政策，以加速和支持多样化的发展。绝大多数的大型组织为了防止种族与性别歧视，制定了正式的政策以及结构化的投诉流程和申诉审查程序，也制定了一些政策来支持多样化员工的招聘和晋升工作。很多公司设立了一个叫做首席多样化官的高层管理职位，主要负责为女性和少数族裔员工创造一个好的工作环境。约 60%的《财富》500 强公司都设有首席多样化官这一职位。在这些人中，约 65%为女性，37%为非洲裔美国人。[83] 同时，越来越多的公司，如宝洁、安永、好事达保险（Allstate Insurance）等，将经理的奖金和晋升与员工队伍的多样化联系在一起。图表 13－8 展示了一些常见的多样化活动。

图表 13－8　最常见的多样化活动：《财富》1 000 强受访公司所占比例

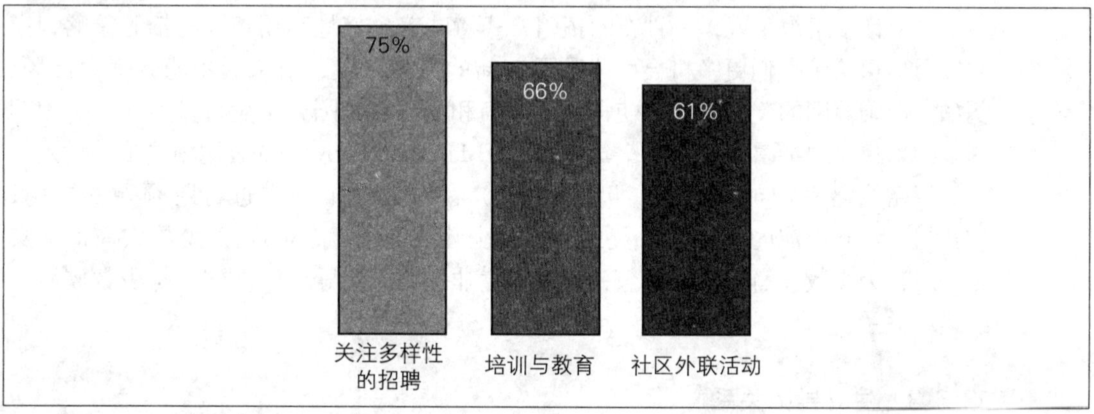

资料来源：Adapted from data in "Impact of Diversity Initiatives on the Bottom Line：A SHRM Survey of the *Fortune* 1000," pp. S12-S14，in *Fortune*，special advertising section，"Keeping Your Edge：Managing a Diverse Corporate Culture," produced in association with the Society for Human Resource Management，www. fortune. com/sections.

IBM 在用令人瞩目的、创新的政策来发展极其多样化的劳动力队伍方面有悠久的历史。

创新之道

IBM

多年来，很多公司的领导人对多样化仅仅表示口头上的关注，一家消费品公司的执行官所言就反映了这一点："多样化是反歧视行动的另一种表述罢了，我们在贸易或在消费者中保护我们的品牌时才会被迫支持多样化。"遗憾的是，许多执行官仍旧持有这一观点。

然而，IBM 却把多样化看作一个时间紧迫、势在必行的企业事项。IBM 的首席多样化官罗恩·格洛弗（Ron Glover）坚信，多样化应该成为深入管理者内心的思维方式，并且应该作为共同的思路渗透到所有的职能部门，因为多样化是创新与企业成长的动力。"创新就是紧盯复杂的问题，并且在会议桌上提出新的观点。"格洛弗说，"多样化使 IBM 变得创新，100 年来保持成功，并且在 172 个国家由 427 000 名员工完成跨行业工作。"

IBM 在支持多样化的努力上有着悠久的历史。1935 年，公司招聘了第一位女性员工和 25 名大学毕业生，让他们从事系统服务工作。1943 年，它提名了第一位女性副总裁。1956 年，它颁布了一项为期三个月的家庭休假政策，比出台相关法律整整提前了 37 年。2011 年，IBM 任命了第一位女性首席执行官——弗吉尼娅·罗梅蒂。[84]

IBM 拥有一支在美国的公司中最为多样化的劳动力队伍，管理者鼓励并支持这种包容性的文化。"与多样化的紧密联系使得 IBM 见证了它在当今市场中的竞争力、获得新市场和赚取利润的能力。" Anita Borg Institute for Women and Technology 副总裁卡罗琳·西马德（Caroline Simard）说："这是势在必行的企业大事，绝不仅仅是人力资源的责任。"[85]

13.6.2 加大招聘力度

对于许多组织来说，一种新的招聘方式意味着更好地利用正式的招聘策略，提供实习项目给予人们更多机会，或是用创新的方式开发之前未利用的劳动力市场。例如，全国范围的奖学金计划使得西班牙裔和非洲裔美国大学生可以参加一个为期三年的项目，包括暑期实习和全年指导。[86] Marathon Petroleum 公司创造了一种六点式的招聘战略来增加多样化，包括：（1）在全公司范围内进行跨领域的招聘；（2）与一流和二流的学校建立关系，招聘少数族裔学生；（3）为少数族裔提供实习；（4）为少数族裔提供奖学金；（5）建立非正式的指导项目；（6）与少数族裔组织建立关系。[87]

13.6.3 建立导师关系

多样化员工想要成功晋升，组织必须想方设法消除玻璃天花板。达到这一目标最有效的方式就是建立导师关系。**导师**（mentor）是一位具有较高地位的组织成员，他致力于为学员的职业生涯提供晋升的动力与支持。[88] 导师项目为少数族裔员工与女性员工提供直接培训以及有关组织规范、愿景的内部信息。导师也扮演朋友和顾问的角色，使得员工感觉更自信、更能胜任。

一名研究者调查了高潜能少数族裔员工的职业生涯，发现那些晋升最快的人都有一个共同的特征——拥有一位强有力的导师或一个导师网，这对他们的职业发展起到很好的作用。[89] 然而，调查研究表明，少数族裔员工和女性员工相对白人男性来说较难发展导师关系。[90] 女性和少数族裔员工不去寻找导师，可能是因为他们觉得自身的工作能力足以获得职业成功，或者他们觉得要找到一名导师非常困难，因为绝大多数的高层管理者都是白人男性。女性可能害怕开始一段导师关系会被误解为浪漫爱情的序曲，而男性导师可能会把女性看作母亲、妻子或姐妹，而不是把她们看作可能的执行官。跨种族的导师关系有时会让双方感到不太舒服，但是对少数族裔员工的指导通常是跨种族的，因为担任高层管理职位的少数族裔数量稀少。达到最高层管理职位的少数族裔员工和女性员工由于数量稀少，通常会被淹没在与他们同样提出导师申请的员工中。另外，他们可能会对这种备受瞩目的少数族裔与少数族裔、女性与女性的导师关系感到不舒服，这会使他们在白人男性占主导地位的现实中受到孤立。

对于组织来说，解决方案就是消除在白人男性与少数族裔员工之间建立导师关系时所面临的障碍。白人男性应积极将女性与少数族裔员工作为自己的学员，如果组织能将上述价值观制度化，它所带来的好处就是可以将女性和少数族裔员工引导到对于晋升来说十分关键的工作和职位上。导师项目与 1991 年《民权法案》中的相关内容一致，这一法案要求中层与高层管理团队实现多样化。

13.6.4 提高性骚扰意识

在工作场所中，尽管男性与女性心理距离的缩短是一种积极体验，但性骚扰却一定不是。性骚扰是违法的。作为性别歧视的一种，工作场所中发生的性骚扰违反了 1964 年《民权法案》第七章。发生在学校里的性骚扰违反了 1972 年美国《教育修正案》第八章。许多公司都提供加强防范性骚扰意识的培训项目来提高员工对性骚扰的定义、性骚扰带来的法律后果等方面的认知。下面列出了某所大学定义的各种不同类型的性骚扰：

- 一般性骚扰。这种形式的性骚扰包括与性有关的言谈和行为，这些行为无意导致性行为，直接指向某一位同事，并且在群体层面上有所反映。
- 不合适的/冒犯性的。尽管不构成性威胁，但这种行为会导致某位同事感到不舒服，他所做出的逃避骚扰者的反应可能会限制他本人的自由，或者使其不能正常履行工作职能。
- 以奖赏来诱使。这种行为是指小心翼翼地做出试探，想要“购买”性行为。这种行为可能会面临刑事诉讼。
- 以惩罚来强迫。骚扰者通过手中的权力（如推荐、评级、晋升等）强迫同事与自己发生性行为，从而破坏受害者的职业生涯。
- 轻度性犯罪和性犯罪。这是性骚扰的最高级别，如果将这类行为报告到警察局，骚扰者可能会被判处轻罪或重罪。[91]

13.6.5 利用跨文化团队

长久以来，公司知道来自不同职能部门的成员组成的团队会得到更好的问题解决方案和公司决策。它们意识到**跨文化团队**（multicultural team），即由来自不同国家、种族、族裔和文化背景的成员组成的团队，在当今的全球化市场中可能带来更强的创造力、创新，并创造更多价值。[92]调查表明，多样化的工作团队相比同质的工作团队，会就问题提出更多、更好的选项以及更有创造力的解决方案。[93]一个由具有不同观点、背景和文化价值观的员工组成的团队会产生一系列优秀的想法，从而带来更强的创造力和更好的决策。

尽管跨文化团队具有许多优点[94]，但它却更加难以管理，因为沟通不畅与误解的可能性大大提高了。跨文化团队通常在学习如何沟通交流以及顺利地合作方面面临更大的困难。但是通过有效的跨文化培训以及良好的管理，团队成员可以学习如何在一起顺利工作。[95]有个管理团队对其会议进行了录像，这样，员工就可以看到他们的肢体语言是如何反映出文化差异的。一位美国经理评论说：“我不敢相信，我的身体刚刚挪到会议桌，罗恩（一位菲律宾裔美国人）……在会议的前 5 分钟就想方设法使自己置身于镜头之外。”[96]

13.6.6 鼓励员工亲密团体

员工亲密团体（employee affinity groups）根据性别、族裔等社会身份由员工组建，并聚焦这一群体的员工所关注的问题。[97]员工亲密团体会开展一系列的活动，比如，高层管理人员的培训会议、导师项目、社交活动、培训会议和技能研讨会、少数族裔群体的实习项目，以及社区志愿活动。这些活动让人们有机会与组织中的其他人见面、交流，发展社交和职业关系，这些人中可能包括关键的决策制定者。员工亲密团体是一种降低女性与少数族裔员工社交孤立感的有力方式，可以使得这些员工工作更具效率，实现更好的职业发展。[98]比如，当朱莉·吉尔伯特（Julie Gilbert）担任百思买的高级副总裁时，她发起了名为“狼”的女性领导力论坛，这让更多的女性可以参与解决企业核心问题，也使得一线员工有机会跻身高层。一系列“狼群活动”的结果是对女性区域销售经理的招聘比上一年增加了一倍，女性经理的离职率降低了大约10个百分点。[99]

亲密团体的一个重要特征就是，它是由员工以非正式的方式建立的，而不是由组织创建的，其成员是自愿加入的。在组织的晋升中遇到障碍的少数族裔（包括非洲裔美国人、西班牙裔美国人、印第安人、亚裔美国人、女性、男同性恋和女同性恋以及残疾人等）建立的亲密团体展现出惊人的发展。即使那些曾经把员工亲密团体看作“牢骚小组”的管理者，现在也把它们视为企业成功的必需因素，因为它们可以帮助留下少数族裔，促进多样化，并且会提出一些对组织有益的新想法。[100]在卡夫食品公司，员工亲密团体对跨文化团队的成功起到关键作用，因为它们促进了对文化差异的清醒认识，提高了对它的接受度，并且使得员工对共同工作感到更加舒适。[101]总体来说，那些加入员工亲密团体的女性与少数族裔，相对未得到群体支持的人而言，对自己的工作感到更加自豪，对自己的职业生涯更为乐观。[102]

讨论题

1. 管理者可能使用哪些具体的战略来创建一个可以培育包容性的工作环境？

2. 评价你自己与来自其他文化背景的人打交道的经验。你认为这些经验可以在多大程度上帮助你理解多样化的劳动力队伍所面临的独特需求和困境？

3. 在2012年谢里尔·桑德伯格被提拔为脸书的首席运营官之前，公司董事会一直是由男性成员组成的。但是脸书的8.45亿用户中大部分是女性。基于以上人口统计数据，阐述在公司董事会中增加女性成员后，脸书会获得什么样的收益。

4. 描述一下最容易受到刻板印象威胁伤害的员工。对于管理者来说，为什么理解有些员工可能遭受到刻板印象威胁是十分重要的？

5. 员工亲密团体对组织中女性和少数族裔员工的晋升会做出怎样的贡献？

6. 想要创建富有文化竞争力的企业文化，第一步要做的是什么？第一步意味着什么？

7. 玻璃天花板和竹子天花板分别指什么？它们被证明是女性和少数族裔员工所面临的障碍，你认为原因何在？

8. 为什么很多女性会选择退出公司管理？讨论这一趋势在接下来的10年中是否可能继续发展。

9. 描述多样化的观点是如何在组织中提升创新、促进改革的。为什么管理者认为观点的多样化是一项竞争优势?

10. 组织应该如何实现以下两者的平衡：一是尊重并满足多样化劳动力队伍的需求；二是创造一种高绩效的企业文化，使得共同的价值观可以促进战略目标的完成?

技能运用：批判性分析案例

做真实的自己

埃特妮·金特里十分激动，因为她终于进入公司最高层的“老人圈儿”。这是一家位于塔尔萨的中型石油公司。埃特妮拥有很高的资历和她认为女性领导人具备的优势：倾听、合作、建立共识和组织活动。她十分期待与公司第一位女性经理亚历克西斯·贝尔的会面。亚历克西斯即将退休。

亚历克西斯用力与埃特妮握了握手，甚至让埃特妮感到有点疼。亚历克西斯随后给埃特妮递上一杯咖啡。

“我十分期待与您的会面，亚历克西斯。”埃特妮说。

“叫我亚历克斯吧。”

“哦，我不知道。”埃特妮抿了一口热气腾腾的咖啡，突然间有一种模糊的、不舒服的感觉。这场她期待已久的会议一开始就显得有些尴尬和不自然。

“我会与你坦诚相见。”亚历克斯一边走一边说，随后她坐在办公桌后那张非常宽大的椅子上。“你来到这里的原因同我一样。我们公司的创始人钱普·卢曼 12 年前去世后，他的三个中年女儿成为公司主要的股东。她们被全公司的人称为‘女孩们’。她们大力推动女性加入管理层，当时是我，现在这个人成了你。”

埃特妮把咖啡杯放到桌子上，尽量不流露出内心的想法。“你是指，相比那些更能胜任的男性候选人，我是被特别挑选出来的吗?”

“不是。我当时并不属于选聘的对象。我看过你的简历，你是组织中非常出色的一员。但是暂且不论任职资格，你和我只是满足了——我们实话实说——‘多样化’的要求，否则组织中全部是男性成员。”

埃特妮几乎不能相信办公桌对面的女人如此毫不掩饰的坦白。站起来毫不犹豫地离开这间办公室，还是留下来听完整场谈话，她万分纠结。她决定采取最保险的做法。“但我的理解是，您在这里做得非常成功。”埃特妮说。

“你说得不错。”亚历克斯凝视着很多照片，照片上是俄克拉何马州平原上遍布的油井钻探设备。“我学会了游戏的规则。”她说道。然后她突然转过身来，看着埃特妮。“我并不是想要恐吓你，但是既然你已经加入了，你就要学会理解一些事情。”

“比如?”

“比如……不要太急于表达你的想法和观点。起初，我想要立即站出来发表自己的观点。但是男人们厌恶这种行为。我被认为是一个‘爱出风头的婆娘’，这是一位绅士当面告诉我的。这句话在我听来非常刺耳。他们可能不得不接受我，也可以轻易地将我边缘化。他们能让我无足轻重，也能让我完全清楚这一状况。”

“那么你做了些什么?”

“我烦躁了一段时间，最终决定采用相反的策略。我给他们端茶倒水。我寻找他们观点中明智的建议，然后才敢在会议中提出自己的建议。我扮演了他们心目中的女性形象。这让我感觉自己就像是个傻瓜。我一直卑躬屈膝，直到感觉自己再也无法坚持下去。”

"他们是什么反应呢?"

"我不再被边缘化，但是也不被尊敬。我悄悄地退了一步，接受了我的位置。"

"你为什么不选择退出呢?"

"因为我知道这正是他们想要的。我就是这么吝啬、顽固，不愿意让他们得逞。"

埃特妮深深地吸了一口气，摇了摇头："这听起来就像 20 世纪 50 年代拍的《广告狂人》。我不相信管理层中的男性会有这样的表现。"

"嗯，可能稍微好一点，但他们依然倒退到《广告狂人》中的境地。"

"那么，从被忽视到成为一个受气包，在这个过程中你如何积累成功的声望?"

"你遇到过比尔·雷德森吗?"

埃特妮点点头，抿了一口咖啡，身体稍微向前倾斜，等待着倾听成功的秘诀。

"在休斯敦召开的一次产业会议中，他的妻子玛格丽特喝醉了，她把我带到角落里，慢慢说道，'听我说，亲爱的。我这一生周围都是石油商人。我的爸爸还有爷爷都是石油商人。你必须弄清楚情况，采取行动——成为这些男人中的一员。这是你被接受的唯一方式。'她提醒我，我现在是在他们的地盘上。她说，'亲爱的，作为主人的妻子和这些客人的女主人，我一直在谈论足球，多到超乎你的想象。但是我恨足球。我一直在等待广告。不过他们都不知道我的想法。比尔也不知道。只有我和上帝知道。相信我。'她接着说，'这些人确实会谈论一些严肃的商业话题，但只有在抱怨完俄克拉何马州是如何被剥夺了争夺全国冠军的机会之后才会谈论它。'"

"难道这不会使公司的男性将注意力放在一些琐碎的事情上吗?"埃特妮问。

亚历克斯耸耸肩。"这种方法确实有用。我成为亚历克斯，也成为这些男人中的一员。随着时间的流逝，许多人即使不情愿也开始尊重我，晋升随之而来。在上一次董事会议上，我提出让得克萨斯农工大学加入东南联盟来获取更好的机会，因为他们偏爱东南联盟，这一提议让整个会议室的人感慨了 15 分钟。其后，当我提交关于提升油田项目组之间合作的方案时，他们认为这是一项精彩的提议！我终于成为他们中的一员!"

埃特妮点了点头，感到震动。

"请采纳我的建议。改一下你的名字，埃特妮太女性化了。你的中间名是什么?"

"麦迪逊。"

"那就叫麦迪逊。"亚历克斯将埃特妮送到门口，与她握手道别。会谈就这样结束了。

当办公室的门在她身后关上时，埃特妮对刚刚的谈话感到困惑、愤怒，甚至绝望。

她感到自己被背弃了，所有的女性都被背弃了，她们甚至不能做她们自己。"我是一名经验丰富的、受过良好教育的、可以胜任的、有能力的女性。我不想成为麦迪逊。"埃特妮自信地想，随后按下了电梯按钮。

电梯门打开，她走了进去。自己究竟陷入了什么样的境地?

◆ 问题

1. 如果你是埃特妮，你在石油公司中会如何表现？你会表现得与你的正常人格不同吗？你认为你的方法能成功吗？为什么?

2. 埃特妮要采取什么策略才能以一位有效的团队成员的身份与石油公司的男性一起工作？每种策略的优势和劣势各是什么?

3. "做真实的自己"意味着什么？在一个男性统治的公司里，做真实的自己比实现个人职业生涯的成功更重要吗？能否允许这种对女性"不健康"的工作环境再持续下去？你能解释你的看法和做法背后的原因吗?

注 释

1. Based on Lawrence Otis Graham, *Proversity: Getting Past Face Values and Finding the Soul of People* (New York: John Wiley & Sons, 1997).
2. Joann S. Lublin, "TI Battles a Gender Gap in Job Experience," *The Wall Street Journal*, June 13, 2012, B10.
3. Quoted in Susan Caminiti, "The Diversity Factor," *Fortune* (October 19, 2007): 95–105.
4. Caminiti, "The Diversity Factor."
5. Yair Holtzman and Johan Anderberg, "Diversify Your Teams and Collaborate: Because Great Minds Don't Think Alike," *Journal of Management Development* 30, no. 1 (2011): 75–92.
6. Lynn M. Shore et al., "Inclusion and Diversity in Work Groups: A Review and Model for Future Research," *Journal of Management* 37, no. 4 (July 2011): 1262–1289.
7. Taylor H. Cox, "Managing Cultural Diversity: Implications for Organizational Competitiveness," *Academy of Management Executive* 5, no. 3 (1991): 45–56; and Faye Rice, "How to Make Diversity Pay," *Fortune* (August 8, 1994): 78–86.
8. Rawn Shah, "Working with Five Generations in the Workplace," *Forbes.com*, April 20, 2011, www.forbes.com/sites/rawnshah/2011/04/20/working-with-five-generations-in-the-workplace/ (accessed August 9, 2012); and Jeanne Meister and Karie Willyerd, *The 2020 Workplace* (New York: HarperCollins 2010).
9. "Generations in the Workplace in the United States and Canada," Catalyst.org, May 2012, www.catalyst.org/publication/434/generations-in-the-workplace-in-the-united-states-canada (accessed August 9, 2012); Lisa Beyer, Samuel Greengard, Susan G. Hauser, and Todd Henneman, "Workforce 90th Anniversary: Workforce Management Looks Back at Workplace History," *Workforce.com*, July 2, 2012, www.workforce.com/article/20120702/WORKFORCE90/120629967/1066/newsletter01 (accessed August 9, 2012); and Shah, "Working with Five Generations in the Workplace."
10. Occupational Outlook Handbook, *Bureau of Labor Statistics*, www.bls.gov/ooh/about/projections-overview.htm#laborforce (accessed June 29, 2012).
11. "Foreign-Born Workers and Labor Force Characteristics: 2011," *United States Labor Department Bureau of Labor Statistics*, www.bls.gov/news.release/pdf/forbrn.pdf (accessed June 29, 2012).
12. Occupational Outlook Handbook, *Bureau of Labor Statistics*, www.bls.gov/ooh/about/projections-overview.htm#laborforce (accessed June 29, 2012).
13. Joann S. Lublin and Kelly Eggers, "More Women Are Primed to Land CEO Roles," *The Wall Street Journal Online*, April 30, 2012, http://online.wsj.com/article/SB10001424052702303990604577368344256435440.html (accessed June 29, 2012).
14. Ann Zimmerman, "U.S. Charges Bass Pro Shops with Racial Bias," *The Wall Street Journal*, September 22, 2011, B1, B2.
15. Giada Zampano, "Italy to Push Pink Quotas," *The Wall Street Journal Online*, June 5, 2012, https://www.google.com/search?sourceid=navclient&aq=0&oq=italy+to+push&ie=UTF-8&rlz=1T4ADRA_enUS426US427&q=italy+to+push+'pink+quotes'&gs_upl=0l0l0l4406lllllllllll0&aqi=g4&pbx=1 (accessed July 2, 2012); Katrin Bennhold, "Women Nudged out of German Workforce," *The New York Times Online*, June 28, 2011, www.nytimes.com/2011/06/29/world/europe/29iht-FFgermany29.html?pagewanted=all.
16. Zampano, "Italy to Push Pink Quotas."
17. Mariko Sanchanta, "Japan's Women Reach Job Milestones," *The Wall Street Journal*, July 14, 2010, A15.
18. Hiroka Tabuchi, "Leading in 3-D TV, Breaking Japan's Glass Ceiling," *The New York Times Online*, January 17, 2011, www.nytimes.com/2011/01/18/business/global/18screen.html?pagewanted=all (accessed July 3, 2012).
19. Richard L. Daft, *The Leadership Experience* (Cincinnati, OH: Cengage Learning, 2008), p. 340.
20. Holtzman and Anderberg, "Diversify Your Teams and Collaborate.'"
21. Michael L. Wheeler, "Diversity: Business Rationale and Strategies," *The Conference Board*, Report No. 1130-95-RR, 1995, p. 25.
22. Anthony Oshiotse and Richard O'Leary, "Corning Creates an Inclusive Culture to Drive Technology Innovation and Performance," Wiley InterScience, *Global Business and Organizational Excellence* 26, no. 3 (March/April 2007): 7–21.
23. "When CEOs Drive Diversity, Everybody Wins," *Chief Executive*, July 2005, www.chiefexecutive.net/ME2/dirmod.asp?sid=&nm=&type=Publishing&mod=Publications%3A%3AArticle&mid =8F3A702742184 1978F18BE895F87F791&tier=4&id=201D3B11B9 D4419893E78DDA4B7ACDC8 (accessed September 21, 2010).
24. Shore et al., "Inclusion and Diversity in Work Groups."
25. Martin N. Davidson, "The End of Diversity: How Leaders Make Differences Really Matter," *Leader to Leader* (Spring 2012): 51–55.
26. Taylor Cox, Jr., and Ruby L. Beale, *Developing Competency to Manage Diversity* (San Francisco: Berrett-Koehler Publishers, Inc., 1997), p. 2.
27. Holtzman and Anderberg, "Diversify Your Teams and Collaborate.'"
28. Reported in John Tierney, "Social Scientist Sees Bias Within," *The New York Times Online*, www.nytimes.com/2011/02/08/science/08tier.html (accessed July 5, 2012).
29. Gail Robinson and Kathleen Dechant, "Building a Business Case for Diversity," *Academy of Management Execu-*

tive 11, no. 3 (1997): 21–31.
30. Sonie Alleyne and Nicole Marie Richardson, "The 40 Best Companies for Diversity," *Black Enterprise* 36, no. 12 (July 2006): 15.
31. Robinson and Dechant, "Building a Business Case for Diversity."
32. *Ibid.*
33. Quoted in Carol Hymowitz, "Coaching Men on Mentoring Women Is Ernst & Young Partner's Mission," *The Wall Street Journal Online*, June 14, 2007, http://online.wsj.com/article/SB118167178575132768 search.html (accessed July 9, 2007).
34. Kris Maher, "Lockheed Settles Racial-Discrimination Suit," *The Wall Street Journal*, January 3, 2008.
35. Frederick E. Allen, "Lack of Diversity Paralyzed the CIA. It Can Cripple Your Organization Too," *Forbes*, April 26, 2012, www.forbes.com/sites/frederickallen/2012/04/26/lack-of-diversity-paralyzed-the-cia-it-can-cripple-your-organization-too/ (accessed July 19, 2012).
36. CIA Web site, https://www.cia.gov/careers/diversity/directors-diversity-commitment.html (accessed July 19, 2012).
37. Norma Carr-Ruffino, *Managing Diversity: People Skills for a Multicultural Workplace* (Tucson, AZ: Thomson Executive Press, 1996), p. 92.
38. Reported in Roy Harris, "The Illusion of Inclusion," *CFO* (May 2001): 42–50.
39. Carr-Ruffino, *Managing Diversity*, pp. 98–99.
40. Based on an interview with PepsiCo chairman and CEO Indra Nooyi, in Rebecca Blumenstein, "View from the Top," *The Wall Street Journal*, April 11, 2011, R9.
41. Cox and Beale, "Developing Competency to Manage Diversity," p. 79.
42. *Ibid*, pp. 80–81.
43. Loriann Roberson and Carol T. Kulik, "Stereotype Threat at Work," *Academy of Management Perspectives* 21, no. 2 (May 2007): 25–27.
44. *Ibid.*, 26.
45. Robert Doktor, Rosalie Tung, and Mary Ann von Glinow, "Future Directions for Management Theory Development," *Academy of Management Review* 16 (1991): 362–365; and Mary Munter, "Cross-Cultural Communication for Managers," *Business Horizons* (May–June 1993): 69–78.
46. Renee Blank and Sandra Slipp, "The White Male: An Endangered Species?" *Management Review* (September 1994): 27–32; Michael S. Kimmel, "What Do Men Want?" *Harvard Business Review* (November–December 1993): 50–63; and Sharon Nelton, "Nurturing Diversity," *Nation's Business* (June 1995): 25–27.
47. Jim Carlton, "Dig In," *The Wall Street Journal*, November 14, 2005; Tony DiRomualdo, "Is Google's Cafeteria a Competitive Weapon?" *Wisconsin Technology Network*, August 30, 2005, http://wistechnology.com/article.php?id=2190 (accessed August 31, 2005); and Marc Ramirez, "Tray Chic: At Work, Cool Cafeterias, Imaginative Menus," *The Seattle Times*, November 21, 2005, http://seattletimes.nwsource.com/html/living/2002634266_cafés21.html?pageid=display-in-thenews.module&pageregion=itnbody (accessed November 22, 2005).
48. Georges Desvaux, Sandrine Devillard-Hoellinger, and Mary C. Meaney, "A Business Case for Women," *The McKinsey Quarterly: The Online Journal of McKinsey & Co.*, September 2008, www.mckinseyquarterly.com/A_business_case_for_women_2192 (accessed June 17, 2010).
49. Joanna Barsh and Lareina Yee, "Changing Companies' Minds About Women," *McKinsey Quarterly Online*, September, 2011, www.mckinsey.com/careers/women/~/media/Reports/Women/Changing_companies_minds_about_women.ashx (accessed June 29, 2012).
50. Jena McGregor, "Why the Pay Gap Persists," *The Washington Post*, September 28, 2010, www.washingtonpost.com/wp-dyn/content/article/2010/09/28/AR2010092806188.html (accessed July 9, 2012).
51. Steven Greenhouse, "Report Warned Wal-Mart of Risks Before Bias Suit," *The New York Times*, June 3, 2010, www.nytimes.com/2010/06/04/business/04lawsuit.html (accessed June 4, 2010).
52. Hanna Rosin, "The End of Men," *The Atlantic*, July/August 2010, www.theatlantic.com/magazine/print/2010/07/the-end-of-men/8135/ (accessed July 9, 2012).
53. Jenny M. Hoobler, Grace Lemmon, and Sandy J. Wayne, "Women's Underrepresentation in Upper Management: New Insights on a Persistent Problem," *Organizational Dynamics* 40 (2011): 151–156.
54. John Bussey, "How Women Can Get Ahead: Advice from Female CEOs," *The Wall Street Journal Online*, May 18, 2012, http://online.wsj.com/article/SB10001424052702303879604577410520511235252.html (accessed July 8, 2012).
55. Jane Hyun, "Leadership Principles for Capitalizing on Culturally Diverse Teams: The Bamboo Ceiling Revisited," *Leader to Leader* (Spring 2012): 14–19.
56. Hoobler, Lemmon, and Wayne, "Women's Underrepresentation in Upper Management,"
57. Ken Auletta, "A Woman's Place," *The New Yorker*, (July 11 and 18, 2011): 55–63.
58. Peggy Klaus, "Don't Fret. Just Ask for What You Need," *The New York Times*, July 9, 2011, www.nytimes.com/2011/07/10/jobs/10pre.html (accessed July 8, 2012).
59. Bussey, "How Women Can Get Ahead: Advice from Female CEOs."
60. Marie-Helene Budworth and Sara L. Mann, "Becoming a Leader: The Challenge of Modesty for Women," *Journal of Management Development* 29, no. 2 (2010): 177–186.
61. Carol Kinsey Goman, "Body Language," *Leadership Excellence* (August, 2010): 9.
62. Sylvia Ann Hewlett and Carolyn Buck Luce, "Off-Ramps and On-Ramps: Keeping Talented Women on the Road to Success," *Harvard Business Review* (March 2005): 43–54.
63. Lisa Belkin, "The Opt-Out Revolution," *The New York Times Magazine* (October 26, 2002): 43–47, 58.

64. Jodi Kantor, "Elite Women Put a New Spin on an Old Debate," *The New York Times*, June 21, 2012, www.nytimes.com/2012/06/22/us/elite-women-put-a-new-spin-on-work-life-debate.html (accessed July 9, 2012); Anne-Marie Slaughter, "Why Women Still Can't Have It All," *The Atlantic*, July–August 2012, www.theatlantic.com/magazine/archive/2012/07/why-women-still-cant-have-it-all/309020/ (accessed October 15, 2012).
65. C. J. Prince, "Media Myths: The Truth About the Opt-Out Hype," *NAFE Magazine* (Second Quarter 2004): 14–18; Patricia Sellers, "Power: Do Women Really Want It?" *Fortune* (October 13, 2003): 80–100.
66. Jia Lynn Yang, "Goodbye to All That," *Fortune* (November 14, 2005): 169–170.
67. Sheila Wellington, Marcia Brumit Kropf, and Paulette R. Gerkovich, "What's Holding Women Back?" *Harvard Business Review* (June 2003): 18–19.
68. The Leader's Edge/Executive Women Research 2002 survey, reported in "Why Women Leave," *Executive Female* (Summer 2003): 4.
69. Barbara Reinhold, "Smashing Glass Ceilings: Why Women Still Find It Tough to Advance to the Executive Suite," *Journal of Organizational Excellence* (Summer 2005): 43–55; Jory Des Jardins, "I Am Woman (I Think)," *Fast Company* (May 2005): 25–26; and Alice H. Eagly and Linda L. Carli, "The Female Leadership Advantage: An Evaluation of the Evidence," *The Leadership Quarterly* 14 (2003): 807–834.
70. Claudia H. Deutsch, "Behind the Exodus of Executive Women: Boredom," *USA Today*, May 2, 2005.
71. Eagly and Carli, "The Female Leadership Advantage"; Reinhold, "Smashing Glass Ceilings"; Sally Helgesen, *The Female Advantage: Women's Ways of Leadership* (New York: Doubleday Currency, 1990); Rochelle Sharpe, "As Leaders, Women Rule: New Studies Find that Female Managers Outshine Their Male Counterparts in Almost Every Measure," *Business Week* (November 20, 2000): 5ff; and Del Jones, "2003: Year of the Woman Among the *Fortune* 500?" *USAToday*, December 30, 2003.
72. Tamar Lewin, "At Colleges, Women Are Leaving Men in the Dust," *The New York Times Online*, July 9, 2006, www.nytimes.com/2006/07/09/education/09college.html ?_r=1&scp=1&sq=at%20 colleges, %20women%20are%20leaving% 20men%20in%20the%20 dust&st=cse&oref=slogin (accessed March 13, 2008).
73. Michelle Conlin, "The New Gender Gap," *Business Week* (May 26, 2003): 74–82.
74. Quoted in Conlin, "The New Gender Gap."
75. Kathryn M. Bartol, David C. Martin, and Julie A. Kromkowski, "Leadership and the Glass Ceiling: Gender and Ethnic Group Influences on Leader Behaviors at Middle and Executive Managerial Levels," *The Journal of Leadership and Organizational Studies* 9, no. 3 (2003): 8–19; Bernard M. Bass and Bruce J. Avolio, "Shatter the Glass Ceiling: Women May Make Better Managers," *Human Resource Management* 33, no. 4 (Winter 1994): 549–560; and Sharpe, "As Leaders, Women Rule."
76. Dwight D. Frink et al., "Gender Demography and Organization Performance: A Two-Study Investigation with Convergence," *Group & Organization Management* 28, no. 1 (March 2003): 127–147; Catalyst research project cited in Reinhold, "Smashing Glass Ceilings."
77. Mercedes Martin and Billy Vaughn, "Cultural Competence: The Nuts & Bolts of Diversity & Inclusion," *Diversity Officer Magazine*, October 25, 2010, http://diversityofficermagazine.com/uncategorized/cultural-competence-the-nuts-bolts-of-diversity-inclusion/ (accessed October 15, 2012).
78. Ann M. Morrison, *The New Leaders: Guidelines on Leadership Diversity in America* (San Francisco: Jossey-Bass Publishers, 1992), p. 235.
79. Wheeler, "Diversity: Business Rationale and Strategies."
80. Alleyne and Richardson, "The 40 Best Companies for Diversity," 100.
81. Morrison, *The New Leaders*.
82. "Impact of Diversity Initiatives on the Bottom Line: A SHRM Survey of the *Fortune* 1000," in "Keeping Your Edge: Managing a Diverse Corporate Culture," special advertising section produced in association with the Society for Human Resource Management, *Fortune* (June 3, 2001): S12–S14.
83. Leslie Kwoh, "Firms Hail New Chiefs (of Diversity)," *The Wall Street Journal Online*, January 5, 2012, http://online.wsj.com/article/SB10001424052970203899504577129261732884578.html (accessed July 9, 2012).
84. Glenn Llopis, "Diversity Management Is the Key to Growth: Make It Authentic," *Forbes*, June 13, 2011, www.forbes.com/sites/glennllopis/2011/06/13/diversity (accessed July 20, 2011); and Claire Cain Miller, "For Incoming I.B.M. Chief, Self-Confidence Is Rewarded," *The New York Times*, October 27, 2011, www.nytimes.com/2011/10/28/business/for-incoming-ibm-chief-self-confidence-rewarded.html (accessed July 20, 2012).
85. Miller, "For Incoming I.B.M. Chief, Self-Confidence Is Rewarded."
86. Annie Finnigan, "Different Strokes," *Working Woman* (April 2001): 42–48.
87. "Diversity in an Affiliated Company," cited in Vanessa J. Weaver, "Winning with Diversity," *Business Week* (September 10, 2001).
88. Melanie Trottman, "A Helping Hand," *The Wall Street Journal*, November 14, 2005; B. Ragins, "Barriers to Mentoring: The Female Manager's Dilemma," *Human Relations* 42, no. 1 (1989): 1–22; and Belle Rose Ragins, Bickley Townsend, and Mary Mattis, "Gender Gap in the Executive Suite: CEOs and Female Executives Report on Breaking the Glass Ceiling," *Academy of Management Executive* 12, no. 1 (1998): 28–42.
89. David A. Thomas, "The Truth About Mentoring Minorities—Race Matters," *Harvard Business Review* (April 2001): 99–107.

90. Mary Zey, "A Mentor for All," *Personnel Journal* (January 1988): 46–51.
91. "Sexual Harassment: Vanderbilt University Policy" (Nashville, TN: Vanderbilt University, 1993).
92. Joseph J. Distefano and Martha L. Maznevski, "Creating Value with Diverse Teams in Global Management," *Organizational Dynamics* 29, no. 1 (Summer 2000): 45–63; and Finnigan, "Different Strokes."
93. W. E. Watson, K. Kumar, and L. K. Michaelsen, "Cultural Diversity's Impact on Interaction Process and Performance: Comparing Homogeneous and Diverse Task Groups," *Academy of Management Journal* 36 (1993): 590–602; Robinson and Dechant, "Building a Business Case for Diversity"; and D. A. Thomas and R. J. Ely, "Making Differences Matter: A New Paradigm for Managing Diversity," *Harvard Business Review* (September–October 1996): 79–90.
94. See Distefano and Maznevski, "Creating Value with Diverse Teams" for a discussion of the advantages of multicultural teams.
95. Watson, Kumar, and Michaelsen, "Cultural Diversity's Impact on Interaction Process and Performance."
96. Distefano and Maznevski, "Creating Value with Diverse Teams."
97. This definition and discussion is based on Raymond A. Friedman, "Employee Network Groups: Self-Help Strategy for Women and Minorities," *Performance Improvement Quarterly* 12, no. 1 (1999): 148–163.
98. Raymond A. Friedman and Brooks Holtom, "The Effects of Network Groups on Minority Employee Turnover Intentions," *Human Resource Management* 41, no. 4 (Winter 2002): 405–421.
99. Diane Brady and Jena McGregor, "What Works in Women's Networks," *BusinessWeek* (June 18, 2007): 58.
100. Elizabeth Wasserman, "A Race for Profits," *MBA Jungle* (March–April 2003): 40–41.
101. Finnigan, "Different Strokes."
102. Raymond A. Friedman, Melinda Kane, and Daniel B. Cornfield, "Social Support and Career Optimism: Examining the Effectiveness of Network Groups among Black Managers," *Human Relations* 51, no. 9 (1998): 1155–1177.

综合案例

西港创新公司：对清洁汽车革命一探究竟

尽管交通运输领域有很多创新，但使用清洁能源的交通工具在很大程度上却是一种难以想象的创新，因为汽车使用以石油为原料的燃料。随着最近天然气引擎推向市场，汽车业开始了历史上最大的一次变革。自从福特汽车公司引入 T 型车后，一场可以彻底改变汽车行业、改变过去燃料利用方式的创新才真正出现。

现代交通业的绿色化在某种程度上可以追溯到菲利普 · 希尔（Phillip Hill）博士，他是不列颠哥伦比亚大学（UBC）的一位机械工程学教授。20 世纪 80 年代，希尔对清洁能源产生了兴趣，开始寻求改进内燃机的途径。基于寻求清洁技术的考虑，希尔和一组毕业生进行了试验，以检验柴油发动机能否使用天然气来运转。天然气是一种可以清洁燃烧的燃料，相比于石油会产生较少的排放物。希尔希望保留柴油机的扭矩，他构想了这样一种未来：大马力发动机可以不产生烟雾或有害的废气。"尽管柴油机是一种很好的机器，但只要排放物还存在，就应想方设法保护环境。"希尔在回顾他的早期研究时说。希尔的突破源于高压直喷技术（HPDI），这是一种新型燃油喷射系统，只需用少量的柴油以喷雾形式点燃天然气，就可使燃料充分燃烧。希尔这一取得专利的双喷射系统是如此巧妙，以至于现在几乎所有的柴油机都可以改造成使用天然气来运转，并且是在不损失动力的情况下。

希尔的发明当初如果没有在市场上得以应用，很有可能就此束之高阁。但是在 1995 年，不列颠哥伦比亚大学邀请商人戴维 · 德默思（David R. Demers）对希尔的高压直喷技术进行商业推广，西港创新公司（Westport Innovations Inc.）由此诞生。从那时起，高压直喷技术就在卡车车队、重型机器设备、全世界的汽车消费市场上找到了用武之地。从肯沃斯（Kenworth）、彼得比尔特（Peterbilt）到沃尔沃和福特，顶尖的汽车品牌都采用西港的天然气引擎，把它安装在汽车、卡车，以及工业用车上。根据创始人兼首席执行官德默思的说法，西港之所以成为国际天然气引擎市场上的领军者，就是因为希尔的专利。"希尔和他的团队在不列颠哥伦比亚大学最初的研究，是我们公司在低排放、环境友好型的引擎系统开发与商业化运作上成为世界领军者的第一步。"德默思说，"西港不断从希尔博士的设计智慧与技术才华中汲取灵感。"

西港创新如何从一家初创公司成长为绿色汽车革命的全球领军者？希尔的高压直喷技术是公司首要的战略资产，德默思下定决心将天然气引擎推广到使用汽油的各个汽车领域中。2001 年，西港和柴油机巨头康明斯（Gummins Inc.）建立了一家合资企业，将高压直喷技术引入汽车货运市场。拥有希尔的喷射器系统和康明斯的重型发动机部门，康明斯西港公司成功地生产了 34 000 多台天然气引擎，将其应用于高功率的公交车和半挂车上。合资企业的成功促使德默思建立了西港的第一个业务单元——西港 HD，专为重型八级卡车研发液化天然气系统（LNG），这种卡车就像肯沃斯、彼得比尔特这些公司生产的 18 轮马路勇士。2007 年，德默思与意大利的 OMVL SpA 共同建立了一家合资企业，开始为消费型汽车生产轻型引擎，包括沃尔沃 V70 旅行汽车和福特 F-250 小卡车。西港于 2010 年收购了 OMVL，随后建立了一个新的轻型引擎部门——西港 LD。西港 LD 的创建打开了西港为通用汽车公司生产天然气引擎的大门。2012 年，西港和设备生产企业卡特彼勒（Caterpillar）建立了一家合伙企业，为矿业用车、火车头、非道路机械生产天然气引擎。西港公司组织架构的这些变化，使得公司在未来数年内在多个市场上都处于领先地位。

为什么汽车生产商与设备制造商突然开始抢夺天然气引擎？根据希尔所言，这是市场的力量在起作用。“数十年来，排放物是导致人们寻找柴油的替代能源的首要驱动因素，”希尔说，“但是现在，经济因素是一种巨大的驱动力，尤其是在发现了丰富的页岩气资源以及使用国产能源所带来的经济优势以后。”正如希尔所说的，在美国发现的页岩气使得国内天然气供给大量增加，天然气的价格降到柴油的一半。这一变化使商业与工业部门转而使用天然气。如果这一趋势发展下去，西港可以发展为像纳威司达（Navistar）、福特、Mopar 一样著名的品牌。

对于不列颠哥伦比亚大学的教授、2011 年曼宁创新奖的获得者希尔而言，帮助交通运输业实现绿色化是令人振奋的。“能够在这样一个激动人心的旅程开始之时做出一些小小的贡献，我感激不尽。”希尔说，“能与这么多具有惊人天赋的人聚集在一起，彼此信任，共同合作，不去关心谁获得奖励，而是专注于如何完成工作，令我大开眼界。”

◆ 问题

1. 西港创新公司正在发生的是哪种类型的改变与创新？哪种创新战略把希尔的研究设想转化为成功的新产品？

2. 管理者使用何种组织架构的设计方法来组织并发展西港创新公司？

3. 西港的组织架构是如何实现与企业战略相辅相成的？

资料来源：Based on University-Industry Liaison Office, “Dr. Phil Hill Wins Manning Award for Innovation,” the University of British Columbia, November 2, 2011, www.uilo.ubc.ca/uilo/dr-phil-hill-wins-manning-award-innovation (accessed July 2, 2012); “2011 Encana Principal Award Winner Dr. Philip G. Hill: High-Pressure Direct Injection (HPDI) of Natural Gas into Diesel Engines,” Ernest C. Manning Awards Foundation, Online Video, www.manningawards.ca/awards/winners/2011-principal-award-hill.shtml (accessed July 2, 2012); Daniel Ferry, “Westport & Caterpillar: Natural Gas is Taking Over the World,” Motley Fool, June 5, 2012, http://beta.fool.com/catominor/2012/06/05/westport-caterpillar-natural-gas-taking-over-world/5399/(accessed July 1, 2012); Westport Corporate Web site, “Westport History,” www.westport.com/corporate/history (accessed July 1, 2012); “Could British Columbia Become the Next Cleantech Mecca?” *Cantech Letter*, August 2, 2011, www.cantechletter.com/2011/08/tech-sparks-could-bc-become-the-next-cleantech-mecca (accessed July 1, 2012); and Glenn Rogers, “Bonne Pickens Is Right: Natural Gas Is the Future,” *Seeking Alpha*, June 21, 2012, http://seekingalpha.com/article/675311-boone-pickens-is-right-natural-gas-is-the-future-at-least-for-now-buy-westport-innovations (accessed July 1, 2012).

NEW ERA OF MANAGEMENT

第 5 篇

领　导

Leading

第 14 章
组织行为动态学
Dynamics of Behavior in Organizations

学习目标

学习完本章后，你应该能够：

1. 解释为什么了解自己对于成为一名优秀的管理者非常重要，描述提高自我意识的两种方法。
2. 了解态度的定义，讨论工作态度的重要性。
3. 描述感知过程，解释感知扭曲的定义。
4. 明确主要的个性特征，描述个性对工作场所态度和行为的影响。
5. 明确积极的和消极的情绪，描述情绪对行为的影响。
6. 定义情感智力的四个组成部分，解释它们对当今管理者的重要性。
7. 设计一个按部就班管理自己和管理时间的系统。
8. 解释挑战性压力和威胁性压力的不同之处。
9. 找到个人和组织管理压力的方法以改善员工健康，提高员工满意度和生产力。

你自信吗？

导语：自信是新晋管理者实施许多重要行为的基础。为了解你的自信程度，请回答以下问题。对于每一个题项，请回答“大多符合”或“大多不符合”。

	大多符合	大多不符合
1. 我做决定时十分自信。	______	______
2. 我想要做些改变。	______	______
3. 我对自己的外貌和个性很满意。	______	______
4. 会见重要人物时，我会感到紧张。	______	______
5. 我给人的印象是积极向上。	______	______
6. 有时我会认为自己是个失败者。	______	______
7. 我能和大多数人做得一样好。	______	______
8. 我不太相信别人对我做出的好的评价。	______	______

得分及解释：许多好事都是从自信开始的。你有多自信？对于上面的奇数题项，你的答案若是“大多符合”，可得 1 分；对于偶数题项，你的答案若是“大多不符合”，可得 1 分。如果你的得分小于或等于 3 分，说明你的自信程度并不高，你可能需要在导致你得分低的地方采取新的行为来培养更高的自信度。得分大于或等于 6 分，说明你的自信水平很高，这是开启新晋管理者职业生涯的坚实基础。

如果一名新晋管理者缺乏自信，那么，他更可能会回避艰难的决定和直面冲突，更倾向于过度控制下属，即所谓的微观管理。缺乏自信还会导致与下属的信息分享不足，在招聘和培养有能力的人才上花的时间更少。相反，自信的管理者更容易授权、承担风险、相信他人、直面问题、争取团队的利益。

IBM 的首任女性 CEO 弗吉尼娅·罗梅蒂说，她在职业生涯早期就懂得了一个道理。罗梅蒂得到一个重要的职位，但是她觉得自己没有足够的经验。因此，她告诉招聘官自己需要时间好好考虑。之后，罗梅蒂的丈夫问她："你觉得一个男人也会用那种方式回答这个问题吗？"罗梅蒂说她学到了这样一个经验："你必须非常自信，即使你内心对可能知道或不知道的东西存有疑虑。"只有当他们有足够的自信去冒险，超越自己的舒适区时，管理者才可能获得显著的成就及职业进步。罗梅蒂在 IBM 待了 30 年，一步一步晋升，直到 2011 年被任命为 CEO。[1]

当人们冒险时，有时会失败，但是许多获得伟大成就的人相信，之前的失败会成为他们成功的动力。已是亿万富翁的作家罗琳（J. K. Rowling）的第一本书《哈利·波特》曾经被 12 家出版商拒绝，直到 Bloomsbury 出版公司以 4 000 美元的价格买下。在哈佛大学 2008 级毕业典礼演讲中，罗琳回忆说挫折和拒绝没有打倒她，而是让她变得更加强大。[2] 与罗琳和罗梅蒂不同的是，许多有才能的人在经历一次失败和挫折之后就永远不再尝试了。[3]

是什么导致这样的不同？心理学家说，从根本上要归因于人的一种特质，叫做自我效能。这是个体差异的一个方面，其他的个体差异还包括人格特征、态度、情感和价值观。**自我效能**（self-efficacy）是指一个人拥有很强的信念，相信自己能够成功地完成一项特定的任务。[4] 自我效能是**自信**（self-confidence）的一个维度，代表一个人对自己的想法、判断和能力的大致肯定。人格特征、态度、情感和诸如自信及自我效能等特点影响着人们的行为，包括他们如何处理工作中出现的各种状况、如何与他人相处。

14.1 了解自己和了解别人

洞察人们做事的方式是有效管理的一个组成部分。人们将个体差异带到每天的工作中，这些差异影响着人们如何理解任务、是否愿意按照指示去做、如何处理遇到的挑战、如何与人相处。正如本章所述，通过更多地理解人们之间的个体差异，管理者可以学习如何发挥员工的长处，在工作中更有效地领导他们。然而，成为一名优秀管理者的首要条件是了解自己。管理者的特点和行为会深刻地影响工作场所和员工的动力、士气及工作表现。

14.1.1 "了解自己"的重要性和难点

对斯坦福商学院顾问委员会的 75 名成员的调查显示，几乎所有人都认为领导者最应该培养的能力是自我意识。[5] **自我意识**（self-awareness）意味着一个人认识到自己的内在本性，比如人格特征、信仰、情感、态度、感知，了解自己影响他人的方式。大多数管理专家同意，有效的领导者最主要的特点是，他们知道自己是谁以及自己的主张。[6]当管理者非常了解自己时，他们是接地气的、始终如一的。人们知道从他们身上可以期待什么样的行为和结果。正如一名员工所说的，“……就好像有根棍子穿过他们的身体，然后扎进地里”。[7]

然而知易行难。奥美国际前董事会主席兼 CEO 夏洛特・比尔斯（Charlotte Beers）曾组织有关女性领导者的研讨会。当比尔斯第一次成为管理者时，她把自己定义为友好的、平易近人的、容易相处的领导。当她从一位朋友那里得知一位同事将她的管理风格描述为“胁迫式的”，比尔斯感到非常震惊。这样的评论对比尔斯是个沉重的打击，因为这与她对自己的认识截然相反。[8]许多人和夏洛特・比尔斯一样，可能会对别人看自己的真实想法感到非常吃惊。我们中的大多数人不会花时间认真思考我们是谁、我们的思考和行为方式会对别人产生怎样的影响这些问题。想要成为优秀的管理者，这样的自我反省必不可少。

14.1.2　提高你的自我意识

有几种方法可以提高人们对自己的了解。图表 14－1 展示了两种提高自我意识的重要方法：征求别人的反馈以及使用自我评价。

图表 14－1　自我意识的两个关键

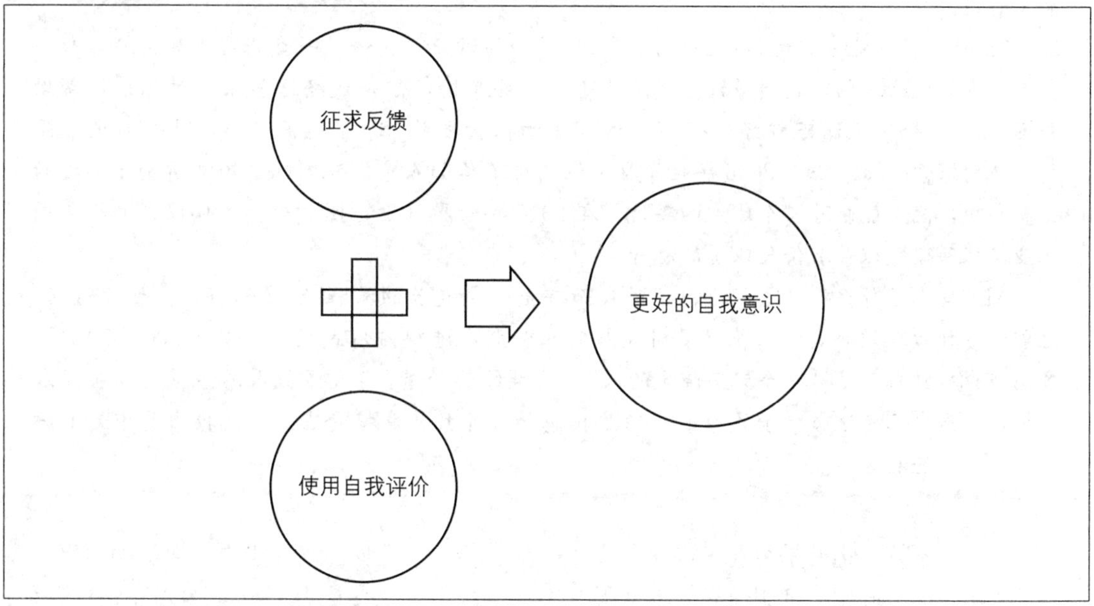

■ 征求反馈

就像早上对着镜子刮胡子或整理头发一样，我们把别人当作镜子，可以更看清自己。[9]管理者通常认为自己很有耐心、善解人意，但是员工可能认为他易怒、不近人情。道格・劳赫（Doug Rauch）是 Trader Joe 公司已退休的前总裁，直到一位勇敢的资深采购员把他拉到一边跟他说，“你快要把我们逼疯了，你必须退出”，他才意识到自己事无巨细的管理正在损害公司。劳赫回到团队，承认自己的错误，告诉他们自己是一个“正在康复中的控制狂”，他需要员工给予定期反馈才不会偏离轨道。[10]如果我们在一生之中得不到反馈，我们就像一个快要秃顶的人在捋头发，却以为没人看到。

通过征求反馈来提高自我意识可以帮助管理者和员工改善绩效，增加工作满意度。[11] 我们都对自己存有幻想，所以需要来自他人的帮助，以获得对“我们是谁”的清晰认知。

■ 自我评价

另一个非常有价值的提高自我意识的方法是自我评价。基于自我评价的工具（例如本书中提及的）提供的得分，人们通过自我质询和反省来洞悉自己。尽可能诚实地完成这些评价，你可以通过分析得分来增进你对自己各方面的了解。自我评价也意味着定期反省自己的想法和感受。内省是一件值得花时间去做的事：反省我们的经历，审视我们的行动和行为的影响，关注自身和他人的结果并询问自己，“我可以从中学到些什么？”但是很多管理者忽略了。一些人坚持写日记、冥想，或者只是整天坐着思考。[12] 兰登·多诺万（Landon Donovan）同时运用反馈和内省来增进对自身的了解，改善自己的生活和与他人的关系，如以下专栏所示。

创新之道

美国足球运动员兰登·多诺万

在足球界，兰登·多诺万保持着美国进球数和助攻数的历史最高纪录。他目前效力于洛杉矶银河队，合约将于2013赛季末到期，他承认还没想好是否继续踢球。什么？在职业巅峰时退休？

“为什么我不能考虑退休？”他问。“在我年轻的时候，我……一直想要进球得分，我想出名，成为风云人物，我想赚钱。我想做所有这些事情，但是最终这些东西对你来说帮助并不大。”兰登·多诺万曾经进行了长达数年的探索之旅——了解他是谁，什么对他最重要。他的探索之旅起因于2006年世界杯上他踢得不尽如人意，美国队首轮就遭淘汰。之后一整年中，他没能踢进一个球。四年后，在2010年世界杯上，他成为全民偶像，并被美国职业足球联盟冠以最有价值球员的称号。

到底发生了什么？“过去的四年对我而言是一个漫长的旅程。”多诺万说。他还透露，他曾经参加心理辅导课程，花很多时间与家人和朋友进行内省式交谈。谈到2006年比赛，多诺万说当时自己是“一个完全陌生的人”。他继续解释道：“大多数人不想花时间去深入挖掘，找出自己是这个样子的原因。但是我想知道并且愿意接受它。我想找出其中好的方面，丢掉不好的方面。”[13]

不管多诺万是否继续踢球，有一件事是肯定的：他会做对他的一生正确的事，而不是为了向别人证明什么。不是所有人都会像兰登·多诺万一样参加心理辅导课程，但是通过内省和反馈的形式，每个人都可以通过更加了解自己来受益。只有当管理者了解自己，他才能更好地理解别人，更有效地与他人互动。

14.2 态度

大多数学生听过一种表述，说某人的“态度有问题”，这说明这个人的一些固有品质消极地影响了他的行为。有态度问题的员工可能很难与人相处，他会时常发牢骚，制造问题，固执地抵触新想法。我们似乎知道什么是态度，但却不知道态度怎样深刻地影响我们的行为。**态度**（attitude）的正式定义是，它是一种积极或消极的评价，促使一个人倾向于以某种特定的方式行动。对于管理者来说，了解态度非常重要，因为态度决定了人们如何感知工作环境、与他人交往及工作中的行为。新的研究发现，积极的态度对个人和组织的成功都很重要。例如，研究发现，高层管理者最普遍的特点是有积极的态度。那些晋升到高层职位的人有能力在别人认为是问题的地方发现机会，并且将未来的希望和可能性灌输给他人。[14]管理者努力培养和强化员工的积极态度，因为快乐、积极的员工会更健康、更高效、更多产。[15]

14.2.1　高绩效的工作态度

最能引起管理者兴趣的态度是与工作有关的态度，特别是能影响人们工作表现的态度。两种与高绩效有关的态度是：员工的工作满意度和对组织的承诺度。

■ 工作满意度

员工对工作积极的态度称作**工作满意度**（job satisfaction），它反映了员工在工作中获得成就感的程度。总的来说，当人们的需求和兴趣与他们的工作相契合、当工作条件和奖励（比如工资）令人满意、当人们喜欢自己的同事、当人们与上司保持良好的关系时，他们就能感受到这种态度。你可以做图表 14－2 所示的小测验，以更好地理解能够提高工作满意度的一些因素。

图表 14－2　给你的工作满意度评级

导语：试想你目前或之前的一份工作，它对你非常重要，然后回答以下问题，看看你对这份工作有多满意。用数字 1～5 来反映你的满意度。

1＝非常不满意　2＝不满意　3＝一般　4＝满意　5＝非常满意

1. 总的来说，你对你的工作满意吗？	1　2　3　4　5
2. 对于学习新事物的机会，你满意吗？	1　2　3　4　5
3. 你对你的老板满意吗？	1　2　3　4　5
4. 你对你工作团队中的同事满意吗？	1　2　3　4　5
5. 你对你得到的工资满意吗？	1　2　3　4　5
6. 你对你在公司中的晋升满意吗？	1　2　3　4　5

得分及解释：把这六个问题的答案加起来就可以得到你的总分：________。这些问题反映了一名员工在工作中对各个方面的满意度。如果你的得分大于等于 24 分，那么你可能对这份工作感到满意。如果你的得分小于等于 12 分，那么你可能感到不满意。你的工作绩效水平如何？它与你的满意度水平相关吗？

资料来源：These questions were adapted from Daniel R. Denison，*Corporate Culture and Organizational Effectiveness*（New York：John Wiley，1990）；and John D. Cook et al.，*The Experience of Work*：*A Compendium and Review of 249 Measures and Their Use*（San Diego，CA：Academic Press，1981）.

许多管理者认为工作满意度非常重要，因为他们认为满意的员工能更好地工作。事实上，研究显示满意度与绩效之间通常没什么联系，它受到其他因素的影响。[16]例如，满意度的重要性因员工拥有的控制权的不同而不同；一个从事日常事务的员工，不管他对工作的感受如何，其产出总是固定的。但是，要想管理好当今的知识型员工，管理者通常需要依赖工作满意度去维持员工的工作动力和热情。他们不能承受失去有才能的高技术员工所带来的损失。遗憾的是，2009 年世界大型企业联合会（the Conference Board）的一项调查发现，只有 45%的美国员工说他们对工作很满意，这个结果是该项调查有史以来最低的。[17]

绿色魔力

让一件事变得有意义

一个可持续项目的成功通常取决于管理者让员工参与其中的能力。加拿大 LoyaltyOne 咨询公司的管理团队相信，提高员工满意度的秘诀在于通过做一些小事，随着时间的推移来改变他们的想法和行为。LoyaltyOne 在可持续方面所做的努力包括定期举办高层与员工的见面会，举办年度环保展览会、竞赛、捐赠，创造一个有趣的参与式文化。公司正一步步实现自己的可持续目标。公司鼓励员工根据自己的想法自主地工作。LoyaltyOne 给员工提供关键信息，帮助他们确定个人能力，这种做法比听讲座或意见书更能提高员工的社会责任感。LoyaltyOne 在 2011 年被评为加拿大最佳雇主。公司成功地将挑战、授权、创造力、趣味性和“与众不同”融入每位员工在工作场所的可持续体验。

资料来源：“Environmental Sustainability and Top Talents,” *Cool Choices*, August 4, 2011, www.coolchoicesnetwork.org/2011/08/04/environmental-sustainability-and-top-talents/ (accessed August 1, 2012); and Derek Wong, “Top Talents Attracted to Socially Responsible Companies,” *Environmental Leaders: Environmental and Energy Management News*, July 11, 2011, http://www.environmentalleader.com/2011/07/11/top-talents-attracted-to-socially-responsible-companies (accessed August 1, 2012).

管理者创建的环境决定了他们的员工对自己的工作究竟持积极的态度还是消极的态度。[18]相关的一种态度就是组织承诺度。

■ 组织承诺度

组织承诺度（organizational commitment）是指员工对组织的忠诚和参与度。一个具有高组织承诺度的员工在谈论自己的公司时更可能说“我们”。这样的员工喜欢成为组织的一部分，并且试图为公司的成功做贡献。有组织承诺度的员工会表现出**组织公民行为**（organizational citizenship），它是指人们帮助他人的倾向和在工作要求之外为组织成功所做的额外努力。表现出组织公民行为的员工对同事和顾客很热心，必要时会做额外的工作，会想办法改进产品和流程。A. W. Chesterton 是一个机械密封圈和水泵制造商，该公司发生的一件事就是组织公民行为的例子。一个周六的夜晚，给海军肯尼迪号驱逐舰供水的两个切斯特顿水泵在军舰预计出发日期之前坏了，密封圈的制造团队迅速行动。两个成员花了一个通宵生产出新的密封圈，并在军舰离港前送去安装。[19]

韬睿咨询公司对全世界 40 家公司超过 360 000 名员工的调查显示，员工拥有高组织承诺度的公司绩效更好。[20]尽管如此，令人担忧的是，最近另一项调查显示全世界的组织承诺度仍然较低。只有 1/5 的被调查者可归类为全身心地投入，即表现出高承诺度。在美国，被归类为全身心投入的员工比例是 29%，墨西哥是 54%，巴西是 37%，印度是 36%。承诺度与美国相同或低于美国的是加拿大（23%）、西班牙（19%）、德国（17%）、中国（16%）、英国（14%）、法国（12%）和日本（只有 3%）。[21]

信任管理层决策、拥有正直的品格是员工组织承诺度的重要内容。[22]遗憾的是，近年来，许多美国公司已经丧失了员工对它们的信任。一家领导力培训组织——Leadership IQ 的调查显示，只有 20%的员工说非常信任他们的高层领导，36%的人说有中等程度的信任，44%的人说他们不信任，甚至非常不信任自己的老板。[23]调查还揭示出信任与组织承诺度之间的关系。调查显示，32%的员工是继续留在公司中还是离开公司取决于他们对管理者的信任。遗憾的是，我们大多数人并不需要一次民意投票来告诉自己，我们对企业和政府领导的信任水平是非常低的。从安然的崩塌到华尔街大量经理人和交易员通过不道德行为谋取巨额奖金，有很多原因使得人们不信任组织领导。

要想提高员工的组织承诺度，管理者必须在商业交易中保持诚实和可靠，让员工拥有知情权，给予员工在决策中的发言权，给员工提供必要的培训和其他能够帮助他们成功的资源，公平地对待员工，给员工应得的奖励。“坐在领导位置上的人只是没有做好赢得信任的工作，”培训产业公司的总裁道格・哈沃德（Doug Harward）说，“员工有权利期待他们的管理者是值得信任的，有能力保证公司的稳定。我们的许多领导亵渎了这份信任。”[24]

14.2.2　态度间的冲突

有时候，一个人会发现自己的各种态度会相互冲突或者没有反映在行为上。比如，一个人对组织的高度承诺可能会与他对家庭成员的承诺相冲突。如果员工经常在晚上和周末加班，长时间对工作的奉献可能会与他们认为“家庭联系是重要的”这种信念相冲突。这种冲突会造成一种**认知失调**（cognitive dissonance），即当人们意识到他们的态度和行为不一致时所感到的心理不适。[25]认知失调理论是由社会心理学家利昂・费斯廷格（Leon Festinger）于 20 世纪 50 年代提出的，这个理论认为人们总想使行为与态度协调一致，当不一致时，他们通常会采取措施来减少这种不协调从而达到两者的平衡。

在需要加班的情况下，那些能够控制自己时间的人可能会调整他们的责任，做到既有时间工作又有时间照顾家庭。相反，那些无法调整工作量的人可能会对老板产生消极的态度，从而降低他们的组织承诺度。他们可能会说他们想要花更多的时间陪伴孩子，可是不可理喻的老板却要求他们工作很长时间，这样的抱怨可以减轻他们的认知失调。

14.3　感知

另一个理解行为的重要概念就是感知。**感知**（perception）是一个认知过程，人们通过选择、组织、解读环境中的信息，使事情变得有意义。因为在态度、人格、价值观、兴趣等方面存在个体差异，人们通常以不同的方式“看待”同样的事。对一个学生来说很无趣的一节课，可能对另一个学生很有吸引力。一个学生可能认为作业富有挑战性和刺激性，另一个学生可能认为这是在浪费时间。

我们可以把感知看作一个一步接一步的过程，如图表 14－3 所示。首先，我们通过各种感觉——味觉、嗅觉、视觉、触觉来观察环境中的信息（感知数据）。然后，我们的大脑筛选数据，只选出那些我们会进一步处理的信息。最后，我们将选出的数据组织成有意义的模式，以供解读和回应。人们在工作中感知到的不同大多与他们如何选择和组织感知数据有关。观察图表 14－4 中的图片，你可以体会到感知的不同。

你从图a中看到了什么？大多数人把它看成一条狗，另一些人却把它看作一系列不相关的墨迹。一些人把图b看成一个美丽的少女，另一些人则把它看作一个老妇人。再来看看图c，你看见了几个方块？六个还是七个？一些人必须把图片倒过来才看得到七个木块。这些图片说明了感知是多么复杂。

图表 14-3　感知过程

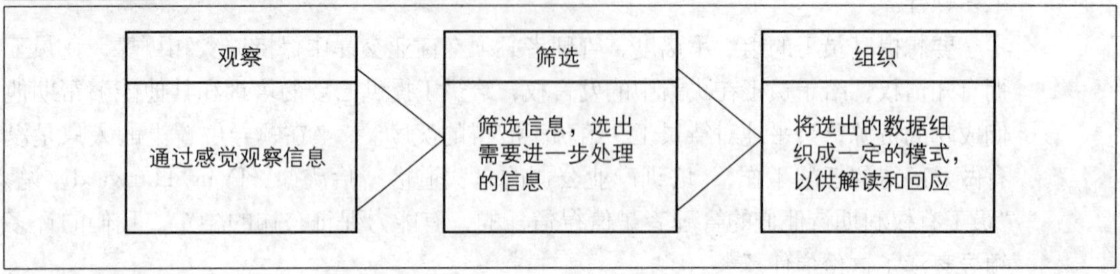

图表 14-4　感知——你看见了什么？

a.你看见了狗吗？　b.老妇人还是少女？　c.有几个方块？

感知扭曲（perceptual distortion）是工作环境中值得特别关注的。它指的是感知过程中的各种不精确所导致的感知判断错误。一种普遍的感知错误是**刻板印象**（stereotyping），即倾向于将一个人归为一个群体或一个大类（比如女性、黑人、老人；或者男性、白人、残疾人），然后将这个群体普遍具有的特征加在这个人身上。于是，当某人遇到一个新同事，看到他坐在轮椅里，就将他归类为“残疾人”，然后把她对残疾人的认知加在这个同事身上，很可能会得出他的能力不及其他同事的结论。然而，一个人不能走路并不表示他在其他方面不如别人。刻板印象以这种方式妨碍人们真正了解他们所归类的人群。另外，消极的刻板印象阻碍了有才能的人在组织中的进步，也妨碍了他们为公司的成功贡献全部才智。

光环效应（halo effect）是指感知者基于某个特征，无论其好坏，形成对某个人或环境的总体印象。换个说法，光环效应蒙蔽了感知者的双眼，使他们看不到其他特征，从而无法形成更完整的评价。正如我们在第12章中所述，光环效应在绩效评价中具有关键作用。例如，一个有着高出勤率记录的人可能会被评价为富有责任心的、勤奋的、高产出的；一个出勤率低于平均值的人可能就会被评价为低绩效者。这两个评价都可能是正确的，但管理者的工作是要确保你的评价基于所有与工作相关的特征的完整信息，而不是对良好出勤率的偏好。你的感知有多准确？回答图表14-5中的问题，看看感知扭曲是否会混淆你的判断。

图表 14-5 你的感知有多准确?

导语：想想你曾经做过的工作或者在班级或志愿者组织中参与的项目。根据你能得到的数据和信息，在下面每一条陈述后回答“大多正确”或“大多错误”。

	大多正确	大多错误
1. 我会寻找不一致性并做出解释。	______	______
2. 我会对得到的信息做多种解释。	______	______
3. 我会核查手头的信息是否有遗漏、扭曲或夸大。	______	______
4. 我特别注意把观点与事实区分开来。	______	______
5. 我清醒地认识到自己处理问题的风格及其对我处理信息方式的影响。	______	______
6. 我清醒地认识到自己存在的偏见和价值观，它们影响了我对他人的看法。	______	______

得分及解释：你的答案是“大多正确”的数量加总就是你的总分。得分为 5 或 6，说明你意识到并试图消除你的感知扭曲。得分为 3 或 4，说明你做了非常大的努力。得分为 1 或 2，说明你认为自己的感知理所当然。看看你回答“大多错误”的陈述，找出你在哪些项目上有感知问题。如何改进你的感知?

资料来源：Adapted from Patricia M. Fandt，*Management Skills*：*Practice and Experience*（Minneapolis，MN：West Publishing，1994），pp. 210 - 211.

14.4 归因

在众多评价他人的方式中，归因属于感知过程的一部分。[26] **归因**（attributions）是对导致一个人处理人际关系或应对环境的行为背后的原因的判断。人们通过归因试图去理解别人为什么表现出那样的行为。内因是指导致某种行为的个人特征。(“苏珊没能在截止日前完工是因为她又粗心又懒。”）外因是指导致某种行为的环境因素。(“苏珊没能在截止日前完工是因为她无法及时得到所需的信息。”）理解归因非常重要，因为归因影响到一名管理者如何应对出现的状况。就以没能在截止日前完工的例子来说，把它归咎于员工个性的管理者会把苏珊看作问题所在，给她一个低绩效评价，从而减少对她的关心和支持。相反，把这种行为归咎于环境的管理者可能会试图避免这样的状况再次发生，例如改善横向沟通机制，这样人们就能够及时获取信息。

归因时，人们通常会有偏见。当评价他人时，我们倾向于低估外界因素的影响而高估内部因素的影响。这种倾向称作**基本归因错误**（fundamental attribution error)。设想一下某人升职成为 CEO 的情景。员工、局外人和媒体通常都会关注使这个人得到晋升的特征。然而，在现实中，选择这个人可能在很大程度上受到外部因素的影响，比如，在某个特定时间，特定的商业环境需要一个有着强大金融和市场营销背景的人来担任 CEO。

另一个会扭曲归因的偏见涉及我们对自身行为做出的归因。人们倾向于高估内部因素对他们的成功做出的贡献，同时高估外部因素对他们的失败造成的影响。这种倾向称作**自我服务偏见**（self-serving bias)。这意味着人们对自己做得好的事过于赞誉自己，对自己的失败又过于责怪外部力量。因此，如果你的经理说你沟通不到位，而你又觉得经理没有很好地聆听，那么真相可能处于这两者之间。

14.5 个性和行为

近年来，许多雇主都格外注重员工的个性与组织和工作的需求相匹配。一个人的

个性（personality）是指这个人的一系列特征，它是这个人相对稳定的行为模式的基础，是对想法、事物或环境中的人的反应。有趣的是，尽管71%被调查的人力资源专家认为个性测试有助于预测工作相关行为与组织的匹配度，但是近年来，这样的测试用得越来越少。只有18%的公司说它们在做招聘和升职决策时会用到个性测试。部分原因在于越来越多的公司会根据候选者在社交媒体上的言行来评估他们。[27]

14.5.1 个性特征

一般情况下，人们用特征来指代个性，即个人所展示的稳定的特点。研究人员调查了这些特征是否经得起科学的审视。多年来，尽管调查者研究了成百上千的特征，但他们发现对特征的描述可以归类为五个基本维度。这五个维度通常称作“大五”个性因素，如图表14-6所示。[28]每个因素可能包含许多特定的特征。**大五个性因素**（big five personality factors）描述了一个人的外向性、随和性、责任心、情感稳定性和经验开放性。

1. 外向性。一个人活泼、好交际、自信和对人际关系感到舒适的程度。

2. 随和性。一个人能够和蔼地、可爱地、合作地、宽容地、理解地、信任地与他人相处的程度。

3. 责任心。一个人重视目标，并负责地、可靠地、持续地、以成就为导向地付诸行动的程度。

4. 情感稳定性。一个人镇静、热情、自信而非紧张、沮丧、忧郁、没有安全感的程度。

5. 经验开放性。一个人兴趣广泛、富有想象力、富有创造力、具有艺术敏感性并愿意接受新思想的程度。

图表14-6 大五个性因素

导语：每个人的个性特征组合都是不同的，所以每个人都是独一无二的。尽管如此，我们还是有许多共同的特征。以下词组用于形容不同的特征和行为。用数字1～5来描述每个陈述符合你的程度，1表述非常不准确，5表示非常准确。描述现实的你而非你希望的样子。答案没有正确和错误之分。

1 2 3 4 5
非常不准确 非常准确

外向性：
我总是聚会的焦点。
我在人多的地方感到很舒适。
我很健谈。

情感稳定性：
我经常挑自己的毛病。
我经常嫉妒别人。
我喜怒无常。

随和性：
我很善良并富有同情心。
我对每个人都说好话。
我从不侮辱人。

经验开放性：
我富有想象力。
我偏向投票给自由派的政治候选人。
我喜爱艺术。

责任心：
我做事有条理并高效。
我重视细节。
我随时做好课前准备。

哪一个是你最显著的特征？将你的答案与你同学的答案比较一下。

如以上图表所示，这些因素是一个连续体。也就是说，一个人身上的每种个性因素都有低、中、高三种程度。回答图表 14-6 中的问题，看看你在每个因素上程度如何。大多数人希望自己在五大个性因素上都是“中至高”的程度，但这并不总是成功的关键。比如，我们总是认为管理者应该拥有活泼、善于社交（外向性）的个性，但许多成功的领导者，包括比尔·盖茨、希拉里·克林顿、查尔斯·施瓦布和斯蒂芬·斯皮尔伯格都是内向的，这些人对社交感到紧张并且需要时间独处，安静地思考和给自己充电。一项调查发现 10 位高层管理者中有 4 位被测出具有内向型人格。[29] 位于佐治亚州杜卢斯的大型保险和金融产品公司 Primerica 同时拥有一位外向领导者和一位内向领导者，因而取得了很大的成功。

创新之道

Primerica 公司

Primerica 被认为是保险和金融业管理最佳的公司之一。它的成功部分源于同时拥有内向型和外向型 CEO。但这两种个性并不是割裂的。从 2000 年开始，Primerica 就由共同首席执行官理查德·威廉斯（Richard Williams）和约翰·艾迪生（John Addison）领导。这种伙伴关系非常有效，因为他们有不同却互补的个性和技能组合。

“理查德会退席，他不想站在聚光灯下，”艾迪生这样形容他的伙伴，“如果我看到有人站在舞台上，我会走过去。”公司一年两次的大会证实了这个说法。当两人在雷鸣般的掌声中上台时，威廉斯先是微笑着挥手，然后很快就冲向观众席，与前排的妻子和投资者坐在一起。而艾迪生则站在舞台的聚光灯下给 40 000 名观众演讲。

威廉斯并不介意艾迪生站到聚光灯下；他更喜欢在幕后工作，成为“善于分析的、懂财务的、让火车准时启动的那个人”。他很乐于让艾迪生成为两人中活泼的、富有直觉的、充满动力的那一个。“我永远不会从事约翰做的工作，”威廉斯说，“约翰也不会想要做我的工作。”

一家公司拥有两位首席执行官并不总是能获得成功，但对于 Primerica，这却是一种魔法。拥有两个个性合适的人，他们能够把自己放到一边共同为了公司的利益工作，这是这家公司保持运转的原因所在。[30]

理查德·威廉斯很高兴有另一个人去做高层管理者必须做的和人打交道、在公众面前抛头露面等工作。但是如果一名内向型管理者没有这样一个搭档该怎么办呢？每个管理者（包括威廉斯在内）必须拥有一定的与员工、顾客、股东和公众打交道的能力。下面的“经理会谈”专栏描述了内向型管理者的一些优势，同时也给这些内向型管理者提出了如何出人头地的一些小建议，尽管他们缺乏合群的天性。

经理会谈

内向型管理者的崛起

如今社会上的敞开式办公室和协作型工作安排使得内向型管理者面临挑战，特别是在美国及其他看重社交型个性的文化中。然而专家们开始赞赏内向型管理者的优点，并且为内向者不至于迷失在他们周围社交型领导者中提供了一些方法。

内向者的优势

内向个性的一些好处包括：

● 更加谨慎和深思熟虑。内向者做决定时考虑得更周到。他们会对机会和潜在的奖励感到激动，比外向者对风险更敏感。这有助于避免“火车失事”，比如倒下的贝尔斯登和雷曼兄弟。

● 更强的倾听和接受建议的能力。我们总是被那些善于应酬、有魅力的健谈者所迷住，而内向者却蜷缩在角落里。但是，当人们说话时，外向者却不善于倾听。研究这个问题的亚当·格兰特（Adam M. Grant）认为在动态和不可预测的环境中，内向型管理者能成为更好的老板，因为他们善于倾听、对别人感同身受、授权员工独立思考。

● 更有创造力。在许多领域，最惊人的创新人物都是内向者。为什么？因为创造力只有在孤独中才能旺盛生长。“失去伟大的孤独，就无法认真地工作。”毕加索如是说。乔布斯是苹果公司中的外向者，但是如果没有内向的联合创始人史蒂夫·沃兹尼亚克（Steve Wozniak）的努力，公司就不会成功。他花了很长时间独自工作，创造了公司的第一台电脑。“大多数我遇到的投资者和工程师像我一样……他们活在自己的世界中。”沃兹尼亚克说。

内向型管理者如何获得成功

内向型管理者可能会被忽视，特别是在大型组织中。另外，内向者通常会害羞，这使得他们在管理者这个角色中更难感到舒适。

● 突破个性的束缚。如果你非常想要某样东西，你可以突破个性的束缚。理查德·布兰森说他华丽的公开装扮，比如，穿着滑稽的服装宣传维珍集团，与他固有的个性背道而驰。“我是一个害羞、不善社交的人，无法当众演讲，只想逃离那里。”他这样形容创建维珍集团之前的自己。为了推销新公司，“我必须让自己变得更外向”。

● 让人们知道你是谁。像理查德·布兰森这样的内向者在需要时会变得更加外向，但他们总是需要静下来思考、处理、恢复他们的能量。这种需要独处时间的倾向可能会被误解。道格拉斯·科南特（Douglas Conant）作为一个害羞、内向的领导者领导了金宝汤公司数年。他说他会毫不犹豫地找新员工或同事谈话，所以他们不会认为他是冷漠的或者对他们不感兴趣。“我越是透明，人们的参与感越强。”他说。

● 加入人群，大声说话，走出去。如果你想成为一名管理者，特别是如果你想向更高层级晋升，不可否认你需要鞭策自己走出去，与组织内外的人建立联系。你必须在会议上大声讲话、做展示，也必须在大型会议和其他专业活动中变得更加外向。当你这样做的时候，你会表现出更加外向的行为。记住还是要留出独处的时间，给自己充电。

资料来源：Based on Adam M. Grant, Francesca Gino, and David A. Hoffmann, “The Hidden Advantages of Quiet Bosses,” *Harvard Business Review* (December 2010): 28; Susan Cain, “The Rise of the New Groupthink,” *The New York Times*, January 15, 2012, SR-1; Bryan Walsh, “The Upside of Being an Introvert (and Why Extroverts Are Overrated),” *Time* (February 6, 2012): 40-45; “How Introverts Can Be Leaders—The Expert: Doug Conant,” *Fortune* (May 21, 2012): 56; Joann S. Lublin, “Introverted Execs Find Ways to Shine,” *The Wall Street Journal Asia*, April 18, 2011, 31; Jack and Suzy Welch, “The Welchway: Release Your Inner Extrovert,” *Business Week* (December 8, 2008): 92; and Richard Branson example from Ginka Toegel and Jean-Louis Barsoux, “How to Become a Better Leader,” *MIT Sloan Management Review* (Spring 2012): 51-60.

尽管外向的个性并不像人们通常假设的那么重要，但是随和的个性在如今协作型公司中显得格外重要。研究表明，在随和性上得分高的人比那些不随和的人找到工作和保住工作的可能性更大。[31]尽管也有证据表明，过度随和的人得到晋升的可能性较小，但一个强势的管理者依靠打压别人获得升职的时代已经过去。猎头公司光辉国际从数百万名管理者的档案中获得的数据显示，当今最成功的管理者是团队导向型的，他们能收集信息并与各种各样的人合作。[32]最新的调查显示，一名有效的领导者其责任心远比外向性更加重要。斯坦福商学院的一项研究发现，人们犯严重错误时感受到的内疚程度与他们作为领导者时的表现好坏存在相关性。内疚对于一名领导者来说是一种积极的情感，因为它与高度的责任感密切相关，这本来可以使那些涉足次贷危机和金融危机的领导者受益。[33]

14.5.2 受个性影响的态度和行为

一个人的个性会影响他的工作态度和行为。作为一个新晋管理者，你必须去管理一群有着各种各样个性特征的员工。管理者格外感兴趣的四个相关个性特征是控制轨迹、威权主义、马基雅维利主义和问题解决风格。

■ **控制轨迹**

每个人将他们的成功或失败归于不同的原因。**控制轨迹**（locus of control）是指人们如何感知生命中发生的各类事件的原因，他们将最主要的责任归于自身还是外界力量。[34]一些人相信，他们的行为在很大程度上决定了会在他们身上发生什么样的事件，他们感到能掌握自己的命运。另一些人则相信，他们人生中发生的事件都是因为机会、运气或外界的人和事。他们更像是被操纵的棋子。这些人有更高的外控倾向。

关于控制轨迹的研究显示，在不同的情境下，人的行为差异非常大。有内控倾向的人更容易受到激励，因为他们相信奖励是他们行为的结果。他们更有能力处理复杂的信息和解决问题，更加以成果为导向，同时也更加独立，因此更难管理。相反，有外控倾向的人很难激励，在工作中不那么投入。面对较差的绩效评价时，他们更可能怪罪别人。同时他们也更顺从，因此更容易管理。[35]

你相信运气在你的人生中扮演了重要的角色吗？你觉得你掌控了自己的命运吗？想要更加了解你的控制轨迹，请完成图表 14-7 中的问卷。

■ **威权主义**

威权主义（authoritarianism）认为组织中应该存在权力和地位的差异。[36]高威权主义者更关心权力和意志力，服从上司公认的权威，坚守传统价值观，批判别人，反对运用主观感受。管理者拥有的威权主义程度将影响到他们如何行使和分享权力。员工拥有的威权主义程度将影响他们如何回应他们的管理者。如果管理人员与员工的威权主义程度不同，那么，管理者可能很难进行有效的领导。授权的趋势及年轻一代员工对更加平等关系的呼声，都削弱了许多组织中严格的威权主义。

■ **马基雅维利主义**

另一个有助于理解工作行为的个性维度是**马基雅维利主义**（Machiavellianism），它的特点是纯粹为了个人获益而去获得权力和操纵别人。16 世纪，尼古拉·马基雅维利（Niccolò Machiavelli）出版了著作《君主论》，这本书论述了当时的贵族如何获得和使用权力。马基雅维利主义由此诞生。[37]心理学家开发了测量马基雅维利主义（马

图表 14-7 测量你的控制轨迹

你的控制轨迹

导语：对于下面10个题项，用1～7打分，表示你“同意”或“不同意”的程度：

1=非常不同意　2=不同意　3=稍微不同意　4=一般　5=稍微同意　6=同意　7=非常同意

1. 我得到了我想要的东西，一般是因为我做了巨大的努力。	1	2	3	4	5	6	7
2. 一旦做了计划，我肯定要完成它。	1	2	3	4	5	6	7
3. 相比于需要纯技术的游戏，我更喜欢需要一些运气的游戏。	1	2	3	4	5	6	7
4. 一旦下决心去做，我能学会任何事情。	1	2	3	4	5	6	7
5. 我主要的成就完全归功于我的努力和能力。	1	2	3	4	5	6	7
6. 我通常不制定目标，因为我很难坚持到底。	1	2	3	4	5	6	7
7. 竞争抑制了对卓越的追求。	1	2	3	4	5	6	7
8. 人们领先通常只是因为他们运气好。	1	2	3	4	5	6	7
9. 无论是什么样的考试或竞赛，我都想知道与别人相比我做得怎么样。	1	2	3	4	5	6	7
10. 持续做一件对于我来说很难的事是没有意义的。	1	2	3	4	5	6	7

得分及解释：把你选择第3，6，7，8和10题的答案倒过来（1=7，2=6，3=5，4=4，5=3，6=2,7=1），就是你在该题项上的得分。比如，如果你在第3题上选择了“非常不同意”，那么，你选的这个答案是1分。这个分数对应的倒数就是7分。用同样的方式将第6，7，8和10题的分数倒过来。然后把10题的分值加总。你的得分是：________。

研究人员用这套问卷对大学生进行了调查，发现男生的平均得分为51.8分，女生的平均得分为52.2分，两类人的标准差都是6分。你的得分越高，你越相信在你身上发生的事是因为你自己；换个说法，高得分与内控倾向相关，低得分与外控倾向相关。低分表明你相信有力量超越了你的控制，例如，更强大的人、命运、机会决定了在你身上发生的事。

资料来源：Adapted from J. M. Burger，*Personality：Theory and Research*（Belmont，CA：Wadsworth，1986），pp. 400 - 401，cited in D. Hellriegel，J. W. Slocum，Jr.，and R. W. Woodman，*Organizational Behavior*，6th ed.（St. Paul，MN：West，1992），pp. 97 - 100. Original source：D. L. Paulhus，“Sphere-Specific Measures of Perceived Control，” *Journal of Personality and Social Psychology*，44，no. 6（1983）：1253 - 1265.

基主义）倾向的工具。[38]研究显示，高马基主义者更现实，为了达成个人目标不惜说谎，在“赢-输”博弈中更可能会赢，他们更可能是一个说服他人而非被说服的人。[39]

不同的情景需要人们展现某种类型的行为。在松散结构的组织中，高马基主义者积极掌握控制权，而低马基主义者接受别人的指导。低马基主义者在高结构组织中能够茁壮成长，而高马基主义者则表现出冷漠、旁观。高马基主义者尤其擅长需要讨价还价技能的工作，或者一旦赢了就能获得大笔奖金的工作。[40]

14.5.3 问题解决风格和迈尔斯-布里格斯性格分类法

管理者需要意识到每个人解决问题和做决定的方式是不同的。心理学家卡尔·荣格（Carl Jung）的研究提供了一个了解问题解决风格的途径。荣格认为差异来自我们收集和评价信息的不同偏好。[41]根据荣格的观点，收集信息和评价信息是两个不同的活动。人们或者通过感觉或者运用直觉来收集信息，但不能两者并用。感觉型的人喜欢收集已知的事实和确定的数据，在收集信息时遵循惯例和秩序。直觉型的人更喜欢寻求各种可能性而非事实，更喜欢解决新问题和使用抽象的概念。

评价信息是指对收集的信息做出判断。人们通过思维或情感来评价信息。它们代表两种极端的倾向。思维型的人根据客观分析，运用推理和逻辑，而非基于个人的价值观和当时的情感来做出判断。情感型的人更多基于个人的感受（比如希望和谐）来做出决定，更倾向于做出获得别人认可的决定。

据荣格所说，感觉、直觉、思维和情感四种功能中，只有一种功能在一个人身上占主导地位。然而，这个主导功能通常受到与它相对的另一种功能的支持。图表14-8列出了从这些配对中得到的四种问题解决风格，以及具有每一种风格的人偏好的职业。

图表 14-8　四种问题解决风格

个人风格	行动倾向	可能的职业
感觉-思维	• 强调细节、事实、确定性 • 是一个果断、现实的思想者 • 关注短期、现实的目标 • 为了提高判断绩效而制定规则	• 会计 • 生产 • 计算机编程 • 市场研究 • 工程师
直觉-思维	• 偏好解决理论性或技术性问题 • 是一个有创造力的、进取的、敏锐的思想者 • 关注运用客观分析得到的各种可能性 • 能同时考虑许多选择和问题	• 系统设计 • 系统分析 • 律师 • 中高层管理者 • 教授商科、经济学
感觉-情感	• 关心目前的、现实生活中的人的问题 • 务实、着重分析、有方法、认真 • 强调有关人而非任务的具体事实 • 关注为了人的利益来组建组织	• 直接领导 • 咨询 • 谈判 • 销售 • 采访
直觉-情感	• 回避细节 • 富有魅力、参与型、人际导向、乐于助人 • 关注普遍的看法、广泛的主题、情感 • 分散决策权，很少制定规则	• 公共关系 • 广告 • 人力资源 • 政治 • 客户服务

另外两组与问题解决没有直接关联的配对是内向-外向、判断-知觉。内向者通过专注于个人想法和感情来获得能量，而外向者从与别人交往和互动中获得能量。在判断和知觉的维度上，偏好判断的人喜欢确定性和已结束的事，倾向于根据已有的数据迅速做出决定。另一方面，知觉型的人喜欢模棱两可的事，不喜欢截止日期，当他们收集大量的数据和信息做决定时，可能会改变好几次主意。

一个广泛用来测量人们在荣格配对组合上如何不同的工具叫**迈尔斯-布里格斯性格分类法**（Myers-Briggs Type Indicator，MBTI)。MBTI^{TM}测量一个人在内向与外向、感觉与直觉、思维与情感、判断与知觉上的偏好。这四种偏好的不同组合形成了16 种独一无二的个性类型。

16 种不同的个性类型对行为会有积极和消极的影响。根据已经完成的有限的研究，在不同的组织和行业中，与有效的管理关系最密切的是思维和判断这两种偏好。[42]但是，拥有其他偏好的人同样可以成为好的管理者。了解你的自然偏好所带来的一个好处是可以使你固有的优势和能力最大化，同时使你的劣势最小化。约翰·比尔登（John Bearden）之所以成为一名杰出的管理者，就是因为他从 MBTI 评价中学到了很多东西，正如以下专栏所描述的。

创新之道

GMAC 家政服务公司的约翰

比尔登把他在加拿大的房地产公司卖了，决定回到他的家乡——田纳西州的纳什维尔，思考下一步的职业生涯。在这段反省的时间里，比尔登意识到他常常“拉着别人和他一起”到达终点线。一位顾问曾告诉他：“约翰，你有很大的潜能，但是你正在超过所有的人……这样会使别人意志消沉。”比尔登觉得是该了解一下自己为什么这样做。

在重新开启他的职业生涯之前，比尔登完成了 MBTI 评价，了解到他有“陆军元帅”（ENTJ）的领导风格。这种风格的人往往富有活力、自信，展示出一名领导者必须具备的品质：有远见、有动力并且果断。然而，他们也是缺乏耐心的、不敏感的、傲慢的、草率的。比尔登说 MBTI 使他对自己的优势和劣势的了解产生“质的飞跃”。在接受 GMAC 家政服务公司的首席执行官一职后，他开始不断修正自己的领导风格，更多依靠确定的数据，更仔细地倾听同事们的意见。比尔登在一次全国大会上做了这样的尝试。“过去，我会过度投入，很早就表达我的立场，可能对整个进程抱有偏见，”他说，“但这一次，我发现我能先让别人阐明立场并展开辩论。我只是坐着，倾听并吸收。这是一个令人满意的过程。”[43]

一些组织运用 MBTI 评价去帮助员工找到合适的岗位，这样他们能够做得开心并且尽力为组织做出贡献。在一项调查中，《财富》100 强公司中的 89 家公司报告说，它们曾经在招聘和升职时使用这项测试。[44] 另一些公司曾经用 MBTI 帮助员工更好地了解自己、改善与他人的交往。例如，MBTI 评价是贺曼贺卡公司一个项目的核心要素。设计这个项目是为了加强管理者的自我意识，深刻理解管理者的思维和行为模式是如何影响员工的。[45]

14.6 情绪

管理者可能希望员工在工作中以逻辑和理性的方式行事，而把情绪留在家里或者把它塞进车里，下班时带回家。然而，不可能把人与情绪分隔开，如果管理者不关注员工的情绪如何影响生产率和工作环境，公司就会出问题。[46] 管理者可以通过了解积极和消极的情绪，通过发展情感智力来提高他们的有效性。

14.6.1 积极和消极的情绪

情绪（emotion）很难准确地定义，它可以是一个人通过与环境的互动，而非有意识的努力而自发产生的一种精神状态，它通常伴有心理变化或感受。人们在工作中会遭遇大量的情绪，例如，开心、愤怒、害怕或放松，这些情绪都会影响他们的工作态度和行为。几百年来，研究人员一直努力去理解情绪，关于如何归类情绪的科学争论一直没有停歇。[47] 图表 14－9 所示的模型对管理者非常有用，它区分出主要的积极和消极情绪。当一个人在实现目标过程中遭遇挫折时，消极的情绪就会被点燃。当他正走在实现目标的康庄大道上时，积极的情绪就会被激发。

图表 14-9　积极和消极的情绪

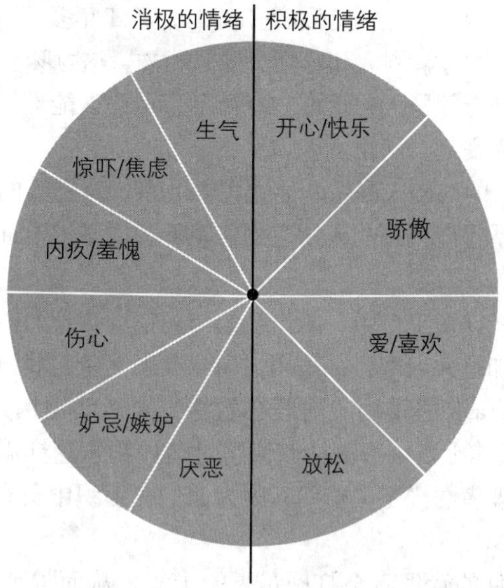

因此，情绪可以理解成它是由人们是否正在满足他们的需求和目标所决定的。一个员工如果没有得到加薪或被上级训斥，他就可能会出现消极的情绪，例如伤心、生气、焦虑。而得到升职的员工会表现出骄傲和开心的情绪。管理者会给员工在工作中主要是经历积极的情绪还是消极的情绪带来影响。一方面，管理者的情绪状态会影响整个团队或部门。大部分人都意识到我们可以从别人那里"捕捉到"情绪。如果我们周围的人都是快乐的、热情的，那么，积极的情绪就会感染到我们。另一方面，伤心和生气的人会让我们变得情绪低落。"情绪感染"[48]是指表现出积极情绪（如快乐、热情、欣赏）的管理者能激发员工积极的情绪。研究显示，几乎所有的人都受"情绪感染"的支配，人们会自动、无意识地感受和表现出与他们周围的人同样的情绪。[49]

优秀的管理者会关注人们的情绪，因为积极的情绪一般与高产出和高效率联系在一起。《盖洛普管理周刊》（*Gallup Management Journal*）的一项调查发现，管理者尤其是基层主管需要花很多功夫去了解员工在工作中究竟是抱有积极的情绪还是消极的情绪。[50]

14.6.2　情感智力

最近几年情感智力领域的研究显示，那些了解自己和他人情感的管理者能够改善员工和组织的绩效。情感智力有四个基本组成部分[51]：

- 自我意识。这是其他组成部分的基础，即意识到自己的感受。了解自己感受的人能够更好地指导自己的生活和行动。高自我意识意味着能够准确地评价自己的优势和局限，做到胸有成竹。
- 自我管理。即控制破坏性和有害情绪及平衡一个人情绪的能力，使得担心、焦虑、害怕或生气这样的情绪不再影响思维，也不再阻碍人们去做必须做的事。擅长自我管理的人即使在挫折和障碍面前也能保持乐观和充满希望。这种能力对于追求长期目标来说至关重要。大都会人寿保险公司发现，在常规销售潜质测试中不合格但在乐观性上得分很高的申请者与通过了销售潜质测试但在悲观性上得分很高的申请者相比，前者第一年完成的销售额比后者多 21%，第二年多 57%。[52]

● 社会意识。即理解别人和感同身受的能力，这意味着你能够为他人着想，意识到他人的感受，而无须别人告诉你。有社会意识的人能理解不同观点的分歧，更有效地与各种类型的人交往。

● 关系管理。即与别人联系、建立积极关系、对别人的情绪做出回应、影响别人的能力。拥有关系管理技巧的人知道如何倾听和清楚地沟通，他们用同情心和尊重对待他人。

研究显示，在许多工作中，工作绩效与高情商（EQ）存在正向关系。许多组织，包括美国空军和加拿大人寿，都采用情商测试来测量自我意识、同理心及建立积极关系的能力。[53] Altera 公司采用“同理心教练”来帮助销售人员培养更多的社会意识，并从顾客的角度看待问题。[54]高情商似乎对诸如销售这样需要大量社会交往的工作格外重要。它对管理者同样至关重要，因为他们在组织中负有影响他人、建立积极态度和关系的责任。

情商智力较低的管理者会打压员工的士气，从而损害组织。就业法律联盟的一项调查显示，有 44%的被调查者说他们曾经遭遇过经理的辱虐。[55]工作欺凌问题受到越来越多的关注，这促使公司采取行动，帮助管理人员提高他们的情感智力，例如，磨砺他们的自我意识和同理心，提高他们的自我管理技巧。欺凌的一种方式是性骚扰，先前的章节中有过相关的讨论。性骚扰或虐待是低情商的致命表现，这可能会毁掉受害者的职业生涯和生活。即使在一些民众对有影响力的政治家和商人的婚外情睁一只眼闭一只眼的国家里，性虐待也是不能容忍的。国际货币基金组织前领导人多米尼克·斯特劳斯-卡恩（Dominique Strauss-Kahn）在纽约被逮捕前极有可能成为法国总统。他被控告对一名酒店的女管家实施性侵，后来女方的指控使这件事真相大白。[56]

新晋管理者自我测试

情绪表达

导语：假想一下你在学校或工作单位的一周时间里，你与别人交往时会向别人表达自己的感受。根据你在一周中表达情绪的频率，给以下各个词条评级。回答没有对错之分，因此请诚实地作答以给予准确的反馈。

	经常	有时	很少
1. 热情	______	______	______
2. 感兴趣	______	______	______
3. 受启发	______	______	______
4. 有活力	______	______	______
5. 骄傲	______	______	______
6. 细心	______	______	______

7. 感激 ________ ________ ________
8. 愉悦 ________ ________ ________
9. 充满希望 ________ ________ ________
10. 关心 ________ ________ ________

得分及解释：回答“经常”得3分，回答“有时”得2分，回答“很少”得1分，把10个词条的得分相加，你的总得分是：______。管理者为了履行他们的角色，通常需要在与员工和顾客交往时展现出积极的情绪。有时候管理者会表现出非真实的感受，这称作“表层扮演”。而“深层扮演”则是指管理者根据需要表现出他们真实的情绪，这往往是他们工作的一个内容。如果你得到一个高分，可能意味着你展现了真实的积极情绪。如果你得到一个低分，你会在需要的时候展现积极的情绪或者从内心产生合适的情绪吗？经常的表层扮演会导致压力，而经常的深层扮演会影响情绪表达的感知质量和工作满意度。把你的得分与班级里的其他人比较一下。你会根据需要表达各种情绪吗？你认为情绪表达与情感智力中的自我管理有关吗？

资料来源：Based on David Watson, Lee Anna Clark, and Auke Tellegen, “Development and Validation of Brief Measures of Positive and Negative Affect: The PANAS Scales,” *Journal of Personality and Social Psychology* 54, no. 6 (1988): 1063-1070; Celeste M. Brotheridge and Raymond T. Lee, “Development and Validation of the Emotional Labour Scale,” *Journal of Occupational and Organizational Psychology* 76 (2003): 365-379; and Alicia A. Grandey, “When ‘The Show Must Go On’: Surface Acting and Deep Acting as Determinants of Emotional Exhaustion and Peer-Rated Service Delivery,” *Academy of Management Journal* 46, no. 1 (2003): 86-96.

14.7 管理你自己

现在让我们转换到另一个管理者必须了解的话题——时间管理。我们在第1章中曾介绍过时间管理的话题，并且那一章的“经理会谈”专栏概述了一些具体的时间管理小窍门。在本章，我们将讨论一个更大范围的自我管理系统，人们可以用它来控制自己忙乱的日程。**自我管理**（self-management）是一种通过自律性的思维和行为来完成所有的任务、应对挑战性环境的能力。然而，我们每个人都有自己的行为和习惯模式，这使得更有效地管理自己变成一件困难的事。即使是最优秀的管理者有时也会招架不住。许多人脑袋里想的事太多，或者感到时间过于紧迫，于是陷入困境，不知道该采取什么样的行动。当你有太多的事要做却似乎无法完成任何一件事时，一个能让你“掌控”的方法就是应用自下而上的战略，从分析你正在做的事的细节入手，然后建立一个系统来管理你的所有活动。

14.7.1 自我管理的基本原则

三条基本原则定义了你如何有效地管理所做的承诺，这样你就可以兑现它们[57]：

● 清晰的头脑。第一条原则是，如果你的脑袋里装的东西太多，你的头脑就不会清晰。一旦头脑不够清晰，你就不能集中精力。一旦不能集中精力，你就不能将所有的事情做完。因此，所有你认为没有完成的事都必须放入你头脑之外的某个可靠的系统里。

● 清晰的目标。第二，你必须非常清楚你真正需要做的是什么，然后确定实现的步骤。

● 组织有序的系统。第三，一旦决定了需要采取的行动，你就需要一个组织有序的系统不断地提醒你。

通过建立基于这三条原则的自我管理方法，即清晰的头脑、清晰的目标和组织有序的系统，你就可以走出困境，通过一个个可衡量的进步完成所有必须做的工作。

14.7.2 管理时间的步骤

许多人没有意识到他们每天轻易地就浪费了一个小时，仅仅因为他们没有做时间规划。[58]通过使用一些简单有效的步骤，你能更好地掌控你的生活并完成必做之事。[59]图表 14-10 归纳了这五个步骤，具体描述如下。

图表 14-10 变得有条理的实施步骤

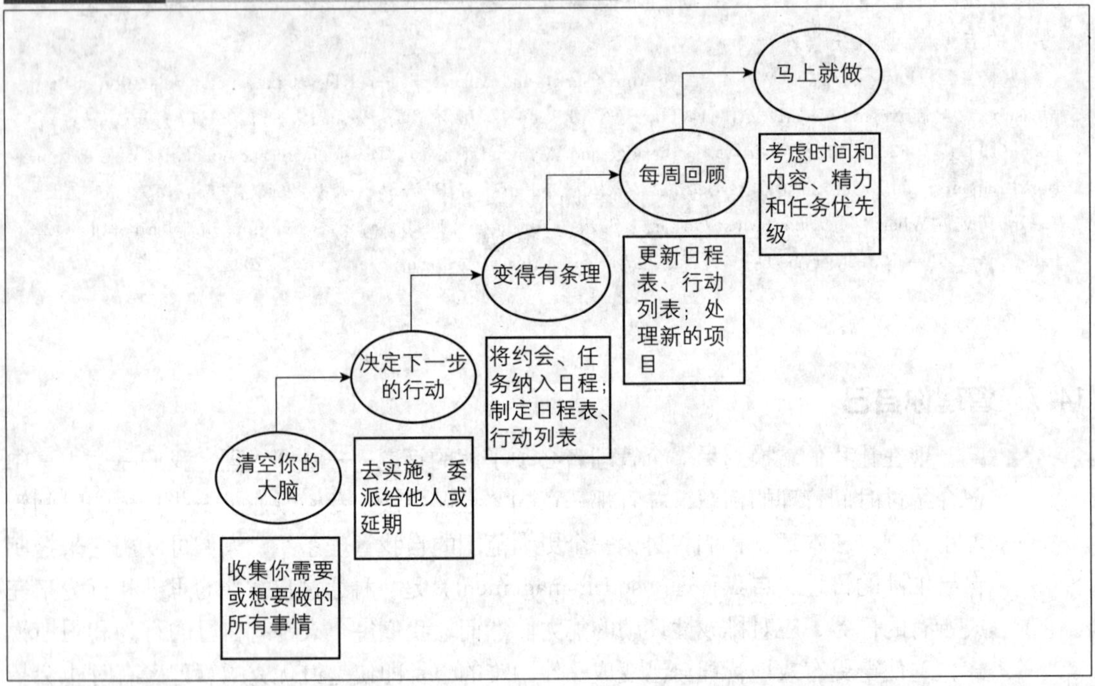

资料来源：Based on David Allen，*Getting Things Done*：*The Art of Stress-Free Productivity*（New York：Viking，2001）.

1. 清空你的大脑。为了使你的头脑清晰，你首先必须权衡所有的事。因此第一步是在不同的纸片上写下所有需要占据你注意力的活动、职责、任务或承诺。这是为了将你脑海里所有的事转移到纸上。

为了使所有这些“东西”变得有条理，把所有相似的事归类到同一“吊桶”里。很多工具可以成为你的吊桶，比如，用来做电子笔记的电脑和无线设备；存放文件、便笺、电话号码簿的文件筐；用作记事本的笔记本或信笺纸；用来录下你必须牢记的事项的数码设备。随身携带一个笔记本或手持设备，你就可以随时把新项目或承诺放进去，它们就不会占据你的大脑。切记将吊桶的数量控制到最小；否则，你还是会感到散乱和无法招架。

2. 决定下一步的行动。针对你吊桶里的每一事项，决定你下一步需要采取的真正的、具体的、实实在在的行动。如果周五你有一个团队会议来讨论一项课程作业，你的下一步行动可能是针对你要与团队分享的想法打个草稿。然后，你会有三种做法：

● 去实施。遵循两分钟法则：如果一件事可以在两分钟内做完，那么现在就去做。有时候，你会发现吊桶里的一些事不需要采取行动或不重要。在这种情况下，你就必须立刻丢弃它们。对于那些在未来会有用处的事项，把它归档为系统里的一个文件备用。

● 委派给他人。问问你自己是不是承担这一任务的合适人选。如果其他人同样可以把某些事做好，那么把它们委派给别人。

● 延期。如果某些事既无法在两分钟内解决，又无法委派给其他人，那么你就必须推迟它。把这些事归入待办事项或备忘录中，比如，制作一份“待办事项清单”，你可以定期检查，并安排一个特定的时间去完成它。

3. 变得有条理。第三步是安排所有你延期的事项。在这一步，将你确定为“下一步行动”的事项安排好，然后记录在你每天检查的日程表上。你还需在日程表上记录你必须在某一天或某一时间完成的事项。你可以规定在未来的某个日子去做你的待办事项或完成备忘录中的任务。

对于其他事项，列出“下一步行动”清单，将它写在纸上或记录在可携带设备中，以便随身携带。这样你就可以随时采取下一步行动。既可以为一个事项列个单独的清单，也可以为一类事项列个清单。

4. 每周回顾。一周结束时，核查一下你已经完成的“下一步行动”清单及下一周的日程表。查看你所有的待办事项和必须实施的行动，这样你就可以对如何利用时间做出有效的选择。这样的每周回顾极其重要，因为它把你的大脑从试图记住所有事项中解放出来。每周回顾还使你“把房间整理得有条理”，因为你需要收集、处理和安排新的事项。因此，在每周回顾的过程中，你必须采取四个行动：(1) 收集和处理所有新的事项；(2) 检查你的整个系统；(3) 调整你的清单；(4) 明确、更新和完成下一步该做的事。

5. 马上就做。一旦你收集、处理、安排并回顾了你目前的承诺，你将会对需要做哪些事有更明确的了解，这能使你更好地做出如何有效利用时间的选择。你的直觉和你对自己的了解可以帮助你决定什么时候该做什么。

这种自我管理的方法有助于你安排好你必须做的事，并且以清晰的头脑和系统的方式去处理。如果你遵循这个方法，你会发现自己的压力变小了，做事的方法更娴熟了，无效的工作变少了。参见第 1 章“经理会谈”专栏中的时间管理小窍门，你可以从中挑选出对你有用的一些窍门，并把它们与整个自我管理方法结合起来。

14.8　压力和压力管理

无论你多么条理清晰，作为管理者在职业生涯的某一段时间内，你会感受到压力，它或者来自你自己，或者来自他人。**压力**（stress）的正式定义是：当外部的刺激对个人提出生理或心理上的要求，同时其重要的结果又决定个人的存亡，使人感觉不确定和失去自我控制力时，个人对这些外界刺激做出的心理和情感反应。[60] 这些刺激叫做应激源，它会导致沮丧（没有能力完成目标，例如，因为资源不足而无法如期完成工作）和焦虑（例如，担心因不能如期完成工作而遭受处罚）的双重感觉。

近年来，经济危机和大规模裁员提高了所有组织的压力水平。管理人员发现他们面对的是一支充满恐惧、紧张和对未来感到迷茫的劳动力队伍。[61]工作的不确定性、巨大的债务、信贷收紧和因裁员带来的超时工作，使得员工感受到的压力越来越大，于是，越来越多的员工变得易怒、无礼、粗鲁。最近的一项调查显示，接近一半的被调查美国工人称在工作中遭遇过管理人员的怒吼和侮辱。另一项调查则发现，2%～3%的人承认他们在工作中出现过推搡、扇巴掌和殴打员工的情况。[62]另外，经济担忧导致的压力还会造成健康问题，如溃疡、严重的抑郁症和心脏病。[63]

14.8.1　挑战性压力和威胁性压力

压力并不总是负面的。如果没有一定程度的压力，我们就会自满，做不成事。心理学家早就注意到了这种“压力的两面性”，于是区分了挑战性压力和威胁性压力。挑战性压力会激励你，而威胁性压力则会使你过度劳累。[64]如图表 14－11 所示，哈佛的研究人员罗伯特·耶基斯（Robert Yerkes）和约翰·多德森（John Dodson）最早提出，当压力上升到一个点时，会给你带来挑战，提高你的注意力、警觉性、效率和产出。[65]然而，过了那个点，绩效很快就开始走下坡路，压力会危害你的工作绩效、你的人际关系甚至你的健康。另一个有趣的发现是，过多的压力会抑制学习和灵活性。[66]

图表 14－11　耶基斯-多德森压力曲线

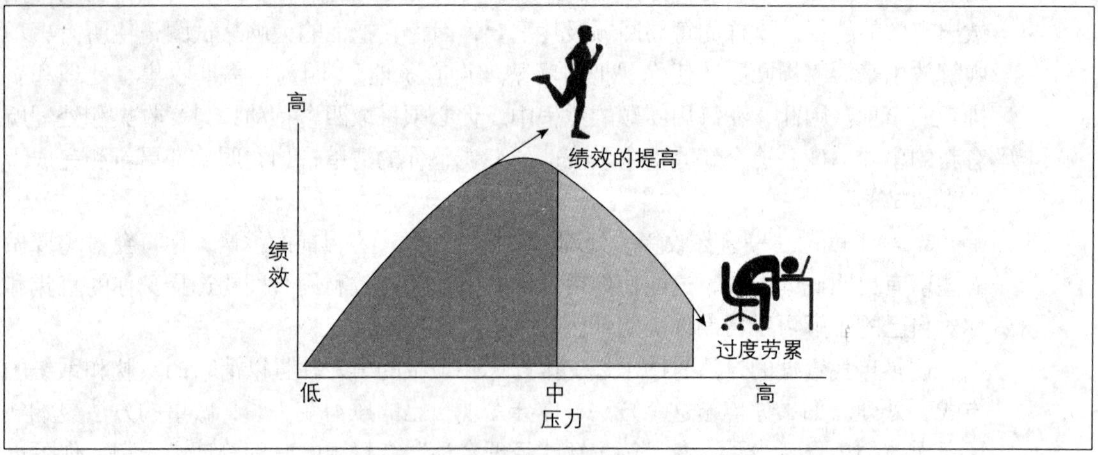

资料来源：Based on an exhibit by Emeran A. Mayer，M. D.，UCLA Center for Neurobiology of Stress.

每个人从挑战性压力（好的）到威胁性压力（坏的）的转折点都是不同的。大部分人可以轻松辨析出什么时候到达压力曲线的顶点。我们不再感到自己有效率，而是感受到焦虑、害怕、郁闷或生气等情绪；变得易怒；无法做决策。许多人还会出现身体上的症状，如头痛、失眠或胃疼。在美国，每天有估计 100 万人因为压力而不去上班。[67]类似地，一项英国的调查发现，68%的非体力劳动者和 42%的体力劳动者声称曾经因为与压力相关的疾病而缺勤。[68]对公司来说，与缺勤同样严重的一个问题是出勤率，它是指员工尽管在上班，却因为过大的压力而分心，效率低下。[69]

14.8.2　A 型行为和 B 型行为

研究人员观察到有些人比其他人更能承受压力带来的负面影响。在对与压力相关的心脏病的研究中，根据行为模式的不同，他们将人类分为 A 型和 B 型。[70] **A 型行为**（type A behavior）模式包括极度竞争、缺乏耐心、积极进取和一心一意投入工作。例如，Yammer 公司的创始人兼首席执行官戴维·萨克斯（David Sacks）说他“对产品永远处于一种不满意的状态。我希望它是完美的，但它并不是”。他补充道，“我总是想着工作，我希望我有一个随时可以工作的开关”。[71] 与他相反，有着 **B 型行为**（type B behavior）模式的人很少表现出这些行为。他们很少与别人发生冲突，过着一种更平衡、更放松的生活。A 型的人比 B 型的人患上压力相关疾病的可能性更大。

大部分像戴维·萨克斯这种 A 型的人都是精力充沛的，他们往往会寻求有权有责的岗位。通过调整自己的节奏，学会掌控和运用他们充沛的精力，A 型的人在公司中可以成为创新和领导的中坚力量。但是，许多 A 型个性的人会给他们自己，有时给周围的人带来与压力相关的问题。在 Yammer，萨克斯已经有意识地改变了一些行为，因此他的缺乏耐心并没有给别人带来压力。B 型的人在生活中通常很少给自己压力，除非在高压力的环境中。很多因素会导致工作场所的压力，甚至对于那些没有高压力倾向的人也是如此。

14.8.3　工作压力的来源

近年来，工作压力现象在全世界范围内激增。在美国，认为工作是主要压力来源的人数比重在 2009 年上升至 69％，41％的人说他们在工作日普遍会感到压力和紧张。[72] 在加拿大所做的一项调查指出，工作一直是这个国家的居民压力的首要来源。在印度，越来越多的年轻软件专家和呼叫中心员工深受抑郁、焦虑和其他精神疾病的折磨，都是因为不断增加的工作压力。[73] 在中国，长时间工作和充满压力的环境导致许多代工企业工人自杀，这促使科技公司，诸如苹果、IBM、惠普和东芝的管理者做出深刻的反省。[74] “工作环境会导致精神疾病，”心理学家罗德尼·劳曼（Rodney L. Lowman）说，“即使我们让非常健康、具有很好适应性的人藏身于避弹坑里，然后朝他们开枪，他们也会感到抑郁和焦虑。”[75]

如果了解可能会产生工作压力的条件，管理者就能更好地应对自身的压力，也能想出一些方法来帮助员工应对这样的压力。在那些代工企业里存在的不道德的环境和不安全的工作条件，当然是主要的压力源。至于更普遍的日常工作中的压力源，只要想想由工作任务需求导致的压力和由人际关系和人际冲突所带来的压力就知道了。

- 任务要求是一种压力源，它来自个人特定的工作所需完成的任务。部分决策本身就有很大的压力：有些决策时间紧迫，有些决策会带来严重的后果，还有些决策必须在信息不完全的情况下做出。例如，急诊室医生就因为对他们的任务要求而处于重压之下。他们经常需要在有限的信息条件下快速做出决定，这些决定可能关乎病人的生死。需要应对愤怒的顾客的工作也会带来很大的压力。在某些行业，客服员工的流动率每年高达 300％。[76] 几乎所有的工作，特别是管理者的工作会面临与任务要求相关的压力。有时，任务要求也会因为**角色模糊**（role ambiguity）而造成压力。角色模糊意味着人们不清楚他们应该有怎样的任务行为。2012 年美国心理学会的一项调查发现，有 35%的被调查者指出，不清楚自己的工作期待是导致工作压力的原因之一。[77]

● 人际交往需求是与组织中人际关系有关的压力源。尽管在某些情况下人际关系能减轻压力，但当群体在个人身上施加压力或当两个人之间产生冲突时，它就会成为压力的来源。管理者可以运用一些方法来解决这些冲突，这些方法将在第 18 章中讨论。当人们从别人那里感受到不合适的要求时，他就会产生**角色冲突**（role conflict）。管理人员经常感到角色冲突，这些冲突来自他们上级的要求与本部门下属的要求不同。下属期望从管理者那里得到支持，以及尝试和创新的机会。但与此同时，高层主管迫切希望收获成果，几乎不给下属进行试验和创新的时间。

14.8.4 压力管理的创新方法

想要挑战员工和保持竞争力的组织永远都会有压力，但是优越的工作场所有利于员工的生理和心理健康。管理人员可以直接控制给员工带来压力的很多事情，包括他们自身的行为。图表 14－12 列出了排在前几位的管理人员所做的事，它们导致了额外的和不必要的压力。

图表 14－12 管理者如何给员工施加压力

为一个差劲的老板工作是工作压力的主要来源。以下是差劲的老板给他们的下级施加压力所做的事：

1. 提出不合理的要求和无法完成的工作量。
2. 不允许员工自己决定怎样完成工作。
3. 永远都在怀疑员工的表现。
4. 在员工间发生冲突时拒绝介入，让他们自行解决。
5. 对员工的贡献和成就不信任。
6. 让人们一直猜测他们被期待做什么。
7. 通过欺凌和骚扰使人们保持警觉。
8. 不允许员工组成小团体，告诉他们工作不是社交俱乐部。

资料来源：Based on “Getting the Least from Your Staff,” sidebar in Don Mills, “Running on High Octane or Burning out Big Time?” *National Post*, April 8, 2006; Donna Callea, “Workers Feeling the Burn: Employee Burnout a New Challenge to Productivity, Morale, Experts Say,” *News Journal*, March 27, 2006; and Joe Humphreys, “Stress Will Be Main Cause of Workplace Illness by 2020,” *Irish Times*, July 27, 2005.

■ 你如何对抗压力？

科学家和压力研究者汉斯·赛叶（Hans Selye）说：“杀死我们的不是压力，而是我们对压力的反应。”有许多方法可以帮助人们避免或管理压力的有害影响。

● 寻找并摧毁压力的主要来源。最近一项调查发现，最有益的压力管理能力是预防。[78]没有人能消除生活中所有的潜在压力源，但是可以避免一些，同时可以管理一些。每天花一点时间确定你生活中的压力源，然后想办法消除或减少它们。变得有条理，事先计划，运用我们在本章中讨论过的多种时间管理手段，诸如清除你大脑中的所有压力，这些都是管理和预防压力的非常有效的方法。

● 寻求意义和支持。如果工作对你没有意义，或你在生活中因没有社会支持而感到孤独，你就更可能感受到压力的负面效应。缓冲假设指出，从家庭和朋友那里感知到的高社会支持会让一个人免受压力事件带来的潜在负面效应。[79]也就是说，如果你感到你有很多支持，你就不会那么容易受不良压力的消极影响。

● 冥想和管理你的精力。冥想既可以预防也可以消除有害的压力反应。一些人把每天早上或晚上的冥想作为一项常规工作。另一些人则发现，每天短暂休息去冥想几次，每次冥想几分钟也是很有效的。[80]一天中的任何时间，只要你感到招架不住了，你就可以闭上眼睛，专注于让你感到平静的图片或词组，然后深呼吸。除了适当饮食、休息和定期锻炼外，冥想是健康生活方式的一个重要组成部分，它有助于你更好地应对压力。

● 平衡工作和生活。管理压力的最后一个方法就是平衡工作与其他的兴趣和活动。许多组织想方设法帮助员工过上更加平衡的生活。但是，作为个人，你要对工作和生活的平衡负责。人力资源管理学会的一项调查发现，70%的被调查者说他们的工作时间超出了日常安排，并且还在周末加班，但是超过一半的人承认这是因为自我施加的压力。能够实现工作、生活平衡的人通常比那些给自己施压的人成就更高。

■ 管理者和组织能做什么？

帮助员工管理压力有时与鼓励员工定期休息和休假一样简单。家庭和工作协会的调查显示，超过 1/3 的被调查美国员工没有充分利用该享受的假期。[81]这里有一些前瞻性的方法，管理者可以用来应对如今工作场所中日益增加的压力水平。

● 创造一个心理健康的工作环境。减轻员工压力的第一种方法就是创建一个健康的企业文化，让员工感到自己有价值。[82]这其中包括确保员工没有不合理的工作量，为员工的成长和晋升提供机会，并为员工提供合适的薪水和福利。这还意味着要为员工树立榜样，让他们过一种平衡的生活。保罗·英格利希（Paul English）是旅行搜索引擎公司 Kayak 的联合创始人和首席技术官。他说 Kayak 的理念是："每周努力工作 40～45 个小时，但是我们信任那些对私生活有强烈要求的员工。"[83]英格利希有时会在出差时把他的孩子也带上，这样他们就可以有一段新的经历。晚上，他会阅读《神秘的谋杀案》或者《全球健康》这一类图书，而非商业或科技类图书。

● 提供健康活动和培训。为员工提供营养咨询和健身器材，对于帮助员工应对高压力工作非常有益。加拿大政府针对企业开展健康活动的一项全球调查发现，每花一美元在健康活动上，公司就会得到 1.95～3.75 美元的回报。[84]培训项目和会议也有助于员工确定压力源并学会应对的方法。

● 培训管理者对压力进行干预。对管理者开展培训，让他们识别过度压力的信号是非常重要的。在一些开明的公司里，管理者干预成为一个趋势。例如，在波士顿咨询集团里，如果老板看到某人过于努力工作并表现出压力过大，他就会进行干预。马克·奥斯特曼（Mark Ostermann）说："有老板的支持，这种感觉很棒。我不用向任何人抱怨。他们事先就会联系我。"[85]

● 保证员工在工作中得到一些乐趣。这对那些任务相关压力较大的工作来说尤其重要。允许员工通过有趣的活动释放压力会使压力水平产生不同的影响。赞恩·邦德（Zane Bond）在位于坦帕的一家软件公司的前台工作，负责接听"愤怒客户的电话"，但是他却没有压力。其中一个原因是他喜欢解决问题。另一个原因是他会与团队成员一起玩乐，在电影《壮志凌云》的背景音乐中，和队员一起在操场上拿着喷射泡沫的手枪开战。[86]

管理者应该牢记员工是企业的人力资源，他们有着作为人的需求。承认员工有自己的私生活，这种做法传达出管理者和组织对员工的关心。另外，管理者的态度也会对员工究竟是感到紧张、不开心还是感到放松、充满活力和高效产生巨大的影响。

讨论题

1. 为什么自我意识对于成为一名优秀的管理者非常重要？当一名管理者的自我意识很弱时，会带来哪些具体的消极结果？

2. 作为一名管理者，你如何处理那些总是表现出消极情绪进而影响团队其他人的员工？你会如何运用有关归因和情绪感染的知识来做出决定？

3. 对于需要学习一整套与电脑相关的新技能才能保住在制造工厂的工作的员工，他的态度会以什么方式影响他的行为？

4. 本章指出乐观是管理者的一个重要特征，然而一些员工抱怨乐观的管理者会给他们带来明显的压力，因为管理者希望下级实现不合理的目标和期望。员工应如何处理与一位永远乐观的管理者的关系？

5. 管理者如何运用对感知的理解来提高与下级沟通的有效性？

6. 世界大企业联合会的调查显示，被调查者的工作满意度从 1987 年的 61% 下降到 2009 年的 45%。另外，一位职场分析师说，高度不满意已经成为一种“新常态”。有哪些原因可以解释这种满意度的下降？你觉得管理者可以逆转这种趋势吗？请讨论之。

7. 在如今的社会中，你认为情感智力的四个组成部分中哪一个对于高效的管理者极其重要？

8. 如何理解员工的内外控制轨迹有助于管理者更好地实施沟通、激励和领导？

9. 对于像你这样的学生，你认为一个自我管理系统，诸如本章所描述的“五步骤”系统有什么好处？这个系统中的哪个部分对你格外有用？请阐述之。

10. 你认为职场压力为什么激增？这是一种会持续的趋势吗？请解释原因。你认为帮助员工管理压力是管理者和组织的责任吗？为什么？

技能运用：批判性分析案例

一位很好的经理

Chisum 工业公司的管理人员晋升流程为公司内部的平级调动和晋升提供了一个标准化的程序。由于办公室、车间和仓库坐落在得克萨斯州的七个城市，Chisum 公司为中层管理者提供了很多绝佳的机会。这套晋升流程要求每个候选人探究自己的目标、优势和劣势，并描述现实中的处境和成就。在带着最终的候选人去达拉斯面试前，选拔小组还会探访候选人所在工作地，做在岗观察，并和他们周围的同事交流。这套流程为所有候选人的晋升提供了自我审视和成长的机会。2011 年 5 月，在圣安东尼奥市的办公室里，高管马库斯 · 奇瑟姆、卡尔 · 雅各布森、米奇 · 艾维、韦恩 · 休斯，以及芭芭拉 · 肯尼迪在会议中讨论四名中层管理者候选人中应将谁晋升为高管。

马库斯：“我们接下来讨论谁？”

芭芭拉：“哈里 · 克莱顿。”

马库斯观察大家的反应，看到几个人点头，还有一个人耸肩。

马库斯："给我点反馈。"

卡尔和韦恩同时说："他很棒。"

卡尔："我们都知道，哈里曾经被安排去一个绩效下滑的部门。当时士气低迷，裁员的谣言满天飞。他去后安抚了员工的情绪并且提高了绩效水平。"

韦恩："他和员工关系很好。经过走访和与员工交谈，我们得知，他在员工中享有一定的信任度，并建立了员工认可的美好愿景。"

芭芭拉："来自员工的评价是'很好'。"

米奇和往常开会时一样，斜靠在椅子上，用铅笔敲击着桌面。这群人起初很讨厌他的这个习惯，久而久之大家就习惯了。

马库斯："米奇，你听到他的名字的第一反应是耸肩。你是怎么想的?"

米奇："我只是在想我们要找的是不是一个'很好'的人。"

这个回答引来哄堂大笑。

米奇："告诉我，作为一个'很好'的经理如何赢得全面的声望？我服务过大量的经理人，也和很多经理人共事过。我尊重他们，认为他们中的许多人对我们是平等且坦率的，也有一些人应当被解雇……"

马库斯："我希望我没有沦落到后一类。"(笑着说道)

米奇："我对一个'很好'的经理人没有任何印象。"

卡尔："许多员工提到哈里总是庇护他们。"

芭芭拉："哈里庇护他们，这一点我有印象。"

马库斯："什么意思?"

韦恩："意思是，当发现下属的缺点，发现他们耽误了工期或者停工时，他会放松监管甚至视而不见。"

芭芭拉："好几个人都提到了他总是喜欢……让我看一下笔记……'总是喜欢在工作上插手帮忙。'这样的话我在采访时听到很多次，他们没有详细解释。但我猜……"

卡尔："……他是不是承担起了一部分大家的责任?"

芭芭拉："是的。"

米奇："他给人的感觉就像是替孩子做科学实验的父母，这点让我比较困扰。"

韦恩："我认为这并不是坏事，但将他和其他候选人进行比较时，我怀疑他能否承担高管比较棘手的工作。这个人以及他的风格并没有什么特别之处。"

卡尔："在他这里没有界线，没有一点边界。他究竟是想要管理员工还是想要得到员工的欢心？他会对员工说'不'并且拒绝他们的要求吗?"

芭芭拉："哈里是否有能力划分领导者与员工的界线，划分受尊重和受欢迎的界线，划分鼓励和支持与'插手帮忙'的界线?"

马库斯："所以说，我们看到了哈里身上一些好的特质，他很有潜力。但我们也看到，他的水平尚未达到我们可以将高管位置交给他的程度。我们接下来的任务是继续我们的选拔流程。但接下来的几周，我希望我们可以想一些办法帮助哈里发挥出潜力，以抓住未来的机会。"

◆ 问题

1. 你觉得"很好"意味着什么？对于经理人来说，被认为很好是一个好的特质还是一个致命的缺点?

2. "很好"和本书中的哪些概念相关？比如随和性、责任心或情感智力。请讨论之。

3. 如果哈里没能获得晋升机会，那么他应当得到什么样的反馈和建议来帮助他为未来的晋升提高管理技能?

注 释

1. Claire Cain Miller and Quentin Hardy, "For Incoming I.B.M. Chief, Self-Confidence Is Rewarded," *The New York Times*, October 27, 2011, www.nytimes.com/2011/10/28/business/for-incoming-ibm-chief-self-confidence-rewarded.html (accessed October 28, 2011).
2. "There's Life (and a Living) after Rejection," *The Independent on Sunday*, January 6, 2008; Amy Ellis Nutt, "Harry Potter's Disappearing Act," *Newhouse News Service* (April 23, 2007): 1; and Tom Muha, "Achieving Happiness: Setbacks Can Make Us Stronger," *The Capital*, May 31, 2009.
3. Muha, "Achieving Happiness"; and Melinda Beck, "If at First You Don't Succeed, You're in Excellent Company," *The Wall Street Journal*, April 29, 2008.
4. M. E. Gist, "Self-Efficacy: Implications for Organizational Behavior and Human Resource Management," *Academy of Management Review* (July 1987): 47; and Arthur Bandura, "Self-efficacy," in V. S. Ramachaudran, ed., *Encyclopedia of Human Behavior*, vol. 4 (New York: Academic Press, 1994): pp. 71–81.
5. Reported in William W. George et al., "Discovering Your Authentic Leadership," *Harvard Business Review* (February 2007): 129–138.
6. Bill George, "Leadership Skills: It Starts with Self-Awareness," *Leadership Excellence* (June 2011): 13; Tricia Bisoux, "What Makes Leaders Great" (interviews with leadership experts), *BizEd* (September–October 2005): 40–45; Warren Bennis, *Why Leaders Can't Lead* (San Francisco: Jossey-Bass, 1989); Daniel Goleman, "What Makes a Leader?" *Harvard Business Review* (November–December 1998): 93ff; and Richard E. Boyatzis, *The Competent Manager: A Model for Effective Performance* (New York: Wiley, 1982).
7. Employee quoted in Stratford Sherman, "How Tomorrow's Best Leaders Are Learning Their Stuff," *Fortune* (November 27, 1995): 90–102.
8. Charlotte Beers, interviewed by Adam Bryant, "The Best Scorecard Is the One You Keep for Yourself," *The New York Times*, March 31, 2012, www.nytimes.com/2012/04/01/business/charlotte-beers-on-the-importance-of-self-assessment.html?pagewanted=all (accessed April 1, 2012).
9. Thanks to Scott Williams, "Self-Awareness and Personal Development," *LeaderLetter* Web site, for this image, www.wright.edu/~scott.williams/LeaderLetter/selfawareness.htm (accessed August 21, 2007).
10. Doug Rauch, "Failure Chronicles: 'You're Driving Us Crazy. You've Got to Back Off,'" *Harvard Business Review* (April 2011): 56.
11. C. Fletcher and C. Baldry, "A Study of Individual Differences and Self-Awareness in the Context of Multi-Source Feedback," *Journal of Occupational and Organizational Behavior* 73, no. 3 (2000): 303–319.
12. George, "Leadership Skills"; and Beers, "The Best Scorecard Is the One You Keep for Yourself."
13. Alex Labidou, "Landon Donovan Admits He Could Retire Following the 2013 Season," *Goal.com*, August 14, 2012, www.goal.com/en-us/news/66/united-states/2012/08/14/3305930/landon-donovan-admits-he-could-retire-following-the-2013 (accessed September 3, 2012); Paul Chant, "Is This Guy Mutts Nuts . . . Or a Dog of Awe? Answer June 12, D-Day for Donovan," *The People* (May 30, 2010): 7; Jere Longman, "Donovan Pushes Ahead, Looking Inside," *The New York Times*, May 19, 2010; Nancy Armour, "Top U.S. Soccer Star Finds Peace," *Journal-Gazette*, June 25, 2010; and Des Kelly, "Donovan's Late Show Is a Tear-Jerker as Clinton Joins Party," *Daily Mail*, June 24, 2010.
14. Reported in Del Jones, "Optimism Puts Rose-Colored Tint in Glasses of Top Execs; Or Do They Just Have a Feeble Grip on Reality?" *USA Today*, December 15, 2005.
15. Jerry Krueger and Emily Killham, "At Work, Feeling Good Matters," *Gallup Management Journal*, December 8, 2005, http://gmj.gallup.com/content/20311/work-feeling-good-matters.aspx (accessed September 17, 2010).
16. M. T. Iaffaldano and P. M. Muchinsky, "Job Satisfaction and Job Performance: A Meta-Analysis," *Psychological Bulletin* (March 1985): 251–273; C. Ostroff, "The Relationship Between Satisfaction, Attitudes, and Performance: An Organizational-Level Analysis," *Journal of Applied Psychology* (December 1992): 963–974; and M. M. Petty, G. W. McGee, and J. W. Cavender, "A Meta-Analysis of the Relationship between Individual Job Satisfaction and Individual Performance," *Academy of Management Review* (October 1984): 712–721.
17. Conference Board survey, reported in "Job Satisfaction in U.S. Hits All-Time Low," *News for You* (February 17, 2010): 4.
18. Tony Schwartz, "The Greatest Sources of Satisfaction in the Workplace Are Internal and Emotional," *Fast Company* (November 2000): 398–402.
19. William C. Symonds, "Where Paternalism Equals Good Business," *BusinessWeek* (July 20, 1998): 16E4, 16E6.
20. Towers Perrin survey reported in "Employee Engagement," TowersWatson.com www.towersperrin.com/tp/showhtml .jsp?url=global/service-areas/research-and-surveys/employee-research/ee-engagement .htm&country=global (accessed September 17, 2010).
21. "Closing the Engagement Gap: A Road Map for Driving Superior Business Performance," *Towers Perrin Global Workforce Study 2007–2008*, www.towersperrin.com/tp/getwebcachedoc?webc=HRS/USA/2008/200803/GWS _Global_Report20072008_31208 .pdf (accessed September 20, 2010).
22. W. Chan Kin and Renée Mauborgne, "Fair Process: Managing in the Knowledge Economy," *Harvard*

Business Review (January 2003): 127–136.

23. Leadership IQ survey, reported in "Many Employees Don't Trust Their Boss," *Machine Design* (September 2007): 2.
24. Quoted in Paul Harris, "Leadership: Role Models Earn Trust and Profits," *T&D* (March 2010): 47.
25. For a discussion of cognitive dissonance theory, see Leon A. Festinger, *Theory of Cognitive Dissonance* (Stanford, CA: Stanford University Press, 1957).
26. This is a very brief introduction to the subject of attributions and their role in organizations. For a recent overview of the research on attributional theory and a special issue devoted to the topic, see Marie Dasborough, Paul Harvey, and Mark J. Martinko, "An Introduction to Attributional Influences in Organizations," *Group & Organization Management* 36, no. 4 (2011): 419–426.
27. "Poll: Most Organizations Don't Use Personality Tests," *HRMagazine* 57, no. 2 (February 2012): 88; and Stephen T. Watson, "Job Hunting in the Virtual Age: Recruiters Can Be Overwhelmed by the Flood of Resumes," *Buffalo News*, August 19, 2012, D1.
28. See J. M. Digman, "Personality Structure: Emergence of the Five-Factor Model," *Annual Review of Psychology* 41 (1990): 417–440; M. R. Barrick and M. K. Mount, "Autonomy As a Moderator of the Relationships between the Big Five Personality Dimensions and Job Performance," *Journal of Applied Psychology* (February 1993): 111–118; and J. S. Wiggins and A. L. Pincus, "Personality: Structure and Assessment," *Annual Review of Psychology* 43 (1992): 473–504.
29. Del Jones, "Not All Successful CEOs Are Extroverts," *USA Today*, June 6, 2006, www.usatoday.com/money/companies/management/2006-06-06-shy-ceo-usat_x.htm (accessed September 20, 2010).
30. Todd Henneman, "For Some Companies, Two Heads Are Better than One," *Workforce*, November 16, 2011, www.workforce.com/apps/pbcs.dll/article?AID=/20111116/NEWS02/111119975&template= (accessed November 23, 2011); "Banking and Finance Companies: A.M. Best Affirms Ratings of Primerica, Inc. and Its Subsidiaries," *Investment Weekly News* (July 7, 2012): 129.
31. Reported in Daisy Grewal, "When Nice Guys Finish First," *Scientific American Mind* (July–August 2012): 62–65.
32. Reported in Christopher Palmeri, "Putting Managers to the Test," *BusinessWeek* (November 20, 2006): 82.
33. Research reported in J. J. McCorvey, "Research Corner: Feeling Guilty? Good. Why Guilt Makes You a Better Leader," *Inc.* (July–August 2012): 26; and Rachel Emma Silverman, "Plagued by Guilt? You May Be Management Material," *The Wall Street Journal*, May 29, 2012, http://blogs.wsj.com/atwork/2012/05/29/plagued-by-guilt-you-may-be-management-material/ (accessed June 3, 2012).
34. Julian B. Rotter, "Generalized Expectancies for Internal versus External Control of Reinforcement," *Psychological Monographs* 80, no. 609 (1966); and J. B. Rotter, "Internal Versus External Control of Reinforcement: A Case History," *American Psychologist* 45, no. 4 (April 1990):489–493.
35. See P. E. Spector, "Behavior in Organizations as a Function of Employee's Locus of Control," *Psychological Bulletin* (May 1982): 482–497.
36. T. W. Adorno et al., *The Authoritarian Personality* (New York: Harper & Row, 1950).
37. Niccolò Machiavelli, *The Prince*, trans. George Bull (Middlesex: Penguin, 1961).
38. Richard Christie and Florence Geis, *Studies in Machiavellianism* (New York: Academic Press, 1970).
39. R. G. Vleeming, "Machiavellianism: A Preliminary Review," *Psychological Reports* (February 1979): 295–310.
40. Christie and Geis, *Studies in Machiavellianism*.
41. Carl Jung, *Psychological Types* (London: Routledge and Kegan Paul, 1923).
42. Mary H. McCaulley, "Research on the MBTI and Leadership: Taking the Critical First Step," keynote address, The Myers-Briggs Type Indicator and Leadership: An International Research Conference (January 12–14, 1994).
43. Coeli Carr, "Redesigning the Management Psyche," *The New York Times*, May 26, 2002, Section 3, p. 14.
44. Reported in Lisa Takeuchi Cullen, "SATs for J-O-B-S," *Time* (April 3, 2006): 89.
45. Jennifer Overbo, "Using Myers-Briggs Personality Type to Create a Culture Adapted to the New Century," *T+D* (February 2010): 70–72.
46. Michael Kinsman, "Businesses Can Suffer If Workers' Emotions Not Dealt With" (an interview with Mel Fugate), *The San Diego Union-Tribune*, December 17, 2006; and Mel Fugate, Angelo J. Kinicki, and Gregory E. Prussia, "Employee Coping with Organizational Change: An Examination of Alternative Theoretical Perspectives and Models," *Personnel Psychology* 61, no. 1 (Spring 2008): 1–36.
47. "Emotion," *The Free Dictionary*, www.thefreedictionary.com/Emotions (accessed June 15, 2010); and "Motivation and Emotion," *Psychology 101* (AllPsych Online), http://allpsych.com/psychology101/emotion.html (accessed June 15, 2010).
48. E. Hatfield, J. T. Cacioppo, and R. L. Rapson, *Emotional Contagion* (New York: Cambridge University Press, 1994).
49. Reported in Robert I. Sutton, "Are You Being a Jerk? Again?" *BusinessWeek* (August 25, 2008): 52.
50. Krueger and Killham, "At Work, Feeling Good Matters."
51. Daniel Goleman, "Leadership That Gets Results," *Harvard Business Review* (March–April 2000): 79–90; and Daniel Goleman, *Emotional Intelligence: Why It Can Matter More Than IQ* (New York: Bantam Books, 1995).
52. Alan Farnham, "Are You Smart Enough to Keep Your Job?" *Fortune* (January 15, 1996): 34–47.
53. Hendrie Weisinger, *Emotional Intelligence at Work* (San Francisco: Jossey-Bass, 2000); D. C. McClelland, "Identifying Competencies with Behavioral-Event Interviews," *Psychological Science* (Spring 1999): 331–339; Goleman,

"Leadership That Gets Results"; D. Goleman, *Working with Emotional Intelligence* (New York: Bantam Books, 1999); and Lorie Parch, "Testing . . . 1,2,3," *Working Woman* (October 1997): 74–78.
54. Cliff Edwards, "Death of a Pushy Salesman," *BusinessWeek* (July 3, 2006): 108–109.
55. Reported in Cari Tuna, "Lawyers and Employers Take the Fight to 'Workplace Bullies'" (Theory & Practice column), *The Wall Street Journal*, August 4, 2008.
56. Anne-Elisabeth Moutet, "Dominique Strauss-Kahn: A Frenchman Sunk by a Sex Scandal?" *The Telegraph*, May 16, 2011, www.telegraph.co.uk/news/worldnews/europe/france/8515714/Dominique-Strauss-Kahn-A-Frenchman-sunk-by-a-sex-scandal.html (accessed August 26, 2012).
57. This section on self-management is based heavily on David Allen, *Getting Things Done: The Art of Stress-Free Productivity* (New York: Viking Penguin, 2001).
58. Reported in "One of These Days," *The Wall Street Journal*, March 11, 1997, A1.
59. Based on Allen, *Getting Things Done*; and Francis Heylighen and Clément Vidal, "Getting Things Done: The Science Behind Stress-Free Productivity, *Long Range Planning* 41 (2008): 585–605.
60. T. A. Beehr and R. S. Bhagat, *Human Stress and Cognition in Organizations: An Integrated Perspective* (New York: Wiley, 1985); and Bruce Cryer, Rollin McCraty, and Doc Childre, "Pull the Plug on Stress," *Harvard Business Review* (July 2003): 102–107.
61. Anita Bruzzese, "Wall Street Woes, Election Add to Workplace Stress," *Gannett News Service* (September 29, 2008).
62. "Desk Rage Rising," *Office Solutions* (January 2009): 9; and Carol Hymowitz, "Bosses Have to Learn How to Confront Troubled Employees," *The Wall Street Journal*, April 23, 2007.
63. Jeannine Aversa, "Stress over Debt Taking Toll on Health," *USA Today*, June 9, 2008, www.usatoday.com/news/health/2008-06-09-debt-stress_N.htm (accessed June 10, 2008).
64. Discussed in Alice Park, "The Two Faces of Anxiety," *Time* (December 5, 2011): 54–65; and Melinda Beck, "Anxiety Can Bring Out the Best," *The Wall Street Journal*, June 18, 2012, http://online.wsj.com/article/SB10001424052702303836404577474451463041994.html (accessed June 20, 2012).
65. "Are You Working Too Hard? A Conversation with Mind-Body Researcher Herbert Benson," *Harvard Business Review* (November 2005): 53-58; and R. M. Yerkes and J. D. Dodson, "The Relation of Strength of Stimulus to Rapidity of Habit-Formation. *Journal of Comparative Neurology and Psychology* 18 (1908): 459–482.
66. Mathias V. Schmidt and Lars Schwabe, "Splintered by Stress," *Scientific American Mind* (September-October 2011): 22–29.
67. Reported in Brian Nadel, "The Price of Pressure," special advertising feature, *Fortune* (December 11, 2006): 143–146.
68. Health and Safety Authority survey, reported in Joe Humphreys, "Stress Will Be Main Cause of Workplace Illness by 2020," *Irish Times*, July 27, 2005.
69. Don Mills, "Running on High Octane or Burning out Big Time? Stress Flunkies," *National Post*, April 8, 2006.
70. M. Friedman and R. Rosenman, *Type A Behavior and Your Heart* (New York: Knopf, 1974).
71. David Sacks, "The Way I Work: Yammer," *Inc.* (November 2011): 123–124.
72. American Psychological Association, *Stress in America 2009*, APA.org, 2009, www.apa.org/news/press/releases/stress-exec-summary.pdf (accessed September 5, 2012).
73. Mills, "Running on High Octane or Burning out Big Time?"; Vani Doraisamy, "Young Techies Swell the Ranks of the Depressed," *The Hindu*, October 11, 2005.
74. Charles Duhigg and David Barboza, "In China, Human Costs Are Built Into an iPad," *The New York Times*, January 25, 2012, www.nytimes.com/2012/01/26/business/ieconomy-apples-ipad-and-the-human-costs-for-workers-in-china.html?pagewanted=all (accessed January 26, 2012); and Nick Wingfield and Charles Duhigg, "Apple Asks Outside Groups to Inspect Factories," *The New York Times*, February 13, 2012, http://bits.blogs.nytimes.com/2012/02/13/apple-announces-independent-factory-inspections/ (accessed February 13, 2012).
75. Quoted in Elizabeth Bernstein, "When a Co-Worker Is Stressed Out," *The Wall Street Journal*, August 26, 2008.
76. Reported in Sue Shellenbarger, "Health & Fitness: How to Keep Your Cool in Angry Times," *The Wall Street Journal Asia*, September 27, 2010, 11.
77. "APA Survey Finds Feeling Valued at Work Linked to Well-Being and Performance," American Psychological Association, March 12, 2012, www.apa.org/news/press/releases/2012/03/well-being.aspx (accessed September 5, 2012).
78. Robert Epstein, "Fight the Frazzled Mind," *Scientific American Mind* (September–October 2011): 30–35.
79. Sheldon Cohen and Thomas Ashby Wills, "Stress, Social Support, and the Buffering Hypothesis," *Psychological Bulletin* 85, no. 2 (1985): 310–357.
80. Eilene Zimmerman, "When Stress Flirts with Burnout," *The New York Times*, January 17, 2010; and Joanna Barsh, J. Mogelof, and C. Webb, "How Centered Leaders Achieve Extraordinary Results," *The McKinsey Quarterly*, October 2010, www.mckinseyquarterly.com/How_centered_leaders_achieve_extraordinary_results_2678 (accessed January 16, 2011).
81. Rosabeth Moss Kanter, "Balancing Work and Life," *Knight-Ridder Tribune News Service*, April 8, 2005.
82. "APA Survey Finds Feeling Valued at Work Linked to Well-Being and Performance."
83. "The Way I Work: Paul English, Kayak," *Inc.* (February

2010): 98–101.
84. Donalee Moulton, "Buckling Under the Pressure," *OH & S Canada* 19, no. 8 (December 2003): 36.
85. Jenna Goudreau, "Dispatches from the War on Stress," *Business Week* (August 6, 2007): 74–75.
86. Shellenbarger, "Health & Fitness: How to Keep Your Cool in Angry Times."

第 15 章 领导

Leadership

学习目标

学习完本章后，你应该能够：

1. 了解领导的定义，解释领导对于组织的重要性。
2. 阐述当今组织中的各种领导方式，包括第五级领导、仆从式领导、真诚式领导。
3. 讨论女性领导风格与男性领导风格的差异。
4. 了解有效领导者的个人特质。
5. 明确任务导向型行为和员工导向型行为的定义，阐述它们在评价和选择领导风格中的应用。
6. 描述领导情境模型及其在促进员工参与中的应用。
7. 讨论领导如何适应组织环境以及什么样的组织特征可以替代领导行为。
8. 描述变革型领导及其应用的时机。
9. 解释追随者与有效领导的关系。
10. 明确领导力的来源及领导者影响他人的策略。

你的个人风格是什么样的?

导语：关于什么是有效领导的观点会随时间的推移而变化。为了解你自己的领导风格，请思考一下你与别人或你归属的学生小组交往时的个人风格，然后针对以下每个题项，回答“大多正确”或“大多错误”。

	大多正确	大多错误
1. 我是一个谦卑、谦逊的人。	____	____
2. 作为小组的一名成员，相比个人的表现，我更关心小组的表现。	____	____
3. 我更喜欢用谦卑的姿态而非强势的态度来领导别人。	____	____
4. 如果小组的表现不好，我会感到自责。	____	____
5. 我行动决断。	____	____
6. 为使小组获得最好的结果，我会坚决去做所有必须做的事情。	____	____
7. 我会主动帮助小组取得成功。	____	____
8. 我促成了小组绩效的高标准。	____	____

得分及解释：领导的最新理论称作第五级领导，该理论认为，最成功的领导者必须具备

两个卓越的品质：谦逊和意志力。对于上述每个题项，如果你的回答是“大多正确”，则得1分，如果是“大多错误”，则不得分。

谦逊：第1，2，3，4个题项

意志力：第5，6，7，8个题项

“谦逊”意味着安静、谦虚，避免抛头露面。谦逊的人会将小组或组织的成功放在个人成功之前。“意志力”意味着低调但坚持到底，以取得小组需要的结果，并且帮助小组取得成功。谦逊和意志力的特征与传统上认为领导者都很高调且以自我为中心的观点完全相悖。如果你在谦逊或意志力上的得分是3或4分，那么，你有望成为第五级领导。第五级领导观念认为普通人往往会成为优秀的领导者。

迈克·汤姆林（Mike Tomlin）曾经带领匹兹堡钢人队在四季“超级碗”比赛中获得两次冠军，但是人们却从来不会听到他信口开河地谈论他的教练能力。事实上，汤姆林说话一直都很保守，即使谈到训练的事，也大多是谈论队员的能力和贡献。汤姆林说，他向托尼·邓基（Tony Dungy）（印第安纳波利斯小马队教练，第一位赢得“超级碗”的美国黑人教练）学到了“通过服务来领导”的方法。汤姆林说：“每天上班时，我都会思考如何做才能使我的队员获胜。这是从托尼·邓基那里学到的。”汤姆林对于赢得“超级碗”比赛非常自信（他说两次“超级碗”的胜利“都在预料之中”）。但是，这样的抱负不是为了自己，而是为了他带领的团队。汤姆林说：“我们有一支非常棒的橄榄球队，队员不仅有天赋，而且在合作中非常忘我。”[1]

对于一个有影响力的领导者，人们通常不会联想到无私和“仆从思想”这样的词语，但是，汤姆林为我们示范了一种新型领导：默默地建设强大的团队和组织，而不是吹捧自己的能力和成就。在前一章中，我们探究了可以影响行为的态度和个性之间的差异。对组织成功至关重要的一些态度往往是领导者的态度，因为领导者的态度和行为在塑造员工态度和绩效方面起关键作用。在本章中，我们将定义领导的概念，探究管理者如何形成领导品质。我们会着眼于现代企业的一些重要的领导方法，调查关于领导效能的特质、行为理论和权变理论，讨论魅力型领导和变革型领导，探究追随者的角色，并且探索领导者如何使用权力和影响力把事情做成。第16～18章将详细介绍领导的诸多职能，包括员工激励、沟通以及鼓励团队合作。

15.1 领导的本质

在很多情况下，一个团队、一个军事单位、一个部门或一个志愿者小组往往和它的领导者一样优秀。但是领导者之间存在很多差异，就像个人之间存在差异一样，并且不同风格的领导都可以行之有效。

所以，做一个领导者意味着什么呢？在所有有关领导的理论和著作中，有三个方面特别突出：人、影响力和目标。领导发生在人与人之间，涉及如何利用影响力以及如何用它来实现目标。[2]影响力的意思是人与人之间的关系不是被动的，影响力的目的在于利用它来达到某一结果或目标。因此，这里定义的**领导**（leadership）是一种影响人们朝着目标达成的方向努力的能力。这个定义紧紧扣住了领导者在目标达成过程中必须与他人交往这样一个观念。领导发生在人与人的互动过程中。[3] 领导是一项“人”的活动，它有别于行政文书工作或解决问题的活动。

15.2 当代领导

领导的概念随着组织需求的变化而不断演变。也就是说，实践领导的环境因素影响着哪种领导方式最有效以及哪些类型的领导者最被社会所称赞。技术、经济环境、劳动条件、社会和文化习俗都起着一定的作用。近年来对领导风格有重要影响的是环境的动荡和不确定性。伦理和经济困境、公司治理问题、全球化、技术变革、新的工作方式、不同于以往的员工期望以及重大的社会变革都有助于对领导的思考和实践。与当今动荡时代相协调的四种领导方式是第五级领导、仆从式领导、真诚式领导、交互式领导，这四种领导方式都与女性领导风格有联系。

15.2.1 第五级领导

吉姆·柯林斯（Jim Collins）和他的研究团队所做的研究证明了柯林斯所提出的第五级领导在从优秀到卓越的变革型公司中的重要性。[4] 正如其在著作《从优秀到卓越》中所描述的：为什么一些公司取得跳跃式发展……而其他公司却没有。第五级领导是管理者能力层级中的最高层级，如图表 15－1 所示。

图表 15－1 第五级领导

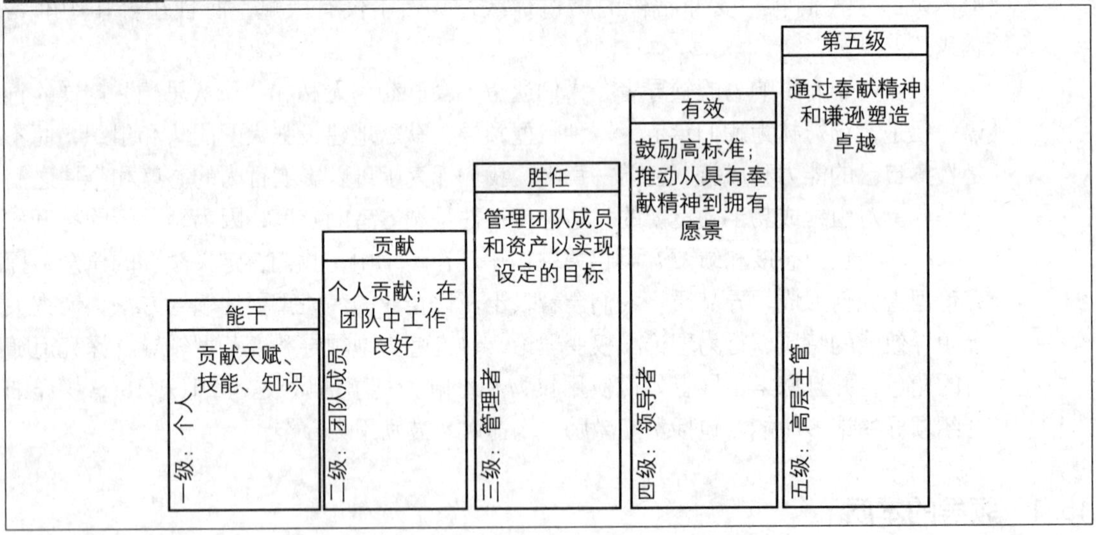

资料来源：Based on Jim Collins, *Good to Great*: *Why Some Companies Make the Leap... and Others Don't* (New York: HarperCollins, 2001), p. 20.

如图表 15－1 所示，第五级领导者最重要的一个特质是绝对不自负（谦逊）并有强烈的愿望去做对组织最有利的事情（意愿）。**谦逊**（humility）意味着不炫耀、谦虚而不是自大、骄傲。与具有强烈的自我意识和野心的伟大领导者的形象不同，第五级领导者往往看起来是腼腆和谦让的。第五级领导者承担错误、不良后果或失败的全部责任，却把成功归于其他人。第五级领导者基于坚定的、远不止盈利的价值观来建设组织，带着坚定不移的决心去做从长远来看有助于公司成功的任何事情。[5]

诠释了第五级领导者品质的一位领导者是微软公司的陆奇。

创新之道

微软公司的陆奇

陆奇生长在中国一个没有电和自来水的小村庄。如今他是微软线上服务事业部的总裁。他是如何走到这一步的？他在雅虎的前同事说，这些成就不是来自他的个人野心。OpenX 的现任 CEO 蒂姆·卡多根（Tim Cadogan）说："他不喜欢出风头，但却是公认的闪亮的星星中的一颗。"

陆奇在雅虎公司获得晋升，还进入微软工作，这些都不是因为他的好胜心和对个人晋升的追求，而是因为他的高智商和完成组织目标所要求的投入。陆奇有很强的责任感和很高的忠诚度，他全身心地投入使命中而不是将精力用于晋升。他在雅虎工作的最后一天，数据库出现一个问题。陆奇没有把这个问题留给别人，而是和同事一起工作，努力解决这个问题。他到半夜才离开公司，此时他的网络访问权限已经自动关闭。[6]

像陆奇这样的第五级领导者对他们的公司而不是自己抱有雄心壮志。另一个例子是 1971—1991 年间担任金百利公司 CEO 的达尔文·史密斯（Darwin Smith）。在这 20 年间，史密斯将金佰利公司从一个股价不断下跌的普通纸制品公司转变成世界领先的家庭生活用纸和商用消费产品公司。该公司创造的累计股票回报率是市场平均水平的 4.1 倍。但是很少有人听说过史密斯。他不喜欢出风头，也从不在《财富》杂志或《华尔街日报》上成为众人争相阅读的文章的主角。他对公司而不是自己充满期望。[7]

这种态度被大量的接班人计划领域的研究所证实。第五级领导者在整个组织范围内发展一个坚实的领导班子，即使他们离开公司，公司依然可以正常运营，甚至可以发展得更好。相比较而言，以自我为中心的领导者往往会使其接任者管理失败，因为如果公司失去他们之后表现不佳，就是对这些领导者伟大业绩的证明。第五级领导者希望每个人都发挥出他们最大的潜能，而不是建设一个"一将功成万骨枯"的公司。

15.2.2 仆从式领导

在通用电气长期担任 CEO 的杰克·韦尔奇和 MBA 学生交谈时提醒他们："你们在管理人的时候，你们的工作都不是为了你们自己，而是为了你们所管理的这些人。作为公司里的一个个体，你们的工作一开始是为了你们自己，但是一旦你们得到一份领导的工作，你们的工作就迅速转变为为了你们所管理的人。"[8]一些领导者的经营理念是，工作为了员工的发展而存在，同时员工的职责是工作。[9]近年来，各大公司慢慢从道德丑闻中走出来，为了吸引且留住最优秀的人才而互相竞争，由罗伯特·格林利夫（Robert Greenleaf）于 1970 年首次提出的仆从式领导的概念重新获得世人的关注。[10]

一个**仆从式领导者**（servant leader）可以超越个人利益去服务他人、组织以及社会。[11]卡尔森集团（Carlson Companies）（旗下包括丽笙酒店、星期五餐厅和丽晶七海游轮）的 CEO 玛里莲·纳尔逊（Marilyn Nelson）说，做一个真正的领导者意味着你"不得不让你自己的情绪、要求屈居下位，甚至代表整体做出与你个人的想法相冲突的决定"。[12]相关的一个例子发生于 2009 年的春季，一艘挂着美国国旗的货轮"亚拉巴马号”被索马里海盗劫持。船长理查德·菲利普斯（Richard Phillips）命令没有武器的船员不要反抗，而是将自己作为人质换来整艘货轮及全体船员的自由。与此相反的是“歌诗达协和号”的船长弗朗西斯科·斯凯蒂诺（Francesco Schettino）的行为，据说当该豪华游轮撞到岩石就要沉没时，斯凯蒂诺全然不顾乘客们仍在船上，弃船而逃，结果有30人因此丧生。后来斯凯蒂诺被判过失杀人罪、船舶失事罪及弃船逃跑罪。[13]

在组织中，仆从式领导者按照两个标准来运行组织：一是实现下属的目标并满足他们的需要；二是实现组织的更大目标或使命。仆从式领导者将权力、理念、信息、赞誉、功劳甚至财富给予下属。仆从式领导者经常在非营利组织工作，因为非营利组织使他们以自然的方式将他们的领导驱动力和领导能力用于服务他人。仆从式领导者在商业领域同样取得了成功。弗雷德·凯勒（Fred Keller）建立了一个市值2.5亿美元的塑料制品公司——Cascade Engineering，他不断问自己一个问题：我们可以做什么样的好事？40年前凯勒开始创业，当时他的公司只有六位员工。今天，该公司有1 000名员工，15个事业部。凯勒把社会责任作为公司的商业基石。该公司为接受福利救济者提供工作机会。同时，凯勒以个人名义或者通过公司向不同的慈善机构捐了很多钱。[14]

15.2.3 真诚式领导

今天，另一个流行的领导概念是**真诚式领导**（authentic leadership）。真诚式领导者是指了解并理解自己的人、赞成并践行高阶伦理价值的人、用自己的率真和真诚鼓励员工的人。[15]真诚意味着真实、忠诚地坚守自己的价值观和信念，并且基于真实的自我而不是模仿别人去行动。真诚式领导者鼓励信任和奉献，因为他们尊重相反的观点，鼓励合作并且帮助别人学习、成长、发展成为领导者。

图表15－2列示了真诚式领导者的重要特征，下面逐个进行讨论。[16]

图表 15－2　真诚式领导者的要素

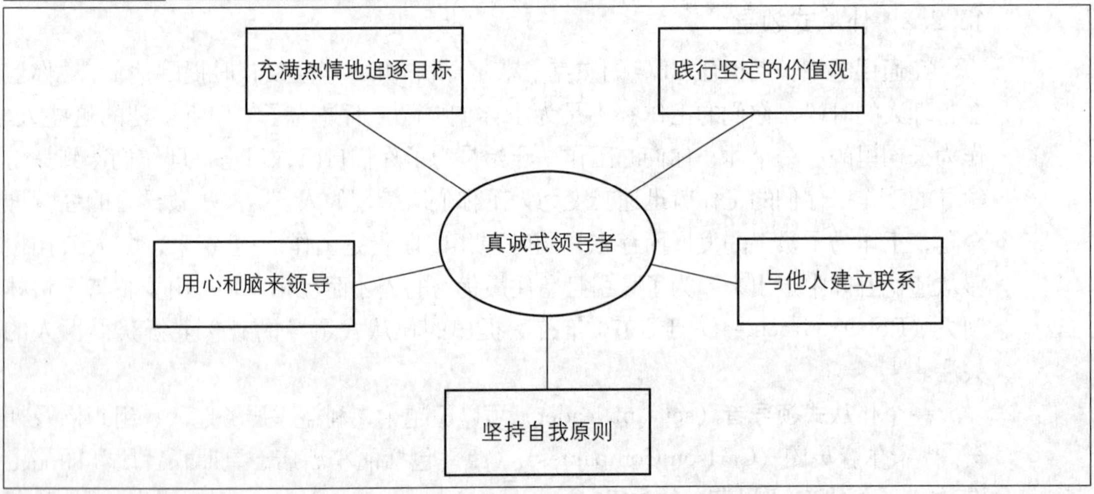

资料来源：Based on Bill George, *Authentic Leadership: Rediscovering the Secrets to Lasting Value* (San Francisco: Jossey-Bass, 2003).

● 真诚式领导者充满热情地追逐他们的目标。不用目标去领导的领导者将成为贪婪和自我欲望的牺牲品。当领导者对一个目标表现出极大的激情和奉献精神时，他们就能激发追随者的奉献精神。

● 真诚式领导者践行坚定的价值观。真诚式领导者的价值观是由自己的信念塑造而成的，即使在压力之下，他们也会对自己的价值观保持忠诚。人们逐渐知道领导者坚持的是什么，从而增加对领导者的信任。

● 真诚式领导者用他们的心和脑来领导。领导者有时不得不做出艰难的选择，但是真诚式领导者会对别人保持同情，并且勇于做出困难的抉择。

● 真诚式领导者建立相关联系。真诚式领导者建立积极而持久的关系，这样可以促使追随者尽自己最大的努力。另外，真诚式领导者会让自己处在好人中间，并且为帮助别人成长和发展而工作。

● 真诚式领导者坚持自我原则。高度的自控力和自律能力可以使领导者避免做出极端行为和不道德行为，这些行为会伤害别人和组织。真诚式领导者一旦犯了错误，就会公开承认错误。

符合真诚式领导者很多特征的一个领导者是杜克大学蓝魔队的教练迈克·沙舍夫斯基（Mike Krzyzewski），他是大学男篮史上带队获胜最多的教练。对沙舍夫斯基来说，领导只取决于一个因素：个人关系。当沙舍夫斯基招收一名新成员时，他会说："我们是在这里发展关系的，如果你不感兴趣，请尽快告诉我，不要拖延。"他强调合作胜过个人绩效，他在队员之中培养一种家的感觉，他说他依靠"感觉"来训练。他使队员之间建立了密切的关系，他们在球场上可以毫不费力地不断交流，有时甚至不用开口说话。沙舍夫斯基认为领导一个篮球队就像领导一个企业、一个军事单位、一个学校、一个志愿者组织或其他形式的组织。他说："你必须透过他们的外表了解他们的内心。"[17]

15.2.4 性别差异

第五级领导和真诚式领导的一些共同特征也是交互式领导的显著标志，这些特征被认为与女性领导者有关联。**交互式领导**（interactive leadership）意味着领导者偏好上下级之间能够达成共识和合作的过程，并且他的影响力来自关系而不是职位权力和正式职权。[18]

尽管男性和女性都可以实践交互式领导，但是研究表明，女性的领导风格明显不同于大多数男性的领导风格，并且特别适合当今的组织。[19]一项利用真实的绩效评估数据所做的研究发现，当由同事、下属和老板来评估绩效时，女性经理在诸如激励别人、促进交流和倾听等方面的能力得分明显高于男性经理。[20]另一项针对企业、大学和政府部门的领导者和追随者所做的研究发现，女性在社交和情感技能方面得分更高，这两项技能对交互式领导至关重要。[21]一项对 7 000 多人进行的 360 度绩效评估发现，女性几乎在领导的每一个测量维度上都胜过男性，甚至是在一些明显被认为是男性品质的方面，比如，结果驱动。唯一的例外是女性在制定战略规划上的得分明显低于男性，这是很多研究者认为阻碍女性职业晋升的重要因素，尽管女性在其他领导维度上得到了出乎意料的高分。[22]图表 15-3 展示了该项研究测度的 16 个维度中 6 个维度的结果。

图表 15-3　领导行为中的性别差异

领导能力	谁做得更好
培养人	 女性排名更高
结果驱动	 女性排名更高
鼓励、激励他人	 女性排名更高
创新	 男性、女性排名相同
建立关系	 女性排名更高
技术或专业知识	 男性、女性排名相同

资料来源：Data from Zenger Folkman，Inc.，reported in Jack Zenger and Joseph Folkman，"Are Women Better Leaders than Men?" HBR Blog Network，*Harvard Business Review*，March 15，2012，http：//blogs. hbr. org/cs/2012/03/a _ study _ in _ leadership _ women _ do. html（accessed September 12，2012）.

交互式领导者的一个极佳例子是辛迪·扎多基尔斯基（Cindy Szadokierski），她最初担任联合航空公司的订票员，如今是奥黑尔国际机场负责联合航空公司最大枢纽站运营的副总裁。因为要监督 4 000 名员工和每日 600 个航班，所以她最喜欢做的事情就是每周一个下午在奥黑尔机场坡道上散步和每周一个上午对各个航站楼进行巡视，在那里她可以和员工及顾客交流。联合航空的母公司——UAL 的运营总监皮特·麦克唐纳（Pete McDonald）说奥黑尔机场存在严重的运营问题，因此他们把"最善于沟通的人"安排在这个岗位上。相比于命令和控制，扎多基尔斯基的领导方式更倾向于协作。[23]

男性也可以成为交互式领导者，这可以用帕特·麦戈文（Pat McGovern）的例子来说明。帕特·麦戈文是 IDG 公司的创始人和董事长，该公司是一家拥有诸如《CIO》《微电脑世界》《计算机世界》等杂志的技术出版和研究企业。麦戈文认为与员工有私下交往并让员工知道他们受到欣赏是领导者的职责。[24]交互式领导者的这些特征对当今工作场所的男性领导者和女性领导者而言都是很重要的品质。与交互式领导有关的价值观包括个人的谦逊、包容、关系建立以及对他人的关心。

15.3　从管理到领导

对于管理和领导之间的差别，近年来出版了成千上万的图书。良好的管理在组织中是必需的，但管理者也必须是一个领导者，因为管理和领导有不同的特质，从而为组织提供不同的优势。最好这样去理解管理和领导之间的显著差异：管理是组织捕鱼和供应，而领导是教授并激励人们去捕鱼。组织需要这两种类型的技能。[25]

如图表 15－4 所示，管理和领导反映出两个不同的品质和技能组合，这两个品质和技能组合在一个人身上常常会有重叠。一个人拥有的品质数量可能会多于另一人，但是理想状态下，领导者应该在管理者品质和领导者品质之间取得平衡。[26]管理和领导之间的一个主要区别在于，管理是促进现存组织结构和系统的稳定性和秩序。这样可以确保供应商得到支付、客户得到发票、生产和服务按时提供等。相反，领导促进愿景和变革。领导意味着质疑现状并且愿意冒适当的风险，使那些过时的、低效的、对社会不负责任的制度规范得以替换，以迎接新的挑战。

图表 15－4　领导者和管理者的品质

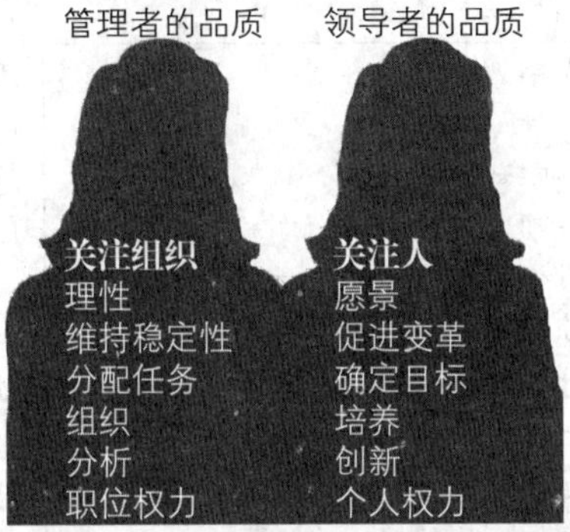

资料来源：Based on "What Is the Difference Between Management and Leadership?" *The Wall Street Journal Online*, http://guides.wsj.com/management/developing-a-leadership-style/what-is-the-difference-between-management-and-leadership (accessed June 28, 2009); and Genevieve Capowski, "Anatomy of a Leader: Where Are the Leaders of Tomorrow?" *Management Review* (March 1994): 12.

让我们回顾一下艾伦·穆拉利是如何同时应用管理和领导来使福特汽车公司复活的。2008 年，福特汽车每天亏损 8 300 万美元。2011 年，公司取得了 200 亿美元的净利润。福特是三大汽车制造商中唯一一家没有接受美国政府紧急救助的公司。穆拉利需要卓越的管理技能来根除低效运营、缩减成本、精简结构并提高质量。福特公司的重振同样依赖于其完美的领导。穆拉利用一个美好的愿景来激励员工：我们要拯救美国历史上一家赫赫有名的公司，并对它实施变革以迎接 21 世纪的挑战。他将福特公司原来自我主导型的明争暗斗的企业文化转变为协作的、有责任感的、有奉献精神的企业文化。他激励成千上万的员工坦然接受这些变化并执行公司的愿景和战略。穆拉利在公司的自助餐厅而不是总经理餐厅用餐，这样他就可以和公司所有层级的员工交谈，他有时还会冲进会议室给员工提供鼓励和支持，并且亲自回复员工的邮件。[27]

领导不能取代管理，它应该是管理的补充。好的管理需要帮助组织兑现当前的承诺，而好的领导需要将组织推向未来。领导的力量来自有良好管理基础的组织。

15.4 领导特质

早期试图理解领导成功的努力多关注领导者特质。**特质**（trait）是领导者与众不同的个人特征，例如智力、诚实、自信甚至外表。早期的研究大多关注已经取得一定成就的领导者，因此被称作“伟人”的方法。这个方法相对来说比较简单：找出这些人成为伟人的原因，然后挑选出那些表现出同样特质的人作为未来的领导者，或通过培训来开发这些特质。总体来说，早期的研究发现个人特质与领导者成功之间存在弱关系。[28]

近年来，又一次兴起了考察领导特质的热潮。除了人格特质、身体特征、社交特征外，与工作相关的领导特征陆续得以研究。[29]图表 15－5 总结了得到大量研究结果支持的领导者的身体、社交及个人特征。但这些领导特征并不是独立的。一个或一组特征的适用性取决于领导者所处的情境。

图表 15－5　领导者的个人特征

身体特征 活力 体能	**人格** 自信 诚实和正直 乐观 具有领导欲 独立	**工作相关的特征** 成就驱动，追求卓越 尽力追求目标 面对困难时的坚持和韧性
智力和能力 智力、认知能力 知识 判断、果断	**社交特征** 好交际、人际交往能力 合作性 参与合作的能力 老练、具有外交手段	**社会背景** 教育 流动性

资料来源：Based on Bernard M. Bass，*Bass & Stogdill's Handbook of Leadership：Theory，Research，and Managerial Applications*，3d ed.（New York：The Free Press，1990），pp. 80－81；and S. A. Kirkpatrick and E. A. Locke，“Leadership：Do Traits Matter?” *Academy of Management Executive* 5，no. 2（1991）：48－60.

有效的领导者通常具有多种特质，没有一个领导者具有所有的特征，可以应对所有的问题、挑战或机会。另外，通常被认为是积极的特质有时会带来负面的结果，而有时被认为是消极的特质可以产生正面的结果。例如，乐观是领导者必备的一个特质。正如在之前的章节中所阐述的，研究表明，乐观是高层管理人员最常见的唯一特质。[30]领导者需要在他人看到问题的地方发现可能性，并给他人美好未来的希望。但是，乐观也会使领导者变得懒惰和过度自信，导致他们忽略危险信号并低估风险。2007—2008 年的金融危机部分归咎于金融业的领导者过度自信，并将他们的组织带离正道。乐观必须与“现实检验”和责任心相伴，责任心是成功领导者另一常见的特质。[31]

因此，最优秀的领导者不仅了解自己的特质，更要找到并磨炼自己的优势。[32]**优势**（strength）是由学到的知识和技能支持并强化的天资和能力，它使每个人可以获得取得成就和实现满意的最佳工具。[33]每个管理者的能力都是有限的，优秀的领导者挖掘出使他们与众不同的关键优势。有效的领导者并不是拥有“合适”的特质，而是找到可以被自己作为领导者的身份很好地例证并应用的优势。

15.5 行为理论

因为不能仅仅依靠特质来定义有效的领导，所以人们对领导者行为以及领导者行为如何影响领导成败产生了兴趣。被证明对领导至关重要的两个基本的领导行为是任务导向和员工导向。

15.5.1 任务导向还是员工导向

两种有效的领导行为是任务导向型行为和员工导向型行为，经验证，这两种领导行为在很多情境下、很长时间内都适用。[34] 虽然它们不是唯一重要的领导行为，但是领导者必须表现出对任务的适度关心和对员工的适度关心。所以很多用来理解领导的方法用这些元分类或被广泛定义的行为分类作为研究和对比的基础。

早期关于领导的重大研究项目是在俄亥俄州立大学和密歇根大学进行的。[35] 俄亥俄州立大学的研究者定义了两种主要的领导行为，分别称作关怀和定规。**关怀**（consideration）属于员工导向型行为类别，是指领导者在意下属，尊重下属的想法和情感并且互相信任的程度。**定规**（initiating structure）是任务型行为的程度，即领导者体现任务导向和指导员工的活动朝着目标努力的程度。研究表明，有效的领导者可能是高关怀低定规的，也可能是低关怀高定规的，取决于当时的情境。[36]

几乎是在同一时期，密歇根大学的研究通过对比有效管理者和无效管理者的行为，同样想到了任务导向型行为和员工导向型行为。[37] 最有效的管理者是那些树立高绩效目标并表现出对下属的支持性行为的管理者，他们被称为以员工为中心的领导者。而无效的领导者被称作以工作为中心的领导者，这些领导者不关心目标达成情况，也不关心员工的需要，只关心按时完成计划、保持低成本及实现高效率。

15.5.2 领导方格理论

基于俄亥俄州立大学和密歇根大学研究者的工作，得克萨斯大学的布莱克（Blake）和穆顿（Mouton）提出了一种被称作管理方格的两维度理论，后来被他们重新命名为**领导方格理论**（Leadership Grid®）。[38] 该理论模型和五种主要的管理风格描述如图表 15-6 所示。网格中的每一条轴都被划分为 1～9，其中 1 表示关注程度低，9 表示关注程度高。

团队管理型（9，9）通常被认为是最有效的领导风格，并且常常被推荐给领导者使用，因为组织成员通常是一起工作来完成任务的。乡村俱乐部管理型（1，9）则是指组织的主要关注点是员工而不是工作的产出。权威-服从管理型（9，1）发生在主要导向是提高运营效率的情境下。中间道路管理型（5，5）反映出领导者对员工和生产的关心程度都处于中间水平。贫乏管理型（1，1）意味着管理理念的缺失，管理者在人际关系和工作业绩上所做的努力都很少。

图表 15-6　领导方格图

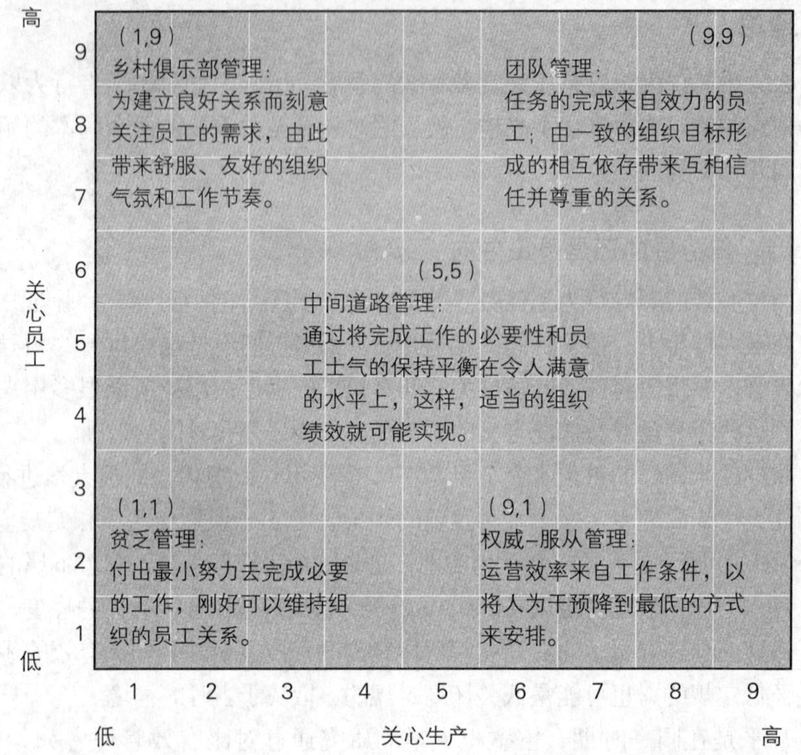

资料来源：The Leadership Grid figure，Paternalism figure，and Opportunism figure from Robert R. Blake and Anne Adams McCanse，*Leadership Dilemmas-Grid Solutions*（formerly the Managerial Grid by Robert R. Blake and Jane S. Mouton）（Houston：Gulf Publishing Company，1991），Grid figure，p. 29；Paternalism figure，p. 30；Opportunism figure，p. 31. Copyright © 1991 by Blake and Mouton，and Scientific Methods，Inc. Reproduced by permission of the owners.

15.6　权变方法

史蒂文·辛诺夫斯基（Steven Sinofsky）带领微软的软件工程师团队致力于下一代 Windows 操作软件系统的开发。在苹果公司，伯特兰·塞莱特（Bertrand Serlet）正带领一个团队致力于确保新一代 Mac 操作系统做得更好。虽然他们的工作类型相同，但辛诺夫斯基和塞莱特的领导方法却差异很大。辛诺夫斯基是一个一丝不苟的计划者并且喜欢运营管理完善的企业。一名工程师说："在辛诺夫斯基的管理下，你需要做计划并坚持你的计划。"相反，塞莱特更喜欢在比较混乱无章的环境下做事。塞莱特不是一个对规则和程序一丝不苟的人，他更强调弹性、悠闲的风格。一名在这两人手下都工作过的程序设计员将辛诺夫斯基的风格比作军乐团风格，而将塞莱特的风格比作即兴爵士乐团风格。[39]

两个有着截然不同领导风格的人如何同时成为有效领导者呢？答案在于理解领导的**权变方法**（contingency approach），该方法探究了组织情境如何影响领导者的有效性。权变方法包括赫西和布兰查德的情境模型、菲德勒和他的同事开发的领导模型以及领导替代概念。

新晋管理者自我测试

任务导向型与员工导向型

导语：下面各个题项可以帮助你明确当你承担领导角色时与人相处的方式。如果你曾经作为领导者，与向你汇报的人一起工作，那么，请回想一下那次经历。或者可以思考一下，在一个小组中为了完成作业，你作为一名正式或非正式的领导者会如何表现。请诚实地回答通常情况下你表现出以下每一种行为的频率。

	大多正确	大多错误
1. 我努力使人们的工作变得更加愉快。	________	________
2. 我关注更多的是执行而不是与人相处愉快。	________	________
3. 我用自己的方法去帮助别人。	________	________
4. 就个人而言，我希望人们对绩效负责。	________	________
5. 我努力维持团队的友好气氛。	________	________
6. 我清楚地告诉员工我对他们的期望。	________	________
7. 我对员工的福利考虑得很多。	________	________
8. 我会询问员工以了解他们的工作进展。	________	________
9. 我更关心关系而不是结果。	________	________
10. 我会给员工安排具体的角色和任务。	________	________
11. 我更多关注与人和睦相处而不是执行任务。	________	________
12. 我更关心的是结果而不是员工的感受。	________	________

得分及解释：

每个题项的回答如果是“大多正确”，可以得 2 分，如果是“大多错误”，则得 1 分。

员工导向：加总奇数题项的分值：________。

任务导向：加总偶数题项的分值：________。

你的员工导向得分反映了你在员工和关系上的导向性，正如本章中所描述的。10 分或更高的得分表明你有较高的员工导向性。9 分或更低的得分说明你有较低的员工导向性。你的任务导向得分反映了你在任务和结果上的导向性。10 分或更高的得分表明你有较强的任务导向行为。9 分或更低的得分说明你有较弱的任务导向行为。

你主要的领导导向是什么？下面哪一种最能代表你的领导风格（选择一种）？对照图表 15-7，看看你在哪一个象限。

____低任务、低员工导向＝授权型风格

____低任务、高员工导向＝支持型风格

____高任务、低员工导向＝命令型风格

____高任务、高员工导向＝指导型风格

基于你的经历，你选择的象限与你的领导风格相符吗？把你的得分与其他学生的得分做比较。

图表 15－7　领导情境模型

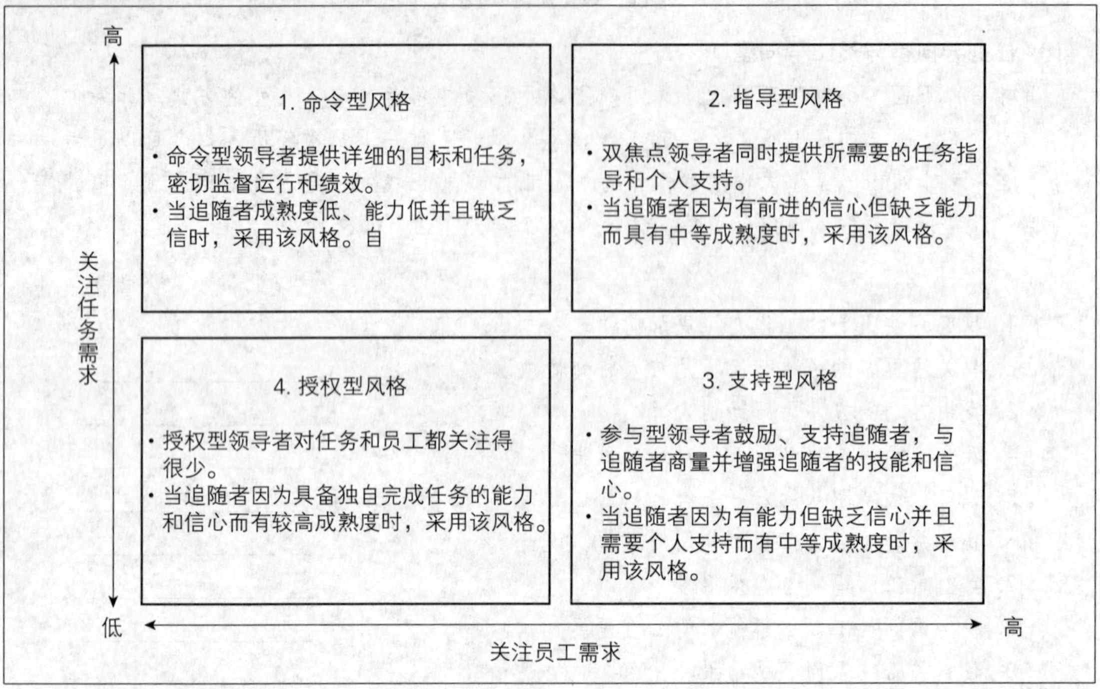

资料来源：Based on Gary Yukl，Angela Gordon，and Tom Taber，"A Hierarchical Taxonomy of Leadership Behavior：Integrating a Half Century of Behavior Research，" *Journal of Leadership and Organization Studies* 9，no. 1（2002）：15－32，and Paul Hersey，Kenneth Blanchard，and Dewey Johnson，*Management of Organizational Behavior：Utilizing Human Resources*，7th ed.（Upper Saddle River，NJ：Prentice Hall，1996）.

15.6.1　领导情境模型

由赫西和布兰查德提出的领导**情境模型**（situational model）是对领导方格理论（见图表 15－6）中总结的行为理论的有趣拓展。该方法将更多注意力集中在追随者的特征上，这些特征决定了合适的领导行为。情境模型的要点是下属在成熟度上有所不同，而成熟度取决于下属在完成某个特定任务时表现出来的意愿和能力的程度。意愿是自信、奉献和激励的结合，一个下属在这三个变量中的任何一个上都可能表现得好或不好。能力是指一个下属应用在该任务上的知识、经验和实际技能的数量。有效的领导者会根据他们所管理的员工成熟度来调整自己的风格。那些由于能力低或培训少或缺乏安全感等导致成熟度低的员工与那些成熟度高并且拥有更高能力、技能、自信和工作意愿的员工需要不同的领导风格。[40]

根据情境模型，领导者可以采用如图表 15－7 所示的四种领导风格中的一种。命令型风格是一种高度独裁的风格，领导者会就如何完成任务给出明确的指示。指导型风格是指领导者会向下属解释自己所做的决定，同时给予下属提出问题、明确和理解工作任务的机会。支持型风格是指领导者和下属分享想法、给予下属参与的机会，从而促进决策的制定。第四种风格是授权型风格，具有该风格的领导者提供很少的命令和支持，他们将决策的责任和执行都交给了下属。

图表 15－7 总结了领导者风格和下属成熟度之间的情境关系。命令型风格最有可能影响低成熟度的下属，他们由于能力和技能差或经验少或没有把握等原因不能或不

愿意为自己的任务行为承担责任。领导者要具体地指导员工做什么、怎么做以及什么时候做。指导型风格和支持型风格适用于中等成熟度的下属。例如，下属可能没有接受过做某项工作的培训且缺乏经验，但是却有很强的自信心、兴趣和意愿来学习。如图表 15－7 所示，指导型风格在上述情境下是有效的，因为这种情境不仅需要给出指导，还需要寻求来自员工的信息并清晰地阐明任务，而不仅仅是简单地命令下属做什么。当下属具备必需的技能和经验，但是有时候对自己的能力没有把握或缺乏强烈的意愿时，支持型风格可以帮助领导者引导下属的发展，成为员工谋求建议和协助的源泉。当下属表现出高成熟度时，即下属具备较高的受教育水平、丰富的经验，并准备好为自己的任务行为承担责任时，可以使用授权型风格。因为下属表现出高成熟度，所以领导者可以将决策的责任和执行下放给有技能、有能力并有积极态度去贯彻到底的下属。领导者根据下属认为的合适程度为他们提供任务的大致目标和充分权力。

要想应用情境模型，领导者必须判断下属的成熟度并采用合适的领导风格：命令型、指导型、支持型或授权型。例如，坐在伦敦附近的玛氏公司破旧办公室里冲动的进口品类经理乔·牛顿（Jo Newton）主要采用了支持型风格。牛顿团队中的多数成员都具有中等成熟度，因此牛顿告诉他们公司想要的结果后就抽身出来，只是在需要时提供指导和支持。她说："我希望员工自己想办法去做事情……我喜欢支持他们做事情而不是指导他们做事情。"[41] 如果领导者接管的是由缺乏经验、不可靠的成员组成的团队，那么，领导者很可能需要采用命令型或指导型风格来提供更多的指导。相反，沃伦·巴菲特主要采用了授权型领导风格。这位 80 岁的伯克希尔·哈撒韦公司的 CEO 被认为是世界上最优秀的管理人员，但是，他却不参与伯克希尔公司所有业务的日常管理。他信任各个部门的经理，他们都是技艺精湛的专业人士并且愿意为自己的任务行为承担责任。[42] 授权型领导风格并不总是适用，但所有的管理者为了组织能够平稳运行，需要把一部分任务和决策分派出去。下面的"经理会谈"专栏讨论了有效授权的方法和技巧。

经理会谈

如何授权

有时候，管理者抓住手中的决策权和工作职责不放。授权失败有多种原因：管理者在做熟悉的决策时会很轻松；他们感觉授权后自己会失去地位；他们认为自己一个人可以把工作做得更好；他们厌恶风险，不愿意冒险授权，因为他们对绩效承担最终责任。

但是对工作和决策进行授权可以给组织带来很多好处。决策由适当层级的人员制定，低层级的员工会受到激励，并且员工有机会发展自己的决策能力。作为一名管理者，下面的方法可以帮助你更有效地授权：

- 把整个工作授权出去。管理者应该将一份完整的工作授权给一个人，而不是将该工作拆分后分派给几个人。这种类型的授权给予一个人全部责任，管理者既对结果有一定的控制，又增强了下属的主动性。
- 选择一个合适的人。不是所有的员工都有相同程度的能力和积极性。想要有效地授权，管理者就必须使工作与下属的才能相匹配。管理者应该辨识出那些曾经独立地做决策并且希望承担更多责任的下属。

● 保证权责对等。仅仅分配任务并不是有效的授权。管理者往往给予下属越来越多的责任，但却没有拓展他们的决策范围。除了承担完成一项工作的责任，员工还应该得到确保更好地完成工作的决策权。

● 通过书面的指南来授权。成功的授权应该包括做什么、什么时候做、为什么做、在哪里做、谁来做、如何做等一系列信息。下属必须清楚地了解任务和期望的结果。将所有讨论过的规定（包括要求的来源、何时及如何报告结果等）都写下来是一个好方法。

● 保持反馈。反馈意味着保持和下属之间开放的沟通，以回答下属的问题并提供建议，但是，不应该施加过多的控制。开放的沟通使管理者更容易信任下属。反馈可以使下属保持在正确的轨道上。

● 评价绩效并给予奖励。一旦任务完成，管理者应该评估结果而不是方法。如果结果没有达到期望，管理者就应该评估后果、影响。如果结果达到了期望，管理者就应该用夸奖、适时的物质奖励和未来的工作委派来肯定员工的优秀表现。

你是一个积极的授权者吗？

你是在促进还是在阻碍分权化的进程？如果你对下面三个以上问题的答案是“是”，那么你在授权方面是有问题的：

√ 我倾向成为一个完美主义者。

√ 老板希望我知道我的工作的所有细节。

√ 我没有时间清楚、具体地解释一项任务应该如何去完成。

√ 我经常是用一己之力去完成任务。

√ 我的下属一般不像我这样具有奉献精神。

√ 当别人的做事方法不正确时，我会心烦。

√ 我非常享受将工作的所有细节都做到最好。

√ 我喜欢控制工作结果。

资料来源：Thomas R. Horton，“Delegation and Team Building：No Solo Acts Please，” *Management Review* (September 1992)：58－61；Andrew E. Schwartz，“The Why，What，and to Whom of Delegation，” *Management Solutions* (June 1987)：31－38；“Delegation，” *Small Business Report* (June 1986)：38－43；and Russell Wild，“Clone Yourself，” *Working Woman* (May 2000)：79－80.

15.6.2 菲德勒的权变理论

上述情境模型关注下属的特征，而菲德勒和他的同事则关注组织环境的其他要素，用这些要素来评估一种领导风格在什么时候会比另一种领导风格更加有效。[43] 菲德勒理论的出发点就是领导者风格的任务导向或关系（人员）导向程度。菲德勒将一个人的领导风格视为固定不变且很难改变的，因此，他的基本想法是使领导者风格与最能让这种领导风格发挥作用的适当情境相匹配。可以通过判定领导风格和组织情境来使两者实现匹配。

■ 情境：有利的还是不利的？

一个人的领导风格是否合适取决于他所面临的情境对他有利还是不利。领导情境是否有利可以从三个方面来分析：领导者和下属之间关系的质量、任务的结构化程度和领导者拥有的正式职权大小。[44]

如果领导者与成员之间的关系是积极的，任务高度结构化并且领导者对下属拥有正式的职权，我们通常认为这样的情境对领导者非常有利。在这种情境下，下属会信任、尊重领导者并且对领导者充满信心。该团队的任务得以清晰地制定（涉及具体的程序）并且任务有清楚、明确的目标。除此之外，领导者拥有指挥、评价下属的正式职权以及伴随而来的奖惩权。如果领导者与成员之间的关系很糟糕，任务高度非结构化并且领导者的正式职权非常少，我们通常认为这样的情境对领导者非常不利。在一个高度不利的情境下，下属几乎不尊重领导者并且对领导者缺乏信任和信心。任务是含糊不清、难以制定的，并且缺乏清晰的步骤和指导。领导者几乎没有正式的职权来指挥下属，也没有权力来实施奖惩。

■ **领导风格与情境的匹配**

菲德勒在研究领导风格与情境有利性之间的关系时，发现了如图表 15－8 所示的模式。在非常有利或非常不利的情境下，任务导向型领导者更加有效。在中等程度的有利情境下，关系导向型领导者更加有效。

图表 15－8 领导者风格如何适应情境

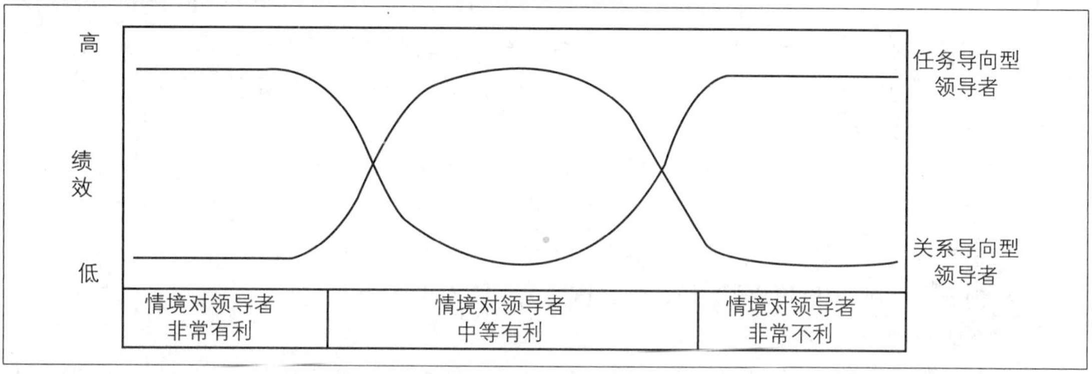

资料来源：Based on Fred E. Fiedler, "The Effects of Leadership Training and Experience: A Contingency Model Interpretation," *Administrative Science Quarterly* 17 (1972): 455.

任务导向型领导者很擅长在有利的环境中工作，因为人与人之间相处融洽、任务清晰且领导者有权力，只需要领导者身先士卒并且提供方向性指导。类似地，如果情境对领导者非常不利，就需要大量的结构并确定任务方向。一个强有力的领导者会规定任务结构并建立强有力的权威。因为无论如何，领导者和成员之间的关系都是糟糕的，所以强烈的任务导向并不会影响领导者受欢迎的程度。塞尔吉奥·马尔乔内曾经在克莱斯勒集团极端不利的情境下使用强硬的任务导向型领导。

创新之道

克莱斯勒集团的塞尔吉奥·马尔乔内

美国三大汽车制造商中最小的一家企业的命运掌握在出生于意大利的塞尔吉奥·马尔乔内（Sergio Marchionne）的手中。几年前，由于马尔乔内对细节的高度关注，菲亚特公司得以从破产的边缘被挽救回来。马尔乔内是一个强硬的任务导向型领导者。他没有将办公室设在位于密歇根州奥本山市的克莱斯勒集团总部大楼的最高层行政套间里，而是安排在四楼的工程中心里。他随身携带六部智能手机，密切关注最小的细节，甚至小到新款的道奇挑战者上有缺陷的门把手。他说："如果你确实想要运营一家企业，你就需要达到这种程度。"

马尔乔内入职时，克莱斯勒正面临极端不利的情境。和通用汽车一样，克莱斯勒在数年前获得联邦政府的紧急救助，而马尔乔内正是在该集团刚刚脱离破产边缘，菲亚特能够行使部分所有权之后接手该集团的。销售额急剧下跌，克莱斯勒的形象受损，员工士气和积极性低落，成本高，运营问题困扰着该公司。马尔乔内因为在菲亚特一周工作七天、每天工作很长时间而逐渐为人知晓，并且他要求克莱斯勒的高级执行官在不久的将来做同样的事情。他定期和管理者开会，告知他们必须完成哪些任务。那些坚持用传统的做事方法的管理者都被开除了。

马尔乔内任务导向型的领导正在发挥积极作用。克莱斯勒的汽车销售显著改善，运营问题也得到控制。此外，马尔乔内强硬、有力的方法给克莱斯勒注入新的生机和活力，给员工带来巨大的希望和动力。[45]

塞尔吉奥·马尔乔内强硬的、任务导向型的方法对于处在困境中的克莱斯勒非常适用。芝加哥大学的一些学者研究了处在转折期的CEO，处于转折期中的这些公司通常背负沉重的债务并且急切需要改善运营结果。这些研究者发现意志坚定、关注任务(比如具有分析技能)、重视效率及制定高标准这些领导者品质比良好的沟通、聆听和团队合作这些人际技能更有价值。[46]

关系导向型领导者在中等程度的有利情境中表现得更好，因为人际关系技能对于取得高团队绩效非常重要。在这类情境中，领导者可能受到员工的适度欢迎，拥有一定的权力，管理着具有某些模糊性的工作。一个具备良好人际交往能力的领导者可以创造出一种积极的团队工作氛围，这样的氛围有助于改善关系、明确任务结构并且建立职位权力。

此外，领导者在应用菲德勒的权变理论时需要了解两件事情。第一，领导者需要知道自己属于任务导向型领导风格还是关系导向型领导风格。第二，领导者应该确定组织情境，判断领导者与成员之间的关系、任务结构以及职位权力等对自己有利还是不利。

菲德勒认为适合情境的领导者风格会对利润和效率做出很大的贡献。[47]另一方面，这个模型受到了一些批评。[48]一些研究者对这个理论提出了挑战，他们认为领导者无法根据情境特征的变化来调整自己的风格。尽管有这些批评，菲德勒的模型仍旧影响着领导领域的研究。菲德勒的研究强调了实现领导风格和情境之间最佳匹配的重要性。

15.6.3 领导的情境替代

至此，前面研究过的权变领导方法关注的是领导者的风格、下属的特征以及情境的特征。最后一个权变方法认为情境变量的作用很强大以至于可以取代领导或者使领导作用失效。[49]该方法列出了一些组织环境，在这些环境中领导风格不重要或不必要。

图表15-9列示了能够替代或中和领导特征的情境变量。**领导替代**（substitute for leadership）使领导风格变得不必要或显得多余。例如，一个知道如何完成任务的高度专业化的下属不需要领导者替他们创建结构并告诉他们做什么。**中和剂**（neutralizer）抵消了领导风格的作用，阻止领导者表现出特定的行为。例如，如果一名领导者几乎没有职位权力或者与下属距离较远，那么，该领导者为下属提供指导的能力将被大大削弱。

图表 15－9 领导的替代品和中和剂

变量		任务导向型领导	员工导向型领导
组织变量	群体凝聚力	替代	替代
	正式化	替代	没有影响
	缺乏弹性	中和	没有影响
	职位权力低	中和	中和
	物理分隔	中和	中和
任务特征	高度结构化任务	替代	没有影响
	自动反馈	替代	没有影响
	内在满足	没有影响	替代
群体特征	专业化	替代	替代
	培训/经验	替代	没有影响

图表 15－9 中的情境变量包括群体特征、任务特征和组织变量。当下属高度专业化且非常有经验时，这两种领导风格都不太重要。员工不需要过多的指导或关怀。从任务特征来看，高度结构化的任务可以取代任务导向型领导风格，令人满意的任务可以取代员工导向型领导风格。从组织本身的特征来看，群体凝聚力可以取代两种领导风格。正式的规则和程序可以取代领导者的任务导向性。领导者和下属之间的物理分隔会使这两种领导风格都失效。

图表 15－9 所描述的情境的作用是帮助领导者避免过度干涉员工的工作。领导者采用一种领导风格是为了弥补组织情境的不足。考虑一下银行柜员的工作环境。银行柜员做的工作高度结构化，需要遵循明确的规则和程序，在如何完成工作方面弹性很小。银行柜员的主管不应该采用任务导向型领导风格，因为组织已经为下属提供了结构和指导。主管应该专注于员工导向型领导风格，提供更加愉悦的工作环境。在其他组织中，如果群体凝聚力或内部满意度满足员工的社会需要，领导者就可以专注于任务导向型行为。领导者可以采用与组织情境互补的领导风格来保证工作群体的任务需要和员工需要都可以得到满足。

15.7 魅力型和变革型领导

研究者还考察了领导者如何鼓励并激励员工，使他们表现出超出正常水平的绩效。一些领导方法比另一些领导方法更有效，可以带来更高程度的奉献和激情。其中两种有巨大影响力的领导类型是魅力型领导和变革型领导。

15.7.1 魅力型领导

魅力被定义为"可以点燃下属的工作热情和献身精神的一把火，这把火可以产生超越使命要求的结果”。[50] **魅力型领导者**（charismatic leader）具备一种能力：即使存在困难并需要自我牺牲，魅力型领导者也可以鼓励、激励员工完成更多的工作。为了团队、部门或组织的利益，下属愿意将个人利益放在一边。魅力型领导者的影响力来自：（1）阐述一幅员工认同的崇高的未来蓝图；（2）表现出理解及移情能力；（3）授权下属并信任下属能够完成任务。[51] 魅力型领导者的行为很难预测，因为他们会创造出一种变革的氛围，会深深沉浸在鼓励、激发并推动他人努力工作的愿景中。近年来，企业界众所周知的一名魅力型领导者是苹果公司的创始人兼 CEO 史蒂夫·乔布斯。

创新之道

史蒂夫·乔布斯

在 2011 年 10 月去世之前，史蒂夫·乔布斯就已经是一个传奇。他的创造性、对创新产品设计的痴迷以及人格魄力使得苹果公司迅速发展。他去世之后，管理者开始阅读那些描述他的领导风格的书籍和文章，企图找到史蒂夫·乔布斯的魔法。他的魔法部分依赖于他的魅力。

乔布斯手下有一大批追随者。他如何从大学辍学，如何创立苹果公司，如何被自己的公司开除；为了拯救苹果，多年后他如何重返公司，如何用 iPod 和 iPhone 创建一个全新的业务以实现苹果公司的转型，这些故事构成一系列传奇。乔布斯给苹果公司的员工、商业伙伴以及公众带来了活力。他充满魅力的个性在说服媒体为苹果产品做宣传这件事上发挥了重要作用。伦敦商学院的一名教授在乔布斯去世的前几个月说：“乔布斯说话的时候，人们都在倾听。”他对工作的热情和奉献精神激励了无数员工和顾客。但是，他急躁、喜怒无常的脾气，让人有压迫感且任性的个性，没有耐心且苛刻的要求以及吹毛求疵的态度有时候会拉低他的表现。

他可以挑战并激励团队去完成不可能完成的事情，但是，他也会轻易地将有前景的想法或努力视为垃圾而不予理睬，从而导致潜在人才理想幻灭及流失。即使这样，很多人甚至包括一些他骂过的人还是很崇拜并尊重史蒂夫·乔布斯（一些人甚至将乔布斯视为神）。他们在讲述“乔布斯当着我的面大声叫喊”这样的事情时都充满了自豪。他充满活力的个性及拒绝“卖掉企业”的态度使得人们喜欢围绕在他旁边。一篇杂志文章评论说，乔布斯所激发出来的令人惊讶的员工忠诚度将苹果变成“由千万个乔布斯”组成的公司。[52]

正如乔布斯的例子所展现的那样，魅力有积极的一面，也有消极的一面。其他的魅力型领导者包括特蕾莎修女、山姆·沃尔顿、亚历山大大帝、奥普拉·温弗瑞、马丁·路德·金。魅力可以用来产生有益于群体的正面结果，也可以用来服务自我，从而导致欺骗、操纵和剥削他人。当魅力型领导者出于整个团队的需要而不是个人情感需要对组织问题做出响应时，他们会对组织绩效产生积极的作用。[53] 史蒂夫·乔布斯的个人身份与苹果公司紧紧地捆绑在一起，以至于服务苹果和满足乔布斯个人的情感需要几乎是同一件事情。与本章前面所讨论的第五级领导和真诚式领导一样，在区分一个魅力型领导者是为了组织更大的利益工作还是将自己的天赋用于建立自我意识和个人目标的时候，谦逊通常可以发挥重要作用。[54]

魅力型领导者一般也擅长做一名愿景式领导者。**愿景**（vision）是指一种有吸引力的、理想化的未来，它可信但不容易实现。愿景对于魅力型领导和变革型领导都至关重要。愿景式领导者可以说到员工的心坎儿里去，让他们认为自己可以表现得更好。在别人看到困难和失败的地方，愿景式领导者看到的是可能性和希望。

魅力型领导者往往对未来抱有强烈的愿景，甚至可以说是着迷，并且能够激励他人帮助他们去实现这个愿景。[55]这样的领导者对下属有强大的情感影响力，因为他们坚信这个愿景并且能够用一种使他的愿景听起来可信、亲切、有意义的方式将其传达给下属。

绿色魔力

在斗牛士的掌控之下

以任何标准来衡量，这都是一个大胆的举措。恩特里坎纳尔斯（José Manuel Entrecanales）于 2004 年接任了领导职位，成为西班牙安讯能集团的 CEO 和董事长，安讯能是欧洲最盈利的房地产和建筑公司之一。恩特里坎纳尔斯预想了一个美好的未来：企业可以在经济收益和环境标准之间取得平衡。恩特里坎纳尔斯说服董事会重视气候变化，促进可再生能源的开发。公司抓紧时间对公众宣布了它的长期可持续发展计划，并且执行由可持续发展委员会主导的新战略。在接下来的六年中，安讯能公司的管理者把资金投向包括风力发电机在内的可持续发展项目。截至 2009 年，安讯能已经是世界第三大风能产品生产商。在不到十年的时间内，安讯能因节能建立起品牌，而恩特里坎纳尔斯就像优秀的斗牛士一般准确地选择和计算好每一个步骤，设计新的行动领域。

资料来源：Daniel Arenas，Jeremie Fosse，and Matthew Murphy，“Acciona：a Process of Transformation Towards Sustainability，” in *The Journal of Management Development* 30，no. 10（2011）：1027 - 1048；and Patricia McCormick，“A Brave Matador Explains the Bullfight，” *Sports Illustrated*，March 11，1963，http：//sportsillustrated. cnn. com/vault/article/magazine/MAG1074594/2/index. htm（accessed August 4，2012）.

15. 7. 2 变革型领导与交易型领导

变革型领导者（transformational leader）与魅力型领导者相似，但是他们在给组织带来创新和变革这些特殊的能力上有显著区别，这些能力包括识别下属的需求和困扰，给工作赋予意义，让员工用新的方法去解决老问题，以身作则表现出新的价值观和行为。变革型领导者鼓励下属不仅要相信领导者可以为组织构想并创造一个更好的未来，而且要相信他自己也具备这种潜能。变革型领导者给下属和组织都带来了巨大的改变。[56]

将变革型领导者与交易型领导者做比较后更容易理解。[57]**交易型领导者**（transactional leader）清晰地界定下属的角色和任务要求，构建结构，提供适当的奖励并且关心下属，满足下属的社会需求。交易型领导者使下属满意的能力可能会提高生产率。交易型领导者擅长管理各个职能部门。他们工作努力、容忍度高并且公正公平。他们会因保持企业顺畅高效地运行而感到自豪。交易型领导者经常强调绩效的非人性化因素，比如计划、安排和预算等。他们对组织充满奉献精神并且遵守组织的规范和价值观。交易型领导者对所有组织都很重要，但是领导变革需要不同的方式。

变革型领导者具备变革组织使命、战略、结构及文化的能力，也具备促进产品和技术创新的能力。变革型领导者不仅仅依靠有形的规则和激励手段来控制与下属特定的交易，也关注那些无形的特质，比如愿景、共同的价值观、建立关系的想法。他们给各种各样的活动赋予更多的意义，为在变革过程中获得下属的支持寻找共同的基础。[58]例如，哥伦比亚特区公立学校前部长米歇尔·李（Michelle Rhee）是一位变革型领导者，她改进了美国学校最昂贵但绩效最差的一类教育体系。她抨击学校根据教师的资历而不是绩效来进行奖励的功能失调的文化，改造教育体系和组织结构以摒弃官僚主义，规定校长的职责在于改善学生的表现并且使人们把注意力放在学生利益高于一切的使命上。米歇尔迅速砍掉了很多行政职位，开除了那些没有达到绩效考核标准的教师和校长，并且关闭了一些绩效差的学校。新的规程大方地奖励高绩效的教师，给校长更多的权力来控制招聘、晋升及解聘，同时新的考核规程警告人们低绩效和自满是不被容忍的。米歇尔的变革型领导行为为长期停滞发展的学校体系注入了新的生机和活力。[59]

研究表明，变革型领导者对下属的发展和绩效都有积极的作用。[60]此外，变革型领导技能是可以学习的，它并不是纯粹的个性特征。但是，有些个性特征可以使领导者更容易表现出变革型领导者行为。例如，对变革型领导者的研究发现，前面章节中讨论过的随和性特征经常和变革型领导者联系在一起。[61]另外，变革型领导者通常情绪稳定并且积极地投身于周边的各项活动中，他们有着极强的感知并理解他人情绪的能力。[62]考虑到那些依靠建立积极的关系网络来完成变革的领导者，这些特征并不令人奇怪。

15.8 追随者

对领导理论的探讨如果没有考虑追随者的品质，将是不完整的。领导者很关键，但是，如果没有有效的追随者，那么组织也不可能存活。一项研究要求人们给领导者和追随者所需品质排序，结果显示，人们对于好领导者和好追随者的品质有不同的期望。领导者和追随者需具备的前五个品质如下所示。[63]

领导者	追随者
诚实的	诚实的
能干的	能干的
有远见的	可靠的
鼓舞人心的	合作的
智慧的	忠诚的

领导者和追随者需要具备的品质可能存在一些差异，但是整体上，一个好追随者的很多品质与一个好领导者的品质是一样的。领导者必须加深对追随者的理解并创造条件来帮助追随者达到最佳状态。[64]

图表15-10展示了一个追随模型。罗伯特·凯利（Robert E. Kelly）对管理者和他们的下属做了大量的采访，根据两个维度进行分类，提出了五种追随者风格。[65]

图表 15-10 追随者的风格

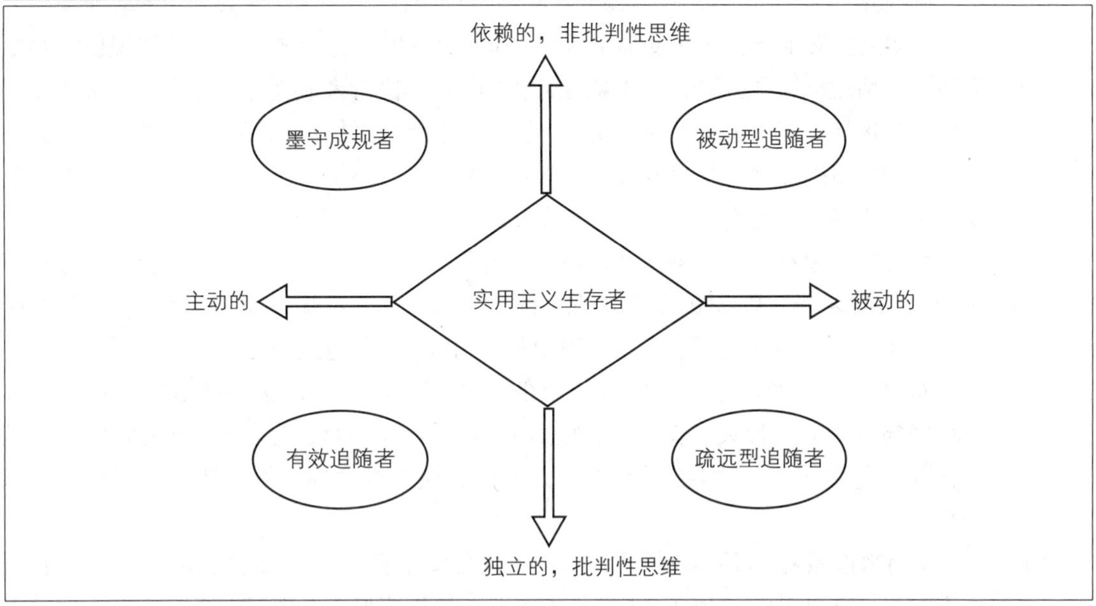

资料来源：Based on Robert E. Kelley，*The Power of Followership*（New York：Doubleday，1992）.

第一个维度是独立的、**批判性思维**（critical thinking）与依赖的、**非批判性思维**（uncritical thinking）。独立的批判性思考者对于自己及他人的行为对实现组织目标的影响非常警觉。他们会比较老板的决定和自己的决定产生的影响大小，并且提出建设性的批评意见，给组织带来创造力和创新。相反，一个依赖的、不进行批判性思考的人不会想到超越对他的要求，不会对组织的培养有所贡献并且不加思考地接受上级的想法。

追随者风格的第二个维度是主动行为与被动行为。一个主动的追随者会完全投身到组织中，参与超越他的工作职责的行为，表现出一种主人翁精神，并且主动发起解决问题和制定决策的活动。相比之下，一个被动的追随者的显著特征是需要上级不断地监督和激励。被动通常被视为懒惰，一个被动的人从不做要求之外的事情并且避免额外的责任。

一个人主动或被动的程度，独立的、具备批判性思维或依赖的、具备非批判性思维的程度决定了一个人的领导风格是疏远型追随者、被动型追随者、墨守成规者、实用主义生存者还是有效追随者，如图表 15-10 所示。

- **疏远型追随者**（alienated follower）是一个被动但是独立的、具备批判性思维的人。疏远型的员工一般是有效率的追随者，他们经历过挫折和困难，他们的上级可能曾违背承诺。因此他们很能干，也会关注老板的缺点。通常，愤世嫉俗的、疏远型的追随者会独立思考，但是不会主动解决他们发现的问题。这些员工将宝贵的时间浪费在抱怨老板上而不是提出建设性的反馈意见。
- **墨守成规者**（conformist）会主动与老板建立关系，却不具有批判性思维。换句话说，墨守成规者往往甚至会执行所有的命令，而不管命令的本质是什么。墨守成规者愿意参与要求他们做的事情，但是却不考虑这些事情的后果，即使冒着给组织带来损害的风险，他们也会做。墨守成规者只关心如何避免冲突。这种追随者风格可能反映了个人对权威过度依赖的态度，但是，也可能是僵化的规章制度和独裁环境造成的墨守成规的文化所带来的结果。

- **实用主义生存者**（pragmatic survivor）具备所有这四种品质，他表现出哪种品质取决于情境。这种类型的人会采用能给他所在职位带来最大好处并使风险最小化的任何一种风格。实用主义生存者往往出现在一个组织经历艰难困苦的时候，他们会做任何有助于组织渡过难关的事情。在任何一家特定的公司中，总有 25%～35%的人是实用主义生存者，他们规避风险并维持现状。[66]

- **被动型追随者**（passive follower）既不表现出独立的、批判性思维，也不表现出主动的参与。因为被动和非批判性思维，这些人既没有主动性也没有责任感。他们的活动仅限于他们被告知要做的事情，他们只有在监督下才能完成任务。被动型追随者将思考的任务留给他们的老板。通常，这种风格的追随者是由鼓励消极行为的“管头管脚”型老板造成的。因为人们认识到表现出主动性、承担责任或创造性思考不但不会受到奖励，反而会被老板惩罚，所以他们就变得越来越消极。

- **有效追随者**（effective follower）不仅是独立的、具备批判性思维的人，而且在组织中表现得很积极。无论别人在组织中占据何种职位，有效追随者在所有人面前都表现得一样。他们与领导者保持平等的关系，不回避风险和冲突。他们能够自我管理，能够认识到自身和老板身上的优点和缺点，能够全身心地投入某些超越自身能力的事情，并且致力于提高能力、解决问题、产生积极的影响。

让我们看看一家法国铜合金铸造厂 FAVI 的守门人表现出来的有效追随者行为。一天晚上，守门人正在做清理工作，电话铃响了，她接起电话后发现，一位重要的访客因航班延误现正在机场等人接机，事先安排好的接机人员并没有去机场(因为该访客没有按时到达机场，所以 FAVI 的接机人员离开了机场)。这位守门人做了什么呢？她拿起公司汽车的钥匙，开了 90 分钟到机场接上这位访客并把他送到酒店，然后回来继续完成她三小时前停下来的清理工作。[67] 有效追随者认识到他们在与上级的关系中拥有一定的权力，因此，如果他们认为这件事情能给团队或组织带来最大的利益，他们就有勇气向上管理、发起变革，甚至让自己置身于风险或冲突之中。

15.9 权力和影响力

在组织中，追随者和领导者都会使用权力和影响力来把事情做好。有时候权力和影响力两个词会被理解为相同的意思，其实两个词之间还是有区别的。**权力**（power）是影响他人行为的潜在能力。[68] **影响力**（influence）是一个人的行为对他人的态度、价值观、信念或行为产生的影响。既然权力是导致他人行为发生变化的能力，那么影响力就可以认为是引发的实际变化的程度。

对权力的大多数讨论都是有关领导者所拥有的五种类型的权力的[69]，这些权力可以划分为硬权力或软权力。硬权力主要是来自个人职位的权力，包括法定权、奖励权、强制权。软权力包括专家权和参照权，这些权力主要基于个人特征和社会关系，而不是职位权力。

15.9.1 职位权力

传统的管理者的权力来自组织（硬权力）。管理者的职位赋予管理者奖赏或惩罚下属的权力，并以此来影响下属的行为。法定权、奖励权和强制权都是管理者用来改变员工行为的职位权力。

■ 法定权

来自组织中正式管理职位的权力和权力所带来的权威称作**法定权**（legitimate power）。一旦一个人成为一名管理者，大多数的员工就会明白他们有义务在工作活动方面接受他的指导。下属认为这种权力是合法的，所以他们会遵从管理者。

■ 奖励权

奖励权（reward power）来自能给予他人奖励的职权。管理者有权进行正式奖励，例如加薪和晋升；也有权进行非正式的奖励，例如赞扬、关注和认可。管理者可以利用奖励来影响下属的行为。

■ 强制权

奖励权的对立面是**强制权**（coercive power）。它是指进行惩罚或建议惩罚的职权。当管理者有权开除员工、给员工降职、批评员工或拒绝给员工加薪时，他们就在行使强制权。如果一个员工的表现不如预期，则管理者有权斥责他、给他负面的评价、拒绝给他加薪并且不给他晋升的机会。

15.9.2 个人权力

有效的领导者不会仅仅依靠来自职位的硬权力来影响他人的行为。通用电气的 CEO 杰夫·伊梅尔特如果一年中使用硬权力有七八次，他就会认为自己是个失败者。其他时间，他都在使用更加“柔软”的方法去说服、影响他人并调和冲突的想法和观点。[70]相比于职位权力这样外在的权力，个人权力大多来自个人内部，例如，个人的专业知识或个人特征。个人权力是领导者的主要工具，因为越来越多的企业由工作团队运营，员工不愿意忍受独裁管理，所以个人权力变得越来越重要。[71]个人权力的两种形式分别是专家权和参照权。

■ 专家权

来自完成任务过程中的个人专业知识或技能的权力称作**专家权**（expert power）。如果一个人是真正的专家，那么其他人会因为他出众的知识而采纳他的建议。追随者和领导者都可以拥有专家权。例如，在一些团队中，追随者拥有领导者所缺乏的专业知识。一些位于高级管理岗位上的领导者可能会缺乏专家权，因为下属往往在技术细节方面知道得更多。

■ 参照权

参照权（reference power）来自个人的性格特征，这些性格特征可以获得他人的认可、尊重和崇敬，因此他人会想模仿这个人。参照权不依赖于正式的头衔或职位。上司在与员工相处的过程中，因他们的相处方式而受到员工的尊敬，这样的影响就是参照权。参照权最常见于魅力型领导者。在社会和宗教运动中，我们经常会看到魅力型领导者，他们仅凭个人权力就能获得众多的追随者。

15.9.3 权力的其他来源

还有一些其他的权力来源，它们与特定的人和职位无关，而与个人在组织中扮演的角色有关。这些重要的来源包括个人努力、关系网络以及信息。

■ 个人努力

最终在组织中获得权力的人往往是那些表现积极主动、所做工作超越组织对他们的期望、承担无法预期但很重要的项目，并且对了解组织和行业表现出很大兴趣的人。斯蒂芬·霍姆斯（Stephen Holmes）说他是因为个人努力才成为温德姆酒店集团的CEO的。20世纪80年代初，作为一个私人投资公司年轻的内部审计员，霍姆斯将他晚上的时间全部用来学习新的电子制表软件。著名投资人亨利·西尔弗曼（Henry Silverman）每天晚上都会看到他，因此对这位年轻审计员的努力产生了好奇心，想看看他在做什么。西尔弗曼邀请霍姆斯随他一同到期货公司工作，包括黑石、HMS以及温德姆集团。霍姆斯说："我是一个孩子，但是他把我放到了同龄人不可能达到的职位上。"[72]

■ 关系网络

处在关系网络中的人有更大的权力。关系多的员工或领导者知道组织和行业内部正在发生些什么，而关系少的人经常不知道一些重要的活动或变化。与上级或其他有权力的人建立积极的联系是获得权力的一个好方法，但是，拥有很大权力的人却是和所有层次的人都建立关系的人，包括组织内部和组织外部的人。

■ 信息

信息是一种主要的企业资源，有权接触到信息，并且可以控制信息以什么方式发送给谁的人往往拥有最大的权力。在一定程度上，能否接触到信息取决于一个人在组织中的职位高低。高层管理者往往比中层管理者接触到的信息多，依次序，中层管理者比基层管理者或一线员工接触到的信息多。

领导者和追随者都可以利用这些额外的权力来源。领导者花时间在组织内外构建关系，通过非正式交流讨论一些重要的项目和重要事件时，他们往往已经成功了。作为时代华纳CEO的杰克·格里芬（Jack Griffin）就职不到六个月就离开了时代华纳，原因是他没有成功地发展积极的关系。格里芬试图使用职位带来的硬权力在时代华纳实施必要的变革，但是，他没有构建必需的软权力纽带来实施这些变革。董事会成员意识到格里芬已经不受欢迎了，如果让他继续留在CEO的位置上，公司很可能失去有价值的员工。[73]

15.9.4 人际影响力策略

领导者经常采用影响力策略组合，那些被认为拥有更大权力和影响力的人往往是采用多种策略的人。一项针对数百位领导者所做的调查发现了4 000多种不同的策略，这些人使用这些策略来影响他人。[74]

这些策略被分为几种基本的类别，其分类依据是导致人们改变行为和态度的原则。图表15-11列出了产生影响力的六个原则。请注意，大多数原则都涉及个人权力的使用，而不仅仅依赖于职位权力或奖励和惩罚。[75]

图表 15-11 领导者可以使用的六种人际影响力策略

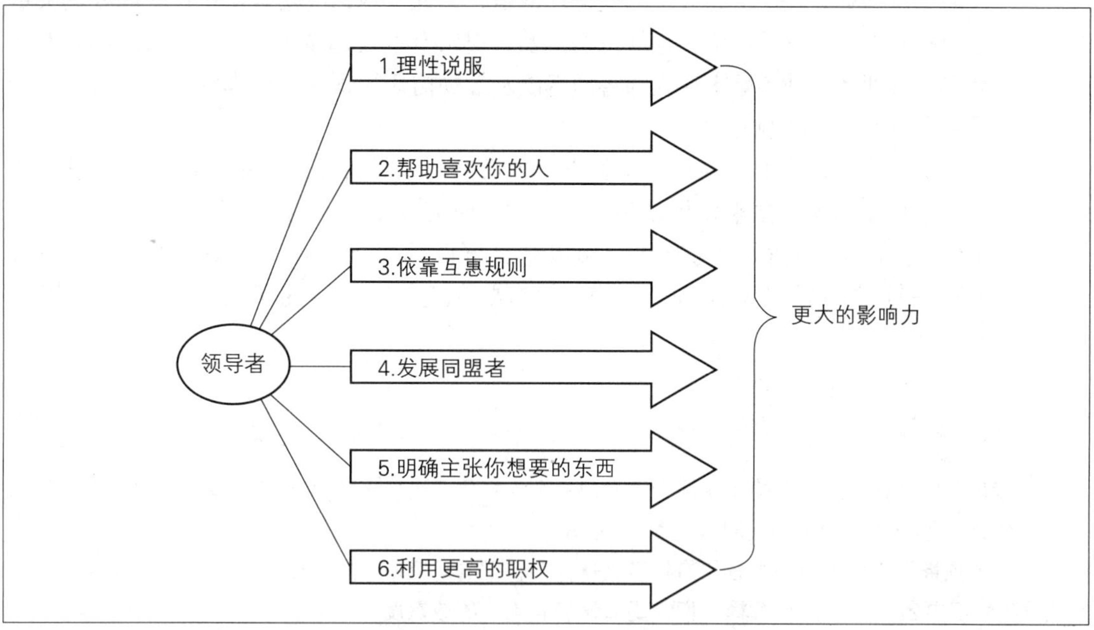

1. 理性说服。领导者最常使用的影响力策略是用事实、数据和逻辑论证来使他人相信一个提案、请求或决定是合理的。理性说服的方法往往是高度有效的，因为大多数人都相信事实和分析。[76]尽管使用了参照权，但当领导者拥有与问题相关的技术知识和专长时（专家权），理性说服是最成功的方法。也就是说，除了事实和数据，人们不得不相信领导者的可信度。

2. 帮助喜欢你的人。人们更加愿意赞同自己喜欢的人的观点，而不是自己不喜欢的人的观点。有效的领导者会努力打造自己的信誉和印象。当一个领导者表现出关怀和尊重，公平地对待他人并且信任他人时，人们更有可能做领导者吩咐的事情，来帮助并支持领导者。另外，大多数人都喜欢让他们感觉良好的领导者，所以领导者不应该低估夸奖的力量。

3. 依靠互惠规则。领导者可以通过交换利益和支持来影响他人。领导者会分享他们拥有的东西，无论是时间、资源、服务，还是情感支持。人与人之间的感情是普遍存在的，所以别人应该以同一种方式或另一种方式从他们所做的事情中得到回报。不成文的“互惠规则”的意思是支持他人的领导者才可以期望别人支持他们。[77]

4. 发展同盟者。有效的领导者会发展同盟者网络，这些人能帮助领导者实现自己的目标。领导者也会在正式的会议之外与追随者及他人交谈，了解他们的需求和担忧，同时对存在的问题做出解释，并陈述自己的观点。他们努力在解决问题的最好方法或最优决策上与他人达成一致。[78]

5. 明确主张你想要的东西。影响他人的另外一种方法是提出直接的、私人的请求。领导者必须清楚他们想要的，否则不可能得到自己想要的。一个明确的提议有时候很容易被接受，可能是因为人们没有更好的选择。另外，在选择不是很清楚的时候，一个清楚的提议或可选方案往往会得到支持。

6. 利用更高的职权。有时候领导者要将事情做好，不仅要使用自己的正式职权，还需要得到更高职位上的人员的支持。但是，研究发现，成功地使用正式职权的关键在于有知识、可靠及可信，也就是说，要表现出专家权、参照权和法定权。具有专业知识的管理者、诚实坦率待人的管理者以及鼓励信任的领导者比那些单纯发号施令的领导者有更大的影响力。[79]

研究表明，人们认为使用多种影响力策略的领导者更加有效。但不是所有的领导者采用相同的方法来发挥影响力。比如，研究发现，人力资源领域的领导者倾向于使用更温柔、更微妙的方法，如树立良好的信誉、利用支持以及发展同盟者，而财务领域的领导者倾向于使用更加强硬、更加直接的策略，如正式职权和魄力。[80]

讨论题

1. 找出一些你认为对当今的商业领导者有用的个人特质。这些个人特质在某些情境中比在其他情境中更有价值吗？你认为如何把特质与优点区别开来？

2. 在一项询问人们希望领导者和追随者具备什么特征的研究中，成熟度在追随者特征中名列第 8，在领导者特征中名列 15，如何解释人们希望追随者有更高的成熟度？

3. 如果一名男性管理者改变他的行为，表现出在女性管理者中更常见的交互式领导的特征，他还依然是一名真诚式领导者吗？请讨论之。

4. 找出学生会组织中的领导者的权力来源。哪些权力可能得不到？要做一名有效的领导者，学生领导应该将权力掌握在自己手中，还是下放给其他的学生？

5. 在一个虚拟环境中，领导者需要具备哪些技能和能力才能成为有效的领导者？你认为，关怀风格的领导者和结构维度风格的领导者，哪一个更容易成为一名成功的虚拟领袖？请解释之。

6. 什么是变革型领导？举出一些需要变革型领导、交易型领导或魅力型领导的组织情境的例子。

7. 第五级领导和仆从式领导有什么区别？你认为所有的人都有潜力成为第五级领导者吗？请讨论之。

8. 相比于领导者，为什么在组织中追随者得到的关注很少？请讨论有效追随者与领导者的相似之处。

9. 你认为在当今更加扁平化、基于团队的组织中，领导变得更加重要还是更加不重要？与传统的层级结构组织相比，是否有些领导风格更适合今天的组织？请解释之。

10. 设想一家律师事务所高级合伙人的领导职位。在这种情境下，什么样的任务、下属和组织要素可以对领导起到替代作用？

技能运用：批判性分析案例

这个团队怎么了？

“这个团队怎么了？”从登上洛杉矶飞往芝加哥的飞机开始，尼科尔·戴尔的这句话就一遍遍在亨利·兰金的脑中回响。

兰金负责在这两个城市的西部和东部营业部安装新的客户关系管理（CRM）软件。他的公司——Reflex 公司非常需要这个软件来提高销售额。凭借全国 310 位销售人员的力量，Reflex 公司向高中和大学销售训练设备，也向中小企业娱乐中心销售训练设备。产品的低价格为该公司贡献了很多销售额，然而，后续服务却不尽如人意。这个新的 CRM 系统可以借助历史数据，以及为销售代表提供的咨询、提醒和更新服务来解决这些问题。Reflex 的 CEO 要求这个 CRM 系统尽快安装完成。

兰金从随身行李的侧袋中拿出黄色的便笺簿和笔，扔到窗边的座位上，将背包放进行李架，在其他旅客缓慢经过时坐了下来。他闭上眼睛，把注意力集中在空调出气孔发出的声音上，试图理清思绪。他把“这个团队怎么了?”这句话写了三遍，并且开始在团队成员的名字上画圈：洛杉矶的巴里·利文斯顿和马克斯·沃乔霍夫斯基，芝加哥的鲍勃·芬利、琳恩·约翰斯顿和莎莉·菲利普斯。

他在莎莉的名字上做了标记。她最近跳槽了，带着虽非一流但也非常重要的才能去了另一家公司。之前在从洛杉矶飞往芝加哥的飞机上，莎莉向他说起她对自己在 Reflex 公司的前途的想法。后来，莎莉告诉他自己找到了另一份工作。她承认，那份工作钱更少，但 Reflex 公司让她感受到作为团队成员的压力，而她想要更高的“生活质量”。兰金坦白地告诉莎莉说，论专业技术（这是兰金最看重的一点），她比同事们稍差，因此，即使她有很强的个人及团队技能，未来晋升也不太可能。

他写下“生活质量”，把它圈起来，然后又把它划掉，写下“究竟怎么回事?”为什么她想得到更高的生活质量? 他陷入沉思，“从这个项目开始，我几乎就没看到过我的妻子和孩子。”兰金的团队处在巨大压力之下，他需要莎莉坚持下去。但是飞机一落地，她就径直走进办公室辞了职。这个团队突然变得人手不足，而且离截止日期如此接近，以致来不及增加新成员。

“这个团队怎么了?”兰金在思维高速运转的同时，怒气冲冲地写着这句话。

(1) 截止日期短得可笑。戴尔要求十周内完成这个新 CRM 软件项目，包括为两个城市安装该系统和培训相关人员。兰金突然停下来，画了一个骑手和一匹马，然后重新查看手中的名单。

(2)“我感觉自己像一个疲惫的信使在这个国家跑来跑去，设法开发、构建、安装这个 Reflex 公司的每个人都渴望马上看到的新系统，并解决其中的难题。”兰金写道。

空乘打断了他的思绪：“先生，请问您想喝点什么?”

“苏格兰威士忌加水，少放些水。”

兰金接过酒，继续写。

(3) 幸亏有洛杉矶团队。从一开始，巴里和马克斯就在拼命地工作，没有像芝加哥团队的成员那样满是唠叨和抱怨。这两个团队的工作氛围是不同的。尽管项目在进行，离截止日期越来越近，但队员似乎没什么大压力。洛杉矶的成员不知疲倦地扑在工作上，无暇顾及家人，仅用开玩笑的方式调节紧张的工作。“这是我喜欢的人。”他这样想。

(4)“但还有芝加哥团队。”他写道。早些时候，销售部的山姆·马沙尼给兰金发过邮件，后来又打过电话，他告诉兰金芝加哥团队剩下的两名成员——芬利和约翰斯顿不是在争吵就是在互相躲避，并且这种状态已经持续一段时间了。“这是怎么回事?”兰金很好奇，“为什么山姆知道而我不知道?”所以那天早上在上飞机前，兰金抽空给芬利和约翰斯顿打了电话并发了信息。芬利承认他对约翰斯顿的反应过激了。

“听着，老兄。我已经筋疲力尽了。”芬利说，“我一直埋头工作，这让我的妻子很不高兴。”

“还是撑到项目结束吧。”兰金命令道。

“那是什么时候?”芬利挂断电话前问道。

兰金想起戴尔一直跟他抱怨说这个团队似乎缺乏激情，她还告诫他：“让你的手下了解这个项目的紧迫性。”她的抱怨只是加大了他的紧张程度。他一直都认为，在两年内戴尔退休后，自己将是这个职位的不二人选。但他的团队毁了这个机会吗? 现在这种紧迫感可以用压力水平和他们已经忍受的时间来衡量。他承认他的团队成员缺乏热情，但他们似乎很忠诚。

兰金想知道，现在进行转变，重建团队合作的氛围是不是太晚了。他从便笺簿上撕下这张纸，揉进掌心，凝视着窗外。

◆ 问题

1. 你怎样描述兰金的领导风格？你认为在目前形势下，哪种方法是正确的？为什么？

2. 如果你是兰金，你现在会做什么？为了按时完成这个项目，你将怎样激发团队的热情？请提出具体的步骤。

3. 如果两年后兰金想要接替戴尔，你建议他如何改变自己的领导风格？请详细说明。

注　释

1. William C. Rhoden, "Steelers' Coach Takes a Quiet Route to Brilliance," *The New York Times*, February 6, 2011, SP.9.
2. Gary Yukl, "Managerial Leadership: A Review of Theory and Research," *Journal of Management* 15 (1989): 251–289.
3. James M. Kouzes and Barry Z. Posner, "The Credibility Factor: What Followers Expect from Their Leaders," *Management Review* (January 1990): 29–33.
4. Jim Collins, "Level 5 Leadership: The Triumph of Humility and Fierce Resolve," *Harvard Business Review* (January 2001): 67–76; Jim Collins, "Good to Great," *Fast Company* (October 2001): 90–104; A. J. Vogl, "Onward and Upward" (an interview with Jim Collins), *Across the Board* (September–October 2001): 29–34; and Jerry Useem, "Conquering Vertical Limits," *Fortune* (February 19, 2001): 84–96.
5. Jim Collins, "Enduring Greatness," *Leadership Excellence* (January 2011): 8.
6. Miguel Helft, "A Hired Gun for Microsoft, in Dogged Pursuit of Google," *The New York Times*, August 31, 2009, www.nytimes.com/2009/08/31/technology/internet/31search.html (accessed August 31, 2009).
7. Collins, "Level 5 Leadership."
8. Quoted in William J. Holstein, "The View's Still Great from the Corner Office," *The New York Times*, May 8, 2005.
9. Richard L. Daft and Robert H. Lengel, *Fusion Leadership: Unlocking the Subtle Forces That Change People and Organizations* (San Francisco: Berrett-Koehler, 1998).
10. Leigh Buchanan, "In Praise of Selflessness: Why the Best Leaders Are Servants," *Inc.* (May 2007): 33–35.
11. Robert K. Greenleaf, *Servant Leadership: A Journey into the Nature of Legitimate Power and Greatness* (Mahwah, NJ: Paulist Press, 1977).
12. "Not Her Father's Chief Executive" (an interview with Marilyn Carlson Nelson), *U.S. News & World Report* (October 30, 2006): 64–65.
13. "*Maersk Alabama* Crew Recalls Pirate Attack," *USA Today* (April 16, 2009), www.usatoday.com/news/nation/2009-04-16-pirates_N.htm (accessed April 30, 2009); Stacy Meichtry, Arian Campo-Flores, and Leslie Scism, "Cruise Company Blames Captain," *The Wall Street Journal*, January 17, 2012, http://online.wsj.com/article/SB10001424052970203735304577165290656739300.html (accessed January 20, 2012); and "Death Toll of Italy's Costa Concordia Wreck Rises to 30," *Philippine Star*, March 23, 2012, www.philstar.com/article.aspx?articleid=790169&publicationsubcategoryid=200 (accessed September 14, 2012).
14. Adam Bluestein, "Start a Company. Change the World." *Inc.* (May 2011): 71–80.
15. Bill George et al., "Discovering Your Authentic Leadership," *Harvard Business Review* (February 2007): 129–138; and Bill George, *Authentic Leadership: Rediscovering the Secrets to Lasting Value* (San Francisco: Jossey-Bass, 2003). For a recent review of the literature on authentic leadership, see William L. Gardner et al., "Authentic Leadership: A Review of the Literature and Research Agenda," *The Leadership Quarterly* 22 (2011): 1120–1145.
16. George, *Authentic Leadership*; and Bill George, "Truly Authentic Leadership," Special Report: America's Best Leaders, *U.S. News & World Report*, October 22, 2006, www.usnews.com/usnews/news/articles/061022/30authentic.htm (accessed October 5, 2010).
17. Michael Sokolove, "Follow Me," *The New York Times Magazine* (February 2006): 96; and Jena McGregor, "Coach K's Leadership ABCs," *The Washington Post*, November 17, 2011, www.washingtonpost.com/blogs/post-leadership/post/coach-ks-leadership-abcs/2011/04/01/gIQAkIpPUN_blog.html (accessed September 12, 2012).
18. Judy B. Rosener, *America's Competitive Secret: Utilizing Women as a Management Strategy* (New York: Oxford University Press, 1995), pp. 129–135.
19. Alice H. Eagly and Linda L. Carli, "The Female Leadership Advantage: An Evaluation of the Evidence," *The Leadership Quarterly* 14 (2003): 807–834; Rosener, *America's Competitive Secret*; Judy B. Rosener, "Ways Women Lead," *Harvard Business Review* (November–December 1990): 119–125; Sally Helgesen, *The Female Advantage: Women's Ways of Leadership* (New York: Currency/Doubleday, 1990); Bernard M. Bass and Bruce J. Avolio, "Shatter the Glass Ceiling: Women May Make Better Managers," *Human Resource Management* 33, no. 4 (Winter 1994): 549–560; and Carol Kinsey Goman, "What Men Can Learn from Women about Leadership in the 21st Century," *The Washington Post*, August 10, 2011, www.washingtonpost.com/national/on-leadership/what-men-can-learn-from-women-about-leadership/2011/08/10/gIQA4J9n6I_story.html (accessed September 12, 2012).

20. Rochelle Sharpe, "As Leaders, Women Rule," *Business-Week* (November 20, 2000): 75–84.
21. Kevin S. Groves, "Gender Differences in Social and Emotional Skills and Charismatic Leadership," *Journal of Leadership and Organizational Studies* 11, no. 3 (2005): 30ff.
22. Jack Zenger and Joseph Folkman, "Are Women Better Leaders Than Men?" HBR Blog Network, *Harvard Business Review*, March 15, 2012, http://blogs.hbr.org/cs/2012/03/a_study_in_leadership_women_do.html (accessed September 12, 2012); and Herminia Ibarra and Otilia Obodaru, "Women and the Vision Thing," *Harvard Business Review* (January 2009): 62–70.
23. Susan Carey, "More Women Take Flight in Airline Operations," *The Wall Street Journal*, August 14, 2007, B1; and Ann Therese Palmer, "Teacher Learns All About Airline; United VP Began as Reservations Clerk, Rose Through Ranks," *Chicago Tribune*, December 24, 2006, 3.
24. Leigh Buchanan, "Pat McGovern . . . For Knowing the Power of Respect," segment in "25 Entrepreneurs We Love," *Inc.* (April 2004): 110–147.
25. This analogy is from Gordon P. Rabey, "Leadership Is Response: A Paper for Discussion," *Industrial and Commercial Training* 42, no. 2 (2010): 87–92.
26. This discussion is based on Philip A. Dover and Udo Dierk, "The Ambidextrous Organization: Integrating Managers, Entrepreneurs, and Leaders," *Journal of Business Strategy* 31, no. 5 (2010): 49–58; Gary Yukl and Richard Lepsinger, "Why Integrating the Leading and Managing Roles Is Essential for Organizational Effectiveness," *Organizational Dynamics* 34, no. 4 (2005): 361–375; and Henry Mintzberg, *Managing* (San Francisco: Berrett-Kohler Publishers, 2009).
27. Nancy F. Koehn, "The Driver in Ford's Amazing Race," *The New York Times*, April 1, 2012, BU.1.
28. G. A. Yukl, *Leadership in Organizations* (Englewood Cliffs, NJ: Prentice Hall, 1981); and S. C. Kohs and K. W. Irle, "Prophesying Army Promotion," *Journal of Applied Psychology* 4 (1920): 73–87.
29. R. Albanese and D. D. Van Fleet, *Organizational Behavior: A Managerial Viewpoint* (Hinsdale, IL: The Dryden Press, 1983); and S. A. Kirkpatrick and E. A. Locke, "Leadership: Do Traits Matter?" *Academy of Management Executive* 5, no. 2 (1991): 48–60.
30. A summary of various studies and surveys is reported in Del Jones, "Optimism Puts Rose-Colored Tint in Glasses of Top Execs," *USA Today*, December 15, 2005.
31. Annie Murphy Paul, "The Uses and Abuses of Optimism (and Pessimism)," *Psychology Today* (November–December 2011): 56–63.
32. Tom Rath and Barry Conchie, *Strengths Based Leadership* (Gallup Press, 2009); Marcus Buckingham and Donald O. Clifton, *Now, Discover Your Strengths* (New York: The Free Press, 2001), p. 12.
33. Buckingham and Clifton, *Now, Discover Your Strengths*.
34. Gary Yukl, Angela Gordon, and Tom Taber, "A Hierarchical Taxonomy of Leadership Behavior: Integrating a Half Century of Behavior Research," *Journal of Leadership and Organizational Studies* 9, no. 1 (2002): 13–32.
35. C. A. Schriesheim and B. J. Bird, "Contributions of the Ohio State Studies to the Field of Leadership," *Journal of Management* 5 (1979): 135–145; C. L. Shartle, "Early Years of the Ohio State University Leadership Studies," *Journal of Management* 5 (1979): 126–134; and R. Likert, "From Production- and Employee-Centeredness to Systems 1–4," *Journal of Management* 5 (1979): 147–156
36. P. C. Nystrom, "Managers and the High-High Leader Myth," *Academy of Management Journal* 21 (1978): 325–331; and L. L. Larson, J. G. Hunt, and Richard N. Osborn, "The Great High-High Leader Behavior Myth: A Lesson from Occam's Razor," *Academy of Management Journal* 19 (1976): 628–641.
37. R. Likert, "From Production- and Employee-Centeredness to Systems 1–4."
38. Robert R. Blake and Jane S. Mouton, *The Managerial Grid III* (Houston, TX: Gulf, 1985).
39. John Markoff, "Competing as Software Goes to Web," *The New York Times*, June 5, 2007, C1, C5.
40. This discussion is based on Paul Hersey and Ken Blanchard, "Revisiting the Life-Cycle Theory of Leadership," in "Great Ideas Revisited," *Training & Development* (January 1996): 42–47; Kenneth H. Blanchard and Paul Hersey, "Life-Cycle Theory of Leadership," in "Great Ideas Revisited," *Training & Development* (January 1996): 42–47; Paul Hersey, "Situational Leaders: Use the Model in Your Work," *Leadership Excellence* (February 2009): 12; and Paul Hersey and Kenneth H. Blanchard, *Management of Organizational Behavior: Utilizing Human Resources*, 4th ed. (Englewood Cliffs, NJ: Prentice Hall, 1982). The concept of *readiness* comes from Hersey, "Situational Leaders."
41. Jennifer Robison, "Many Paths to Engagement: How Very Different Management Styles Get the Same Great Results at Mars Incorporated," *Gallup Management Journal*, January 10, 2008, http://gmj.gallup.com/content/103513/Many-Paths-Engagement.aspx (accessed July 31, 2010).
42. Andrew Ross Sorkin, "Warren Buffett, Delegator in Chief," *The New York Times*, www.nytimes.com/2011/04/24/weekinreview/24buffett.html (accessed September 14, 2012).
43. Fred E. Fiedler, "Assumed Similarity Measures as Predictors of Team Effectiveness," *Journal of Abnormal and Social Psychology* 49 (1954): 381–388; F. E. Fiedler, *Leader Attitudes and Group Effectiveness* (Urbana, IL: University of Illinois Press, 1958); and F. E. Fiedler, *A Theory of Leadership Effectiveness* (New York: McGraw-Hill, 1967)
44. Fred E. Fiedler and M. M. Chemers, *Leadership and Effective Management* (Glenview, IL: Scott, Foresman, 1974).
45. Neal E. Boudette, "Fiat CEO Sets New Tone at Chrysler," *The Wall Street Journal*, June 21, 2009, http://online.wsj.com/article/SB124537403628329989.html (accessed September 14, 2012); Jeff Bennett and Neal E. Boudette, "Boss Sweats Details of Chrysler Revival," *The Wall Street Journal*, January 31, 2011, A1; and Kate Linebaugh and

Jeff Bennett, "Marchionne Upends Chrysler's Ways," *The Wall Street Journal*, January 12, 2010, http://online.wsj.com/article/SB10001424052748703652104574652364158366106.html (accessed September 14, 2012).

46. Reported in George Anders, "Theory & Practice: Tough CEOs Often Most Successful, a Study Finds," *The Wall Street Journal*, November 19, 2007.
47. Fred E. Fiedler, "Engineer the Job to Fit the Manager," *Harvard Business Review* 43 (1965): 115–122; and F. E. Fiedler, M. M. Chemers, and L. Mahar, *Improving Leadership Effectiveness: The Leader Match Concept* (New York: Wiley, 1976).
48. R. Singh, "Leadership Style and Reward Allocation: Does Least Preferred Coworker Scale Measure Tasks and Relation Orientation?" *Organizational Behavior and Human Performance* 27 (1983): 178–197; and D. Hosking, "A Critical Evaluation of Fiedler's Contingency Hypotheses," *Progress in Applied Psychology* 1 (1981): 103–154.
49. S. Kerr and J. M. Jermier, "Substitutes for Leadership: Their Meaning and Measurement," *Organizational Behavior and Human Performance* 22 (1978): 375–403; and Jon P. Howell and Peter W. Dorfman, "Leadership and Substitutes for Leadership among Professional and Nonprofessional Workers," *Journal of Applied Behavioral Science* 22 (1986): 29–46.
50. Katherine J. Klein and Robert J. House, "On Fire: Charismatic Leadership and Levels of Analysis," *Leadership Quarterly* 6, no. 2 (1995): 183–198.
51. Jay A. Conger and Rabindra N. Kanungo, "Toward a Behavioral Theory of Charismatic Leadership in Organizational Settings," *Academy of Management Review* 12 (1987): 637–647; Jaepil Choi, "A Motivational Theory of Charismatic Leadership: Envisioning, Empathy, and Empowerment," *Journal of Leadership and Organizational Studies* 13, no. 1 (2006): 24ff; and William L. Gardner and Bruce J. Avolio, "The Charismatic Relationship: A Dramaturgical Perspective," *Academy of Management Review* 23, no. 1 (1998): 32–58.
52. Jon Katzenbach, "The Steve Jobs Way," *Strategy + Business* (Summer 2012), www.strategy-business.com/article/00109?gko=d331b (accessed June 11, 2012); Steve Moore, "Not Bad for a Hippie Dropout," *Management Today* (March 2009): 27; Connie Guglielmo, "What Makes Steve Jobs Run?" *National Post* (May 17, 2008), FW–8; "Editorial: Apple—and U.S.—Need Steve Jobs," *McClatchy-Tribune Business News* (January 18, 2009); Leslie Kwoh and Emma Silverman, "Bio as Bible: Managers Imitate Steve Jobs," *The Wall Street Journal* (March 31, 2012), B1; and Miguel Helft and Claire Cain Miller, "A Deep Bench of Leadership at Apple," *The New York Times*, January 17, 2011, www.nytimes.com/2011/01/18/technology/18cook.html?_r=0 (accessed January 18, 2011).
53. Robert J. House and Jane M. Howell, "Personality and Charismatic Leadership," *Leadership Quarterly* 3, no. 2 (1992): 81–108; and Jennifer O'Connor et al., "Charismatic Leaders and Destructiveness: A Historiometric Study," *Leadership Quarterly* 6, no. 4 (1995): 529–555.
54. Rob Nielsen, Jennifer A. Marrone, and Holly S. Slay, "A New Look at Humility: Exploring the Humility Concept and Its Role in Socialized Charismatic Leadership," *Journal of Leadership and Organizational Studies* 17, no. 1 (February 2010): 33–44.
55. Robert J. House, "Research Contrasting the Behavior and Effects of Reputed Charismatic vs. Reputed Non-Charismatic Leaders," paper presented as part of a symposium, "Charismatic Leadership: Theory and Evidence," Academy of Management, San Diego, 1985.
56. Bernard M. Bass, "Theory of Transformational Leadership Redux," *Leadership Quarterly* 6, no. 4 (1995): 463–478; Noel M. Tichy and Mary Anne Devanna, *The Transformational Leader* (New York: John Wiley & Sons, 1986); James C. Sarros, Brian K. Cooper, and Joseph C. Santora, "Building a Climate for Innovation Through Transformational Leadership and Organizational Culture," *Journal of Leadership and Organizational Studies* 15, no. 2 (November 2008): 145–158; and P. D. Harms and Marcus Crede, "Emotional Intelligence and Transformational and Transactional Leadership: A Meta-Analysis," *Journal of Leadership and Organizational Studies* 17, no. 1 (February 2010): 5–17.
57. The terms *transactional* and *transformational* come from James M. Burns, *Leadership* (New York: Harper & Row, 1978); and Bernard M. Bass, "Leadership: Good, Better, Best," *Organizational Dynamics* 13 (Winter 1985): 26–40.
58. Daft and Lengel, *Fusion Leadership*.
59. Michelle Rhee and Adrian Fenty, "Review—The Education Manifesto—Michelle Rhee and Adrian Fenty on What They Learned While Pushing to Reform D.C.'s Failing Public Schools," *The Wall Street Journal*, October 30, 2010, C1; Jeff Chu, "The Iron Chancellor," *Fast Company* (September 2008): 112–143; Amanda Ripley, "Can She Save Our Schools?" *Time* (December 8, 2008): 36–44; and William McGurn, "Giving Lousy Teachers the Boot; Michelle Rhee Does the Once Unthinkable in Washington," *The Wall Street Journal*, July 27, 2010.
60. Gang Wang et al., "Transformational Leadership and Performance Across Criteria and Levels: A Meta-Analytic Review of 25 Years of Research," *Group & Organization Management* 36, no. 2 (2011): 223–270; Taly Dvir et al., "Impact of Transformational Leadership on Follower Development and Performance: A Field Experiment," *Academy of Management Journal* 45, no. 4 (2002): 735–744.
61. Robert S. Rubin, David C. Munz, and William H. Bommer, "Leading from Within: The Effects of Emotion Recognition and Personality on Transformational Leadership Behavior," *Academy of Management Journal* 48, no. 5 (2005): 845–858; and Timothy A. Judge and Joyce E. Bono, "Five-Factor Model of Personality and Transformational Leadership," *Journal of Applied Psychology* 85, no. 5 (October 2000): 751ff.

62. Rubin, Munz, and Bommer, "Leading from Within."
63. Augustine O. Agho, "Perspectives of Senior-Level Executives on Effective Followership and Leadership," *Journal of Leadership and Organizational Studies* 16, no. 2 (November 2009): 159–166; and James M. Kouzes and Barry Z. Posner, *The Leadership Challenge: How to Get Extraordinary Things Done in Organizations* (San Francisco: Jossey-Bass, 1990).
64. Barbara Kellerman, "What Every Leader Needs to Know About Followers," *Harvard Business Review* (December 2007): 84–91.
65. Robert E. Kelley, *The Power of Followership* (New York: Doubleday, 1992).
66. *Ibid.*, 117–118.
67. Vignette recounted in Isaac Getz, "Liberating Leadership: How the Initiative-Freeing Radical Organizational Form Has Been Successfully Adopted," *California Management Review* (Summer 2009): 32–58.
68. Henry Mintzberg, *Power In and Around Organizations* (Englewood Cliffs, NJ: Prentice Hall, 1983); and Jeffrey Pfeffer, *Power in Organizations* (Marshfield, MA: Pitman, 1981).
69. John R. P. French, Jr., and Bertram Raven, "The Bases of Social Power," in D. Cartwright and A. F. Zander, eds., *Group Dynamics* (Evanston, IL: Row Peterson, 1960), pp. 607–623.
70. Reported in Vadim Liberman, "Mario Moussa Wants You to Win Your Next Argument" (Questioning Authority column), *Conference Board Review* (November–December 2007): 25–26.
71. Jay A. Conger, "The Necessary Art of Persuasion," *Harvard Business Review* (May–June 1998): 84–95.
72. Roger Yu, "Co-Workers Praise Wyndham CEO's Welcoming Demeanor," *USA Today*, November 22, 2010, www.usatoday.com/money/companies/management/profile/2010-11-22-wyndhamceo22_ST_N.htm (accessed September 14, 2012).
73. Jeremy W. Peters, "Time Inc. Chief Executive Jack Griffin Out," *The New York Times*, February 17, 2011, http://mediadecoder.blogs.nytimes.com/2011/02/17/time-inc-chief-executive-jack-griffin-out/ (accessed February 18, 2011).
74. D. Kipnis et al., "Patterns of Managerial Influence: Shotgun Managers, Tacticians, and Politicians," *Organizational Dynamics* (Winter 1984): 58–67.
75. These tactics are based on Kipnis et al., "Patterns of Managerial Influence"; and Robert B. Cialdini, "Harnessing the Science of Persuasion," *Harvard Business Review* (October 2001): 72–79.
76. Kipnis et al., "Patterns of Managerial Influence"; and Jeffrey Pfeffer, *Managing with Power: Politics and Influence in Organizations* (Boston: Harvard Business School Press, 1992), Chapter 13.
77. *Ibid.*
78. V. Dallas Merrell, *Huddling: The Informal Way to Management Success* (New York: AMACOM, 1979).
79. Robert B. Cialdini, *Influence: Science and Practice*, 4th ed. (Boston: Pearson Allyn & Bacon, 2000).
80. Harvey G. Enns and Dean B. McFarlin, "When Executives Influence Peers, Does Function Matter?" *Human Resource Management* 4, no. 2 (Summer 2003): 125–142.

第 16 章
激　励
Motivation

学习目标

学习完本章后，你应该能够：

1. 明确激励的定义，了解内在激励和外在激励的区别。
2. 理解并描述基于员工需求的激励理论。
3. 理解并解释过程型激励理论。
4. 描述强化理论和社会学习理论，了解如何把它们应用于激励员工。
5. 讨论工作设计的主要方法及工作设计如何影响员工激励。
6. 讨论管理者如何为高效组织创建一支欣欣向荣的劳动力队伍。
7. 解释如何通过授权来激励员工。
8. 了解提升员工敬业度的三个要素，描述管理者如何创建一个有利于提高员工参与度的工作环境。

你是投入其中还是置身事外?[1]

导语："员工参与度"一词在企业界颇为流行。要了解什么是参与度，必须回答以下问题两遍：(1) 第一遍是对你喜欢并且表现优秀的一门课程做出评价；(2) 另一遍是对你不喜欢并且表现不佳的一门课程做出评价。请用"1"表示你所喜欢并且表现优秀的课程在以下每个题项上，你是"大多赞成"还是"大多不赞成"。请用"2"表示你不喜欢并且表现不佳的课程在以下每个题项上，你是"大多赞成"还是"大多不赞成。"

	大多赞成	大多不赞成
1. 我一定会经常学习。	______	______
2. 我会尽最大的努力去学习。	______	______
3. 我会找一些方法把课程内容与我的生活联系起来。	______	______
4. 我会找一些方法让自己对这门课产生兴趣。	______	______
5. 我会在课堂上举手发言。	______	______
6. 我觉得上课很有趣。	______	______
7. 我积极参与小组讨论。	______	______
8. 我会给同学提供帮助。	______	______

得分及解释：参与意味着人们置身其中并且在工作中勇于表达自己的想法，这种努力超越了要求的最小投入。参与度通常与个人满意度和个人表现呈正相关关系。如果你在课程方面的表现存在这一关系的话，那么，你在"大多赞成"一栏写下的"1"的数量可能超过

"2"的数量。对于一门参与度高的课程，你可能得到6分及以上的分值；而对于一门参与度低的课程，你可能得到3分及以下的分值。

作为一名新晋管理者，你所面临的挑战就是让下属投入到工作中，提高下属的参与度。这就如同在你最喜欢的课程中老师能够让你参与其中一样。教学与管理有相通之处，你的老师运用了哪些方法让学生参与课堂？当你成为一名新晋管理者时，又有哪些方法可以提升员工的工作参与度？

Joie de Vivre酒店接管旧金山的卡尔顿酒店之初，酒店的大多数员工仅仅是按时上下班。员工每年的离职率在50%左右（这也是酒店业的平均离职水平），员工对服务顾客没有表现出丝毫热情。Joie de Vivre酒店的管理者了解到员工以前并不是这样的。卡尔顿酒店的新晋总经理赫维·布隆德尔（Herve Blondel）决心像伙伴一样对待员工。首先，他必须了解让员工把工作做得更好且在工作中获得更多的乐趣，需要给他们提供哪些东西。例如，前台服务员西奥菲勒斯·麦金尼（Theophilus McKinney）需上夜班，因此，她希望电话机的摆放能更方便接听，并且可以穿自己喜欢的时髦鞋子。对打扫房间的安妮塔·卢姆（Anita Lum）和她的同事来说，一台新的真空吸尘器就可以帮她们完成工作。之前的经理拒绝更换老旧的吸尘器，布隆德尔为每位保洁员买了新的真空吸尘器，如今公司每年定期更换吸尘器。布隆德尔还给予员工在服务顾客过程中更多的自由。鼓励他们参与会直接影响他们的工作决策。仅仅几年，员工的离职率就下降到10%以下，顾客的满意度也有了极大的提升。"公司很在意员工。"卢姆说。前台员工埃米里·黛拉·克鲁兹（Emelie Dela Cruz）补充道："我们都很开心。"[2]

其他公司的管理者发现，创建一种环境让员工觉得自己有价值、自己的贡献很重要，是提高员工积极性的关键，也是组织成功的基本要素。许多人刚开始工作时充满了精力和热情，但是，如果管理者没有扮演好激励者的角色，员工就会逐渐失去动力。至今，激励问题仍是许多管理者面临的一项挑战，因为激励来源于员工自身，并且每个人不尽相同。有些人视金钱为主要动力；有些人视良好的绩效为动力，因为他们感到自己的工作被管理者所赏识；还有一些人发现他们的动力来自解决复杂问题或者对社会有贡献。在个人动机如此多样的情况下，管理者如何找到正确的方法来激励员工朝着共同的组织目标努力呢？

本章将介绍激励员工的一些方法。首先，我们将给激励下个定义，了解管理者使用的不同奖励方式。其次，我们要考察一些描述与激励相关的员工需求与过程的模型。我们还将介绍激励的强化理论，解释社会学习理论，考察改变工作自身结构的工作设计如何影响员工的满意度和生产率。最后，我们将讨论授权的趋势以及管理者如何培养员工的参与度，从而赋予工作一定的意义。

16.1 激励的概念

大多数人早晨起床后就去上学或上班，并按预定的方式去做事。我们对周围的环境和环境中的人做出反应，却没有考虑过我们为什么要努力工作，为什么会喜欢某门课程，或者为什么发现某项娱乐活动如此有趣。实际上，我们之所以做这些事情，是因为某些激励因素的存在。**激励**（motivation）指的是存在于人的内部或外部，能唤起他的热情和耐力去持久追逐某一特定行动路径的力量。员工激励水平会影响生产率的高低，管理者的一部分工作职责就是通过激励手段来激发员工朝着组织目标努力工作。[3]

16.1.1　个人需求和激励

图表 16-1 是个简单的激励模型。人类有一些需求，比如获得认可、取得成就、获得金钱，它们会转化为内在的压力，驱使人们采取特定行动去满足这些需求。行动取得多大的成功，人们就得到多大的奖赏，因为他们的需求得到了满足。这种奖赏也告诉人们，这个行为是恰当的，以后还可以重复。

图表 16-1　激励的简单模型

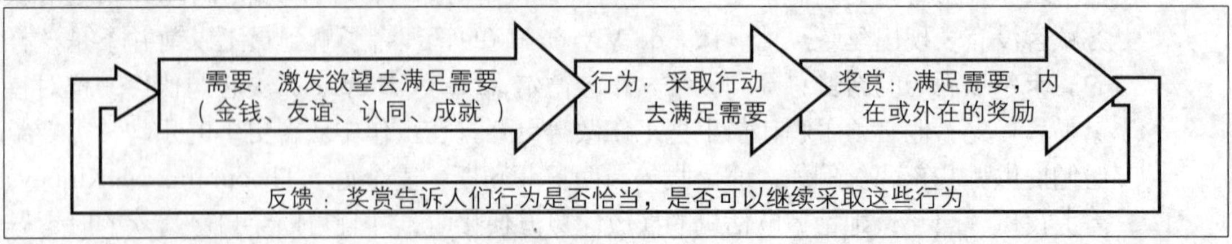

管理者只有在理解促使人们发起、改变或持续某种期望行为的动机后才会成为更成功的激励者。图表 16-2 根据两个标准划分了四种激励类别，纵轴表示内在激励和外在激励。**内在激励**（intrinsic reward）是指人在完成特定行为的过程中所获得的满足感。完成一项复杂的任务可能会使人产生一种愉悦感，解决了某个有益于他人的问题也会让人有一种成就感。比如，Salesforce 网站是一家为美洲银行、思科公司、谷歌和日本政府等提供云计算服务的企业，它激励员工在处理公司普通却又十分重要的工作（如销售、客户关系及内部沟通）时通过创新达到一流水平。[4] **外在激励**（extrinsic reward）是由他人给予的激励，通常来自管理者，包括晋升、表扬和加薪。外在激励来自外部，是取悦他人的结果。多米尼亚共和国骑士服装公司（Knights Apparel）下属的 Alta Gracia 工厂给予员工高工资就是一种外在激励，因为员工需要钱来养家，而在其他地方几乎不可能赚到这么多的钱。[5]

图表 16-2　管理者使用的四种激励类型

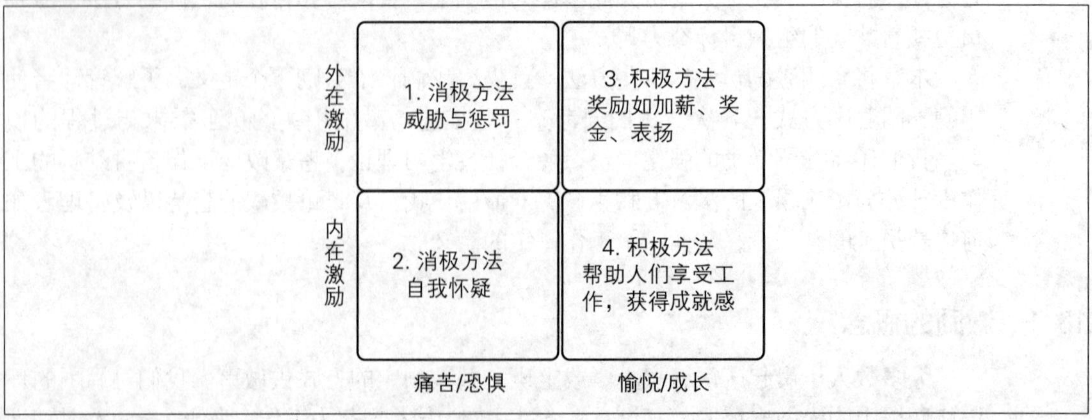

资料来源：Based on Bruce H. Jackson, "Influence Behavior; Become a Master Motivator," *Leadership Excellence* (April 2010): 14.

图表 16-2 中的横轴是两种相反的行为，分别表示受恐惧或痛苦驱动的行为和由愉悦或成长驱动的行为。这四个象限代表四种不同的激励方式。

类别 1 和类别 2 代表消极的激励方法。类别 1 代表利用消极的外在激励，比如，通过威胁或惩罚迫使人们表现出期望的行为。类别 2 代表试图利用人们的自我怀疑或焦虑来激励他们。比如，一名管理者可能通过强调经济疲软和高失业率来激励员工努力工作。类别 1 和类别 2 的做法不失为一种有效的方法，毕竟恐惧也是一种有用的驱动力。[6]但是在组织中，利用恐惧来激励员工的做法会对员工的发展和长期绩效产生负面的影响。下面的“经理会谈”专栏将以轻松诙谐的方式来展示消极方法是如何扼杀员工的积极性和快乐的。

经理会谈

如何彻底地摧毁员工的积极性

许多管理者在不知不觉中扼杀了员工对公司的积极性。摧毁员工对自己及其工作的积极情感无疑会扼杀他们的积极性。管理者可以通过各种各样的方法让员工深感工作给他们带来的痛苦。如果有一个领导者对你使用过下列方法，那么，你一定知道这种感觉。当你自己也成为一名管理者时，一定要牢记这种感觉。

- 从不允许员工产生自豪感或成就感。在最近的一项调查中，员工反映，最让他们感到泄气的是连续的挫折。挫折是指人们在做一项重要的工作时遭遇阻挠或困境，或者无法做出有意义的贡献。产品研发部经理频繁地把员工在项目间来回调动，使员工无法感受到完成项目的成就感，这种做法的激励程度为零。
- 设立宏伟、浮夸且模糊不清的目标，使员工无法理解也没有办法去实现。设置挑战性的目标并没有错，事实上它具有很高的激励性。但是，一些管理者设立的目标与员工没有丝毫关系，目标要么过于高大，看起来根本无法实现，要么过于虚幻，看上去毫无意义。
- 无视所有说“谢谢”的机会。人都喜欢受到他人的欣赏，聪明的管理者知道这一点。真诚地感谢他人的努力可以带来巨大的激励效应，尤其是当企业处于困境时。根据麦肯锡所做的一项调查，67%的员工表示，直属上司的表扬是一个有效的催化剂。它是众多激励因素中（包括加薪和现金奖励在内）排名最高的一个因素。
- 确保员工不会感到快乐。当员工在工作中感受到乐趣时，他们就愿意留下来。管理者会影响到员工是否愿意建立积极的人际关系，是否能在工作中享受各种轻松快乐的时光。如果没有一些轻松的时刻，工作就像是艰苦的跋涉。难怪人们只想待在家里。

资料来源：Based on Teresa Amabile and Steven Kramer, “How to Completely, Utterly Destroy an Employee's Work Life,” *The Washington Post*, March 6, 2012, www.washingtonpost.com/national/on-leadership/how-to-completely-utterly-destroy-an-employees-work-life/2012/03/05/gIQAxU3iuR_story.html (accessed March 8, 2012); T. Amabile and S. Kramer, “How Leaders Kill Meaning at Work,” *McKinsey Quarterly*, January 2012, www.mckinseyquarterly.com/How_leaders_kill_meaning_at_work_2910 (accessed February 10, 2012); Martin Dewhurst, Matthew Guthridge, and Elizabeth Mohr, “Motivating People: Getting Beyond Money,” *McKinsey Quarterly*, Issue 1 (2010): 12-15; and Regina M. Clark, “Are We Having Fun Yet? Creating a Motivating Work Environment,” *Industrial and Commercial Training* 41, no. 1 (2009): 43-46.

类别 3 和类别 4 代表积极的激励方式。类别 3 的方法试图通过能带来愉悦感的外在激励来影响员工的行为。例如，在 Hilcorp 能源公司，如果员工帮助企业实现了它的增长目标，他将有机会得到 50 000 美元的奖励。[7] 这项积极的激励措施非常有效，但有局限性。外在激励固然重要，但是随着时间的流逝，它的效力会随之降低。最有效的管理者重视使用类别 4 中的方法，即通过帮助员工从工作中获得内在奖励来激发员工长久的能量和忠诚度。比如，Joie de Vivre 公司的 CEO 奇普·康利（Chip Conley）鼓励酒店客房部经理“关注员工工作所带来的影响，而不是仅仅搞清洁卫生这项工作”。[8]

16.1.2　作为激励者的管理者

研究发现，高水平的员工激励总是与组织的高绩效和高利润相伴而生的。[9] 作为管理者，一项重要的职责便是找到正确的激励手段，与奖赏结合在一起去满足员工的需要，并鼓励员工表现出高工作绩效。一些激励理论，比如需求理论（也称为内容型激励理论），强调对人类需求及管理者如何在工作场所中满足员工需求的分析。过程型激励理论关注影响行为的整个过程，着重研究人们如何追求工作中的奖励。强化理论和社会学习理论关注员工如何学会所需的工作行为。在图表 16－1 中，内容型理论专注于第一个方框中的概念，过程型激励理论专注于第二个方框中的概念，强化理论和社会学习理论专注于第三个方框中的内容。

16.2　内容型激励理论

内容型激励理论（content theories）强调的是激励人的需求。任何时候，人类都有许多需求。这些需求转化为内在动力，激励人们做出某些特定的行为去满足这些需求。换言之，我们的需求就像一个隐藏的目录，它记录着我们想从工作中得到的东西。如果管理者理解了员工需求，他们就可以设计奖励系统来满足员工的需求，并且引导员工优先考虑为实现组织目标贡献自己的力量。

16.2.1　需求层次理论

内容型激励理论中最著名的大概是由亚伯拉罕·马斯洛（Abraham Maslow）提出的**需求层次理论**（hierarchy of needs theory）。[10] 需求层次理论假设人类受到多种需求的驱动，这些需求是有顺序的，如图表 16－3 所示。马斯洛根据优先顺序将具有激励性的需求分为五大类。

图表 16－3　马斯洛的需求层次理论

工作之外的满足	需求层次	工作中的满足
教育、宗教、爱好、个人成长	自我实现需求	培训、晋升、成长、创新的机会
家庭、朋友、社会的认可	尊重需求	获得认可、地位高、肩负的责任更重
家庭、朋友、社区	归属需求	处理好工作群体、顾客、同事、上司之间的关系
远离战争、污染、暴力	安全需求	安全的工作、额外福利，工作保障
食物、水、氧气	生理需求	温度、空气、工资

1. 生理需求。这些最基础的人类需求包括食物、水和氧气。在组织体系中，它们表现为对充足的温度、空气及保障生存的基本工资的需要。

2. 安全需求。这些需求包括人类对安全、有保障的物质环境和情绪环境的需要，以及对不受威胁的需要，换言之就是对一个没有暴力、井然有序的社会的需要。在工作场所中，安全需求反映了人类对安全的工作、额外福利及工作保障的需要。受近几年经济疲软及高失业率的影响，安全需求已经成为许多人的头等需求。最近的一项员工工作满意度调查显示，工作保障性是工作满意度中最重要的一项因素，良好的福利是第二重要的因素。[11] Burgerville 是一家开设在温哥华和华盛顿的区域性连锁餐馆，当管理者开始为每周工作超过 20 小时的小时工支付其 90%的健康保险补贴时，餐馆员工的离职率大大下降，员工们开始更加努力地工作，投入更多的工作时间（工作时间根据员工的绩效安排），服务质量有所提高，销售额也相应增加。[12]

3. 归属需求。这些需求包括对被同事接受、获得友谊、成为群体一部分及得到关爱的渴望。在组织中，这些需求影响着人们对良好的同事关系、在团队工作中的参与度及与上司间良好关系的渴望。PortionPac Chemical 是一家位于芝加哥的清洁剂生产商，它的员工离职率极低，因为员工有一种归属感，大多数员工已经在一起工作了十多年，人们像家人一样，这给予员工很大的激励。[13]

4. 尊重需求。这些需求是对积极的自我形象，获得其他人的注意、认可以及欣赏的渴求。在组织中，尊重需求表现为员工的激励来自获得认可、承担的责任增加、地位提高、因对组织做出贡献而获得荣誉等。举一个 Intuit 公司的例子，詹妮弗·莱帕德（Jennifer Lepird）为了一个大型并购项目花费几个星期的时间，每天长时间辛苦地工作。项目结束后，莱帕德收到了经理的一封感谢信及一份小礼物，这让她十分高兴，因为这满足了她的需要——得到别人的赏识。“有人花时间认可你的努力，这把之前所有长时间工作带来的辛苦一笔勾销了。”她说。[14]

5. 自我实现需求。自我实现是最高层次的需求，它包括最大限度地发掘一个人的潜力，提升个人的能力，使自己成为一个更优秀的人。在组织中，自我实现需求可以通过以下方式满足：给员工提供成长的机会，给员工提供发挥创造力的机会，给员工提供承担挑战性任务和晋升所需的培训。

根据马斯洛的理论，低层次需求得到满足后才能激发高层次的需求。需求的满足应按一定的顺序进行：生理需求应先于安全需求，安全需求应先于归属需求，依此类推。一个努力满足生理、安全需求的人一定会致力于获得一个更安全的工作环境，他不会太在意尊重需求或自我实现需求。一旦某种需求得到满足，它的重要性便会有所下降，下一个更高层次的需求将会被激发。

对英国一家大型医疗卫生公司的生产部员工所做的一项调查验证了马斯洛的理论，大多数一线工人说，他们为这家公司工作主要是因为较高的收入、高福利和有保障的工作。因此，员工低层次的生理需求和安全需求得到了满足。当问及他们的工作动力时，员工谈到了良好的同事关系和上司关系（归属需求）的重要性，而且表达了对获得领导更多的尊重和认可的渴望（尊重需求）。[15]

16.2.2 ERG 理论

克莱顿·奥尔德弗（Clayton Alderfer）对马斯洛的理论做了修改和简化，并填补了该理论缺乏实证检验的空白。[16] 他的 **ERG 理论**（ERG theory）将需求分为三种类型：

1. 生存需求。生存需求是人类对物质丰足的需要。
2. 关系需求。关系需求是人类对自己与他人良好关系的需要。
3. 成长需求。成长需求是人类对开发个人潜能及个人成长与提高能力的需要。

ERG 模型与马斯洛的需求层次理论有相似之处，两者都认为人类的需求是有层次的，并且都假设所有人的需求依次由低层次上升到高层次。然而，奥尔德弗将需求层次减少到三层，并认为需求层次的拾级而上更为复杂，反映了**挫折-回归原则**（frustration-regression principle）：当人们在追求高层次需求的过程中遭遇失败时，有可能触发其回归机制，即回到他已经得到满足的低层次需求上。因此，如果员工无法满足个人成长需求，他就可能会转而追求低层次需求，努力获得更多的金钱。因此，ERG 理论相比马斯洛的需求层次理论更加灵活，认为人们在追求高层次需求的过程中有可能出现倒退，这取决于他满足需求的能力的大小。需求层次理论解释了为什么组织需要找到一些甄别员工的方法，鼓励他们参与决策，给予他们一定的机会，为公司和社会发展做出有意义的贡献。

许多公司发现，人性化的工作环境会让员工在工作与个人生活间达到平衡，这具有很大的激励作用。

创新之道

约翰逊仓储运输公司

从事计时工作的低薪酬员工可能得不到像白领一样的额外津贴。一些管理者正在尝试一个全新的、看似不可能的方法：让计时工在家中完成一部分工作，他们可以自己安排工作进度或者对工作拥有更多的自主权。

约翰逊仓储运输公司总部位于科罗拉多州森特尼尔市，它在五个州都有营业点，16 年来，其管理人员、呼叫中心员工及调度员都可以远程工作或者自己选择工作时间。在享受这项灵活工作政策的所有员工中，16 年来几乎没有员工流失的现象。当然，搬运工人、仓库管理员无法在家中工作，但公司总裁吉姆·约翰逊（Jim Johnson）让他们能够控制自己的上下班时间，这在很大程度上降低了缺勤率、迟到率和员工离职率。

其他公司的管理者也给予员工更多的工作灵活性。例如，图尔克公司（Turck Inc.）是一家位于明尼苏达州普利茅斯市的自动化设备制造商。它正在评估一项计划，该计划允许员工在家完成部分工作。“我们有许多工作只需要你坐在那里，将标签逐个贴在产品上。”生产部门主任迪伊·科莫（Dee Comeau）说，“说实话，在任何地方都可以完成这些工作。”凯撒医疗集团和万豪国际集团都实施了很多创新政策，比如，让员工自己控制上下班时间，适当延长员工的带薪休假时间，这样，如果员工与医生有约，就不必全天请假了。在凯撒医疗集团，对员工的调查显示，这项灵活工作政策出台后，员工对公司的承诺度和参与度都有了提升。[17]

一些公司在工作灵活性上有更大的作为。J. A. Coulter & Associates 是威斯康星州新里士满市的一家保险与投资咨询公司，它的员工可以随意选择上下班时间，不需要告诉任何人他们去哪儿了或为什么去那儿，只要他们完成自己的工作。高级投资顾问助理香农·梅尔（Shannon Mehls）说，员工感觉自己就是一个“迷你型企业家”，他们自己规划时间表，关注结果而不是仅仅保证每周40小时的工作时间然后拿到报酬。[18]然而，员工来去如此自由的工作环境并不能让所有的经理都感到舒服，一些证据显示，对工作安排有更强控制欲的人很少会受职业倦怠之苦，而且对雇主更加忠诚。[19]

在如今经济低迷之际，许多公司发现让员工灵活选择上下班时间不仅能够减少工资支出，还可以留住并激励有价值的员工。毕马威会计师事务所尝试过一个名叫“灵活的未来”的项目，这个项目为在英国事务所工作的员工提供了以下多种选择：(1) 每周工作4天，工资削减20%；(2) 短期休假，拿30%的工资；(3) 同时选择前两者；(4) 保持目前的雇佣合约。超过80%的员工都选择了其中一项。其他推出类似项目的公司也都取得了很大的成功。[20]

16.2.3 激励的双因素理论

弗雷德里克·赫茨伯格（Frederick Herzberg）提出了另一个流行的激励理论，即双因素理论。[21]赫茨伯格访谈了几百名员工，了解到他们有时会觉得自己得到很大的激励，有时感觉到不满意或沮丧。结果发现，与工作不满意相关的工作特征和与工作满意相关的工作特征截然不同，这引发了他的灵感：有两类因素同时影响着工作激励。

双因素理论的内容如图表16-4所示，图的中间表示中立状态，意思是员工既没有满意也没有不满意。赫茨伯格相信，有两类完全不同的因素影响着员工的工作行为。第一类叫做**保健因素**（hygiene factors），这类因素有的会带来员工对工作的不满意，有的则不会。它包括工作环境、工资和安全、公司政策、管理者及人际关系。当

图表16-4 赫茨伯格的双因素理论

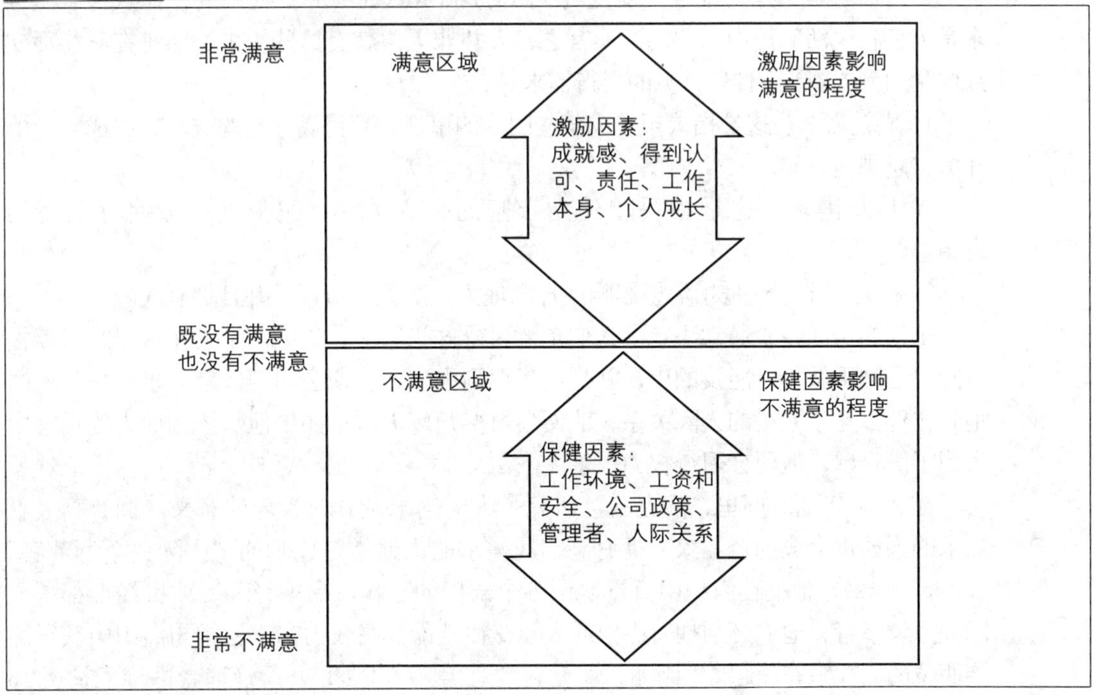

保健因素不健全时，工作便令人不满意。然而，健全的保健因素只是消除了不满意，它们本身并不能让员工在工作中感到十分满意或受到高度激励。

第二类因素会真正影响到工作满意度。**激励因素**（motivators）关注高层次的需求，包括成就感、得到认可、责任、工作本身和个人成长。赫茨伯格相信，当激励因素缺失时，员工对工作的态度是中立的，当激励因素存在时，员工就会受到很大的激励并且对工作感到满意。因此，保健因素和激励因素代表了影响激励效果的两种不同因素。保健因素只会在导致不满意的区域内发挥作用。不安全的工作环境或者嘈杂的工作氛围将导致员工滋生不满意，然而，这些因素的改善并不会带来较高的激励效果与满意度。激励因素如挑战、责任、认同是员工受到高度激励，从而在工作中表现出众的前提。

管理层越来越认识到对员工认可的重要性，也许是因为严峻的经济形势使管理者很难通过大幅加薪来奖励员工。Globoforce 于 2012 年所做的情绪追踪调查显示，认可员工的活动正在兴起。82%的员工说，当他们的贡献得到认可时，他们会备受激励；78%的员工说，如果他们的努力被更多的人认同和欣赏，他们将会更加努力地工作。[22]

双因素理论给管理者带来的启迪十分清晰：一方面，保健因素能消除员工的不满意，但是不会激励员工达到高绩效水平；另一方面，认可、挑战和个人成长机会都是有力的激励因素，它们会带来高工作满意度和高绩效。管理者的职责是消除不满意因素，也就是提供健全的保健因素以满足员工的基本需求，然后利用激励因素来满足员工高层次的需求，从而推动员工达到更高的成就水平，获得更高的满意度。

16.2.4 习得需求理论

习得需求理论是由戴维·麦克利兰（David McClelland）提出的，他认为有些需求是人们在生活阅历中习得的。换言之，人并非天生就有这些需求，而是在其生活实践中学习到的。[23]三种最常见的习得需求是：

1. 成就需求。这是指渴望完成某些困难的事情，获得高标准的成功，完成复杂的任务，超越他人等。

2. 归属需求。这是指渴望建立亲密的个人关系，避免冲突，拥有温暖的友谊。

3. 权力需求。这是指渴望影响或控制他人，对他人负责，并且拥有权威。

早期的生活经验通常决定了人们是否习得这些需求。如果一个人在孩提时代就被鼓励自己动手做力所能及的事，并且不断得到强化，他便会习得成就需求；如果不断地强化他去建立温暖的人际关系，他便会习得归属需求；如果他从控制他人的过程中得到了满足感，他便会习得权力需求。

在 20 多年的时间里，麦克利兰研究了人的需求及其对管理的意义。拥有高成就需求的人通常会成为企业家。拥有高归属需求的人通常是成功的“人际关系调节者”(integrators)，他们在组织中负责协调各个部门的工作。品牌经理、项目经理都是人际关系调节者，他们必须拥有杰出的人际交往技能。高权力需求通常与组织中获得高层职位的人联系在一起。[24]比如，麦克利兰对美国 AT&T 公司管理者进行了长达 16

年的研究，发现随着时间的推移，那些具有高权力需求的人更有可能不断获得晋升。超过一半的高层管理者有很高的权力需求。相反，拥有高成就需求、低权力需求的管理者一般在他们职业生涯的早期就达到事业顶峰，但始终处于较低的管理层次。原因在于成就需求可以通过工作本身来满足，但是权力需求只能在爬升到高层、享有控制他人的权力时才能满足。

新晋管理者自我测试

成就需求、归属需求和权力需求

导语：这份问卷要求你选择最适合你的情景描述。对于下面每一个题项，在最符合你的描述前标上“3”，其次标上“2”，用“1”表示最不符合你的情景描述。

1. ________ a. 不管我承担了什么样的任务，我都会竭尽所能去做。
   ________ b. 我喜欢建立新友谊。
   ________ c. 我喜欢告诉他人怎样完成他们的工作。
2. ________ a. 我希望我可以说我出色地完成了一项困难的工作。
   ________ b. 我希望我与朋友的关系非常亲密。
   ________ c. 我希望承担责任和义务。
3. ________ a. 我希望完成需要技巧和努力的工作。
   ________ b. 我喜欢与朋友分享。
   ________ c. 我喜欢受别人之托去解决人们之间的争论和纠纷。
4. ________ a. 我希望在自己承担的事务中获得成功。
   ________ b. 我喜欢为朋友做事。
   ________ c. 我喜欢去说服别人做我想做的事。
5. ________ a. 我喜欢在完成困难任务的过程中寻求满足感。
   ________ b. 我喜欢结识新朋友。
   ________ c. 我喜欢被他人视为领导者。
6. ________ a. 我希望在自己的工作领域内被视为权威。
   ________ b. 我希望加入每个成员都对他人十分温暖和友好的小组。
   ________ c. 在小组里，我喜欢对将要做的事做决定。
7. ________ a. 我喜欢面对工作中的困难和挑战。
   ________ b. 我喜欢尽可能多地结交朋友。
   ________ c. 我希望能够成为一个有权力的高管或政治家。

得分及解释：按以下方式计算你的得分：

成就需求：1a+2a+3a+4a+5a+6a+7a=________

归属需求：1b+2b+3b+4b+5b+6b+7b=________

权力需求：1c+2c+3c+4c+5c+6c+7c=________

戴维·麦克利兰的研究发现，有些需求是人们在早期的生活经历中习得的，他研究的这三种需求是个人对成就、归属和权力的需求。成就需求是指希望成为杰出的人；归属需求是指渴望拥有和谐的关系；权力需求是指希望指导和影响别人。这三种需求中，大多数人会对其中一种需求特别渴望。你在某种需求上的得分越高，意味着你对这个需求的渴望就越强烈，它就越有可能引导你的行为。你对这三种需求的渴望程度如何？如果你能将自己的事业与利用和满足你的需求相联系，你就更有可能获得成功。

资料来源：Based on Joel B. Bennett，"Power and Influence as Distinct Personality Traits：Development and Validation of a Psychometric Measure，" *Journal of Research in Personality* 22（1988）：361－394；Yongmei Liu，Jun Liu，and Longzeng Wu，"Are You Willing and Able? Roles of Motivation，Power，and Politics in Career Growth，" *Journal of Management* 36，no. 6（2010）：1432－1460.

总而言之，内容型激励理论强调人的潜在需求，并且识别出那些能够激励人的特定需求。需求层次理论、ERG 理论、双因素理论和习得需求理论都有助于管理者了解哪些因素能激励人。据此，管理者的工作设计就可以围绕着满足人的需求进行，进而激发员工合适的、成功的工作行为。

16.3 过程型激励理论

过程型激励理论（process theories）解释了人们如何采取行动来满足他们的需求，如何判断他们的选择是否成功。这一领域的重要理论包括目标设置理论、公平理论和期望理论。

16.3.1 目标设置理论

回顾第7章中对目标的重要性及其目的的讨论。许多研究表明，明确、具有挑战性的目标能够显著提高人们的积极性和绩效水平。[25]你可能会注意到，在你的生活中，当你拥有一个明确的目标时，比如，在期末考试中获得A、在春假前减掉10磅体重，或在暑假中挣足够的钱买一辆二手车，你被激发的动力会更大。

目标设置理论（goal-setting theory）是由埃德温·洛克（Edwin Locke）和加里·莱瑟姆（Gary Latham）提出的，认为管理者可以通过设立明确、具有挑战性的目标来提高对员工的激励水平，提高员工的绩效，然后通过及时向员工提供反馈帮助他们跟踪自己实现目标的进展。图表16－5描绘了目标设置理论的主要内容。[26]

● 目标明确。这是指目标的具体程度。明确的目标，如"一天拜访一位顾客"或"一周销售价值1 000美元的商品"要比模糊的目标，如"与新客户保持联系"或"增加商品的销售额"更能对员工产生激励。例如，在许多组织中，缺乏清晰、明确的目标往往是绩效薪酬计划失败的主要原因。[27]模糊的目标会使员工失望和沮丧。

● 目标难度。在目标的难度方面，困难的目标要比容易的目标更具有激励作用。容易的目标对员工而言缺乏挑战性，不会要求他们增加产出。雄心勃勃却又可以实现的目标需要人们充分发挥他们的能力，并能给他们带来更高的成就感和个人效能。德国的一项调查显示，只有那些认为自己的目标有较高难度的人才会报告说在这三年时间里，自己的积极情绪、工作满意度和成就感都得到了提升。[28]

图表 16-5 激励性目标的标准

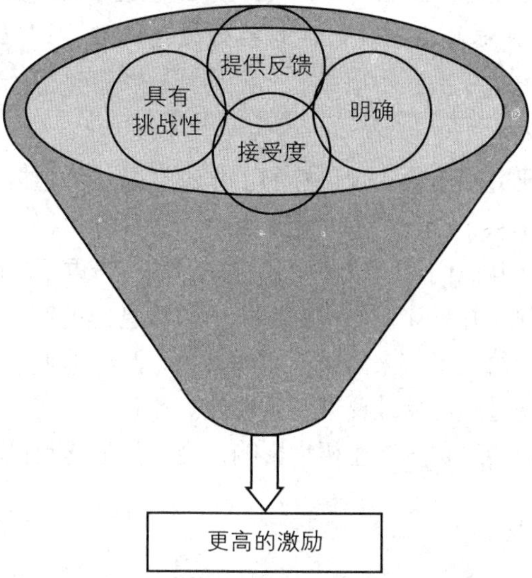

● 目标的接受度。意思是员工必须"深陷于"这些目标中，并且致力于实现这些目标。让员工参与目标设置过程是一个很好的方法，它可以提高员工对目标的接受度和忠诚度。

● 反馈。反馈意味着员工在实现目标的过程中获得有关他们工作进展的信息。对于管理者而言，定期、不间断地为员工提供绩效反馈十分重要。然而，员工在实现目标过程中通过对自己工作进程的监督获得的自我反馈比外部反馈更具激励作用。[29]

为什么目标设置会提高激励作用呢？一方面，它能使员工集中精力在正确的方向上。员工知道了为什么而工作，就可以把所有的精力都放在目标实现过程中最重要的活动上。目标也可以激励行为，因为它迫使员工制定计划和战略，使他们专注于要实现的目标。明确、有困难的目标给员工带来了挑战性，并且鼓励员工付出更大的努力。另外，当目标实现时，员工的自信心与满足感也会随之增加，这会进一步提升员工的士气。[30]下面的"创新之道"专栏介绍的例子说明了目标设置带来的激励作用。

创新之道

高级电路公司

位于美国科罗拉多州奥罗拉市的高级电路公司（Advanced Circuits）的生产线一度面临停产和重启的困境，给公司带来了每月 50 000 美元左右的损失。针对此情况，前任 CEO 罗恩·休斯顿（Ron Huston）提出了一项计划：他买了一辆旧车放在停车场，并告诉员工，如果生产线无法重启，他们就可以拿着大锤用力去砸那辆旧车，直至生产线重启。员工设立了一个目标：90 天内砸烂这辆汽车。每个人都很开心，他们通过解决生产线的问题实现了 90 天的砸车计划，而这正是休斯顿提出这个计划的目的。

休斯顿意识到如果实现一个清晰、明确的目标的过程非常有趣，那么这个目标对员工的激励作用就十分明显。他开始在其他业务领域也设立目标，一旦目标实现了，就奖励员工。"他先设立十分困难的目标，然后明确规定如何做才能实现它。"提供技术支持的员工卡米·利希滕伯格如是说。同样重要的是，休斯顿引导员工朝着目标去努力，通过不断向员工提供企业各个方面的量化反馈来激励员工。员工可以通过每天的数据来了解自己目标的实现进度。“我们实现的目标越多，我们得到的好处也就越多。”公司员工巴布·弗瑞沃特说。[31]

最新的一项研究指出，实现目标的工作进展是一个重要的激励因素。**工作进展原则**（making progress principle）是指实现有意义目标过程中的工作进展是工作中加大对员工的激励、提升他们的积极情绪和感知的唯一最重要的因素。[32]为员工提供反馈，告诉他们进展如何，并且让他们根据目标了解自己的进度，如同高级电路公司的休斯顿所做的那样，会给员工带来源源不断的动力，激励他们前进。有时候，管理者会低估目标设置与实现过程中持续反馈的重要性。让员工知道自己每天都在不断进步，哪怕只有一小步，也会对员工产生极大影响，会让员工感到自己在一点点地实现目标。

16.3.2 公平理论

公平理论（equity theory）关注与别人相比，个人感觉到自己是否得到公平的对待。公平理论由斯泰西·亚当斯（J. Stacy Adams）提出。公平理论认为员工根据他们的绩效获得的奖励要具有社会公平性，这样才能激励员工。[33]

根据公平理论，假如人们感觉自己获得的报酬与他人的类似业绩所获取的报酬是相同的，那么，他们就会认为自己得到了公平的待遇。人们根据投入与产出的比率来衡量公平性。工作投入包括教育、经历、努力和能力。工作产出包括工资、认可、福利和晋升。员工会把自己的投入-产出比率与同一工作团队中的他人做比较，也可能与团队的平均水平做比较。当一个人的投入-产出比率与另一个人的投入-产出比率相当时，人们就会感觉到**公平**（equity）。

当投入-产出比率失调时，比如，一名受过高等教育、经验丰富的员工与一名初来乍到、没有经验的员工得到同样的工资，前者的不公平感便会油然而生。有趣的是，出现相反情况时，员工也会产生不公平的感觉。因此，如果一名员工发现他比那些做出同样贡献的员工得到更多的工资，该员工可能会感到有必要通过更加努力地工作或提升自己的教育水平来消除这种不公平。科学研究发现，人类的脑部构造不喜欢不公平，即使他们是受益者。此外，不需要努力就获得的金钱，相对于通过辛苦工作获得的金钱，给予人们的满足感会大大减少。[34]不公平感会造成员工关系的紧张，从而激发他们回到公平状态。[35]

最常见的减少不公平感的方法有以下几种：

- 改变工作投入。员工可能会选择增加或减少工作投入。当员工觉得他们的工资低于投入时，就会减少工作投入或增加缺勤率；工资高于投入的员工便会增加工作投入。

- 改变产出。员工可能会改变他们的产出。报酬低于投入的员工可能会要求提高工资或得到更大的办公室。工会可能会要求加薪、改善工作条件，以与那些其会员得到更高工资的工会保持一致。

- 改变认知。研究发现，当人们无法改变自己的投入或产出时，他们可能会改变自己对公平的感知。他们会人为地提高自己的工作地位，或者扭曲他人获得的奖励以获得心理平衡。

● 离职。当人们感到自己受到不公平对待时，他们可能会决定离职，而不是承受工资低于或高于投入的不公平之苦。在新工作中，他们希望得到更公平的报酬。

公平理论对管理者的启发在于员工确实是通过与他人的比较来衡量自己心中的公平感的。许多大型律师事务所每年会对其合伙人降薪 10%～30%，把这些钱用来招聘和奖励“明星员工”，而不是采取以往传统的做法——给予合伙人相对固定的工资。这一改变符合事务所奖励那些能带来更多业务的员工的策略，但是会打击合伙人的士气和积极性，让他们感觉到新的薪酬制度不公平。[36]不公平的报酬给员工带来了压力，有时候这种压力太大，让员工很难承受。他们会试图去改变工作习惯，改变整个体系或者选择离职。[37]

16.3.3　期望理论

期望理论（expectancy theory）认为，员工的激励水平取决于个人对自己完成任务的能力及获得理想回报的期望值。尽管有许多学者对期望理论的发展做出了贡献，但期望理论总是与维克托·弗鲁姆（Victor Vroom）的著作联系在一起。[38]

期望理论关注的并不是人们的需要类型，而是人们用来获取报酬的思维方式。比如，一项对期望理论的有趣研究是关于美国中西部地区追捕毒枭的巡逻警卫的。研究发现，那些抓捕了最多毒枭的警察更倾向于将抓捕工作的功劳首先归功于管理部门，归功于组织对他们的奖励，归功于组织安排了特殊的训练来锻炼他们的缉毒技能，并且认为自己有足够的时间和资源来侦查可疑的毒品活动。[39]

期望理论是以个人的努力、绩效以及与绩效相关的预期回报之间的关系为基础的。这些构成要素及其关系如图表 16-6 所示。期望理论的关键在于，个人对努力、绩效和回报与价值之间关系的期望值。

图表 16-6　期望理论的主要内容

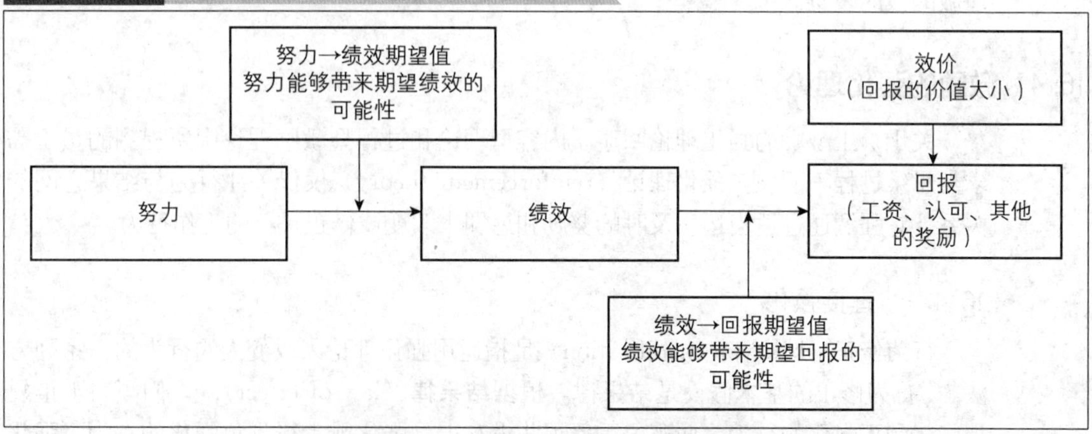

努力→绩效期望值（E→P expectancy）是指是否努力工作将决定是否获得高绩效水平。如果一个人想将这一类的期望值提高，他就必须具备相应的能力、经验以及必要的机械、工具和机遇。让我们举一个简单的例子：如果珠宝礼品店的销售员帕洛玛相信，增加在销售上的投入会带来更高的个人销售业绩，我们就可以说，她有较高的努力→绩效期望值。然而，如果帕洛玛觉得她既没有能力也没有机会去实现高绩效，那么这个期望值就会变得很低，她的积极性也会随之降低。

绩效→回报期望值（P→O expectancy）是指卓越的绩效能带来预期的回报。如果某人的绩效→回报期望值较高，那么这个人受到的激励的水平也会较高。如果此人认为高绩效并不会带来预期的回报，那么他受到的激励的水平就会降低。如果帕洛玛相信较高的个人销售业绩会带来工资的增加，那么就可以说她具有较高的绩效→回报期望值。她可能认识到她可以考虑升职问题了，可以就此事与上司或其他同事讨论，看看销售额的增加是否可以帮她获得晋升。如果不是，那么她将缺乏动力去努力工作。

效价（valence）是指对个体而言，回报价值的大小或回报的吸引力如何。如果员工认为努力工作取得卓越绩效之后获得的回报是无足轻重的，那么员工从事该项工作的动力就很小。反之，如果员工认为他们得到的回报是非常宝贵的，那么他们努力工作的动力就比较大。如果帕洛玛认为加薪对她非常重要，那么加薪的效价就很高，她便会有很大的动力去努力工作。反之，如果金钱对帕洛玛的效价很低，那么她的总体积极性便会降低。要想对员工产生高激励，期望理论中的这三个要素都必须很高。[40]

期望理论并不打算界定各种各样的需求与回报，而只是说明这些需求与回报是客观存在的，并且因人而异。有的员工可能期望被提升至职权更大的职位上，而另外一些员工则十分重视与同事保持良好的人际关系。结果是，第一类人会在升职这一信念的激励下努力工作，第二类人则为谋求一个能够使他随时与团队保持联络的团队职位而努力工作。研究证实了这个观点：奖励只有因人而异才能产生激励效果。美国劳工部最近所做的一项调查显示，员工离职的最主要原因是他们“感到不被欣赏”。除此之外，盖洛普（Gallup）对 30 个行业的 10 000 个工作小组所做的研究显示，人们是否感觉到被欣赏取决于管理者是否找到了针对每个人的恰当的奖励方法。有些人喜欢看得见的回报，如奖金、礼物或豪华旅游，有些人则对管理者表示欣赏和认可的话语非常看重。另外，有些人希望得到公众的认可，有些人则仅仅希望获得他们所钦佩和尊敬的人的表扬。[41]

16.4 激励的强化理论

关于员工激励的强化理论回避了内容型理论和过程型激励理论中所提到的员工需求与思维过程等问题。**强化理论**（reinforcement theory）仅仅关注行为与结果之间的关系，它强调通过适当运用及时的奖励和惩罚来改变或修正员工的工作行为。

16.4.1 直接强化

行为修正（behavior modification）是指运用强化理论来改变人的行为的一系列方法。[42]行为修正的基本假设是结果律。根据**结果律**（law of effect），人们倾向于重复那些得到正强化的行为，而避免重复那些没有得到强化或者得到负强化的行为。**强化**（reinforcement）就是使某一特定行为重复发生或被禁止。例如，在全食公司，一旦员工的健康习惯达到特定的标准，比如，保持低胆固醇、正常的血压或戒烟，员工在自己的门店购买商品就可以享受三折优惠。在健康保险费用不断攀升的今天，许多公司正在寻求办法强化员工的健康行为。[43]常见的四种强化方式是正强化、规避性学习、惩罚和自然消退，如图表 16－7 所示。

图表 16-7 通过强化来改变行为

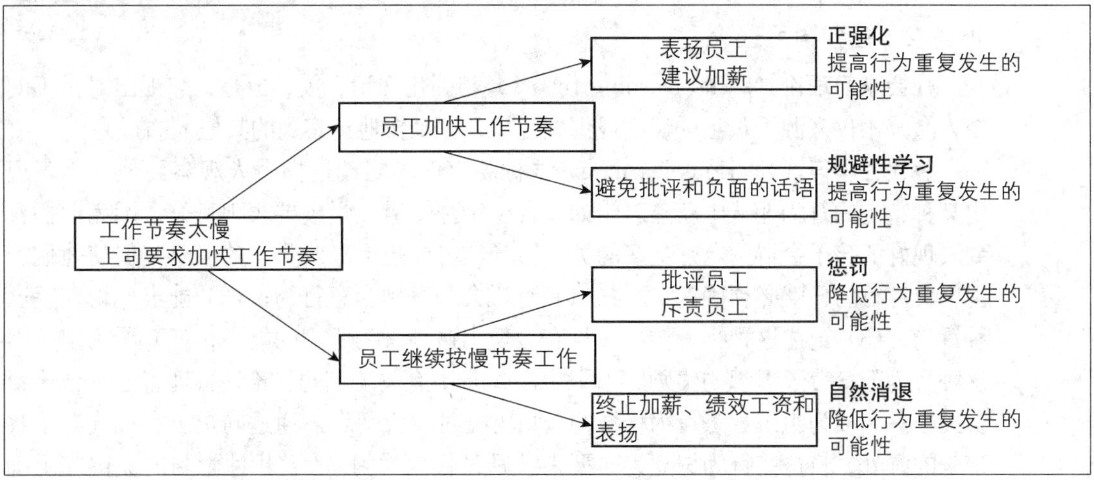

资料来源：Based on Richard L. Daft and Richard M. Steers，*Organizations：A Micro/Macro Approach*（Glenview，IL：Scott，Foresman，1986），p. 109.

- **正强化**（positive reinforcement）是给合意行为提供的令人愉悦的奖励性结果。比如，对准时上班或超额工作的员工给予表扬。研究表明，正强化有助于促进员工的合意行为。不仅如此，非物质的强化，比如正面的反馈、社会认可和关注与物质激励能起到同样的效果。[44]对儿童所做的一项研究发现，从长期看，那些受到鼓励去努力尝试、敢于冒险的孩子更能接受挑战、寻求更大的成功。一项对汽车餐厅快餐店员工的调查发现，绩效反馈和上司认可对激励员工提高销售额（即要求顾客增加点单量）有十分显著的影响。[45]
- **规避性学习**（avoidance learning）是指一旦某种行为得到了改善，就可以将令人不舒服的结果去除，由此来鼓励和强化合意行为。规避性学习有时也叫做负强化。它的原理是人们会改变某一特定的行为以避免该行为带来的非期望结果。一个简单的例子就是上司常常会给予工厂里某个游手好闲的员工一些提醒或唠叨，一旦他投入工作，就不再提醒或唠叨，这正是应用了规避性学习。
- **惩罚**（punishment）是指把令人不愉快的结果强行给予某人。惩罚通常伴随着不合意的行为。比如，一名上司可能会严厉斥责一名员工，因为他没能恰当地完成一项任务。这个上司把这样的负面结果作为对员工的一种惩罚，希望以此降低类似行为再次发生的可能性。组织运用惩罚手段是个广受争议的话题，经常受到批评，因为它无法向员工展示正确的行为。然而，几乎所有的管理者都认为偶尔采取惩罚性措施是必要的，这些措施包括言语责备、停职或解雇员工。[46]
- **自然消退**（extinction）是指终止一项积极的奖励。惩罚是指上司把一种令人不愉快的结果，比如责备强加给员工，与此不同，自然消退是指终止表扬或其他正面的回报。自然消退的方法使得不合意的行为被员工完全漠视。该理论认为，没有得到正强化的行为都会逐渐消失。《时代周刊》的一名记者写过一篇幽默的文章，讲述了通过研究专业人士如何训练动物，她是如何用强化理论取代唠叨来塑造她丈夫的行为的。[47]一旦她的丈夫做了符合她心意的事情，比如，将脏衬衣扔进洗衣篮里，她就会用正强化的方式向他致谢，给他一个拥抱或亲吻。而一旦出现了不合意的行为，比如，将脏衬衣扔在了地板上，她就会完全漠视他的存在，这便是对自然消退理论的运用。

16.4.2 社会学习理论

社会学习理论（social learning theory）与强化理论有关，但是，它提出对员工的个人激励不仅来源于员工的奖励或惩罚经历，还来自他观察到的其他人的行为。[48]

替代性学习（vicarious learning）或称观察性学习，是指个人观察到他人因表现出某种特定的行为而从中获益。比如，青少年都知道在学校要表现良好，因为他们看到表现好的孩子会得到老师更多的关心。管理者要想提高对员工的激励，促使他们表现出合意行为，就必须确保员工：（1）有机会观察到合意行为；（2）能准确地理解这种行为；（3）记住这种行为；（4）具有表现出这种行为所需的能力；（5）看到别人因这种行为而获得了组织的奖励。[49]回顾第12章中有关培训的讨论，管理者通常会让新员工与一名成为组织合意行为榜样的老员工配对。管理者还通过向员工宣传优异绩效带来的好处，将这些行为树立为典型来鼓励替代性学习。[50]替代性学习的关键在于确保学习者了解到合意行为会得到奖励。

16.5 激励的工作设计

在组织中，工作是指单个员工负责完成的单位工作。工作可能是在纽约市对违章停车者开罚单、在盐湖城医疗中心为病人做核磁共振检测，或为A&E有限电视频道制定一份长期计划。工作是个重要的激励因素，因为完成构成工作的各项活动可能会获得奖励，而这些奖励能够满足员工需求。管理者需要知道工作的哪些方面能够激励员工，对于那些从事重复性工作、几乎不会有满意感的员工，管理者必须知道如何设计薪酬体系。**工作设计**（job design）是运用激励理论设计工作结构，以此来提高员工的生产率和满意度。

16.5.1 工作丰富化

回顾第2章，在科学管理方法中，工作是重复性的标准化任务。这样有利于提高效率，但简化工作并不是一个有效的激励方法，因为简单的工作可能会很无聊、很枯燥。因此，许多公司的管理者开始将简单的工作重新设计成更具多样性和满足感的工作。其中一个方法便是工作轮换，也就是系统地将员工从一个岗位调换至另一个岗位，以此来增加工作的多样性，并增加工作对员工的激励。另一个方法是将一系列小任务合并成一项新的大任务，这样员工可以从事更具多样性的活动，这就是所谓的工作扩大化。

总而言之，**工作丰富化**（job enrichment）的趋势意味着将更高层次的激励因素融合在工作中，包括责任、认可和成长机会、学习和成就。在丰富的工作中，员工对完成工作所需的资源、做决策、体验个人成长和制定工作进度有着完全的掌控。研究表明，当员工比经理拥有更多的工作掌控权时，他们通常会有更高的参与度、忠诚度和动力，这会带来更高的士气、较低的离职率和更好的组织绩效。[51]

16.5.2 工作特征模型

工作设计的一个重要方法就是运用理查德·哈克曼（Richard Hackman）和格雷

格·奥尔德曼（Greg Oldham）提出的工作特征模型。[52]哈克曼和奥尔德曼关于**工作再设计**（work redesign）的研究旨在通过改进工作来发挥提升员工工作经验和提高工作效率的双重作用。哈克曼和奥尔德曼通过对几百种工作设计的研究得出了**工作特征模型**（job characteristics model），如图表 16-8 所示。这个模型主要由三部分组成：核心工作维度、关键心理状态和员工成长需要的强度。

图表 16-8　工作特征模型

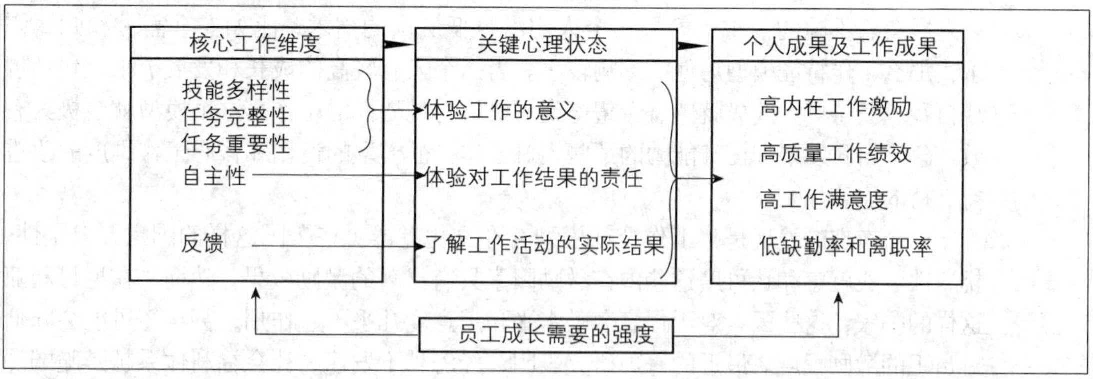

资料来源：Adapted from J. Richard Hackman and G. R. Oldham, "Motivation Through the Design of Work: Test of a Theory," *Organizational Behavior and Human Performance* 16 (1976): 256.

■ 核心工作维度

哈克曼和奥尔德曼提出了决定工作的激励潜力的五大维度：

● 技能多样性。这是指构成一项工作的各种活动的数量和完成这项工作所需的各种技能的数量。一项常规、重复性的装配线工作具有较低的多样性，而每天都要接触新问题的应用研究工作有较高的多样性。

● 任务完整性。这是指员工完成整个工作的程度。负责一顿晚餐的厨师，比起在自助餐厅里舀土豆泥的员工，其工作更具完整性。

● 任务重要性。这是指员工感到工作很重要，工作对公司或消费者具有影响力的程度。在危急时刻派送青霉素和其他药疗用品的人会觉得他们的工作意义重大。

● 自主性。这是指员工在多大程度上享有制定计划和执行任务的自由、决断力和自主权。粉刷房屋的工人可以决定如何粉刷房屋，但流水线上的喷漆工却没有丝毫的自主性。

● 反馈。这是指员工通过完成工作的情况来了解自己的绩效水平。不同工作给予员工反馈的能力是不同的。足球教练可以很快知道球队究竟是赢还是输，但是基础研究科学家可能要等上好几年才能知道他的研究项目是否成功。

工作特征模型说明这五项核心特征越显著，员工就越能感受到对他们的激励，从而员工的绩效、工作质量和满意度就越高。

■ 关键心理状态

该模型假设当个体对工作设计具有三种心理状态时，核心工作维度更能够起到激励作用。图表 16-8 中，技能多样性、任务完整性、任务重要性都会影响员工体验工作意义的心理状态。如果工作本身是令人满意的，就会给员工带来内在的奖励。自主性的工作特征影响员工体验责任感的心理状态。反馈的工作特征影响员工了解实际结果的心理状态。由此，员工知道自己的工作进展状况，可以通过改变工作绩效来增加合意的结果。

■ 个人成果及工作成果

上述五个工作特征对员工体验工作的意义、责任和了解实际结果这三种心理状态的影响，带来了个人成果及工作成果：高工作激励、高工作绩效、高满意度、低缺勤率和离职率。

■ 员工成长需要的强度

工作特征模型的最后一个组成部分叫做员工成长需要的强度，这是指员工对成长和发展有着不同的需求。如果一个人想满足低层次的需求，比如安全需求和归属需求，那么工作特征模型对他的影响较小。当一个人有较高的成长和发展需求，包括挑战自我、获得更大的成就感、希望得到一份具有挑战性的工作，这个模型就会极其有效。急于自我发展和提升能力的那些人对工作特征模型的运用和核心工作维度的改进持支持的态度。

一个有趣的发现是，工作特征模型存在文化差异。在美国这样的国家，自主性、挑战性、成就感和认可度这些内在激励因素具有显著的激励效果。然而，在尼日利亚这样的国家，这些因素对于提高激励水平和满意度几乎不起作用，甚至还可能会降低对员工的激励程度。最近的一项研究表明，经济越不发达、社会福利体系越是脆弱的国家以及高权力距离的国家（参见第 4 章），内在激励因素与工作激励和满意度之间的关系越弱[53]，工作特征模型在这些国家的作用也就较小。

16.6 创新的激励观

越来越多的公司将各种形式的激励薪酬作为激励员工提升工作绩效的一种方法。比如，领导力领域的咨询公司 The You Business 的老板埃莉斯·勒龙（Elise Lelon）由于预算吃紧无法给员工加薪，于是她提出了一个年底一笔总付的奖金分配计划，也就是说，员工的薪酬与他为公司带来的收入密切相关。“这可使他们灵思涌动，有助于企业的成长。”勒龙说。[54]图表 16-9 总结了一些流行的激励薪酬计划。

图表 16-9 新的激励薪酬计划

薪酬计划名称	目的
绩效工资	按照员工的绩效给予奖励，也叫做奖励工资
收益分享	达到预定的绩效目标后，奖励业务单元内所有的员工和管理者；鼓励团队合作
员工持股计划	给予员工公司的部分股权，让他们分享增加的利润
一笔总付的奖金	根据员工的绩效，用一次性支付的方式奖励员工
知识技能奖	将员工的工资与他掌握的工作技能挂钩；激励员工去学习各种工作技能，从而提高公司的灵活性和工作效率
弹性工作制	允许员工灵活安排自己的工作时间；工作分享使得两个以上的兼职员工可以共同完成一份工作；远程办公，有时也称作弹性工作，员工可以在家或者在其他地方上班
团队精神奖	对有利于团队的行为和活动给予奖励，比如合作、倾听和授权
生活方式奖	用奢侈品奖励员工实现了雄心勃勃的目标，比如高清电视、大型体育赛事门票、出国旅游

多种形式的薪酬计划和一些“风险性”的支付计划，比如分红计划都是重要的激励工具。在许多公司中，它们比固定工资应用得更普遍。然而，如果激励计划没有得到很好的设计，那么，它可能适得其反，就会导致类似于房地产抵押和金融行业出现的问题，也就是说，有些人采取过分冒险甚至不道德的行为来获取巨额奖金。许多公司，包括像摩根士丹利、瑞士信贷、高盛这样的金融企业及家得宝、威瑞森、美国家庭人寿保险公司这样的公司，都在修改它们的薪酬计划，以确保奖励计划能够激励那些合意行为。[55]遗憾的是，有些管理者仍然在鼓励一些错误的行为，比如奖励那些采取不道德手段得到更多利润的人，这向员工暗示利润比正直更重要。2011年，伦理资源中心（Ethics Resource Center）所做的全球商业伦理调查显示，45%的人遇到过工作中的道德不端行为；13%的人说他们总是面临压力，因为为了获得更多的奖励需要曲解规则甚至违背法律，这个人数较2010年上升了5%。[56]

如果激励计划能恰当地运用，并且把激励的理念融合进去，为员工提供内在奖励，从而满足人们高层次的需求，那么这个计划将会起到很好的激励作用。最有效的激励计划更多考虑的不是金钱这样的外在奖励，而是要营造一种让员工成长和发展的氛围。

16.6.1 建设一支欣欣向荣的劳动力队伍

最近一项研究调查的是如何创建一个能持续带来高绩效的组织，它将关注点放在人类发展所需的环境上。一支**欣欣向荣的劳动力队伍**（thriving workforce）是指这支队伍里的员工不仅是对工作满意、富有成效的，还致力于为自己和组织创造未来。[57]充满生机活力的个体有两个特点：充满活力和学习。一个欣欣向荣的员工总是感觉自己充满了活力，精力充沛、满怀热情地去做自己的事情。员工会感到自己的工作有意义、能带来成就感。另外，欣欣向荣的员工也是不断学习和成长，不断发展目前和未来可以应用的新知识、新技能和新能力的人。

管理者可以运用本章所介绍的激励技巧来提高员工的活力，比如满足员工的高层次需要，帮助员工从工作中得到内在奖励，对员工取得的工作绩效和进步给予定期反馈。建设一支欣欣向荣的劳动力队伍可以采取两个方法：向员工授权，创造一个能提升员工敬业度的工作环境。

16.6.2 通过授权满足员工较高层次的需求

管理者要满足员工较高层次的需求，一个重要的方法是将权力从组织的高层下放到基层，与员工分享权力以实现他们的目标。**授权**（empowerment）就是权力的分享，是将组织的权力授予下属。[58]增加员工的权力会激励员工完成任务，因为员工自身的效率得到了提升，他可以自主选择如何完成任务，如何发挥创造力。[59]向员工授权包括给予他们以下四个要素，使他们可以更加自由地完成自己的工作：信息、知识、权力和奖励。[60]

1. 员工得到公司的绩效信息。在一个员工获得高度授权的公司，所有的员工都可以知道公司的财务和运营信息。

2. 员工拥有知识和能力为公司的目标效力。公司通过培训项目和其他员工发展工具来帮助员工获得提升组织绩效所需的知识和技能。

3. 员工拥有实质性的决策权。得到授权的员工拥有直接影响工作流程和组织绩效的权威，比如，可以采用质量圈或自我管理工作团队。

4. 根据公司的绩效奖励员工。向员工授权的组织经常根据公司的盈利情况奖励员工。公司也可以运用如图表16－9所示的其他激励薪酬计划，将员工的努力与公司绩效捆绑在一切。

下面的"创新之道"专栏中Hilcorp能源公司的例子充分体现了授权的四个要素。

创新之道

Hilcorp能源公司

位于得克萨斯州休斯敦市的Hilcorp能源公司是美国第四大陆上原油和天然气私营开采商。但是Hilcorp与其他的能源公司有所不同，它接管了被大型能源公司废弃的井洞，每年可以从中开采出2 500万桶原油和天然气。"能够将能源充分利用是对我们的一种奖励，"Hilcorp的高级地质学家说，"很高兴我们是其中的一分子。"

Hilcorp在管理员工方面与其他能源公司有很大的不同。Hilcorp于1989年由三位创始人创建。创立之初，他们除了一部电话机一无所有，如今公司已经发展到有600多名员工（称作同事）。管理者将公司的成功归于一线员工。杰克·斯塔克（Jack Stack）是SRC控股公司的创始人，他这样评价Hilcorp，"我不知道还有哪家公司会把这么多的时间和金钱投到员工培训上，Hilcorp通过实施开卷管理让员工知道如何经营企业"。

开卷管理是指所有的员工都可以获得公司的财务和运营信息。因为管理者将决策权交到一线员工手中，所以一线员工需要有充分的信息才能做出良好的选择。"你想知道我们做得怎么样吗？你做的那份工作绩效如何？我们分享所有好的和不好的消息。"高级财务分析员说，"我们将这些归功于所有的员工，是他们的工作带来了我们报表上的数字。"

在Hilcorp工作的员工总是对公司的运营情况很感兴趣，因为他们的奖金取决于公司的运营绩效。管理者承担风险，获得奖励。员工依据自己达到绩效目标的程度，最高可以得到全年工资的60%的奖金。除此之外，员工可以通过回购计划购买公司的股份。在Hilcorp，员工真真切切地觉得自己是公司的所有者。"因为我们团结一心，而不是相互竞争，我们利益共享、风险共担，所以我们取得的成就超乎想象。"创始人杰夫·希尔德布兰德（Jeff Hildebrand）如是说。[61]

像Hilcorp这样的公司，授权意味着给予员工几乎完全的做决策、实施新想法、发挥想象力的自由和权力。然而，不同的组织向员工授权的程度有所不同，从管理者鼓励员工提出自己的想法却保留了最终的决策权到像Hilcorp那样完全向员工授权。研究表明，授权通常会提高员工的工作满意度、积极性和生产率。[62]

16.6.3　通过员工的参与让工作有意义

员工**敬业度**（engagement）是指员工享受自己的工作，并且对自己的工作状态十分满意，为达到团队和组织的目标乐于奉献，对组织有一种强烈的归属感和忠诚度。全身心投入的员工对组织的感情非常深厚，会积极地寻求办法去完成公司的使命。[63]

管理者如何使员工产生敬业度？图表16－10展示了激发员工敬业度的三个要

素：感觉有意义、感觉有联系、感觉到学习/成长。[64]当管理者从这三个方面来组织工作，使员工产生这样的感觉，员工的敬业度就会提升，就会带来高激励和高组织绩效。

图表 16-10 员工敬业度模型

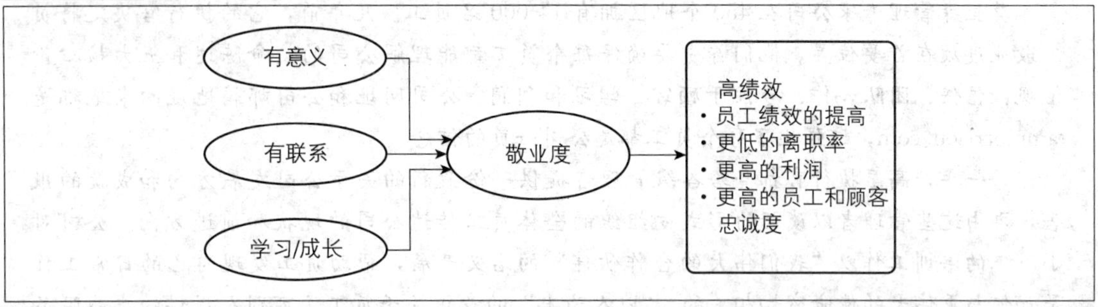

资料来源：Based on Fig. 1, "Integrative Model of Employee Engagement," in J. Lee Whittington and Timothy J. Galpin, "The Engagement Factor: Building a High-Commitment Organization in a Low-Commitment World," *Journal of Business Strategy* 32, no. 5 (2010): 14-24.

● 员工感觉他们正在从事十分重要的工作。当员工完成一件真正有价值的事情时，他们就会感觉到有意义。优秀的管理者会帮助员工理解他们工作的目的，这有利于员工形成对公司的自豪感和自尊。Kenexa是美国领先的人力资源服务公司（最近被IBM收购），它让心理学家和其他科学家一起研究什么东西能激励员工。它的一项发现是，在那些对组织和组织的使命感到十分自豪的员工中，离职率明显低很多。[65]

● 员工感觉自己与组织、组织中的其他人、组织的管理者密切相连。在一项调查中，当询问员工什么样的因素有利于他们提高敬业度时，79%的人说"同事间良好的人际关系"可以促使敬业度提升到较高或很高的水平。不仅如此，91%的受访者认为与直接上司保持良好的关系尤为重要。[66]管理者的行为对员工是否完全投入工作具有重大的影响。[67]当管理者认真倾听员工的心声，真诚地想员工之所想，帮助他们与同事建立积极的关系时，员工的敬业度就能提高。

● 员工有机会去学习、成长、提高。想要完全投入，员工不仅需要觉得自己有能力完成所要求的事务，还要有机会去学习和拓展潜力。优秀的管理者帮助员工了解他们自身独一无二的天赋、技巧、兴趣、态度和需要，将员工安排在能够最大限度地贡献他们的力量并且获得内在奖励的岗位上，确保员工拥有完成工作所需的能力。除此之外，他们会给予员工机会去完成具有挑战性的工作项目、参与高质量的培训和学习活动、在组织中寻求晋升。

研究证实了员工敬业度与公司绩效之间的关系，包括敬业度能带来更低的离职率、更高的利润率、更能干的员工和更高的顾客忠诚度。[68]需要注意的是，最近的调查发现美国员工的敬业率较低。盖洛普公司最新公布的调查报告显示，52%的美国员工说他们并没有十分投入工作，19%的员工说他们会主动疏远小组其他成员。[69]主动疏远其他群体成员意味着这些人给公司的成功带来了消极的影响。

管理者可以使用一些策略来提高员工敬业度，提高他们的绩效。莫里森管理专家公司（Morrison Management Specialists）是一家为保健和老年生活产业提供食品、营养品和餐饮服务的企业，它找到了一种能提升从事枯燥工作的人的敬业度的方法。

创新之道

莫里森管理专家公司

莫里森管理专家公司在 450 个地区拥有 14 000 名员工。几年前，它的执行官决定将员工敬业度放在首要位置。他们首先要确保每个员工都能理解公司的使命陈述和五大核心价值观：信任、团队合作、专注于顾客、学习和利润。公司网址和公司邮箱地址的末尾都是 iammorrison. com，这强化了每个员工都是公司一员的信念。

每一年，高层执行官都会给各级管理者提供一份最新的关于公司发展方向和成就的报告，再由这些管理者以谈话的形式向组织的全体员工传达公司的现状和前进方向。公司对小时工的培训工作以“我们伟大的合作伙伴”的名义开展，帮助员工发现自己的日常工作是如何与更伟大的使命密切相关的。“以人为本”的意识给予员工认可别人提供的卓越服务的机会。公司还通过其他方式建立彼此间的联系，比如每月召开一次的会议让经理和员工可以对公司事务进行讨论，提出个人的看法。[70]

有时，管理者对待员工的方式即使发生一点点的改变也能带来很大的不同。奈特·卡拉斯科是一名在汽车配件商店工作的员工，今年 26 岁，他十分赞同“大多数时候，管理者只听他们上司所说的话，他们更需要下到基层来到员工身边，看看实际进展情况，而不是仅仅靠文件来了解”。[71]

讨论题

1. 近几年的研究发现，工作进展是最重要的激励因素，你认为原因是什么？一个长期项目可能在几个月内甚至几年内都无法显现其效果，那么，管理者如何让员工了解工作进展？

2. 一家小型公司给员工提供的奖励是他可以在几个月的时间内使用某个停车位，这个停车位就在大门口紧挨着总裁的停车位。哪些理论可以解释与这项政策相关的正强化？

3. 假如你是呼叫中心的一线管理者，请试着设计一个包括图表 16－2 所述的四种强化手段的具体激励计划：积极的外在激励、积极的内在激励、消极的外在激励、消极的内在激励。

4. 如今为了应对安全威胁，美国政府将机场安保工作人员纳入联邦公务员系统。许多人批评说，仅仅将监控员变成联邦工作人员并不能从根本上解决这些问题：无聊、低工资及缺乏培训的安保人员没有足够的警觉性。如何才能激励这些员工为游客面临的安全威胁提供必要的安保服务？

5. 运用哈克曼和奥尔德曼的核心工作维度比较以下两名员工的工作状态：（1）杰瑞德，花大量的时间研究和讨论国家的能源政策，并提出相关建议，目的是使这些建议最终成为国家的相关法规。（2）安妮丝，每天在美国国会大厦周边的花园和广场上从事种花、种草及清洁工作。

6. 如果一名经验丰富的经理助理发现她的收入与新招的门卫一样，你认为她会做出什么样的反应？她在与门卫比较时会如何评价她的投入和产出？

7. 对教师所做的一项调查发现，对教师最重要的两项奖励是：认可他们工作的重要性、给予他们成就感。根据马斯洛的需求层次理论，这些奖励满足了哪些需求？

8. 上述对教师的调查还指出，教师的工资和福利很差，但是他们依然在授课。运用赫茨伯格的双因素理论来解释这个现象。

9. 授权如何提供一支如本章所说的欣欣向荣的劳动力队伍所需的两个条件（充满活力和学习）？管理者的哪些做法导致他的授权反而削弱了对员工的激励？请讨论之。

10. 盖洛普 2011 年所做的调查发现，受过良好教育的员工比高中以下学历的员工敬业度更低。高学历员工敬业度更低的原因可能有哪些？

技能运用：批判性分析案例

劳伦的平衡法则

迪马科百货商店（DeMarco's）的经理劳伦·布鲁斯特在目睹了芝加哥一家餐厅的员工对一位国际巨星的热情款待后，情不自禁地表示赞叹。

"每个人都向往那种明星般的待遇。"劳伦对她的助理杰克·克莱因说。"你想想看，人们总是喜欢吹牛说在某个银行或当地的酒吧里，每个人都知道他们的名字；或者喜欢炫耀在他们最喜欢的餐馆，老板娘总能记得他们最喜爱的那张餐桌，是不是？"

同其他高档百货商店一样，迪马科百货商店也遭受了经济下行以及折扣零售商和网络购物竞争加剧的双重打击。这家处于困境中的商店该如何竞争、留住老顾客，并在未来建立一个强大的客户基础？

"我们知道，这一切与客户服务有关。"劳伦说道，"但是像现在这样，握着一辆巨大的塑料购物车，穿着短裤和人字拖经过巨大的仓库，然后加入结账的队伍，这有什么好的？这都算不上一次购物经历。"

"如果你从进门的那一刻起，一直到收银员结完账，递给你刚刚买的那些可爱的东西，你都能享受到跟明星一样的待遇，这又有什么不好呢？"杰克问道。

劳伦的想法是让顾客在迪马科百货商店享受到个性化的、高端的、"在这里你是独一无二的"待遇。营业员将提升他们的服务水平，视顾客为值得享受个性化服务的人，并培养自己的顾客群。作为额外的激励，迪马科百货商店整个销售团队将时薪制改为纯佣金制。"你的收入源于顾客因为你的主动性和个性化服务而一次次找你。"劳伦在这项新计划开始时这样指导销售人员。这个想法引起了公司的兴趣，公司批准了为期两年的实验。

果不其然，在这项新计划实施后，想要获得"固定工资"保障的群体中出现了轻微的离职潮。但项目运行一年后，公司管理层对总体结果很满意。这种营销方式催生了新的精英形象和个性化的顾客服务，诸如"迪马科的凯瑟琳帮我挑选了这件衣服"或者"戴明总是通知我迪马科到了一些他认为很适合我的东西"成了精明的购物者常常用来吹嘘的语句。

现在，这个项目进行了两年，公司强烈要求劳伦提交一份将这个项目作为一个样板在该公司的所有连锁百货商店推行的全面评估报告。销量证明了这个项目的全面成功，尤其是在第二年的后两个季度，销量非常可观。有些员工，包括品牌服装组的凯瑟琳·诺尔斯和女鞋组的戴明·福托伯罗斯在内，因为纯佣金制获得了丰厚的回报。销售人员和顾客全都积极回应，强烈要求这个项目继续实施。佣金激励着销售人员将他们负责的部分视为自己的小企业，他们变得对商品间的细微差别很内行，开始研究商品的设计和发展趋势，寻找提升专业性的方法，努力培养数目可观的忠诚顾客。

顾客满意度从数字上就可以清楚看出来——销售量，重复购买量，顾客向朋友推荐的次数，顾客反馈表——这些数据从项目一开始就进行了追踪。

此项目的弊端在于，尽管一些销售员收入猛增，但另一些销售员要么逐步转向激进鲁莽的销售风格，要么其地位受到同事的威胁，每个月因为销售额不高而在下岗的边缘挣扎。销售员曾经引以为豪的合作传统在许多情况下被残酷地吞噬了，他们会对分配到远离旺销区域的任务心生怨恨。此外，某些柜组，比如女士配饰的经理和销售人员会抱怨工资低，其原因就像一名销售员所说的："我卖一条 50 美元的腰带的佣金远远比不上凯瑟琳卖一件 2 800 美元的名牌服装的佣金。"怨恨情绪在那些目睹了个别人的过高工资的销售员中逐渐滋生。

“如果我们改变这个项目，对一些人采用纯佣金制而对另一些人恢复时薪制，这如何与我们的新形象相符？”劳伦对杰克说。“如何处理工资标准的差异？如何保证这家店的销售员的态度和文化不会回到以前的样子，如何让它成为一家与之前完全不同的商店？”

◆ 问题

1. 你认为迪马科商店对销售员采用的这个激励系统的优势和劣势有哪些？你认为这个系统对迪马科的文化有什么影响？请解释之。

2. 你认为低报酬销售员的抱怨合理吗？你建议劳伦如何回应这些抱怨，比如这个系统没有为有些部门提供获得高佣金的机会？

3. 凯瑟琳或戴明等销售员的成功是否创造了一个对顾客的忠诚高于对商店的忠诚的局面？假如一名成功的员工离开了迪马科，他的顾客是否也会随之离开？

注　释

1. Questions based on Mitchell M. Handelsman et al., "A Measure of College Student Course Engagement," *Journal of Educational Research* 98 (January/ February 2005): 184–191.
2. Phred Dvorak, "Hotelier Finds Happiness Keeps Staff Checked In; Focus on Morale Boosts Joie de Vivre's Grades from Workers, Guests," *The Wall Street Journal*, December 17, 2007, B3.
3. Richard M. Steers and Lyman W. Porter, eds., *Motivation and Work Behavior*, 3d ed. (New York: McGraw-Hill, 1983); Don Hellriegel, John W. Slocum, Jr., and Richard W. Woodman, *Organizational Behavior*, 7th ed. (St. Paul, MN: West, 1995), p. 170; and Jerry L. Gray and Frederick A. Starke, *Organizational Behavior: Concepts and Applications*, 4th ed. (New York: Macmillan, 1988), pp. 104–105.
4. David A. Kaplan, "Salesforce's Happy Workforce," *Fortune* (February 6, 2012): 100–112.
5. Steven Greenhouse, "A Factory Defies Stereotypes, But Can It Thrive?" *The New York Times*, July 18, 2010, BU1.
6. Ashley Halsey III, "Fines Lower Drivers' Use of Cellphones," *The Washington Post*, July 10, 2011, www.washingtonpost.com/local/fines-lower-drivers-use-of-cellphones/2011/07/08/gIQAMvX67H_story.html (accessed July 11, 2011).
7. Jack Stack, "Hilcorp Energy Shares the Wealth," *The New York Times*, July 6, 2010, http://boss.blogs.nytimes.com/2010/07/06/hilcorp-energy-shares-the-wealth/ (accessed July 7, 2010).
8. Dvorak, "Hotelier Finds Happiness Keeps Staff Checked In."
9. See Linda Grant, "Happy Workers, High Returns," *Fortune* (January 12, 1998): 81; Elizabeth J. Hawk and Garrett J. Sheridan, "The Right Stuff," *Management Review* (June 1999): 43–48; Michael West and Malcolm Patterson, "Profitable Personnel," *People Management* (January 8, 1998): 28–31; Anne Fisher, "Why Passion Pays," *FSB* (September 2002): 58; and Curt Coffman and Gabriel Gonzalez-Molina, *Follow This Path: How the World's Great Organizations Drive Growth by Unleashing Human Potential* (New York: Warner Books, 2002).
10. Abraham F. Maslow, "A Theory of Human Motivation," *Psychological Review* 50 (1943): 370–396.
11. Barbara Bowes, "More than Money: Make Your Employees Feel Secure, Satisfied in Job," *Winnipeg Free Press*, July 24, 2010, I.1.
12. Sarah E. Needleman, "Burger Chain's Health-Care Recipe," *The Wall Street Journal*, August 31, 2009.
13. Leigh Buchanan, "The Un-Factory," *Inc.* (June 2010): 62–67.
14. Telis Demos, "The Way We Work: Motivate Without Spending Millions," *Fortune* (April 12, 2010): 37–38.
15. Sarah Pass, "On the Line," *People Management* (September 15, 2005): 38.
16. Clayton Alderfer, *Existence, Relatedness, and Growth* (New York: Free Press, 1972).
17. Rachel Emma Silverman, "For Manual Jobs, White-Collar Perks," *The Wall Street Journal*, October 3, 2011, B8.
18. Scott Westcott, "Beyond Flextime; Trashing the Work Week," *Inc.* (August 2008): 30–31.
19. Studies and surveys reported in Karol Rose, "Work-Life Effectiveness," special advertising section, *Fortune* (September 29, 2003): S1–S17.
20. Sylvia Ann Hewlett, "Making Flex Time a Win-Win," *The New York Times*, December 19, 2009.
21. Frederick Herzberg, "One More Time: How Do You Motivate Employees?" *Harvard Business Review* (January 2003): 87–96.
22. "Workforce Mood*Tracker* Spring 2012 Report: The Growing Influence of Employee Recognition," (Southborough, MA: Globoforce, 2012), www.workforce.com/assets/PDF/WF80532710.PDF (accessed September 18, 2012).
23. David C. McClelland, *Human Motivation* (Glenview, IL: Scott, Foresman, 1985).
24. David C. McClelland, "The Two Faces of Power," in *Organizational Psychology*, ed. D. A. Colb, I. M. Rubin,

and J. M. McIntyre (Englewood Cliffs, NJ: Prentice Hall, 1971), pp. 73–86.

25. See Gary P. Latham and Edwin A. Locke, "Enhancing the Benefits and Overcoming the Pitfalls of Goal Setting," *Organizational Dynamics* 35, no. 4 (2006): 332–338; Edwin A. Locke and Gary P. Latham, "Building a Practically Useful Theory of Goal Setting and Task Motivation: A 35-Year Odyssey," *The American Psychologist* 57, no. 9 (September 2002): 705ff; Gary P. Latham and Edwin A. Locke, "Self-Regulation Through Goal Setting," *Organizational Behavior and Human Decision Processes* 50, no. 2 (December 1991): 212–247; G. P. Latham and G. H. Seijts, "The Effects of Proximal and Distal Goals on Performance of a Moderately Complex Task," *Journal of Organizational Behavior* 20, no. 4 (1999): 421–428; P. C. Early, T. Connolly, and G. Ekegren, "Goals, Strategy Development, and Task Performance: Some Limits on the Efficacy of Goal Setting," *Journal of Applied Psychology* 74 (1989): 24–33; E. A. Locke, "Toward a Theory of Task Motivation and Incentives," *Organizational Behavior and Human Performance* 3 (1968): 157–189; Gerard H. Seijts, Ree M. Meertens, and Gerjo Kok, "The Effects of Task Importance and Publicness on the Relation Between Goal Difficulty and Performance," *Canadian Journal of Behavioural Science* 29, no. 1 (1997): 54ff. See Gerard H. Seijts and Gary P. Latham, "Knowing When to Set Learning versus Performance Goals," *Organizational Dynamics* 41 (2012): 1–6, for a discussion of the importance of learning goals versus performance goals in turbulent environments.
26. Locke and Latham, "Building a Practically Useful Theory of Goal Setting and Task Motivation."
27. Edwin A. Locke, "Linking Goals to Monetary Incentives," *Academy of Management Executive* 18, no. 4 (2005): 130–133.
28. Latham and Locke, "Enhancing the Benefits and Overcoming the Pitfalls of Goal Setting."
29. J. M. Ivanecevich and J. T. McMahon, "The Effects of Goal Setting, External Feedback, and Self-Generated Feedback on Outcome Variables: A Field Experiment," *Academy of Management Journal* 25, no. 2 (June 1982): 359–372; G. P. Latham and E. A. Locke, "Self-Regulation through Goal Setting," *Organizational Behavior and Human Decision Processes* 50, no. 2 (1991): 212–247.
30. Gary P. Latham, "The Motivational Benefits of Goal-Setting," *Academy of Management Executive* 18, no. 4 (2004): 126–129.
31. Julie Sloane, "The Number Cruncher," in Ellyn Spragins, "The Best Bosses," *Fortune Small Business* (October 2004): 39–57; and Maggie Rauch, "Great Expectations," *Incentive* (December 2004): 18–19.
32. This definition and discussion is based on Teresa M. Amabile and Steven J. Kramer, "The Power of Small Wins," *Harvard Business Review* (May 2011): 71–80; and Teresa M. Amabile and Steven J. Kramer, "What Really Motivates Workers: Understanding the Power of Progress," *Harvard Business Review* (January–February 2010): 44–45.
33. J. Stacy Adams, "Injustice in Social Exchange," in *Advances in Experimental Social Psychology*, 2d ed., ed. L. Berkowitz (New York: Academic Press, 1965); and J. Stacy Adams, "Toward an Understanding of Inequity," *Journal of Abnormal and Social Psychology* (November 1963): 422–436.
34. Elizabeth Weise, "Our Brains Dislike Inequality, Even When It's In Our Favor," *USA Today*, February 25, 2010, http://content.usatoday.com/communities/sciencefair/post/2010/02/our-brains-dont-like-inequality-even-when-its-in-our-favor/1 (accessed March 21, 2011); Daniel Yee, "Brain Prefers Working over Money for Nothing," *Cincinnati Post*, May 14, 2004.
35. Ray V. Montagno, "The Effects of Comparison to Others and Primary Experience on Responses to Task Design," *Academy of Management Journal* 28 (1985): 491–498; and Robert P. Vecchio, "Predicting Worker Performance in Inequitable Settings," *Academy of Management Review* 7 (1982): 103–110.
36. Nathan Koppel and Vanessa O'Connell, "Pay Gap Widens at Big Law Firms as Partners Chase Star Attorneys," *The Wall Street Journal*, February 8, 2011, http://online.wsj.com/article/SB10001424052748704570104576124232780067002.html (accessed February 8, 2011).
37. James E. Martin and Melanie M. Peterson, "Two-Tier Wage Structures: Implications for Equity Theory," *Academy of Management Journal* 30 (1987): 297–315.
38. Victor H. Vroom, *Work and Motivation* (New York: Wiley, 1964); B. S. Gorgopoulos, G. M. Mahoney, and N. Jones, "A Path-Goal Approach to Productivity," *Journal of Applied Psychology* 41 (1957): 345–353; and E. E. Lawler III, *Pay and Organizational Effectiveness: A Psychological View* (New York: McGraw-Hill, 1981).
39. Richard R. Johnson, "Explaining Patrol Officer Drug Arrest Activity Through Expectancy Theory," *Policing* 32, no. 1 (2009): 6ff.
40. Richard L. Daft and Richard M. Steers, *Organizations: A Micro/Macro Approach* (Glenview, IL: Scott, Foresman, 1986).
41. Studies reported in Tom Rath, "The Best Way to Recognize Employees," *Gallup Management Journal* (December 9, 2004): 1–5; and Erin White, "Theory & Practice: Praise from Peers Goes a Long Way—Recognition Programs Help Companies Retain Workers as Pay Raises Get Smaller," *The Wall Street Journal*, December 19, 2005.
42. Alexander D. Stajkovic and Fred Luthans, "A Meta-Analysis of the Effects of Organizational Behavior Modification on Task Performance, 1975–95," *Academy of Management Journal* (October 1997): 1122–1149; H. Richlin, *Modern Behaviorism* (San Francisco: Freeman, 1970); and B. F. Skinner, *Science and Human Behavior* (New York: Macmillan, 1953).
43. "100 Best Companies to Work For: Whole Foods Market," *Fortune* (May 23, 2011): 30; "Employees Earn Cash for Exercising More," *The Wall Street Journal*, June 2, 2010, D3.

44. Stajkovic and Luthans, "A Meta-Analysis of the Effects of Organizational Behavior Modification on Task Performance, 1975–95," and Fred Luthans and Alexander D. Stajkovic, "Reinforce for Performance: The Need to Go Beyond Pay and Even Rewards," *Academy of Management Executive* 13, no. 2 (1999): 49–57.
45. Michael Alison Chandler, "In Schools, Self-Esteem Boosting Is Losing Favor to Rigor, Finer-Tuned Praise," *The Washington Post*, January 15, 2012, www.washingtonpost.com/local/education/in-schools-self-esteem-boosting-is-losing-favor-to-rigor-finer-tuned-praise/2012/01/11/gIQAXFnF1P_story.html (accessed January 16, 2012); and Daryl W. Wiesman, "The Effects of Performance Feedback and Social Reinforcement on Up-Selling at Fast-Food Restaurants," *Journal of Organizational Behavior Management* 26, no. 4 (2006): 1–18.
46. Kenneth D. Butterfield and Linda Klebe Treviño, "Punishment from the Manager's Perspective: A Grounded Investigation and Inductive Model," *Academy of Management Journal* 39, no. 6 (December 1996): 1479–1512; and Andrea Casey, "Voices from the Firing Line: Managers Discuss Punishment in the Workplace," *Academy of Management Executive* 11, no. 3 (1997): 93–94.
47. Amy Sutherland, "What Shamu Taught Me About a Happy Marriage," *The New York Times*, June 25, 2006, www.nytimes .com/2006/06/25/fashion/25love .html?ex=1175659200&en=4c3d257c4d16e70d&ei=5070 (accessed April 2, 2007).
48. Arthur Bandura, *Social Learning Theory* (Englewood Cliffs, NJ: Prentice Hall, 1977); and T. R. V. Davis and F. Luthans, "A Social Learning Approach to Organizational Behavior," *Academy of Management Review* 5 (1980): 281–290.
49. Bandura, *Social Learning Theory*; and Davis and Luthans, "A Social Learning Approach to Organizational Behavior."
50. Ilya Pozin, "The Takeaway: Three Things That Motivate Employees More Than Money," *Inc.* (February 2012): 6.
51. Christine M. Riordan, Robert J. Vandenberg, and Hettie A. Richardson, "Employee Involvement Climate and Organizational Effectiveness," *Human Resource Management* 44, no. 4 (Winter 2005): 471–488.
52. J. Richard Hackman and Greg R. Oldham, *Work Redesign* (Reading, MA: Addison-Wesley, 1980); and J. Richard Hackman and Greg Oldham, "Motivation Through the Design of Work: Test of a Theory," *Organizational Behavior and Human Performance* 16 (1976): 250–279.
53. Xu Huang and Evert Van de Vliert, "Where Intrinsic Job Satisfaction Fails to Work: National Moderators of Intrinsic Motivation," *Journal of Organizational Behavior* 24 (2003): 157–179.
54. Sarah E. Needleman, "Business Owners Try to Motivate Employees; As Recession Lingers, Managers Hold Meetings and Change Hiring Practices to Alleviate Workers' Stress," *The Wall Street Journal*, January 14, 2010.
55. Aaron Lucchetti, "Morgan Stanley to Overhaul Pay Plan," *The Wall Street Journal*, December 29, 2009; Graham Bowley, "Credit Suisse Overhauls Compensation," *The New York Times*, October 21, 2009; Liam Pleven and Susanne Craig, "Deal Fees Under Fire Amid Mortgage Crisis; Guaranteed Rewards of Bankers, Middlemen Are in the Spotlight," *The Wall Street Journal*, January 17, 2008; Phred Dvorak, "Companies Seek Shareholder Input on Pay Practices," *The Wall Street Journal*, April 6, 2009; and Carol Hymowitz, "Pay Gap Fuels Worker Woes," *The Wall Street Journal*, April 28, 2008.
56. Reported in Sarah Fister Gale, "Keeping Your Nose Clean: A Look at Ethics in the Workplace," *Workforce.com*, September 6, 2012, www.workforce.com/article/20120906/NEWS02/120909987/keeping-your-nose-clean-a-look-at-ethics-in-the-workplace (accessed September 24, 2012).
57. This section is based on Gretchen Spreitzer and Christine Porath, "Creating Sustainable Performance," *Harvard Business Review* (January–February 2012): 92–99; and Gretchen Spreitzer, Christine L. Porath, and Cristina B. Gibson, "Toward Human Sustainability: How to Enable More Thriving at Work," *Organizational Dynamics* 41 (2012): 155–162.
58. Edwin P. Hollander and Lynn R. Offermann, "Power and Leadership in Organizations," *American Psychologist* 45 (February 1990): 179–189.
59. Jay A. Conger and Rabindra N. Kanungo, "The Empowerment Process: Integrating Theory and Practice," *Academy of Management Review* 13 (1988): 471–482.
60. David E. Bowen and Edward E. Lawler III, "The Empowerment of Service Workers: What, Why, How, and When," *Sloan Management Review* (Spring 1992): 31–39; and Ray W. Coye and James A. Belohav, "An Exploratory Analysis of Employee Participation," *Group and Organization Management* 20, no. 1 (March 1995): 4–17.
61. Stack, "Hilcorp Energy Shares the Wealth."
62. Golnaz Sadri, "Empowerment for the Bottom Line," *Industrial Management* (May–June 2011): 8–13; and Robert C. Ford and Myron D. Fottler, "Empowerment: A Matter of Degree," *Academy of Management Executive* 9, no. 3 (1995): 21–31.
63. This definition is based on Mercer Human Resource Consulting's Employee Engagement Model, as described in Paul Sanchez and Dan McCauley, "Measuring and Managing Engagement in a Cross-Cultural Workforce: New Insights for Global Companies," *Global Business and Organizational Excellence* (November–December 2006): 41–50.
64. This section is based on Maureen Soyars and Justin Brusino, "Essentials of Engagement: Contributions, Connections, Growth," *T&D* (March 2009): 62–65; Kenneth W. Thomas, "The Four Intrinsic Rewards That Drive Employee Engagement," *Ivey Business Journal*, November–December 2009, www.iveybusinessjournal.com/article.asp?intArticle_id=867 (accessed November 24, 2009); and Cristina de Mello e Souza Wildermuth and Patrick David Pauken, "A Perfect Match: Decoding Employee Engagement—Part II: Engaging

Jobs and Individuals," *Industrial and Commercial Training* 40, no. 4 (2008): 206–210.

65. Kate Rockwood, "The Employee Whisperer," *Fast Company* (November 2008): 72–73.
66. Soyars and Brusino, "Essentials of Engagement."
67. Theresa M. Welbourne, "Employee Engagement: Beyond the Fad and into the Executive Suite," *Leader to Leader* (Spring 2007): 45–51.
68. See J. K. Harter, F. L. Schmidt, and T. L. Hayes, "Business-Unit-Level Relationship Between Employee Satisfaction, Employee Engagement, and Business Outcomes: A Meta-Analysis," *Journal of Applied Psychology* 87, no. 2 (2002): 268–279; Coffman and Gonzalez, *Follow This Path*; M. Buckingham and C. Coffman, *First, Break All the Rules: What the World's Greatest Managers Do Differently* (New York: Simon & Schuster, 1999); A. M. Saks, "Antecedents and Consequences of Employee Engagement," *Journal of Managerial Psychology* 21, no. 7 (2006): 600–619; and Nikki Blacksmith and Jim Harter, "Majority of American Workers Not Engaged in Their Jobs," *Gallup.com* , October 28, 2011, www.gallup.com/poll/150383/majority-american-workers-not-engaged-jobs.aspx (accessed September 24, 2012).
69. Reported in Blacksmith and Harter, "Majority of American Workers Not Engaged in Their Jobs."
70. This example is from Soyars and Brusino, "Essentials of Engagement."
71. Rockwood, "The Employee Whisperer"; and quote from "Americans' Job Satisfaction Falls to Record Low," *USA Today*, January 5, 2010.

第 17 章
沟　通
Communication

学习目标

学习完本章后，你应该能够：

1. 阐释沟通对有效管理的重要性，描述沟通方式。
2. 描述坦诚沟通氛围及沟通渠道的选择对沟通质量的影响。
3. 理解真诚沟通、提问、倾听、非语言沟通对管理者与员工的沟通的影响。
4. 阐释正式与非正式组织沟通的差异。
5. 领会私人沟通渠道（包括小道消息）在加强组织沟通方面的作用。
6. 识别社交媒体在增进组织沟通中的作用。
7. 阐释危机沟通的策略。

你正在建立人际关系网吗?

导语：你在与他人建立人际关系方面投入了多少精力？个人的关系网络会给职场上的新晋管理者提供很多帮助。无论你在上学还是在上班，请根据你的情况，对下列题项回答“大多正确”或“大多错误”。

	大多正确	大多错误
1. 我很早便了解到组织正在发生的变化，并意识到这些变化可能会对我或我的职位产生什么样的影响。	______	______
2. 我尽可能地利用社交网络去帮助他人解决问题，也通过同样的手段实施自救。	______	______
3. 我经常被他人及其行为所吸引。	______	______
4. 我常常利用午餐的机会认识新朋友并建立联系。	______	______
5. 我定期参加慈善活动。	______	______
6. 我常常给一些朋友和同事寄节日贺卡。	______	______
7. 我与之前工作单位或学校团体中的人保持联系。	______	______
8. 我会主动地给下属、同事和老板提供信息。	______	______

得分及解释：对于每个题项，如果你选择“大多正确”则加1分。如果你的得分在6分及以上，说明作为一名新晋管理者，你是个积极主动的社交达人，并有坚实的人脉基础。在创建人际关系网时，你能够通过各种人际关系去完成事情。信息渠道与社会支持能使新晋管理者获得更好的职业发展。如果你的得分在3分及以下，并且你把管理者这个岗位当回事儿，那么，你或许应该更多地关注建立人际关系。拥有活跃人际关系网的人更有可能成为有效的管理者，并且对组织产生更大的影响。

作为一名设计手机应用程序的软件工程师，尼克·陈（Nick Chen）十分热爱他的工作。这项工作收益好、薪资高、工作环境优越。尼克说：“当软件工程师最大的好处是和一群专业人士开展团队合作，大家热衷于寻求移动技术上的新突破。”最近，尼克的团队设计出一个芯片组，这个芯片组会颠覆人们之前使用的手机沟通方式。公司的管理者给尼克发放了年终奖以示对他所做贡献的肯定，尼克也因此对自己及公司的前途信心满满。然而，尼克希望承担更多的职责，于是他开始谋求一个管理职位。每天早上上班路上的一小时，尼克通过领英社交关系网来扩展自己的职业关系网络，寻找移动技术行业的职位空缺。他的努力最终得到了回报。一天早晨，尼克在更新个人档案资料时收到了一条消息。这条消息来自他之前的同事，这位同事现在圣迭戈的高通公司工作。她推荐尼克申请该公司的安卓智能手机产品经理这一新职位。尼克需要了解更多的相关信息，因此他开始关注高通公司，成为这个公司 54 000 名领英社交网站粉丝中的一员。他了解到高通公司拥有“最佳雇主”的好声誉，并且连续 14 年被《财富》杂志评为“最适合工作的 100 家公司”之一。尼克很快更新了自己的简历并申请了这一职位。[1]

利用领英这样的社交和职业网站拓展人际关系网，是管理者很重要的一项技能，因为它比管理者关起门来做事情更快、更有效。通过网络建立的社会、工作和职业联系会给彼此带来利益。管理者如何建立广泛的职业与社会联系？其中的一个关键是要了解如何有效地沟通。事实上，在管理工作的任何方面，沟通都起着举足轻重的作用。

最成功的组织是管理者保持沟通渠道开放的组织。他们勇于谈论职员想听的话题，并会解释一些棘手的决策，尤其是在经济困难时期。研究表明，2004—2009 年，相较于沟通低效的公司，高效沟通的公司的股东收益高出 47%。[2]

不仅有效的沟通能够增加收益，管理者在沟通上倾注的时间也能带来收益。管理者在每个工作日里有 80%的时间花在与他人的沟通上。换句话说，他们在每小时中有 48 分钟用于开会、打电话、网上交流或者过道里的非正式交谈。管理者剩下的 20%的时间花在办公桌上，其中的大部分时间也用于读写形式的沟通。[3]

本章将解释管理者为何要重视有效的沟通问题。第一，我们将了解沟通对于管理工作的重要性，并描述沟通过程模式。第二，我们将考察人际沟通，包括沟通的氛围、沟通渠道、劝导、真诚沟通、提问、倾听对管理者沟通能力的影响。第三，我们将站在整个组织的角度研究上行沟通、下行沟通、水平沟通及个人交际圈和非正式沟通。第四，我们将描述社交媒体在增强组织沟通及在危机时刻寻找沟通策略中起的作用。

17.1 沟通是管理者的一项工作

图表 17-1 展示了管理者作为沟通先锋的关键作用。管理者从组织内外部收集重要信息并将适当信息发送给有信息需求的人。管理者的沟通是有目的性的，旨在将所有人的注意力集中到组织及团队的愿景、价值观和既定目标上，并影响人们的行为方式，使他们朝着实现目标的方向去努力。通过坦诚沟通、积极听取他人的观点、提问、利用反馈来学习并改变，管理者能促进战略对话。**战略对话**（strategic conversation）是指人们跨越部门界限和层级结构，在一起讨论团队或组织的愿景、关键战略主题以及帮助组织实现重大目标的价值观。[4]

图表 17-1　管理者作为沟通先锋

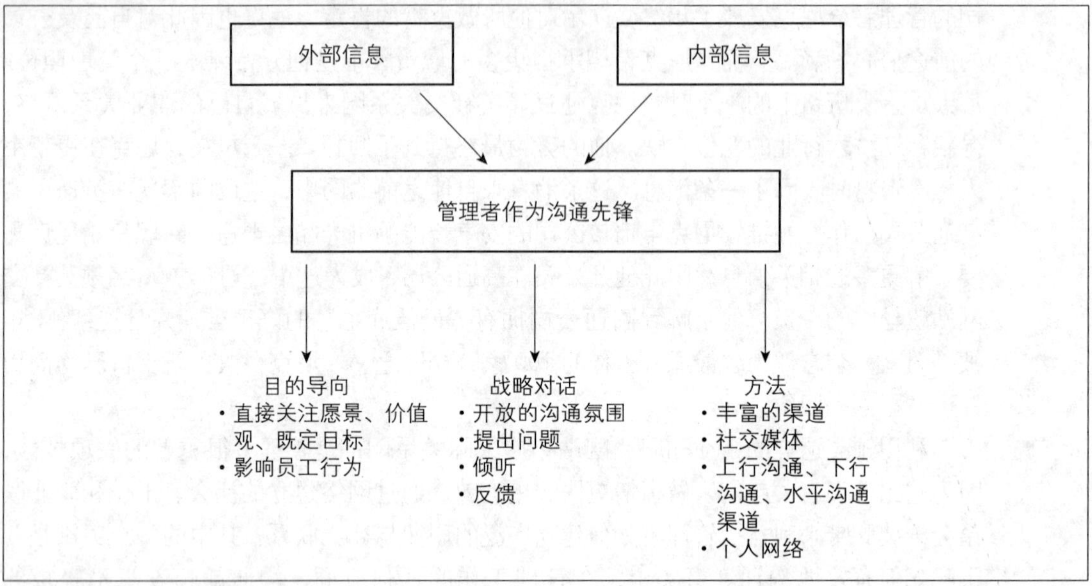

资料来源：Adapted from Henry Mintzberg，*The Nature of Managerial Work*（New York：Harper and Row，1973）；and Richard L. Daft，*The Leadership Experience*，3d ed.（Cincinnati，OH：South-Western，2005），p. 346.

根据沟通目的与听众的不同，管理者采用不同的方法进行沟通。社交媒体是使用越来越普遍的一种沟通方式。事实上，65%的受访管理者表示，他们希望下一年能够更多地使用社交媒体与员工进行沟通。[5] 例如，当红罗宾美味汉堡包连锁餐厅（Red Robin Gourmet Burgers）向市场推出新的汉堡包时，其高层管理者决定利用企业内部社交网络与各分店经理就这种汉堡包的食谱和烹饪方法进行沟通。红罗宾美味汉堡包连锁餐厅仅利用社交媒体，而不用装订成册的书，就成功地培训了各分店经理并鼓励他们开展自由讨论，提出反馈意见。[6]

17.1.1　什么是沟通?

当谈到沟通时，我们多数人想到的是口语或书面语言，但是文字在人类沟通中只占了很小一部分。员工密切关注着管理者，因此管理者必须牢记：管理者的一言一行都在传达出某种信息。另外，沟通是双向的，包括提出问题与寻求反馈、关注他人的非言语沟通、认真倾听。**沟通**（communication）是两个或两个以上的人交换并理解信息的过程，其目的通常是影响和激励人的行为。

调查表明，管理者认为沟通是他们最关键的技能，也是他们最重大的职责之一。[7] 但是，多数管理者表示，他们需要提高沟通的有效性。受访的管理者中，不到一半的人在与员工、客户和供应商交流时愿意费心地根据需要调整信息，很少会有管理者从员工和客户那里寻求反馈，因为他们害怕听到坏消息。但是，如果缺少反馈，管理者就无法恰当地应对问题或机会，他们的计划和决策将无法符合员工的兴趣。[8]

17.1.2 沟通模式

要想成为一名良好的沟通者，管理者首先要认识到沟通的复杂性，并了解沟通过程中的一些关键要素，这些要素如图表 17-2 所示。

图表 17-2 沟通模式

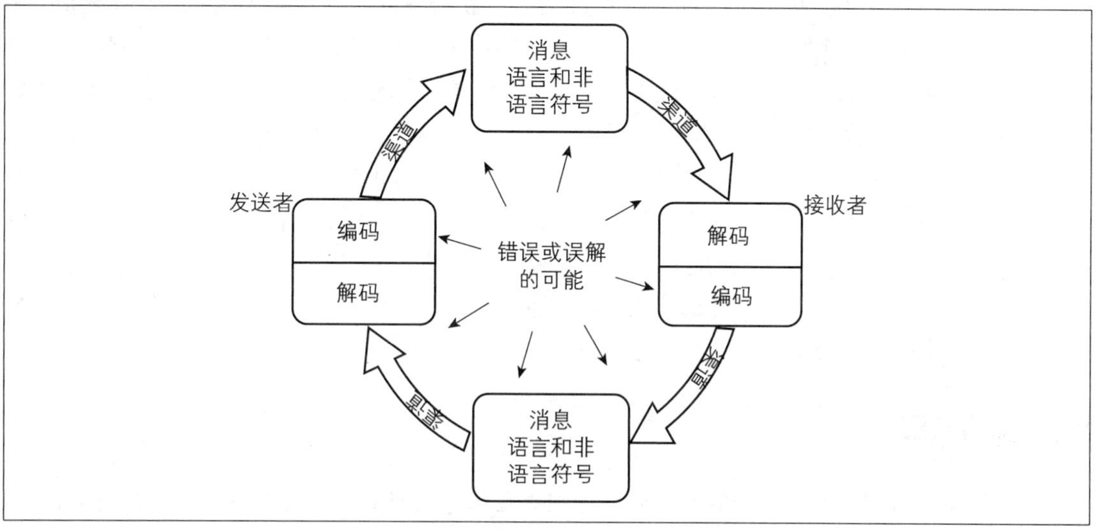

许多人认为沟通很简单，沟通是自然发生的。毕竟，我们每天都在不假思索地进行沟通。但事实上，人类的沟通相当复杂，充满了相互误解的可能性。沟通不是仅仅传递信息，而是有计划地分享信息。一个能够发表鼓舞人心的演讲或写出精彩评论的管理者，如果不懂得如何倾听，就不是一个有效的沟通者。要成为一名成功的管理者，区分"分享"与"宣布"之间的不同是非常重要的。

了解沟通的含义有助于认识其中的复杂性。如图表 17-2 所示，当管理者想与下属沟通时，他会使用符号（如文字）对信息进行**编码**（encode），从而把自己的思想或观点变成一条消息。**消息**（message）是送达到接收者那里的信息的一种有形表达方式。**渠道**（channel）是消息得以发送的载体。渠道可能是指电话、邮件、正式的报告或面对面的交谈。员工对符号进行**解码**（decode）以解读消息的含义。在与管理者沟通后，员工做出回应，就出现了**反馈**（feedback）。正如图表 17-2 所示，有效的沟通是循环的，发送者与接收者需要多次交换消息才能达到相互理解的状态。

编码与解码有时候会造成沟通失误。你是否听别人说过"这并不是我的本意!"？你是否曾由于错误的指示而浪费了很多时间和精力？个体差异、知识、价值观、态度和背景相当于过滤器，会在解读符号时造成"噪声"。我们可能都经历过沟通失误，因为人们很容易误解消息。反馈可以让管理者判断员工是否正确地解读了消息。潜在的沟通失误使反馈变得非常重要。没有反馈，沟通循环就是不完整的。有效的沟通包括信息的传递与相互理解。[9]

17.2 人际沟通

许多高层管理者承认，在如今经济危机的恶劣环境下，他们作为沟通先锋的表现是不合格的，这是因为他们需要花费更多的时间确保公司的财务状况稳定。但是，随着经济形势的好转，快速贷款公司（Quicken Loans）的CEO比尔·埃默森（Bill Emerson）对其3 000名员工重申了他的坦诚沟通理念并积极投身其中。埃默森每次与15名员工一起召开两个小时的午餐会。他会把公司及抵押贷款行业的现状告诉员工，询问他们有什么问题和担心，并征集公司运营方面的想法和意见。埃默森对中低层管理者寄予很大的希望：当他需要解决一些商业问题时，这些管理者能够维持一个非常开放的沟通氛围。但是，他知道他的亲自参与对保持有效的沟通是至关重要的。[10]

为了实现最好的结果，管理者必须了解下列这些因素是如何发挥作用从而提升或降低沟通有效性的：坦诚沟通的氛围、沟通渠道、劝导能力、真诚沟通、提问、倾听和非语言沟通。管理者还需考虑到性别对沟通的影响。下面的“经理会谈”专栏探讨了男性与女性的性别差异如何影响沟通的有效性。

经理会谈

沟通中的性别差异

为了提高工作场所中沟通的有效性，管理者应该意识到有许多因素会影响人们的沟通。其中一个重要的因素是性别角色，也就是与性别相关的习得行为。《你只是不理解：对话中的女人和男人》的作者德博拉·坦嫩（Deborah Tannen）花了30多年研究沟通中的性别差异。理解男性和女性不同的沟通方式可以帮助管理者最大限度地发挥每个员工的天赋，鼓励所有男性和女性员工为组织做出更大的贡献。

● 沟通的目的。男性的谈话往往关注人的等级——相对权力的较量。对于男性而言，沟通是一种保持独立性、协商和维持等级地位的方式。男性往往运用语言来展示自己的知识、技能，比如讲故事、开玩笑或传递信息。但对于大多数女性而言（尽管不是所有的女性都这样），交谈是建立联系和维持关系的一种方式。女性使用她们独一无二的交谈方式来表达她们的参与、连接和分享，比如，寻求与他人相似的或一致的经历。

● 决策方式。女性在做决定时，倾向于向外寻求解决方法。男性则通过内在的思考来寻求解决办法。男性有时会误解女性的语言头脑风暴，认为这个女性在寻求认同而不只是把想法说出来。

● 成功地创建合作环境。来自麦肯锡的一项报告——“危机中和危机后的领导力”发现，女性经理大多会去实施高层领导者提出的能够帮助公司渡过经济危机的那些行为。女性通常在激励他人、促进沟通和倾听等方面比男性做得更好。当组织经历困难时期时，这些能力尤为重要。

● 对非语言信息的理解。大约70%的沟通是以非语言形式发生的，但是男性和女性对非语言沟通的理解是不同的。女性相信良好的倾听技能包括目光接触、点头以示理解等。对于男性而言，倾听可以伴随着极少的目光接触，但几乎不需要非语言的反馈。简单来说，男性点头时，意味着他同意对方的话；女性点头时，表示她正在倾听。女性对非语言沟通的理解力更强。她们能够在开会的关键时刻从人们的目光接触中判断出哪些人是一伙的，哪些人相互结盟。

有趣的是，在如今极具挑战性的经济环境下，一些男性管理者可能会转向更女性化的沟通方式，因为女性的领导方式和沟通方式可能更有利于激励员工，帮助他们在困难时期团结一致朝着目标努力。

资料来源：Based on Deborah Tannen, "He Said, She Said," *Scientific American Mind* (May-June 2010): 55 - 59; and Carol Kinsey Goman, "Men and Women and Workplace Communication," *Business Analyst Times*, May 26, 2009, www.batimes.com/articles/men-and-women-and-workplace-communication.html (accessed September 20, 2012).

17.2.1　坦诚沟通的氛围

对美国员工所做的一项调查显示，员工真心希望能够与他们的管理者进行开放、真诚的沟通，不论沟通的是好消息还是坏消息。[11]这让 TerraCycle 公司的 CEO 汤姆·绍基（Tom Szaky）处于两难的境地，因为他一直犹豫是否要把坏消息告诉员工。TerraCycle 是一家废弃物循环利用公司。绍基不希望员工因为担心那些不会影响他们工作的事情而不专心工作或消极怠工。绍基说："隐瞒信息带来的问题是，一旦面临威胁，我会觉得非常孤独，员工则会纷纷猜测发生了什么事。可想而知，信息的缺失会加剧流言的传播并降低士气。"如今，绍基鼓励信息透明，推崇开放、真诚的沟通。员工可以了解所有的细节，即便是坏消息。这种新的氛围培养了员工的主人翁精神和信任感，并且与之前相比能更加快速地使一些问题成为大家关注的热点。[12]

坦诚沟通（open communication）意味着在组织内跨越职能部门与层级结构的边界，所有人分享各种信息。组织中的员工需要有一个全局观，能够理解管理者做出的决定，并且知道他们的工作如何有助于企业走向成功。尤其是当处于变革时期时，如果员工不能从管理者那里了解到正在发生什么事，他们就会相信谣言，而这通常是最糟糕的一种情况。[13]在一个坦诚沟通的环境中，人们知道自己的现状并且了解他们需要遵守的规则。坦诚沟通帮助人们接受、理解和认可目标。人们可以看到自己的活动如何影响组织中的其他人，自己如何与他人互动。当可以获得完全的信息时，人们更可能想出创造性的解决办法，并且为公司做出更好的决策。

遗憾的是，当询问上述提及的被访员工，他们的经理在建立一个开放、真诚的沟通环境方面做得如何时，他们在 0～100 分内给出了 69 分的平均分。[14]管理者可以通过打破传统的会阻碍沟通的层级和部门间的界限，建立一个坦诚沟通的氛围。他们可以与下属真诚地沟通，无论事情往好的方向发展还是往坏的方向发展都应该让员工知晓，帮助员工看到他们的决策和行动所带来的经济影响。[15]

为了实现坦诚沟通的积极效应，管理者应该运用沟通网络使员工的绩效和工作满意度最大化。有关员工沟通的研究集中于有效沟通的两个特征上：团队沟通集中化程度和团队工作任务的性质。[16]这些特征之间的关系如图表 17 - 3 所示，在**集权化网络组织**（centralized network）里，团队成员之间的沟通必须通过个体来实现，其目的是解决问题或做出决定。集权化网络组织对大型团队非常有效，因为它限制了参与决策的人数。其结果是参与的人越少，决策速度越快。[17]在**分权化网络组织**（decentralized network）中，个体可以与其他团队成员自由沟通，所有团队成员平等地加工处理信息，直到全体成员一致同意某个决定为止。[18] 分权化网络组织在复杂、困难的工作环境下是最理想的，因为在这种情形下，团队需要各个方向的自由沟通。[19]

图表 17-3 沟通网络

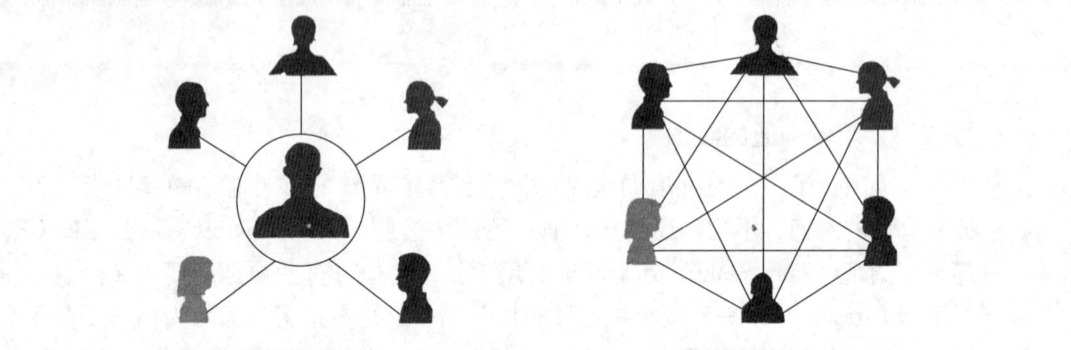

资料来源：Joel Spolsky，“A Little Less Conversation，” *Inc.* （February 2010）：28-29. Copyright 2010 by Mansueto Ventures LLC. Reproduced with permission of Mansueto Ventures LLC.

17.2.2 沟通渠道

有很多沟通渠道可供管理者选择。管理者根据消息的不同特征，可能选择面对面讨论、打电话、发短信、发邮件、写备忘录或写信，也可能选择在公司内部的博客上发布信息。一些研究试图解释管理者如何选择沟通渠道来提高沟通的有效性。[20] 选择有效沟通渠道的一个方法是了解信息接收者的情绪，然后选择一个最适合接收者的渠道。研究者发现，管理者可以通过研究一些重要的线索来了解一个人的感受：他的面部表情、手势、肢体语言和说话的语气。一双微笑的眼睛或是扭曲的肢体都是个人表达情绪的强烈信号。[21]

影响管理者选择沟通渠道的另一个因素是需要沟通的信息类型和数量。研究发现，不同渠道的数据传输能力有所不同。就像管道的物理特性限制了它能够输送的液体的种类和数量一样，沟通渠道的物理特性会限制管理者传送的信息类型和数量。基于信息的丰富程度，可以把管理者运用的沟通渠道划分为层级结构。

■ 渠道丰裕度的层级结构

渠道丰裕度（channel richness）是指在信息传送期间可以传送的信息的数量。渠道丰裕度的层级结构如图表 17-4 所示。信息渠道的容量受三个方面的影响：(1) 同时处理多种信号的能力；(2) 促进快速、双向反馈的能力；(3) 建立个人沟通焦点的能力。面对面讨论是丰裕度最大的沟通方式，因为它允许直接体验、多信息交流、及时反馈和个体聚焦。当人们要表达强烈的情绪，比如焦虑、害怕或防御时，面对面沟通是最佳渠道，因为它的丰裕度极大。面对面讨论便于人们搜集广泛的线索，从而对沟通情景有更深层、情绪化的理解。渠道丰裕度位列第二的是电话沟通。尽管没有眼神交流、姿势和其他的肢体语言线索，人们的声音仍然可以传达大量的情绪信息。

图表 17-4 渠道丰裕度层级结构

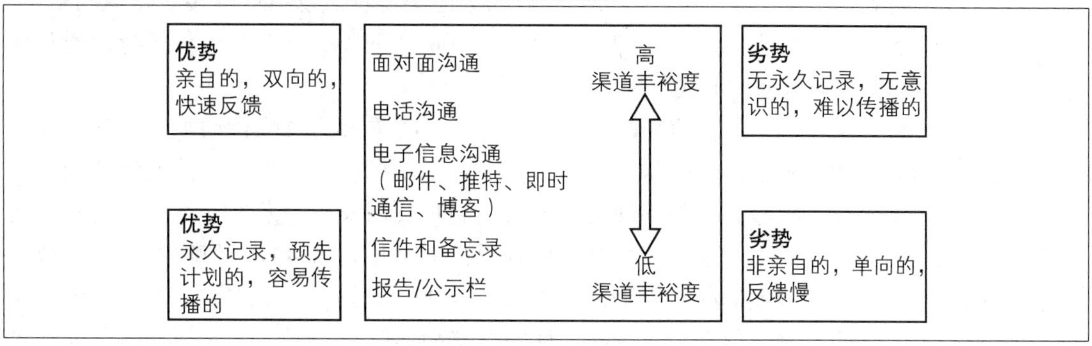

电子信息沟通，比如电子邮件、即时通信用得越来越多，正在取代面对面或电话沟通。然而，俄亥俄州立大学的一项研究表明，大多数受访者表示他们更偏好通过电话或面对面交流来传达尴尬的信息、提出建议或表达感情。[22] 因为电子邮件既没有图像信号也没有声音信号，既不能互动也不能反馈，所以信息有时会被误解。比如，使用电子邮件讨论有争议的话题，可能会导致争端升级而不是解决冲突。[23] 管理者经常使用电子邮件或短信以避免在真实交流环境下会遭遇的情绪不适，藏在电脑后面做出他们永远不会当面实施的指责或批评。"因为我们看不见他们受伤的样子，所以会觉得并无大碍。"商业顾问玛吉·沃勒尔（Margie Warrell）说。她建议管理者在下列情境下不要使用电子邮件：

● 在你生气时。随着心中愤怒的增加，沟通的有效性在降低。你需要至少花两个小时让自己冷静下来，再发送电子邮件，这时你可能选择最具建设性的方式来表达你的不快。

● 当你的信息可能会被人误解时。你需要亲自与那些抵制某事的人见面交谈，面对面的沟通可以保证他人以一种积极的方式来倾听你的信息。

● 当你取消某个约定或向某人道歉时。如果取消一项协议，你应该拿起电话而不是发邮件，这会显示出你对这份关系的在意程度。当需要致歉时，你应该亲自与人见面，这样你可以请求并得到谅解。你应该知道修复破裂的关系需要很长一段时间。

● 当你指责或批评别人时。尽管给予负面的反馈不是一件容易的事，但面对面地指责或批评他人，可以让你看到他的反应，并且就他提出的问题重申自己的主张。[24]

信件和备忘录的渠道丰裕度层级较低。书面沟通可以聚焦于个体，但是，它只能传递纸上所写的信息，并且反馈的速度较慢。非个性化的书面载体的渠道丰裕度最低，例如传单、公告栏和标准的计算机报告。这些沟通渠道并不聚焦于单一的信息接收者，它们使用为数有限的信息信号，信息接收者无法提供反馈。

■ **选择合适的沟通渠道**

对于管理者而言，重要的是了解每种沟通渠道的优缺点。在适当的情景下，每一种方式都可能是有效的。[25] 沟通渠道的选择取决于要传播的信息是常规的还是非常规的。非常规的信息通常是含糊不清的，它们常常涉及新发生的事件，并且极易产生误解。非常规的信息具有时间上的紧迫性和令人吃惊的特征。管理者只有选择丰裕度很大的沟通渠道才能提高非常规信息传达的有效性。常规的信息非常简单、直截了当。

常规的信息包含数据或统计资料，或简单地将管理者已经达成一致的或理解清楚的意思用文字表达出来。即使使用丰裕度较低的沟通渠道也可以有效地传达常规的信息，比如，备忘录、电子邮件、短信或推特。当沟通是正式的、需要永久保持沟通记录时，应选择书面沟通的形式。[26]

关键是选择一个适合信息的沟通渠道。在一次重大的收购行动中，一家公司决定派遣高层管理者前往被收购公司的所有主要工作场所，在那里，被收购公司的大部分员工可以亲眼看见这些管理者，听取他们对公司未来的发展计划，并且有机会向他们提问。结果显示，这些面对面接触所花费的时间与金钱是值得的，因为被收购公司的员工看到他们的新管理者是善解人意的、开放的、愿意倾听的。[27]亲自沟通有关收购的非常规信息防止了破坏性的谣言和误解。沟通渠道的选择还可以向信息接收者传递象征性的意义，在某种程度上，传播媒介本身就是信息。公司决定面对面地与被收购公司的员工进行沟通，就是向员工发出信号——管理者对他们每一个人都很在意。

17.2.3 劝导能力

沟通并不仅仅是为了传达信息，也是为了劝导和影响他人。尽管沟通技能对于管理者一直很重要，但劝导和影响他人的能力在今天比任何时候更显得重要。命令-控制的时代，也就是管理者告诉员工做什么和如何做的时代，已经过去了。要提高自己的劝导艺术，关键在于做到以下几点[28]：

- 树立信誉。管理者的信誉建立在他的知识、专业特长和人际技能基础之上。管理者通过展示持续做出客观、正确决策的能力，促进员工对管理者的领导力树立更强的信心。

- 建立具有共同基础的目标。为了变得有说服力，管理者应该向员工描述拥护新政策或达到某个要求后可以得到的好处。一个例子便是管理者希望说服快餐连锁特许经营店支持总部提出的打折决定：管理者不是仅仅解释说总部希望这项新政得以实施，而是引用了调查结果，该结果显示新的价格能够增加各个特许经营店的利润[29]，当特许经营店看到自己能够从中获益后，都急切地想要采纳新的价格政策。如果管理者没法找到共同的利益，那么这一般是个很强的信号，意味着目标和计划都需要做出调整。

- 发展情感联系。最有效的管理者会理解他人的情绪，并且会调整自己的方法去适应员工接收信息的能力。另外，通过观察他人如何解读过去发生的事件并对此做出回应，管理者可以更好地把握员工如何应对管理者提出的新想法和新提案。

- 使用多种媒介来发送重要信息。当管理者利用不同的媒介发送相同的信息时，他们能够把项目推进得更快、更顺利。重复相同的信息使得这条信息更加重要，从而员工会将这件事放在首位。例如，一名管理者向员工亲自解释了组织的某项要求后，马上又给这名员工发送了一封跟进邮件，将该项要求简明扼要地以书面的形式传达给员工。[30]

为了劝导和影响他人，管理者必须经常并善于与人沟通。有些人觉得人际沟通经验没有价值或者与人沟通比较困难，于是倾向于规避那些需要沟通的环境。**沟通焦虑**（communication apprehension）这一术语就是用来描述这样的规避行为的，沟通焦虑是指个体对现实或预期的沟通的恐惧或焦虑程度。管理者可以通过培训和练习来克服沟通焦虑，进而成为更有加有效的沟通者。

17.2.4 真诚沟通

为了影响和劝导他人，管理者还必须坦诚、直接地说出他们想要从他人那里得到什么，要想满足什么样的需要。真诚沟通意味着直接、诚实、清晰地告诉员工需要做哪些事才能实现目标，同时也要表达对他人的尊敬，而不是让他人觉得自己受到了蔑视、控制，甚至剥削。遗憾的是，对于许多管理者而言，真诚沟通都是一个问题。杰克·韦尔奇是一位演说家和作家，也是通用电气公司的前任 CEO，他说起当问及手下的一群经理，他们中有多少人得到过坦诚的绩效评价时，只有约 10%的人举起手；当问及有多少人对他们的员工进行过公正坦诚的评价，结果并不比前面的好多少。[31]

真诚沟通以一种自信、积极的方式让别人明确了解你的立场和你的要求。恰当地运用真诚沟通，了解他人的观点和意见，可以清晰地知道他人的具体要求和原因。以下是开展真诚沟通时可使用的一些有价值的技巧[32]：

- 使用主动语句。为了真诚沟通，你应该集中精力于你看问题的独特视角、它给你的感觉、它对你的影响，而不是去指责或责备其他人。假如你与一位大大咧咧的同事共用一个办公室，你可以说“桌上的东西太乱了，在这样的环境很难把工作做完”，而不是说“你把食物包装袋弄得到处都是，我简直要发疯了”。
- 坚持以事实而不是你的判断为依据。不要对你的同事说她是一个懒散的人，只需要让她知道她丢弃在桌上的纸屑影响了你的工作。
- 让你的要求尽量清晰、明确和直接。要说“我希望你把办公桌整理干净，因为我们要用它来完成我们的工作”，而不是说“为什么你不整理被你弄乱的地方？”

新晋管理者自我测试

真诚沟通

导语：无论你参与的是私人交流还是工作对话，请根据你的情况，选择“大多符合”或“大多不符合”来回答各个题项。答案无所谓对错，所以请诚实地回答。

	大多符合	大多不符合
1. 我会尽力表现出礼貌和尊重他人的感受。	______	______
2. 我对人有话直说。	______	______
3. 即使真相会让人沮丧，我也会直言不讳。	______	______
4. 我会非常坦诚地说出想说的话。	______	______
5. 我总是十分直接地给予别人反馈。	______	______
6. 我总是用证据来支撑我的观点。	______	______
7. 我是一个十分坦诚的沟通者。	______	______
8. 我不会故意说一些伤害他人感情的话。	______	______

得分及解释：第 2～7 题，凡是选择“大多符合”则加 1 分；第 1 题和第 8 题，凡是选择“大多不符合”则加 2 分。

你的得分反映了你与人沟通时的真诚度。许多人很难给予他人直接的建议和反馈，因为他们既不希望伤害对方的感情，也不愿意别人因此讨厌自己。因此，在沟通中双方共享的真实的信息是有限的。如果你的得分为 6～8 分，说明你可能是一个真诚的人，这有利于提升你的管理效能。如果你的得分为 1～3 分，则意味着你很难直言你的观点，你可能需要在交谈中表现得更坦诚些。

真诚的沟通对于建立一个坦诚沟通的氛围十分重要。当管理者真诚地与人沟通时，他也鼓励其他人进行真诚的沟通。一旦真诚的沟通成为组织的常态，一切工作就会进展得更快、更好。[33] 当每个人都感到可以自由地敞开心扉，诚实地说出自己的观点，就会有更多人参与到组织的对话中，这将给组织带来更多的想法，促进员工更快速地学习。除此之外，真诚意味着最终形成的观点是经过共同讨论的、是最恰当的，实施起来更快。真诚的沟通带来真正持久的交流，减少一些常见问题，比如无意义的会议、工作场所不礼貌的行为或恶意沉默。

雅虎和欧特克（Autodesk）的前任 CEO 卡罗尔·巴茨（Carol Bartz）一直是一个直率的沟通者。她相信，如果一个人有自己的观点，他就应该说出来，这样可以让其他人要么改变自己的想法转而赞同这个人的观点，要么反对这个观点。“表示赞同是件很容易的事，”她说，“表示不赞同则需要更多的勇气。”在欧特克公司，巴茨注意到一个成功的高层女性管理者在上班时穿了一件不合时宜的衣服。她的穿着使人分心，但是她自己并没有很在意。巴茨打电话告诉她：“你没有得到应有的尊重。请去诺德斯特姆商店找个导购员，跟她说‘我是一名高级商务人士，我需要一点着装上的帮助’。”这名员工回来时身着职业套装，她在工作场合的信誉度得到很大提升。[34]

17.2.5 提问

组织中传统的自上而下、命令-控制型的沟通方式已经不适合当今日益全球化、技术复杂的工作场合。这种传统模式逐渐让位于更动态化的沟通形式，这是组织沟通的特征，它包括信息的“给予和索取”。[35] 为了实现成功的组织沟通，管理者需要学会如何提问。大多数管理者在沟通中，说话占据了 80%的时间，而提问只占了 20%，情况应该倒过来。无论是对于管理者还是对于员工，提问都将使他们受益匪浅。[36]

- 提问可以使管理者和员工建立信任和坦诚。管理者提问时会鼓励员工表达自己的观点并给予他人反馈。杜克能源公司（Duke Energy's）的总裁和 CEO 詹姆斯·罗杰斯（James E. Rogers）主持 90～100 名员工参与的座谈会，在会上，他提出问题并且对员工的提问给予回答。通过把普通员工集中在一起，让他们参与面对面的交谈，罗杰斯逐步建立起基于信任与真诚的企业文化。[37]
- 提问有利于培养批判性思维技能。在一项调查中，99%的高层管理者认为各个层级的管理者都拥有批判性思维是组织成功的关键。[38] 提问能激发批判性的、独立的思维，鼓励人们运用他们的创造力，并带来更深入、持续的学习。

- 提问激发思想，让员工有机会去创新。管理者向员工提出某些问题，会让员工因紧张而答非所问，员工需要经过思考才能回答问题。如果一个车间主任说“我们必须增加产量以完成这个订单”，工人们可以听从他的意见也可以置之不理，他们可以努力加快生产进度，也可以继续按原来的节奏工作。然而，如果车间主任向工人们提问：“为了完成这份订单，我们应该怎么办?”员工就不会忽视这一问题，他们必须寻求解决办法。因此，向员工提问会让他们接受解决问题的责任。

提问是组织沟通中的一个重要维度。看看“创新之道”专栏中介绍的思科公司是如何利用强大的技术和即时的联系来促进管理者和员工流畅、开放的沟通的。

创新之道

思科公司

当管理者与员工沟通，而不是命令员工时，组织沟通就出现了。为了使组织沟通转变为管理者和员工的双向沟通，思科公司成功地实施了一系列创新战略，其中包括最新技术的应用。

思科公司运用自己的新一代视频会议技术，也叫做远程呈现系统，来促进交互式沟通。远程呈现系统是一种三屏沟通系统，通过联结不同地点的视频输入来模拟真人会议。不论在何时何地或使用何种型号的计算机，远程呈现系统都可以实现人与人之间的自然对话。在屏幕上显示出来的参加者跟真人一般大小，并且可以通过摄像头看到彼此。思科公司负责运营、流程与系统的副总裁兰迪·庞德（Randy Pond）认为，这种交互式手段为整个公司的沟通提供了便利。

除此之外，思科公司的 CEO 约翰·钱伯斯（John Chambers）一直运用其他技术与员工保持沟通，包括使用社交媒体。钱伯斯每个月都会在博客上录制一段视频传达简短、即兴的信息。他把这些内容直接传达给员工，不需要正式的文稿。钱伯斯和他的团队邀请员工通过视频和短信给予反馈，以产生双向互动。[39]

17.2.6 倾听

在所有对成功的管理沟通至关重要的能力中，倾听排在首位。然而，懂得倾听仍然是管理者最缺乏的一项技能，缺乏倾听的能力是许多管理者失败的关键原因之一。实际上，67%的新晋管理者在 18 个月内就失败了，因为他们不懂得倾听。[40]

倾听（listening）包括抓住事实真相与话语所蕴含的情感以理解信息的真正含义的技巧。只有这样，管理者才能够做出适当的反应。倾听需要注意力、精力与技巧。尽管有效的沟通约有 75%取决于倾听，但大多数人只花 30%～40%的时间倾听他人的陈述，这就导致了许多沟通失误。[41]获得巨大成功的销售人员取得成功的秘密之一，就是他们在促销电话中有 60%～70%的时间让顾客倾诉。[42]然而，倾听远远不只是“保持沉默”，许多人并不知道如何有效地倾听，他们把精力集中于构思自己下一句要说什么，而不是留心他人在说什么。倾听效率可以通过测试人们在听了长达 10 分钟的信息以后的 48 小时内所能理解和记忆的信息数量得出，经过测量，这一数据的平均值不超过 25%。[43]

如今，大多数管理者意识到，重要信息的沟通是自下而上而不是自上而下的，管理者最好能意识到这一点。[44]一些公司运用创新技术来了解员工和消费者内心的真实想法。比如，Intuit 公司每年进行一次员工调查，以便给管理者提供倾听的机会，了解员工对公司许多做法的真实想法。然后，公司鼓励管理者在这一年里与下属面谈以获得更多的反馈。自从创立了这种倾听机制，公司的员工流失率从 24%下降到 12%。“员工知道我们会认真对待他们的反馈，我们倾听他们的意见并采取措施使情况得到改善。”前任 CEO 斯蒂芬 · 贝内特（Stephen Bennett）说。[45]

管理者还会利用博客的互动特性与员工和顾客保持联系。博客是网站上允许人们表达想法、观点，传递信息的电子日志，它为组织与消费者、员工、媒体和投资人提供一种低成本、全新、实时的互动连接方式。[46]据估计，《财富》500 强公司中有 16%的企业会利用博客与股东保持联系。[47]博客使管理者以另一种方式获得有价值的反馈。如果能够正确地倾听，它将成为沟通过程中重要的渠道，正如图表 17 - 2 中沟通模式所示的那样。

是什么构成了良好的倾听呢？图表 17 - 5 列举了有效倾听的 10 个关键要素，并说明了区分优秀的倾听者与拙劣的倾听者的一些方法。优秀的倾听者能够找到人们共同感兴趣的领域，富有灵活性，专心倾听，思维敏捷，快速归纳、权衡和预测说话人的意思。良好的倾听意味着从以自我为中心的思维方式转向移情，这就要求有一定的情商，如第 14 章所述。

图表 17 - 5　有效倾听的 10 个关键要素

关键要素	拙劣的倾听者	优秀的倾听者
1. 主动倾听	被动、懒散	提出问题，用自己的话说出对方的意思
2. 找出兴趣点	排除枯燥的内容	寻找机会，学习新内容
3. 防止分散精力	容易分心；打电话或发短信	全神贯注；坚持不受任何干扰，保持精力集中
4. 强调思维快于言语表达这一事实	喜欢做白日梦	心理归纳；权衡证据的重要性
5. 反应	避免眼神接触；最不用心	点头；表示出兴趣
6. 判断内容，而非表达方式	若表达不清晰则不予理睬	判断内容；跳过表达错误
7. 避免预判	先入为主	当完全理解时才做出判断
8. 倾听别人的意见	通过倾听了解事实真相	倾听中心思想
9. 专心倾听	表现出没有活力；假装注意	努力倾听；表现出积极的身体姿态，视线接触
10. 训练思维	抵制难懂的信息，喜欢轻松、娱乐性的内容	运用难以理解的材料来训练思维

资料来源：Adapted from Diann Daniel，“Seven Deadly Sins of（Not）Listening，” *CIO*，September 7，2004，www.cio.com/article/134801/Seven_Deadly_Sins_of_Not_Listening_（accessed December 7，2012）；Sherman K. Okum，“How to Be a Better Listener，” *Nation's Business*（August 1975）：62；and Philip Morgan and Kent Baker，“Building a Professional Image：Improving Listening Behavior，” *Supervisory Management*（November 1985）：34 - 38.

17.2.7 非语言沟通

管理者需要认识到，他们的肢体语言，包括面部表情、姿势、触碰及对空间的利用都可以传递一系列信息：从热情、温暖和自信到傲慢、冷漠和不高兴。[48] **非语言沟通**（nonverbal communication）是指通过人的动作和行为而非语言来传达信息。[49] 管理者是引人注目的，所以他们的行为、外表、动作和态度都具有象征意义，可以告诉人们他们重视什么，有哪些期待。

我们大多数人都听过这句话："事实胜于雄辩"。其实，在这种情况下，我们并没有用语言来沟通，不管我们是否意识到了这一点。语言本身几乎没有什么意义，这是令大多数管理者吃惊不已的。我们对沟通的共识主要来自人的面部表情、声音、风度、姿势和穿着等非语言信息。例如，在接受《华尔街日报》记者关于脸书的一项隐私新政的采访时，26 岁的首席执行官扎克伯格浑身冒汗，身子直晃。当他为公司的隐私条款做辩护时，大滴汗珠从他的前额冒出来，记者建议他脱掉外套。尽管扎克伯格在口头上对公司新的隐私条款做出合理的解释，但是，他的肢体语言却表明，他在这个问题上尚未做好充分的准备，并且对此信心不足。[50]

非语言沟通大多数是面对面沟通中发生的。一位研究者发现，当我们进行面对面沟通时，有三种沟通信号源：语言，即实际说出的话语；声音，包括音高、声调、音质；面部表情。根据这项研究，这三个因素在信息释义过程中的相对重要性如下：语言影响力 7%，声音影响力 38%，面部表情影响力 55%。[51] 在某种程度上，我们都是天生的面相家，但是面部表情会被误读，所以管理者必须通过提问来确保他们获得了正确的信息。管理者可以通过有意识地解读面部表情来培养自己在这方面的技能，进而提高与人交往并影响他人的能力。研究发现，管理者如果能够对员工的非语言情绪做出正确的反应，那么他们在工作场所中就能成功。[52]

管理者应该注意把人们的面部表情和肢体语言结合起来，看出它们想要表达的信息。当管理者的非语言信号与他的语言自相矛盾时，员工可能会感到困惑，对管理者所说的话产生怀疑，可能会相信他的肢体语言所传达出来的信息。[53] 利用肢体语言来传递信誉和自信的杰出代表便是苹果公司的史蒂夫·乔布斯。2011 年 6 月，当他向公众发布苹果公司的云服务系统 iCloud 时，乔布斯直接面向观众用眼神进行交流，自始至终动作轻松、自然，观众感觉他形象高大。通过肢体语言，他向观众传达出了可靠、忠诚和诚实的信号。[54]

17.3 组织沟通

管理沟通的另一个方面是将组织视为一个整体。涉及整个组织的沟通常有三个方向：下行沟通、上行沟通和水平沟通。管理者负责在这三个方向上建立并维护正式的沟通渠道。管理者也会利用非正式渠道，这就意味着他们必须走出办公室，与员工融为一体。

17.3.1 正式沟通渠道

在**正式沟通渠道**（formal communication channel）中，信息随组织的命令链或任务责任而流动。三种正式沟通渠道及每种渠道中传达的信息类型如图表 17-6 所示。[55]在大多数采用纵向组织结构的传统公司中，下行沟通和上行沟通是最主要的两种沟通方式。然而，如今许多公司强调信息的水平沟通，这样人们可以持续地分享跨部门、跨层级的信息。

图表 17-6 组织中的下行沟通、上行沟通和水平沟通

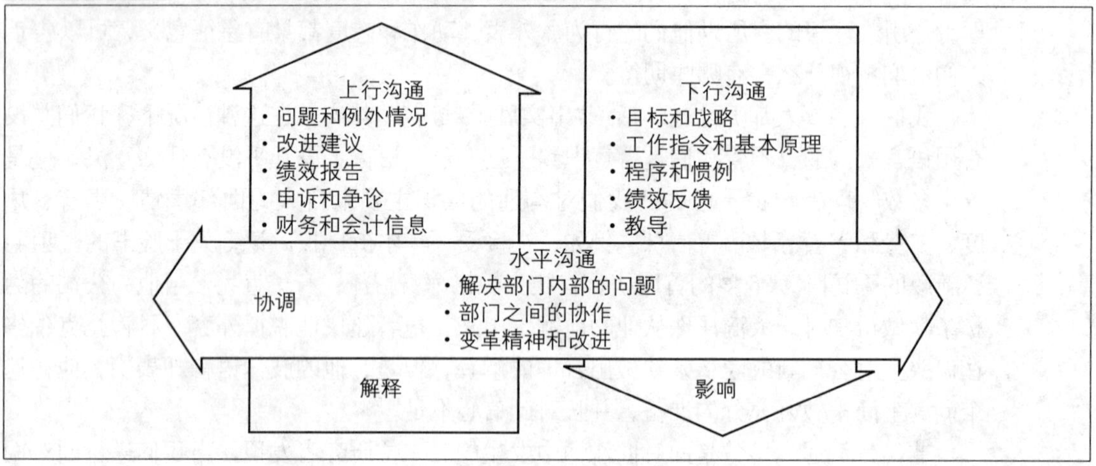

电子邮件和即时通信等电子沟通方式使得信息很容易全方位传递。比如，美国军队运用技术来迅速传输天气信息，为阿富汗和伊朗战场上的官兵提供最新的敌方情报。类似地，美国海军运用即时通信在舰队之间、在海军各部门之间，甚至在返回华盛顿五角大楼的途中进行沟通。“即时通信可以使我们的船员在同一时间共享同样的信息。”监管海军沟通系统的迈克·休斯顿（Mike Houston）少校说，“在实战中，人的生命随时处于危险之中，我们很高兴看到，我们的通信和备战状况已经提升到一个新的水平。”[56]

■ **下行沟通**

我们最熟悉、最常见的正式沟通方式是**下行沟通**（downward communication），它是指消息和信息从最高管理层向下传达给下属。管理者可以采取多种形式与员工进行下行沟通。其中，最常用的一些渠道包括讲演、视频、博客、公告栏和企业内部局域网。

让管理者向员工传达公司里发生的所有事情是不可能的，所以他们必须选择重要的信息去沟通。[57]遗憾的是，许多美国管理者本可以使下行沟通更有效，但实际上并非如此。一项调查结果显示，员工希望无论是好的还是坏的组织绩效管理者都和他们坦诚、真诚地沟通，当要求他们用 0～100 分给公司沟通的有效程度打分时，受访者给出的平均分仅为 69 分。此外，在一项有 1 500 名管理者参与的调查中，他们中的绝大多数人位于中基层管理岗位，该调查显示，这些领导者中有 84%的人认为沟通是他们最重要的任务之一，但只有 38%的人认为他们拥有足够的沟通技能。[58]

管理者可以通过关注那些要求进行日常沟通的具体领域使上行沟通做得更好。上行沟通通常包含以下五个主题：

● 目标和战略。就组织的新战略和目标进行沟通，管理者可以提供关于特定目标和期望行为的信息，这为较低层次员工提供了指南。比如：“新的质量行动已经启动了。如果我们想生存下去，就必须提高产品质量。”

● 工作指令和基本原理。这类指令告诉员工如何去完成一项具体的任务以及该任务与组织其他任务的关系如何。对于组织的头等大事或时间紧迫的事情，一些管理者

将推特作为上行沟通的渠道。基于字数受限的特点（140 个字），推特消息的阅读和回复比其他各种沟通方式更加快捷。[59]一个利用推特发布信息的例子："Adele 公司的品牌经理将出席我们于 10 月 24 日在芝加哥贸易展览会举办的展示活动。我们将在星期五上午 9 点见面并概述展示的内容。"

● 程序和惯例。这类信息明确界定了组织的政策、规定、规章、福利和组织结构。比如："上班 90 天之后，你有资格参加由公司资助的储蓄计划。"

● 绩效反馈。这类信息用来考评组织中个人和部门的工作效果。比如："乔伊，你对计算机网络的改进大大提高了我们公司订货过程的效率。"

● 教导。这类信息用来激励员工接受公司的使命和文化价值观，并鼓励他们参加特殊的仪式和活动，如野餐会、公司庆典。比如："公司视全体员工为一家人，公司将邀请每一位同仁参加 3 月 3 日举行的年度野餐聚会。"

下行沟通一个主要的问题是信息衰减，即信息内容的扭曲或丢失。尽管正式沟通是将信息传达给所有员工的强有力方式，但是，大量信息可能丢失了——每当信息从一个人传到另一个人的时候，会失去大约 25%的内容。如果信息从其源头传到最后的接收者需要经历一个漫长的过程，那么信息就有可能被扭曲。以下是历史上发生的此类悲惨事故。

> 一位记者看到了 1967 年被美国第一空军装甲部队烧毁的村庄的照片。调查发现，总部领导向旅部下达的命令是："这个村庄决不能烧毁。"
>
> 该旅部通过无线电将信息传送给营部："除非你确定那里有越南共产党人，否则不能烧毁任何村庄。"
>
> 营部通过无线电向前线的步兵发送信息："如果你认为这里有越南共产党人，就烧毁这个村庄。"
>
> 步兵连连长命令他的士兵："烧毁那个村庄。"

信息衰减难以完全避免，但上述技巧可以大大减少信息衰减的数量。使用正确的沟通渠道、保持语言信息与非语言信息之间的一致性以及积极的倾听可以使信息在组织内部自上而下沟通时保持其准确性。

■ 上行沟通

正式的**上行沟通**（upward communication）是信息在组织层级结构中自下向上传递。大多数组织在建立一个良好的上行沟通渠道过程中会遇到大量的困难。员工必须对管理层提出的一些做法表达自己的不满，向管理层报告自己的工作进展，提供反馈意见。建设一个健康的下行沟通或上行沟通的信息流可以确保管理者与员工之间的沟通循环是完整的。[61]在上行沟通中，主要沟通以下五种类型的信息：

● 问题和例外情况。这类信息传递的是公司存在的严重问题和日常运营中出现的例外情况，这些问题和情况往往会让高层管理者感到很棘手。比如："我们的网站在凌晨两点时崩溃了，程序员正在想办法解决这个问题。"

● 改进建议。这类信息传递的是如何改进与任务相关的程序以提高质量和效率。比如："我认为我们应该取消审计程序中的第二个步骤，因为这花费了我们大量的时间，却不会带来任何结果。"

● 绩效报告。这类信息包括周期性报告，它告诉管理者个人和部门表现如何。比如："我们按计划完成了史密斯公司的审计报告，但是杰克逊公司的审计报告却延迟了一个星期。”

● 申诉和争议。这类信息涉及员工的抱怨和冲突，需要沿着层级结构向上传递，让管理层听到并提出解决方法。比如：“我这个部门重组之后，我加班的时间大大增加了。我失去了工作与生活之间的平衡。”

● 财务和会计信息。这类信息涉及成本、应收账款、销售额、预计利润、投资收益和其他与高层管理者利益相关的信息。比如：“成本超出了预算的2%，但是销售额超出了计划的10%，所以第三季度的利润十分出色。”

聪明的管理者会尽最大的努力去推动上行沟通。比如，Borrego Sola Systems 的CEO迈克·霍尔（Mike Hall）找到了一个有效的方法鼓励手下性格内向的程序员大胆说出并提交改进业务的想法。为了让他的员工能够提出反馈和建议，霍尔组织了公司内部的竞赛，他称之为“创新挑战赛”，以鼓励所有的员工通过公司内部局域网提交有关改进业务的想法。当所有的想法都提交后，员工为他们喜爱的想法投票，胜出者将得到500美元的现金奖励。几乎公司所有员工都参与了这项竞赛。“我们利用所有员工的大脑激发出许多非常棒的想法。”霍尔说。[62]

■ 水平沟通

水平沟通（horizontal communication）是指同伴或同事之间沿水平方向或者对角线方向进行的信息沟通。水平沟通可以在部门内部进行，也可以在部门之间进行。水平沟通的目的不仅是沟通信息，而且要寻求支持或者协作。水平沟通有以下三种形式：

● 解决部门内部的问题。这类信息出现在同一部门内部的员工之间，常常与任务的完成情况有关。比如：“凯里，你能帮我填这份医疗费报表吗?”

● 部门之间的协作。部门之间的信息有助于促进合作项目或任务的完成。比如：“迈克，麻烦你们小组在星期一上午前用Google Docs 编辑一下IBM的报告。”

● 变革精神和改进。这类信息有助于在团队和部门内部分享信息以促进组织变革、成长和改进。比如：“我们正在简化公司的出差程序，并希望就这个问题与你们部门进行磋商。”

回顾第10章中提到许多组织以任务小组、委员会，甚至矩阵或横向组织结构这些形式来构建水平沟通渠道，以此促进部门间的协调。芝加哥的西北纪念医院里，两名医生创建了一个横向任务小组以减少病人在医院内受到感染的意外情况。流行性感染病肆虐全球，每年要夺走100 000多人的生命。但是，西北医院通过打破沟通障碍使这一趋势得到逆转。感染性疾病专家兰斯·彼得森（Lance Peterson）和加里·诺斯金（Gary Noskin）每周一开例会，邀请医生、护士、实验室技术人员、生物学家、计算机工程师、行政管理人员代表和辅助部门的员工一起参加。这种方式强化了沟通，最终得到了回报。在三年多的时间里，西北医院病人的感染率降低了22%，只是全国平均水平的一半。[63]

17.3.2　私人沟通渠道

私人沟通渠道（personal communication channels）存在于正式的沟通渠道之外。私人沟通渠道是非正式的沟通渠道，与正式沟通渠道同时存在，但可以跳过等级层次，跨越纵向指挥链，组织中的任何人之间都可以进行沟通。在大多数组织中，这些非正式的沟通渠道是传播信息和完成工作的主要方式。三种重要的私人沟通渠道是个人交际圈、小道消息和书面沟通。

■ 个人交际圈

个人交际圈（personal networking）是指建立和管理跨部门、跨层级结构甚至跨越组织边界的人际关系网。[64]成功的管理者有意识地开发自己的交际圈，并且鼓励其他人也这样做。在交际圈里，人们超越边界分享信息，与能够推动团队和组织目标实现的人接触。图表 17－7 解释了组织的沟通网络，有些人是核心人物，其他人扮演的仅仅是边缘人角色。沟通网络的关键在于建立跨职能、跨层级边界的关系。

图表 17－7 组织的沟通网络

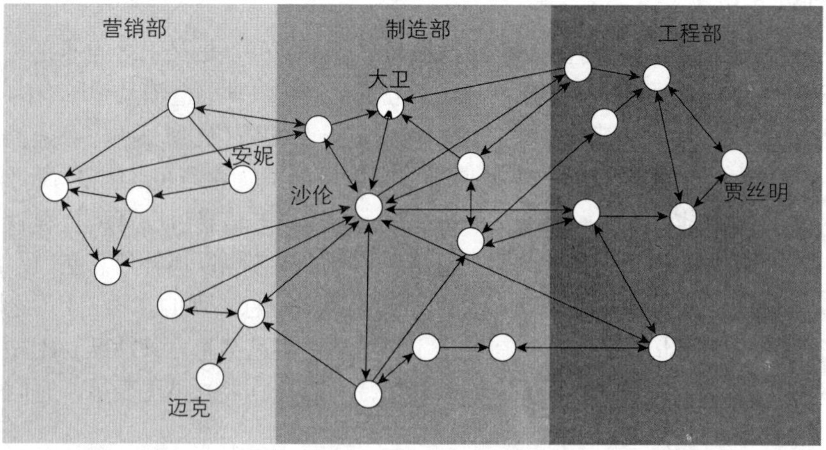

个人交际圈对管理者的价值在于，关系广的人在组织里的影响力更大，能够做成的事情更多。比如，在图表 17－7 中，沙伦有高度发达的交际网络，能够与营销部、制造部、工程部的人共享信息，也能够得到更多的援助。沙伦的人际网络与迈克和贾丝明的交际圈形成了鲜明的对比，迈克和贾丝明是网络中的边缘人。你认为谁在组织里最可能占有更多资源、享有更大的影响力？下面是专家为建立个人交际圈提出的一些建议：[65]

- 未雨绸缪、有备无患。聪明的管理者不会等到急需的时候才建立人际关系网，因为那时候为时已晚。相反，他们一开始就会表现出对他人感兴趣，并且建立起诚实、可靠的关系。
- 不要一人独自吃午餐。擅长营造人际关系网的人努力出现在各种场合，与尽可能多的人保持联系。人际关系大师的社交活动和商务活动非常频繁，整个日历上写满了日程安排。
- 努力做到双赢。成功的人际关系网络不只是谋取你想要的，还应该确保圈内的人得到他们想要的东西。
- 注重多样性。你的交际圈子越大，影响的范围也就越广。你要尽量与组织内外多个领域、有各种兴趣爱好的人建立关系。

大多数人的人生阅历告诉我们，有时你认识谁比你懂得什么还重要。管理者如果精心管理广泛的人际关系网络，就可以极大地提升自己的影响力，进而取得更大的成就。

■ 小道消息

组织中 90%的员工会参与谣言的传播，每个管理者最终会对它在工作场合产生的效果非常满意。[66]尽管“谣言”一词带有负面的含义，但它实际上可以给组织带来有利的影响，尤其是在组织面临重大变革的时候，比如裁员和缩减规模。实际上，谣言可以成为管理者的无价之宝。谣言为管理者提供了一种高效率的信息传播渠道，因为它比正式沟通渠道的信息传播速度更快。谣言对管理者的另一个好处是，当管理者利用谣言传播信息时，他会发现这是一种有效的“提前警告系统”，可以帮助他了解企业内部情况或者需要关注的一些事情。尤其是当组织处于变革时期，谣言是让员工释放紧张和焦虑情绪的一种途径。另外，谣言可以让组织内被边缘化的员工有机会表达自己的心声。[67]

谣言通常伴随着小道消息。**小道消息**（grapevine）是员工之间非正式、面对面的沟通方式，这种沟通方式通常不是组织官方认可的。[68]小道消息把所有的员工联系起来，从 CEO、中层管理者、支持性参谋人员到直线员工无所不包。小道消息总是存在于组织中，当正式沟通渠道不畅通时，它就可能成为主导的沟通方式。在这种情况下，小道消息实际上是一种服务手段，因为它提供的信息可以帮助管理者弄清楚不明确或者不确切的事情。员工利用小道消息传播的谣言可以填补信息空白，澄清管理决策。据估计，企业中多达 70%的沟通是通过小道消息实现的。[69]在变革之际，有令人兴奋或焦虑的事情发生时，或在经济下滑时期，小道消息尤其活跃。比如，专业的人力资源服务公司任仕达（Randstad）发现，大约有一半的员工表示，他们是通过小道消息得知公司变革的。[70]

小道消息令人惊诧的是它的准确性及它与组织的相关性。大约 80%的小道消息涉及与业务相关的主题而不是个人绯闻。不仅如此，通过小道消息散播的信息，70%～90%是准确无误的。[71]许多管理者希望组织内的小道消息能被消灭，因为他们认为它传播的信息是捏造的，不是事实，是恶意的、对组织有害的。而事实并非如此。管理者应该认识到，每六个重要的信息中大概有五个在某种程度上是通过小道消息传播的，而不是由官方渠道传播的。一项对各行各业近 22 000 名倒班工人的调查发现，55%的人说他们的大部分信息都是通过小道消息获得的。[72]聪明的管理者了解公司的小道消息。“如果一位领导者深入群众，小道消息就可以成为他了解员工想法和感受的途径。”公司咨询顾问、心理学家兼安提亚克大学教授米奇·库斯（Mitch Kusy）如是说。[73]无论何时，尤其是在危机时刻，高层管理者需要有效地控制沟通方式，让小道消息不再是员工获得信息的唯一渠道。[74]

■ 书面沟通

书面沟通技能在如今需要员工合作的工作场合中变得越来越重要。“在当今快节奏的电子通信时代，人们可能会觉得工作场所中基本的书写技能的价值正在消失。”EMC 公司的总裁兼 CEO 约瑟夫·图西（Joseph M. Tucci）说，“实际上，在如今高强度的竞争、技术驱动的全球经济中，掌握快速而清晰的书写技能比任何时候都重要。”[75]

无法自如地应用书面沟通技能的管理者会使自己的晋升机会受限。“书面表达能力既使某些员工成为高技能、高工资的专业人士，又是守护公司公平理念的清晰标准。”纽约新学院大学校长兼美国作家协会主席鲍勃·克雷（Bob Kerrey）说。管理者可以遵循如下原则以提高他们的书面沟通技巧[76]：

● 尊重读者。读者的时间非常宝贵。不要用漫无边际、表达不清的备忘录或需要读几遍才能理解的电子邮件去浪费读者的时间。要注意减少语法和拼写错误。过于潦草的写作意味着你认为你的时间比读者的时间更宝贵。你将会失去他们的兴趣，同时也失去他们对你的尊重。

● 明确重点，开门见山。你想让读者记住的关键信息有哪些？许多人仅仅是坐下来写而已，并没有理顺自己的思路，想清楚究竟要说什么。为了提高书面沟通效率，你必须知道自己想表达的中心思想，并提供证据来论证它。

● 表达清晰，不要使用过于华丽的辞藻。不要运用浮华或夸张的语言，避免使用行业术语。良好书面沟通的目标是在第一时间让读者理解。尽可能简单清晰地阐明你的观点。

● 寻求建议。如果你的这份报告十分重要，比如，是向某个部门或组织递交的正式备忘录，那么，在你发送之前，请擅长写作的人先阅读一遍。不要因为傲慢而忽略他提出的意见。在按下发送键之前，你应该阅读并修改备忘录或电子邮件两到三遍。

理特管理顾问公司（Arthur D. Little）沟通服务部的前任经理曾估计，大约 30%的公司备忘录和电子邮件仅仅是为了说明之前的书面沟通材料，对读者没有什么意义。[77]遵循上面这些原则，才能使你的信息在第一时间被读者理解。

17.4 工作场所的沟通

管理者进行有效沟通可以使用的另外两个方式是运用社交媒体来改善公司内外部沟通效果、制定危机沟通战略。

17.4.1 社交媒体

社交媒体（social media）是基于用户关系的内容生产与交换的互联网应用工具。社交媒体包含大量的应用工具，例如维基百科、博客、微博（比如推特和中国的微博）、内容社区（如 YouTube）、社交网站（如脸书）和虚拟社交网络（如 Social Life）。[78]社交媒体颠覆了人们在组织中的沟通方式。比如，胡椒博士饮料公司（Dr. Pepper）利用脸书网获得了 850 万忠诚的顾客，它也利用这个社交媒体来了解顾客的需求。喜爱碳酸饮料的这些忠诚客户帮助该品牌传播它的营销信息。公司每天在脸书上发布两条信息，然后监控顾客的回应。利用脸书这个社交媒体工具，胡椒博士公司可以知道每天发送的信息被顾客阅读的次数、被脸书其他用户分享的次数以及顾客做出了什么样的回应。这些数据可以帮助管理者调整他们的品牌信息。“我们通过挖掘数据来了解客户喜欢什么样的信息，不喜欢什么样的信息。”胡椒博士公司互动媒体服务主管罗伯特·斯通（Robert Stone）说，“这可以帮助我们塑造公司的形象。”[79]

公司也会利用社交媒体来进行团队建设，以更快地解决问题，在员工和合作伙伴之间更充分地共享信息，响应顾客关于新产品设计的想法。实际上，很多大公司正在全方位地应用社交媒体。Forrester Research 公司发现，公司社交网络运营软件的销售额在一年内增长了 61%，2016 年达到 64 亿美元。[80]目前，社交媒体尚未给美国企业带来生产率的巨大提高，麻省理工学院的经济学家埃里克·布赖乔福森说，一项新的科技要对使用它的公司产生充分的影响大约需要 5 年。大多数公司使用社交媒体的时间只有两到三年，主要用它与顾客沟通及提高员工的合作意识。[81]

■ **倾听顾客的心声**

许多组织（从小型创业公司、非营利机构到大型公司）中的管理者都在尝试运用社交媒体来倾听顾客的心声。戴尔公司电脑部实施了一套深思熟虑的社交媒体战略。通过它的 IdeaStorm 网站，戴尔公司收到了 17 000 个针对新产品或改进产品的想法，并采纳了其中的约 500 个想法，包括更适合在飞机上工作的背光式键盘。戴尔还在 IdeaStorm 网站上提出对新产品的一些设想，在这些设想应用于产品开发之前，要求顾客对这些设想提出反馈意见。在公布了有关某种笔记本电脑的一个想法后，消费者提出了 83 条产品改进建议，远远超过戴尔从传统的焦点小组方式中得到的反馈。[82]

■ **与消费者沟通**

管理者也会运用社交媒体把公司的新闻快速地传递给消费者。达美乐公司的两名员工制作比萨饼和三明治的恶搞视频被上传到 YouTube 上，该视频对公司极具破坏性，但达美乐依靠其在线社区的巨大影响力，安抚了因此紧张不安的顾客。达美乐的管理者选择以自我批评的方式来应对问题。为了表示对此事件的关注，公司总裁在在线社区里向消费者表达了歉意和感谢。他表示这两名员工将被依法处置，并公布了达美乐接下来将采取的一系列行动以确保此类事件不再发生。通过参与这起危机事件的在线讨论，达美乐表达出对消费者的关注，杜绝了后续谣言的产生并安抚了消费者的恐慌情绪。[83]

■ **连接员工**

运用社交媒体便于员工跨越组织、跨越地域边界与他人建立联系，这种联系往往基于专业关系、共同的兴趣、共同的问题或其他标准。**社会网络**（social networking）是指利用公共网站和公司内部网络为员工提供沟通渠道，让员工可以在在线社区互动，彼此分享私人和专业的信息和照片，共享各种想法和观点。为业务开发的社会网络，比如，Yammer 和 Chatter，因为有利于员工间的知识分享而提高了生产效率。7－11 是总部设在达拉斯的连锁便利店，它有 2 000 名员工利用 Yammer 为客户解答公司的相关问题，并与特许经营人分享有关公司运营方面的知识，通过相互学习分享最佳的实践经验。比如，一名当地的特许经营人贴出他所在地区特别有效的陈列方式的照片后，其他人看见了就可以在自己的店里尝试这种方法。[84] 超价商店（SuperValu）运用社会网络建立了高层管理者和商店经理间的虚拟关系网。

创新之道

超价商店

连锁超市正在与大型竞争对手，比如塔吉特和沃尔玛竞争，也在与那些靠低价吸引消费者的连锁店竞争。传统的杂货店如今在杂货类销售额中占的比重已经从 2000 年的 66%下降至 51%。对于那些在复杂、竞争环境下运营的商店来说，提高员工沟通和合作能力是十分重要的。社交媒体就是超价商店利用的一种有效工具。

超价商店是一个杂货连锁业巨头，在48个州拥有店铺，从马萨诸塞州的肖氏商店到加利福尼亚州的艾伯森超市。因为是通过一系列并购才形成今天的公司，所以大多数经理在不同的商店工作，他们相互并不熟识。为了改善彼此间的沟通并且建立一个共享的文化氛围，首席信息官韦恩·舒特（Wayne Shurts）决定为公司15 000名员工安装Yammer应用程序。Yammer给办公室所有员工提供一种类似脸书的功能。员工可以在这个应用程序的内部对话窗口发布询问或评论的帖子，同事可以在这里给予反馈和提供解决办法。所有人发布的帖子都可以共享或被搜索到，所以，同一个话题的帖子不会总在对话栏的首页。管理者也可以组织员工加入虚拟小组，谈论特定的需解决的问题。

比如，在超价商店不同部门工作的管理人员可以加入虚拟小组，讨论大学城里的超市在经营中遇到的共同问题的最佳解决办法。一个有153位经理参加的虚拟小组讨论在业务具有季节性的海滨社区如何运营的问题。这些虚拟小组让一些拥有相同兴趣的管理者共同合作、分享解决办法，而不需要花钱把大家聚集到一个地方开会。[85]

17.4.2 危机沟通

管理者的沟通技能在快速变革、不确定或危机的情况下至关重要。在过去的几年里，危机的数量和规模对管理者的沟通能力提出了更苛刻的要求。让我们来看一下沟通能力对于罗伯特·达德利成功处置危机的重要性。达德利在2010年墨西哥湾爆发石油泄漏危机后被任命为英国石油公司的CEO，他面对的是如何帮助公司从这次历史上最大的灾难中生存下来的一系列棘手问题。一台钻探机在钻探油井时发生爆炸，造成11名工人死亡，并且有成百万吨石油流进了墨西哥湾。达德利就职的新岗位使他面临巨大的挑战，要做好这一切需要高超的沟通技巧：重建社会与公众对公司的信任，处理石油泄漏的费用和法律问题，修复与中央政府和地方政府的关系，提高公司员工的士气，重新获得投资者的信任。他在沟通时表现出来的自信、关切和坚定对于实现这些目标至关重要。“当这家石油公司面临如此复杂的形势时，我无法想象其他的新任首席执行官可以担此重任。”IHS公司旗下的剑桥能源研究协会主席丹尼尔·耶金（Daniel Yergin）说，“该公司正处于重建状态，石油泄漏的影响会持续很长一段时间。”[86]

作为一名管理者，你在危急时刻表现出来的有效沟通能力是组织在巨变中生存下来的决定性因素。2012年1月，“歌诗达协和号”游轮在意大利吉利奥岛附近的托斯卡纳海域不幸触礁搁浅，造成32人死亡。据说在出事之前，船长弗朗西斯科·斯凯蒂诺犯下的众多错误之一就是偏离了航向。斯凯蒂诺受到起诉，罪名是过失杀人和在所有乘客未逃脱之前就弃船而逃。据说斯凯蒂诺把这次海难归咎为，在船员告诉他船舱进水、发生机械故障后的45分钟内，他没有做出回应。他在游轮搁浅将近一小时后才发布弃船逃生的命令，这对于更多要想逃生的人来说已经太迟了。灾难发生后，斯凯蒂诺也没有采取进一步的措施，没有承担起船长的职责，也没有向乘客解释当天究竟发生了什么事。[87]

管理者在危机时刻可以采用的四项重要沟通技巧如下所示。在你阅读的时候，思考一下斯凯蒂诺船长在海难发生时和发生后应该如何有效地沟通。[88]

- 保持冷静，努力倾听。优秀的危机沟通者不会让自己被情景征服。沉着、冷静和倾听比以往任何时候更重要。管理者在弄清楚当下的困难后，要学会调整自己的沟通方式和沟通内容，让大家看到希望并保持乐观情绪。

- 挺身而出。许多管理者低估了危急时刻他们出现在现场的重要性。[89] 管理者的工作是马上挺身而出，给员工以信心，并回应公众关心的问题。与员工面对面沟通十分重要，这可以让员工知道管理者关心他们，关注他们经历的一切。
- 公布真相。[90] 有效的管理者尽最大可能收集信息，尽其所能辨明事实真相，并尽快将真相公之于众。迅速公开事实真相，可以避免流言蜚语、误解和误导。
- 传播愿景。人们需要感受到他们的工作有目标、有盼头。危机给管理者以机会向员工传播更美好的未来愿景，团结大家实现共同的目标。

讨论题

1. 坦诚沟通的氛围具有哪些特征？描述管理者培育一个坦诚沟通的氛围给组织带来的好处。

2. 描述图表 17－2 所示的沟通模式中的各个要素。以师生间课堂讨论为例，指出这个模式中每一个因素以什么样的形式表现出来。

3. 拉纳·洛厄里是一位管理着 100 名销售内勤人员的区域经理，他发现团队里绩效最好的销售员的业绩有所下滑，一年来这个销售员的销售额下降了 20%，并且经常迟到，看上去很沮丧。洛厄里需要了解为什么她的绩效会下降。你会建议洛厄里如何去与这名员工沟通？她应该利用什么样的沟通渠道？真诚、倾听和提问，哪个对这个销售员更重要？请解释之。

4. 有效的倾听者有什么样的特征？你如何评价你自己具备这些特征的程度？

5. 一些高级经理相信，他们应该依靠书面信息和计算机报告给他们提供的信息，因为这些沟通渠道比面对面沟通形成的数据更准确。你同意这个观点吗？为什么？

6. 在组织重要的变革时期，比如减员或裁员，小道消息异常活跃，因为焦虑的员工通过小道消息分享组织的新闻和谣言。作为一名管理者，面临工作场所的不确定性，你会采取什么样的沟通策略？不确定时期传播的谣言会给组织带来什么样的好处和坏处？

7. 假如你管理着一家销售植物性营养补充剂的小网店。没有经过你的批准，一位心怀不满的员工在公司博客上发布了一则有损公司的信息，包括说公司最畅销的产品中使用了有害原料等。你将采取哪些具体的措施来减少此危机给公司带来的影响？

8. 如果要求你设计一个培训项目，旨在帮助管理者成为更优秀的沟通者，你的这个项目中将包括哪些活动？

9. 假如你的一名员工把大量工作时间花在社交媒体上，其结果是他在一周内没有完成三个重要的任务。你打算和他进行一次面对面的谈话，跟他谈谈他的工作绩效问题，你的目标是与他做真诚的沟通。使用本章中所讲的“主动语句”的方法，你将如何开始你们的对话？

10. 描述组织利用社交媒体与消费者进行沟通的具体方式及组织与员工沟通的具体方式。

技能运用：批判性分析案例

电子邮件奇遇

玩具行业的竞争非常激烈。窥探商业秘密、商业间谍、新点子保密是玩具行业从业者生活的重要组成部分，这就需要管理者成为一个偏执狂。所以，当业界的一个 CEO 的私人电子邮件被泄露时，整个玩具行业掀起了一场风暴，该公司的士气受到极大的影响。这个事件还导致了负面的媒体关注和公众质疑。

霍华德·坦南鲍姆长期担任一家大型玩具公司的 CEO。付出多年的努力后，公司建成了一条新的生产线，叫做 Brainchild。所有相关人员都相信这会引起一场轰动，坦南鲍姆对此生产线充满了激情。这条新的玩具生产线绝对保密，以至于生产线的各个组成部分是在不同地区分别设计和生产的。起初，它是完全保密的，但随着生产线接近完成，在离圣诞季发行日期还有一年多的时候，媒体和业内的传闻多了起来。

在 6 月的一个早上，巴里·潘恩——坦南鲍姆的律师、老朋友兼知己来到办公室，打开电子邮箱，看到了来自霍华德的一封标识为“重要信息”的邮件：

潘恩：

灾难降临到我们身上了。看样子我将不得不严惩所有的经理。在这件事结束之前，有些人也可能是几个人必须离职，很明显他们对设计保密极其懈怠。我现在不想说我是如何发现新产品设计中什么东西被偷走了，我想说在这个问题上，每个人都是犯罪嫌疑人。毋庸置疑，我现在怒不可遏！在我发现是谁之后——任何人都有可能，相信我——他的领导必须被解雇！稍后我会打电话给你，我们需要面谈。谢谢你让我把情绪发泄了出来。现在，我可以写给经理们的邮件了。

霍华德

那天早上的晚些时候，全公司的经理们都收到了如下邮件：

致全体经理人：

现在我们公司出现了一个问题，就是原本应该高度保密的新生产线上的产品设计信息被泄露了。我明确地讲，你们每一个人都有责任调查自己的部门，发现泄密的源头。请彻底调查并且在向我汇报调查结果时保持绝对的诚实。有人将为此付出代价。这是当务之急。

霍华德·坦南鲍姆，CEO

收到这封邮件的许多人都感受到了人身攻击和威胁。这一天，邮件、电话和谣言满天飞。第二天，坦南鲍姆感受到了压力，发出道歉邮件试图平息大家的怒气。然而，事情已经一发不可收拾，因为不知怎么回事，那封发给巴里·潘恩的原始邮件开始在经理之间流传，甚至流到了外部，流向了员工以及至少一家媒体，这家媒体将这场灾难命名为“玩具门”。对这个 CEO 和这家失控的公司的关注在升温，公司的股价也受到了轻微的影响。

“第一封邮件让我很震惊。”一位资深经理人说道，“我看到了坦南鲍姆给潘恩的邮件，了解了坦南鲍姆的真实感受以及该邮件所表达出的对我们所有人的蔑视，他认为我们都是无能的、不诚实的。这已经超过了我忍耐的极限。即使我留下来，这封邮件也永久地破坏了我和坦南鲍姆的关系。”

现在坦南鲍姆坐在潘恩的办公室，双手捂着头。“潘恩，我当时只是想要找出真相。”

潘恩走向书架，抽出一本很旧、经常翻阅的小册子。“你还记得上学时读过的索福克勒斯①的作品吗？在一部希腊悲剧里，俄狄浦斯王固执地寻找谋杀他的前辈拉伊俄斯国王的真相，随之而来的是丧失理智，走向毁灭。朋友，这件事情的关键不是你对真相的追求，而是你所采取的方式——你说了什么，怎样说的，以及对谁说的。”

“好吧，你说我接下来应该怎么做？”

◆ 问题

1. 这个案例中根本性的沟通错误是什么？你认为坦南鲍姆为什么会发送那些邮件？
2. 你认为坦南鲍姆应当如何表达他对这个信息链的担忧？为什么？
3. 坦南鲍姆现在应该怎样做才能消除他的邮件带来的负面影响？请提出具体的步骤。

---

① 索福克勒斯：雅典三大悲剧作家之一，创作了《俄狄浦斯王》《安提戈涅》等传世之作。——译者

注　释

1. Careercast.com Web site, www.careercast.com/jobs-rated/10-best-jobs-2012 (accessed September 21, 2012); George Anders, "LinkedIn's Edge: The 7 Habits of a Well-Run Social Network," *Forbes*, August 3, 2012, www.forbes.com/sites/georgeanders/2012/08/03/linkedins-edge-the-7-habits-of-a-well-run-social-network/ (accessed September 3, 2012); CNNmoney.com Web site, http://money.cnn.com/magazines/fortune/best-companies/2012/full_list/.
2. "Capitalizing on Effective Communication: How Courage, Innovation, and Discipline Drive Business Results in Challenging Times," Communication ROI Study Report by Watson, Wyatt, Worldwide, 2009/2010, www.towerswatson.com/assets/pdf/670/Capitalizing%20on%20Effective%20Communication.pdf (accessed September 5, 2012).
3. Henry Mintzberg, *The Nature of Managerial Work* (New York: Harper & Row, 1973).
4. Phillip G. Clampitt, Laurey Berk, and M. Lee Williams, "Leaders as Strategic Communicators," *Ivey Business Journal* (May–June 2002): 51–55.
5. Communication ROI Study Report.
6. Tim Mullaney, "Social Media Is Reinventing How Business Is Done," *USA Today*, August 31, 2012, www.usatoday.com/money/economy/story/2012-05-14/social-media-economy-companies/55029088/1 (accessed September 5, 2012).
7. Eric Berkman, "Skills," *CIO* (March 1, 2002): 78-82; Louise van der Does and Stephen J. Caldeira, "Effective Leaders Champion Communication Skills," *Nation's Restaurant News* (March 27, 2006): 20; and Byron Reimus, "Ready, Aim, Communicate," *Management Review* (July 1996).
8. Reimus, "Ready, Aim, Communicate"; and Dennis Tourish, "Critical Upward Communication: Ten Commandments for Improving Strategy and Decision Making," *Long Range Planning* 38 (2005): 485–503.
9. Bernard M. Bass, *Bass & Stogdill's Handbook of Leadership*, 3d ed. (New York: The Free Press, 1990).
10. Dana Mattioli, "As Crisis Eases, CEOs Give Staff Some TLC," *The Wall Street Journal*, April 5, 2010, http://online.wsj.com/article/SB10001424052702303450704575159850647117086.html (accessed September 21, 2012).
11. Reported in van der Does and Caldeira, "Effective Leaders Champion Communication Skills."
12. Tom Szaky, "How Much Information Do You Share With Employees?" *The New York Times*, September 8, 2011, http://boss.blogs.nytimes.com/author/tom-szaky/page/2/ (accessed September 5, 2012).
13. Quint Studer, "Case for Transparency," *Leadership Excellence*, (April 2010): 19.
14. Van der Does and Caldeira, "Effective Leaders Champion Communication Skills."
15. Studer, "Case for Transparency."
16. E. M. Rogers and R. A. Rogers, *Communication in Organizations* (New York: Free Press, 1976); and A. Bavelas and D. Barrett, "An Experimental Approach to Organization Communication," *Personnel* 27 (1951): 366–371.
17. Joel Spolsky, "A Little Less Conversation," *Inc.* (February, 2010): 28–29.
18. This discussion is based on Richard L. Daft and Richard M. Steers, *Organizations: A Micro/Macro Approach* (New York: Harper Collins, 1986).
19. Richard L. Daft and Norman B. Macintosh, "A Tentative Exploration into the Amount and Equivocality of Information Processing in Organizational Work Units," *Administrative Science Quarterly* 26 (1981): 207–224.
20. Robert H. Lengel and Richard L. Daft, "The Selection of Communication Media as an Executive Skill," *Academy of Management Executive* 2 (August 1988): 225–232; Richard L. Daft and Robert H. Lengel, "Organizational Information Requirements, Media Richness, and Structural Design," *Managerial Science* 32 (May 1986): 554–572; and Jane Webster and Linda Klebe Treviño, "Rational and Social Theories as Complementary Explanations of Communication Media Choices: Two Policy-Capturing Studies," *Academy of Management Journal* 38, no. 6 (1995): 1544–1572.
21. Janina Seubert and Christina Regenbogen, "I Know How You Feel," *Scientific American Mind* (March/April 2012): 54–58.
22. Research reported in "E-mail Can't Mimic Phone Calls," *Johnson City Press*, September 17, 2000.
23. Raymond E. Friedman and Steven C. Currall, "E-Mail Escalation: Dispute Exacerbating Elements of Electronic Communication," http://papers.ssrn.com/sol3/papers.cfm?abstract_id=459429 (accessed September 21, 2010); Lauren Keller Johnson, "Does E-Mail Escalate Conflict?" *MIT Sloan Management Review* (Fall 2002): 14–15; and Alison Stein Wellner, "Lost in Translation," *Inc. Magazine* (September 2005): 37–38.
24. Margie Warrell, "Hiding Behind E-mail? Four Times You Should Never Use E-mail," *Forbes*, www.forbes.com/sites/margiewarrell/2012/08/27/do-you-hide-behind-email/ (accessed September 10, 2012).
25. Ronald E. Rice, "Task Analyzability, Use of New Media, and Effectiveness: A Multi-Site Exploration of Media Richness," *Organizational Science* 3, no. 4 (November 1992): 475–500; and M. Lynne Markus, "Electronic Mail as the Medium of Managerial Choice," *Organizational Science* 5, no. 4 (November 1994): 502–527.
26. Richard L. Daft, Robert H. Lengel, and Linda Klebe Treviño, "Message Equivocality, Media Selection and Manager Performance: Implication for Information Systems," *MIS Quarterly* 11 (1987): 355–368.
27. Mary Young and James E. Post, "Managing to Communicate, Communicating to Manage: How Leading Companies Communicate with Employees," *Organizational Dynamics* (Summer 1993): 31–43.
28. This section is based heavily on Jay A. Conger, "The Necessary Art of Persuasion," *Harvard Business Review* (May–June 1998): 84–95.
29. Conger, "The Necessary Art of Persuasion."
30. Tsedal Neeley and Paul Leonardi, "Effective Manag-

ers Say the Same Thing Twice (and More)," *Harvard Business Review* (May 2011): 38–39.
31. This discussion is based in part on Jack Welch with Suzy Welch, *Winning* (New York: HarperBusiness, 2005), Chapter 2.
32. These are based on E. Raudsepp, "Are You Properly Assertive?" *Supervision* (June 1992); and M. J. Smith, *When I Say No, I Feel Guilty* (New York: Bantam Books, 1975).
33. Based on Welch, *Winning*, Chapter 2.
34. Carol Bartz, "Speak Your Mind," *BusinessWeek*, www.businessweek.com/articles/2012-04-12/how-to-speak-your-mind-carol-bartz#r=auth-s (accessed September 12, 2012).
35. Boris Groysberg and Michael Slind, "Leadership Is a Conversation," *Harvard Business Review* (June 2012): 75–84.
36. Many of these benefits are based on "The Power of Questions," *Leader to Leader* (Spring 2005): 59–60; Quinn Spitzer and Ron Evans, "The New Business Leader: Socrates with a Baton," *Strategy & Leadership* (September–October 1997): 32–38; and Gary B. Cohen, "Just Ask Leadership: Why Great Managers Always Ask the Right Questions," *Ivey Business Journal*, July–August 2010, www.iveybusinessjournal.com/topics/leadership/just-ask-leadership-why-great-managers-always-ask-the-right-questions (accessed March 7, 2011).
37. Groysberg and Slind, "Leadership Is a C888888onversation."
38. Reported in Spitzer and Evans, "The New Business Leader: Socrates with a Baton."
39. Groysberg and Slind, "Leadership Is a Conversation."
40. Kevin Cashman, "Powerful Pause: Listening Is Leadership," *Leadership Excellence* (January 2012): 5.
41. M. P. Nichols, *The Lost Art of Listening* (New York: Guilford Publishing, 1995).
42. "Benchmarking the Sales Function," a report based on a study of 100 salespeople from small, medium, and large businesses, conducted by the Ron Volper Group, White Plains, New York, as reported in "Nine Habits of Highly Effective Salespeople," *Inc.com*, June 1, 1997, www.inc.com/articles/1997/06/12054.html (accessed September 23, 2010).
43. Gerald M. Goldhaber, *Organizational Communication*, 4th ed. (Dubuque, IA: Brown, 1980), p. 189.
44. C. Glenn Pearce, "Doing Something About Your Listening Ability," *Supervisory Management* (March 1989): 29–34; and Tom Peters, "Learning to Listen," *Hyatt Magazine* (Spring 1988): 16–21.
45. Kelley Holland, "Under New Management; The Silent May Have Something to Say," *The New York Times*, November 5, 2006.
46. Debbie Weil, *The Corporate Blogging Book* (New York: Penguin Group, 2006), p. 3.
47. *Fortune* 500 Business Blogging Wiki, www.socialtext.net/bizblogs/index.cgi (accessed July 26, 2010).
48. Carol Kinsey Goman, "Body Language: Mastering the Silent Language of Leadership" (The Leadership Playlist column), *The Washington Post Online*, July 17, 2009, http://views.washingtonpost.com/leadership/leadership_playlist/2009/07/body-language-mastering-the-silent-language-of-leadership.html (accessed July 17, 2009).
49. I. Thomas Sheppard, "Silent Signals," *Supervisory Management* (March 1986): 31–33.
50. Carmine Gallo, "How to Stay Cool in the Hot Seat," *BusinessWeek*, June 22, 2010, www.businessweek.com/print/smallbiz/content/jun2010/sb20100622_820980.htm (accessed July 28, 2010).
51. Albert Mehrabian, *Silent Messages* (Belmont, CA: Wadsworth, 1971); and Albert Mehrabian, "Communicating Without Words," *Psychology Today* (September 1968): 53–55.
52. Meridith Levinson, "How to Be a Mind Reader," *CIO* (December 1, 2004): 72–76; Mac Fulfer, "Non-verbal Communication: How to Read What's Plain as the Nose . . . ," *Journal of Organizational Excellence* (Spring 2001): 19–27; and Paul Ekman, *Emotions Revealed: Recognizing Faces and Feelings to Improve Communication and Emotional Life* (New York: Time Books, 2003).
53. Goman, "Body Language: Mastering the Silent Language of Leadership."
54. *Ibid.*
55. Daft and Steers, *Organizations*; and Daniel Katz and Robert Kahn, *The Social Psychology of Organizations*, 2d ed. (New York: Wiley, 1978).
56. Greg Jaffe, "Tug of War: In the New Military, Technology May Alter Chain of Command," *The Wall Street Journal*, March 30, 2001; and Aaron Pressman, "Business Gets the Message," *The Industry Standard* (February 26, 2001): 58–59.
57. Phillip G. Clampitt, Robert J. DeKoch, and Thomas Cashman, "A Strategy for Communicating about Uncertainty," *Academy of Management Executive* 14, no. 4 (2000): 41–57.
58. Reported in van der Does and Caldeira, "Effective Leaders Champion Communication Skills."
59. Alexandra Samuel, "Better Leadership Through Social Media," *The Wall Street Journal*, http://online.wsj.com/article/SB10001424052970203753704577255531558650636.html (accessed September 12, 2012).
60. Story recounted in J. G. Miller, "Living Systems: The Organization," *Behavioral Science* 17 (1972): 69.
61. Michael J. Glauser, "Upward Information Flow in Organizations: Review and Conceptual Analysis," *Human Relations* 37 (1984): 613–643; and "Upward/Downward Communication: Critical Information Channels," *Small Business Report* (October 1985): 85–88.
62. Darren Dahl, "Pipe Up People! Rounding Up Staff," *Inc.* (February 2010): 80–81.
63. Thomas Petzinger, "A Hospital Applies Teamwork to Thwart an Insidious Enemy," *The Wall Street Journal*, May 8, 1998.
64. This discussion of informal networks is based on Rob Cross, Nitin Nohria, and Andrew Parker, "Six Myths About Informal Networks," *MIT Sloan Management Review* (Spring 2002): 67–75; and Rob Cross and Laurence Prusak, "The People Who Make Organizations Go—or Stop," *Harvard Business Review* (June 2002): 105–112.

65. Tahl Raz, "The 10 Secrets of a Master Networker," *Inc.* (January 2003).
66. Travis J. Grosser et al., "Hearing It Through the Grapevine: Positive and Negative Workplace Gossip," *Organizational Dynamics* 41 (2012): 52–61.
67. Grant Michelson, Ad van Iterson, and Kathryn Waddington, "Gossip in Organizations: Contexts, Consequences, and Controversies," *Group & Organizational Management* 35, no. 4 (2010): 371–390.
68. Keith Davis and John W. Newstrom, *Human Behavior at Work: Organizational Behavior*, 7th ed. (New York: McGraw-Hill, 1985).
69. Suzanne M. Crampton, John W. Hodge, and Jitendra M. Mishra, "The Informal Communication Network: Factors Influencing Grapevine Activity," *Public Personnel Management* 27, no. 4 (Winter 1998): 569–584.
70. Survey results reported in Jared Sandberg, "Ruthless Rumors and the Managers Who Enable Them," *The Wall Street Journal*, October 29, 2003.
71. Donald B. Simmons, "The Nature of the Organizational Grapevine," *Supervisory Management* (November 1985): 39–42; and Davis and Newstrom, *Human Behavior at Work*.
72. Barbara Ettorre, "Hellooo. Anybody Listening?" *Management Review* (November 1997): 9.
73. Eilene Zimmerman, "Gossip Is Information by Another Name," *The New York Times*, February 3, 2008, www.nytimes.com/2008/02/03/jobs/03career.html?scp=1&sq=Gossip%20Is%20Information%20by%20Another%20Name&st=cse (accessed February 3, 2008).
74. Lisa A. Burke and Jessica Morris Wise, "The Effective Care, Handling, and Pruning of the Office Grapevine," *Business Horizons* (May–June 2003): 71–74; "They Hear It Through the Grapevine," cited in Michael Warshaw, "The Good Guy's Guide to Office Politics," *Fast Company* (April–May 1998): 157–178; and Carol Hildebrand, "Mapping the Invisible Workplace," *CIO Enterprise*, section 2 (July 15, 1998): 18–20.
75. The National Commission on Writing, "Writing Skills Necessary for Employment, Says Big Business," September 14, 2004, www.writingcommission.org/pr/writing_for_employ.html (accessed April 8, 2008).
76. Based on Michael Fitzgerald, "How to Write a Memorable Memo," *CIO* (October 15, 2005): 85–87; and Jonathan Hershberg, "It's Not Just What You Say," *Training* (May 2005): 50.
77. Mary Anne Donovan, "E-Mail Exposes the Literacy Gap," *Workforce* (November 2002): 15.
78. Andreas M. Kaplan and Michael Haenlein, "Social Media: Back to the Roots and Back to the Future," *Journal of Systems and Information Technology* 14, no. 2 (2012): 101–104.
79. Geoffrey A. Fowler, "Are You Talking to Me?" *The Wall Street Journal*, April 25, 2011, http://online.wsj.com/article/SB10001424052748704116404576263083970961862.html (accessed September 18, 2012).
80. Mullaney, "Social Media Is Reinventing How Business Is Done."
81. *Ibid.*
82. *Ibid.*
83. Richard S. Levick, "Domino's Discovers Social Media," *BusinessWeek*, April 21, 2009, www.businessweek.com/print/managing /content/apr2009/ca20090421_555468.htm (accessed April 21, 2009).
84. Shayndi Raice, "Social Networking Heads to the Office," *The Wall Street Journal*, http://online.wsj.com/article/SB10001424052702304459804577285354046601614.html (accessed September 18, 2012).
85. "Supervalu Ousts Chief Executive," *The New York Times*, July 30, 2012, www.nytimes.com/2012/07/31/business/supervalu-grocery-chain-ousts-chief-executive.html?_r=0 (accessed July 30, 2012).
86. Julia Werdigier and Jad Mouawad, "Road to New Confidence at BP Runs Through U.S.," *The New York Times*, July 26, 2010, www.nytimes.com/2010/07/27/business/27dudley.html?_r=1&sq=BP%20Hayward&st=cse&adxnnl=1&scp=7&adxnnlx=1280315332-P6V 5i9wUaL40EYFeOSH52w (accessed July 27, 2010).
87. Stacy Meichtry, Arian Camp-Flores, and Leslie Scism, "Cruise Company Blames Captain," *The Wall Street Journal*, January 17, 2012, http://online.wsj.com/article/SB10001424052970203735304577165290656739300.html (accessed September 19, 2012).
88. This section is based on Leslie Wayne and Leslie Kaufman, "Leadership, Put to a New Test," *The New York Times*, September 16, 2001; Ian I. Mitroff, "Crisis Leadership," *Executive Excellence* (August 2001): 19; Jerry Useem, "What It Takes," *Fortune* (November 12, 2001): 126–132; Andy Bowen, "Crisis Procedures That Stand the Test of Time," *Public Relations Tactics* (August 2001): 16; and Matthew Boyle, "Nothing Really Matters," *Fortune* (October 15, 2001): 261–264.
89. Stephen Bernhut, "Leadership, with Michael Useem" (interview), *Ivey Business Journal* (January–February 2002): 42–43.
90. Mitroff, "Crisis Leadership."

第 18 章 团队合作

Teamwork

学习目标

学习完本章后，你应该能够：

1. 识别组织中的团队类型。
2. 解释团队所做的贡献，阐述管理者打造高效团队的方法。
3. 讨论团队合作中的问题和挑战。
4. 了解团队中的角色，分析你扮演哪种角色可以使团队更高效。
5. 解释团队的发展阶段。
6. 理解团队规模和人员多样化对团队绩效的影响。
7. 解释团队凝聚力和团队规范的概念，理解它们与团队绩效的关系。
8. 理解团队内部、团队之间冲突的起因，阐述减少冲突的方法。
9. 描述任务型冲突和关系型冲突的不同特征和结果。

你喜欢怎样工作?[1]

导语：你完成工作或学业的方式也许会揭示出你在一个团队中能否发光发热。对于下面这些描述，请回答“大多赞同”或“大多不赞同”。

	大多赞同	大多不赞同
1. 相比个人的任务，我更倾向于团队完成的工作。	______	______
2. 如果能选择的话，我会试着自己完成工作，而不想面对团队工作的麻烦。	______	______
3. 我享受与大家一起工作时的人际交往。	______	______
4. 我更倾向于做自己的工作，让别人去做他们的工作。	______	______
5. 比起个人的成功，我对组织的成功更感到欣慰。	______	______
6. 如果大家不能做好自己分内的工作，团队合作就不值得。	______	______
7. 我觉得和别人一起工作很棒，即使我们会产生分歧。	______	______
8. 我更倾向于自己完成一项工作，而不是依靠他人。	______	______

得分及解释：对于奇数项描述，选择“大多赞同”可以得 1 分；对于偶数项描述，选择“大多不赞同”可以得 1 分。作为新晋管理者，你在成为团队中的一员的同时还需要独自工作。上述这些描述测量出你对团队合作的倾向程度。团队合作既会令人沮丧，也会充满激励。如果你的得分是 2 分及以下，那意味着你可能完全倾向于个人工作。如果你的得分是 7 分及以上，则意味着你可能更倾向于团队协作。如果你的得分是 3～6 分，则意味着独自工作和团队合作均令你感到舒适，新晋管理者需要同时做到这两点。

波音公司的经理有这样一个甜蜜的烦恼：737 喷气式客机的需求将会猛增，但是他们必须找到一种方式，使得既能够满足需求，工厂扩张和营运成本的增加又不会影响波音公司未来的发展。怎样无须扩张就能生产出更多的飞机成了波音公司的首要难题，跨职能团队提供了创新的方案。一个由工程师、机械师和其他员工组成的团队提出了一种新方法——将液压管装进 737 客机的起落架轮舱。这种新方法为机械师装配每一个系统节约了大约 30 个小时（以及许多花费）。另一个团队则是重新设计了工作区，将同时生产三台发动机升级为同时生产四台。波音公司有大约 1 300 个这样的“创新团队”遍布其商用飞机项目组。每个 7～10 人的团队一般负责飞机的某个特定部位的相关工作，团队所有的成员每周聚在一起解决难题或者提出新方案。到目前，波音公司的团队提出的点子已经促使 737 客机的产量从每月 31 架提高至 35 架，波音公司的目标是到 2014 年实现每月生产 42 架。[2]

许多人的第一次管理经历都来自团队合作，有时可能还要在一个团队中担任新晋管理者的角色。许多公司，比如波音，已经发现团队形式有优势，但开展团队合作有很大的难度。可能你在学生时代经历过团队合作的挑战：为了拿一个好成绩，你不得不放弃一些自己的想法，依靠所属的团队才能表现优秀。

好的团队能够产生令人惊艳的成果，但并非所有团队都能成功。一项对制造型企业的调查发现，大约 80％的受访者称他们正在使用某种形式的团队，但只有 14％的受访者认为他们的团队合作是高效的。刚过五成的受访者说他们在团队建设上所付出的努力只是“稍微有效”，而 15％的受访者则认为他们的努力一点成效都没有。[3]

本章将关注团队以及它在组织中的应用。我们将给出团队的定义，并观察团队所做的贡献，确定团队的类型。之后我们将讨论团队合作的困境，提出团队有效性模型，介绍虚拟团队，探究团队的一些特征，诸如规模、凝聚力、多样化、规范等是如何影响团队有效性的，探索团队发展的阶段。本章将关注个人在团队中所扮演的角色，讨论应对团队冲突的技巧，描述如何通过谈判促进个人合作与团队协作。团队是组织生活的一个核心部分，因此管理团队的能力是管理者和组织成功的一个重要因素。

18.1 团队的重要性

为什么不能把组织说成一个仅仅是一些个人按照自己的方式做自己的事情的简单集合？显然，团队合作的方式为组织带来了好处，否则组织不会沿用这样的结构机制。有关团队价值的一个例证来自军队。由外科医生、护士、麻醉师和技术员组成的美国海军前线外科手术队在伊拉克军事行动期间第一次出现在战场上。这些团队分散到伊拉克的各处，能够在 1 小时内完成集结并到达新地点。抱着救活 15％～20％的 24 小时之内得不到紧急救治就会死掉的伤兵及百姓这一目标，这些团队的成员顺利地协调他们的活动。[4]

尽管一般组织中的任务不会涉及生死，但所有组织都是由个人和团队组成的，它们需要共同工作，协调各自的活动以完成目标。组织中的许多工作是相互依赖的，也就是说，个人及部门需要依靠其他个人及部门提供的信息或资源来完成工作。当任务高度地相互依赖时，团队是确保人员间协调、信息共享和必要资源交换的最佳方式。

绿色魔力

团队的事情

斯巴鲁印第安纳汽车公司（SIA）的管理者将减少、再利用以及循环使用废料的愿望直接做成电视广告，宣称要实现“零垃圾”。公司并没有闪烁其词，而是声称“零就是零”。而且管理者有信心，每条生产线的每个团队的每个成员都能达成目标。这些团队最终达成了这一目标。比如，在压模组的一个团队的倡议下，该公司和供应商达成了协议以购买更精密的钢板，这样每辆车就可以节约 100 磅钢铁；这些团队开始尝试用工厂的水循环系统来带动迷你液压发电机；公司的绿色投资回报曲线显示公司对多种废料进行循环再利用；流水线上的灯在生产间歇和交接班时会关闭以减少公司的碳排放量。凭借对团队的尊重和信任，SIA 已经成为可持续生产方面公认的领导者。

资料来源：Brad Kenney，“The Zero Effect：How to Green Your Facility，” *Industry Week*（July 2008）：36 - 41；and Dean M. Schroeder and Alan G. Robinson，“Green Is Free：Creating Sustainable Competitive Advantage Through Green Excellence，” *Organizational Dynamics* 39，no. 4（2010）：345 - 352.

18.1.1　什么是团队？

团队（team）是由两个及两个以上的人构成的一个单位，他们相互作用、彼此协调工作以完成共同的目标，承担共同的责任。[5] 团队的定义包含四个方面的含义：第一，要求有两个及两个以上的成员；第二，团队内部成员时常互动，不产生互动（比如排队买午饭或者乘电梯时没有任何互动）的人员不构成一个团队；第三，团队中的成员有共同的绩效目标，比如设计一款智能手机、生产一个发动机或是完成一项课程任务；第四，团队中的成员致力于共同的目标并且对结果承担共同的责任。尽管一个团队是由一群人构成的，但团队与群体这两个词却不能等同。雇主、老师、教练可以把一群人聚起来却不能形成团队。团队意味着共同的使命感和集体责任感。图表 18 - 1 列示了群体和团队的主要区别。

图表 18 - 1　群体与团队的区别

群体	团队
有指定的强力领导人	分担或轮流担任领导角色
各自承担责任	团队成员共同承担责任
在群体和组织中设定完全相同的目标	设定具体的团队愿景或目标
追求个人工作成果	追求集体工作成果
会议效率高	开会时鼓励开放的讨论及解决问题
通过考察对业务的影响（比如财务绩效）来间接衡量效果	通过评估集体的工作成果来直接衡量效果
讨论、决策，然后将工作分配给个人	讨论、决策，然后共同完成工作

资料来源：Adapted from Jon R. Katzenbach and Douglas K. Smith，“The Discipline of Teams，” *Harvard Business Review*（March-April 1995）：111 - 120.

18.1.2　团队的贡献

高效的团队可以给组织做出许多贡献，如图表 18 - 2 所示。团队的这些贡献为组织带来了更强的竞争优势和更高的全面组织绩效。

图表 18-2 团队的五个贡献

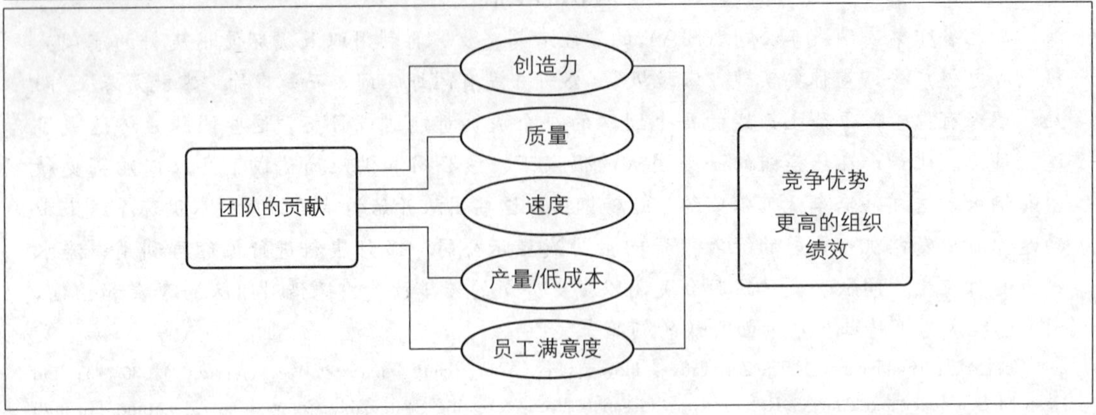

● 创造力。团队中的成员拥有不同的技能、优势、经验和观点，因此他们可以为组织带来更高水平的创造力和创新。[6] 例如，苹果公司成功的背后有一个被忽略的因素，就是史蒂夫·乔布斯组建的高层管理团队囊括了非常优秀的技术专家、营销人员、设计师以及其他保持公司不断创新的人才。高层管理团队中的大部分人与乔布斯共事了十多年。[7]

● 质量。组织有效性的一个评判标准就是其产品和服务是否满足了客户的要求。或许没有哪个行业比医疗卫生行业更注重这一点了。在过去，单个医师能掌握所有的技能，能把所有信息都记在脑子里，并且能够完成治疗病人所要做的一切事情。这样的日子早已离我们远去。在那些病人看护质量很高的医院里，由紧密配合的专业人员组成的团队提供一套完整的看护系统。[8]

● 速度。紧密整合的团队的响应速度快得让人难以置信。再以苹果公司为例，内部紧密联系的团队曾经在新品发布前 48 小时修改了定价，这在大多数公司看来是不可想象的。[9] 此外，团队形式可以加速产品研发（我们在第 10 章中讲过），更快地响应不断变化的顾客需求，更迅速地解决跨部门的难题。

● 产量/低成本。有效的团队可以让雇员释放出巨大能量。**社会性促进**（social facilitation）指的是他人的存在可以提升一个人的表现的趋势。它意味着仅仅因为在别人的旁边就能产生一种激励作用。[10] 此外，多种观点的融合能够催生出创造性的想法。正如前文提到的案例，波音公司的团队提出许多好点子来帮助公司以更快的速度和更低的成本生产飞机。

● 员工满意度。如第 16 章所述的那样，人们有归属感和结盟的需求。在团队中工作可以满足这些需求，并且能让人们在组织中结下更深厚的友谊。团队形式还可以减少无聊情绪，增加员工尊严感与自我价值感，给员工一个发展新技能的机会。在高效的团队中工作，个体能更好地应对压力、更加享受工作，对实现组织目标有更大的动力和献身精神。

18.1.3 团队的类型

组织会使用多种类型的团队以取得上述优势。组织中常见的两种团队形式是职能团队和跨职能团队，如图表 18-3 所示。组织也会使用自我管理团队来提高员工的参与度。

图表 18-3 组织中的职能团队与跨职能团队

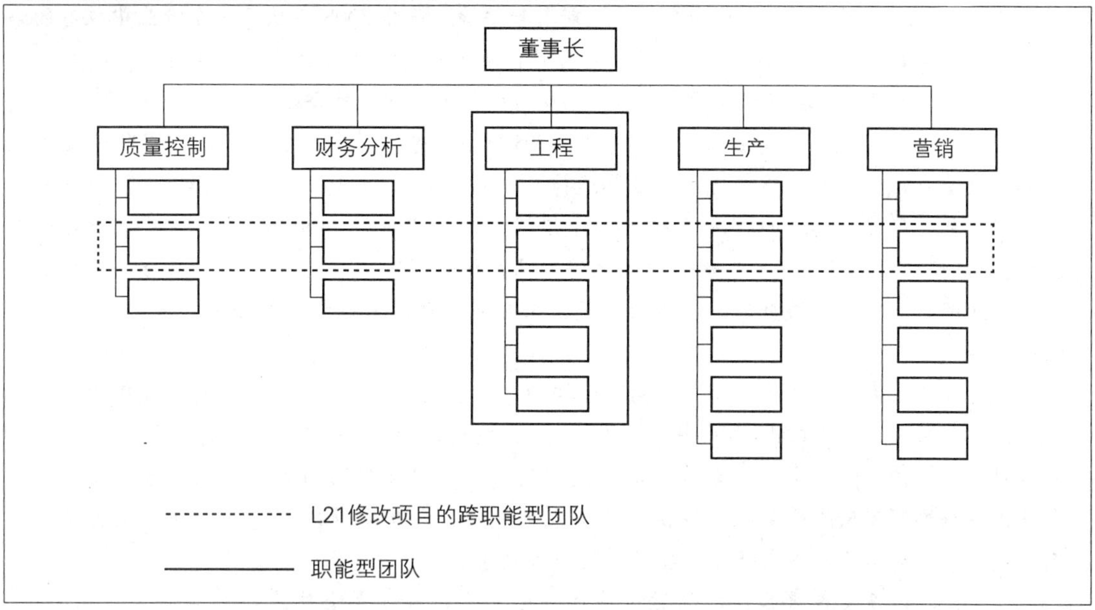

■ **职能团队**

职能团队（functional team）由一名经理和他的正式指挥系统中的下属组成。因此有时也叫命令团队。在某些情况下，一个职能部门中的职能团队可能包含三到四个层级。一般来说，这种团队只涉及组织中的一个部门。财务分析部门、质量控制部门、工程部门以及人力资源部门都属于职能团队。它们都是由组织创建的，通过成员间的共同活动与互动来实现具体的目标。

■ **跨职能团队**

跨职能团队（cross-functional team）是由大致来自同一层级但不同专业领域的成员组成的。跨职能团队的一种形式是任务小组，它由来自不同部门的员工为完成一项具体的活动组成，任务完成即解散。乔治城预科学校在许多年前曾利用任务小组的形式制定了一套流感预防计划，成为 2009 年冬天 H1N1 流感爆发时少有的几所做好准备的学校之一。为了使整个学校社区的成员共享知识、共担责任，校领导将老师、辅导员、管理员、后勤人员、家长以及校外顾问组成一个任务小组。他们的成果叫做 FluPrep 计划，这个计划让每个人都意识到他们作为个人和集体的一部分可以为抗击季节性流感做什么，同时他们也了解并准备好应对其他更致命的健康威胁。[11]

另一种跨职能团队叫做**特殊目的团队**（special-purpose team），它创建在正式组织结构之外，专门承担某项具有特殊意义的或者是创造性的任务。[12]特殊目的团队有时也称为项目小组，它仍然属于正式组织结构的一部分，只是小组成员将其视为一个独立的组织。创建特殊目的团队通常是为了开发一个新产品或者新的服务项目。如“创新之道”专栏中介绍的，2008 年，福特汽车公司成立了一个特殊目的团队来解决一个难题，这个团队关系到福特公司能否在汽车行业的动荡中生存下来。

创新之道

福特汽车公司

美国三大汽车制造商（通用汽车、克莱斯勒和福特）并非2008年秋天汽车行业中仅有的濒临破产的三家公司。它们的大部分供应商当时也在苦苦挣扎，甚至有些已经停业了。福特的管理者意识到，如果没有零部件供应，他们所做的任何试图拯救公司的努力都是徒劳的。

福特的全球采购副总裁托尼·布朗（Tony Brown）建议创建一个特殊目的的团队来管理零部件制造商，以防供应链中断，并且加速执行福特公司缩小供应商规模的计划。CEO艾伦·穆拉利（Alan Mulally）很快同意了这个建议，于是"夸克（Quark）项目组"（以电影《亲爱的，我把孩子变小了》中那只狗的名字命名）诞生了。这个团队囊括了来自福特公司所有事业部和职能部门的员工，包括生产部、人力资源部、工程部、财务部、信息技术部、法务部等。

时间就是生命，这个团队开启了高速运转的工作模式，他们每天会面，有时从早上7点一直工作到深夜，每周四向CEO提交报告。他们的会议室墙上贴满了列有每个供应商信息的资料：每家特有的零部件、财务状况、使用的设备，以及它们的其他客户。这个团队为每家供应商编写了风险概要，并将供应商缩减到福特公司想要继续合作的850家主要供应商。确保这些公司存活下来是夸克项目组的当务之急。

这个团队以及管理者知道，仅凭福特的一己之力无法改善全球汽车行业的供应局面，因此他们开始联系其他的汽车制造商。通用汽车公司对此不感兴趣（也许它的经理人在担忧更大的问题），但丰田公司和本田公司很快加入这一行动，因为它们意识到紧密相连的供应商网络正处于崩溃的边缘。在某些时候，这三家公司还达成共同承担维持某家供应商继续经营的成本的共识。[13]

这个特殊目的的团队在帮助福特公司防止供应链中断，以及最终帮助艾伦·穆拉利和其他经理人复兴这家公司中发挥了重要作用。夸克项目组展现了许多团队优势，尤其是创造力和速度。

■ 自我管理团队

组织中常见的第三种团队形式是自我管理团队，它的目的是提高员工的决策参与度以及工作表现，以达到提高绩效的目标。**自我管理团队**（self-managed teams）一般由5～20个掌握多种技能的工人组成，他们通过轮岗来生产一个完整的产品或提供一项服务，或者是完成产品或服务的一部分（比如，发动机装配或保险索赔处理）。其核心理念是由团队自己而非管理者或监督者对工作负责，包括做决策、管理绩效、按解决问题的需要调整工作行为、实现目标、适应不断变化的形势。[14]以总部位于芝加哥的软件公司37signals为例，客户服务是由一个自我管理团队来负责的，它需要处理与提供服务和支持相关的所有事情。团队领导者每周都会轮换。自从公司采用自我管理团队以来，客户服务、支持以及满意度都得到了改善。"我们衡量了使用自我管理团队前后的差异，我们知道自我管理团队奏效了。"联合创始人贾森·弗里德（Jason Fried）说。如今，37signals几乎完全由自我管理团队经营。[15]

自我管理团队是一种永久性的团队形式，一般包括如下要素：

● 这种团队形式包括具备多种技能和职责的员工，并且这些技能足够完成一项主要的任务。比如，在一家制造工厂，团队中的成员可能来自铸造车间、机加工车间、磨削车间、装配车间以及销售部门，他们受过交叉培训，可以从事其他人的工作。这样的团队消除了部门间的界限，使员工们能出色地相互协调来生产一个产品或提供一项服务。

● 这种团队形式可以接触到各种资源，包括信息、设备、机器以及完成整项任务所需的其他供给。

● 这种团队形式被赋予制定决策的权力，这意味着团队成员有选择新成员、解决问题、管理支出、监控结果以及计划未来的自由。自我管理团队能使员工感受到挑战，发掘自己工作的意义，并且培养强烈的组织认同感。

18.2 团队的困境

当戴维·费鲁奇（David Ferrucci）试图招募一些科学家来组成 IBM 的一个团队，以研发一款足够敏捷、能打败《危险边缘》① 游戏总冠军的电脑时，他了解到团队合作给许多人带来了困扰。这一研发项目称为“沃森”（Watson），它是一个不寻常的项目，项目成果会在电视上播放的“人机竞赛”中得到检验。如果失败了，这将是一场公开的惨败，并且会影响每一位参与者的公信力；如果成功了，英雄会是这个团队，而非其中的任何单个成员。费鲁奇接触的许多科学家都表示他们更倾向于做个人的项目，这样取得的成功也将是个人的。最终，他汇集了一批愿意承担此项风险的人并组成一个核心团队。“坦白来讲，仅仅就拥有一个团队前进的勇气来说，那一刻就很令人自豪了。”费鲁奇说。[16]在全世界的组织中，有些人喜欢团队合作这个概念，也有人讨厌它，许多人对成为团队中的一员同时持有积极和消极的态度。以下是团队为许多人带来困扰的三个主要原因：

● 他们必须放弃独立性。当人们成为团队的一部分时，他们的成功有赖于团队的成功，因此，他们必须依靠其他人的表现，而不能仅靠个人的主动性和行动。大多数人能欣然接受为取得个人成功做出牺牲的理念，但是团队合作需要他们为群体的成功做出牺牲。[17]团队合作要求每个人都把团队放在第一位，即使有时这会伤害到个人。许多员工，尤其是处在美国这样的个人主义文化中的员工，都经历了一段艰难的时期来领会和接受这一理念。最近的一项研究表明，自 1960 年以来，美国人越发关注个体而非群体，这反映了“美国朝着个人主义方向发展的重大变化”。[18]而在一些文化中，比如日本，团队取得了更大的成功，因为传统的日本文化更重视群体而非个人。

● 他们需要容忍搭便车的人。有时，团队是由具备不同职业伦理的人构成的。**“搭便车”**（free rider）这个词是指利用团队成员身份获取利益，没有积极参与也没有为团队做出贡献。也许你在学生时代的项目团队中已经有过这种烦恼：某个成员在团队工作中几乎没怎么出力，但却享受了其他同学努力的成果。搭便车有时称为社会惰

① 《危险边缘》（*Jeopardy*）是哥伦比亚广播公司一个益智问答游戏节目，参赛者需具备历史、文学、政治、科学和通俗文化等知识，还要会解析隐晦的含义、反讽与谜语等，通常人们认为电脑并不擅长进行这类复杂的思考。——译者

化，因为有些成员没有付出与所得利益相匹配的努力。[19]

● 团队有时会机能失调。有些组织在团队建设上取得了巨大成功，但也有不计其数的组织中团队惨败的例子。[20]"最好的团队会比单个成员表现更好，而最坏的团队的表现还不如最坏的个体。"组织心理学家罗伯特·萨顿（Robert Sutton）说道。[21]在过去几十年间，大量的研究以及团队经验使人们对团队成功或失败的原因有了深刻的理解。证据表明，团队的管理方式对于决定其发挥的功能起到最关键的作用。[22]图表18-4列出了团队中常见的五种机能失调的表现，并描述了与之相反的高效团队领导者会培养的理想特征。

图表18-4　团队中常见的五种机能失调的表现及高效团队的特征

机能失调的表现	高效团队的特征
缺乏信任——人们无法安心地揭露错误、分享担忧或者表达想法。	相互信任——人们从内心深处相互信任；能够自在地向他人示弱。
害怕冲突——人们为了和谐的氛围去赞同他人；不会表达冲突的意见。	健康的冲突——人们能够自在地表达分歧以及挑战他人，以找到最佳解决方案。
缺乏承诺——如果人们害怕表达真实的意见，那么很难获得他们对决策真正的承诺。	做出承诺——由于所有的观点都亮了出来，人们对重大的目标和决策能够达到真正的认同。
逃避责任——人们对结果不承担责任；出了差错相互指责。	承担责任——人们共同承担责任，而不是让管理者承担责任。
不重视结果——成员们将个人志向或个体需求置于集体成果之上。	结果导向——单个成员搁置个人的计划；专注于对团队最好的结果；集体的成果才是成功。

资料来源：Based on Patrick Lencioni，*The Five Dysfunctions of a Team*（New York：John Wiley & Sons，2002）；and P. Lencioni，"Dissolve Dysfunction：Begin Building Your Dream Team，" *Leadership Excellence*（October 2009）：20.

18.3 团队有效性模型

平稳运转的团队并不是偶然现象。斯坦福大学社会学教授伊丽莎白·科恩（Elizabeth Cohen）研究了小学生的小组合作，发现只有当老师花时间明确角色、制定规范并且设定目标时，这些小组才能像一个团队一样高效运转。[23]在组织中，高效的团队往往是通过管理者采取具体行动来帮助人们聚集起来工作而建立起来的。下面的"经理会谈"专栏审视了团队领导者在创建一个高效团队时所起的作用。

经理会谈

如何成为一名好的团队领导者

也许没有哪一个因素对团队有效性的影响有团队领导者这么大。当团队领导者试图用传统的命令与控制的方式管理团队时，团队很可能会失败。以下是团队领导者对团队成功做出贡献的四种具体方式：

● 将人们的注意力聚集到一个引人注目的目标上。团队领导者有责任设定一个清晰的、引人注目的目标，这也是高效团队所具有的关键因素之一。它确保每个人都在朝着同一个方向努力，而不是放任自流，搞不清为什么创建这个团队以及它将向何处发展。高效的团队领导者还应当设定清晰的目标和时间表。

● 共享控制权来激发承诺和积极性。过度控制的领导者破坏了团队的有效性。好的团队领导者会共享权力、信息、控制以及真正的责任。当托德·康格（Todd Conger）成为莫顿国际公司（Morton International）一个团队的领导者后，一旦项目赶不上进度，他就有冲动参与进去和大家一起做。但他做得越多，工作似乎完成得越少，并且团队成员变得不那么积极了。康格的"帮忙"实际上是在伤害这个团队，因为成员将他的行为解读为一种批评，并且感觉无法掌控自己的工作。共享权力和控制要求领导者相信团队成员能够做出良好的决策，即使那些决策可能并不是领导者真正想要的。

● 明晰规范和期望。领导者应当从一开始就明确说明任务和期望，确保每个人都知道他们要做什么以及能够对队友怀有何种期待。团队成员如果对自己的角色存有疑虑，将会对生产不利，也会激起其他成员的怨气。有时，领导者需要与团队中的每个成员单独碰面以确保每个人都了解并接受自己的责任。

● 承认无知。通常，被任命去领导团队的人会发现他们并不像队友们懂得那样多。好的团队领导者不会害怕承认自己的无知以及寻求帮助。他可以作为"不可靠的榜样"让人们知道，缺乏知识、遇到难题、心存担忧以及犯下错误都可以公开地讨论，不必害怕这样会显得自己不称职。尽管许多管理者很难相信，但承认无知并且乐于从他人身上学习比其他任何行为都能更快地赢得团队成员的尊重。

资料来源：Based on J. Richard Hackman，*Leading Teams：Setting the Stage for Great Performances*（Boston，MA：Harvard Business School Press，2002）；Lee G. Bolman and Terrence E. Deal，"What Makes a Team Work?" *Organizational Dynamics*（August 1992）：34－44；Amy Edmondson，Richard Bohmer，and Gary Pisano，"Speeding up Team Learning，" *Harvard Business Review*（October 2001）：125－132；Jeanne M. Wilson，Jill George，and Richard S. Wellings，with William C. Byham，*Leadership Trapeze：Strategies for Leadership in Team-Based Organizations*（San Francisco：Jossey-Bass，1994）；Sarah Fister Gale，"The Turn Around Artist，" *PM Network*（October 2007）：28－35；and Eric Matson，"Congratulations，You're Promoted（Now What?），" *Fast Company*（June-July 1997）：116－130.

与团队有效性相关的一些因素如图表 18－5 所示。工作团队的有效性基于三个成果：产量、个人满意度、适应及学习能力。[24] 满意度涉及的是团队满足其成员的个人需求并因此维持成员身份及其对组织的承诺的能力。产量涉及的是团队目标所明确的产出的绩效、质量和数量。适应及学习能力指的是团队根据工作任务引入新知识和新技能以提高组织应对环境中新威胁或新机会的潜力的能力。

图表 18－5　团队有效性模型

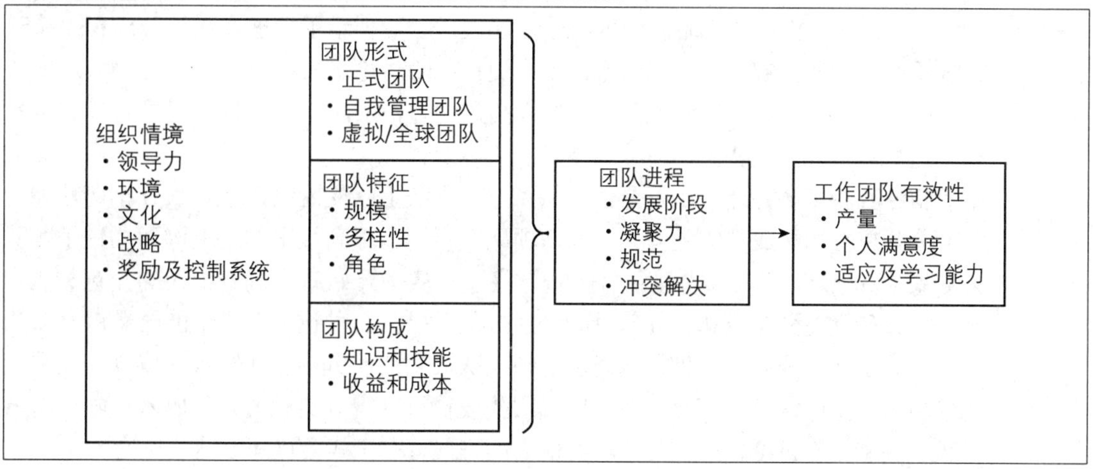

图表 18-5 展示的团队有效性模型为本章提供了一个框架。影响团队有效性的因素从组织情境讲起。[25]团队所处的组织情境在其他章节有介绍，包括领导力、环境、文化、战略以及员工的奖励及控制系统等。正是在这些组织情境下，管理者才能确定团队的特征。团队的主要特色是团队形式、团队特征以及团队构成。管理者必须决定何时创建永久性的自我管理团队，何时使用临时性的任务小组或特殊目的团队。团队在任务相关的知识和技能方面的多样性对团队进程和有效性有巨大影响。此外，性别和种族方面的多样性也会影响团队绩效。[26]团队规模和角色划分与多样性同样重要。

这些团队特征能够影响团队进程，进而影响产量、个人满意度以及团队对组织适应能力的贡献。好的团队领导者能够理解和管理团队的发展阶段、凝聚力、规范和冲突，从而建设一个有效的团队。这些内部进程会受到团队和组织的特征以及团队成员和领导者以积极方式引导这些进程的能力的影响。

18.4 虚拟团队

一个令人兴奋的团队合作的新方法从信息技术的发展中产生了，改变了员工的期望和商业全球化。**虚拟团队**（virtual team）由一群地理上或组织上分散的成员组成，他们主要通过先进的网络和通信技术相联系。[27]

2010 年一项对跨国公司员工的调查发现，80%的受访者都属于某个虚拟团队。[28]在一个虚拟团队中，成员使用群组软件、电子邮件、即时通信、电话和手机短信、维基百科和博客、视频会议以及其他技术工具来进行合作并完成工作，偶尔也会面对面沟通。尽管有的虚拟团队仅由组织内部的成员构成，但虚拟团队通常包含临时工、合作机构的成员、顾客、供应商、顾问或者其他的外部成员。许多虚拟团队是全球团队。**全球团队**（global team）是由来自不同国家、行动跨越多个国家的成员组成的跨国团队。[29]

虚拟团队的主要优势之一是，能够聚集起一群极有天赋的人去完成一个复杂的项目、解决一个特殊的难题或者利用一个特定的战略机遇。多元化的人员组合能够激发创造力和创新力。从实践层面来看，员工在虚拟空间而非实体空间会面，能够节约时间并且减少差旅费。IBM 报告称，通过使用虚拟团队，它在 2007 年节约了 5 000 万美元的差旅费。[30]

然而，虚拟团队也面临独特的挑战。图表 18-6 列示了管理者在领导虚拟团队时需要重视的一些关键方面，每一方面都有更详细的讨论。[31]

- 运用技术建立信任和关系对于建设高效的虚拟团队至关重要。领导者首先要挑选出恰好具备虚拟团队工作所需的技术、人际交往能力、沟通技巧的人，然后确保他们有机会互相了解并建立相互信任的关系。鼓励线上社交网络，让大家分享照片和个人简介是虚拟团队成功的关键之一。一项研究表明，更高水平的线上沟通增进了团队的凝聚力和信任。[32]领导者建立信任的方式还有从一开始就明确每个人的角色、职责和职权，确立充分交流和相互尊重的沟通规范，提供一种让每个人都能够了解最新信息的方式。在一项有关何种技术能使虚拟团队成功的研究中，研究人员发现，全天候的虚拟工作空间获得最高分。在这里，团队成员可以得到文档的最新版本，随时留意截止日期和工作进度，追踪并了解其他人的进展，在正式会议间歇继续讨论。[33]

图表 18-6　高效虚拟团队的领导者在做什么

做法	如何完成
运用技术建立信任和关系	• 关注并欣赏多样化的技能和意见 • 运用技术加强沟通和信任 • 确保线上及时回复 • 管理线上社交
通过技术塑造文化	• 创建一个心理上舒适的虚拟文化 • 分享成员的特殊经历或优势 • 理解那些来自不愿意分享自己观点的文化的成员
追踪进展并进行奖励	• 检查电子通信模式 • 在虚拟工作空间中发布目标和计分卡 • 通过线上颁奖典礼及虚拟会议嘉奖的形式进行奖励

资料来源：Based on Table 1, "Practices of Effective Virtual Team Leaders," in Arvind Malhotra, Ann Majchrzak, and Benson Rosen, "Leading Virtual Teams," *Academy of Management Perspectives* 21, no. 1 (February 2007): 60-69; and Table 2, "'Best Practices' Solutions for Overcoming Barriers to Knowledge Sharing in Virtual Teams," in Benson Rosen, Stacie Furst, and Richard Blackburn, "Overcoming Barriers to Knowledge Sharing in Virtual Teams," *Organizational Dynamics* 36, no. 3 (2007): 259-273.

- 通过技术塑造文化能强化有益的规范。这包括创造一个虚拟的环境，让人们安心地表达担忧、承认错误、分享观点、了解恐惧或者寻求帮助。领导者要强化分享所有形式的知识的规范，鼓励人们表达“天马行空”的观点并在需要的时候寻求帮助。团队领导者要以身作则。领导者还需确保将多元化的问题公之于众，并尽早告知成员在虚拟环境中可能出现的会造成沟通问题或误解的文化差异。
- 追踪进展并进行奖励使团队朝着目标不断前进。领导者要掌握项目的进展，并确保每个人都了解整个团队的进展。在虚拟工作空间发布目标、衡量指标以及里程碑事件可以使得项目进展情况更明确。领导者也要定期提供反馈，并且通过诸如虚拟颁奖典礼以及在虚拟会议上嘉奖的形式奖励个人及团队的成就。领导者要慷慨地表达赞美和祝贺，但批评和训斥往往要在个人场合而不是团队成员都出席的虚拟工作空间进行。

随着虚拟团队的运用越来越多，对虚拟团队成功原因的理解也逐渐加深。一些专家建议管理者为虚拟团队尽可能多地招收志愿者。对虚拟团队成员和领导者的访谈支持了如下观点：那些真正想以虚拟团队形式工作的成员会更高效。[34] 如“创新之道”专栏介绍的，在诺基亚，许多虚拟团队都是由自愿做这项工作的人组成的。

创新之道

诺基亚

在一项对 15 家领先的跨国公司的 52 个虚拟团队的调查中，伦敦商学院的研究者发现，尽管诺基亚的团队是由在多个国家工作、跨越时区和文化的成员组成的，但它极为高效。是什么使得诺基亚的团队如此成功？

诺基亚的管理者会认真挑选那些具有合作心态的人，许多团队都是由那些高度致力于相应任务或项目的志愿者组成的。这家公司还会确保团队中的某些成员先前合作过，从而为相互信任的关系奠定基础。充分利用技术也很关键。除了团队成员可以一天 24 小时保持联系的虚拟工作空间外，诺基亚还提供了一个线上平台，鼓励成员上传照片，共享个人信息。高效虚拟团队最大的障碍之一就是成员之间无法互相了解，但诺基亚从对社交网络的鼓励和支持中得到了回报。[35]

像诺基亚虚拟团队这样的全球团队为团队领导者带来了更大的挑战，因为他们必须缩小时间、距离以及文化上的差异。不同的文化态度可能会影响工作速度、团队沟通、决策制定、对截止时间的看法以及其他问题，这些都会导致产生误解和冲突。难怪*CIO*杂志的执行委员会让全球首席信息官（CIO）为他们所遇到的挑战排序时，管理虚拟全球团队排名第一。[36]

18.5 团队特征

决定了使用哪种形式的团队后，管理者接下来要考虑的问题是如何将团队设计成最高效的。应当特别关注的团队特征是规模、多样性、角色。

18.5.1 规模

30多年前，心理学家伊万·斯坦纳（Ivan Steiner）考察了团队规模扩大后会发生什么，他提出当团队中有五个人时（这是一个很小的数字），团队的绩效和产量会达到顶峰。他发现多于五个成员会造成积极性的下降、协调问题的增加以及绩效的普遍降低。[37]从那时起，大量研究发现，规模小的团队表现较好。然而大多数研究者说，确定一个最佳的团队规模是不可能的。一项对58个软件开发团队的调查发现，表现最佳的团队规模为3～6个成员。[38]

团队规模需要足够大以吸纳完成任务所需的多样化技能，让成员能够表达出或好或坏的感受，积极地解决问题。然而，团队规模也需要足够小，能够让成员感觉到自己是团队不可或缺的一部分，并且能够有效且高效地沟通。人们认同团队规模是高绩效的一个重要决定因素。[39]在亚马逊公司，CEO杰夫·贝佐斯制定了“两个比萨饼规则”。如果一个团队大到两个比萨饼不够吃，它就应该拆分成更小的团队。[40]一般来说，随着团队规模的扩大，成员之间的沟通和影响会变得越发困难；大团队中经常会存在小团体，它们之间的冲突时有发生；离职率和缺勤率也会更高，因为团队成员觉得自己对这个团队不那么重要了。[41]尽管互联网和先进技术使更大规模的虚拟团队高效运转成为可能，但研究显示，更小规模的虚拟团队中成员参与的积极性更高，对团队更投入，更关注团队目标，成员之间的关系比大规模虚拟团队更密切。[42]

18.5.2 多样化

由于团队要求多种技能、知识和经验，因此多样化的团队似乎会比同质的团队更高效。研究一般会支持这个观点，即多样化的团队能够对问题提出更具创新性的解决方案。[43]职能领域的多样化，以及技能、思维方式和个人特征的多样化常常被视为创造力的来源。此外，多样化还有助于维持合理的分歧，从而带来更好的决策。

研究已经证实了职能多样化和人员多样化对工作团队的绩效有重要影响。[44]例如，最新的一项研究表明，性别多样化，尤其是团队中有更多女性，能产生更高的绩效。[45]有时族裔、国籍的多样化在短期内可能是团队互动和绩效提高的障碍，但通过有效领导，这些问题会随着时间的推移逐渐消失。[46]

18.5.3 角色

对于想要长期取得成功的团队而言，其组织结构既要能维持团队成员的社会关系，又要能完成任务。为了便于理解成员在团队中各司其职的重要性，我们来看看 2010 年 8 月，在智利圣何塞的一个铜矿坍塌后 33 名矿工被困在地下的事件：没有食物，没有水，四周满是灰尘，加上紧绷的神经，这种情景足以导致混乱。然而，这些矿工组成了若干团队，分别负责一些关键活动，比如和救援人员沟通、运输来自井上的救援物资、配给和分发食物、管理健康问题以及防止矿井再次塌陷。一些团队成员专注于满足被困矿工的存活需求；一些团队成员负责协调大家的工作；还有一些团队成员致力于满足这个群体的心理和社交需求，帮助人们在这痛苦的 69 天里怀揣希望、保持团结。专家一致认为团队合作和领导能力是这些矿工存活下来的关键。[47]

在成功的团队中，对任务绩效和社会满意度的要求是通过两种角色类型满足的：任务专家和社会情感专家。[48]

扮演**任务专家角色**（task specialist role）的成员花时间和精力帮助团队达到目标。他们通常表现出如下行为：

- 提出创意。给团队难题提出新的解决方法。
- 给出意见。对任务的解决方法做出判断；就他人的意见给出公正的反馈。
- 寻找信息。寻找任务相关的事实。
- 总结。将各种想法用于解决手边的难题；将所有的观点汇集成简短的概要。
- 赋能。团队成员兴致降低时能够激励成员积极行动。[49]

扮演**社会情感专家**（socioemotional role）的成员负责满足团队成员的情感需求，并帮助强化其社会功能。他们会表现出如下行为：

- 鼓励。热情并接纳其他人的想法；赞赏并鼓励他们继续做出贡献。
- 协调。化解群体冲突；帮助产生分歧的各方达成一致。
- 缓解紧张情绪。当群体氛围很紧张时，用讲笑话或其他方式缓和气氛。
- 追随。与团队保持一致；赞同其他成员的想法。
- 妥协。改变自己的意见以保持团队的和谐。[50]

主要由社会情感专家构成的团队是令人满意的，但他们不从事生产。而另一个极端，主要由任务专家组成的团队只会关心完成任务，这样的团队在短期内是高效的，但在长期内不能使成员满意。真正有效的团队既有任务专家又有社会情感专家。一个搭配均衡的团队在长期内能够做到很好，因为它既能使团队成员个人满意，又能保证团队任务的完成。

新晋管理者自我测试

你是一个有贡献的团队成员吗?

导语：想一下你作为某个学习团队或工作团队的成员时是如何表现的。阅读下列陈述，基于你平时在团队中的表现，回答“基本赞同”或“基本不赞同”。

	基本赞同	基本不赞同
1. 我在团队中有清晰的计划和截止时间。	______	______
2. 我会提出改正性的建议以提高绩效。	______	______
3. 我会将讨论的焦点保持在相关事项上。	______	______

4. 我参加会议时准备充分。 ________ ________
5. 我一直准时参加会议。 ________ ________
6. 我对于保证和承诺会坚持到底。 ________ ________
7. 我是一个专注的、积极的聆听者。 ________ ________
8. 我能够清晰地表达自己的见解和建议。 ________ ________
9. 我能够为他人提供建设性的反馈意见。 ________ ________
10. 我不会避开争论。 ________ ________
11. 我知道在什么时候该停止坚持自己的立场。 ________ ________
12. 发生冲突时我会积极地进行调解。 ________ ________
13. 我会表示对团队成员的欣赏和支持。 ________ ________
14. 我会为他人的成就庆祝。 ________ ________
15. 他人工作做得好时我会表示称赞。 ________ ________

得分及解释：这些问题是关于你作为一个团队成员的贡献的，对于任何形式的正式团队的成功都是非常重要的，尤其是对于自我管理团队而言。

每选择一个“基本赞同”得 1 分。

总分：____。

一般来说，如果你的得分为 11 分及以上，则表明你是一个有贡献的团队成员。如果你的得分为 5 分及以下，则表明你应当在团队中做出更多贡献。

你也可以评估一下你对团队贡献最大或最小的具体方面。

(1) 满足团队的绩效需求：第 1～3 题，每选择一个“基本赞同”得 1 分：____。

(2) 为自己参与的事情承担个人责任：第 4～6 题，每选择一个“基本赞同”得 1 分：____。

(3) 促进团队沟通：第 7～9 题，每选择一个“基本赞同”得 1 分：____。

(4) 管理成员间的冲突：第 10～12 题，每选择一个“基本赞同”得 1 分：____。

(5) 满足团队成员的社会情感需求：第 13～15 题，每选择一个“基本赞同”得 1 分：____。

在以上每一方面，如果你的得分为 3 分，则表明你在该方面有极大贡献，如果你的得分为 0 分或 1 分，则表明你在该方面的贡献很低。在一个高效的团队中，每一方面都必须有人擅长，但不要求单个成员擅长所有方面。当然，如果你在大部分方面的得分都不错，那你在团队中很有可能担任领导者。

团队成员必须做出的贡献有五种形式，包括绩效管理或者专注于团队任务的完成（1～3），履行个人责任（4～6），提高团队沟通质量（7～9），管理团队成员间冲突（10～12），满足团队成员的社交需求（13～15）。你对自己在团队中的贡献感受如何？你会采取何种方式积极主动地成为一个有贡献的团队成员？你会做什么让自己更有贡献？

18.6 团队进程

现在我们将注意力转向团队进程。团队进程是指会随时间改变，受到团队领导者影响的动态过程。下面我们将讨论团队的发展阶段、团体凝聚力以及团体规范。团队冲突将在接下来的章节介绍。

18.6.1 团队的发展阶段

团队创建之后会经过若干阶段，不断发展。新建团队不同于成熟团队。回想一下你作为一个新建团队的一员的时光，比如大学兄弟会或大学姐妹会一类的联谊会、委员会或为完成课程作业组建的小团队。随时间流逝，团队会发生变化。起初，团队成员需要互相了解、制定角色分配及团队规范、分工以及明确团队任务。通过这种方式，每个成员逐渐成为这个平稳运转的团队的一部分。领导者的挑战则是了解团队发展的各个阶段并采取能使团队平稳运转的行动。

研究表明，团队发展并非随机的，而是有特定的几个阶段。图表 18－7 是描述这些阶段的一个模型。在每个阶段，领导者和成员都面临着不同的问题和挑战。[51]

图表 18－7 团队发展的五阶段

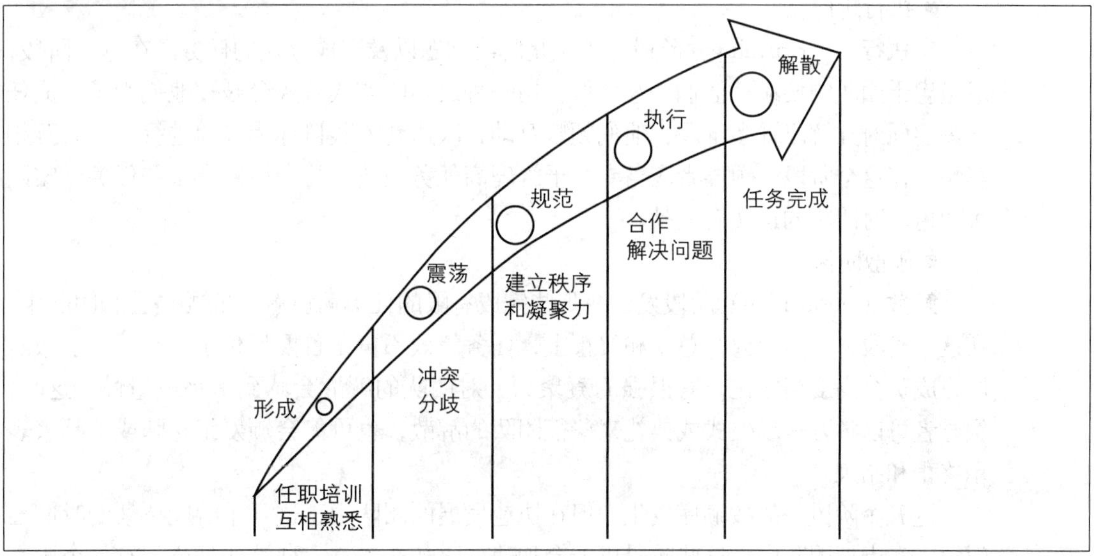

资料来源：Based on the stages of small group development in Bruce W. Tuckman, "Developmental Sequence in Small Groups," *Psychological Bulletin* 63 (1965): 384－399; and B. W. Tuckman and M. A. Jensen, "Stages of Small Group Development Revisited," *Group and Organizational Studies* 2 (1977): 419－427.

■ 形成阶段

团队发展的**形成**（forming）阶段是任职培训和互相熟悉的阶段。成员之间开始熟悉，成员试探与其他成员建立友谊的可能性并接受任职培训。这个阶段有很大的不确定性，成员通常会接受所有由正式或非正式领导者授予的权力或职权。在这个起始阶段，成员比较关注的是"这份工作对我有怎样的期待？""什么样的行为是可接受的？""我适合这份工作吗？"在形成阶段，团队领导者应该给成员互相熟悉的时间，并鼓励他们参与非正式的社交讨论。

■ 震荡阶段

在**震荡**（storming）阶段，个人人格开始显现。人们在明确自己的角色和团队对自己的期望时变得更独断。这个阶段的最大特点是冲突和分歧。成员对团队目标和达成方式的看法可能会存在分歧。成员可能会运用手段谋求利益，基于共同利益的联盟和小团体就形成了。如果团队没能成功挺过这个阶段就会陷入困境，永远无法达到高绩效。想想迈阿密热火篮球队，这支球队的明星球员各自具有不同的人格，想要形成一支“卓尔不群”的球队很难。只有当球员意识到团结起来才能赢时，他们才会这样做。“当它不成熟时，当你还没完全融入时，你成长的机会往往是最大的。”主教练埃里克·斯波尔斯特拉（Erik Spoelstra）如是说。[52] 在震荡阶段，团队领导者应当鼓励每一位成员参与团队活动。团队成员应当提出想法，对他人表示不赞同，减少不确定性和相互对突的对团队任务、目标的认知。

■ **规范阶段**

在**规范**（norming）阶段，冲突已解决，团队和谐团结的局面出现了。团队能否达成一致取决于谁拥有权力、谁是领导者以及团队成员的角色是怎样分配的。在这一阶段，成员学会了接受并理解他人，分歧解决了，成员产生了一种团队凝聚力。在规范阶段，团队领导者应当强调团队内部的团结，并帮助成员明确团队规范和团队价值。

■ **执行阶段**

在**执行**（performing）阶段，重点是解决问题以及完成分配的任务。在这一阶段，成员忠于团队的使命；他们相互合作，用一种成熟的方式解决分歧；他们为了完成任务需要面对并解决许多难题；他们频繁互动，以达到团队目标为导向进行讨论和互相影响。在这个阶段，领导者应当专注于管理高任务绩效，社会情感专家和任务专家两种角色均对团队的运转有贡献。

■ **解散阶段**

解散（adjourning）阶段发生在那些完成有限的任务后就解散的委员会和团队中。在这个阶段，重点应放在总结和终止上，任务绩效不再是首要目标了。在团队解散阶段，成员会高度情绪化，有很强的凝聚力，对团队的解散会感到沮丧或遗憾。这时，领导者可以举办一场仪式或典礼来象征团队的解散，也可能会颁发纪念牌或奖品来表示终止和结束。

这五个阶段一般按顺序发生，但在快速发展的团队中，这几个阶段持续的时间会很短。在虚拟团队中，这些阶段可能会加速。比如，一家大型消费品公司有一个由在美国和印度工作的工程师组成的虚拟团队，该团队的领导者在项目开始时会花几天时间进行团队建设，以帮助团队快速经历形成阶段和震荡阶段。

创新之道

Spring 公司

当 Spring 公司的高管决定将供应链流程开发中的某些任务转交给这家公司的印度工厂时，他们主要担心的问题是怎样确保美国和印度的工程师能快速形成一个共同的使命，共同关注关键绩效目标，将团队的成功置于个人兴趣之上。

为了使这个团队尽快进入执行阶段，领导者和顾问进行了一系列团队建设活动。在这个过程中，团队成员一起建立了共同的愿景，形成了具体的团队规范和共识，建立了虚拟关系，并明确了角色分配及责任。文化差异培训和虚拟沟通练习也是这个过程中的一部分。团队建设活动结束时，所有成员一起开怀大笑，渴望开始工作。网络和电话的跟踪调查发现，这个团队已经走上完成目标的轨道，大家一起工作得很开心。[53]

18.6.2 团队凝聚力

团队进程的另一个重要方面是凝聚力。**团队凝聚力**（team cohesiveness）是指成员被团队所吸引并积极留在团队中的程度。[54]高凝聚力团队的成员热心团队活动和参加会议，在团队成功时会很高兴。而低凝聚力团队的成员则不太关心团队的事业。高凝聚力一般被视为团队有吸引力。

■ **团队凝聚力的决定因素**

团队结构和氛围的许多特征都会影响凝聚力。第一是团队内互动。如果团队成员联系频繁，互相了解，他们就会认为自己是团队中的一员，会对团队更忠诚。[55]第二是共同目标。如果团队成员在目的和方向上达成共识，那么他们会更有凝聚力。第三是个人对团队有吸引力，即成员有相似的态度和价值观并且很享受在一起工作。

团队氛围的两个因素也会影响凝聚力。第一是竞争的存在。当一个团队与其他团队有适度的竞争时，其凝聚力会随着好胜心的增强而增加。第二是团队的成功以及外部人对团队的好评。当一个团队的任务成功了，并且组织中的其他人认可这个成功时，成员会感觉良好，对团队的忠诚度也会很高。

■ **团队凝聚力的结果**

团队凝聚力的结果有两个：士气和生产率。一般来说，有凝聚力的团队的士气更高，因为团队成员间的沟通更多，团队氛围友好，成员基于团队的承诺维持身份，成员更忠诚，也会参与更多的团队决策和活动。高凝聚力几乎对团队成员的满意度和士气有一致的积极影响。[56]

至于团队总体的生产率，研究表明，那些成员有强烈的亲近感和良性互动的团队一般效率更高。[57]因此，一个友好的、积极的团队环境有利于提高生产率以及成员满意度。然而，也有研究表明，高凝聚力团队的生产率水平取决于管理层和团队成员之间的关系。该研究调查了 200 多个工作团队，将工作绩效与凝聚力进行对比[58]，研究表明当团队成员感受到管理层的支持时，这些高凝聚力团队的生产率更高，而当他们感受到管理层的敌意和消极态度时，生产率更低。

18.6.3 团队规范

团队规范（team norm）是团队成员共同遵守的一种非正式行为标准，它指导着成员的行为。[59]规范是有价值的，因为它为期望的和可接受的行为提供了一个参考框架。

从一个新建组织中成员第一次互动开始，其规范就形成了。图表 18－8 展示了规范形成的四种常见方式。[60]有时，团队中最先出现的一些行为就成了规范。比如，在一家公司里，一个团队领导者在第一次开会时，以他提出一个问题开始，然后“引导”团队成员讨论直至得到他想要的解决方法为止。这种模式就会非常快地进入这个团队的规范中，以至于成员给会议取名为“猜猜我在想什么”。[61]其他能够影响团队规范的还有团队历史上的关键事件，以及团队成员从其他团队带来的行为、态度以及规范。

图表 18-8 团队规范形成的四种方式

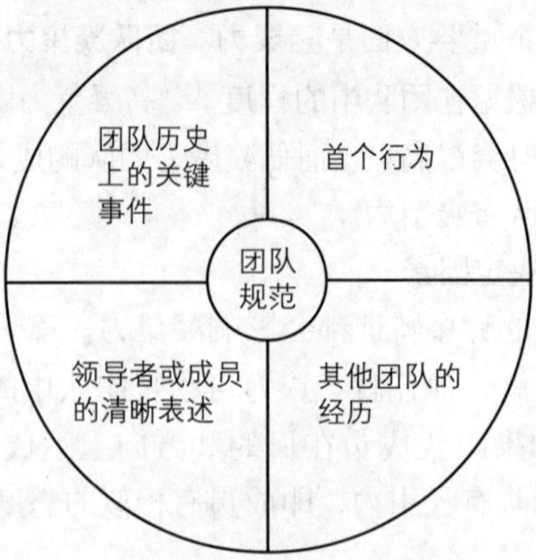

团队领导者在制定帮助团队更有效的规范时起到重要作用。比如，有研究显示，当领导者对通过协作解决问题的期望很高时，团队就会形成强协作规范。[62] 清晰地表述对团队行为的期待是领导者影响规范建立的有力方式。比尔·韦斯（Bill Weiss）在担任美国科技（Ameritech）的CEO时，为他的高层领导团队建立了一套合作及共同支持的规范。他坦白地告诉团队成员，一旦他发现有人试图暗中破坏，这个人就会被开除。[63]

18.7 管理团队冲突

团队进程的最后一个特点是冲突。冲突可能产生于团队内部成员之间，也可能产生于不同团队之间。**冲突**（conflict）是指一方试图阻止另一方的意图或目标的敌对关系。[64] 在任何时候，团队中的人们只要在一起工作，冲突就是不可避免的。将冲突公开并有效化解是团队领导者面临的最大挑战之一，也是他们最重要的工作。有效的冲突管理对团队凝聚力和绩效有积极影响。[65]

18.7.1 冲突的类型

团队中会出现的两种基本的冲突是任务型冲突和关系型冲突。[66] **任务型冲突**（task conflict）是指成员对于要达到的目标或要完成的任务内容存在分歧。两名车间员工可能会对是更换一个阀门还是任由它带着异常噪声运转这个问题产生分歧。或者，高管团队的两名成员可能会就收购一家公司还是合资经营这两种全球扩张方式产生分歧。**关系型冲突**（relationship conflict）是指人与人之间不相容，这会在成员之间造成紧张和私人恩怨。比如，在一家生产和销售高端儿童家具的公司的一个团队中，成员发现他们在愿景和工作方式上的不同会在关键时刻成为冲突的主要来源：那些需要安静的成员会厌烦那些听音乐工作的成员，有洁癖的人觉得自己不可能和那些喜欢在一堆杂物中工作的人共事。[67]

研究发现任务型冲突是有益的，因为它可以引导团队更好地做出决策、解决问题。而关系型冲突一般会对团队效率产生消极影响。[68] 比如，对高管团队的一项研究发现，任务型冲突往往伴随着更高的决策质量、更强的组织承诺以及更高的决策接受度；而关系型冲突却在同样的方面对结果产生很大的消极影响。[69]

18.7.2 平衡冲突与合作

有证据表明轻微的冲突对团队有益。[70]合理的冲突有助于防止群体思维。我们在第 9 章讨论过，当人们极度忠诚于一个富有凝聚力的团队时，他们不愿意表达反对意见。当人们在工作团队中单纯为了维持和谐局面而表示赞同时，往往就会出现问题。因此，一定程度的冲突可以产生更好的决策，因为人们表达出多样化的观点。

然而，过于激烈的、关注个人而非工作问题的或者没被恰当处理的冲突可能会破坏团队的士气和生产率。过多的冲突也具有破坏性，会破坏团队关系，妨碍观点和信息的正常交换。[71]团队领导者必须找到冲突与合作的最佳平衡点，如图表 18-9 所示。冲突太少会降低团队绩效，因为团队不能从多元化的观点和想法甚至分歧中获益，毕竟这些观点和想法可以带来更好的解决方案或者防止团队犯错。而在另一个极端，过多的冲突会抵消团队合作的努力，导致员工满意度和承诺水平降低，损害团队绩效。适中的冲突量经过适当的管理一般能使团队绩效达到最高水平。

图表 18-9 平衡冲突与合作

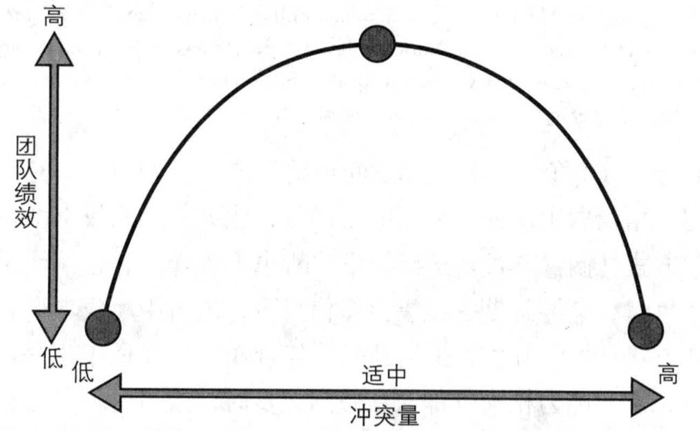

18.7.3 冲突的起因

很多因素会导致冲突[72]：冲突的主要起因之一是争夺资源，比如金钱、信息以及供应品。当个体或团队必须去争夺稀缺的或正在减少的资源时，冲突往往是不可避免的。另外，冲突发生常常是因为人们追求的目标不同。组织中存在目标差异很正常，例如单个销售人员的目标会使他们与其他销售人员或者销售经理发生冲突，销售部门的目标会和生产部门等存在冲突。

冲突还可能产生于沟通不当。缺乏沟通在任何团队中都有可能发生，在虚拟团队和全球团队中格外容易发生。在一个为日本厂商开发定制聚合物的虚拟团队中，美国的营销团队成员会因为日本的团队成员没给他提供该厂商的营销策略而感到恼火，而这名日本成员则认为这位美国队友傲慢且不合作。他知道这家厂商还没有制定清晰的营销策略，如果急切地想要得到更多的信息会让客户“丢脸”，从而破坏他们之间的关系。[73]一旦成员感觉自己被排斥在重要的沟通交流之外，信任问题就会成为虚拟团队中冲突的主要来源。[74] 此外，在虚拟互动中，缺乏非语言的暗示很可能会导致更深的误解。

18.7.4 处理冲突的方式

根据究竟是满足自身的需要还是满足对方的需要，团队和个人会形成特定的冲突处理方式。图表 18－10 的模型描绘了五种处理冲突的方式。该模型的两个主要维度分别是个体在处理冲突时的独断程度与合作程度。[75]

图表 18－10　处理冲突方式的模型

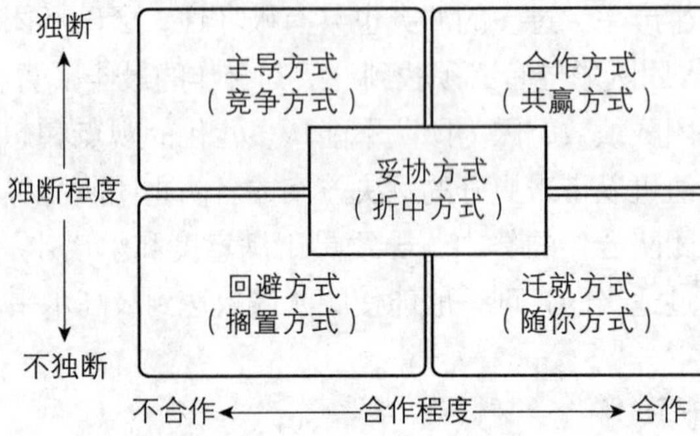

资料来源：Adapted from Kenneth Thomas, "Conflict and Conflict Management," in *Handbook of Industrial and Organizational Behavior*, ed. M. D. Dunnette (New York: John Wiley, 1976), p. 900; and Nan Peck, "Conflict 101: Styles of Fighting," North Virginia Community College Web site, September 20, 2005, www. nvcc. edu/home/npeck/conflicthome/conflict/Conflict101/conflictstyles. htm (accessed April 13, 2011).

- 主导方式（竞争方式）是指独断地要达成自己的目的。它适用于必须对一些重要或不常见的事情做出快速、果断的行动时，比如紧急的成本削减。
- 回避方式（搁置方式）是指既不独断也不合作。它适用于问题不重要时，没有成功的可能性时，需要延期去搜集更多信息时，或者中断成本很高时。
- 妥协方式（折中方式）是指独断性与合作性均在适中水平。它适用于双方目标同等重要时，双方能力相当且都愿意做出让步时，或者时间紧迫而需要采用临时方便的解决方案时。
- 迁就方式（随你方式）是指高度的合作。当人们意识到自己错了时，当一个问题对他人比对自己更重要时，当想要为日后的讨论建立社会信用时，以及当维持和谐氛围尤其重要时，这种方式会奏效。
- 合作方式（共赢方式）反映出独断与合作均在很高的程度。合作方式能够达到双赢，但这种方式要求大量的谈判与协商。当双方关心的事项都很重要且无法妥协时，当不同人的观点需要整合为一个总体解决方案时，当双方需要妥协以求一致时，这种方式是很重要的。

合作的一个例子是 2008 年的北京夏季奥运会。在建造中国国家游泳中心（一般称为“水立方”）时，两家建筑公司——一家中国公司、一家澳大利亚公司设计了两种完全不同的方案。尽管这给两家公司的关系带来了一丝紧张，但两家公司并没有为自己的方案抗争，而是一起提出了一个令所有人兴奋的全新概念。最终这个备受赞誉的建筑非常壮观。[76] 每一种处理冲突的方式都有其适合的情景，并且高效的团队成员和领导者会调整他们的方式来适应具体的情景。

18.7.5 谈判

谈判（negotiation）是一种与众不同的冲突管理形式。在谈判中，人们平等地交换意见，进行讨论，并考虑各种备选项，最终达成一个双方均可接受的决定。谈判一般用于正式的冲突，比如工会与管理层之间的冲突。

■ **谈判的类型**

冲突各方会从不同的视角，带着不同的意图开始谈判。谈判可分为整合式谈判或者分配式谈判两种。

整合式谈判（integrative negotiation）基于双赢的假设，因此各方都想要提出一个创新的解决方案，这对双方都有利。人们并没有将冲突视为一个零和情景，而是从多种角度看待问题，进行权衡，并试图“把饼做大”而不是瓜分它。采用整合式谈判，冲突通过合作和妥协被很好地化解，这样就培养出相互信任并且积极的长期关系。反过来，**分配式谈判**（distributive negotiation）假设“饼”的大小是固定的，每一方都试图拿到尽可能大的饼。一方想要赢，就意味着另一方必须输。在这种零和情景下，分配式谈判是相互竞争且敌对的，而不是合作的，一般无法形成积极的长期关系。[77]

大部分专家强调整合式谈判在当今合作的商业环境中的价值。也就是说，达到高效的关键是不要将谈判视为一个零和博弈，而要将它视为一个提出对双方都有利的创新解决方案的过程。[78]

■ **达成双赢解决方案的法则**

通过整合式谈判达成双赢的解决方案有四个关键策略[79]：

● 就事论事。在成功的整合式谈判中，人们关注的是问题和冲突本身，而不会互相攻击或彼此猜疑。

● 关注兴趣而非当前需求。需求是每个人想要从谈判中获得的，而兴趣反映的是需求背后的原因。想象一下两姐妹争夺果盘里最后一个橙子的情形。每个人都称自己应当获得这个橙子，拒绝放弃（需求）。在其中一人询问另一人为什么她想要这个橙子（兴趣）后，她们会发现，其中一人想要吃这个橙子，而另一人想将橙子皮用于一个项目。通过关注兴趣，两姐妹可以找到一个解决方案，每个人都得到自己想要的。[80]需求对有效谈判形成了“是或不是”的障碍，而兴趣呈现出的是能够有创意地解决的问题。

● 聆听并提问。对于大多数谈判来说，一个好的策略是聆听并提问。通过保持安静并提出问题，你可以更了解对手的立场、局限以及需求。聪明的谈判者想要了解另一方的局限，这样就可以实现突破。不要对对方的局限置之不理，不要认为那是不合理的或者认为“那是他们的事”。你可以将它视为自己的问题，并尝试为你的对手找到一个解决方案，这样就离双方达成共识更近了。

● 坚持将结果建立在客观标准之上。谈判中的每一方都有自己的兴趣，自然想要使自己的结果最优化。成功的谈判要求锁定客观标准并且保持公平的原则，而不能主观判断什么是最佳解决方案。

讨论题

1. 一家公司在重组成团队的第一年，有 40% 的员工和 20% 的管理者辞职。是什么原因导致如此大量的员工离职？管理者应当怎样确保公司平稳地过渡到团队形式？

2. 你参与的团队做出过图表 18－2 所示的五种贡献中的哪一种或哪几种？请描述你的经历以及这个团队为什么可以做出这些贡献。

3. 假设在你们学校，一个团队刚刚创建以制定一个新的注册程序，你是这个团队的领导者。凭借你对团队发展阶段的理解，你将怎样提高团队的效率？

4. 假设现在有一个为早餐麦片设计新包装的团队，你是潜在的团队成员。你认为人际交往能力在面对面沟通型团队和虚拟团队中是同等重要的吗？为什么？这两种形式的团队所要求的人际交往技能有差异吗？请具体说明。

5. 如果你是一个开发新电脑游戏的特殊目的团队的领导者，现在团队成员间产生了有关权力和地位差异的冲突，你将怎么做？你将如何运用本章所描述的各种冲突解决技巧？

6. 专家认为对于运转良好的团队，成员需要稍微深入地了解彼此。对于本地（同一地区）团队，你有什么具体行动来推动这种相互了解？对于全球化的虚拟团队呢？

7. 回想一下你最喜爱的体育队，或者观察你们学校的一个体育队。你能分辨出哪些成员在扮演任务专家的角色，哪些在扮演社会情感专家的角色？你观察到的每一种角色都有哪些行为？

8. 有人认为外部威胁的存在和较高的团队凝聚力存在联系。你同意这种观点吗？请解释之。

9. 讨论在一个虚拟团队中，什么情况会加大团队合作的困难。你在以团队形式完成课程作业时遇到过什么样的困难？讨论一下。

10. 如果你是一个新创建团队的领导者，怎样确保你的团队形成能带来高绩效的团队规范？

技能运用：批判性分析案例

我们是一个团队吗？

嗨！我的名字叫珍妮·麦康奈尔。我刚刚被任命为一家中型科技公司的 CIO。我们公司从商学院和工程学院招聘了很多高才生。在这里，才华、智慧、创造力应有尽有。如果让这些人拿着学历证书拍集体照，肯定会引发尖叫。

我们公司服务美国许多州，它们大部分在美国的西北部。我们的人才库很棒，无论是信息技术（IT）部门还是公司的其他部门。但当我入职时，CEO 说我们远没有发挥出我们的潜能。从表面上看公司运转良好，但公司应当跻身世界 500 强，拥有这么多人才，公司应当以更快的速度发展才对。CEO 还说，我接手的是一个“绩效令人失望的超级团队”。他给我布置的任务就是将这些 IT 之星凝聚成一个团队，以更快、更高效地满足公司新的 IT 系统和服务的需要。

我希望能从我管理的 14 名团队成员（区域 CIO 和部门主管）处尽可能多地收集信息和反馈，并且不让这些超级巨星感觉到他们在被挑毛病，此外，我也不想表现出“现在真的存在问题”。我和他们一对一地交谈，希望向每个人传达我的心声，也让每个人诚实地提出他们对这个团队的评估和他们认为这个团队需要改进的地方，以及团队未来的愿景。

他们的回答的一致性让我很惊讶。举个例子，透过大家的描述，我可以想象出上一任 CIO 的画面，很明显这个人对团队成员的才华充满敬畏。诸如“鲍勃让我们做我们想做的事”“鲍勃会给会议开个头然后就退居幕后，好像我们要求他这样做一样”的评论很常见。而最令人不安的是这条评论：“鲍勃总是赞同我的意见。”在与大多数成员交谈的过程中，这句话总会在某个时刻出现。好像这些区域负责人相信，CIO 希望他们做自己认为最好的事情来获取成功。

在面谈期间，我询问了成员的合作程度，发现了一些令人担忧之处，包括抱怨其他与会人员总在不停地查看平板电脑和手机。一个部门主管告诉我：“你会看到开会时我们不需要听到讲话的声音，只需要通过肢体语言和关注程度就可以判断出谁与谁结盟了，谁希望讲话的人赶紧闭嘴。如果你不觉得这个过程痛苦，你会发现这很好笑。"

这些评论表明这些人之间缺乏信任和尊重，无法真诚地沟通。团队的一名成员告诉我："我最近遇到了一个问题，这个问题已经被另一个区域的部门主管解决了，但相关信息一直没有分享给大家，所以我还在进行重复的工作，浪费了宝贵的时间。"很明显这些所谓的高效员工都是各自为政，"各人自扫门前雪"已经成了一种文化常态。如果不加遏制，将会减慢我们对直线部门和顾客的响应。

我同样震惊于区域 IT 主管在背景、评论和态度上的相似性，这让我面临一个全新的困境：我们如何创造多样性、启动新想法、重新燃起激情？他们看上去是一群个人主义者，并不懂得如何以团队的形式工作。我不想压抑他们个人的才华，但我对他们缺乏凝聚力表示担忧。我需要想办法，帮助他们少考虑自己，多分担一些工作责任、多分享一些信息，创造出有利于公司的集体成果。

团队建设是一门艺术，它依靠信任和沟通，以及成员为共同目标做出的努力。我现在所看到的是一种混乱。现在，我需要确定建设一个有凝聚力、有梦想的团队的必要步骤。

◆ 问题

1. 这个新晋 CIO 面临的是一个什么类型的团队？你认为这个团队的关键问题是什么？
2. 你认为这个团队的合作程度和凝聚力是如何变得如此之低的？
3. 你对这个新晋 CIO 有什么建议，以帮助她将这群区域和部门主管变成一个表现出色的团队？

注 释

1. Based on Eric M. Stark, Jason D. Shaw, and Michelle K. Duffy, "Preference for Group Work, Winning Orientation, and Social Loafing Behavior in Groups," *Group & Organization Management* 32, no. 6 (December 2007): 699–723.
2. David Kesmodel, "Boeing Teams Speed Up 737 Output," *The Wall Street Journal Online*, February 7, 2012, http://online.wsj.com/article/SB10001424052970203436904577155204034907744.html (accessed September 25, 2012).
3. Industry Week/Manufacturing Performance Institute's Census of Manufacturers for 2004, reported in Traci Purdum, "Teaming, Take 2," *Industry Week* (May 2005): 41–43.
4. "'Golden Hour' Crucial Time for Surgeons on Front Line," *Johnson City Press*, April 1, 2003.
5. Carl E. Larson and Frank M. J. LaFasto, *TeamWork* (Newbury Park, CA: Sage, 1989); J. R. Katzenbach and D. K. Smith, *The Wisdom of Teams* (Boston, MA: Harvard Business School Press, 1993); and Dawn R. Utley and Stephanie E. Brown, "Establishing Characteristic Differences Between Team and Working Group Behaviors," *Institute of Industrial Engineers Annual Conference Proceedings* (2010): 1–6.
6. Some of the advantages in this section are discussed in "The Rewards of Teaming" sidebar in Amy C. Edmondson, "Teamwork on the Fly," *Harvard Business Review* (April 2012): 72–80.
7. Geoff Colvin, "First: Team Players Trump All-Stars," *Fortune* (May 21, 2012): 46–47.
8. See the excellent discussion in Atul Gawande, "Cowboys and Pit Crews," 2011 Harvard Medical School commencement address, *The New Yorker* (May 26, 2011), www.newyorker.com/online/blogs/newsdesk/2011/05/atul-gawande-harvard-medical-school-commencement-address.html (accessed September 26, 2012).
9. Colvin, "First: Team Players Trump All-Stars."
10. R. B. Zajonc, "Social Facilitation," *Science* 145 (1969): 269–274.
11. Margaret Frazier, "Flu Prep," *The Wall Street Journal*, March 25–26, 2006, A8.
12. Susanne G. Scott and Walter O. Einstein, "Strategic Performance Appraisal in Team-Based Organizations: One Size Does Not Fit All," *Academy of Management Executive* 15, no. 2 (2001): 107–116.
13. Bryce G. Hoffman, "Inside Ford's Fight to Avoid Disaster," *The Wall Street Journal*, March 9, 2012, B1.
14. The discussion of self-managed teams is based on Ruth Wageman, "Critical Success Factors for Creating Superb Self-Managing Teams," *Organizational Dynamics* (Summer 1997): 49–61; James H. Shonk, *Team-Based Organizations* (Homewood, IL: Business One Irwin, 1992); and Thomas Owens, "The Self-Managing Work Team," *Small Business Report* (February 1991): 53–65.
15. Jason Fried, "Get Real: When the Only Way Up is Out," *Inc.* (April 2011): 35–36.
16. David A. Ferrucci, "Building the Team That Built Watson," *The New York Times*, January 7, 2012, www.nytimes.com/2012/01/08/jobs/building-the-watson-team-of-scientists.html?_r=0 (accessed October 1, 2012).

17. Study by G. Clotaire Rapaille, reported in Karen Bernowski, "What Makes American Teams Tick?" *Quality Progress* 28, no. 1 (January 1995): 39–42.
18. Study by Jean Twenge and colleagues, reported in Sharon Jayson, "What's on Americans' Minds? Increasingly, 'Me,'" *USA Today*, July 10, 2012, http://usatoday30.usatoday.com/LIFE/usaedition/2012-07-11-Individualism--Twenge----_ST_U.htm (accessed October 2, 2012).
19. Avan Jassawalla, Hemant Sashittal, and Avinash Malshe, "Students' Perceptions of Social Loafing: Its Antecedents and Consequences in Undergraduate Business Classroom Teams," *Academy of Management Learning and Education* 8, no. 1 (2009): 42–54; and Robert Albanese and David D. Van Fleet, "Rational Behavior in Groups: The Free-Riding Tendency," *Academy of Management Review* 10 (1985): 244–255.
20. See David H. Freedman, "The Idiocy of Crowds" ("What's Next" column), *Inc.* (September 2006): 61–62.
21. Quoted in Jason Zweig, "The Intelligent Investor: How Group Decisions End Up Wrong-Footed," *The Wall Street Journal*, April 25, 2009.
22. "Why Some Teams Succeed (and So Many Don't)," *Harvard Management Update* (October 2006): 3–4; Frederick P. Morgeson, D. Scott DeRue, and Elizabeth P. Karam, "Leadership in Teams: A Functional Approach to Understanding Leadership Structure and Processes," *Journal of Management* 36, no. 1 (January 2010): 5–39; and Patrick Lencioni, "Dissolve Dysfunction: Begin Building Your Dream Team," *Leadership Excellence* (October 2009): 20.
23. Reported in Jerry Useem, "What's That Spell? Teamwork!" *Fortune* (June 12, 2006): 65–66.
24. Eric Sundstrom, Kenneth P. DeMeuse, and David Futtrell, "Work Teams," *American Psychologist* 45 (February 1990): 120–133; María Isabel Delgado Piña, Ana María Romero Martínez, and Luis Gómez Martínez, "Teams in Organizations: A Review on Team Effectiveness," *Team Performance Management* 14, no. 1–2 (2008): 7–21; and Morgeson, DeRue, and Karam, "Leadership in Teams."
25. Deborah L. Gladstein, "Groups in Context: A Model of Task Group Effectiveness," *Administrative Science Quarterly* 29 (1984): 499–517. For an overview of research on team effectiveness, see John Mathieu et al., "Team Effectiveness 1997–2007: A Review of Recent Advancements and a Glimpse into the Future," *Journal of Management* 34, no. 3 (June 2008): 410–476.
26. Sujin K. Horwitz and Irwin B. Horwitz, "The Effects of Team Diversity on Team Outcomes: A Meta-Analytic Review of Team Demography," *Journal of Management* 33, no. 6 (December 2007): 987–1015; and Dora C. Lau and J. Keith Murnighan, "Demographic Diversity and Faultlines: The Compositional Dynamics of Organizational Groups," *Academy of Management Review* 23, no. 2 (1998): 325–340.
27. The discussion of virtual teams is based on Phillip L. Hunsaker and Johanna S. Hunsaker, "Virtual Teams: A Leader's Guide," *Team Performance Management* 14, no. 1–2 (2008): 86ff; Chris Kimble, "Building Effective Virtual Teams: How to Overcome the Problems of Trust and Identity in Virtual Teams," *Global Business and Organizational Excellence* (January–February 2011): 6–15; Wayne F. Cascio and Stan Shurygailo, "E-Leadership and Virtual Teams," *Organizational Dynamics* 31, no. 4 (2002): 362–376; Anthony M. Townsend, Samuel M. DeMarie, and Anthony R. Hendrickson, "Virtual Teams: Technology and the Workplace of the Future," *Academy of Management Executive* 12, no. 3 (August 1998): 17–29; and Deborah L. Duarte and Nancy Tennant Snyder, *Mastering Virtual Teams* (San Francisco: Jossey-Bass, 1999).
28. Survey by RW3CultureWizard, reported in Golnaz Sadri and John Condia, "Managing the Virtual World," *Industrial Management* (January–February 2012): 21–25.
29. Vijay Govindarajan and Anil K. Gupta, "Building an Effective Global Business Team," *MIT Sloan Management Review* 42, no. 4 (Summer 2001): 63–71.
30. Jessica Lipnack and Jeffrey Stamps, "Virtual Teams: The New Way to Work," *Strategy & Leadership* (January–February 1999): 14–19; and Sadri and Condia, "Managing the Virtual World."
31. This discussion is based on Arvind Malhotra, Ann Majchrzak, and Benson Rosen, "Leading Virtual Teams," *Academy of Management Perspectives* 21, no. 1 (February 2007): 60–69; Benson Rosen, Stacie Furst, and Richard Blackburn, "Overcoming Barriers to Knowledge Sharing in Virtual Teams," *Organizational Dynamics* 36, no. 3 (2007): 259–273; Marshall Goldsmith, "Crossing the Cultural Chasm; Keeping Communication Clear and Consistent with Team Members from Other Countries Isn't Easy, Says Author Maya Hu-Chan," *BusinessWeek Online*, May 31, 2007, www.businessweek.com/careers/content/may2007/ca20070530_521679.htm (accessed August 24, 2007); and Bradley L. Kirkman et al., "Five Challenges to Virtual Team Success: Lessons from Sabre, Inc.," *Academy of Management Executive* 16, no. 3 (2002): 67–79.
32. Darl G. Kolb, Greg Prussia, and Joline Francoeur, "Connectivity and Leadership: The Influence of Online Activity on Closeness and Effectiveness," *Journal of Leadership and Organizational Studies* 15, no. 4 (May 2009): 342–352.
33. Ann Majchrzak et al., "Can Absence Make a Team Grow Stronger?" *Harvard Business Review* 82, no. 5 (May 2004): 131.
34. Lynda Gratton, "Working Together . . . When Apart," *The Wall Street Journal*, June 18, 2007; and Kirkman et al., "Five Challenges to Virtual Team Success."
35. Pete Engardio, "A Guide for Multinationals: One of the Greatest Challenges for a Multinational Is Learning How to Build a Productive Global Team," *BusinessWeek* (August 20, 2007): 48–51; and Gratton, "Working Together . . . When Apart."
36. Reported in Richard Pastore, "Global Team Manage-

ment: It's a Small World After All," *CIO*, January 23, 2008, www.cio.com/article/174750/Global_Team_Management_It_s_a_Small_World_After_All (accessed May 20, 2008).

37. Reported in Jia Lynn Yang, "The Power of Number 4.6," part of a special series, "Secrets of Greatness: Teamwork," *Fortune* (June 12, 2006): 122.
38. Martin Hoegl, "Smaller Teams–Better Teamwork: How to Keep Project Teams Small," *Business Horizons* 48 (2005): 209–214.
39. Stephanie T. Solansky, "Team Identification: A Determining Factor of Performance," *Journal of Managerial Psychology* 26, no. 3 (2011): 247–258.
40. Reported in Yang, "The Power of Number 4.6."
41. For research findings on group size, see Erin Bradner, Gloria Mark, and Tammie D. Hertel, "Team Size and Technology Fit: Participation, Awareness, and Rapport in Distributed Teams," *IEEE Transactions on Professional Communication* 48, no. 1 (March 2005): 68–77; M. E. Shaw, *Group Dynamics*, 3d ed. (New York: McGraw-Hill, 1981); G. Manners, "Another Look at Group Size, Group Problem-Solving, and Member Consensus," *Academy of Management Journal* 18 (1975): 715–724; and Martin Hoegl, "Smaller Teams—Better Teamwork."
42. Bradner, Mark, and Hertel, "Team Size and Technology Fit: Participation, Awareness, and Rapport in Distributed Teams"; Sadri and Condia, "Managing the Virtual World."
43. Warren E. Watson, Kamalesh Kumar, and Larry K. Michaelsen, "Cultural Diversity's Impact on Interaction Process and Performance: Comparing Homogeneous and Diverse Task Groups," *Academy of Management Journal* 36 (1993): 590–602; Gail Robinson and Kathleen Dechant, "Building a Business Case for Diversity," *Academy of Management Executive* 11, no. 3 (1997): 21–31; and David A. Thomas and Robin J. Ely, "Making Differences Matter: A New Paradigm for Managing Diversity," *Harvard Business Review* (September–October 1996): 79–90.
44. D. van Knippenberg and M. C. Schippers, "Work Group Diversity," *Annual Review of Psychology* 58 (2007): 515–541; J. N. Cummings, "Work Groups: Structural Diversity and Knowledge Sharing in a Global Organization," *Management Science* 50, no, 3 (2004): 352–364; J. Stuart Bunderson and Kathleen M. Sutcliffe, "Comparing Alternative Conceptualizations of Functional Diversity in Management Teams: Process and Performance Effects," *Academy of Management Journal* 45, no. 5 (2002): 875–893; and Marc Orlitzky and John D. Benjamin, "The Effects of Sex Composition on Small Group Performance in a Business School Case Competition," *Academy of Management Learning and Education* 2, no. 2 (2003): 128–138.
45. Anita Woolley and Thomas Malone, "Defend Your Research: What Makes a Team Smarter? More Women," *Harvard Business Review* (June 2011), http://hbr.org/2011/06/defend-your-research-what-makes-a-team-smarter-more-women/ar/1 (accessed October 1, 2012).
46. Watson et al. "Cultural Diversity's Impact on Interaction Process and Performance"; and D. C. Hambrick et al., "When Groups Consist of Multiple Nationalities: Towards a New Understanding of the Implications," *Organization Studies* 19, no. 2 (1998): 181–205.
47. Matt Moffett, "Trapped Miners Kept Focus, Shared Tuna—Foiled Escape, Bid to Organize Marked First Two Weeks Underground in Chile," *The Wall Street Journal*, August 25, 2010; and "Lessons on Leadership and Teamwork—From 700 Meters Below the Earth's Surface," Universia Knowledge @ Wharton, September 22, 2010, www.wharton.universia.net/index.cfm?fa=viewArticle&id=1943&language=english (accessed September 29, 2010).
48. R. M. Belbin, *Team Roles at Work* (Oxford, UK: Butterworth Heinemann, 1983); Tony Manning, R. Parker, and G. Pogson, "A Revised Model of Team Roles and Some Research Findings," *Industrial and Commercial Training* 38, no. 6 (2006): 287–296; George Prince, "Recognizing Genuine Teamwork," *Supervisory Management* (April 1989): 25–36; K. D. Benne and P. Sheats, "Functional Roles of Group Members," *Journal of Social Issues* 4 (1948): 41–49; and R. F. Bales, *SYMOLOG Case Study Kit* (New York: Free Press, 1980).
49. Robert A. Baron, *Behavior in Organizations*, 2d ed. (Boston: Allyn & Bacon, 1986).
50. *Ibid.*
51. Bruce W. Tuckman and Mary Ann C. Jensen, "Stages of Small-Group Development Revisited," *Group and Organizational Studies* 2 (1977): 419–427; and Bruce W. Tuckman, "Developmental Sequences in Small Groups," *Psychological Bulletin* 63 (1965): 384–399. See also Linda N. Jewell and H. Joseph Reitz, *Group Effectiveness in Organizations* (Glenview, IL: Scott Foresman, 1981).
52. Chuck Salter, "The World's Greatest Chemistry Experiment," *Fast Company* (May 2011): 81–85, 128–130.
53. This is based on a true story of an anonymous company reported in Vicki Fuller Hudson, "From Divided to Ignited to United," *Industrial Management* (May–June 2010): 17–20.
54. Shaw, *Group Dynamics*.
55. Daniel C. Feldman and Hugh J. Arnold, *Managing Individual and Group Behavior in Organizations* (New York: McGraw-Hill, 1983).
56. Amanuel G. Tekleab, Narda R. Quigley, and Paul E. Tesluk, "A Longitudinal Study of Team Conflict, Conflict Management, Cohesion, and Team Effectiveness," *Group & Organization Management* 34, no. 2 (April 2009): 170–205; Dorwin Cartwright and Alvin Zander, *Group Dynamics: Research and Theory*, 3d ed. (New York: Harper & Row, 1968); and Elliot Aronson, *The Social Animal* (San Francisco: W. H. Freeman, 1976).
57. Vishal K. Gupta, Rui Huang, and Suman Niranjan, "A Longitudinal Examination of the Relationship

Between Team Leadership and Performance," *Journal of Leadership and Organizational Studies* 17, no. 4 (2010): 335–350; and Marcial Losada and Emily Heaphy, "The Role of Positivity and Connectivity in the Performance of Business Teams," *American Behavioral Scientist* 47, no. 6 (February 2004): 740–765.
58. Stanley E. Seashore, *Group Cohesiveness in the Industrial Work Group* (Ann Arbor, MI: Institute for Social Research, 1954).
59. J. Richard Hackman, "Group Influences on Individuals," in *Handbook of Industrial and Organizational Psychology*, ed. M. Dunnette (Chicago: Rand McNally, 1976).
60. These are based on Daniel C. Feldman, "The Development and Enforcement of Group Norms," *Academy of Management Review* 9 (1984): 47–53.
61. Jeanne M. Wilson et al., *Leadership Trapeze: Strategies for Leadership in Team-Based Organizations* (San Francisco: Jossey-Bass, 1994), p. 12.
62. Simon Taggar and Robert Ellis, "The Role of Leaders in Shaping Formal Team Norms," *The Leadership Quarterly* 18 (2007): 105–120.
63. Geoffrey Colvin, "Why Dream Teams Fail," *Fortune* (June 12, 2006): 87–92.
64. Stephen P. Robbins, *Managing Organizational Conflict: A Nontraditional Approach* (Englewood Cliffs, NJ: Prentice Hall, 1974).
65. Tekleab, Quigley, and Tesluk, "A Longitudinal Study of Team Conflict, Conflict Management, Cohesion, and Team Effectiveness."
66. Based on K. A. Jehn, "A Multimethod Examination of the Benefits and Determinants of Intragroup Conflict," *Administrative Science Quarterly* 40 (1995): 256–282; and K. A. Jehn, "A Qualitative Analysis of Conflict Types and Dimensions in Organizational Groups," *Administrative Science Quarterly* 42 (1997): 530–557.
67. Linda A. Hill, "A Note for Analyzing Work Groups," *Harvard Business School Cases*, August 28, 1995; revised April 3, 1998, Product # 9-496-026, ordered at http://hbr.org/search/linda+a+hill/4294934969/.
68. A. Amason, "Distinguishing the Effects of Functional and Dysfunctional Conflict on Strategic Decision Making: Resolving a Paradox for Top Management Teams," *Academy of Management Journal* 39, no. 1 (1996): 123–148; Jehn, "A Multimethod Examination of the Benefits and Determinants of Intragroup Conflict"; and K. A. Jehn and E. A. Mannix, "The Dynamic Nature of Conflict: A Longitudinal Study of Intragroup Conflict and Group Performance," *Academy of Management Journal* 44 (2001): 238–251.
69. Amason, "Distinguishing the Effects of Functional and Dysfunctional Conflict on Strategic Decision Making."
70. Dean Tjosvold et al., "Conflict Values and Team Relationships: Conflict's Contribution to Team Effectiveness and Citizenship in China," *Journal of Organizational Behavior* 24 (2003): 69–88; C. De Dreu and E. Van de Vliert, *Using Conflict in Organizations* (Beverly Hills, CA: Sage, 1997); and Kathleen M. Eisenhardt, Jean L. Kahwajy, and L. J. Bourgeois III, "Conflict and Strategic Choice: How Top Management Teams Disagree," *California Management Review* 39, no. 2 (Winter 1997): 42–62.
71. Kenneth G. Koehler, "Effective Team Management," *Small Business Report* (July 19, 1989): 14–16; and Dean Tjosvold, "Making Conflict Productive," *Personnel Administrator* 29 (June 1984): 121.
72. This discussion is based in part on Richard L. Daft, *Organization Theory and Design* (St. Paul, MN: West, 1992), Chapter 13; and Paul M. Terry, "Conflict Management," *Journal of Leadership Studies* 3, no. 2 (1996): 3–21.
73. Edmondson, "Teamwork on the Fly."
74. Yuhyung Shin, "Conflict Resolution in Virtual Teams," *Organizational Dynamics* 34, no. 4 (2005): 331–345.
75. This discussion is based on K. W. Thomas, "Towards Multidimensional Values in Teaching: The Example of Conflict Behaviors," *Academy of Management Review* 2 (1977): 487.
76. Edmondson, "Teamwork on the Fly."
77. "Negotiation Types," The Negotiation Experts, June 9, 2010, www.negotiations.com/articles/negotiation-types/ (accessed September 28, 2010).
78. Rob Walker, "Take It or Leave It: The Only Guide to Negotiating You Will Ever Need," *Inc.* (August 2003): 75–82.
79. Based on Roger Fisher and William Ury, *Getting to Yes: Negotiating Agreement Without Giving In* (New York: Penguin, 1983); Walker, "Take It or Leave It"; Robb Mandelbaum, "How to Negotiate Effectively," *Inc.*, November 1, 2010, www.inc.com/magazine/20101101/how-to-negotiate-effectively.html (accessed April 12, 2011); and Deepak Malhotra and Max H. Bazerman, "Investigative Negotiation," *Harvard Business Review* (September 2007): 72–78.
80. This familiar story has been reported in many publications, including "The Six Best Questions to Ask Your Customers," Marketing and Distribution Company Limited, www.madisco.bz/articles/The%20Six%20Best%20Questions%20to%20Ask%20Your%20Customers.pdf (accessed September 28, 2010).

综合案例

Range资源公司：伦理上领导，开放地沟通

“天然气是这个地区的天赐之物。它让农民看到了他们为保留天然气在这片土地上付出努力所得到的回报。”宾夕法尼亚州的牧场工人贝夫·罗曼内提说。“我发现 Range 资源公司想要承担责任；它想要做正确的事，保护我们的环境，借助我们的力量做正确的事。”宾夕法尼亚州格林

县的退休教师阿尔比·莱因哈特评论道。“我知道很多人在Range公司工作就像和邻居合作一样。”宾夕法尼亚州华盛顿县的消防员巴兹·梅丁斯说道。

宾夕法尼亚州乡村的居民是美国东部地区受天然气开采影响最大的人。他们当中有农民、消防员、教师、单亲妈妈、餐馆老板和志愿者。他们吃苦耐劳，是社会的中坚力量。更重要的是，他们为宾夕法尼亚州的天然气开采做出了重要贡献。他们向公众传递了位于得克萨斯州的Range公司是良好的企业公民的信息。在这家公司的公共宣传网站——MyRangeResources. com上，每天都有人提供有关Range公司为当地经济和社会所做贡献的视频，这些视频涉及工作岗位、新的进展和自然环境保护等。这个网站作为Range公司媒介传播策略的一部分，是天然气开采有关事务的信息交换中心。

自从2004年发现了世界上第二大天然气田之后，Range公司一直运用开放式沟通与天然气开采最大的利益相关者建立信任关系。尽管天然气被视为满足美国清洁能源需要的一种解决方案，但人们仍然想要确认天然气开采对社区是安全的、对环境是友好的。

如MyRangeResources. com网站上公布的那样，Range公司将安全作为天然气开采的核心要素。为了从地球深处的岩层中提取天然气，工程师将一个直径5英寸的钻头垂直插入1英里深的地下，然后水平朝各个方向穿透页岩，可达数千英尺。这种方法是一种开创性的进步，老式的垂直钻孔方法需要更多的岩井才能得到现有产量的一部分。一旦Range公司的钻头到达地表以下6 500英尺，岩石中产生裂缝，天然气就释放出来。为扩大这些裂缝，数百万加仑的水和沙子被灌入这些区域；这些裂缝膨胀释放出更多天然气。为了保护环境，Range公司将废弃泥浆封存在一个直径为24英寸，用五层钢筋和混凝土做成的套管中，避免整个生产过程污染周围的土壤和水。

怀揣着尽可能少地污染环境的愿望，Range公司开发出一种在钻井过程中循环使用数百万加仑水的方法。“我们做的环保的一件事就是可以百分之百重复利用在宾夕法尼亚州开采天然气时使用的水。事实上，我们现在几乎可以重复利用所有的液体，这对整个行业来说都是一个实质性的突破。”Range公司CEO杰弗里·文图拉（Jeffrey Ventura）说道，“回想我们刚刚开始时，许多人都说这不可能实现。你瞧，我们不仅做成了，还将大规模地去做。”文图拉制定了Range公司探测宾夕法尼亚州马塞勒斯页岩这一决策，他认为水的重复利用是天然气开采的一个主要创新。“马塞勒斯页岩是一个突破。”文图拉说，“从环保角度来说，水的重复利用是一项真正的突破。”

为使利益相关者时刻了解安全状况，Range公司还在披露关键生产步骤，尤其是运用液体进行钻井方面引领着行业发展。“2010年年中，很多人关心我们钻井使用的液体是什么，Range公司是行业内第一家明确解释了这种液体是什么的公司。”文图拉说，“我们将它发布在公司网站上，并将我们用于每一口马塞勒斯页岩井的液体的数据提供给全国。我们的液体中99. 9%是水，0. 1%是日常家用化学品。”Range公司与公众的开放式沟通赢得了环保组织和美国环境保护署（EPA）的尊敬。2012年，EPA在宾夕法尼亚州迪莫克乡的试验点宣布，天然气的开采不会污染饮用水。

安全、开放式沟通、领导方式是使Range公司成为美国天然气行业蓬勃发展的先锋和能源可持续发展的先驱的主要特质。“我对我们的技术团队在环保和沟通方面所做的一切深感自豪。”当谈到公司对美国清洁能源的贡献时，文图拉如是说。

◆ 问题

1. Range公司的CEO杰弗里·文图拉重视公众对安全和环保的关注，以及与利益相关者的开放式沟通。你认为当代的四种领导方法中哪一种最能描述文图拉？请解释之。

2. Range公司的管理者运用开放式沟通培养了一种信任和开放的风气。为什么这一点对能源公司来说格外重要？管理者可以采取哪些具体行动来加强这种沟通？

3. Range公司的领导方式、沟通方式以及价值观如何影响员工的组织承诺？请解释之。

资料来源：Based on My Range Resources Video Interview Series，Range Resources，www. myrangeresources. com（accessed July 20，2012）；Jeffrey Ventura（President and Chief Executive Officer of Range Resources），in-terview by Rodney Waller，"Range Up Close：Range's Technical Team，" Range Resources corporate site，2010，online vid-eo，www. rangeresources. com/Media-Center/Featured-Stories. aspx（accessed July 20，2012）；Jack Z. Smith，"New CEO Taking Helm as Range Continues Push into Marcellus，" *Star-Telegram*，December 17，2011，www. star-telegram. com/2011/12/17/3601200/new-ceo-taking-helm-as-range-continues. html（accessed July 19，2012）；Rick Stouffer，"Range Resources Recycles All Waste Water from Washington Drilling，" *Pittsburgh Tribune-Review*，October 19，2009，http://triblive. com/x/pittsburghtrib/business/s _ 648781. html（accessed July 20，2012）；Natural Gas Company Reveals Fracking Chemical Composition，News Works，July 16，2012，www. newsworks. org/index. php/local/healthscience/5361-natural-gas-company-reveals-fracking-chemical-composition（accessed July 19，2012）；Range Resources，"Hydraulic Fracturing：Marcellus，" Range Resources corporate site，www. rangeresources. com/rangeresources/files/6f/6ff33c64-5acf-4270-95c7-9e991b963771. pdf（accessed July 19，2012）；Laura Legere，"EPA to Stop Dimock Water Deliveries，" *Scranton Times-Tribune*，July 26，2012，http://thetimes-tribune. com/news/gas-drilling/epa-to-stop-dimock-water-deliveries-1. 1348393（accessed July 26，2012）；Timothy Gardner，"Dimock，PA Water Deemed Safe By EPA，" Reuters，May 11，2012，www. huffingtonpost. com/2012/05/11/dimock-pa-water-safe-epa _ n _ 1510035. html（accessed July 19，2012）.

NEW ERA OF MANAGEMENT

第 6 篇

控 制

Controlling

第 19 章

质量与绩效

Quality and Performance

学习目标

学习完本章后，你应该能够：

1. 了解组织控制，解释控制是一项关键的管理职能的理由。
2. 解释控制过程的四个步骤。
3. 解释运用平衡计分卡实施绩效追踪和组织控制的好处。
4. 讨论财务报表、财务分析、预算控制在管理控制中的应用。
5. 比较层级控制方法与分权控制方法。
6. 了解公开账目管理的好处。
7. 描述全面质量管理的概念以及主要的全面质量管理方法，如质量圈、标杆分析法、六西格玛原则、质量合作以及持续改进。
8. 理解当前的质量控制与财务控制的趋势，包括 ISO 9000 以及公司治理，讨论这些趋势对组织的影响。

你对组织管理和控制的态度是怎样的?[1]

导语：管理者必须控制组织中的人员来保证组织存活下来，这种控制应当以恰当的程度和形式进行。组织往往不像它所在的社会那么民主。思考你管理其他人的理念，阅读下列描述，回答“大多赞同”或“大多不赞同”。

	大多赞同	大多不赞同
1. 我认为引导员工更应该靠情感而非规则。	______	______
2. 我认为员工应该按时工作和开会。	______	______
3. 我认为工作中的效率和速度不如让每个人对决策有发言权重要。	______	______
4. 我认为员工应该遵守公司的规则。	______	______
5. 在大多数情况下，我会让重要的人来做决策并采纳他的建议。	______	______
6. 我乐于告诉他人该做什么。	______	______
7. 对于能力最差的人我更有耐心。	______	______
8. 我喜欢让事情运转得有条不紊。	______	______

得分及解释：对于奇数项描述，回答“大多赞同”可以得 1 分；对于偶数项描述，回答“大多不赞同”可以得 1 分。6 分及以上表明你对组织中的其他人更倾向于分权控制；3 分及以下则表明你倾向于在企业中控制得更多、更官僚化。充满激情的新晋管理者可能会在最初的控制中用力过猛导致适得其反。然而，控制过少可能意味着责任缺失与生产效率低下。新晋管理者所面临的挑战是使每项工作及其所涉及的人员都达到平衡。

高朋网（Groupon）是一家很受欢迎的公司，它的网站上刊登本地及国内其他地区的各家公司的优惠券广告，并推销这些优惠券。该公司从中赚取利润。比如，一家三明治店获得 10 美元的收入，高朋网可以从中获得 5 美元。高朋网 2008 年 11 月创办，那时几乎没有人预料到它会取得如此巨大的成功。仅仅过了两年，《福布斯》杂志就报道说，这家科技新创公司是世界上成长最快的公司之一，它正在朝着每年 10 亿美元的销售额发展。但在上市后的第一个季度，高朋网却带来了一个令投资人不安的消息。2011 年节假日期间的高收益率让公司经理措手不及，被迫将已经发布的第四季度收入压低了 1 400 万美元，将利润压低了 3%。特许金融分析师协会财务报告政策主管桑德拉·彼得斯（Sandra Peters）说："这件事情反映出一家新上市公司的管理者是否做好了准备。他们有没有建立完备的财务系统？他们是否将工作流程安排就绪？"高朋网发展如此之快，以致其会计与控制系统没能跟上，给管理者和投资人带来了巨大的损失。[2]

作为一名管理者，你将会用到各种不同的措施来监督组织绩效、跟踪组织的财务状况。其中许多措施都涉及控制，包括控制工作流程，规范员工行为，建立配置财务资源的基本系统，开发人力资源，分析财务表现，以及评估总体的盈利能力等。

本章将介绍组织控制的一些基本方法。首先，我们将介绍组织控制的定义，并概括控制的四个步骤。之后我们会讨论如何运用平衡计分卡来衡量组织绩效，并介绍控制财务绩效的一些方法，包括如何应用预算和财务报表。此外，我们将考察不断发展的控制哲学，探究当今的全面质量管理（TQM）方法，以及国际标准化组织（ISO）认证和公司治理的趋势等。

19.1 控制的含义

在拆除或翻新建筑物之前，纽约的相关部门会要求持证检查员检查建筑物里是否有铅或石棉。这两种物质均会带来严重且长期的健康问题，例如诱发癌症。一旦发现铅或石棉，就必须使用一套耗时费力的程序来消除或者控制它。考虑到这两种物质所带来的极高的健康风险，认真规范并控制这项检查程序是非常必要的。然而，许多执法机关和行业专家都认为纽约的这套程序是极其腐败的。最近持证安全检查员萨维里奥·托达罗（Saverio F. Todaro）在联邦法院做了令人瞠目的忏悔，这就是个证据。他向人们透露，尽管他为超过 200 栋建筑物提供过不含铅和石棉的检验报告，但他实际上并没有执行过其中任何一项检验。虽然这令人震惊，但环保局（DEP）表示，由于缺乏控制，这种行为很容易频繁发生。每年，托达罗这样的检查员大约提交 28 400 份安全认证报告，而环保局只对其中一小部分进行审计。"我们一直在寻找新的方法来改进这套安全检查程序。"市长发言人说道，"环保局将会加大审计量，这是确保建筑物安全检查完成的正确步骤。"[3]

组织控制（organizational control）是规范组织活动，以使它与计划、目标和绩效标准方面的预期相一致的一个系统化过程。在一篇有关控制职能的经典文献中，道格拉斯·谢尔温（Douglas S. Sherwin）将这一概念总结如下："控制的本质是调整经营过程以达到预先制定的标准的行动，控制的基础是管理者手中所掌握的信息。"[4] 由此，想要有效地控制一个组织，就需要掌握有关绩效标准与实际绩效的信息，同时采取相应措施纠正偏离之处。

管理者必须确定哪些信息是必要的，他们应如何获取这些信息，以及如何在能力范围内处理这些信息。掌握正确的信息是必要的。管理者确定有效控制一个组织需要哪些措施和度量标准，并为获取上述信息建立一套系统。例如，如果一家医院仔细地监督、控制其医疗护理服务，患者将会得到安全的、高质量的医疗护理。遗憾的是，许多医疗过失发生了却没有上报，这就导致没有描述这些医疗过失的数据，因此诸如药品混淆、辐射过量、手术失误等常见问题很难得以解决。为了得到更多有关医疗过失的数据，从而使医疗护理更安全，联邦官员设置了一项程序，医院的患者可以通过这项程序报告医生、医院、药剂师和其他提供治疗的人或组织的医疗过失以及不安全的行为。这一从患者处获得的信息将会提供宝贵的数据，来帮助解释为什么 1/4 的病人会在住院期间经历“不良事件”。“病人及其家属是一个潜在的信息金矿，”患者关怀计划（Project Patient Care）的 CEO 马丁·哈特列（Martin J. Hatlie）说道，“他们能看到忙碌的医护工作者所看不到的东西。医生和护士进进出出，但家属一直在病人身边，家属往往知道出了差错要怎样应对。”[5] 下面的“经理会谈”专栏介绍了一个专为个人设计的创新型报告系统——自动分析系统，这个系统可以提供信息，促进个人的成长。

经理会谈

量化你的工作

想象一下，你能否通过准确地记录如何度过每一天而对工作更胜任，对生活更满意。企业家、科学家斯蒂芬·沃尔弗拉姆（Stephen Wolfram）这样做了 22 年。他将自己开会、使用电子邮件和打字的时间数据绘制出来，然后分析自己是如何支配时间的。沃尔夫拉姆找出那些遏制创造力、影响工作效率的工作习惯，计划做出改变，让自己的工作效率更高、工作更开心。

许多新事物，诸如电脑软件和手机应用都在帮助人们收集和分析数据，让人们了解他们工作时都做了什么，这样人们可以把工作做得更好。这种对自我意识的兴趣是一个叫做自动分析系统的发展中的学科的一部分。这个系统实施对个人数据的自动收集与分析，从而帮助个人进步。

● 追踪屏幕使用情况。让经理观察我们用电脑做些什么会让人感觉不安，但如果让我们自己来做这件事就完全可以接受了。一个叫做“知识工作量追踪”的新技术可以记录你是怎样使用电脑的，比如它会记录你在每个电脑窗口停留的时间、窗口转换的间隔时间、你无所事事的时间。这个软件将所有的测量数据做成图表，这样你就可以看到时间都花在哪里了以及怎样提高你的工作效率。一名电脑程序设计员曾认为网上聊天侵占了他很多编程的时间，于是他分析了某一时间段内用于网上聊天的时间和他写了多少代码。他惊讶地发现，和同事在网上聊天实际上提高了他的工作效率。

● 记录花在认知任务上的时间。另一套追踪工具可以在你执行认知任务（比如在智能手机上查找客户、用 Excel 做统计分析）时帮你收集数据。衡量知识类工作很困难，但一些工具比如 MeetGrinder 能测量出多项活动所花的时间与金钱。一个名叫鲍勃·埃文斯（Bob Evans）的谷歌工程师就用它探究了自己的注意力和工作效率的关系。“作为工程师，在建系统的每个知识模块、每个变量都充斥着我们的大脑。一旦我们分心，头脑中的思路就会消失。”他说道。MeetGrinder 告诉他，他需要连续四小时来完成其中的各项挑战，因此他选择在有连续的时间时再去完成项目，而不是在那些被各种会议和电话打断的日子里完成项目。

● 改善健康。有研究表明，知识工作者的运动量、睡眠时间和压力水平会影响其生产力、创造力和工作绩效。从众多的手机应用到可穿戴设备，员工可以选择任何一种来收集有关他们身体健康的宝贵数据。Sacha Chua 想要了解自己的睡眠时间如何影响工作安排，于是她用一个叫做 Sleep On It 的追踪系统监控自己过去几周的睡眠时间以及睡眠总量。她改变了日常习惯，开始早上 5：40 而不是 8：30 起床；她放弃了深夜的活动如上网，开始早睡。经过这些调整，她发现自己的工作效率直线上升。来自 Sleep On It 的数据让她可以优先安排重要的事情。

自动分析系统将继续完善。它们所呈现的数据可以给我们提供一些确切的证据，我们有时需要这些证据来调整时间分配以求在工作和生活中获得更大成功。

资料来源：Based on H. James Wilson，"Employees，Measure Yourselves，" *The Wall Street Journal*，April 2，2012，http://online. wsj. com/article/SB10001424052970204520204577249691204802060. html#articleTabs%3Darticle (accessed September 28，2012)；and H. James Wilson，"You，by the Numbers，" *Harvard Business Review* (September，2012)：2-5.

19.2 反馈控制模型

反馈控制模型通过监督和规范组织活动并运用反馈机制来判断实际绩效是否达到预先设定的标准来帮助管理者实现战略目标。FreshDirect 是一家位于纽约的优质在线食品商，它运用反馈控制模型来改进产品和客户服务质量。这家每周有 45 000 多个配送订单的公司，以其新鲜的农产品、定制的肉类、海鲜以及新鲜烘焙的点心面包而著称。令人惊讶的是，如此成功的企业最初几年在一系列错误决策中跌跌撞撞。当初，尽管 FreshDirect 用优惠券和奖金成功地吸引了第一批顾客，但大多数人购买一两次就退出了服务系统，因为服务太差了。"我们打碎过太多鸡蛋，" 2008 年任 CEO 的理查德·布拉多克（Richard S. Braddock）说道，"我们配送过已融化的冰淇淋，划坏过产品，延迟过送货，弄丢过包裹。"布拉多克决定采取一项大胆的行动，即创建一个持续反馈的实时更新的数据库系统。营业期间，这个系统会追踪配送的每一步，包括错误的行动步骤，这样一来，一些小问题就可以在成为大问题之前得到纠正。[6]下面将介绍管理者可以使用的一个四步反馈控制系统。

19.2.1 反馈控制的步骤

控制系统包括如图表 19-1 所示的四个关键步骤：确立绩效标准，衡量实际绩效，比较实际绩效与绩效标准，做出调整。

■ 确立绩效标准

依照组织的总体战略目标，管理者为组织的各个部门明确具体运营条件下的目标，其中包含绩效标准。管理者将绩效标准与组织的实际绩效进行比较。FreshDirect 建立了绩效标准以改善客户服务，培养忠实顾客。例如，管理者引进了一种评估其农产品和海鲜质量的系统。每天早上，管理者和采购员对产品进行一颗星（平均水平以下）到五颗星（最佳）的评级，并把该信息分享给顾客。这样，顾客就可以获得如同在实体店购物的体验，可以决定购买什么。其他绩效标准还包括追踪按时送达的包裹数量和订单出现的差错数。[7]

图表 19-1　反馈控制模型

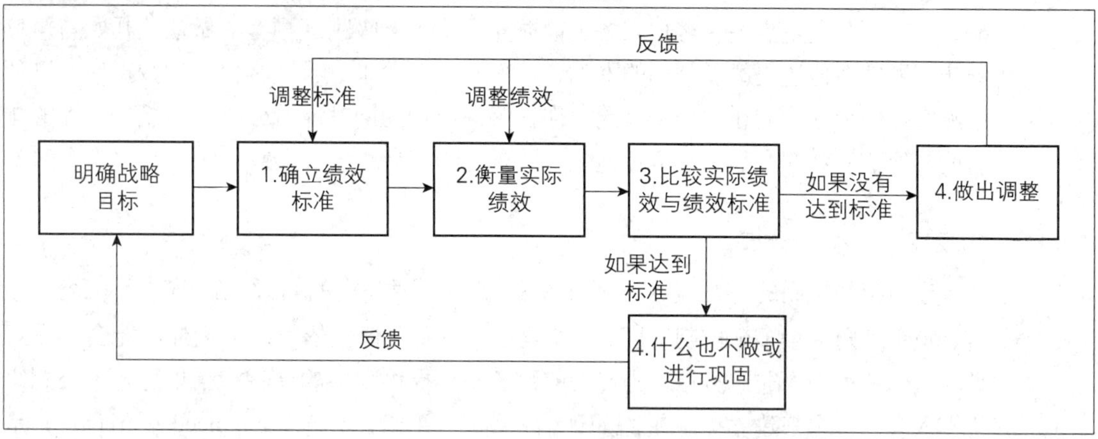

追踪客户服务质量、产品质量和订单准确度等指标是对只衡量财务和运营绩效的传统方法的重要补充，但对许多企业来说，明确并制定这些非财务指标并不容易。为有效地评价和奖励绩效达标的员工，管理者需要一套清晰的标准，来反映对组织总体战略目标做出重要贡献的活动。这套标准应得到清晰和准确的界定，让员工了解他们应该做什么，并且让管理者确定员工所做的是否达标。[8]

■ **衡量实际绩效**

大多数组织每天、每周、每个月会为管理者提供正式的绩效衡量报告，其中涉及的衡量内容应与控制过程的第一步所建立的绩效标准相关。例如，如果销售量是一项指标，那么组织就应当有一套收集和报告销售数据的方法。如果这个组织已经明确了衡量内容，那么管理者在看报告时就能知道组织是否在做它应该做的事。FreshDirect 在长岛有一家仓库，那里的工人负责屠宰、烘焙和准备食材，仓库经理则负责分析大量追踪仓库运营状况的报告，包括库存水平、质量保证程度和产品新鲜程度。他们还监控实时数据，了解某些产品在特定区域和特定时间段的受欢迎程度。[9]

■ **比较实际绩效与绩效标准**

反馈控制的第三步是比较实际绩效与绩效标准。当管理者阅读报告或在车间内走动时，他们会判断实际绩效是达到、超过还是没达到标准。一般情况下，绩效报告会简化比较的过程。报告期间的绩效标准会被放在同期实际绩效的旁边，管理者计算出两者的不同，即实际绩效与标准之间的差异。管理者会将注意力放在这些差异上，来纠正这些格外需要注意的偏差。

当实际绩效偏离了绩效标准时，管理者必须对此做出解释。他们应该透过现象看本质，发现造成这些问题的原因。假定 FreshDirect 确立了目标——7 月份海鲜销售额增长 10%，但实际只增长了 8%，那么管理者就必须探究造成偏差的原因。比如他们会发现，最近虾的价格上涨以及三批来自加拿大的鲑鱼延迟装运导致 7 月份的销售状况不理想。管理者应就此偏差展开研究，以全面了解影响绩效的因素。有效的管理控制包括主观判断、员工讨论以及对绩效数据的客观分析。

■ 做出调整

必要时，管理者会做出改变。2008 年，FreshDirect 的收入和现金资产均没达到目标，而且顾客一直在抱怨产品卖光了、配送方式有限、订单存在错误。产品销售受到了影响，85%的顾客只下了一两次订单就不再购买了。这时 CEO 决定采取纠正措施，重新让公司重点关注客户服务。他摒弃用优惠券吸引新顾客的做法，开始着重培养忠诚顾客。他还更新了公司的网站，建立了一个用来记录顾客信息的数据库，以便给顾客提供个性化的在线购物体验。现在，该公司的网站能够分析订单模式，提醒顾客购买他们喜欢的产品，并推荐他们可能喜爱的产品。[10]

19.2.2 平衡计分卡

当前组织控制的方法是用一种平衡的视角管理公司的绩效，这整合了市场、顾客、员工和财务等多个控制维度。[11]管理者认识到，仅仅依靠财务指标可能会导致短期且负面的行为。非财务指标为传统的财务指标提供积极的补充，结果是各个公司纷纷投入大量资金来建立更加平衡的评估系统。[12]**平衡计分卡**（balanced scorecard）是一个综合性的管理控制系统，它平衡了传统的财务指标和与公司成功的关键因素相关的运营指标。[13]

如图表 19－2 所示，平衡计分卡包含四方面：财务绩效，顾客服务，内部业务流程，以及组织学习与成长的能力。[14]针对这四个方面，管理者分别确定组织将追踪的关键绩效指标。

● 财务绩效。财务绩效指标反映的是组织活动有助于提高短期及长期财务表现的视角。它包括诸如净收入和投资回报率等传统指标。

● 顾客服务。顾客服务指标衡量的是顾客如何看待组织、顾客维护及顾客满意度等方面的数据。这部分数据有多种收集方式，例如顾客对优质服务的赞扬，以及对顾客看重的产品及服务特质的调查。[15]

● 内部业务流程。业务流程指标集中于生产及运营数据。例如对于一家航空公司而言，业务流程指标包括准点率和是否遵守安全准则。最近发生在华盛顿特区里根国家机场的一起事件反映了对安全标准的忽视。当时里根国家机场独自值班的空中交通指挥员睡着了，没能回应广播里的重复呼叫，于是等待降落的两名飞行员决定载着 160 名乘客在没有清除障碍的情况下降落。这起事件违反了联邦航空管理局（FAA）的安全规定，也损害了相关航空公司和机场的声誉。[16]

● 组织学习与成长的能力。这部分指标着眼于组织学习与成长的能力，着眼于从公司未来的角度看资源与人力资本管理情况。这部分指标包括员工保有率、新产品导入等。我们用整合的方式设计出计分卡的各个部分，如图表 19－2 所示。

管理者记录、分析、讨论各种指标来判断组织的战略目标达成情况。对于管理和改善绩效来说，平衡计分卡是一个有效的工具，前提是它能与明确界定的组织战略目标联系起来。[17]最好的状态是，将平衡计分卡从组织最高层下发到最基层，让每个人都参与思考和讨论组织战略目标。平衡计分卡已经成为许多组织核心的管理控制系统，包括一些著名的组织，比如 Bell Emergis（加拿大贝尔的一个部门）、埃克森美孚石油公司、信诺（保险公司）、希尔顿酒店，甚至美国联邦政府的一些部门。[18]与其他

图表 19-2　平衡计分卡

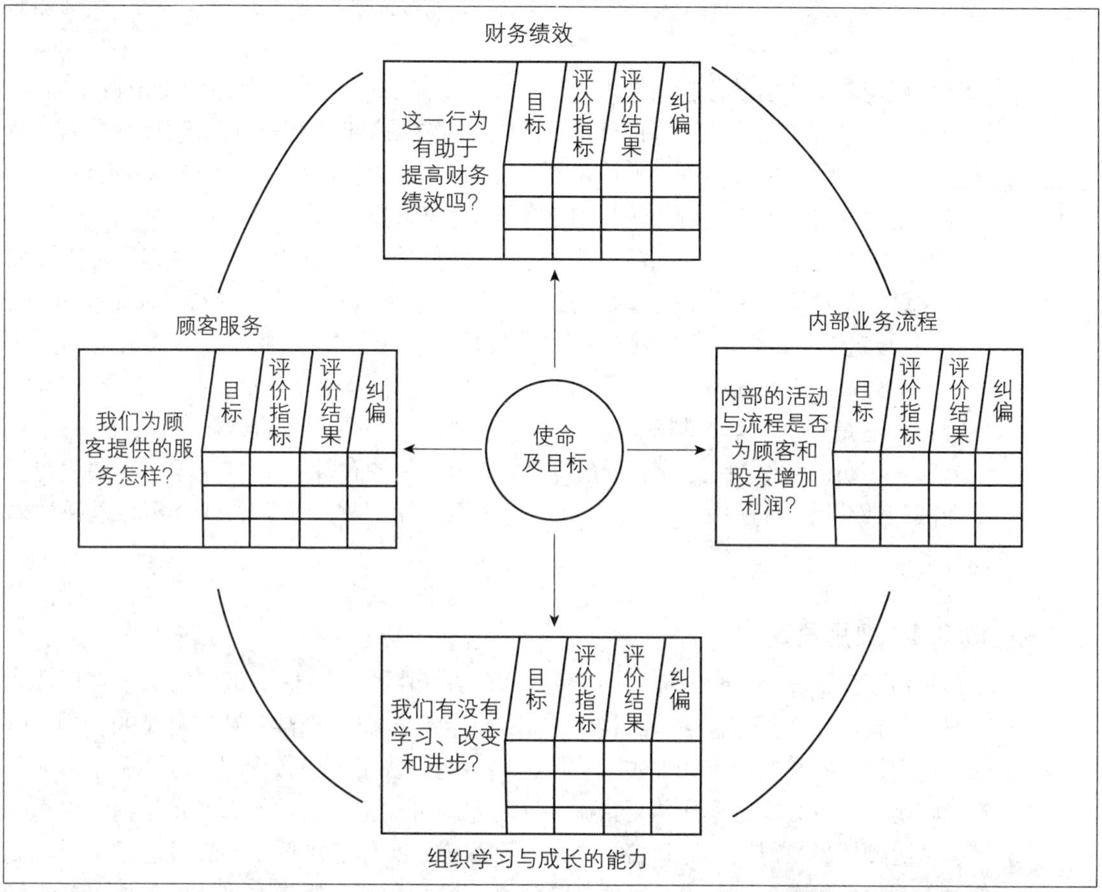

资料来源：Based on Robert S. Kaplan and David P. Norton，"Using the Balanced Scorecard as a Strategic Management System，" *Harvard Business Review*（January-February 1996）：75－85；and Chee W. Chow，Kamal M. Haddad，and James E. Williamson，"Applying the Balanced Scorecard to Small Companies，" *Management Accounting* 79，no. 2（August 1997）：21－27.

管理系统一样，平衡计分卡并非适用于每个组织的每种情况。这个系统简易的特点导致许多管理者低估了让这个系统成为真正有用的管理控制系统所需要的投入。如果管理者采用平衡计分卡时使用的是绩效衡量导向而不是将衡量手段与公司战略目标相联系的绩效管理方法，那么使用平衡计分卡可能阻碍甚至降低组织绩效。[19]

19.3　预算控制

黛比·杜森伯里（Debbie Dusenberry）拥有成为一个成功企业家的梦想。她有一家设计精美的店铺——Curious Sofa，并用古董、新潮的家具、装饰品和礼品填满了巨大的陈列室。她还拥有乐于奉献的员工，该店铺每年的销售额达到 800 000 美元。她还借了一大笔钱打算扩大仓库。生意正快速发展。杜森伯里是一个典型的小企业主，富有动力和激情，但缺少财务管理方面的经验。她沉浸在销售额增长的兴奋中，并没有意识到员工、库存、过高的运输成本正在侵蚀她的利润。在整个经营过程中，她既没有做预算，也没有记录所有的开支。在经济衰退带来销售量下降时，财务系统的显著缺陷才暴露出来。害怕加上恼火，杜森伯里开始思考如何拯救她的生意。她意识到自己需要一套全新的系统来监控和管理成本。第一步就是做预算。[20]

预算控制是使用最普遍的管理控制方法之一。预算控制是对组织支出设定目标，监控支出结果，然后将结果与预算进行比较，并在需要时做出改正。预算就是若干份报告，上面列示出现金、资产、原材料、工资以及其他资源的计划支出和实际支出。预算报告通常包括每个项目的预算和实际开支之间的差额。

组织中的每个分公司和部门不管多小，只要它拥有自己的工作、项目和职能，就要做预算。预算控制系统的基本分析单位叫做责任中心。**责任中心**（responsibility center）被定义为组织中的任何部门或单位，由一个负责该部门或单位活动的人来管理。[21]例如，纽约沃特敦一个只有三名员工的家电销售办公室就是一个责任中心，同时，它还是一个质量控制部门，一个营销部门，一个完整的冰箱生产厂。每个单位的管理者负有预算责任。高层经理关注公司整体的预算，中层经理一般关注自己所在部门或分公司的预算。预算一般包括费用预算、收入预算、现金预算以及资本预算。

19.3.1 费用预算

费用预算（expense budget）包括每一个责任中心以及整个组织的期望费用和实际费用。费用预算可能包括所有种类的费用，也可能着眼于某一特定种类的费用，比如材料费用或研发费用。如果实际费用超出了期望费用，那么管理者需要确定可能存在的问题，并在必要时采取纠正措施。这种差距可能源自低效率，或者是源于组织的销售量比预期增长得快而导致费用增加。反过来，实际费用低于预算可能源于异常高的效率，也可能源于没能满足某些其他标准，比如预期的销售水平或服务质量。不管怎样，费用预算有助于确定进一步调查的需要，但不能替代它。

19.3.2 收入预算

收入预算（revenue budget）列示了组织的期望收入和实际收入。通常，实际收入低于期望收入，表明组织需要调查存在的问题，确定组织是否有可能提高收入。反过来，实际收入高于期望收入，则表明组织要确定是否能够获得必要的资源来满足高于预期的产品或服务需求。随后，管理者制定出行动计划来应对预算偏差。

19.3.3 现金预算

现金预算（cash budget）会估计一天或一个星期的现金收入和支出，确保组织有足够的现金来承担职责。现金预算可以说明组织的资金流转水平以及现金支出项目的性质。如果现金预算表明组织有多于短期所需的现金，那么组织就可以把多出的这部分钱用于投资以赚取收益。反过来，如果现金预算显示本周末要支出 20 000 美元工资，但组织只有 10 000 美元，则组织必须借钱来发工资。

19.3.4 资本预算

资本预算（capital budget）列示了主要资产的计划投入量，比如建筑物、重型机械、复杂的信息技术系统，通常包含一年以上的费用。资本预算不仅对未来开支有重大影响，还会影响用来提升利润的投资。因此，资本预算有必要考虑这些支出对现金流和盈利能力的影响。控制活动不仅包括监控资本支出量，还包括评估有关投资回报率的假设是否恰当。管理者可以评估在某个项目上继续投资是否明智，以及他们做出资本支出决策的程序是否完善。一些公司，包括波音、默克、壳牌、美国联合技术公司和惠而浦在内，有若干步骤来评估资本支出方案，以判断它们是否与公司战略目标一致。[22]

19.3.5　零基预算法

零基预算法（zero-based budgeting）是一种制定计划和做决策的方法，它要求预算中的每一个开支项都有充足的理由，而不是只对先前的预算做出部分调整。零基预算法从零美元开始，加入预算的每一美元反映的都是实际的、有据可依的需求。[23]石油天然气产业巨头壳牌公司采用零基预算法来改善关键的财务绩效。面对不可预测的石油、天然气的需求量和变化无常的全球经济，首席财务官杰拉德·保利德斯（Gerard Paulides）相信，在壳牌公司的经营过程中，成本降低战略与石油、天然气的生产和加工一样重要。“我们一头猛扎下去，将每个业务领域的值都归到零，然后通过重建获得预算值。”保利德斯和其他管理人员考察了企业每项业务运行所需的资源最低量，保利德斯将其称为必需品。“其他所有活动都是可以随意选择的，或者说是在零基结构中锦上添花。”保利德斯说道。[24]这种预算方法帮助壳牌公司削减了不必要的成本。

预算是组织计划、控制的重要组成部分。许多传统公司采用**自上而下的预算方法**（top-down budgeting），即让中层经理和基层经理制定来年的预算。[25]这些经理按照最高管理层给出的整个公司的收入和支出来设定部门的预算。尽管这种自上而下的预算方法有一些优势，但倡导员工授权、员工参与、员工学习的运动意味着许多组织将采用**自下而上的预算方法**（bottom-up budgeting）。自下而上的预算方法的步骤是，基层经理预测自己所在部门的资源需求量，然后提交给公司高管。[26]各种组织在制定预算过程中越来越多地采用基层管理人员参与的方法。在圣迭戈动物园，科学家、饲养员及其他基层管理人员运用软件和预算模板来制定自己部门的预算。如其首席财务官葆拉·布罗克（Paula Brock）所说：“没有人比他们更了解自己的领域。”[27]动物园的145个部门每个月都会重新做预算，这样就可以在预算内根据需求重新确定资源需求量。自下而上的预算方法好处颇多。例如，动物园可以快速地重新确定资源需求量，这样既可以保护珍贵的异国鸟群不受高度传染性鸟类疾病的侵害，又不会严重影响预算的其他部分。[28]

19.4　财务控制

“数字使公司运转。”诺姆·布罗德斯基（Norm Brodsky）说道，他是一位经验丰富的企业家，也是《公司》杂志的作家。[29]在每个组织中，管理者需要通过观察数字来判断组织的财务绩效如何。数字不仅可以告诉人们当前组织是否拥有可靠的经费基础，还是其他绩效问题的有效指示器。例如，销售额下降可能意味着产品、客户服务或者销售团队的有效性存在问题。

19.4.1 财务报表

财务报表提供了组织进行财务控制所需的基本信息。两大主要的财务报表——资产负债表和利润表——是财务控制的基础。

把资产负债表想象成一个温度计，当你测量企业温度时，它可以提供该企业健康状况的读数。[30]**资产负债表**（balance sheet）展示的是企业在某个时间点有关资产和负债的财务状况。图表19-3展示了一个资产负债表的例子。资产负债表提供了三类信息：资产、负债和所有者权益。资产是指公司所拥有的，包括流动资产（短期内可以转化为现金资产）和固定资产（比如建筑物和设备这类长期的资产）。负债是指公司的债务，既包括流动负债（在不久的将来偿付的），又包括长期负债（偿还期限长的）。所有者权益是资产和负债的差额，也是实收资本和留存收益的净值。

图表19-3　资产负债表

New Creations Landscaping
合并资产负债表
2015年12月31日
单位：美元

资产			负债和所有者权益		
流动资产			流动负债		
货币资金	25 000		应付账款	200 000	
应收账款	75 000		应计费用	20 000	
存货	500 000		应付职工薪酬	30 000	
流动资产合计		600 000	流动负债合计		250 000
固定资产			长期负债		
土地	250 000		应付抵押借款	350 000	
建筑物及设备	1 000 000		未清偿债务	250 000	
减：折旧	200 000		长期负债合计		600 000
固定资产合计		1 050 000	所有者权益		
			实收资本	540 000	
			留存收益	260 000	
			所有者权益合计		800 000
资产合计		1 650 000	负债和净资产合计		1 650 000

利润表（income statement）有时也称为损益表，或简称为P&L。它总结了一段时间（通常是1年）内组织的财务表现。图表19-4展示了一个利润表的例子。有的组织每隔3个月计算一次利润表，来判断是否达到了销售目标和利润目标。利润表展示了组织利用所有资源并扣除一切费用（包括主营业务成本、利息费用、所得税费用和折旧）后得到的利润。最后一行是相应期限内的净利润。

在经济衰退期间，组织削减差旅费等自由支配开支以提高净利润，经理也在努力防止这类费用回升。如果经理在自己力所能及之处保持低成本，他们就能把不多的钱用在更需要的地方，比如为员工涨工资或者用于研发新产品。当德勤的经理发现差旅费上升时，就会提醒员工注意公司的差旅费政策。他们不提倡员工出差去参加短于8

图表 19-4 利润表

New Creations Landscaping
利润表
截至 2015 年 12 月 31 日

单位：美元

销售总额	3 100 000	
减：销售退回	200 000	
净销售额		2 900 000
减：费用及主营业务成本		
主营业务成本	2 110 000	
折旧	60 000	
销售费用	200 000	
管理费用	90 000	2 460 000
营业利润		440 000
其他收益		20 000
息税前利润		460 000
减：利息费用	80 000	
税前利润		380 000
减：所得税费用	165 000	
净利润		215 000

小时的会议，并鼓励在允许的情况下用视频会议和网络会议代替出差。[31]

下面的“创新之道”专栏讲述了一位成功的经销商如何运用财务控制系统来管理商店，使其成为曼哈顿最赚钱的 7-11 便利店之一。

创新之道

7-11

诺曼·贾马尔（Norman Jemal）是曼哈顿一位充满热情并善于交际的 7-11 经销商，他很喜欢与加盟区顾问昆塔·纳他普拉亚（Kunta Natapraya）研究经营数据。他们在一起研究贾马尔的三家店的上千种小吃的销售数据和边际利润率。有人说贾马尔成功是因为店面位于繁华的曼哈顿街区，巨大的车流量和人流量为他带来了大量的顾客。但是贾马尔的成功也离不开他的诀窍，那就是分析财务数据，找出存货中最赚钱的产品，然后通过有效的产品排列来使利润最大化。

当面临再订货决策时，贾马尔使用了 7-11 专有的零售信息系统（RIS）。这个系统可以帮助他分析存货中每种产品的销售额和利润数据。比如说，7-11 公司要推广无糖思乐冰饮料和肉饼，贾马尔就要挪走现有产品腾出空位。他利用 RIS 研究了每种小吃的利润，发现辣味牛肉馅饼拉低了销售额和利润，于是他就削减了这部分库存为新产品腾出空间。

7-11 一直专注于核心竞争力，即解决卖给匆忙的顾客什么产品以及怎样卖给他们的问题。“其他特许商推销它们的名声，”贾马尔说，“而 7-11 作为享有好名声的商家，推销的是 RIS 系统。”这个系统是精心设计的财务控制模型的一部分，该模型还可以完成定期审计。得到一个好的审计结果有助于贾马尔得到 7-11 的允许去开设更多的分店。贾马尔说他希望再开 20 家分店。[32]

19.4.2 财务分析：解释数字

管理者需要评估企业的财务报告。财务报告将组织当前绩效与先前绩效或行业水平进行比较。有了比较结果，管理者就可以判断组织是否在不断改善，与行业中的竞争者相比是否有竞争力。最常见的财务分析是关注比率，即反映绩效指标间关系，如利润与资产、销售收入、存货水平之间的关系的统计数据。比率表示为分数或者比例。图表 19－5 总结了一些财务比率，它们衡量了组织的流动性、经营活动、盈利能力和杠杆。这些比率是最常见的，采用了多种衡量方法。管理者要了解哪些比率反映经营过程中最重要的关系。

图表 19－5　常见财务比率

流动性比率	
流动比率	流动资产/流动负债
速动比率	（货币资金＋应收账款）/流动负债
经营活动比率	
存货周转率	总营业务收入/平均存货量
转换率	订单量/客户咨询量
获利能力比率	
销售利润率	净利润/营业收入
毛利率	税前利润/营业收入
资产收益率	净利润/总资产
杠杆比率	
资产负债率	总负债/总资产

■ 流动性比率

流动性比率（liquidity ratio）代表组织偿还流动负债的能力。比如，流动比率（流动资产/流动负债）告诉我们，在必要的情况下，公司是否有足够的资产可以转化成货币资金来偿还债务。我们假定一个公司有 600 000 美元流动资产和 250 000 美元流动负债，那么流动比率就是 2.4，表明它有足够的资金偿还 2.4 倍当前的债务的结果。我们普遍认为这家公司的这一流动比率水平达到了令人满意的安全程度。另一个流动性比率是速动比率，它通常是货币资金与应收账款的和除以流动债务的结果。一般用速动比率和流动比率一起衡量流动性。“如果一家企业的流动性不好，那么一笔不可预见的花销就会严重影响它。”一家财务信息公司——Sageworks 股份有限公司的分析师布拉德雷德·谢弗（Brad Schaefer）说道。[33]

■ 经营活动比率

经营活动比率（activity ratio）衡量由管理部门划定的关键活动的内部绩效。比如，存货周转率是总营业收入与平均存货量的比值。这一比率表明组织用多少倍的存货来满足总的销售量。如果存货存放太久，就是在浪费钱。戴尔公司通过最小化存货成本获得了战略优势，它的存货周转率可达 35.7。[34]

另一种经营活动比率是转换率，它是订单量与客户咨询量的比值。这一比率反映的是公司将客户咨询转换为实际购买的效果。例如，如果思科公司的转换率从 26.5％提高到 28.2％，即更多的咨询量转化成销售量，就表示它的销售活动变得更好了。

■ 获利能力比率

管理者通过研究**获利能力比率**（profitability ratio）来分析公司的利润。获利能力比率反映了利润与利润来源（诸如营业收入和资产）的关系。艾伦·穆拉利在 2008 年担任福特汽车公司 CEO 时，着重强调了盈利能力的重要性。那时，福特身处困境，每天亏损 8 300 万美元，股价骤跌至 1.01 美元。穆拉利为福特带来了转机。他建立了一种新的责任制文化，强调运用统一的指标来评估绩效。穆拉利希望每个部门主管了解并报告自己部门的绩效情况。他对数据驱动管理方法的看重永久地改变了福特公司的文化。2010 年，福特公司宣布取得了 66 亿美元的利润，这是这家公司过去十几年来获得的最高利润。[35]

一项重要的获利能力比率是销售利润率，它是净利润与营业收入的比值。类似地，毛利率是税前利润与营业收入的比值。资产收益率（ROA），反映的是公司通过资产获利的百分比，是净利润与总资产的比值。ROA 是比较公司盈利能力和其他投资机会的重要标准。也就是说，公司利用资产经营业务必须比把同样的钱存入银行赚得多。

■ 杠杆比率

杠杆经营是指用借来的钱经营。公司利用杠杆经营可以生产出更多的产品。然而，举债太多可能会使组织暴露在无力偿还债务的风险之中。因此管理者需要追踪资产负债率，即总负债与总资产的比值，来确保杠杆水平在可接受的范围内。债权人一般认为资产负债率超过 1.0 的组织的信用风险较高。

19.5　发展中的控制哲学

在当今许多组织中，管理者的控制方法都在改变。随着向员工参与和授权的转变，许多公司开始用分权控制法来取代层级控制法。层级控制和分权控制分别代表不同的企业文化，我们在前面已有介绍。大部分组织从层级控制和分权控制中选取一部分来践行，但管理者通常会着重使用其中一种，具体使用哪一种取决于组织文化和它们的控制理念。

19.5.1　层级控制与分权控制

层级控制（hierarchical control）是通过大量的规则、政策、职权体系、书面文件、奖励系统以及其他正式机制来监督和影响员工行为。[36] 相反，分权控制是依靠文化价值观、传统、共同的信念以及信任来培养员工对组织目标的遵从，管理者在经营组织时，假定员工是值得信任的，员工会在无大量规则和密切监督的情况下自愿高效工作。

图表 19－6 对比了层级控制和分权控制方法。层级控制方法为员工行为制定了明确的规则、政策和程序。这种控制方法依赖于中央集权、正式的层级和密切的个人监督。质量控制责任由质量控制检查员和监督员而不是员工承担。职位描述往往很详细且与工作任务相关，管理者会为员工设定可接受的最低绩效标准。达到标准之后，员工可以获得外在奖励，诸如更优厚的工资、福利，还有可能晋升到更高的职位。员工几乎从不参与控制过程，即使参与，也要遵循制度化的诸如申诉程序一类的机制。在层级控制的组织中，组织文化有些死板，管理者并不认为文化是控制员工和组织的有

效方法。科技往往只用于控制工作的流程和速度，或者用于监督员工，比如测量员工用在打电话上的时间或者敲击键盘的时间。

图表 19-6　层级控制方法和分权控制方法

	层级控制	分权控制
基本假设	员工没有自律能力也不可信任，需要密切监督和控制他们。	当员工完全忠于组织时工作得最好。
行动	采用详细的规则和流程；正式的控制系统。 采用自上而下的权威、正式的层级、职位权力、质量控制检查员。 依赖任务相关的职位描述。 强调外在奖励（薪水、福利、升职）。 特征是组织文化死板；不相信文化规范可以作为控制手段。	特征是规则的运用有限；依靠价值观、集体和自我控制、甄选和社会化。 依靠灵活的职权、扁平化结构、专家权力；每个人监督质量。 依赖基于结果的职位描述；强调要达成的目标。 强调外在奖励也强调内在奖励（有意义的工作、成长机会）。 特征是适应性文化；将文化视为整合个人、团队以及组织目标以实现全面控制的手段。
结果	员工服从指令，只做安排的工作。 员工对工作漠不关心。 员工的缺勤和离职情况严重。	员工积极主动地寻求责任。 员工积极参与工作而且很敬业。 员工的流动率很低。

资料来源：Based on Naresh Khatri et al.，"Medical Errors and Quality of Care：From Control to Commitment，" *California Management Review* 48，no. 3（Spring，2006）：118；Richard E. Walton，"From Control to Commitment in the Workplace，" *Harvard Business Review*（March-April 1985）：76－84；and Don Hellriegel，Susan E. Jackson，and John W. Slocum，Jr.，*Management*，8th ed.（Cincinnati，Ohio：South-Western，1999），p. 663.

层级控制方法在许多日本公司运用得很多。日本文化反映了对规则的迷恋和对官僚机制的偏好，因为日本人更擅长使混乱变为有序。例如，2011年，在毁灭性的地震和海啸之后，日本高效地为灾难中失去家园的人们安排了避难所。自治委员会管理这些临时避难所并细致地为这些灾民安排日常工作。人们被分配了特定的工作，包括垃圾分类、清洗浴室、清洁淡水池。"日本人属于规则越多越安心那种类型。"海啸幸存者 Shintara Goto 说道。采用层级控制的方法管理临时避难所，帮助幸存者明晰了日常的工作和责任，这对减轻这次自然灾害所造成的长期身心伤害起到了很大作用。[37]

分权控制（decentralized control）的价值观和假设几乎与层级控制相反。在分权控制方法中，规则和流程只在必要时使用，管理者依靠共同的目标和价值观来控制员工行为。组织极其强调员工的甄选和社会化，以确保员工拥有组织所需的价值观，使他们的行为以达成公司目标为导向。没有哪个组织可以全天候控制员工，自律和自控才能使员工持续地依照标准来工作。员工授权、有效的社会化和培训都有助于形成内在标准，正是这种内在标准提供了自我控制。

在分权控制方法中，权力更加分散，权力除了依赖职位还依赖知识和经验。组织结构扁平化，组织拥有灵活的职权和员工团队来解决问题、做出改进，如第10章讨论过的那样。每个员工都持续地参与质量控制。职位描述一般是基于结果的，更多强调要得到的结果而非应做的具体工作。管理者不仅使用外在奖励比如加薪，还会使用内在奖励，比如安排有意义的工作、提供学习的机会。科技用来为员工赋能，为员工提供所需的信息，帮助他们制定有效的决策，使他们可以共同工作、解决难题。当所在团队和组织取得成功并且员工个人表现优秀时，员工可以获得奖励，且奖励系统注重公平性。员工可以参与很多领域的工作，包括设定目标、确定绩效标准、管理质量、设计控制系统等。

在分权控制的组织中，组织文化强调适应性文化。管理者意识到组织文化对于整合个人、团队以及组织目标以达到更全面的控制的重要性。理想状态下，在分权控制的组织中，员工会结合各自的专业技能来完成工作，这优于管理者独自工作。下面的“创新之道”专栏展示了金宝汤公司如何利用分权控制方法鼓励员工帮助企业提高绩效。

创新之道

金宝汤公司

金宝汤公司占据了美国60%的浓汤市场，采用员工提出的成本节约理念后，它的利润不断增加。在位于北卡罗来纳州马克斯顿的一家工厂里，每天早上，工人都会和经理一起寻找节约成本的方法。这些生活在失业率达11.1%地区的员工是分权控制文化的一部分。在这里，经理和工人有着和公司一样的目标，他们合作来提高工作效率。每天工人与经理的会议是一个“让每个人都参与”的活动，费尔莫（Filmore）说道，他是一位工作了28年的老工人。“会议并不告诉我们要做什么，而是让我们说出自己遇到的难题。”他说。

Swanson 肉汤生产线每年可以加工 26 000 万磅原材料。为这条生产线寻找更高效的生产方式遇到了困难，操作员和修理工为每个垫圈设计了一个编号系统以方便设备维修。他们在传送带上的金属盖上开了几个口，这样就能观察磨损的情况了。他们还为阀门手柄设定不同颜色来避免混淆。伴随着这一类员工驱动型变革，金宝汤公司说，马克斯顿工厂的运营效率已经达到经理预期最高水平的85%，而三年前这个数字只有75%。这一增长是有好处的：工厂效率每增长1%，营业利润就增加300万美元。

金宝汤公司最近面临的挑战是重新设计公司做汤的方式。过去，每种汤都有自己的配方。而现在，许多汤共用一个汤底，比如都用鸡汤，通过加入不同种类的肉和蔬菜将其变为不同种类的汤。组织中各个层级的员工将会参与计划和实施新的流程。“我们需要联合组织中从最高层到最底层的人。”金宝汤公司北美供应链副总裁戴夫·比埃格（Dave Biegger）说道。[38]

19.5.2　公开账目管理

在许多组织中，分权控制的一个重要方面就是公开账目管理。一个推动信息共享和团队协作的组织会将所有员工纳入财务控制和责任承担的圈子，鼓励他们积极参与并做出承诺。**公开账目管理**（open-book management）让员工可以通过阅读图表、打印资料、参加会议等知晓公司财务状况。公开账目管理向员工展示他们的工作是如何融入大局并影响组织未来财务状况的。此外，公开账目管理将员工奖励与组织整体的成就联系起来。学习过解读财务数据，员工可以了解到各个职能的相互依存性及重要性。一旦奖励与绩效挂钩，他们就有动力承担起整个团队或岗位的责任，而不再仅仅负责自己职位的工作。[39]

公开账目管理的目标是让每个员工都能像企业主一样思考和做事。要实现这个目标，就要提供给员工和企业主一样的信息：企业资金的来源和用途。公开账目管理帮助员工了解为什么工作效率对于组织成功和个人成功一样重要。劳拉·奥特曼

(Laura Ortmann）和丈夫共同拥有 Ginger Bay 沙龙和水疗中心，她发现发型师和按摩师在接受了解公司财务目标的培训之后追求绩效的动力更强了。她把员工个人和公司的目标清楚地写在休息室的一块记分板上，还列出了每个员工每天的销售额以及当天是否达到了目标。"员工的表现一夜之间变了。"奥特曼说，"没有人希望自己名字后面的数字很低。"奥特曼通过帮助员工看到他们的努力如何影响公司财务绩效增强了员工的动力。"我爱这些数字，也爱了解自己工作表现的感觉。"美甲师特里·卡瓦诺(Terri Kavanaugh）说。[40]

在一些国家，管理者执行公开账目管理会遇到很多困难，因为这些国家普遍存在的态度和标准是鼓励将财务绩效保密甚至视为机密。例如，中国、俄罗斯、印度等国家的许多商人不习惯将财务细节公之于众，因为这样会暴露出跨国公司的一些问题。[41]图表 19-7 列示了最新公布的部分不透明指数表。这个表说明了各个国家或地区在经济问题上的开放程度。得分越高，则表示这个国家/地区的经济越不透明，隐藏得越多。图表 19-7 显示的部分数据中，2008 年，尼日利亚的不透明度得分最高，为 57 分；芬兰的不透明度得分最低，为 9 分；美国的不透明度得分是 23 分。在得分高的国家/地区，财务数据一般被严密保管，不鼓励管理人员与员工和公众共享信息。全球化开始对一些国家/地区的经济不透明度产生影响，它鼓励全球统一会计准则，以更精确地采集、记录、报告财务信息。因此，在过去几年，大多数国家的经济透明情况有了进步。比如，印度尼西亚、新加坡和爱尔兰从 2005—2006 年起不透明度得分均显著下降。

图表 19-7　国际不透明指数：哪些国家/地区的经济最保密？

国家和地区	2009 年不透明度得分	2008 年不透明度得分
尼日利亚	55	57
委内瑞拉	48	48
沙特阿拉伯	45	47
中国大陆	42	45
印度	41	44
印度尼西亚	40	41
俄罗斯	40	41
墨西哥	37	37
中国台湾	32	34
韩国	29	31
南非	24	26
日本	25	25
美国	22	23
加拿大	20	22
德国	17	17
爱尔兰	15	16
新加坡	14	14
中国香港	12	12
芬兰	9	9

注：不透明度得分越高，说明这个国家/地区的经济越保密，意味着这里普遍存在的态度和标准不鼓励财务数据和其他数据的公开。

资料来源：Joel Kurtzman and Glenn Yago，"Opacity Index，2009：Measuring Global Risks，" published by Milken Institute（April 2009），www.kurtzmangroup.com/pdf/InstituteOpacityIndex_Apr8.pdf（accessed October 4，2012）.

19.6 全面质量管理

另一个基于分权控制哲学的流行方法是**全面质量管理**（total quality management，TQM)，就是整个组织共同努力，通过持续改进来提高每个活动的质量。质量管理是每个组织都会关注的。例如福特公司声称其新推出的紧凑型微型汽车在使用的前三个月一般会比其他汽车厂商的车出现的问题少。全球质量副总裁本尼·福勒（Bennie Fowler）说，福特将使质量问题（称为“出故障之处”）的数量保持在每 1 000 辆车 800 个问题，远低于每 1 000 辆车 1 500 个问题的行业平均水平。这里所说的问题包括顾客抱怨，从顾客不喜欢到产品特性不能正常表现。福特在落后于国外竞争者如丰田、本田之后，一直努力重新赢得顾客信任。[42]它希望通过注重全面质量管理重新获得美国顾客的信任。

全面质量管理对美国的经理人产生吸引力是在 20 世纪 80 年代，因为那时它已经成功地应用于许多日本公司，比如丰田、佳能、本田。这些公司凭借高质量赢得了市场份额和国际声誉。这一日本系统基于一些美国的研究者和咨询顾问的成果，比如爱德华兹·戴明（W. Edwards Deming)，约瑟夫·朱兰（Joseph Juran）和阿曼德·费根堡姆（Armand Feigenbaum)。当全面质量管理方法在海外得到验证之后，它才吸引了美国的管理者。[43]全面质量管理哲学注重团队合作、提高顾客满意度和降低成本。组织采用全面质量管理方法，鼓励管理人员和员工跨职能、跨部门合作，并且与顾客、供应商合作，以求发现可以改进的地方，即使只是很小的一点。每一个质量进步都是迈向完美和实现零瑕疵目标的一步。质量控制变成了每个员工日常工作的一部分，而不再是专门部门的任务。

19.6.1 全面质量管理技术

全面质量管理涉及许多技术，包括质量圈、标杆分析法、六西格玛原则、质量合作以及持续改进。

■ **质量圈**

质量圈（quality circle）是由 6～12 个员工自愿组成的小组，他们定期会面，讨论和解决影响工作质量的问题。[44]质量圈中的成员可以任意收集数据，做调查。许多组织在团队建设、问题解决、统计质量控制等方面对员工进行培训。使用质量圈的目的是将决策推到组织层面，这样就可以得到做相应工作并且对此了解最多的人的建议。

■ **标杆分析法**

由施乐公司于 1979 年提出的标杆分析法现在成为全面质量管理的一个主要组成部分。**标杆分析法**（benchmarking）的定义是：“不断地与最强的竞争者或公认的行业领袖企业比较产品、服务和商业实践，来发现可以改进之处。”[45]一个组织还可以使用标杆分析法来产生新的商业构想、评估市场需求或者识别行业内最佳实践。五步标杆分析法的过程如图表 19-8 所示。[46]

第一步是为标杆分析研究制定计划，包括明确研究对象和显著影响顾客满意度的产品或服务特征。第二步是确定所要收集的信息的来源。例如，宣伟涂料公司进行标杆分析研究的数据来源包括国家独立实验室的研究成果或者发表在《消费者报告》(*Consumer Reports*）杂志上的研究成果。一旦确定了信息来源，数据马上就可以收集好，这是第三步。例如施乐公司收集了 L. L. Bean 公司有关订单执行技术的信息。L. L. Bean 是一家位于缅因州弗里波特市的邮购公司，施乐从它身上学到了削减仓储成本的方法并将这部分成本降低了 10%。第四步包括分析收集到的标杆分析数据，提出建议。第五步是实施这些建议，然后通过持续的标杆分析监控改进效果。

图表 19-8 五步标杆分析法

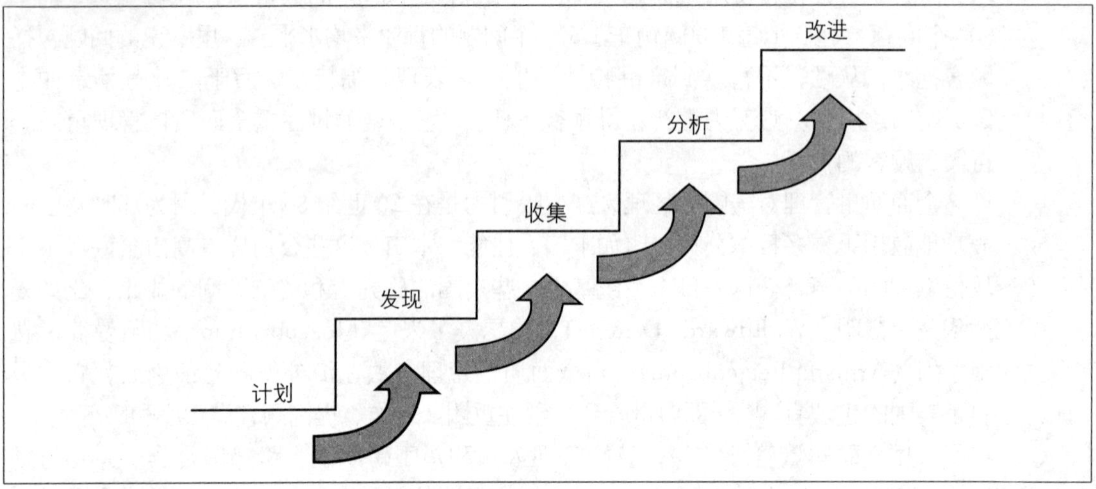

资料来源：Based on Deven Shah and Brian H. Kleiner, "Benchmarking for Quality," *Industrial Management* (March-April 2011)：22-25.

■ 六西格玛原则

六西格玛质量管理原则是在 20 世纪 80 年代摩托罗拉公司最先采用的，之后由通用电气公司推广。通用电气前 CEO 杰克·韦尔奇曾称赞六西格玛原则有助于提高质量和效率，为公司节约了数十亿美元。西格玛来源于希腊字母 σ，统计学家用它来表示事物偏离完美程度的大小。**六西格玛**（six sigma）是一个极具雄心的质量标准，其目标是每 100 万个零件中有缺陷的零件不超过 3.4 个，这意味着 99.999 7%的无缺陷率。[47]然而，六西格玛原则已经从一个精确的定义变成一种质量控制方法的通用术语。该方法认为人们不能掉以轻心，应该强调对高质量和低成本有序和严格的追求。所谓有序是指基于一个五步方法论——DMAIC（定义、测量、分析、改进和控制五个词的首字缩写），它为组织提供了一个接近问题并解决问题的结构化方法。[48]

要想有效地实施六西格玛原则，需要组织高层做出重大承诺，因为六西格玛原则涉及在整个组织范围内做出改变。以霍尼韦尔公司为例，在这里，公司希望所有员工都能理解六西格玛原则的基本原理。六西格玛原则为员工提供了共同语言，帮助他们剔除组织中冗余的部分，并支持他们为"第一次就做对"所做的努力。霍尼韦尔用下面的例子解释了它为什么坚持六西格玛原则，以及达到这个高绩效标准意味着什么：

● 如果你的热水器在四西格玛水平下运转，那么你一年中没有热水的时间将有 54 个小时。而如果它在六西格玛水平下运转，那么你一年中没有热水的时间将不超过 2 分钟。

● 如果你的手机在四西格玛水平下运转，那么你每个月服务中断的时间将有 4 个小时。而如果它在六西格玛水平下运转，那么每个月服务中断的时间大约为 9 秒。

● 四西格玛水平下的工作流程一般意味着每 3 车货物就会有一包产品有缺陷。而六西格玛水平下的工作流程则意味着每 5 350 车货物才有一包产品有缺陷。[49]

图表 19 - 9 列出了一些统计数据来说明为什么六西格玛原则对制造业和服务业组织都很重要。

图表 19 - 9　质量改进项目的重要性

99%无缺陷率的结果	六西格玛原则的结果
每小时丢失 117 000 封特快邮件	每两小时丢失 1 封特快邮件
每天 800 000 张不当处理的支票	每天 3 张不当处理的支票
每月运送 23 087 台有缺陷的电脑	每月运送 8 台有缺陷的电脑
每月停电 7.2 小时	每月停电 9 秒

资料来源：Based on Data from *Statistical Abstract of the United States*，U. S. Postal，Service，as reported in Tracy Mayor，"Six Sigma Comes to IT；Targeting Perfection，" *CIO* (December 1，2003) 62 - 70.

绿色魔力

蜜蜂风格的公司

蜜蜂以其勤劳工作，善于利用自然资源，以及合作的、紧密联系的群居生活而著称。坐落于慕尼黑的宝马公司意识到，要想实现真正的可持续发展，要保护和合理利用的不仅是环境，还包括每一种用于为顾客提供高质量汽车的资源。追溯到 20 世纪 70 年代，宝马公司可持续发展的方法从其整个控制良好的生产流程中可见一斑。自我管理型团队严格监督质量控制的可持续性，并为宝马公司赢得了 A+的国际可持续发展评级。总共有 23 个彼此联系的"蜜蜂"实践者忙于各种工作——从道德行为与社会责任到质量与创新。他们的成果包括生产废料的循环利用，以及宝马新推出的碳纤维车身碎片的再利用。

资料来源：Gayle C. Avery and Harald Bergsteiner，"How BMW Successfully Practices Sustainable Leadership Principles，" *Strategy & Leadership* 39，no. 6 (2011)：11 - 18.

■ 质量合作

传统质量控制的一个缺点是质量控制部门的人员往往被视为所效力业务组的"局外人"。因为他们并不总是对所要监督的流程有足够的了解，他们的工作会被怀疑或被视为扰乱了正常的工作。在这种情况下就会存在把质量控制从日常工作中分离出去的风险。传统质量控制的另一个缺点是，质量控制通常在产品生产完或服务结束后进行，这时候改正的成本最高。

一种叫做**质量合作**（quality partnering）的新方法是指在某一特定的业务职能领域指定专人从事质量控制工作。在这种方法中，该质量控制人员同职能领域内的其他人员一起工作，在整个工作流程中寻找可以提高质量的机会。这种综合的、合作的方法使企业可以更早发现和弥补产品缺陷，缺陷的弥补就会容易得多。这种方法的另一个优势是，这些质量控制人员会被视为业务组的"自己人"和同事，更容易被其他人接受。[50]

■ 持续改进

在北美，人们已经习惯将颠覆性的方案与设计作为创新的首选。管理者会衡量每项改变的期望效益并选择期望效益最大的方案。相反，日本公司通过一系列极小的改进取得了非凡的成功。这种方法称为**持续改进**（continuous improvement）或“kaizen”，是指持续在组织的所有领域实施大量小的、逐步的改进。在一个成功的全面质量管理系统中，所有员工都知道，组织希望他们在改进自己所从事的工作上有所贡献。这种方法基本的哲学是，每次改进一点，时时改进，就有最大的成功可能性。创新可以从最简单的事情开始，员工可以在这个永无止境的过程中获得成功。

新晋管理者自我测试

你对改进的态度

导语：请基于你平时在学校或工作岗位上完成工作时的想法和行为，用“大多赞同”或“大多不赞同”回答下列题项。答案没有对错，因此请诚实作答。

	大多赞同	大多不赞同
1. 我会花时间寻找解决老问题的新方法。	________	________
2. 只要工作能正确、高效地完成，我不喜欢自找麻烦改变方法。	________	________
3. 我认为为改进所做的努力应该得到奖励，即便最终结果不尽如人意。	________	________
4. 1个可以提升30%的改变比30个分别只能提升1%的改变要强得多。	________	________
5. 我时常称赞别人所做的改变。	________	________
6. 我用各种方式让人们知道我喜欢独自高效地完成我的工作。	________	________
7. 我一般会同时参与多个改进项目。	________	________
8. 我试着成为一个好的倾听者，对人们所说的话保持耐心，但愚蠢的想法除外。	________	________
9. 我时常提出打破常规的方法和主意来改善一些事情。	________	________
10. 我通常不会冒险提出可能导致失败的想法。	________	________

得分及解释：对于奇数项描述，回答“大多赞同”可以得1分；对于偶数项描述，回答“大多不赞同”可以得1分。总分：________。

在组织中，持续改进质量有时会与生产效率目标矛盾。消除改变和提高质量可以使效率最大化。然而，持续改进作为一种态度，认为生产率可以不断提高，每个员工都要对改进负责。这个态度很适合追求持续改进的具有质量意识的管理者。不断引入一些小的改变，可能会暂时降低效率，但却是持续改进的最好方式。7分及以上表明你会负起责任，改进你正从事的活动；3分及以下表明你更倾向于稳定且高效的工作方式；4～6分则表明你会兼顾高效率和持续改进。

19.6.2 全面质量管理的影响因素

尽管被广泛看好，全面质量管理却并不总能奏效，有些公司已经出现了令人失望的结果。六西格玛原则并非适用于组织中的所有问题，有一些公司投入了巨大的精力和资源却收效甚微。[51]许多权变因素（如图表 19 - 10 所示）会影响全面质量管理的成功与否。例如，质量圈在员工承担挑战性工作时成效最大，参与质量圈有助于提高生产力，因为质量圈让员工共享知识，解决问题。同样，如果全面质量管理可以丰富工作内容，调动员工积极性，那么也能取得极大成功。另外，参与全面质量管理计划可以提高员工解决问题的能力，生产力自然也就提高了。全面管理质量在一个重视质量、强调持续改进的组织中最容易成功。

图表 19 - 10　全面质量管理的影响因素

积极要素	消极要素
• 任务对员工技术要求高 • 全面质量管理可以丰富工作内容，调动员工积极性 • 所有员工解决问题的能力都得到了提高 • 处理重大问题时有参与和团队协作 • 持续改进是一种生活方式	• 管理层好高骛远 • 中层经理对失去权力不满 • 员工对组织生活的其他方面不满 • 工会领导不参与质量控制的讨论 • 管理者期待巨大的创新

19.7 质量控制和财务控制的趋势

许多公司在应对不断变化的经济状况和全球竞争时，重新评估组织的管理和流程，包括控制机制。两个主要的趋势是采用国际质量标准和增强公司治理。

19.7.1 国际质量标准

在美国，全面质量管理的一大原因就是经济全球化。许多国家在质量管理实践中采用了一种全球标准——**ISO 9000 标准**（ISO 9000 standards）。它代表就国际标准化组织（ISO）所概括的有效质量管理所达成的国际共识。[52]来自 157 个国家和地区的成千上万个组织已经得到 ISO 9000 认证，来证明自己对质量的承诺。欧洲 ISO 9000 认证组织的总数一直位居前列，但最近几年，美国位列第一。亚利桑那州菲尼克斯市警察局的记录与信息处是比较有趣的 ISO 认证组织之一。在当今执法机构的可信度遭到质疑的环境下，这家机构想要表明它给执法人员和公众提供高质量的、准确的信息。[53] ISO 认证已经成为全球范围内公认的评估和比较组织的标准。越来越多的美国组织对在国际市场上保持竞争力备感压力。另外，许多国家和组织在与其他组织做生意前，会要求对方通过 ISO 9000 认证。

19.7.2 公司治理

许多组织开始转向加强来自上层的控制——公司治理。公司治理的传统定义是组织保护股东利益的方式。如今，**公司治理**（corporate governance）的定义已经扩展，包括系统、规则和实践活动的整个框架。组织通过公司治理来确保责任归属公平性以及与所有利益相关者的关系的透明度。这里的利益相关者包括投资者、员工、顾客以及公众。[54]

由于前些年组织高层管理者和董事会没能给予失败的组织足够的监管，这些组织包括安然公司、Health South 公司、Adelphia 通信公司、世通公司，公司治理开始受到关注。在一些案例中，财务报告系统受到操纵，以提供虚假信息，隐瞒内部存在的问题。针对这些情况，美国政府在 2002 年颁布了《萨班斯-奥克斯利法案》（Sarbanes-Oxley Act），该法案通常称为 SOX。该法案要求实施若干种形式的改革，包括加强内部监督以降低欺诈风险，高层领导批准财务报告，采取措施改进外部审计，加大上市公司财务信息披露等。对于已经上市的小企业来说，实施 SOX 改革的初始成本最高达到 500 万～1 000 万美元。而私有企业①不必像它们一样遵守该法案提出的会计准则和企业规章。为减轻新兴成长型小企业的负担，《创业企业扶助法案》（Jumpstart Our Business Startups，JOBS）允许一些小公司免除 SOX 所要求的内部控制以节省相关成本，最长可达 5 年。这项法案规定这些公司年总收入需低于 10 亿美元。JOBS 可谓是小企业的福音，因为它降低了与外部审计师对内部控制的审计要求相关的成本。[55]

2008 年，伴随一些大公司如雷曼兄弟和贝尔斯登的破产，公司治理再一次成为热点话题。很可能是疏于监管导致这些公司破产和世界范围的经济危机。"我认为此次危机的主要问题是公司治理的巨大失误。"菲尔·安吉里德斯（Phil Angelides）说道，他是美国国会任命的金融危机调查委员会主席。来自全球 27 个国家的监管者近期向金融机构提出了新的规则和限制，目的是降低风险并加强监管。[56] 另外，美国证券交易委员会（SEC）要求各公司在股东委托书中证明董事会结构的合理性，以确保董事会的设立可以为管理活动提供所需的监管。[57]

讨论题

1. 假设你被 Nightlight Travels（一家位于拉斯韦加斯的旅行社）雇用，管理一个 20 人的团队。在过去五年中，公司的销售额由于全球经济萧条受到重创，员工士气随着明星员工跳槽到更有保障的行业而降低，关键的顾客关系被剩下的员工粗心和不专业的工作习惯破坏。你上任后的第一项任务是为来年的一切计划支出做预算。你必须首先决定是采用层级控制方法还是分权控制方法。你会选择哪一种？为什么？

2. 假设你是一名经理，采用的是分权控制方法。你认为有必要采取纠正措施来提高顾客满意度，但首先需要让员工相信问题的确存在。你认为什么证据更能引起员工关注，是定量指标还是你与顾客互动的见闻？请解释之。

3. 描述使用平衡计分卡衡量和控制组织绩效的好处。假设你要为沃尔玛设计一个平衡计分卡，你会采用哪些具体的顾客服务指标？

4. 在零基预算法中，每个账户从零美元开始，加入预算的每一美元反映的都是实际的、有据可依的需求。请指出零基预算法的优点。

5. 大多数公司有规定员工在工作时间使用电脑的政策。有些公司甚至监视员工的电子邮件，追踪员工浏览过的网页。你认为这种监视侵犯个人隐私吗？在工作期间限制员工使用互联网和电子邮件有什么好处？

6. 回想你上过的一门课。你的老师制定的考核标准是怎样的？这些标准怎样衡量你的实际表现？你的表现同标准相比如何？你认为老师制定的标准和衡量方法公平吗？这些标准和方法是否适用于布置给你的任务？为什么？

7. 一些批评者认为，六西格玛原则只是促进一些表面上的改动，通常会导致工作过程很出色但生

① 这里的私有企业是与公众企业相对应的一个概念，即指未上市的企业。——译者

产出有缺陷的产品、提供有缺陷的服务。你赞同这种观点吗？请解释之。

8. 管理者可以采用哪些分析方法来判断公司的财务状况？管理者怎样通过阅读财务报告发现企业绩效的其他问题？

9. 为什么说标杆分析法是全面质量管理计划的一个重要组成部分？如果一家公司不使用标杆分析法可以成功地实施全面质量管理计划吗？

10. 什么是 ISO 认证？为什么通用电气等跨国公司想要通过 ISO 认证？

技能运用：批判性分析案例

五颗星

杰里、蒂什和乔伊表兄妹三人都盼望着在圣诞节期间碰面，就年中教师评估结果交换意见。

他们都是公立学校的教师，在州内的不同地区工作。针对立法者的要求，为了赶紧找到教师责任的新标准，这个州和其他 16 个州一起实施了一套新的教师评估系统，目标是让教师在课堂上对学生的学习过程负责。在教师素质全国委员会的指导下，每个州的标准有所不同，但在大多数州，每个教师责任分数中有 40% 来自校长的评估和教师在个人考察中的排名，还有 30% 来自其他地区的高级教师所做的个人考察，另外 30% 由学生成绩决定。州教育部门为每个学校设定一个绩效标准，校长为每个老师设定绩效标准。在准备阶段，州教育部门对校长和指定的高级教师进行集中培训，这些高级教师在对每个教师进行四节课的考察后进行评估。州政府利用标准化成就测验，通过增加的分值来评估学生全年的学习效果。

教师的评级有 1～5 五个等级，1 代表最差的等级，5 代表接近完美的等级。第一年评估结果的发布引发了人们的兴趣和热烈讨论，尤其是在那些担心该结果会影响长期工作和任期的教师之间。

现在，有第一年的评估结果在手，表兄妹三人认真地讨论他们的经历。这三个人代表这个州三种不同类型的学校系统。杰里代表的是州首府的大都市系统。在这个系统中有许多第一语言不是英语的来自低收入家庭的学生，很多学校如果学生成绩在这一学年没有提高就面临被州政府接管。蒂什代表县级系统，在这个系统中，学生主要来自高收入家庭。乔伊代表农村社区系统。这个农村社区的失业率很高，大学生比例很低。三个人带着不同的教学经历坐在一起。

“数字到处都是。”杰里边看边做着标记。

“整个系统有缺陷，需要改正。”乔伊说，“它太主观了，校长和高级教师的考察太主观了，个人因素会影响评价结果。”

“看看这些来自高收入地区的教师的数字。”杰里对蒂什说，“怎么可能 60% 的教师都得 5 分?”

蒂什咯咯地笑：“我们多幸运啊！我们学校的孩子都是来自富裕家庭，他们未来要申请常春藤学校。我可以告诉你，校长想避免各方的相互对抗。没有哪个校长会说他的学生正接受不那么完美的教育，这就意味着他会给很多教师打 5 分。他们需要给学生更多的激励，因此要选出一个教育精英团队。所以，在这些压力之下，我觉得我们并没有得到准确的个人评价。”

“还得看看我这里的农村社区。”乔伊说道，“我们这里的一大问题是校长认识每个人，并且和村子里的每个人都保持着长期关系。所以我认为这个分数是根据每个人的经历打出的。我们几乎在考察前就可以预测出某人会拿高分或者低分。校长可能会想，‘他的父亲和我的父亲在上高中时就互相讨厌，现在我要去评估他的女儿。’”

“我认为在许多情况下，校长会对如何打出满足州政府期望的分数感觉到有压力。州政府希望我所在地区的教师得高分，希望你们那样的农村学校分数低一些。”蒂什说。

“但降低农村学校的目标不会导致整个州的分数降低吗?”乔伊回应道。

“这套责任系统的关键在于每个学校的校长。”杰里说，“大都市里有这么多学校徘徊在年底被州政府接管的边缘，有很多严格的校长在给我们施加分数的压力。”

“我认为整体的思路是给教师提供反馈，这样教师才可以知道需要改进之处。”蒂什说道。

“这套系统要求校长秋天考察两次，春天考察两次。”杰里说，“我认为这对他们的要求过高，因为他们有太多的工作要做。我认为他们中的很多人在考察时会不用心。我上个学期只考察过一次，并且我确定校长凭空捏造了第二组数据。高级教师每年只做两次考察，这会更客观，但价值却更低。”

“我也很好奇，校长是如何对他专业领域之外的一门课（比如数学）进行评估的。”乔伊说，“如果这个校长对数学知之甚少，那么这个授课教师无论说什么、做什么在校长看来都是很杰出的，因此就会给 5 分。”

蒂什和杰里互相看看，笑了。“也许我们选错科目了。”蒂什开玩笑说。

“我的问题是有关感知的。”杰里说。“我的学生中有很多人的第一语言不是英语，这会影响他们的分数。你怎样看待我这种情况的 3 分和蒂什的 5 分？在学年末，卡洛斯非常激动，因为他的英语阅读进步了，虽然他的进步并不大。他的进步缓慢而扎实，以至于几年内可能都不会表现出大的进步。”

“所以问题是他们应如何建立一个公平的系统。”蒂什说。

“并且是准确的。”杰里补充道。

◆ 问题

1. 你认为本案例中用于学校的反馈控制系统主要的优点和缺点是什么？你建议做出什么改变来克服这些缺点？

2. 在该系统中，校长和高级教师打出的 1～5 分是有价值的吗？为什么？

3. 州教育部门应如何控制校长进行教师评估的准确性？请解释之。

注　释

1. Adapted from J. J. Ray, "Do Authoritarians Hold Authoritarian Attitudes?" *Human Relations* 29 (1976): 307–325.
2. Shayndi Raice and John Letzing, "Groupon Forced to Revise Results," *The Wall Street Journal*, March 31, 2012, http://online.wsj.com/article/SB10001424052702303816504577313983768173826.html (accessed October 9, 2012); Adam Hartung, "Groupon Needs a New CEO – NOW!!" *Forbes*, August 15, 2012, www.forbes.com/sites/adamhartung/2012/08/15/groupon-needs-a-new-ceo-now/ (accessed October 9, 2012); Rolfe Winkler, "Groupon Gets Socked by Accounting," *The Wall Street Journal*, March 30, 2012, http://www.localeyesurgeon.com/groupon-gets-socked-by-accounting-wall-street-journal/ (accessed October 9, 2012).
3. Willaim K. Rashbau, "Inspector Says He Faked Data in New York Building Tests," *The New York Times*, April 26, 2010, www.nytimes.com/2010/04/27/nyregion/27inspect.html?pagewanted=all&_r=0 (accessed October 2, 2012).
4. Douglas S. Sherwin, "The Meaning of Control," *Dunn's Business Review* (January, 1956).
5. Robert Pear, "New System for Patients to Report Medical Mistakes," *The New York Times*, September 22, 2012, www.nytimes.com/2012/09/23/health/new-system-for-patients-to-report-medical-mistakes.html?_r=0 (accessed October 11, 2012).
6. Jessica Bruder, "Can FreshDirect Survive a Crisis and Reinvent Itself?" *The New York Times*, www.nytimes.com/2010/08/12/business/smallbusiness/12sbiz.html?pagewanted=all&_r=0 (accessed September 28, 2012).
7. *Ibid.*
8. Richard E. Crandall, "Keys to Better Performance Measurement," *Industrial Management* (January–February 2002): 19–24; Christopher D. Ittner and David F. Larcker, "Coming up Short on Nonfinancial Performance Measurement," *Harvard Business Review* (November 2003): 88–95.
9. Bruder, "Can FreshDirect Survive a Crisis and Reinvent Itself?"
10. *Ibid.*
11. This discussion is based on a review of the balanced scorecard in Richard L. Daft, *Organization Theory and Design*, 7th ed. (Cincinnati, OH: South-Western,

2001), pp. 300–301.

12. Andy Neely and Mohammed Al Najjar, "Management Learning Not Management Control: The True Role of Performance Measurement," *California Management Review* 48, no. 3 (Spring 2006): 101–114.
13. Robert Kaplan and David Norton, "The Balanced Scorecard: Measures That Drive Performance," *Harvard Business Review* (January–February 1992): 71–79; and Chee W. Chow, Kamal M. Haddad, and James E. Williamson, "Applying the Balanced Scorecard to Small Companies," *Management Accounting* 79, no. 2 (August 1997): 21–27.
14. Based on Kaplan and Norton, "The Balanced Scorecard"; Chow, Haddad, and Williamson, "Applying the Balanced Scorecard"; and Cathy Lazere, "All Together Now," *CFO* (February 1998): 28–36.
15. Karen S. Cravens, Elizabeth Goad Oliver, and Jeanine S. Stewart, "Can a Positive Approach to Performance Evaluation Help Accomplish Your Goals?" *Business Horizons* 53 (2010): 269–279.
16. Andy Pasztor, "Decisions by Pilots to Land Criticized," *The Wall Street Journal*, March 28, 2011, http://online.wsj.com/article/SB10001424052748703576204576227111819017454.html (accessed October 11, 2012).
17. Geert J. M. Braam and Edwin J. Nijssen, "Performance Effects of Using the Balanced Scorecard: A Note on the Dutch Experience," *Long Range Planning* 37 (2004): 335–349; Kaplan and Norton, "The Balanced Scorecard"; and Cam Scholey, "Strategy Maps: A Step-by-Step Guide to Measuring, Managing, and Communicating the Plan," *Journal of Business Strategy* 26, no. 3 (2005): 12–19.
18. Nils-Göran Olve et al., "Twelve Years Later: Understanding and Realizing the Value of Balanced Scorecards," *Ivey Business Journal Online*, May–June 2004, www.iveybusinessjournal .com/article.asp?intArticle_ID=487 (accessed October 4, 2010); Eric M. Olson and Stanley F. Slater, "The Balanced Scorecard, Competitive Strategy, and Performance," *Business Horizons* (May–June 2002): 11–16; Eric Berkman, "How to Use the Balanced Scorecard," *CIO* (May 15, 2002): 93–100; and Brigitte W. Schay et al., "Using Standardized Outcome Measures in the Federal Government," *Human Resource Management* 41, no. 3 (Fall 2002): 355–368.
19. Braam and Nijssen, "Performance Effects of Using the Balanced Scorecard."
20. Jay Goltz, "The Dusenberry Diary: When Passion Meets Math," *The New York Times*, June 23, 2009, http://boss.blogs.nytimes.com/2009/06/23/the-dusenberry-diary-when-passion-meets-math/ (accessed October 2, 2012).
21. Sumantra Ghoshal, *Strategic Control* (St. Paul, MN: West, 1986), Chapter 4; and Robert N. Anthony, John Dearden, and Norton M. Bedford, *Management Control Systems*, 5th ed. (Homewood, IL: Irwin, 1984).
22. John A. Boquist, Todd T. Milbourn, and Anjan V. Thakor, "How Do You Win the Capital Allocation Game?" *Sloan Management Review* (Winter 1998): 59–71.
23. Jason Gillikin, "What Is Zero-Based Budgeting and How Is It Used by an Organization?" *Houston Chronicle*, http://smallbusiness.chron.com/zerobased-budgeting-used-organization-22586.html (accessed October 3, 2012).
24. Gerard Paulides, "Resetting the Cost Structure at Shell," *Strategy + Business* 65 (Winter 2011): 1–4.
25. Anthony, Dearden, and Bedford, *Management Control Systems*.
26. Participation in budget setting is described in a number of studies, including Neil C. Churchill, "Budget Choice: Planning versus Control," *Harvard Business Review* (July–August 1984): 150–164; Peter Brownell, "Leadership Style, Budgetary Participation, and Managerial Behavior," *Accounting Organizations and Society* 8 (1983): 307–321; and Paul J. Carruth and Thurrell O. McClandon, "How Supervisors React to 'Meeting the Budget' Pressure," *Management Accounting* 66 (November 1984): 50–54.
27. Tim Reason, "Budgeting in the Real World," *CFO* (July 2005): 43–48.
28. *Ibid.*
29. Norm Brodsky, "Balance-Sheet Blues," *Inc.* (October, 2011): 34.
30. This analogy is from Brodsky, "Balance-Sheet Blues."
31. Dana Mattioli, "CEOs Fight to Prevent Discretionary Spending from Creeping Back Up," *The Wall Street Journal*, January 1, 1998, http://online.wsj.com/article/SB10001424052748703609004575354901545566456.html (accessed December 11, 2012).
32. Willy Staley, "How 7-Eleven Plans to Put the Bodega Out of Business," *New York* (May 14, 2012): 38–41; 87–88.
33. Mary Ellen Biery, "Five Metrics You Should Know," *The Washington Post*, May 25, 2012, www.washingtonpost.com/blogs/on-small-business/post/5-financial-metrics-you-should-know/2012/05/25/gJQAuDSjpU_blog.html (accessed October 9, 2012).
34. Lawrence M. Fisher, "Inside Dell Computer Corporation: Managing Working Capital," *Strategy + Business* 10, (First Quarter 1998): 68–75; and Randy Myers, "Cash Crop: The 2000 Working Capital Survey," *CFO* (August 2000): 59–69.
35. Nancy F. Koehn, "The Driver in Ford's Amazing Race," *The New York Times*, March 31, 2012, www.nytimes.com/2012/04/01/business/american-icon-examines-fords-rebound-review.html?pagewanted=all&_r=0 (accessed September 28, 2012).
36. William G. Ouchi, "Markets, Bureaucracies, and Clans," *Administrative Science Quarterly* 25 (1980): 129–141; and B. R. Baligia and Alfred M. Jaeger, "Multinational Corporations: Control Systems and Delegation Issues," *Journal of International Business Studies* (Fall 1984): 25–40.
37. Daisuke Wakabayashi and Toko Sekiguchi, "Disaster in Japan: Evacuees Set Rules to Create Sense of Normalcy," *The Wall Street Journal*, http://online.wsj.com/article/SB10001424052748703784004576220382991112672.html (accessed October 3, 2012).

38. Craig Torres and Anthony Feld, "Campbell's Quest for Productivity," *Bloomberg BusinessWeek* (November 29–December 5, 2010): 15–16.
39. Perry Pascarella, "Open the Books to Unleash Your People," *Management Review* (May 1998): 58–60.
40. Leigh Buchanan, "Learning from the Best," *Inc.* (June 2010): 85–86.
41. Mel Mandell, "Accounting Challenges Overseas," *World Trade* (December 1, 2001): 48–50.
42. Matthew Dolan and Jeff Bennett, "Corporate News: Ford Vows to Build Higher-Quality Small Cars," *The Wall Street Journal*, August 12, 2008.
43. A. V. Feigenbaum, *Total Quality Control: Engineering and Management* (New York: McGraw-Hill, 1961); John Lorinc, "Dr. Deming's Traveling Quality Show," *Canadian Business* (September 1990): 38–42; Mary Walton, *The Deming Management Method* (New York: Dodd-Meade & Co., 1986); and J. M. Juran and Frank M. Gryna, eds., *Juran's Quality Control Handbook*, 4th ed. (New York: McGraw-Hill, 1988).
44. Edward E. Lawler III and Susan A. Mohrman, "Quality Circles After the Fad," *Harvard Business Review* (January–February 1985): 65–71; and Philip C. Thompson, *Quality Circles: How to Make Them Work in America* (New York: AMACOM, 1982).
45. D. J. Ford, "Benchmarking HRD," *Training & Development* (July1993): 37–41.
46. Deven Shah and Brian H. Kleiner, "Benchmarking for Quality," *Industrial Management* (March/April, 2011): 22–25.
47. Tracy Mayor, "Six Sigma Comes to IT: Targeting Perfection," *CIO* (December 1, 2003): 62–70; Hal Plotkin, "Six Sigma: What It Is and How to Use It," *Harvard Management Update* (June 1999): 3–4; Tom Rancour and Mike McCracken, "Applying Six Sigma Methods for Breakthrough Safety Performance," *Professional Safety* 45, no. 10 (October 2000): 29–32; G. Hasek, "Merger Marries Quality Efforts," *Industry Week* (August 21, 2000): 89–92; and Lee Clifford, "Why You Can Safely Ignore Six Sigma," *Fortune* (January 22, 2001): 140.
48. Dick Smith and Jerry Blakeslee, "The New Strategic Six Sigma," *Training & Development* (September 2002): 45–52; Michael Hammer and Jeff Goding, "Putting Six Sigma in Perspective," *Quality* (October 2001): 58–62; and Mayor, "Six Sigma Comes to IT."
49. Jack Bouck, "Creating a Customer-Focused Culture: The Honeywell Experience," *Industrial Management*, (November/December, 2007): 11.
50. This discussion is based on Eileen Newman Rubin, "A Partnered Approach to QA Increases Efficiency Through Early Problem Detection," *Global Business and Organizational Excellence* (May–June 2012): 28–37.
51. Clifford, "Why You Can Safely Ignore Six Sigma"; and Hammer and Goding, "Putting Six Sigma in Perspective."
52. Syed Hasan Jaffrey, "ISO 9001 Made Easy," *Quality Progress* 37, no. 5 (May 2004): 104; Frank C. Barnes, "ISO 9000 Myth and Reality: A Reasonable Approach to ISO 9000," *SAM Advanced Management Journal* (Spring 1998): 23–30; and Thomas H. Stevenson and Frank C. Barnes, "Fourteen Years of ISO 9000: Impact, Criticisms, Costs, and Benefits," *Business Horizons* (May–June 2001): 45–51.
53. David Amari, Don James, and Cathy Marley, "ISO 9001 Takes On a New Role—Crime Fighter," *Quality Progress* 37, no. 5 (May 2004): 57ff.
54. "Corporate Governance," Business Dictionary Web site, www.businessdictionary.com/definition/corporate-governance.html (accessed September 16, 2010); "Words to Understand: Corporate Governance Models," Gruppo Hera Italy Web site, http://eng.gruppohera.it/group/hera_ondemand/words _understand/page23.html (accessed September 16, 2010); and "Corporate Governance Issues in 2009," *The Corporate Eye*, March 10, 2009, www.corporate-eye .com/blog/2009/03/corporate-governance-issues-2009 (accessed September 16, 2010).
55. Peter J. Henning, "At Large and Small Companies, Internal Controls Matter," *The New York Times*, April 5, 2012, http://dealbook.nytimes.com/2012/04/05/at-large-and-small-companies-internal-controls-matter/ (accessed October 8, 2012).
56. Damian Paletta and David Enrich, "Banks Get New Restraints," *The Wall Street Journal*, September 13, 2010.
57. Joann S. Lublin, "Lead Directors Gain Clout to Counterbalance Strong CEOs," *The Wall Street Journal*, September 13, 2010.

综合案例

Range 资源公司在全球经济萧条期间带来了页岩气大热潮

当 Range 资源公司于 2004 年开凿位于宾夕法尼亚州韦斯特兰和西考利之间的一个垂直勘探井时，得克萨斯州油气勘探与生产公司（E&P）并不知道会有什么样的发现。此前人们认为，位于阿巴拉契亚盆地一英里多以下的灰色页岩沉积层至少储藏着 1.9 万亿立方英尺的天然气。当 Range 公司的伦兹 1 号井挖到大量的天然气时，公司的技术团队立即意识到他们的发现非比寻常。地质学专家来到这片被称为马塞勒斯页岩的岩石区勘探，发现这片区域的天然气含量可能达到 516 万亿立方英尺，这里成为世界上最大的天然气储备区之一。页岩气大热潮开始了。

自从 2004 年 Range 公司开凿伦兹 1 号井以来，行业领军企业和政府都将马塞勒斯大发现称为

“大转折”，将其视为美国经济的潜在救星。在这片区域开采了 140 万英亩（1 英亩约等于 4 046.86 平方米）后，Range 资源公司已经成为为数不多的将理想转化为现实的勘探公司。2008 年，Range 公司的技术团队每天可以从这片马塞勒斯页岩中开采 3 000 万立方英尺的天然气。截至 2012 年，产量已经跃升至每天 4 亿立方英尺。Range 公司的经理预测他们的团队未来每天可开采出 10 亿立方英尺的天然气。

“我们的技术团队是行业内最好的。”Range 公司董事长兼 CEO 杰弗里 · 文图拉说道，“这个团队不仅发现了马塞勒斯页岩，提高了产量，还使我们成为宾夕法尼亚州第一个开采水平泥盆纪页岩井（位于马塞勒斯页岩上方）的公司和尤蒂卡市第一个开采水平井（位于马塞勒斯页岩下方）的公司。我们拥有出色的技术团队以及极佳的位置和规模。”

正如 Range 公司高层所说，开采马塞勒斯页岩可获得高产量，运营成本却很低，这预计会为公司带来长达十年的绩效增长。“低成本为我们带来了巨大的竞争优势。”Range 公司首席财务官罗杰 · 曼尼说道，“在大宗商品市场中，产品的价格几乎是一样的。因此，以低成本生产将是一个很大的优势。”曼尼还提到，控制成本增加了 Range 公司的现金流量，使公司有了更多可支配的资金，这些资金可用来探测和开凿更多矿井。

Range 公司的财务经理有多种用来监督绩效和控制成本的工具。“资产负债表是这个战略的首要组成部分。”曼尼说，“我们的资产负债表很简单，包括高级银行债务、十年期无优先权票据以及普通股。一个简单而强大的资产负债表是我们财务战略的核心。”财务报表可以帮助公司衡量该时间段的财务状况，良好的现金状况可以帮助公司应对经济波动。鉴于全球经济衰退这一不利环境，Range 公司用增加流动性的方式来管理大量的土地投资组合，即增强在必要时卖掉资产偿还债务的能力。“我们的财务战略的另一大特征是利用高流动性来缓冲市场震荡。”曼尼解释说。

在 Range 公司，控制费用并不只是会计人员的工作，而是每个人的任务。“维持低成本与其说是我们的工作，不如说是我们的角色使然。”曼尼说，“这是我们企业文化的一部分。”Range 公司鼓励员工将削减成本作为他们日常责任的一部分，并用公司股权做奖励。“股权所有制在员工之间及员工和股东之间有独特的黏合作用。”曼尼说道，“毕竟员工也是股东。”Range 公司的首席财务官相信，当每个人都很在意公司时，公司绩效是最好的。“我认为，当每个人都拥有公司股权时，他们会更加关注成本。这对公司长期的成本控制有巨大帮助。”曼尼继续说道。

Range 公司的资金管理哲学有了回报。在过去十年间，Range 公司成为在纽约证券交易所（NYSE）上市的三大勘探与生产公司之一。此外，该公司以几乎是行业最低的成本发现并开采天然气，这使它实现近十年的经济效益连续增长，这都是在全球经济衰退的大背景下实现的。“很明显，2009 年是在美国经营的公司最艰难的时期之一。”Range 公司执行总裁约翰 · 平克顿回顾经济衰退时说，“许多公司没能成功度过这个时期。很多公司被迫全部重组业务，有的公司发行了大量股票稀释股权。可喜的是，这些情况都没有发生在 Range 公司。我们在 2009 年底的债务比年初更低，我们也没有发行任何股票来支撑资产负债表。”

“最重要的是，”平克顿补充道，“我们收获了极佳的运营成果。我们推动生产储备实现两位数增长。因此，我们公司以一个更稳定的结构熬过了金融市场的这段艰难时期。我认为，这为我们下一个十年奠定了很好的基础。”

最终，有效的财务控制使 Range 公司能够自主选择其最擅长的领域——促进美国清洁能源的发展。平克顿说："看 Range 公司的发展时，最令人兴奋的就是看到我们所拥有的资产，尤其是在马塞勒斯页岩区，它可以称得上美国甚至世界上最大的天然气田之一。能与它产生交集简直令人难以置信，更不要说它还在帮助我们成长。"

◆ 问题

1. Range 公司的经理说保持低成本是每个员工的工作，并且他们将成本控制变成了企业文化的一部分。这属于分权控制还是层级控制？请解释之。

2. 什么是流动性？Range 公司的经理如何知道他们是否有足够的流动性以使公司财务保持在正轨上？

3. 目光短浅对企业来说是灾难性的。文中哪些地方表明 Range 公司的财务经理是从长远的角度来进行财务绩效监督和控制的？

资料来源：Based on Christopher Helman，"Range Resources Is King of the Marcellus Shale，" *Forbes*，July 22，2010，www. forbes. com/forbes/2010/0809/companies-energy-range-resources-bp-gas-blowout-beneficiary. html（accessed July 14，2012）；Roger Manny（Executive Vice President and Chief Financial Officer of Range Resources），interview by Rodney Waller，"Range Up Close：Corporate Overview，" Range Resources corporate site，2010，online video，www. rangeresources. com/Media-Center/Videos/Corporate-Overview. aspx（accessed July 15，2012）；Jeffrey Ventura（President and Chief Executive Officer of Range Resources），interview by Rodney Waller，"Range Up Close：Competitive Advantage，" Range Resources corporate site，2010，online video，www. rangeresources. com/Media-Center/Featured-Stories. aspx（accessed July 15，2012）；John Pinkerton（Executive Chairman of Range Resources），interview by Rodney Waller，"Range Up Close：Corporate Overview，" Range Resources corporate site，2010，online video，www. rangeresources. com/Media-Center/Videos/Corporate-Overview. aspx（accessed July 15，2012）；Elwin Green，"Natural Gas Locked in the Marcellus Shale Has Companies Rushing to Cash in on Possibilities，" *Pittsburgh Post-Gazette*，March 16，2012，www. post-gazette. com/stories/business/news/natural-gas-locked-in-the-marcellus-shale-has-companies-rushing-to-cash-in-on-possibilities-370058/（accessed July 10，2012）；and Martin Neil Baily and Philip K. Verleger Jr，"Could Cheap Gas Save the Economy？" CNN Money，June 27，2012，http：//money. cnn. com/2012/06/27/news/economy/shale-gas/（accessed July 15，2012）.

术语表

A

accountability　责任制（10）

achievement culture　成就型文化（3）

activity ratio　经营活动比率（19）

adaptability culture　适应型文化（3）

adjourning　解散（18）

administrative model　行政模型（9）

administrative principles approach　行政管理原则方法（2）

affirmative action　平权法案（12）

after-action review　事后反思（9）

alienated follower　疏远型追随者（15）

ambidextrous approach　二元方式（11）

ambiguity　模糊性（9）

angel financing　天使投资（6）

application form　申请表（12）

assessment center　评估中心（12）

attitude　态度（14）

attribution　归因（14）

authentic leadership　真诚式领导（15）

authoritarianism　威权主义（14）

authority　职权（10）

avoidance learning　规避性学习（16）

B

balanced scorecard　平衡计分卡（19）

balance sheet　资产负债表（19）

BCG matrix　波士顿矩阵（8）

behavioral sciences approach　行为科学方法（2）

behaviorally anchored rating scale（BARS）　行为锚定等级评价法（12）

behavior modification　行为修正（16）

benchmarking　标杆分析法（19）

big five personality factors　大五个性因素（14）

bottom of the pyramid（BOP）　金字塔底端（4）

bottom-up approach　自下而上的方法（11）

bottom-up budgeting　自下而上的预算方法（19）

boundary-spanning roles　跨边界角色（3）

bounded rationality　有限理性（9）

brainstorming　头脑风暴法（9）

bureaucratic organizations approach　官僚组织方法（2）

business incubator　企业孵化器（6）

business-level strategy　业务层战略（8）

business plan　商业计划书（6）

C

capital budget　资本预算（19）

cash budget　现金预算（19）

centralization　集权（10）

centralized network　集权化网络组织（17）

ceremony　仪式（3）

certainty　确定性（9）

chain of command　指挥链（10）

change agent　变革代理人（11）

changing　改变（11）

channel　渠道（17）

channel richness　渠道丰裕度（17）

charismatic leader　魅力型领导者（15）

chief ethics officer　首席伦理官（5）

classical model　古典模型（9）

classical perspective　古典理论（2）

coalition　结盟（9）

code of ethics　道德准则（5）

coercive power　强制权（15）

cognitive dissonance　认知失调（14）

collaboration　合作（10）

collectivism　集体主义（4）

communication　沟通（17）

communication apprehension 沟通焦虑（17）
compensation 薪酬（12）
compensatory justice 报酬公正（5）
competitive advantage 竞争优势（8）
competitors 竞争对手（3）
conceptual skill 概念技能（1）
conflict 冲突（18）
conformist 墨守成规者（15）
consideration 关怀（15）
consistency culture 一贯型文化（3）
content theories 内容型激励理论（16）
contingency approach 权变方法（15）
contingency plan 权变计划（7）
contingency view 权变管理观点（2）
contingent worker 临时工（12）
continuous improvement 持续改进（19）
continuous process production 连续生产过程（10）
controlling 控制（1）
coordination 协调（10）
core competence 核心竞争力（8）
corporate governance 公司治理（19）
corporate-level strategy 公司层战略（8）
corporate social responsibility 公司社会责任（5）
corporate university 企业大学（12）
corporation 公司（6）
cost leadership strategy 成本领先战略（8）
creativity 创造力（11）
critical thinking 批判性思维（15）
cross-functional team 跨职能团队（10，18）
crowdfunding 众筹（6）
cultural competence 文化竞争力（13）
cultural leader 文化领导者（3）
culture 文化（3）
culture change 文化变革（11）
customers 顾客（3）
customer relationship management（CRM）客户关系管理（2）

D

debt financing 债务融资（6）
decentralization 分权（10）
decentralized control 分权控制（19）
decentralized network 分权化网络组织（17）
decentralized planning 分权计划（7）
decision making 决策（9）
decision styles 决策风格（9）
decode 解码（17）
delegation 授权（10）
departmentalization 部门化（10）
descriptive 客观描述性（9）
devil's advocate 恶魔代言人（9）
diagnosis 诊断（9）
differentiation strategy 差异化战略（8）
direct investing 直接投资（4）
discretionary responsibility 自主抉择责任（5）
discrimination 歧视（12，13）
disruptive innovation 颠覆性创新（11）
distributive justice 分配公正（5）
distributive negotiation 分配式谈判（18）
diversification 多元化（8）
diversity 多样化（13）
diversity of perspective 观点的多样化（13）
divisional structure 事业部制组织结构（10）
downward communication 下行沟通（17）

E

E→P expectancy 努力→绩效期望值（16）
economic dimension 经济因素（3）
economic force 经济力量（2）
economic development 经济发展（4）
effective follower 有效追随者（15）
effectiveness 效果（1）
efficiency 效率（1）
electronic brainstorming 电子头脑风暴法（9）
emotion 情绪（14）
employee affinity group 员工亲密团体（13）
employer brand 雇主品牌（12）
employment test 招聘测试（12）
empowerment 授权（16）
encode 编码（17）
engagement 敬业度（16）
entrepreneur 创业者（6）
entrepreneurship 创业（6）
equity 公平（16）

equity financing 股权融资（6）
equity theory 公平理论（16）
ERG theory ERG 理论（16）
escalating commitment 承诺的升级（9）
ethical dilemma 道德困境（5）
ethics 伦理（5）
ethics committee 伦理委员会（5）
ethnocentrism 民族中心主义（4，13）
ethnorelativism 民族相对主义（13）
euro 欧元（4）
evidence-based decision making 循证决策法（9）
exit interview 离职访谈（12）
expectancy theory 期望理论（16）
expense budget 费用预算（19）
expert power 专家权（15）
exporting 出口（4）
external organizational environment 组织的外部环境（3）
extinction 自然消退（16）
extrinsic reward 外在激励（16）

F

feedback 反馈（17）
femininity 女性化（4）
first-line manager 基层管理者（1）
flat structure 扁平的组织结构（10）
focus strategy 聚焦战略（8）
force-field analysis 力场分析（11）
formal communication channel 正式沟通渠道（17）
forming 形成（18）
franchising 特许经营（4，6）
free rider 搭便车（18）
frustration-regression principle 挫折-回归原则（16）
functional-level strategy 职能层战略（8）
functional manager 职能经理（1）
functional structure 职能制组织结构（10）
functional team 职能团队（18）
fundamental attribution error 基本归因错误（14）

G

general environment 一般环境（3）
general manager 总经理（1）
glass ceiling 玻璃天花板（13）
globalization 全球化（4）
globalization strategy 全球化战略（8）
global mindset 全球思维（4）
global outsourcing 全球外包（4）
global team 全球团队（18）
goal 目标（7）
goal-setting theory 目标设置理论（16）
grapevine 小道消息（17）
greenfield venture 绿地投资（4）
groupthink 群体思维（9）

H

halo effect 晕轮效应（光环效应）（12，14）
Hawthorne studies 霍桑研究（2）
hero 英雄（3）
hierarchical control 层级控制（19）
hierarchy of needs theory 需求层次理论（16）
high-context culture 高语境文化（4）
high-performance culture 高绩效文化（3）
horizontal communication 水平沟通（17）
horizontal linkage model 横向关联模型（11）
human capital 人力资本（12）
humanistic perspective 人力资源视角（2）
human relations movement 人际关系运动（2）
human resource management（HRM） 人力资源管理（12）
human resource planning 人力资源计划（12）
human resources perspective 人力资源视角（2）
human skill 人际技能（1）
humility 谦逊（15）
hygiene factors 保健因素（16）

I

idea champion 创意倡导者（11）
idea incubator 创意孵化器（11）
implementation 实施（9）
inclusion 认同感（13）
income statement 利润表（19）
individualism 个人主义（4）
individualism approach 个人主义观（5）
influence 影响力（15）
infrastructure 基础设施（4）

initiating structure 定规（15）
integrative negotiation 整合式谈判（18）
intelligence team 情报团队（7）
interactive leadership 交互式领导（15）
internal environment 内部环境（3）
international dimension 国际因素（3）
international management 国际管理（4）
internship 实习（12）
intrinsic reward 内在激励（16）
intuition 直觉（9）
involvement culture 参与型文化（3）
ISO 9000 standards ISO 9000 标准（19）

J

job analysis 工作分析（12）
job characteristics model 工作特征模型（16）
job description 工作描述（12）
job design 工作设计（16）
job enrichment 工作丰富化（16）
job evaluation 岗位评价（12）
job satisfaction 工作满意度（14）
job specification 任职资格（12）
joint venture 合资企业（3，4）
justice approach 公正合理观（5）

L

labor market 劳动力市场（3）
large-group intervention 大规模群体干预（11）
law of effect 结果律（16）
leadership 领导（15）
Leadership Grid 领导方格理论（15）
leading 领导（1）
legal-political dimension 法律/政治因素（3）
legitimate power 法定权（15）
licensing 许可经营（4）
line authority 直线职权（10）
liquidity ratio 流动性比率（19）
listening 倾听（17）
locus of control 控制轨迹（14）
long-term orientation 长期导向（4）
low-context culture 低语境文化（4）

M

Machiavellianism 马基雅维利主义（14）
making progress principle 工作进展原则（16）
management 管理（1）
management by means (MBM) 方法管理（7）
management-by-objectives (MBO) 目标管理（7）
management science 管理科学（2）
managing diversity 管理多样化（13）
market entry strategy 市场进入策略（4）
masculinity 男性化（4）
mass production 大规模生产（10）
matching model 匹配模型（12）
matrix approach 矩阵制组织结构（10）
matrix boss 矩阵老板（10）
mentor 导师（13）
merger 并购（3）
message 消息（17）
middle manager 中层管理者（1）
mission 使命（7）
mission statement 使命陈述（7）
modular approach 模块化方式（10）
monoculture 单一文化（13）
moral-rights approach 道德权利观（5）
motivation 激励（16）
motivators 激励因素（16）
multicultural team 跨文化团队（13）
multidomestic strategy 多国战略（8）
multinational corporation (MNC) 多国公司（4）
Myers-Briggs Type Indicator (MBTI) 迈尔斯-布里格斯性格分类法（14）

N

natural dimension 自然因素（3）
need for change 变革的必要性（11）
need to achieve 成就需求（6）
negotiation 谈判（18）
neutralizer 中和剂（15）
new-venture team 创业团队（11）
new-venture fund 创投基金（11）
nondirective interview 非定向面试（12）
nonprogrammed decision 非程序性决策（9）
nonverbal communication 非语言沟通（17）
normative 主观规范性（9）
norming 规范（18）

O

on-the-job-training (OJT) 在职培训 (12)
open-book management 公开账目管理 (19)
open communication 坦诚沟通 (17)
open innovation 开放式创新 (11)
operational goal 运营目标 (7)
operational plan 运营计划 (7)
opportunity 机会 (9)
organizing/organization 组织 (1, 10)
organizational change 组织变革 (11)
organizational citizenship 组织公民行为 (14)
organizational commitment 组织承诺度 (14)
organizational control 组织控制 (19)
organizational ecosystem 组织生态系统 (3)
organization chart 组织结构图 (10)
organization development (OD) 组织发展 (2, 11)
organization structure 组织结构 (10)

P

P→O expectancy 绩效→回报期望值 (16)
panel interview 小组面试 (12)
partnership 合伙企业 (6)
passive follower 被动型追随者 (15)
pay-for-performance 绩效工资 (12)
people change 人员变革 (11)
perception 感知 (14)
perceptual distortion 感知扭曲 (14)
performance 绩效 (1)
performance appraisal 绩效评估 (12)
performing 执行 (18)
permanent team 永久性团队 (10)
personal communication channels 私人沟通渠道 (17)
personality 个性 (14)
personal networking 个人交际圈 (17)
pivot 关键转折点 (6)
plan 计划 (1, 7)
planning 计划 (1)
pluralism 多元化 (13)
point-counterpoint 正方-反方辩论法 (9)
political force 政治力量 (2)
political instability 政局动荡 (4)
political risk 政治风险 (4)
portfolio strategy 组合战略 (8)
positive reinforcement 正强化 (16)
power 权力 (15)
power distance 权力距离 (4)
practical approach 实践观 (5)
pragmatic survivor 实用主义生存者 (15)
prejudice 成见 (13)
problem 问题 (9)
procedural justice 程序公正 (5)
process theories 过程型激励理论 (16)
product change 产品革新 (11)
profitability ratio 获利能力比率 (19)
programmed decision 程序性决策 (9)
project manager 项目经理 (1, 10)
punishment 惩罚 (16)

Q

quants 量化分析师 (2)
quality circle 质量圈 (19)
quality partnering 质量合作 (19)
quantitative techniques 定量分析技术 (2)

R

realistic job preview (RJP) 实际工作预览 (12)
recruiting 招聘 (12)
reengineering 流程再造 (10)
reference power 参照权 (15)
refreezing 再冻结 (11)
reinforcement 强化 (16)
reinforcement theory 强化理论 (16)
related diversification 相关多元化 (8)
relational coordination 关系式协调 (10)
relationship conflict 关系型冲突 (18)
responsibility 职责 (10)
responsibility center 责任中心 (19)
reward power 奖励权 (15)
revenue budget 收入预算 (19)
rightsizing 规模合理化 (12)
risk 风险 (9)
risk propensity 冒险倾向 (9)
role 角色 (1)

technical skill 技术技能（1）
technological dimension 技术因素（3）
technology change 技术革新（11）
telecommuting 远程办公（12）
360-degree feedback 360度反馈（12）
thriving workforce 欣欣向荣的劳动力队伍（16）
time management 时间管理（1）
tolerance for ambiguity 模糊容忍度（6）
top-down budgeting 自上而下的预算方法（19）
top leader 高层领导（10）
top manager 高层管理者（1）
total quality management（TQM） 全面质量管理（2，19）
trait 特质（15）
transactional leader 交易型领导者（15）
transformational leader 变革型领导者（15）
transnational strategy 跨国战略（8）
triple bottom line 三重底线（5）
two-boss employee 头顶两个老板的员工（10）
type A behavior A型行为（14）
type B behavior B型行为（14）

U

uncertainty 不确定性（9）
uncertainty avoidance 不确定性规避（4）
uncritical thinking 非批判性思维（15）
unfreezing 解冻（11）
unrelated diversification 不相关多元化（8）
upward communication 上行沟通（17）
utilitarian approach 功利主义观（5）

V

valence 效价（16）
venture capital firm 风险投资企业（6）
vertical integration 垂直一体化（8）
vicarious learning 替代性学习（16）
virtual network structure 虚拟网络结构（10）
virtual team 虚拟团队（18）
vision 愿景（15）

W

wage and salary survey 薪资调查（12）
whistle-blowing 告密（5）
wholly owned foreign affiliate 海外全资子公司（4）
work redesign 工作再设计（16）
work sample test 工作样本测试（12）
work specialization 工作专门化（10）

Z

zero-based budgeting 零基预算法（19）

译后记

本书是中国人民大学出版社引进的达夫特教授的《管理学》（第 11 版）。当中国人民大学出版社熊鲜菊编辑找到我，让我承担本书的主译工作时，我一口应承下来。一是因为我对名家名著非常感兴趣，每每阅读他们的著作，总能让我从中得到很多启迪。作为原著的译者，能够第一时间阅读这些大师的新作，其中很多新的论点和论据、新的案例甚至新的章节安排能帮助我拓展思路，深化对概念和理论的理解，进一步充实教学内容。二是因为之前与中国人民大学出版社合作翻译过希尔教授的《国际商务》，这本教材至今已经更新到第 9 版。经过多年的合作，双方已建立起对彼此的高度信任和认可。但是，我接手后的工作并不顺利。这些年中国高校争创“双一流”（一流大学、一流学科）的工作如火如荼，各个高校对教师的考核标准越来越高，“非升即走”“末位淘汰制”等绩效管理办法被很多大学采纳，我所在的上海财经大学也不例外。除了大量引进海外优秀博士外，学校还推行了海外院长、海外特聘教授、海外著名教授担任联合系主任等一系列改革措施，在大力推动学校高质量的科研产出、推动学校快速名列各类学科排行榜前茅的同时，也给所有教师带来巨大的科研压力和必要的取舍。每个人每天只有 24 个小时，要想在学校的科研评分系统中获得高分，就得把时间花在能带来高分的课题、论文上。显然，翻译教材是最得不偿失的事——既费时费事，又得不到评价体系的认可。所以，这本书在我手边耽搁了很长时间，一是确实没空，二是没有动力去做这种吃力不讨好的事。

但最终我还是把这件在别人眼里不值得做的事情做完了。原因有三个：一是责任心。我是个笨人，所以在学术上并没有很大的建树。但我又是个挺要面子的人，答应别人的事如果没完成，总觉得亏欠别人。我把自己这种“死要面子活受罪”的个性美其名曰“责任心”，它促使我放下其他工作，花了将近一年的时间完成本书的翻译工作。二是挑战性。尽管有些人认为翻译教材是最不上档次、最简单的劳动，但事实上，参与过翻译工作的人都能体会到，翻译绝不是把英文变成中文这么简单，它是个再创作的过程。在日益国际化的中国高校，英文的口头表达和书写能力逐渐成为教师必备的一种能力，因此，我把翻译视为锻炼英文思维、熟悉英文写作的一次机会。在中英文之间快速无障碍地切换对我这个土生土长的 60 后是个挑战，但翻译教材正是提升这种能力的一个途径。三是为学生和教师服务的良心。自改革开放以来，中国高校与其他社会领域一样，尽管还存在很多不尽如人意的地方，但取得的巨大进步是有目共睹的。除了高校各具特色的改革措施非常有效，高校重要的合作伙伴——出版社提供的高质量的中外书籍及相关教辅材料也为高校的教学改革、为高校师生的能力提升做出了很大的贡献。中国人民大学出版社作为国内极负盛名的一家出版社，以其前瞻性的远见、高标准的专业能力为读者提供了大量广受欢迎的高质量教材，收获了满满的社会效益。一流的教材是高校培养一流学生的必要辅助，达夫特教授撰写的这本《管理学》就是非常值得一读的国际一流教材。这也是我愿意花时间和精力去翻译并郑重地把此书推荐给读者的重要原因。

本教材的翻译、出版既得益于中国人民大学出版社编辑的耐心、负责，也归功于一些朋友、学生的辛勤付出，我谨在此感谢邱昕田、文鼎、李胜男、肖玮凡、范文西、王秋婷、闵旭、冯云嫦、张倩蓉、钱中宇。我相信这本书的翻译与出版对每个人都是美好而难忘的记忆。

因为时间、水平有限，本书难免存在瑕疵。欢迎读者提出改进意见。联系邮箱：qwank@mail. shufe. edu. cn。

王蔷
于上海财经大学国际工商管理学院

New Era of Management，11e
Richard L. Daft

Cengage Learning Asia Pte. Ltd.
151 Lorong Chuan，#02-08 New Tech Park，Singapore 556741

北京市版权局著作权合同登记号　图字：01-2017-6508

CENGAGE
Learning™

Supplements Request Form（教辅材料申请表）

Lecturer's Details(教师信息)			
Name： （姓名）		Title： （职务）	
Department： （系科）		School/University： （学院/大学）	
Official E-mail： （学校邮箱）		Lecturer's Address / Post Code： （教师通讯地址/邮编）	
Tel： （电话）			
Mobile： （手机）			

Adoption Details(教材信息)　原版□　翻译版□　影印版 □			
Title：（英文书名） Edition：（版次） Author：（作者）			
Local Publisher： （中国出版社）			
Enrolment： （学生人数）		Semester： （学期起止时间）	
Contact Person & Phone/E-mail/Subject： （系科/学院教学负责人电话/邮件/研究方向） （我公司要求在此处标明系科/学院教学负责人电话/传真号码并加盖公章。） 教材购买由 我□　我作为委员会的一部分□　其他人□[姓名：　　] 决定。			

Please fax or post the complete form to(请将此表格传真至)：

CENGAGE LEARNING BEIJING
ATTN：Higher Education Division
TEL：(86)10－83435100
FAX：(86)10－82862089
ADD：北京市海淀区科学院南路 2 号
融科资讯中心 C 座南楼 7 层 707 室　100080

Note：Thomson Learning has changed its name to CENGAGE Learning.

教师教学服务说明

中国人民大学出版社工商管理分社以出版经典、高品质的工商管理、财务会计、统计、市场营销、人力资源管理、运营管理、物流管理、旅游管理等领域的各层次教材为宗旨。

为了更好地为一线教师服务，近年来工商管理分社着力建设了一批数字化、立体化的网络教学资源。教师可以通过以下方式获得免费下载教学资源的权限：

在中国人民大学出版社网站 www. crup. com. cn 进行注册，注册后进入"会员中心"，在左侧点击"我的教师认证"，填写相关信息，提交后等待审核。我们将在一个工作日内为您开通相关资源的下载权限。

如您急需教学资源或需要其他帮助，请在工作时间与我们联络：

中国人民大学出版社　工商管理分社

联系电话：010-62515735，82501048，62515782，62515987

电子邮箱：rdcbsjg@crup. com. cn

通讯地址：北京市海淀区中关村大街甲 59 号文化大厦 1501 室（100872）